סדור שים שלום

לשבת ויום טוב

Siddur Sim Shalom

FOR SHABBAT AND FESTIVALS

THE RABBINICAL ASSEMBLY
THE UNITED SYNAGOGUE OF CONSERVATIVE JUDAISM
New York City

ACKNOWLEDGMENTS

*Acknowledgments and copyrights may be found on page 402,
which constitutes an extension of the copyright page.*

Copyright 1998 by The Rabbinical Assembly.

This edition of Siddur Sim Shalom for Shabbat and Festivals
*is based on and adapted from
the standard edition of* Siddur Sim Shalom,
published in 1985, edited by Rabbi Jules Harlow.

Library of Congress Catalog Card Number 98-91730
ISBN 0-916219-13-5

Seventh Printing July, 2003

Manufactured in the United States of America

The participation of
The United Synagogue of Conservative Judaism
in the publication of this prayerbook
was made possible
by a gift of Robert D. Rapaport
in memory of his father

IRVING S. RAPAPORT

יצחק שמואל בן מאיר שמעון ופרומע, ז"ל

תוכן העניינים   TABLE OF CONTENTS

PREFACE

On behalf of The Rabbinical Assembly and the United Synagogue of Conservative Judaism, we express the gratitude of all within our Movement to the Siddur Sim Shalom Editorial Committee and to the members of the Joint Prayerbook Commission upon the publication of this new Shabbat and Festival edition of Siddur Sim Shalom. We wish to especially thank Rabbi Leonard Cahan, Chair of the Editorial Committee, whose constant guidance, singular devotion, and extraordinary commitment of time and energy made this siddur possible. His vision and creativity permeate the siddur and have been a gift to us all, the results of which will enable us to draw closer to God and uplift our spirits.

Stephen S. Wolnek
President
The United Synagogue of Conservative Judaism

Rabbi Seymour L. Essrog
President
The Rabbinical Assembly

The Joint Prayerbook Commission

Mr. Alan Ades
Rabbi Leonard S. Cahan
Mr. Roy Clements
Rabbi Jerome M. Epstein
Rabbi Simon Glustrom
Ms. Alisen Herman
Rabbi Jan Caryl Kaufman
Mr. Franklin D. Kreutzer

Rabbi Arnold B. Marans
Rabbi Joel H. Meyers
Mr. Michael Rapaport
Rabbi Avram Israel Reisner
Mr. Joseph B. Sandler
Dr. Saul Shapiro
Mr. Alan J. Tichnor
Mr. Stephen S. Wolnek

INTRODUCTION

🌿 ON THEMES AND STRUCTURE IN JEWISH PRAYER

EACH JEWISH WORSHIP SERVICE has a formal structure and a prescribed text. Every service is built upon one or more classic texts that express specific themes basic to Jewish theology, texts which constantly reveal layers of meaning and inspiration to those who become familiar with them through regular study. The following outline attempts to present some of the elements of Jewish prayer.

The basic liturgical formula, upon which Jewish prayer is based, is usually referred to in English as a "blessing." In this prayerbook (siddur) it is referred to by its Hebrew name, b'rakhah (plural: b'rakhot). This formula was in common use by the second century. One of the most familiar b'rakhot, recited before eating bread, is: "Praised are You Adonai our God, who rules the universe, bringing forth bread from the earth." The last element of the b'rakhah is varied to reflect the event or liturgical theme to which it is a response. Although the worship service includes b'rakhot that are longer than the b'rakhah just cited, and different in form, all b'rakhot include the phrase "Praised are You Adonai" (Barukh atah Adonai...).

An expanded variation of the b'rakhah includes the Hebrew words asher kid'shanu b'mitzvotav, stating that God is "instilling in us the holiness of mitzvot by commanding us to..." Our use of b'rakhot can heighten our awareness that the dimension of holiness is constantly available to each of us, and that we are as holy as we allow ourselves to be.

The core of the daily service, morning and evening, is ancient. Two of its obligatory components are to be recited daily, whether one prays with a congregation or individually, in a sanctuary or elsewhere. The first component — known as K'riat Sh'ma — entails the recitation of three passages from the Torah as an act of accepting God's sovereignty, providence, and mitzvot as deeds which lead to holiness. The second component, the Amidah, is considered the prayer par excellence in Jewish tradition. In the morning, these major components are preceded by two sections: Birkhot Ha-shaḥar and P'sukei D'Zimra, which were added to the service at a later date.

BIRKHOT HA-SHAḤAR (Morning *b'rakhot*)

This is the first section of the morning service (*Shaḥarit*). Its *b'rakhot* — many of which are taken from the Talmud — celebrate the renewal of life with each new day. These *b'rakhot* express an awareness of human mortality and gratitude — for God's gifts of body and soul, for compassion, for the Torah, and for our covenant with Adonai. Psalm 30 and the Mourner's *Kaddish* conclude this first part of the morning service.

P'SUKEI D'ZIMRA (Passages of Song)

K'riat Sh'ma and the *Amidah*, the core of the service, are approached only after preparation. In the morning this preparation consists of *Birkhot Ha-shaḥar*, outlined above, and *P'sukei D'Zimra*, most of whose passages are from the Book of Psalms. Proper concentration while reciting the words of these sections can help us to approach the core of our worship in the proper spirit, with an informed heart — freely, openly, and gladly.

The basic component of this section consists of Psalms 145 through 150. Since these are the final chapters in the Book of Psalms, the worshiper can symbolically "complete the Praise of God" each day. Psalms 146 through 150 each open and close with Halleluyah, "Praise God." Two *b'rakhot* were also added, one (*Barukh She-amar*) at the beginning and the other (*Yishtabaḥ*) at the end of the section. On Shabbat and Festivals, biblical and rabbinic passages are added to those recited on weekdays.

K'RIAT SH'MA AND ITS B'RAKHOT

Hear, O Israel: Adonai is our God, Adonai alone.
This familiar declaration is a verse from the Book of Deuteronomy (6:4). There are two classic Jewish interpretations of this passage, one which speaks of God's oneness, the other teaching that God alone is to be worshiped. In this siddur, we have followed the second of these interpretations, as attested in the Midrash, and preferred by many of the classic commentators. This passage is followed by a declaration which is not in the Bible ("Praised be God's glorious sovereignty throughout all time"). This phrase, taken from the ancient Temple liturgy, was placed by the rabbis at this point

in the service — even though it thus interrupts a passage from the Torah — to emphasize the purpose of reciting the passage from Deuteronomy: To declare our acceptance of God's sovereignty in our lives (*kabbalat ol malkhut shamayim*) and our ultimate loyalty to God alone. The passage from Deuteronomy then continues, with its exhortation to love God, to teach our children Torah, and practice its precepts.

This is followed by two other groups of verses (Deuteronomy 11:13-21 and Numbers 15:37-41). These passages call for the unqualified love of God, the fulfillment of the mitzvot (including the use of tallit, tefillin, and mezuzah) which lead to holiness, and the study and transmission of Torah, which contains the spiritual message of our redemption from ancient Egyptian bondage.

K'riat Sh'ma and its *b'rakhot* are preceded by a formal call to prayer. All stand as the leader chants *Bar'khu* ("Praise Adonai, the Exalted One"). *Bar'khu* is recited only with a minyan, a quorum of at least ten adults, which is required for acts of public worship.

The first of the two *b'rakhot* before *K'riat Sh'ma* praises God for the wonder of Creation; the second extols God for Revelation — the gift of Torah, sign of God's love. The themes are the same in both the morning and evening services, though the words are not identical.

The *b'rakhah* that follows *K'riat Sh'ma* in the morning and evening praises God as Redeemer of the people Israel. In the evening service, a second *b'rakhah* is added, asking for God's peace and protection.

This liturgical unit has been part of Jewish prayer since at least the second century.

AMIDAH

The *Amidah* has been an integral part of Jewish prayer since at least the first century. It is recited while standing ("*amidah*") and facing the direction of Jerusalem. It follows *K'riat Sh'ma* and its *b'rakhot* in the morning (*Shaḥarit*) and evening (*Ma'ariv*) services, and stands alone as the centerpiece of the afternoon (*Minḥah*). On Shabbat, Festivals, and other occasions when an additional (*Musaf*) service is added, the *Amidah* constitutes the major element of that service.

The first three *b'rakhot* of the *Amidah* celebrate God's presence as reflected in history and nature, and praise God's holiness. The final three *b'rakhot* ask that our prayers be accepted, express gratitude to God for life, and the longing that we be blessed with peace. These six *b'rakhot* comprise the beginning and ending of all versions of the *Amidah*. The *b'rakhot* appearing between the first three and the final three vary in number and content, depending upon the occasion. The weekday *Amidah* includes thirteen middle *b'rakhot*, while in the *Amidah* for Shabbat, Festivals, Rosh Ḥodesh *Musaf* or Ḥol Ha-mo'ed *Musaf*, only one *b'rakhah*, reflecting the holiness and special nature of the day, is recited between the first three and the final three *b'rakhot* — a total of seven.

On special occasions, such as Ḥanukkah, Purim, Rosh Ḥodesh, Festivals (including Ḥol Ha-mo'ed), Fast Days, Yom Ha-atzma'ut, and the ten days between Rosh Hashanah and Yom Kippur, specified passages fitting the occasion are added to the text. At the conclusion of the *Amidah*, after the prayer for peace, it is appropriate for an individual to add his or her own meditation, in addition to or in place of the printed texts.

Originally, the *Amidah* was called *T'filah* ("prayer") or *Shmoneh Esrei B'rakhot*, (eighteen *b'rakhot*), although in Talmudic times a nineteenth *b'rakhah* was added. It is also known as the Silent Prayer, or Silent Devotion, since individuals recite it in an undertone. When it is repeated publicly, as it is during the Morning, Afternoon, or *Musaf* Service, the leader of the service chants it aloud, adding a special section proclaiming God's holiness (*Kedushah*). In one common variation of the recitation of the *Amidah*, the congregation and the leader of the service begin chanting the *Amidah* together and continue aloud through *Kedushah*, after which each individual concludes the *Amidah* silently.

K'RIAT HA-TORAH (Reading of the Torah)

The public chanting of Scripture in Hebrew, with translation and elucidation of the text, is an ancient practice instituted to enable all members of the community to reenact Revelation. It is a third basic component of Jewish worship. Every Shabbat and Festival morning service includes a prescribed reading from the Torah. On Shabbat afternoons and on Monday and Thursday mornings, the first section of the Torah reading prescribed for the following Shabbat is chanted. Passages from the Torah are also read on Rosh Ḥodesh, Ḥol Ha-mo'ed Pesaḥ and Sukkot, on Ḥanukkah, Purim, Yom Ha-atzma'ut, Tishah B'Av morning and afternoon, and on other fast days in the afternoon. On Shabbat and Festivals, Yom Ha-atzma'ut, and on Tishah B'Av morning and afternoon, and on all other Fast Days in the afternoon, a *Haftarah* (a passage from the Prophets) is chanted as well.

During each Torah reading, some members of the congregation are given an *"aliyah,"* called up to the Torah to recite appropriate *b'rakhot* before and after each of the portions that make up the reading. The Torah service is an appropriate time for the insertion of additional prayers commemorating rites of passage or responding to times of crisis in the life of the individual or the community.

Other books of the Bible, known as *Megillot* ("Scrolls"), are chanted on other occasions: The Book of Esther on Purim, the Book of Lamentations on Tishah B'Av, Ecclesiastes on Sukkot, the Song of Songs on Pesaḥ, and the Book of Ruth on Shavuot.

KADDISH

According to a widely accepted theory, *Kaddish* was originally a brief Aramaic prayer with a response, recited at the close of a lesson in the ancient synagogues or houses of study. Such lessons, which featured the teaching of biblical or rabbinic passages, would end with a message of hope. The *Kaddish* is a formalized extension of that message. The *Kaddish* emphasizes the act of hallowing and praising God through the redemption of life in this world and through the universal acceptance of God's sovereignty.

By the seventh century, the *Kaddish* held a fixed place in the service. Today we know the *Kaddish* in several variations. The shortest form, known as *Ḥatzi Kaddish*, separates sections of the service. *Kaddish Shalem*, which consists of *Ḥatzi Kaddish* plus three added passages, marks the end of each major unit of worship.

The Mourner's *Kaddish* is recited by mourners for eleven months after the burial of a close relative, at every anniversary of the death (*Yahrzeit*), and at memorial services (*Yizkor*). It consists of the text of *Kaddish Shalem* with the phrase which asks for God's acceptance of the prayers of all Israel deleted. Its use dates from the twelfth or the thirteenth century. *Kaddish D'Rabbanan* is a prayer for Torah scholars and contains an added passage asking God's blessing for teachers and their disciples.

The *Kaddish*, in any form, is recited only in the presence of a minyan, since it is an act of praising God in public.

🌿 ON THE LITURGY OF THE CONSERVATIVE MOVEMENT

The two oldest versions of the prayerbook we know (arranged by Rav Amram Gaon and Rav Saadiah Gaon of ninth and tenth-century Babylonia) incorporate the contributions of the generations that preceded them, while adding commentary, new prayers, poetry, and modifications to the texts they had received. Individuals and groups in the succeeding generations, through modern times, have introduced their own modifications, deletions, additions, commentary, and poetry, producing a great variety of prayerbooks. A number of other versions or rites (called *minhagim*) were also developed, each of them within a country or a smaller geographical area where a distinctive Jewish community flourished.

This edition of the siddur is an heir to the wealth of classic Jewish prayerbook traditions. It looks at various versions and manuscripts. We are linked to Jews of centuries past who have used these same liturgical formulations in addressing our Creator, confronting challenges of faith, and expressing gratitude and praise. This siddur is also part of that liturgical development within Jewish tradition which began in 1927 with the publication of the *Festival Prayer Book* by the United Synagogue of America, edited by Professor Alexander Marx. That volume was produced to meet the needs "of Conservative congregations and of American congregations in general." One of its aims was "to endow the traditional Jewish service with all the beauty and dignity befitting it."

The special features of the *Festival Prayer Book* were retained and further developed in the *Sabbath and Festival Prayer Book* published jointly in 1946 by the United Synagogue of America and the Rabbinical Assembly. It was produced by a committee chaired by Rabbi Robert Gordis, and was edited by Rabbi Morris Silverman. Three principles stressed by the committee: 1) continuity with tradition; 2) relevance to the modern age; and 3) intellectual integrity — are discussed in the introduction to that prayerbook. The *Sabbath and Festival Prayer Book* retains the change in the *Musaf* Service that had been introduced in 1927 and adds further changes. Three of the early morning *b'rakhot* were also modified, to praise God for having created each individual in the image of the Divine, as a free person, and as a Jew, rather than the traditional version, which expresses gratitude for not having been created a woman, a slave, or a non-Jew. New prayers and meditations in English were introduced, and many supplementary prayers in English were added, for responsive reading and for contemplation, with a focus on fundamental elements of Jewish life and thought.

In 1961, the Rabbinical Assembly published the *Weekday Prayer Book*, under the chairmanship of Rabbi Gershon Hadas, with Rabbi Jules Harlow serving as Secretary. In it a contemporary approach to the language of the English translation was developed. An innovation of the *Weekday Prayer Book* was the introduction of a prayer to be recited on Israel Independence Day (*Yom Ha-atzma'ut*). This prayer is similar in style and structure to the *Al ha-nissim*, recited on Ḥanukkah and Purim. The volume also includes Torah and Haftarah readings for the day, and prescribes the recitation of *Hallel* on Yom Ha-atzma'ut.

The *Maḥzor for Rosh Hashanah and Yom Kippur* published by the Rabbinical Assembly in 1972, with Rabbi Harlow serving as Editor, continued the high standards of translation, design, and concern for presenting a liturgy meaningful for contemporary Jews, pioneered by Rabbi Hadas.

(This Introduction is adapted from the Introduction to Siddur Sim Shalom, 1985 edition, edited by Rabbi Jules Harlow)

🌿 SIDDUR SIM SHALOM

In 1985, after more than a decade of labor, The Rabbinical Assembly and The United Synagogue published the first edition of *Siddur Sim Shalom*, under the guidance and superb artistic craftsmanship of Rabbi Jules Harlow. It quickly became the standard prayer book of the Conservative Movement, and shaped the liturgy of the eighties. *Siddur Sim Shalom* was the first *siddur shalem* ("complete" prayer book, including both Shabbat and Weekday services), ever produced by the Conservative Movement. In time the movement felt a need for a new edition of *Siddur Sim Shalom*, placing the Shabbat and Festival section, and the weekday prayers, in separate volumes.

SIDDUR SIM SHALOM FOR SHABBAT AND FESTIVALS

An editorial committee was established to prepare the new edition, relying heavily on the experience and expertise of Rabbi Harlow. The committee quickly discovered that due to the intertwining of the Shabbat and weekday prayers in a *siddur shalem*, an independent Shabbat and Festival siddur would require a thorough restructuring, page by page. This burden became an opportunity: To change the format of the pages to achieve greater clarity; to reexamine the meanings, reinterpret, and retranslate many of the classic texts; and to add interpretive comments and new readings.

The result has been an extensive revision of *Siddur Sim Shalom*. Typeface and page layout have been redesigned to make the book more easily readable, and to enable entire prayers to fit comfortably on a single page. The opening word or phrase of each paragraph or prayer in Hebrew has been highlighted to help the worshiper locate prayers more easily. Brief commentaries have been added throughout the book to enrich the worshiper. In section, page, and prayer headings, commonly understood terminology has been hebraized on Hebrew pages, reflecting the language of prayer. Numbers on facing Hebrew and English pages have been made identical rather than consecutive, to indicate that they are equivalent, not meant to be recited one after the other. Page numbers have also been shifted to the top of the page for greater visibility, as have the identifications of the psalms. Transliterations have been increased in number and set in a distinctive sans-serif type style to make them immediately recognizable to anyone needing them. Alternative prayers and readings have been added to the text in a way that should make them more readily usable and identifiable.

This volume differs from the earlier version of *Siddur Sim Shalom* in a number of other ways as well. As the result of a recent responsum of the Committee on Jewish Law and Standards of the Rabbinical Assembly on the permissibility of adding the names of the Matriarchs to those of the Patriarchs in the opening paragraph of the *Amidah*, it was decided to include that option in this edition, along with the traditional text, on alternative "a" and "b" pages. In assessing the various ways suggested to include the Matriarchs, we chose to treat each as an individual, the most widely accepted choice within our Movement. Also included in the *Musaf Amidah* for each occasion, in addition to the traditional text, is an alternative text, clearly designated, which eliminates the mention of Temple sacrifices. We have also made the assumption that our year begins with Rosh Hashanah, and have placed the Festival insertions for Sukkot before Pesaḥ, rather than after, as in most siddurim.

In offering the option of including the Matriarchs in the opening passage of the *Amidah*, this siddur has not added the word "אִמּוֹתֵינוּ – our Matriarchs" — understanding the word "אֲבוֹתֵינוּ" as "our Patriarchs" — as have some siddurim. In assessing the numerous places אֲבוֹתֵינוּ is used in a variety of contexts in the siddur, it is our conviction that its correct meaning is "our Ancestors" — inclusively, male as well as female — and this siddur uses the term that way.

We have reintroduced several traditional selections that were previously missing in *Siddur Sim Shalom*, but are still widely used within our Movement, such as Rabbi Ishmael's thirteen principles of biblical interpretation, the classic *B'raḥ Dodi* poems for Pesaḥ, *Ana B'kho-aḥ*, the traditional *Y'hi Ratzon* meditation following the *Musaf Amidah*, and *Ushpizin* for Sukkot, presented in a totally new, interpretive, egalitarian version.

Recognizing the diversity of practice within our congregations, we have also endeavored to provide guidelines and instructions wherever possible to assist those less familiar with the content, choreography, and continuity of the service, in following along with the rest of the congregation.

TRANSLATIONS

Recognizing that prayer is poetry, and that the English text is both a translation and a form of prayer in its own right, much time and effort has been devoted to making the English manuscript as meaningful and as authentic as possible. We have made a concerted effort to be sensitive to the implications of words and language in English, consistent with the retention of good literary style and traditional Jewish concepts. The translations in this volume are based on the beautiful and poetic renderings of Rabbi Jules Harlow in the earlier edition of *Siddur Sim Shalom*, though altered throughout the book in a variety of ways.

We have also deviated from offering a literal translation of the Hebrew original in this volume, as did the first edition. Perhaps the most profound recent expression of this philosophy of translation was that written by Rabbi Ben Zion Bokser in the introduction to his siddur, from which we have derived much inspiration and adopted numerous concepts. He wrote: "Is it legitimate to depart from the literal text, to offer expansions on it, or free translations? Every translation must, to some extent, do so. Each language has its own distinctive idiom, and if we are to insist on the retention of the literal meaning of each word, we would get nothing but literary distortion. The rabbis recognized this when they declared in Kiddushin 49a: 'He who translates a verse literally, has perpetrated a fraud'." This has been our philosophy, as it was that of Rabbi Harlow. We have striven to make every passage intelligible, while remaining faithful to the authentic significance and intent of the Hebrew text.

Even in the few short years since the publication of *Siddur Sim Shalom*, English usage has undergone many changes. The most obvious example is the way we have begun speaking about God. As our society has grown more egalitarian and inclusive, a new sensitivity has emerged to the God-language we have always used, with its excessive dependence on masculine imagery. Thus we felt that terms such as "Lord," "Father," and "King," though evocative, had no place in this new edition. Our research convinced us that the weight of Jewish tradition has always considered the divine name to be, in fact, a name, not a descriptive term, and therefore not to be translated as "Lord," despite the common acceptance of that form in Western society. "Adonai" may be only a pious substitute for the original revealed name of God, but we feel that it is properly used in that way, untranslated. This approach has been taken by many outstanding scholars, such as Everett Fox in his recent translation of the Torah.

We also struggled with the use of the pronouns "He," and "Him," describing God, and concluded that none of the three options suggested by many critics, and used in some modern siddurim, was justified. The first, avoiding the use of all third person pronouns, was rejected as both incompatible with the rules of English grammar and style, and the sense of the Hebrew text. The second alternative, changing all third person pronouns to the neutral "You," a path some siddurim have chosen, negates a central rabbinic principle, that we use the second person in describing God's nearness, but revert to the third person to depict God's majesty. The third choice, alternating "He" and "She," was dismissed because it calls attention to the issue of gender, rather than reaching beyond it to a new level of understanding. The language of this edition thus can best be described as "gender-sensitive," rather than "gender-neutral," since the pronoun "He" is used wherever the committee felt it to be the only choice consistent with the literary and traditional criteria we had established.

One result of the application of these principles has been a reexamination of the English form of the b'rakhah, the most basic expression of Jewish prayer. Instead of the usual formulation, in which we speak of praising God as the "King of the universe," we have used the active form, "who **rules** the universe," indicating that our praise of God is for the act of guiding our world and making us holy through mitzvot. Another result was the emerging awareness that many Hebrew terms cannot be encompassed by a single English word, but are most appropriately translated in a variety of ways, depending on the context in which the term is used.

We have attempted as well to reexamine the meaning of numerous prayers, where their understanding may have been corrupted in the course of time. One striking example is the opening passage of the Kaddish. It has been noted by many commentators that its usual reading, found in virtually all modern siddurim, misses the point of the prayer. We have adopted the interpretation of the Vilna Gaon, who suggests that the setting of the word "כִּרְעוּתֵהּ" should be modified to "כִּרְעוּתֵהּ", thus signifying that God wishes His name to be exalted in the world that He created, but that only we have the ability to make that happen. This interpretation is based on the earliest rabbinic texts extant, and adds new meaning to our comprehension of this important piece of liturgy.

This edition includes new translations of a number of prayers and poems, including *Eshet Ḥayil, Ya'aleh V'yavo,* and *Barukh She-amar,* and others not previously translated at all in *Siddur Sim Shalom,* such as *Akdamut* and *Hoshanot.* Several of the poems traditionally sung in Hebrew as part of the various services, notably *Adon Olam, Yigdal,* and *Shir Ha-kavod,* have been retranslated in versions singable in English. Rabbi Andre Ungar's moving English interpretive meditations on the *Amidah* have been removed from their single insertion at the end of the Ma'ariv Service for Shabbat, and placed in their varied versions following each recitation of the *Amidah.* The section of Supplementary Readings and Prayers, and the occasional meditations, have been extensively rewritten.

ACKNOWLEDGMENTS

This siddur could never have become a reality without the dedication of many individuals who gave generously of their time and effort. First and foremost have been the members of the superb and scholarly Editorial Committee, who have met, often several times a month, over the past seven years, making the critical decisions that enabled the work to progress. They included Rabbi Avram Reisner, whose wisdom and scholarship were indispensable; Rabbi Simon Glustrom and Dr. Lynne Heller, both of whom enhanced the siddur with unflagging energy and exquisite sensitivity to language; and Roy Clements, who provided sound advice and strong support throughout. For the first several years Rabbi Jules Harlow was an integral part of our Committee, contributing innumerable insights and suggestions. Upon his stepping down as The Rabbinical Assembly's Director of Publications, his place on the Committee was taken by Rabbi Jan Kaufman, who added her valuable perceptions as well as technical assistance. At every step of the way, Rabbi Joel Meyers and Rabbi Jerome Epstein were unfailing sources of inspiration, encouragement, and ideas. It was also the vision and foresight of Rabbi Simon Glustrom, which, during his tenure as Chairman of the RA Publications Committee, inspired this venture at its inception. His persuasive abilities convinced me to undertake so ambitious a project, while serving at the same time as the rabbi of a large and demanding congregation. That congregation, Har Shalom, of Potomac, Maryland, has truly been a long-suffering, but unwavering source of support during these seven years. In many ways, this siddur is their creation, not only for their patience with me, but for teaching me, with wisdom and enthusiasm, virtually everything I know about the practical uses of liturgy. Numerous congregants have offered ideas and pointed out corrections. I am indebted to Barbara Brickman for her many editorial insights, and most notably to our Literary Editor, Laurie Sunshine, whose skillful eye, poetic gifts, and linguistic abilities are evident throughout.

Our page design owes much to the professional skill of Jim Harris and the tasteful cover design is the result of the artistry of Alisen Herman. The typesetting was accomplished by El Ot Corporation of Tel Aviv. Their director, Shaul Akri, was not just a contact, but a true partner and advisor.

The Editorial Committee has benefited from, and is deeply indebted to, the suggestions and comments of numerous individuals and congregations, communicated orally, in writing, and electronically. Literally hundreds of rabbis, ḥazzanim, congregants, and a variety of scholars, have enriched our work by taking the time to contribute ideas, critiques, and creative offerings for our consideration, and many of them are evident on virtually every page of this book. It is our hope that this siddur will add enrichment to, and meet the needs of the Conservative Jew, as we prepare for our Movement's second century. It is with a profound sense of gratitude that we give thanks to God for granting us the strength to persevere in this effort. We are confident that the publication of this edition of *Siddur Sim Shalom* will result in the raising of *t'filah* within our congregations to new heights of inspiration, understanding, and *kavanah*.

Rabbi Leonard S. Cahan,
Chairman
Siddur Sim Shalom Editorial Committee

SPECIAL SYMBOLS

This siddur uses special symbols to aid those concerned with the correct pronunciation of Hebrew, and to guide those who lead the service. It is customary for the leader of the Hebrew service to repeat the last phrases of a passage which has just been recited by the congregation. An open box □ precedes the Hebrew words to be chanted at such times by the Ḥazzan or other leader of the service.

This siddur also assumes that the pronunciation of Hebrew by the congregation will be Sephardic, rather than Ashkenazic. Sephardic pronunciation distinguishes between two forms of the vowel *kamatz:* one long (*kamatz gadol*), the other short (*kamatz katan,* and *ḥataf kamatz*). In this siddur, the usual symbol (ָ) is used only for the *kamatz gadol* (pronounced *a* as in father). A different symbol is used for *kamatz katan* (ָ) and *ḥataf kamatz* (ֳ , both pronounced *o* as in north).

Often, on special occasions and in different parts of the year, there are minor changes made in the text to recognize the occasion. Some of these changes are additions to the standard text, while others are in the form of substitutions for the usual text. Where there is a substitution, an asterisk (*) is inserted to direct the worshiper to the appropriate words, which can be found nearby on the same page.

An effort has been made to make the transliteration of prayer texts both consistent and easily decipherable by the non-Hebrew reader. A specially dedicated font has been used consistently for transliterations in this siddur. For the most part, the use in the transliterations of English letters and groupings corresponds to analogous Hebrew letters; in places, however, where the Editorial Committee felt this might cause confusion in pronunciation, we have opted for ease of recognition rather than consistency.

The reader's attention is also called to another special symbol used throughout this volume to accompany the headings of important prayers: An olive branch of peace ( ). In a Siddur called "Sim Shalom (Grant Peace)," we felt that this was especially appropriate as a symbol of our people's eternal longing for peace. We hope this symbol will serve as an everpresent reminder of that ideal.

מִנְחָה לְחוֹל

Weekday
Afternoon
Service

מנחה לחול

אשרי

תהלים פ״ד:ה׳, קמ״ד:ט״ו

אַשְׁרֵי יוֹשְׁבֵי בֵיתֶךָ, עוֹד יְהַלְלוּךָ סֶּלָה.
אַשְׁרֵי הָעָם שֶׁכָּכָה לּוֹ, אַשְׁרֵי הָעָם שֶׁיהוה אֱלֹהָיו.

תהלים קמ״ה, קט״ו:י״ח

תְּהִלָּה לְדָוִד.

אֲרוֹמִמְךָ אֱלוֹהַי הַמֶּלֶךְ, וַאֲבָרְכָה שִׁמְךָ לְעוֹלָם וָעֶד.
בְּכָל־יוֹם אֲבָרְכֶךָּ, וַאֲהַלְלָה שִׁמְךָ לְעוֹלָם וָעֶד.

גָּדוֹל יהוה וּמְהֻלָּל מְאֹד, וְלִגְדֻלָּתוֹ אֵין חֵקֶר.
דּוֹר לְדוֹר יְשַׁבַּח מַעֲשֶׂיךָ, וּגְבוּרֹתֶיךָ יַגִּידוּ.

הֲדַר כְּבוֹד הוֹדֶךָ, וְדִבְרֵי נִפְלְאֹתֶיךָ אָשִׂיחָה.
וֶעֱזוּז נוֹרְאֹתֶיךָ יֹאמֵרוּ, וּגְדֻלָּתְךָ אֲסַפְּרֶנָּה.

זֵכֶר רַב־טוּבְךָ יַבִּיעוּ, וְצִדְקָתְךָ יְרַנֵּנוּ.
חַנּוּן וְרַחוּם יהוה, אֶרֶךְ אַפַּיִם וּגְדָל־חָסֶד.

טוֹב יהוה לַכֹּל, וְרַחֲמָיו עַל־כָּל־מַעֲשָׂיו.
יוֹדוּךָ יהוה כָּל־מַעֲשֶׂיךָ, וַחֲסִידֶיךָ יְבָרְכוּכָה.

כְּבוֹד מַלְכוּתְךָ יֹאמֵרוּ, וּגְבוּרָתְךָ יְדַבֵּרוּ.
לְהוֹדִיעַ לִבְנֵי הָאָדָם גְּבוּרֹתָיו, וּכְבוֹד הֲדַר מַלְכוּתוֹ.

מַלְכוּתְךָ מַלְכוּת כָּל־עֹלָמִים, וּמֶמְשַׁלְתְּךָ בְּכָל־דּוֹר וָדֹר.
סוֹמֵךְ יהוה לְכָל־הַנֹּפְלִים, וְזוֹקֵף לְכָל־הַכְּפוּפִים.

WEEKDAY AFTERNOON SERVICE

✿ ASHREI

PSALM 84:5; 144:15
Blessed are they who dwell in Your house;
they shall praise You forever.

Blessed the people who are so favored;
blessed the people whose God is Adonai.

PSALM 145; 115:18
A Psalm of David.

I glorify You, my God, my Sovereign;
I praise You throughout all time.

Every day do I praise You, exalting Your glory forever.

Great is Adonai, and praiseworthy;
God's greatness exceeds definition.

One generation lauds Your works to another,
acclaiming Your mighty deeds.

They tell of Your wonders and Your glorious splendor.
They speak of Your greatness and Your awesome power.

They recall Your goodness; they sing of Your faithfulness.

Adonai is gracious and compassionate;
patient, and abounding in love.

Adonai is good to all; God's compassion embraces all.

All of Your creatures shall praise You;
the faithful shall continually bless You,

recounting Your glorious sovereignty,
telling tales of Your might.

And everyone will know of Your power,
the awesome radiance of Your dominion.

Your sovereignty is everlasting;
Your dominion endures for all generations.

Adonai supports all who stumble,
and uplifts all who are bowed down.

1

עֵינֵי־כֹל אֵלֶֽיךָ יְשַׂבֵּֽרוּ, וְאַתָּה נוֹתֵן לָהֶם אֶת־אָכְלָם בְּעִתּוֹ.
פּוֹתֵֽחַ אֶת־יָדֶֽךָ, וּמַשְׂבִּֽיעַ לְכָל־חַי רָצוֹן.

צַדִּיק יהוה בְּכָל־דְּרָכָיו, וְחָסִיד בְּכָל־מַעֲשָׂיו.
קָרוֹב יהוה לְכָל־קֹרְאָיו, לְכֹל אֲשֶׁר יִקְרָאֻֽהוּ בֶאֱמֶת.

רְצוֹן יְרֵאָיו יַעֲשֶׂה, וְאֶת־שַׁוְעָתָם יִשְׁמַע וְיוֹשִׁיעֵם.
שׁוֹמֵר יהוה אֶת־כָּל־אֹהֲבָיו, וְאֵת כָּל־הָרְשָׁעִים יַשְׁמִיד.

□ **תְּ**הִלַּת יהוה יְדַבֶּר־פִּי,
וִיבָרֵךְ כָּל־בָּשָׂר שֵׁם קָדְשׁוֹ לְעוֹלָם וָעֶד.
וַאֲנַֽחְנוּ נְבָרֵךְ יָהּ, מֵעַתָּה וְעַד עוֹלָם, הַלְלוּיָהּ.

חצי קדיש

Ḥazzan:

יִתְגַּדַּל וְיִתְקַדַּשׁ שְׁמֵהּ רַבָּא, בְּעָלְמָא דִּי בְרָא, כִּרְעוּתֵהּ, וְיַמְלִיךְ מַלְכוּתֵהּ בְּחַיֵּיכוֹן וּבְיוֹמֵיכוֹן וּבְחַיֵּי דְכָל־בֵּית יִשְׂרָאֵל, בַּעֲגָלָא וּבִזְמַן קָרִיב, וְאִמְרוּ אָמֵן.

Congregation and Ḥazzan:

יְהֵא שְׁמֵהּ רַבָּא מְבָרַךְ לְעָלַם וּלְעָלְמֵי עָלְמַיָּא.

Ḥazzan:

יִתְבָּרַךְ וְיִשְׁתַּבַּח וְיִתְפָּאַר וְיִתְרוֹמַם וְיִתְנַשֵּׂא וְיִתְהַדַּר וְיִתְעַלֶּה וְיִתְהַלַּל שְׁמֵהּ דְּקֻדְשָׁא, בְּרִיךְ הוּא *לְעֵֽלָּא מִן כָּל־בִּרְכָתָא וְשִׁירָתָא תֻּשְׁבְּחָתָא וְנֶחֱמָתָא דַּאֲמִירָן בְּעָלְמָא, וְאִמְרוּ אָמֵן.

**Between ראש השנה and יום כפור:*

לְעֵֽלָּא לְעֵֽלָּא מִכָּל־בִּרְכָתָא וְשִׁירָתָא

Continue with the עמידה on page 3a or 3b (with אמהות) through page 9.

The eyes of all look hopefully to You,
and You provide their food in due time.

You open Your hand;
Your favor sustains all the living.

Adonai is just in all His ways,
loving in all His deeds.

Adonai is near to all who call,
to all who call to God with integrity.

God fulfills the desire of those who are faithful;
God hears their cry and delivers them.

Adonai preserves all who love Him,
while marking the wicked for destruction.

My mouth shall praise Adonai.
Let all flesh praise God's name throughout all time.

We shall praise Adonai now and always. Halleluyah!

❧ ḤATZI KADDISH

Reader:
May God's name be exalted and hallowed throughout the
world that He created, as is God's wish. May God's sovereignty
soon be accepted, during our life and the life of all Israel.
And let us say: Amen.

Congregation and Reader:
Y'hei sh'mei raba m'varakh l'alam u-l'almei almaya.
May God's great name be praised throughout all time.

Reader:
Glorified and celebrated, lauded and worshiped, exalted and
honored, extolled and acclaimed may the Holy One be, praised
beyond all song and psalm, beyond all tributes that mortals
can utter. And let us say: Amen.

Continue with the Amidah on page 3a or 3b (with Matriarchs)
through page 9.

עמידה — מנחה לחול

כִּי שֵׁם יהוה אֶקְרָא, הָבוּ גֹדֶל לֵאלֹהֵינוּ.
אֲדֹנָי, שְׂפָתַי תִּפְתָּח וּפִי יַגִּיד תְּהִלָּתֶךָ.

בָּרוּךְ אַתָּה יהוה אֱלֹהֵינוּ וֵאלֹהֵי אֲבוֹתֵינוּ, אֱלֹהֵי אַבְרָהָם אֱלֹהֵי יִצְחָק וֵאלֹהֵי יַעֲקֹב, הָאֵל הַגָּדוֹל הַגִּבּוֹר וְהַנּוֹרָא, אֵל עֶלְיוֹן, גּוֹמֵל חֲסָדִים טוֹבִים וְקוֹנֵה הַכֹּל, וְזוֹכֵר חַסְדֵי אָבוֹת וּמֵבִיא גּוֹאֵל לִבְנֵי בְנֵיהֶם לְמַעַן שְׁמוֹ בְּאַהֲבָה.

Between ראש השנה and יום כפור:

זָכְרֵנוּ לְחַיִּים, מֶלֶךְ חָפֵץ בַּחַיִּים,
וְכָתְבֵנוּ בְּסֵפֶר הַחַיִּים, לְמַעַנְךָ אֱלֹהִים חַיִּים.

מֶלֶךְ עוֹזֵר וּמוֹשִׁיעַ וּמָגֵן. בָּרוּךְ אַתָּה יהוה מָגֵן אַבְרָהָם.

אַתָּה גִּבּוֹר לְעוֹלָם אֲדֹנָי, מְחַיֵּה מֵתִים אַתָּה, רַב לְהוֹשִׁיעַ.

**From שמיני עצרת until פסח:*

מַשִּׁיב הָרוּחַ וּמוֹרִיד הַגָּשֶׁם.

מְכַלְכֵּל חַיִּים בְּחֶסֶד, מְחַיֵּה מֵתִים בְּרַחֲמִים רַבִּים, סוֹמֵךְ נוֹפְלִים וְרוֹפֵא חוֹלִים וּמַתִּיר אֲסוּרִים, וּמְקַיֵּם אֱמוּנָתוֹ לִישֵׁנֵי עָפָר. מִי כָמוֹךָ בַּעַל גְּבוּרוֹת וּמִי דּוֹמֶה לָּךְ, מֶלֶךְ מֵמִית וּמְחַיֶּה וּמַצְמִיחַ יְשׁוּעָה.

Between ראש השנה and יום כפור:

מִי כָמוֹךָ אַב הָרַחֲמִים, זוֹכֵר יְצוּרָיו לְחַיִּים בְּרַחֲמִים.

וְנֶאֱמָן אַתָּה לְהַחֲיוֹת מֵתִים.
בָּרוּךְ אַתָּה יהוה מְחַיֵּה הַמֵּתִים.

When the עמידה is chanted aloud, continue on page 4.

אַתָּה קָדוֹשׁ וְשִׁמְךָ קָדוֹשׁ, וּקְדוֹשִׁים בְּכָל־יוֹם יְהַלְלוּךָ סֶּלָה.
**בָּרוּךְ אַתָּה יהוה הָאֵל הַקָּדוֹשׁ.

***Between ראש השנה and יום כפור:*

בָּרוּךְ אַתָּה יהוה הַמֶּלֶךְ הַקָּדוֹשׁ.

Silent recitation continues on page 5.

*From פסח to שמיני עצרת, some add: מוֹרִיד הַטָּל.

✽ AMIDAH FOR WEEKDAY MINḤAH

When I call upon Adonai, proclaim glory to our God!
Adonai, open my lips, so I may speak Your praise.

Praised are You Adonai, our God and God of our ancestors,
God of Abraham, God of Isaac, and God of Jacob, great,
mighty, awesome, exalted God who bestows lovingkindness,
Creator of all. You remember the pious deeds of our ancestors
and will send a redeemer to their children's children because
of Your loving nature.

> *Between Rosh Hashanah and Yom Kippur:*
>
> Remember us that we may live, O Sovereign who delights in life.
> Inscribe us in the Book of Life, for Your sake, living God.

You are the Sovereign who helps and saves and shields.
Praised are You Adonai, Shield of Abraham.

Your might, Adonai, is boundless. You give life to the dead;
great is Your saving power.

> **From Sh'mini Atzeret until Pesaḥ:*
>
> You cause the wind to blow and the rain to fall.

Your love sustains the living, Your great mercies give life to
the dead. You support the falling, heal the ailing, free the
fettered. You keep Your faith with those who sleep in dust.
Whose power can compare with Yours? You are Master of life
and death and deliverance.

> *Between Rosh Hashanah and Yom Kippur:*
>
> Whose mercy can compare with Yours, Source of compassion?
> In mercy You remember Your creatures with life.

Faithful are You in giving life to the dead.
Praised are You Adonai, Master of life and death.

> *When the Amidah is chanted aloud, continue on page 4.*

Holy are You and holy is Your name. Holy are those who
praise You each day. **Praised are You Adonai, holy God.

> ***Between Rosh Hashanah and Yom Kippur:*
>
> Praised are You Adonai, holy Sovereign.

> *Silent recitation continues on page 5.*

---

*From Pesaḥ to Sh'mini Atzeret, some add: You cause the dew to fall.

עמידה — מנחה לחול (כולל אמהות)

כִּי שֵׁם יהוה אֶקְרָא, הָבוּ גֹדֶל לֵאלֹהֵינוּ.
אֲדֹנָי, שְׂפָתַי תִּפְתָּח וּפִי יַגִּיד תְּהִלָּתֶךָ.

בָּרוּךְ אַתָּה יהוה אֱלֹהֵינוּ וֵאלֹהֵי אֲבוֹתֵינוּ, אֱלֹהֵי אַבְרָהָם אֱלֹהֵי יִצְחָק וֵאלֹהֵי יַעֲקֹב, אֱלֹהֵי שָׂרָה אֱלֹהֵי רִבְקָה אֱלֹהֵי רָחֵל וֵאלֹהֵי לֵאָה, הָאֵל הַגָּדוֹל הַגִּבּוֹר וְהַנּוֹרָא, אֵל עֶלְיוֹן, גּוֹמֵל חֲסָדִים טוֹבִים וְקוֹנֵה הַכֹּל, וְזוֹכֵר חַסְדֵי אָבוֹת וּמֵבִיא גּוֹאֵל לִבְנֵי בְנֵיהֶם לְמַעַן שְׁמוֹ בְּאַהֲבָה.

Between ראש השנה and יום כפור:

זָכְרֵנוּ לְחַיִּים, מֶלֶךְ חָפֵץ בַּחַיִּים,
וְכָתְבֵנוּ בְּסֵפֶר הַחַיִּים, לְמַעַנְךָ אֱלֹהִים חַיִּים.

מֶלֶךְ עוֹזֵר וּפוֹקֵד וּמוֹשִׁיעַ וּמָגֵן.
בָּרוּךְ אַתָּה יהוה מָגֵן אַבְרָהָם וּפֹקֵד שָׂרָה.

אַתָּה גִּבּוֹר לְעוֹלָם אֲדֹנָי, מְחַיֵּה מֵתִים אַתָּה, רַב לְהוֹשִׁיעַ.

**From שמיני עצרת until פסח:*

מַשִּׁיב הָרוּחַ וּמוֹרִיד הַגָּשֶׁם.

מְכַלְכֵּל חַיִּים בְּחֶסֶד, מְחַיֵּה מֵתִים בְּרַחֲמִים רַבִּים, סוֹמֵךְ נוֹפְלִים וְרוֹפֵא חוֹלִים וּמַתִּיר אֲסוּרִים, וּמְקַיֵּם אֱמוּנָתוֹ לִישֵׁנֵי עָפָר. מִי כָמוֹךָ בַּעַל גְּבוּרוֹת וּמִי דּוֹמֶה לָּךְ, מֶלֶךְ מֵמִית וּמְחַיֶּה וּמַצְמִיחַ יְשׁוּעָה.

Between ראש השנה and יום כפור:

מִי כָמוֹךָ אַב הָרַחֲמִים, זוֹכֵר יְצוּרָיו לְחַיִּים בְּרַחֲמִים.

וְנֶאֱמָן אַתָּה לְהַחֲיוֹת מֵתִים.
בָּרוּךְ אַתָּה יהוה מְחַיֵּה הַמֵּתִים.

When the עמידה is chanted aloud, continue on page 4.

אַתָּה קָדוֹשׁ וְשִׁמְךָ קָדוֹשׁ, וּקְדוֹשִׁים בְּכָל־יוֹם יְהַלְלוּךָ סֶּלָה.
**בָּרוּךְ אַתָּה יהוה הָאֵל הַקָּדוֹשׁ.

***Between ראש השנה and יום כפור:*

בָּרוּךְ אַתָּה יהוה הַמֶּלֶךְ הַקָּדוֹשׁ.

Silent recitation continues on page 5.

**From פסח to שמיני עצרת, some add:* מוֹרִיד הַטָּל.

🌿 AMIDAH FOR WEEKDAY MINḤAH
(with Matriarchs)

> When I call upon Adonai, proclaim glory to our God!
> Adonai, open my lips, so I may speak Your praise.

Praised are You Adonai, our God and God of our ancestors, God of Abraham, Isaac, and Jacob, Sarah, Rebecca, Rachel, and Leah, great, mighty, awesome, exalted God who bestows lovingkindness, Creator of all. You remember the pious deeds of our ancestors and will send a redeemer to their children's children because of Your loving nature.

> *Between Rosh Hashanah and Yom Kippur:*
>
> Remember us that we may live, O Sovereign who delights in life. Inscribe us in the Book of Life, for Your sake, living God.

You are the Sovereign who helps and guards, saves and shields. Praised are You Adonai, Shield of Abraham and Guardian of Sarah.

Your might, Adonai, is boundless. You give life to the dead; great is Your saving power.

> **From Sh'mini Atzeret until Pesaḥ:*
>
> You cause the wind to blow and the rain to fall.

Your love sustains the living, Your great mercies give life to the dead. You support the falling, heal the ailing, free the fettered. You keep Your faith with those who sleep in dust. Whose power can compare with Yours? You are Master of life and death and deliverance.

> *Between Rosh Hashanah and Yom Kippur:*
>
> Whose mercy can compare with Yours, Source of compassion? In mercy You remember Your creatures with life.

Faithful are You in giving life to the dead.
Praised are You Adonai, Master of life and death.

> *When the Amidah is chanted aloud, continue on page 4.*

Holy are You and holy is Your name. Holy are those who praise You each day. **Praised are You Adonai, holy God.

> ***Between Rosh Hashanah and Yom Kippur:*
>
> Praised are You Adonai, holy Sovereign.

> *Silent recitation continues on page 5.*

---

*From Pesaḥ to Sh'mini Atzeret, some add: You cause the dew to fall.

קדושה

When the עמידה is chanted by the Hazzan, קדושה is added.

נְקַדֵּשׁ אֶת־שִׁמְךָ בָּעוֹלָם, כְּשֵׁם שֶׁמַּקְדִּישִׁים אוֹתוֹ בִּשְׁמֵי מָרוֹם, כַּכָּתוּב עַל יַד נְבִיאֶךָ, וְקָרָא זֶה אֶל זֶה וְאָמַר:

קָדוֹשׁ קָדוֹשׁ קָדוֹשׁ יהוה צְבָאוֹת, מְלֹא כָל־הָאָרֶץ כְּבוֹדוֹ.

לְעֻמָּתָם בָּרוּךְ יֹאמֵרוּ:

בָּרוּךְ כְּבוֹד יהוה מִמְּקוֹמוֹ.

וּבְדִבְרֵי קָדְשְׁךָ כָּתוּב לֵאמֹר:

יִמְלֹךְ יהוה לְעוֹלָם, אֱלֹהַיִךְ צִיּוֹן לְדֹר וָדֹר, הַלְלוּיָהּ.

לְדוֹר וָדוֹר נַגִּיד גָּדְלֶךָ, וּלְנֵצַח נְצָחִים קְדֻשָּׁתְךָ נַקְדִּישׁ. וְשִׁבְחֲךָ אֱלֹהֵינוּ מִפִּינוּ לֹא יָמוּשׁ לְעוֹלָם וָעֶד, כִּי אֵל מֶלֶךְ גָּדוֹל וְקָדוֹשׁ אָתָּה. *בָּרוּךְ אַתָּה יהוה הָאֵל הַקָּדוֹשׁ.

**Between ראש השנה and יום כפור:*

בָּרוּךְ אַתָּה יהוה הַמֶּלֶךְ הַקָּדוֹשׁ.

❧ KEDUSHAH

When the Reader chants the Amidah, Kedushah is added.

We proclaim Your holiness on earth as it is proclaimed in heaven above. We sing the words of heavenly voices as recorded in Your prophet's vision:

Kadosh kadosh kadosh Adonai Tz'va-ot, m'lo khol ha-aretz k'vodo.
Holy, holy, holy *Adonai Tz'va-ot*;
the grandeur of the world is God's glory.

Heavenly voices respond with praise:

Barukh k'vod Adonai mi-m'komo.
Praised is Adonai's glory throughout the universe.

And in Your holy Psalms it is written:

Yimlokh Adonai l'olam Elohayikh Tziyon l'dor va-dor. Halleluyah.
Adonai shall reign through all generations;
Zion, your God shall reign forever. Halleluyah.

We declare Your greatness through all generations, hallow Your holiness to all eternity. Your praise will never leave our lips, for You are God and Sovereign, great and holy. *Praised are You Adonai, holy God.

Between Rosh Hashanah and Yom Kippur:
Praised are You Adonai, holy Sovereign.

אַתָּה חוֹנֵן לְאָדָם דַּעַת, וּמְלַמֵּד לֶאֱנוֹשׁ בִּינָה. חָנֵּנוּ מֵאִתְּךָ דֵּעָה בִּינָה וְהַשְׂכֵּל. בָּרוּךְ אַתָּה יהוה חוֹנֵן הַדָּעַת.

הֲשִׁיבֵנוּ אָבִינוּ לְתוֹרָתֶךָ, וְקָרְבֵנוּ מַלְכֵּנוּ לַעֲבוֹדָתֶךָ, וְהַחֲזִירֵנוּ בִּתְשׁוּבָה שְׁלֵמָה לְפָנֶיךָ. בָּרוּךְ אַתָּה יהוה הָרוֹצֶה בִּתְשׁוּבָה.

סְלַח לָנוּ אָבִינוּ כִּי חָטָאנוּ, מְחַל לָנוּ מַלְכֵּנוּ כִּי פָשָׁעְנוּ, כִּי מוֹחֵל וְסוֹלֵחַ אָתָּה. בָּרוּךְ אַתָּה יהוה חַנּוּן הַמַּרְבֶּה לִסְלֹחַ.

רְאֵה נָא בְעָנְיֵנוּ, וְרִיבָה רִיבֵנוּ, וּגְאָלֵנוּ מְהֵרָה לְמַעַן שְׁמֶךָ, כִּי גוֹאֵל חָזָק אָתָּה. בָּרוּךְ אַתָּה יהוה גּוֹאֵל יִשְׂרָאֵל.

רְפָאֵנוּ יהוה, וְנֵרָפֵא, הוֹשִׁיעֵנוּ וְנִוָּשֵׁעָה, כִּי תְהִלָּתֵנוּ אָתָּה, וְהַעֲלֵה רְפוּאָה שְׁלֵמָה לְכָל מַכּוֹתֵינוּ,

On behalf of one who is ill:

וִיהִי רָצוֹן מִלְּפָנֶיךָ יהוה אֱלֹהֵינוּ וֵאלֹהֵי אֲבוֹתֵינוּ, שֶׁתִּשְׁלַח מְהֵרָה רְפוּאָה שְׁלֵמָה מִן הַשָּׁמַיִם, רְפוּאַת הַנֶּפֶשׁ וּרְפוּאַת הַגּוּף, לְ_____ בֶּן / בַּת _____ בְּתוֹךְ שְׁאָר חוֹלֵי יִשְׂרָאֵל, וְחַזֵּק אֶת יְדֵי הָעוֹסְקִים בְּצָרְכֵיהֶם,

כִּי אֵל מֶלֶךְ רוֹפֵא נֶאֱמָן וְרַחֲמָן אָתָּה. בָּרוּךְ אַתָּה יהוה רוֹפֵא חוֹלֵי עַמּוֹ יִשְׂרָאֵל.

בָּרֵךְ עָלֵינוּ יהוה אֱלֹהֵינוּ אֶת הַשָּׁנָה הַזֹּאת וְאֶת־כָּל־מִינֵי תְבוּאָתָהּ לְטוֹבָה

From פסח to December 4th: (December 5th in a Hebrew year divisible by four)

וְתֵן בְּרָכָה

From December 5th to פסח: (December 6th in a Hebrew year divisible by four)

וְתֵן טַל וּמָטָר לִבְרָכָה

עַל פְּנֵי הָאֲדָמָה, וְשַׂבְּעֵנוּ מִטּוּבָהּ, וּבָרֵךְ שְׁנָתֵנוּ כַּשָּׁנִים הַטּוֹבוֹת. בָּרוּךְ אַתָּה יהוה מְבָרֵךְ הַשָּׁנִים.

You graciously endow mortals with intelligence, teaching us wisdom. Grant us knowledge, wisdom, and discernment. Praised are You Adonai, who graciously grants us intelligence.

Bring us back, our Teacher, to Your Torah. Draw us near, our Sovereign, to Your service. Lead us back to You, truly repentant. Praised are You Adonai, who welcomes repentance.

Forgive us, our Guide, for we have sinned. Pardon us, our Ruler, for we have transgressed; for You forgive and pardon. Praised are You Adonai, gracious and forgiving.

Behold our adversity and deliver us. Redeem us soon because of Your mercy, for You are the mighty Redeemer. Praised are You Adonai, Redeemer of the people Israel.

Heal us, Adonai, and we shall be healed. Help us and save us, for You are our glory. Grant perfect healing for all our afflictions,

> *On behalf of one who is ill:*
> and may it be Your will, Adonai our God and God of our ancestors, to send complete healing, of body and soul, to _____, along with all others who are stricken, and strength to those who tend to them,

for You are the faithful and merciful God of healing. Praised are You Adonai, Healer of His people Israel.

Adonai our God, make this a blessed year. May its varied produce bring us happiness.

From Pesaḥ to December 4th:	*From December 5th to Pesaḥ:*
(December 5th in a Hebrew	*(December 6th in a Hebrew*
year divisible by four)	*year divisible by four)*
Grant blessing	Grant dew and rain for blessing

upon the earth, satisfy us with its abundance, and bless our year as the best of years. Praised are You Adonai, who blesses the years.

תְּקַע בְּשׁוֹפָר גָּדוֹל לְחֵרוּתֵנוּ, וְשָׂא נֵס לְקַבֵּץ גָּלֻיּוֹתֵינוּ, וְקַבְּצֵנוּ יַחַד מֵאַרְבַּע כַּנְפוֹת הָאָרֶץ. בָּרוּךְ אַתָּה יהוה מְקַבֵּץ נִדְחֵי עַמּוֹ יִשְׂרָאֵל.

הָשִׁיבָה שׁוֹפְטֵינוּ כְּבָרִאשׁוֹנָה וְיוֹעֲצֵינוּ כְּבַתְּחִלָּה, וְהָסֵר מִמֶּנּוּ יָגוֹן וַאֲנָחָה, וּמְלוֹךְ עָלֵינוּ אַתָּה יהוה לְבַדְּךָ בְּחֶסֶד וּבְרַחֲמִים, וְצַדְּקֵנוּ בַּמִּשְׁפָּט. *בָּרוּךְ אַתָּה יהוה מֶלֶךְ אוֹהֵב צְדָקָה וּמִשְׁפָּט.

**Between* ראש השנה *and* יום כפור*:*

בָּרוּךְ אַתָּה יהוה הַמֶּלֶךְ הַמִּשְׁפָּט.

וְלַמַּלְשִׁינִים אַל תְּהִי תִקְוָה, וְכָל הָרִשְׁעָה כְּרֶגַע תֹּאבֵד, וְכָל אוֹיְבֶיךָ מְהֵרָה יִכָּרֵתוּ, וְהַזֵּדִים מְהֵרָה תְעַקֵּר וּתְשַׁבֵּר וּתְמַגֵּר וְתַכְנִיעַ בִּמְהֵרָה בְיָמֵינוּ. בָּרוּךְ אַתָּה יהוה שׁוֹבֵר אֹיְבִים וּמַכְנִיעַ זֵדִים.

עַל הַצַּדִּיקִים וְעַל הַחֲסִידִים וְעַל זִקְנֵי עַמְּךָ בֵּית יִשְׂרָאֵל, וְעַל פְּלֵיטַת סוֹפְרֵיהֶם, וְעַל גֵּרֵי הַצֶּדֶק וְעָלֵינוּ, יֶהֱמוּ נָא רַחֲמֶיךָ יהוה אֱלֹהֵינוּ, וְתֵן שָׂכָר טוֹב לְכָל הַבּוֹטְחִים בְּשִׁמְךָ בֶּאֱמֶת, וְשִׂים חֶלְקֵנוּ עִמָּהֶם, וּלְעוֹלָם לֹא נֵבוֹשׁ כִּי בְךָ בָטָחְנוּ. בָּרוּךְ אַתָּה יהוה מִשְׁעָן וּמִבְטָח לַצַּדִּיקִים.

וְלִירוּשָׁלַיִם עִירְךָ בְּרַחֲמִים תָּשׁוּב, וְתִשְׁכּוֹן בְּתוֹכָהּ כַּאֲשֶׁר דִּבַּרְתָּ, וּבְנֵה אוֹתָהּ בְּקָרוֹב בְּיָמֵינוּ בִּנְיַן עוֹלָם, וְכִסֵּא דָוִד מְהֵרָה לְתוֹכָהּ תָּכִין. בָּרוּךְ אַתָּה יהוה בּוֹנֵה יְרוּשָׁלָיִם.

אֶת־צֶמַח דָּוִד עַבְדְּךָ מְהֵרָה תַצְמִיחַ, וְקַרְנוֹ תָּרוּם בִּישׁוּעָתֶךָ, כִּי לִישׁוּעָתְךָ קִוִּינוּ כָּל הַיּוֹם. בָּרוּךְ אַתָּה יהוה מַצְמִיחַ קֶרֶן יְשׁוּעָה.

שְׁמַע קוֹלֵנוּ יהוה אֱלֹהֵינוּ, חוּס וְרַחֵם עָלֵינוּ, וְקַבֵּל בְּרַחֲמִים וּבְרָצוֹן אֶת־תְּפִלָּתֵנוּ, כִּי אֵל שׁוֹמֵעַ תְּפִלּוֹת וְתַחֲנוּנִים אָתָּה, וּמִלְּפָנֶיךָ מַלְכֵּנוּ רֵיקָם אַל תְּשִׁיבֵנוּ. כִּי אַתָּה שׁוֹמֵעַ תְּפִלַּת עַמְּךָ יִשְׂרָאֵל בְּרַחֲמִים. בָּרוּךְ אַתָּה יהוה שׁוֹמֵעַ תְּפִלָּה.

Sound the great shofar to herald our freedom; raise high the banner to gather our exiles. Gather our dispersed from the ends of the earth. Praised are You Adonai, who gathers the dispersed of the people Israel.

Restore our judges as in days of old; restore our counselors as in former times. Remove sorrow and anguish from our lives. Reign over us, Adonai, You alone, with lovingkindness and mercy; with justice sustain our cause. *Praised are You Adonai, Sovereign who loves justice with compassion.

>   *Between Rosh Hashanah and Yom Kippur:*
>   Praised are You Adonai, Sovereign of judgment.

Frustrate the hopes of all those who malign us. Let all evil soon disappear; let all Your enemies soon be destroyed. May You quickly uproot and crush the arrogant; may You subdue and humble them in our time. Praised are You Adonai, who humbles the arrogant.

Let Your tender mercies be stirred for the righteous, the pious, and the leaders of the House of Israel, devoted scholars and faithful proselytes. Be merciful to us of the House of Israel. Reward all who trust in You; cast our lot with those who are faithful to You. May we never come to despair, for our trust is in You. Praised are You Adonai, who sustains the righteous.

Have mercy and return to Jerusalem, Your city. May Your presence dwell there as You have promised. Build it now, in our days and for all time. Reestablish there the majesty of David, Your servant. Praised are You Adonai, who builds Jerusalem.

Cause the offspring of Your servant David to flourish, and hasten the coming of messianic deliverance. We hope continually for Your redemption. Praised are You Adonai, who assures our redemption.

Hear our voice, Adonai our God. Have compassion upon us, pity us. Accept our prayer with loving favor. You listen to entreaty and prayer. Do not turn us away unanswered, our Sovereign, for You mercifully heed Your people's supplication. Praised are You Adonai, who listens to prayer.

רְצֵה יהוה אֱלֹהֵינוּ בְּעַמְּךָ יִשְׂרָאֵל וּבִתְפִלָּתָם, וְהָשֵׁב אֶת־הָעֲבוֹדָה לִדְבִיר בֵּיתֶךָ, וּתְפִלָּתָם בְּאַהֲבָה תְקַבֵּל בְּרָצוֹן, וּתְהִי לְרָצוֹן תָּמִיד עֲבוֹדַת יִשְׂרָאֵל עַמֶּךָ.

On ראש חודש *and* חול המועד*:*

אֱלֹהֵינוּ וֵאלֹהֵי אֲבוֹתֵינוּ, יַעֲלֶה וְיָבֹא וְיַגִּיעַ, וְיֵרָאֶה וְיֵרָצֶה וְיִשָּׁמַע, וְיִפָּקֵד וְיִזָּכֵר זִכְרוֹנֵנוּ וּפִקְדוֹנֵנוּ, וְזִכְרוֹן אֲבוֹתֵינוּ, וְזִכְרוֹן מָשִׁיחַ בֶּן־דָּוִד עַבְדֶּךָ, וְזִכְרוֹן יְרוּשָׁלַיִם עִיר קָדְשֶׁךָ, וְזִכְרוֹן כָּל עַמְּךָ בֵּית יִשְׂרָאֵל לְפָנֶיךָ, לִפְלֵיטָה לְטוֹבָה, לְחֵן וּלְחֶסֶד וּלְרַחֲמִים, לְחַיִּים וּלְשָׁלוֹם, בְּיוֹם

On ראש חודש*:* רֹאשׁ הַחֹדֶשׁ הַזֶּה.

On סוכות*:* חַג הַסֻּכּוֹת הַזֶּה. *On* פסח*:* חַג הַמַּצּוֹת הַזֶּה.

זָכְרֵנוּ יהוה אֱלֹהֵינוּ בּוֹ לְטוֹבָה, וּפָקְדֵנוּ בוֹ לִבְרָכָה, וְהוֹשִׁיעֵנוּ בוֹ לְחַיִּים. וּבִדְבַר יְשׁוּעָה וְרַחֲמִים חוּס וְחָנֵּנוּ וְרַחֵם עָלֵינוּ וְהוֹשִׁיעֵנוּ כִּי אֵלֶיךָ עֵינֵינוּ, כִּי אֵל מֶלֶךְ חַנּוּן וְרַחוּם אָתָּה.

וְתֶחֱזֶינָה עֵינֵינוּ בְּשׁוּבְךָ לְצִיּוֹן בְּרַחֲמִים.
בָּרוּךְ אַתָּה יהוה הַמַּחֲזִיר שְׁכִינָתוֹ לְצִיּוֹן.

מוֹדִים אֲנַחְנוּ לָךְ שָׁאַתָּה הוּא יהוה אֱלֹהֵינוּ וֵאלֹהֵי אֲבוֹתֵינוּ לְעוֹלָם וָעֶד, צוּר חַיֵּינוּ מָגֵן יִשְׁעֵנוּ אַתָּה הוּא לְדוֹר וָדוֹר. נוֹדֶה לְּךָ וּנְסַפֵּר תְּהִלָּתֶךָ, עַל חַיֵּינוּ הַמְּסוּרִים בְּיָדֶךָ וְעַל נִשְׁמוֹתֵינוּ הַפְּקוּדוֹת לָךְ, וְעַל נִסֶּיךָ שֶׁבְּכָל־יוֹם עִמָּנוּ וְעַל נִפְלְאוֹתֶיךָ וְטוֹבוֹתֶיךָ שֶׁבְּכָל־עֵת, עֶרֶב וָבֹקֶר וְצָהֳרָיִם. הַטּוֹב כִּי לֹא כָלוּ רַחֲמֶיךָ, וְהַמְרַחֵם כִּי לֹא תַמּוּ חֲסָדֶיךָ, מֵעוֹלָם קִוִּינוּ לָךְ.

When the Ḥazzan recites מודים*, the congregation continues silently:*

מוֹדִים אֲנַחְנוּ לָךְ שָׁאַתָּה הוּא יהוה אֱלֹהֵינוּ וֵאלֹהֵי אֲבוֹתֵינוּ אֱלֹהֵי כָל־בָּשָׂר, יוֹצְרֵנוּ, יוֹצֵר בְּרֵאשִׁית. בְּרָכוֹת וְהוֹדָאוֹת לְשִׁמְךָ הַגָּדוֹל וְהַקָּדוֹשׁ, עַל שֶׁהֶחֱיִיתָנוּ וְקִיַּמְתָּנוּ. כֵּן תְּחַיֵּנוּ וּתְקַיְּמֵנוּ, וְתֶאֱסוֹף גָּלֻיּוֹתֵינוּ לְחַצְרוֹת קָדְשֶׁךָ, לִשְׁמוֹר חֻקֶּיךָ וְלַעֲשׂוֹת רְצוֹנֶךָ, וּלְעָבְדְּךָ בְּלֵבָב שָׁלֵם, עַל שֶׁאֲנַחְנוּ מוֹדִים לָךְ. בָּרוּךְ אֵל הַהוֹדָאוֹת.

Accept the prayer of Your people Israel as lovingly as it is offered. Restore worship to Your sanctuary, and may the worship of Your people Israel always be acceptable to You.

On Rosh Ḥodesh and on Ḥol Ha-mo'ed:
Our God and God of our ancestors, show us Your care and concern. Remember our ancestors; recall Your anointed, descended from David Your servant. Protect Jerusalem, Your holy city, and exalt all Your people, Israel, with life and well-being, contentment and peace on this

Rosh Ḥodesh.   Festival of Sukkot.   Festival of Matzot.

Grant us life and blessing, and remember us for good. Recall Your promise of mercy and redemption. Be merciful to us and save us, for we place our hope in You, loving and merciful God.

May we witness Your merciful return to Zion. Praised are You Adonai, who restores the Divine Presence to Zion.

MODIM
We proclaim that You are Adonai our God and God of our ancestors throughout all time. You are the Rock of our lives, the Shield of our salvation in every generation. We thank You and praise You for our lives that are in Your hand, for our souls that are in Your charge, for Your miracles that daily attend us, and for Your wonders and gifts that accompany us evening, morning, and noon. You are good, Your mercy everlasting; You are compassionate, Your kindness never-ending. We have always placed our hope in You.

When the Reader recites Modim, the congregation continues silently:

We proclaim that You are Adonai our God and God of our ancestors, God of all life, our Creator, the Creator of all. We praise You and thank You for granting us life and for sustaining us. May You continue to grant us life and sustenance. Gather our dispersed to Your holy place, to fulfill Your mitzvot and to serve You wholeheartedly, doing Your will. For this we shall thank You. Praised be God to whom thanksgiving is due.

On חנוכה:

עַל הַנִּסִּים וְעַל הַפֻּרְקָן, וְעַל הַגְּבוּרוֹת, וְעַל הַתְּשׁוּעוֹת, וְעַל הַמִּלְחָמוֹת שֶׁעָשִׂיתָ לַאֲבוֹתֵינוּ בַּיָּמִים הָהֵם וּבַזְּמַן הַזֶּה.

בִּימֵי מַתִּתְיָהוּ בֶּן יוֹחָנָן כֹּהֵן גָּדוֹל חַשְׁמוֹנַאי וּבָנָיו, כְּשֶׁעָמְדָה מַלְכוּת יָוָן הָרְשָׁעָה עַל עַמְּךָ יִשְׂרָאֵל לְהַשְׁכִּיחָם תּוֹרָתֶךָ וּלְהַעֲבִירָם מֵחֻקֵּי רְצוֹנֶךָ, וְאַתָּה בְּרַחֲמֶיךָ הָרַבִּים עָמַדְתָּ לָהֶם בְּעֵת צָרָתָם, רַבְתָּ אֶת־רִיבָם, דַּנְתָּ אֶת־דִּינָם, נָקַמְתָּ אֶת־נִקְמָתָם, מָסַרְתָּ גִּבּוֹרִים בְּיַד חַלָּשִׁים, וְרַבִּים בְּיַד מְעַטִּים, וּטְמֵאִים בְּיַד טְהוֹרִים, וּרְשָׁעִים בְּיַד צַדִּיקִים, וְזֵדִים בְּיַד עוֹסְקֵי תוֹרָתֶךָ. וּלְךָ עָשִׂיתָ שֵׁם גָּדוֹל וְקָדוֹשׁ בְּעוֹלָמֶךָ, וּלְעַמְּךָ יִשְׂרָאֵל עָשִׂיתָ תְּשׁוּעָה גְדוֹלָה וּפֻרְקָן כְּהַיּוֹם הַזֶּה. וְאַחַר כֵּן בָּאוּ בָנֶיךָ לִדְבִיר בֵּיתֶךָ וּפִנּוּ אֶת־הֵיכָלֶךָ, וְטִהֲרוּ אֶת־מִקְדָּשֶׁךָ, וְהִדְלִיקוּ נֵרוֹת בְּחַצְרוֹת קָדְשֶׁךָ, וְקָבְעוּ שְׁמוֹנַת יְמֵי חֲנֻכָּה אֵלּוּ לְהוֹדוֹת וּלְהַלֵּל לְשִׁמְךָ הַגָּדוֹל.

On פורים:

עַל הַנִּסִּים וְעַל הַפֻּרְקָן, וְעַל הַגְּבוּרוֹת, וְעַל הַתְּשׁוּעוֹת, וְעַל הַמִּלְחָמוֹת שֶׁעָשִׂיתָ לַאֲבוֹתֵינוּ בַּיָּמִים הָהֵם וּבַזְּמַן הַזֶּה.

בִּימֵי מָרְדְּכַי וְאֶסְתֵּר בְּשׁוּשַׁן הַבִּירָה, כְּשֶׁעָמַד עֲלֵיהֶם הָמָן הָרָשָׁע, בִּקֵּשׁ לְהַשְׁמִיד, לַהֲרֹג וּלְאַבֵּד אֶת־כָּל־הַיְּהוּדִים, מִנַּעַר וְעַד זָקֵן, טַף וְנָשִׁים, בְּיוֹם אֶחָד בִּשְׁלֹשָׁה עָשָׂר לְחֹדֶשׁ שְׁנֵים־עָשָׂר, הוּא חֹדֶשׁ אֲדָר, וּשְׁלָלָם לָבוֹז. וְאַתָּה בְּרַחֲמֶיךָ הָרַבִּים הֵפַרְתָּ אֶת־עֲצָתוֹ, וְקִלְקַלְתָּ אֶת־מַחֲשַׁבְתּוֹ, וַהֲשֵׁבוֹתָ לּוֹ גְּמוּלוֹ בְּרֹאשׁוֹ, וְתָלוּ אוֹתוֹ וְאֶת־בָּנָיו עַל הָעֵץ.

וְעַל כֻּלָּם יִתְבָּרַךְ וְיִתְרוֹמַם שִׁמְךָ מַלְכֵּנוּ תָּמִיד לְעוֹלָם וָעֶד.

Between ראש השנה and יום כפור:

וּכְתוֹב לְחַיִּים טוֹבִים כָּל־בְּנֵי בְרִיתֶךָ.

וְכֹל הַחַיִּים יוֹדוּךָ סֶּלָה, וִיהַלְלוּ אֶת־שִׁמְךָ בֶּאֱמֶת, הָאֵל יְשׁוּעָתֵנוּ וְעֶזְרָתֵנוּ סֶלָה. בָּרוּךְ אַתָּה יהוה הַטּוֹב שִׁמְךָ וּלְךָ נָאֶה לְהוֹדוֹת.

Hazzan, at שחרית:

אֱלֹהֵינוּ וֵאלֹהֵי אֲבוֹתֵינוּ, בָּרְכֵנוּ בַבְּרָכָה הַמְשֻׁלֶּשֶׁת בַּתּוֹרָה הַכְּתוּבָה עַל יְדֵי מֹשֶׁה עַבְדֶּךָ, הָאֲמוּרָה מִפִּי אַהֲרֹן וּבָנָיו, כֹּהֲנִים, עַם קְדוֹשֶׁךָ, כָּאָמוּר:

יְבָרֶכְךָ יהוה וְיִשְׁמְרֶךָ. — כֵּן יְהִי רָצוֹן.
יָאֵר יהוה פָּנָיו אֵלֶיךָ וִיחֻנֶּךָּ. — כֵּן יְהִי רָצוֹן.
יִשָּׂא יהוה פָּנָיו אֵלֶיךָ וְיָשֵׂם לְךָ שָׁלוֹם. — כֵּן יְהִי רָצוֹן.

On Ḥanukkah:

We thank You for the miraculous deliverance, for the heroism, and for the triumphs of our ancestors from ancient days until our time.

In the days of Mattathias son of Yoḥanan, the heroic Hasmonean *Kohen*, and in the days of his sons, a cruel power rose against Your people Israel, demanding that they abandon Your Torah and violate Your mitzvot. You, in great mercy, stood by Your people in time of trouble. You defended them, vindicated them, and avenged their wrongs. You delivered the strong into the hands of the weak, the many into the hands of the few, the corrupt into the hands of the pure in heart, the guilty into the hands of the innocent. You delivered the arrogant into the hands of those who were faithful to Your Torah. You have revealed Your glory and Your holiness to all the world, achieving great victories and miraculous deliverance for Your people Israel to this day. Then Your children came into Your shrine, cleansed Your Temple, purified Your sanctuary, and kindled lights in Your sacred courts. They set aside these eight days as a season for giving thanks and chanting praises to You.

On Purim:

We thank You for the miraculous deliverance, for the heroism, and for the triumphs of our ancestors from ancient days until our time.

In the days of Mordecai and Esther, in Shushan, the capital of Persia, the wicked Haman rose up against all Jews and plotted their destruction. In a single day, the thirteenth of Adar, the twelfth month of the year, Haman planned to annihilate all Jews, young and old, and to permit the plunder of their property. You, in great mercy, thwarted his designs, frustrated his plot, and visited upon him the evil he planned to bring on others. Haman, together with his sons, was put to death on the gallows he had made for Mordecai.

For all these blessings we shall ever praise and exalt You.

Between Rosh Hashanah and Yom Kippur:
Inscribe all the people of Your covenant for a good life.

May every living creature thank You and praise You faithfully, God of our deliverance and our help. Praised are You Adonai, the essence of goodness, worthy of acclaim.

Reader, at Shaḥarit

Bless us, our God and God of our ancestors, with the threefold blessing written in the Torah by Moses, Your servant, pronounced by Aaron and by his descendants, *Kohanim*, Your holy people.

May Adonai bless you and guard you.   Ken y'hi ratzon.
May Adonai show you favor and be gracious to you.   Ken y'hi ratzon.
May Adonai show you kindness and grant you peace. Ken y'hi ratzon.

שָׁלוֹם רָב עַל יִשְׂרָאֵל עַמְּךָ וְעַל כָּל־יוֹשְׁבֵי תֵבֵל תָּשִׂים לְעוֹלָם, כִּי אַתָּה הוּא מֶלֶךְ אָדוֹן לְכָל־הַשָּׁלוֹם. וְטוֹב בְּעֵינֶיךָ לְבָרֵךְ אֶת־עַמְּךָ יִשְׂרָאֵל בְּכָל־עֵת וּבְכָל־שָׁעָה בִּשְׁלוֹמֶךָ. *בָּרוּךְ אַתָּה יהוה הַמְבָרֵךְ אֶת־עַמּוֹ יִשְׂרָאֵל בַּשָּׁלוֹם.

*Between ראש השנה and יום כפור:

בְּסֵפֶר חַיִּים בְּרָכָה וְשָׁלוֹם, וּפַרְנָסָה טוֹבָה, נִזָּכֵר וְנִכָּתֵב לְפָנֶיךָ, אֲנַחְנוּ וְכָל־עַמְּךָ בֵּית יִשְׂרָאֵל, לְחַיִּים טוֹבִים וּלְשָׁלוֹם. בָּרוּךְ אַתָּה יהוה עֹשֵׂה הַשָּׁלוֹם.

The Ḥazzan's recitation of the עמידה ends here.

The silent recitation of the עמידה concludes with a personal prayer.

אֱלֹהַי, נְצוֹר לְשׁוֹנִי מֵרָע וּשְׂפָתַי מִדַּבֵּר מִרְמָה, וְלִמְקַלְלַי נַפְשִׁי תִדֹּם, וְנַפְשִׁי כֶּעָפָר לַכֹּל תִּהְיֶה. פְּתַח לִבִּי בְּתוֹרָתֶךָ וּבְמִצְוֹתֶיךָ תִּרְדּוֹף נַפְשִׁי. וְכָל־הַחוֹשְׁבִים עָלַי רָעָה, מְהֵרָה הָפֵר עֲצָתָם וְקַלְקֵל מַחֲשַׁבְתָּם. עֲשֵׂה לְמַעַן שְׁמֶךָ, עֲשֵׂה לְמַעַן יְמִינֶךָ, עֲשֵׂה לְמַעַן קְדֻשָּׁתֶךָ, עֲשֵׂה לְמַעַן תּוֹרָתֶךָ, לְמַעַן יֵחָלְצוּן יְדִידֶיךָ, הוֹשִׁיעָה יְמִינְךָ וַעֲנֵנִי. יִהְיוּ לְרָצוֹן אִמְרֵי־פִי וְהֶגְיוֹן לִבִּי לְפָנֶיךָ, יהוה צוּרִי וְגוֹאֲלִי. עֹשֶׂה שָׁלוֹם בִּמְרוֹמָיו, הוּא יַעֲשֶׂה שָׁלוֹם עָלֵינוּ וְעַל כָּל־יִשְׂרָאֵל, וְאִמְרוּ אָמֵן.

When this עמידה is recited during שחרית, substitute the following for שלום רב above:

שִׂים שָׁלוֹם בָּעוֹלָם, טוֹבָה וּבְרָכָה, חֵן וָחֶסֶד וְרַחֲמִים עָלֵינוּ וְעַל כָּל־יִשְׂרָאֵל עַמֶּךָ. בָּרְכֵנוּ אָבִינוּ כֻּלָּנוּ כְּאֶחָד בְּאוֹר פָּנֶיךָ, כִּי בְאוֹר פָּנֶיךָ נָתַתָּ לָּנוּ, יהוה אֱלֹהֵינוּ, תּוֹרַת חַיִּים וְאַהֲבַת חֶסֶד, וּצְדָקָה וּבְרָכָה וְרַחֲמִים וְחַיִּים, וְשָׁלוֹם. וְטוֹב בְּעֵינֶיךָ לְבָרֵךְ אֶת־עַמְּךָ יִשְׂרָאֵל בְּכָל־עֵת וּבְכָל־שָׁעָה בִּשְׁלוֹמֶךָ. *בָּרוּךְ אַתָּה יהוה הַמְבָרֵךְ אֶת־עַמּוֹ יִשְׂרָאֵל בַּשָּׁלוֹם.

*Between ראש השנה and יום כפור:

בְּסֵפֶר חַיִּים בְּרָכָה וְשָׁלוֹם, וּפַרְנָסָה טוֹבָה, נִזָּכֵר וְנִכָּתֵב לְפָנֶיךָ, אֲנַחְנוּ וְכָל־עַמְּךָ בֵּית יִשְׂרָאֵל, לְחַיִּים טוֹבִים וּלְשָׁלוֹם. בָּרוּךְ אַתָּה יהוה עֹשֵׂה הַשָּׁלוֹם.

Grant true and lasting peace to Your people Israel and to all who dwell on earth, for You are the supreme Sovereign of peace. May it please You to bless Your people Israel in every season and at all times with Your gift of peace. *Praised are You Adonai, who blesses the people Israel with peace.

Between Rosh Hashanah and Yom Kippur:

May we and the entire House of Israel be remembered and recorded in the Book of life, blessing, sustenance, and peace. Praised are You Adonai, Source of peace.

The silent recitation of the Amidah concludes with a personal prayer.

My God, keep my tongue from evil, my lips from lies. Help me ignore those who would slander me. Let me be humble before all. Open my heart to Your Torah, that I may pursue Your mitzvot. Frustrate the designs of those who plot evil against me; make nothing of their schemes. Act for the sake of Your compassion, Your power, Your holiness, and Your Torah. Answer my prayer for the deliverance of Your people. May the words of my mouth and the meditations of my heart be acceptable to You, my Rock and my Redeemer. May the One who brings peace to His universe bring peace to us and to all the people Israel. Amen.

When this Amidah is recited during Shaḥarit, substitute the following for "Grant true and lasting peace" above:

Grant universal peace, with happiness and blessing, grace, love, and mercy for us and for all the people Israel. Bless us, our Creator, one and all, with Your light; for You have given us, by that light, the guide to a life of caring, filled with generosity and contentment, kindness and well-being — and peace. May it please You to bless Your people Israel in every season and at all times with Your gift of peace. *Praised are You Adonai, who blesses His people Israel with peace.

Between Rosh Hashanah and Yom Kippur:

May we and the entire House of Israel be remembered and recorded in the Book of life, blessing, sustenance, and peace. Praised are You Adonai, Source of peace.

קדיש שלם

Ḥazzan:

יִתְגַּדַּל וְיִתְקַדַּשׁ שְׁמֵהּ רַבָּא, בְּעָלְמָא דִּי בְרָא, כִּרְעוּתֵהּ, וְיַמְלִיךְ מַלְכוּתֵהּ בְּחַיֵּיכוֹן וּבְיוֹמֵיכוֹן וּבְחַיֵּי דְכָל־בֵּית יִשְׂרָאֵל, בַּעֲגָלָא וּבִזְמַן קָרִיב, וְאִמְרוּ אָמֵן.

Congregation and Ḥazzan:

יְהֵא שְׁמֵהּ רַבָּא מְבָרַךְ לְעָלַם וּלְעָלְמֵי עָלְמַיָּא.

Ḥazzan:

יִתְבָּרַךְ וְיִשְׁתַּבַּח וְיִתְפָּאַר וְיִתְרוֹמַם וְיִתְנַשֵּׂא וְיִתְהַדַּר וְיִתְעַלֶּה וְיִתְהַלַּל שְׁמֵהּ דְּקֻדְשָׁא, בְּרִיךְ הוּא *לְעֵלָּא מִן כָּל־בִּרְכָתָא וְשִׁירָתָא תֻּשְׁבְּחָתָא וְנֶחֱמָתָא דַּאֲמִירָן בְּעָלְמָא, וְאִמְרוּ אָמֵן.

**Between* ראש השנה *and* יום כפור:

לְעֵלָּא לְעֵלָּא מִכָּל־בִּרְכָתָא וְשִׁירָתָא

תִּתְקַבַּל צְלוֹתְהוֹן וּבָעוּתְהוֹן דְּכָל־יִשְׂרָאֵל קֳדָם אֲבוּהוֹן דִּי בִשְׁמַיָּא וְאִמְרוּ אָמֵן.

יְהֵא שְׁלָמָא רַבָּא מִן שְׁמַיָּא וְחַיִּים עָלֵינוּ וְעַל כָּל־יִשְׂרָאֵל, וְאִמְרוּ אָמֵן.

עֹשֶׂה שָׁלוֹם בִּמְרוֹמָיו הוּא יַעֲשֶׂה שָׁלוֹם עָלֵינוּ וְעַל כָּל־יִשְׂרָאֵל, וְאִמְרוּ אָמֵן.

🌿 KADDISH SHALEM

Reader:
May God's name be exalted and hallowed throughout the world that He created, as is God's wish. May God's sovereignty soon be accepted, during our life and the life of all Israel. And let us say: Amen.

Congregation and Reader:
Y'hei sh'mei raba m'varakh l'alam u-l'almei almaya.
May God's great name be praised throughout all time.

Reader:
Glorified and celebrated, lauded and worshiped, exalted and honored, extolled and acclaimed may the Holy One be, praised beyond all song and psalm, beyond all tributes that mortals can utter. And let us say: Amen.

May the prayers and pleas of all the people Israel be accepted by our Guardian in heaven. And let us say: Amen.

Let there be abundant peace from heaven, with life's goodness for us and for all Israel. And let us say: Amen.

May the One who brings peace to His universe bring peace to us and to all Israel. And let us say: Amen.

עלינו

עָלֵינוּ לְשַׁבֵּחַ לַאֲדוֹן הַכֹּל, לָתֵת גְּדֻלָּה לְיוֹצֵר בְּרֵאשִׁית, שֶׁלֹּא עָשָׂנוּ כְּגוֹיֵי הָאֲרָצוֹת וְלֹא שָׂמָנוּ כְּמִשְׁפְּחוֹת הָאֲדָמָה, שֶׁלֹּא שָׂם חֶלְקֵנוּ כָּהֶם, וְגֹרָלֵנוּ כְּכָל־הֲמוֹנָם.

וַאֲנַחְנוּ כּוֹרְעִים וּמִשְׁתַּחֲוִים וּמוֹדִים

לִפְנֵי מֶלֶךְ מַלְכֵי הַמְּלָכִים, הַקָּדוֹשׁ בָּרוּךְ הוּא,

שֶׁהוּא נוֹטֶה שָׁמַיִם וְיֹסֵד אָרֶץ, וּמוֹשַׁב יְקָרוֹ בַּשָּׁמַיִם מִמַּעַל, וּשְׁכִינַת עֻזּוֹ בְּגָבְהֵי מְרוֹמִים. הוּא אֱלֹהֵינוּ אֵין עוֹד. אֱמֶת מַלְכֵּנוּ, אֶפֶס זוּלָתוֹ, כַּכָּתוּב בְּתוֹרָתוֹ: וְיָדַעְתָּ הַיּוֹם וַהֲשֵׁבֹתָ אֶל לְבָבֶךָ, כִּי יהוה הוּא הָאֱלֹהִים בַּשָּׁמַיִם מִמַּעַל וְעַל הָאָרֶץ מִתָּחַת, אֵין עוֹד.

עַל כֵּן נְקַוֶּה לְּךָ יהוה אֱלֹהֵינוּ, לִרְאוֹת מְהֵרָה בְּתִפְאֶרֶת עֻזֶּךָ, לְהַעֲבִיר גִּלּוּלִים מִן הָאָרֶץ וְהָאֱלִילִים כָּרוֹת יִכָּרֵתוּן, לְתַקֵּן עוֹלָם בְּמַלְכוּת שַׁדַּי, וְכָל־בְּנֵי בָשָׂר יִקְרְאוּ בִשְׁמֶךָ, לְהַפְנוֹת אֵלֶיךָ כָּל־רִשְׁעֵי אָרֶץ. יַכִּירוּ וְיֵדְעוּ כָּל־יוֹשְׁבֵי תֵבֵל, כִּי לְךָ תִּכְרַע כָּל־בֶּרֶךְ, תִּשָּׁבַע כָּל־לָשׁוֹן. לְפָנֶיךָ יהוה אֱלֹהֵינוּ יִכְרְעוּ וְיִפֹּלוּ. וְלִכְבוֹד שִׁמְךָ יְקָר יִתֵּנוּ, וִיקַבְּלוּ כֻלָּם אֶת־עוֹל מַלְכוּתֶךָ וְתִמְלֹךְ עֲלֵיהֶם מְהֵרָה לְעוֹלָם וָעֶד, כִּי הַמַּלְכוּת שֶׁלְּךָ הִיא וּלְעוֹלְמֵי עַד תִּמְלוֹךְ בְּכָבוֹד, כַּכָּתוּב בְּתוֹרָתֶךָ: יהוה יִמְלֹךְ לְעוֹלָם וָעֶד. □ וְנֶאֱמַר: וְהָיָה יהוה לְמֶלֶךְ עַל כָּל־הָאָרֶץ, בַּיּוֹם הַהוּא יִהְיֶה יהוה אֶחָד וּשְׁמוֹ אֶחָד.

Since the Middle Ages, Aleinu has been included in every daily service throughout the year, although it was originally composed for the Rosh Hashanah liturgy. It contains two complementary ideas. The first paragraph celebrates the distinctiveness of the Jewish people, and its unique faith in God. The second speaks eloquently of our universalist hope that someday God will be worshiped by all humanity.

ALEINU

We rise to our duty to praise the Master of all, to acclaim the Creator. God made our lot unlike that of other people, assigning to us a unique destiny. We bend the knee and bow, acknowledging the Supreme Sovereign, the Holy One, exalted, who spread out the heavens and laid the foundations of the earth; whose glorious abode is in the highest heaven, whose mighty dominion is in the loftiest heights. This is our God; there is no other. In truth, God alone is our Ruler, as is written in the Torah: "Know this day and take it to heart that Adonai is God in heaven above and on earth below; there is no other."

Aleinu l'shabe-aḥ la'adon ha-kol, la-tet g'dulah l'yotzer b'reshit,
she-lo asanu k'goyei ha'aratzot
v'lo samanu k'mishp'ḥot ha'adamah,
she-lo sahm ḥelkeinu kahem, v'goralenu k'khol hamonam.

Va-anaḥnu kor'im u-mishtaḥavim u-modim

lifnei Melekh malkhei ha-m'lakhim, Ha-kadosh Barukh Hu.

And so we hope in You, Adonai our God, soon to see Your splendor: That You will sweep idolatry away so that false gods will be utterly destroyed, and that You will perfect the world by Your sovereignty so that all humanity will invoke Your name, and all the earth's wicked will return to You, repentant. Then all who live will know that to You every knee must bend, every tongue pledge loyalty. To You, Adonai, may all bow in worship. May they give honor to Your glory; may everyone accept Your dominion. Reign over all, soon and for all time. Sovereignty is Yours in glory, now and forever. Thus is it written in Your Torah: "Adonai reigns for ever and ever." Such is the prophetic assurance: "Adonai shall be acknowledged Ruler of all the earth. On that day Adonai shall be One and His name One."

V'ne-emar, v'haya Adonai l'melekh al kol ha-aretz,
ba-yom ha-hu yih'yeh Adonai eḥad u-sh'mo eḥad.

The authorship of Aleinu has been ascribed to Rav, a Babylonian rabbi of the third century C.E., although some scholars believe it may have been composed centuries earlier, and was already part of the ritual in the Second Temple.

קדיש יתום

Mourners and those observing Yahrzeit:

יִתְגַּדַּל וְיִתְקַדַּשׁ שְׁמֵהּ רַבָּא, בְּעָלְמָא דִּי בְרָא, כִּרְעוּתֵהּ, וְיַמְלִיךְ מַלְכוּתֵהּ בְּחַיֵּיכוֹן וּבְיוֹמֵיכוֹן וּבְחַיֵּי דְכָל־בֵּית יִשְׂרָאֵל, בַּעֲגָלָא וּבִזְמַן קָרִיב, וְאִמְרוּ אָמֵן.

Congregation and mourners:

יְהֵא שְׁמֵהּ רַבָּא מְבָרַךְ לְעָלַם וּלְעָלְמֵי עָלְמַיָּא.

Mourners:

יִתְבָּרַךְ וְיִשְׁתַּבַּח וְיִתְפָּאַר וְיִתְרוֹמַם וְיִתְנַשֵּׂא וְיִתְהַדַּר וְיִתְעַלֶּה וְיִתְהַלַּל שְׁמֵהּ דְּקֻדְשָׁא, בְּרִיךְ הוּא *לְעֵלָּא מִן כָּל־בִּרְכָתָא וְשִׁירָתָא תֻּשְׁבְּחָתָא וְנֶחֱמָתָא דַּאֲמִירָן בְּעָלְמָא, וְאִמְרוּ אָמֵן.

*Between ראש השנה and יום כפור:

לְעֵלָּא לְעֵלָּא מִכָּל־בִּרְכָתָא וְשִׁירָתָא

יְהֵא שְׁלָמָא רַבָּא מִן שְׁמַיָּא וְחַיִּים עָלֵינוּ וְעַל כָּל־יִשְׂרָאֵל, וְאִמְרוּ אָמֵן.

עֹשֶׂה שָׁלוֹם בִּמְרוֹמָיו הוּא יַעֲשֶׂה שָׁלוֹם עָלֵינוּ וְעַל כָּל־יִשְׂרָאֵל, וְאִמְרוּ אָמֵן.

MOURNER'S KADDISH

Mourners and those observing Yahrzeit:

Yitgadal v'yitkadash sh'mei raba, b'alma di v'ra, kir'utei,
v'yamlikh malkhutei b'ḥayeikhon u-v'yomeikhon
u-v'ḥayei d'khol beit Yisra-el,
ba'agala u-vi-z'man kariv, v'imru amen.

Congregation and mourners:

Y'hei sh'mei raba m'varakh l'alam u-l'almei almaya.

Mourners:

Yitbarakh v'yishtabaḥ v'yitpa-ar v'yitromam v'yitnasei,
v'yit-hadar v'yit'aleh v'yit-halal sh'mei d'kudsha, b'rikh hu
*l'ela min kol birkhata v'shirata, tushb'ḥata v'neḥamata
da'amiran b'alma, v'imru amen.

**Between Rosh Hashanah and Yom Kippur:*
l'ela l'ela mi-kol birkhata v'shirata,

Y'hei sh'lama raba min sh'maya
v'ḥayim aleinu v'al kol Yisra-el, v'imru amen.

Oseh shalom bi-m'romav, hu ya'aseh shalom
aleinu v'al kol Yisra-el, v'imru amen.

May God's name be exalted and hallowed throughout the world that He created, as is God's wish. May God's sovereignty soon be accepted, during our life and the life of all Israel. And let us say: Amen.

May God's great name be praised throughout all time.

Glorified and celebrated, lauded and worshiped, exalted and honored, extolled and acclaimed may the Holy One be, praised beyond all song and psalm, beyond all tributes that mortals can utter. And let us say: Amen.

Let there be abundant peace from heaven, with life's goodness for us and for all Israel. And let us say: Amen.

May the One who brings peace to His universe bring peace to us and to all Israel. And let us say: Amen.

תְּפִלּוֹת לְלֵיל שַׁבָּת וְיוֹם טוֹב

Evening Service
for Shabbat
and Festivals

קבלת שבת

The קבלת שבת Psalms begin on page 15.

On שבת חול המועד, or any שבת that coincides with or follows יום טוב, the service begins with Psalm 92, page 23.

שלום עליכם

שָׁלוֹם עֲלֵיכֶם מַלְאֲכֵי הַשָּׁרֵת, מַלְאֲכֵי עֶלְיוֹן,
(מִ)מֶּלֶךְ מַלְכֵי הַמְּלָכִים, הַקָּדוֹשׁ בָּרוּךְ הוּא.

בּוֹאֲכֶם לְשָׁלוֹם מַלְאֲכֵי הַשָּׁלוֹם, מַלְאֲכֵי עֶלְיוֹן,
(מִ)מֶּלֶךְ מַלְכֵי הַמְּלָכִים, הַקָּדוֹשׁ בָּרוּךְ הוּא.

בָּרְכוּנִי לְשָׁלוֹם מַלְאֲכֵי הַשָּׁלוֹם, מַלְאֲכֵי עֶלְיוֹן,
(מִ)מֶּלֶךְ מַלְכֵי הַמְּלָכִים, הַקָּדוֹשׁ בָּרוּךְ הוּא.

צֵאתְכֶם לְשָׁלוֹם מַלְאֲכֵי הַשָּׁלוֹם, מַלְאֲכֵי עֶלְיוֹן,
(מִ)מֶּלֶךְ מַלְכֵי הַמְּלָכִים, הַקָּדוֹשׁ בָּרוּךְ הוּא.

שבת המלכה

הַחַמָּה מֵרֹאשׁ הָאִילָנוֹת נִסְתַּלְּקָה,
בֹּאוּ וְנֵצֵא לִקְרַאת שַׁבָּת הַמַּלְכָּה.
הִנֵּה הִיא יוֹרֶדֶת הַקְּדוֹשָׁה הַבְּרוּכָה,
וְעִמָּהּ מַלְאָכִים צְבָא שָׁלוֹם וּמְנוּחָה.
בֹּאִי, בֹּאִי, הַמַּלְכָּה. בֹּאִי, בֹּאִי, הַכַּלָּה.
שָׁלוֹם עֲלֵיכֶם מַלְאֲכֵי הַשָּׁלוֹם.

The hymn Shalom Aleikhem first appeared in a seventeenth-century siddur in Germany. The familiar prefix מִ (here included in parentheses), is a more recent, questionable addition to the text. It was not, in fact, originally included in the well-known musical setting composed by Rabbi Israel Goldfarb, in 1918.

KABBALAT SHABBAT

The Kabbalat Shabbat Psalms begin on page 15.

*On Shabbat Ḥol Ha-mo'ed, or any Shabbat
that coincides with or follows a Festival,
the service begins with Psalm 92, page 23.*

 ## SHALOM ALEIKHEM

Shalom aleikhem mal'akhei ha-sharet, mal'akhei Elyon,
(Mi-)melekh malkhei ha-m'lakhim, Ha-kadosh Barukh Hu.

Bo'akhem l'shalom mal'akhei ha-shalom, mal'akhei Elyon,
(Mi-)melekh malkhei ha-m'lakhim, Ha-kadosh Barukh Hu.

Bar'khuni l'shalom mal'akhei ha-shalom, mal'akhei Elyon,
(Mi-)melekh malkhei ha-m'lakhim, Ha-kadosh Barukh Hu.

Tzet'khem l'shalom mal'akhei ha-shalom, mal'akhei Elyon,
(Mi-)melekh malkhei ha-m'lakhim, Ha-kadosh Barukh Hu.

We wish you peace, attending angels,
angels of the most sublime,
the highest Sovereign — the Holy Exalted One.

Come to us in peace, bless us with peace,
take your leave in peace,
angels of peace, angels of the most sublime,
the highest Sovereign — the Holy Exalted One.

 ## SHABBAT HA-MALKAH

Ha-ḥamah me-rosh ha-ilanot nistalkah,
bo-u v'netze likrat Shabbat ha-malkah.
Hinei hi yoredet ha-k'doshah ha-b'rukhah,
v'imah mal'akhim tz'va shalom u-m'nuḥah.
Bo-i, bo-i, ha-malkah. Bo-i, bo-i, ha-kallah.
Shalom aleikhem mal'akhei ha-shalom.

The sun on the treetops no longer is seen.
Come, let us welcome Shabbat, the true Queen.
Behold her descending, the holy, the blessed,
and with her God's angels of peace and of rest.
Come now, dear Queen, with us abide.
Come now, come now, Shabbat, our Bride.
Shalom aleikhem, angels of peace.

— Ḥayim Naḥman Bialik

13

ידיד נפש

יְדִיד נֶֽפֶשׁ, אָב הָרַחֲמָן, מְשׁוֹךְ עַבְדָּךְ אֶל רְצוֹנָךְ
יָרוּץ עַבְדָּךְ כְּמוֹ אַיָּל, יִשְׁתַּחֲוֶה אֶל מוּל הֲדָרָךְ
יֶעֱרַב לוֹ יְדִידוּתָךְ מִנֹּֽפֶת צוּף וְכָל־טָֽעַם.

הָדוּר, נָאֶה, זִיו הָעוֹלָם, נַפְשִׁי חוֹלַת אַהֲבָתָךְ
אָנָּא, אֵל נָא, רְפָא נָא לָהּ בְּהַרְאוֹת לָהּ נֹֽעַם זִיוָךְ
אָז תִּתְחַזֵּק וְתִתְרַפֵּא, וְהָיְתָה לָךְ שִׁפְחַת עוֹלָם.

וָתִיק, יֶהֱמוּ רַחֲמֶֽיךָ, וְחוּס נָא עַל בֵּן אוֹהֲבָךְ
כִּי זֶה כַּמָּה נִכְסוֹף נִכְסַף לִרְאוֹת בְּתִפְאֶֽרֶת עֻזָּךְ
אָנָּא, אֵלִי, מַחְמַד לִבִּי, חוּשָׁה נָּא, וְאַל תִּתְעַלָּם.

הִגָּלֵה נָא וּפְרוֹשׂ, חָבִיב, עָלַי אֶת־סֻכַּת שְׁלוֹמָךְ
תָּאִיר אֶֽרֶץ מִכְּבוֹדָךְ, נָגִֽילָה וְנִשְׂמְחָה בָּךְ
מַהֵר, אָהוּב, כִּי בָא מוֹעֵד, וְחָנֵּֽנִי כִּימֵי עוֹלָם.

A SABBATH PRAYER

Dear God, help us now to make this a new Shabbat.
After noise, we seek quiet;
after crowds of indifferent strangers,
we seek to touch those we love;
after concentration on work and responsibility,
we seek freedom to meditate,
to listen to our inward selves.
We open our eyes to the hidden beauties
and the infinite possibilities
in the world You are creating;
we break open the gates of the reservoirs
of goodness and kindness in ourselves and in others;
we reach toward one holy perfect moment of Shabbat.

— Ruth Brin

Some congregations begin Kabbalat Shabbat with this lyrical poem, composed in sixteenth-century Eretz Yisrael by Rabbi Eleazar Azikri. The poet speaks of his passionate love for God — an inspirational prologue to the psalms which follow. Like the Song of Songs, also recited in some congregations before the Shabbat service, its role is to bring us into Shabbat with a willing heart.

YEDID NEFESH

Soul mate, loving God, compassion's gentle source,
Take my disposition and shape it to Your will.
Like a darting deer will I rush to You.
Before Your glorious presence humbly will I bow.
Let Your sweet love delight me with its thrill,
Because no other dainty will my hunger still.

How splendid is Your light, illumining the world.
My soul is weary yearning for Your love's delight.
Please, good God, do heal her; reveal to her Your face,
The pleasure of Your presence, bathed in Your grace.
She will find strength and healing in Your sight;
Forever will she serve You, grateful, with all her might.

What mercy stirs in You since days of old, my God.
Be kind to me, Your own child; my love for You requite.
With deep and endless longing I yearned for Your embrace,
To see my light in Your light, basking in Your grace.
My heart's desire, find me worthy in Your sight.
Do not delay Your mercy; please hide not Your light.

Reveal Yourself, Beloved, for all the world to see,
And shelter me in peace beneath Your canopy.
Illumine all creation, lighting up the earth,
And we shall celebrate You in choruses of mirth.
The time, my Love, is now; rush, be quick, be bold.
Let Your favor grace me, in the spirit of days of old.

תהלים צ״ה

לְכוּ נְרַנְּנָה לַיהוה, נָרִיעָה לְצוּר יִשְׁעֵנוּ.

נְקַדְּמָה פָנָיו בְּתוֹדָה, בִּזְמִרוֹת נָרִיעַ לוֹ.

כִּי אֵל גָּדוֹל יהוה,
וּמֶלֶךְ גָּדוֹל עַל־כָּל־אֱלֹהִים.

אֲשֶׁר בְּיָדוֹ מֶחְקְרֵי־אָרֶץ,
וְתוֹעֲפוֹת הָרִים לוֹ.

אֲשֶׁר לוֹ הַיָּם וְהוּא עָשָׂהוּ,
וְיַבֶּשֶׁת יָדָיו יָצָרוּ.

בֹּאוּ נִשְׁתַּחֲוֶה וְנִכְרָעָה,
נִבְרְכָה לִפְנֵי יהוה עֹשֵׂנוּ.

כִּי הוּא אֱלֹהֵינוּ,
וַאֲנַחְנוּ עַם מַרְעִיתוֹ וְצֹאן יָדוֹ,
הַיּוֹם אִם בְּקֹלוֹ תִשְׁמָעוּ.

אַל תַּקְשׁוּ לְבַבְכֶם כִּמְרִיבָה,
כְּיוֹם מַסָּה בַּמִּדְבָּר.

אֲשֶׁר נִסּוּנִי אֲבוֹתֵיכֶם,
בְּחָנוּנִי גַּם רָאוּ פָעֳלִי.

☐ אַרְבָּעִים שָׁנָה אָקוּט בְּדוֹר,
וָאֹמַר עַם תֹּעֵי לֵבָב הֵם, וְהֵם לֹא יָדְעוּ דְרָכָי.

אֲשֶׁר נִשְׁבַּעְתִּי בְאַפִּי אִם יְבֹאוּן אֶל מְנוּחָתִי.

The Kabbalat Shabbat passages on pages 15-24 were compiled by the mystics of sixteenth-century Safed to introduce the Shabbat evening service. The opening six psalms extol God as the Creator of nature and the Master of history, and correspond to the six days of Creation. L'kha Dodi, the hymn welcoming Shabbat, envisioned as a royal bride, follows. This portion of the service ends with Psalms 92 and 93, tributes to Shabbat and to God's creative power.

God's essence is beyond human comprehension,
but this psalm assures us that we can still recognize
the Divine through discerning the way God intervenes
in the affairs of the world, and by refusing to succumb
to the rebelliousness of our ancestors.

PSALM 95

Let us sing to Adonai.
Let us rejoice in our Creator!
Let us greet God with thanksgiving,
singing psalms of praise.

> *Adonai is the foundation of all life,*
> *exalted beyond all that is worshiped.*

In God's hand rests the world He fashioned:
sea and land,
abyss and mountain peak.
All are God's.

> *Let us worship Adonai; exalt our Creator, our God.*
> *We are the flock guided by God;*
> *help is ours, even today,*
> *if only we would listen to the divine voice:*

"Harden not your heart
in the way of your ancestors,
who tried and tested Me in the wilderness,
even though they had witnessed My miracles.

> *"Forty years of contending with that generation*
> *led Me to say:*
> *They are wayward;*
> *they care not for My ways.*

"In indignation, therefore, did I vow:
Never would they reach My land —
the land of peace,
the land of rest."

תהלים צ״ו

שִׁירוּ לַיהוה שִׁיר חָדָשׁ, שִׁירוּ לַיהוה כָּל־הָאָרֶץ.
שִׁירוּ לַיהוה, בָּרְכוּ שְׁמוֹ,
בַּשְּׂרוּ מִיּוֹם לְיוֹם יְשׁוּעָתוֹ.
סַפְּרוּ בַגּוֹיִם כְּבוֹדוֹ, בְּכָל־הָעַמִּים נִפְלְאוֹתָיו.
כִּי גָדוֹל יהוה וּמְהֻלָּל מְאֹד,
נוֹרָא הוּא עַל כָּל־אֱלֹהִים.
כִּי כָּל־אֱלֹהֵי הָעַמִּים אֱלִילִים,
וַיהוה שָׁמַיִם עָשָׂה.
הוֹד וְהָדָר לְפָנָיו, עֹז וְתִפְאֶרֶת בְּמִקְדָּשׁוֹ.
הָבוּ לַיהוה מִשְׁפְּחוֹת עַמִּים, הָבוּ לַיהוה כָּבוֹד וָעֹז.
הָבוּ לַיהוה כְּבוֹד שְׁמוֹ, שְׂאוּ מִנְחָה וּבֹאוּ לְחַצְרוֹתָיו.
הִשְׁתַּחֲווּ לַיהוה בְּהַדְרַת קֹדֶשׁ,
חִילוּ מִפָּנָיו כָּל־הָאָרֶץ.
אִמְרוּ בַגּוֹיִם יהוה מָלָךְ,
אַף תִּכּוֹן תֵּבֵל בַּל תִּמּוֹט,
יָדִין עַמִּים בְּמֵישָׁרִים.
יִשְׂמְחוּ הַשָּׁמַיִם וְתָגֵל הָאָרֶץ, יִרְעַם הַיָּם וּמְלֹאוֹ.
יַעֲלֹז שָׂדַי וְכָל־אֲשֶׁר בּוֹ, אָז יְרַנְּנוּ כָּל־עֲצֵי יָעַר.
□ לִפְנֵי יהוה כִּי בָא, כִּי בָא לִשְׁפֹּט הָאָרֶץ,
יִשְׁפֹּט תֵּבֵל בְּצֶדֶק, וְעַמִּים בֶּאֱמוּנָתוֹ.

In this psalm we are instructed to tell the nations
that God is the Creator who formed the world
on a sound foundation. God is the equitable Judge
of both individuals and peoples.

PSALM 96

Sing a new song to Adonai!
Acclaim Adonai, all people on earth.

Sing to Adonai;
proclaim each day God's awesome might.
Announce to the world God's glory and wonders.

For Adonai is great, deserving of praise;
Adonai alone is to be revered as God.

All the gods of the nations are nothingness,
but Adonai created the heavens.

Majesty and might accompany God;
splendor and strength adorn God's sanctuary.

Acknowledge Adonai, all families of nations;
acclaim God's majestic power.
Acknowledge God's glory,
and bring Him tribute.

Worship Adonai in resplendent reverence;
let the earth tremble in God's presence.

Declare to the world: Adonai is sovereign.
God has steadied the world, which stands firm,
and judges all nations with fairness.

Let the heavens rejoice; let the earth be glad.
Let the sea and all it contains exult.

Let field and forest sing for joy;
Adonai comes to rule the earth:
To rule the world justly,
the nations with faithfulness.

תהלים צ״ז

יהוה מָלָךְ תָּגֵל הָאָרֶץ, יִשְׂמְחוּ אִיִּים רַבִּים.

עָנָן וַעֲרָפֶל סְבִיבָיו, צֶדֶק וּמִשְׁפָּט מְכוֹן כִּסְאוֹ.

אֵשׁ לְפָנָיו תֵּלֵךְ, וּתְלַהֵט סָבִיב צָרָיו.

הֵאִירוּ בְרָקָיו תֵּבֵל, רָאֲתָה וַתָּחֵל הָאָרֶץ.

הָרִים כַּדּוֹנַג נָמַסּוּ מִלִּפְנֵי יהוה,
מִלִּפְנֵי אֲדוֹן כָּל־הָאָרֶץ.

הִגִּידוּ הַשָּׁמַיִם צִדְקוֹ,
וְרָאוּ כָל־הָעַמִּים כְּבוֹדוֹ.

יֵבֹשׁוּ כָּל־עֹבְדֵי פֶסֶל הַמִּתְהַלְלִים בָּאֱלִילִים,
הִשְׁתַּחֲווּ לוֹ כָּל־אֱלֹהִים.

שָׁמְעָה וַתִּשְׂמַח צִיּוֹן,
וַתָּגֵלְנָה בְּנוֹת יְהוּדָה,
לְמַעַן מִשְׁפָּטֶיךָ יהוה.

כִּי אַתָּה יהוה עֶלְיוֹן עַל כָּל־הָאָרֶץ,
מְאֹד נַעֲלֵיתָ עַל כָּל־אֱלֹהִים.

אֹהֲבֵי יהוה שִׂנְאוּ רָע,
שֹׁמֵר נַפְשׁוֹת חֲסִידָיו, מִיַּד רְשָׁעִים יַצִּילֵם.

□ אוֹר זָרֻעַ לַצַּדִּיק, וּלְיִשְׁרֵי לֵב שִׂמְחָה.

שִׂמְחוּ צַדִּיקִים בַּיהוה, וְהוֹדוּ לְזֵכֶר קָדְשׁוֹ.

*The highest goal of Jewish ethics is to imitate
the attributes of divine providence, the ways
in which God cares for us. This psalm reminds us
that God is a righteous judge, and divine justice
requires that we, similarly, practice justice and
righteousness in our relations with one another.*

PSALM 97

Adonai is Sovereign! Let the world rejoice.

*God's throne is founded on justice.
Though God be clouded from view,
divine justice reveals God's presence.*

God's lightning illumines the earth;
fire consumes God's foes.
Mountains melt like wax before Adonai;
the earth trembles.

*The heavens proclaim God's righteousness;
all people behold God's majesty.*

Shame covers those who worship idols,
those who take pride in revering images
which must themselves bow low before God.

*Hearing of Your judgments, Adonai,
Zion exults and the cities of Judah rejoice.*

You are supreme over all the earth,
highly exalted beyond all that is worshiped.

*Those who love Adonai, hate evil;
God protects the faithful
and saves them from the wicked.*

Light is stored for the righteous,
joy for the honorable.

*Rejoice in Adonai, you who are righteous;
acclaim the holiness of God's name.*

תהלים צ״ח

מִזְמוֹר.

שִׁירוּ לַיהוה שִׁיר חָדָשׁ, כִּי נִפְלָאוֹת עָשָׂה,
הוֹשִׁיעָה לּוֹ יְמִינוֹ וּזְרוֹעַ קָדְשׁוֹ.

הוֹדִיעַ יהוה יְשׁוּעָתוֹ,
לְעֵינֵי הַגּוֹיִם גִּלָּה צִדְקָתוֹ.

זָכַר חַסְדּוֹ וֶאֱמוּנָתוֹ לְבֵית יִשְׂרָאֵל,
רָאוּ כָל־אַפְסֵי אָרֶץ אֵת יְשׁוּעַת אֱלֹהֵינוּ.

הָרִיעוּ לַיהוה כָּל־הָאָרֶץ,
פִּצְחוּ וְרַנְּנוּ וְזַמֵּרוּ.

זַמְּרוּ לַיהוה בְּכִנּוֹר,
בְּכִנּוֹר וְקוֹל זִמְרָה.

בַּחֲצֹצְרוֹת וְקוֹל שׁוֹפָר
הָרִיעוּ לִפְנֵי הַמֶּלֶךְ יהוה.

יִרְעַם הַיָּם וּמְלֹאוֹ, תֵּבֵל וְיֹשְׁבֵי בָהּ.

נְהָרוֹת יִמְחֲאוּ כָף, יַחַד הָרִים יְרַנֵּנוּ.

☐ לִפְנֵי יהוה כִּי בָא לִשְׁפֹּט הָאָרֶץ,
יִשְׁפֹּט תֵּבֵל בְּצֶדֶק וְעַמִּים בְּמֵישָׁרִים.

*The psalmist describes the overwhelming joy he
feels, secure in God's presence. Sing a new song,
implores the author. Sing aloud!*

PSALM 98

Sing to Adonai a new song, for God has worked wonders.
God's might has been triumphant,
revealing supreme power to all.

*God has remembered His steadfast love
and faithfulness to the House of Israel.*

The whole world has seen the triumph of our God.
Let all on earth shout for joy
and break into jubilant song!

*Sing praise to Adonai with the harp;
with trumpets and horns make a joyful noise.*

Let the sea roar, and all its creatures;
the world, and its many inhabitants.

*Let the rivers applaud in exultation,
let the mountains all echo earth's joyous song.*

Adonai is coming to rule the earth:
To sustain the world with kindness,
to judge its people with fairness.

תהלים צ״ט

יהוה מָלָךְ יִרְגְּזוּ עַמִּים,
יֹשֵׁב כְּרוּבִים תָּנוּט הָאָרֶץ.
יהוה בְּצִיּוֹן גָּדוֹל, וְרָם הוּא עַל כָּל־הָעַמִּים.
יוֹדוּ שִׁמְךָ גָּדוֹל וְנוֹרָא, קָדוֹשׁ הוּא.
וְעֹז מֶלֶךְ מִשְׁפָּט אָהֵב,
אַתָּה כּוֹנַנְתָּ מֵישָׁרִים,
מִשְׁפָּט וּצְדָקָה בְּיַעֲקֹב אַתָּה עָשִׂיתָ.
רוֹמְמוּ יהוה אֱלֹהֵינוּ,
וְהִשְׁתַּחֲווּ לַהֲדֹם רַגְלָיו, קָדוֹשׁ הוּא.
מֹשֶׁה וְאַהֲרֹן בְּכֹהֲנָיו וּשְׁמוּאֵל בְּקֹרְאֵי שְׁמוֹ
קֹרְאִים אֶל יהוה וְהוּא יַעֲנֵם.
בְּעַמּוּד עָנָן יְדַבֵּר אֲלֵיהֶם,
שָׁמְרוּ עֵדֹתָיו וְחֹק נָתַן לָמוֹ.
יהוה אֱלֹהֵינוּ אַתָּה עֲנִיתָם,
אֵל נֹשֵׂא הָיִיתָ לָהֶם,
וְנֹקֵם עַל עֲלִילוֹתָם.
□ רוֹמְמוּ יהוה אֱלֹהֵינוּ
וְהִשְׁתַּחֲווּ לְהַר קָדְשׁוֹ,
כִּי קָדוֹשׁ יהוה אֱלֹהֵינוּ.

*The contrast between human and divine justice
is the theme of this psalm. God alone judges the world
with righteousness, and the children of Jacob are
a superb example of the righteousness of divine
judgment. Yet God, though bestowing compassion on
Israel, does not show arbitrary favoritism. Even our
greatest leaders must answer for their misdeeds.*

PSALM 99

Adonai is sovereign; nations tremble.
God is enthroned on high; the very earth quivers.

*Adonai is great in Zion, exalted over all peoples.
Let them praise God, for God is awesome, holy.*

A sovereign, mighty, rules with a love of justice;
You alone bring about equity,
ordaining justice and compassion
for the people of Jacob.

*Exalt Adonai our God.
Worship God, who is holy.*

Moses, Aaron, and Samuel,
God's chosen ones,
called out to Adonai,
who answered them in a pillar of cloud.

*They zealously strove to obey the divine law,
even when God's decrees were beyond their grasp.*

You responded to them with compassion,
even as You rebuked them for their offenses.

*Extol Adonai, and bow toward God's holy mountain.
Adonai our God is holy.*

It is customary to stand for the recitation of this psalm.

תהלים כ״ט

מִזְמוֹר לְדָוִד.

הָבוּ לַיהוה, בְּנֵי אֵלִים, הָבוּ לַיהוה כָּבוֹד וָעֹז.
הָבוּ לַיהוה כְּבוֹד שְׁמוֹ, הִשְׁתַּחֲווּ לַיהוה בְּהַדְרַת קֹדֶשׁ.
קוֹל יהוה עַל הַמָּיִם, אֵל הַכָּבוֹד הִרְעִים,
יהוה עַל מַיִם רַבִּים.
קוֹל יהוה בַּכֹּחַ, קוֹל יהוה בֶּהָדָר.
קוֹל יהוה שֹׁבֵר אֲרָזִים, וַיְשַׁבֵּר יהוה אֶת־אַרְזֵי הַלְּבָנוֹן.
וַיַּרְקִידֵם כְּמוֹ עֵגֶל, לְבָנוֹן וְשִׂרְיוֹן כְּמוֹ בֶן־רְאֵמִים.
קוֹל יהוה חֹצֵב לַהֲבוֹת אֵשׁ.
קוֹל יהוה יָחִיל מִדְבָּר, יָחִיל יהוה מִדְבַּר קָדֵשׁ.
קוֹל יהוה יְחוֹלֵל אַיָּלוֹת
וַיֶּחֱשֹׂף יְעָרוֹת, וּבְהֵיכָלוֹ כֻּלּוֹ אֹמֵר כָּבוֹד.
□ יהוה לַמַּבּוּל יָשָׁב, וַיֵּשֶׁב יהוה מֶלֶךְ לְעוֹלָם.
יהוה עֹז לְעַמּוֹ יִתֵּן, יהוה יְבָרֵךְ אֶת־עַמּוֹ בַשָּׁלוֹם.

אנא בכח

Ana B'khoah is a Kabbalistic poem that pleads for Israel's redemption from exile. Although of unknown authorship, tradition attributes it to a sage of the second century. Its seven lines of six words each — their first letters spelling out a secret divine name — have served as the basis of much mystical speculation.

אָנָּא, בְּכֹחַ גְּדֻלַּת יְמִינְךָ תַּתִּיר צְרוּרָה.
קַבֵּל רִנַּת עַמְּךָ, שַׂגְּבֵנוּ, טַהֲרֵנוּ, נוֹרָא.
נָא, גִבּוֹר, דּוֹרְשֵׁי יִחוּדְךָ כְּבָבַת שָׁמְרֵם.
בָּרְכֵם, טַהֲרֵם, רַחֲמֵם, צִדְקָתְךָ תָּמִיד גָּמְלֵם.
חֲסִין קָדוֹשׁ, בְּרֹב טוּבְךָ נַהֵל עֲדָתֶךָ.
יָחִיד גֵּאֶה, לְעַמְּךָ פְּנֵה, זוֹכְרֵי קְדֻשָּׁתֶךָ.
שַׁוְעָתֵנוּ קַבֵּל, וּשְׁמַע צַעֲקָתֵנוּ, יוֹדֵעַ תַּעֲלֻמוֹת.
בָּרוּךְ שֵׁם כְּבוֹד מַלְכוּתוֹ לְעוֹלָם וָעֶד.

Psalm 29 portrays the power of God as revealed in a thunderous storm. Seven times "the voice of Adonai" is mentioned. Some interpret this as an allusion to the seven days of Creation, culminating in Shabbat.

PSALM 29

A Song of David.

Acclaim Adonai, exalted creatures;
Acclaim Adonai, glorious and mighty.
Acclaim Adonai, whose name is majestic;
Worship Adonai in sacred splendor.

The voice of Adonai thunders over rushing waters.
The voice of Adonai roars with might.
The voice of Adonai echoes with majesty.
The voice of Adonai shatters the cedars.

Adonai splinters the cedars of Lebanon,
Making Mount Lebanon skip like a calf,
Compelling Siryon to leap like a ram.

The voice of Adonai splits rock with lightning.
The voice of Adonai stirs the wilderness.
The voice of Adonai strips the forest bare,
While in God's sanctuary all chant: Glory!

Adonai sat enthroned at the Flood;
Adonai will sit enthroned forever,
Bestowing strength upon His people,
Blessing His people with peace.

A PRAYER FOR DELIVERANCE

Ana B'khoaḥ forms a bridge between the awesome majesty of Psalm 29 and the reassuring anticipation of redemption in L'kha Dodi.

God whose mighty hand makes nations free,
release all captives, hear our humble plea.
Accept this plaintive song we offer You
to praise and glorify Your name.

Preserve the righteous ones who seek You,
who, in love, sing out Your oneness.
Guard and bless with Your great goodness
Your people who revere Your name.

You, our God, who are alone exalted,
turn to us; hearken to our prayer,
our thoughts revealed, laid bare before You
as Your dominion ever we proclaim.

🌿 לכה דודי

לְכָה דוֹדִי לִקְרַאת כַּלָּה, פְּנֵי שַׁבָּת נְקַבְּלָה.

שָׁמוֹר וְזָכוֹר בְּדִבּוּר אֶחָד
הִשְׁמִיעָנוּ אֵל הַמְיוּחָד.
יהוה אֶחָד וּשְׁמוֹ אֶחָד
לְשֵׁם וּלְתִפְאֶרֶת וְלִתְהִלָּה.
לְכָה דוֹדִי לִקְרַאת כַּלָּה, פְּנֵי שַׁבָּת נְקַבְּלָה.

לִקְרַאת שַׁבָּת לְכוּ וְנֵלְכָה
כִּי הִיא מְקוֹר הַבְּרָכָה.
מֵרֹאשׁ מִקֶּדֶם נְסוּכָה
סוֹף מַעֲשֶׂה בְּמַחֲשָׁבָה תְּחִלָּה.
לְכָה דוֹדִי לִקְרַאת כַּלָּה, פְּנֵי שַׁבָּת נְקַבְּלָה.

מִקְדַּשׁ מֶלֶךְ עִיר מְלוּכָה,
קוּמִי צְאִי מִתּוֹךְ הַהֲפֵכָה.
רַב לָךְ שֶׁבֶת בְּעֵמֶק הַבָּכָא,
וְהוּא יַחֲמוֹל עָלַיִךְ חֶמְלָה.
לְכָה דוֹדִי לִקְרַאת כַּלָּה, פְּנֵי שַׁבָּת נְקַבְּלָה.

הִתְנַעֲרִי, מֵעָפָר קוּמִי,
לִבְשִׁי בִּגְדֵי תִפְאַרְתֵּךְ עַמִּי,
עַל יַד בֶּן־יִשַׁי בֵּית הַלַּחְמִי.
קָרְבָה אֶל נַפְשִׁי גְאָלָהּ.
לְכָה דוֹדִי לִקְרַאת כַּלָּה, פְּנֵי שַׁבָּת נְקַבְּלָה.

הִתְעוֹרְרִי הִתְעוֹרְרִי
כִּי בָא אוֹרֵךְ קוּמִי אוֹרִי.
עוּרִי עוּרִי שִׁיר דַּבֵּרִי,
כְּבוֹד יהוה עָלַיִךְ נִגְלָה.
לְכָה דוֹדִי לִקְרַאת כַּלָּה, פְּנֵי שַׁבָּת נְקַבְּלָה.

✿ L'KHA DODI

*This song, composed in sixteenth-century Safed
by the mystic Solomon Halevi Alkabetz (whose name
appears as a Hebrew acrostic) is the crowning glory
of Kabbalat Shabbat. Its universal acceptance
into the liturgy is a tribute to its mystical beauty,
depicting both Shabbat's grandeur and messianic
redemption, our vision of an ideal world.*

Come, my beloved, with chorus of praise;
Welcome Shabbat the Bride, Queen of our days.

L'kha dodi likrat kallah, p'nei Shabbat n'kab'lah.

"Keep" and "remember" were uttered as one
By our Creator, beyond comparison.
Adonai is One and His name is One,
Reflected in glory, in fame, and in praise.

*Come, my beloved, with chorus of praise;
Welcome Shabbat the Bride, Queen of our days.*

Come, let us greet Shabbat, Queen sublime,
Fountain of blessings in every clime.
Anointed and regal since earliest time,
In thought she preceded Creation's six days.

L'kha dodi likrat kallah, p'nei Shabbat n'kab'lah.

Holy city, majestic, banish your fears.
Arise, emerge from your desolate years.
Too long have you dwelled in the valley of tears.
God will restore you with mercy and grace.

*Come, my beloved, with chorus of praise;
Welcome Shabbat the Bride, Queen of our days.*

Arise and shake off the dust of the earth.
Wear glorious garments reflecting your worth.
Messiah will lead us all soon to rebirth.
Let my soul now sense redemption's warm rays.

L'kha dodi likrat kallah, p'nei Shabbat n'kab'lah.

Awake and arise to greet the new light,
For in your radiance the world will be bright.
Sing out, for darkness is hidden from sight.
Through you, Adonai His glory displays.

*Come, my beloved, with chorus of praise;
Welcome Shabbat the Bride, Queen of our days.*

לֹא תֵבֹשִׁי וְלֹא תִכָּלְמִי,
מַה תִּשְׁתּוֹחֲחִי וּמַה תֶּהֱמִי.
בָּךְ יֶחֱסוּ עֲנִיֵּי עַמִּי,
וְנִבְנְתָה עִיר עַל תִּלָּהּ.
לְכָה דוֹדִי לִקְרַאת כַּלָּה, פְּנֵי שַׁבָּת נְקַבְּלָה.

וְהָיוּ לִמְשִׁסָּה שֹׁאסָיִךְ
וְרָחֲקוּ כָּל־מְבַלְּעָיִךְ.
יָשִׂישׂ עָלַיִךְ אֱלֹהָיִךְ
כִּמְשׂוֹשׂ חָתָן עַל כַּלָּה.
לְכָה דוֹדִי לִקְרַאת כַּלָּה, פְּנֵי שַׁבָּת נְקַבְּלָה.

יָמִין וּשְׂמֹאל תִּפְרֹצִי
וְאֶת־יהוה תַּעֲרִיצִי.
עַל יַד אִישׁ בֶּן־פַּרְצִי,
וְנִשְׂמְחָה וְנָגִילָה.
לְכָה דוֹדִי לִקְרַאת כַּלָּה, פְּנֵי שַׁבָּת נְקַבְּלָה.

The congregation rises and faces the entrance.

בּוֹאִי בְשָׁלוֹם עֲטֶרֶת בַּעְלָהּ,
גַּם בְּשִׂמְחָה וּבְצָהֳלָה,
תּוֹךְ אֱמוּנֵי עַם סְגֻלָּה,
בֹּאִי כַלָּה, בֹּאִי כַלָּה.
לְכָה דוֹדִי לִקְרַאת כַּלָּה, פְּנֵי שַׁבָּת נְקַבְּלָה.

In your redemption you will never be shamed;
Be not downcast, you will not be defamed.
Sheltered by you will My poor be reclaimed.
The city renewed from its ruins is raised.

L'kha dodi likrat kallah, p'nei Shabbat n'kab'lah.

Then your destroyers will themselves be destroyed;
Ravagers, at great distance, will live in a void.
Your God then will celebrate you, overjoyed,
As a groom with his bride when her eyes meet his gaze.

Come, my beloved, with chorus of praise;
Welcome Shabbat the Bride, Queen of our days.

Break out of your confines, to the left and the right.
Revere Adonai in whom we delight.
The Messiah is coming to gladden our sight,
Bringing joy and rejoicing in fullness of days.

L'kha dodi likrat kallah, p'nei Shabbat n'kab'lah.

We rise and turn to the entrance,
symbolically greeting Shabbat as a bride.

Come in peace, soul-mate, sweet Bride so adored,
Greeted with joy, in song and accord,
Amidst God's people, the faithful restored,
Come, Bride Shabbat; come, crown of the days.

L'kha dodi likrat kallah, p'nei Shabbat n'kab'lah.

Come, my beloved, with chorus of praise;
Welcome Shabbat the Bride, Queen of our days.

Mourners do not observe public mourning on Shabbat. During shivah, however, as Shabbat is welcomed, mourners attending services are welcomed by the congregation, who offer these words of comfort:

הַמָּקוֹם יְנַחֵם אֶתְכֶם בְּתוֹךְ שְׁאָר אֲבֵלֵי צִיּוֹן וִירוּשָׁלָיִם.

Ha-makom y'naḥem etkhem b'tokh sh'ar avelei Tziyon virushalayim.

May God comfort you together with all the other mourners of Zion and Jerusalem.

On Shabbat Ḥol Ha-mo'ed, or any Shabbat that coincides with or follows a Festival, the service begins here.

תהלים צ״ב

מִזְמוֹר שִׁיר לְיוֹם הַשַּׁבָּת.

טוֹב לְהֹדוֹת לַיהוה, וּלְזַמֵּר לְשִׁמְךָ עֶלְיוֹן.
לְהַגִּיד בַּבֹּקֶר חַסְדֶּךָ, וֶאֱמוּנָתְךָ בַּלֵּילוֹת.
עֲלֵי־עָשׂוֹר וַעֲלֵי־נָבֶל, עֲלֵי הִגָּיוֹן בְּכִנּוֹר.
כִּי שִׂמַּחְתַּנִי יהוה בְּפָעֳלֶךָ, בְּמַעֲשֵׂי יָדֶיךָ אֲרַנֵּן.
מַה־גָּדְלוּ מַעֲשֶׂיךָ יהוה, מְאֹד עָמְקוּ מַחְשְׁבֹתֶיךָ.
אִישׁ־בַּעַר לֹא יֵדָע, וּכְסִיל לֹא יָבִין אֶת־זֹאת.
בִּפְרֹחַ רְשָׁעִים כְּמוֹ עֵשֶׂב, וַיָּצִיצוּ כָּל־פֹּעֲלֵי אָוֶן,
לְהִשָּׁמְדָם עֲדֵי־עַד.
וְאַתָּה מָרוֹם לְעֹלָם יהוה.
כִּי הִנֵּה אֹיְבֶיךָ, יהוה,
כִּי הִנֵּה אֹיְבֶיךָ יֹאבֵדוּ,
יִתְפָּרְדוּ כָּל־פֹּעֲלֵי אָוֶן.
וַתָּרֶם כִּרְאֵים קַרְנִי,
בַּלֹּתִי בְּשֶׁמֶן רַעֲנָן.
וַתַּבֵּט עֵינִי בְּשׁוּרָי,
בַּקָּמִים עָלַי מְרֵעִים תִּשְׁמַעְנָה אָזְנָי.
צַדִּיק כַּתָּמָר יִפְרָח, כְּאֶרֶז בַּלְּבָנוֹן יִשְׂגֶּה.
שְׁתוּלִים בְּבֵית יהוה, בְּחַצְרוֹת אֱלֹהֵינוּ יַפְרִיחוּ.
□ עוֹד יְנוּבוּן בְּשֵׂיבָה, דְּשֵׁנִים וְרַעֲנַנִּים יִהְיוּ.
לְהַגִּיד כִּי יָשָׁר יהוה, צוּרִי וְלֹא עַוְלָֽתָה בּוֹ.

*This psalm was recited by the Levites on Shabbat
with the offering of the Tamid, the daily sacrifice.
Rashi considers this psalm's dedication to Shabbat
appropriate because it portrays an ideal world.
This will become a reality only in messianic times,
an era often described in rabbinic tradition as
one long unbroken Shabbat.*

PSALM 92

A Song for Shabbat.

It is good to acclaim Adonai,
to sing Your praise, exalted God,

    *to affirm Your love each morning,
    and Your faithfulness each night,
    to the music of the lute
    and the melody of the harp.*

Your works, Adonai, make me glad;
I sing with joy of Your creation.

    *How vast Your works, Adonai!
    Your designs are beyond our grasp.*

The thoughtless cannot comprehend;
the foolish cannot fathom this:

    *The wicked may flourish, springing up like grass,
    but their doom is sealed, for You are supreme forever.*

Your enemies, Adonai, Your enemies shall perish;
all the wicked shall crumble.

    *But me You have greatly exalted;
    I am anointed with fragrant oil.
    I have seen the downfall of my foes;
    I have heard the despair of my attackers.*

The righteous shall flourish like the palm tree;
they shall grow tall like a cedar in Lebanon.
Planted in the house of Adonai,
they will thrive in the courts of our God.

    *They shall bear fruit even in old age;
    they shall be ever fresh and fragrant,
    to proclaim: Adonai is just —
    my Rock, in whom there is no flaw.*

תהלים צ״ג

יהוה מָלָךְ גֵּאוּת לָבֵשׁ,
לָבֵשׁ יהוה, עֹז הִתְאַזָּר,
אַף תִּכּוֹן תֵּבֵל בַּל תִּמּוֹט.
נָכוֹן כִּסְאֲךָ מֵאָז, מֵעוֹלָם אָתָּה.
נָשְׂאוּ נְהָרוֹת יהוה, נָשְׂאוּ נְהָרוֹת קוֹלָם,
יִשְׂאוּ נְהָרוֹת דָּכְיָם.
מִקֹּלוֹת מַיִם רַבִּים אַדִּירִים מִשְׁבְּרֵי יָם,
אַדִּיר בַּמָּרוֹם יהוה.
□ עֵדֹתֶיךָ נֶאֶמְנוּ מְאֹד,
לְבֵיתְךָ נַאֲוָה־קֹדֶשׁ יהוה, לְאֹרֶךְ יָמִים.

קדיש יתום

Mourners and those observing Yahrzeit:

יִתְגַּדַּל וְיִתְקַדַּשׁ שְׁמֵהּ רַבָּא, בְּעָלְמָא דִּי בְרָא, כִּרְעוּתֵהּ, וְיַמְלִיךְ מַלְכוּתֵהּ בְּחַיֵּיכוֹן וּבְיוֹמֵיכוֹן וּבְחַיֵּי דְכָל־בֵּית יִשְׂרָאֵל, בַּעֲגָלָא וּבִזְמַן קָרִיב, וְאִמְרוּ אָמֵן.

Congregation and mourners:

יְהֵא שְׁמֵהּ רַבָּא מְבָרַךְ לְעָלַם וּלְעָלְמֵי עָלְמַיָּא.

Mourners:

יִתְבָּרַךְ וְיִשְׁתַּבַּח וְיִתְפָּאַר וְיִתְרוֹמַם וְיִתְנַשֵּׂא וְיִתְהַדָּר וְיִתְעַלֶּה וְיִתְהַלָּל שְׁמֵהּ דְּקֻדְשָׁא, בְּרִיךְ הוּא *לְעֵלָּא מִן כָּל־בִּרְכָתָא וְשִׁירָתָא תֻּשְׁבְּחָתָא וְנֶחָמָתָא דַּאֲמִירָן בְּעָלְמָא, וְאִמְרוּ אָמֵן.

**On שבת שובה:* לְעֵלָּא לְעֵלָּא מִכָּל־בִּרְכָתָא וְשִׁירָתָא

יְהֵא שְׁלָמָא רַבָּא מִן שְׁמַיָּא וְחַיִּים עָלֵינוּ וְעַל כָּל־יִשְׂרָאֵל, וְאִמְרוּ אָמֵן.

עֹשֶׂה שָׁלוֹם בִּמְרוֹמָיו הוּא יַעֲשֶׂה שָׁלוֹם עָלֵינוּ וְעַל כָּל־יִשְׂרָאֵל וְאִמְרוּ אָמֵן.

ברכו *is on page 28.*

The song of the universe, at its most powerful, pales beside God's might, and gives eloquent testimony to God's supremacy. Holiness resides with God alone.

PSALM 93

Adonai is sovereign, crowned with splendor;
Adonai reigns, robed in strength.

You set the earth on a sure foundation.
You created a world that stands firm.

Your kingdom stands from earliest time.
You are eternal.

The rivers may rise and rage,
the waters may pound and pulsate,
the floods may swirl and storm.

Yet above the crash of the sea
and its mighty breakers
is Adonai our God, supreme.

Your decrees, Adonai, never fail.
Holiness befits Your house for eternity.

MOURNER'S KADDISH

Mourners and those observing Yahrzeit:

Yitgadal v'yitkadash sh'mei raba, b'alma di v'ra, kir'utei,
v'yamlikh malkhutei b'ḥayeikhon u-v'yomeikhon
u-v'ḥayei d'khol beit Yisra-el,
ba'agala u-vi-z'man kariv, v'imru amen.

Congregation and mourners:

Y'hei sh'mei raba m'varakh l'alam u-l'almei almaya.

Mourners:

Yitbarakh v'yishtabaḥ v'yitpa-ar v'yitromam v'yitnasei,
v'yit-hadar v'yit'aleh v'yit-halal sh'mei d'kudsha, b'rikh hu
*l'ela min kol birkhata v'shirata, tushb'ḥata v'neḥamata
da'amiran b'alma, v'imru amen.

**On Shabbat Shuvah:* l'ela l'ela mi-kol birkhata v'shirata,

Y'hei sh'lama raba min sh'maya
v'ḥayim aleinu v'al kol Yisra-el, v'imru amen.

Oseh shalom bi-m'romav, hu ya'aseh shalom
aleinu v'al kol Yisra-el, v'imru amen.

Bar'khu is on page 28.

SOURCES FOR STUDY AND REFLECTION

One or more of the following texts may be selected for study following the Kabbalat Shabbat Psalms.

On a Shabbat when the service begins with מזמור שיר ליום השבת, including a Festival or Shabbat Ḥol Ha-mo'ed, or when a Festival concludes on a Friday, these texts are usually omitted.

משנה שבת ב, ה

הַמְכַבֶּה אֶת־הַנֵּר מִפְּנֵי שֶׁהוּא מִתְיָרֵא מִפְּנֵי נָכְרִים, מִפְּנֵי לִסְטִים, מִפְּנֵי רוּחַ רָעָה, אוֹ בִּשְׁבִיל הַחוֹלֶה שֶׁיִּישַׁן — פָּטוּר. כְּחָס עַל הַנֵּר, כְּחָס עַל הַשֶּׁמֶן, כְּחָס עַל הַפְּתִילָה — חַיָּב. וְרַבִּי יוֹסֵי פּוֹטֵר בְּכֻלָּן חוּץ מִן הַפְּתִילָה, מִפְּנֵי שֶׁהוּא עוֹשֶׂה פֶּחָם.

משנה שבת ב, ז

שְׁלשָׁה דְבָרִים צָרִיךְ אָדָם לוֹמַר בְּתוֹךְ בֵּיתוֹ עֶרֶב שַׁבָּת עִם חֲשֵׁכָה: עִשַּׂרְתֶּם? עֵרַבְתֶּם? הַדְלִיקוּ אֶת־הַנֵּר!

משנה שבת י״ב, א

הַבּוֹנֶה כַּמָּה יִבְנֶה וִיהֵא חַיָּב? הַבּוֹנֶה כָּל־שֶׁהוּא, וְהַמְסַתֵּת, וְהַמַּכֶּה בַּפַּטִּישׁ וּבַמַּעֲצָד, הַקּוֹדֵחַ כָּל־שֶׁהוּא, חַיָּב. זֶה הַכְּלָל: כָּל־הָעוֹשֶׂה מְלָאכָה וּמְלַאכְתּוֹ מִתְקַיֶּמֶת בַּשַּׁבָּת, חַיָּב.

משנה שבת י״ח, ג

אֵין מְיַלְּדִין אֶת־הַבְּהֵמָה בְּיוֹם טוֹב, אֲבָל מְסַעֲדִין וּמְיַלְּדִין אֶת־הָאִשָּׁה בַּשַּׁבָּת, וְקוֹרִין לָהּ חֲכָמָה מִמָּקוֹם לְמָקוֹם, וּמְחַלְּלִין עָלֶיהָ אֶת־הַשַּׁבָּת, וְקוֹשְׁרִין אֶת־הַטַּבּוּר. רַבִּי יוֹסֵי אוֹמֵר: אַף חוֹתְכִין. וְכָל־צָרְכֵי מִילָה עוֹשִׂין בַּשַּׁבָּת.

שבת י״ב.

תַּנְיָא, אָמַר רַבִּי חֲנַנְיָה:

חַיָּב אָדָם לְמַשְׁמֵשׁ בְּגָדָיו בְּעֶרֶב שַׁבָּת עִם חֲשֵׁכָה, שֶׁמָּא יִשְׁכַּח וְיֵצֵא. אָמַר רַב יוֹסֵף: הִלְכְתָא רַבְּתָא לְשַׁבַּתָּא.

✣ SOURCES FOR STUDY AND REFLECTION

*It is traditional, following Kabbalat Shabbat, to engage
in a brief period of study of the rabbinic sources
on the observance of Shabbat, enabling one to enter
Shabbat in a spirit of holiness and solemnity.
The rabbinic texts on these pages are of two types:
    Halakhic (legal) texts on page 25, and
    Aggadic (homiletic) texts on page 26.*

SHABBAT 2:5

One who puts out the light of a lamp on Shabbat eve from fear of
marauders or thieves or evil forces, or to allow a sick person to
sleep, has not violated Shabbat. One who does it, however, with
the intention of sparing the lamp, the oil, or the wick, has violated
Shabbat. Rabbi Yose exempts one who performs any of these acts,
except in the case of the wick, since by extinguishing the wick
one produces charcoal.

SHABBAT 2:7

On the eve of Shabbat, as darkness sets in, one should say three
things in one's home: "Have you tithed the food we are to eat on
Shabbat? Have you prepared the eruv? Kindle the Shabbat light."

SHABBAT 12:1

If one builds anything on Shabbat, how much must be built for it
to be considered a violation of Shabbat? One violates Shabbat by
building anything at all: by hewing stone, wielding a hammer,
chiseling, or boring a hole. This is the general rule: One who does
work on Shabbat, and the work is enduring, has violated
Shabbat.

SHABBAT 18:3

One may not deliver the young of cattle on a Festival, but may
assist an animal in giving birth. One may deliver a child on
Shabbat, and also summon a midwife for the mother from any-
where, and even desecrate Shabbat for her sake and tie up the
umbilical cord. Rabbi Yose says: One may cut the cord as well.
And all acts necessary for a circumcision may be done on Shabbat.

SHABBAT 12a

It has been taught: Rabbi Ḥananyah said:
A person is required to examine the contents of his clothing to
free it of inappropriate items on the eve of Shabbat prior to dark,
for one might forget and go out without having done so. Rav
Yoseph said: This is an essential law of Shabbat observance.

פסיקתא רבתי, פיסקא עשרת הדברות

אָמַר רַבִּי בֶּרֶכְיָה בְּשֵׁם רַבִּי חִיָּה בַּר אַבָּא:
לֹא נִתְּנָה הַשַּׁבָּת אֶלָּא לְתַעֲנוּג. רַבִּי חַגַּי בְּשֵׁם רַבִּי שְׁמוּאֵל בַּר נַחְמָן: לֹא נִתְּנָה הַשַּׁבָּת אֶלָּא לְתַלְמוּד תּוֹרָה. וְאֵין מַחֲלוֹקֶת בֵּינֵיהֶם. מַה שֶּׁאָמַר רַבִּי בֶּרֶכְיָה לְתַעֲנוּג — אֵלּוּ תַלְמִידֵי חֲכָמִים, שֶׁהֵם יְגֵעִים בַּתּוֹרָה כָּל יְמוֹת הַשַּׁבָּת וּבַשַּׁבָּת הֵם בָּאִים וּמִתְעַנְּגִים; וּמַה שֶּׁאָמַר רַבִּי חַגַּי לְתַלְמוּד תּוֹרָה — אֵלּוּ הַפּוֹעֲלִים, שֶׁהֵם עֲסוּקִים בִּמְלַאכְתָּם כָּל יְמוֹת הַשַּׁבָּת וּבַשַּׁבָּת הֵם בָּאִים וּמִתְעַסְּקִים בַּתּוֹרָה.

בראשית רבה י״א:ט

תָּנֵי רַבִּי שִׁמְעוֹן בֶּן יוֹחָאי:
אָמְרָה שַׁבָּת לִפְנֵי הַקָּדוֹשׁ־בָּרוּךְ־הוּא: רִבּוֹנוֹ־שֶׁל־עוֹלָם, לְכֻלָּן יֵשׁ בֶּן־זוּג וְלִי אֵין בֶּן־זוּג! אָמַר לָהּ הַקָּדוֹשׁ־בָּרוּךְ־הוּא: כְּנֶסֶת יִשְׂרָאֵל הִיא בֶּן־זוּגֵךְ. וְכֵיוָן שֶׁעָמְדוּ יִשְׂרָאֵל לִפְנֵי הַר סִינַי, אָמַר לָהֶם הַקָּדוֹשׁ־בָּרוּךְ־הוּא: זִכְרוּ הַדָּבָר שֶׁאָמַרְתִּי לַשַּׁבָּת — כְּנֶסֶת יִשְׂרָאֵל הִיא בֶּן־זוּגֵךְ. הַיְנוּ דִּבּוּר (שמות כ׳:ח׳): ״זָכוֹר אֶת־יוֹם הַשַּׁבָּת לְקַדְּשׁוֹ.״

שבת קי״ט:

אָמַר רָבָא, וְאִיתֵימָא רַבִּי יְהוֹשֻׁעַ בֶּן לֵוִי:
אֲפִילוּ יָחִיד הַמִּתְפַּלֵּל בְּעֶרֶב שַׁבָּת צָרִיךְ לוֹמַר ״וַיְכֻלּוּ.״ דְּאָמַר רַב הַמְנוּנָא: כָּל הַמִּתְפַּלֵּל בְּעֶרֶב שַׁבָּת וְאוֹמֵר ״וַיְכֻלּוּ״ — מַעֲלֶה עָלָיו הַכָּתוּב כְּאִילוּ נַעֲשָׂה שׁוּתָף לְהַקָּדוֹשׁ־בָּרוּךְ־הוּא בְּמַעֲשֵׂה בְרֵאשִׁית, שֶׁנֶּאֱמַר: וַיְכֻלּוּ — אַל תִּקְרֵי ״וַיְכֻלּוּ״ אֶלָּא ״וַיְכַלּוּ.״

בראשית רבה י״א:ד

רַבֵּנוּ עָשָׂה סְעֻדָּה לְאַנְטוֹנִינוּס בְּשַׁבָּת, הֵבִיא לְפָנָיו תַּבְשִׁילִין שֶׁל צוֹנֵן, אָכַל מֵהֶם וְעָרַב לוֹ. עָשָׂה לוֹ סְעוּדָה בְּחוֹל, הֵבִיא לְפָנָיו תַּבְשִׁילִין רוֹתְחִים. אָמַר לוֹ: אוֹתָם עָרְבוּ לִי יוֹתֵר מֵאֵלּוּ. אָמַר לוֹ: תַּבְלִין אֶחָד הֵם חֲסֵרִים. אָמַר לוֹ: וְכִי הַקִּילָרִין שֶׁל מֶלֶךְ חָסֵר כְּלוּם? אָמַר לוֹ: שַׁבָּת הֵם חֲסֵרִים, יֵשׁ לְךָ שַׁבָּת?

PESIKTA RABATI: TEN COMMANDMENTS

Rabbi Berekhiah said in the name of Rabbi Ḥiya bar Abba: Shabbat was given only for rejoicing. Rabbi Ḥaggai said in the name of Rabbi Sh'muel bar Naḥman: Shabbat was given only for the study of Torah. There is no contradiction between them, for what Rabbi Berekhiah said about rejoicing refers to scholars, who labor in Torah all the days of the week — and on Shabbat, they rejoice; and what Rabbi Ḥaggai said about the study of Torah refers to laborers, who work at their trade all week long — and on Shabbat, they come and study Torah.

GENESIS RABBAH 11:9

It was taught by Rabbi Shim'on bar Yoḥai:
Shabbat protested before the Holy Exalted One: "Sovereign of the universe! Everything has a partner, but I have no partner!" Said the Holy One: "The congregation of Israel will be your partner." Thus, when Israel stood before Mount Sinai, the Holy One admonished them: "Remember what I told Shabbat: The congregation of Israel will be your partner." This is the meaning of the Commandment: "Remember the day of Shabbat to sanctify it (i.e. be wedded to it)."

SHABBAT 119b

Rava said (according to some it was Rabbi Joshua ben Levi):
Even an individual, praying on Shabbat eve, should recite *Va-yekhulu* (Genesis 2:1-3). For, according to Rav Himnuna, anyone who is praying on Shabbat eve and recites *Va-yekhulu* should be thought of as one who is God's partner in creating the world, since the word ought not to be understood as if vocalized *Va-yekhulu* (heaven and earth *were completed*), but *Va-yekhallu* (*they completed* the creation of heaven and earth).

GENESIS RABBAH 11:4

Rabbi Judah Ha-nasi prepared a feast for Antoninus Pius, the Roman emperor, on Shabbat. He placed cold foods before the emperor, who ate and enjoyed them. The rabbi prepared another feast for him on a weekday, and served hot foods. The emperor then asked: "How is it that I found those other foods more tasty than these?" Explained Rabbi Judah: "These are missing one essential ingredient." Antoninus cried: "It is inconceivable that the pantry of the emperor lacks anything!" The rabbi replied, "The ingredient this meal lacked was Shabbat. Can Shabbat be found in your pantry?"

ברכות סד.

אָמַר רַבִּי אֶלְעָזָר, אָמַר רַבִּי חֲנִינָא: תַּלְמִידֵי חֲכָמִים מַרְבִּים שָׁלוֹם בָּעוֹלָם, שֶׁנֶּאֱמַר: וְכָל־בָּנַיִךְ לִמּוּדֵי יהוה, וְרַב שְׁלוֹם בָּנָיִךְ. אַל תִּקְרָא בָּנָיִךְ אֶלָּא בּוֹנָיִךְ. שָׁלוֹם רָב לְאֹהֲבֵי תוֹרָתֶךָ, וְאֵין לָמוֹ מִכְשׁוֹל. יְהִי שָׁלוֹם בְּחֵילֵךְ, שַׁלְוָה בְּאַרְמְנוֹתָיִךְ. לְמַעַן אַחַי וְרֵעָי, אֲדַבְּרָה־נָּא שָׁלוֹם בָּךְ. לְמַעַן בֵּית יהוה אֱלֹהֵינוּ, אֲבַקְשָׁה טוֹב לָךְ. יהוה עֹז לְעַמּוֹ יִתֵּן, יהוה יְבָרֵךְ אֶת־עַמּוֹ בַשָּׁלוֹם.

קדיש דרבנן

Traditionally, Kaddish D'Rabbanan has been recited by mourners and those observing Yahrzeit, but it may be recited by anyone who has read or heard the teaching of a text based on Torah.

יִתְגַּדַּל וְיִתְקַדַּשׁ שְׁמֵהּ רַבָּא, בְּעָלְמָא דִּי בְרָא, כִּרְעוּתֵהּ, וְיַמְלִיךְ מַלְכוּתֵהּ בְּחַיֵּיכוֹן וּבְיוֹמֵיכוֹן וּבְחַיֵּי דְכָל־בֵּית יִשְׂרָאֵל, בַּעֲגָלָא וּבִזְמַן קָרִיב, וְאִמְרוּ אָמֵן.

יְהֵא שְׁמֵהּ רַבָּא מְבָרַךְ לְעָלַם וּלְעָלְמֵי עָלְמַיָּא.

יִתְבָּרַךְ וְיִשְׁתַּבַּח וְיִתְפָּאַר וְיִתְרוֹמַם וְיִתְנַשֵּׂא וְיִתְהַדַּר וְיִתְעַלֶּה וְיִתְהַלַּל שְׁמֵהּ דְּקֻדְשָׁא, בְּרִיךְ הוּא *לְעֵלָּא מִן כָּל־בִּרְכָתָא וְשִׁירָתָא תֻּשְׁבְּחָתָא וְנֶחֱמָתָא דַּאֲמִירָן בְּעָלְמָא, וְאִמְרוּ אָמֵן.

*On שבת שובה: לְעֵלָּא לְעֵלָּא מִכָּל־בִּרְכָתָא וְשִׁירָתָא

עַל יִשְׂרָאֵל וְעַל רַבָּנָן וְעַל תַּלְמִידֵיהוֹן, וְעַל כָּל־תַּלְמִידֵי תַלְמִידֵיהוֹן, וְעַל כָּל־מָאן דְּעָסְקִין בְּאוֹרַיְתָא, דִּי בְאַתְרָא הָדֵין וְדִי בְכָל־אֲתַר וַאֲתַר, יְהֵא לְהוֹן וּלְכוֹן שְׁלָמָא רַבָּא, חִנָּא וְחִסְדָּא וְרַחֲמִין, וְחַיִּין אֲרִיכִין וּמְזוֹנָא רְוִיחָא, וּפוּרְקָנָא מִן קֳדָם אֲבוּהוֹן דִּי בִשְׁמַיָּא, וְאִמְרוּ אָמֵן.

יְהֵא שְׁלָמָא רַבָּא מִן שְׁמַיָּא וְחַיִּים טוֹבִים עָלֵינוּ וְעַל כָּל־יִשְׂרָאֵל, וְאִמְרוּ אָמֵן.

עֹשֶׂה שָׁלוֹם בִּמְרוֹמָיו, הוּא בְּרַחֲמָיו יַעֲשֶׂה שָׁלוֹם עָלֵינוּ וְעַל כָּל־יִשְׂרָאֵל, וְאִמְרוּ אָמֵן.

B'RAKHOT 64a

Rabbi Elazar taught in the name of Rabbi Ḥanina:
Peace is increased by disciples of sages; as it was said: When all of your children are taught of Adonai, great will be the peace of your children (Isaiah 54:13). The second mention of "your children" (*banayikh*) means all who have true understanding (*bonayikh*). Thus it is written in the Book of Psalms: *Those who love Your Torah have great peace; nothing makes them stumble* (119:165). *May there be peace within your walls, security within your gates. For the sake of my colleagues and friends I say: May peace reside within you. For the sake of the house of Adonai I will seek your welfare* (122:7-9). *May Adonai grant His people strength; may Adonai bless His people with peace* (29:11).

KADDISH D'RABBANAN

After the study of Torah we praise God with the Kaddish, and include in it a prayer for the well-being of teachers and students of Torah, whose learning enhances the world.

A translation of this prayer for teachers is on page 71.

Yitgadal v'yitkadash sh'mei raba, b'alma di v'ra, kir'utei,
v'yamlikh malkhutei b'ḥayeikhon u-v'yomeikhon
u-v'ḥayei d'khol beit Yisra-el,
ba'agala u-vi-z'man kariv, v'imru amen.

Y'hei sh'mei raba m'varakh l'alam u-l'almei almaya.

Yitbarakh v'yishtabaḥ v'yitpa-ar v'yitromam v'yitnasei,
v'yit-hadar v'yit'aleh v'yit-halal sh'mei d'kudsha, b'rikh hu
*l'ela min kol birkhata v'shirata, tushb'ḥata v'neḥamata
da'amiran b'alma, v'imru amen.

**On Shabbat Shuvah:* l'ela l'ela mi-kol birkhata v'shirata,

Al Yisra-el v'al rabanan v'al talmideihon,
v'al kol talmidei talmideihon, v'al kol man d'askin b'oraita,
di v'atra ha-dein v'di v'khol atar v'atar,
y'hei l'hon u-l'khon sh'lama raba, ḥina v'ḥisda v'raḥamin,
v'ḥayin arikhin u-m'zona r'viḥa,
u-furkana min kodam avuhon di vi-sh'maya, v'imru amen.

Y'hei sh'lama raba min sh'maya
v'ḥayim tovim aleinu v'al kol Yisra-el, v'imru amen.

Oseh shalom bi-m'romav, hu b'raḥamav ya'aseh shalom
aleinu v'al kol Yisra-el, v'imru amen.

ערבית

קריאת שמע וברכותיה

Ḥazzan:

בָּרְכוּ אֶת־יהוה הַמְבֹרָךְ.

Congregation, then Ḥazzan:

בָּרוּךְ יהוה הַמְבֹרָךְ לְעוֹלָם וָעֶד.

The first ברכה *before* קריאת שמע

בָּרוּךְ אַתָּה יהוה אֱלֹהֵינוּ מֶלֶךְ הָעוֹלָם, אֲשֶׁר בִּדְבָרוֹ מַעֲרִיב עֲרָבִים, בְּחָכְמָה פּוֹתֵחַ שְׁעָרִים, וּבִתְבוּנָה מְשַׁנֶּה עִתִּים וּמַחֲלִיף אֶת־הַזְּמַנִּים, וּמְסַדֵּר אֶת־הַכּוֹכָבִים בְּמִשְׁמְרוֹתֵיהֶם בָּרָקִיעַ כִּרְצוֹנוֹ. בּוֹרֵא יוֹם וָלָיְלָה, גּוֹלֵל אוֹר מִפְּנֵי חֹשֶׁךְ וְחֹשֶׁךְ מִפְּנֵי אוֹר, □ וּמַעֲבִיר יוֹם וּמֵבִיא לָיְלָה, וּמַבְדִּיל בֵּין יוֹם וּבֵין לָיְלָה, יהוה צְבָאוֹת שְׁמוֹ. אֵל חַי וְקַיָּם, תָּמִיד יִמְלֹךְ עָלֵינוּ לְעוֹלָם וָעֶד.
בָּרוּךְ אַתָּה יהוה הַמַּעֲרִיב עֲרָבִים.

To offer options and to embellish the themes of the evening service, readings from a variety of sources are presented on the following pages, along with the traditional text of the service.

Beloved are You, eternal God,
by whose design the evening falls,
by whose command dimensions open up
and aeons pass away and stars spin in their orbits.
You set the rhythms of day and night;
the alternation of light and darkness
sings Your creating word.
In rising sun and in spreading dusk,
Creator of all, You are made manifest.
Eternal, everlasting God,
may we always be aware of Your dominion.
Beloved are You, Adonai, for this hour of nightfall.

— Andre Ungar

EVENING SERVICE — MA'ARIV

🍃 K'RIAT SH'MA AND ITS B'RAKHOT

Reader:

Bar'khu et Adonai ha-m'vorakh.
Praise Adonai, the Exalted One.

Congregation, then Reader:

Barukh Adonai ha-m'vorakh l'olam va-ed.
Praised be Adonai, the Exalted One, throughout all time.

In this b'rakhah, we acknowledge the miracle of creation.

Praised are You Adonai our God, who rules the universe, Your word bringing the evening dusk. You open with wisdom the gates of dawn, design the day with wondrous skill, set out the succession of seasons, and arrange the stars in the sky according to Your will. *Adonai Tz'va-ot*, You create day and night, rolling light away from darkness and darkness away from light. Eternal God, Your sovereignty shall forever embrace us. Praised are You Adonai, for each evening's dusk.

Light and darkness, night and day;
We marvel at the mystery of stars.

Moon and sky, sand and sea;
We marvel at the mystery of sun.

Twilight, high noon, dusk, and dawn;
Though we are mortal, we are creation's crown.

Flesh and bone, steel and stone;
We dwell in fragile, temporary shelters.

Grant steadfast love, compassion, grace;
Sustain us, O God — our origin is dust.

Majesty, mercy, love endure;
We are but little lower than the angels.

Resplendent skies, sunset, sunrise;
The grandeur of creation lifts our lives.

Evening darkness, morning dawn;
Renew our lives as You renew all time.

— Jules Harlow

The second ברכה before קריאת שמע

אַהֲבַת עוֹלָם בֵּית יִשְׂרָאֵל עַמְּךָ אָהָבְתָּ.
תּוֹרָה וּמִצְוֹת, חֻקִּים וּמִשְׁפָּטִים אוֹתָנוּ לִמַּדְתָּ.
עַל כֵּן יהוה אֱלֹהֵינוּ בְּשָׁכְבֵנוּ וּבְקוּמֵנוּ נָשִׂיחַ בְּחֻקֶּיךָ,
וְנִשְׂמַח בְּדִבְרֵי תוֹרָתֶךָ וּבְמִצְוֹתֶיךָ לְעוֹלָם וָעֶד.
כִּי הֵם חַיֵּינוּ וְאֹרֶךְ יָמֵינוּ וּבָהֶם נֶהְגֶּה יוֹמָם וָלָיְלָה.
□ וְאַהֲבָתְךָ אַל תָּסִיר מִמֶּנּוּ לְעוֹלָמִים.
בָּרוּךְ אַתָּה יהוה אוֹהֵב עַמּוֹ יִשְׂרָאֵל.

Torah is a closed book
until it is read with an open heart.

House of Israel, great and small,
open your hearts to the words of Torah.

Torah is demanding,
yet sweeter than honey, more precious than gold.

House of Israel, young and old,
open yourselves, heart and soul, to its treasures.

Torah sanctifies life;
it teaches us how to be human and holy.

House of Israel, near and far,
cherish the eternal sign of God's love.

Torah is given each day;
each day we can choose to reject or accept it.

House of Israel, now as at Sinai,
choose to accept and be blessed by its teachings.

— Jules Harlow

Your love has embraced us always
in wilderness and promised land,
in good times and in bad.
Night and day Your Torah sustains us,
reviving the spirit, delighting the heart,
informing the soul, opening the eyes,
granting us a glimpse of eternity.
Because of Your love
we shall embrace Torah night and day,
in devotion and delight.
Beloved are You Adonai, whose Torah reflects Your love.

— Jules Harlow

In this b'rakhah, we extol God for giving us the Torah, testimony to God's love for Israel.

With constancy You have loved Your people Israel, teaching us Torah and mitzvot, statutes and laws. Therefore, Adonai our God, when we lie down to sleep and when we rise, we shall think of Your laws and speak of them, rejoicing always in Your Torah and mitzvot. For they are our life and the length of our days; we will meditate on them day and night. Never take Your love from us. Praised are You Adonai, who loves the people Israel.

The Torah is a tapestry
that can adorn the days in which we dwell.

Let us embrace it and make it our own,
weave its text into the texture of our lives.

Its teachings sustain us, its beauty delights us
when we open our eyes to its splendor.

It is not a mystery, far beyond reach;
it is not in heaven, beyond our grasp.

It is as close to us as we allow it —
on our lips, in our heart, integral to our deeds.

Let us study its words, fulfill its commands,
and make its instruction our second nature.

It is the tangible gift of God's love.
Weave its text into the texture of your lives.

— Jules Harlow

"The secret things belong to Adonai our God; what is revealed belongs to us and to our children forever, that we may apply all the provisions of this teaching" (Deuteronomy 29:28). Revelation does not deal with the mystery of God, but with a person's life as it should be lived in the presence of that mystery. "This teaching is not beyond reach. It is not in heaven, that you should say: 'Who among us can go up to heaven and get it for us and impart it to us, that we may do it?'... No, the word is very close to you in your mouth and in your heart, to do it" (Deuteronomy 30:11-14).

We now prepare to affirm God's sovereignty, freely pledging God our loyalty as witnesses to revelation. Twice each day, by reciting the Sh'ma, we lovingly reaffirm that loyalty, through our acceptance of mitzvot.

🌿 קריאת שמע

If there is no minyan, add: אֵל מֶלֶךְ נֶאֱמָן

דברים ו׳:ד׳-ט׳

שְׁמַע יִשְׂרָאֵל יהוה אֱלֹהֵינוּ יהוה। אֶחָד:

Silently:

בָּרוּךְ שֵׁם כְּבוֹד מַלְכוּתוֹ לְעוֹלָם וָעֶד.

וְאָהַבְתָּ אֵת יהוה אֱלֹהֶיךָ בְּכָל־לְבָבְךָ וּבְכָל־נַפְשְׁךָ
וּבְכָל־מְאֹדֶךָ: וְהָיוּ הַדְּבָרִים הָאֵלֶּה אֲשֶׁר אָנֹכִי מְצַוְּךָ
הַיּוֹם עַל־לְבָבֶךָ: וְשִׁנַּנְתָּם לְבָנֶיךָ וְדִבַּרְתָּ בָּם בְּשִׁבְתְּךָ
בְּבֵיתֶךָ וּבְלֶכְתְּךָ בַדֶּרֶךְ וּבְשָׁכְבְּךָ וּבְקוּמֶךָ: וּקְשַׁרְתָּם לְאוֹת
עַל־יָדֶךָ וְהָיוּ לְטֹטָפֹת בֵּין עֵינֶיךָ: וּכְתַבְתָּם עַל־מְזֻזוֹת
בֵּיתֶךָ וּבִשְׁעָרֶיךָ:

דברים י״א:י״ג-כ״א

וְהָיָה אִם־שָׁמֹעַ תִּשְׁמְעוּ אֶל־מִצְוֹתַי אֲשֶׁר אָנֹכִי מְצַוֶּה
אֶתְכֶם הַיּוֹם לְאַהֲבָה אֶת־יהוה אֱלֹהֵיכֶם וּלְעָבְדוֹ בְּכָל־
לְבַבְכֶם וּבְכָל־נַפְשְׁכֶם: וְנָתַתִּי מְטַר־אַרְצְכֶם בְּעִתּוֹ יוֹרֶה
וּמַלְקוֹשׁ וְאָסַפְתָּ דְגָנֶךָ וְתִירֹשְׁךָ וְיִצְהָרֶךָ: וְנָתַתִּי עֵשֶׂב
בְּשָׂדְךָ לִבְהֶמְתֶּךָ וְאָכַלְתָּ וְשָׂבָעְתָּ: הִשָּׁמְרוּ לָכֶם פֶּן־יִפְתֶּה
לְבַבְכֶם וְסַרְתֶּם וַעֲבַדְתֶּם אֱלֹהִים אֲחֵרִים וְהִשְׁתַּחֲוִיתֶם
לָהֶם: וְחָרָה אַף־יהוה בָּכֶם וְעָצַר אֶת־הַשָּׁמַיִם וְלֹא־יִהְיֶה
מָטָר וְהָאֲדָמָה לֹא תִתֵּן אֶת־יְבוּלָהּ וַאֲבַדְתֶּם מְהֵרָה מֵעַל
הָאָרֶץ הַטֹּבָה אֲשֶׁר יהוה נֹתֵן לָכֶם: וְשַׂמְתֶּם אֶת־דְּבָרַי
אֵלֶּה עַל־לְבַבְכֶם וְעַל־נַפְשְׁכֶם וּקְשַׁרְתֶּם אֹתָם לְאוֹת
עַל־יֶדְכֶם וְהָיוּ לְטוֹטָפֹת בֵּין עֵינֵיכֶם: וְלִמַּדְתֶּם אֹתָם
אֶת־בְּנֵיכֶם לְדַבֵּר בָּם בְּשִׁבְתְּךָ בְּבֵיתֶךָ וּבְלֶכְתְּךָ בַדֶּרֶךְ
וּבְשָׁכְבְּךָ וּבְקוּמֶךָ: וּכְתַבְתָּם עַל־מְזוּזוֹת בֵּיתֶךָ וּבִשְׁעָרֶיךָ:
לְמַעַן יִרְבּוּ יְמֵיכֶם וִימֵי בְנֵיכֶם עַל הָאֲדָמָה אֲשֶׁר נִשְׁבַּע
יהוה לַאֲבֹתֵיכֶם לָתֵת לָהֶם כִּימֵי הַשָּׁמַיִם עַל־הָאָרֶץ:

✿ K'RIAT SH'MA

If there is no minyan, add: God is a faithful sovereign.

DEUTERONOMY 6:4-9

Sh'ma Yisra-el Adonai Eloheinu, Adonai Eḥad.
Hear, O Israel: Adonai is our God, Adonai alone.

Silently:
Praised be God's glorious sovereignty throughout all time.

V'ahavta et Adonai Elohekha b'khol l'vav'kha u-v'khol nafsh'kha
u-v'khol m'odekha. V'hayu ha-d'varim ha-eleh asher anokhi
m'tzav'kha ha-yom al l'vavekha. V'shinantam l'vanekha v'dibarta
bam b'shivt'kha b'veitekha u-v'lekht'kha va-derekh u-v'shokh-
b'kha u-v'kumekha. U-k'shartam l'ot al yadekha v'hayu l'totafot
bein einekha. U-kh'tavtam al m'zuzot beitekha u-vi-sh'arekha.

You shall love Adonai your God with all your heart, with all
your soul, with all your might. And these words, which I
command you this day, you shall take to heart. Teach them,
diligently, to your children, and recite them at home and
away, night and day. Bind them as a sign upon your hand,
and as a reminder above your eyes. Inscribe them upon the
doorposts of your homes and upon your gates.

DEUTERONOMY 11:13-21

If you will earnestly heed the mitzvot I give you this day, to
love Adonai your God and to serve God with all your heart
and all your soul, then I will favor your land with rain at the
proper season, in autumn and in spring, and you will have an
ample harvest of grain, wine and oil. I will assure abundance
in the fields for your cattle. You will eat to contentment. Take
care lest you be tempted to stray, and to worship false gods.
For then Adonai's wrath will be directed against you. God will
close the heavens and hold back the rain; the earth will not
yield its produce. You will soon disappear from the good land
which Adonai is giving you. Therefore, impress these words of
Mine upon your heart. Bind them as a sign upon your hand;
let them be a reminder above your eyes. Teach them to your
children. Repeat them at home and away, night and day.
Inscribe them upon the doorposts of your homes and upon
your gates. Then your days and the days of your children, on
the land that Adonai swore to give to your ancestors, will
endure as the days of the heavens over the earth.

במדבר ט״ו:ל״ז-מ״א

וַיֹּאמֶר יהוה אֶל־מֹשֶׁה לֵּאמֹר: דַּבֵּר אֶל־בְּנֵי יִשְׂרָאֵל וְאָמַרְתָּ
אֲלֵהֶם וְעָשׂוּ לָהֶם צִיצִת עַל־כַּנְפֵי בִגְדֵיהֶם לְדֹרֹתָם
וְנָתְנוּ עַל־צִיצִת הַכָּנָף פְּתִיל תְּכֵלֶת: וְהָיָה לָכֶם לְצִיצִת
וּרְאִיתֶם אֹתוֹ וּזְכַרְתֶּם אֶת־כָּל־מִצְוֹת יהוה וַעֲשִׂיתֶם אֹתָם
וְלֹא תָתוּרוּ אַחֲרֵי לְבַבְכֶם וְאַחֲרֵי עֵינֵיכֶם אֲשֶׁר־אַתֶּם
זֹנִים אַחֲרֵיהֶם: לְמַעַן תִּזְכְּרוּ וַעֲשִׂיתֶם אֶת־כָּל־מִצְוֹתָי
וִהְיִיתֶם קְדֹשִׁים לֵאלֹהֵיכֶם: אֲנִי יהוה אֱלֹהֵיכֶם אֲשֶׁר
הוֹצֵאתִי אֶתְכֶם מֵאֶרֶץ מִצְרַיִם לִהְיוֹת לָכֶם לֵאלֹהִים אֲנִי
□ יהוה אֱלֹהֵיכֶם: אֱמֶת

You are My witnesses, says God:

There is no king without a kingdom,
no sovereign without subjects.

When you are My witnesses, I am Adonai.

The coin of God's kingdom is Torah,
to be reflected in study and deeds.

God is the first, God is the last,
there is no God but Adonai.

The Torah is given each day;
each day we receive it anew
if we wish to make it our own.

Testify for Me, says Adonai;
in your love for Me teach your children,
embracing the Torah now and forever.

We accept God's sovereignty in reverence,
treating others with love, studying Torah.
May this be our will as we witness.

— *Adapted from* Jules Harlow

The Gerer Rabbi said: "When one learns the Torah, prays much, and begins to think 'I am truly pious; I overlook nothing in the performance of my religious duties,' such a one transgresses the command 'Do not be seduced by your heart nor led astray by your eyes.' Let such people look at the *tzitzit* and be reminded who they are."

NUMBERS 15:37-41

Adonai said to Moses: Instruct the people Israel that in every generation they shall put *tzitzit* on the corners of their garments and bind a thread of blue to the *tzitzit*, the fringe on each corner. Look upon these *tzitzit* and you will be reminded of all the mitzvot of Adonai and fulfill them, and not be seduced by your heart nor led astray by your eyes. Then you will remember and observe all My mitzvot and be holy before your God. I am Adonai your God who brought you out of the land of Egypt to be your God. I, Adonai, am your God, *who is Truth*.

There is little we may claim to know about God,
but this much is certain:
One cannot come before God
save in integrity of heart and mind.
It would not do to try to feign or fib
for the greater glory of God.
It cannot be required of man,
and surely it can never be made a duty,
to plead falsely to the God of Truth.
The fearless seeker of truth,
even the honest blasphemer,
is nearer to God than the liars for the benefit of religion.

— Shalom Spiegel

Cherish My words in your heart and soul;
wear them as proud reminders on your arm and on your forehead.
Instill them in your children and be guided by them
at home and in public, night and day.
Write them on your doorposts and gates.
Then will your lives and your children's lives
be as enduring on this good earth as the stars in the sky.
Thus did God promise your ancestors.

If you faithfully obey My laws today, and love Me, I shall give you your livelihood in good time and in full measure. You shall work and reap the results of your labor, satisfied with what you have achieved. Be careful, however. Let not your heart be seduced, lured after false goals, seeking alien ideals, lest God's image depart from you and you sink into dissoluteness and lose your joyous, God-given heritage.

— Andre Ungar

The first ברכה following קריאת שמע

אֱמֶת וֶאֱמוּנָה כָּל־זֹאת וְקַיָּם עָלֵינוּ, כִּי הוּא יהוה אֱלֹהֵינוּ
וְאֵין זוּלָתוֹ, וַאֲנַחְנוּ יִשְׂרָאֵל עַמּוֹ. הַפּוֹדֵנוּ מִיַּד מְלָכִים,
מַלְכֵּנוּ הַגּוֹאֲלֵנוּ מִכַּף כָּל־הֶעָרִיצִים, הָאֵל הַנִּפְרָע לָנוּ
מִצָּרֵינוּ וְהַמְשַׁלֵּם גְּמוּל לְכָל־אוֹיְבֵי נַפְשֵׁנוּ, הָעוֹשֶׂה גְדוֹלוֹת
עַד אֵין חֵקֶר וְנִפְלָאוֹת עַד אֵין מִסְפָּר, הַשָּׂם נַפְשֵׁנוּ בַּחַיִּים
וְלֹא נָתַן לַמּוֹט רַגְלֵנוּ, הַמַּדְרִיכֵנוּ עַל בָּמוֹת אוֹיְבֵינוּ וַיָּרֶם
קַרְנֵנוּ עַל כָּל־שׂוֹנְאֵינוּ, הָעוֹשֶׂה לָּנוּ נִסִּים וּנְקָמָה בְּפַרְעֹה,
אוֹתוֹת וּמוֹפְתִים בְּאַדְמַת בְּנֵי חָם, הַמַּכֶּה בְעֶבְרָתוֹ כָּל־
בְּכוֹרֵי מִצְרָיִם, וַיּוֹצֵא אֶת־עַמּוֹ יִשְׂרָאֵל מִתּוֹכָם לְחֵרוּת
עוֹלָם, הַמַּעֲבִיר בָּנָיו בֵּין גִּזְרֵי יַם סוּף, אֶת־רוֹדְפֵיהֶם
וְאֶת־שׂוֹנְאֵיהֶם בִּתְהוֹמוֹת טִבַּע, וְרָאוּ בָנָיו גְּבוּרָתוֹ, שִׁבְּחוּ
וְהוֹדוּ לִשְׁמוֹ. ☐ וּמַלְכוּתוֹ בְּרָצוֹן קִבְּלוּ עֲלֵיהֶם. מֹשֶׁה וּבְנֵי
יִשְׂרָאֵל לְךָ עָנוּ שִׁירָה בְּשִׂמְחָה רַבָּה, וְאָמְרוּ כֻלָּם:

**מִי־כָמֹכָה בָּאֵלִם יהוה, מִי כָּמֹכָה נֶאְדָּר בַּקֹּדֶשׁ,
נוֹרָא תְהִלֹּת, עֹשֵׂה־פֶלֶא.**

☐ מַלְכוּתְךָ רָאוּ בָנֶיךָ, בּוֹקֵעַ יָם לִפְנֵי מֹשֶׁה.
זֶה אֵלִי עָנוּ וְאָמְרוּ:

יהוה יִמְלֹךְ לְעֹלָם וָעֶד.

☐ וְנֶאֱמַר: כִּי פָדָה יהוה אֶת־יַעֲקֹב, וּגְאָלוֹ מִיַּד חָזָק מִמֶּנּוּ.
בָּרוּךְ אַתָּה יהוה גָּאַל יִשְׂרָאֵל.

You cannot find redemption until you see the flaws in your own soul, and try to efface them. Nor can a people be redeemed until it sees the flaws in its soul and tries to efface them. But whether it be an individual or a people, whoever shuts out the realization of their flaws is shutting out redemption. We can be redeemed only to the extent to which we see ourselves.

The world is in need of redemption, but the redemption must not be expected to happen as an act of sheer grace. Our task is to make the world worthy of redemption. Our faith and our works are preparations for ultimate redemption.
— *Adapted from* Martin Buber

In this b'rakhah, we praise God as our eternal Redeemer.

We affirm the truth that Adonai alone is our God, and that we are God's people Israel. God redeems us from the power of kings and delivers us from the hand of all tyrants, bringing judgment upon our oppressors and retribution upon all our mortal enemies, performing wonders beyond understanding and marvels beyond all reckoning. God has maintained us among the living, not allowing our steps to falter, guided us to triumph over mighty foes, and exalted our strength over all our enemies, vindicating us with miracles before Pharaoh, with signs and wonders in the land of Egypt. God smote, in wrath, Egypt's firstborn, brought Israel to lasting freedom, and led them through divided waters as their pursuers sank in the sea. When God's children beheld the divine might they sang in praise, gladly accepting God's sovereignty. Moses and the people Israel joyfully sang this song to You:

Mi khamokha ba-elim Adonai, mi kamokha ne'dar ba-kodesh,
nora t'hilot, oseh feleh.
"Who is like You, Adonai, among all that is worshiped!
Who is, like You, majestic in holiness,
awesome in splendor, working wonders!"

As You divided the sea before Moses, Your children beheld Your sovereignty. "This is my God," they proclaimed:

Adonai yimlokh l'olam va-ed.
"Adonai shall reign throughout all time."

And thus it is written: "Adonai has rescued Jacob; God redeemed him from those more powerful." Praised are You Adonai, Redeemer of the people Israel.

Daily You renew our souls, restoring us
as You redeemed our ancient nation Israel
from slavery to freedom, from sorrow to triumph,
blessing our people with the springtime of its life
to be renewed by all of us each year.
Healer of our wounds, holy God, do not abandon us
to enemies who threaten, to tyrants who deny Your sovereignty.
Into Your care we commit our souls, now as in the past,
sustained by Your truth, embraced by Your love,
inspired with hope for the future by Your faith in us.
Beloved are You, Redeemer of the people Israel,
whose faithfulness in ages past assures our future too.
— Jules Harlow

The second ברכה following קריאת שמע

הַשְׁכִּיבֵנוּ יהוה אֱלֹהֵינוּ לְשָׁלוֹם, וְהַעֲמִידֵנוּ מַלְכֵּנוּ לְחַיִּים,
וּפְרוֹשׂ עָלֵינוּ סֻכַּת שְׁלוֹמֶךָ, וְתַקְּנֵנוּ בְּעֵצָה טוֹבָה מִלְּפָנֶיךָ,
וְהוֹשִׁיעֵנוּ לְמַעַן שְׁמֶךָ. וְהָגֵן בַּעֲדֵנוּ, וְהָסֵר מֵעָלֵינוּ אוֹיֵב
דֶּבֶר וְחֶרֶב וְרָעָב וְיָגוֹן, וְהָסֵר שָׂטָן מִלְּפָנֵינוּ וּמֵאַחֲרֵינוּ.
וּבְצֵל כְּנָפֶיךָ תַּסְתִּירֵנוּ, כִּי אֵל שׁוֹמְרֵנוּ וּמַצִּילֵנוּ אָתָּה, כִּי
אֵל מֶלֶךְ חַנּוּן וְרַחוּם אָתָּה. ☐ וּשְׁמוֹר צֵאתֵנוּ וּבוֹאֵנוּ
לְחַיִּים וּלְשָׁלוֹם מֵעַתָּה וְעַד עוֹלָם. וּפְרוֹשׂ עָלֵינוּ סֻכַּת
שְׁלוֹמֶךָ. בָּרוּךְ אַתָּה יהוה הַפּוֹרֵשׂ סֻכַּת שָׁלוֹם עָלֵינוּ
וְעַל כָּל־עַמּוֹ יִשְׂרָאֵל וְעַל יְרוּשָׁלָיִם.

As a mother comforts her children,
so I Myself will comfort you, says Adonai.
And you will find peace in Jerusalem.

Past troubles will be forgotten, hidden from sight.
Jerusalem will be a delight, her people a joy.
And you will find peace in Jerusalem.

None shall hurt or destroy in all My holy mountain,
says the Creator whose throne is heaven,
says Adonai who also seeks peace in Jerusalem.

Each month at the new moon, each week on Shabbat
all people, all My children, shall worship Me,
says Adonai who will also find peace
and consolation in Jerusalem.

— Jules Harlow

O God, You are a consolation to Your creatures,
for in moments of forgetting,
we but call to mind Your care, and we are comforted.
When we hope no more,
a pattern in the snow reminds us of Your lovingkindness.
Your dawns give us confidence, and sleep is a friend.
Our sorrows dissipate in the presence of an infant's smile,
and oldmen's words revive our will-to-wish.
Your hints are everywhere,
Your signals in the most remote of places.
You are here; we fail words to say, "Mah Tov!"
How good our breath,
our rushing energies,
our silences of love.

— Danny Siegel

*In this b'rakhah, we thank God for the peace and
protection we are given in our times of need.*

Help us, Adonai, to lie down in peace, and awaken us again,
our Sovereign, to life. Spread over us Your shelter of peace;
guide us with Your good counsel. Save us because of
Your mercy. Shield us from enemies and pestilence, from
starvation, sword, and sorrow. Remove the evil forces that
surround us. Shelter us in the shadow of Your wings, O God,
who watches over us and delivers us, our gracious and
merciful Ruler. Guard our coming and our going; grant us life
and peace, now and always. Spread over us the shelter of Your
peace. Praised are You Adonai, who spreads the shelter of
peace over us, over all His people Israel, and over Jerusalem.

Protect us with Your gift of peace
by helping us to overcome temptation.

> *When we are weak, sustain us;*
> *when we despair, open our hearts to joy.*

Shelter us in Your embrace of peace
when we are caught by conflict or desire.

> *When we are torn, heal us;*
> *when we are tormented, touch us with tranquility.*

Cherish our fragmented lives;
make our lives whole again through integrity.

> *When we deceive, turn us to You;*
> *when we corrupt, capture our hearts anew.*

Protect us from ourselves;
when we falter, help us to conquer the enemy within.

> *When we blunder, restore us;*
> *with compassion teach us*
> *that peace is based on Your truth.*

— Jules Harlow

Creator of peace, compassionate God, guide us to a covenant
of peace with all Your creatures — birds and beasts as well as all
humanity — a reflection of Your image of compassion and peace.
Give us strength to help sustain Your promised covenant
abolishing blind strife and bloody warfare, so they will no
longer devastate the earth, so discord will no longer tear us
asunder. Then all that is savage and brutal will vanish, and we
shall fear evil no more. Guard our coming and our going, now
toward waking, now toward sleep, always within Your tranquil
shelter. Beloved are You, Sovereign of peace, whose embrace
encompasses Jerusalem, the people Israel, and all humanity.

— Jules Harlow

On שבת:

שמות ל״א:ט״ז-י״ז

וְשָׁמְרוּ בְנֵי־יִשְׂרָאֵל אֶת־הַשַּׁבָּת
לַעֲשׂוֹת אֶת־הַשַּׁבָּת לְדֹרֹתָם בְּרִית עוֹלָם׃
בֵּינִי וּבֵין בְּנֵי יִשְׂרָאֵל אוֹת הִוא לְעֹלָם
כִּי־שֵׁשֶׁת יָמִים עָשָׂה יְהוָה אֶת־הַשָּׁמַיִם וְאֶת־הָאָרֶץ
וּבַיּוֹם הַשְּׁבִיעִי שָׁבַת וַיִּנָּפַשׁ׃

On יום טוב:

ויקרא כ״ג:מ״ד

וַיְדַבֵּר מֹשֶׁה אֶת־מֹעֲדֵי יְהוָה אֶל בְּנֵי יִשְׂרָאֵל׃

חצי קדיש

Ḥazzan:

יִתְגַּדַּל וְיִתְקַדַּשׁ שְׁמֵהּ רַבָּא, בְּעָלְמָא דִּי בְרָא, כִּרְעוּתֵהּ, וְיַמְלִיךְ מַלְכוּתֵהּ בְּחַיֵּיכוֹן וּבְיוֹמֵיכוֹן וּבְחַיֵּי דְכָל־בֵּית יִשְׂרָאֵל, בַּעֲגָלָא וּבִזְמַן קָרִיב, וְאִמְרוּ אָמֵן.

Congregation and Ḥazzan:

יְהֵא שְׁמֵהּ רַבָּא מְבָרַךְ לְעָלַם וּלְעָלְמֵי עָלְמַיָּא.

Ḥazzan:

יִתְבָּרַךְ וְיִשְׁתַּבַּח וְיִתְפָּאַר וְיִתְרוֹמַם וְיִתְנַשֵּׂא וְיִתְהַדַּר וְיִתְעַלֶּה וְיִתְהַלַּל שְׁמֵהּ דְּקֻדְשָׁא, בְּרִיךְ הוּא *לְעֵלָּא מִן כָּל־בִּרְכָתָא וְשִׁירָתָא תֻּשְׁבְּחָתָא וְנֶחֱמָתָא דַּאֲמִירָן בְּעָלְמָא, וְאִמְרוּ אָמֵן.

**On שבת שובה:* לְעֵלָּא לְעֵלָּא מִכָּל־בִּרְכָתָא וְשִׁירָתָא

On שבת (including שבת חול המועד), continue with עמידה on page 35a or 35b (with אמהות) through page 38.

On יום טוב (including those on שבת), continue with עמידה on page 41a or 41b (with אמהות) through page 44.

For notes on recitation of the Amidah, see page 155.

On Shabbat:

EXODUS 31:16-17

The people Israel shall observe Shabbat, to maintain it as an everlasting covenant through all generations. It is a sign between Me and the people Israel for all time, that in six days Adonai made the heavens and the earth, and on the seventh day, ceased from work and rested.

V'shamru v'nai Yisra-el et ha-Shabbat,
la'asot et ha-Shabbat l'dorotam b'rit olam.
Bei-ni u-vein b'nai Yisra-el ot hi l'olam,
ki sheshet yamim asah Adonai et ha-shamayim v'et ha-aretz
u-va-yom ha-sh'vi-i shavat va-yinafash.

On Festivals:

LEVITICUS 23:44

Thus Moses proclaimed the Festivals of Adonai before the people Israel.

℘ ḤATZI KADDISH

Reader:

May God's name be exalted and hallowed throughout the world that He created, as is God's wish. May God's sovereignty soon be accepted, during our life and the life of all Israel. And let us say: Amen.

Congregation and Reader:

Y'hei sh'mei raba m'varakh l'alam u-l'almei almaya.

May God's great name be praised throughout all time.

Reader:

Glorified and celebrated, lauded and worshiped, exalted and honored, extolled and acclaimed may the Holy One be, praised beyond all song and psalm, beyond all tributes that mortals can utter. And let us say: Amen.

On Shabbat (including Shabbat Ḥol Ha-mo'ed),
continue with Amidah on page 35a or 35b
(with Matriarchs) through page 38.

On Festivals (including those on Shabbat),
continue with Amidah on page 41a or 41b
(with Matriarchs) through page 44.

For an interpretive Meditation on the Shabbat Amidah,
see page 39; on the Festival Amidah, page 45.

עמידה — ערבית לשבת

אֲדֹנָי, שְׂפָתַי תִּפְתָּח וּפִי יַגִּיד תְּהִלָּתֶךָ:

בָּרוּךְ אַתָּה יהוה אֱלֹהֵינוּ וֵאלֹהֵי אֲבוֹתֵינוּ, אֱלֹהֵי אַבְרָהָם אֱלֹהֵי יִצְחָק וֵאלֹהֵי יַעֲקֹב, הָאֵל הַגָּדוֹל הַגִּבּוֹר וְהַנּוֹרָא, אֵל עֶלְיוֹן, גּוֹמֵל חֲסָדִים טוֹבִים וְקוֹנֵה הַכֹּל, וְזוֹכֵר חַסְדֵי אָבוֹת וּמֵבִיא גוֹאֵל לִבְנֵי בְנֵיהֶם לְמַעַן שְׁמוֹ בְּאַהֲבָה.

On שבת שובה:

זָכְרֵנוּ לְחַיִּים, מֶלֶךְ חָפֵץ בַּחַיִּים,
וְכָתְבֵנוּ בְּסֵפֶר הַחַיִּים, לְמַעַנְךָ אֱלֹהִים חַיִּים.

מֶלֶךְ עוֹזֵר וּמוֹשִׁיעַ וּמָגֵן. בָּרוּךְ אַתָּה יהוה מָגֵן אַבְרָהָם.

אַתָּה גִּבּוֹר לְעוֹלָם אֲדֹנָי, מְחַיֵּה מֵתִים אַתָּה, רַב לְהוֹשִׁיעַ.

**From שמיני עצרת until פסח:*

מַשִּׁיב הָרוּחַ וּמוֹרִיד הַגָּשֶׁם.

מְכַלְכֵּל חַיִּים בְּחֶסֶד, מְחַיֵּה מֵתִים בְּרַחֲמִים רַבִּים, סוֹמֵךְ נוֹפְלִים וְרוֹפֵא חוֹלִים וּמַתִּיר אֲסוּרִים, וּמְקַיֵּם אֱמוּנָתוֹ לִישֵׁנֵי עָפָר. מִי כָמוֹךָ בַּעַל גְּבוּרוֹת וּמִי דּוֹמֶה לָּךְ, מֶלֶךְ מֵמִית וּמְחַיֶּה וּמַצְמִיחַ יְשׁוּעָה.

On שבת שובה:

מִי כָמוֹךָ אָב הָרַחֲמִים, זוֹכֵר יְצוּרָיו לְחַיִּים בְּרַחֲמִים.

וְנֶאֱמָן אַתָּה לְהַחֲיוֹת מֵתִים.
בָּרוּךְ אַתָּה יהוה מְחַיֵּה הַמֵּתִים.

אַתָּה קָדוֹשׁ וְשִׁמְךָ קָדוֹשׁ, וּקְדוֹשִׁים בְּכָל־יוֹם יְהַלְלוּךָ סֶּלָה.
**בָּרוּךְ אַתָּה יהוה הָאֵל הַקָּדוֹשׁ.

***On שבת שובה:*

בָּרוּךְ אַתָּה יהוה הַמֶּלֶךְ הַקָּדוֹשׁ.

Continue on page 36.

**From פסח to שמיני עצרת, some add:* מוֹרִיד הַטָּל.

❧ AMIDAH FOR SHABBAT MA'ARIV

Adonai, open my lips, so I may speak Your praise.

Praised are You Adonai, our God and God of our ancestors, God of Abraham, God of Isaac, and God of Jacob, great, mighty, awesome, exalted God who bestows lovingkindness, Creator of all. You remember the pious deeds of our ancestors and will send a redeemer to their children's children because of Your loving nature.

On Shabbat Shuvah:
Remember us that we may live, O Sovereign who delights in life. Inscribe us in the Book of Life, for Your sake, living God.

You are the Sovereign who helps and saves and shields. Praised are You Adonai, Shield of Abraham.

Your might, Adonai, is boundless. You give life to the dead; great is Your saving power.

*From Sh'mini Atzeret until Pesaḥ:
You cause the wind to blow and the rain to fall.

Your love sustains the living, Your great mercies give life to the dead. You support the falling, heal the ailing, free the fettered. You keep Your faith with those who sleep in dust. Whose power can compare with Yours? You are Master of life and death and deliverance.

On Shabbat Shuvah:
Whose mercy can compare with Yours, Source of compassion? In mercy You remember Your creatures with life.

Faithful are You in giving life to the dead.
Praised are You Adonai, Master of life and death.

Holy are You and holy is Your name. Holy are those who praise You each day. **Praised are You Adonai, holy God.

**On Shabbat Shuvah:
Praised are You Adonai, holy Sovereign.

Continue on page 36.

*From Pesaḥ to Sh'mini Atzeret, some add: You cause the dew to fall.

עמידה — ערבית לשבת (כולל אמהות)

אֲדֹנָי, שְׂפָתַי תִּפְתָּח וּפִי יַגִּיד תְּהִלָּתֶךָ:

בָּרוּךְ אַתָּה יהוה אֱלֹהֵינוּ וֵאלֹהֵי אֲבוֹתֵינוּ, אֱלֹהֵי אַבְרָהָם אֱלֹהֵי יִצְחָק וֵאלֹהֵי יַעֲקֹב, אֱלֹהֵי שָׂרָה אֱלֹהֵי רִבְקָה אֱלֹהֵי רָחֵל וֵאלֹהֵי לֵאָה, הָאֵל הַגָּדוֹל הַגִּבּוֹר וְהַנּוֹרָא, אֵל עֶלְיוֹן, גּוֹמֵל חֲסָדִים טוֹבִים וְקוֹנֵה הַכֹּל, וְזוֹכֵר חַסְדֵי אָבוֹת וּמֵבִיא גוֹאֵל לִבְנֵי בְנֵיהֶם לְמַעַן שְׁמוֹ בְּאַהֲבָה.

On שבת שובה:

זָכְרֵנוּ לְחַיִּים, מֶלֶךְ חָפֵץ בַּחַיִּים,
וְכָתְבֵנוּ בְּסֵפֶר הַחַיִּים לְמַעַנְךָ אֱלֹהִים חַיִּים.

מֶלֶךְ עוֹזֵר וּפוֹקֵד וּמוֹשִׁיעַ וּמָגֵן.
בָּרוּךְ אַתָּה יהוה מָגֵן אַבְרָהָם וּפֹקֵד שָׂרָה.

אַתָּה גִּבּוֹר לְעוֹלָם אֲדֹנָי, מְחַיֵּה מֵתִים אַתָּה, רַב לְהוֹשִׁיעַ.

**From שמיני עצרת until פסח:*

מַשִּׁיב הָרוּחַ וּמוֹרִיד הַגָּשֶׁם.

מְכַלְכֵּל חַיִּים בְּחֶסֶד, מְחַיֵּה מֵתִים בְּרַחֲמִים רַבִּים, סוֹמֵךְ נוֹפְלִים וְרוֹפֵא חוֹלִים וּמַתִּיר אֲסוּרִים, וּמְקַיֵּם אֱמוּנָתוֹ לִישֵׁנֵי עָפָר. מִי כָמוֹךָ בַּעַל גְּבוּרוֹת וּמִי דּוֹמֶה לָּךְ, מֶלֶךְ מֵמִית וּמְחַיֶּה וּמַצְמִיחַ יְשׁוּעָה.

On שבת שובה:

מִי כָמוֹךָ אָב הָרַחֲמִים, זוֹכֵר יְצוּרָיו לְחַיִּים בְּרַחֲמִים.

וְנֶאֱמָן אַתָּה לְהַחֲיוֹת מֵתִים.
בָּרוּךְ אַתָּה יהוה מְחַיֵּה הַמֵּתִים.

אַתָּה קָדוֹשׁ וְשִׁמְךָ קָדוֹשׁ, וּקְדוֹשִׁים בְּכָל־יוֹם יְהַלְלוּךָ סֶּלָה.
**בָּרוּךְ אַתָּה יהוה הָאֵל הַקָּדוֹשׁ.

***On שבת שובה:*

בָּרוּךְ אַתָּה יהוה הַמֶּלֶךְ הַקָּדוֹשׁ.

---

*From פסח to שמיני עצרת, some add: מוֹרִיד הַטָּל.

AMIDAH FOR SHABBAT MA'ARIV
(with Matriarchs)

Adonai, open my lips, so I may speak Your praise.

Praised are You Adonai, our God and God of our ancestors, God of Abraham, Isaac, and Jacob, Sarah, Rebecca, Rachel, and Leah, great, mighty, awesome, exalted God who bestows lovingkindness, Creator of all. You remember the pious deeds of our ancestors and will send a redeemer to their children's children because of Your loving nature.

> *On Shabbat Shuvah:*
> Remember us that we may live, O Sovereign who delights in life. Inscribe us in the Book of Life, for Your sake, living God.

You are the Sovereign who helps and guards, saves and shields. Praised are You Adonai, Shield of Abraham and Guardian of Sarah.

Your might, Adonai, is boundless. You give life to the dead; great is Your saving power.

> **From Sh'mini Atzeret until Pesaḥ:*
> You cause the wind to blow and the rain to fall.

Your love sustains the living, Your great mercies give life to the dead. You support the falling, heal the ailing, free the fettered. You keep Your faith with those who sleep in dust. Whose power can compare with Yours? You are Master of life and death and deliverance.

> *On Shabbat Shuvah:*
> Whose mercy can compare with Yours, Source of compassion? In mercy You remember Your creatures with life.

Faithful are You in giving life to the dead.
Praised are You Adonai, Master of life and death.

Holy are You and holy is Your name. Holy are those who praise You each day. **Praised are You Adonai, holy God.

> ***On Shabbat Shuvah:*
> Praised are You Adonai, holy Sovereign.

---

*From Pesaḥ to Sh'mini Atzeret, some add: You cause the dew to fall.

אַתָּה קִדַּשְׁתָּ אֶת־יוֹם הַשְּׁבִיעִי לִשְׁמֶךָ, תַּכְלִית מַעֲשֵׂה שָׁמַיִם וָאָרֶץ. וּבֵרַכְתּוֹ מִכָּל־הַיָּמִים וְקִדַּשְׁתּוֹ מִכָּל־הַזְּמַנִּים, וְכֵן כָּתוּב בְּתוֹרָתֶךָ.

וַיְכֻלּוּ הַשָּׁמַיִם וְהָאָרֶץ וְכָל־צְבָאָם. וַיְכַל אֱלֹהִים בַּיּוֹם הַשְּׁבִיעִי מְלַאכְתּוֹ אֲשֶׁר עָשָׂה, וַיִּשְׁבֹּת בַּיּוֹם הַשְּׁבִיעִי מִכָּל־מְלַאכְתּוֹ אֲשֶׁר עָשָׂה. וַיְבָרֶךְ אֱלֹהִים אֶת־יוֹם הַשְּׁבִיעִי וַיְקַדֵּשׁ אֹתוֹ, כִּי בוֹ שָׁבַת מִכָּל־מְלַאכְתּוֹ אֲשֶׁר בָּרָא אֱלֹהִים לַעֲשׂוֹת.

אֱלֹהֵינוּ וֵאלֹהֵי אֲבוֹתֵינוּ, רְצֵה בִמְנוּחָתֵנוּ. קַדְּשֵׁנוּ בְּמִצְוֹתֶיךָ וְתֵן חֶלְקֵנוּ בְּתוֹרָתֶךָ, שַׂבְּעֵנוּ מִטּוּבֶךָ וְשַׂמְּחֵנוּ בִּישׁוּעָתֶךָ, וְטַהֵר לִבֵּנוּ לְעָבְדְךָ בֶּאֱמֶת. וְהַנְחִילֵנוּ יהוה אֱלֹהֵינוּ בְּאַהֲבָה וּבְרָצוֹן שַׁבַּת קָדְשֶׁךָ, וְיָנוּחוּ בָהּ יִשְׂרָאֵל מְקַדְּשֵׁי שְׁמֶךָ. בָּרוּךְ אַתָּה יהוה מְקַדֵּשׁ הַשַּׁבָּת.

רְצֵה יהוה אֱלֹהֵינוּ בְּעַמְּךָ יִשְׂרָאֵל וּבִתְפִלָּתָם, וְהָשֵׁב אֶת־הָעֲבוֹדָה לִדְבִיר בֵּיתֶךָ, וּתְפִלָּתָם בְּאַהֲבָה תְקַבֵּל בְּרָצוֹן, וּתְהִי לְרָצוֹן תָּמִיד עֲבוֹדַת יִשְׂרָאֵל עַמֶּךָ.

On ראש חודש *and* שבת חול המועד:

אֱלֹהֵינוּ וֵאלֹהֵי אֲבוֹתֵינוּ, יַעֲלֶה וְיָבוֹא וְיַגִּיעַ, וְיֵרָאֶה וְיֵרָצֶה וְיִשָּׁמַע, וְיִפָּקֵד וְיִזָּכֵר זִכְרוֹנֵנוּ וּפִקְדוֹנֵנוּ, וְזִכְרוֹן אֲבוֹתֵינוּ, וְזִכְרוֹן מָשִׁיחַ בֶּן־דָּוִד עַבְדֶּךָ, וְזִכְרוֹן יְרוּשָׁלַיִם עִיר קָדְשֶׁךָ, וְזִכְרוֹן כָּל־עַמְּךָ בֵּית יִשְׂרָאֵל לְפָנֶיךָ, לִפְלֵיטָה לְטוֹבָה, לְחֵן וּלְחֶסֶד וּלְרַחֲמִים, לְחַיִּים וּלְשָׁלוֹם, בְּיוֹם

On ראש חודש: רֹאשׁ הַחֹדֶשׁ הַזֶּה.

On סוכות: חַג הַסֻּכּוֹת הַזֶּה. *On* פסח: חַג הַמַּצּוֹת הַזֶּה.

זָכְרֵנוּ יהוה אֱלֹהֵינוּ בּוֹ לְטוֹבָה, וּפָקְדֵנוּ בוֹ לִבְרָכָה, וְהוֹשִׁיעֵנוּ בוֹ לְחַיִּים. וּבִדְבַר יְשׁוּעָה וְרַחֲמִים חוּס וְחָנֵּנוּ וְרַחֵם עָלֵינוּ וְהוֹשִׁיעֵנוּ, כִּי אֵלֶיךָ עֵינֵינוּ, כִּי אֵל מֶלֶךְ חַנּוּן וְרַחוּם אָתָּה.

וְתֶחֱזֶינָה עֵינֵינוּ בְּשׁוּבְךָ לְצִיּוֹן בְּרַחֲמִים.
בָּרוּךְ אַתָּה יהוה הַמַּחֲזִיר שְׁכִינָתוֹ לְצִיּוֹן.

You sanctified the seventh day, the pinnacle of the creation of heaven and earth, to enhance Your name. You blessed it above all other days, sanctifying it above all other times. Thus it is written in Your Torah:

The heavens and the earth, and all they contain, were completed. On the seventh day God finished the work He had been doing, and ceased on the seventh day from all the work that He had done. Then God blessed the seventh day and called it holy, because on it God ceased from all the work of creation.

Our God and God of our ancestors, find favor in our Shabbat rest. Instill in us the holiness of Your mitzvot and let Your Torah be our portion. Fill our lives with Your goodness, and gladden us with Your triumph. Cleanse our hearts so that we might serve You faithfully. Lovingly and willingly, Adonai our God, grant that we inherit Your holy Shabbat, so that the people Israel, who hallow Your name, will always find rest on this day. Praised are You Adonai, who hallows Shabbat.

Accept the prayer of Your people Israel as lovingly as it is offered. Restore worship to Your sanctuary, and may the worship of Your people Israel always be acceptable to You.

> *On Rosh Ḥodesh and Ḥol Ha-mo'ed:*
> Our God and God of our ancestors, show us Your care and concern. Remember our ancestors; recall Your anointed, descended from David Your servant. Protect Jerusalem, Your holy city, and exalt all Your people, Israel, with life and well-being, contentment and peace on this

> Rosh Ḥodesh.   Festival of Sukkot.   Festival of Matzot.

> Grant us life and blessing, and remember us for good. Recall Your promise of mercy and redemption. Be merciful to us and save us, for we place our hope in You, loving and merciful God.

May we witness Your merciful return to Zion. Praised are You Adonai, who restores the Divine Presence to Zion.

מוֹדִים אֲנַחְנוּ לָךְ שָׁאַתָּה הוּא יהוה אֱלֹהֵינוּ וֵאלֹהֵי אֲבוֹתֵינוּ לְעוֹלָם וָעֶד, צוּר חַיֵּינוּ מָגֵן יִשְׁעֵנוּ אַתָּה הוּא לְדוֹר וָדוֹר. נוֹדֶה לְּךָ וּנְסַפֵּר תְּהִלָּתֶךָ, עַל חַיֵּינוּ הַמְּסוּרִים בְּיָדֶךָ וְעַל נִשְׁמוֹתֵינוּ הַפְּקוּדוֹת לָךְ, וְעַל נִסֶּיךָ שֶׁבְּכָל־יוֹם עִמָּנוּ וְעַל נִפְלְאוֹתֶיךָ וְטוֹבוֹתֶיךָ שֶׁבְּכָל־עֵת, עֶרֶב וָבֹקֶר וְצָהֳרָיִם. הַטּוֹב כִּי לֹא כָלוּ רַחֲמֶיךָ, וְהַמְרַחֵם כִּי לֹא תַמּוּ חֲסָדֶיךָ, מֵעוֹלָם קִוִּינוּ לָךְ.

On חנוכה:

עַל הַנִּסִּים וְעַל הַפֻּרְקָן, וְעַל הַגְּבוּרוֹת, וְעַל הַתְּשׁוּעוֹת, וְעַל הַמִּלְחָמוֹת שֶׁעָשִׂיתָ לַאֲבוֹתֵינוּ בַּיָּמִים הָהֵם וּבַזְּמַן הַזֶּה.

בִּימֵי מַתִּתְיָהוּ בֶּן־יוֹחָנָן כֹּהֵן גָּדוֹל חַשְׁמוֹנַאי וּבָנָיו, כְּשֶׁעָמְדָה מַלְכוּת יָוָן הָרְשָׁעָה עַל עַמְּךָ יִשְׂרָאֵל לְהַשְׁכִּיחָם תּוֹרָתֶךָ וּלְהַעֲבִירָם מֵחֻקֵּי רְצוֹנֶךָ, וְאַתָּה בְּרַחֲמֶיךָ הָרַבִּים עָמַדְתָּ לָהֶם בְּעֵת צָרָתָם, רַבְתָּ אֶת־רִיבָם, דַּנְתָּ אֶת־דִּינָם, נָקַמְתָּ אֶת־נִקְמָתָם, מָסַרְתָּ גִבּוֹרִים בְּיַד חַלָּשִׁים, וְרַבִּים בְּיַד מְעַטִּים, וּטְמֵאִים בְּיַד טְהוֹרִים, וּרְשָׁעִים בְּיַד צַדִּיקִים, וְזֵדִים בְּיַד עוֹסְקֵי תוֹרָתֶךָ. וּלְךָ עָשִׂיתָ שֵׁם גָּדוֹל וְקָדוֹשׁ בְּעוֹלָמֶךָ, וּלְעַמְּךָ יִשְׂרָאֵל עָשִׂיתָ תְּשׁוּעָה גְדוֹלָה וּפֻרְקָן כְּהַיּוֹם הַזֶּה. וְאַחַר כֵּן בָּאוּ בָנֶיךָ לִדְבִיר בֵּיתֶךָ וּפִנּוּ אֶת־הֵיכָלֶךָ, וְטִהֲרוּ אֶת־מִקְדָּשֶׁךָ, וְהִדְלִיקוּ נֵרוֹת בְּחַצְרוֹת קָדְשֶׁךָ, וְקָבְעוּ שְׁמוֹנַת יְמֵי חֲנֻכָּה אֵלּוּ לְהוֹדוֹת וּלְהַלֵּל לְשִׁמְךָ הַגָּדוֹל.

וְעַל כֻּלָּם יִתְבָּרַךְ וְיִתְרוֹמַם שִׁמְךָ מַלְכֵּנוּ תָּמִיד לְעוֹלָם וָעֶד.

On שבת שובה:

וּכְתוֹב לְחַיִּים טוֹבִים כָּל־בְּנֵי בְרִיתֶךָ.

וְכֹל הַחַיִּים יוֹדוּךָ סֶּלָה, וִיהַלְלוּ אֶת־שִׁמְךָ בֶּאֱמֶת, הָאֵל יְשׁוּעָתֵנוּ וְעֶזְרָתֵנוּ סֶלָה. בָּרוּךְ אַתָּה יהוה הַטּוֹב שִׁמְךָ וּלְךָ נָאֶה לְהוֹדוֹת.

We proclaim that You are Adonai our God and God of our ancestors throughout all time. You are the Rock of our lives, the Shield of our salvation in every generation. We thank You and praise You for our lives that are in Your hand, for our souls that are in Your charge, for Your miracles that daily attend us, and for Your wonders and gifts that accompany us evening, morning, and noon. You are good, Your mercy everlasting; You are compassionate, Your kindness never-ending. We have always placed our hope in You.

> *On Ḥanukkah:*
> We thank You for the miraculous deliverance, for the heroism, and for the triumphs of our ancestors from ancient days until our time.
>
> In the days of Mattathias son of Yoḥanan, the heroic Hasmonean *Kohen*, and in the days of his sons, a cruel power rose against Your people Israel, demanding that they abandon Your Torah and violate Your mitzvot. You, in great mercy, stood by Your people in time of trouble. You defended them, vindicated them, and avenged their wrongs. You delivered the strong into the hands of the weak, the many into the hands of the few, the corrupt into the hands of the pure in heart, the guilty into the hands of the innocent. You delivered the arrogant into the hands of those who were faithful to Your Torah. You have revealed Your glory and Your holiness to all the world, achieving great victories and miraculous deliverance for Your people Israel to this day. Then Your children came into Your shrine, cleansed Your Temple, purified Your sanctuary, and kindled lights in Your sacred courts. They set aside these eight days as a season for giving thanks and chanting praises to You.

For all these blessings we shall ever praise and exalt You.

> *On Shabbat Shuvah:*
> Inscribe all the people of Your covenant for a good life.

May every living creature thank You and praise You faithfully, God of our deliverance and our help. Praised are You Adonai, the essence of goodness, worthy of acclaim.

שָׁלוֹם רָב עַל יִשְׂרָאֵל עַמְּךָ וְעַל כָּל־יוֹשְׁבֵי תֵבֵל תָּשִׂים לְעוֹלָם, כִּי אַתָּה הוּא מֶלֶךְ אָדוֹן לְכָל־הַשָּׁלוֹם. וְטוֹב בְּעֵינֶיךָ לְבָרֵךְ אֶת־עַמְּךָ יִשְׂרָאֵל בְּכָל־עֵת וּבְכָל־שָׁעָה בִּשְׁלוֹמֶךָ. *בָּרוּךְ אַתָּה יהוה הַמְבָרֵךְ אֶת־עַמּוֹ יִשְׂרָאֵל בַּשָּׁלוֹם.

**On שבת שובה, substitute the following:*

בְּסֵפֶר חַיִּים בְּרָכָה וְשָׁלוֹם, וּפַרְנָסָה טוֹבָה, נִזָּכֵר וְנִכָּתֵב לְפָנֶיךָ, אֲנַחְנוּ וְכָל־עַמְּךָ בֵּית יִשְׂרָאֵל, לְחַיִּים טוֹבִים וּלְשָׁלוֹם. בָּרוּךְ אַתָּה יהוה עֹשֵׂה הַשָּׁלוֹם.

The silent recitation of the עמידה concludes with a personal prayer.

אֱלֹהַי, נְצוֹר לְשׁוֹנִי מֵרָע וּשְׂפָתַי מִדַּבֵּר מִרְמָה, וְלִמְקַלְלַי נַפְשִׁי תִדֹּם, וְנַפְשִׁי כֶּעָפָר לַכֹּל תִּהְיֶה. פְּתַח לִבִּי בְּתוֹרָתֶךָ וּבְמִצְוֹתֶיךָ תִּרְדֹּף נַפְשִׁי. וְכָל־הַחוֹשְׁבִים עָלַי רָעָה, מְהֵרָה הָפֵר עֲצָתָם וְקַלְקֵל מַחֲשַׁבְתָּם. עֲשֵׂה לְמַעַן שְׁמֶךָ, עֲשֵׂה לְמַעַן יְמִינֶךָ, עֲשֵׂה לְמַעַן קְדֻשָּׁתֶךָ, עֲשֵׂה לְמַעַן תּוֹרָתֶךָ, לְמַעַן יֵחָלְצוּן יְדִידֶיךָ, הוֹשִׁיעָה יְמִינְךָ וַעֲנֵנִי. יִהְיוּ לְרָצוֹן אִמְרֵי־פִי וְהֶגְיוֹן לִבִּי לְפָנֶיךָ, יהוה צוּרִי וְגוֹאֲלִי. עֹשֶׂה שָׁלוֹם בִּמְרוֹמָיו, הוּא יַעֲשֶׂה שָׁלוֹם עָלֵינוּ וְעַל כָּל־יִשְׂרָאֵל, וְאִמְרוּ אָמֵן.

An alternative concluding prayer

זַכֵּנִי לְשִׂמְחָה וְחֵרוּת שֶׁל שַׁבָּת, לִטְעֹם טַעַם עֹנֶג שַׁבָּת בֶּאֱמֶת. זַכֵּנִי שֶׁלֹּא יַעֲלֶה עַל לִבִּי עַצְבוּת בְּיוֹם שַׁבַּת קֹדֶשׁ. שַׂמֵּחַ נֶפֶשׁ מְשָׁרְתֶךָ, כִּי אֵלֶיךָ אֲדֹנָי נַפְשִׁי אֶשָּׂא. עָזְרֵנִי לְהַרְבּוֹת בְּתַעֲנוּגֵי שַׁבָּת, וּלְהַמְשִׁיךְ הַשִּׂמְחָה שֶׁל שַׁבָּת לְשֵׁשֶׁת יְמֵי הַחוֹל. תּוֹדִיעֵנִי אֹרַח חַיִּים. שֹׂבַע שְׂמָחוֹת אֶת־פָּנֶיךָ, נְעִימוֹת בִּימִינְךָ נֶצַח. יִהְיוּ לְרָצוֹן אִמְרֵי־פִי וְהֶגְיוֹן לִבִּי לְפָנֶיךָ יהוה צוּרִי וְגוֹאֲלִי. עֹשֶׂה שָׁלוֹם בִּמְרוֹמָיו, הוּא יַעֲשֶׂה שָׁלוֹם עָלֵינוּ וְעַל כָּל־יִשְׂרָאֵל, וְאִמְרוּ אָמֵן.

Continue on page 47.

Grant true and lasting peace to Your people Israel and to all who dwell on earth, for You are the supreme Sovereign of peace. May it please You to bless Your people Israel in every season and at all times with Your gift of peace. *Praised are You Adonai, who blesses the people Israel with peace.

On Shabbat Shuvah, substitute the following:
May we and the entire House of Israel be remembered and recorded in the Book of life, blessing, sustenance, and peace. Praised are You Adonai, Source of peace.

The silent recitation of the Amidah concludes with a personal prayer.

My God, keep my tongue from evil, my lips from lies. Help me ignore those who would slander me. Let me be humble before all. Open my heart to Your Torah, that I may pursue Your mitzvot. Frustrate the designs of those who plot evil against me; make nothing of their schemes. Act for the sake of Your compassion, Your power, Your holiness, and Your Torah. Answer my prayer for the deliverance of Your people. May the words of my mouth and the meditations of my heart be acceptable to You, my Rock and my Redeemer. May the One who brings peace to His universe bring peace to us and to all the people Israel. Amen.

An alternative concluding prayer
Grant me the privilege of the liberating joy of Shabbat, of truly tasting its delights. May I be undisturbed by sorrow during these holy Shabbat hours. Fill my heart with gladness, for to You, Adonai, I offer my entire being. Help me to expand the dimensions of all Shabbat's pleasures, to extend its spirit to the other days of the week. Show me the path of life, the fullness of Your presence, the bliss of being close to You forever. May the words of my mouth and the meditations of my heart be acceptable to You, Adonai, my Rock and my Redeemer. May the One who brings peace to His universe bring peace to us and to all the people Israel. Amen.

Continue on page 47.

🌿 A MEDITATION ON THE AMIDAH
FOR SHABBAT

Help me, O God, to pray.

Our ancestors worshiped You. Abraham and Sarah, Rebecca and Isaac, Jacob, Rachel, and Leah stood in awe before You. We, too, reach for You, infinite, awesome, transcendent God, source of all being whose truth shines through our ancestors' lives. We, their distant descendants, draw strength from their lives and from Your redeeming love. Be our help and our shield, as You were theirs. We praise You, God, Guardian of Abraham.

Your power sustains the universe. You breathe life into dead matter. With compassion You care for all who live. Your limitless love lets life triumph over death, heals the sick, upholds the exhausted, frees the enslaved, keeps faith even with the dead. Who is like You, God of splendor and power incomparable? You govern both life and death; Your presence brings our souls to blossom. We praise You, God who wrests life from death.

Sacred are You, sacred Your mystery. Seekers of holiness worship You all their lives. We praise You, God, ultimate sacred mystery.

Culminating the birth of the cosmos You consecrated to Your own glory the day of Shabbat — blessed above all days, holiest of times, as it is written in Your Torah:

"Heaven and earth and all they contain were complete. In the seventh phase God brought to a halt His creative work and rested from all endeavor. And God blessed the seventh day because on it God desisted from all effort and striving and creation."

O our God, our ancestors' God, find pleasure in our Shabbat, consecrate us with Your mitzvot, give us a share in Your truth. Sate us with Your goodness, delight us with Your help. Make our hearts worthy to serve You truly. May we possess Your holy Shabbat with love and eagerness. May the people Israel, bearer of Your holy name, be blessed with tranquility. We praise You O God, whose Shabbat is sacred.

Would that Your people at prayer gained delight in You. Would that we were aflame with the passionate piety of our ancestors' worship. Would that You found our worship acceptable, and forever cherished Your people. If only our eyes could see Your glory perennially renewed in Jerusalem. We praise You, God whose presence forever radiates from Zion.

You are our God today as You were our ancestors' God throughout the ages; firm foundation of our lives, we are Yours in gratitude and love. Our lives are safe in Your hand, our souls entrusted to Your care. Our sense of wonder and our praise of Your miracles and kindnesses greet You daily at dawn, dusk, and noon. O Gentle One, Your caring is endless; O Compassionate One, Your love is eternal. You are forever our hope. Let all the living confront You with thankfulness, delight, and truth. Help us, O God; sustain us. We praise You, God whose touchstone is goodness. To pray to You is joy.

O God, from whom all peace flows, grant serenity to Your Jewish people, with love and mercy, life and goodness for all. Shelter us with kindness, bless us with tranquility at all times and all seasons. We praise You, God whose blessing is peace.

May my tongue be innocent of malice and my lips free from lies. When confronted by enemies may my soul stay calm, truly humble to all. Open my heart with Your teachings, that I may be guided by You. May all who plan evil against me abandon their schemes. Hear my words and help me, God, because You are loving, because You reveal Your Torah. May you find delight in the words of my mouth and in the emotions of my heart, God, my strength and my salvation. As You maintain harmony in the heavens, give peace to us and to the whole Jewish people. Amen.

עמידה — ערבית ליום טוב

אֲדֹנָי, שְׂפָתַי תִּפְתָּח וּפִי יַגִּיד תְּהִלָּתֶךָ:

בָּרוּךְ אַתָּה יהוה אֱלֹהֵינוּ וֵאלֹהֵי אֲבוֹתֵינוּ, אֱלֹהֵי אַבְרָהָם אֱלֹהֵי יִצְחָק וֵאלֹהֵי יַעֲקֹב, הָאֵל הַגָּדוֹל הַגִּבּוֹר וְהַנּוֹרָא, אֵל עֶלְיוֹן, גּוֹמֵל חֲסָדִים טוֹבִים וְקוֹנֵה הַכֹּל, וְזוֹכֵר חַסְדֵי אָבוֹת וּמֵבִיא גוֹאֵל לִבְנֵי בְנֵיהֶם לְמַעַן שְׁמוֹ בְּאַהֲבָה. מֶלֶךְ עוֹזֵר וּמוֹשִׁיעַ וּמָגֵן. בָּרוּךְ אַתָּה יהוה מָגֵן אַבְרָהָם.

אַתָּה גִּבּוֹר לְעוֹלָם אֲדֹנָי, מְחַיֵּה מֵתִים אַתָּה, רַב לְהוֹשִׁיעַ.

**On שמחת תורה and the first night of פסח:*

מַשִּׁיב הָרוּחַ וּמוֹרִיד הַגָּשֶׁם.

מְכַלְכֵּל חַיִּים בְּחֶסֶד, מְחַיֵּה מֵתִים בְּרַחֲמִים רַבִּים, סוֹמֵךְ נוֹפְלִים וְרוֹפֵא חוֹלִים וּמַתִּיר אֲסוּרִים, וּמְקַיֵּם אֱמוּנָתוֹ לִישֵׁנֵי עָפָר. מִי כָמוֹךָ בַּעַל גְּבוּרוֹת וּמִי דּוֹמֶה לָּךְ, מֶלֶךְ מֵמִית וּמְחַיֶּה וּמַצְמִיחַ יְשׁוּעָה. וְנֶאֱמָן אַתָּה לְהַחֲיוֹת מֵתִים. בָּרוּךְ אַתָּה יהוה מְחַיֵּה הַמֵּתִים.

אַתָּה קָדוֹשׁ וְשִׁמְךָ קָדוֹשׁ, וּקְדוֹשִׁים בְּכָל־יוֹם יְהַלְלוּךָ סֶּלָה. בָּרוּךְ אַתָּה יהוה הָאֵל הַקָּדוֹשׁ.

אַתָּה בְחַרְתָּנוּ מִכָּל־הָעַמִּים, אָהַבְתָּ אוֹתָנוּ וְרָצִיתָ בָּנוּ, וְרוֹמַמְתָּנוּ מִכָּל־הַלְּשׁוֹנוֹת, וְקִדַּשְׁתָּנוּ בְּמִצְוֹתֶיךָ, וְקֵרַבְתָּנוּ מַלְכֵּנוּ לַעֲבוֹדָתֶךָ, וְשִׁמְךָ הַגָּדוֹל וְהַקָּדוֹשׁ עָלֵינוּ קָרָאתָ.

On Saturday night add:

וַתּוֹדִיעֵנוּ יהוה אֱלֹהֵינוּ אֶת־מִשְׁפְּטֵי צִדְקֶךָ, וַתְּלַמְּדֵנוּ לַעֲשׂוֹת חֻקֵּי רְצוֹנֶךָ. וַתִּתֶּן־לָנוּ יהוה אֱלֹהֵינוּ מִשְׁפָּטִים יְשָׁרִים וְתוֹרוֹת אֱמֶת, חֻקִּים וּמִצְוֹת טוֹבִים, וַתַּנְחִילֵנוּ זְמַנֵּי שָׂשׂוֹן וּמוֹעֲדֵי קֹדֶשׁ וְחַגֵּי נְדָבָה, וַתּוֹרִישֵׁנוּ קְדֻשַּׁת שַׁבָּת וּכְבוֹד מוֹעֵד וַחֲגִיגַת הָרֶגֶל.

Continue on page 42.

**From פסח to שמיני עצרת, some add:* מוֹרִיד הַטָּל.

🌿 AMIDAH FOR FESTIVAL MA'ARIV

Adonai, open my lips, so I may speak Your praise.

Praised are You Adonai, our God and God of our ancestors, God of Abraham, God of Isaac, and God of Jacob, great, mighty, awesome, exalted God who bestows lovingkindness, Creator of all. You remember the pious deeds of our ancestors and will send a redeemer to their children's children because of Your loving nature. You are the Sovereign who helps and saves and shields. Praised are You Adonai, Shield of Abraham.

Your might, Adonai, is boundless. You give life to the dead; great is Your saving power.

On Simḥat Torah and the first night of Pesaḥ:
You cause the wind to blow and the rain to fall.

Your love sustains the living, Your great mercies give life to the dead. You support the falling, heal the ailing, free the fettered. You keep Your faith with those who sleep in dust. Whose power can compare with Yours? You are Master of life and death and deliverance. Faithful are You in giving life to the dead. Praised are You Adonai, Master of life and death.

Holy are You and holy is Your name. Holy are those who praise You each day. Praised are You Adonai, holy God.

You have chosen us from among all nations for Your service by loving and cherishing us as bearers of Your Torah. You have loved and favored us, and distinguished us by instilling in us the holiness of Your mitzvot and drawing us near to Your service, our Sovereign, so that we became known by Your great and holy name.

On Saturday night add:
Adonai our God, You have shown us laws that embody Your justice, and have taught us to fulfill, through them, Your sovereign will. You have given us just laws, true teachings, goodly statutes, and mitzvot; with seasons of joy, appointed times of holiness, and Festivals for free-will offerings — as a heritage. You have transmitted to us the sanctity of Shabbat, the glory of the holy day and the celebration of the Festival.

Continue on page 42.

From Pesaḥ to Sh'mini Atzeret, some add: You cause the dew to fall.

עמידה — ערבית ליום טוב (כולל אמהות)

אֲדֹנָי, שְׂפָתַי תִּפְתָּח וּפִי יַגִּיד תְּהִלָּתֶךָ:

בָּרוּךְ אַתָּה יהוה אֱלֹהֵינוּ וֵאלֹהֵי אֲבוֹתֵינוּ, אֱלֹהֵי אַבְרָהָם אֱלֹהֵי יִצְחָק וֵאלֹהֵי יַעֲקֹב, אֱלֹהֵי שָׂרָה אֱלֹהֵי רִבְקָה אֱלֹהֵי רָחֵל וֵאלֹהֵי לֵאָה, הָאֵל הַגָּדוֹל הַגִּבּוֹר וְהַנּוֹרָא, אֵל עֶלְיוֹן, גּוֹמֵל חֲסָדִים טוֹבִים וְקוֹנֵה הַכֹּל, וְזוֹכֵר חַסְדֵי אָבוֹת וּמֵבִיא גוֹאֵל לִבְנֵי בְנֵיהֶם לְמַעַן שְׁמוֹ בְּאַהֲבָה. מֶלֶךְ עוֹזֵר וּפוֹקֵד וּמוֹשִׁיעַ וּמָגֵן. בָּרוּךְ אַתָּה יהוה מָגֵן אַבְרָהָם וּפֹקֵד שָׂרָה.

אַתָּה גִּבּוֹר לְעוֹלָם אֲדֹנָי, מְחַיֵּה מֵתִים אַתָּה, רַב לְהוֹשִׁיעַ.

**On שמחת תורה and the first night of פסח:*

מַשִּׁיב הָרוּחַ וּמוֹרִיד הַגָּשֶׁם.

מְכַלְכֵּל חַיִּים בְּחֶסֶד, מְחַיֵּה מֵתִים בְּרַחֲמִים רַבִּים, סוֹמֵךְ נוֹפְלִים וְרוֹפֵא חוֹלִים וּמַתִּיר אֲסוּרִים, וּמְקַיֵּם אֱמוּנָתוֹ לִישֵׁנֵי עָפָר. מִי כָמוֹךָ בַּעַל גְּבוּרוֹת וּמִי דּוֹמֶה לָּךְ, מֶלֶךְ מֵמִית וּמְחַיֶּה וּמַצְמִיחַ יְשׁוּעָה. וְנֶאֱמָן אַתָּה לְהַחֲיוֹת מֵתִים. בָּרוּךְ אַתָּה יהוה מְחַיֵּה הַמֵּתִים.

אַתָּה קָדוֹשׁ וְשִׁמְךָ קָדוֹשׁ, וּקְדוֹשִׁים בְּכָל־יוֹם יְהַלְלוּךָ סֶּלָה. בָּרוּךְ אַתָּה יהוה הָאֵל הַקָּדוֹשׁ.

אַתָּה בְחַרְתָּנוּ מִכָּל־הָעַמִּים, אָהַבְתָּ אוֹתָנוּ וְרָצִיתָ בָּנוּ, וְרוֹמַמְתָּנוּ מִכָּל־הַלְּשׁוֹנוֹת, וְקִדַּשְׁתָּנוּ בְּמִצְוֹתֶיךָ, וְקֵרַבְתָּנוּ מַלְכֵּנוּ לַעֲבוֹדָתֶךָ, וְשִׁמְךָ הַגָּדוֹל וְהַקָּדוֹשׁ עָלֵינוּ קָרָאתָ.

On Saturday night add:

וַתּוֹדִיעֵנוּ יהוה אֱלֹהֵינוּ אֶת־מִשְׁפְּטֵי צִדְקֶךָ, וַתְּלַמְּדֵנוּ לַעֲשׂוֹת חֻקֵּי רְצוֹנֶךָ. וַתִּתֶּן־לָנוּ יהוה אֱלֹהֵינוּ מִשְׁפָּטִים יְשָׁרִים וְתוֹרוֹת אֱמֶת, חֻקִּים וּמִצְוֹת טוֹבִים, וַתַּנְחִילֵנוּ זְמַנֵּי שָׂשׂוֹן וּמוֹעֲדֵי קֹדֶשׁ וְחַגֵּי נְדָבָה, וַתּוֹרִישֵׁנוּ קְדֻשַּׁת שַׁבָּת וּכְבוֹד מוֹעֵד וַחֲגִיגַת הָרֶגֶל.

**From פסח to שמיני עצרת, some add:* מוֹרִיד הַטָּל.

AMIDAH FOR FESTIVAL MA'ARIV
(with Matriarchs)

Adonai, open my lips, so I may speak Your praise.

Praised are You Adonai, our God and God of our ancestors, God of Abraham, Isaac, and Jacob, Sarah, Rebecca, Rachel, and Leah, great, mighty, awesome, exalted God who bestows lovingkindness, Creator of all. You remember the pious deeds of our ancestors and will send a redeemer to their children's children because of Your loving nature. You are the Sovereign who helps and guards, saves and shields. Praised are You Adonai, Shield of Abraham and Guardian of Sarah.

Your might, Adonai, is boundless. You give life to the dead; great is Your saving power.

On Simḥat Torah and the first night of Pesaḥ:
You cause the wind to blow and the rain to fall.

Your love sustains the living, Your great mercies give life to the dead. You support the falling, heal the ailing, free the fettered. You keep Your faith with those who sleep in dust. Whose power can compare with Yours? You are Master of life and death and deliverance. Faithful are You in giving life to the dead. Praised are You Adonai, Master of life and death.

Holy are You and holy is Your name. Holy are those who praise You each day. Praised are You Adonai, holy God.

You have chosen us from among all nations for Your service by loving and cherishing us as bearers of Your Torah. You have loved and favored us, and distinguished us by instilling in us the holiness of Your mitzvot and drawing us near to Your service, our Sovereign, so that we became known by Your great and holy name.

On Saturday night add:
Adonai our God, You have shown us laws that embody Your justice, and have taught us to fulfill, through them, Your sovereign will. You have given us just laws, true teachings, goodly statutes, and mitzvot; with seasons of joy, appointed times of holiness, and Festivals for free-will offerings — as a heritage. You have transmitted to us the sanctity of Shabbat, the glory of the holy day and the celebration of the Festival.

From Pesaḥ to Sh'mini Atzeret, some add: You cause the dew to fall.

וַתַּבְדֵּל יהוה אֱלֹהֵינוּ בֵּין קֹדֶשׁ לְחוֹל, בֵּין אוֹר לְחֹשֶׁךְ, בֵּין יִשְׂרָאֵל לָעַמִּים, בֵּין יוֹם הַשְּׁבִיעִי לְשֵׁשֶׁת יְמֵי הַמַּעֲשֶׂה. בֵּין קְדֻשַּׁת שַׁבָּת לִקְדֻשַּׁת יוֹם טוֹב הִבְדַּלְתָּ, וְאֶת־יוֹם הַשְּׁבִיעִי מִשֵּׁשֶׁת יְמֵי הַמַּעֲשֶׂה קִדַּשְׁתָּ, הִבְדַּלְתָּ וְקִדַּשְׁתָּ אֶת־עַמְּךָ יִשְׂרָאֵל בִּקְדֻשָּׁתֶךָ.

וַתִּתֶּן־לָנוּ יהוה אֱלֹהֵינוּ בְּאַהֲבָה (שַׁבָּתוֹת לִמְנוּחָה וּ) מוֹעֲדִים לְשִׂמְחָה, חַגִּים וּזְמַנִּים לְשָׂשׂוֹן, אֶת־יוֹם (הַשַּׁבָּת הַזֶּה וְאֶת־יוֹם)

On סוכות:

חַג הַסֻּכּוֹת הַזֶּה, זְמַן שִׂמְחָתֵנוּ,

On שמחת תורה and שמיני עצרת:

הַשְּׁמִינִי, חַג הָעֲצֶרֶת הַזֶּה, זְמַן שִׂמְחָתֵנוּ,

On פסח:

חַג הַמַּצּוֹת הַזֶּה, זְמַן חֵרוּתֵנוּ,

On שבועות:

חַג הַשָּׁבֻעוֹת הַזֶּה, זְמַן מַתַּן תּוֹרָתֵנוּ,

(בְּאַהֲבָה) מִקְרָא קֹדֶשׁ, זֵכֶר לִיצִיאַת מִצְרָיִם.

אֱלֹהֵינוּ וֵאלֹהֵי אֲבוֹתֵינוּ, יַעֲלֶה וְיָבוֹא וְיַגִּיעַ, וְיֵרָאֶה וְיֵרָצֶה וְיִשָּׁמַע, וְיִפָּקֵד וְיִזָּכֵר זִכְרוֹנֵנוּ וּפִקְדוֹנֵנוּ, וְזִכְרוֹן אֲבוֹתֵינוּ, וְזִכְרוֹן מָשִׁיחַ בֶּן־דָּוִד עַבְדֶּךָ, וְזִכְרוֹן יְרוּשָׁלַיִם עִיר קָדְשֶׁךָ, וְזִכְרוֹן כָּל־עַמְּךָ בֵּית יִשְׂרָאֵל, לְפָנֶיךָ, לִפְלֵיטָה לְטוֹבָה, לְחֵן וּלְחֶסֶד וּלְרַחֲמִים, לְחַיִּים וּלְשָׁלוֹם

On סוכות:

בְּיוֹם חַג הַסֻּכּוֹת הַזֶּה.

On שמחת תורה and שמיני עצרת:

בַּיּוֹם הַשְּׁמִינִי, חַג הָעֲצֶרֶת הַזֶּה.

On פסח:

בְּיוֹם חַג הַמַּצּוֹת הַזֶּה.

On שבועות:

בְּיוֹם חַג הַשָּׁבֻעוֹת הַזֶּה.

זָכְרֵנוּ יהוה אֱלֹהֵינוּ בּוֹ לְטוֹבָה, וּפָקְדֵנוּ בוֹ לִבְרָכָה, וְהוֹשִׁיעֵנוּ בוֹ לְחַיִּים. וּבִדְבַר יְשׁוּעָה וְרַחֲמִים חוּס וְחָנֵּנוּ וְרַחֵם עָלֵינוּ וְהוֹשִׁיעֵנוּ כִּי אֵלֶיךָ עֵינֵינוּ, כִּי אֵל מֶלֶךְ חַנּוּן וְרַחוּם אָתָּה.

You have distinguished, Adonai our God, between the sacred and the secular, between light and darkness, between the people Israel and others, between the seventh day and the other days of the week. You have made a distinction between the sanctity of Shabbat and the sanctity of Festivals, and have hallowed Shabbat more than the other days of the week. You have set Your people Israel apart, making their lives holy through attachment to Your holiness.

Lovingly, Adonai our God, have You given us (Shabbat for rest,) Festivals for joy, and holidays for happiness, among them this (Shabbat and this)

Festival of Sukkot, season of our rejoicing,

Festival of Sh'mini Atzeret, season of our rejoicing,

Festival of Matzot, season of our liberation,

Festival of Shavuot, season of the giving of our Torah,

a day of sacred assembly, recalling the Exodus from Egypt.

Our God and God of our ancestors, show us Your care and concern. Remember our ancestors; recall Your anointed, descended from David Your servant. Protect Jerusalem, Your holy city, and exalt all Your people, Israel, with life and well-being, contentment and peace on this

Festival of Sukkot.

Festival of Sh'mini Atzeret.

Festival of Matzot.

Festival of Shavuot.

Grant us life and blessing, and remember us for good. Recall Your promise of mercy and redemption. Be merciful to us and save us, for we place our hope in You, loving and merciful God.

וְהַשִּׂיאֵנוּ יהוה אֱלֹהֵינוּ אֶת־בִּרְכַּת מוֹעֲדֶיךָ לְחַיִּים וּלְשָׁלוֹם, לְשִׂמְחָה וּלְשָׂשׂוֹן, כַּאֲשֶׁר רָצִיתָ וְאָמַרְתָּ לְבָרְכֵנוּ. אֱלֹהֵינוּ וֵאלֹהֵי אֲבוֹתֵינוּ, (רְצֵה בִמְנוּחָתֵנוּ) קַדְּשֵׁנוּ בְּמִצְוֹתֶיךָ וְתֵן חֶלְקֵנוּ בְּתוֹרָתֶךָ, שַׂבְּעֵנוּ מִטּוּבֶךָ וְשַׂמְּחֵנוּ בִּישׁוּעָתֶךָ, וְטַהֵר לִבֵּנוּ לְעָבְדְּךָ בֶּאֱמֶת. וְהַנְחִילֵנוּ יהוה אֱלֹהֵינוּ (בְּאַהֲבָה וּבְרָצוֹן) בְּשִׂמְחָה וּבְשָׂשׂוֹן (שַׁבָּת וּ)מוֹעֲדֵי קָדְשֶׁךָ, וְיִשְׂמְחוּ בְךָ יִשְׂרָאֵל מְקַדְּשֵׁי שְׁמֶךָ. בָּרוּךְ אַתָּה יהוה מְקַדֵּשׁ (הַשַּׁבָּת וְ)יִשְׂרָאֵל וְהַזְּמַנִּים.

רְצֵה יהוה אֱלֹהֵינוּ בְּעַמְּךָ יִשְׂרָאֵל וּבִתְפִלָּתָם, וְהָשֵׁב אֶת־הָעֲבוֹדָה לִדְבִיר בֵּיתֶךָ, וּתְפִלָּתָם בְּאַהֲבָה תְקַבֵּל בְּרָצוֹן, וּתְהִי לְרָצוֹן תָּמִיד עֲבוֹדַת יִשְׂרָאֵל עַמֶּךָ.

וְתֶחֱזֶינָה עֵינֵינוּ בְּשׁוּבְךָ לְצִיּוֹן בְּרַחֲמִים.
בָּרוּךְ אַתָּה יהוה הַמַּחֲזִיר שְׁכִינָתוֹ לְצִיּוֹן.

מוֹדִים אֲנַחְנוּ לָךְ שָׁאַתָּה הוּא יהוה אֱלֹהֵינוּ וֵאלֹהֵי אֲבוֹתֵינוּ לְעוֹלָם וָעֶד, צוּר חַיֵּינוּ מָגֵן יִשְׁעֵנוּ אַתָּה הוּא לְדוֹר וָדוֹר. נוֹדֶה לְּךָ וּנְסַפֵּר תְּהִלָּתֶךָ, עַל חַיֵּינוּ הַמְּסוּרִים בְּיָדֶךָ וְעַל נִשְׁמוֹתֵינוּ הַפְּקוּדוֹת לָךְ, וְעַל נִסֶּיךָ שֶׁבְּכָל־יוֹם עִמָּנוּ וְעַל נִפְלְאוֹתֶיךָ וְטוֹבוֹתֶיךָ שֶׁבְּכָל־עֵת, עֶרֶב וָבֹקֶר וְצָהֳרָיִם. הַטּוֹב כִּי לֹא כָלוּ רַחֲמֶיךָ, וְהַמְרַחֵם כִּי לֹא תַמּוּ חֲסָדֶיךָ, מֵעוֹלָם קִוִּינוּ לָךְ.

וְעַל כֻּלָּם יִתְבָּרַךְ וְיִתְרוֹמַם שִׁמְךָ מַלְכֵּנוּ תָּמִיד לְעוֹלָם וָעֶד.

וְכֹל הַחַיִּים יוֹדוּךָ סֶּלָה, וִיהַלְלוּ אֶת־שִׁמְךָ בֶּאֱמֶת, הָאֵל יְשׁוּעָתֵנוּ וְעֶזְרָתֵנוּ סֶלָה. בָּרוּךְ אַתָּה יהוה הַטּוֹב שִׁמְךָ וּלְךָ נָאֶה לְהוֹדוֹת.

Adonai our God, bestow upon us the blessing of Your Festivals, for life and peace, for joy and gladness, even as You have promised. Our God and God of our ancestors, (find favor in our Shabbat rest,) instill in us the holiness of Your mitzvot and let Your Torah be our portion. Fill our lives with Your goodness, and gladden us with Your triumph. Cleanse our hearts so that we might serve You faithfully. (Lovingly and willingly,) Adonai our God, grant that we inherit Your holy (Shabbat and) Festivals, so that the people Israel, who hallow Your name, will rejoice in You. Praised are You Adonai, who hallows (Shabbat,) the people Israel and the Festivals.

Accept the prayer of Your people Israel as lovingly as it is offered. Restore worship to Your sanctuary, and may the worship of Your people Israel always be acceptable to You.

May we witness Your merciful return to Zion. Praised are You Adonai, who restores the Divine Presence to Zion.

We proclaim that You are Adonai our God and God of our ancestors throughout all time. You are the Rock of our lives, the Shield of our salvation in every generation. We thank You and praise You for our lives that are in Your hand, for our souls that are in Your charge, for Your miracles that daily attend us, and for Your wonders and gifts that accompany us evening, morning, and noon. You are good, Your mercy everlasting; You are compassionate, Your kindness never-ending. We have always placed our hope in You.

For all these blessings we shall ever praise and exalt You.

May every living creature thank You and praise You faithfully, God of our deliverance and our help. Praised are You Adonai, the essence of goodness, worthy of acclaim.

שָׁלוֹם רָב עַל יִשְׂרָאֵל עַמְּךָ וְעַל כׇּל־יוֹשְׁבֵי תֵבֵל תָּשִׂים לְעוֹלָם, כִּי אַתָּה הוּא מֶלֶךְ אָדוֹן לְכׇל־הַשָּׁלוֹם. וְטוֹב בְּעֵינֶיךָ לְבָרֵךְ אֶת־עַמְּךָ יִשְׂרָאֵל בְּכׇל־עֵת וּבְכׇל־שָׁעָה בִּשְׁלוֹמֶךָ. בָּרוּךְ אַתָּה יהוה הַמְבָרֵךְ אֶת־עַמּוֹ יִשְׂרָאֵל בַּשָּׁלוֹם.

The silent recitation of the עמידה *concludes with a personal prayer.*

אֱלֹהַי, נְצוֹר לְשׁוֹנִי מֵרָע וּשְׂפָתַי מִדַּבֵּר מִרְמָה, וְלִמְקַלְלַי נַפְשִׁי תִדֹּם, וְנַפְשִׁי כֶּעָפָר לַכֹּל תִּהְיֶה. פְּתַח לִבִּי בְּתוֹרָתֶךָ וּבְמִצְוֹתֶיךָ תִּרְדֹּף נַפְשִׁי. וְכׇל־הַחוֹשְׁבִים עָלַי רָעָה, מְהֵרָה הָפֵר עֲצָתָם וְקַלְקֵל מַחֲשַׁבְתָּם. עֲשֵׂה לְמַעַן שְׁמֶךָ, עֲשֵׂה לְמַעַן יְמִינֶךָ, עֲשֵׂה לְמַעַן קְדֻשָּׁתֶךָ, עֲשֵׂה לְמַעַן תּוֹרָתֶךָ, לְמַעַן יֵחָלְצוּן יְדִידֶיךָ, הוֹשִׁיעָה יְמִינְךָ וַעֲנֵנִי. יִהְיוּ לְרָצוֹן אִמְרֵי־פִי וְהֶגְיוֹן לִבִּי לְפָנֶיךָ, יהוה צוּרִי וְגוֹאֲלִי. עֹשֶׂה שָׁלוֹם בִּמְרוֹמָיו, הוּא יַעֲשֶׂה שָׁלוֹם עָלֵינוּ וְעַל כׇּל־יִשְׂרָאֵל, וְאִמְרוּ אָמֵן.

An alternative concluding prayer

רִבּוֹנוֹ שֶׁל עוֹלָם, אֲדוֹן הַשִּׂמְחָה שֶׁאֵין לְפָנָיו עַצְבוּת, זַכֵּנִי לְקַבֵּל וּלְהַמְשִׁיךְ עָלַי קְדוּשַּׁת יוֹם טוֹב בְּשִׂמְחָה וְחֶדְוָה. לַמְּדֵנִי לַהֲפוֹךְ יָגוֹן לְשִׂמְחָה, שֶׁהַהִתְרַחֲקוּת מִמְּךָ בָּאָה לָנוּ עַל יְדֵי הָעַצְבוּת. הָשִׁיבָה לִּי שְׂשׂוֹן יִשְׁעֶךָ, וְרוּחַ נְדִיבָה תִסְמְכֵנִי. יְהִי רָצוֹן מִלְּפָנֶיךָ, יהוה אֱלֹהַי, שֶׁתִּפְתַּח לִי שַׁעֲרֵי תוֹרָה, שַׁעֲרֵי חׇכְמָה, שַׁעֲרֵי דֵעָה, שַׁעֲרֵי פַּרְנָסָה וְכַלְכָּלָה, שַׁעֲרֵי חַיִּים, שַׁעֲרֵי אַהֲבָה וְאַחֲוָה, שָׁלוֹם וְרֵעוּת. עֹשֶׂה שָׁלוֹם בִּמְרוֹמָיו, הוּא יַעֲשֶׂה שָׁלוֹם עָלֵינוּ וְעַל כׇּל־יִשְׂרָאֵל, וְאִמְרוּ אָמֵן.

On שבת*, continue on page 47.*

On a weekday, continue with קדיש שלם*, page 48.*

Grant true and lasting peace to Your people Israel and to all who dwell on earth, for You are the supreme Sovereign of peace. May it please You to bless Your people Israel in every season and at all times with Your gift of peace. Praised are You Adonai, who blesses the people Israel with peace.

*The silent recitation of the Amidah concludes with
a personal prayer.*

My God, keep my tongue from evil, my lips from lies. Help me ignore those who would slander me. Let me be humble before all. Open my heart to Your Torah, that I may pursue Your mitzvot. Frustrate the designs of those who plot evil against me; make nothing of their schemes. Act for the sake of Your compassion, Your power, Your holiness, and Your Torah. Answer my prayer for the deliverance of Your people. May the words of my mouth and the meditations of my heart be acceptable to You, my Rock and my Redeemer. May the One who brings peace to His universe bring peace to us and to all the people Israel. Amen.

An alternative concluding prayer

Sovereign, Master of joy in whose presence despair takes flight, grant me the capacity to welcome and extend the holiness of this Festival with happiness and delight. Teach me to transcend sorrow with abiding contentment, for estrangement from You grows out of despair. Revive in me the joy of Your deliverance; may a willing spirit strengthen me. May it be Your will, Adonai my God, to open for me the gates of Torah, the gates of wisdom and understanding, the gates of sustenance and life, the gates of love and harmony, peace and companionship. May God who ordains universal peace bring peace to us and to all the people Israel. Amen.

On Shabbat, continue on page 47.

On a weekday, continue with Kaddish Shalem, page 48.

🌿 A MEDITATION ON THE AMIDAH
FOR FESTIVALS

Help me, O God, to pray.

Our ancestors worshiped You. Abraham and Sarah, Rebecca and Isaac, Jacob, Rachel, and Leah stood in awe before You. We, too, reach for You, infinite, awesome, transcendent God, source of all being, whose truth shines through our ancestors' lives. We, their distant descendants, draw strength from their lives and from Your redeeming love. Be our help and our shield, as You were theirs. We praise You, God, Guardian of Abraham.

Your power sustains the universe. You breathe life into dead matter. With compassion You care for all who live. Your limitless love lets life triumph over death, heals the sick, upholds the exhausted, frees the enslaved, keeps faith even with the dead. Who is like You, God of splendor and power incomparable? You govern both life and death, Your presence brings our souls to blossom. We praise You, God who wrests life from death.

Sacred are You, sacred Your mystery. Seekers of holiness worship You all their lives. We praise You, God, ultimate sacred mystery.

Out of all humanity You chose us, You loved us, You found pleasure in us. Out of all peoples, through Your law, You uplifted us, You consecrated us, You drew us near to serve You, and shared with us Your great and holy name. Lovingly, *Adonai Eloheinu*, You gave us (Sabbaths for rest,) Festivals for joy, feasts and holy days for delight,

this Festival of Sukkot, season of our rejoicing,

this Festival of Sh'mini Atzeret, season of our rejoicing,

this Feast of Matzah, season of our liberation,

this Feast of Shavuot, season of Matan Torah,

a sacred gathering, memento of our Exodus from Egypt.

Our God, our ancestors' God, let an awareness of us and our destiny, of our ancestors, and of our messianic dreams, of the holy city of Jerusalem, and of Your people, the family that is Israel, rise and ascend, soar and unfold, and shine in Your presence. May there be survival and sweetness, grace and tenderness, compassion and life and peace on this festive day. Remember us generously, find us worthy of Your blessing. Help us to choose life. Through Your word of comfort and mercy show us grace, solace, and pity, and help us, O our God, our Guardian, tender and gentle; our eyes look toward You always.

Shower upon us, *Adonai Eloheinu*, the gift of Your Festivals for life and peace, for happiness and joy, as You have promised to bless us. Consecrate us through Your law, give us a share of Your truth, fulfill us with Your goodness, cheer us with Your help. Make our hearts worthy to serve You truly. May Your holy Festivals be our glad and glorious treasure. Let Jews who worship You find joy today. We praise You O God, whose holiness illumines Israel and the sacred seasons.

Would that Your people at prayer gained delight in You. Would that we were aflame with the passionate piety of our ancestors' worship. Would that You found our worship acceptable, and forever cherished Your people. If only our eyes could see Your glory perennially renewed in Jerusalem. We praise You, God whose presence forever radiates from Zion.

You are our God today as You were our ancestors' God throughout the ages; firm foundation of our lives, we are Yours in gratitude and love. Our lives are safe in Your hand, our souls entrusted to Your care. Our sense of wonder and our praise of Your miracles and kindnesses greet You daily at dawn, dusk, and noon. O Gentle One, Your caring is endless; O Compassionate One, Your love is eternal. You are forever our hope. Let all the living confront You with thankfulness, delight, and truth. Help us, O God; sustain us. We praise You, God whose touchstone is goodness. To pray to you is joy.

O God, from whom all peace flows, grant serenity to Your Jewish people, with love and mercy, life and goodness for all. Shelter us with kindness, bless us with tranquility at all times and all seasons. We praise You, God whose blessing is peace.

May my tongue be innocent of malice and my lips free from lies. When confronted by enemies may my soul stay calm, truly humble to all. Open my heart with Your teachings, that I may be guided by You. May all who plan evil against me abandon their schemes. Hear my words and help me, God, because You are loving, because You reveal Your Torah. May you find delight in the words of my mouth and in the emotions of my heart, God, my strength and my salvation. As You maintain harmony in the heavens, give peace to us and to the whole Jewish people. Amen.

On שבת (including יום טוב and שבת חול המועד):

It is customary to remain standing for this passage.

בראשית ב׳: א׳-ב׳

וַיְכֻלּוּ הַשָּׁמַיִם וְהָאָרֶץ וְכָל־צְבָאָם: וַיְכַל אֱלֹהִים בַּיּוֹם
הַשְּׁבִיעִי מְלַאכְתּוֹ אֲשֶׁר עָשָׂה וַיִּשְׁבֹּת בַּיּוֹם הַשְּׁבִיעִי
מִכָּל־מְלַאכְתּוֹ אֲשֶׁר עָשָׂה: וַיְבָרֶךְ אֱלֹהִים אֶת־יוֹם
הַשְּׁבִיעִי וַיְקַדֵּשׁ אֹתוֹ כִּי בוֹ שָׁבַת מִכָּל־מְלַאכְתּוֹ אֲשֶׁר־
בָּרָא אֱלֹהִים לַעֲשׂוֹת:

The following passages are recited only with a minyan.
(On the first night of פסח they are omitted.)

Ḥazzan:

בָּרוּךְ אַתָּה יהוה אֱלֹהֵינוּ וֵאלֹהֵי אֲבוֹתֵינוּ, אֱלֹהֵי אַבְרָהָם אֱלֹהֵי יִצְחָק וֵאלֹהֵי יַעֲקֹב, הָאֵל הַגָּדוֹל הַגִּבּוֹר וְהַנּוֹרָא, אֵל עֶלְיוֹן, קוֹנֵה שָׁמַיִם וָאָרֶץ,

Ḥazzan: (with אמהות)

בָּרוּךְ אַתָּה יהוה אֱלֹהֵינוּ וֵאלֹהֵי אֲבוֹתֵינוּ, אֱלֹהֵי אַבְרָהָם אֱלֹהֵי יִצְחָק וֵאלֹהֵי יַעֲקֹב, אֱלֹהֵי שָׂרָה אֱלֹהֵי רִבְקָה אֱלֹהֵי רָחֵל וֵאלֹהֵי לֵאָה, הָאֵל הַגָּדוֹל הַגִּבּוֹר וְהַנּוֹרָא, אֵל עֶלְיוֹן, קוֹנֵה שָׁמַיִם וָאָרֶץ,

Ḥazzan and congregation:

מָגֵן אָבוֹת בִּדְבָרוֹ, מְחַיֵּה מֵתִים בְּמַאֲמָרוֹ, הָאֵל (הַמֶּלֶךְ) הַקָּדוֹשׁ שֶׁאֵין כָּמוֹהוּ, הַמֵּנִיחַ לְעַמּוֹ בְּיוֹם שַׁבַּת קָדְשׁוֹ, כִּי בָם רָצָה לְהָנִיחַ לָהֶם. לְפָנָיו נַעֲבֹד בְּיִרְאָה וָפַחַד, וְנוֹדֶה לִשְׁמוֹ בְּכָל־יוֹם תָּמִיד*. מְעוֹן הַבְּרָכוֹת, אֵל הַהוֹדָאוֹת, אֲדוֹן הַשָּׁלוֹם, מְקַדֵּשׁ הַשַּׁבָּת וּמְבָרֵךְ שְׁבִיעִי, וּמֵנִיחַ בִּקְדֻשָּׁה לְעַם מְדֻשְּׁנֵי־עֹנֶג, זֵכֶר לְמַעֲשֵׂה בְרֵאשִׁית.

**Some texts read:* מֵעֵין הַבְּרָכוֹת. אֵל הַהוֹדָאוֹת,

Magen avot bid'varo, m'ḥayei metim b'ma'amaro,
ha-El (*on Shabbat Shuvah:* ha-Melekh) ha-kadosh she-ein kamohu,
ha-meniaḥ l'amo b'yom Shabbat kodsho,
ki vam ratzah l'hani-aḥ lahem.
L'fanav na'avod b'yir-ah va-faḥad,
v'nodeh li-sh'mo b'khol yom tamid*. Me-on ha-b'rakhot,
El ha-hoda-ot, Adon ha-shalom, m'kadesh ha-Shabbat
u-m'varekh sh'vi-i, u-meni-aḥ bi-k'dushah l'am m'dushnei oneg,
zekher l'ma'asei v'reshit.

**Some texts read:* me-ein ha-b'rakhot. El ha-hoda-ot,

On Shabbat (including Festivals and Shabbat Ḥol Ha-mo'ed):
It is customary to remain standing for this passage.

GENESIS 2:1-3

The heavens and the earth, and all they contain, were completed. On the seventh day God finished the work He had been doing, and ceased on the seventh day from all the work that He had done. Then God blessed the seventh day and called it holy, because on it God ceased from all the work of creation.

Va-y'khulu ha-shamayim v'ha-aretz v'khol tz'va-am.
Va-y'khal Elohim ba-yom ha-sh'vi-i m'lakhto asher asah,
va-yishbot ba-yom hash'vi-i mi-kol m'lakhto asher asah.
Va-y'varekh Elohim et yom hash'vi-i va-y'kadesh oto,
ki vo shavat mi-kol m'lakhto asher bara Elohim la'asot.

The following passages are recited only with a minyan.
(On the first night of Pesaḥ they are omitted.)

Reader:

Praised are You Adonai, our God and God of our ancestors, God of Abraham, God of Isaac, and God of Jacob, great, mighty, awesome, exalted God, Creator of heaven and earth,

Reader: *(with Matriarchs)*

Praised are You Adonai, our God and God of our ancestors, God of Abraham, Isaac, and Jacob, Sarah, Rebecca, Rachel, and Leah, great, mighty, awesome, exalted God, Creator of heaven and earth,

Reader and congregation:

Shield of our ancestors by His promised word, Guarantor of life to the dead, Holy God (*on Shabbat Shuvah:* Holy Sovereign) beyond compare, who bestows rest to His people on the holy Shabbat, who takes pleasure in them, and invites them to rest. We will honor God with reverence and awe, and offer our thanks day after day*. The Source of blessings, God worthy of acclaim, the Master of peace, hallows Shabbat, the seventh day — granting Shabbat in holiness to a people overflowing with joy — this day that recalls the act of Creation.

**Some texts read:*
    with appropriate blessings. God worthy of acclaim,

Ḥazzan:

אֱלֹהֵינוּ וֵאלֹהֵי אֲבוֹתֵינוּ, רְצֵה בִמְנוּחָתֵנוּ. קַדְּשֵׁנוּ בְּמִצְוֹתֶיךָ וְתֵן חֶלְקֵנוּ בְּתוֹרָתֶךָ, שַׂבְּעֵנוּ מִטּוּבֶךָ וְשַׂמְּחֵנוּ בִּישׁוּעָתֶךָ, וְטַהֵר לִבֵּנוּ לְעָבְדְּךָ בֶּאֱמֶת. וְהַנְחִילֵנוּ יהוה אֱלֹהֵינוּ בְּאַהֲבָה וּבְרָצוֹן שַׁבַּת קָדְשֶׁךָ, וְיָנוּחוּ בָהּ יִשְׂרָאֵל מְקַדְּשֵׁי שְׁמֶךָ. בָּרוּךְ אַתָּה יהוה מְקַדֵּשׁ הַשַּׁבָּת.

קדיש שלם

Ḥazzan:

יִתְגַּדַּל וְיִתְקַדַּשׁ שְׁמֵהּ רַבָּא, בְּעָלְמָא דִּי בְרָא, כִּרְעוּתֵהּ, וְיַמְלִיךְ מַלְכוּתֵהּ בְּחַיֵּיכוֹן וּבְיוֹמֵיכוֹן וּבְחַיֵּי דְכָל־בֵּית יִשְׂרָאֵל, בַּעֲגָלָא וּבִזְמַן קָרִיב, וְאִמְרוּ אָמֵן.

Congregation and Ḥazzan:

יְהֵא שְׁמֵהּ רַבָּא מְבָרַךְ לְעָלַם וּלְעָלְמֵי עָלְמַיָּא.

Ḥazzan:

יִתְבָּרַךְ וְיִשְׁתַּבַּח וְיִתְפָּאַר וְיִתְרוֹמַם וְיִתְנַשֵּׂא וְיִתְהַדַּר וְיִתְעַלֶּה וְיִתְהַלַּל שְׁמֵהּ דְּקֻדְשָׁא, בְּרִיךְ הוּא *לְעֵלָּא מִן כָּל־בִּרְכָתָא וְשִׁירָתָא תֻּשְׁבְּחָתָא וְנֶחֱמָתָא דַּאֲמִירָן בְּעָלְמָא, וְאִמְרוּ אָמֵן.

**On שבת שובה:* לְעֵלָּא לְעֵלָּא מִכָּל־בִּרְכָתָא וְשִׁירָתָא

תִּתְקַבַּל צְלוֹתְהוֹן וּבָעוּתְהוֹן דְּכָל־יִשְׂרָאֵל קֳדָם אֲבוּהוֹן דִּי בִשְׁמַיָּא וְאִמְרוּ אָמֵן.

יְהֵא שְׁלָמָא רַבָּא מִן שְׁמַיָּא וְחַיִּים עָלֵינוּ וְעַל כָּל־יִשְׂרָאֵל, וְאִמְרוּ אָמֵן.

עֹשֶׂה שָׁלוֹם בִּמְרוֹמָיו הוּא יַעֲשֶׂה שָׁלוֹם עָלֵינוּ וְעַל כָּל־יִשְׂרָאֵל, וְאִמְרוּ אָמֵן.

On שמחת תורה, continue with הקפות, page 213.
On שבת חול המועד, continue with קידוש לשבת, page 49.

Reader:

Our God and God of our ancestors, find favor in our Shabbat rest. Instill in us the holiness of Your mitzvot and let Your Torah be our portion. Fill our lives with Your goodness, and gladden us with Your triumph. Cleanse our hearts so that we might serve You faithfully. Lovingly and willingly, Adonai our God, grant that we inherit Your holy Shabbat, so that the people Israel, who hallow Your name, will always find rest on this day. Praised are You Adonai, who hallows Shabbat.

KADDISH SHALEM

Reader:

May God's name be exalted and hallowed throughout the world that He created, as is God's wish. May God's sovereignty soon be accepted, during our life and the life of all Israel. And let us say: Amen.

Congregation and Reader:

Y'hei sh'mei raba m'varakh l'alam u-l'almei almaya.
May God's great name be praised throughout all time.

Reader:

Glorified and celebrated, lauded and worshiped, exalted and honored, extolled and acclaimed may the Holy One be, praised beyond all song and psalm, beyond all tributes that mortals can utter. And let us say: Amen.

May the prayers and pleas of all the people Israel be accepted by our Guardian in heaven. And let us say: Amen.

Let there be abundant peace from heaven, with life's goodness for us and for all Israel. And let us say: Amen.

May the One who brings peace to His universe bring peace to us and to all Israel. And let us say: Amen.

Oseh shalom bi-m'romav, hu ya'aseh shalom
aleinu v'al kol Yisra-el, v'imru amen.

On Simḥat Torah, continue with Hakafot, page 213.
On Shabbat Ḥol Ha-mo'ed,
continue with the Shabbat Kiddush, page 49.

קידוש לשבת

סַבְרִי מָרָנָן (וְרַבָּנָן וְרַבּוֹתַי)

בָּרוּךְ אַתָּה יהוה אֱלֹהֵינוּ מֶלֶךְ הָעוֹלָם, בּוֹרֵא פְּרִי הַגָּפֶן.

בָּרוּךְ אַתָּה יהוה אֱלֹהֵינוּ מֶלֶךְ הָעוֹלָם,
אֲשֶׁר קִדְּשָׁנוּ בְּמִצְוֹתָיו וְרָצָה בָנוּ,
וְשַׁבַּת קָדְשׁוֹ בְּאַהֲבָה וּבְרָצוֹן הִנְחִילָנוּ,
זִכָּרוֹן לְמַעֲשֵׂה בְרֵאשִׁית.
כִּי הוּא יוֹם תְּחִלָּה לְמִקְרָאֵי־קֹדֶשׁ,
זֵכֶר לִיצִיאַת מִצְרָיִם.
כִּי בָנוּ בָחַרְתָּ וְאוֹתָנוּ קִדַּשְׁתָּ מִכָּל־הָעַמִּים,
וְשַׁבַּת קָדְשְׁךָ בְּאַהֲבָה וּבְרָצוֹן הִנְחַלְתָּנוּ.
בָּרוּךְ אַתָּה יהוה מְקַדֵּשׁ הַשַּׁבָּת.

On שבת חול המועד סוכות, if קידוש is recited in the סוכה, conclude with the following ברכה:

בָּרוּךְ אַתָּה יהוה אֱלֹהֵינוּ מֶלֶךְ הָעוֹלָם,
אֲשֶׁר קִדְּשָׁנוּ בְּמִצְוֹתָיו וְצִוָּנוּ לֵישֵׁב בַּסֻּכָּה.

From the second night of פסח until שבועות, the עומר is counted, page 55.

Continue with עלינו, page 51.

The twin Commandments in Exodus and Deuteronomy, to "remember" and "observe" Shabbat, were understood by our sages to mean that God revealed both texts simultaneously. Our observance of Shabbat, the rabbis concluded, commemorates both God's act of Creation and the Exodus from Egypt. Both themes are recalled side by side in the Kiddush.

It is believed that Kiddush was originally recited in the home. Since it was common in early Talmudic times for itinerant strangers to have their meal in the synagogue, the wine of the Kiddush became a prelude to their meal. Later the Kiddush was incorporated into the Shabbat evening service.

🌿 KIDDUSH FOR SHABBAT

Barukh atah Adonai, Eloheinu melekh ha-olam, borei p'ri ha-gafen.

Barukh atah Adonai, Eloheinu melekh ha-olam,
asher kid'shanu b'mitzvotav v'ratzah vanu,
v'Shabbat kodsho b'ahavah u-v'ratzon hin-ḥilanu,
zikaron l'ma-asei v'reshit.
Ki hu yom t'ḥilah l'mikra-ei kodesh, zekher li-y'tzi-at mitzrayim.
Ki vanu vaḥarta v'otanu kidashta mi-kol ha-amim,
v'Shabbat kod'sh'kha b'ahavah u-v'ratzon hin-ḥal-tanu.
Barukh atah Adonai, m'kadesh ha-Shabbat.

Praised are You Adonai our God, who rules the universe, creating the fruit of the vine.

Praised are You Adonai our God, who rules the universe, instilling in us the holiness of mitzvot and cherishing us by granting us His holy Shabbat lovingly, gladly, a reminder of Creation. It is the first among our days of sacred assembly that recall the Exodus from Egypt. Thus You have chosen us — endowing us with holiness — from among all peoples, granting us Your holy Shabbat lovingly and gladly. Praised are You Adonai, who hallows Shabbat.

*On Shabbat Ḥol Ha-mo'ed Sukkot, if Kiddush is recited
in the sukkah, conclude with the following b'rakhah:*

Praised are You Adonai our God, who rules the universe,
instilling in us the holiness of mitzvot
by commanding us to dwell in the sukkah.

*From the second night of Pesaḥ until Shavuot,
the Omer is counted, page 55.*

Continue with Aleinu, page 51.

Since antiquity, wine has been associated with moments of sanctity and joy; it was used as an offering upon the altar in the Temple. The rabbis suggested that God looked upon our use of wine for Kiddush with satisfaction (B'rakhot 35a). They saw it as a symbol of profound spiritual significance. Wine represents the incorruptible — it does not deteriorate, but improves with age. Wine thus symbolizes all the idealized treasures of the Jewish people — the Torah, the Righteous, the Messiah, Jerusalem, and Eretz Yisrael. Since the primary goal of Shabbat is to impart holiness to our lives, the wine suggests that this holiness must not be permitted to dissipate, but must, rather, grow deeper with the passage of time.

קידוש ליום טוב

On evenings of the פסח Seder, קידוש is not chanted in the synagogue.

סַבְרִי מָרָנָן (וְרַבָּנָן וְרַבּוֹתַי)

בָּרוּךְ אַתָּה יהוה אֱלֹהֵינוּ מֶלֶךְ הָעוֹלָם, בּוֹרֵא פְּרִי הַגָּפֶן.

בָּרוּךְ אַתָּה יהוה אֱלֹהֵינוּ מֶלֶךְ הָעוֹלָם, אֲשֶׁר בָּחַר בָּנוּ מִכָּל־עָם וְרוֹמְמָנוּ מִכָּל־לָשׁוֹן וְקִדְּשָׁנוּ בְּמִצְוֺתָיו. וַתִּתֶּן־לָנוּ יהוה אֱלֹהֵינוּ בְּאַהֲבָה (שַׁבָּתוֹת לִמְנוּחָה וּ)מוֹעֲדִים לְשִׂמְחָה, חַגִּים וּזְמַנִּים לְשָׂשׂוֹן, אֶת־יוֹם (הַשַּׁבָּת הַזֶּה וְאֶת־יוֹם)

On סוכות:

חַג הַסֻּכּוֹת הַזֶּה, זְמַן שִׂמְחָתֵנוּ,

On שמיני עצרת and שמחת תורה:

הַשְּׁמִינִי, חַג הָעֲצֶרֶת הַזֶּה, זְמַן שִׂמְחָתֵנוּ,

On פסח:

חַג הַמַּצּוֹת הַזֶּה, זְמַן חֵרוּתֵנוּ,

On שבועות:

חַג הַשָּׁבֻעוֹת הַזֶּה, זְמַן מַתַּן תּוֹרָתֵנוּ,

(בְּאַהֲבָה) מִקְרָא קֹדֶשׁ, זֵכֶר לִיצִיאַת מִצְרָיִם. כִּי בָנוּ בָחַרְתָּ וְאוֹתָנוּ קִדַּשְׁתָּ מִכָּל־הָעַמִּים, (וְשַׁבָּת) וּמוֹעֲדֵי קָדְשְׁךָ (בְּאַהֲבָה וּבְרָצוֹן) בְּשִׂמְחָה וּבְשָׂשׂוֹן הִנְחַלְתָּנוּ. בָּרוּךְ אַתָּה יהוה מְקַדֵּשׁ (הַשַּׁבָּת וְ)יִשְׂרָאֵל וְהַזְּמַנִּים.

On Saturday night הבדלה is added:

בָּרוּךְ אַתָּה יהוה אֱלֹהֵינוּ מֶלֶךְ הָעוֹלָם, בּוֹרֵא מְאוֹרֵי הָאֵשׁ.

בָּרוּךְ אַתָּה יהוה אֱלֹהֵינוּ מֶלֶךְ הָעוֹלָם, הַמַּבְדִּיל בֵּין קֹדֶשׁ לְחוֹל, בֵּין אוֹר לְחֹשֶׁךְ, בֵּין יִשְׂרָאֵל לָעַמִּים, בֵּין יוֹם הַשְּׁבִיעִי לְשֵׁשֶׁת יְמֵי הַמַּעֲשֶׂה. בֵּין קְדֻשַּׁת שַׁבָּת לִקְדֻשַּׁת יוֹם טוֹב הִבְדַּלְתָּ, וְאֶת־יוֹם הַשְּׁבִיעִי מִשֵּׁשֶׁת יְמֵי הַמַּעֲשֶׂה קִדַּשְׁתָּ, הִבְדַּלְתָּ וְקִדַּשְׁתָּ אֶת־עַמְּךָ יִשְׂרָאֵל בִּקְדֻשָּׁתֶךָ. בָּרוּךְ אַתָּה יהוה הַמַּבְדִּיל בֵּין קֹדֶשׁ לְקֹדֶשׁ.

This ברכה is omitted on the last two nights of פסח:

בָּרוּךְ אַתָּה יהוה אֱלֹהֵינוּ מֶלֶךְ הָעוֹלָם,
שֶׁהֶחֱיָנוּ וְקִיְּמָנוּ וְהִגִּיעָנוּ לַזְּמַן הַזֶּה.

On סוכות, when קידוש is chanted in the סוכה, add the following ברכה. (On the first night, before שהחינו; on the second night, after שהחינו.)

בָּרוּךְ אַתָּה יהוה אֱלֹהֵינוּ מֶלֶךְ הָעוֹלָם,
אֲשֶׁר קִדְּשָׁנוּ בְּמִצְוֺתָיו וְצִוָּנוּ לֵישֵׁב בַּסֻּכָּה.

On פסח, starting with the second night, the עומר is counted, page 55.

🌿 KIDDUSH FOR FESTIVALS

Praised are You Adonai our God, who rules the universe, creating the fruit of the vine.

Praised are You Adonai our God, who rules the universe, choosing and distinguishing us from among all others by instilling in us the holiness of mitzvot. Lovingly have You given us (Shabbat for rest,) Festivals for joy and holidays for happiness, among them this (Shabbat and this) day of

Sukkot, season of our rejoicing,

Sh'mini Atzeret, season of our rejoicing,

Matzot, season of our liberation,

Shavuot, season of the giving of our Torah,

a day of sacred assembly recalling the Exodus from Egypt. Thus You have chosen us — endowing us with holiness — from among all peoples, granting us (Shabbat and) Your hallowed Festivals (lovingly and gladly,) in happiness and joy. Praised are You Adonai, who hallows (Shabbat,) the people Israel and the Festivals.

On Saturday night:

Praised are You Adonai our God, who rules the universe, creating the lights of fire.

Praised are You Adonai our God, who rules the universe, endowing all creation with distinctive qualities, distinguishing between the sacred and the secular, between light and darkness, between the people Israel and others, between the seventh day and the other days of the week. You have made a distinction between the sanctity of Shabbat and the sanctity of Festivals, and have hallowed Shabbat more than the other days of the week. You have set Your people Israel apart, making their lives holy through attachment to Your holiness. Praised are You Adonai, who distinguishes one sacred time from another.

Omit on the last two nights of Pesaḥ:

Praised are You Adonai our God, who rules the universe, granting us life, sustaining us, and enabling us to reach this day.

On Sukkot, when Kiddush is chanted in the sukkah:

Praised are You Adonai our God, who rules the universe, instilling in us the holiness of mitzvot by commanding us to dwell in the sukkah.

On Pesaḥ, starting with the second night, the Omer is counted, page 55.

עלינו

עָלֵינוּ לְשַׁבֵּחַ לַאֲדוֹן הַכֹּל, לָתֵת גְּדֻלָּה לְיוֹצֵר בְּרֵאשִׁית, שֶׁלֹּא עָשָׂנוּ כְּגוֹיֵי הָאֲרָצוֹת וְלֹא שָׂמָנוּ כְּמִשְׁפְּחוֹת הָאֲדָמָה, שֶׁלֹּא שָׂם חֶלְקֵנוּ כָּהֶם, וְגוֹרָלֵנוּ כְּכָל־הֲמוֹנָם.

וַאֲנַחְנוּ כּוֹרְעִים וּמִשְׁתַּחֲוִים וּמוֹדִים

לִפְנֵי מֶלֶךְ מַלְכֵי הַמְּלָכִים, הַקָּדוֹשׁ בָּרוּךְ הוּא,

שֶׁהוּא נוֹטֶה שָׁמַיִם וְיוֹסֵד אָרֶץ, וּמוֹשַׁב יְקָרוֹ בַּשָּׁמַיִם מִמַּעַל, וּשְׁכִינַת עֻזּוֹ בְּגָבְהֵי מְרוֹמִים. הוּא אֱלֹהֵינוּ אֵין עוֹד. אֱמֶת מַלְכֵּנוּ, אֶפֶס זוּלָתוֹ, כַּכָּתוּב בְּתוֹרָתוֹ: וְיָדַעְתָּ הַיּוֹם וַהֲשֵׁבֹתָ אֶל לְבָבֶךָ, כִּי יהוה הוּא הָאֱלֹהִים בַּשָּׁמַיִם מִמַּעַל וְעַל הָאָרֶץ מִתָּחַת, אֵין עוֹד.

עַל כֵּן נְקַוֶּה לְךָ יהוה אֱלֹהֵינוּ, לִרְאוֹת מְהֵרָה בְּתִפְאֶרֶת עֻזֶּךָ, לְהַעֲבִיר גִּלּוּלִים מִן הָאָרֶץ וְהָאֱלִילִים כָּרוֹת יִכָּרֵתוּן, לְתַקֵּן עוֹלָם בְּמַלְכוּת שַׁדַּי, וְכָל־בְּנֵי בָשָׂר יִקְרְאוּ בִשְׁמֶךָ, לְהַפְנוֹת אֵלֶיךָ כָּל־רִשְׁעֵי אָרֶץ. יַכִּירוּ וְיֵדְעוּ כָּל־יוֹשְׁבֵי תֵבֵל, כִּי לְךָ תִּכְרַע כָּל־בֶּרֶךְ, תִּשָּׁבַע כָּל־לָשׁוֹן. לְפָנֶיךָ יהוה אֱלֹהֵינוּ יִכְרְעוּ וְיִפֹּלוּ. וְלִכְבוֹד שִׁמְךָ יְקָר יִתֵּנוּ, וִיקַבְּלוּ כֻלָּם אֶת־עֹל מַלְכוּתֶךָ וְתִמְלֹךְ עֲלֵיהֶם מְהֵרָה לְעוֹלָם וָעֶד, כִּי הַמַּלְכוּת שֶׁלְּךָ הִיא וּלְעוֹלְמֵי עַד תִּמְלֹךְ בְּכָבוֹד, כַּכָּתוּב בְּתוֹרָתֶךָ: יהוה יִמְלֹךְ לְעֹלָם וָעֶד. □ וְנֶאֱמַר: וְהָיָה יהוה לְמֶלֶךְ עַל כָּל־הָאָרֶץ, בַּיּוֹם הַהוּא יִהְיֶה יהוה אֶחָד וּשְׁמוֹ אֶחָד.

From ראש חודש אלול *through* הושענא רבה *(in some congregations, through* יום כפור*),* *Psalm 27 is recited, page 80.*

Since the Middle Ages, Aleinu has been included in every daily service throughout the year, although it was originally composed for the Rosh Hashanah liturgy. It contains two complementary ideas. The first paragraph celebrates the distinctiveness of the Jewish people, and its unique faith in God. The second speaks eloquently of our universalist hope that someday God will be worshiped by all humanity.

☙ ALEINU

We rise to our duty to praise the Master of all, to acclaim the Creator. God made our lot unlike that of other people, assigning to us a unique destiny. We bend the knee and bow, acknowledging the Supreme Sovereign, the Holy One, exalted, who spread out the heavens and laid the foundations of the earth; whose glorious abode is in the highest heaven, whose mighty dominion is in the loftiest heights. This is our God; there is no other. In truth, God alone is our Ruler, as is written in the Torah: "Know this day and take it to heart that Adonai is God in heaven above and on earth below; there is no other."

> Aleinu l'shabe-aḥ la'adon ha-kol, la-tet g'dulah l'yotzer b'reshit,
> she-lo asanu k'goyei ha'aratzot
> v'lo samanu k'mishp'ḥot ha'adamah,
> she-lo sahm ḥelkenu kahem, v'goralenu k'khol hamonam.
>
> Va-anaḥnu kor'im u-mishtaḥavim u-modim
> lifnei Melekh malkhei ha-m'lakhim, Ha-kadosh Barukh Hu.

And so we hope in You, Adonai our God, soon to see Your splendor: That You will sweep idolatry away so that false gods will be utterly destroyed, and that You will perfect the world by Your sovereignty so that all humanity will invoke Your name, and all the earth's wicked will return to You, repentant. Then all who live will know that to You every knee must bend, every tongue pledge loyalty. To You, Adonai, may all bow in worship. May they give honor to Your glory; may everyone accept Your dominion. Reign over all, soon and for all time. Sovereignty is Yours in glory, now and forever. Thus is it written in Your Torah: "Adonai reigns for ever and ever." Such is the prophetic assurance: "Adonai shall be acknowledged Ruler of all the earth. On that day Adonai shall be One and His name One."

> V'ne-emar, v'haya Adonai l'melekh al kol ha-aretz,
> ba-yom ha-hu yih'yeh Adonai eḥad u-sh'mo eḥad.

> *From Rosh Ḥodesh Elul through Hoshana Rabbah*
> *(in some congregations, through Yom Kippur),*
> *Psalm 27 is recited, page 80.*

The authorship of Aleinu has been ascribed to Rav, a Babylonian rabbi of the third century C.E., although some scholars believe it may have been composed centuries earlier, and was already part of the ritual in the Second Temple.

קדיש יתום

In love we remember those who no longer walk this earth. We are grateful to God for the gift of their lives, for the joys we shared, and for the cherished memories that never fade. May God grant those who mourn the strength to see beyond their sorrow, sustaining them despite their grief. May the faith that binds us to our loved ones be a continuing source of comfort, as we invite those who mourn, and those observing Yahrzeit, to praise God's name with the words of the Kaddish.

Mourners and those observing Yahrzeit:

יִתְגַּדַּל וְיִתְקַדַּשׁ שְׁמֵהּ רַבָּא, בְּעָלְמָא דִּי בְרָא, כִּרְעוּתֵהּ, וְיַמְלִיךְ מַלְכוּתֵהּ בְּחַיֵּיכוֹן וּבְיוֹמֵיכוֹן וּבְחַיֵּי דְכָל־בֵּית יִשְׂרָאֵל, בַּעֲגָלָא וּבִזְמַן קָרִיב, וְאִמְרוּ אָמֵן.

Congregation and mourners:

יְהֵא שְׁמֵהּ רַבָּא מְבָרַךְ לְעָלַם וּלְעָלְמֵי עָלְמַיָּא.

Mourners:

יִתְבָּרַךְ וְיִשְׁתַּבַּח וְיִתְפָּאַר וְיִתְרוֹמַם וְיִתְנַשֵּׂא וְיִתְהַדָּר וְיִתְעַלֶּה וְיִתְהַלַּל שְׁמֵהּ דְּקֻדְשָׁא, בְּרִיךְ הוּא *לְעֵלָּא מִן כָּל־בִּרְכָתָא וְשִׁירָתָא תֻּשְׁבְּחָתָא וְנֶחֱמָתָא דַּאֲמִירָן בְּעָלְמָא, וְאִמְרוּ אָמֵן.

*On שבת שובה: לְעֵלָּא לְעֵלָּא מִכָּל־בִּרְכָתָא וְשִׁירָתָא

יְהֵא שְׁלָמָא רַבָּא מִן שְׁמַיָּא וְחַיִּים עָלֵינוּ וְעַל כָּל־יִשְׂרָאֵל, וְאִמְרוּ אָמֵן.

עֹשֶׂה שָׁלוֹם בִּמְרוֹמָיו הוּא יַעֲשֶׂה שָׁלוֹם עָלֵינוּ וְעַל כָּל־יִשְׂרָאֵל, וְאִמְרוּ אָמֵן.

🌿 MOURNER'S KADDISH

As we recite the Kaddish, we pray that all people throughout the world will recognize God's sovereignty in our time. For only to the extent that God's sovereignty is felt in the world, can blessing and song, peace and harmony, hope and consolation fill our lives. Thus, in recalling our dead, of blessed memory, we confront our loss in the presence of the congregation, with an affirmation of faith. Let those who are in mourning or observing Yahrzeit join in praise of God's name.

Mourners and those observing Yahrzeit:
Yitgadal v'yitkadash sh'mei raba, b'alma di v'ra, kir'utei,
v'yamlikh malkhutei b'ḥayeikhon u-v'yomeikhon
u-v'ḥayei d'khol beit Yisra-el,
ba'agala u-vi-z'man kariv, v'imru amen.

Congregation and mourners:
Y'hei sh'mei raba m'varakh l'alam u-l'almei almaya.

Mourners:
Yitbarakh v'yishtabaḥ v'yitpa-ar v'yitromam v'yitnasei,
v'yit-hadar v'yit'aleh v'yit-halal sh'mei d'kudsha, b'rikh hu
*l'ela min kol birkhata v'shirata, tushb'ḥata v'neḥamata
da'amiran b'alma, v'imru amen.
*On Shabbat Shuvah: l'ela l'ela mi-kol birkhata v'shirata,

Y'hei sh'lama raba min sh'maya
v'ḥayim aleinu v'al kol Yisra-el, v'imru amen.

Oseh shalom bi-m'romav, hu ya'aseh shalom
aleinu v'al kol Yisra-el, v'imru amen.

An English translation of the Mourner's Kaddish may be found on page 12.

יגדל

The hymn Yigdal is based on the thirteen principles of faith articulated by Maimonides as part of his Commentary on the Mishnah. This poetic version is attributed to Daniel ben Judah, who lived in Rome in the late fourteenth century.

יִגְדַּל אֱלֹהִים חַי וְיִשְׁתַּבַּח, נִמְצָא, וְאֵין עֵת אֶל מְצִיאוּתוֹ.
אֶחָד וְאֵין יָחִיד כְּיִחוּדוֹ, נֶעְלָם וְגַם אֵין סוֹף לְאַחְדּוּתוֹ.

אֵין לוֹ דְּמוּת הַגּוּף וְאֵינוֹ גוּף, לֹא נַעֲרֹךְ אֵלָיו קְדֻשָּׁתוֹ.
קַדְמוֹן לְכָל־דָּבָר אֲשֶׁר נִבְרָא, רִאשׁוֹן וְאֵין רֵאשִׁית לְרֵאשִׁיתוֹ.

הִנּוֹ אֲדוֹן עוֹלָם, וְכָל־נוֹצָר יוֹרֶה גְדֻלָּתוֹ וּמַלְכוּתוֹ.
שֶׁפַע נְבוּאָתוֹ נְתָנוֹ אֶל אַנְשֵׁי סְגֻלָּתוֹ וְתִפְאַרְתּוֹ.

לֹא קָם בְּיִשְׂרָאֵל כְּמֹשֶׁה עוֹד נָבִיא, וּמַבִּיט אֶת־תְּמוּנָתוֹ.
תּוֹרַת אֱמֶת נָתַן לְעַמּוֹ אֵל עַל יַד נְבִיאוֹ נֶאֱמַן בֵּיתוֹ.

לֹא יַחֲלִיף הָאֵל וְלֹא יָמִיר דָּתוֹ לְעוֹלָמִים לְזוּלָתוֹ.
צוֹפֶה וְיוֹדֵעַ סְתָרֵינוּ, מַבִּיט לְסוֹף דָּבָר בְּקַדְמָתוֹ.

גּוֹמֵל לְאִישׁ חֶסֶד כְּמִפְעָלוֹ, נוֹתֵן לְרָשָׁע, רָע כְּרִשְׁעָתוֹ.
יִשְׁלַח לְקֵץ הַיָּמִין מְשִׁיחֵנוּ, לִפְדּוֹת מְחַכֵּי קֵץ יְשׁוּעָתוֹ.

מֵתִים יְחַיֶּה אֵל בְּרֹב חַסְדּוֹ, בָּרוּךְ עֲדֵי עַד שֵׁם תְּהִלָּתוֹ.

Yigdal Elohim ḥai v'yishatabaḥ, nimtza, v'ein et el metzi-uto.
Eḥad v'ein yaḥid k'yiḥudo, ne'lam v'gam ein sof l'aḥduto.

Ein lo d'mut ha-guf v'eino guf, lo na'arokh elav k'dushato.
Kadmon l'khol davar asher nivra, rishon v'ein reshit l'reshito.

Hino Adon olam, v'khol notzar yoreh g'dulato u-malkhuto.
Shefa n'vu-ato n'tano el anshei s'gulato v'tif-arto.

Lo kam b'Yisra-el k'Mosheh od navi, u-mabit et t'munato.
Torat emet natan l'amo El al yad n'vi-o ne'eman beito.

Lo yaḥalif ha-El v'lo yamir dato l'olamim l'zulato.
Tzofeh v'yode-a s'tareinu, mabit l'sof davar b'kadmato.

Gomel l'ish ḥesed k'mif-alo, noten l'rasha ra k'rish-ato.
Yishlaḥ l'ketz ha-yamin m'shiḥenu, lifdot m'ḥakei ketz y'shu-ato.

Metim y'ḥayeh El b'rov ḥasdo, barukh adei ad shem t'hilato.

🌿 YIGDAL

Maimonides' thirteen principles of faith state:
God is eternal. God is one, unique, with neither body
nor form. Only God is to be worshiped. God alone
created and creates all things. The words of the
prophets are true. Moses was the greatest prophet.
The source of the Torah is divine. The Torah is
immutable. God knows our deeds and thoughts.
God rewards and punishes. The Messiah will come.
God, ever loving, will resurrect the dead.

Revere the living God, sing praises to God's name,
Both immanent and timeless, through eternity.

God's oneness is unique, no other can compare;
Unlimited and boundless is God's majesty.

No image can be seen, no form or body known;
No mortal mind can fathom God's totality.

Before creation's start, the world as yet unformed,
The living God endured in endless mystery.

The Ruler of the world! whose creatures all declare
The glory and the greatness of God's sovereignty.

God chose devoted servants, wise and faithful seers,
And showered on each one the gift of prophecy.

In Israel none arose like Moses — touched by God —
Whose visions probed the limits of humanity.

The Torah, in its truth, God granted to us all,
Which loyal servant Moses taught us faithfully.

Our God will neither change nor modify His law;
Its place remains established for eternity.

God penetrates our minds, the promptings of our hearts,
Anticipating actions that are yet to be.

God grants reward to those who lead a noble life,
While punishing transgressors sinning wantonly.

Messiah, God will send, to greet the end of days,
Redeeming all who long for God to make them free.

In love our God restores the life of all our souls —
May God be ever praised until eternity.

אדון עולם

אֲדוֹן עוֹלָם אֲשֶׁר מָלַךְ בְּטֶרֶם כָּל־יְצִיר נִבְרָא.
לְעֵת נַעֲשָׂה בְחֶפְצוֹ כֹּל אֲזַי מֶלֶךְ שְׁמוֹ נִקְרָא.

וְאַחֲרֵי כִּכְלוֹת הַכֹּל לְבַדּוֹ יִמְלֹךְ נוֹרָא.
וְהוּא הָיָה וְהוּא הֹוֶה, וְהוּא יִהְיֶה בְּתִפְאָרָה.

וְהוּא אֶחָד וְאֵין שֵׁנִי לְהַמְשִׁיל לוֹ לְהַחְבִּירָה.
בְּלִי רֵאשִׁית בְּלִי תַכְלִית, וְלוֹ הָעֹז וְהַמִּשְׂרָה.

וְהוּא אֵלִי וְחַי גּוֹאֲלִי, וְצוּר חֶבְלִי בְּעֵת צָרָה.
וְהוּא נִסִּי וּמָנוֹס לִי מְנָת כּוֹסִי בְּיוֹם אֶקְרָא.

בְּיָדוֹ אַפְקִיד רוּחִי בְּעֵת אִישַׁן וְאָעִירָה.
וְעִם רוּחִי גְּוִיָּתִי יהוה לִי וְלֹא אִירָא.

Adon olam asher malakh b'terem kol y'tzir nivra,
L'eit na'asah b'ḥeftzo kol, azai Melekh sh'mo nikra.

V'aḥarei kikh-lot ha-kol l'vado yimlokh nora,
V'hu hayah v'hu hoveh, v'hu yih'yeh b'tif-arah.

V'hu eḥad v'ein sheni l'hamshil lo l'haḥbirah,
B'li rei-sheet b'li takhleet, v'lo ha-oz v'hamisrah.

V'hu e-li v'ḥai go-ali v'tzur ḥevli b'et tzarah,
V'hu nisi u-manos li, m'nat kosi b'yom ekra.

B'yado afkid ruḥi b'et ishan v'a-irah,
V'im ruḥi g'viyati, Adonai li v'lo ira.

❧ ADON OLAM

> *Adon Olam is perhaps the best known and most frequently sung of all synagogue hymns, often attributed to Solomon ibn Gabirol, the great Spanish philospher-poet. It begins by lauding God as the Infinite, the Creator of all, destined to reign over all. But in the end, the poet can place his ultimate trust only in God's loving embrace, for "God is with me; I have no fear."*

Before creation shaped the world,
   God, eternal, reigned alone;

but only with creation done
   could God as Sovereign be known.

When all is ended, God alone
   will reign in awesome majesty.

God was, God is, always will be
   glorious in eternity.

God is unique and without peer,
   with none at all to be compared.

Without beginning, endlessly,
   God's vast dominion is not shared.

But still — my God, my only hope,
   my one true refuge in distress,

my shelter sure, my cup of life,
   with goodness real and limitless.

I place my spirit in God's care;
   my body too can feel God near.

When I sleep, as when I wake,
   God is with me; I have no fear.

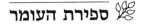

COUNTING OF THE OMER ספירת העומר

From the second night of Pesaḥ until the night before Shavuot, we stand as the Omer is counted.

The "Omer" (literally "sheaf") refers to an offering from the new barley crop, brought to the ancient Temple on the sixteenth of Nisan, the eve of the second day of Pesaḥ. Omer has come to be the name of the period between Pesaḥ and Shavuot. By counting these days (s'firat ha-omer), we recall our people's liberation from enslavement, commemorated by Pesaḥ — along with God's gift of Torah, commemorated by Shavuot. As we count the Omer, our hearts turn to the revelation of Torah, so essential for our spiritual sustenance. We count the days between Pesaḥ and Shavuot to heighten our anticipation of celebrating the Revelation, the event that gave meaning to our liberation and continued meaning to our existence as Jews.

הִנְנִי מוּכָן וּמְזֻמָּן לְקַיֵּם מִצְוַת עֲשֵׂה שֶׁל סְפִירַת הָעֹמֶר, כְּמוֹ שֶׁכָּתוּב בַּתּוֹרָה: וּסְפַרְתֶּם לָכֶם מִמָּחֳרַת הַשַּׁבָּת מִיּוֹם הֲבִיאֲכֶם אֶת־עֹמֶר הַתְּנוּפָה, שֶׁבַע שַׁבָּתוֹת תְּמִימֹת תִּהְיֶינָה. עַד מִמָּחֳרַת הַשַּׁבָּת הַשְּׁבִיעִת תִּסְפְּרוּ חֲמִשִּׁים יוֹם.

I am ready to fulfill the mitzvah of counting the Omer, as it is ordained in the Torah: "You shall count from the eve of the second day of Pesaḥ, when an omer of grain is to be brought as an offering, seven complete weeks. The day after the seventh week of your counting will make fifty days" (Leviticus 23:15-16).

בָּרוּךְ אַתָּה יהוה אֱלֹהֵינוּ מֶלֶךְ הָעוֹלָם,
אֲשֶׁר קִדְּשָׁנוּ בְּמִצְוֹתָיו וְצִוָּנוּ עַל סְפִירַת הָעֹמֶר.

Praised are You Adonai our God, who rules the universe,
instilling in us the holiness of mitzvot
by commanding us to count the Omer.

On Friday or Yom Tov evenings,
the service continues, following the counting,
with Aleinu, page 51.

On Saturday night, the service continues,
following the counting, with Havdalah, page 299.

On weekday evenings (including Ḥol Ha-mo'ed Pesaḥ),
the service continues, following the counting,
with Aleinu, page 297.

Today is _____ of the Omer.

1. הַיּוֹם יוֹם אֶחָד לָעֹמֶר.
1 day   *(16 Nisan, 2nd night of Pesaḥ)*

2. הַיּוֹם שְׁנֵי יָמִים לָעֹמֶר.
2 days   *(17 Nisan, 1st night of Ḥol Ha-mo'ed)*

3. הַיּוֹם שְׁלֹשָׁה יָמִים לָעֹמֶר.
3 days   *(18 Nisan, 2nd night of Ḥol Ha-mo'ed)*

4. הַיּוֹם אַרְבָּעָה יָמִים לָעֹמֶר.
4 days   *(19 Nisan, 3rd night of Ḥol Ha-mo'ed)*

5. הַיּוֹם חֲמִשָּׁה יָמִים לָעֹמֶר.
5 days   *(20 Nisan, 4th night of Ḥol Ha-mo'ed)*

6. הַיּוֹם שִׁשָּׁה יָמִים לָעֹמֶר.
6 days   *(21 Nisan, 7th night of Pesaḥ)*

7. הַיּוֹם שִׁבְעָה יָמִים שֶׁהֵם שָׁבוּעַ אֶחָד לָעֹמֶר.
7 days — one week   *(22 Nisan, 8th night of Pesaḥ)*

8. הַיּוֹם שְׁמוֹנָה יָמִים שֶׁהֵם שָׁבוּעַ אֶחָד וְיוֹם אֶחָד לָעֹמֶר.
8 days — a week and one day   *(23 Nisan)*

9. הַיּוֹם תִּשְׁעָה יָמִים שֶׁהֵם שָׁבוּעַ אֶחָד וּשְׁנֵי יָמִים לָעֹמֶר.
9 days — a week and two days   *(24 Nisan)*

10. הַיּוֹם עֲשָׂרָה יָמִים שֶׁהֵם שָׁבוּעַ אֶחָד וּשְׁלֹשָׁה יָמִים לָעֹמֶר.
10 days — a week and three days   *(25 Nisan)*

11. הַיּוֹם אַחַד עָשָׂר יוֹם שֶׁהֵם שָׁבוּעַ אֶחָד וְאַרְבָּעָה יָמִים לָעֹמֶר.
11 days — a week and four days   *(26 Nisan)*

12. הַיּוֹם שְׁנֵים עָשָׂר יוֹם שֶׁהֵם שָׁבוּעַ אֶחָד וַחֲמִשָּׁה יָמִים לָעֹמֶר.
12 days — a week and five days   *(27 Nisan, Yom Ha-shoah)*

13. הַיּוֹם שְׁלֹשָׁה עָשָׂר יוֹם שֶׁהֵם שָׁבוּעַ אֶחָד וְשִׁשָּׁה יָמִים לָעֹמֶר.
13 days — a week and six days   *(28 Nisan)*

‎14. הַיּוֹם אַרְבָּעָה עָשָׂר יוֹם שֶׁהֵם שְׁנֵי שָׁבוּעוֹת לָעֹמֶר.
14 days — two weeks   *(29 Nisan)*

‎15. הַיּוֹם חֲמִשָּׁה עָשָׂר יוֹם שֶׁהֵם שְׁנֵי שָׁבוּעוֹת וְיוֹם אֶחָד
לָעֹמֶר.
15 days — two weeks and one day   *(30 Nisan, first day*
                                      of Rosh Ḥodesh)

‎16. הַיּוֹם שִׁשָּׁה עָשָׂר יוֹם שֶׁהֵם שְׁנֵי שָׁבוּעוֹת וּשְׁנֵי יָמִים
לָעֹמֶר.
16 days — two weeks and two days   *(1 Iyar, second day*
                                      of Rosh Ḥodesh)

‎17. הַיּוֹם שִׁבְעָה עָשָׂר יוֹם שֶׁהֵם שְׁנֵי שָׁבוּעוֹת וּשְׁלֹשָׁה יָמִים
לָעֹמֶר.
17 days — two weeks and three days   *(2 Iyar)*

‎18. הַיּוֹם שְׁמוֹנָה עָשָׂר יוֹם שֶׁהֵם שְׁנֵי שָׁבוּעוֹת וְאַרְבָּעָה יָמִים
לָעֹמֶר.
18 days — two weeks and four days   *(3 Iyar)*

‎19. הַיּוֹם תִּשְׁעָה עָשָׂר יוֹם שֶׁהֵם שְׁנֵי שָׁבוּעוֹת וַחֲמִשָּׁה יָמִים
לָעֹמֶר.
19 days — two weeks and five days   *(4 Iyar)*

‎20. הַיּוֹם עֶשְׂרִים יוֹם שֶׁהֵם שְׁנֵי שָׁבוּעוֹת וְשִׁשָּׁה יָמִים
לָעֹמֶר.
20 days — two weeks and six days (5 Iyar, Yom Ha-atzma'ut*)

‎21. הַיּוֹם אֶחָד וְעֶשְׂרִים יוֹם שֶׁהֵם שְׁלֹשָׁה שָׁבוּעוֹת לָעֹמֶר.
21 days — three weeks   *(6 Iyar)*

‎22. הַיּוֹם שְׁנַיִם וְעֶשְׂרִים יוֹם שֶׁהֵם שְׁלֹשָׁה שָׁבוּעוֹת וְיוֹם אֶחָד
לָעֹמֶר.
22 days — three weeks and one day   *(7 Iyar)*

‎23. הַיּוֹם שְׁלֹשָׁה וְעֶשְׂרִים יוֹם שֶׁהֵם שְׁלֹשָׁה שָׁבוּעוֹת וּשְׁנֵי
יָמִים לָעֹמֶר.
23 days — three weeks and two days   *(8 Iyar)*

‎24. הַיּוֹם אַרְבָּעָה וְעֶשְׂרִים יוֹם שֶׁהֵם שְׁלֹשָׁה שָׁבוּעוֹת
וּשְׁלֹשָׁה יָמִים לָעֹמֶר.
24 days — three weeks and three days   *(9 Iyar)*

‎25. הַיּוֹם חֲמִשָּׁה וְעֶשְׂרִים יוֹם שֶׁהֵם שְׁלֹשָׁה שָׁבוּעוֹת
וְאַרְבָּעָה יָמִים לָעֹמֶר.
25 days — three weeks and four days   *(10 Iyar)*

*When 5 Iyar falls on Friday or Shabbat, Yom Ha-atzma'ut is
celebrated on the preceding Thursday.

26. הַיּוֹם שִׁשָּׁה וְעֶשְׂרִים יוֹם שֶׁהֵם שְׁלֹשָׁה שָׁבוּעוֹת וַחֲמִשָּׁה יָמִים לָעֹמֶר.

26 days — three weeks and five days   (11 Iyar)

27. הַיּוֹם שִׁבְעָה וְעֶשְׂרִים יוֹם שֶׁהֵם שְׁלֹשָׁה שָׁבוּעוֹת וְשִׁשָּׁה יָמִים לָעֹמֶר.

27 days — three weeks and six days   (12 Iyar)

28. הַיּוֹם שְׁמוֹנָה וְעֶשְׂרִים יוֹם שֶׁהֵם אַרְבָּעָה שָׁבוּעוֹת לָעֹמֶר.

28 days — four weeks   (13 Iyar)

29. הַיּוֹם תִּשְׁעָה וְעֶשְׂרִים יוֹם שֶׁהֵם אַרְבָּעָה שָׁבוּעוֹת וְיוֹם אֶחָד לָעֹמֶר.

29 days — four weeks and one day   (14 Iyar, Pesaḥ Sheni)

30. הַיּוֹם שְׁלֹשִׁים יוֹם שֶׁהֵם אַרְבָּעָה שָׁבוּעוֹת וּשְׁנֵי יָמִים לָעֹמֶר.

30 days — four weeks and two days   (15 Iyar)

31. הַיּוֹם אֶחָד וּשְׁלֹשִׁים יוֹם שֶׁהֵם אַרְבָּעָה שָׁבוּעוֹת וּשְׁלֹשָׁה יָמִים לָעֹמֶר.

31 days — four weeks and three days   (16 Iyar)

32. הַיּוֹם שְׁנַיִם וּשְׁלֹשִׁים יוֹם שֶׁהֵם אַרְבָּעָה שָׁבוּעוֹת וְאַרְבָּעָה יָמִים לָעֹמֶר.

32 days — four weeks and four days   (17 Iyar)

33. הַיּוֹם שְׁלֹשָׁה וּשְׁלֹשִׁים יוֹם שֶׁהֵם אַרְבָּעָה שָׁבוּעוֹת וַחֲמִשָּׁה יָמִים לָעֹמֶר.

33 days — four weeks and five days   (18 Iyar, Lag Ba'Omer)

34. הַיּוֹם אַרְבָּעָה וּשְׁלֹשִׁים יוֹם שֶׁהֵם אַרְבָּעָה שָׁבוּעוֹת וְשִׁשָּׁה יָמִים לָעֹמֶר.

34 days — four weeks and six days   (19 Iyar)

35. הַיּוֹם חֲמִשָּׁה וּשְׁלֹשִׁים יוֹם שֶׁהֵם חֲמִשָּׁה שָׁבוּעוֹת לָעֹמֶר.

35 days — five weeks   (20 Iyar)

36. הַיּוֹם שִׁשָּׁה וּשְׁלֹשִׁים יוֹם שֶׁהֵם חֲמִשָּׁה שָׁבוּעוֹת וְיוֹם אֶחָד לָעֹמֶר.

36 days — five weeks and one day   (21 Iyar)

37. הַיּוֹם שִׁבְעָה וּשְׁלֹשִׁים יוֹם שֶׁהֵם חֲמִשָּׁה שָׁבוּעוֹת וּשְׁנֵי יָמִים לָעֹמֶר.

37 days — five weeks and two days   (22 Iyar)

38. הַיּוֹם שְׁמוֹנָה וּשְׁלֹשִׁים יוֹם שֶׁהֵם חֲמִשָּׁה שָׁבוּעוֹת וּשְׁלֹשָׁה יָמִים לָעֹמֶר.

38 days — five weeks and three days (23 Iyar)

39. הַיּוֹם תִּשְׁעָה וּשְׁלֹשִׁים יוֹם שֶׁהֵם חֲמִשָּׁה שָׁבוּעוֹת וְאַרְבָּעָה יָמִים לָעֹמֶר.

39 days — five weeks and four days (24 Iyar)

40. הַיּוֹם אַרְבָּעִים יוֹם שֶׁהֵם חֲמִשָּׁה שָׁבוּעוֹת וַחֲמִשָּׁה יָמִים לָעֹמֶר.

40 days — five weeks and five days (25 Iyar)

41. הַיּוֹם אֶחָד וְאַרְבָּעִים יוֹם שֶׁהֵם חֲמִשָּׁה שָׁבוּעוֹת וְשִׁשָּׁה יָמִים לָעֹמֶר.

41 days — five weeks and six days (26 Iyar)

42. הַיּוֹם שְׁנַיִם וְאַרְבָּעִים יוֹם שֶׁהֵם שִׁשָּׁה שָׁבוּעוֹת לָעֹמֶר.

42 days — six weeks (27 Iyar)

43. הַיּוֹם שְׁלֹשָׁה וְאַרְבָּעִים יוֹם שֶׁהֵם שִׁשָּׁה שָׁבוּעוֹת וְיוֹם אֶחָד לָעֹמֶר.

43 days — six weeks and one day (28 Iyar, Yom Yerushalayim)

44. הַיּוֹם אַרְבָּעָה וְאַרְבָּעִים יוֹם שֶׁהֵם שִׁשָּׁה שָׁבוּעוֹת וּשְׁנֵי יָמִים לָעֹמֶר.

44 days — six weeks and two days (29 Iyar)

45. הַיּוֹם חֲמִשָּׁה וְאַרְבָּעִים יוֹם שֶׁהֵם שִׁשָּׁה שָׁבוּעוֹת וּשְׁלֹשָׁה יָמִים לָעֹמֶר.

45 days — six weeks and three days (Rosh Ḥodesh Sivan)

46. הַיּוֹם שִׁשָּׁה וְאַרְבָּעִים יוֹם שֶׁהֵם שִׁשָּׁה שָׁבוּעוֹת וְאַרְבָּעָה יָמִים לָעֹמֶר.

46 days — six weeks and four days (2 Sivan)

47. הַיּוֹם שִׁבְעָה וְאַרְבָּעִים יוֹם שֶׁהֵם שִׁשָּׁה שָׁבוּעוֹת וַחֲמִשָּׁה יָמִים לָעֹמֶר.

47 days — six weeks and five days (3 Sivan)

48. הַיּוֹם שְׁמוֹנָה וְאַרְבָּעִים יוֹם שֶׁהֵם שִׁשָּׁה שָׁבוּעוֹת וְשִׁשָּׁה יָמִים לָעֹמֶר.

48 days — six weeks and six days (4 Sivan)

49. הַיּוֹם תִּשְׁעָה וְאַרְבָּעִים יוֹם שֶׁהֵם שִׁבְעָה שָׁבוּעוֹת לָעֹמֶר.

49 days — seven weeks (5 Sivan, Erev Shavuot)

תהלים קכ״ח

שִׁיר הַמַּעֲלוֹת.

אַשְׁרֵי כָּל־יְרֵא יהוה, הַהֹלֵךְ בִּדְרָכָיו. יְגִיעַ כַּפֶּיךָ כִּי תֹאכֵל, אַשְׁרֶיךָ וְטוֹב לָךְ. אֶשְׁתְּךָ כְּגֶפֶן פֹּרִיָּה בְּיַרְכְּתֵי בֵיתֶךָ, בָּנֶיךָ כִּשְׁתִלֵי זֵיתִים סָבִיב לְשֻׁלְחָנֶךָ. הִנֵּה כִי־כֵן יְבֹרַךְ גָּבֶר יְרֵא יהוה. יְבָרֶכְךָ יהוה מִצִּיּוֹן, וּרְאֵה בְּטוּב יְרוּשָׁלָיִם כֹּל יְמֵי חַיֶּיךָ. וּרְאֵה בָנִים לְבָנֶיךָ, שָׁלוֹם עַל יִשְׂרָאֵל.

PSALM 128

A Song of Ascent.

Blessed are all who revere Adonai, who follow in God's ways. You shall enjoy the fruit of your labors; you shall be happy and prosper. Your wife shall be like a fruitful vine within your house, your children like olive shoots round about your table. This is the blessing of one who reveres Adonai. May Adonai bless you from Zion. May you see Jerusalem prosper all the days of your life. May you live to see children's children. May there be peace for the people Israel.

A concluding prayer

Our personal journeys in life are marked by enslavements and liberations, revelations and promised lands. Just as we mark the approach of significant moments in our own lives, so we count such days in the life of our people. As we pause to recall our ancestors' bond with the soil, their dependence on its fertility, and their gratitude for the annual harvest of grain, we also give thanks to God for renewing for us a year of life and of blessing.

On Friday or Yom Tov evenings, continue with Aleinu, page 51.

On Saturday night, continue with Havdalah, page 299.

On weekday evenings (including Ḥol Ha-mo'ed Pesaḥ), continue with Aleinu, page 297.

שַׁחֲרִית וּמוּסָף לְשַׁבָּת וְיוֹם טוֹב

*Morning Service
for Shabbat
and Festivals*

שחרית

ברכות השחר

Upon arising in the morning, we acknowledge God's compassion in restoring us to life each day.

מוֹדֶה / מוֹדָה אֲנִי לְפָנֶֽיךָ, מֶֽלֶךְ חַי וְקַיָּם,
שֶׁהֶחֱזַֽרְתָּ בִּי נִשְׁמָתִי בְּחֶמְלָה, רַבָּה אֱמוּנָתֶֽךָ.

Upon ritual washing of hands:

בָּרוּךְ אַתָּה יהוה אֱלֹהֵֽינוּ מֶֽלֶךְ הָעוֹלָם,
אֲשֶׁר קִדְּשָֽׁנוּ בְּמִצְוֹתָיו וְצִוָּֽנוּ עַל נְטִילַת יָדָֽיִם.

Upon entering the sanctuary:

מַה טֹּבוּ אֹהָלֶֽיךָ יַעֲקֹב, מִשְׁכְּנֹתֶֽיךָ יִשְׂרָאֵל.
וַאֲנִי בְּרֹב חַסְדְּךָ אָבוֹא בֵיתֶֽךָ,
אֶשְׁתַּחֲוֶה אֶל הֵיכַל קָדְשְׁךָ בְּיִרְאָתֶֽךָ.
יהוה, אָהַֽבְתִּי מְעוֹן בֵּיתֶֽךָ, וּמְקוֹם מִשְׁכַּן כְּבוֹדֶֽךָ.
וַאֲנִי אֶשְׁתַּחֲוֶה וְאֶכְרָֽעָה, אֶבְרְכָה לִפְנֵי יהוה עֹשִׂי.
וַאֲנִי תְפִלָּתִי לְךָ, יהוה, עֵת רָצוֹן.
אֱלֹהִים, בְּרָב חַסְדֶּֽךָ, עֲנֵֽנִי בֶּאֱמֶת יִשְׁעֶֽךָ.

Birkhot Ha-Shaḥar (The B'rakhot of morning's light) has become a generic name for all those b'rakhot which the rabbis considered appropriate to recite upon awakening in the morning, to direct our thoughts to God. The Torah relates that Abraham arose early in the morning; the psalms extol the beauty of a new dawn — inspiring our sages to urge us to greet the emerging day like a lion, in our fervor to worship the Holy One.

MORNING SERVICE

BIRKHOT HA-SHAḤAR

Prayer begins in the home,
as we arise each morning with our acknowledgment
of God's presence and compassion.

I am grateful to You, living, enduring Sovereign,
for restoring my soul to me in compassion.
You are faithful beyond measure.

Upon ritual washing of hands:

Praised are You Adonai our God, who rules the universe,
instilling in us the holiness of mitzvot
by commanding us to rinse our hands.

Upon entering the sanctuary:

How lovely are your dwellings, people of Jacob,
your sanctuaries, descendants of Israel.
As for me, O God,
Your great love inspires me to enter Your house,
to worship in Your holy sanctuary,
filled with awe for You.
Adonai, I love Your house, the place of Your glory.
Before my Maker I humbly bow in worship.
May this be an auspicious time, Adonai, for my prayer.
Your love, O God, is great;
answer me with Your true deliverance.

Meditation before putting on the טלית

תהלים ק"ד: א'-ב'

בָּרְכִי נַפְשִׁי אֶת־יהוה. יהוה אֱלֹהַי גָּדַלְתָּ מְּאֹד, הוֹד וְהָדָר לָבָשְׁתָּ. עֹטֶה אוֹר כַּשַּׂלְמָה, נוֹטֶה שָׁמַיִם כַּיְרִיעָה.

הִנְנִי מִתְעַטֵּף / מִתְעַטֶּפֶת בַּצִּיצִית כְּדֵי לְקַיֵּם מִצְוַת בּוֹרְאִי, כַּכָּתוּב בַּתּוֹרָה: וְעָשׂוּ לָהֶם צִיצִת עַל כַּנְפֵי בִגְדֵיהֶם לְדֹרֹתָם.

The fringes of the טלית, as explained in Numbers
15:39-40, serve to remind us of the Torah's mitzvot,
and the ideal of holiness to which we are summoned.
Tefillin are not worn on Shabbat and Festivals, because
these days are themselves reminders of these very truths.

בָּרוּךְ אַתָּה יהוה אֱלֹהֵינוּ מֶלֶךְ הָעוֹלָם, אֲשֶׁר קִדְּשָׁנוּ בְּמִצְוֹתָיו וְצִוָּנוּ לְהִתְעַטֵּף בַּצִּיצִית.

תהלים ל"ו: ח'-י"א

מַה יָּקָר חַסְדְּךָ, אֱלֹהִים, וּבְנֵי אָדָם בְּצֵל כְּנָפֶיךָ יֶחֱסָיוּן. יִרְוְיֻן מִדֶּשֶׁן בֵּיתֶךָ, וְנַחַל עֲדָנֶיךָ תַשְׁקֵם. כִּי עִמְּךָ מְקוֹר חַיִּים, בְּאוֹרְךָ נִרְאֶה אוֹר. מְשֹׁךְ חַסְדְּךָ לְיֹדְעֶיךָ, וְצִדְקָתְךָ לְיִשְׁרֵי לֵב.

אֲדוֹן עוֹלָם אֲשֶׁר מָלַךְ | בְּטֶרֶם כָּל־יְצִיר נִבְרָא.
לְעֵת נַעֲשָׂה בְחֶפְצוֹ כֹּל | אֲזַי מֶלֶךְ שְׁמוֹ נִקְרָא.
וְאַחֲרֵי כִּכְלוֹת הַכֹּל | לְבַדּוֹ יִמְלֹךְ נוֹרָא.
וְהוּא הָיָה וְהוּא הֹוֶה, | וְהוּא יִהְיֶה בְּתִפְאָרָה.
וְהוּא אֶחָד וְאֵין שֵׁנִי | לְהַמְשִׁיל לוֹ לְהַחְבִּירָה.
בְּלִי רֵאשִׁית בְּלִי תַכְלִית, | וְלוֹ הָעֹז וְהַמִּשְׂרָה.
וְהוּא אֵלִי וְחַי גּוֹאֲלִי, | וְצוּר חֶבְלִי בְּעֵת צָרָה.
וְהוּא נִסִּי וּמָנוֹס לִי | מְנָת כּוֹסִי בְּיוֹם אֶקְרָא.
בְּיָדוֹ אַפְקִיד רוּחִי | בְּעֵת אִישַׁן וְאָעִירָה.
וְעִם רוּחִי גְּוִיָּתִי | יהוה לִי וְלֹא אִירָא.

Meditation before putting on the tallit

PSALM 104:1-2

Let all my being praise Adonai. Adonai my God, You are great indeed, clothed in splendor and majesty, wrapped in light as in a garment, unfolding the heavens like a curtain.

I wrap myself in a fringed tallit to fulfill the mitzvah of my Creator, as written in the Torah: "They shall put *tzitzit* on the corners of their garments in every generation" (Numbers 15:38).

We put on the tallit, which reminds us of all 613 mitzvot.

Praised are You Adonai our God, who rules the universe, instilling in us the holiness of mitzvot
by commanding us to wrap ourselves in *tzitzit*.

PSALM 36:8-11

How precious is Your constant love, O God. Mortals take shelter under Your wings. They feast on the abundance of Your house; You give them drink from Your stream of delights. With You is the fountain of life; in Your light we are bathed in light. Maintain Your constant love for those who acknowledge You, and Your beneficence for those who are honorable.

Before creation shaped the world,
  God, eternal, reigned alone;
but only with creation done
  could God as Sovereign be known.
When all is ended, God alone
  will reign in awesome majesty.
God was, God is, always will be
  glorious in eternity.
God is unique and without peer,
  with none at all to be compared.
Without beginning, endlessly,
  God's vast dominion is not shared.
But still — my God, my only hope,
  my one true refuge in distress,
my shelter sure, my cup of life,
  with goodness real and limitless.
I place my spirit in God's care;
  my body too can feel God near.
When I sleep as when I wake,
  God is with me; I have no fear.

ברכה for the gift of our body

בָּרוּךְ אַתָּה יהוה אֱלֹהֵינוּ מֶלֶךְ הָעוֹלָם, אֲשֶׁר יָצַר אֶת־הָאָדָם בְּחָכְמָה וּבָרָא בוֹ נְקָבִים נְקָבִים חֲלוּלִים חֲלוּלִים. גָּלוּי וְיָדוּעַ לִפְנֵי כִסֵּא כְבוֹדֶךָ שֶׁאִם יִפָּתֵחַ אֶחָד מֵהֶם אוֹ יִסָּתֵם אֶחָד מֵהֶם אִי אֶפְשָׁר לְהִתְקַיֵּם וְלַעֲמֹד לְפָנֶיךָ. בָּרוּךְ אַתָּה יהוה רוֹפֵא כָל־בָּשָׂר וּמַפְלִיא לַעֲשׂוֹת.

ברכה for the gift of our soul

אֱלֹהַי, נְשָׁמָה שֶׁנָּתַתָּ בִּי טְהוֹרָה הִיא. אַתָּה בְרָאתָהּ, אַתָּה יְצַרְתָּהּ, אַתָּה נְפַחְתָּהּ בִּי, וְאַתָּה מְשַׁמְּרָהּ בְּקִרְבִּי, וְאַתָּה עָתִיד לִטְּלָהּ מִמֶּנִּי וּלְהַחֲזִירָהּ בִּי לֶעָתִיד לָבוֹא. כָּל־זְמַן שֶׁהַנְּשָׁמָה בְקִרְבִּי מוֹדֶה / מוֹדָה אֲנִי לְפָנֶיךָ יהוה אֱלֹהַי וֵאלֹהֵי אֲבוֹתַי רִבּוֹן כָּל־הַמַּעֲשִׂים אֲדוֹן כָּל־הַנְּשָׁמוֹת. בָּרוּךְ אַתָּה יהוה הַמַּחֲזִיר נְשָׁמוֹת לִפְגָרִים מֵתִים.

הֲרֵינִי מְקַבֵּל/מְקַבֶּלֶת עָלַי מִצְוַת הַבּוֹרֵא: וְאָהַבְתָּ לְרֵעֲךָ כָּמוֹךָ.

ברכה for the gift of תורה

בָּרוּךְ אַתָּה יהוה אֱלֹהֵינוּ מֶלֶךְ הָעוֹלָם,
אֲשֶׁר קִדְּשָׁנוּ בְּמִצְוֹתָיו וְצִוָּנוּ לַעֲסוֹק בְּדִבְרֵי תוֹרָה.

וְהַעֲרֶב־נָא יהוה אֱלֹהֵינוּ אֶת־דִּבְרֵי תוֹרָתְךָ בְּפִינוּ וּבְפִי עַמְּךָ בֵּית יִשְׂרָאֵל, וְנִהְיֶה אֲנַחְנוּ וְצֶאֱצָאֵינוּ וְצֶאֱצָאֵי עַמְּךָ בֵּית יִשְׂרָאֵל כֻּלָּנוּ יוֹדְעֵי שְׁמֶךָ וְלוֹמְדֵי תוֹרָתֶךָ לִשְׁמָהּ. בָּרוּךְ אַתָּה יהוה הַמְלַמֵּד תּוֹרָה לְעַמּוֹ יִשְׂרָאֵל.

בָּרוּךְ אַתָּה יהוה אֱלֹהֵינוּ מֶלֶךְ הָעוֹלָם, אֲשֶׁר בָּחַר בָּנוּ מִכָּל־הָעַמִּים וְנָתַן לָנוּ אֶת־תּוֹרָתוֹ. בָּרוּךְ אַתָּה יהוה נוֹתֵן הַתּוֹרָה.

We marvel at the miraculous ways our body functions.

Praised are You Adonai our God, who rules the universe, fashioning the human body in wisdom, creating openings, arteries, glands, and organs, marvelous in structure, intricate in design. Should but one of them fail to function by being blocked or opened, it would be impossible to exist. Praised are You Adonai, healer of all flesh, sustaining our bodies in wondrous ways.

We are thankful for the gift of our soul.

The soul that You, my God, have given me is pure. You created it, You formed it, You breathed it into me; You keep body and soul together. One day You will take my soul from me, to restore it to me in life eternal. So long as this soul is within me I acknowledge You, Adonai my God, my ancestors' God, Master of all creation, Sovereign of all souls. Praised are You Adonai, who restores the soul to the lifeless, exhausted body.

I hereby accept the obligation of fulfilling my Creator's mitzvah in the Torah: Love your neighbor as yourself.

We give thanks for the gift of Torah.

Praised are You Adonai our God, who rules the universe, instilling in us the holiness of mitzvot
by commanding us to study words of Torah.

May the words of Torah, Adonai our God, be sweet in our mouths and in the mouths of all Your people so that we, our children, and all the children of the House of Israel may come to love You and to study Your Torah on its own merit. Praised are You Adonai, who teaches Torah to His people Israel.

Praised are You Adonai our God, who rules the universe, choosing us from among all peoples by giving us His Torah. Praised are You Adonai, who gives the Torah.

Choose one passage from the תורה:

במדבר ו׳: כ״ד-כ״ו

יְבָרֶכְךָ יהוה וְיִשְׁמְרֶךָ.
יָאֵר יהוה פָּנָיו אֵלֶיךָ וִיחֻנֶּךָּ.
יִשָּׂא יהוה פָּנָיו אֵלֶיךָ וְיָשֵׂם לְךָ שָׁלוֹם.

ויקרא י״ט: ב׳, י״ד-י״ח

קְדשִׁים תִּהְיוּ כִּי קָדוֹשׁ אֲנִי יהוה אֱלֹהֵיכֶם. לֹא־תְקַלֵּל חֵרֵשׁ, וְלִפְנֵי עִוֵּר לֹא תִתֵּן מִכְשֹׁל. לֹא־תַעֲשׂוּ עָוֶל בַּמִּשְׁפָּט, לֹא תִשָּׂא פְנֵי דָל וְלֹא תֶהְדַּר פְּנֵי גָדוֹל, בְּצֶדֶק תִּשְׁפֹּט עֲמִיתֶךָ. לֹא תַעֲמֹד עַל דַּם רֵעֶךָ. לֹא־תִשְׂנָא אֶת־אָחִיךָ בִּלְבָבֶךָ. וְאָהַבְתָּ לְרֵעֲךָ כָּמוֹךָ, אֲנִי יהוה.

A passage from the משנה

פאה א: א

אֵלּוּ דְבָרִים שֶׁאֵין לָהֶם שִׁעוּר: הַפֵּאָה וְהַבִּכּוּרִים וְהָרֵאָיוֹן וּגְמִילוּת חֲסָדִים וְתַלְמוּד תּוֹרָה.

A passage from the גמרא

אחרי **שבת קכ״ז.**

אֵלּוּ דְבָרִים שֶׁאָדָם אוֹכֵל פֵּרוֹתֵיהֶם בָּעוֹלָם הַזֶּה וְהַקֶּרֶן קַיֶּמֶת לוֹ לָעוֹלָם הַבָּא, וְאֵלּוּ הֵן: כִּבּוּד אָב וָאֵם, וּגְמִילוּת חֲסָדִים, וְהַשְׁכָּמַת בֵּית הַמִּדְרָשׁ שַׁחֲרִית וְעַרְבִית, וְהַכְנָסַת אוֹרְחִים, וּבִקּוּר חוֹלִים, וְהַכְנָסַת כַּלָּה, וּלְוָיַת הַמֵּת, וְעִיּוּן תְּפִלָּה, וַהֲבָאַת שָׁלוֹם בֵּין אָדָם לַחֲבֵרוֹ וּבֵין אִישׁ לְאִשְׁתּוֹ, וְתַלְמוּד תּוֹרָה כְּנֶגֶד כֻּלָּם.

Choose one passage from the Torah:

NUMBERS 6:24-26

May Adonai bless you and guard you.
May Adonai show you favor and be gracious to you.
May Adonai show you kindness and grant you peace.

Selected from LEVITICUS 19:2, 14-18

You shall be holy for I, Adonai your God, am holy. You shall not insult the deaf, nor put a stumbling block before the blind. You shall not render an unjust decision: Do not be partial to the poor nor show deference to the rich. Judge your neighbor fairly. Do not stand idly by the blood of your neighbor. You shall not hate your brother in your heart. Love your neighbor as yourself; I am Adonai.

A passage from the Mishnah

PEAH 1:1

These are the deeds for which there is no prescribed measure: leaving crops at the corner of a field for the poor, offering first fruits as a gift to the Temple, bringing special offerings to the Temple on the three Festivals, doing deeds of lovingkindness, and studying Torah.

A passage from the Gemara

Based on SHABBAT 127a

These are the deeds that yield immediate fruit and continue to yield fruit in time to come: honoring parents; doing deeds of lovingkindness; attending the house of study punctually, morning and evening; providing hospitality; visiting the sick; helping the needy bride; attending the dead; probing the meaning of prayer; making peace between one person and another, and between husband and wife. And the study of Torah is the most basic of them all.

The group of b'rakhot on the following page were originally private devotions. Each passage was recited on the specific occasion of the divine gift for which it extols God: on awakening from sleep, on noticing the daylight, on dressing, on taking one's first steps, and so on. Maimonides stated: "These b'rakhot are without a prescribed order; each is to be recited only on the appropriate occasion, and not as part of the synagogue service." Other authorities, however, the earliest being the Siddur of Rabbi Amram Gaon in the ninth century, recommended their public recitation. This has been the standard Ashkenazi practice to this day. In the Sephardi ritual, these b'rakhot are still usually recited only privately.

ברכות *expressing our awareness that each day*
is a new gift from God

בָּרוּךְ אַתָּה יהוה אֱלֹהֵינוּ מֶלֶךְ הָעוֹלָם, אֲשֶׁר נָתַן לַשֶּׂכְוִי בִינָה
לְהַבְחִין בֵּין יוֹם וּבֵין לָיְלָה.

בָּרוּךְ אַתָּה יהוה אֱלֹהֵינוּ מֶלֶךְ הָעוֹלָם, שֶׁעָשַׂנִי בְּצַלְמוֹ.

בָּרוּךְ אַתָּה יהוה אֱלֹהֵינוּ מֶלֶךְ הָעוֹלָם, שֶׁעָשַׂנִי יִשְׂרָאֵל.

בָּרוּךְ אַתָּה יהוה אֱלֹהֵינוּ מֶלֶךְ הָעוֹלָם, שֶׁעָשַׂנִי בֶּן / בַּת־חוֹרִין.

בָּרוּךְ אַתָּה יהוה אֱלֹהֵינוּ מֶלֶךְ הָעוֹלָם, פּוֹקֵחַ עִוְרִים.

בָּרוּךְ אַתָּה יהוה אֱלֹהֵינוּ מֶלֶךְ הָעוֹלָם, מַלְבִּישׁ עֲרֻמִּים.

בָּרוּךְ אַתָּה יהוה אֱלֹהֵינוּ מֶלֶךְ הָעוֹלָם, מַתִּיר אֲסוּרִים.

בָּרוּךְ אַתָּה יהוה אֱלֹהֵינוּ מֶלֶךְ הָעוֹלָם, זוֹקֵף כְּפוּפִים.

בָּרוּךְ אַתָּה יהוה אֱלֹהֵינוּ מֶלֶךְ הָעוֹלָם, רוֹקַע הָאָרֶץ עַל הַמָּיִם.

בָּרוּךְ אַתָּה יהוה אֱלֹהֵינוּ מֶלֶךְ הָעוֹלָם, שֶׁעָשָׂה לִי כָּל־צָרְכִּי.

בָּרוּךְ אַתָּה יהוה אֱלֹהֵינוּ מֶלֶךְ הָעוֹלָם, הַמֵּכִין מִצְעֲדֵי־גָבֶר.

בָּרוּךְ אַתָּה יהוה אֱלֹהֵינוּ מֶלֶךְ הָעוֹלָם, אוֹזֵר יִשְׂרָאֵל בִּגְבוּרָה.

בָּרוּךְ אַתָּה יהוה אֱלֹהֵינוּ מֶלֶךְ הָעוֹלָם, עוֹטֵר יִשְׂרָאֵל בְּתִפְאָרָה.

בָּרוּךְ אַתָּה יהוה אֱלֹהֵינוּ מֶלֶךְ הָעוֹלָם, הַנּוֹתֵן לַיָּעֵף כֹּחַ.

ברכה *for God's compassion*

בָּרוּךְ אַתָּה יהוה אֱלֹהֵינוּ מֶלֶךְ הָעוֹלָם, הַמַּעֲבִיר שֵׁנָה מֵעֵינַי
וּתְנוּמָה מֵעַפְעַפָּי. וִיהִי רָצוֹן מִלְּפָנֶיךָ יהוה אֱלֹהֵינוּ וֵאלֹהֵי
אֲבוֹתֵינוּ, שֶׁתַּרְגִּילֵנוּ בְּתוֹרָתֶךָ וְדַבְּקֵנוּ בְּמִצְוֹתֶיךָ, וְאַל
תְּבִיאֵנוּ לֹא לִידֵי חֵטְא, וְלֹא לִידֵי עֲבֵרָה וְעָוֹן, וְלֹא לִידֵי
נִסָּיוֹן, וְלֹא לִידֵי בִזָּיוֹן, וְאַל תַּשְׁלֶט־בָּנוּ יֵצֶר הָרָע, וְהַרְחִיקֵנוּ
מֵאָדָם רָע וּמֵחָבֵר רָע. וְדַבְּקֵנוּ בְּיֵצֶר הַטּוֹב וּבְמַעֲשִׂים
טוֹבִים, וְכוֹף אֶת־יִצְרֵנוּ לְהִשְׁתַּעְבֶּד־לָךְ. □ וּתְנֵנוּ הַיּוֹם
וּבְכָל־יוֹם לְחֵן וּלְחֶסֶד וּלְרַחֲמִים בְּעֵינֶיךָ וּבְעֵינֵי כָל־רוֹאֵינוּ,
וְתִגְמְלֵנוּ חֲסָדִים טוֹבִים. בָּרוּךְ אַתָּה יהוה גּוֹמֵל חֲסָדִים
טוֹבִים לְעַמּוֹ יִשְׂרָאֵל.

We are grateful for the daily renewal of our lives.

Praised are You Adonai our God, who rules the universe, enabling us to distinguish day from night.

Praised are You Adonai our God, who rules the universe, making me in the divine image.

Praised are You Adonai our God, who rules the universe, making me a Jew.

Praised are You Adonai our God, who rules the universe, making me free.

Praised are You Adonai our God, who rules the universe, giving sight to the blind.

Praised are You Adonai our God, who rules the universe, clothing the naked.

Praised are You Adonai our God, who rules the universe, releasing the bound.

Praised are You Adonai our God, who rules the universe, raising the downtrodden.

Praised are You Adonai our God, who rules the universe, creating the heavens and the earth.

Praised are You Adonai our God, who rules the universe, providing for all my needs.

Praised are You Adonai our God, who rules the universe, guiding us on our path.

Praised are You Adonai our God, who rules the universe, strengthening the people Israel with courage.

Praised are You Adonai our God, who rules the universe, crowning the people Israel with glory.

Praised are You Adonai our God, who rules the universe, restoring vigor to the weary.

We pray for God's compassion.

Praised are You Adonai our God, who rules the universe, removing sleep from my eyes and slumber from my eyelids. May we feel at home with Your Torah, and cling to Your mitzvot. Keep us from error, from sin and transgression. Bring us not to trial or to disgrace; let no evil impulse control us. Keep us far from wicked people and corrupt companions. Strengthen our desire to do good deeds; teach us humility, that we may serve You. May we find grace, love, and compassion in Your sight and in the sight of all who look upon us, this day and every day. Grant us a full measure of lovingkindness. Praised are You Adonai, who bestows lovingkindness upon His people Israel.

יְהִי רָצוֹן מִלְּפָנֶיךָ יהוה אֱלֹהַי וֵאלֹהֵי אֲבוֹתַי, שֶׁתַּצִּילֵנִי הַיּוֹם וּבְכָל־יוֹם מֵעַזֵּי פָנִים וּמֵעַזּוּת פָּנִים, מֵאָדָם רָע וּמֵחָבֵר רָע, וּמִשָּׁכֵן רָע וּמִפֶּגַע רָע וּמִשָּׂטָן הַמַּשְׁחִית, מִדִּין קָשֶׁה וּמִבַּעַל דִּין קָשֶׁה, בֵּין שֶׁהוּא בֶן־בְּרִית וּבֵין שֶׁאֵינוֹ בֶן־בְּרִית.

Personal thoughts and supplications may be added.

לְעוֹלָם יְהֵא אָדָם יְרֵא שָׁמַיִם בַּסֵּתֶר וּבַגָּלוּי,
וּמוֹדֶה עַל הָאֱמֶת וְדוֹבֵר אֱמֶת בִּלְבָבוֹ, וְיַשְׁכֵּם וְיֹאמַר:

רִבּוֹן כָּל־הָעוֹלָמִים, לֹא עַל צִדְקוֹתֵינוּ אֲנַחְנוּ מַפִּילִים תַּחֲנוּנֵינוּ לְפָנֶיךָ, כִּי עַל רַחֲמֶיךָ הָרַבִּים. מָה אֲנַחְנוּ, מֶה חַיֵּינוּ, מֶה חַסְדֵּנוּ, מַה־צִּדְקֵנוּ, מַה־יִּשְׁעֵנוּ, מַה־כֹּחֵנוּ, מַה־גְּבוּרָתֵנוּ. מַה נֹּאמַר לְפָנֶיךָ יהוה אֱלֹהֵינוּ וֵאלֹהֵי אֲבוֹתֵינוּ, הֲלֹא כָּל־הַגִּבּוֹרִים כְּאַיִן לְפָנֶיךָ, וְאַנְשֵׁי הַשֵּׁם כְּלֹא הָיוּ, וַחֲכָמִים כִּבְלִי מַדָּע, וּנְבוֹנִים כִּבְלִי הַשְׂכֵּל, כִּי כָל מַעֲשֵׂינוּ תֹּהוּ וִימֵי חַיֵּינוּ הֶבֶל לְפָנֶיךָ. וּמוֹתַר הָאָדָם מִן הַבְּהֵמָה אָיִן, כִּי הַכֹּל הָבֶל.

אֲבָל אֲנַחְנוּ עַמְּךָ בְּנֵי בְרִיתֶךָ, בְּנֵי אַבְרָהָם אֹהַבְךָ שֶׁנִּשְׁבַּעְתָּ לוֹ בְּהַר הַמֹּרִיָּה, זֶרַע יִצְחָק יְחִידוֹ שֶׁנֶּעֱקַד עַל גַּב הַמִּזְבֵּחַ, עֲדַת יַעֲקֹב בִּנְךָ בְּכוֹרֶךָ שֶׁמֵּאַהֲבָתְךָ שֶׁאָהַבְתָּ אוֹתוֹ וּמִשִּׂמְחָתְךָ שֶׁשָּׂמַחְתָּ בּוֹ קָרָאתָ אֶת־שְׁמוֹ יִשְׂרָאֵל וִישֻׁרוּן.

לְפִיכָךְ אֲנַחְנוּ חַיָּבִים לְהוֹדוֹת לְךָ וּלְשַׁבֵּחֲךָ וּלְפָאֶרְךָ וּלְבָרֵךְ וּלְקַדֵּשׁ וְלָתֵת שֶׁבַח וְהוֹדָיָה לִשְׁמֶךָ. □ אַשְׁרֵינוּ, מַה־טּוֹב חֶלְקֵנוּ וּמַה־נָּעִים גּוֹרָלֵנוּ וּמַה יָּפָה יְרֻשָּׁתֵנוּ. אַשְׁרֵינוּ שֶׁאֲנַחְנוּ מַשְׁכִּימִים וּמַעֲרִיבִים עֶרֶב וָבֹקֶר, וְאוֹמְרִים פַּעֲמַיִם בְּכָל־יוֹם:

שְׁמַע יִשְׂרָאֵל יהוה אֱלֹהֵינוּ יהוה אֶחָד.
בָּרוּךְ שֵׁם כְּבוֹד מַלְכוּתוֹ לְעוֹלָם וָעֶד.

May it be Your will, Adonai my God and God of my ancestors, to protect me, this day and every day, from insolence in others and from arrogance in myself. Save me from vicious people, from evil neighbors, and from corrupt companions. Preserve me from misfortune and from powers of destruction. Save me from harsh judgments; spare me from ruthless opponents, be they members of the covenant or not.

> *Personal thoughts and supplications may be added.*

> We should always revere God, in private as in public. We should acknowledge the truth in our hearts, and practice it in thought as in deed. On arising one should declare:

Master of all worlds! Not upon our merit do we rely in our supplication, but upon Your limitless love. What are we? What is our life? What is our piety? What is our righteousness? What is our attainment, our power, our might? What can we say, Adonai, our God and God of our ancestors? Compared to You, all the powerful are nothing, the famous, insignificant; the wise lack wisdom, the clever lack reason. Our actions, for all their profuseness, are meaningless, the days of our lives, emptiness. Human preeminence over beasts is an illusion when all is seen as futility.

We, however, are Your people, partners to Your covenant, descendants of Your beloved Abraham to whom You made a pledge on Mount Moriah. We are the heirs of Isaac, his son, bound upon the altar. We are Your firstborn people, the congregation of Isaac's son Jacob, whom You named Israel and Jeshurun because of Your love for him and Your delight in him.

Therefore it is our duty to thank You and praise You, to glorify and sanctify Your name. How good is our portion, how pleasant our lot, how beautiful our heritage. How blessed are we that twice each day, morning and evening, we are privileged to declare:

Hear, O Israel: Adonai is our God, Adonai alone.

Praised be God's glorious sovereignty throughout all time.

ברכה for God's holiness

אַתָּה הוּא עַד שֶׁלֹּא נִבְרָא הָעוֹלָם, אַתָּה הוּא מִשֶּׁנִּבְרָא הָעוֹלָם, אַתָּה הוּא בָּעוֹלָם הַזֶּה וְאַתָּה הוּא לָעוֹלָם הַבָּא. □ קַדֵּשׁ אֶת־שִׁמְךָ עַל מַקְדִּישֵׁי שְׁמֶךָ, וְקַדֵּשׁ אֶת־שִׁמְךָ בְּעוֹלָמֶךָ. וּבִישׁוּעָתְךָ תָּרִים וְתַגְבִּיהַּ קַרְנֵנוּ. בָּרוּךְ אַתָּה יהוה מְקַדֵּשׁ אֶת־שִׁמְךָ בָּרַבִּים.

אַתָּה הוּא יהוה אֱלֹהֵינוּ בַּשָּׁמַיִם וּבָאָרֶץ, וּבִשְׁמֵי הַשָּׁמַיִם הָעֶלְיוֹנִים. אֱמֶת, אַתָּה הוּא רִאשׁוֹן וְאַתָּה הוּא אַחֲרוֹן וּמִבַּלְעָדֶיךָ אֵין אֱלֹהִים. קַבֵּץ קֹוֶיךָ מֵאַרְבַּע כַּנְפוֹת הָאָרֶץ. יַכִּירוּ וְיֵדְעוּ כָּל־בָּאֵי עוֹלָם כִּי אַתָּה הוּא הָאֱלֹהִים לְבַדְּךָ לְכֹל מַמְלְכוֹת הָאָרֶץ. אַתָּה עָשִׂיתָ אֶת־הַשָּׁמַיִם וְאֶת־הָאָרֶץ, אֶת־הַיָּם וְאֶת־כָּל־אֲשֶׁר בָּם, וּמִי בְּכָל־מַעֲשֵׂה יָדֶיךָ בָּעֶלְיוֹנִים אוֹ בַתַּחְתּוֹנִים שֶׁיֹּאמַר לְךָ מַה תַּעֲשֶׂה. אָבִינוּ שֶׁבַּשָּׁמַיִם, עֲשֵׂה עִמָּנוּ חֶסֶד בַּעֲבוּר שִׁמְךָ הַגָּדוֹל שֶׁנִּקְרָא עָלֵינוּ, וְקַיֶּם־לָנוּ, יהוה אֱלֹהֵינוּ, מַה שֶּׁכָּתוּב: בָּעֵת הַהִיא אָבִיא אֶתְכֶם, וּבָעֵת קַבְּצִי אֶתְכֶם, כִּי אֶתֵּן אֶתְכֶם לְשֵׁם וְלִתְהִלָּה בְּכֹל עַמֵּי הָאָרֶץ, בְּשׁוּבִי אֶת־שְׁבוּתֵיכֶם לְעֵינֵיכֶם, אָמַר יהוה.

We acclaim God's holiness.

You are eternal, before Creation and since Creation, in this world and in the world to come. Manifest Your holiness through those who hallow You, raising us to dignity and strength. Praised are You Adonai, manifesting Your holiness to all humanity.

You are Adonai, our God on earth and in all the spheres of heaven. Truly You are first and You are last; there is no God but You. From the four corners of the earth, gather those who hope in You under Your protecting presence. All who dwell on earth will acknowledge You alone as God over all the kingdoms of the world. You made the heavens, earth, and sea, and all that they contain. Who among all of Your creatures, in the heavens or on earth, can question You? Our Guardian in heaven, be merciful to us for we bear Your great name. Fulfill the prophetic promise: "A time will come when I will gather you in, a time when I will bring you home. Renown and praise shall be yours among all the peoples of the earth. This you yourself will see as I bring your captives back home, says Adonai" (Zephaniah 3:20).

DEVOTIONAL RABBINIC TEXTS

This passage is read daily, followed by selections from pages 68 through 70, concluding with יהי רצון *on page 70.*

אבות דרבי נתן ד:ה

פַּעַם אַחַת הָיָה רַבָּן יוֹחָנָן בֶּן־זַכַּאי יוֹצֵא מִירוּשָׁלַיִם, וְהָיָה רַבִּי יְהוֹשֻׁעַ הוֹלֵךְ אַחֲרָיו וְרָאָה אֶת־בֵּית הַמִּקְדָּשׁ חָרֵב. אָמַר רַבִּי יְהוֹשֻׁעַ: אוֹי לָנוּ עַל זֶה שֶׁהוּא חָרֵב, מָקוֹם שֶׁמְּכַפְּרִים בּוֹ עֲוֹנוֹתֵיהֶם שֶׁל יִשְׂרָאֵל! אָמַר לוֹ רַבָּן יוֹחָנָן: בְּנִי, אַל יֵרַע לְךָ. יֵשׁ לָנוּ כַּפָּרָה אַחֶרֶת שֶׁהִיא כְּמוֹתָהּ. וְאֵיזוֹ? גְּמִילוּת חֲסָדִים, שֶׁנֶּאֱמַר: כִּי חֶסֶד חָפַצְתִּי וְלֹא זָבַח.

I סוכה מ״ט:

אָמַר רַבִּי אֶלְעָזָר: מַאי דִּכְתִיב, הִגִּיד לְךָ אָדָם מַה־טּוֹב וּמָה יהוה דּוֹרֵשׁ מִמְּךָ, כִּי אִם־עֲשׂוֹת מִשְׁפָּט וְאַהֲבַת חֶסֶד וְהַצְנֵעַ לֶכֶת עִם אֱלֹהֶיךָ. עֲשׂוֹת מִשְׁפָּט, זֶה הַדִּין. וְאַהֲבַת חֶסֶד, זוֹ גְּמִילוּת חֲסָדִים. וְהַצְנֵעַ לֶכֶת עִם אֱלֹהֶיךָ, זוֹ הוֹצָאַת הַמֵּת וְהַכְנָסַת כַּלָּה לַחוּפָּה....

אָמַר רַבִּי אֶלְעָזָר: גָּדוֹל הָעוֹשֶׂה צְדָקָה יוֹתֵר מִכָּל־הַקָּרְבָּנוֹת, שֶׁנֶּאֱמַר, עֲשֹׂה צְדָקָה וּמִשְׁפָּט נִבְחַר לַיהוה מִזָּבַח... וְאָמַר רַבִּי אֶלְעָזָר: אֵין צְדָקָה מִשְׁתַּלֶּמֶת אֶלָּא לְפִי חֶסֶד שֶׁבָּהּ, שֶׁנֶּאֱמַר: זִרְעוּ לָכֶם לִצְדָקָה, קִצְרוּ לְפִי חֶסֶד.

תָּנוּ רַבָּנָן: בִּשְׁלֹשָׁה דְּבָרִים גְּדוֹלָה גְּמִילוּת חֲסָדִים יוֹתֵר מִן הַצְּדָקָה. צְדָקָה בְּמָמוֹנוֹ, גְּמִילוּת חֲסָדִים בֵּין בְּגוּפוֹ בֵּין בְּמָמוֹנוֹ. צְדָקָה לָעֲנִיִּים, גְּמִילוּת חֲסָדִים בֵּין לָעֲנִיִּים בֵּין לָעֲשִׁירִים. צְדָקָה לַחַיִּים, גְּמִילוּת חֲסָדִים בֵּין לַחַיִּים בֵּין לַמֵּתִים.

✿ DEVOTIONAL RABBINIC TEXTS

AVOT D'RABBI NATAN 4:5

Once, Rabban Yoḥanan ben Zakkai was walking with his disciple, Rabbi Y'hoshua, near Jerusalem after the destruction of the Temple. Rabbi Y'hoshua looked at the Temple ruins and said: "Alas for us! The place that atoned for the sins of the people Israel — through the ritual of animal sacrifice — lies in ruins!" Then Rabbi Yoḥanan ben Zakkai spoke to him these words of comfort: "Be not grieved, my son. There is another equally meritorious way of gaining atonement even though the Temple is destroyed. We can still gain atonement through deeds of lovingkindness." For it is written: "Lovingkindness I desire, not sacrifice" (Hosea 6:6).

I   SUKKAH 49b

Rabbi Elazar quoted this verse: "You have been told what is good and what Adonai requires of you — to act justly, to love kindness, and to walk humbly with your God" (Micah 6:8). What does this verse imply? "To act justly" means to act in accordance with the principles of justice. "To love kindness" means to let your actions be guided by principles of lovingkindness. "To walk humbly with your God" means to assist needy families at their funerals and weddings.

Rabbi Elazar said: Doing righteous deeds of charity is greater than offering all of the sacrifices, as it is written: "Doing charity and justice is more desirable to Adonai than sacrifice" (Proverbs 21:3). Rabbi Elazar further said: The reward for charity depends upon the degree of lovingkindness, as it is written: "Sow according to your charity, but reap according to your lovingkindness" (Hosea 10:12).

Our Rabbis taught: Deeds of lovingkindness are superior to charity in three respects. Charity can be accomplished only with money; deeds of lovingkindness can be accomplished through personal involvement as well as with money. Charity can be given only to the poor; deeds of lovingkindness can be done for both rich and poor. Charity applies only to the living; deeds of lovingkindness apply to both the living and the dead.

II סוכה מ"ט:

אָמַר רַבִּי אֶלְעָזָר: כָּל-הָעוֹשֶׂה צְדָקָה וּמִשְׁפָּט כְּאִילּוּ מִילֵּא כָּל-הָעוֹלָם כּוּלּוֹ חֶסֶד, שֶׁנֶּאֱמַר, אוֹהֵב צְדָקָה וּמִשְׁפָּט חֶסֶד יהוה מָלְאָה הָאָרֶץ....

אָמַר רַבִּי אֶלְעָזָר: מַאי דִּכְתִיב, פִּיהָ פָּתְחָה בְחָכְמָה וְתוֹרַת־חֶסֶד עַל-לְשׁוֹנָהּ. וְכִי יֵשׁ תּוֹרָה שֶׁל חֶסֶד וְיֵשׁ תּוֹרָה שֶׁאֵינָהּ שֶׁל חֶסֶד? אֶלָּא תּוֹרָה לִשְׁמָהּ זוֹ הִיא תּוֹרָה שֶׁל חֶסֶד, שֶׁלֹּא לִשְׁמָהּ זוֹ הִיא תּוֹרָה שֶׁאֵינָהּ שֶׁל חֶסֶד. אִיכָּא דְּאָמְרֵי, תּוֹרָה לְלַמְּדָהּ, זוֹ הִיא תּוֹרָה שֶׁל חֶסֶד, שֶׁלֹּא לְלַמְּדָהּ, זוֹ הִיא תּוֹרָה שֶׁאֵינָהּ שֶׁל חֶסֶד.

III ספרי דברים, עקב

לָלֶכֶת בְּכָל-דְּרָכָיו. אֵילוּ דַּרְכֵי הַקָּדוֹשׁ בָּרוּךְ הוּא, שֶׁנֶּאֱמַר: יהוה יהוה אֵל רַחוּם וְחַנּוּן אֶרֶךְ אַפַּיִם וְרַב חֶסֶד וֶאֱמֶת, נֹצֵר חֶסֶד לָאֲלָפִים נֹשֵׂא עָוֹן וָפֶשַׁע וְחַטָּאָה וְנַקֵּה... מָה הַמָּקוֹם נִקְרָא רַחוּם וְחַנּוּן, אַף אַתָּה הֱוֵי רַחוּם וְחַנּוּן... מָה הַקָּדוֹשׁ בָּרוּךְ הוּא נִקְרָא צַדִּיק, שֶׁנֶּאֱמַר, צַדִּיק יהוה בְּכָל-דְּרָכָיו, אַף אַתָּה הֱוֵי צַדִּיק. הַקָּדוֹשׁ בָּרוּךְ הוּא נִקְרָא חָסִיד, שֶׁנֶּאֱמַר, וְחָסִיד בְּכָל-מַעֲשָׂיו, אַף אַתָּה הֱוֵי חָסִיד.

IV סוטה י"ד.

אָמַר רַבִּי חָמָא בְּרַבִּי חֲנִינָא: מַאי דִּכְתִיב, אַחֲרֵי יהוה אֱלֹהֵיכֶם תֵּלֵכוּ. וְכִי אֶפְשָׁר לוֹ לְאָדָם לַהֲלֹךְ אַחַר שְׁכִינָה? אֶלָּא לַהֲלֹךְ אַחַר מִדּוֹתָיו שֶׁל הַקָּדוֹשׁ בָּרוּךְ הוּא. מָה הוּא מַלְבִּישׁ עֲרֻמִּים אַף אַתָּה הַלְבֵּשׁ עֲרֻמִּים. הַקָּדוֹשׁ בָּרוּךְ הוּא בִּקֵּר חוֹלִים, אַף אַתָּה בַּקֵּר חוֹלִים. הַקָּדוֹשׁ בָּרוּךְ הוּא נִחֵם אֲבֵלִים, אַף אַתָּה נַחֵם אֲבֵלִים. הַקָּדוֹשׁ בָּרוּךְ הוּא קָבַר מֵתִים, אַף אַתָּה קְבוֹר מֵתִים... דָּרַשׁ רַב שִׂמְלָאִי: תּוֹרָה תְּחִילָּתָהּ גְּמִילוּת חֲסָדִים וְסוֹפָהּ גְּמִילוּת חֲסָדִים. תְּחִילָּתָהּ גְּמִילוּת חֲסָדִים דִּכְתִיב, וַיַּעַשׂ יהוה אֱלֹהִים לְאָדָם וּלְאִשְׁתּוֹ כָּתְנוֹת עוֹר וַיַּלְבִּשֵׁם. וְסוֹפָהּ גְּמִילוּת חֲסָדִים דִּכְתִיב, וַיִּקְבֹּר אוֹתוֹ בַגַּי בְּאֶרֶץ מוֹאָב.

II   SUKKAH 49b

Rabbi Elazar said: Whoever does deeds of charity and justice is considered as having filled the world with lovingkindness, as it is written: "God loves charity and justice; the earth is filled with Adonai's lovingkindness" (Psalm 33:5).

Rabbi Elazar quoted this verse: "She opens her mouth with wisdom, and the Torah of lovingkindness is on her tongue" (Proverbs 31:26). What is the intent of this verse? Is there one Torah of lovingkindness and another which is not of lovingkindness? Torah studied for its own merit is a Torah of lovingkindness, whereas Torah studied for an ulterior motive is not. And some say that Torah studied in order to teach is a Torah of lovingkindness, whereas Torah not studied in order to teach is not a Torah of lovingkindness.

III   SIFRE DEUTERONOMY, EKEV

"To walk in all His ways" (Deuteronomy 11:22): These are the ways of the Holy One—"gracious and compassionate, patient, abounding in kindness and faithfulness, assuring love for a thousand generations, forgiving iniquity, transgression, and sin, and granting pardon..." (Exodus 34:6). Just as God is gracious and compassionate, you too must be gracious and compassionate. "Adonai is faithful in all His ways and loving in all His deeds" (Psalm 145:17). As the Holy One is faithful, you too must be faithful. As the Holy One is loving, you too must be loving.

IV   SOTAH 14a

Rabbi Ḥama said in the name of Rabbi Ḥanina: "Follow Adonai your God" (Deuteronomy 13:5): What does this mean? Is it possible for a mortal to follow God's presence? The verse means to teach us that we should follow the attributes of the Holy One. As God clothes the naked, you should clothe the naked. The Bible teaches that the Holy One visited the sick; you should visit the sick. The Holy One comforted those who mourned; you should comfort those who mourn. The Holy One buried the dead; you should bury the dead.

Rabbi Simlai taught: The Torah begins with deeds of lovingkindness and ends with deeds of lovingkindness. It begins with deeds of lovingkindness, as it is written: "And Adonai, God, made for Adam and for his wife garments of skins and clothed them" (Genesis 3:21). It ends with deeds of lovingkindness, as it is written: "And God buried Moses in the valley in the land of Moab" (Deuteronomy 34:6).

V ספרא א

רַבִּי יִשְׁמָעֵאל אוֹמֵר: בִּשְׁלשׁ עֶשְׂרֵה מִדּוֹת הַתּוֹרָה נִדְרֶשֶׁת:

א. מִקַּל וָחֹמֶר.

ב. וּמִגְּזֵרָה שָׁוָה.

ג. מִבִּנְיַן אָב מִכָּתוּב אֶחָד, וּמִבִּנְיַן אָב מִשְּׁנֵי כְתוּבִים.

ד. מִכְּלָל וּפְרָט.

ה. וּמִפְּרָט וּכְלָל.

ו. כְּלָל וּפְרָט וּכְלָל אִי אַתָּה דָן אֶלָּא כְּעֵין הַפְּרָט.

ז. מִכְּלָל שֶׁהוּא צָרִיךְ לִפְרָט, וּמִפְּרָט שֶׁהוּא צָרִיךְ לִכְלָל.

ח. כָּל־דָּבָר שֶׁהָיָה בִּכְלָל וְיָצָא מִן־הַכְּלָל לְלַמֵּד, לֹא לְלַמֵּד עַל עַצְמוֹ יָצָא, אֶלָּא לְלַמֵּד עַל הַכְּלָל כֻּלּוֹ יָצָא.

ט. כָּל־דָּבָר שֶׁהָיָה בִּכְלָל וְיָצָא לִטְעוֹן טֹעַן אֶחָד שֶׁהוּא כְעִנְיָנוֹ, יָצָא לְהָקֵל וְלֹא לְהַחֲמִיר.

י. כָּל־דָּבָר שֶׁהָיָה בִּכְלָל וְיָצָא לִטְעוֹן טֹעַן אַחֵר שֶׁלֹּא כְעִנְיָנוֹ, יָצָא לְהָקֵל וּלְהַחֲמִיר.

יא. כָּל־דָּבָר שֶׁהָיָה בִּכְלָל וְיָצָא לִדּוֹן בַּדָּבָר הֶחָדָשׁ, אִי אַתָּה יָכוֹל לְהַחֲזִירוֹ לִכְלָלוֹ עַד שֶׁיַּחֲזִירֶנּוּ הַכָּתוּב לִכְלָלוֹ בְּפֵרוּשׁ.

יב. דָּבָר הַלָּמֵד מֵעִנְיָנוֹ, וְדָבָר הַלָּמֵד מִסּוֹפוֹ.

יג. וְכֵן שְׁנֵי כְתוּבִים הַמַּכְחִישִׁים זֶה אֶת־זֶה, עַד שֶׁיָּבוֹא הַכָּתוּב הַשְּׁלִישִׁי וְיַכְרִיעַ בֵּינֵיהֶם.

Conclude with one of the following meditations:

□ **יְהִי רָצוֹן** מִלְּפָנֶיךָ יהוה אֱלֹהֵינוּ וֵאלֹהֵי אֲבוֹתֵינוּ, שֶׁתִּתֵּן חֶלְקֵנוּ בְּתוֹרָתֶךָ, וְנִהְיֶה מִתַּלְמִידָיו שֶׁל אַהֲרֹן הַכֹּהֵן, אוֹהֵב שָׁלוֹם וְרוֹדֵף שָׁלוֹם, אוֹהֵב אֶת־הַבְּרִיּוֹת וּמְקָרְבָן לַתּוֹרָה.

□ **יְהִי רָצוֹן** מִלְּפָנֶיךָ יהוה אֱלֹהֵינוּ וֵאלֹהֵי אֲבוֹתֵינוּ, שֶׁיִּבָּנֶה בֵּית הַמִּקְדָּשׁ בִּמְהֵרָה בְיָמֵינוּ וְתֵן חֶלְקֵנוּ בְּתוֹרָתֶךָ. וְשָׁם נַעֲבָדְךָ בְּיִרְאָה כִּימֵי עוֹלָם וּכְשָׁנִים קַדְמֹנִיּוֹת.

V   SIFRA: Chapter 1

Rabbi Ishmael says the Torah may be expounded
by these thirteen rules of textual interpretation:

1. An inference may be drawn from one premise to another that is more inclusive, or to another that is less inclusive.
2. An inference may be drawn from a similar phrase in two texts.
3. A comprehensive principle may be derived from a single text, or from two related texts.
4. A rule which appears general, but is followed by one or more particulars, is limited to those particulars.
5. A specific term followed by a general rule is expanded to include all that is implied by that rule.
6. A general rule limited by a specific application, then followed by another general principle, must be interpreted in terms of the specific limitation.
7. Rules four and five do not apply if the specifics or generalities are stated only to clarify the language.
8. When a subject included in a general proposition is later treated separately, the same rule applies to all other cases covered by that generalization.
9. A penalty specified for a general legal category followed by a particular exceptional case, may alleviate, but not aggravate, any penalty.
10. However, a penalty specified for a general legal category followed by a dissimilar particular case, sometimes may alleviate and sometimes aggravate the penalty.
11. A case logically falling within a general law but treated separately, remains outside that rule unless specifically included by the text.
12. A text obscure in itself may be clarified by its context or by a subsequent clarifying text.
13. Finally, contradictions between two texts may be reconciled by means of a third mediating text.

Conclude with one of the following meditations:

May it be Your will, Adonai our God and God of our ancestors, to grant us a portion in Your Torah. May we be disciples of Aaron the *Kohen*, loving peace and pursuing peace, loving our fellow creatures and drawing them near to the Torah.

May it be Your will, Adonai our God and God of our ancestors, that the Temple be restored in our day, and grant us a portion among those devoted to Your Torah. May we worship You there, in splendor and in awe, as in ancient days.

קדיש דרבנן

Traditionally, Kaddish D'Rabbanan has been recited by mourners and those observing Yahrzeit, but it may be recited by anyone who has read or heard the teaching of a text based on Torah.

יִתְגַּדַּל וְיִתְקַדַּשׁ שְׁמֵהּ רַבָּא, בְּעָלְמָא דִּי בְרָא, כִּרְעוּתֵהּ, וְיַמְלִיךְ מַלְכוּתֵהּ בְּחַיֵּיכוֹן וּבְיוֹמֵיכוֹן וּבְחַיֵּי דְכָל־בֵּית יִשְׂרָאֵל, בַּעֲגָלָא וּבִזְמַן קָרִיב, וְאִמְרוּ אָמֵן.

יְהֵא שְׁמֵהּ רַבָּא מְבָרַךְ לְעָלַם וּלְעָלְמֵי עָלְמַיָּא.

יִתְבָּרַךְ וְיִשְׁתַּבַּח וְיִתְפָּאַר וְיִתְרוֹמַם וְיִתְנַשֵּׂא וְיִתְהַדַּר וְיִתְעַלֶּה וְיִתְהַלַּל שְׁמֵהּ דְּקֻדְשָׁא, בְּרִיךְ הוּא *לְעֵלָּא מִן כָּל־בִּרְכָתָא וְשִׁירָתָא תֻּשְׁבְּחָתָא וְנֶחֱמָתָא דַּאֲמִירָן בְּעָלְמָא, וְאִמְרוּ אָמֵן.

*On שבת שובה: לְעֵלָּא לְעֵלָּא מִכָּל־בִּרְכָתָא וְשִׁירָתָא

עַל יִשְׂרָאֵל וְעַל רַבָּנָן וְעַל תַּלְמִידֵיהוֹן, וְעַל כָּל־תַּלְמִידֵי תַלְמִידֵיהוֹן, וְעַל כָּל־מָאן דְּעָסְקִין בְּאוֹרַיְתָא, דִּי בְּאַתְרָא הָדֵין וְדִי בְּכָל־אֲתַר וַאֲתַר, יְהֵא לְהוֹן וּלְכוֹן שְׁלָמָא רַבָּא, חִנָּא וְחִסְדָּא וְרַחֲמִין, וְחַיִּין אֲרִיכִין וּמְזוֹנָא רְוִיחָא, וּפוּרְקָנָא מִן קֳדָם אֲבוּהוֹן דִּי בִשְׁמַיָּא, וְאִמְרוּ אָמֵן.

יְהֵא שְׁלָמָא רַבָּא מִן שְׁמַיָּא וְחַיִּים טוֹבִים עָלֵינוּ וְעַל כָּל־יִשְׂרָאֵל, וְאִמְרוּ אָמֵן.

עֹשֶׂה שָׁלוֹם בִּמְרוֹמָיו, הוּא בְּרַחֲמָיו יַעֲשֶׂה שָׁלוֹם עָלֵינוּ וְעַל כָּל־יִשְׂרָאֵל, וְאִמְרוּ אָמֵן.

The service continues with the appropriate Daily Psalm, pages 72-78.

✽ KADDISH D'RABBANAN

*After the study of Torah we praise God with the Kaddish,
and include in it a prayer for the well-being of teachers
and students of Torah, whose learning enhances the world.*

Yitgadal v'yitkadash sh'mei raba, b'alma di v'ra, kir'utei,
v'yamlikh malkhutei b'hayeikhon u-v'yomeikhon
u-v'hayei d'khol beit Yisra-el,
ba'agala u-vi-z'man kariv, v'imru amen.

Y'hei sh'mei raba m'varakh l'alam u-l'almei almaya.

Yitbarakh v'yishtabah v'yitpa-ar v'yitromam v'yitnasei,
v'yit-hadar v'yit'aleh v'yit-halal sh'mei d'kudsha, b'rikh hu
*l'ela min kol birkhata v'shirata tushb'hata v'nehamata
da'amiran b'alma, v'imru amen.
    On Shabbat Shuvah: l'ela l'ela mi-kol birkhata v'shirata,

Al Yisra-el v'al rabanan v'al talmideihon,
v'al kol talmidei talmideihon, v'al kol man d'askin b'oraita,
di v'atra ha-dein v'di v'khol atar v'atar,
y'hei l'hon u-l'khon sh'lama raba, hina v'hisda v'rahamin,
v'hayin arikhin u-m'zona r'viha,
u-furkana min kodam avuhon di vi-sh'maya, v'imru amen.

Grant lasting peace, O God, to our people and their leaders, to our
teachers and their disciples, and to all who engage in the study of
Torah in this land and in all other lands. Let there be peace, grace
and kindness, compassion and love, for them and for us all. Grant us
fullness of life and sustenance. Save us from all danger and distress.
And let us say: Amen.

Y'hei sh'lama raba min sh'maya
v'hayim tovim aleinu v'al kol Yisra-el, v'imru amen.

Oseh shalom bi-m'romav, hu b'rahamav ya'aseh shalom
aleinu v'al kol Yisra-el, v'imru amen.

*The service continues with the appropriate Daily Psalm,
pages 72-78.*

*In some congregations the psalm for the day
is recited at the end of the service.*

THE PSALM FOR SHABBAT

הַיּוֹם יוֹם שַׁבַּת קֹֽדֶשׁ,
שֶׁבּוֹ הָיוּ הַלְוִיִּם אוֹמְרִים בְּבֵית הַמִּקְדָּשׁ.

תהלים צ״ב

מִזְמוֹר שִׁיר לְיוֹם הַשַּׁבָּת.

טוֹב לְהֹדוֹת לַיהוה, וּלְזַמֵּר לְשִׁמְךָ עֶלְיוֹן.

לְהַגִּיד בַּבֹּֽקֶר חַסְדֶּֽךָ, וֶאֱמוּנָתְךָ בַּלֵּילוֹת.

עֲלֵי־עָשׂוֹר וַעֲלֵי־נָֽבֶל, עֲלֵי הִגָּיוֹן בְּכִנּוֹר.

כִּי שִׂמַּחְתַּֽנִי יהוה בְּפָעֳלֶֽךָ, בְּמַעֲשֵׂי יָדֶֽיךָ אֲרַנֵּן.

מַה־גָּדְלוּ מַעֲשֶֽׂיךָ יהוה, מְאֹד עָמְקוּ מַחְשְׁבֹתֶֽיךָ.

אִישׁ־בַּֽעַר לֹא יֵדָע, וּכְסִיל לֹא יָבִין אֶת־זֹאת.

בִּפְרֹֽחַ רְשָׁעִים כְּמוֹ עֵֽשֶׂב, וַיָּצִֽיצוּ כָּל־פֹּֽעֲלֵי אָֽוֶן,
לְהִשָּׁמְדָם עֲדֵי־עַד.

וְאַתָּה מָרוֹם לְעֹלָם יהוה.

כִּי הִנֵּה אֹיְבֶֽיךָ, יהוה,
כִּי הִנֵּה אֹיְבֶֽיךָ יֹאבֵֽדוּ,
יִתְפָּרְדוּ כָּל־פֹּֽעֲלֵי אָֽוֶן.

וַתָּֽרֶם כִּרְאֵים קַרְנִי,
בַּלֹּתִי בְּשֶֽׁמֶן רַעֲנָן.

וַתַּבֵּט עֵינִי בְּשׁוּרָי,
בַּקָּמִים עָלַי מְרֵעִים תִּשְׁמַֽעְנָה אָזְנָי.

צַדִּיק כַּתָּמָר יִפְרָח, כְּאֶֽרֶז בַּלְּבָנוֹן יִשְׂגֶּה.

שְׁתוּלִים בְּבֵית יהוה, בְּחַצְרוֹת אֱלֹהֵֽינוּ יַפְרִֽיחוּ.

▫ עוֹד יְנוּבוּן בְּשֵׂיבָה, דְּשֵׁנִים וְרַעֲנַנִּים יִהְיוּ.

לְהַגִּיד כִּי יָשָׁר יהוה, צוּרִי וְלֹא עַוְלָֽתָה בּוֹ.

*Psalm 30 is on page 81.
Mourner's Kaddish is on page 82.*

*After recitation of the appropriate daily psalm(s),
the service continues with Psalm 30, page 81.*

THE PSALM FOR SHABBAT

*On Shabbat the Levites recited this psalm
in the Temple:*

PSALM 92
A Song for Shabbat.

It is good to acclaim Adonai,
to sing Your praise, exalted God,

*to affirm Your love each morning,
and Your faithfulness each night,
to the music of the lute
and the melody of the harp.*

Your works, Adonai, make me glad;
I sing with joy of Your creation.

*How vast Your works, Adonai!
Your designs are beyond our grasp.*

The thoughtless cannot comprehend;
the foolish cannot fathom this:

*The wicked may flourish, springing up like grass,
but their doom is sealed, for You are supreme forever.*

Your enemies, Adonai, Your enemies shall perish;
all the wicked shall crumble.

*But me You have greatly exalted;
I am anointed with fragrant oil.
I have seen the downfall of my foes;
I have heard the despair of my attackers.*

The righteous shall flourish like the palm tree;
they shall grow tall like a cedar in Lebanon.
Planted in the house of Adonai,
they will thrive in the courts of our God.

*They shall bear fruit even in old age;
they shall be ever fresh and fragrant,
to proclaim: Adonai is just —
my Rock, in whom there is no flaw.*

Psalms for other occasions:

THE PSALM FOR SUNDAY

הַיּוֹם יוֹם רִאשׁוֹן בַּשַּׁבָּת,
שֶׁבּוֹ הָיוּ הַלְוִיִּם אוֹמְרִים בְּבֵית הַמִּקְדָּשׁ:

תהלים כ״ד

לְדָוִד מִזְמוֹר.

לַיהוה הָאָרֶץ וּמְלוֹאָהּ, תֵּבֵל וְיֹשְׁבֵי בָהּ.
כִּי הוּא עַל יַמִּים יְסָדָהּ, וְעַל נְהָרוֹת יְכוֹנְנֶהָ.
מִי יַעֲלֶה בְהַר יהוה, וּמִי יָקוּם בִּמְקוֹם קָדְשׁוֹ.
נְקִי כַפַּיִם וּבַר־לֵבָב, אֲשֶׁר לֹא נָשָׂא לַשָּׁוְא נַפְשִׁי,
וְלֹא נִשְׁבַּע לְמִרְמָה.
יִשָּׂא בְרָכָה מֵאֵת יהוה, וּצְדָקָה מֵאֱלֹהֵי יִשְׁעוֹ.
זֶה דּוֹר דּוֹרְשָׁיו, מְבַקְשֵׁי פָנֶיךָ יַעֲקֹב, סֶלָה.
שְׂאוּ שְׁעָרִים רָאשֵׁיכֶם,
וְהִנָּשְׂאוּ פִּתְחֵי עוֹלָם,
וְיָבוֹא מֶלֶךְ הַכָּבוֹד.
מִי זֶה מֶלֶךְ הַכָּבוֹד,
יהוה עִזּוּז וְגִבּוֹר,
יהוה גִּבּוֹר מִלְחָמָה.
שְׂאוּ שְׁעָרִים רָאשֵׁיכֶם,
וּשְׂאוּ פִּתְחֵי עוֹלָם,
וְיָבֹא מֶלֶךְ הַכָּבוֹד.
□ מִי הוּא זֶה מֶלֶךְ הַכָּבוֹד,
יהוה צְבָאוֹת הוּא מֶלֶךְ הַכָּבוֹד, סֶלָה.

Psalm 30 is on page 81.
Mourner's Kaddish is on page 82.

Psalms for other occasions:

THE PSALM FOR SUNDAY

> *On the first day of the week
> the Levites recited this psalm in the Temple:*

PSALM 24
A Psalm of David.

The earth and its grandeur belong to Adonai;
the world and its inhabitants.
God founded it upon the seas,
and set it firm upon flowing waters.

> *Who may ascend the mountain of Adonai?
> Who may rise in God's sanctuary?*

One who has clean hands and a pure heart,
who has not used God's name in false oaths
nor sworn deceitfully,
shall receive a blessing from Adonai,
a just reward from the God of deliverance.

> *Such are the people who seek God,
> who long for the presence of Jacob's Deity.*

Lift high your lintels, O you gates;
open wide, you ancient doors!
Welcome the glorious Sovereign.

> *Who is the glorious Sovereign?
> Adonai, triumphant and mighty,
> Adonai, triumphant in battle.*

Lift high your lintels, O you gates;
open wide, you ancient doors!
Welcome the glorious Sovereign.

> *Who is the glorious Sovereign?
> Adonai Tz'va-ot is the glorious Sovereign.*

THE PSALM FOR MONDAY

הַיּוֹם יוֹם שֵׁנִי בַּשַּׁבָּת,
שֶׁבּוֹ הָיוּ הַלְוִיִּם אוֹמְרִים בְּבֵית הַמִּקְדָּשׁ:

תהלים מ״ח

שִׁיר מִזְמוֹר לִבְנֵי קֹרַח.

גָּדוֹל יהוה וּמְהֻלָּל מְאֹד, בְּעִיר אֱלֹהֵינוּ, הַר קָדְשׁוֹ.

יְפֵה נוֹף, מְשׂוֹשׂ כָּל־הָאָרֶץ הַר צִיּוֹן,
יַרְכְּתֵי צָפוֹן, קִרְיַת מֶלֶךְ רָב.

אֱלֹהִים בְּאַרְמְנוֹתֶיהָ נוֹדַע לְמִשְׂגָּב.

כִּי הִנֵּה הַמְּלָכִים נוֹעֲדוּ, עָבְרוּ יַחְדָּו.

הֵמָּה רָאוּ, כֵּן תָּמָהוּ, נִבְהֲלוּ נֶחְפָּזוּ.

רְעָדָה אֲחָזָתַם שָׁם, חִיל כַּיּוֹלֵדָה.

בְּרוּחַ קָדִים תְּשַׁבֵּר אֳנִיּוֹת תַּרְשִׁישׁ.

כַּאֲשֶׁר שָׁמַעְנוּ, כֵּן רָאִינוּ בְּעִיר יהוה צְבָאוֹת,
בְּעִיר אֱלֹהֵינוּ, אֱלֹהִים יְכוֹנְנֶהָ עַד־עוֹלָם, סֶלָה.

דִּמִּינוּ אֱלֹהִים חַסְדֶּךָ, בְּקֶרֶב הֵיכָלֶךָ.

כְּשִׁמְךָ אֱלֹהִים, כֵּן תְּהִלָּתְךָ עַל־קַצְוֵי־אֶרֶץ,
צֶדֶק מָלְאָה יְמִינֶךָ.

יִשְׂמַח הַר צִיּוֹן, תָּגֵלְנָה בְּנוֹת יְהוּדָה,
לְמַעַן מִשְׁפָּטֶיךָ.

סֹבּוּ צִיּוֹן וְהַקִּיפוּהָ, סִפְרוּ מִגְדָּלֶיהָ.

שִׁיתוּ לִבְּכֶם לְחֵילָה, פַּסְּגוּ אַרְמְנוֹתֶיהָ,
לְמַעַן תְּסַפְּרוּ לְדוֹר אַחֲרוֹן.

□ כִּי זֶה אֱלֹהִים אֱלֹהֵינוּ עוֹלָם וָעֶד,
הוּא יְנַהֲגֵנוּ עַל מוּת.

Psalm 30 is on page 81.
Mourner's Kaddish is on page 82.

THE PSALM FOR MONDAY

*On the second day of the week
the Levites recited this psalm in the Temple:*

PSALM 48

A song: A Psalm of the sons of Koraḥ.

Great is Adonai, and highly praised
in the city of our God,
His holy mountain.

*Splendid, sublime on the north is Mount Zion,
joy of all the earth,
city of the great Sovereign.
God is known in her citadels as a refuge.*

The kings conspired and advanced,
but when they saw her they were astounded.

*Panic stunned them; they fled in fright,
seized with trembling like a woman in labor,
shattered like a fleet wrecked by an east wind.*

What we once heard we now have witnessed
in the city of *Adonai Tz'va-ot*, in the city of our God.

May God preserve it forever.

In Your Temple, God, we meditate upon Your kindness.
Your glory, like Your name,
reaches the ends of the earth.
Your right hand is filled with beneficence.

*Let the mountain of Zion be glad,
let the cities of Judah rejoice
because of Your judgments.*

Walk all about Zion, encircle her.
Count her towers, review her ramparts, scan her citadels.

*Then tell her story to later generations;
tell of our God who will guide us forever.*

THE PSALM FOR TUESDAY

הַיּוֹם יוֹם שְׁלִישִׁי בַּשַּׁבָּת,
שֶׁבּוֹ הָיוּ הַלְוִיִּם אוֹמְרִים בְּבֵית הַמִּקְדָּשׁ:

תהלים פ״ב

מִזְמוֹר לְאָסָף.

אֱלֹהִים נִצָּב בַּעֲדַת אֵל, בְּקֶרֶב אֱלֹהִים יִשְׁפֹּט:
"עַד מָתַי תִּשְׁפְּטוּ־עָוֶל, וּפְנֵי רְשָׁעִים תִּשְׂאוּ, סֶלָה.
שִׁפְטוּ דָל וְיָתוֹם, עָנִי וָרָשׁ הַצְדִּיקוּ.
פַּלְּטוּ דַל וְאֶבְיוֹן, מִיַּד רְשָׁעִים הַצִּילוּ."
לֹא יָדְעוּ וְלֹא יָבִינוּ, בַּחֲשֵׁכָה יִתְהַלָּכוּ,
יִמּוֹטוּ כָּל־מוֹסְדֵי אָרֶץ.
אֲנִי אָמַרְתִּי אֱלֹהִים אַתֶּם, וּבְנֵי עֶלְיוֹן כֻּלְּכֶם.
אָכֵן כְּאָדָם תְּמוּתוּן, וּכְאַחַד הַשָּׂרִים תִּפֹּלוּ.
▫ קוּמָה אֱלֹהִים, שָׁפְטָה הָאָרֶץ,
כִּי אַתָּה תִנְחַל בְּכָל־הַגּוֹיִם.

Psalm 30 is on page 81.
Mourner's Kaddish is on page 82.

THE PSALM FOR WEDNESDAY

הַיּוֹם יוֹם רְבִיעִי בַּשַּׁבָּת,
שֶׁבּוֹ הָיוּ הַלְוִיִּם אוֹמְרִים בְּבֵית הַמִּקְדָּשׁ:

תהלים צ״ד

אֵל־נְקָמוֹת, יהוה, אֵל נְקָמוֹת, הוֹפִיעַ.
הִנָּשֵׂא, שֹׁפֵט הָאָרֶץ, הָשֵׁב גְּמוּל עַל גֵּאִים.
עַד מָתַי רְשָׁעִים, יהוה, עַד מָתַי רְשָׁעִים יַעֲלֹזוּ.
יַבִּיעוּ יְדַבְּרוּ עָתָק, יִתְאַמְּרוּ כָּל־פֹּעֲלֵי אָוֶן.
עַמְּךָ יהוה יְדַכְּאוּ, וְנַחֲלָתְךָ יְעַנּוּ.
אַלְמָנָה וְגֵר יַהֲרֹגוּ, וִיתוֹמִים יְרַצֵּחוּ.

THE PSALM FOR TUESDAY

*On the third day of the week
the Levites recited this psalm in the Temple:*

PSALM 82

A Psalm of Asaph.

God rises in the court of the mighty,
pronouncing judgment over judges:

*"How long will you pervert justice?
How long will you favor the wicked?*

"Champion the weak and the orphan;
uphold the downtrodden and destitute.

*"Rescue the weak and the needy;
save them from the grip of the wicked."*

But they neither know nor understand;
they wander about in darkness
while the earth's foundations are shaken.

*I thought you were Godlike, children of the Most High,
but you will die like mortals; like any prince will you fall.*

Arise, O God, and judge the earth,
for Your dominion is over all nations.

THE PSALM FOR WEDNESDAY

*On the fourth day of the week
the Levites recited this psalm in the Temple:*

PSALM 94

God of retribution!
Adonai, God of retribution appear.

*Judge of the earth, punish the arrogant as they deserve.
How long, Adonai, how long shall the wicked exult?
Swaggering, boasting, they exude arrogance.*

They crush Your people, Adonai, and oppress Your own.
Widows and strangers they slay; orphans they murder.

וַיֹּאמְרוּ לֹא יִרְאֶה יָּהּ, וְלֹא יָבִין אֱלֹהֵי יַעֲקֹב.
בִּינוּ בֹּעֲרִים בָּעָם, וּכְסִילִים מָתַי תַּשְׂכִּילוּ.
הֲנֹטַע אֹזֶן הֲלֹא יִשְׁמָע, אִם יֹוצֵר עַיִן הֲלֹא יַבִּיט.
הֲיֹסֵר גּוֹיִם הֲלֹא יוֹכִיחַ, הַמְלַמֵּד אָדָם דָּעַת.
יהוה יֹדֵעַ מַחְשְׁבוֹת אָדָם, כִּי הֵמָּה הָבֶל.
אַשְׁרֵי הַגֶּבֶר אֲשֶׁר תְּיַסְּרֶנּוּ יָּהּ, וּמִתּוֹרָתְךָ תְלַמְּדֶנּוּ.
לְהַשְׁקִיט לוֹ מִימֵי רָע, עַד יִכָּרֶה לָרָשָׁע שָׁחַת.
כִּי לֹא יִטֹּשׁ יהוה עַמּוֹ, וְנַחֲלָתוֹ לֹא יַעֲזֹב.
כִּי־עַד־צֶדֶק יָשׁוּב מִשְׁפָּט, וְאַחֲרָיו כָּל־יִשְׁרֵי־לֵב.
מִי יָקוּם לִי עִם מְרֵעִים, מִי יִתְיַצֵּב לִי עִם פֹּעֲלֵי אָוֶן.
לוּלֵי יהוה עֶזְרָתָה לִּי, כִּמְעַט שָׁכְנָה דוּמָה נַפְשִׁי.
אִם אָמַרְתִּי מָטָה רַגְלִי, חַסְדְּךָ יהוה יִסְעָדֵנִי.
בְּרֹב שַׂרְעַפַּי בְּקִרְבִּי, תַּנְחוּמֶיךָ יְשַׁעַשְׁעוּ נַפְשִׁי.
הַיְחָבְרְךָ כִּסֵּא הַוּוֹת, יֹצֵר עָמָל עֲלֵי־חֹק.
יָגוֹדּוּ עַל נֶפֶשׁ צַדִּיק, וְדָם נָקִי יַרְשִׁיעוּ.
וַיְהִי יהוה לִי לְמִשְׂגָּב, וֵאלֹהַי לְצוּר מַחְסִי.
וַיָּשֶׁב עֲלֵיהֶם אֶת־אוֹנָם, וּבְרָעָתָם יַצְמִיתֵם,
יַצְמִיתֵם יהוה אֱלֹהֵינוּ.

תהלים צ״ה: א׳-ג׳

□ לְכוּ נְרַנְּנָה לַיהוה, נָרִיעָה לְצוּר יִשְׁעֵנוּ.
נְקַדְּמָה פָנָיו בְּתוֹדָה, בִּזְמִרוֹת נָרִיעַ לוֹ.
כִּי אֵל גָּדוֹל יהוה, וּמֶלֶךְ גָּדוֹל עַל־כָּל־אֱלֹהִים.

Psalm 30 is on page 81.
Mourner's Kaddish is on page 82.

They say, "Adonai does not see,
the God of Jacob pays no heed."

Be sage, you simpletons,
When will you fools be wise?
Surely the One who shapes the ear can hear.
Surely the One who forms the eye can see.

Surely God who disciplines nations will chastise,
teaching mortals to understand.
Adonai knows human schemes, how futile they are.

Blessed are those whom God disciplines and teaches Torah,
training them to wait calmly in adversity
until a pit be dug for the wicked.

Adonai will not abandon His people;
God will not forsake His very own.
Justice will return to the righteous;
all the upright in heart will strive for it.

Who will stand up for me against the ungodly?
Who will take my part against evildoers?

Were it not for God's help, I would be in my grave.
When my foot slips, Your love, Adonai, supports me.
When I am filled with cares, Your comfort soothes my soul.

Are You allied with seats of wickedness,
with those who frame injustice by statute?
They conspire against the righteous,
they condemn the innocent to death.

Adonai is my refuge;
my God is my sheltering Rock.

God will repay them for their wickedness
and destroy them with their own evil.
Adonai our God will destroy them.

PSALM 95:1-3
Let us sing to Adonai.
Let us rejoice in our Creator.

Let us greet God with thanksgiving, singing psalms of praise.
Adonai is exalted, beyond all that is worshiped.

THE PSALM FOR THURSDAY

הַיּוֹם יוֹם חֲמִישִׁי בַּשַּׁבָּת,
שֶׁבּוֹ הָיוּ הַלְוִיִּם אוֹמְרִים בְּבֵית הַמִּקְדָּשׁ:

תהלים פ״א

לַמְנַצֵּחַ עַל הַגִּתִּית לְאָסָף.

הַרְנִינוּ לֵאלֹהִים עוּזֵּנוּ,
הָרִיעוּ לֵאלֹהֵי יַעֲקֹב.

שְׂאוּ זִמְרָה וּתְנוּ תֹף,
כִּנּוֹר נָעִים עִם נָבֶל.

תִּקְעוּ בַחֹדֶשׁ שׁוֹפָר, בַּכֶּסֶה לְיוֹם חַגֵּנוּ.

כִּי חֹק לְיִשְׂרָאֵל הוּא, מִשְׁפָּט לֵאלֹהֵי יַעֲקֹב.

עֵדוּת בִּיהוֹסֵף שָׂמוֹ, בְּצֵאתוֹ עַל־אֶרֶץ מִצְרָיִם,
שְׂפַת לֹא יָדַעְתִּי אֶשְׁמָע.

הֲסִירוֹתִי מִסֵּבֶל שִׁכְמוֹ, כַּפָּיו מִדּוּד תַּעֲבֹרְנָה.

בַּצָּרָה קָרָאתָ וָאֲחַלְּצֶךָּ, אֶעֶנְךָ בְּסֵתֶר רַעַם,
אֶבְחָנְךָ עַל מֵי מְרִיבָה, סֶלָה.

שְׁמַע עַמִּי וְאָעִידָה בָּךְ, יִשְׂרָאֵל אִם תִּשְׁמַע לִי:
לֹא יִהְיֶה בְךָ אֵל זָר, וְלֹא תִשְׁתַּחֲוֶה לְאֵל נֵכָר.

אָנֹכִי יהוה אֱלֹהֶיךָ, הַמַּעַלְךָ מֵאֶרֶץ מִצְרָיִם,
הַרְחֶב־פִּיךָ וַאֲמַלְאֵהוּ.

וְלֹא שָׁמַע עַמִּי לְקוֹלִי, וְיִשְׂרָאֵל לֹא־אָבָה לִי.

וָאֲשַׁלְּחֵהוּ בִּשְׁרִירוּת לִבָּם, יֵלְכוּ בְּמוֹעֲצוֹתֵיהֶם.

לוּ עַמִּי שֹׁמֵעַ לִי, יִשְׂרָאֵל בִּדְרָכַי יְהַלֵּכוּ.

כִּמְעַט אוֹיְבֵיהֶם אַכְנִיעַ, וְעַל צָרֵיהֶם אָשִׁיב יָדִי.

□ מְשַׂנְאֵי יהוה יְכַחֲשׁוּ־לוֹ, וִיהִי עִתָּם לְעוֹלָם.

וַיַּאֲכִילֵהוּ מֵחֵלֶב חִטָּה, וּמִצּוּר דְּבַשׁ אַשְׂבִּיעֶךָ.

Psalm 30 is on page 81.
Mourner's Kaddish is on page 82.

THE PSALM FOR THURSDAY

> *On the fifth day of the week*
> *the Levites recited this psalm in the Temple:*

PSALM 81

For the leader, upon the gittith: a Psalm of Asaph.

Sing with joy to God, our strength;
shout with gladness to the God of Jacob.

> *Strike up a melody, sound the timbrel!*
> *Play sweet tones on harp and lyre.*
> *Sound the shofar on the New Moon,*
> *on the full moon for our festive day.*

It is the law for the people Israel;
the God of Jacob sits in judgment.
God ordained it as a decree for Joseph
when He rose against the land of Egypt.

> *Then I heard a voice I never knew:*
> *"I removed the burden from your shoulder;*
> *your hands were freed from the load.*

"When you called in distress I rescued you;
unseen, I answered you in thunder.
I tested your faith in the wilderness."

> *Hear this warning, My people;*
> *Israel, if you would only listen:*
> *"You shall have no strange god among you;*
> *you shall not worship an alien god.*

"I am Adonai your God who brought you up out of Egypt;
open your mouth wide and I will fill it."

> *But My people did not listen; Israel would have none of Me.*
> *So I let them persist in their stubbornness.*
> *I let them follow their own inclinations.*

If only My people would listen to Me.
If the people Israel would walk in My ways,
then would I soon subdue their foes
and strike out at their oppressors.

> *Enemies of Adonai shall be humbled;*
> *their downfall shall be unending.*

But you would I feed with the richest of wheat,
with honey from the rock would I satisfy you.

THE PSALM FOR FRIDAY

הַיּוֹם יוֹם שִׁשִּׁי בַּשַּׁבָּת,

שֶׁבּוֹ הָיוּ הַלְוִיִּם אוֹמְרִים בְּבֵית הַמִּקְדָּשׁ:

תהלים צ״ג

יהוה מָלָךְ גֵּאוּת לָבֵשׁ,

לָבֵשׁ יהוה, עֹז הִתְאַזָּר,

אַף־תִּכּוֹן תֵּבֵל בַּל תִּמּוֹט.

נָכוֹן כִּסְאֲךָ מֵאָז, מֵעוֹלָם אָתָּה.

נָשְׂאוּ נְהָרוֹת יהוה,

נָשְׂאוּ נְהָרוֹת קוֹלָם,

יִשְׂאוּ נְהָרוֹת דָּכְיָם.

מִקֹּלוֹת מַיִם רַבִּים אַדִּירִים מִשְׁבְּרֵי־יָם,

אַדִּיר בַּמָּרוֹם יהוה.

▫ עֵדֹתֶיךָ נֶאֶמְנוּ מְאֹד,

לְבֵיתְךָ נַאֲוָה־קֹדֶשׁ יהוה, לְאֹרֶךְ יָמִים.

Psalm 30 is on page 81.
Mourner's Kaddish is on page 82.

THE PSALM FOR ROSH ḤODESH

תהלים ק״ד

בָּרְכִי נַפְשִׁי אֶת־יהוה. יהוה אֱלֹהַי גָּדַלְתָּ מְּאֹד, הוֹד וְהָדָר לָבָשְׁתָּ. עֹטֶה־אוֹר כַּשַּׂלְמָה, נוֹטֶה שָׁמַיִם כַּיְרִיעָה. הַמְקָרֶה בַמַּיִם עֲלִיּוֹתָיו, הַשָּׂם־עָבִים רְכוּבוֹ, הַמְהַלֵּךְ עַל־כַּנְפֵי־רוּחַ. עֹשֶׂה מַלְאָכָיו רוּחוֹת, מְשָׁרְתָיו אֵשׁ לֹהֵט.

יָסַד־אֶרֶץ עַל־מְכוֹנֶיהָ, בַּל־תִּמּוֹט עוֹלָם וָעֶד. תְּהוֹם כַּלְּבוּשׁ כִּסִּיתוֹ, עַל־הָרִים יַעַמְדוּ־מָיִם, מִן־גַּעֲרָתְךָ יְנוּסוּן, מִן־קוֹל רַעַמְךָ יֵחָפֵזוּן. יַעֲלוּ הָרִים יֵרְדוּ בְקָעוֹת, אֶל־מְקוֹם זֶה יָסַדְתָּ לָהֶם. גְּבוּל שַׂמְתָּ בַּל־יַעֲבֹרוּן, בַּל־יְשׁוּבוּן לְכַסּוֹת הָאָרֶץ.

THE PSALM FOR FRIDAY

On the sixth day of the week
the Levites would recite this psalm in the Temple:

PSALM 93

Adonai is sovereign, crowned with splendor;
Adonai reigns, robed in strength.

You set the earth on a sure foundation.
You created a world that stands firm.

Your kingdom stands from earliest time.
You are eternal.

The rivers may rise and rage,
the waters may pound and pulsate,
the floods may swirl and storm.

Yet above the crash of the sea
and its mighty breakers
is Adonai our God, supreme.

Your decrees, Adonai, never fail.
Holiness befits Your house for eternity.

THE PSALM FOR THE NEW MONTH

PSALM 104

Let all my being praise Adonai. Adonai my God, You are great indeed, clothed in splendor and majesty, wrapped in light as in a garment, unfolding the heavens like a curtain. On waters You lay the beams of Your chambers; You make the clouds Your chariot, riding the wings of the wind. You make the winds Your messengers, fire and flame Your servants.

You set the earth on its foundation that it should never collapse. The deep covered it like a cloak, until the waters rose over the mountains. At Your rebuke they fled, rushing away at the sound of Your thunder — climbing mountains, pouring into valleys to the place You had established for them. You set the bounds they may not cross, so that never again shall they cover the earth.

הַמְשַׁלֵּחַ מַעְיָנִים בַּנְּחָלִים, בֵּין הָרִים יְהַלֵּכוּן. יַשְׁקוּ כָּל־חַיְתוֹ שָׂדָי, יִשְׁבְּרוּ פְרָאִים צְמָאָם. עֲלֵיהֶם עוֹף הַשָּׁמַיִם יִשְׁכּוֹן, מִבֵּין עֳפָאיִם יִתְּנוּ קוֹל.

מַשְׁקֶה הָרִים מֵעֲלִיּוֹתָיו, מִפְּרִי מַעֲשֶׂיךָ תִּשְׂבַּע הָאָרֶץ. מַצְמִיחַ חָצִיר לַבְּהֵמָה וְעֵשֶׂב לַעֲבֹדַת הָאָדָם, לְהוֹצִיא לֶחֶם מִן הָאָרֶץ. וְיַיִן יְשַׂמַּח לְבַב־אֱנוֹשׁ לְהַצְהִיל פָּנִים מִשָּׁמֶן, וְלֶחֶם לְבַב־אֱנוֹשׁ יִסְעָד. יִשְׂבְּעוּ עֲצֵי יהוה, אַרְזֵי לְבָנוֹן אֲשֶׁר נָטָע. אֲשֶׁר שָׁם צִפֳּרִים יְקַנֵּנוּ, חֲסִידָה בְּרוֹשִׁים בֵּיתָהּ.

הָרִים הַגְּבֹהִים לַיְּעֵלִים, סְלָעִים מַחְסֶה לַשְׁפַנִּים. עָשָׂה יָרֵחַ לְמוֹעֲדִים, שֶׁמֶשׁ יָדַע מְבוֹאוֹ. תָּשֶׁת חֹשֶׁךְ וִיהִי לָיְלָה, בּוֹ תִרְמֹשׂ כָּל־חַיְתוֹ־יָעַר. הַכְּפִירִים שֹׁאֲגִים לַטָּרֶף וּלְבַקֵּשׁ מֵאֵל אָכְלָם. תִּזְרַח הַשֶּׁמֶשׁ יֵאָסֵפוּן, וְאֶל מְעוֹנֹתָם יִרְבָּצוּן. יֵצֵא אָדָם לְפָעֳלוֹ וְלַעֲבֹדָתוֹ עֲדֵי־עָרֶב.

מָה־רַבּוּ מַעֲשֶׂיךָ יהוה, כֻּלָּם בְּחָכְמָה עָשִׂיתָ, מָלְאָה הָאָרֶץ קִנְיָנֶךָ. זֶה הַיָּם גָּדוֹל וּרְחַב יָדָיִם, שָׁם־רֶמֶשׂ וְאֵין מִסְפָּר, חַיּוֹת קְטַנּוֹת עִם־גְּדֹלוֹת. שָׁם אֳנִיּוֹת יְהַלֵּכוּן, לִוְיָתָן זֶה־יָצַרְתָּ לְשַׂחֶק בּוֹ.

כֻּלָּם אֵלֶיךָ יְשַׂבֵּרוּן לָתֵת אָכְלָם בְּעִתּוֹ. תִּתֵּן לָהֶם יִלְקֹטוּן, תִּפְתַּח יָדְךָ יִשְׂבְּעוּן טוֹב. תַּסְתִּיר פָּנֶיךָ יִבָּהֵלוּן, תֹּסֵף רוּחָם יִגְוָעוּן, וְאֶל־עֲפָרָם יְשׁוּבוּן. תְּשַׁלַּח רוּחֲךָ יִבָּרֵאוּן, וּתְחַדֵּשׁ פְּנֵי אֲדָמָה.

יְהִי כְבוֹד יהוה לְעוֹלָם, יִשְׂמַח יהוה בְּמַעֲשָׂיו. הַמַּבִּיט לָאָרֶץ וַתִּרְעָד, יִגַּע בֶּהָרִים וְיֶעֱשָׁנוּ. אָשִׁירָה לַיהוה בְּחַיָּי, אֲזַמְּרָה לֵאלֹהַי בְּעוֹדִי. □ יֶעֱרַב עָלָיו שִׂיחִי, אָנֹכִי אֶשְׂמַח בַּיהוה. יִתַּמּוּ חַטָּאִים מִן הָאָרֶץ, וּרְשָׁעִים עוֹד אֵינָם, בָּרְכִי נַפְשִׁי אֶת־יהוה, הַלְלוּיָהּ.

Psalm 30 is on page 81.
Mourner's Kaddish is on page 82.

You make springs gush forth in torrents to flow between the hills. The wild beasts all drink from them; wild asses quench their thirst. Birds of the heavens rest on their banks and lift their voices among the branches.

From Your lofty abode You water the hills; the earth is sated with the fruit of Your works. You cause grass to grow for cattle and plants for people to cultivate, enabling them to bring forth bread from the earth. It is wine that gladdens the human heart, oil that makes the face shine, and bread that sustains human life. The trees of Adonai drink their fill — the cedars of Lebanon, which God planted. Birds build their nests in them; storks make their homes in the pines.

The high hills are for the wild goats; the rocks are a refuge for badgers. You made the moon to measure the seasons; the sun knows its time for setting. You bring on darkness and it is night when all the beasts of the forest stir. The young lions roar for prey, seeking their food from God. When the sun rises they steal away and lie down in their dens. Then people go out to their work, to their labor until evening.

How varied are Your works, Adonai; in wisdom have You made them all. The earth is filled with Your creatures. Here is the great, vast sea, teeming with numberless living things, great and small. Here ships sail to and fro; here swims Leviathan, which You made as a plaything.

All of them look to You to give them their food at the proper time. What You give them they gather up; when You open Your hand, they eat their fill. When You hide Your face they feel panic; when You take away their breath they perish and return to their dust. With Your breath they are created, and You renew the face of the earth.

The glory of Adonai endures forever; may Adonai rejoice in His works. When God looks at the earth, it quakes; God touches the hills, and they smoke. I will sing to Adonai as long as I live; all my life I will chant to my God. May my meditations please God; I will rejoice in Adonai. Let sins disappear from the earth and the wicked will be no more.

Praise Adonai, my soul. Halleluyah!

THE PSALM FOR THE SEASON OF REPENTANCE

From Rosh Ḥodesh Elul through Hoshana Rabbah
(in some congregations, through Yom Kippur):

תהלים כ"ז

לְדָוִד.

יהוה אוֹרִי וְיִשְׁעִי, מִמִּי אִירָא.

יהוה מָעוֹז חַיַּי, מִמִּי אֶפְחָד.

בִּקְרֹב עָלַי מְרֵעִים לֶאֱכֹל אֶת־בְּשָׂרִי,

צָרַי וְאֹיְבַי לִי הֵמָּה כָשְׁלוּ וְנָפָלוּ.

אִם תַּחֲנֶה עָלַי מַחֲנֶה לֹא יִירָא לִבִּי,

אִם תָּקוּם עָלַי מִלְחָמָה בְּזֹאת אֲנִי בוֹטֵחַ.

אַחַת שָׁאַלְתִּי מֵאֵת יהוה, אוֹתָהּ אֲבַקֵּשׁ:

שִׁבְתִּי בְּבֵית־יהוה כָּל־יְמֵי חַיַּי,

לַחֲזוֹת בְּנֹעַם־יהוה וּלְבַקֵּר בְּהֵיכָלוֹ.

כִּי יִצְפְּנֵנִי בְּסֻכֹּה בְּיוֹם רָעָה,

יַסְתִּרֵנִי בְּסֵתֶר אָהֳלוֹ, בְּצוּר יְרוֹמְמֵנִי.

וְעַתָּה יָרוּם רֹאשִׁי עַל אֹיְבַי סְבִיבוֹתַי,

וְאֶזְבְּחָה בְאָהֳלוֹ זִבְחֵי תְרוּעָה,

אָשִׁירָה וַאֲזַמְּרָה לַיהוה.

שְׁמַע יהוה, קוֹלִי אֶקְרָא, וְחָנֵּנִי וַעֲנֵנִי.

לְךָ אָמַר לִבִּי בַּקְּשׁוּ פָנָי, אֶת־פָּנֶיךָ יהוה אֲבַקֵּשׁ.

אַל תַּסְתֵּר פָּנֶיךָ מִמֶּנִּי,

אַל תַּט בְּאַף עַבְדֶּךָ, עֶזְרָתִי הָיִיתָ,

אַל תִּטְּשֵׁנִי וְאַל תַּעַזְבֵנִי אֱלֹהֵי יִשְׁעִי.

כִּי־אָבִי וְאִמִּי עֲזָבוּנִי וַיהוה יַאַסְפֵנִי.

הוֹרֵנִי יהוה דַּרְכֶּךָ וּנְחֵנִי בְּאֹרַח מִישׁוֹר לְמַעַן שׁוֹרְרָי.

אַל־תִּתְּנֵנִי בְּנֶפֶשׁ צָרָי, כִּי קָמוּ בִי עֵדֵי שֶׁקֶר וִיפֵחַ חָמָס.

□ לוּלֵא הֶאֱמַנְתִּי לִרְאוֹת בְּטוּב־יהוה בְּאֶרֶץ חַיִּים.

קַוֵּה אֶל־יהוה, חֲזַק וְיַאֲמֵץ לִבֶּךָ וְקַוֵּה אֶל־יהוה.

Psalm 30 is on page 81.
Mourner's Kaddish is on page 82.

THE PSALM FOR THE SEASON OF REPENTANCE

PSALM 27
A Psalm of David.

Adonai is my light and my help. Whom shall I fear?
Adonai is the strength of my life. Whom shall I dread?

> *When evildoers draw near to slander me,*
> *when foes threaten — they stumble and fall.*
> *Though armies be arrayed against me, I have no fear.*
> *Though wars threaten, I remain steadfast in my faith.*

One thing I ask of Adonai — for this I yearn:
To dwell in the House of Adonai all the days of my life —
to behold God's beauty, to pray in God's sanctuary.

> *Hiding me in His shrine, safe from peril,*
> *God will shelter me beyond the reach of disaster,*
> *and raise my head high above my enemies.*

I will bring God offerings with shouts of joy,
singing, chanting praise to Adonai.

> *Adonai, hear my voice when I call;*
> *be gracious to me, and answer.*
> *It is You whom I seek, says my heart.*
> *It is Your presence that I seek, Adonai.*

Do not hide from me; do not reject Your servant.
You have always been my help; do not abandon me.
Forsake me not, my God of deliverance.

> *Though my father and my mother leave me,*
> *Adonai will care for me.*

Teach me Your way, Adonai.
Guide me on the right path, to confound my oppressors.

> *Do not abandon me to the will of my foes,*
> *for false witnesses have risen against me,*
> *purveyors of malice and lies.*

Yet I have faith that I shall surely see
Adonai's goodness in the land of the living.
Hope in Adonai.
Be strong, take courage, and hope in Adonai.

All services continue here:

תהלים ל׳

מִזְמוֹר שִׁיר חֲנֻכַּת הַבַּיִת לְדָוִד.

אֲרוֹמִמְךָ יהוה כִּי דִלִּיתָנִי וְלֹא שִׂמַּחְתָּ אֹיְבַי לִי.

יהוה אֱלֹהָי, שִׁוַּעְתִּי אֵלֶיךָ וַתִּרְפָּאֵנִי.

יהוה הֶעֱלִיתָ מִן־שְׁאוֹל נַפְשִׁי,
חִיִּיתַנִי מִיָּרְדִי־בוֹר.

זַמְּרוּ לַיהוה חֲסִידָיו, וְהוֹדוּ לְזֵכֶר קָדְשׁוֹ.

כִּי רֶגַע בְּאַפּוֹ, חַיִּים בִּרְצוֹנוֹ,
בָּעֶרֶב יָלִין בֶּכִי וְלַבֹּקֶר רִנָּה.

וַאֲנִי אָמַרְתִּי בְשַׁלְוִי, בַּל־אֶמּוֹט לְעוֹלָם.

יהוה בִּרְצוֹנְךָ הֶעֱמַדְתָּה לְהַרְרִי עֹז,
הִסְתַּרְתָּ פָנֶיךָ, הָיִיתִי נִבְהָל.

אֵלֶיךָ יהוה אֶקְרָא, וְאֶל־אֲדֹנָי אֶתְחַנָּן.

מַה־בֶּצַע בְּדָמִי, בְּרִדְתִּי אֶל שָׁחַת.
הֲיוֹדְךָ עָפָר, הֲיַגִּיד אֲמִתֶּךָ.

שְׁמַע־יהוה וְחָנֵּנִי, יהוה הֱיֵה־עֹזֵר לִי.

◻ הָפַכְתָּ מִסְפְּדִי לְמָחוֹל לִי,
פִּתַּחְתָּ שַׂקִּי וַתְּאַזְּרֵנִי שִׂמְחָה.

לְמַעַן יְזַמֶּרְךָ כָבוֹד וְלֹא יִדֹּם,
יהוה אֱלֹהַי לְעוֹלָם אוֹדֶךָּ.

All services continue here:

PSALM 30
A Psalm of David,
a Song for the dedication of the Temple.

I extol You, Adonai. You raised me up.
You did not permit foes to rejoice over me.

> *Adonai, I cried out and You healed me.*
> *You saved me from the pit of death.*

Sing to Adonai, you faithful.
Acclaim God's holiness.

> *God's anger lasts a moment;*
> *divine love is lifelong.*
> *Tears may linger for a night;*
> *joy comes with the dawn.*

While at ease I once thought:
Nothing can shake my security.
Favor me and I am a mountain of strength.
Hide Your face, Adonai, and I am terrified.

> *To You, Adonai, would I call;*
> *before the Eternal would I plead.*

What profit is there if I am silenced?
What benefit if I go to my grave?
Will the dust praise You?
Will it proclaim Your faithfulness?

> *Hear me, Adonai.*
> *Be gracious, be my help.*

You transformed my mourning into dancing,
my sackcloth into robes of joy —
that I might sing Your praise unceasingly,
that I might thank You, Adonai my God, forever.

קדיש יתום

Mourners and those observing Yahrzeit:

יִתְגַּדַּל וְיִתְקַדַּשׁ שְׁמֵהּ רַבָּא, בְּעָלְמָא דִּי בְרָא, כִּרְעוּתֵהּ, וְיַמְלִיךְ מַלְכוּתֵהּ בְּחַיֵּיכוֹן וּבְיוֹמֵיכוֹן וּבְחַיֵּי דְכָל־בֵּית יִשְׂרָאֵל, בַּעֲגָלָא וּבִזְמַן קָרִיב, וְאִמְרוּ אָמֵן.

Congregation and mourners:

יְהֵא שְׁמֵהּ רַבָּא מְבָרַךְ לְעָלַם וּלְעָלְמֵי עָלְמַיָּא.

Mourners:

יִתְבָּרַךְ וְיִשְׁתַּבַּח וְיִתְפָּאַר וְיִתְרוֹמַם וְיִתְנַשֵּׂא וְיִתְהַדַּר וְיִתְעַלֶּה וְיִתְהַלַּל שְׁמֵהּ דְּקֻדְשָׁא, בְּרִיךְ הוּא *לְעֵלָּא מִן כָּל־בִּרְכָתָא וְשִׁירָתָא תֻּשְׁבְּחָתָא וְנֶחָמָתָא דַּאֲמִירָן בְּעָלְמָא, וְאִמְרוּ אָמֵן.

**On שבת שובה:* לְעֵלָּא לְעֵלָּא מִכָּל־בִּרְכָתָא וְשִׁירָתָא

יְהֵא שְׁלָמָא רַבָּא מִן שְׁמַיָּא וְחַיִּים עָלֵינוּ וְעַל כָּל־יִשְׂרָאֵל, וְאִמְרוּ אָמֵן.

עֹשֶׂה שָׁלוֹם בִּמְרוֹמָיו הוּא יַעֲשֶׂה שָׁלוֹם עָלֵינוּ וְעַל כָּל־יִשְׂרָאֵל, וְאִמְרוּ אָמֵן.

MOURNER'S KADDISH

Mourners and those observing Yahrzeit:

Yitgadal v'yitkadash sh'mei raba, b'alma di v'ra, kir-utei,
v'yamlikh malkhutei b'ḥayeikhon u-v'yomeikhon
u-v'ḥayei d'khol beit Yisra-el,
ba'agala u-vi-z'man kariv, v'imru amen.

Congregation and mourners:

Y'hei shmei raba m'varakh l'alam u-l'almei almaya.

Mourners:

Yitbarakh v'yishtabaḥ v'yitpa-ar v'yitromam v'yitnasei,
v'yit-hadar v'yit'aleh v'yit-halal sh'mei d'kudsha, b'rikh hu
*l'ela min kol birkhata v'shirata, tushb'ḥata v'neḥamata
da'amiran b'alma, v'imru amen.

**On Shabbat Shuvah:* l'ela l'ela mi-kol birkhata v'shirata,

Y'hei sh'lama raba min sh'maya
v'ḥayim aleinu v'al kol Yisra-el, v'imru amen.

Oseh shalom bi-m'romav, hu ya'aseh shalom
aleinu v'al kol Yisra-el, v'imru amen.

May God's name be exalted and hallowed throughout the world that He created, as is God's wish. May God's sovereignty soon be accepted, during our life and the life of all Israel. And let us say: Amen.

May God's great name be praised throughout all time.

Glorified and celebrated, lauded and worshiped, exalted and honored, extolled and acclaimed may the Holy One be, praised beyond all song and psalm, beyond all tributes that mortals can utter. And let us say: Amen.

Let there be abundant peace from heaven, with life's goodness for us and for all Israel. And let us say: Amen.

May the One who brings peace to His universe bring peace to us and to all Israel. And let us say: Amen.

פסוקי דזמרא

✿ ברוך שאמר

בָּרוּךְ שֶׁאָמַר וְהָיָה הָעוֹלָם,
בָּרוּךְ הוּא.
בָּרוּךְ עוֹשֶׂה בְרֵאשִׁית,
בָּרוּךְ אוֹמֵר וְעוֹשֶׂה,
בָּרוּךְ גּוֹזֵר וּמְקַיֵּם,
בָּרוּךְ מְרַחֵם עַל הָאָרֶץ,
בָּרוּךְ מְרַחֵם עַל הַבְּרִיּוֹת,
בָּרוּךְ מְשַׁלֵּם שָׂכָר טוֹב לִירֵאָיו,
בָּרוּךְ חַי לָעַד וְקַיָּם לָנֶצַח,
בָּרוּךְ פּוֹדֶה וּמַצִּיל,
בָּרוּךְ שְׁמוֹ.

בָּרוּךְ אַתָּה יהוה אֱלֹהֵינוּ מֶלֶךְ הָעוֹלָם, הָאֵל, הָאָב
הָרַחֲמָן, הַמְהֻלָּל בְּפִי עַמּוֹ, מְשֻׁבָּח וּמְפֹאָר בִּלְשׁוֹן חֲסִידָיו
וַעֲבָדָיו. וּבְשִׁירֵי דָוִד עַבְדֶּךָ נְהַלֶּלְךָ יהוה אֱלֹהֵינוּ,
בִּשְׁבָחוֹת וּבִזְמִירוֹת, נְגַדֶּלְךָ וּנְשַׁבֵּחֲךָ וּנְפָאֶרְךָ וְנַזְכִּיר
שִׁמְךָ וְנַמְלִיכְךָ מַלְכֵּנוּ אֱלֹהֵינוּ, ☐ יָחִיד חֵי הָעוֹלָמִים.
מֶלֶךְ מְשֻׁבָּח וּמְפֹאָר עֲדֵי עַד שְׁמוֹ הַגָּדוֹל. בָּרוּךְ אַתָּה
יהוה מֶלֶךְ מְהֻלָּל בַּתִּשְׁבָּחוֹת.

---

*This group of prayers, beginning with Barukh She-amar — a
celebration of God's majesty — and concluding with the Kaddish
(page 106), consists principally of passages from various sections of
the Bible. They praise God as the Author of nature, the Master of
justice, the Giver of Torah, and the Guardian of Israel. They serve
as a prelude to the Bar'khu, with which the Shaḥarit Service
formally begins.*

P'SUKEI D'ZIMRA
PSALM AND SONG

 **BARUKH SHE-AMAR**

In the b'rakhah that introduces P'sukei D'Zimra,
we praise our eternal, compassionate Creator.
Our chanting of psalms celebrates God's sovereignty.

Praised is God whose word created the world.

Sing praise.

Glorified is the Author of Creation.

Laud the One whose word is performance.

Acclaimed is God whose decree is fulfillment.

Revere the One whose mercy envelops the world.

Adored is God, whose kindness embraces all creatures.

Honor the One who rewards those who revere Him.

Blessed is God who lives forever, endures eternally.

Celebrate the One who redeems and rescues.

Praised is God's name.

Praised are You Adonai our God, who rules the universe, compassionate Creator extolled by Your people, glorified by Your faithful servants. We laud You with the psalms of Your servant David. We extol You in song; we celebrate Your fame in melody. We proclaim You Sovereign, singular, eternal God. Praised are You Adonai, Sovereign magnified with songs of praise.

(Some congregations select from among the passages
on pages 84-103.)

It is customary for the congregation to stand during the recitation of
Barukh She-amar. This practice dates back to the ninth century
when Barukh She-amar was the beginning of the public service.

דברי הימים א׳, ט״ז: ח׳-ל״ו

הוֹדוּ לַיהוה, קִרְאוּ בִשְׁמוֹ, הוֹדִיעוּ בָעַמִּים עֲלִילֹתָיו.
שִׁירוּ לוֹ, זַמְּרוּ לוֹ, שִׂיחוּ בְּכָל־נִפְלְאוֹתָיו.
הִתְהַלְלוּ בְּשֵׁם קָדְשׁוֹ,
יִשְׂמַח לֵב מְבַקְשֵׁי יהוה.
דִּרְשׁוּ יהוה וְעֻזּוֹ, בַּקְּשׁוּ פָנָיו תָּמִיד.
זִכְרוּ נִפְלְאֹתָיו אֲשֶׁר עָשָׂה,
מֹפְתָיו וּמִשְׁפְּטֵי־פִיהוּ.
זֶרַע יִשְׂרָאֵל עַבְדּוֹ, בְּנֵי יַעֲקֹב בְּחִירָיו.

הוּא יהוה אֱלֹהֵינוּ, בְּכָל־הָאָרֶץ מִשְׁפָּטָיו.
זִכְרוּ לְעוֹלָם בְּרִיתוֹ, דָּבָר צִוָּה לְאֶלֶף דּוֹר,
אֲשֶׁר כָּרַת אֶת־אַבְרָהָם, וּשְׁבוּעָתוֹ לְיִצְחָק,
וַיַּעֲמִידֶהָ לְיַעֲקֹב לְחֹק, לְיִשְׂרָאֵל בְּרִית עוֹלָם,
לֵאמֹר: לְךָ אֶתֵּן אֶרֶץ כְּנָעַן, חֶבֶל נַחֲלַתְכֶם.

בִּהְיוֹתְכֶם מְתֵי מִסְפָּר, כִּמְעַט וְגָרִים בָּהּ.
וַיִּתְהַלְּכוּ מִגּוֹי אֶל־גּוֹי, וּמִמַּמְלָכָה אֶל עַם אַחֵר.
לֹא הִנִּיחַ לְאִישׁ לְעָשְׁקָם, וַיּוֹכַח עֲלֵיהֶם מְלָכִים:
אַל תִּגְּעוּ בִּמְשִׁיחָי, וּבִנְבִיאַי אַל תָּרֵעוּ.

שִׁירוּ לַיהוה כָּל־הָאָרֶץ,
בַּשְּׂרוּ מִיּוֹם־אֶל־יוֹם יְשׁוּעָתוֹ.
סַפְּרוּ בַגּוֹיִם אֶת־כְּבוֹדוֹ,
בְּכָל־הָעַמִּים נִפְלְאֹתָיו.
כִּי גָדוֹל יהוה וּמְהֻלָּל מְאֹד,
וְנוֹרָא הוּא עַל־כָּל־אֱלֹהִים.
□ כִּי כָּל־אֱלֹהֵי הָעַמִּים אֱלִילִים,
וַיהוה שָׁמַיִם עָשָׂה.

I CHRONICLES 16:8-36

Acclaim Adonai; invoke God's name.
Make God's deeds known among all people.
Praise God in song and in psalm;
recall all of God's wonders.

Exult in God's hallowed name;
let God's seekers rejoice in their heart.
Seek Adonai and His strength;
seek God's presence always.

Children of Israel, God's servant, chosen people of Jacob:
Remember the wonders God has wrought,
God's marvels and justice.

This is Adonai our God, whose justice fills the earth.

Remember God's covenant always,
God's word to a thousand generations —

God's covenant with Abraham, God's oath to Isaac,
God's unchanging compact with Jacob;
the everlasting promise to Israel:
"I will give you the land of Canaan
as your inheritance, your possession."

You were very few in number,
little more than strangers in the land,
wandering from nation to nation, from kingdom to kingdom.

God would let no one oppress you,
admonishing kings for your sake:
"Touch not My anointed ones, harm not My prophets."

Sing to Adonai, all the earth;
proclaim God's triumph day by day.
Announce God's glory among the nations,
God's marvels among all peoples.

Great is Adonai, and worthy of praise,
to be revered beyond all gods.
For all the pagan gods are mere idols,
but Adonai created the heavens.

הוֹד וְהָדָר לְפָנָיו, עֹז וְחֶדְוָה בִּמְקֹמוֹ.
הָבוּ לַיהוה מִשְׁפְּחוֹת עַמִּים,
הָבוּ לַיהוה כָּבוֹד וָעֹז.
הָבוּ לַיהוה כְּבוֹד שְׁמוֹ,
שְׂאוּ מִנְחָה וּבֹאוּ לְפָנָיו,
הִשְׁתַּחֲווּ לַיהוה בְּהַדְרַת קֹדֶשׁ.
חִילוּ מִלְּפָנָיו כָּל־הָאָרֶץ,
אַף־תִּכּוֹן תֵּבֵל בַּל־תִּמּוֹט.
יִשְׂמְחוּ הַשָּׁמַיִם וְתָגֵל הָאָרֶץ,
וְיֹאמְרוּ בַגּוֹיִם יהוה מָלָךְ.
יִרְעַם הַיָּם וּמְלוֹאוֹ,
יַעֲלֹץ הַשָּׂדֶה וְכָל־אֲשֶׁר־בּוֹ.
אָז יְרַנְּנוּ עֲצֵי הַיָּעַר, מִלִּפְנֵי יהוה,
כִּי־בָא לִשְׁפּוֹט אֶת־הָאָרֶץ.

הוֹדוּ לַיהוה כִּי טוֹב, כִּי לְעוֹלָם חַסְדּוֹ.
וְאִמְרוּ: הוֹשִׁיעֵנוּ אֱלֹהֵי יִשְׁעֵנוּ,
וְקַבְּצֵנוּ וְהַצִּילֵנוּ מִן הַגּוֹיִם,
לְהוֹדוֹת לְשֵׁם קָדְשֶׁךָ, לְהִשְׁתַּבֵּחַ בִּתְהִלָּתֶךָ.
בָּרוּךְ יהוה אֱלֹהֵי יִשְׂרָאֵל מִן הָעוֹלָם וְעַד הָעֹלָם,
וַיֹּאמְרוּ כָל־הָעָם אָמֵן וְהַלֵּל לַיהוה.

פסוקים מספר תהלים

רוֹמְמוּ יהוה אֱלֹהֵינוּ
וְהִשְׁתַּחֲווּ לַהֲדֹם רַגְלָיו, קָדוֹשׁ הוּא.
□ רוֹמְמוּ יהוה אֱלֹהֵינוּ וְהִשְׁתַּחֲווּ לְהַר קָדְשׁוֹ,
כִּי קָדוֹשׁ יהוה אֱלֹהֵינוּ.

Grandeur and glory attend God;
strength and joy abide in God's dwelling.

> *Acclaim Adonai, you families of nations!*
> *Acclaim God's glory and might.*

Come into God's presence with an offering;
worship Adonai in the splendor of holiness.

> *Let all on earth tremble before God,*
> *who fashioned and steadied the world.*

Let the heavens rejoice; let the earth be glad.
Declare to the world: Adonai is sovereign.

> *Let the sea roar, and all that is in it;*
> *let the fields exult, and all they contain.*

Let field and forest sing for joy —
Adonai comes to rule the earth.

> *It is good to acclaim Adonai,*
> *whose love endures forever.*

Cry out: "Save us, God of our salvation.
Bring us together and deliver us from oppression,

> *"that we may acknowledge Your holiness,*
> *that we may take pride in Your praise.*

"Praised be Adonai, God of Israel from age to age."

> *And all the people said: "Amen" and "Praise Adonai."*

An anthology of verses from Psalms

Extol Adonai our God.
Worship God,
who is holy.

> *Extol Adonai our God,*
> *and bow toward God's holy mountain.*
> *Adonai our God is holy.*

וְהוּא רַחוּם יְכַפֵּר עָוֹן וְלֹא יַשְׁחִית,
וְהִרְבָּה לְהָשִׁיב אַפּוֹ וְלֹא יָעִיר כָּל־חֲמָתוֹ.
אַתָּה יהוה לֹא תִכְלָא רַחֲמֶיךָ מִמֶּנִּי,
חַסְדְּךָ וַאֲמִתְּךָ תָּמִיד יִצְּרוּנִי.

זְכֹר רַחֲמֶיךָ יהוה וַחֲסָדֶיךָ, כִּי מֵעוֹלָם הֵמָּה.
תְּנוּ עֹז לֵאלֹהִים,
עַל יִשְׂרָאֵל גַּאֲוָתוֹ וְעֻזּוֹ בַּשְּׁחָקִים.
נוֹרָא אֱלֹהִים מִמִּקְדָּשֶׁיךָ, אֵל יִשְׂרָאֵל
הוּא נֹתֵן עֹז וְתַעֲצֻמוֹת לָעָם בָּרוּךְ אֱלֹהִים.
אֵל־נְקָמוֹת יהוה, אֵל נְקָמוֹת הוֹפִיעַ.
הִנָּשֵׂא שֹׁפֵט הָאָרֶץ, הָשֵׁב גְּמוּל עַל גֵּאִים.
לַיהוה הַיְשׁוּעָה, עַל־עַמְּךָ בִרְכָתֶךָ סֶּלָה.
יהוה צְבָאוֹת עִמָּנוּ, מִשְׂגָּב לָנוּ אֱלֹהֵי יַעֲקֹב סֶלָה.
□ יהוה צְבָאוֹת, אַשְׁרֵי אָדָם בֹּטֵחַ בָּךְ.
יהוה הוֹשִׁיעָה, הַמֶּלֶךְ יַעֲנֵנוּ בְיוֹם קָרְאֵנוּ.

הוֹשִׁיעָה אֶת־עַמֶּךָ וּבָרֵךְ אֶת־נַחֲלָתֶךָ
וּרְעֵם וְנַשְּׂאֵם עַד הָעוֹלָם.
נַפְשֵׁנוּ חִכְּתָה לַיהוה, עֶזְרֵנוּ וּמָגִנֵּנוּ הוּא.
כִּי בוֹ יִשְׂמַח לִבֵּנוּ,
כִּי בְשֵׁם קָדְשׁוֹ בָטָחְנוּ.
יְהִי חַסְדְּךָ יהוה עָלֵינוּ כַּאֲשֶׁר יִחַלְנוּ לָךְ.
הַרְאֵנוּ יהוה חַסְדֶּךָ, וְיֶשְׁעֲךָ תִּתֶּן לָנוּ.
קוּמָה עֶזְרָתָה לָּנוּ וּפְדֵנוּ לְמַעַן חַסְדֶּךָ.
אָנֹכִי יהוה אֱלֹהֶיךָ הַמַּעַלְךָ מֵאֶרֶץ מִצְרָיִם,
הַרְחֶב־פִּיךָ וַאֲמַלְאֵהוּ.
אַשְׁרֵי הָעָם שֶׁכָּכָה לּוֹ,
אַשְׁרֵי הָעָם שֶׁיהוה אֱלֹהָיו.
□ וַאֲנִי בְּחַסְדְּךָ בָטַחְתִּי, יָגֵל לִבִּי בִּישׁוּעָתֶךָ,
אָשִׁירָה לַיהוה כִּי גָמַל עָלָי.

(On הושענא רבה, add Psalm 100, page 205.)

God, being merciful,
grants atonement for sin and does not destroy.
Time and again God restrains wrath,
refusing to let rage be all-consuming.
Adonai, do not withhold Your compassion from me;
may Your unfailing love always guard me.
Remember Your compassion, Adonai, and Your lovingkindness —
for they are eternal.

Acclaim the power of God,
whose pride is in the people Israel,
whose majesty is in the heavens.
Awesome is God in His holy place;
the God of Israel gives courage
and strength to His people. Praised be God.
God of retribution —
Adonai, God of retribution appear!
Judge of the earth, bring the arrogant to judgment.
Triumph is Yours, Adonai;
may Your blessing be upon Your people.
> *Adonai Tz'va-ot*, be with us.
> God of Jacob, be our protection.
> *Adonai Tz'va-ot*, blessed are those who trust in You.
> Adonai, help us.
> Answer us, Sovereign, when we call.

Save Your people, bless Your heritage;
nurture and sustain them forever.
We wait hopefully for Adonai;
God is our help and our shield.
In God our hearts rejoice,
in God's holy name do we trust.
May Your lovingkindness be extended to us, Adonai,
for we have placed our hope in You.
Show us Your love, grant us Your saving power.
Arise and come to our help.
Redeem us because of Your love:
"I am Adonai your God
who brought you out of the land of Egypt.
Express your need and I will fulfill it."
Blessed the people who are so privileged,
blessed the people whose God is Adonai.
> I have indeed trusted in Your love;
> may I rejoice in Your saving power.
> I shall sing to Adonai,
> for God has been bountiful to me.

(On Hoshana Rabbah, add Psalm 100, page 205.)

תהלים י״ט

לַמְנַצֵּחַ מִזְמוֹר לְדָוִד.

הַשָּׁמַיִם מְסַפְּרִים כְּבוֹד־אֵל,
וּמַעֲשֵׂה יָדָיו מַגִּיד הָרָקִיעַ.
יוֹם לְיוֹם יַבִּיעַ אֹמֶר, וְלַיְלָה לְּלַיְלָה יְחַוֶּה־דָּעַת.
אֵין אֹמֶר וְאֵין דְּבָרִים, בְּלִי נִשְׁמָע קוֹלָם.
בְּכָל־הָאָרֶץ יָצָא קַוָּם וּבִקְצֵה תֵבֵל מִלֵּיהֶם,
לַשֶּׁמֶשׁ שָׂם אֹהֶל בָּהֶם.
וְהוּא כְּחָתָן יֹצֵא מֵחֻפָּתוֹ,
יָשִׂישׂ כְּגִבּוֹר לָרוּץ אֹרַח.
מִקְצֵה הַשָּׁמַיִם מוֹצָאוֹ,
וּתְקוּפָתוֹ עַל־קְצוֹתָם, וְאֵין נִסְתָּר מֵחַמָּתוֹ.
תּוֹרַת יהוה תְּמִימָה, מְשִׁיבַת נָפֶשׁ.
עֵדוּת יהוה נֶאֱמָנָה, מַחְכִּימַת פֶּתִי.
פִּקּוּדֵי יהוה יְשָׁרִים, מְשַׂמְּחֵי־לֵב.
מִצְוַת יהוה בָּרָה, מְאִירַת עֵינָיִם.
יִרְאַת יהוה טְהוֹרָה, עוֹמֶדֶת לָעַד.
מִשְׁפְּטֵי־יהוה אֱמֶת, צָדְקוּ יַחְדָּו.
הַנֶּחֱמָדִים מִזָּהָב וּמִפַּז רָב,
וּמְתוּקִים מִדְּבַשׁ וְנֹפֶת צוּפִים.
גַּם־עַבְדְּךָ נִזְהָר בָּהֶם, בְּשָׁמְרָם עֵקֶב רָב.
שְׁגִיאוֹת מִי־יָבִין, מִנִּסְתָּרוֹת נַקֵּנִי.
גַּם מִזֵּדִים חֲשֹׂךְ עַבְדֶּךָ, אַל יִמְשְׁלוּ בִי.
אָז אֵיתָם, וְנִקֵּיתִי מִפֶּשַׁע רָב.
□ יִהְיוּ לְרָצוֹן אִמְרֵי־פִי וְהֶגְיוֹן לִבִּי לְפָנֶיךָ,
יהוה צוּרִי וְגֹאֲלִי.

PSALM 19
For the leader, a Song of David.

The heavens declare the glory of God.
The sky proclaims God's handiwork.

> *Day after day the word goes forth;*
> *night after night the story is told.*
> *Soundless the speech, voiceless the talk,*
> *yet the tale is echoed throughout the world.*

The sun, from its tent in the heavens,
emerges like a bridegroom from his chamber,
exulting like a champion, eager to run his course.

> *From the rim of the east it rises,*
> *to sweep in majesty upward, westward,*
> *warming all on earth as it passes.*

The Torah of Adonai is perfect, reviving the spirit.
The decrees of Adonai are sure, enlightening the simple.
The precepts of Adonai are just, gladdening the heart.
The mitzvah of Adonai is clear, opening the eyes.

> *The fear of Adonai is pure, enduring forever.*
> *The laws of Adonai are true, altogether just.*
> *They are more precious than gold, even the purest gold;*
> *and sweeter than honey, the drippings of the honeycomb.*

Your servant strives to keep them;
to observe them brings great reward.
Yet who can discern one's own errors?

> *Cleanse me of secret faults.*
> *Restrain Your servant from willful sins;*
> *may they not control me.*
> *Then shall I be clear of wrongs,*
> *innocent of grave transgression.*

May the words of my mouth
and the meditations of my heart
be acceptable to You, Adonai,
my Rock and my Redeemer.

Psalm 34, like a number of other Psalms, is composed in the form of an acrostic, the first letters of the verses comprising the full Hebrew alphabet.

תהלים ל״ד

לְדָוִד בְּשַׁנּוֹתוֹ אֶת־טַעְמוֹ לִפְנֵי אֲבִימֶלֶךְ וַיְגָרְשֵׁהוּ וַיֵּלַךְ.

אֲבָרְכָה אֶת־יהוה בְּכָל־עֵת, תָּמִיד תְּהִלָּתוֹ בְּפִי.
בַּיהוה תִּתְהַלֵּל נַפְשִׁי, יִשְׁמְעוּ עֲנָוִים וְיִשְׂמָחוּ.
גַּדְּלוּ לַיהוה אִתִּי, וּנְרוֹמְמָה שְׁמוֹ יַחְדָּו.
דָּרַשְׁתִּי אֶת־יהוה וְעָנָנִי, וּמִכָּל־מְגוּרוֹתַי הִצִּילָנִי.
הִבִּיטוּ אֵלָיו וְנָהָרוּ, וּפְנֵיהֶם אַל יֶחְפָּרוּ.
זֶה עָנִי קָרָא וַיהוה שָׁמֵעַ, וּמִכָּל־צָרוֹתָיו הוֹשִׁיעוֹ.
חֹנֶה מַלְאַךְ יהוה סָבִיב לִירֵאָיו וַיְחַלְּצֵם.
טַעֲמוּ וּרְאוּ כִּי טוֹב יהוה, אַשְׁרֵי הַגֶּבֶר יֶחֱסֶה בּוֹ.
יְראוּ אֶת־יהוה קְדֹשָׁיו, כִּי אֵין מַחְסוֹר לִירֵאָיו.
כְּפִירִים רָשׁוּ וְרָעֵבוּ, וְדֹרְשֵׁי יהוה לֹא יַחְסְרוּ כָל־טוֹב.
לְכוּ בָנִים שִׁמְעוּ לִי, יִרְאַת יהוה אֲלַמֶּדְכֶם.
מִי הָאִישׁ הֶחָפֵץ חַיִּים, אֹהֵב יָמִים לִרְאוֹת טוֹב.
נְצֹר לְשׁוֹנְךָ מֵרָע וּשְׂפָתֶיךָ מִדַּבֵּר מִרְמָה.
סוּר מֵרָע וַעֲשֵׂה־טוֹב, בַּקֵּשׁ שָׁלוֹם וְרָדְפֵהוּ.
עֵינֵי יהוה אֶל־צַדִּיקִים וְאָזְנָיו אֶל־שַׁוְעָתָם.
פְּנֵי יהוה בְּעֹשֵׂי רָע, לְהַכְרִית מֵאֶרֶץ זִכְרָם.
צָעֲקוּ וַיהוה שָׁמֵעַ, וּמִכָּל־צָרוֹתָם הִצִּילָם.
קָרוֹב יהוה לְנִשְׁבְּרֵי־לֵב, וְאֶת־דַּכְּאֵי־רוּחַ יוֹשִׁיעַ.
רַבּוֹת רָעוֹת צַדִּיק, וּמִכֻּלָּם יַצִּילֶנּוּ יהוה.
שֹׁמֵר כָּל־עַצְמֹתָיו, אַחַת מֵהֵנָּה לֹא נִשְׁבָּרָה.
תְּמוֹתֵת רָשָׁע רָעָה, וְשֹׂנְאֵי צַדִּיק יֶאְשָׁמוּ.
□ פּוֹדֶה יהוה נֶפֶשׁ עֲבָדָיו,
וְלֹא יֶאְשְׁמוּ כָּל־הַחֹסִים בּוֹ.

PSALM 34

*A Psalm of David, who feigned madness before Avimelekh
and was forced to flee.*

I will praise Adonai at all times,
God's glory always on my lips.

> *In Adonai will I exult;*
> *let the humble hear and be glad.*
> *Proclaim God's greatness with me;*
> *let us exalt God together.*

I sought Adonai who answered me,
freeing me from all my fears.
Look to God and be radiant, never to be downcast.

> *This poor wretch cried out;*
> *Adonai heard and delivered him from all his troubles.*
> *Adonai's angel guards and rescues those who revere God.*

Taste and find that Adonai is good;
blessed the one who takes refuge in God.

> *Let His holy ones revere Adonai;*
> *those who revere God lack for nothing.*
> *Those who deny may suffer and starve,*
> *but those who seek Adonai will not lack any good.*

Come, children, listen to me;
I will teach you to revere Adonai.
Which of you desires life,
loves long years discovering goodness?

> *Keep your tongue from evil, your lips from speaking lies.*
> *Shun evil and do good; seek peace and pursue it.*
> *The eyes of Adonai are on the righteous;*
> *God's ears are open to their cry.*

Adonai's face is set against evildoers,
to erase all memory of them from the earth.
When the righteous cry out, Adonai listens
and sets them free from all their troubles.

> *Adonai is close to the brokenhearted*
> *and helps those who are crushed in spirit.*

Many are the troubles of the righteous,
but with Adonai's help, they are overcome.
God protects every limb; not one is broken.

> *Misfortune destroys the wicked,*
> *and those who hate the righteous are doomed.*

Adonai redeems the life of His servants.
None who take refuge in God will be forsaken.

תהלים צ׳

תְּפִלָּה לְמשֶׁה אִישׁ הָאֱלֹהִים.

אֲדֹנָי מָעוֹן אַתָּה הָיִיתָ לָּנוּ בְּדֹר וָדֹר.

בְּטֶרֶם הָרִים יֻלָּדוּ וַתְּחוֹלֵל אֶרֶץ וְתֵבֵל,
וּמֵעוֹלָם עַד עוֹלָם אַתָּה אֵל.

תָּשֵׁב אֱנוֹשׁ עַד־דַּכָּא וַתֹּאמֶר שׁוּבוּ בְנֵי אָדָם.

כִּי אֶלֶף שָׁנִים בְּעֵינֶיךָ כְּיוֹם אֶתְמוֹל כִּי יַעֲבֹר,
וְאַשְׁמוּרָה בַלָּיְלָה.

זְרַמְתָּם שֵׁנָה יִהְיוּ, בַּבֹּקֶר כֶּחָצִיר יַחֲלֹף.

בַּבֹּקֶר יָצִיץ וְחָלָף, לָעֶרֶב יְמוֹלֵל וְיָבֵשׁ.

כִּי כָלִינוּ בְאַפֶּךָ, וּבַחֲמָתְךָ נִבְהָלְנוּ.

שַׁתָּה עֲוֹנֹתֵינוּ לְנֶגְדֶּךָ, עֲלֻמֵנוּ לִמְאוֹר פָּנֶיךָ.

כִּי כָל־יָמֵינוּ פָּנוּ בְעֶבְרָתֶךָ, כִּלִּינוּ שָׁנֵינוּ כְמוֹ הֶגֶה.

יְמֵי שְׁנוֹתֵינוּ בָהֶם שִׁבְעִים שָׁנָה,
וְאִם בִּגְבוּרֹת שְׁמוֹנִים שָׁנָה
וְרָהְבָּם עָמָל וָאָוֶן, כִּי גָז חִישׁ וַנָּעֻפָה.

מִי יוֹדֵעַ עֹז אַפֶּךָ וּכְיִרְאָתְךָ עֶבְרָתֶךָ.

לִמְנוֹת יָמֵינוּ כֵּן הוֹדַע, וְנָבִא לְבַב חָכְמָה.

שׁוּבָה יהוה, עַד מָתָי, וְהִנָּחֵם עַל־עֲבָדֶיךָ.

שַׂבְּעֵנוּ בַבֹּקֶר חַסְדֶּךָ וּנְרַנְּנָה וְנִשְׂמְחָה בְּכָל־יָמֵינוּ.

שַׂמְּחֵנוּ כִּימוֹת עִנִּיתָנוּ, שְׁנוֹת רָאִינוּ רָעָה.

יֵרָאֶה אֶל עֲבָדֶיךָ פָעֳלֶךָ, וַהֲדָרְךָ עַל בְּנֵיהֶם.

□ וִיהִי נֹעַם אֲדֹנָי אֱלֹהֵינוּ עָלֵינוּ,
וּמַעֲשֵׂה יָדֵינוּ כּוֹנְנָה עָלֵינוּ,
וּמַעֲשֵׂה יָדֵינוּ כּוֹנְנֵהוּ.

PSALM 90
A prayer of Moses, man of God.

Adonai, You have been our refuge through all generations.
Before mountains emerged, before the earth was formed —
from age to age, everlastingly, You are God.

> *But humans You crumble into dust,*
> *and say: "Return, O mortals."*
> *For a thousand years in Your sight*
> *are as a passing day, an hour of night.*

You engulf all human beings in sleep.
They flourish for a day, like grass.
In the morning it sprouts afresh;
by nightfall it fades and withers.

> *By Your anger we are consumed,*
> *by Your wrath we are overcome.*
> *You set out our transgressions before You,*
> *our secret sins before Your presence.*

Your wrath darkens our days;
our lives are over like a sigh.

> *Three score and ten our years may number,*
> *four score years if granted the vigor.*
> *Laden with trouble and travail,*
> *life quickly passes and flies away.*

Who can know the power of Your wrath?
Who can measure the reverence due You?
Teach us to use all of our days,
that we may attain a heart of wisdom.

> *Relent, Adonai! How long must we suffer?*
> *Have compassion upon Your servants.*
> *Grant us Your love in the morning*
> *that we may sing in gladness all our days.*

Match days of sorrow with days of joy
equal to the years we have suffered.
Then Your servants will see Your power;
their children will know Your glory.

> *May Adonai our God show us compassion,*
> *and establish the work of our hands.*
> *May the work of our hands be firmly established.*

תהלים צ״א

יֹשֵׁב בְּסֵתֶר עֶלְיוֹן, בְּצֵל שַׁדַּי יִתְלוֹנָן.

אֹמַר לַיהוה מַחְסִי וּמְצוּדָתִי, אֱלֹהַי אֶבְטַח־בּוֹ.

כִּי הוּא יַצִּילְךָ מִפַּח יָקוּשׁ, מִדֶּבֶר הַוּוֹת.

בְּאֶבְרָתוֹ יָסֶךְ לָךְ וְתַחַת־כְּנָפָיו תֶּחְסֶה,
צִנָּה וְסֹחֵרָה אֲמִתּוֹ.

לֹא תִירָא מִפַּחַד לָיְלָה, מֵחֵץ יָעוּף יוֹמָם.

מִדֶּבֶר בָּאֹפֶל יַהֲלֹךְ, מִקֶּטֶב יָשׁוּד צָהֳרָיִם.

יִפֹּל מִצִּדְּךָ אֶלֶף וּרְבָבָה מִימִינֶךָ, אֵלֶיךָ לֹא יִגָּשׁ.

רַק בְּעֵינֶיךָ תַבִּיט וְשִׁלֻּמַת רְשָׁעִים תִּרְאֶה.

כִּי־אַתָּה יהוה מַחְסִי, עֶלְיוֹן שַׂמְתָּ מְעוֹנֶךָ.

לֹא־תְאֻנֶּה אֵלֶיךָ רָעָה
וְנֶגַע לֹא־יִקְרַב בְּאָהֳלֶךָ.

כִּי מַלְאָכָיו יְצַוֶּה־לָּךְ לִשְׁמָרְךָ בְּכָל־דְּרָכֶיךָ.

עַל־כַּפַּיִם יִשָּׂאוּנְךָ פֶּן־תִּגֹּף בָּאֶבֶן רַגְלֶךָ.

עַל שַׁחַל וָפֶתֶן תִּדְרֹךְ, תִּרְמֹס כְּפִיר וְתַנִּין.

כִּי בִי חָשַׁק וַאֲפַלְּטֵהוּ, אֲשַׂגְּבֵהוּ כִּי־יָדַע שְׁמִי.

◻ יִקְרָאֵנִי וְאֶעֱנֵהוּ, עִמּוֹ אָנֹכִי בְצָרָה,
אֲחַלְּצֵהוּ וַאֲכַבְּדֵהוּ.

אֹרֶךְ יָמִים אַשְׂבִּיעֵהוּ, וְאַרְאֵהוּ בִּישׁוּעָתִי.

אֹרֶךְ יָמִים אַשְׂבִּיעֵהוּ, וְאַרְאֵהוּ בִּישׁוּעָתִי.

PSALM 91

Dwelling in the shelter of the Most High,
abiding in the shadow of the Almighty,
I call Adonai my refuge and fortress,
my God in whom I trust.

God will save you from the fowler's snare,
from deadly illness.
God will cover you with His wings;
in God's shelter you will find refuge.

Fear not terror by night nor the arrow that flies by day,
the pestilence that stalks in darkness
nor the plague that rages at noon.

A thousand may fall by your side,
ten thousand close at hand, but it will never touch you;
God's faithfulness will shield you.

You need only look with your eyes
to see the recompense of the wicked.

You have made Adonai your refuge,
the Most High your haven.
No evil shall befall you;
no plague shall approach your dwelling.

God will instruct His angels to guard you in all your paths,
to carry you in their hands lest you stumble on a stone.

You will step on cubs and cobras,
tread safely on lions and serpents.

"Since you are devoted to Me I will deliver you;
I will protect you because you care for Me.

"When you call to Me, I will answer;
I will be with you in time of trouble.
I will rescue you and honor you.

"I will satisfy you with long life,
and lead you to enjoy My salvation."

תהלים קל״ה

הַלְלוּיָהּ.

הַלְלוּ אֶת־שֵׁם יהוה, הַלְלוּ עַבְדֵי יהוה.
שֶׁעֹמְדִים בְּבֵית יהוה, בְּחַצְרוֹת בֵּית אֱלֹהֵינוּ.
הַלְלוּיָהּ כִּי טוֹב יהוה, זַמְּרוּ לִשְׁמוֹ כִּי נָעִים.

כִּי יַעֲקֹב בָּחַר לוֹ יָהּ, יִשְׂרָאֵל לִסְגֻלָּתוֹ.
כִּי אֲנִי יָדַעְתִּי כִּי גָדוֹל יהוה,
וַאֲדֹנֵינוּ מִכָּל־אֱלֹהִים.
כֹּל אֲשֶׁר חָפֵץ יהוה עָשָׂה,
בַּשָּׁמַיִם וּבָאָרֶץ בַּיַּמִּים וְכָל־תְּהֹמוֹת.
מַעֲלֶה נְשִׂאִים מִקְצֵה הָאָרֶץ, בְּרָקִים לַמָּטָר עָשָׂה,
מוֹצֵא רוּחַ מֵאוֹצְרוֹתָיו.

שֶׁהִכָּה בְּכוֹרֵי מִצְרָיִם, מֵאָדָם עַד בְּהֵמָה.
שָׁלַח אוֹתֹת וּמֹפְתִים בְּתוֹכֵכִי מִצְרָיִם,
בְּפַרְעֹה וּבְכָל־עֲבָדָיו.
שֶׁהִכָּה גּוֹיִם רַבִּים וְהָרַג מְלָכִים עֲצוּמִים.
לְסִיחוֹן מֶלֶךְ הָאֱמֹרִי וּלְעוֹג מֶלֶךְ הַבָּשָׁן,
וּלְכֹל מַמְלְכוֹת כְּנָעַן.
וְנָתַן אַרְצָם נַחֲלָה, נַחֲלָה לְיִשְׂרָאֵל עַמּוֹ.

יהוה שִׁמְךָ לְעוֹלָם, יהוה זִכְרְךָ לְדֹר וָדֹר.
כִּי יָדִין יהוה עַמּוֹ וְעַל עֲבָדָיו יִתְנֶחָם.

עֲצַבֵּי הַגּוֹיִם כֶּסֶף וְזָהָב, מַעֲשֵׂה יְדֵי אָדָם.
פֶּה לָהֶם וְלֹא יְדַבֵּרוּ, עֵינַיִם לָהֶם וְלֹא יִרְאוּ.
אָזְנַיִם לָהֶם וְלֹא יַאֲזִינוּ, אַף אֵין יֶשׁ־רוּחַ בְּפִיהֶם.
כְּמוֹהֶם יִהְיוּ עֹשֵׂיהֶם, כֹּל אֲשֶׁר בֹּטֵחַ בָּהֶם.

□ בֵּית יִשְׂרָאֵל בָּרְכוּ אֶת־יהוה,
בֵּית אַהֲרֹן בָּרְכוּ אֶת־יהוה,
בֵּית הַלֵּוִי בָּרְכוּ אֶת־יהוה,
יִרְאֵי יהוה בָּרְכוּ אֶת־יהוה.
בָּרוּךְ יהוה מִצִּיּוֹן, שֹׁכֵן יְרוּשָׁלָיִם. הַלְלוּיָהּ.

PSALM 135

Halleluyah! Praise Adonai's glory.
Offer praise, servants of Adonai
who stand in Adonai's house,
in the courts of the house of our God.
Halleluyah! For Adonai is good;
sing to God, who is gracious.

God chose Jacob for His own,
the people Israel as His special treasure.
I know Adonai is great,
greater than anything worshiped as divine.
Whatever Adonai pleases
has He done in the heavens and on earth,
in the sea and all the depths.
God gathers clouds from the ends of the earth,
makes lightning for the rain,
and releases the wind from His vaults.

God smote the firstborn of Egypt, human and beast alike,
sent signs and portents in Egypt
against Pharaoh and all his subjects.
God smote many nations and slew mighty kings:
Siḥon, king of the Amorites;
Og, king of Bashan; and all the princes of Canaan —
and gave their land, as a heritage, to His people Israel.

Adonai, Your glory endures forever;
Your fame, Adonai, for all generations.
Adonai will provide for His people,
and have compassion for His servants.

The idols of the nations are silver and gold,
made by human hands.
They have mouths that cannot speak;
they have eyes that cannot see.
They have ears that cannot hear,
nor have they breath in their mouths.
Their makers shall become like them;
so shall all who trust in them.

House of Israel, praise Adonai;
House of Aaron, praise Adonai.
House of Levi, praise Adonai;
You who revere Adonai, praise Adonai.
Praised from Zion be Adonai who dwells in Jerusalem.
Halleluyah!

תהלים קל״ו

הוֹדוּ לַיהוה כִּי טוֹב כִּי לְעוֹלָם חַסְדּוֹ.
הוֹדוּ לֵאלֹהֵי הָאֱלֹהִים כִּי לְעוֹלָם חַסְדּוֹ.
הוֹדוּ לַאֲדֹנֵי הָאֲדֹנִים כִּי לְעוֹלָם חַסְדּוֹ.

לְעֹשֵׂה נִפְלָאוֹת גְּדֹלוֹת לְבַדּוֹ כִּי לְעוֹלָם חַסְדּוֹ.
לְעֹשֵׂה הַשָּׁמַיִם בִּתְבוּנָה כִּי לְעוֹלָם חַסְדּוֹ.
לְרֹקַע הָאָרֶץ עַל הַמָּיִם כִּי לְעוֹלָם חַסְדּוֹ.

לְעֹשֵׂה אוֹרִים גְּדֹלִים כִּי לְעוֹלָם חַסְדּוֹ.
אֶת־הַשֶּׁמֶשׁ לְמֶמְשֶׁלֶת בַּיּוֹם כִּי לְעוֹלָם חַסְדּוֹ.
אֶת־הַיָּרֵחַ וְכוֹכָבִים לְמֶמְשְׁלוֹת בַּלָּיְלָה כִּי לְעוֹלָם חַסְדּוֹ.

לְמַכֵּה מִצְרַיִם בִּבְכוֹרֵיהֶם כִּי לְעוֹלָם חַסְדּוֹ.
וַיּוֹצֵא יִשְׂרָאֵל מִתּוֹכָם כִּי לְעוֹלָם חַסְדּוֹ.
בְּיָד חֲזָקָה וּבִזְרוֹעַ נְטוּיָה כִּי לְעוֹלָם חַסְדּוֹ.

לְגֹזֵר יַם־סוּף לִגְזָרִים כִּי לְעוֹלָם חַסְדּוֹ.
וְהֶעֱבִיר יִשְׂרָאֵל בְּתוֹכוֹ כִּי לְעוֹלָם חַסְדּוֹ.
וְנִעֵר פַּרְעֹה וְחֵילוֹ בְיַם־סוּף כִּי לְעוֹלָם חַסְדּוֹ.

לְמוֹלִיךְ עַמּוֹ בַּמִּדְבָּר כִּי לְעוֹלָם חַסְדּוֹ.
לְמַכֵּה מְלָכִים גְּדֹלִים כִּי לְעוֹלָם חַסְדּוֹ.
וַיַּהֲרֹג מְלָכִים אַדִּירִים כִּי לְעוֹלָם חַסְדּוֹ.

לְסִיחוֹן מֶלֶךְ הָאֱמֹרִי כִּי לְעוֹלָם חַסְדּוֹ.
וּלְעוֹג מֶלֶךְ הַבָּשָׁן כִּי לְעוֹלָם חַסְדּוֹ.

וְנָתַן אַרְצָם לְנַחֲלָה כִּי לְעוֹלָם חַסְדּוֹ.
נַחֲלָה לְיִשְׂרָאֵל עַבְדּוֹ כִּי לְעוֹלָם חַסְדּוֹ.

שֶׁבְּשִׁפְלֵנוּ זָכַר לָנוּ כִּי לְעוֹלָם חַסְדּוֹ.
וַיִּפְרְקֵנוּ מִצָּרֵינוּ כִּי לְעוֹלָם חַסְדּוֹ.

□ נֹתֵן לֶחֶם לְכָל־בָּשָׂר כִּי לְעוֹלָם חַסְדּוֹ.
הוֹדוּ לְאֵל הַשָּׁמָיִם כִּי לְעוֹלָם חַסְדּוֹ.

PSALM 136
Hodu ladonai ki tov, ki l'olam ḥasdo.

Praise Adonai, for God is good,	ki l'olam ḥasdo;
praise God who is almighty;	
praise the supreme Sovereign:	God's love endures forever.

Praise God who works great wonders alone,	ki l'olam ḥasdo;
making the heavens with wisdom,	
suspending earth over waters:	God's love endures forever.

God made the great lights,	ki l'olam ḥasdo;
the sun to rule by day,	
the moon and stars by night:	God's love endures forever.

God smote the Egyptian firstborn,   ki l'olam ḥasdo;
and brought Israel out of their midst
with strong hand and outstretched arm:
God's love endures forever.

God split the Sea of Reeds,   ki l'olam ḥasdo;
and brought Israel through,
while sweeping Pharaoh and his troops into the sea:
God's love endures forever.

God led His people in the wilderness,   ki l'olam ḥasdo;
smiting great kings, slaying the mighty Siḥon,
king of the Amorites, and Og, king of Bashan:
God's love endures forever.

God gave their land
   as a heritage to His servant Israel,   ki l'olam ḥasdo;
remembering us when we were low,
and rescuing us from our oppressors:
God's love endures forever.

God gives food to all flesh,	ki l'olam ḥasdo.
Praise the Sovereign of heaven:	God's love endures forever.

תהלים ל"ג

רַנְּנוּ צַדִּיקִים בַּיהוה לַיְשָׁרִים נָאוָה תְהִלָּה.

הוֹדוּ לַיהוה בְּכִנּוֹר, בְּנֵבֶל עָשׂוֹר זַמְּרוּ־לוֹ.

שִׁירוּ לוֹ שִׁיר חָדָשׁ, הֵיטִיבוּ נַגֵּן בִּתְרוּעָה.

כִּי יָשָׁר דְּבַר יהוה, וְכָל־מַעֲשֵׂהוּ בֶּאֱמוּנָה.

אֹהֵב צְדָקָה וּמִשְׁפָּט, חֶסֶד יהוה מָלְאָה הָאָרֶץ.

בִּדְבַר יהוה שָׁמַיִם נַעֲשׂוּ, וּבְרוּחַ פִּיו כָּל־צְבָאָם.

כֹּנֵס כַּנֵּד מֵי הַיָּם, נֹתֵן בְּאוֹצָרוֹת תְּהוֹמוֹת.

יִירְאוּ מֵיהוה כָּל־הָאָרֶץ, מִמֶּנּוּ יָגוּרוּ כָּל־יֹשְׁבֵי תֵבֵל.

כִּי הוּא אָמַר וַיֶּהִי, הוּא צִוָּה וַיַּעֲמֹד.

יהוה הֵפִיר עֲצַת גּוֹיִם, הֵנִיא מַחְשְׁבוֹת עַמִּים.

עֲצַת יהוה לְעוֹלָם תַּעֲמֹד, מַחְשְׁבוֹת לִבּוֹ לְדֹר וָדֹר.

אַשְׁרֵי הַגּוֹי אֲשֶׁר יהוה אֱלֹהָיו, הָעָם בָּחַר לְנַחֲלָה לוֹ.

מִשָּׁמַיִם הִבִּיט יהוה, רָאָה אֶת־כָּל־בְּנֵי הָאָדָם.

מִמְּכוֹן שִׁבְתּוֹ הִשְׁגִּיחַ, אֶל כָּל־יֹשְׁבֵי הָאָרֶץ.

הַיֹּצֵר יַחַד לִבָּם, הַמֵּבִין אֶל כָּל־מַעֲשֵׂיהֶם.

אֵין הַמֶּלֶךְ נוֹשָׁע בְּרָב־חָיִל, גִּבּוֹר לֹא יִנָּצֵל בְּרָב־כֹּחַ.

שֶׁקֶר הַסּוּס לִתְשׁוּעָה, וּבְרֹב חֵילוֹ לֹא יְמַלֵּט.

הִנֵּה עֵין יהוה אֶל יְרֵאָיו, לַמְיַחֲלִים לְחַסְדּוֹ.

לְהַצִּיל מִמָּוֶת נַפְשָׁם, וּלְחַיּוֹתָם בָּרָעָב.

□ נַפְשֵׁנוּ חִכְּתָה לַיהוה, עֶזְרֵנוּ וּמָגִנֵּנוּ הוּא.

כִּי בוֹ יִשְׂמַח לִבֵּנוּ, כִּי בְשֵׁם קָדְשׁוֹ בָטָחְנוּ.

יְהִי חַסְדְּךָ יהוה עָלֵינוּ, כַּאֲשֶׁר יִחַלְנוּ לָךְ.

PSALM 33

Sing to Adonai, you righteous.
It is fitting for the upright to praise God.
Praise Adonai on the harp;
sing God songs with the ten-stringed lute.
Sing to God a new song; play sweetly and shout for joy
for the word of Adonai holds true; all God's deeds endure.

God loves righteousness and justice;
the earth is filled with divine love.
By the word of Adonai were the heavens made;
at God's command, all they contain.
God gathers the waters of the sea as a mound,
and stores the deep in vaults.

Let all the earth revere Adonai,
and all who inhabit the world stand in awe.
For God spoke, and it came to be;
God commanded, and it stood firm.

Adonai annuls the plans of nations
and thwarts the designs of peoples.
Adonai's plans stand firm forever;
God's designs shall endure throughout the ages.
Blessed the nation for whom Adonai is God,
the people chosen as God's heritage.

Adonai looks out from heaven and beholds all mortals.
From His dwelling place God surveys
all the inhabitants of the earth,
fashioning the hearts of all, discerning all their deeds.

A king is not rescued by an army,
nor is a warrior saved by sheer strength.
Horses are a delusion of security;
their great power provides no escape.

Adonai watches over those who revere Him —
over those who hope for God's lovingkindness —
to save them from death
and sustain their lives in famine.

Longingly we hope in Adonai;
God is our help and our shield.
In God our hearts rejoice;
in God's holy name have we put our trust.
May we enjoy Your lovingkindness, Adonai,
for we have placed our hope in You.

תהלים צ״ב

מִזְמוֹר שִׁיר לְיוֹם הַשַּׁבָּת.

טוֹב לְהֹדוֹת לַיהוה, וּלְזַמֵּר לְשִׁמְךָ עֶלְיוֹן.
לְהַגִּיד בַּבֹּקֶר חַסְדֶּךָ, וֶאֱמוּנָתְךָ בַּלֵּילוֹת.
עֲלֵי עָשׂוֹר וַעֲלֵי־נָבֶל, עֲלֵי הִגָּיוֹן בְּכִנּוֹר.
כִּי שִׂמַּחְתַּנִי יהוה בְּפָעֳלֶךָ, בְּמַעֲשֵׂי יָדֶיךָ אֲרַנֵּן.
מַה־גָּדְלוּ מַעֲשֶׂיךָ יהוה, מְאֹד עָמְקוּ מַחְשְׁבֹתֶיךָ.
אִישׁ־בַּעַר לֹא יֵדָע, וּכְסִיל לֹא יָבִין אֶת־זֹאת.
בִּפְרֹחַ רְשָׁעִים כְּמוֹ עֵשֶׂב, וַיָּצִיצוּ כָּל־פֹּעֲלֵי אָוֶן,
לְהִשָּׁמְדָם עֲדֵי־עַד.
וְאַתָּה מָרוֹם לְעֹלָם יהוה.
כִּי הִנֵּה אֹיְבֶיךָ, יהוה,
כִּי הִנֵּה אֹיְבֶיךָ יֹאבֵדוּ,
יִתְפָּרְדוּ כָּל־פֹּעֲלֵי אָוֶן.
וַתָּרֶם כִּרְאֵים קַרְנִי, בַּלֹּתִי בְּשֶׁמֶן רַעֲנָן.
וַתַּבֵּט עֵינִי בְּשׁוּרָי,
בַּקָּמִים עָלַי מְרֵעִים תִּשְׁמַעְנָה אָזְנָי.
צַדִּיק כַּתָּמָר יִפְרָח,
כְּאֶרֶז בַּלְּבָנוֹן יִשְׂגֶּה.
שְׁתוּלִים בְּבֵית יהוה,
בְּחַצְרוֹת אֱלֹהֵינוּ יַפְרִיחוּ.
□ עוֹד יְנוּבוּן בְּשֵׂיבָה, דְּשֵׁנִים וְרַעֲנַנִּים יִהְיוּ.
לְהַגִּיד כִּי יָשָׁר יהוה, צוּרִי וְלֹא עַוְלָתָה בּוֹ.

PSALM 92
A Song for Shabbat.

It is good to acclaim Adonai,
to sing Your praise, exalted God,

> *to affirm Your love each morning,*
> *and Your faithfulness each night,*
> *to the music of the lute*
> *and the melody of the harp.*

Your works, Adonai, make me glad;
I sing with joy of Your creation.

> *How vast Your works, Adonai!*
> *Your designs are beyond our grasp.*

The thoughtless cannot comprehend;
the foolish cannot fathom this:

> *The wicked may flourish, springing up like grass,*
> *but their doom is sealed, for You are supreme forever.*

Your enemies, Adonai, Your enemies shall perish;
all the wicked shall crumble.

> *But me You have greatly exalted;*
> *I am anointed with fragrant oil.*
> *I have seen the downfall of my foes;*
> *I have heard the despair of my attackers.*

The righteous shall flourish like the palm tree;
they shall grow tall like a cedar in Lebanon.
Planted in the house of Adonai,
they will thrive in the courts of our God.

> *They shall bear fruit even in old age;*
> *they shall be ever fresh and fragrant,*
> *to proclaim: Adonai is just —*
> *my Rock, in whom there is no flaw.*

תהלים צ״ג

יהוה מָלָךְ גֵּאוּת לָבֵשׁ,
לָבֵשׁ יהוה, עֹז הִתְאַזָּר,
אַף תִּכּוֹן תֵּבֵל בַּל תִּמּוֹט.

נָכוֹן כִּסְאֲךָ מֵאָז, מֵעוֹלָם אָתָּה.

נָשְׂאוּ נְהָרוֹת יהוה,
נָשְׂאוּ נְהָרוֹת קוֹלָם,
יִשְׂאוּ נְהָרוֹת דָּכְיָם.

מִקֹּלוֹת מַיִם רַבִּים אַדִּירִים מִשְׁבְּרֵי יָם,
אַדִּיר בַּמָּרוֹם יהוה.

☐ עֵדֹתֶיךָ נֶאֶמְנוּ מְאֹד,
לְבֵיתְךָ נַאֲוָה־קֹדֶשׁ יהוה, לְאֹרֶךְ יָמִים.

פסוקים מספר תהלים, משלי, שמות, ודברי הימים

יְהִי כְבוֹד יהוה לְעוֹלָם, יִשְׂמַח יהוה בְּמַעֲשָׂיו. יְהִי שֵׁם יהוה מְבֹרָךְ מֵעַתָּה וְעַד עוֹלָם. מִמִּזְרַח שֶׁמֶשׁ עַד מְבוֹאוֹ, מְהֻלָּל שֵׁם יהוה. רָם עַל כָּל־גּוֹיִם יהוה, עַל הַשָּׁמַיִם כְּבוֹדוֹ. יהוה שִׁמְךָ לְעוֹלָם, יהוה זִכְרְךָ לְדֹר וָדֹר. יהוה בַּשָּׁמַיִם הֵכִין כִּסְאוֹ, וּמַלְכוּתוֹ בַּכֹּל מָשָׁלָה. יִשְׂמְחוּ הַשָּׁמַיִם וְתָגֵל הָאָרֶץ, וְיֹאמְרוּ בַגּוֹיִם יהוה מָלָךְ. יהוה מֶלֶךְ, יהוה מָלָךְ, יהוה יִמְלֹךְ לְעֹלָם וָעֶד. יהוה מֶלֶךְ עוֹלָם וָעֶד, אָבְדוּ גוֹיִם מֵאַרְצוֹ. יהוה הֵפִיר עֲצַת גּוֹיִם, הֵנִיא מַחְשְׁבוֹת עַמִּים. רַבּוֹת מַחֲשָׁבוֹת בְּלֶב אִישׁ, וַעֲצַת יהוה הִיא תָקוּם. עֲצַת יהוה לְעוֹלָם תַּעֲמֹד, מַחְשְׁבוֹת לִבּוֹ לְדֹר וָדֹר. כִּי הוּא אָמַר וַיֶּהִי, הוּא צִוָּה וַיַּעֲמֹד. כִּי בָחַר יהוה בְּצִיּוֹן, אִוָּהּ לְמוֹשָׁב לוֹ. כִּי יַעֲקֹב בָּחַר לוֹ יָהּ, יִשְׂרָאֵל לִסְגֻלָּתוֹ. כִּי לֹא יִטֹּשׁ יהוה עַמּוֹ, וְנַחֲלָתוֹ לֹא יַעֲזֹב.
☐ וְהוּא רַחוּם יְכַפֵּר עָוֹן וְלֹא יַשְׁחִית, וְהִרְבָּה לְהָשִׁיב אַפּוֹ וְלֹא יָעִיר כָּל־חֲמָתוֹ. יהוה הוֹשִׁיעָה, הַמֶּלֶךְ יַעֲנֵנוּ בְיוֹם קָרְאֵנוּ.

PSALM 93

Adonai is sovereign, crowned with splendor;
Adonai reigns, robed in strength.

You set the earth on a sure foundation.
You created a world that stands firm.

Your kingdom stands from earliest time.
You are eternal.

The rivers may rise and rage,
the waters may pound and pulsate,
the floods may swirl and storm.

Yet above the crash of the sea
and its mighty breakers
is Adonai our God, supreme.

Your decrees, Adonai, never fail.
Holiness befits Your house for eternity.

Verses from Psalms, Proverbs, Exodus, and Chronicles

God's glory endures forever; may God rejoice in His creatures. May Adonai be praised now and forever. Praised be God from East to West. Adonai is exalted beyond all nations; God's glory extends beyond the heavens. Your glory, Adonai, endures forever, Your fame throughout all generations. Adonai established His throne in heaven; God's sovereignty encompasses all. The heavens rejoice and the earth is glad; the nations declare: "Adonai is Sovereign." Adonai reigns, Adonai has reigned, Adonai shall reign throughout all time. Adonai shall reign forever and ever; many peoples shall vanish from God's land. Adonai thwarts the designs of such nations, foiling the plans of such peoples. Many plans rise in human hearts, but Adonai's designs are fulfilled. For when God spoke it came to be; God issued a command and the world took form. Adonai has chosen Zion, desiring it for His dwelling place. God has chosen Jacob for His own, the people Israel as His treasure. Adonai will not abandon His people; God will not forsake His heritage. God, being merciful, grants atonement for sin and does not destroy. Time and again God restrains wrath, refusing to let rage be all-consuming. Save us, Adonai. Answer us, Sovereign, when we call.

Psalm 145 was uniquely treasured by the Rabbis.
It is the only psalm traditionally recited three times
each day. This psalm extols God's providence,
which embraces all creatures, and the grandeur
of God's work, which surpasses our comprehension.

תהלים פ״ד:ה, קמ״ד:ט״ו

אַשְׁרֵי יוֹשְׁבֵי בֵיתֶךָ, עוֹד יְהַלְלוּךָ סֶּלָה.
אַשְׁרֵי הָעָם שֶׁכָּכָה לּוֹ, אַשְׁרֵי הָעָם שֶׁיהוה אֱלֹהָיו.

תהלים קמ״ה, קט״ו:י״ח

תְּהִלָּה לְדָוִד.

אֲרוֹמִמְךָ אֱלוֹהַי הַמֶּלֶךְ, וַאֲבָרְכָה שִׁמְךָ לְעוֹלָם וָעֶד.
בְּכָל־יוֹם אֲבָרְכֶךָּ, וַאֲהַלְלָה שִׁמְךָ לְעוֹלָם וָעֶד.

גָּדוֹל יהוה וּמְהֻלָּל מְאֹד, וְלִגְדֻלָּתוֹ אֵין חֵקֶר.
דּוֹר לְדוֹר יְשַׁבַּח מַעֲשֶׂיךָ, וּגְבוּרֹתֶיךָ יַגִּידוּ.

הֲדַר כְּבוֹד הוֹדֶךָ, וְדִבְרֵי נִפְלְאֹתֶיךָ אָשִׂיחָה.
וֶעֱזוּז נוֹרְאֹתֶיךָ יֹאמֵרוּ, וּגְדֻלָּתְךָ אֲסַפְּרֶנָּה.

זֵכֶר רַב־טוּבְךָ יַבִּיעוּ, וְצִדְקָתְךָ יְרַנֵּנוּ.
חַנּוּן וְרַחוּם יהוה, אֶרֶךְ אַפַּיִם וּגְדָל־חָסֶד.

טוֹב יהוה לַכֹּל, וְרַחֲמָיו עַל־כָּל־מַעֲשָׂיו.
יוֹדוּךָ יהוה כָּל־מַעֲשֶׂיךָ, וַחֲסִידֶיךָ יְבָרְכוּכָה.

כְּבוֹד מַלְכוּתְךָ יֹאמֵרוּ, וּגְבוּרָתְךָ יְדַבֵּרוּ.
לְהוֹדִיעַ לִבְנֵי הָאָדָם גְּבוּרֹתָיו, וּכְבוֹד הֲדַר מַלְכוּתוֹ.

מַלְכוּתְךָ מַלְכוּת כָּל־עֹלָמִים, וּמֶמְשַׁלְתְּךָ בְּכָל־דּוֹר וָדֹר.
סוֹמֵךְ יהוה לְכָל־הַנֹּפְלִים, וְזוֹקֵף לְכָל־הַכְּפוּפִים.

עֵינֵי־כֹל אֵלֶיךָ יְשַׂבֵּרוּ, וְאַתָּה נוֹתֵן לָהֶם אֶת־אָכְלָם בְּעִתּוֹ.
פּוֹתֵחַ אֶת־יָדֶךָ, וּמַשְׂבִּיעַ לְכָל־חַי רָצוֹן.

PSALM 84;5; 144:15

Blessed are they who dwell in Your house;
they shall praise You forever.

Blessed the people who are so favored;
blessed the people whose God is Adonai.

PSALM 145: 115:18

A Psalm of David.

I glorify You, my God, my Sovereign;
I praise You throughout all time.

Every day do I praise You, exalting Your glory forever.

Great is Adonai, and praiseworthy;
God's greatness exceeds definition.

One generation lauds Your works to another,
acclaiming Your mighty deeds.

They tell of Your wonders and Your glorious splendor.
They speak of Your greatness and Your awesome power.

They recall Your goodness; they sing of Your faithfulness.

Adonai is gracious and compassionate;
patient, and abounding in love.

Adonai is good to all; God's compassion embraces all.

All of Your creatures shall praise You;
the faithful shall continually bless You,

recounting Your glorious sovereignty,
telling tales of Your might.

And everyone will know of Your power,
the awesome radiance of Your dominion.

Your sovereignty is everlasting;
Your dominion endures for all generations.

Adonai supports all who stumble,
and uplifts all who are bowed down.

The eyes of all look hopefully to You,
and You provide their food in due time.

You open Your hand; Your favor sustains all the living.

צַדִּיק יהוה בְּכׇל־דְּרָכָיו, וְחָסִיד בְּכׇל־מַעֲשָׂיו.
קָרוֹב יהוה לְכׇל־קֹרְאָיו, לְכֹל אֲשֶׁר יִקְרָאֻהוּ בֶאֱמֶת.

רְצוֹן יְרֵאָיו יַעֲשֶׂה, וְאֶת־שַׁוְעָתָם יִשְׁמַע וְיוֹשִׁיעֵם.
שׁוֹמֵר יהוה אֶת־כׇּל־אֹהֲבָיו, וְאֵת כׇּל־הָרְשָׁעִים יַשְׁמִיד.

□ **תּ**ְהִלַּת יהוה יְדַבֶּר־פִּי,
וִיבָרֵךְ כׇּל־בָּשָׂר שֵׁם קׇדְשׁוֹ לְעוֹלָם וָעֶד.
וַאֲנַחְנוּ נְבָרֵךְ יָהּ, מֵעַתָּה וְעַד עוֹלָם. הַלְלוּיָהּ.

תהלים קמ״ו

הַלְלוּיָהּ.
הַלְלִי נַפְשִׁי אֶת־יהוה.
אֲהַלְלָה יהוה בְּחַיָּי, אֲזַמְּרָה לֵאלֹהַי בְּעוֹדִי.
אַל תִּבְטְחוּ בִנְדִיבִים, בְּבֶן־אָדָם שֶׁאֵין לוֹ תְשׁוּעָה.
תֵּצֵא רוּחוֹ יָשֻׁב לְאַדְמָתוֹ,
בַּיּוֹם הַהוּא אָבְדוּ עֶשְׁתֹּנֹתָיו.
אַשְׁרֵי שֶׁאֵל יַעֲקֹב בְּעֶזְרוֹ, שִׂבְרוֹ עַל יהוה אֱלֹהָיו.
עֹשֶׂה שָׁמַיִם וָאָרֶץ, אֶת־הַיָּם וְאֶת־כׇּל־אֲשֶׁר בָּם,
הַשֹּׁמֵר אֱמֶת לְעוֹלָם.
עֹשֶׂה מִשְׁפָּט לָעֲשׁוּקִים, נֹתֵן לֶחֶם לָרְעֵבִים,
יהוה מַתִּיר אֲסוּרִים,
יהוה פֹּקֵחַ עִוְרִים,
יהוה זֹקֵף כְּפוּפִים,
יהוה אֹהֵב צַדִּיקִים.

□ יהוה שֹׁמֵר אֶת־גֵּרִים,
יָתוֹם וְאַלְמָנָה יְעוֹדֵד וְדֶרֶךְ רְשָׁעִים יְעַוֵּת.
יִמְלֹךְ יהוה לְעוֹלָם, אֱלֹהַיִךְ צִיּוֹן לְדֹר וָדֹר.
הַלְלוּיָהּ.

Adonai is just in all His ways,
loving in all His deeds.

Adonai is near to all who call,
to all who call to God with integrity.

God fulfills the desire of those who are faithful;
God hears their cry and delivers them.

Adonai preserves all who love Him,
while marking the wicked for destruction.

My mouth shall praise Adonai.
Let all flesh praise God's name throughout all time.

We shall praise Adonai now and always. Halleluyah!

PSALM 146

Halleluyah! Let my soul praise Adonai.
I will praise Adonai all my life,
and sing to my God with all my being.

Put no trust in the powerful, in mortals who cannot save.
Their breath departs, they return to dust,
and that is the end of their grand designs.

Blessed are those whose help is Jacob's God,
whose hope is Adonai, our God,

Maker of the heavens and the earth,
the seas and all they contain.

God keeps faith forever,
brings justice to the oppressed,
and provides food for the hungry.

Adonai frees the bound,
Adonai gives sight to the blind;
Adonai raises those bowed down, and loves the just.

Adonai protects the stranger
and supports the orphan and widow,
but frustrates the designs of the wicked.

Adonai shall reign through all generations.
Your God, Zion, shall reign forever. Halleluyah!

תהלים קמ״ז

הַלְלוּיָהּ.

כִּי טוֹב זַמְּרָה אֱלֹהֵינוּ,
כִּי נָעִים נָאוָה תְהִלָּה.

בּוֹנֵה יְרוּשָׁלַיִם יהוה, נִדְחֵי יִשְׂרָאֵל יְכַנֵּס.

הָרוֹפֵא לִשְׁבְוּרֵי לֵב וּמְחַבֵּשׁ לְעַצְּבוֹתָם.

מוֹנֶה מִסְפָּר לַכּוֹכָבִים, לְכֻלָּם שֵׁמוֹת יִקְרָא.

גָּדוֹל אֲדוֹנֵינוּ וְרַב כֹּחַ, לִתְבוּנָתוֹ אֵין מִסְפָּר.

מְעוֹדֵד עֲנָוִים יהוה, מַשְׁפִּיל רְשָׁעִים עֲדֵי אָרֶץ.

עֱנוּ לַיהוה בְּתוֹדָה, זַמְּרוּ לֵאלֹהֵינוּ בְכִנּוֹר.

הַמְכַסֶּה שָׁמַיִם בְּעָבִים, הַמֵּכִין לָאָרֶץ מָטָר,
הַמַּצְמִיחַ הָרִים חָצִיר.

נוֹתֵן לִבְהֵמָה לַחְמָהּ, לִבְנֵי עֹרֵב אֲשֶׁר יִקְרָאוּ.

לֹא בִגְבוּרַת הַסּוּס יֶחְפָּץ, לֹא בְשׁוֹקֵי הָאִישׁ יִרְצֶה.

רוֹצֶה יהוה אֶת־יְרֵאָיו, אֶת־הַמְיַחֲלִים לְחַסְדּוֹ.

שַׁבְּחִי יְרוּשָׁלַיִם אֶת־יהוה, הַלְלִי אֱלֹהַיִךְ צִיּוֹן.

כִּי חִזַּק בְּרִיחֵי שְׁעָרָיִךְ, בֵּרַךְ בָּנַיִךְ בְּקִרְבֵּךְ.

הַשָּׂם גְּבוּלֵךְ שָׁלוֹם, חֵלֶב חִטִּים יַשְׂבִּיעֵךְ.

הַשֹּׁלֵחַ אִמְרָתוֹ אָרֶץ, עַד מְהֵרָה יָרוּץ דְּבָרוֹ.

הַנֹּתֵן שֶׁלֶג כַּצָּמֶר, כְּפוֹר כָּאֵפֶר יְפַזֵּר.

מַשְׁלִיךְ קַרְחוֹ כְפִתִּים, לִפְנֵי קָרָתוֹ מִי יַעֲמֹד.

יִשְׁלַח דְּבָרוֹ וְיַמְסֵם, יַשֵּׁב רוּחוֹ יִזְּלוּ־מָיִם.

□ מַגִּיד דְּבָרָיו לְיַעֲקֹב, חֻקָּיו וּמִשְׁפָּטָיו לְיִשְׂרָאֵל.

לֹא עָשָׂה כֵן לְכָל־גּוֹי, וּמִשְׁפָּטִים בַּל יְדָעוּם.

הַלְלוּיָהּ.

PSALM 147

Halleluyah! It is good to sing psalms to our God.
How pleasant it is to praise God.

>   *Adonai rebuilds Jerusalem, gathers Israel's dispersed,*
>   *heals the broken-hearted, binds up their wounds,*
>   *and numbers the stars, giving each one a name.*

Great is our Ruler, vast God's power;
beyond measure is God's wisdom.
Adonai heartens the humble,
but casts evildoers to the ground.

>   *Lift your voice in thanks to Adonai.*
>   *Sound the harp in praise of our God.*

God covers the sky with clouds, provides rain for the earth,
and makes grass grow upon the hills.

>   *God gives the beasts their food,*
>   *and the ravens that for which they call —*
>   *caring not for the power of horses,*
>   *nor delighting in vaunted human strength.*

Adonai delights in those who revere Him,
in those who trust in His lovingkindness.

>   *Jerusalem, praise Adonai.*
>   *Zion, sing to Your God, who has fortified your gates*
>   *and blessed your children within —*
>   *bringing peace to your borders,*
>   *satisfying you with choice wheat.*

God gives His command to the earth;
swiftly God's word issues forth.
God sends down snow as white as wool
and scatters frost as thick as ashes.

>   *God pelts the earth with a storm of ice.*
>   *Who can withstand God's wintry blasts?*
>   *At God's command the ice melts;*
>   *the wind is stirred, and the waters flow.*

God makes His word known to Jacob,
His statutes and decrees to the people Israel.
This God has not done for other nations,
nor has God taught them His laws. Halleluyah!

תהלים קמ״ח

הַלְלוּיָהּ.

הַלְלוּ אֶת־יהוה מִן הַשָּׁמַיִם,
הַלְלוּהוּ בַּמְּרוֹמִים.
הַלְלוּהוּ כָל־מַלְאָכָיו, הַלְלוּהוּ כָּל־צְבָאָיו.
הַלְלוּהוּ שֶׁמֶשׁ וְיָרֵחַ, הַלְלוּהוּ כָּל־כּוֹכְבֵי אוֹר.
הַלְלוּהוּ שְׁמֵי הַשָּׁמָיִם וְהַמַּיִם אֲשֶׁר מֵעַל הַשָּׁמָיִם.
יְהַלְלוּ אֶת־שֵׁם יהוה, כִּי הוּא צִוָּה וְנִבְרָאוּ.
וַיַּעֲמִידֵם לָעַד לְעוֹלָם, חָק־נָתַן וְלֹא יַעֲבוֹר.
הַלְלוּ אֶת־יהוה מִן הָאָרֶץ, תַּנִּינִים וְכָל־תְּהֹמוֹת,
אֵשׁ וּבָרָד, שֶׁלֶג וְקִיטוֹר, רוּחַ סְעָרָה עֹשָׂה דְבָרוֹ,
הֶהָרִים וְכָל־גְּבָעוֹת, עֵץ פְּרִי וְכָל־אֲרָזִים,
הַחַיָּה וְכָל־בְּהֵמָה, רֶמֶשׂ וְצִפּוֹר כָּנָף,
מַלְכֵי־אֶרֶץ וְכָל־לְאֻמִּים, שָׂרִים וְכָל־שֹׁפְטֵי אָרֶץ,
בַּחוּרִים וְגַם בְּתוּלוֹת, זְקֵנִים עִם נְעָרִים.
יְהַלְלוּ אֶת־שֵׁם יהוה, כִּי נִשְׂגָּב שְׁמוֹ לְבַדּוֹ,
הוֹדוֹ עַל אֶרֶץ וְשָׁמָיִם.
□ וַיָּרֶם קֶרֶן לְעַמּוֹ, תְּהִלָּה לְכָל־חֲסִידָיו,
לִבְנֵי יִשְׂרָאֵל עַם קְרֹבוֹ,
הַלְלוּיָהּ.

PSALM 148

Halleluyah!
Praise Adonai from the heavens.
Praise God, angels on high.

Praise God, sun and moon, all shining stars.
Praise God, highest heavens.

Let them all praise Adonai's glory
at whose command they were created,
at whose decree they endure forever,
and by whose laws nature abides.

Praise Adonai, all who share the earth:
all sea monsters and ocean depths,
fire and hail, snow and smoke,
storms that obey God's command;

all mountains and hills, all fruit trees and cedars,
all beasts, wild and tame,
creeping creatures, winged birds;

earthly rulers, all the nations,
officers and mortal judges,
men and women, young and old.

Let all praise the glory of Adonai,
for God alone is sublime,
more magnificent than the earth and the heavens.

God has exalted His people's fame
for the glory of all the faithful.

God has exalted the people Israel,
the people drawn close to Him.
Halleluyah!

תהלים קמ״ט

הַלְלוּיָהּ.

שִׁירוּ לַיהוה שִׁיר חָדָשׁ, תְּהִלָּתוֹ בִּקְהַל חֲסִידִים.

יִשְׂמַח יִשְׂרָאֵל בְּעֹשָׂיו, בְּנֵי צִיּוֹן יָגִילוּ בְמַלְכָּם.

יְהַלְלוּ שְׁמוֹ בְמָחוֹל, בְּתֹף וְכִנּוֹר יְזַמְּרוּ־לוֹ.

כִּי־רוֹצֶה יהוה בְּעַמּוֹ, יְפָאֵר עֲנָוִים בִּישׁוּעָה.

יַעְלְזוּ חֲסִידִים בְּכָבוֹד, יְרַנְּנוּ עַל מִשְׁכְּבוֹתָם.

רוֹמְמוֹת אֵל בִּגְרוֹנָם, וְחֶרֶב פִּיפִיּוֹת בְּיָדָם.

לַעֲשׂוֹת נְקָמָה בַּגּוֹיִם, תּוֹכֵחוֹת בַּלְאֻמִּים.

☐ לֶאְסֹר מַלְכֵיהֶם בְּזִקִּים, וְנִכְבְּדֵיהֶם בְּכַבְלֵי בַרְזֶל.

לַעֲשׂוֹת בָּהֶם מִשְׁפָּט כָּתוּב, הָדָר הוּא לְכָל־חֲסִידָיו. הַלְלוּיָהּ.

תהלים ק״נ

הַלְלוּיָהּ.

הַלְלוּ אֵל בְּקָדְשׁוֹ, הַלְלוּהוּ בִּרְקִיעַ עֻזּוֹ.

הַלְלוּהוּ בִגְבוּרֹתָיו, הַלְלוּהוּ כְּרֹב גֻּדְלוֹ.

הַלְלוּהוּ בְּתֵקַע שׁוֹפָר, הַלְלוּהוּ בְּנֵבֶל וְכִנּוֹר.

הַלְלוּהוּ בְתֹף וּמָחוֹל, הַלְלוּהוּ בְּמִנִּים וְעֻגָב.

☐ הַלְלוּהוּ בְצִלְצְלֵי־שָׁמַע, הַלְלוּהוּ בְּצִלְצְלֵי תְרוּעָה.

כֹּל הַנְּשָׁמָה תְּהַלֵּל יָהּ, הַלְלוּיָהּ.

כֹּל הַנְּשָׁמָה תְּהַלֵּל יָהּ, הַלְלוּיָהּ.

בָּרוּךְ יהוה לְעוֹלָם, אָמֵן וְאָמֵן. בָּרוּךְ יהוה מִצִּיּוֹן, שֹׁכֵן יְרוּשָׁלָיִם, הַלְלוּיָהּ. ☐ בָּרוּךְ יהוה אֱלֹהִים אֱלֹהֵי יִשְׂרָאֵל, עֹשֵׂה נִפְלָאוֹת לְבַדּוֹ. וּבָרוּךְ שֵׁם כְּבוֹדוֹ לְעוֹלָם, וְיִמָּלֵא כְבוֹדוֹ אֶת־כָּל־הָאָרֶץ, אָמֵן וְאָמֵן.

PSALM 149

Halleluyah! Sing a new song to Adonai.
Where the faithful gather, let God be praised.

> *Let the people Israel rejoice in their Maker;*
> *let the people of Zion delight in their Sovereign.*

Let them dance in praise of God,
let them celebrate with drum and harp.
For Adonai cherishes His people,
and crowns the humble with triumph.

> *Let God's faithful sing exultantly*
> *and rejoice both night and day.*

Let praise of God be on their lips,
and a double-edged sword in their hands
to execute judgment on the godless:

> *To bring punishment upon the nations,*
> *to bind their kings in chains*
> *and put their princes in irons —*
> *carrying out the judgment decreed against them.*

This is glory for all of God's faithful. Halleluyah!

PSALM 150

Halleluyah! Praise God in His sanctuary;
praise God in His awesome heaven.

> *Praise God for His mighty deeds, for His infinite greatness.*

Praise God with trumpet calls, with harp and lyre.

> *Praise God with drum and dance, with flute and strings.*

Praise God with clashing cymbals;
with resounding cymbals sing praises.

> *Let every breath of life praise God. Halleluyah!*

Praised be Adonai forever. Amen! Amen! Praised from Zion
be Adonai who abides in Jerusalem. Halleluyah! Praised be
Adonai, God of the people Israel, who alone works wonders.
Praised be God's glory throughout all time. May God's glory
fill the whole world. Amen! Amen!

It is customary to stand through the middle of page 103.

דברי הימים א כ״ט: י׳-י״ג

וַיְבָרֶךְ דָּוִיד אֶת־יהוה לְעֵינֵי כָּל־הַקָּהָל וַיֹּאמֶר דָּוִיד: בָּרוּךְ אַתָּה יהוה אֱלֹהֵי יִשְׂרָאֵל אָבִינוּ, מֵעוֹלָם וְעַד עוֹלָם. לְךָ יהוה הַגְּדֻלָּה וְהַגְּבוּרָה וְהַתִּפְאֶרֶת וְהַנֵּצַח וְהַהוֹד, כִּי כֹל בַּשָּׁמַיִם וּבָאָרֶץ, לְךָ יהוה הַמַּמְלָכָה וְהַמִּתְנַשֵּׂא לְכֹל לְרֹאשׁ. וְהָעֹשֶׁר וְהַכָּבוֹד מִלְּפָנֶיךָ, וְאַתָּה מוֹשֵׁל בַּכֹּל, וּבְיָדְךָ כֹּחַ וּגְבוּרָה, וּבְיָדְךָ לְגַדֵּל וּלְחַזֵּק לַכֹּל. וְעַתָּה אֱלֹהֵינוּ מוֹדִים אֲנַחְנוּ לָךְ, וּמְהַלְלִים לְשֵׁם תִּפְאַרְתֶּךָ.

נחמיה ט׳: ו׳-י״א

אַתָּה־הוּא יהוה לְבַדֶּךָ, אַתָּה עָשִׂיתָ אֶת־הַשָּׁמַיִם, שְׁמֵי הַשָּׁמַיִם וְכָל־צְבָאָם, הָאָרֶץ וְכָל־אֲשֶׁר עָלֶיהָ, הַיַּמִּים וְכָל־אֲשֶׁר בָּהֶם, וְאַתָּה מְחַיֶּה אֶת־כֻּלָּם, וּצְבָא הַשָּׁמַיִם לְךָ מִשְׁתַּחֲוִים. □ אַתָּה הוּא יהוה הָאֱלֹהִים אֲשֶׁר בָּחַרְתָּ בְּאַבְרָם, וְהוֹצֵאתוֹ מֵאוּר כַּשְׂדִּים, וְשַׂמְתָּ שְׁמוֹ אַבְרָהָם, וּמָצָאתָ אֶת־לְבָבוֹ נֶאֱמָן לְפָנֶיךָ

וְכָרוֹת עִמּוֹ הַבְּרִית לָתֵת אֶת־אֶרֶץ הַכְּנַעֲנִי הַחִתִּי הָאֱמֹרִי וְהַפְּרִזִּי וְהַיְבוּסִי וְהַגִּרְגָּשִׁי לָתֵת לְזַרְעוֹ, וַתָּקֶם אֶת־דְּבָרֶיךָ כִּי צַדִּיק אָתָּה. וַתֵּרֶא אֶת־עֳנִי אֲבֹתֵינוּ בְּמִצְרָיִם, וְאֶת־זַעֲקָתָם שָׁמַעְתָּ עַל יַם סוּף. וַתִּתֵּן אֹתֹת וּמֹפְתִים בְּפַרְעֹה וּבְכָל־עֲבָדָיו וּבְכָל־עַם אַרְצוֹ, כִּי יָדַעְתָּ כִּי הֵזִידוּ עֲלֵיהֶם, וַתַּעַשׂ לְךָ שֵׁם כְּהַיּוֹם הַזֶּה. □ וְהַיָּם בָּקַעְתָּ לִפְנֵיהֶם וַיַּעַבְרוּ בְתוֹךְ הַיָּם בַּיַּבָּשָׁה, וְאֶת־רֹדְפֵיהֶם הִשְׁלַכְתָּ בִמְצוֹלֹת כְּמוֹ אֶבֶן בְּמַיִם עַזִּים.

I CHRONICLES 29:10-13

David praised Adonai in the presence of all the assembled, saying: Praised are You, God of our father Israel, from the past to the future. Yours are greatness and power, Adonai, glory and splendor and majesty — for everything in the heavens and on earth is Yours. Sovereignty is Yours; You are exalted as Ruler of all. You are the source of wealth and honor. Dominion over all the earth is Yours. Might and courage come from You; greatness and strength are Your gifts. We praise You now, our God, and we extol Your glory.

NEḤEMIAH 9:6-11

You alone are Adonai. You created the heavens, the high heavens and all their array, the land and all that is on it, the seas and all they contain. You sustain them all; the hosts of the heavens revere You. You are Adonai, the God who chose Abram and brought him out of Ur of the Chaldees, naming him Abraham, finding in him a faithful servant.

You made a covenant with him, to give the land of the Canaanites, the Hittites, the Amorites, the Perizites, the Jebusites, and the Girgashites to his descendants; and You kept Your promise, for You are just. You saw the suffering of our ancestors in Egypt; You heard their cry at the Sea of Reeds. With signs and wonders You confronted Pharaoh, all of his servants, and all the people of his land, because You knew of their shameless treatment of our ancestors; and You gained for Yourself a name that lives on to this day. You divided the sea for our ancestors, and they passed through it as if on dry land. But their pursuers You cast into the depths, like a stone into turbulent waters.

שמות י״ד: ל׳-ל״א

וַיּוֹשַׁע יהוה בַּיּוֹם הַהוּא אֶת־יִשְׂרָאֵל מִיַּד מִצְרָיִם וַיַּרְא
יִשְׂרָאֵל אֶת־מִצְרַיִם מֵת עַל־שְׂפַת הַיָּם. □ וַיַּרְא יִשְׂרָאֵל
אֶת־הַיָּד הַגְּדֹלָה אֲשֶׁר עָשָׂה יהוה בְּמִצְרַיִם וַיִּירְאוּ הָעָם
אֶת־יהוה, וַיַּאֲמִינוּ בַּיהוה וּבְמֹשֶׁה עַבְדּוֹ.

שמות ט״ו: א׳-י״ח

אָז יָשִׁיר־מֹשֶׁה וּבְנֵי יִשְׂרָאֵל אֶת־הַשִּׁירָה הַזֹּאת לַיהוה וַיֹּאמְרוּ
לֵאמֹר: אָשִׁירָה לַיהוה כִּי־גָאֹה גָּאָה סוּס
וְרֹכְבוֹ רָמָה בַיָּם: עָזִּי וְזִמְרָת יָהּ וַיְהִי־לִי
לִישׁוּעָה זֶה אֵלִי וְאַנְוֵהוּ אֱלֹהֵי
אָבִי וַאֲרֹמְמֶנְהוּ: יהוה אִישׁ מִלְחָמָה, יהוה
שְׁמוֹ: מַרְכְּבֹת פַּרְעֹה וְחֵילוֹ יָרָה בַיָּם, וּמִבְחַר
שָׁלִשָׁיו טֻבְּעוּ בְיַם־סוּף: תְּהֹמֹת יְכַסְיֻמוּ, יָרְדוּ בִמְצוֹלֹת כְּמוֹ
אָבֶן: יְמִינְךָ יהוה נֶאְדָּרִי בַּכֹּחַ, יְמִינְךָ
יהוה תִּרְעַץ אוֹיֵב: וּבְרֹב גְּאוֹנְךָ תַּהֲרֹס
קָמֶיךָ, תְּשַׁלַּח חֲרֹנְךָ יֹאכְלֵמוֹ כַּקַּשׁ: וּבְרוּחַ
אַפֶּיךָ נֶעֶרְמוּ מַיִם נִצְּבוּ כְמוֹ־נֵד
נֹזְלִים, קָפְאוּ תְהֹמֹת בְּלֶב־יָם: אָמַר
אוֹיֵב אֶרְדֹּף אַשִּׂיג אֲחַלֵּק שָׁלָל, תִּמְלָאֵמוֹ
נַפְשִׁי, אָרִיק חַרְבִּי, תּוֹרִישֵׁמוֹ יָדִי: נָשַׁפְתָּ
בְרוּחֲךָ כִּסָּמוֹ יָם, צָלֲלוּ כַּעוֹפֶרֶת בְּמַיִם
אַדִּירִים: מִי־כָמֹכָה בָּאֵלִם יהוה, מִי
כָּמֹכָה נֶאְדָּר בַּקֹּדֶשׁ, נוֹרָא תְהִלֹּת עֹשֵׂה
פֶלֶא: נָטִיתָ יְמִינְךָ תִּבְלָעֵמוֹ אָרֶץ: נָחִיתָ
בְחַסְדְּךָ עַם־זוּ גָּאָלְתָּ, נֵהַלְתָּ בְעָזְּךָ אֶל־נְוֵה

EXODUS 14:30-31

Thus Adonai saved the people Israel from the Egyptians on that day; Israel saw the Egyptians lying dead on the shore of the sea. When the people Israel witnessed the great power that Adonai wielded against the Egyptians, the people feared Adonai; but they had trust in Adonai and His servant Moses.

EXODUS 15:1-18

Then Moses and the people Israel sang this song to Adonai:

I will sing to Adonai, mighty in majestic triumph!
Horse and driver God has hurled into the sea.
Adonai is my strength and my might; God is my deliverance.
This is my God, to whom I give glory —
my ancestor's God, whom I exalt.

Adonai is a warrior; God's name is Adonai.
Pharaoh's chariots and army has God cast into the sea;
Pharaoh's choicest captains have drowned in the Sea of Reeds.
The depths covered them; they sank in the deep like a stone.

Your right hand, Adonai, singular in strength —
Your right hand, Adonai, shatters the enemy.
With Your majestic might You crush Your foes;
You let loose Your fury, to consume them like straw.
In the rush of Your rage the waters were raised;
the sea stood motionless, the great deep congealed.

The enemy said: "I will pursue and plunder!
I will devour them, I will draw my sword.
With my bare hands will I dispatch them."
You loosed the wind — the sea covered them.
Like lead they sank in the swelling waters.

Who is like You, Adonai, among all that is worshiped?
Who is, like You, majestic in holiness,
awesome in splendor, working wonders?

You stretched out Your hand — the earth swallowed them.
In Your love You lead the people You redeemed;
with Your strength You guide them to Your holy habitation.

קׇדְשֶׁךָ: שָׁמְעוּ עַמִּים יִרְגָּזוּן, חִיל
אָחַז יֹשְׁבֵי פְּלָשֶׁת: אָז נִבְהֲלוּ אַלּוּפֵי
אֱדוֹם, אֵילֵי מוֹאָב יֹאחֲזֵמוֹ רָעַד, נָמֹגוּ
כֹּל יֹשְׁבֵי כְנָעַן: תִּפֹּל עֲלֵיהֶם אֵימָתָה
וָפַחַד, בִּגְדֹל זְרוֹעֲךָ יִדְּמוּ כָּאָבֶן: עַד
יַעֲבֹר עַמְּךָ יהוה, עַד־יַעֲבֹר עַם־זוּ
קָנִיתָ: תְּבִאֵמוֹ וְתִטָּעֵמוֹ בְּהַר נַחֲלָתְךָ, מָכוֹן
לְשִׁבְתְּךָ פָּעַלְתָּ יהוה, מִקְּדָשׁ אֲדֹנָי כּוֹנְנוּ
יָדֶיךָ: יהוה יִמְלֹךְ לְעֹלָם וָעֶד:
יהוה יִמְלֹךְ לְעֹלָם וָעֶד.

תהלים כ״ב:כ״ט, עבדיה א׳:כ״א, זכריה י״ד:ט׳

☐ כִּי לַיהוה הַמְּלוּכָה וּמוֹשֵׁל בַּגּוֹיִם. וְעָלוּ מוֹשִׁעִים בְּהַר צִיּוֹן לִשְׁפֹּט אֶת־הַר עֵשָׂו, וְהָיְתָה לַיהוה הַמְּלוּכָה. וְהָיָה יהוה לְמֶלֶךְ עַל כׇּל־הָאָרֶץ, בַּיּוֹם הַהוּא יִהְיֶה יהוה אֶחָד וּשְׁמוֹ אֶחָד.

(On הושענא רבה, continue on page 106.)

שַׁחַר אֲבַקֶּשְׁךָ צוּרִי וּמִשְׂגַּבִּי
אֶעֱרֹךְ לְפָנֶיךָ שַׁחְרִי וְגַם עַרְבִּי.
לִפְנֵי גְדֻלָּתְךָ אֶעֱמֹד וְאֶבָּהֵל
כִּי עֵינְךָ תִרְאֶה כׇּל־מַחְשְׁבוֹת לִבִּי.

מַה־זֶּה אֲשֶׁר יוּכַל הַלֵּב וְהַלָּשׁוֹן לַעֲשׂוֹת
וּמַה־כֹּחַ רוּחִי בְּתוֹךְ קִרְבִּי.
הִנֵּה לְךָ תִּיטַב זִמְרַת אֱנוֹשׁ
עַל כֵּן אוֹדְךָ בְּעוֹד נִשְׁמַת אֱלוֹהַּ בִּי.

Nations take note and tremble;
panic grips the dwellers of Philistia.
Edom's chieftains are chilled with terror;
trembling seizes the mighty of Moab.
All the citizens of Canaan are confused;
dread and dismay descend upon them.
Your overwhelming power makes them still as stone,
while Your people, Adonai —
the people whom You have redeemed —
pass peacefully over.

Lead them to Your lofty mountain;
let them lodge there in Your abode,
the sanctuary You have established.
Adonai shall reign throughout all time.

Adonai shall reign throughout all time.

PSALM 22:29; OVADIAH 1:21; ZEKHARIAH 14:9

For sovereignty belongs to Adonai, who rules the nations.
Deliverers shall arise on Mount Zion to judge the mountain of
Esau, and Adonai shall be supreme. Adonai shall be sovereign
over all the earth. On that day Adonai shall be One and His
name One.

(On Hoshana Rabbah, continue on page 106.)

*This poem by Solomon ibn Gabirol, composed
in eleventh-century Spain, forms a poetic bridge
between the majesty of the P'sukei D'Zimra psalms
and the humble devotion of Nishmat, which follows.*

At dawn I seek You, Refuge, Rock sublime;
My morning prayers I offer, and those at evening time.
I tremble in Your awesome presence, contrite,
For my deepest secrets lie stripped before Your sight.

My tongue, what can it say? My heart, what can it do?
What is my strength, what is my spirit too?
But should music be sweet to You in mortal key,
Your praises will I sing so long as breath's in me.

🌿 **נשמת**

נִשְׁמַת כָּל־חַי תְּבָרֵךְ אֶת־שִׁמְךָ יהוה אֱלֹהֵינוּ. וְרוּחַ כָּל־
בָּשָׂר תְּפָאֵר וּתְרוֹמֵם זִכְרְךָ מַלְכֵּנוּ תָּמִיד. מִן הָעוֹלָם
וְעַד הָעוֹלָם אַתָּה אֵל. וּמִבַּלְעָדֶיךָ אֵין לָנוּ מֶלֶךְ גּוֹאֵל
וּמוֹשִׁיעַ, פּוֹדֶה וּמַצִּיל וּמְפַרְנֵס וּמְרַחֵם בְּכָל־עֵת צָרָה
וְצוּקָה. אֵין לָנוּ מֶלֶךְ אֶלָּא אָתָּה. אֱלֹהֵי הָרִאשׁוֹנִים
וְהָאַחֲרוֹנִים, אֱלוֹהַּ כָּל־בְּרִיּוֹת, אֲדוֹן כָּל־תּוֹלָדוֹת, הַמְהֻלָּל
בְּרֹב הַתִּשְׁבָּחוֹת, הַמְנַהֵג עוֹלָמוֹ בְּחֶסֶד וּבְרִיּוֹתָיו בְּרַחֲמִים.
וַיהוה לֹא יָנוּם וְלֹא יִישָׁן, הַמְעוֹרֵר יְשֵׁנִים, וְהַמֵּקִיץ
נִרְדָּמִים, וְהַמֵּשִׂיחַ אִלְּמִים, וְהַמַּתִּיר אֲסוּרִים, וְהַסּוֹמֵךְ
נוֹפְלִים, וְהַזּוֹקֵף כְּפוּפִים. לְךָ לְבַדְּךָ אֲנַחְנוּ מוֹדִים.

אִלּוּ פִינוּ מָלֵא שִׁירָה כַּיָּם וּלְשׁוֹנֵנוּ רִנָּה כַּהֲמוֹן גַּלָּיו

וְשִׂפְתוֹתֵינוּ שֶׁבַח כְּמֶרְחֲבֵי רָקִיעַ

וְעֵינֵינוּ מְאִירוֹת כַּשֶּׁמֶשׁ וְכַיָּרֵחַ

וְיָדֵינוּ פְרוּשׂוֹת כְּנִשְׁרֵי שָׁמָיִם וְרַגְלֵינוּ קַלּוֹת כָּאַיָּלוֹת,

אֵין אֲנַחְנוּ מַסְפִּיקִים לְהוֹדוֹת לְךָ

יהוה אֱלֹהֵינוּ וֵאלֹהֵי אֲבוֹתֵינוּ

וּלְבָרֵךְ אֶת־שְׁמֶךָ עַל אַחַת מֵאֶלֶף אַלְפֵי אֲלָפִים

וְרִבֵּי רְבָבוֹת פְּעָמִים הַטּוֹבוֹת

שֶׁעָשִׂיתָ עִם אֲבוֹתֵינוּ וְעִמָּנוּ.

מִמִּצְרַיִם גְּאַלְתָּנוּ, יהוה אֱלֹהֵינוּ, וּמִבֵּית עֲבָדִים פְּדִיתָנוּ.
בְּרָעָב זַנְתָּנוּ וּבְשָׂבָע כִּלְכַּלְתָּנוּ, מֵחֶרֶב הִצַּלְתָּנוּ וּמִדֶּבֶר
מִלַּטְתָּנוּ, וּמֵחֳלָיִם רָעִים וְנֶאֱמָנִים דִּלִּיתָנוּ. עַד הֵנָּה עֲזָרוּנוּ
רַחֲמֶיךָ, וְלֹא עֲזָבוּנוּ חֲסָדֶיךָ, וְאַל תִּטְּשֵׁנוּ, יהוה אֱלֹהֵינוּ,
לָנֶצַח.

✿ NISHMAT

The breath of all that lives praises You, Adonai our God. The force that drives all flesh exalts You, our Sovereign, always. Transcending space and time, You are God. Without You we have no one to rescue and redeem us, to save and sustain us, to show us mercy in disaster and distress. Ruler of all ages, God of all creatures, endlessly extolled, You guide the world with kindness, its creatures with compassion. Adonai, who neither slumbers nor sleeps, You stir the sleeping, give voice to the speechless, free the fettered, support the falling, and raise those bowed down. You alone do we acknowledge.

Could song fill our mouth as water fills the sea
and could joy flood our tongue like countless waves —

Could our lips utter praise as limitless as the sky
and could our eyes match the splendor of the sun —

Could we soar with arms like an eagle's wings
and run with gentle grace, as the swiftest deer —

Never could we fully state our gratitude
for one ten-thousandth of the lasting love
that is Your precious blessing, dearest God,
granted to our ancestors and to us.

From Egypt You redeemed us, from the house of bondage You delivered us. In famine You nourished us; in prosperity You sustained us. You rescued us from the sword, protected us from pestilence, and saved us from severe and lingering disease. To this day Your compassion has sustained us; Your kindness has not forsaken us. Never abandon us, Adonai our God.

This closing section of P'sukei D'Zimra provides a transition from the personal intimacy of the psalms to Shaḥarit, the formal public worship, which follows (page 107).

עַל כֵּן אֵבָרִים שֶׁפִּלַּגְתָּ בָּנוּ, וְרוּחַ וּנְשָׁמָה שֶׁנָּפַחְתָּ בְּאַפֵּינוּ, וְלָשׁוֹן אֲשֶׁר שַׂמְתָּ בְּפִינוּ, הֵן הֵם יוֹדוּ וִיבָרְכוּ וִישַׁבְּחוּ וִיפָאֲרוּ וִירוֹמְמוּ וְיַעֲרִיצוּ וְיַקְדִּישׁוּ וְיַמְלִיכוּ אֶת־שִׁמְךָ מַלְכֵּנוּ. כִּי כָל־פֶּה לְךָ יוֹדֶה, וְכָל־לָשׁוֹן לְךָ תִשָּׁבַע, וְכָל־בֶּרֶךְ לְךָ תִכְרַע, וְכָל־קוֹמָה לְפָנֶיךָ תִשְׁתַּחֲוֶה, וְכָל־לְבָבוֹת יִירָאוּךָ, וְכָל־קֶרֶב וּכְלָיוֹת יְזַמְּרוּ לִשְׁמֶךָ, כַּדָּבָר שֶׁכָּתוּב: כָּל־עַצְמוֹתַי תֹּאמַרְנָה, יהוה מִי כָמוֹךָ, מַצִּיל עָנִי מֵחָזָק מִמֶּנּוּ, וְעָנִי וְאֶבְיוֹן מִגֹּזְלוֹ. מִי יִדְמֶה־לָּךְ וּמִי יִשְׁוֶה־לָּךְ וּמִי יַעֲרָךְ־לָךְ, הָאֵל הַגָּדוֹל הַגִּבּוֹר וְהַנּוֹרָא, אֵל עֶלְיוֹן, קֹנֵה שָׁמַיִם וָאָרֶץ. □ נְהַלֶּלְךָ וּנְשַׁבֵּחֲךָ וּנְפָאֶרְךָ וּנְבָרֵךְ אֶת־שֵׁם קָדְשֶׁךָ, כָּאָמוּר: לְדָוִד. בָּרְכִי נַפְשִׁי אֶת־יהוה, וְכָל־קְרָבַי אֶת־שֵׁם קָדְשׁוֹ.

On יום טוב, the Ḥazzan begins here:

הָאֵל בְּתַעֲצֻמוֹת עֻזֶּךָ, הַגָּדוֹל בִּכְבוֹד שְׁמֶךָ, הַגִּבּוֹר לָנֶצַח וְהַנּוֹרָא בְּנוֹרְאוֹתֶיךָ, הַמֶּלֶךְ הַיּוֹשֵׁב עַל כִּסֵּא רָם וְנִשָּׂא.

On שבת, the Ḥazzan begins here:

שׁוֹכֵן עַד, מָרוֹם וְקָדוֹשׁ שְׁמוֹ.
וְכָתוּב: רַנְּנוּ צַדִּיקִים בַּיהוה, לַיְשָׁרִים נָאוָה תְהִלָּה.
□ בְּפִי יְשָׁרִים תִּתְהַלָּל
וּבְדִבְרֵי צַדִּיקִים תִּתְבָּרַךְ
וּבִלְשׁוֹן חֲסִידִים תִּתְרוֹמָם
וּבְקֶרֶב קְדוֹשִׁים תִּתְקַדָּשׁ.

וּבְמַקְהֲלוֹת רִבְבוֹת עַמְּךָ בֵּית יִשְׂרָאֵל
בְּרִנָּה יִתְפָּאַר שִׁמְךָ מַלְכֵּנוּ בְּכָל־דּוֹר וָדוֹר.
□ שֶׁכֵּן חוֹבַת כָּל־הַיְצוּרִים לְפָנֶיךָ
יהוה אֱלֹהֵינוּ וֵאלֹהֵי אֲבוֹתֵינוּ,
לְהוֹדוֹת לְהַלֵּל לְשַׁבֵּחַ, לְפָאֵר לְרוֹמֵם
לְהַדֵּר, לְבָרֵךְ לְעַלֵּה וּלְקַלֵּס
עַל כָּל־דִּבְרֵי שִׁירוֹת וְתִשְׁבְּחוֹת
דָּוִד בֶּן־יִשַׁי עַבְדְּךָ מְשִׁיחֶךָ.

These limbs that You formed for us, this spirit You breathed into us, this tongue You set in our mouth, must laud, praise, extol, sing, and exalt Your holiness and sovereignty. Every mouth shall extol You, every tongue shall pledge devotion. Every knee shall bend to You, every back shall bow to You, every heart shall revere You, every fiber of our being shall sing of Your glory. As the psalmist sang: "All my bones exclaim: Adonai, who is like You, saving the weak from the powerful, the needy from those who would prey on them?" Who can equal You? Who can be compared to You — great, mighty, awesome, exalted God, Creator of the heavens and the earth? We extol You even as David sang: "Praise Adonai, my soul; let every fiber of my being praise God's holy name."

On Festivals, the Reader begins here:
You are God through the vastness of Your power, great through the glory of Your name, mighty forever, awesome through Your awesome works. You are Sovereign, enthroned supreme.

On Shabbat, the Reader begins here:
God, sacred and exalted, inhabits eternity.
As the psalmist has written:
"Rejoice in Adonai, you righteous.
It is fitting for the upright to praise God."

By the mouth of the upright are You extolled,
by the words of the righteous are You praised,
by the tongue of the faithful are You acclaimed,
in the soul of the saintly are You hallowed.

Among assembled throngs of the House of Israel
Your name shall be glorified in song, our Sovereign,
in every generation.
For it is the duty of all creatures,
Adonai our God and God of our ancestors,
to acclaim, laud, and glorify You —
extolling, exalting, to add our own praise
to the songs of David, Your anointed servant.

יִשְׁתַּבַּח שִׁמְךָ לָעַד, מַלְכֵּנוּ,
הָאֵל הַמֶּלֶךְ הַגָּדוֹל וְהַקָּדוֹשׁ בַּשָּׁמַיִם וּבָאָרֶץ.
כִּי לְךָ נָאֶה, יהוה אֱלֹהֵינוּ וֵאלֹהֵי אֲבוֹתֵינוּ,
שִׁיר וּשְׁבָחָה, הַלֵּל וְזִמְרָה,
עֹז וּמֶמְשָׁלָה, נֶצַח גְּדֻלָּה וּגְבוּרָה,
תְּהִלָּה וְתִפְאֶרֶת, קְדֻשָּׁה וּמַלְכוּת.
□ בְּרָכוֹת וְהוֹדָאוֹת מֵעַתָּה וְעַד עוֹלָם.
בָּרוּךְ אַתָּה יהוה אֵל מֶלֶךְ גָּדוֹל בַּתִּשְׁבָּחוֹת,
אֵל הַהוֹדָאוֹת, אֲדוֹן הַנִּפְלָאוֹת, הַבּוֹחֵר בְּשִׁירֵי זִמְרָה,
מֶלֶךְ, אֵל, חֵי הָעוֹלָמִים.

On שבת שובה, Psalm 130 (page 254) may be added.

חצי קדיש

Ḥazzan:

יִתְגַּדַּל וְיִתְקַדַּשׁ שְׁמֵהּ רַבָּא, בְּעָלְמָא דִּי בְרָא, כִּרְעוּתֵהּ, וְיַמְלִיךְ מַלְכוּתֵהּ בְּחַיֵּיכוֹן וּבְיוֹמֵיכוֹן וּבְחַיֵּי דְכָל-בֵּית יִשְׂרָאֵל, בַּעֲגָלָא וּבִזְמַן קָרִיב, וְאִמְרוּ אָמֵן.

Congregation and Ḥazzan:

יְהֵא שְׁמֵהּ רַבָּא מְבָרַךְ לְעָלַם וּלְעָלְמֵי עָלְמַיָּא.

Ḥazzan:

יִתְבָּרַךְ וְיִשְׁתַּבַּח וְיִתְפָּאַר וְיִתְרוֹמַם וְיִתְנַשֵּׂא וְיִתְהַדַּר וְיִתְעַלֶּה וְיִתְהַלַּל שְׁמֵהּ דְּקֻדְשָׁא, בְּרִיךְ הוּא *לְעֵלָּא מִן כָּל-בִּרְכָתָא וְשִׁירָתָא תֻּשְׁבְּחָתָא וְנֶחֱמָתָא דַּאֲמִירָן בְּעָלְמָא, וְאִמְרוּ אָמֵן.

**On שבת שובה:* לְעֵלָּא לְעֵלָּא מִכָּל-בִּרְכָתָא וְשִׁירָתָא

In this b'rakhah, which concludes P'sukei D'Zimra,
we affirm that God, our exalted Sovereign,
merits eternal praise.

You shall ever be praised in heaven and on earth,
our Sovereign, the great and holy God.
Songs of praise and psalms of adoration become You,
Adonai our God and God of our ancestors,
praises that acknowledge Your grandeur, Your glory,
Your might, Your magnificence,
Your strength, Your sanctity, and Your sovereignty.
Now and forever, acclaim and honor are Yours.
Praised are You Adonai, Sovereign of wonders,
crowned with adoration, delighting in our songs and psalms,
exalted Ruler, Eternal Life of the universe.

On Shabbat Shuvah, Psalm 130 (page 254) may be added.

 ḤATZI KADDISH

Reader:

May God's name be exalted and hallowed throughout the
world that He created, as is God's wish. May God's sovereignty
soon be accepted, during our life and the life of all Israel.
And let us say: Amen.

Congregation and Reader:
Y'hei sh'mei raba m'varakh l'alam u-l'almei almaya.
May God's great name be praised throughout all time.

Reader:

Glorified and celebrated, lauded and worshiped, exalted and
honored, extolled and acclaimed may the Holy One be, praised
beyond all song and psalm, beyond all tributes that mortals
can utter. And let us say: Amen.

שחרית

קריאת שמע וברכותיה

Ḥazzan:

בָּרְכוּ אֶת־יהוה הַמְבֹרָךְ.

Congregation, then Ḥazzan:

בָּרוּךְ יהוה הַמְבֹרָךְ לְעוֹלָם וָעֶד.

The first ברכה before קריאת שמע

בָּרוּךְ אַתָּה יהוה אֱלֹהֵינוּ מֶלֶךְ הָעוֹלָם,
יוֹצֵר אוֹר וּבוֹרֵא חֹשֶׁךְ, עֹשֶׂה שָׁלוֹם וּבוֹרֵא אֶת־הַכֹּל.

When a יום טוב falls on a weekday, continue with המאיר לארץ, page 109.

On שבת:

הַכֹּל יוֹדוּךָ, וְהַכֹּל יְשַׁבְּחוּךָ, וְהַכֹּל יֹאמְרוּ: אֵין קָדוֹשׁ כַּיהוה. הַכֹּל יְרוֹמְמוּךָ סֶּלָה, יוֹצֵר הַכֹּל, הָאֵל הַפּוֹתֵחַ בְּכָל־יוֹם דַּלְתוֹת שַׁעֲרֵי מִזְרָח, וּבוֹקֵעַ חַלּוֹנֵי רָקִיעַ, מוֹצִיא חַמָּה מִמְּקוֹמָהּ וּלְבָנָה מִמְּכוֹן שִׁבְתָּהּ, וּמֵאִיר לָעוֹלָם כֻּלּוֹ וּלְיוֹשְׁבָיו שֶׁבָּרָא בְּמִדַּת רַחֲמִים. הַמֵּאִיר לָאָרֶץ וְלַדָּרִים עָלֶיהָ בְּרַחֲמִים, וּבְטוּבוֹ מְחַדֵּשׁ בְּכָל־יוֹם תָּמִיד מַעֲשֵׂה בְרֵאשִׁית. הַמֶּלֶךְ הַמְרוֹמָם לְבַדּוֹ מֵאָז, הַמְשֻׁבָּח וְהַמְפֹאָר וְהַמִּתְנַשֵּׂא מִימוֹת עוֹלָם, אֱלֹהֵי עוֹלָם, בְּרַחֲמֶיךָ הָרַבִּים רַחֵם עָלֵינוּ, אֲדוֹן עֻזֵּנוּ, צוּר מִשְׂגַּבֵּנוּ, מָגֵן יִשְׁעֵנוּ, מִשְׂגָּב בַּעֲדֵנוּ. אֵין כְּעֶרְכֶּךָ וְאֵין זוּלָתֶךָ, אֶפֶס בִּלְתְּךָ וּמִי דּוֹמֶה לָּךְ. □ אֵין כְּעֶרְכְּךָ יהוה אֱלֹהֵינוּ בָּעוֹלָם הַזֶּה, וְאֵין זוּלָתְךָ מַלְכֵּנוּ לְחַיֵּי הָעוֹלָם הַבָּא. אֶפֶס בִּלְתְּךָ גּוֹאֲלֵנוּ לִימוֹת הַמָּשִׁיחַ, וְאֵין דּוֹמֶה לְּךָ מוֹשִׁיעֵנוּ לִתְחִיַּת הַמֵּתִים.

SHAḤARIT

🌿 K'RIAT SH'MA AND ITS B'RAKHOT

Reader:
Bar'khu et Adonai ha-m'vorakh.
Praise Adonai, the Exalted One.

Congregation, then Reader:
Barukh Adonai ha-m'vorakh l'olam va-ed.
Praised be Adonai, the Exalted One, throughout all time.

In this b'rakhah (which continues through page 110),
we praise God for the majesty of Creation and the
miracle of God's artistry in designing the universe.

Praised are You Adonai our God, who rules the universe,
creating light and fashioning darkness,
ordaining the order of all creation.

When a Festival falls on a weekday,
continue on page 109.

On Shabbat:
All creatures praise You; all declare: "There is none holy
as Adonai." All exalt You, Creator of all, God who daily opens
the gates of the heavens, the casements of the eastern sky —
bringing forth the sun from its dwelling place, the moon
from its abode, illumining the whole world and its inhabitants
whom You created with mercy. You illumine the earth
and its creatures with mercy; in Your goodness, day after
day, You renew creation. Uniquely exalted since earliest
time, enthroned amidst praise and prominence since the
world began — eternal God, with Your manifold mercies
continue to love us, our Pillar of strength, protecting Rock,
sheltering Shield, sustaining Stronghold. Incomparable,
inimitable, peerless and singular, Adonai our God, You are
our Sovereign — incomparable in this world, inimitable in
the world to come, peerless Redeemer in the days of the
Messiah, singular in assuring life immortal.

אֵל אָדוֹן עַל כָּל־הַמַּעֲשִׂים, בָּרוּךְ וּמְבֹרָךְ בְּפִי כָּל־נְשָׁמָה.
גָּדְלוֹ וְטוּבוֹ מָלֵא עוֹלָם, דַּעַת וּתְבוּנָה סוֹבְבִים אוֹתוֹ.

הַמִּתְגָּאֶה עַל חַיּוֹת הַקֹּדֶשׁ, וְנֶהְדָּר בְּכָבוֹד עַל הַמֶּרְכָּבָה.
זְכוּת וּמִישׁוֹר לִפְנֵי כִסְאוֹ, חֶסֶד וְרַחֲמִים לִפְנֵי כְבוֹדוֹ.

טוֹבִים מְאוֹרוֹת שֶׁבָּרָא אֱלֹהֵינוּ, יְצָרָם בְּדַעַת בְּבִינָה וּבְהַשְׂכֵּל.
כֹּחַ וּגְבוּרָה נָתַן בָּהֶם, לִהְיוֹת מוֹשְׁלִים בְּקֶרֶב תֵּבֵל.

מְלֵאִים זִיו וּמְפִיקִים נֹגַהּ, נָאֶה זִיוָם בְּכָל־הָעוֹלָם.
שְׂמֵחִים בְּצֵאתָם וְשָׂשִׂים בְּבוֹאָם, עוֹשִׂים בְּאֵימָה רְצוֹן קוֹנָם.

פְּאֵר וְכָבוֹד נוֹתְנִים לִשְׁמוֹ, צָהֳלָה וְרִנָּה לְזֵכֶר מַלְכוּתוֹ.
קָרָא לַשֶּׁמֶשׁ וַיִּזְרַח אוֹר, רָאָה וְהִתְקִין צוּרַת הַלְּבָנָה.

שֶׁבַח נוֹתְנִים לוֹ כָּל־צְבָא מָרוֹם,
תִּפְאֶרֶת וּגְדֻלָּה, שְׂרָפִים וְאוֹפַנִּים וְחַיּוֹת הַקֹּדֶשׁ...

El Adon al kol ha-ma'asim, barukh u-m'vorakh b'fi kol n'shamah.
Godlo v'tuvo malei olam, da-at u-t'vunah sov'vim oto.

Ha-mitga-eh al ḥayot ha-kodesh, v'neh'dar b'khavod al ha-merkavah.
Z'khut u-mishor lifnei khis-o, ḥesed v'raḥamim lifnei kh'vodo.

Tovim m'orot shebara Eloheinu, y'tzaram b'da-at b'vinah u-v'haskel.
Ko-aḥ u-g'vurah natan ba-hem, lih'yot moshlim b'kerev tevel.

M'ley-im ziv u-m'fikim nogah, na-eh zivam b'khol ha-olam.
S'meḥim b'tzetam v'sasim b'vo-am, osim b'eimah r'tzon konam.

P'er v'khavod notnim lish'mo, tzo-holah v'rinah l'zekher malkhuto.
Kara la-shemesh va-yizraḥ or, ra-ah v'hitkin tzurat ha-l'vanah.

Shevaḥ notnim lo kol tz'va marom,
Tif-eret u-g'dulah, s'rafim v'ofanim v'ḥayot ha-kodesh.

El Adon is a poetic tribute to the Author
of all existence. All nature, with its vastness
and grandeur, fills us with awe and proclaims
the greatness of the Creator.

Creation reflects the rule of God,
who is praised by the breath of all life.

God's greatness and goodness fill the universe;
knowledge and wisdom encircle God's presence.

Exalted is God by creatures celestial,
enhanced and adorned by the mysteries of heaven.

God's throne is guarded by truth and purity;
God is surrounded by mercy and love.

Good are the lights our God has created,
fashioning them with insight and wisdom.

Endowed by God with power and vigor,
they maintain dominion amidst the world.

Abounding in splendor, emanating brilliance,
their radiant light adorns the universe.

Rejoicing in rising, gladly setting,
they rush to obey their Creator's will.

God is acclaimed by beauty and glory,
God's sovereignty sung by celebration and praise.

God summoned the sun, whose light shone forth,
then gave to the moon its cyclical glow.

The stars and planets, all bodies of the heavens
acclaim God with praise;
celestial creatures give glory and greatness . . .

לָאֵל אֲשֶׁר שָׁבַת מִכָּל־הַמַּעֲשִׂים,
בַּיּוֹם הַשְּׁבִיעִי הִתְעַלָּה וְיָשַׁב עַל כִּסֵּא כְבוֹדוֹ.
תִּפְאֶרֶת עָטָה לְיוֹם הַמְּנוּחָה,
עֹנֶג קָרָא לְיוֹם הַשַּׁבָּת.
זֶה שֶׁבַח שֶׁלַּיּוֹם הַשְּׁבִיעִי,
שֶׁבּוֹ שָׁבַת אֵל מִכָּל־מְלַאכְתּוֹ.
וְיוֹם הַשְּׁבִיעִי מְשַׁבֵּחַ וְאוֹמֵר:
מִזְמוֹר שִׁיר לְיוֹם הַשַּׁבָּת,
טוֹב לְהוֹדוֹת לַיהוה.

לְפִיכָךְ יְפָאֲרוּ וִיבָרְכוּ לָאֵל כָּל־יְצוּרָיו.
שֶׁבַח יְקָר וּגְדֻלָּה יִתְּנוּ לָאֵל מֶלֶךְ יוֹצֵר כֹּל,
הַמַּנְחִיל מְנוּחָה לְעַמּוֹ יִשְׂרָאֵל בִּקְדֻשָּׁתוֹ
בְּיוֹם שַׁבַּת קֹדֶשׁ.
שִׁמְךָ יהוה אֱלֹהֵינוּ יִתְקַדַּשׁ
וְזִכְרְךָ מַלְכֵּנוּ יִתְפָּאַר,
בַּשָּׁמַיִם מִמַּעַל וְעַל הָאָרֶץ מִתָּחַת.
תִּתְבָּרַךְ מוֹשִׁיעֵנוּ עַל שֶׁבַח מַעֲשֵׂה יָדֶיךָ
וְעַל מְאוֹרֵי אוֹר שֶׁעָשִׂיתָ יְפָאֲרוּךָ סֶּלָה.

On weekdays:

הַמֵּאִיר לָאָרֶץ וְלַדָּרִים עָלֶיהָ בְּרַחֲמִים, וּבְטוּבוֹ מְחַדֵּשׁ בְּכָל־יוֹם תָּמִיד מַעֲשֵׂה בְרֵאשִׁית. מָה רַבּוּ מַעֲשֶׂיךָ יהוה, כֻּלָּם בְּחָכְמָה עָשִׂיתָ, מָלְאָה הָאָרֶץ קִנְיָנֶךָ. הַמֶּלֶךְ הַמְּרוֹמָם לְבַדּוֹ מֵאָז, הַמְשֻׁבָּח וְהַמְפֹאָר וְהַמִּתְנַשֵּׂא מִימוֹת עוֹלָם, אֱלֹהֵי עוֹלָם, בְּרַחֲמֶיךָ הָרַבִּים רַחֵם עָלֵינוּ, אֲדוֹן עֻזֵּנוּ, צוּר מִשְׂגַּבֵּנוּ, מָגֵן יִשְׁעֵנוּ, מִשְׂגָּב בַּעֲדֵנוּ.

אֵל בָּרוּךְ **גְּ**דוֹל **דֵּ**עָה, **הֵ**כִין **וּ**פָעַל **זָ**הֳרֵי **חַ**מָּה, **טוֹ**ב **יָ**צַר **כָּ**בוֹד **לִ**שְׁמוֹ, **מְ**אוֹרוֹת **נָ**תַן **סְ**בִיבוֹת **עֻ**זּוֹ. **פִּ**נּוֹת **צְ**בָאָיו **קְ**דוֹשִׁים, **רוֹ**מְמֵי **שַׁ**דַּי, **תָּ**מִיד מְסַפְּרִים כְּבוֹד אֵל וּקְדֻשָּׁתוֹ. תִּתְבָּרַךְ יהוה אֱלֹהֵינוּ עַל שֶׁבַח מַעֲשֵׂה יָדֶיךָ וְעַל מְאוֹרֵי אוֹר שֶׁעָשִׂיתָ, יְפָאֲרוּךָ סֶּלָה.

To God, who completed the work of creation
on the seventh day and ascended His glorious throne.
God robed the day of rest in beauty,
calling Shabbat a delight.
God ceased all His labors on Shabbat;
that is its distinction.
The seventh day itself hymns praise to God:
"A song for Shabbat:
It is good to acclaim Adonai."

Let all God's creatures likewise sing His praise.
Let them honor their Sovereign,
Creator of all, who in holiness
grants rest and repose for His people Israel
on the holy Shabbat.
In the heavens above and on earth below
shall Your name be hallowed and acclaimed,
Adonai our God.
Praise shall be Yours, our Deliverer:
For Your wondrous works,
for the lights You have fashioned —
the sun and the moon, which reflect Your glory.

On weekdays:

You illumine the earth and its creatures with mercy; in Your
goodness, day after day You renew creation. How manifold Your
works, Adonai; with wisdom You fashioned them all. The earth
abounds with Your creations. Uniquely exalted since earliest time,
enthroned amidst praise and prominence since the world began,
eternal God, with Your manifold mercies continue to love us, our
Pillar of strength, protecting Rock, sheltering Shield, sustaining
Stronghold.

Our praiseworthy God, with vast understanding, fashioned the
rays of the sun. The good light God created reflects His splendor;
radiant lights surround God's throne. God's heavenly servants in
holiness exalt the Almighty, constantly recounting God's sacred
glory. Praise shall be Yours, Adonai our God: For Your wondrous
works, for the lights You have fashioned — the sun and the moon,
which reflect Your glory.

All services continue here:

תִּתְבָּרַךְ, צוּרֵנוּ מַלְכֵּנוּ וְגוֹאֲלֵנוּ, בּוֹרֵא קְדוֹשִׁים. יִשְׁתַּבַּח
שִׁמְךָ לָעַד מַלְכֵּנוּ, יוֹצֵר מְשָׁרְתִים, וַאֲשֶׁר מְשָׁרְתָיו כֻּלָּם
עוֹמְדִים בְּרוּם עוֹלָם וּמַשְׁמִיעִים בְּיִרְאָה יַחַד בְּקוֹל דִּבְרֵי
אֱלֹהִים חַיִּים וּמֶלֶךְ עוֹלָם. ☐ כֻּלָּם אֲהוּבִים, כֻּלָּם בְּרוּרִים,
כֻּלָּם גִּבּוֹרִים, וְכֻלָּם עֹשִׂים בְּאֵימָה וּבְיִרְאָה רְצוֹן קוֹנָם,
וְכֻלָּם פּוֹתְחִים אֶת־פִּיהֶם בִּקְדֻשָּׁה וּבְטָהֳרָה, בְּשִׁירָה
וּבְזִמְרָה, וּמְבָרְכִים וּמְשַׁבְּחִים וּמְפָאֲרִים וּמַעֲרִיצִים
וּמַקְדִּישִׁים וּמַמְלִיכִים

אֶת־שֵׁם הָאֵל הַמֶּלֶךְ הַגָּדוֹל הַגִּבּוֹר וְהַנּוֹרָא, קָדוֹשׁ הוּא.
☐ וְכֻלָּם מְקַבְּלִים עֲלֵיהֶם עֹל מַלְכוּת שָׁמַיִם זֶה מִזֶּה,
וְנוֹתְנִים רְשׁוּת זֶה לָזֶה לְהַקְדִּישׁ לְיוֹצְרָם בְּנַחַת רוּחַ,
בְּשָׂפָה בְרוּרָה וּבִנְעִימָה קְדוֹשָׁה, כֻּלָּם כְּאֶחָד עוֹנִים
וְאוֹמְרִים בְּיִרְאָה:

קָדוֹשׁ קָדוֹשׁ קָדוֹשׁ יהוה צְבָאוֹת, מְלֹא כָל־הָאָרֶץ כְּבוֹדוֹ.

☐ וְהָאוֹפַנִּים וְחַיּוֹת הַקֹּדֶשׁ בְּרַעַשׁ גָּדוֹל מִתְנַשְּׂאִים לְעֻמַּת
שְׂרָפִים, לְעֻמָּתָם מְשַׁבְּחִים וְאוֹמְרִים:

בָּרוּךְ כְּבוֹד יהוה מִמְּקוֹמוֹ.

לְאֵל בָּרוּךְ, נְעִימוֹת יִתֵּנוּ.
לַמֶּלֶךְ אֵל חַי וְקַיָּם, זְמִירוֹת יֹאמֵרוּ וְתִשְׁבָּחוֹת יַשְׁמִיעוּ,
כִּי הוּא לְבַדּוֹ פּוֹעֵל גְּבוּרוֹת, עֹשֶׂה חֲדָשׁוֹת,
בַּעַל מִלְחָמוֹת, זוֹרֵעַ צְדָקוֹת, מַצְמִיחַ יְשׁוּעוֹת,
בּוֹרֵא רְפוּאוֹת, נוֹרָא תְהִלּוֹת, אֲדוֹן הַנִּפְלָאוֹת,
הַמְחַדֵּשׁ בְּטוּבוֹ בְּכָל־יוֹם תָּמִיד מַעֲשֵׂה בְרֵאשִׁית,
כָּאָמוּר: לְעֹשֵׂה אוֹרִים גְּדֹלִים, כִּי לְעוֹלָם חַסְדּוֹ.
☐ אוֹר חָדָשׁ עַל צִיּוֹן תָּאִיר,
וְנִזְכֶּה כֻלָּנוּ מְהֵרָה לְאוֹרוֹ.
בָּרוּךְ אַתָּה יהוה יוֹצֵר הַמְּאוֹרוֹת.

All services continue here:

Our Rock, our Redeemer, our Sovereign — Creator of holy beings — You shall be praised forever. You fashion angelic spirits to serve You; beyond the heavens they all await Your command. In chorus they reverently chant words of the living God, the eternal Sovereign. Adoring, beloved, and choice are they all, in awe fulfilling their Creator's will. In purity and sanctity they raise their voices in song and psalm, praising, extolling and exalting, declaring the power, holiness, and majesty

of God, the great, mighty, awesome Sovereign, the Holy One. One to another they vow loyalty to God's sovereignty; one with another they join to hallow their Creator with serenity, pure speech, and sacred song, in unison chanting with reverence:

> Kadosh kadosh kadosh Adonai Tz'va-ot, m'lo khol ha-aretz k'vodo.
> Holy, holy, holy, *Adonai Tz'va-ot*;
> the grandeur of the world is God's glory.

As in the prophet's vision, soaring celestial creatures exclaim, responding with a chorus of adoration:

> Barukh k'vod Adonai mi-m'komo.
> Praised is the glory of Adonai throughout the universe.

This passage, which concludes the first b'rakhah before K'riat Sh'ma, celebrates the miracle of God's ongoing work of creation.

To praiseworthy God they sweetly sing;
in song they celebrate the living, enduring God.
For God is unique, doing mighty deeds, creating new life,
championing justice, sowing righteousness,
reaping victory, bringing healing.
Awesome in praise, Sovereign of wonders,
God, in His goodness, renews Creation day after day.
So sang the psalmist: "Praise the Creator of great lights,
for God's love endures forever."
Cause a new light to illumine Zion.
May we all soon share a portion of its radiance.
Praised are You Adonai, Creator of lights.

Second ברכה before קריאת שמע

אַהֲבָה רַבָּה אֲהַבְתָּנוּ, יהוה אֱלֹהֵינוּ,
חֶמְלָה גְדוֹלָה וִיתֵרָה חָמַלְתָּ עָלֵינוּ.
אָבִינוּ מַלְכֵּנוּ, בַּעֲבוּר אֲבוֹתֵינוּ שֶׁבָּטְחוּ בְךָ
וַתְּלַמְּדֵם חֻקֵּי חַיִּים, כֵּן תְּחָנֵּנוּ וּתְלַמְּדֵנוּ.
אָבִינוּ הָאָב הָרַחֲמָן, הַמְרַחֵם, רַחֵם עָלֵינוּ
וְתֵן בְּלִבֵּנוּ לְהָבִין וּלְהַשְׂכִּיל,
לִשְׁמֹעַ, לִלְמֹד וּלְלַמֵּד, לִשְׁמֹר וְלַעֲשׂוֹת
וּלְקַיֵּם אֶת־כָּל־דִּבְרֵי תַלְמוּד תּוֹרָתֶךָ בְּאַהֲבָה.

וְהָאֵר עֵינֵינוּ בְּתוֹרָתֶךָ, וְדַבֵּק לִבֵּנוּ בְּמִצְוֹתֶיךָ,
וְיַחֵד לְבָבֵנוּ לְאַהֲבָה וּלְיִרְאָה אֶת־שְׁמֶךָ,
וְלֹא נֵבוֹשׁ לְעוֹלָם וָעֶד.
כִּי בְשֵׁם קָדְשְׁךָ הַגָּדוֹל וְהַנּוֹרָא בָּטָחְנוּ,
נָגִילָה וְנִשְׂמְחָה בִּישׁוּעָתֶךָ.
□ *וַהֲבִיאֵנוּ לְשָׁלוֹם מֵאַרְבַּע כַּנְפוֹת הָאָרֶץ,
וְתוֹלִיכֵנוּ קוֹמְמִיּוּת לְאַרְצֵנוּ,
כִּי אֵל פּוֹעֵל יְשׁוּעוֹת אָתָּה,
וּבָנוּ בָחַרְתָּ מִכָּל־עַם וְלָשׁוֹן,
וְקֵרַבְתָּנוּ לְשִׁמְךָ הַגָּדוֹל סֶלָה בֶּאֱמֶת,
לְהוֹדוֹת לְךָ וּלְיַחֶדְךָ בְּאַהֲבָה.
בָּרוּךְ אַתָּה יהוה הַבּוֹחֵר בְּעַמּוֹ יִשְׂרָאֵל בְּאַהֲבָה.

**As we prepare to chant the Sh'ma, we gather together the tzitzit, the four fringes of the tallit, a reminder of our loving dedication to all of God's mitzvot.*

The first paragraph of the Sh'ma (ואהבת), which begins on the next page, expresses the obligations that flow from the recognition of God's sovereignty. The second paragraph (והיה) urges the acceptance of the discipline of מצוות, while the third (ויאמר) ordains an action that symbolizes the above principles: Gazing at the ציצית (fringes).

It is customary, during the recitation of the third paragraph of the Sh'ma (ויאמר), to kiss the tzitzit at each mention of the word "ציצית," as a formal expression of our love.

In this b'rakhah, we praise God for the gift of Torah,
sign of God's love, and commit ourselves to its study.

Deep is Your love for us, Adonai our God,
boundless Your tender compassion.
Avinu Malkenu, You taught our ancestors life-giving laws.
They trusted in You;
for their sake graciously teach us.
Our Maker, merciful Provider, show us mercy;
grant us discernment and understanding.
Then will we study Your Torah, heed its words,
teach its precepts, and follow its instruction,
lovingly fulfilling all its teachings.

Open our eyes to Your Torah;
help our hearts cleave to Your mitzvot.
Unite all our thoughts to love and revere You.
Then we will never be brought to shame,
for we trust in Your awesome holiness,
and will delight in Your deliverance.
Bring us safely from the four corners of the earth,
and lead us in dignity to our holy land,
for You are the Source of deliverance.
You have called us from all peoples and tongues,
constantly drawing us nearer to You,
that we may lovingly offer You praise,
proclaiming Your Oneness.
Praised are You Adonai, who loves the people Israel.

We now prepare to affirm God's sovereignty, freely pledging God our
loyalty as witnesses to revelation. Twice each day, by reciting the
Sh'ma, we lovingly reaffirm that loyalty, through our acceptance
of mitzvot.

The Sh'ma was part of the service in the Temple in ancient
Jerusalem. It was recited by the Kohanim in the same order as
it is recited today.

"Barukh shem k'vod malkhuto" *was the people's response. It was*
not part of the biblical text of the Sh'ma.

קריאת שמע

If there is no minyañ add: אֵל מֶלֶךְ נֶאֱמָן

דברים ו׳:ד׳-ט׳

שְׁמַע יִשְׂרָאֵל יהוה אֱלֹהֵינוּ יהוה ׀ אֶחָד:

Silently:

בָּרוּךְ שֵׁם כְּבוֹד מַלְכוּתוֹ לְעוֹלָם וָעֶד.

וְאָהַבְתָּ אֵת יהוה אֱלֹהֶיךָ בְּכָל־לְבָבְךָ וּבְכָל־נַפְשְׁךָ וּבְכָל־מְאֹדֶךָ: וְהָיוּ הַדְּבָרִים הָאֵלֶּה אֲשֶׁר אָנֹכִי מְצַוְּךָ הַיּוֹם עַל־לְבָבֶךָ: וְשִׁנַּנְתָּם לְבָנֶיךָ וְדִבַּרְתָּ בָּם בְּשִׁבְתְּךָ בְּבֵיתֶךָ וּבְלֶכְתְּךָ בַדֶּרֶךְ וּבְשָׁכְבְּךָ וּבְקוּמֶךָ: וּקְשַׁרְתָּם לְאוֹת עַל־יָדֶךָ וְהָיוּ לְטֹטָפֹת בֵּין עֵינֶיךָ: וּכְתַבְתָּם עַל־מְזֻזוֹת בֵּיתֶךָ וּבִשְׁעָרֶיךָ:

דברים י״א:י״ג-כ״א

וְהָיָה אִם־שָׁמֹעַ תִּשְׁמְעוּ אֶל־מִצְוֹתַי אֲשֶׁר אָנֹכִי מְצַוֶּה אֶתְכֶם הַיּוֹם לְאַהֲבָה אֶת־יהוה אֱלֹהֵיכֶם וּלְעָבְדוֹ בְּכָל־לְבַבְכֶם וּבְכָל־נַפְשְׁכֶם: וְנָתַתִּי מְטַר־אַרְצְכֶם בְּעִתּוֹ יוֹרֶה וּמַלְקוֹשׁ וְאָסַפְתָּ דְגָנֶךָ וְתִירֹשְׁךָ וְיִצְהָרֶךָ: וְנָתַתִּי עֵשֶׂב בְּשָׂדְךָ לִבְהֶמְתֶּךָ וְאָכַלְתָּ וְשָׂבָעְתָּ: הִשָּׁמְרוּ לָכֶם פֶּן־יִפְתֶּה לְבַבְכֶם וְסַרְתֶּם וַעֲבַדְתֶּם אֱלֹהִים אֲחֵרִים וְהִשְׁתַּחֲוִיתֶם לָהֶם: וְחָרָה אַף־יהוה בָּכֶם וְעָצַר אֶת־הַשָּׁמַיִם וְלֹא־יִהְיֶה מָטָר וְהָאֲדָמָה לֹא תִתֵּן אֶת־יְבוּלָהּ וַאֲבַדְתֶּם מְהֵרָה מֵעַל הָאָרֶץ הַטֹּבָה אֲשֶׁר יהוה נֹתֵן לָכֶם: וְשַׂמְתֶּם אֶת־דְּבָרַי אֵלֶּה עַל־לְבַבְכֶם וְעַל־נַפְשְׁכֶם וּקְשַׁרְתֶּם אֹתָם לְאוֹת עַל־יֶדְכֶם וְהָיוּ לְטוֹטָפֹת בֵּין עֵינֵיכֶם: וְלִמַּדְתֶּם אֹתָם אֶת־בְּנֵיכֶם לְדַבֵּר בָּם בְּשִׁבְתְּךָ בְּבֵיתֶךָ וּבְלֶכְתְּךָ בַדֶּרֶךְ וּבְשָׁכְבְּךָ וּבְקוּמֶךָ: וּכְתַבְתָּם עַל־מְזוּזוֹת בֵּיתֶךָ וּבִשְׁעָרֶיךָ: לְמַעַן יִרְבּוּ יְמֵיכֶם וִימֵי בְנֵיכֶם עַל הָאֲדָמָה אֲשֶׁר נִשְׁבַּע יהוה לַאֲבֹתֵיכֶם לָתֵת לָהֶם כִּימֵי הַשָּׁמַיִם עַל־הָאָרֶץ:

🌿 K'RIAT SH'MA

If there is no minyan, add: God is a faithful sovereign.

DEUTERONOMY 6:4-9

Sh'ma Yisra-el, Adonai Eloheinu, Adonai Eḥad

Hear, O Israel: Adonai is our God, Adonai alone.

Silently:

Praised be God's glorious sovereignty throughout all time.

V'ahavta et Adonai Elohekha b'khol l'vav'kha u-v'khol nafsh'kha u-v'khol m'odekha. V'hayu ha-d'varim ha-eleh asher anokhi m'tzav'kha ha-yom al l'vavekha. V'shinantam l'vanekha v'dibarta bam b'shivt'kha b'veitekha u-v'lekht'kha va-derekh u-v'shokhb'kha u-v'kumekha. U-k'shartam l'ot al yadekha v'hayu l'totafot bein einekha. U-kh'tavtam al m'zuzot beitekha u-vi-sh'arekha.

You shall love Adonai your God with all your heart, with all your soul, with all your might. And these words, which I command you this day, you shall take to heart. Teach them, diligently, to your children, and recite them at home and away, night and day. Bind them as a sign upon your hand, and as a reminder above your eyes. Inscribe them upon the doorposts of your homes and upon your gates.

DEUTERONOMY 11:13-21

If you will earnestly heed the mitzvot I give you this day, to love Adonai your God and to serve God with all your heart and all your soul, then I will favor your land with rain at the proper season, in autumn and in spring, and you will have an ample harvest of grain, wine and oil. I will assure abundance in the fields for your cattle. You will eat to contentment. Take care lest you be tempted to stray, and to worship false gods. For then Adonai's wrath will be directed against you. God will close the heavens and hold back the rain; the earth will not yield its produce. You will soon disappear from the good land which Adonai is giving you. Therefore, impress these words of Mine upon your heart. Bind them as a sign upon your hand; let them be a reminder above your eyes. Teach them to your children. Repeat them at home and away, night and day. Inscribe them upon the doorposts of your homes and upon your gates. Then your days and the days of your children, on the land that Adonai swore to give to your ancestors, will endure as the days of the heavens over the earth.

במדבר ט״ו:ל״ז-מ״א

וַיֹּאמֶר יהוה אֶל־מֹשֶׁה לֵּאמֹר: דַּבֵּר אֶל־בְּנֵי יִשְׂרָאֵל וְאָמַרְתָּ
אֲלֵהֶם וְעָשׂוּ לָהֶם צִיצִת עַל־כַּנְפֵי בִגְדֵיהֶם לְדֹרֹתָם
וְנָתְנוּ עַל־צִיצִת הַכָּנָף פְּתִיל תְּכֵלֶת: וְהָיָה לָכֶם לְצִיצִת
וּרְאִיתֶם אֹתוֹ וּזְכַרְתֶּם אֶת־כָּל־מִצְוֹת יהוה וַעֲשִׂיתֶם אֹתָם
וְלֹא תָתוּרוּ אַחֲרֵי לְבַבְכֶם וְאַחֲרֵי עֵינֵיכֶם אֲשֶׁר־אַתֶּם
זֹנִים אַחֲרֵיהֶם: לְמַעַן תִּזְכְּרוּ וַעֲשִׂיתֶם אֶת־כָּל־מִצְוֹתָי
וִהְיִיתֶם קְדֹשִׁים לֵאלֹהֵיכֶם: אֲנִי יהוה אֱלֹהֵיכֶם אֲשֶׁר
הוֹצֵאתִי אֶתְכֶם מֵאֶרֶץ מִצְרַיִם לִהְיוֹת לָכֶם לֵאלֹהִים אֲנִי
□ יהוה אֱלֹהֵיכֶם: אֱמֶת

The ברכה after קריאת שמע

אֱמֶת וְיַצִּיב וְנָכוֹן וְקַיָּם וְיָשָׁר וְנֶאֱמָן וְאָהוּב וְחָבִיב
וְנֶחְמָד וְנָעִים וְנוֹרָא וְאַדִּיר וּמְתֻקָּן וּמְקֻבָּל
וְטוֹב וְיָפֶה הַדָּבָר הַזֶּה עָלֵינוּ לְעוֹלָם וָעֶד.
אֱמֶת, אֱלֹהֵי עוֹלָם מַלְכֵּנוּ, צוּר יַעֲקֹב מָגֵן יִשְׁעֵנוּ.
□ לְדֹר וָדֹר הוּא קַיָּם וּשְׁמוֹ קַיָּם וְכִסְאוֹ נָכוֹן
וּמַלְכוּתוֹ וֶאֱמוּנָתוֹ לָעַד קַיָּמֶת.

וּדְבָרָיו חָיִים וְקַיָּמִים, נֶאֱמָנִים וְנֶחֱמָדִים לָעַד
וּלְעוֹלְמֵי עוֹלָמִים,
עַל אֲבוֹתֵינוּ וְעָלֵינוּ, עַל בָּנֵינוּ וְעַל דּוֹרוֹתֵינוּ,
וְעַל כָּל־דּוֹרוֹת זֶרַע יִשְׂרָאֵל עֲבָדֶיךָ.
עַל הָרִאשׁוֹנִים וְעַל הָאַחֲרוֹנִים
דָּבָר טוֹב וְקַיָּם לְעוֹלָם וָעֶד.
אֱמֶת וֶאֱמוּנָה, חֹק וְלֹא יַעֲבֹר.
□ אֱמֶת שָׁאַתָּה הוּא יהוה אֱלֹהֵינוּ וֵאלֹהֵי אֲבוֹתֵינוּ,
מַלְכֵּנוּ מֶלֶךְ אֲבוֹתֵינוּ, גֹּאֲלֵנוּ גֹּאֵל אֲבוֹתֵינוּ,
יוֹצְרֵנוּ צוּר יְשׁוּעָתֵנוּ, פּוֹדֵנוּ וּמַצִּילֵנוּ, מֵעוֹלָם שְׁמֶךָ,
אֵין אֱלֹהִים זוּלָתֶךָ.

NUMBERS 15:37-41

Adonai said to Moses: Instruct the people Israel that in every
generation they shall put *tzitzit* on the corners of their
garments and bind a thread of blue to the *tzitzit*, the fringe
on each corner. Look upon these *tzitzit* and you will be
reminded of all the mitzvot of Adonai and fulfill them, and not
be seduced by your heart nor led astray by your eyes. Then
you will remember and observe all My mitzvot and be holy
before your God. I am Adonai your God who brought you out
of the land of Egypt to be your God. I, Adonai, am your God,
who is Truth.

*In this b'rakhah (which ends at the bottom of page 114),
we praise God as the eternal Redeemer of Israel, attested
through our historic experience as God's eternal people.*

Your teaching is true and enduring,
Your words are established forever.

*Awesome and revered are they, unceasingly right;
well ordered are they, always acceptable.*

They are eloquent, majestic and pleasant,
our precious, everlasting legacy.

*True it is that eternal God is our Sovereign,
that the Rock of Jacob is our protecting shield.*

God is eternal and eternally glorious,
our God for all generations.
God's sovereign throne is firmly established;
God's faithfulness endures for all time.

*God's teachings are precious and abiding;
they live forever.*

For our ancestors, for us, for our children,
for every generation of the people Israel,
for all ages from the first to the last,
God's teachings are true, everlasting.

*It is true that You are Adonai our God,
even as You were the God of our ancestors.*

Our Sovereign and our ancestors' Sovereign,
our Redeemer and our ancestors' Redeemer,
our Creator, our victorious Stronghold:
You have always helped us and saved us.

Your name endures forever. There is no God but You.

עֶזְרַת **אֲבוֹתֵינוּ** אַתָּה הוּא מֵעוֹלָם, מָגֵן וּמוֹשִׁיעַ לִבְנֵיהֶם
אַחֲרֵיהֶם בְּכָל־דּוֹר וָדוֹר. בְּרוּם עוֹלָם מוֹשָׁבֶךָ וּמִשְׁפָּטֶיךָ
וְצִדְקָתְךָ עַד אַפְסֵי אָרֶץ. אַשְׁרֵי אִישׁ שֶׁיִּשְׁמַע לְמִצְוֹתֶיךָ,
וְתוֹרָתְךָ וּדְבָרְךָ יָשִׂים עַל לִבּוֹ. אֱמֶת אַתָּה הוּא אָדוֹן
לְעַמֶּךָ, וּמֶלֶךְ גִּבּוֹר לָרִיב רִיבָם. אֱמֶת אַתָּה הוּא רִאשׁוֹן
וְאַתָּה הוּא אַחֲרוֹן, וּמִבַּלְעָדֶיךָ אֵין לָנוּ מֶלֶךְ גּוֹאֵל
וּמוֹשִׁיעַ. מִמִּצְרַיִם גְּאַלְתָּנוּ, יְהוָה אֱלֹהֵינוּ, וּמִבֵּית עֲבָדִים
פְּדִיתָנוּ. כָּל־בְּכוֹרֵיהֶם הָרָגְתָּ, וּבְכוֹרְךָ גָּאָלְתָּ, וְיַם סוּף
בָּקַעְתָּ, וְזֵדִים טִבַּעְתָּ, וִידִידִים הֶעֱבַרְתָּ, וַיְכַסּוּ מַיִם צָרֵיהֶם,
אֶחָד מֵהֶם לֹא נוֹתָר. עַל זֹאת שִׁבְּחוּ אֲהוּבִים וְרוֹמְמוּ
אֵל, וְנָתְנוּ יְדִידִים זְמִירוֹת שִׁירוֹת וְתִשְׁבָּחוֹת, בְּרָכוֹת
וְהוֹדָאוֹת לַמֶּלֶךְ אֵל חַי וְקַיָּם. רָם וְנִשָּׂא, גָּדוֹל וְנוֹרָא,
מַשְׁפִּיל גֵּאִים וּמַגְבִּיהַּ שְׁפָלִים, מוֹצִיא אֲסִירִים, וּפוֹדֶה
עֲנָוִים, וְעוֹזֵר דַּלִּים, וְעוֹנֶה לְעַמּוֹ בְּעֵת שַׁוְּעָם אֵלָיו.
□ תְּהִלּוֹת לְאֵל עֶלְיוֹן בָּרוּךְ הוּא וּמְבֹרָךְ. מֹשֶׁה וּבְנֵי
יִשְׂרָאֵל לְךָ עָנוּ שִׁירָה בְּשִׂמְחָה רַבָּה, וְאָמְרוּ כֻלָּם:

**מִי־כָמֹכָה בָּאֵלִם יְהוָה, מִי כָּמֹכָה נֶאְדָּר בַּקֹּדֶשׁ,
נוֹרָא תְהִלֹּת, עֹשֵׂה־פֶלֶא.**

□ שִׁירָה חֲדָשָׁה שִׁבְּחוּ גְאוּלִים לְשִׁמְךָ עַל שְׂפַת הַיָּם.
יַחַד כֻּלָּם הוֹדוּ וְהִמְלִיכוּ וְאָמְרוּ:

יְהוָה יִמְלֹךְ לְעוֹלָם וָעֶד.

□ צוּר יִשְׂרָאֵל, קוּמָה בְּעֶזְרַת יִשְׂרָאֵל, וּפְדֵה כִנְאֻמְךָ
יְהוּדָה וְיִשְׂרָאֵל. גֹּאֲלֵנוּ יְהוָה צְבָאוֹת שְׁמוֹ קְדוֹשׁ יִשְׂרָאֵל.
*בָּרוּךְ אַתָּה יְהוָה גָּאַל יִשְׂרָאֵל.

On שבת (including שבת חול המועד), continue on page
115a or 115b (with אמהות) through page 120.

On יום טוב, continue on page 123a or 123b (with אמהות)
through page 128.

For notes on the עמידה, see pages 155 and 157.

*On the first two days of פסח, some congregations chant
בְּרַח דּוֹדִי, page 221.

(On הושענא רבה, continue on pages 3-9.)

You were always the help of our ancestors, a shield for them and their children, our deliverer in every generation. Though You abide at the pinnacle of the universe, Your just decrees extend to the ends of the earth. Happy the one who obeys Your mitzvot, who takes to heart the words of Your Torah. You are, in truth, a mentor to Your people, their defender and mighty Ruler. You are first and You are last; we have no Sovereign or Redeemer but You. You rescued us from Egypt, and redeemed us from the house of bondage. The firstborn of the Egyptians were slain; Your firstborn were saved. You split the waters of the sea. The faithful You rescued; the wicked drowned. The waters engulfed Israel's enemies; not one of the arrogant remained alive. Then Your beloved sang hymns of acclamation, extolling You with psalms of adoration. They acclaimed God Sovereign, great and awesome Source of all blessing, the everliving God, exalted in majesty. God humbles the proud and raises the lowly, frees the captive and redeems the meek. God helps the needy and answers His people's call. Praises to God supreme, who is ever praised. Moses and the people Israel joyfully sang this song to You:

> Mi khamokha ba-elim Adonai, mi kamokha ne'dar ba-kodesh,
> nora t'hilot, oseh feleh.
> "Who is like You, Adonai, among all that is worshiped!
> Who is, like You, majestic in holiness,
> awesome in splendor, working wonders!"

The redeemed sang a new song for You. They sang in chorus at the shore of the sea, acclaiming Your sovereignty:

> Adonai yimlokh l'olam va-ed.
> "Adonai shall reign throughout all time."

Rock of Israel, arise to Israel's defense. Fulfill Your promise to deliver Judah and Israel. Our Redeemer is the Holy One of Israel, *Adonai Tz'va-ot*. Praised are You Adonai, Redeemer of the people Israel.

On Shabbat (including Shabbat Ḥol Ha-Mo'ed), continue on page 115a or 115b (with Matriarchs) through page 120.

On Festivals, continue on page 123a or 123b (with Matriarchs) through page 128.

For an interpretive Meditation on the Shabbat Amidah, see page 121; on the Festival Amidah, page 129.

(On Hoshana Rabbah, continue on pages 3-9.)

עמידה — שחרית לשבת

אֲדֹנָי, שְׂפָתַי תִּפְתָּח וּפִי יַגִּיד תְּהִלָּתֶךָ.

בָּרוּךְ אַתָּה יהוה אֱלֹהֵינוּ וֵאלֹהֵי אֲבוֹתֵינוּ, אֱלֹהֵי אַבְרָהָם אֱלֹהֵי יִצְחָק וֵאלֹהֵי יַעֲקֹב, הָאֵל הַגָּדוֹל הַגִּבּוֹר וְהַנּוֹרָא, אֵל עֶלְיוֹן, גּוֹמֵל חֲסָדִים טוֹבִים וְקוֹנֵה הַכֹּל, וְזוֹכֵר חַסְדֵי אָבוֹת וּמֵבִיא גוֹאֵל לִבְנֵי בְנֵיהֶם לְמַעַן שְׁמוֹ בְּאַהֲבָה.

On שבת שובה:

זָכְרֵנוּ לְחַיִּים, מֶלֶךְ חָפֵץ בַּחַיִּים,
וְכָתְבֵנוּ בְּסֵפֶר הַחַיִּים, לְמַעַנְךָ אֱלֹהִים חַיִּים.

מֶלֶךְ עוֹזֵר וּמוֹשִׁיעַ וּמָגֵן. בָּרוּךְ אַתָּה יהוה מָגֵן אַבְרָהָם.

אַתָּה גִּבּוֹר לְעוֹלָם אֲדֹנָי, מְחַיֵּה מֵתִים אַתָּה, רַב לְהוֹשִׁיעַ.

**From שמיני עצרת until פסח:*

מַשִּׁיב הָרוּחַ וּמוֹרִיד הַגָּשֶׁם.

מְכַלְכֵּל חַיִּים בְּחֶסֶד, מְחַיֵּה מֵתִים בְּרַחֲמִים רַבִּים, סוֹמֵךְ נוֹפְלִים וְרוֹפֵא חוֹלִים וּמַתִּיר אֲסוּרִים, וּמְקַיֵּם אֱמוּנָתוֹ לִישֵׁנֵי עָפָר. מִי כָמוֹךָ בַּעַל גְּבוּרוֹת וּמִי דּוֹמֶה לָּךְ, מֶלֶךְ מֵמִית וּמְחַיֶּה וּמַצְמִיחַ יְשׁוּעָה.

On שבת שובה:

מִי כָמוֹךָ אַב הָרַחֲמִים, זוֹכֵר יְצוּרָיו לְחַיִּים בְּרַחֲמִים.

וְנֶאֱמָן אַתָּה לְהַחֲיוֹת מֵתִים.
בָּרוּךְ אַתָּה יהוה מְחַיֵּה הַמֵּתִים.

When the עמידה is chanted aloud, continue on page 116.

אַתָּה קָדוֹשׁ וְשִׁמְךָ קָדוֹשׁ, וּקְדוֹשִׁים בְּכָל־יוֹם יְהַלְלוּךָ סֶּלָה.
**בָּרוּךְ אַתָּה יהוה הָאֵל הַקָּדוֹשׁ.

***On שבת שובה:*

בָּרוּךְ אַתָּה יהוה הַמֶּלֶךְ הַקָּדוֹשׁ.

Silent recitation continues on page 117.

**Between פסח and שמיני עצרת, some add:* מוֹרִיד הַטָּל.

SHAḤARIT AMIDAH FOR SHABBAT

Adonai, open my lips, so I may speak Your praise.

Praised are You Adonai, our God and God of our ancestors, God of Abraham, God of Isaac, and God of Jacob, great, mighty, awesome, exalted God who bestows lovingkindness, Creator of all. You remember the pious deeds of our ancestors and will send a redeemer to their children's children because of Your loving nature.

On Shabbat Shuvah:

Remember us that we may live, O Sovereign who delights in life.
Inscribe us in the Book of Life, for Your sake, living God.

You are the Sovereign who helps and saves and shields.
Praised are You Adonai, Shield of Abraham.

Your might, Adonai, is boundless. You give life to the dead; great is Your saving power.

**From Sh'mini Atzeret until Pesaḥ:*

You cause the wind to blow and the rain to fall.

Your love sustains the living, Your great mercies give life to the dead. You support the falling, heal the ailing, free the fettered. You keep Your faith with those who sleep in dust. Whose power can compare with Yours? You are Master of life and death and deliverance.

On Shabbat Shuvah:

Whose mercy can compare with Yours, Source of compassion?
In mercy You remember Your creatures with life.

Faithful are You in giving life to the dead.
Praised are You Adonai, Master of life and death.

When the Amidah is chanted aloud, continue on page 116.

Holy are You and holy is Your name. Holy are those who praise You each day. **Praised are You Adonai, holy God.

***On Shabbat Shuvah:*

Praised are You Adonai, holy Sovereign.

Silent recitation continues on page 117.

**Between Pesaḥ and Sh'mini Atzeret, some add:* You cause the dew to fall.

עמידה — שחרית לשבת (כולל אמהות)

אֲדֹנָי, שְׂפָתַי תִּפְתָּח וּפִי יַגִּיד תְּהִלָּתֶךָ.

בָּרוּךְ אַתָּה יהוה אֱלֹהֵינוּ וֵאלֹהֵי אֲבוֹתֵינוּ, אֱלֹהֵי אַבְרָהָם אֱלֹהֵי יִצְחָק וֵאלֹהֵי יַעֲקֹב, אֱלֹהֵי שָׂרָה אֱלֹהֵי רִבְקָה אֱלֹהֵי רָחֵל וֵאלֹהֵי לֵאָה, הָאֵל הַגָּדוֹל הַגִּבּוֹר וְהַנּוֹרָא, אֵל עֶלְיוֹן, גּוֹמֵל חֲסָדִים טוֹבִים וְקוֹנֵה הַכֹּל, וְזוֹכֵר חַסְדֵי אָבוֹת וּמֵבִיא גוֹאֵל לִבְנֵי בְנֵיהֶם לְמַעַן שְׁמוֹ בְּאַהֲבָה.

On שבת שובה:

זָכְרֵנוּ לְחַיִּים, מֶלֶךְ חָפֵץ בַּחַיִּים,
וְכָתְבֵנוּ בְּסֵפֶר הַחַיִּים, לְמַעַנְךָ אֱלֹהִים חַיִּים.

מֶלֶךְ עוֹזֵר וּפוֹקֵד וּמוֹשִׁיעַ וּמָגֵן.
בָּרוּךְ אַתָּה יהוה מָגֵן אַבְרָהָם וּפֹקֵד שָׂרָה.

אַתָּה גִּבּוֹר לְעוֹלָם אֲדֹנָי, מְחַיֵּה מֵתִים אַתָּה, רַב לְהוֹשִׁיעַ.

**From שמיני עצרת until פסח:*

מַשִּׁיב הָרוּחַ וּמוֹרִיד הַגֶּשֶׁם.

מְכַלְכֵּל חַיִּים בְּחֶסֶד, מְחַיֵּה מֵתִים בְּרַחֲמִים רַבִּים, סוֹמֵךְ נוֹפְלִים וְרוֹפֵא חוֹלִים וּמַתִּיר אֲסוּרִים, וּמְקַיֵּם אֱמוּנָתוֹ לִישֵׁנֵי עָפָר. מִי כָמוֹךָ בַּעַל גְּבוּרוֹת וּמִי דּוֹמֶה לָּךְ, מֶלֶךְ מֵמִית וּמְחַיֶּה וּמַצְמִיחַ יְשׁוּעָה.

On שבת שובה:

מִי כָמוֹךָ אַב הָרַחֲמִים, זוֹכֵר יְצוּרָיו לְחַיִּים בְּרַחֲמִים.

וְנֶאֱמָן אַתָּה לְהַחֲיוֹת מֵתִים.
בָּרוּךְ אַתָּה יהוה מְחַיֵּה הַמֵּתִים.

When the עמידה is chanted aloud, continue on next page.

אַתָּה קָדוֹשׁ וְשִׁמְךָ קָדוֹשׁ, וּקְדוֹשִׁים בְּכָל־יוֹם יְהַלְלוּךָ סֶּלָה.
**בָּרוּךְ אַתָּה יהוה הָאֵל הַקָּדוֹשׁ.

***On שבת שובה:*

בָּרוּךְ אַתָּה יהוה הַמֶּלֶךְ הַקָּדוֹשׁ.

Silent recitation continues on page 117.

---

*Between פסח and שמיני עצרת, *some add:* מוֹרִיד הַטָּל.

SHAḤARIT AMIDAH FOR SHABBAT
(with Matriarchs)

Adonai, open my lips, so I may speak Your praise.

Praised are You Adonai, our God and God of our ancestors, God of Abraham, Isaac, and Jacob, Sarah, Rebecca, Rachel, and Leah, great, mighty, awesome, exalted God who bestows lovingkindness, Creator of all. You remember the pious deeds of our ancestors and will send a redeemer to their children's children because of Your loving nature.

On Shabbat Shuvah:

Remember us that we may live, O Sovereign who delights in life. Inscribe us in the Book of Life, for Your sake, living God.

You are the Sovereign who helps and guards, saves and shields. Praised are You Adonai, Shield of Abraham and Guardian of Sarah.

Your might, Adonai, is boundless. You give life to the dead; great is Your saving power.

*From Sh'mini Atzeret until Pesaḥ:

You cause the wind to blow and the rain to fall.

Your love sustains the living, Your great mercies give life to the dead. You support the falling, heal the ailing, free the fettered. You keep Your faith with those who sleep in dust. Whose power can compare with Yours? You are Master of life and death and deliverance.

On Shabbat Shuvah:

Whose mercy can compare with Yours, Source of compassion? In mercy You remember Your creatures with life.

Faithful are You in giving life to the dead.
Praised are You Adonai, Master of life and death.

When the Amidah is chanted aloud, continue on next page.

Holy are You and holy is Your name. Holy are those who praise You each day. **Praised are You Adonai, holy God.

**On Shabbat Shuvah:

Praised are You Adonai, holy Sovereign.

Silent recitation continues on page 117.

---

*Between Pesaḥ and Sh'mini Atzeret, some add: You cause the dew to fall.

קדושה

When the עמידה is chanted by the Ḥazzan, קדושה is added.

נְקַדֵּשׁ אֶת־שִׁמְךָ בָּעוֹלָם, כְּשֵׁם שֶׁמַּקְדִּישִׁים אוֹתוֹ בִּשְׁמֵי מָרוֹם, כַּכָּתוּב עַל יַד נְבִיאֶךָ, וְקָרָא זֶה אֶל זֶה וְאָמַר:

קָדוֹשׁ קָדוֹשׁ קָדוֹשׁ יהוה צְבָאוֹת, מְלֹא כָל־הָאָרֶץ כְּבוֹדוֹ.

אָז בְּקוֹל רַעַשׁ גָּדוֹל אַדִּיר וְחָזָק מַשְׁמִיעִים קוֹל, מִתְנַשְּׂאִים לְעֻמַּת שְׂרָפִים, לְעֻמָּתָם בָּרוּךְ יֹאמֵרוּ:

בָּרוּךְ כְּבוֹד יהוה מִמְּקוֹמוֹ.

מִמְּקוֹמְךָ מַלְכֵּנוּ תוֹפִיעַ וְתִמְלוֹךְ עָלֵינוּ, כִּי מְחַכִּים אֲנַחְנוּ לָךְ. מָתַי תִּמְלוֹךְ בְּצִיּוֹן, בְּקָרוֹב בְּיָמֵינוּ לְעוֹלָם וָעֶד תִּשְׁכּוֹן. תִּתְגַּדַּל וְתִתְקַדַּשׁ בְּתוֹךְ יְרוּשָׁלַיִם עִירְךָ לְדוֹר וָדוֹר וּלְנֵצַח נְצָחִים. וְעֵינֵינוּ תִרְאֶינָה מַלְכוּתֶךָ, כַּדָּבָר הָאָמוּר בְּשִׁירֵי עֻזֶּךָ, עַל יְדֵי דָוִד מְשִׁיחַ צִדְקֶךָ.

יִמְלֹךְ יהוה לְעוֹלָם, אֱלֹהַיִךְ צִיּוֹן לְדֹר וָדֹר, הַלְלוּיָהּ.

לְדוֹר וָדוֹר נַגִּיד גָּדְלֶךָ, וּלְנֵצַח נְצָחִים קְדֻשָּׁתְךָ נַקְדִּישׁ. וְשִׁבְחֲךָ אֱלֹהֵינוּ מִפִּינוּ לֹא יָמוּשׁ לְעוֹלָם וָעֶד, כִּי אֵל מֶלֶךְ גָּדוֹל וְקָדוֹשׁ אָתָּה. *בָּרוּךְ אַתָּה יהוה הָאֵל הַקָּדוֹשׁ.

**On שבת שובה:*

בָּרוּךְ אַתָּה יהוה הַמֶּלֶךְ הַקָּדוֹשׁ.

🌿 KEDUSHAH

When the Reader chants the Amidah, Kedushah is added.

We proclaim Your holiness on earth as it is proclaimed in heaven above. We sing the words of heavenly voices as recorded in Your prophet's vision:

Kadosh kadosh kadosh Adonai Tz'va-ot, m'lo khol ha-aretz k'vodo.
Holy, holy, holy *Adonai Tz'va-ot*;
the grandeur of the world is God's glory.

In thundering chorus, majestic voices resound, lifted toward singing seraphim and responding:

Barukh k'vod Adonai mi-m'komo.
Praised is Adonai's glory throughout the universe.

Throughout Your universe reveal Yourself, our Sovereign, and reign over us, for we await You. When will You reign in Zion? Let it be soon, in our time and throughout all time. May Your glory and holiness be apparent to all in Jerusalem, Your city, from generation to generation, eternally. May we see Your sovereignty, described in David's psalms, which sing of Your splendor:

Yimlokh Adonai l'olam, Elohayikh Tziyon l'dor va-dor, Halleluyah.
Adonai shall reign through all generations;
Zion, your God shall reign forever. Halleluyah!

We declare Your greatness through all generations, hallow Your holiness to all eternity. Your praise will never leave our lips, for You are God and Sovereign, great and holy. *Praised are You Adonai, holy God.

On Shabbat Shuvah:
Praised are You Adonai, holy Sovereign.

יִשְׂמַח מֹשֶׁה בְּמַתְּנַת חֶלְקוֹ, כִּי עֶבֶד נֶאֱמָן קָרָאתָ לּוֹ.
כְּלִיל תִּפְאֶרֶת בְּרֹאשׁוֹ נָתַתָּ,
בְּעָמְדוֹ לְפָנֶיךָ עַל הַר סִינַי.
וּשְׁנֵי לוּחוֹת אֲבָנִים הוֹרִיד בְּיָדוֹ,
וְכָתוּב בָּהֶם שְׁמִירַת שַׁבָּת, וְכֵן כָּתוּב בְּתוֹרָתֶךָ:

וְשָׁמְרוּ בְנֵי יִשְׂרָאֵל אֶת־הַשַּׁבָּת
לַעֲשׂוֹת אֶת־הַשַּׁבָּת לְדֹרֹתָם בְּרִית עוֹלָם.
בֵּינִי וּבֵין בְּנֵי יִשְׂרָאֵל אוֹת הִיא לְעֹלָם
כִּי שֵׁשֶׁת יָמִים עָשָׂה יהוה אֶת־הַשָּׁמַיִם וְאֶת־הָאָרֶץ,
וּבַיּוֹם הַשְּׁבִיעִי שָׁבַת וַיִּנָּפַשׁ.

וְלֹא נְתַתּוֹ, יהוה אֱלֹהֵינוּ, לְגוֹיֵי הָאֲרָצוֹת,
וְלֹא הִנְחַלְתּוֹ, מַלְכֵּנוּ, לְעוֹבְדֵי פְסִילִים,
וְגַם בִּמְנוּחָתוֹ לֹא יִשְׁכְּנוּ עֲרֵלִים,
כִּי לְיִשְׂרָאֵל עַמְּךָ נְתַתּוֹ בְּאַהֲבָה,
לְזֶרַע יַעֲקֹב אֲשֶׁר בָּם בָּחָרְתָּ.
עַם מְקַדְּשֵׁי שְׁבִיעִי, כֻּלָּם יִשְׂבְּעוּ וְיִתְעַנְּגוּ מִטּוּבֶךָ.
וְהַשְּׁבִיעִי רָצִיתָ בּוֹ וְקִדַּשְׁתּוֹ,
חֶמְדַּת יָמִים אוֹתוֹ קָרָאתָ,
זֵכֶר לְמַעֲשֵׂה בְרֵאשִׁית.

אֱלֹהֵינוּ וֵאלֹהֵי אֲבוֹתֵינוּ, רְצֵה בִמְנוּחָתֵנוּ.
קַדְּשֵׁנוּ בְּמִצְוֹתֶיךָ וְתֵן חֶלְקֵנוּ בְּתוֹרָתֶךָ,
שַׂבְּעֵנוּ מִטּוּבֶךָ וְשַׂמְּחֵנוּ בִּישׁוּעָתֶךָ,
וְטַהֵר לִבֵּנוּ לְעָבְדְּךָ בֶּאֱמֶת.
וְהַנְחִילֵנוּ יהוה אֱלֹהֵינוּ
בְּאַהֲבָה וּבְרָצוֹן שַׁבַּת קָדְשֶׁךָ,
וְיָנוּחוּ בָהּ יִשְׂרָאֵל מְקַדְּשֵׁי שְׁמֶךָ.
בָּרוּךְ אַתָּה יהוה מְקַדֵּשׁ הַשַּׁבָּת.

Moses rejoiced at the gift of his destiny
when You declared him a faithful servant,
adorning him with splendor
as he stood in Your presence atop Mount Sinai.
Two tablets of stone did he bring down,
inscribed with Shabbat observance.
And thus is it written in Your Torah:

The people Israel shall observe Shabbat,
to maintain it as an everlasting covenant
through all generations.
It is a sign between Me and the people Israel for all time,
that in six days Adonai made the heavens and the earth,
and on the seventh day, ceased from work and rested.

You have not granted this day, Adonai our God,
to other peoples of the world, nor have You granted it,
our Sovereign, as a heritage to idolaters.
Nor do others share in its rest,
for You have given Shabbat in love to Your people Israel,
the descendants of Jacob whom You have chosen.
May the people who revere the seventh day
find satisfaction and delight in Your generosity.
You have chosen the seventh day and made it holy,
declaring it most precious,
a day recalling the work of creation.

Our God and God of our ancestors,
find favor in our Shabbat rest.
Instill in us the holiness of Your mitzvot
and let Your Torah be our portion.
Fill our lives with Your goodness,
and gladden us with Your triumph.
Cleanse our hearts so that we might serve You faithfully.
Lovingly and willingly, Adonai our God,
grant that we inherit Your holy Shabbat,
so that the people Israel, who hallow Your name,
will always find rest on this day.
Praised are You Adonai, who hallows Shabbat.

רְצֵה יהוה אֱלֹהֵינוּ בְּעַמְּךָ יִשְׂרָאֵל וּבִתְפִלָּתָם, וְהָשֵׁב אֶת־הָעֲבוֹדָה לִדְבִיר בֵּיתֶךָ, וּתְפִלָּתָם בְּאַהֲבָה תְקַבֵּל בְּרָצוֹן, וּתְהִי לְרָצוֹן תָּמִיד עֲבוֹדַת יִשְׂרָאֵל עַמֶּךָ.

On ראש חודש *and* שבת חול המועד*:*

אֱלֹהֵינוּ וֵאלֹהֵי אֲבוֹתֵינוּ, יַעֲלֶה וְיָבֹא וְיַגִּיעַ, וְיֵרָאֶה וְיֵרָצֶה וְיִשָּׁמַע, וְיִפָּקֵד וְיִזָּכֵר זִכְרוֹנֵנוּ וּפִקְדוֹנֵנוּ, וְזִכְרוֹן אֲבוֹתֵינוּ, וְזִכְרוֹן מָשִׁיחַ בֶּן־דָּוִד עַבְדֶּךָ, וְזִכְרוֹן יְרוּשָׁלַיִם עִיר קָדְשֶׁךָ, וְזִכְרוֹן כָּל־עַמְּךָ בֵּית יִשְׂרָאֵל לְפָנֶיךָ, לִפְלֵיטָה לְטוֹבָה, לְחֵן וּלְחֶסֶד וּלְרַחֲמִים, לְחַיִּים וּלְשָׁלוֹם, בְּיוֹם

On ראש חודש*:* רֹאשׁ הַחֹדֶשׁ הַזֶּה.

On סוכות*:* חַג הַסֻּכּוֹת הַזֶּה. *On* פסח*:* חַג הַמַּצּוֹת הַזֶּה.

זָכְרֵנוּ יהוה אֱלֹהֵינוּ בּוֹ לְטוֹבָה, וּפָקְדֵנוּ בוֹ לִבְרָכָה, וְהוֹשִׁיעֵנוּ בוֹ לְחַיִּים. וּבִדְבַר יְשׁוּעָה וְרַחֲמִים חוּס וְחָנֵּנוּ וְרַחֵם עָלֵינוּ וְהוֹשִׁיעֵנוּ כִּי אֵלֶיךָ עֵינֵינוּ, כִּי אֵל מֶלֶךְ חַנּוּן וְרַחוּם אָתָּה.

וְתֶחֱזֶינָה עֵינֵינוּ בְּשׁוּבְךָ לְצִיּוֹן בְּרַחֲמִים.
בָּרוּךְ אַתָּה יהוה הַמַּחֲזִיר שְׁכִינָתוֹ לְצִיּוֹן.

מוֹדִים אֲנַחְנוּ לָךְ שָׁאַתָּה הוּא יהוה אֱלֹהֵינוּ וֵאלֹהֵי אֲבוֹתֵינוּ לְעוֹלָם וָעֶד, צוּר חַיֵּינוּ מָגֵן יִשְׁעֵנוּ אַתָּה הוּא לְדוֹר וָדוֹר. נוֹדֶה לְּךָ וּנְסַפֵּר תְּהִלָּתֶךָ, עַל חַיֵּינוּ הַמְּסוּרִים בְּיָדֶךָ וְעַל נִשְׁמוֹתֵינוּ הַפְּקוּדוֹת לָךְ, וְעַל נִסֶּיךָ שֶׁבְּכָל־יוֹם עִמָּנוּ וְעַל נִפְלְאוֹתֶיךָ וְטוֹבוֹתֶיךָ שֶׁבְּכָל־עֵת, עֶרֶב וָבֹקֶר וְצָהֳרָיִם. הַטּוֹב כִּי לֹא כָלוּ רַחֲמֶיךָ, וְהַמְרַחֵם כִּי לֹא תַמּוּ חֲסָדֶיךָ, מֵעוֹלָם קִוִּינוּ לָךְ.

When the Ḥazzan recites מודים*, the congregation continues silently:*

מוֹדִים אֲנַחְנוּ לָךְ שָׁאַתָּה הוּא יהוה אֱלֹהֵינוּ וֵאלֹהֵי אֲבוֹתֵינוּ אֱלֹהֵי כָל־בָּשָׂר, יוֹצְרֵנוּ, יוֹצֵר בְּרֵאשִׁית. בְּרָכוֹת וְהוֹדָאוֹת לְשִׁמְךָ הַגָּדוֹל וְהַקָּדוֹשׁ, עַל שֶׁהֶחֱיִיתָנוּ וְקִיַּמְתָּנוּ. כֵּן תְּחַיֵּנוּ וּתְקַיְּמֵנוּ, וְתֶאֱסוֹף גָּלֻיּוֹתֵינוּ לְחַצְרוֹת קָדְשֶׁךָ, לִשְׁמוֹר חֻקֶּיךָ וְלַעֲשׂוֹת רְצוֹנֶךָ, וּלְעָבְדְךָ בְּלֵבָב שָׁלֵם, עַל שֶׁאֲנַחְנוּ מוֹדִים לָךְ. בָּרוּךְ אֵל הַהוֹדָאוֹת.

Accept the prayer of Your people Israel as lovingly as it is offered. Restore worship to Your sanctuary, and may the worship of Your people Israel always be acceptable to You.

On Rosh Hodesh and Shabbat Hol Ha-mo'ed:
Our God and God of our ancestors, show us Your care and concern. Remember our ancestors; recall Your anointed, descended from David Your servant. Protect Jerusalem, Your holy city, and exalt all Your people, Israel, with life and well-being, contentment and peace on this

Rosh Hodesh.   Festival of Sukkot.   Festival of Matzot.

Grant us life and blessing, and remember us for good. Recall Your promise of mercy and redemption. Be merciful to us and save us, for we place our hope in You, loving and merciful God.

May we witness Your merciful return to Zion. Praised are You Adonai, who restores the Divine Presence to Zion.

MODIM
We proclaim that You are Adonai our God and God of our ancestors throughout all time. You are the Rock of our lives, the Shield of our salvation in every generation. We thank You and praise You for our lives that are in Your hand, for our souls that are in Your charge, for Your miracles that daily attend us, and for Your wonders and gifts that accompany us, evening, morning, and noon. You are good, Your mercy everlasting; You are compassionate, Your kindness never-ending. We have always placed our hope in You.

When the Reader recites Modim, the congregation continues silently:

We proclaim that You are Adonai our God and God of our ancestors, God of all life, our Creator, the Creator of all. We praise You and thank You for granting us life and for sustaining us. May You continue to grant us life and sustenance. Gather our dispersed to Your holy place, to fulfill Your mitzvot and to serve You whole-heartedly, doing Your will. For this we shall thank You. Praised be God to whom thanksgiving is due.

On חנוכה:

עַל הַנִּסִּים וְעַל הַפֻּרְקָן, וְעַל הַגְּבוּרוֹת, וְעַל הַתְּשׁוּעוֹת, וְעַל הַמִּלְחָמוֹת שֶׁעָשִׂיתָ לַאֲבוֹתֵינוּ בַּיָּמִים הָהֵם וּבַזְּמַן הַזֶּה.

בִּימֵי מַתִּתְיָהוּ בֶּן־יוֹחָנָן כֹּהֵן גָּדוֹל חַשְׁמוֹנַאי וּבָנָיו, כְּשֶׁעָמְדָה מַלְכוּת יָוָן הָרְשָׁעָה עַל עַמְּךָ יִשְׂרָאֵל לְהַשְׁכִּיחָם תּוֹרָתֶךָ וּלְהַעֲבִירָם מֵחֻקֵּי רְצוֹנֶךָ, וְאַתָּה בְּרַחֲמֶיךָ הָרַבִּים עָמַדְתָּ לָהֶם בְּעֵת צָרָתָם, רַבְתָּ אֶת־רִיבָם, דַּנְתָּ אֶת־דִּינָם, נָקַמְתָּ אֶת־נִקְמָתָם, מָסַרְתָּ גִבּוֹרִים בְּיַד חַלָּשִׁים, וְרַבִּים בְּיַד מְעַטִּים, וּטְמֵאִים בְּיַד טְהוֹרִים, וּרְשָׁעִים בְּיַד צַדִּיקִים, וְזֵדִים בְּיַד עוֹסְקֵי תוֹרָתֶךָ. וּלְךָ עָשִׂיתָ שֵׁם גָּדוֹל וְקָדוֹשׁ בְּעוֹלָמֶךָ, וּלְעַמְּךָ יִשְׂרָאֵל עָשִׂיתָ תְּשׁוּעָה גְדוֹלָה וּפֻרְקָן כְּהַיּוֹם הַזֶּה. וְאַחַר כֵּן בָּאוּ בָנֶיךָ לִדְבִיר בֵּיתֶךָ וּפִנּוּ אֶת־הֵיכָלֶךָ, וְטִהֲרוּ אֶת־מִקְדָּשֶׁךָ, וְהִדְלִיקוּ נֵרוֹת בְּחַצְרוֹת קָדְשֶׁךָ, וְקָבְעוּ שְׁמוֹנַת יְמֵי חֲנֻכָּה אֵלּוּ לְהוֹדוֹת וּלְהַלֵּל לְשִׁמְךָ הַגָּדוֹל.

וְעַל כֻּלָּם יִתְבָּרַךְ וְיִתְרוֹמַם שִׁמְךָ מַלְכֵּנוּ תָּמִיד לְעוֹלָם וָעֶד.

On שבת שובה:

וּכְתוֹב לְחַיִּים טוֹבִים כָּל־בְּנֵי בְרִיתֶךָ.

וְכֹל הַחַיִּים יוֹדוּךָ סֶּלָה, וִיהַלְלוּ אֶת־שִׁמְךָ בֶּאֱמֶת, הָאֵל יְשׁוּעָתֵנוּ וְעֶזְרָתֵנוּ סֶלָה. בָּרוּךְ אַתָּה יהוה הַטּוֹב שִׁמְךָ וּלְךָ נָאֶה לְהוֹדוֹת.

Ḥazzan adds:

אֱלֹהֵינוּ וֵאלֹהֵי אֲבוֹתֵינוּ, בָּרְכֵנוּ בַּבְּרָכָה הַמְשֻׁלֶּשֶׁת בַּתּוֹרָה הַכְּתוּבָה עַל יְדֵי מֹשֶׁה עַבְדֶּךָ, הָאֲמוּרָה מִפִּי אַהֲרֹן וּבָנָיו, כֹּהֲנִים, עַם קְדוֹשֶׁךָ, כָּאָמוּר:

Congregation:

יְבָרֶכְךָ יהוה וְיִשְׁמְרֶךָ. — כֵּן יְהִי רָצוֹן.

יָאֵר יהוה פָּנָיו אֵלֶיךָ וִיחֻנֶּךָּ. — כֵּן יְהִי רָצוֹן.

יִשָּׂא יהוה פָּנָיו אֵלֶיךָ וְיָשֵׂם לְךָ שָׁלוֹם. — כֵּן יְהִי רָצוֹן.

On Ḥanukkah:

We thank You for the miraculous deliverance, for the heroism, and for the triumphs of our ancestors from ancient days until our time.

In the days of Mattathias son of Yoḥanan, the heroic Hasmonean *Kohen,* and in the days of his sons, a cruel power rose against Your people Israel, demanding that they abandon Your Torah and violate Your mitzvot. You, in great mercy, stood by Your people in time of trouble. You defended them, vindicated them, and avenged their wrongs. You delivered the strong into the hands of the weak, the many into the hands of the few, the corrupt into the hands of the pure in heart, the guilty into the hands of the innocent. You delivered the arrogant into the hands of those who were faithful to Your Torah. You have revealed Your glory and Your holiness to all the world, achieving great victories and miraculous deliverance for Your people Israel to this day. Then Your children came into Your shrine, cleansed Your Temple, purified Your sanctuary, and kindled lights in Your sacred courts. They set aside these eight days as a season for giving thanks and chanting praises to You.

For all these blessings we shall ever praise and exalt You.

On Shabbat Shuvah:

Inscribe all the people of Your covenant for a good life.

May every living creature thank You and praise You faithfully, God of our deliverance and our help. Praised are You Adonai, the essence of goodness, worthy of acclaim.

Reader adds:

Bless us, our God and God of our ancestors, with the threefold blessing written in the Torah by Moses, Your servant, pronounced by Aaron and by his descendants, *Kohanim,* Your holy people.

	Congregation:
May Adonai bless you and guard you.	Ken y'hi ratzon.
May Adonai show you favor and be gracious to you.	Ken y'hi ratzon.
May Adonai show you kindness and grant you peace.	Ken y'hi ratzon.
	May this be God's will.

שִׂים שָׁלוֹם בָּעוֹלָם, טוֹבָה וּבְרָכָה, חֵן וָחֶסֶד וְרַחֲמִים עָלֵינוּ וְעַל כָּל־יִשְׂרָאֵל עַמֶּךָ. בָּרְכֵנוּ אָבִינוּ כֻּלָּנוּ כְּאֶחָד בְּאוֹר פָּנֶיךָ, כִּי בְאוֹר פָּנֶיךָ נָתַתָּ לָּנוּ, יהוה אֱלֹהֵינוּ, תּוֹרַת חַיִּים וְאַהֲבַת חֶסֶד, וּצְדָקָה וּבְרָכָה וְרַחֲמִים וְחַיִּים, וְשָׁלוֹם. וְטוֹב בְּעֵינֶיךָ לְבָרֵךְ אֶת־עַמְּךָ יִשְׂרָאֵל בְּכָל־עֵת וּבְכָל־שָׁעָה בִּשְׁלוֹמֶךָ. *בָּרוּךְ אַתָּה יהוה הַמְבָרֵךְ אֶת־עַמּוֹ יִשְׂרָאֵל בַּשָּׁלוֹם.

**On שבת שובה, substitute the following:*

בְּסֵפֶר חַיִּים, בְּרָכָה וְשָׁלוֹם, וּפַרְנָסָה טוֹבָה, נִזָּכֵר וְנִכָּתֵב לְפָנֶיךָ, אֲנַחְנוּ וְכָל־עַמְּךָ בֵּית יִשְׂרָאֵל, לְחַיִּים טוֹבִים וּלְשָׁלוֹם. בָּרוּךְ אַתָּה יהוה עֹשֵׂה הַשָּׁלוֹם.

The Ḥazzan's chanting of the עמידה ends here. The silent recitation of the עמידה concludes with a personal prayer.

אֱלֹהַי, נְצוֹר לְשׁוֹנִי מֵרָע וּשְׂפָתַי מִדַּבֵּר מִרְמָה, וְלִמְקַלְלַי נַפְשִׁי תִדֹּם, וְנַפְשִׁי כֶּעָפָר לַכֹּל תִּהְיֶה. פְּתַח לִבִּי בְּתוֹרָתֶךָ וּבְמִצְוֹתֶיךָ תִּרְדּוֹף נַפְשִׁי. וְכָל־הַחוֹשְׁבִים עָלַי רָעָה, מְהֵרָה הָפֵר עֲצָתָם וְקַלְקֵל מַחֲשַׁבְתָּם. עֲשֵׂה לְמַעַן שְׁמֶךָ, עֲשֵׂה לְמַעַן יְמִינֶךָ, עֲשֵׂה לְמַעַן קְדֻשָּׁתֶךָ, עֲשֵׂה לְמַעַן תּוֹרָתֶךָ, לְמַעַן יֵחָלְצוּן יְדִידֶיךָ, הוֹשִׁיעָה יְמִינְךָ וַעֲנֵנִי. יִהְיוּ לְרָצוֹן אִמְרֵי־פִי וְהֶגְיוֹן לִבִּי לְפָנֶיךָ, יהוה צוּרִי וְגוֹאֲלִי. עֹשֶׂה שָׁלוֹם בִּמְרוֹמָיו, הוּא יַעֲשֶׂה שָׁלוֹם עָלֵינוּ וְעַל כָּל־יִשְׂרָאֵל, וְאִמְרוּ אָמֵן.

An alternative concluding prayer

זַכֵּנִי לְשִׂמְחָה וְחֵרוּת שֶׁל שַׁבָּת, לִטְעֹם טַעַם עֹנֶג שַׁבָּת בֶּאֱמֶת. זַכֵּנִי שֶׁלֹּא יַעֲלֶה עַל לִבִּי עַצְבוּת בְּיוֹם שַׁבַּת קֹדֶשׁ. שַׂמֵּחַ נֶפֶשׁ מְשָׁרְתֶךָ, כִּי אֵלֶיךָ אֲדֹנָי נַפְשִׁי אֶשָּׂא. עָזְרֵנִי לְהַרְבּוֹת בְּתַעֲנוּגֵי שַׁבָּת, וּלְהַמְשִׁיךְ הַשִּׂמְחָה שֶׁל שַׁבָּת לְשֵׁשֶׁת יְמֵי הַחוֹל. תּוֹדִיעֵנִי אֹרַח חַיִּים. שֹׂבַע שְׂמָחוֹת אֶת־פָּנֶיךָ, נְעִימוֹת בִּימִינְךָ נֶצַח. יִהְיוּ לְרָצוֹן אִמְרֵי־פִי וְהֶגְיוֹן לִבִּי לְפָנֶיךָ יהוה צוּרִי וְגוֹאֲלִי. עֹשֶׂה שָׁלוֹם בִּמְרוֹמָיו, הוּא יַעֲשֶׂה שָׁלוֹם עָלֵינוּ וְעַל כָּל־יִשְׂרָאֵל, וְאִמְרוּ אָמֵן.

Continue with קדיש שלם, page 138.
(On שבת חול המועד ,חנוכה ,ראש חודש, and continue instead with הלל, page 133.)

Grant universal peace, with happiness and blessing, grace, love, and mercy for us and for all the people Israel. Bless us, our Creator, one and all, with Your light; for You have given us, by that light, the guide to a life of caring, filled with generosity and contentment, kindness and well-being — and peace. May it please You to bless Your people Israel in every season and at all times with Your gift of peace. *Praised are You Adonai, who blesses His people Israel with peace.

> *On Shabbat Shuvah:*
> May we and the entire House of Israel be remembered and recorded in the Book of life, blessing, sustenance, and peace. Praised are You Adonai, Source of peace.

> *The silent recitation of the Amidah concludes with a personal prayer.*

My God, keep my tongue from evil, my lips from lies. Help me ignore those who would slander me. Let me be humble before all. Open my heart to Your Torah, that I may pursue Your mitzvot. Frustrate the designs of those who plot evil against me; make nothing of their schemes. Act for the sake of Your compassion, Your power, Your holiness, and Your Torah. Answer my prayer for the deliverance of Your people. May the words of my mouth and the meditations of my heart be acceptable to You, my Rock and my Redeemer. May the One who brings peace to His universe bring peace to us and to all the people Israel. Amen.

> *An alternative concluding prayer*
> Grant me the privilege of the liberating joy of Shabbat, of truly tasting its delights. May I be undisturbed by sorrow during these holy Shabbat hours. Fill my heart with gladness, for to You, Adonai, I offer my entire being. Help me to expand the dimensions of all of Shabbat's pleasures, to extend its spirit to the other days of the week. Show me the path of life, the fullness of Your presence, the bliss of being close to You forever. May the words of my mouth and the meditations of my heart be acceptable to You, Adonai, my Rock and my Redeemer. May the One who brings peace to His universe bring peace to us and to all the people Israel. Amen.

> *Continue with Kaddish Shalem, page 138.*
> *(On Rosh Ḥodesh, Ḥanukkah, and Shabbat Ḥol Ha-mo'ed, continue instead with Hallel, page 133.)*

🍃 A MEDITATION ON THE AMIDAH
FOR SHABBAT

Help me, O God, to pray.

Our ancestors worshiped You. Abraham and Sarah, Rebecca and Isaac, Jacob, Rachel, and Leah, stood in awe before You. We, too, reach for You, infinite, awesome, transcendent God, source of all being, whose truth shines through our ancestors' lives. We, their distant descendants, draw strength from their lives and from Your redeeming love. Be our help and our shield, as You were theirs. We praise You, God, Guardian of Abraham.

Your power sustains the universe. You breathe life into dead matter. With compassion You care for all who live. Your limitless love lets life triumph over death, heals the sick, upholds the exhausted, frees the enslaved, keeps faith even with the dead. Who is like You, God of splendor and power incomparable? You govern both life and death, Your presence brings our souls to blossom. We praise You, God who wrests life from death.

Sacred are You, sacred Your mystery. Seekers of holiness worship You all their lives. We praise You, God, ultimate sacred mystery.

Blissful Moses, content with his gift, God's loyal servant aglow with glory, standing at Sinai, embracing the law! In it, keeping Shabbat is commanded, as it is written in Your Torah:

Israel's children must observe Shabbat, keeping it sacred, a timeless covenant age after age. Between God and the Jew an eternal symbol shall it remain. For in six phases God created heaven and earth — and on the seventh day came Shabbat, and soul.

Not to worldly empires, O God, not to worshipers of the base, not to the ruthless did Your gift of Shabbat descend, but to Israel, Your people, in love, to Jacob's seed whom You chose as Your own. Contentment and delight with Your blessings fill all who keep Shabbat holy, the seventh day, Your will and mystery and joy, sweetest of days, memento of Creation.

O our God, our ancestors' God, find pleasure in our Shabbat, consecrate us with Your mitzvot, give us a share in Your truth. Sate us with Your goodness, delight us with Your help. Make our hearts worthy to serve You truly. May we possess Your holy Shabbat with love and eagerness. May the people Israel, bearer of Your holy name, be blessed with tranquility. We praise You, O God whose Shabbat is sacred.

Would that Your people at prayer gained delight in You. Would that we were aflame with the passionate piety of our ancestors' worship. Would that You found our worship acceptable, and forever cherished Your people. If only our eyes could see Your glory perennially renewed in Jerusalem. We praise You, God whose presence forever radiates from Zion.

You are our God today as You were our ancestors' God throughout the ages; firm foundation of our lives, we are Yours in gratitude and love. Our lives are safe in Your hand, our souls entrusted to Your care. Our sense of wonder and our praise of Your miracles and kindnesses greet You daily at dawn, dusk, and noon. O Gentle One, Your caring is endless; O Compassionate One, Your love is eternal. You are forever our hope. Let all the living confront You with thankfulness, delight, and truth. Help us, O God; sustain us. We praise You, God whose touchstone is goodness. To pray to You is joy.

O God, from whom all peace flows, grant serenity to Your Jewish people, with love and mercy, life and goodness for all. Shelter us with kindness, bless us with tranquility at all times and all seasons. We praise You, God whose blessing is peace.

May my tongue be innocent of malice and my lips free from lies. When confronted by enemies may my soul stay calm, truly humble to all. Open my heart with Your teachings, that I may be guided by You. May all who plan evil against me abandon their schemes. Hear my words and help me, God, because You are loving, because You reveal Your Torah. May You find delight in the words of my mouth and in the emotions of my heart, God, my strength and my salvation. As You maintain harmony in the heavens, give peace to us and to the whole Jewish people. Amen.

עמידה — שחרית ליום טוב

אֲדֹנָי, שְׂפָתַי תִּפְתָּח וּפִי יַגִּיד תְּהִלָּתֶךָ.

בָּרוּךְ אַתָּה יהוה אֱלֹהֵינוּ וֵאלֹהֵי אֲבוֹתֵינוּ, אֱלֹהֵי אַבְרָהָם אֱלֹהֵי יִצְחָק וֵאלֹהֵי יַעֲקֹב, הָאֵל הַגָּדוֹל הַגִּבּוֹר וְהַנּוֹרָא, אֵל עֶלְיוֹן, גּוֹמֵל חֲסָדִים טוֹבִים וְקוֹנֵה הַכֹּל, וְזוֹכֵר חַסְדֵי אָבוֹת וּמֵבִיא גוֹאֵל לִבְנֵי בְנֵיהֶם לְמַעַן שְׁמוֹ בְּאַהֲבָה. מֶלֶךְ עוֹזֵר וּמוֹשִׁיעַ וּמָגֵן. בָּרוּךְ אַתָּה יהוה מָגֵן אַבְרָהָם.

אַתָּה גִּבּוֹר לְעוֹלָם אֲדֹנָי, מְחַיֵּה מֵתִים אַתָּה, רַב לְהוֹשִׁיעַ.

**On שמחת תורה and the first day of פסח:*

מַשִּׁיב הָרוּחַ וּמוֹרִיד הַגָּשֶׁם.

מְכַלְכֵּל חַיִּים בְּחֶסֶד, מְחַיֵּה מֵתִים בְּרַחֲמִים רַבִּים, סוֹמֵךְ נוֹפְלִים וְרוֹפֵא חוֹלִים וּמַתִּיר אֲסוּרִים, וּמְקַיֵּם אֱמוּנָתוֹ לִישֵׁנֵי עָפָר. מִי כָמוֹךָ בַּעַל גְּבוּרוֹת וּמִי דּוֹמֶה לָּךְ, מֶלֶךְ מֵמִית וּמְחַיֶּה וּמַצְמִיחַ יְשׁוּעָה. וְנֶאֱמָן אַתָּה לְהַחֲיוֹת מֵתִים. בָּרוּךְ אַתָּה יהוה מְחַיֵּה הַמֵּתִים.

When the עמידה is chanted aloud, continue on page 124.

אַתָּה קָדוֹשׁ וְשִׁמְךָ קָדוֹשׁ, וּקְדוֹשִׁים בְּכָל־יוֹם יְהַלְלוּךָ סֶּלָה. בָּרוּךְ אַתָּה יהוה הָאֵל הַקָּדוֹשׁ.

Silent recitation continues on page 125.

**Between פסח and שמיני עצרת, some add:* מוֹרִיד הַטָּל.

✾ SHAḤARIT AMIDAH FOR FESTIVALS

Adonai, open my lips, so I may speak Your praise.

Praised are You Adonai, our God and God of our ancestors, God of Abraham, God of Isaac, and God of Jacob, great, mighty, awesome, exalted God who bestows lovingkindness, Creator of all. You remember the pious deeds of our ancestors and will send a redeemer to their children's children because of Your loving nature. You are the Sovereign who helps and saves and shields. Praised are You Adonai, Shield of Abraham.

Your might, Adonai, is boundless. You give life to the dead; great is Your saving power.

*On Simḥat Torah and the first day of Pesaḥ:
You cause the wind to blow and the rain to fall.

Your love sustains the living, Your great mercies give life to the dead. You support the falling, heal the ailing, free the fettered. You keep Your faith with those who sleep in dust. Whose power can compare with Yours? You are Master of life and death and deliverance. Faithful are You in giving life to the dead. Praised are You Adonai, Master of life and death.

When the Amidah is chanted aloud, continue on page 124.

Holy are You and holy is Your name. Holy are those who praise You each day. Praised are You Adonai, holy God.

Silent recitation continues on page 125.

---

*Between Pesaḥ and Sh'mini Atzeret, some add: You cause the dew to fall.

עמידה — שחרית ליום טוב (כולל אמהות)

אֲדֹנָי, שְׂפָתַי תִּפְתָּח וּפִי יַגִּיד תְּהִלָּתֶךָ.

בָּרוּךְ אַתָּה יהוה אֱלֹהֵינוּ וֵאלֹהֵי אֲבוֹתֵינוּ, אֱלֹהֵי אַבְרָהָם אֱלֹהֵי יִצְחָק וֵאלֹהֵי יַעֲקֹב, אֱלֹהֵי שָׂרָה אֱלֹהֵי רִבְקָה אֱלֹהֵי רָחֵל וֵאלֹהֵי לֵאָה, הָאֵל הַגָּדוֹל הַגִּבּוֹר וְהַנּוֹרָא, אֵל עֶלְיוֹן, גּוֹמֵל חֲסָדִים טוֹבִים וְקוֹנֵה הַכֹּל, וְזוֹכֵר חַסְדֵי אָבוֹת וּמֵבִיא גוֹאֵל לִבְנֵי בְנֵיהֶם לְמַעַן שְׁמוֹ בְּאַהֲבָה. מֶלֶךְ עוֹזֵר וּפוֹקֵד וּמוֹשִׁיעַ וּמָגֵן. בָּרוּךְ אַתָּה יהוה מָגֵן אַבְרָהָם וּפֹקֵד שָׂרָה.

אַתָּה גִּבּוֹר לְעוֹלָם אֲדֹנָי, מְחַיֵּה מֵתִים אַתָּה, רַב לְהוֹשִׁיעַ.

**On שמחת תורה and the first day of פסח:*

מַשִּׁיב הָרוּחַ וּמוֹרִיד הַגָּשֶׁם.

מְכַלְכֵּל חַיִּים בְּחֶסֶד, מְחַיֵּה מֵתִים בְּרַחֲמִים רַבִּים, סוֹמֵךְ נוֹפְלִים וְרוֹפֵא חוֹלִים וּמַתִּיר אֲסוּרִים, וּמְקַיֵּם אֱמוּנָתוֹ לִישֵׁנֵי עָפָר. מִי כָמוֹךָ בַּעַל גְּבוּרוֹת וּמִי דּוֹמֶה לָּךְ, מֶלֶךְ מֵמִית וּמְחַיֶּה וּמַצְמִיחַ יְשׁוּעָה. וְנֶאֱמָן אַתָּה לְהַחֲיוֹת מֵתִים. בָּרוּךְ אַתָּה יהוה מְחַיֵּה הַמֵּתִים.

When the עמידה is chanted aloud, continue on page 124.

אַתָּה קָדוֹשׁ וְשִׁמְךָ קָדוֹשׁ, וּקְדוֹשִׁים בְּכָל־יוֹם יְהַלְלוּךָ סֶּלָה. בָּרוּךְ אַתָּה יהוה הָאֵל הַקָּדוֹשׁ.

Silent recitation continues on page 125.

**Between פסח and שמיני עצרת, some add:* מוֹרִיד הַטָּל.

❧ SHAḤARIT AMIDAH FOR FESTIVALS
(with Matriarchs)

Adonai, open my lips, so I may speak Your praise.

Praised are You Adonai, our God and God of our ancestors, God of Abraham, Isaac, and Jacob, Sarah, Rebecca, Rachel, and Leah, great, mighty, awesome, exalted God who bestows lovingkindness, Creator of all. You remember the pious deeds of our ancestors and will send a redeemer to their children's children because of Your loving nature. You are the Sovereign who helps and guards, saves and shields. Praised are You Adonai, Shield of Abraham and Guardian of Sarah.

Your might, Adonai, is boundless. You give life to the dead; great is Your saving power.

> *On Simḥat Torah and the first day of Pesaḥ:*
> You cause the wind to blow and the rain to fall.

Your love sustains the living, Your great mercies give life to the dead. You support the falling, heal the ailing, free the fettered. You keep Your faith with those who sleep in dust. Whose power can compare with Yours? You are Master of life and death and deliverance. Faithful are You in giving life to the dead. Praised are You Adonai, Master of life and death.

> *When the Amidah is chanted aloud, continue on next page.*

Holy are You and holy is Your name. Holy are those who praise You each day. Praised are You Adonai, holy God.

Silent recitation continues on page 125.

Between Pesaḥ and Sh'mini Atzeret, some add: You cause the dew to fall.

קדושה

When the עמידה *is chanted by the Ḥazzan,* קדושה *is added.*

נְקַדֵּשׁ אֶת־שִׁמְךָ בָּעוֹלָם, כְּשֵׁם שֶׁמַּקְדִּישִׁים אוֹתוֹ בִּשְׁמֵי מָרוֹם, כַּכָּתוּב עַל יַד נְבִיאֶךָ, וְקָרָא זֶה אֶל זֶה וְאָמַר:

קָדוֹשׁ קָדוֹשׁ קָדוֹשׁ יהוה צְבָאוֹת, מְלֹא כָל־הָאָרֶץ כְּבוֹדוֹ.

אָז בְּקוֹל רַעַשׁ גָּדוֹל אַדִּיר וְחָזָק מַשְׁמִיעִים קוֹל, מִתְנַשְּׂאִים לְעֻמַּת שְׂרָפִים, לְעֻמָּתָם בָּרוּךְ יֹאמֵרוּ:

בָּרוּךְ כְּבוֹד יהוה מִמְּקוֹמוֹ.

מִמְּקוֹמְךָ מַלְכֵּנוּ תוֹפִיעַ וְתִמְלוֹךְ עָלֵינוּ, כִּי מְחַכִּים אֲנַחְנוּ לָךְ. מָתַי תִּמְלוֹךְ בְּצִיּוֹן, בְּקָרוֹב בְּיָמֵינוּ לְעוֹלָם וָעֶד תִּשְׁכּוֹן. תִּתְגַּדַּל וְתִתְקַדַּשׁ בְּתוֹךְ יְרוּשָׁלַיִם עִירְךָ לְדוֹר וָדוֹר וּלְנֵצַח נְצָחִים. וְעֵינֵינוּ תִרְאֶינָה מַלְכוּתֶךָ, כַּדָּבָר הָאָמוּר בְּשִׁירֵי עֻזֶּךָ, עַל יְדֵי דָוִד מְשִׁיחַ צִדְקֶךָ.

יִמְלֹךְ יהוה לְעוֹלָם, אֱלֹהַיִךְ צִיּוֹן לְדֹר וָדֹר, הַלְלוּיָהּ.

לְדוֹר וָדוֹר נַגִּיד גָּדְלֶךָ, וּלְנֵצַח נְצָחִים קְדֻשָּׁתְךָ נַקְדִּישׁ. וְשִׁבְחֲךָ אֱלֹהֵינוּ מִפִּינוּ לֹא יָמוּשׁ לְעוֹלָם וָעֶד, כִּי אֵל מֶלֶךְ גָּדוֹל וְקָדוֹשׁ אָתָּה. בָּרוּךְ אַתָּה יהוה הָאֵל הַקָּדוֹשׁ.

❧ KEDUSHAH

When the Reader chants the Amidah, Kedushah is added.

We proclaim Your holiness on earth as it is proclaimed in heaven above. We sing the words of heavenly voices as recorded in Your prophet's vision:

Kadosh kadosh kadosh Adonai Tz'va-ot, m'lo khol ha-aretz k'vodo.
Holy, holy, holy *Adonai Tz'va-ot;*
the grandeur of the world is God's glory.

In thundering chorus, majestic voices resound, lifted toward singing seraphim and responding:

Barukh k'vod Adonai mi-m'komo.
Praised is Adonai's glory throughout the universe.

Throughout Your universe reveal Yourself, our Sovereign, and reign over us, for we await You. When will You reign in Zion? Let it be soon, in our time and throughout all time. May Your glory and holiness be apparent to all in Jerusalem, Your city, from generation to generation, eternally. May we see Your sovereignty, described in David's psalms, which sing of Your splendor:

Yimlokh Adonai l'olam, Elohayikh Tziyon l'dor va-dor, Halleluyah.
Adonai shall reign through all generations;
Zion, your God shall reign forever. Halleluyah!

We declare Your greatness through all generations, hallow Your holiness to all eternity. Your praise will never leave our lips, for You are God and Sovereign, great and holy. Praised are You Adonai, holy God.

אַתָּה בְחַרְתָּנוּ מִכָּל־הָעַמִּים, אָהַבְתָּ אוֹתָנוּ וְרָצִיתָ בָּנוּ, וְרוֹמַמְתָּנוּ מִכָּל־הַלְּשׁוֹנוֹת, וְקִדַּשְׁתָּנוּ בְּמִצְוֹתֶיךָ, וְקֵרַבְתָּנוּ מַלְכֵּנוּ לַעֲבוֹדָתֶךָ, וְשִׁמְךָ הַגָּדוֹל וְהַקָּדוֹשׁ עָלֵינוּ קָרָאתָ.

וַתִּתֶּן־לָנוּ יהוה אֱלֹהֵינוּ בְּאַהֲבָה (שַׁבָּתוֹת לִמְנוּחָה וּ) מוֹעֲדִים לְשִׂמְחָה, חַגִּים וּזְמַנִּים לְשָׂשׂוֹן, אֶת־יוֹם (הַשַּׁבָּת הַזֶּה וְאֶת־יוֹם)

On סוכות:

חַג הַסֻּכּוֹת הַזֶּה, זְמַן שִׂמְחָתֵנוּ,

On שמיני עצרת and שמחת תורה:

הַשְּׁמִינִי, חַג הָעֲצֶרֶת הַזֶּה, זְמַן שִׂמְחָתֵנוּ,

On פסח:

חַג הַמַּצּוֹת הַזֶּה, זְמַן חֵרוּתֵנוּ,

On שבועות:

חַג הַשָּׁבֻעוֹת הַזֶּה, זְמַן מַתַּן תּוֹרָתֵנוּ,

(בְּאַהֲבָה) מִקְרָא קֹדֶשׁ, זֵכֶר לִיצִיאַת מִצְרָיִם.

אֱלֹהֵינוּ וֵאלֹהֵי אֲבוֹתֵינוּ, יַעֲלֶה וְיָבֹא וְיַגִּיעַ, וְיֵרָאֶה וְיֵרָצֶה וְיִשָּׁמַע, וְיִפָּקֵד וְיִזָּכֵר זִכְרוֹנֵנוּ וּפִקְדוֹנֵנוּ, וְזִכְרוֹן אֲבוֹתֵינוּ, וְזִכְרוֹן מָשִׁיחַ בֶּן־דָּוִד עַבְדֶּךָ, וְזִכְרוֹן יְרוּשָׁלַיִם עִיר קָדְשֶׁךָ, וְזִכְרוֹן כָּל־עַמְּךָ בֵּית יִשְׂרָאֵל לְפָנֶיךָ, לִפְלֵיטָה לְטוֹבָה, לְחֵן וּלְחֶסֶד וּלְרַחֲמִים, לְחַיִּים וּלְשָׁלוֹם,

On סוכות:

בְּיוֹם חַג הַסֻּכּוֹת הַזֶּה.

On שמיני עצרת and שמחת תורה:

בַּיּוֹם הַשְּׁמִינִי, חַג הָעֲצֶרֶת הַזֶּה.

On פסח:

בְּיוֹם חַג הַמַּצּוֹת הַזֶּה.

On שבועות:

בְּיוֹם חַג הַשָּׁבֻעוֹת הַזֶּה.

זָכְרֵנוּ יהוה אֱלֹהֵינוּ בּוֹ לְטוֹבָה, וּפָקְדֵנוּ בוֹ לִבְרָכָה, וְהוֹשִׁיעֵנוּ בוֹ לְחַיִּים. וּבִדְבַר יְשׁוּעָה וְרַחֲמִים חוּס וְחָנֵּנוּ וְרַחֵם עָלֵינוּ וְהוֹשִׁיעֵנוּ כִּי אֵלֶיךָ עֵינֵינוּ, כִּי אֵל מֶלֶךְ חַנּוּן וְרַחוּם אָתָּה.

You have chosen us from among all nations for Your service by loving and cherishing us as bearers of Your Torah. You have loved and favored us, and distinguished us by instilling in us the holiness of Your mitzvot and drawing us near to Your service, our Sovereign, so that we became known by Your great and holy name.

Lovingly, Adonai our God, have You given us (Shabbat for rest,) Festivals for joy and holidays for happiness, among them this (Shabbat and this)

Festival of Sukkot, season of our rejoicing,

Festival of Sh'mini Atzeret, season of our rejoicing,

Festival of Matzot, season of our liberation,

Festival of Shavuot, season of the giving of our Torah,

a day of sacred assembly, recalling the Exodus from Egypt.

Our God and God of our ancestors, show us Your care and concern. Remember our ancestors; recall Your anointed, descended from David Your servant. Protect Jerusalem, Your holy city, and exalt all Your people, Israel, with life and well-being, contentment and peace on this

Festival of Sukkot.

Festival of Sh'mini Atzeret.

Festival of Matzot.

Festival of Shavuot.

Grant us life and blessing, and remember us for good. Recall Your promise of mercy and redemption. Be merciful to us and save us, for we place our hope in You, loving and merciful God.

וְהַשִּׂיאֵנוּ יהוה אֱלֹהֵינוּ אֶת־בִּרְכַּת מוֹעֲדֶיךָ לְחַיִּים וּלְשָׁלוֹם, לְשִׂמְחָה וּלְשָׂשׂוֹן, כַּאֲשֶׁר רָצִיתָ וְאָמַרְתָּ לְבָרְכֵנוּ. אֱלֹהֵינוּ וֵאלֹהֵי אֲבוֹתֵינוּ, (רְצֵה בִמְנוּחָתֵנוּ,) קַדְּשֵׁנוּ בְּמִצְוֹתֶיךָ וְתֵן חֶלְקֵנוּ בְּתוֹרָתֶךָ, שַׂבְּעֵנוּ מִטּוּבֶךָ וְשַׂמְּחֵנוּ בִּישׁוּעָתֶךָ, וְטַהֵר לִבֵּנוּ לְעָבְדְּךָ בֶּאֱמֶת. וְהַנְחִילֵנוּ יהוה אֱלֹהֵינוּ (בְּאַהֲבָה וּבְרָצוֹן) בְּשִׂמְחָה וּבְשָׂשׂוֹן (שַׁבָּת וּ)מוֹעֲדֵי קָדְשֶׁךָ, וְיִשְׂמְחוּ בְךָ יִשְׂרָאֵל מְקַדְּשֵׁי שְׁמֶךָ. בָּרוּךְ אַתָּה יהוה מְקַדֵּשׁ (הַשַּׁבָּת וְ)יִשְׂרָאֵל וְהַזְּמַנִּים.

רְצֵה יהוה אֱלֹהֵינוּ בְּעַמְּךָ יִשְׂרָאֵל וּבִתְפִלָּתָם, וְהָשֵׁב אֶת־הָעֲבוֹדָה לִדְבִיר בֵּיתֶךָ, וּתְפִלָּתָם בְּאַהֲבָה תְקַבֵּל בְּרָצוֹן, וּתְהִי לְרָצוֹן תָּמִיד עֲבוֹדַת יִשְׂרָאֵל עַמֶּךָ.

וְתֶחֱזֶינָה עֵינֵינוּ בְּשׁוּבְךָ לְצִיּוֹן בְּרַחֲמִים.
בָּרוּךְ אַתָּה יהוה הַמַּחֲזִיר שְׁכִינָתוֹ לְצִיּוֹן.

מוֹדִים אֲנַחְנוּ לָךְ שָׁאַתָּה הוּא יהוה אֱלֹהֵינוּ וֵאלֹהֵי אֲבוֹתֵינוּ לְעוֹלָם וָעֶד, צוּר חַיֵּינוּ מָגֵן יִשְׁעֵנוּ אַתָּה הוּא לְדוֹר וָדוֹר. נוֹדֶה לְּךָ וּנְסַפֵּר תְּהִלָּתֶךָ, עַל חַיֵּינוּ הַמְּסוּרִים בְּיָדֶךָ וְעַל נִשְׁמוֹתֵינוּ הַפְּקוּדוֹת לָךְ, וְעַל נִסֶּיךָ שֶׁבְּכָל־יוֹם עִמָּנוּ וְעַל נִפְלְאוֹתֶיךָ וְטוֹבוֹתֶיךָ שֶׁבְּכָל־עֵת, עֶרֶב וָבֹקֶר וְצָהֳרָיִם. הַטּוֹב כִּי לֹא כָלוּ רַחֲמֶיךָ, וְהַמְרַחֵם כִּי לֹא תַמּוּ חֲסָדֶיךָ, מֵעוֹלָם קִוִּינוּ לָךְ.

When the Ḥazzan recites מודים*, the congregation continues silently:*

מוֹדִים אֲנַחְנוּ לָךְ שָׁאַתָּה הוּא יהוה אֱלֹהֵינוּ וֵאלֹהֵי אֲבוֹתֵינוּ אֱלֹהֵי כָל־בָּשָׂר, יוֹצְרֵנוּ, יוֹצֵר בְּרֵאשִׁית. בְּרָכוֹת וְהוֹדָאוֹת לְשִׁמְךָ הַגָּדוֹל וְהַקָּדוֹשׁ, עַל שֶׁהֶחֱיִיתָנוּ וְקִיַּמְתָּנוּ. כֵּן תְּחַיֵּנוּ וּתְקַיְּמֵנוּ, וְתֶאֱסוֹף גָּלֻיּוֹתֵינוּ לְחַצְרוֹת קָדְשֶׁךָ, לִשְׁמוֹר חֻקֶּיךָ וְלַעֲשׂוֹת רְצוֹנֶךָ, וּלְעָבְדְּךָ בְּלֵבָב שָׁלֵם, עַל שֶׁאֲנַחְנוּ מוֹדִים לָךְ. בָּרוּךְ אֵל הַהוֹדָאוֹת.

Adonai our God, bestow upon us the blessing of Your Festivals, for life and peace, for joy and gladness, as You have promised. Our God and God of our ancestors, (find favor in our Shabbat rest,) instill in us the holiness of Your mitzvot and let Your Torah be our portion. Fill our lives with Your goodness, and gladden us with Your triumph. Cleanse our hearts so that we might serve You faithfully. (Lovingly and willingly,) Adonai our God, grant that we inherit Your holy (Shabbat and) Festivals, so that the people Israel, who hallow Your name, will rejoice in You. Praised are You Adonai, who hallows (Shabbat,) the people Israel and the Festivals.

Accept the prayer of Your people Israel as lovingly as it is offered. Restore worship to Your sanctuary, and may the worship of Your people Israel always be acceptable to You.

May we witness Your merciful return to Zion. Praised are You Adonai, who restores the Divine Presence to Zion.

MODIM

We proclaim that You are Adonai our God and God of our ancestors throughout all time. You are the Rock of our lives, the Shield of our salvation in every generation. We thank You and praise You for our lives that are in Your hand, for our souls that are in Your charge, for Your miracles that daily attend us, and for Your wonders and gifts that accompany us, evening, morning, and noon. You are good, Your mercy everlasting; You are compassionate, Your kindness never-ending. We have always placed our hope in You.

When the Reader recites Modim, the congregation continues silently:

We proclaim that You are Adonai our God and God of our ancestors, God of all life, our Creator, the Creator of all. We praise You and thank You for granting us life and for sustaining us. May You continue to grant us life and sustenance. Gather our dispersed to Your holy place, to fulfill Your mitzvot and to serve You whole-heartedly, doing Your will. For this we shall thank You. Praised be God to whom thanksgiving is due.

וְעַל כֻּלָּם יִתְבָּרַךְ וְיִתְרוֹמַם שִׁמְךָ מַלְכֵּנוּ תָּמִיד לְעוֹלָם וָעֶד.

וְכֹל הַחַיִּים יוֹדוּךָ סֶּלָה, וִיהַלְלוּ אֶת־שִׁמְךָ בֶּאֱמֶת, הָאֵל יְשׁוּעָתֵנוּ וְעֶזְרָתֵנוּ סֶלָה. בָּרוּךְ אַתָּה יהוה הַטּוֹב שִׁמְךָ וּלְךָ נָאֶה לְהוֹדוֹת.

Ḥazzan adds:

אֱלֹהֵינוּ וֵאלֹהֵי אֲבוֹתֵינוּ, בָּרְכֵנוּ בַּבְּרָכָה הַמְשֻׁלֶּשֶׁת בַּתּוֹרָה הַכְּתוּבָה עַל יְדֵי מֹשֶׁה עַבְדֶּךָ, הָאֲמוּרָה מִפִּי אַהֲרֹן וּבָנָיו, כֹּהֲנִים, עַם קְדוֹשֶׁךָ, כָּאָמוּר:

Congregation:

יְבָרֶכְךָ יהוה וְיִשְׁמְרֶךָ.   כֵּן יְהִי רָצוֹן.
יָאֵר יהוה פָּנָיו אֵלֶיךָ וִיחֻנֶּךָּ.   כֵּן יְהִי רָצוֹן.
יִשָּׂא יהוה פָּנָיו אֵלֶיךָ וְיָשֵׂם לְךָ שָׁלוֹם.   כֵּן יְהִי רָצוֹן.

שִׂים שָׁלוֹם בָּעוֹלָם, טוֹבָה וּבְרָכָה, חֵן וָחֶסֶד וְרַחֲמִים עָלֵינוּ וְעַל כָּל־יִשְׂרָאֵל עַמֶּךָ. בָּרְכֵנוּ אָבִינוּ כֻּלָּנוּ כְּאֶחָד בְּאוֹר פָּנֶיךָ, כִּי בְאוֹר פָּנֶיךָ נָתַתָּ לָּנוּ, יהוה אֱלֹהֵינוּ, תּוֹרַת חַיִּים וְאַהֲבַת חֶסֶד, וּצְדָקָה וּבְרָכָה וְרַחֲמִים וְחַיִּים וְשָׁלוֹם. וְטוֹב בְּעֵינֶיךָ לְבָרֵךְ אֶת־עַמְּךָ יִשְׂרָאֵל בְּכָל־עֵת וּבְכָל־שָׁעָה בִּשְׁלוֹמֶךָ. בָּרוּךְ אַתָּה יהוה הַמְבָרֵךְ אֶת־עַמּוֹ יִשְׂרָאֵל בַּשָּׁלוֹם.

The Ḥazzan's chanting of the עמידה *ends here.*

For all these blessings we shall ever praise and exalt You.

May every living creature thank You and praise You faithfully, God of our deliverance and our help. Praised are You Adonai, the essence of goodness, worthy of acclaim.

Reader adds:

Bless us, our God and God of our ancestors, with the threefold blessing written in the Torah by Moses, Your servant, pronounced by Aaron and by his descendants, *Kohanim*, Your holy people.

	Congregation:
May Adonai bless you and guard you.	Ken y'hi ratzon.
May Adonai show you favor and be gracious to you.	Ken y'hi ratzon.
May Adonai show you kindness and grant you peace.	Ken y'hi ratzon.
	May this be God's will.

Grant universal peace, with happiness and blessing, grace, love, and mercy for us and for all the people Israel. Bless us, our Creator, one and all, with Your light; for You have given us, by that light, the guide to a life of caring, filled with generosity and contentment, kindness and well-being — and peace. May it please You to bless Your people Israel in every season and at all times with Your gift of peace. Praised are You Adonai, who blesses His people Israel with peace.

The silent recitation of the עמידה concludes with a personal prayer.

אֱלֹהַי, נְצוֹר לְשׁוֹנִי מֵרָע וּשְׂפָתַי מִדַּבֵּר מִרְמָה, וְלִמְקַלְלַי נַפְשִׁי תִדּוֹם, וְנַפְשִׁי כֶּעָפָר לַכֹּל תִּהְיֶה. פְּתַח לִבִּי בְּתוֹרָתֶךָ וּבְמִצְוֹתֶיךָ תִּרְדּוֹף נַפְשִׁי. וְכָל־הַחוֹשְׁבִים עָלַי רָעָה, מְהֵרָה הָפֵר עֲצָתָם וְקַלְקֵל מַחֲשַׁבְתָּם. עֲשֵׂה לְמַעַן שְׁמֶךָ, עֲשֵׂה לְמַעַן יְמִינֶךָ, עֲשֵׂה לְמַעַן קְדֻשָּׁתֶךָ, עֲשֵׂה לְמַעַן תּוֹרָתֶךָ, לְמַעַן יֵחָלְצוּן יְדִידֶיךָ, הוֹשִׁיעָה יְמִינְךָ וַעֲנֵנִי. יִהְיוּ לְרָצוֹן אִמְרֵי־פִי וְהֶגְיוֹן לִבִּי לְפָנֶיךָ, יהוה צוּרִי וְגוֹאֲלִי. עֹשֶׂה שָׁלוֹם בִּמְרוֹמָיו, הוּא יַעֲשֶׂה שָׁלוֹם עָלֵינוּ וְעַל כָּל־יִשְׂרָאֵל, וְאִמְרוּ אָמֵן.

An alternative concluding prayer

רִבּוֹנוֹ שֶׁל עוֹלָם, אֲדוֹן הַשִּׂמְחָה שֶׁאֵין לְפָנָיו עַצְבוּת, זַכֵּנִי לְקַבֵּל וּלְהַמְשִׁיךְ עָלַי קְדֻשַּׁת יוֹם טוֹב בְּשִׂמְחָה וְחֶדְוָה. יָשִׂישׂוּ וְיִשְׂמְחוּ בְּךָ כָּל־מְבַקְשֶׁיךָ. תָּאִיר לִי וּתְלַמְּדֵנִי לַהֲפֹךְ יָגוֹן וַאֲנָחָה לְשִׂמְחָה, שֶׁהַהִתְרַחֲקוּת מִמְּךָ בָּאָה לָנוּ עַל יְדֵי הָעַצְבוּת. הָשִׁיבָה לִּי שְׂשׂוֹן יִשְׁעֶךָ, וְרוּחַ נְדִיבָה תִסְמְכֵנִי. יִהְיוּ לְרָצוֹן אִמְרֵי־פִי וְהֶגְיוֹן לִבִּי לְפָנֶיךָ, יהוה צוּרִי וְגוֹאֲלִי. עֹשֶׂה שָׁלוֹם בִּמְרוֹמָיו, הוּא יַעֲשֶׂה שָׁלוֹם עָלֵינוּ וְעַל כָּל־יִשְׂרָאֵל, וְאִמְרוּ אָמֵן.

הלל begins on page 133.
An introduction to הלל is on page 132.

When סוכות falls on a weekday, we continue with נטילת לולב, page 131.

*The silent recitation of the Amidah concludes with
a personal prayer.*

My God, keep my tongue from evil, my lips from lies. Help me
ignore those who would slander me. Let me be humble before
all. Open my heart to Your Torah, that I may pursue Your
mitzvot. Frustrate the designs of those who plot evil against
me; make nothing of their schemes. Act for the sake of Your
compassion, Your power, Your holiness, and Your Torah.
Answer my prayer for the deliverance of Your people. May
the words of my mouth and the meditations of my heart be
acceptable to You, my Rock and my Redeemer. May the One
who brings peace to His universe bring peace to us and to all
the people Israel. Amen.

An alternative concluding prayer

Sovereign, Master of joy in whose presence despair takes flight,
grant me the capacity to welcome and extend the holiness of this
Festival with happiness and delight. Let all who seek You be
jubilant, rejoicing in Your presence. Teach me to transcend
sorrow with abiding contentment, for estrangement from You
grows out of despair. Revive in me the joy of Your deliverance;
may a willing spirit strengthen me. May the words of my mouth
and the meditations of my heart be acceptable to You, my Rock
and my Redeemer. May the One who ordains universal peace
bring peace to us and to all the people Israel. Amen.

Hallel begins on page 133.
An introduction to Hallel is on page 132.

*When Sukkot falls on a weekday, we continue with
N'tilat Lulav, page 131.*

🍂 A MEDITATION ON THE AMIDAH
FOR FESTIVALS

Help me, O God, to pray.

Our ancestors worshiped You. Abraham and Sarah, Rebecca and Isaac, Jacob, Rachel, and Leah, stood in awe before You. We, too, reach for You, infinite, awesome, transcendent God, source of all being whose truth shines through our ancestors' lives. We, their distant descendants, draw strength from their lives and from Your redeeming love. Be our help and our shield, as You were theirs. We praise You, God, Guardian of Abraham.

Your power sustains the universe. You breathe life into dead matter. With compassion You care for all who live. Your limitless love lets life triumph over death, heals the sick, upholds the exhausted, frees the enslaved, keeps faith even with the dead. Who is like You, God of splendor and power incomparable? You govern both life and death, Your presence brings our souls to blossom. We praise You, God who wrests life from death.

Sacred are You, sacred Your mystery. Seekers of holiness worship You all their lives. We praise You, God, ultimate sacred mystery.

Out of all humanity You chose us, You loved us, You found pleasure in us. Out of all peoples, through Your law, You uplifted us, You consecrated us, You drew us near to serve You, and shared with us Your great and holy name. Lovingly, *Adonai Eloheinu*, You gave us (Sabbaths for rest,) Festivals for joy, feasts and holy days for delight,

this Festival of Sukkot, season of our rejoicing,

this Festival of Sh'mini Atzeret, season of our rejoicing,

this Feast of Matzah, season of our liberation,

this Feast of Shavuot, season of Matan Torah,

a sacred gathering, memento of our Exodus from Egypt.

Our God, our ancestors' God, let an awareness of us and our destiny, of our ancestors and of our messianic dreams, of the holy city of Jerusalem, and of Your people, the family that is Israel, rise and ascend, soar and unfold, and shine in Your presence. May there be survival and sweetness, grace and tenderness, compassion and life and peace on this festive day. Remember us generously, find us worthy of Your blessing. Help us to choose life. Through Your word of comfort and mercy show us grace, solace, and pity, and help us, O our God, our Guardian, tender and gentle; our eyes look toward You always.

Shower upon us, *Adonai Eloheinu*, the gift of Your Festivals for life and peace, for happiness and joy, as You have promised to bless us. Consecrate us through Your law, give us a share of Your truth, fulfill us with Your goodness, cheer us with Your help. Make our hearts worthy to serve You truly. May Your holy Festivals be our glad and glorious treasure. Let Jews who worship You find joy today. We praise You O God, whose holiness illumines Israel and the sacred seasons.

Would that Your people at prayer gained delight in You. Would that we were aflame with the passionate piety of our ancestors' worship. Would that You found our worship acceptable and forever cherished Your people. If only our eyes could see Your glory perennially renewed in Jerusalem. We praise You, God whose presence forever radiates from Zion.

You are our God today as You were our ancestors' God throughout the ages; firm foundation of our lives, we are Yours in gratitude and love. Our lives are safe in Your hand, our souls entrusted to Your care. Our sense of wonder and our praise of Your miracles and kindnesses greet You daily at dawn, dusk, and noon. O Gentle One, Your caring is endless; O Compassionate One, Your love is eternal. You are forever our hope. Let all the living confront You with thankfulness, delight, and truth. Help us, O God; sustain us. We praise You, God whose touchstone is goodness. To pray to You is joy.

O God, from whom all peace flows, grant serenity to Your Jewish people, with love and mercy, life and goodness for all. Shelter us with kindness, bless us with tranquility at all times and all seasons. We praise You, God whose blessing is peace.

May my tongue be innocent of malice and my lips free from lies. When confronted by enemies may my soul stay calm, truly humble to all. Open my heart with Your teachings, that I may be guided by You. May all who plan evil against me abandon their schemes. Hear my words and help me, God, because You are loving, because You reveal Your Torah. May You find delight in the words of my mouth and in the emotions of my heart, God, my strength and my salvation. As You maintain harmony in the heavens, give peace to us and to the whole Jewish people. Amen.

TAKING THE LULAV

סדר נטילת לולב

For Sukkot when it falls on a weekday
(The lulav and etrog are not used on Shabbat.)

"...you shall take the fruit of goodly trees, branches of palm trees, boughs of leafy trees and willows of the brook, and you shall rejoice before Adonai your God seven days" (Leviticus 23:40).

The four varieties specified in this verse are known, in order, as etrog (citron), lulav (palm), hadas (myrtle), and aravah (willow). These last two are bound together with the lulav, which you hold with the spine facing you — with three hadasim to the right and two aravot to the left. These three varieties bound together are referred to as lulav, the palm being the tallest and most prominent of the three.

Stand holding the lulav in the right hand, the etrog in the left, with your hands close together. When reciting the b'rakhah, hold the etrog with the pitam (tip) facing down.

בָּרוּךְ אַתָּה יהוה אֱלֹהֵינוּ מֶלֶךְ הָעוֹלָם,
אֲשֶׁר קִדְּשָׁנוּ בְּמִצְוֹתָיו וְצִוָּנוּ עַל נְטִילַת לוּלָב.

Barukh atah Adonai, Eloheinu melekh ha-olam,
asher kid'shanu b'mitzvotav v'tzivanu al n'tilat lulav.

Praised are You Adonai our God, who rules the universe,
instilling in us the holiness of mitzvot
by commanding us to take the *lulav.*

Each year the following is recited upon taking
the lulav for the first time:

בָּרוּךְ אַתָּה יהוה אֱלֹהֵינוּ מֶלֶךְ הָעוֹלָם,
שֶׁהֶחֱיָנוּ וְקִיְּמָנוּ וְהִגִּיעָנוּ לַזְּמַן הַזֶּה.

Barukh atah Adonai, Eloheinu melekh ha-olam,
she-heḥeyanu v'kiy'manu v'higi-anu la-z'man ha-zeh.

Praised are You Adonai our God, who rules the universe,
granting us life, sustaining us,
and enabling us to reach this day.

After the b'rakhah, turn the etrog over, and hold it so the pitam faces up. Shake the lulav three times in each direction: to the front, to the right, behind you (over your right shoulder), to the left, then upward, then down.

HALLEL

הלל

Hallel is recited on Sukkot (including Ḥol Ha-mo'ed, the intermediate days), Sh'mini Atzeret, Simḥat Torah, Pesaḥ, Shavuot, Rosh Ḥodesh, Ḥanukkah, and Yom Ha-atzma'ut (Israel Independence Day), and also, in some congregations, on Yom Y'rushalayim.

On Sukkot, the lulav and etrog are held as Hallel is recited (except on Shabbat). During the chanting of "Hodu" (page 136), and "Ana" and "Hodu" (page 137), they are waved (forward, right, back, left, up, and down) — first by the Ḥazzan, then by the congregation.

On Rosh Ḥodesh and the last six days of Pesaḥ, the opening sections of Psalms 115 and 116 are omitted. This is known as Ḥatzi Hallel (Partial-Hallel). When Shabbat Ḥanukkah coincides with Rosh Ḥodesh, the full Hallel is recited.

It is likely that Psalms 113 to 118 have always formed a special unit, and were recited together on the Festivals in the ancient Temple in Jerusalem, even in biblical times.

The Hallel Psalms recall for us the celebration of Festivals in the Temple. Through them we express our gratitude and joy for divine providence. God's concern for us is reflected in our past redemption and deliverance, inspiring us to express our faith in the future.

Hallel begins on page 133.

הלל

Ḥazzan, then Congregation:

בָּרוּךְ אַתָּה יהוה אֱלֹהֵינוּ מֶלֶךְ הָעוֹלָם,
אֲשֶׁר קִדְּשָׁנוּ בְּמִצְוֹתָיו וְצִוָּנוּ לִקְרֹא אֶת־הַהַלֵּל.

תהלים קי״ג

הַלְלוּיָהּ.
הַלְלוּ, עַבְדֵי יהוה, הַלְלוּ אֶת־שֵׁם יהוה.
יְהִי שֵׁם יהוה מְבֹרָךְ מֵעַתָּה וְעַד עוֹלָם.
מִמִּזְרַח־שֶׁמֶשׁ עַד מְבוֹאוֹ מְהֻלָּל שֵׁם יהוה.
רָם עַל כָּל־גּוֹיִם יהוה, עַל הַשָּׁמַיִם כְּבוֹדוֹ.
מִי כַּיהוה אֱלֹהֵינוּ, הַמַּגְבִּיהִי לָשָׁבֶת,
הַמַּשְׁפִּילִי לִרְאוֹת בַּשָּׁמַיִם וּבָאָרֶץ.
□ מְקִימִי מֵעָפָר דָּל, מֵאַשְׁפֹּת יָרִים אֶבְיוֹן,
לְהוֹשִׁיבִי עִם נְדִיבִים, עִם נְדִיבֵי עַמּוֹ.
מוֹשִׁיבִי עֲקֶרֶת הַבַּיִת, אֵם הַבָּנִים שְׂמֵחָה.
הַלְלוּיָהּ.

תהלים קי״ד

בְּצֵאת יִשְׂרָאֵל מִמִּצְרָיִם, בֵּית יַעֲקֹב מֵעַם לֹעֵז.
הָיְתָה יְהוּדָה לְקָדְשׁוֹ, יִשְׂרָאֵל מַמְשְׁלוֹתָיו.
הַיָּם רָאָה וַיָּנֹס, הַיַּרְדֵּן יִסֹּב לְאָחוֹר.
הֶהָרִים רָקְדוּ כְאֵילִים, גְּבָעוֹת כִּבְנֵי צֹאן.
□ מַה־לְּךָ הַיָּם כִּי תָנוּס, הַיַּרְדֵּן תִּסֹּב לְאָחוֹר.
הֶהָרִים תִּרְקְדוּ כְאֵילִים, גְּבָעוֹת כִּבְנֵי־צֹאן.
מִלִּפְנֵי אָדוֹן חוּלִי אָרֶץ, מִלִּפְנֵי אֱלוֹהַּ יַעֲקֹב,
הַהֹפְכִי הַצּוּר אֲגַם מָיִם, חַלָּמִישׁ לְמַעְיְנוֹ־מָיִם.

✣ HALLEL

Reader, then Congregation:

Praised are You Adonai our God, who rules the universe,
instilling in us the holiness of mitzvot
by commanding us to recite Hallel.

PSALM 113

Halleluyah! Praise Adonai.

> *Sing praises, you servants of Adonai.*
> *Let Adonai be praised now and forever.*

From east to west, praised is Adonai.
God is exalted above all nations;
God's glory extends beyond the heavens.

> *Who is like Adonai our God, enthroned on high,*
> *concerned with all below on earth and in the heavens?*

God lifts the poor out of the dust,
raises the needy from the rubbish heap,
and seats them with the powerful,
with the powerful of His people.

> *God settles a barren woman in her home,*
> *a mother happy with children. Halleluyah!*

PSALM 114

When Israel left the land of Egypt,
when the House of Jacob left alien people,
Judah became God's holy one; Israel, God's domain.

> *The sea fled at the sight; the Jordan retreated.*
> *Mountains leaped like rams; and hills, like lambs.*

O sea, why did you flee? Jordan, why did you retreat?
Mountains, why leap like rams; and hills, like lambs?

> *Even the earth trembled at Adonai's presence,*
> *at the presence of Jacob's God*
> *who turns rock into pools of water; flint, into fountains.*

The following passage is omitted on ראש חודש
and the last six days of פסח.

תהלים קט״ו: א׳-י״א

לֹא לָנוּ יהוה, לֹא־לָנוּ,

כִּי לְשִׁמְךָ תֵּן כָּבוֹד עַל חַסְדְּךָ עַל אֲמִתֶּךָ.

לָמָּה יֹאמְרוּ הַגּוֹיִם אַיֵּה־נָא אֱלֹהֵיהֶם.

וֵאלֹהֵינוּ בַשָּׁמָיִם, כֹּל אֲשֶׁר חָפֵץ עָשָׂה.

עֲצַבֵּיהֶם כֶּסֶף וְזָהָב, מַעֲשֵׂה יְדֵי אָדָם.

פֶּה לָהֶם וְלֹא יְדַבֵּרוּ, עֵינַיִם לָהֶם וְלֹא יִרְאוּ.

אָזְנַיִם לָהֶם וְלֹא יִשְׁמָעוּ, אַף לָהֶם וְלֹא יְרִיחוּן.

יְדֵיהֶם וְלֹא יְמִישׁוּן, רַגְלֵיהֶם וְלֹא יְהַלֵּכוּ,

לֹא יֶהְגּוּ בִּגְרוֹנָם.

כְּמוֹהֶם יִהְיוּ עֹשֵׂיהֶם, כֹּל אֲשֶׁר בֹּטֵחַ בָּהֶם.

□ יִשְׂרָאֵל בְּטַח בַּיהוה, עֶזְרָם וּמָגִנָּם הוּא.

בֵּית אַהֲרֹן בִּטְחוּ בַיהוה, עֶזְרָם וּמָגִנָּם הוּא.

יִרְאֵי יהוה בִּטְחוּ בַיהוה, עֶזְרָם וּמָגִנָּם הוּא.

תהלים קט״ו: י״ב-י״ח

יהוה זְכָרָנוּ יְבָרֵךְ,

יְבָרֵךְ אֶת־בֵּית יִשְׂרָאֵל,

יְבָרֵךְ אֶת־בֵּית אַהֲרֹן.

יְבָרֵךְ יִרְאֵי יהוה, הַקְּטַנִּים עִם הַגְּדֹלִים.

יֹסֵף יהוה עֲלֵיכֶם, עֲלֵיכֶם וְעַל בְּנֵיכֶם.

בְּרוּכִים אַתֶּם לַיהוה, עֹשֵׂה שָׁמַיִם וָאָרֶץ.

□ הַשָּׁמַיִם שָׁמַיִם לַיהוה,

וְהָאָרֶץ נָתַן לִבְנֵי אָדָם.

לֹא הַמֵּתִים יְהַלְלוּ יָהּ

וְלֹא כָּל־יֹרְדֵי דוּמָה.

וַאֲנַחְנוּ נְבָרֵךְ יָהּ מֵעַתָּה וְעַד־עוֹלָם.

הַלְלוּיָהּ.

The following passage is omitted on Rosh Ḥodesh
and the last six days of Pesaḥ.

PSALM 115:1-11

Not for us, Adonai, not for us, but for Yourself
win praise through Your love and faithfulness.

Why should the nations say: "Where is their God?"
Our God is in heaven, doing whatever He wills.

Their idols are silver and gold, made by human hands.
They have a mouth and cannot speak, eyes and cannot see.

They have ears and cannot hear,
a nose and cannot smell.
They have hands and cannot feel,
feet and cannot walk.

They cannot make a sound in their throat.
Their makers, all who trust in them, shall become like them.

Let the House of Israel trust in Adonai;
God is their help and their shield.

Let the House of Aaron trust in Adonai;
God is their help and their shield.

Let those who revere God trust in Adonai;
God is their help and their shield.

PSALM 115:12-18

Adonai remembers us with blessing;
God will bless the House of Israel.

God will bless the House of Aaron,
and all those who revere Adonai, young and old alike.

May Adonai increase your blessings,
yours and your children's.
May you be blessed by Adonai,
Maker of heaven and earth.

The heavens belong to Adonai;
the earth God has entrusted to mortals.

The dead cannot praise Adonai,
nor can those who go down into silence.

But we shall praise Adonai now and forever.
Halleluyah!

The following passage is omitted on ראש חודש *and the last six days of* פסח.

תהלים קט״ז: א׳-י״א

אָהַבְתִּי כִּי יִשְׁמַע יהוה אֶת־קוֹלִי תַּחֲנוּנָי.
כִּי הִטָּה אָזְנוֹ לִי וּבְיָמַי אֶקְרָא.
אֲפָפוּנִי חֶבְלֵי־מָוֶת
וּמְצָרֵי שְׁאוֹל מְצָאוּנִי,
צָרָה וְיָגוֹן אֶמְצָא.
וּבְשֵׁם יהוה אֶקְרָא,
אָנָּה יהוה מַלְּטָה נַפְשִׁי.
חַנּוּן יהוה וְצַדִּיק, וֵאלֹהֵינוּ מְרַחֵם.
שֹׁמֵר פְּתָאִים יהוה, דַּלּוֹתִי וְלִי יְהוֹשִׁיעַ.
שׁוּבִי נַפְשִׁי לִמְנוּחָיְכִי, כִּי יהוה גָּמַל עָלָיְכִי.
כִּי חִלַּצְתָּ נַפְשִׁי מִמָּוֶת, אֶת־עֵינִי מִן דִּמְעָה,
אֶת־רַגְלִי מִדֶּחִי.
□ אֶתְהַלֵּךְ לִפְנֵי יהוה בְּאַרְצוֹת הַחַיִּים.
הֶאֱמַנְתִּי כִּי אֲדַבֵּר, אֲנִי עָנִיתִי מְאֹד.
אֲנִי אָמַרְתִּי בְחָפְזִי, כָּל־הָאָדָם כֹּזֵב.

תהלים קט״ז: י״ב-י״ט

מָה אָשִׁיב לַיהוה כָּל־תַּגְמוּלוֹהִי עָלָי.
כּוֹס יְשׁוּעוֹת אֶשָּׂא, וּבְשֵׁם יהוה אֶקְרָא.
נְדָרַי לַיהוה אֲשַׁלֵּם נֶגְדָה נָּא לְכָל־עַמּוֹ.
יָקָר בְּעֵינֵי יהוה הַמָּוְתָה לַחֲסִידָיו.
אָנָּה יהוה כִּי אֲנִי עַבְדֶּךָ
אֲנִי עַבְדְּךָ בֶּן־אֲמָתֶךָ,
פִּתַּחְתָּ לְמוֹסֵרָי.
□ לְךָ אֶזְבַּח זֶבַח תּוֹדָה וּבְשֵׁם יהוה אֶקְרָא.
נְדָרַי לַיהוה אֲשַׁלֵּם נֶגְדָה־נָּא לְכָל־עַמּוֹ.
בְּחַצְרוֹת בֵּית יהוה בְּתוֹכֵכִי יְרוּשָׁלָיִם.
הַלְלוּיָהּ.

*The following passage is omitted on Rosh Ḥodesh
and the last six days of Pesaḥ.*

PSALM 116:1-11

I love knowing that Adonai listens to my cry of supplication.
Because God does hear me,
I will call on God in days of need.

*The cords of death encompassed me;
the grave held me in its grip.
I found myself in distress and despair.*

I called on Adonai;
I prayed that God would save me.

*Gracious is Adonai, and kind.
Our God is compassionate.*

Adonai protects the simple;
I was brought low and God saved me.

*Be at ease once again, my soul,
for Adonai has dealt kindly with you.*

God has delivered me from death,
my eyes from tears, my feet from stumbling.
I shall walk before Adonai in the land of the living.

*I kept my faith even when greatly afflicted,
even when, in anguish, I cried out: Mortals cannot be trusted!*

PSALM 116:12-19

How can I repay Adonai for all His gifts to me?

*I will raise the cup of deliverance,
and invoke Adonai by name.
I will honor my vows to Adonai
in the presence of all His people.*

Grievous in Adonai's sight
is the death of the faithful.

*I am Your servant, born of Your maidservant;
You have released me from bondage.
To You will I bring an offering, and invoke Adonai by name.*

I will honor my vows to Adonai
in the presence of all His people,

*in the courts of the House of Adonai,
in the midst of Jerusalem. Halleluyah!*

תהלים קי״ז

הַלְלוּ אֶת־יהוה כָּל־גּוֹיִם, שַׁבְּחוּהוּ כָּל־הָאֻמִּים.

כִּי גָבַר עָלֵינוּ חַסְדּוֹ, וֶאֱמֶת יהוה לְעוֹלָם. הַלְלוּיָהּ.

תהלים קי״ח: א׳-כ׳

הוֹדוּ לַיהוה כִּי טוֹב,   כִּי לְעוֹלָם חַסְדּוֹ.

יֹאמַר נָא יִשְׂרָאֵל,   כִּי לְעוֹלָם חַסְדּוֹ.

יֹאמְרוּ נָא בֵית אַהֲרֹן,   כִּי לְעוֹלָם חַסְדּוֹ.

יֹאמְרוּ נָא יִרְאֵי יהוה,   כִּי לְעוֹלָם חַסְדּוֹ.

מִן הַמֵּצַר קָרָאתִי יָּהּ, עָנָנִי בַמֶּרְחָב יָהּ.

יהוה לִי, לֹא אִירָא, מַה יַּעֲשֶׂה לִי אָדָם.

יהוה לִי בְּעֹזְרָי, וַאֲנִי אֶרְאֶה בְשֹׂנְאָי.

טוֹב לַחֲסוֹת בַּיהוה מִבְּטֹחַ בָּאָדָם.

טוֹב לַחֲסוֹת בַּיהוה מִבְּטֹחַ בִּנְדִיבִים.

כָּל־גּוֹיִם סְבָבוּנִי, בְּשֵׁם יהוה כִּי אֲמִילַם.

סַבּוּנִי גַם סְבָבוּנִי, בְּשֵׁם יהוה כִּי אֲמִילַם.

סַבּוּנִי כִדְבֹרִים, דֹּעֲכוּ כְּאֵשׁ קוֹצִים,

בְּשֵׁם יהוה כִּי אֲמִילַם.

דָּחֹה דְחִיתַנִי לִנְפֹּל, וַיהוה עֲזָרָנִי.

עָזִּי וְזִמְרָת יָהּ, וַיְהִי־לִי לִישׁוּעָה.

קוֹל רִנָּה וִישׁוּעָה בְּאָהֳלֵי צַדִּיקִים,

יְמִין יהוה עֹשָׂה חָיִל.

יְמִין יהוה רוֹמֵמָה, יְמִין יהוה עֹשָׂה חָיִל.

לֹא־אָמוּת כִּי־אֶחְיֶה, וַאֲסַפֵּר מַעֲשֵׂי יָהּ.

יַסֹּר יִסְּרַנִּי יָּהּ, וְלַמָּוֶת לֹא נְתָנָנִי.

▫ פִּתְחוּ־לִי שַׁעֲרֵי־צֶדֶק, אָבֹא־בָם, אוֹדֶה יָהּ.

זֶה הַשַּׁעַר לַיהוה, צַדִּיקִים יָבֹאוּ בוֹ.

PSALM 117

Praise Adonai, all nations; laud God, all peoples.
God's love has overwhelmed us;
God's faithfulness endures forever. Halleluyah!

PSALM 118:1-20

Hodu ladonai ki tov, ki l'olam ḥasdo.

Praise Adonai, for God is good;   God's love endures forever.
Let the House of Israel declare: God's love endures forever.
Let the House of Aaron declare: God's love endures forever.
Let those who revere Adonai declare:

God's love endures forever.

In distress I called to Adonai
who answered by setting me free.
Adonai is with me, I shall not fear; what can mortals do to me?

With Adonai at my side, best help of all,
I will yet see the fall of my foes.

Better to depend on Adonai than to trust in mortals.
Better to depend on Adonai than to trust in the powerful.

Though all nations surrounded me,
in Adonai's name I overcame them.

Though they surrounded and encircled me,
in Adonai's name I overcame them.

Though they surrounded me like bees,
like burning stingers they were smothered.
In Adonai's name I overcame them.
Hard pressed was I and tottering, but Adonai stood by me.

Adonai is my strength, my might, my deliverance.

The homes of the righteous echo with songs of deliverance:
"The might of Adonai is triumphant.
The might of Adonai is supreme;
the might of Adonai is triumphant."

I shall not die, but live to recount the deeds of Adonai.
Adonai severely chastened me,
but did not condemn me to death.

Open for me the gates of triumph,
that I may enter to praise Adonai.

This is the gateway of Adonai.
The righteous shall enter therein.

Each of the following four verses is recited twice.

תהלים קי״ח: כ״א-כ״ט

אוֹדְךָ כִּי עֲנִיתָנִי וַתְּהִי לִי לִישׁוּעָה.
אֶבֶן מָאֲסוּ הַבּוֹנִים הָיְתָה לְרֹאשׁ פִּנָּה.
מֵאֵת יהוה הָיְתָה זֹּאת, הִיא נִפְלָאת בְּעֵינֵינוּ.
זֶה הַיּוֹם עָשָׂה יהוה, נָגִילָה וְנִשְׂמְחָה בוֹ.

The Ḥazzan chants each phrase, which is then repeated by the congregation.

אָנָּא יהוה הוֹשִׁיעָה נָּא. אָנָּא יהוה הוֹשִׁיעָה נָּא.
אָנָּא יהוה הַצְלִיחָה נָא. אָנָּא יהוה הַצְלִיחָה נָא.

Each of the following four verses is recited twice.

בָּרוּךְ הַבָּא בְּשֵׁם יהוה, בֵּרַכְנוּכֶם מִבֵּית יהוה.
אֵל יהוה וַיָּאֶר לָנוּ,
אִסְרוּ־חַג בַּעֲבֹתִים עַד קַרְנוֹת הַמִּזְבֵּחַ.
אֵלִי אַתָּה וְאוֹדֶךָּ, אֱלֹהַי אֲרוֹמְמֶךָּ.
הוֹדוּ לַיהוה כִּי טוֹב, כִּי לְעוֹלָם חַסְדּוֹ.

יְהַלְלוּךָ יהוה אֱלֹהֵינוּ, כָּל־מַעֲשֶׂיךָ, וַחֲסִידֶיךָ, צַדִּיקִים עוֹשֵׂי רְצוֹנֶךָ, וְכָל־עַמְּךָ בֵּית יִשְׂרָאֵל, בְּרִנָּה יוֹדוּ וִיבָרְכוּ, וִישַׁבְּחוּ וִיפָאֲרוּ וִירוֹמְמוּ וְיַעֲרִיצוּ, וְיַקְדִּישׁוּ וְיַמְלִיכוּ אֶת־שִׁמְךָ מַלְכֵּנוּ. □ כִּי לְךָ טוֹב לְהוֹדוֹת וּלְשִׁמְךָ נָאֶה לְזַמֵּר, כִּי מֵעוֹלָם עַד עוֹלָם אַתָּה אֵל. בָּרוּךְ אַתָּה יהוה, מֶלֶךְ מְהֻלָּל בַּתִּשְׁבָּחוֹת.

On סוכות, congregations that include הושענות here continue on page 200.

PSALM 118:21-29

I praise You for having answered me;
You have become my deliverance.

*The stone rejected by the builders
has become the cornerstone.*

This is the doing of Adonai;
it is marvelous in our sight.

*This is the day Adonai has made;
let us exult and rejoice in it.*

> *The Reader recites each of the next two lines,
> which is then repeated by the congregation.*

Deliver us, Adonai, we implore You.
Prosper us, Adonai, we implore You.

> Ana Adonai hoshi'ah na.   Ana Adonai hatzliḥah na.

Blessed are all who come in the name of Adonai;
we bless you from the House of Adonai.

*Adonai is God who has given us light;
wreathe the festive procession with myrtle
as it proceeds to the corners of the altar.*

You are my God, and I praise You;
You are my God, and I exalt You.

*Acclaim Adonai, for God is good;
God's love endures forever.*

May all creation praise You, Adonai our God. May the pious,
the righteous who do Your will, and all Your people, the
House of Israel, join in acclaiming You with joyous song.
May they praise, revere, adore, extol, exalt and sanctify
Your glory, our Sovereign. To You it is good to chant praise;
to Your glory it is fitting to sing. You are God, from age to age,
everlastingly. Praised are You Adonai, Sovereign acclaimed
with songs of praise.

*On Sukkot, Congregations that include Hoshanot here
continue on page 200.*

קדיש שלם

Ḥazzan:

יִתְגַּדַּל וְיִתְקַדַּשׁ שְׁמֵהּ רַבָּא, בְּעָלְמָא דִּי בְרָא, כִּרְעוּתֵהּ, וְיַמְלִיךְ מַלְכוּתֵהּ בְּחַיֵּיכוֹן וּבְיוֹמֵיכוֹן וּבְחַיֵּי דְכָל־בֵּית יִשְׂרָאֵל, בַּעֲגָלָא וּבִזְמַן קָרִיב, וְאִמְרוּ אָמֵן.

Congregation and Ḥazzan:

יְהֵא שְׁמֵהּ רַבָּא מְבָרַךְ לְעָלַם וּלְעָלְמֵי עָלְמַיָּא.

Ḥazzan:

יִתְבָּרַךְ וְיִשְׁתַּבַּח וְיִתְפָּאַר וְיִתְרוֹמַם וְיִתְנַשֵּׂא וְיִתְהַדָּר וְיִתְעַלֶּה וְיִתְהַלָּל שְׁמֵהּ דְּקֻדְשָׁא, בְּרִיךְ הוּא *לְעֵלָּא מִן כָּל־בִּרְכָתָא וְשִׁירָתָא תֻּשְׁבְּחָתָא וְנֶחָמָתָא דַּאֲמִירָן בְּעָלְמָא, וְאִמְרוּ אָמֵן.

**On שבת שובה:* לְעֵלָּא לְעֵלָּא מִכָּל־בִּרְכָתָא וְשִׁירָתָא

תִּתְקַבַּל צְלוֹתְהוֹן וּבָעוּתְהוֹן דְּכָל־יִשְׂרָאֵל קֳדָם אֲבוּהוֹן דִּי בִשְׁמַיָּא וְאִמְרוּ אָמֵן.

יְהֵא שְׁלָמָא רַבָּא מִן שְׁמַיָּא וְחַיִּים עָלֵינוּ וְעַל כָּל־יִשְׂרָאֵל, וְאִמְרוּ אָמֵן.

עֹשֶׂה שָׁלוֹם בִּמְרוֹמָיו, הוּא יַעֲשֶׂה שָׁלוֹם עָלֵינוּ וְעַל כָּל־יִשְׂרָאֵל, וְאִמְרוּ אָמֵן.

Some congregations chant אנעים זמירות, page 185.

On שמחת תורה, continue with הקפות, page 213.

On the first day of שבועות, Akdamut, page 222-225, is recited immediately before the reading from the Torah.

KADDISH SHALEM

Reader:

May God's name be exalted and hallowed throughout the world that He created, as is God's wish. May God's sovereignty soon be accepted, during our life and the life of all Israel. And let us say: Amen.

Congregation and Reader:

Y'hei sh'mei raba m'varakh l'alam u-l'almei almaya.
May God's great name be praised throughout all time.

Reader:

Glorified and celebrated, lauded and worshiped, exalted and honored, extolled and acclaimed may the Holy One be, praised beyond all song and psalm, beyond all tributes that mortals can utter. And let us say: Amen.

May the prayers and pleas of all the people Israel be accepted by our Guardian in heaven. And let us say: Amen.

Let there be abundant peace from heaven, with life's goodness for us and for all Israel. And let us say: Amen.

May the One who brings peace to His universe bring peace to us and to all Israel. And let us say: Amen.

Some congregations chant An'im Z'mirot, page 185.

On Simḥat Torah, continue on page 213.

On the first day of Shavuot, Akdamut, pages 222-225, is recited immediately before the reading from the Torah.

סדר קריאת התורה

אֵין כָּמְוֹךָ בָאֱלֹהִים אֲדֹנָי, וְאֵין כְּמַעֲשֶׂיךָ.
מַלְכוּתְךָ מַלְכוּת כָּל־עֹלָמִים, וּמֶמְשַׁלְתְּךָ בְּכָל־דּוֹר וָדוֹר.
יהוה מֶלֶךְ, יהוה מָלָךְ, יהוה יִמְלֹךְ לְעוֹלָם וָעֶד.
יהוה עֹז לְעַמּוֹ יִתֵּן, יהוה יְבָרֵךְ אֶת־עַמּוֹ בַשָּׁלוֹם.
אַב הָרַחֲמִים, הֵיטִיבָה בִרְצוֹנְךָ אֶת־צִיּוֹן,
תִּבְנֶה חוֹמוֹת יְרוּשָׁלָיִם.
כִּי בְךָ לְבַד בָּטָחְנוּ, מֶלֶךְ אֵל רָם וְנִשָּׂא, אֲדוֹן עוֹלָמִים.

We rise as the ארון הקודש is opened.

וַיְהִי בִּנְסֹעַ הָאָרֹן וַיֹּאמֶר מֹשֶׁה:
קוּמָה יהוה וְיָפֻצוּ אֹיְבֶיךָ, וְיָנֻסוּ מְשַׂנְאֶיךָ מִפָּנֶיךָ.
כִּי מִצִּיּוֹן תֵּצֵא תוֹרָה, וּדְבַר יהוה מִירוּשָׁלָיִם.
בָּרוּךְ שֶׁנָּתַן תּוֹרָה לְעַמּוֹ יִשְׂרָאֵל בִּקְדֻשָּׁתוֹ.

On שבת:

זוהר, פרשת ויקהל

בְּרִיךְ שְׁמֵהּ דְּמָרֵא עָלְמָא, בְּרִיךְ כִּתְרָךְ וְאַתְרָךְ. יְהֵא רְעוּתָךְ עִם עַמָּךְ יִשְׂרָאֵל לְעָלַם, וּפֻרְקַן יְמִינָךְ אַחֲזֵי לְעַמָּךְ בְּבֵית מַקְדְּשָׁךְ, וּלְאַמְטוּיֵי לָנָא מִטּוּב נְהוֹרָךְ וּלְקַבֵּל צְלוֹתָנָא בְּרַחֲמִין. יְהֵא רַעֲוָא קֳדָמָךְ דְּתוֹרִיךְ לָן חַיִּין בְּטִיבוּתָא, וְלֶהֱוֵי אֲנָא פְקִידָא בְּגוֹ צַדִּיקַיָּא, לְמִרְחַם עָלַי, וּלְמִנְטַר יָתִי וְיָת כָּל־דִּי לִי וְדִי לְעַמָּךְ יִשְׂרָאֵל. אַנְתְּ הוּא זָן לְכֹלָּא וּמְפַרְנֵס לְכֹלָּא. אַנְתְּ הוּא שַׁלִּיט עַל כֹּלָּא. אַנְתְּ הוּא דְּשַׁלִּיט עַל מַלְכַיָּא, וּמַלְכוּתָא דִּילָךְ הִיא.

TORAH SERVICE

Ein kamokha va-elohim Adonai, v'ein k'ma'asekha.
Malkhut'kha malkhut kol olamim,
u-memshalt'kha b'khol dor va-dor.

Adonai melekh, Adonai malakh,
Adonai yimlokh l'olam va-ed.
Adonai oz l'amo yiten, Adonai y'varekh et amo va-shalom.

Av ha-raḥamim heitivah virtzon'kha et Tziyon,
tivneh ḥomot Y'rushalayim.
Ki v'kha l'vad bataḥnu, Melekh el ram v'nisa, Adon olamim.

None compare to You, Adonai, and nothing compares to Your creation. Your sovereignty is everlasting; Your dominion endures throughout all generations.

Adonai reigns, Adonai has reigned, Adonai shall reign throughout all time. May Adonai grant His people strength; may Adonai bless His people with peace.

Source of compassion, favor Zion with Your goodness; build the walls of Jerusalem. For in You alone do we put our trust, Sovereign — exalted, eternal God.

We rise as the Ark is opened.

Va-y'hi binso'a ha-aron, va-yomer Mosheh:
Kumah Adonai v'yafutzu oyvekha, v'yanusu m'san-ekha mi-panekha.

Ki mi-Tziyon tetze Torah, u-d'var Adonai mirushalayim.
Barukh she-natan Torah l'amo Yisra-el bi-k'dushato.

Whenever the Ark was carried forward, Moses would say:
Arise, Adonai! May Your enemies be scattered;
may Your foes be put to flight.

Torah shall come from Zion,
the word of Adonai from Jerusalem.
Praised is God who gave the Torah to Israel in holiness.

On Shabbat:

ZOHAR, Parashat Vayakhel

Ruler of the universe, praised be Your name and Your sovereignty. May Your favor abide with Your people Israel, and may Your redeeming power be revealed to them in Your sanctuary. Bless us with Your light, and with compassion accept our prayer. May it be Your will to grant us long life and well-being, to count me among the righteous and to guard me, my family, and all Your people Israel with compassion. You nourish and sustain all life. You rule over all, even kings, for dominion is Yours.

אֲנָא עַבְדָּא דְקֻדְשָׁא בְּרִיךְ הוּא, דְּסָגֵדְנָא קַמֵּהּ וּמִקַּמֵּי דִּיקָר אוֹרַיְתֵהּ בְּכָל־עִדָּן וְעִדָּן. לָא עַל אֱנָשׁ רָחִיצְנָא, וְלָא עַל בַּר אֱלָהִין סָמִיכְנָא, אֶלָּא בֶּאֱלָהָא דִשְׁמַיָּא, דְּהוּא אֱלָהָא קְשׁוֹט, וְאוֹרַיְתֵהּ קְשׁוֹט, וּנְבִיאוֹהִי קְשׁוֹט, וּמַסְגֵּא לְמֶעְבַּד טַבְוָן וּקְשׁוֹט.

☐ בֵּהּ אֲנָא רָחִיץ וְלִשְׁמֵהּ קַדִּישָׁא יַקִּירָא אֲנָא אֵמַר תֻּשְׁבְּחָן. יְהֵא רַעֲוָא קֳדָמָךְ דְּתִפְתַּח לִבִּי בְּאוֹרַיְתָא, וְתַשְׁלִים מִשְׁאֲלִין דְּלִבִּי וְלִבָּא דְכָל־עַמָּךְ יִשְׂרָאֵל, לְטָב וּלְחַיִּין וְלִשְׁלָם. אָמֵן.

On יום טוב (excluding שבת):

These verses are recited three times.

יהוה יהוה, אֵל רַחוּם וְחַנּוּן, אֶרֶךְ אַפַּיִם וְרַב חֶסֶד וֶאֱמֶת, נֹצֵר חֶסֶד לָאֲלָפִים, נֹשֵׂא עָוֹן וָפֶשַׁע וְחַטָּאָה, וְנַקֵּה.

Private meditation

רִבּוֹנוֹ שֶׁל עוֹלָם, מַלֵּא מִשְׁאֲלוֹת לִבִּי לְטוֹבָה, וְהָפֵק רְצוֹנִי וְתֵן לִי שְׁאֵלָתִי, וְזַכֵּנִי (וְאֶת־אִשְׁתִּי / וְאֶת־בַּעְלִי / וְאֶת־בָּנַי / וְאֶת־הוֹרַי) וְאֶת־כָּל־בְּנֵי בֵיתִי לַעֲשׂוֹת רְצוֹנְךָ בְּלֵבָב שָׁלֵם. וּמַלְּטֵנוּ מִיֵּצֶר הָרָע, וְתֵן חֶלְקֵנוּ בְּתוֹרָתֶךָ, וְזַכֵּנוּ כְּדֵי שֶׁתִּשְׁרֶה שְׁכִינָתְךָ עָלֵינוּ, וְהוֹפַע עָלֵינוּ רוּחַ חָכְמָה וּבִינָה, וְיִתְקַיֵּם בָּנוּ מִקְרָא שֶׁכָּתוּב: וְנָחָה עָלָיו רוּחַ יהוה, רוּחַ חָכְמָה וּבִינָה, רוּחַ עֵצָה וּגְבוּרָה, רוּחַ דַּעַת וְיִרְאַת יהוה. וְכֵן יְהִי רָצוֹן מִלְּפָנֶיךָ, יהוה אֱלֹהֵינוּ וֵאלֹהֵי אֲבוֹתֵינוּ, שֶׁתְּזַכֵּנוּ לַעֲשׂוֹת מַעֲשִׂים טוֹבִים בְּעֵינֶיךָ, וְלָלֶכֶת בְּדַרְכֵי יְשָׁרִים לְפָנֶיךָ, וְקַדְּשֵׁנוּ בְּמִצְוֹתֶיךָ, כְּדֵי שֶׁנִּזְכֶּה לְחַיִּים טוֹבִים וַאֲרֻכִּים וּלְחַיֵּי הָעוֹלָם הַבָּא, וְתִשְׁמְרֵנוּ מִמַּעֲשִׂים רָעִים וּמִשָּׁעוֹת רָעוֹת הַמִּתְרַגְּשׁוֹת לָבֹא לָעוֹלָם. וְהַבּוֹטֵחַ בַּיהוה חֶסֶד יְסוֹבְבֶנּוּ. אָמֵן.

יִהְיוּ לְרָצוֹן אִמְרֵי־פִי וְהֶגְיוֹן לִבִּי לְפָנֶיךָ
יהוה צוּרִי וְגוֹאֲלִי.

This verse is recited three times.

וַאֲנִי תְפִלָּתִי לְךָ יהוה עֵת רָצוֹן,
אֱלֹהִים בְּרָב חַסְדֶּךָ עֲנֵנִי בֶּאֱמֶת יִשְׁעֶךָ.

I am the servant of the Holy One, whom I revere and whose Torah I revere at all times. Not on mortals do I rely, nor upon angels do I depend, but on the God of the universe, the God of truth, whose Torah is truth, whose prophets are truth, and who abounds in deeds of goodness and truth. In God do I put my trust; unto God's holy, precious being do I utter praise. Open my heart to Your Torah. Answer my prayers and the prayers of all Your people Israel for goodness, for life, and for peace. Amen.

Bei ana raḥetz, v'lishmei kadisha yakira ana eimar tushb'ḥan.
Y'hei ra'ava kodamakh d'tiftaḥ libi b'oraita,
v'tashlim mish'alin d'libi v'liba d'khol amakh Yisra-el,
l'tav ul'ḥayin v'lishlam. Amen.

On Festivals (excluding Shabbat):
Adonai Adonai El raḥum v'ḥanun,
erekh apayim v'rav ḥesed ve'emet, notzer ḥesed la'alafim,
nosei avon va-fesha v'ḥata-ah v'nakeh.

Adonai, Adonai, God gracious and compassionate, patient, abounding in kindness and faithfulness, assuring love for a thousand generations, forgiving iniquity, transgression, and sin, and granting pardon.

Private meditation
Fulfill the worthy wishes of my heart, Adonai; grant me (and my wife / husband / children / parents) and my entire family the privilege of doing Your will wholeheartedly. Help us to overcome the evil impulse, and let Your Torah be our portion. Make us worthy of sensing Your presence. Touch our lives with the spirit of wisdom and insight, of resolution and strength, of knowing and revering You. May it be Your will, Adonai our God and God of our ancestors, that we have the privilege of doing deeds that are good in Your sight, walking in paths of honesty. Instill in us the holiness of Your mitzvot, that we may be worthy of a long and happy life, as well as life eternal. Guard us from evil deeds and evil times that threaten the world. May all who trust in Adonai be embraced by lovingkindness. Amen.

May the words of my mouth and the meditations of my heart be acceptable to You, Adonai, my Rock and my Redeemer.

Va-ani t'filati l'kha Adonai et ratzon,
Elohim b'rov ḥasdekha aneni be-emet yish-ekha.

I offer my prayer to You, Adonai, at this time of grace.
In Your abundant mercy answer me with Your saving truth.

The ספר תורה is taken from the ארון הקודש.

Ḥazzan, then congregation:

שְׁמַע יִשְׂרָאֵל יהוה אֱלֹהֵינוּ יהוה אֶחָד.

אֶחָד אֱלֹהֵינוּ, גָּדוֹל אֲדוֹנֵינוּ, קָדוֹשׁ שְׁמוֹ.

On הושענא רבה and שמחת תורה:

אֶחָד אֱלֹהֵינוּ, גָּדוֹל אֲדוֹנֵינוּ, קָדוֹשׁ וְנוֹרָא שְׁמוֹ.

Ḥazzan:

גַּדְּלוּ לַיהוה אִתִּי, וּנְרוֹמְמָה שְׁמוֹ יַחְדָּו.

As the ספר תורה is carried in procession, the Ḥazzan and congregation chant:

לְךָ יהוה הַגְּדֻלָּה וְהַגְּבוּרָה וְהַתִּפְאֶרֶת
וְהַנֵּצַח וְהַהוֹד,
כִּי כֹל בַּשָּׁמַיִם וּבָאָרֶץ,
לְךָ יהוה הַמַּמְלָכָה וְהַמִּתְנַשֵּׂא לְכֹל לְרֹאשׁ.
רוֹמְמוּ יהוה אֱלֹהֵינוּ
וְהִשְׁתַּחֲווּ לַהֲדֹם רַגְלָיו, קָדוֹשׁ הוּא.
רוֹמְמוּ יהוה אֱלֹהֵינוּ וְהִשְׁתַּחֲווּ לְהַר קָדְשׁוֹ,
כִּי קָדוֹשׁ יהוה אֱלֹהֵינוּ.

אַב הָרַחֲמִים הוּא יְרַחֵם עַם עֲמוּסִים, וְיִזְכֹּר בְּרִית אֵיתָנִים, וְיַצִּיל נַפְשׁוֹתֵינוּ מִן הַשָּׁעוֹת הָרָעוֹת, וְיִגְעַר בְּיֵצֶר הָרָע מִן הַנְּשׂוּאִים, וְיָחוֹן אוֹתָנוּ לִפְלֵיטַת עוֹלָמִים, וִימַלֵּא מִשְׁאֲלוֹתֵינוּ בְּמִדָּה טוֹבָה יְשׁוּעָה וְרַחֲמִים.

Torah Reader (or Gabbai):

וְיַעֲזוֹר וְיָגֵן וְיוֹשִׁיעַ לְכָל־הַחוֹסִים בּוֹ, וְנֹאמַר אָמֵן.
הַכֹּל הָבוּ גֹדֶל לֵאלֹהֵינוּ, וּתְנוּ כָבוֹד לַתּוֹרָה.
(כֹּהֵן, קְרָב. יַעֲמֹד ______ בֶּן ______ הַכֹּהֵן.)
(בַּת כֹּהֵן, קִרְבִי. תַּעֲמֹד ______ בַּת ______ הַכֹּהֵן.)
(יַעֲמֹד ______ בֶּן ______, רִאשׁוֹן.)
(תַּעֲמֹד ______ בַּת ______, רִאשׁוֹן.)
בָּרוּךְ שֶׁנָּתַן תּוֹרָה לְעַמּוֹ יִשְׂרָאֵל בִּקְדֻשָּׁתוֹ.

Congregation and Torah Reader:

וְאַתֶּם הַדְּבֵקִים בַּיהוה אֱלֹהֵיכֶם חַיִּים כֻּלְּכֶם הַיּוֹם.

The Sefer Torah is taken from the Ark.

Reader, then congregation:
Sh'ma Yisra-el Adonai Eloheinu Adonai eḥad.
Hear, O Israel: Adonai is our God, Adonai alone.

Eḥad Eloheinu, gadol Adonenu, kadosh sh'mo.
Unique is our God, supreme our Ruler, holy in spirit.

On Hoshana Rabbah and Simḥat Torah:
Eḥad Eloheinu, gadol Adonenu, kadosh v'nora sh'mo.
Unique is our God, supreme our Ruler, holy and awesome in spirit.

Reader:
Acclaim Adonai with me; let us exalt God together.

Reader and congregation:
L'kha Adonai ha-g'dulah v'ha-g'vurah v'ha-tiferet
v'ha-netzaḥ v'ha-hod, ki khol ba-shamayim u-va-aretz,
l'kha Adonai ha-mamlakhah v'ha-mitnasei l'khol l'rosh.
Rom'mu Adonai Eloheinu
v'hish-taḥavu la-hadom raglav, kadosh hu.
Rom'mu Adonai Eloheinu v'hish-taḥavu l'har kodsho,
ki kadosh Adonai Eloheinu.

Yours, Adonai, is the greatness, the power, and the splendor.
Yours is the triumph and the majesty, for all in heaven and on
earth is Yours. Yours, Adonai, is supreme sovereignty. Exalt
Adonai; worship God, who is holy. Exalt Adonai our God, and
bow toward God's holy mountain. Adonai our God is holy.

May the Merciful One show mercy to the people He has always
sustained, remembering His covenant with our ancestors. May
God deliver us from evil times, restrain the impulse within us to
do evil, and grace our lives with enduring deliverance. May God
answer our petition with an abundant measure of kindness and
compassion.

Torah Reader (or Gabbai):
May God help, save, and shield all who trust in Him. And let us
say: Amen. Let us all declare the greatness of God and give honor
to the Torah. (*Let the first to be honored come forward.*) Praised
is God who gave the Torah to Israel in holiness.

Congregation and Torah Reader:
V'atem ha-d'vekim badonai Eloheikhem ḥayim kulkhem hayom.
You who remain steadfast to Adonai your God have been
sustained to this day.

Each congregant receiving an עליה recites these ברכות.

Before the Reading:

בָּרְכוּ אֶת־יהוה הַמְבֹרָךְ.

Congregation responds:

בָּרוּךְ יהוה הַמְבֹרָךְ לְעוֹלָם וָעֶד.

Congregant repeats above response, then continues:

בָּרוּךְ אַתָּה יהוה אֱלֹהֵינוּ מֶלֶךְ הָעוֹלָם,
אֲשֶׁר בָּחַר בָּנוּ מִכָּל־הָעַמִּים וְנָתַן לָנוּ אֶת־תּוֹרָתוֹ.
בָּרוּךְ אַתָּה יהוה נוֹתֵן הַתּוֹרָה.

After the Reading:

בָּרוּךְ אַתָּה יהוה אֱלֹהֵינוּ מֶלֶךְ הָעוֹלָם,
אֲשֶׁר נָתַן לָנוּ תּוֹרַת אֱמֶת, וְחַיֵּי עוֹלָם נָטַע בְּתוֹכֵנוּ.
בָּרוּךְ אַתָּה יהוה נוֹתֵן הַתּוֹרָה.

🌿 ברכת הגומל

*B'rakhah recited by one who has recovered from a
serious illness, returned safely from a long journey, or
survived a life-threatening crisis (including childbirth)*

בָּרוּךְ אַתָּה יהוה אֱלֹהֵינוּ מֶלֶךְ הָעוֹלָם,
הַגּוֹמֵל לְחַיָּבִים טוֹבוֹת, שֶׁגְּמָלַנִי כָּל־טוֹב.

Barukh atah Adonai, Eloheinu melekh ha-olam
ha-gomel l'ḥayavim tovot, she-g'malani kol tov.

Congregation responds:

מִי שֶׁגְּמָלְךָ (שֶׁגְּמָלֵךְ / שֶׁגְּמָלְכֶם) כָּל־טוֹב,
הוּא יִגְמָלְךָ (יִגְמְלֵךְ / יִגְמָלְכֶם) כָּל־טוֹב סֶלָה.

Mi she-g'malkha (she-g'malekh / she-g'malkhem) kol tov,
hu yigmol'kha (yigm'lekh / yigmol'khem) kol tov, selah.

*In many congregations, one of the following ברכות
is recited by parents of a בר/בת מצוה:*

בָּרוּךְ אַתָּה יהוה אֱלֹהֵינוּ מֶלֶךְ הָעוֹלָם,
א. שֶׁהֶחֱיָנוּ וְקִיְּמָנוּ וְהִגִּיעָנוּ לַזְּמַן הַזֶּה.
ב. *For a boy:* שֶׁפְּטָרַנִי / שֶׁפְּטָרָנוּ מֵעָנְשׁוֹ שֶׁל זֶה.
For a girl: שֶׁפְּטָרַנִי / שֶׁפְּטָרָנוּ מֵעָנְשָׁהּ שֶׁל זוֹ.

Each congregant receiving an aliyah recites these b'rakhot.

Before the Reading:

Bar'khu et Adonai ha-m'vorakh.

Congregation responds:

Barukh Adonai ha-m'vorakh l'olam va-ed.

Congregant repeats above response, then continues:

Barukh atah Adonai, Eloheinu melekh ha-olam,
asher baḥar banu mi-kol ha-amim, v'natan lanu et torato.
Barukh atah Adonai, noten ha-Torah.

After the Reading:

Barukh atah Adonai, Eloheinu melekh ha-olam,
asher natan lanu torat emet, v'ḥayei olam nata b'tokhenu.
Barukh atah Adonai, noten ha-Torah.

Praise Adonai, the Exalted One.

Praised be Adonai, the Exalted One, throughout all time.

Praised are You Adonai our God, who rules the universe,
choosing us from among all peoples by giving us the Torah.
Praised are You Adonai, who gives the Torah.

Praised are You Adonai our God, who rules the universe,
giving us the Torah of truth, planting within us life eternal.
Praised are You Adonai, who gives the Torah.

BIRKAT HA-GOMEL

Praised are You Adonai our God, who rules the universe,
showing goodness to us beyond our merits,
for bestowing favor upon me.

Congregation responds:

May God who has been gracious to you
continue to favor you with all that is good.

In many congregations, one of the following b'rakhot
is recited by parents of a Bar/Bat Mitzvah:

Barukh atah Adonai, Eloheinu melekh ha-olam,

1. she-heḥeyanu, v'kiy'manu, v'higi-anu la-z'man ha-zeh.
   Praised are You Adonai our God, who rules the universe,
   granting us life, sustaining us, and enabling us to reach this day.
2. (she-p'tarani/she-p'taranu) me-onsho shel zeh/me-onshah shel zo.
   Praised is the One who has brought us to this time
   when our child assumes the obligation of mitzvot.

מי שברך

For those called to the תורה

A male:

מִי שֶׁבֵּרַךְ אֲבוֹתֵינוּ, אַבְרָהָם יִצְחָק וְיַעֲקֹב, שָׂרָה רִבְקָה רָחֵל וְלֵאָה, הוּא יְבָרֵךְ אֶת _____ בֶּן _____ שֶׁעָלָה הַיּוֹם לִכְבוֹד הַמָּקוֹם וְלִכְבוֹד הַתּוֹרָה (וְלִכְבוֹד הַשַּׁבָּת / וְלִכְבוֹד הָרֶגֶל). הַקָּדוֹשׁ בָּרוּךְ הוּא יִשְׁמֹר אוֹתוֹ וְאֶת־כָּל־מִשְׁפַּחְתּוֹ, וְיִשְׁלַח בְּרָכָה וְהַצְלָחָה בְּכָל־מַעֲשֵׂה יָדָיו (וְיִזְכֶּה לַעֲלוֹת לָרֶגֶל) עִם כָּל־יִשְׂרָאֵל אֶחָיו, וְנֹאמַר אָמֵן.

A female:

מִי שֶׁבֵּרַךְ אֲבוֹתֵינוּ, אַבְרָהָם יִצְחָק וְיַעֲקֹב, שָׂרָה רִבְקָה רָחֵל וְלֵאָה, הוּא יְבָרֵךְ אֶת _____ בַּת _____ שֶׁעָלְתָה הַיּוֹם לִכְבוֹד הַמָּקוֹם וְלִכְבוֹד הַתּוֹרָה (וְלִכְבוֹד הַשַּׁבָּת / וְלִכְבוֹד הָרֶגֶל). הַקָּדוֹשׁ בָּרוּךְ הוּא יִשְׁמֹר אוֹתָהּ וְאֶת־כָּל־מִשְׁפַּחְתָּהּ, וְיִשְׁלַח בְּרָכָה וְהַצְלָחָה בְּכָל־מַעֲשֵׂה יָדֶיהָ (וְתִזְכֶּה לַעֲלוֹת לָרֶגֶל) עִם כָּל־יִשְׂרָאֵל אַחֶיהָ, וְנֹאמַר אָמֵן.

Plural:

מִי שֶׁבֵּרַךְ אֲבוֹתֵינוּ, אַבְרָהָם יִצְחָק וְיַעֲקֹב, שָׂרָה רִבְקָה רָחֵל וְלֵאָה, הוּא יְבָרֵךְ (אֶת _____ וְאֶת _____, וְאֶת־כָּל־הַקְּרוּאִים) אֲשֶׁר עָלוּ הַיּוֹם לִכְבוֹד הַמָּקוֹם וְלִכְבוֹד הַתּוֹרָה (וְלִכְבוֹד הַשַּׁבָּת / וְלִכְבוֹד הָרֶגֶל). הַקָּדוֹשׁ בָּרוּךְ הוּא יִשְׁמֹר אוֹתָם וְאֶת־מִשְׁפְּחוֹתָם, וְיִשְׁלַח בְּרָכָה וְהַצְלָחָה בְּכָל־מַעֲשֵׂה יְדֵיהֶם (וְיִזְכּוּ לַעֲלוֹת לָרֶגֶל) עִם כָּל־יִשְׂרָאֵל אֲחֵיהֶם, וְנֹאמַר אָמֵן.

For those about to be married

מִי שֶׁבֵּרַךְ אֲבוֹתֵינוּ, אַבְרָהָם יִצְחָק וְיַעֲקֹב, שָׂרָה רִבְקָה רָחֵל וְלֵאָה, הוּא יְבָרֵךְ אֶת־הֶחָתָן _____ בֶּן _____, וְאֶת־הַכַּלָּה _____ בַּת _____, אֲשֶׁר בְּקָרוֹב יִכָּנְסוּ לַחֻפָּה, (וְעָלָה / וְעָלְתָה / וְעָלוּ) הַיּוֹם לִכְבוֹד הַמָּקוֹם וְלִכְבוֹד הַתּוֹרָה (וְלִכְבוֹד הַשַּׁבָּת / וְלִכְבוֹד הָרֶגֶל). הַקָּדוֹשׁ בָּרוּךְ הוּא יַדְרִיכֵם לִבְנוֹת בַּיִת בְּיִשְׂרָאֵל אֲשֶׁר בּוֹ יִשְׁכְּנוּ אַהֲבָה וְאַחֲוָה, וְשָׁלוֹם וְרֵעוּת, וְיִשְׁלַח בְּרָכָה וְהַצְלָחָה בְּכָל־מַעֲשֵׂה יְדֵיהֶם, וְנֹאמַר אָמֵן.

 MI SHE-BERAKH

For those called to the Torah

A male:

May God who blessed our ancestors, Abraham, Isaac, and Jacob, Sarah, Rebecca, Rachel, and Leah, bless _____ who has been called to the Torah with reverence for God, the Torah, and Shabbat/*and the Festival.* May the Holy One watch over him and the members of his family, bringing blessing and success to all his worthy endeavors, (*with the privilege of going up to Jerusalem for the Festival,*) together with our fellow Jews everywhere. And let us say: Amen.

A female:

May God who blessed our ancestors, Abraham, Isaac, and Jacob, Sarah, Rebecca, Rachel, and Leah, bless _____ who has been called to the Torah with reverence for God, the Torah, and Shabbat/*and the Festival.* May the Holy One watch over her and the members of her family, bringing blessing and success to all her worthy endeavors, (*with the privilege of going up to Jerusalem for the Festival,*) together with our fellow Jews everywhere. And let us say: Amen.

Plural:

May God who blessed our ancestors, Abraham, Isaac, and Jacob, Sarah, Rebecca, Rachel, and Leah, bless (_____ and _____ and/ all those) who have been called to the Torah with reverence for God, the Torah, and Shabbat / *and the Festival.* May the Holy One watch over them and their families, bringing blessing and success to all their worthy endeavors, (*with the privilege of going up to Jerusalem for the Festival,*) together with our fellow Jews everywhere. And let us say: Amen.

For those about to be married (Aufruf)

May God who blessed our ancestors, Abraham, Isaac, and Jacob, Sarah, Rebecca, Rachel, and Leah, bless the Ḥatan _____ and the Kallah _____, soon to be joined under the ḥuppah, who has/have been called to the Torah with reverence for God, the Torah, and Shabbat/*and the Festival.* May the Holy One help them to build a Jewish home filled with love and harmony, peace and companionship. May God bring them fulfillment in all their worthy endeavors. And let us say: Amen.

For a בר מצוה

מִי שֶׁבֵּרַךְ אֲבוֹתֵינוּ, אַבְרָהָם יִצְחָק וְיַעֲקֹב, שָׂרָה רִבְקָה רָחֵל וְלֵאָה, הוּא יְבָרֵךְ אֶת־______ בֶּן ______ שֶׁהִגִּיעַ לְמִצְוֹת, וְעָלָה לִכְבוֹד הַמָּקוֹם וְלִכְבוֹד הַתּוֹרָה (וְלִכְבוֹד הַשַּׁבָּת / וְלִכְבוֹד הָרֶגֶל). הַקָּדוֹשׁ בָּרוּךְ הוּא יִשְׁמְרֵהוּ וִיחַיֵּהוּ, וִיכוֹנֵן אֶת־לִבּוֹ לִהְיוֹת שָׁלֵם עִם יהוה אֱלֹהָיו, לַהֲגוֹת בְּתוֹרָתוֹ, לָלֶכֶת בִּדְרָכָיו, וְלִשְׁמוֹר מִצְוֹתָיו, וְיִשְׁלַח בְּרָכָה וְהַצְלָחָה בְּכָל מַעֲשֵׂה יָדָיו. יְהִי רָצוֹן שֶׁיִּזְכּוּ הוֹרָיו לְגַדְּלוֹ לְתוֹרָה וּלְחֻפָּה וּלְמַעֲשִׂים טוֹבִים, וְיִמְצָא חֵן וְשֵׂכֶל טוֹב בְּעֵינֵי אֱלֹהִים וְאָדָם. וְנֹאמַר אָמֵן.

For a בת מצוה

מִי שֶׁבֵּרַךְ אֲבוֹתֵינוּ, אַבְרָהָם יִצְחָק וְיַעֲקֹב, שָׂרָה רִבְקָה רָחֵל וְלֵאָה, הוּא יְבָרֵךְ אֶת־______ בַּת ______ שֶׁהִגִּיעָה לְמִצְוֹת, וְעָלְתָה לִכְבוֹד הַמָּקוֹם וְלִכְבוֹד הַתּוֹרָה (וְלִכְבוֹד הַשַּׁבָּת / וְלִכְבוֹד הָרֶגֶל). הַקָּדוֹשׁ בָּרוּךְ הוּא יִשְׁמְרֶהָ וִיחַיֶּהָ, וִיכוֹנֵן אֶת־לִבָּהּ לִהְיוֹת שְׁלֵמָה עִם יהוה אֱלֹהֶיהָ, לַהֲגוֹת בְּתוֹרָתוֹ, לָלֶכֶת בִּדְרָכָיו, וְלִשְׁמוֹר מִצְוֹתָיו, וְיִשְׁלַח בְּרָכָה וְהַצְלָחָה בְּכָל מַעֲשֵׂה יָדֶיהָ. יְהִי רָצוֹן שֶׁיִּזְכּוּ הוֹרֶיהָ לְגַדְּלָהּ לְתוֹרָה וּלְחֻפָּה וּלְמַעֲשִׂים טוֹבִים, וְתִמְצָא חֵן וְשֵׂכֶל טוֹב בְּעֵינֵי אֱלֹהִים וְאָדָם. וְנֹאמַר אָמֵן.

For one who is ill

מִי שֶׁבֵּרַךְ אֲבוֹתֵינוּ, אַבְרָהָם יִצְחָק וְיַעֲקֹב, שָׂרָה רִבְקָה רָחֵל וְלֵאָה,

Male:

הוּא יְבָרֵךְ וִירַפֵּא אֶת־הַחוֹלֶה ______ בֶּן ______. הַקָּדוֹשׁ בָּרוּךְ הוּא יִמָּלֵא רַחֲמִים עָלָיו לְהַחֲזִיקוֹ וּלְרַפְּאוֹתוֹ, וְיִשְׁלַח לוֹ מְהֵרָה

Female:

הוּא יְבָרֵךְ וִירַפֵּא אֶת־הַחוֹלָה ______ בַּת ______. הַקָּדוֹשׁ בָּרוּךְ הוּא יִמָּלֵא רַחֲמִים עָלֶיהָ לְהַחֲזִיקָהּ וּלְרַפְּאוֹתָהּ, וְיִשְׁלַח לָהּ מְהֵרָה

For all who are ill:

הוּא יְבָרֵךְ וִירַפֵּא (אֶת־______, וְ)אֶת־כָּל הַחוֹלִים בִּקְהִילָה קְדוֹשָׁה ______. הַקָּדוֹשׁ בָּרוּךְ הוּא יִמָּלֵא רַחֲמִים עֲלֵיהֶם לְהַחֲזִיקָם וּלְרַפְּאוֹתָם, וְיִשְׁלַח לָהֶם מְהֵרָה

רְפוּאָה שְׁלֵמָה מִן הַשָּׁמַיִם, רְפוּאַת הַנֶּפֶשׁ וּרְפוּאַת הַגּוּף, בְּתוֹךְ שְׁאָר חוֹלֵי יִשְׂרָאֵל, (שַׁבָּת הִיא / יוֹם טוֹב הוּא) מִלִּזְעוֹק וּרְפוּאָה קְרוֹבָה לָבוֹא, הַשְׁתָּא בַּעֲגָלָא וּבִזְמַן קָרִיב, וְנֹאמַר אָמֵן.

For a Bar Mitzvah

May God who blessed our ancestors, Abraham, Isaac, and Jacob, Sarah, Rebecca, Rachel, and Leah, bless _____ , who has been called to the Torah upon reaching the age of mitzvot, with reverence for God, the Torah, and Shabbat/*and the Festival*. May the Holy One protect and sustain him, helping him to be wholehearted in his faith, to study Torah and fulfill mitzvot, and to walk in God's ways. May his parents rear him to maturity, guiding him to a love of Torah, to the ḥuppah, and to a life of good deeds. May he find favor before God and the community. And let us say: Amen.

For a Bat Mitzvah

May God who blessed our ancestors, Abraham, Isaac, and Jacob, Sarah, Rebecca, Rachel, and Leah, bless _____ , who has been called to the Torah upon reaching the age of mitzvot, with reverence for God, the Torah, and Shabbat/*and the Festival*. May the Holy One protect and sustain her, helping her to be wholehearted in her faith, to study Torah and fulfill mitzvot, and to walk in God's ways. May her parents rear her to maturity, guiding her to a love of Torah, to the ḥuppah, and to a life of good deeds. May she find favor before God and the community. And let us say: Amen.

For one who is ill

May God who blessed our ancestors, Abraham, Isaac, and Jacob, Sarah, Rebecca, Rachel, and Leah,

> *Male:*

> bring blessing and healing to _____ . May the Holy One mercifully restore him to health and vigor, granting him physical and spiritual well-being,

> *Female:*

> bring blessing and healing to _____ . May the Holy One mercifully restore her to health and vigor, granting her physical and spiritual well-being,

> *For all who are ill:*

> bring blessing and healing to (_____ , and) all those who suffer illness within our congregational family. May the Holy One mercifully restore them to health and vigor, granting them physical and spiritual well-being,

together with all others who are ill. And although Shabbat/Yom Tov is a time to refrain from petitions, we yet hope and pray that healing is at hand. And let us say: Amen.

For the well-being of a mother after childbirth

מִי שֶׁבֵּרַךְ אֲבוֹתֵינוּ, אַבְרָהָם יִצְחָק וְיַעֲקֹב, שָׂרָה רִבְקָה רָחֵל וְלֵאָה, הוּא יְבָרֵךְ אֶת־הָאִשָּׁה הַיּוֹלֶדֶת ______ בַּת ______, וְאֶת־(בְּנָהּ הַנּוֹלָד / בִּתָּהּ הַנּוֹלְדָה) לָהּ בְּמַזָּל טוֹב. בִּשְׂכַר זֶה הַקָּדוֹשׁ בָּרוּךְ הוּא יִמָּלֵא רַחֲמִים עָלֶיהָ לְהַחֲלִימָהּ וּלְרַפְּאוֹתָהּ, לְהַחֲזִיקָהּ וּלְהַחֲיוֹתָהּ, וְיִשְׁלַח לָהּ רְפוּאָה שְׁלֵמָה מִן הַשָּׁמַיִם, רְפוּאַת הַנֶּפֶשׁ וּרְפוּאַת הַגּוּף, בְּתוֹךְ שְׁאָר חוֹלֵי יִשְׂרָאֵל, וְנֹאמַר אָמֵן.

For the parents of a newborn daughter

מִי שֶׁבֵּרַךְ אֲבוֹתֵינוּ, אַבְרָהָם יִצְחָק וְיַעֲקֹב, שָׂרָה רִבְקָה רָחֵל וְלֵאָה, הוּא יְבָרֵךְ אֶת־הָאִשָּׁה הַיּוֹלֶדֶת ______ בַּת ______, וְאֶת־בַּעְלָהּ ______ בֶּן ______, וְאֶת־בִּתָּם הַנּוֹלְדָה לָהֶם בְּמַזָּל טוֹב. וְיִקָּרֵא שְׁמָהּ בְּיִשְׂרָאֵל ______ בַּת ______. יְהִי רָצוֹן שֶׁיִּזְכּוּ הוֹרֶיהָ לְגַדְּלָהּ לְתוֹרָה וּלְחֻפָּה וּלְמַעֲשִׂים טוֹבִים, וְנֹאמַר אָמֵן.

For the mother of a newborn daughter

מִי שֶׁבֵּרַךְ אֲבוֹתֵינוּ, אַבְרָהָם יִצְחָק וְיַעֲקֹב, שָׂרָה רִבְקָה רָחֵל וְלֵאָה, הוּא יְבָרֵךְ אֶת־הָאִשָּׁה הַיּוֹלֶדֶת ______ בַּת ______, וְאֶת־בִּתָּהּ הַנּוֹלְדָה לָהּ בְּמַזָּל טוֹב. וְיִקָּרֵא שְׁמָהּ בְּיִשְׂרָאֵל ______ בַּת ______. יְהִי רָצוֹן (שֶׁתִּזְכֶּה אִמָּהּ / שֶׁיִּזְכּוּ הוֹרֶיהָ) לְגַדְּלָהּ לְתוֹרָה וּלְחוּפָּה וּלְמַעֲשִׂים טוֹבִים, וְנֹאמַר אָמֵן.

For the parents of a newborn son
(The son is named at the ברית מילה.)

מִי שֶׁבֵּרַךְ אֲבוֹתֵינוּ, אַבְרָהָם יִצְחָק וְיַעֲקֹב, שָׂרָה רִבְקָה רָחֵל וְלֵאָה, הוּא יְבָרֵךְ אֶת־הָאִשָּׁה הַיּוֹלֶדֶת ______ בַּת ______, וְאֶת־בַּעְלָהּ ______ בֶּן ______, וְאֶת־בְּנָם הַנּוֹלָד לָהֶם בְּמַזָּל טוֹב. יְהִי רָצוֹן שֶׁיִּזְכּוּ הוֹרָיו לְגַדְּלוֹ לְתוֹרָה וּלְחֻפָּה וּלְמַעֲשִׂים טוֹבִים, וְנֹאמַר אָמֵן.

For the mother of a newborn son

מִי שֶׁבֵּרַךְ אֲבוֹתֵינוּ, אַבְרָהָם יִצְחָק וְיַעֲקֹב, שָׂרָה רִבְקָה רָחֵל וְלֵאָה, הוּא יְבָרֵךְ אֶת־הָאִשָּׁה הַיּוֹלֶדֶת ______ בַּת ______, וְאֶת בְּנָהּ הַנּוֹלָד לָהּ בְּמַזָּל טוֹב. יְהִי רָצוֹן (שֶׁתִּזְכֶּה אִמּוֹ / שֶׁיִּזְכּוּ הוֹרָיו) לְגַדְּלוֹ לְתוֹרָה וּלְחֻפָּה וּלְמַעֲשִׂים טוֹבִים, וְנֹאמַר אָמֵן.

For the well-being of a mother after childbirth

May God who blessed our ancestors, Abraham, Isaac, and Jacob, Sarah, Rebecca, Rachel, and Leah, bless _____ who has given birth to a son/daughter. May the Holy One restore her to health and vigor, granting her physical and spiritual well-being, along with all who are in need of healing. And let us say: Amen.

For the parents of a newborn daughter

May God who blessed our ancestors, Abraham, Isaac, and Jacob, Sarah, Rebecca, Rachel, and Leah, bless _____ and _____ and the daughter born to them. May her name be known among the people Israel as _____ . May these parents be privileged to raise their daughter to a love of Torah, to the ḥuppah, and to a life of good deeds. And let us say: Amen.

For the mother of a newborn daughter

May God who blessed our ancestors, Abraham, Isaac, and Jacob, Sarah, Rebecca, Rachel, and Leah, bless _____ and the daughter born to her. May her name be known among the people Israel as _____ . May she be privileged to raise her daughter to a love of Torah, to the ḥuppah, and to a life of good deeds. And let us say: Amen.

For the parents of a newborn son
(The son is named at the Brit Milah.)

May God who blessed our ancestors, Abraham, Isaac, and Jacob, Sarah, Rebecca, Rachel, and Leah, bless _____ and _____ and the son born to them. May these parents be privileged to raise their son to a love of Torah, to the ḥuppah, and to a life of good deeds. And let us say: Amen.

For the mother of a newborn son

May God who blessed our ancestors, Abraham, Isaac, and Jacob, Sarah, Rebecca, Rachel, and Leah, bless _____ and the son born to her. May she be privileged to raise her son to a love of Torah, to the ḥuppah, and to a life of good deeds. And let us say: Amen.

Before Maftir is called, חצי קדיש is recited. (When we read from two ספרי תורה, both are placed on the Reader's desk for the chanting of חצי קדיש.)

Hazzan:

יִתְגַּדַּל וְיִתְקַדַּשׁ שְׁמֵהּ רַבָּא, בְּעָלְמָא דִּי בְרָא, כִּרְעוּתֵהּ, וְיַמְלִיךְ מַלְכוּתֵהּ בְּחַיֵּיכוֹן וּבְיוֹמֵיכוֹן וּבְחַיֵּי דְכָל-בֵּית יִשְׂרָאֵל, בַּעֲגָלָא וּבִזְמַן קָרִיב, וְאִמְרוּ אָמֵן.

Congregation and Hazzan:

יְהֵא שְׁמֵהּ רַבָּא מְבָרַךְ לְעָלַם וּלְעָלְמֵי עָלְמַיָּא.

Hazzan:

יִתְבָּרַךְ וְיִשְׁתַּבַּח וְיִתְפָּאַר וְיִתְרוֹמַם וְיִתְנַשֵּׂא וְיִתְהַדַּר וְיִתְעַלֶּה וְיִתְהַלַּל שְׁמֵהּ דְּקֻדְשָׁא, בְּרִיךְ הוּא *לְעֵלָּא מִן כָּל-בִּרְכָתָא וְשִׁירָתָא תֻּשְׁבְּחָתָא וְנֶחָמָתָא דַּאֲמִירָן בְּעָלְמָא, וְאִמְרוּ אָמֵן.

**On שבת שובה:* לְעֵלָּא לְעֵלָּא מִכָּל-בִּרְכָתָא וְשִׁירָתָא

The מגביה and גולל are called to raise and tie the ספר תורה.

וְזֹאת הַתּוֹרָה אֲשֶׁר שָׂם מֹשֶׁה לִפְנֵי בְּנֵי יִשְׂרָאֵל, עַל פִּי יהוה בְּיַד מֹשֶׁה.

(On הושענא רבה, continue on page 153.)

ברכה before the הפטרה

בָּרוּךְ אַתָּה יהוה אֱלֹהֵינוּ מֶלֶךְ הָעוֹלָם, אֲשֶׁר בָּחַר בִּנְבִיאִים טוֹבִים, וְרָצָה בְדִבְרֵיהֶם הַנֶּאֱמָרִים בֶּאֱמֶת. בָּרוּךְ אַתָּה יהוה הַבּוֹחֵר בַּתּוֹרָה וּבְמֹשֶׁה עַבְדּוֹ וּבְיִשְׂרָאֵל עַמּוֹ וּבִנְבִיאֵי הָאֱמֶת וָצֶדֶק.

Before Maftir is called, Ḥatzi Kaddish is recited.

Reader:

May God's name be exalted and hallowed throughout the world that He created, as is God's wish. May God's sovereignty soon be accepted, during our life and the life of all Israel. And let us say: Amen.

Reader and Congregation:

Y'hei sh'mei raba m'varakh l'alam u-l'almei almaya.

May God's great name be praised throughout all time.

Reader:

Glorified and celebrated, lauded and worshiped, exalted and honored, extolled and acclaimed may the Holy One be, praised beyond all song and psalm, beyond all tributes that mortals can utter. And let us say: Amen.

The Sefer Torah is raised.

V'zot ha-Torah asher sahm Mosheh lifnei b'nai Yisra-el,
al pi Adonai, b'yad Mosheh.

This is the Torah that Moses set before the people Israel: The Torah, given by God, through Moses.

(On Hoshana Rabbah, continue on page 153.)

B'rakhah before the Haftarah

Praised are You Adonai our God, who rules the universe, appointing devoted prophets, and upholding their teachings, messages of truth. Praised are You Adonai, who loves the Torah, Moses His servant, Israel His people, and prophets of truth and righteousness.

ברכות after the הפטרה

בָּרוּךְ אַתָּה יהוה אֱלֹהֵינוּ מֶלֶךְ הָעוֹלָם, צוּר כָּל־הָעוֹלָמִים, צַדִּיק בְּכָל־הַדּוֹרוֹת, הָאֵל הַנֶּאֱמָן הָאוֹמֵר וְעוֹשֶׂה, הַמְדַבֵּר וּמְקַיֵּם, שֶׁכָּל־דְּבָרָיו אֱמֶת וָצֶדֶק. נֶאֱמָן אַתָּה הוּא יהוה אֱלֹהֵינוּ וְנֶאֱמָנִים דְּבָרֶיךָ, וְדָבָר אֶחָד מִדְּבָרֶיךָ אָחוֹר לֹא יָשׁוּב רֵיקָם, כִּי אֵל מֶלֶךְ נֶאֱמָן וְרַחֲמָן אָתָּה. בָּרוּךְ אַתָּה יהוה הָאֵל הַנֶּאֱמָן בְּכָל־דְּבָרָיו.

רַחֵם עַל צִיּוֹן כִּי הִיא בֵּית חַיֵּינוּ. וְלַעֲלוּבַת נֶפֶשׁ תּוֹשִׁיעַ בִּמְהֵרָה בְיָמֵינוּ. בָּרוּךְ אַתָּה יהוה מְשַׂמֵּחַ צִיּוֹן בְּבָנֶיהָ.

שַׂמְּחֵנוּ יהוה אֱלֹהֵינוּ בְּאֵלִיָּהוּ הַנָּבִיא עַבְדֶּךָ וּבְמַלְכוּת בֵּית דָּוִד מְשִׁיחֶךָ. בִּמְהֵרָה יָבֹא וְיָגֵל לִבֵּנוּ, עַל כִּסְאוֹ לֹא יֵשֵׁב זָר וְלֹא יִנְחֲלוּ עוֹד אֲחֵרִים אֶת־כְּבוֹדוֹ, כִּי בְשֵׁם קָדְשְׁךָ נִשְׁבַּעְתָּ לּוֹ שֶׁלֹּא יִכְבֶּה נֵרוֹ לְעוֹלָם וָעֶד. בָּרוּךְ אַתָּה יהוה מָגֵן דָּוִד.

On שבת (including שבת חול המועד פסח):

עַל הַתּוֹרָה וְעַל הָעֲבוֹדָה וְעַל הַנְּבִיאִים וְעַל יוֹם הַשַּׁבָּת הַזֶּה שֶׁנָּתַתָּ לָּנוּ יהוה אֱלֹהֵינוּ לִקְדֻשָּׁה וְלִמְנוּחָה, לְכָבוֹד וּלְתִפְאָרֶת. עַל הַכֹּל יהוה אֱלֹהֵינוּ אֲנַחְנוּ מוֹדִים לָךְ, וּמְבָרְכִים אוֹתָךְ. יִתְבָּרַךְ שִׁמְךָ בְּפִי כָּל־חַי תָּמִיד לְעוֹלָם וָעֶד. בָּרוּךְ אַתָּה יהוה מְקַדֵּשׁ הַשַּׁבָּת.

On יום טוב (including שבת חול המועד סוכות):

עַל הַתּוֹרָה וְעַל הָעֲבוֹדָה וְעַל הַנְּבִיאִים (וְעַל יוֹם הַשַּׁבָּת הַזֶּה)

On סוכות:
וְעַל יוֹם חַג הַסֻּכּוֹת הַזֶּה

On שמחת תורה and שמיני עצרת:
וְעַל יוֹם הַשְּׁמִינִי, חַג הָעֲצֶרֶת הַזֶּה

On פסח:
וְעַל יוֹם חַג הַמַּצּוֹת הַזֶּה

On שבועות:
וְעַל יוֹם חַג הַשָּׁבֻעוֹת הַזֶּה

שֶׁנָּתַתָּ לָּנוּ יהוה אֱלֹהֵינוּ (לִקְדֻשָּׁה וְלִמְנוּחָה) לְשָׂשׂוֹן וּלְשִׂמְחָה, לְכָבוֹד וּלְתִפְאָרֶת. עַל הַכֹּל יהוה אֱלֹהֵינוּ אֲנַחְנוּ מוֹדִים לָךְ, וּמְבָרְכִים אוֹתָךְ. יִתְבָּרַךְ שִׁמְךָ בְּפִי כָּל־חַי תָּמִיד לְעוֹלָם וָעֶד. בָּרוּךְ אַתָּה יהוה מְקַדֵּשׁ (הַשַּׁבָּת וְ)יִשְׂרָאֵל וְהַזְּמַנִּים.

B'rakhot after the Haftarah

Praised are You Adonai our God, who rules the universe, Rock of all ages, righteous in all generations, steadfast God whose word is deed, whose decree is fulfillment, whose every teaching is truth and righteousness. Faithful are You, Adonai our God, in all Your promises, of which not one will remain unfulfilled, for You are a faithful and merciful God and Sovereign. Praised are You Adonai, God, faithful in all Your promises.

Show compassion for Zion, the fount of our existence, and bring hope soon to the humbled spirit. Praised are You Adonai, who brings joy to Zion.

Bring us joy, Adonai our God, through Your prophet Elijah and the kingdom of the House of David Your anointed. May Elijah come soon, to gladden our hearts. May no outsider usurp David's throne, and may no other inherit his glory. For by Your holy name have You promised that his light shall never be extinguished. Praised are You Adonai, Shield of David.

On Shabbat (including Shabbat Ḥol Ha-mo'ed Pesaḥ):
We thank You and praise You, Adonai our God, for the Torah, for worship, for the prophets, and for this Shabbat, which You have given us for holiness and rest, for dignity and splendor. We thank You and praise You for all things. May Your name be praised continually by every living creature. Praised are You Adonai, who sanctifies Shabbat.

On Festivals (including Shabbat Ḥol Ha-mo'ed Sukkot):
We thank You and praise You, Adonai our God, for the Torah, for worship, for the prophets, and for this (*Shabbat and for this*)

Festival of Sukkot	Festival of Sh'mini Atzeret
Festival of Matzot	Festival of Shavuot

You have given us (*for holiness and rest,*) for joy and gladness, for dignity and splendor. We thank You and praise You for all things. May Your name be praised continually by every living creature. Praised are You Adonai, who sanctifies (*Shabbat and*) the people Israel and the Festivals.

The following two passages are recited only on שבת.

A prayer for the congregation

יְקוּם פֻּרְקָן מִן שְׁמַיָּא, חִנָּא וְחִסְדָּא וְרַחֲמֵי וְחַיֵּי אֲרִיכֵי וּמְזוֹנֵי רְוִיחֵי, וְסִיַּעְתָּא דִשְׁמַיָּא, וּבַרְיוּת גּוּפָא וּנְהוֹרָא מַעַלְיָא, זַרְעָא חַיָּא וְקַיָּמָא, זַרְעָא דִּי לָא יִפְסֻק וְדִי לָא יִבְטֻל מִפִּתְגָּמֵי אוֹרַיְתָא, לְכָל־קְהָלָא קַדִּישָׁא הָדֵין, רַבְרְבַיָּא עִם זְעֵרַיָּא טַפְלָא וּנְשַׁיָּא. מַלְכָּא דְעָלְמָא יְבָרֵךְ יָתְכוֹן, יַפִּישׁ חַיֵּיכוֹן וְיַסְגֵּא יוֹמֵיכוֹן וְיִתֵּן אַרְכָא לִשְׁנֵיכוֹן, וְתִתְפָּרְקוּן וְתִשְׁתֵּזְבוּן מִן כָּל־עָקָא וּמִן כָּל־מַרְעִין בִּישִׁין. מָרַן דִּי בִשְׁמַיָּא יְהֵא בְסַעְדְּכוֹן כָּל־זְמַן וְעִדָּן, וְנֹאמַר אָמֵן.

A prayer for those who serve the community

מִי שֶׁבֵּרַךְ אֲבוֹתֵינוּ, אַבְרָהָם יִצְחָק וְיַעֲקֹב, שָׂרָה רִבְקָה רָחֵל וְלֵאָה, הוּא יְבָרֵךְ אֶת־כָּל־הַקָּהָל הַקָּדוֹשׁ הַזֶּה עִם כָּל־קְהִלּוֹת הַקֹּדֶשׁ, הֵם וּבְנֵיהֶם וּבְנוֹתֵיהֶם וְכֹל אֲשֶׁר לָהֶם, וּמִי שֶׁמְּיַחֲדִים בָּתֵּי כְנֵסִיּוֹת לִתְפִלָּה, וּמִי שֶׁבָּאִים בְּתוֹכָם לְהִתְפַּלֵּל, וּמִי שֶׁנּוֹתְנִים נֵר לַמָּאוֹר וְיַיִן לְקִדּוּשׁ וּלְהַבְדָּלָה, וּפַת לָאוֹרְחִים וּצְדָקָה לָעֲנִיִּים, וְכָל־מִי שֶׁעוֹסְקִים בְּצָרְכֵי צִבּוּר וּבְבִנְיַן אֶרֶץ יִשְׂרָאֵל בֶּאֱמוּנָה. הַקָּדוֹשׁ בָּרוּךְ הוּא יְשַׁלֵּם שְׂכָרָם וְיָסִיר מֵהֶם כָּל־מַחֲלָה וְיִרְפָּא לְכָל־גּוּפָם וְיִסְלַח לְכָל־עֲוֹנָם, וְיִשְׁלַח בְּרָכָה וְהַצְלָחָה בְּכָל־מַעֲשֵׂה יְדֵיהֶם עִם כָּל־יִשְׂרָאֵל אֲחֵיהֶם, וְנֹאמַר אָמֵן.

A prayer for our country

אֱלֹהֵינוּ וֵאלֹהֵי אֲבוֹתֵינוּ, קַבֵּל נָא בְּרַחֲמִים אֶת־תְּפִלָּתֵנוּ בְּעַד אַרְצֵנוּ וּמֶמְשַׁלְתָּהּ. הָרֵק אֶת־בִּרְכָתְךָ עַל הָאָרֶץ הַזֹּאת, עַל רָאשֶׁהָ, שׁוֹפְטֶיהָ וּפְקִידֶיהָ הָעוֹסְקִים בְּצָרְכֵי צִבּוּר בֶּאֱמוּנָה. הוֹרֵם מֵחֻקֵּי תוֹרָתֶךָ, הֲבִינֵם מִשְׁפְּטֵי צִדְקֶךָ לְמַעַן לֹא יָסוּרוּ מֵאַרְצֵנוּ שָׁלוֹם וְשַׁלְוָה, אֹשֶׁר וָחֹפֶשׁ כָּל־הַיָּמִים. אָנָּא יהוה אֱלֹהֵי הָרוּחוֹת לְכָל־בָּשָׂר, שְׁלַח רוּחֲךָ עַל כָּל־תּוֹשְׁבֵי אַרְצֵנוּ. עֲקֹר מִלִּבָּם שִׂנְאָה וְאֵיבָה, קִנְאָה וְתַחֲרוּת, וְטַע בֵּין בְּנֵי הָאֻמּוֹת וְהָאֱמוּנוֹת הַשּׁוֹנוֹת הַשּׁוֹכְנִים בָּהּ, אַהֲבָה וְאַחֲוָה, שָׁלוֹם וְרֵעוּת.

וּבְכֵן יְהִי רָצוֹן מִלְּפָנֶיךָ שֶׁתְּהִי אַרְצֵנוּ בְּרָכָה לְכָל־יוֹשְׁבֵי תֵבֵל, וְתַשְׁרֶה בֵּינֵיהֶם רֵעוּת וְחֵרוּת, וְקַיֵּם בִּמְהֵרָה חֲזוֹן נְבִיאֶיךָ: לֹא יִשָּׂא גוֹי אֶל גּוֹי חֶרֶב וְלֹא יִלְמְדוּ עוֹד מִלְחָמָה. וְנֶאֱמַר: כִּי כוּלָּם יֵדְעוּ אוֹתִי לְמִקְּטַנָּם וְעַד גְּדוֹלָם, וְנֹאמַר אָמֵן.

The following two passages are recited only on Shabbat.

A prayer for the congregation

May the blessings of heaven — kindness and compassion, long life, ample sustenance, well-being, and healthy children devoted to Torah — be granted to all members of this congregation. May the Sovereign of the universe bless you, adding to your days and your years. May you be spared all distress and disease. May our Protector in heaven be your help at all times. And let us say: Amen.

A prayer for those who serve the community

May God who blessed our ancestors, Abraham, Isaac, and Jacob, Sarah, Rebecca, Rachel, and Leah, bless this entire congregation, together with all holy congregations: Them, their sons and daughters, their families, and all that is theirs; along with those who unite to establish synagogues for prayer, and those who enter them to pray, and those who give funds for heat and light, and wine for Kiddush and Havdalah, bread to the wayfarer and charity to the poor; and all who devotedly involve themselves with the needs of this community and the Land of Israel. May the Holy One reward them, remove sickness from them, heal them, and forgive their sins. May God bless them by making all their worthy endeavors prosper, as well as those of the entire people Israel. And let us say: Amen.

A prayer for our country

Our God and God of our ancestors: We ask Your blessings for our country — for its government, for its leaders and advisors, and for all who exercise just and rightful authority. Teach them insights from Your Torah, that they may administer all affairs of state fairly, that peace and security, happiness and prosperity, justice and freedom may forever abide in our midst.

Creator of all flesh, bless all the inhabitants of our country with Your spirit. May citizens of all races and creeds forge a common bond in true harmony, to banish hatred and bigotry, and to safeguard the ideals and free institutions that are the pride and glory of our country.

May this land, under Your providence, be an influence for good throughout the world, uniting all people in peace and freedom — helping them to fulfill the vision of Your prophet: "Nation shall not lift up sword against nation, neither shall they experience war any more." And let us say: Amen.

A prayer for the State of Israel

אָבִינוּ שֶׁבַּשָּׁמַיִם, צוּר יִשְׂרָאֵל וְגוֹאֲלוֹ, בָּרֵךְ אֶת־מְדִינַת יִשְׂרָאֵל, רֵאשִׁית צְמִיחַת גְּאֻלָּתֵנוּ. הָגֵן עָלֶיהָ בְּאֶבְרַת חַסְדֶּךָ, וּפְרֹשׂ עָלֶיהָ סֻכַּת שְׁלוֹמֶךָ. וּשְׁלַח אוֹרְךָ וַאֲמִתְּךָ לְרָאשֶׁיהָ, שָׂרֶיהָ וְיוֹעֲצֶיהָ, וְתַקְּנֵם בְּעֵצָה טוֹבָה מִלְּפָנֶיךָ. חַזֵּק אֶת־יְדֵי מְגִנֵּי אֶרֶץ קָדְשֵׁנוּ, וְהַנְחִילֵם אֱלֹהֵינוּ יְשׁוּעָה, וַעֲטֶרֶת נִצָּחוֹן תְּעַטְּרֵם. וְנָתַתָּ שָׁלוֹם בָּאָרֶץ וְשִׂמְחַת עוֹלָם לְיוֹשְׁבֶיהָ, וְנֹאמַר אָמֵן.

A prayer for peace

יְהִי רָצוֹן מִלְּפָנֶיךָ יהוה אֱלֹהֵינוּ וֵאלֹהֵי אֲבוֹתֵינוּ
שֶׁתְּבַטֵּל מִלְחָמוֹת וּשְׁפִיכוּת דָּמִים מִן הָעוֹלָם
וְתַשְׁכִּין שָׁלוֹם בָּעוֹלָם
וְלֹא יִשָּׂא גוֹי אֶל גּוֹי חֶרֶב וְלֹא יִלְמְדוּ עוֹד מִלְחָמָה.

יַכִּירוּ וְיֵדְעוּ כָּל־יוֹשְׁבֵי תֵבֵל
שֶׁלֹּא בָּאנוּ לָעוֹלָם בִּשְׁבִיל רִיב וּמַחֲלֹקֶת
וְלֹא בִּשְׁבִיל שִׂנְאָה וְקִנְאָה וְקִנְתּוּר וּשְׁפִיכוּת דָּמִים.
רַק בָּאנוּ לָעוֹלָם כְּדֵי לְהַכִּיר אוֹתְךָ, תִּתְבָּרַךְ לָנֶצַח.

וּבְכֵן תְּרַחֵם עָלֵינוּ וִיקֻיַּם בָּנוּ מִקְרָא שֶׁכָּתוּב:
וְנָתַתִּי שָׁלוֹם בָּאָרֶץ וּשְׁכַבְתֶּם וְאֵין מַחֲרִיד
וְהִשְׁבַּתִּי חַיָּה רָעָה מִן הָאָרֶץ וְחֶרֶב לֹא תַעֲבֹר בְּאַרְצְכֶם.
וְיִגַּל כַּמַּיִם מִשְׁפָּט, וּצְדָקָה כְּנַחַל אֵיתָן.
כִּי מָלְאָה הָאָרֶץ דֵּעָה אֶת־יהוה כַּמַּיִם לַיָּם מְכַסִּים.

A personal meditation

אָבִינוּ מַלְכֵּנוּ, אֲדוֹן הַשָּׁלוֹם, עָזְרֵנוּ וְהוֹשִׁיעֵנוּ שֶׁנִּזְכֶּה תָּמִיד לֶאֱחֹז בְּמִדַּת הַשָּׁלוֹם. וְיִהְיֶה שָׁלוֹם בֵּין אָדָם לַחֲבֵרוֹ וּבֵין אִישׁ לְאִשְׁתּוֹ, וְלֹא תִהְיֶה שׁוּם מַחֲלֹקֶת בֵּין כָּל־בְּנֵי מִשְׁפַּחְתִּי. אַתָּה עוֹשֶׂה שָׁלוֹם בִּמְרוֹמֶיךָ. כֵּן תַּמְשִׁיךְ שָׁלוֹם עָלֵינוּ וְעַל כָּל־הָעוֹלָם כֻּלּוֹ, נִתְקָרֵב אֵלֶיךָ וּלְתוֹרָתְךָ בֶּאֱמֶת, וְנֵעָשֶׂה כֻלָּנוּ אֲגֻדָּה אֶחָת לַעֲשׂוֹת רְצוֹנְךָ בְּלֵבָב שָׁלֵם. אֲדוֹן הַשָּׁלוֹם, בָּרְכֵנוּ בַשָּׁלוֹם. אָמֵן.

A prayer for the State of Israel

Avinu She-bashamayim, Rock and Redeemer of the people Israel: Bless the State of Israel, with its promise of redemption. Shield it with Your love; spread over it the shelter of Your peace. Guide its leaders and advisors with Your light and Your truth. Help them with Your good counsel. Strengthen the hands of those who defend our Holy Land. Deliver them; crown their efforts with triumph. Bless the Land with peace, and its inhabitants with lasting joy. And let us say: Amen.

A prayer for peace

May we see the day when war and bloodshed cease,
when a great peace will embrace the whole world.

> *Then nation will not threaten nation,*
> *and mankind will not again know war.*

For all who live on earth shall realize
we have not come into being to hate or to destroy.
We have come into being to praise, to labor, and to love.

> *Compassionate God, bless the leaders of all nations*
> *with the power of compassion.*

Fulfill the promise conveyed in Scripture:
I will bring peace to the land,
and you shall lie down and no one shall terrify you.

> *I will rid the land of vicious beasts*
> *and it shall not be ravaged by war.*

Let love and justice flow like a mighty stream.
Let peace fill the earth as the waters fill the sea.
And let us say: Amen.

A personal meditation

Avinu Malkenu, bless my family with peace. Teach us to appreciate the treasure of our lives. Help us to find contentment in one another. Save us from dissension and jealousy; shield us from pettiness and rivalry. May selfish pride not divide us; may pride in one another unite us. Help us to renew our love for one another continually. In the light of Your Torah grant us, the people Israel and all Your children everywhere, health and fulfillment, harmony, peace, and joy. Amen.

ברכת החודש 🌿

Recited on שבת מברכים החודש

It is customary to stand during this prayer.

יְהִי רָצוֹן מִלְּפָנֶיךָ יהוה אֱלֹהֵינוּ וֵאלֹהֵי אֲבוֹתֵינוּ,
שֶׁתְּחַדֵּשׁ עָלֵינוּ אֶת־הַחֹדֶשׁ הַזֶּה לְטוֹבָה וְלִבְרָכָה.
וְתִתֶּן לָנוּ חַיִּים אֲרֻכִּים, חַיִּים שֶׁל שָׁלוֹם,
חַיִּים שֶׁל טוֹבָה, חַיִּים שֶׁל בְּרָכָה,
חַיִּים שֶׁל פַּרְנָסָה, חַיִּים שֶׁל חִלּוּץ עֲצָמוֹת,
חַיִּים שֶׁיֵּשׁ בָּהֶם יִרְאַת שָׁמַיִם וְיִרְאַת חֵטְא,
חַיִּים שֶׁאֵין בָּהֶם בּוּשָׁה וּכְלִמָּה,
חַיִּים שֶׁל עֹשֶׁר וְכָבוֹד,
חַיִּים שֶׁתְּהֵא בָנוּ אַהֲבַת תּוֹרָה וְיִרְאַת שָׁמַיִם,
חַיִּים שֶׁיִּמָּלְאוּ מִשְׁאֲלוֹת לִבֵּנוּ לְטוֹבָה, אָמֵן סֶלָה.

The Ḥazzan holds the ספר תורה while continuing:

מִי שֶׁעָשָׂה נִסִּים לַאֲבוֹתֵינוּ וְגָאַל אוֹתָם מֵעַבְדוּת לְחֵרוּת,
הוּא יִגְאַל אוֹתָנוּ בְּקָרוֹב, וִיקַבֵּץ נִדָּחֵינוּ מֵאַרְבַּע כַּנְפוֹת
הָאָרֶץ, חֲבֵרִים כָּל־יִשְׂרָאֵל, וְנֹאמַר אָמֵן.

רֹאשׁ חֹדֶשׁ _____ יִהְיֶה בְּיוֹם _____
הַבָּא עָלֵינוּ וְעַל כָּל־יִשְׂרָאֵל לְטוֹבָה.

The congregation repeats these two lines, then continues:

יְחַדְּשֵׁהוּ הַקָּדוֹשׁ בָּרוּךְ הוּא עָלֵינוּ וְעַל כָּל־עַמּוֹ בֵּית יִשְׂרָאֵל
לְחַיִּים וּלְשָׁלוֹם, (אָמֵן)
לְשָׂשׂוֹן וּלְשִׂמְחָה, (אָמֵן)
לִישׁוּעָה וּלְנֶחָמָה, וְנֹאמַר אָמֵן.

This passage is then repeated by the Ḥazzan.

❧ ANNOUNCING THE NEW MONTH

Recited on the Shabbat before Rosh Ḥodesh

It is customary to stand during this prayer.

May it be Your will,
Adonai our God and God of our ancestors,
to reawaken in us joy and blessing in the month ahead.
Grant us a long life,
a peaceful life with goodness and blessing,
sustenance and physical vitality;
a life of reverence and piety,
a life free from shame and reproach,
a life of abundance and honor,
a reverent life guided by the love of Torah;
a life in which our worthy aspirations
will be fulfilled. Amen.

The Reader holds the Sefer Torah while continuing:
May God who wrought miracles for our ancestors, redeeming
them from slavery to freedom, redeem us soon and gather our
dispersed from the four corners of the earth in the fellowship
of the entire people Israel. And let us say: Amen.

The new month of _____ will begin on _____ .
May it hold blessing for us and for all the people Israel.

The congregation repeats these two lines, then continues:
May the Holy One bless this new month
for us and for all His people, the House of Israel,
with life and peace,
joy and gladness,
deliverance and consolation.
And let us say: Amen.

This passage is then repeated by the Reader.

A memorial prayer for our martyrs

Customs vary as to when this memorial prayer is recited. Some congregations include it during any period when Taḥanun is recited on weekdays (for a list of these dates, see page 239), while others recite it only on the Shabbat before Rosh Ḥodesh Sivan, Tisha B'av, or Yom Ha-shoah.

אַב הָרַחֲמִים, שׁוֹכֵן מְרוֹמִים, בְּרַחֲמָיו הָעֲצוּמִים הוּא יִפְקוֹד בְּרַחֲמִים הַחֲסִידִים וְהַיְשָׁרִים וְהַתְּמִימִים, קְהִלּוֹת הַקֹּדֶשׁ שֶׁמָּסְרוּ נַפְשָׁם עַל קְדֻשַּׁת הַשֵּׁם, הַנֶּאֱהָבִים וְהַנְּעִימִים בְּחַיֵּיהֶם, וּבְמוֹתָם לֹא נִפְרָדוּ. מִנְּשָׁרִים קַלּוּ, מֵאֲרָיוֹת גָּבֵרוּ, לַעֲשׂוֹת רְצוֹן קוֹנָם וְחֵפֶץ צוּרָם. יִזְכְּרֵם אֱלֹהֵינוּ לְטוֹבָה עִם שְׁאָר צַדִּיקֵי עוֹלָם, וְיִקּוֹם נִקְמַת דַּם עֲבָדָיו הַשָּׁפוּךְ, כַּכָּתוּב בְּתוֹרַת משֶׁה אִישׁ הָאֱלֹהִים: הַרְנִינוּ גוֹיִם עַמּוֹ, כִּי דַם עֲבָדָיו יִקּוֹם, וְנָקָם יָשִׁיב לְצָרָיו, וְכִפֶּר אַדְמָתוֹ עַמּוֹ. וְעַל יְדֵי עֲבָדֶיךָ הַנְּבִיאִים כָּתוּב לֵאמֹר: וְנִקֵּיתִי דָּמָם לֹא נִקֵּיתִי, וַיהוה שֹׁכֵן בְּצִיּוֹן. וּבְכִתְבֵי הַקֹּדֶשׁ נֶאֱמַר: לָמָּה יֹאמְרוּ הַגּוֹיִם אַיֵּה אֱלֹהֵיהֶם, יִוָּדַע בַּגּוֹיִם לְעֵינֵינוּ נִקְמַת דַּם עֲבָדֶיךָ הַשָּׁפוּךְ. □ וְאוֹמֵר: כִּי דוֹרֵשׁ דָּמִים אוֹתָם זָכָר, לֹא שָׁכַח צַעֲקַת עֲנָוִים.

אשרי

תהלים פ״ד:ה׳, קמ״ד:ט״ו

אַשְׁרֵי יוֹשְׁבֵי בֵיתֶךָ, עוֹד יְהַלְלוּךָ סֶּלָה.
אַשְׁרֵי הָעָם שֶׁכָּכָה לּוֹ, אַשְׁרֵי הָעָם שֶׁיהוה אֱלֹהָיו.

תהלים קמ״ה, קט״ו:י״ח

תְּהִלָּה לְדָוִד.
אֲרוֹמִמְךָ אֱלוֹהַי הַמֶּלֶךְ, וַאֲבָרְכָה שִׁמְךָ לְעוֹלָם וָעֶד.
בְּכָל־יוֹם אֲבָרְכֶךָּ, וַאֲהַלְלָה שִׁמְךָ לְעוֹלָם וָעֶד.

גָּדוֹל יהוה וּמְהֻלָּל מְאֹד, וְלִגְדֻלָּתוֹ אֵין חֵקֶר.
דּוֹר לְדוֹר יְשַׁבַּח מַעֲשֶׂיךָ, וּגְבוּרֹתֶיךָ יַגִּידוּ.

A memorial prayer for our martyrs

*This prayer was introduced into the Ashkenazi liturgy in
the twelfth century, after numerous Jewish communities
in Germany were destroyed by the crusaders. It honors
the memory of all those who have sanctified God's name
through suffering and martyrdom by remaining loyal to
their faith, despite the temptation to abandon Judaism
and forsake Jewish ideals.*

May the compassionate One, enthroned on high, remember with sublime
compassion the pious, the good, and the innocent; the holy communities
who laid down their lives in the sanctification of God's name. Beloved
and beautiful in their lives, in their death they were not parted. They
were swifter than eagles, stronger than lions in doing the will of their
Creator. May our God remember them for good together with the other
righteous of the world, and render retribution for His servants' blood that
has been shed, as it is written in the Torah of Moses, man of God:
"Acclaim God's people, O nations, for God will avenge the blood of His
servants, render retribution to His foes, and cleanse His people's land."
And by Your servant, the prophet Joel, it is written: "Though I cleanse
them, I shall not cleanse them in regard to their bloodshed; and Adonai
dwells in Zion." And in the Psalms it is said: "Why should the nations
ask, 'Where is their God?' Let Your retribution for the blood of Your
servants be made known among the nations, in our sight." And the
psalmist declares: "The One who renders retribution for bloodshed
remembers them; God has not forgotten the cry of the humble."

ASHREI

PSALM 84:5; 144:15

What happiness to be in Your house,
to sing Your praise, to belong to Your people!

What happiness to worship God!

PSALM 145; 115:18

My God, my Guide, I will praise You always.
Day after day will I extol You.

*God is infinite and awesome,
beyond all praise and all description.*

Age after age Your works are praised,
Your power is felt, Your deeds are lauded.

הֲדַר כְּבוֹד הוֹדֶֽךָ, וְדִבְרֵי נִפְלְאֹתֶֽיךָ אָשִֽׂיחָה.

וֶעֱזוּז נוֹרְאֹתֶֽיךָ יֹאמֵֽרוּ, וּגְדֻלָּתְךָ אֲסַפְּרֶֽנָּה.

זֵֽכֶר רַב־טוּבְךָ יַבִּֽיעוּ, וְצִדְקָתְךָ יְרַנֵּֽנוּ.

חַנּוּן וְרַחוּם יהוה, אֶֽרֶךְ אַפַּֽיִם וּגְדָל־חָֽסֶד.

טוֹב יהוה לַכֹּל, וְרַחֲמָיו עַל כָּל־מַעֲשָׂיו.

יוֹדֽוּךָ יהוה כָּל־מַעֲשֶֽׂיךָ, וַחֲסִידֶֽיךָ יְבָרְכֽוּכָה.

כְּבוֹד מַלְכוּתְךָ יֹאמֵֽרוּ, וּגְבוּרָתְךָ יְדַבֵּֽרוּ.

לְהוֹדִֽיעַ לִבְנֵי הָאָדָם גְּבוּרֹתָיו, וּכְבוֹד הֲדַר מַלְכוּתוֹ.

מַלְכוּתְךָ מַלְכוּת כָּל־עֹלָמִים, וּמֶמְשַׁלְתְּךָ בְּכָל־דּוֹר וָדֹר.

סוֹמֵךְ יהוה לְכָל־הַנֹּפְלִים, וְזוֹקֵף לְכָל־הַכְּפוּפִים.

עֵינֵי כֹל אֵלֶֽיךָ יְשַׂבֵּֽרוּ, וְאַתָּה נוֹתֵן לָהֶם אֶת־אָכְלָם בְּעִתּוֹ.

פּוֹתֵֽחַ אֶת־יָדֶֽךָ, וּמַשְׂבִּֽיעַ לְכָל־חַי רָצוֹן.

צַדִּיק יהוה בְּכָל־דְּרָכָיו, וְחָסִיד בְּכָל־מַעֲשָׂיו.

קָרוֹב יהוה לְכָל־קֹרְאָיו, לְכֹל אֲשֶׁר יִקְרָאֻֽהוּ בֶאֱמֶת.

רְצוֹן יְרֵאָיו יַעֲשֶׂה, וְאֶת־שַׁוְעָתָם יִשְׁמַע וְיוֹשִׁיעֵם.

שׁוֹמֵר יהוה אֶת־כָּל־אֹהֲבָיו, וְאֵת כָּל־הָרְשָׁעִים יַשְׁמִיד.

□ תְּהִלַּת יהוה יְדַבֶּר־פִּי,
וִיבָרֵךְ כָּל־בָּשָׂר שֵׁם קָדְשׁוֹ לְעוֹלָם וָעֶד.
וַאֲנַֽחְנוּ נְבָרֵךְ יָהּ, מֵעַתָּה וְעַד עוֹלָם, הַלְלוּיָהּ.

I too am touched by Your glory,
the wonders of Your creation.

Some may speak of You only in awe,
but I speak of You with immense joy.

The very mention of Your goodness yields delight.

God is gracious and kind, patient and very loving,
good to everyone, compassionate to all creatures.

May all Your children be worthy of You.
May all who claim to love You be a blessing.

May they honor Your sovereignty by declaring Your power,
by showing the splendor of Godliness.

Your realm is the unbounded cosmos;
Your reign endures throughout eternity.

God upholds all who falter,
and lifts up all the downtrodden.

All eyes must look to You with hope;
satisfy our needs in due time.

Your hand is always ready to fill all life with joy.
You are just in every way, loving in every gesture.

You are near to all who call upon You,
to all who call upon You with integrity.

May God always hear the prayer of the pious,
always answer their pleas, come to their aid.

May God guard every loving soul,
and destroy all wickedness.

May my own lips utter God's praise;
may all people worship God always.

May all of us praise God now and forever. Halleluyah!

החזרת ספר תורה

We rise as the ארון הקודש *is opened.*

Ḥazzan:

יְהַלְלוּ אֶת־שֵׁם יהוה כִּי נִשְׂגָּב שְׁמוֹ לְבַדּוֹ.

Congregation:

הוֹדוֹ עַל אֶרֶץ וְשָׁמָיִם. וַיָּרֶם קֶרֶן לְעַמּוֹ,
תְּהִלָּה לְכָל־חֲסִידָיו, לִבְנֵי יִשְׂרָאֵל עַם קְרֹבוֹ, הַלְלוּיָהּ.

On שבת*:*

תהלים כ״ט

מִזְמוֹר לְדָוִד.

הָבוּ לַיהוה, בְּנֵי אֵלִים, הָבוּ לַיהוה כָּבוֹד וָעֹז.
הָבוּ לַיהוה כְּבוֹד שְׁמוֹ, הִשְׁתַּחֲווּ לַיהוה בְּהַדְרַת קֹדֶשׁ.
קוֹל יהוה עַל הַמָּיִם,
אֵל הַכָּבוֹד הִרְעִים, יהוה עַל מַיִם רַבִּים.
קוֹל יהוה בַּכֹּחַ, קוֹל יהוה בֶּהָדָר.
קוֹל יהוה שֹׁבֵר אֲרָזִים וַיְשַׁבֵּר יהוה אֶת־אַרְזֵי הַלְּבָנוֹן.
וַיַּרְקִידֵם כְּמוֹ עֵגֶל, לְבָנוֹן וְשִׂרְיוֹן כְּמוֹ בֶן־רְאֵמִים.
קוֹל יהוה חֹצֵב לַהֲבוֹת אֵשׁ,
קוֹל יהוה יָחִיל מִדְבָּר,
יָחִיל יהוה מִדְבַּר קָדֵשׁ.
קוֹל יהוה יְחוֹלֵל אַיָּלוֹת
וַיֶּחֱשֹׂף יְעָרוֹת, וּבְהֵיכָלוֹ כֻּלּוֹ אֹמֵר כָּבוֹד.
יהוה לַמַּבּוּל יָשָׁב, וַיֵּשֶׁב יהוה מֶלֶךְ לְעוֹלָם.
יהוה עֹז לְעַמּוֹ יִתֵּן, יהוה יְבָרֵךְ אֶת־עַמּוֹ בַשָּׁלוֹם.

❧ RETURNING THE SEFER TORAH

We rise as the Ark is opened.

Y'hal'lu et shem Adonai, ki nisgav sh'mo l'vado.
Praise Adonai, for God is unique, exalted.

Hodo al eretz v'shamayim, va-yarem keren l'amo,
t'hilah l'khol ḥasidav, liv'nei Yisra-el am k'rovo. Halleluyah!
God's glory encompasses heaven and earth. God exalts and
extols His faithful, the people Israel who are close to Him.
Halleluyah!

On Shabbat:

PSALM 29

A Song of David. Acclaim Adonai, exalted creatures; acclaim
Adonai, glorious and mighty. Acclaim Adonai, whose name is
majestic. Worship Adonai in sacred splendor. The voice of
Adonai thunders over rushing waters. The voice of Adonai
roars with might. The voice of Adonai echoes with majesty.
The voice of Adonai shatters the cedars. Adonai splinters the
cedars of Lebanon, making Mount Lebanon skip like a calf,
compelling Siryon to leap like a ram. The voice of Adonai splits
rock with lightning. The voice of Adonai stirs the wilderness.
The voice of Adonai strips the forest bare, while in His
sanctuary all chant: Glory! Adonai sat enthroned at the Flood;
Adonai will sit enthroned forever, bestowing strength upon
His people, blessing His people with peace.

Mizmor l'David.

Havu ladonai b'nai elim, havu ladonai kavod va-oz.
Havu ladonai k'vod sh'mo,
hishtaḥavu ladonai b'hadrat kodesh.
Kol Adonai al ha-mayim, Eil ha-kavod hir'im,
Adonai al mayim rabim.
Kol Adonai ba-ko-aḥ, kol Adonai be-hadar.
Kol Adonai shover arazim,
va-y'shaber Adonai et arzei hal'vanon.
Va-yarkidem k'mo egel, l'vanon v'siryon k'mo ven r'eymim.
Kol Adonai ḥotzev lahavot esh, kol Adonai yaḥil midbar,
yaḥil Adonai midbar kadesh.
Kol Adonai y'ḥolel ayalot,
va-yeḥesof y'arot, u-v'heikhalo kulo omer kavod.
Adonai la-mabul yashav, va-yeshev Adonai melekh l'olam.
Adonai oz l'amo yiten, Adonai y'varekh et amo va-shalom.

On weekdays:

תהלים כ״ד

לְדָוִד מִזְמוֹר.
לַיהוה הָאָרֶץ וּמְלוֹאָהּ, תֵּבֵל וְיֹשְׁבֵי בָהּ.
כִּי הוּא עַל יַמִּים יְסָדָהּ, וְעַל נְהָרוֹת יְכוֹנְנֶהָ.
מִי יַעֲלֶה בְהַר יהוה, וּמִי יָקוּם בִּמְקוֹם קָדְשׁוֹ.

נְקִי כַפַּיִם וּבַר לֵבָב,
אֲשֶׁר לֹא נָשָׂא לַשָּׁוְא נַפְשִׁי, וְלֹא נִשְׁבַּע לְמִרְמָה.
יִשָּׂא בְרָכָה מֵאֵת יהוה, וּצְדָקָה מֵאֱלֹהֵי יִשְׁעוֹ.
זֶה דּוֹר דּוֹרְשָׁיו, מְבַקְשֵׁי פָנֶיךָ יַעֲקֹב, סֶלָה.

שְׂאוּ שְׁעָרִים רָאשֵׁיכֶם,
וְהִנָּשְׂאוּ פִּתְחֵי עוֹלָם, וְיָבוֹא מֶלֶךְ הַכָּבוֹד.
מִי זֶה מֶלֶךְ הַכָּבוֹד, יהוה עִזּוּז וְגִבּוֹר, יהוה גִּבּוֹר מִלְחָמָה.

שְׂאוּ שְׁעָרִים רָאשֵׁיכֶם,
וּשְׂאוּ פִּתְחֵי עוֹלָם, וְיָבֹא מֶלֶךְ הַכָּבוֹד.

מִי הוּא זֶה מֶלֶךְ הַכָּבוֹד,
יהוה צְבָאוֹת הוּא מֶלֶךְ הַכָּבוֹד, סֶלָה.

The ספר תורה is placed in the ארון הקודש.

וּבְנֻחֹה יֹאמַר: שׁוּבָה יהוה רִבְבוֹת אַלְפֵי יִשְׂרָאֵל.
קוּמָה יהוה לִמְנוּחָתֶךָ, אַתָּה וַאֲרוֹן עֻזֶּךָ.
כֹּהֲנֶיךָ יִלְבְּשׁוּ־צֶדֶק, וַחֲסִידֶיךָ יְרַנֵּנוּ.
בַּעֲבוּר דָּוִד עַבְדֶּךָ, אַל תָּשֵׁב פְּנֵי מְשִׁיחֶךָ.

□ כִּי לֶקַח טוֹב נָתַתִּי לָכֶם, תּוֹרָתִי אַל תַּעֲזֹבוּ.

עֵץ חַיִּים הִיא לַמַּחֲזִיקִים בָּהּ, וְתֹמְכֶיהָ מְאֻשָּׁר.

דְּרָכֶיהָ דַרְכֵי־נֹעַם, וְכָל־נְתִיבוֹתֶיהָ שָׁלוֹם.

הֲשִׁיבֵנוּ יהוה אֵלֶיךָ וְנָשׁוּבָה, חַדֵּשׁ יָמֵינוּ כְּקֶדֶם.

(On הושענא רבה, continue with אשרי, page 226.)

On weekdays:

PSALM 24

A Song of David. The earth and its grandeur belong to Adonai; the world and its inhabitants. God founded it upon the seas, and set it firm upon flowing waters. Who may ascend the mountain of Adonai? Who may rise in God's sanctuary? One who has clean hands and a pure heart, who has not used God's name in false oaths, nor sworn deceitfully, shall receive a blessing from Adonai, a just reward from the God of deliverance. Such are the people who seek God, who long for the presence of Jacob's Deity. Lift high your lintels, O you gates; open wide, you ancient doors! Welcome the glorious Sovereign. Who is the glorious Sovereign? Adonai, triumphant and mighty; Adonai, triumphant in battle. Lift high your lintels, O you gates; open wide, you ancient doors! Welcome the glorious Sovereign. Who is the glorious Sovereign? *Adonai Tz'va-ot* is the glorious Sovereign.

The Sefer Torah is placed in the Ark.

Whenever the Ark was set down, Moses would say:
Adonai, may You dwell among the myriad families
of the people Israel.

Return, Adonai, to Your sanctuary,
You and Your glorious Ark.

Let Your *Kohanim* be clothed in triumph,
let Your faithful sing for joy.

For the sake of David, Your servant,
do not reject Your anointed.

Precious teaching do I give you:
Never forsake My Torah.

It is a tree of life for those who grasp it,
and all who uphold it are blessed.

Its ways are pleasant, and all its paths are peace.

Help us turn to You, Adonai, and we shall return.
Renew our lives as in days of old.

Etz ḥayim hi la-maḥazikim bah, v'tom'kheha m'ushar.
D'rakheha darkhei no-am, v'khol n'tivoteha shalom.
Hashiveinu Adonai e-lekha v'nashuva,
ḥadesh yameinu k'kedem.

מוסף

חצי קדיש

Ḥazzan:

יִתְגַּדַּל וְיִתְקַדַּשׁ שְׁמֵהּ רַבָּא, בְּעָלְמָא דִּי בְרָא, כִּרְעוּתֵהּ, וְיַמְלִיךְ מַלְכוּתֵהּ בְּחַיֵּיכוֹן וּבְיוֹמֵיכוֹן וּבְחַיֵּי דְכָל־בֵּית יִשְׂרָאֵל, בַּעֲגָלָא וּבִזְמַן קָרִיב, וְאִמְרוּ אָמֵן.

Congregation and Ḥazzan:

יְהֵא שְׁמֵהּ רַבָּא מְבָרַךְ לְעָלַם וּלְעָלְמֵי עָלְמַיָּא.

Ḥazzan:

יִתְבָּרַךְ וְיִשְׁתַּבַּח וְיִתְפָּאַר וְיִתְרוֹמַם וְיִתְנַשֵּׂא וְיִתְהַדַּר וְיִתְעַלֶּה וְיִתְהַלַּל שְׁמֵהּ דְּקֻדְשָׁא, בְּרִיךְ הוּא *לְעֵלָּא מִן כָּל־בִּרְכָתָא וְשִׁירָתָא תֻּשְׁבְּחָתָא וְנֶחֱמָתָא דַּאֲמִירָן בְּעָלְמָא, וְאִמְרוּ אָמֵן.

**On שבת שובה:* לְעֵלָּא לְעֵלָּא מִכָּל־בִּרְכָתָא וְשִׁירָתָא

On שבת, continue on page 156a or 156b (with אמהות) through page 161.

On שבת ראש חודש and on יום טוב (including שבת חול המועד and הושענא רבה), continue on page 166a or 166b (with אמהות) through page 178.

We begin the Amidah by taking three steps forward to approach God's presence, and standing humbly, at attention.

*It is customary to bow four times during the recitation of the Amidah. The first two accompany the opening and closing words of the first b'rakhah. We bend our knees while reciting "**Barukh** (Praised)," and bow at "**Atah** (You)," rising as we utter God's name. As we recite Modim (the prayer of Thanksgiving, page 159), we bow (without bending our knees) in gratitude to God, as we say "**Modim anaḥnu lakh** (We proclaim)." We then bend our knees and bow once more during the b'rakhah which follows (page 160).*

At the conclusion of the Amidah, we take three steps back, bowing left, right, and center, as we conclude our audience before God.

MUSAF SERVICE

✣ ḤATZI KADDISH

Reader:

May God's name be exalted and hallowed throughout the world that He created, as is God's wish. May God's sovereignty soon be accepted, during our life and the life of all Israel. And let us say: Amen.

Congregation and Reader:

Y'hei sh'mei raba m'varakh l'alam u-l'almei almaya.

May God's great name be praised throughout all time.

Reader:

Glorified and celebrated, lauded and worshiped, exalted and honored, extolled and acclaimed may the Holy One be, praised beyond all song and psalm, beyond all tributes that mortals can utter. And let us say: Amen.

On Shabbat, continue on page 156a or 156b (with Matriarchs) through page 161.

On Shabbat Rosh Ḥodesh and on Festivals (including Shabbat Ḥol Ha-mo'ed and Hoshana Rabbah), continue on page 166a or 166b (with Matriarchs) through page 178.

For an interpretive Meditation on the Shabbat Amidah, see page 162; on the Festival Amidah, page 179.

The Musaf, or Additional Service, dates back to ancient times — a reminder of the double Shabbat portion of manna in the wilderness, and the additional Shabbat offering in the Temple. According to the Midrash, this "double measure" has become the symbol of Shabbat itself, expressed in spiritual imagery (our "additional soul"), in ritual observance (e.g. ḥallot, candles), as well as in prayer. In our day, the Musaf Amidah takes the place of the ancient Musaf sacrifice in the Temple.

עמידה — מוסף לשבת

כִּי שֵׁם יהוה אֶקְרָא, הָבוּ גֹדֶל לֵאלֹהֵינוּ.
אֲדֹנָי, שְׂפָתַי תִּפְתָּח וּפִי יַגִּיד תְּהִלָּתֶךָ.

בָּרוּךְ אַתָּה יהוה אֱלֹהֵינוּ וֵאלֹהֵי אֲבוֹתֵינוּ, אֱלֹהֵי אַבְרָהָם אֱלֹהֵי יִצְחָק וֵאלֹהֵי יַעֲקֹב, הָאֵל הַגָּדוֹל הַגִּבּוֹר וְהַנּוֹרָא, אֵל עֶלְיוֹן, גּוֹמֵל חֲסָדִים טוֹבִים וְקוֹנֵה הַכֹּל, וְזוֹכֵר חַסְדֵי אָבוֹת וּמֵבִיא גוֹאֵל לִבְנֵי בְנֵיהֶם לְמַעַן שְׁמוֹ בְּאַהֲבָה.

On שבת שובה:

זָכְרֵנוּ לְחַיִּים, מֶלֶךְ חָפֵץ בַּחַיִּים,
וְכָתְבֵנוּ בְּסֵפֶר הַחַיִּים, לְמַעַנְךָ אֱלֹהִים חַיִּים.

מֶלֶךְ עוֹזֵר וּמוֹשִׁיעַ וּמָגֵן. בָּרוּךְ אַתָּה יהוה מָגֵן אַבְרָהָם.

אַתָּה גִּבּוֹר לְעוֹלָם אֲדֹנָי, מְחַיֵּה מֵתִים אַתָּה, רַב לְהוֹשִׁיעַ.

**From שמיני עצרת until פסח:*

מַשִּׁיב הָרוּחַ וּמוֹרִיד הַגָּשֶׁם.

מְכַלְכֵּל חַיִּים בְּחֶסֶד, מְחַיֵּה מֵתִים בְּרַחֲמִים רַבִּים, סוֹמֵךְ נוֹפְלִים וְרוֹפֵא חוֹלִים וּמַתִּיר אֲסוּרִים, וּמְקַיֵּם אֱמוּנָתוֹ לִישֵׁנֵי עָפָר. מִי כָמוֹךָ בַּעַל גְּבוּרוֹת וּמִי דּוֹמֶה לָּךְ, מֶלֶךְ מֵמִית וּמְחַיֶּה וּמַצְמִיחַ יְשׁוּעָה.

On שבת שובה:

מִי כָמוֹךָ אַב הָרַחֲמִים, זוֹכֵר יְצוּרָיו לְחַיִּים בְּרַחֲמִים.

וְנֶאֱמָן אַתָּה לְהַחֲיוֹת מֵתִים.
בָּרוּךְ אַתָּה יהוה מְחַיֵּה הַמֵּתִים.

When the עמידה is recited aloud, continue on page 157.

אַתָּה קָדוֹשׁ וְשִׁמְךָ קָדוֹשׁ, וּקְדוֹשִׁים בְּכָל־יוֹם יְהַלְלוּךָ סֶּלָה.
**בָּרוּךְ אַתָּה יהוה הָאֵל הַקָּדוֹשׁ.

***On שבת שובה:*

בָּרוּךְ אַתָּה יהוה הַמֶּלֶךְ הַקָּדוֹשׁ.

Silent recitation continues on page 158.

**From פסח to שמיני עצרת, some add:* מוֹרִיד הַטָּל.

MUSAF AMIDAH FOR SHABBAT

> When I call upon Adonai, proclaim glory to our God!
> Adonai, open my lips, so I may speak Your praise.

Praised are You Adonai, our God and God of our ancestors, God of Abraham, God of Isaac, and God of Jacob, great, mighty, awesome, exalted God who bestows lovingkindness, Creator of all. You remember the pious deeds of our ancestors and will send a redeemer to their children's children because of Your loving nature.

> *On Shabbat Shuvah:*
> Remember us that we may live, O Sovereign who delights in life.
> Inscribe us in the Book of Life, for Your sake, living God.

You are the Sovereign who helps and saves and shields. Praised are You Adonai, Shield of Abraham.

Your might, Adonai, is boundless. You give life to the dead; great is Your saving power.

> **From Sh'mini Atzeret until Pesaḥ:*
> You cause the wind to blow and the rain to fall.

Your love sustains the living, Your great mercies give life to the dead. You support the falling, heal the ailing, free the fettered. You keep Your faith with those who sleep in dust. Whose power can compare with Yours? You are Master of life and death and deliverance.

> *On Shabbat Shuvah:*
> Whose mercy can compare with Yours, Source of compassion?
> In mercy You remember Your creatures with life.

Faithful are You in giving life to the dead. Praised are You Adonai, Master of life and death.

> *When the Amidah is recited aloud, continue on page 157.*

Holy are You and holy is Your name. Holy are those who praise You each day. **Praised are You Adonai, holy God.

> ***On Shabbat Shuvah:*
> Praised are You Adonai, holy Sovereign.

Silent recitation continues on page 158.

---

*From Pesaḥ to Sh'mini Atzeret, some add: You cause the dew to fall.

עמידה — מוסף לשבת (כולל אמהות)

כִּי שֵׁם יהוה אֶקְרָא, הָבוּ גֹדֶל לֵאלֹהֵינוּ.
אֲדֹנָי, שְׂפָתַי תִּפְתָּח וּפִי יַגִּיד תְּהִלָּתֶךָ.

בָּרוּךְ אַתָּה יהוה אֱלֹהֵינוּ וֵאלֹהֵי אֲבוֹתֵינוּ, אֱלֹהֵי אַבְרָהָם אֱלֹהֵי יִצְחָק וֵאלֹהֵי יַעֲקֹב, אֱלֹהֵי שָׂרָה אֱלֹהֵי רִבְקָה אֱלֹהֵי רָחֵל וֵאלֹהֵי לֵאָה, הָאֵל הַגָּדוֹל הַגִּבּוֹר וְהַנּוֹרָא, אֵל עֶלְיוֹן, גּוֹמֵל חֲסָדִים טוֹבִים וְקוֹנֵה הַכֹּל, וְזוֹכֵר חַסְדֵי אָבוֹת וּמֵבִיא גּוֹאֵל לִבְנֵי בְנֵיהֶם לְמַעַן שְׁמוֹ בְּאַהֲבָה.

On שבת שובה:

זָכְרֵנוּ לְחַיִּים, מֶלֶךְ חָפֵץ בַּחַיִּים,
וְכָתְבֵנוּ בְּסֵפֶר הַחַיִּים, לְמַעַנְךָ אֱלֹהִים חַיִּים.

מֶלֶךְ עוֹזֵר וּפוֹקֵד וּמוֹשִׁיעַ וּמָגֵן.
בָּרוּךְ אַתָּה יהוה מָגֵן אַבְרָהָם וּפֹקֵד שָׂרָה.

אַתָּה גִּבּוֹר לְעוֹלָם אֲדֹנָי, מְחַיֵּה מֵתִים אַתָּה, רַב לְהוֹשִׁיעַ.

**From שמיני עצרת until פסח:*

מַשִּׁיב הָרוּחַ וּמוֹרִיד הַגָּשֶׁם.

מְכַלְכֵּל חַיִּים בְּחֶסֶד, מְחַיֵּה מֵתִים בְּרַחֲמִים רַבִּים, סוֹמֵךְ נוֹפְלִים וְרוֹפֵא חוֹלִים וּמַתִּיר אֲסוּרִים, וּמְקַיֵּם אֱמוּנָתוֹ לִישֵׁנֵי עָפָר. מִי כָמוֹךָ בַּעַל גְּבוּרוֹת וּמִי דּוֹמֶה לָּךְ, מֶלֶךְ מֵמִית וּמְחַיֶּה וּמַצְמִיחַ יְשׁוּעָה.

On שבת שובה:

מִי כָמוֹךָ אַב הָרַחֲמִים, זוֹכֵר יְצוּרָיו לְחַיִּים בְּרַחֲמִים.

וְנֶאֱמָן אַתָּה לְהַחֲיוֹת מֵתִים.
בָּרוּךְ אַתָּה יהוה מְחַיֵּה הַמֵּתִים.

When the עמידה is recited aloud, continue on page 157.

אַתָּה קָדוֹשׁ וְשִׁמְךָ קָדוֹשׁ, וּקְדוֹשִׁים בְּכָל־יוֹם יְהַלְלוּךָ סֶּלָה.
**בָּרוּךְ אַתָּה יהוה הָאֵל הַקָּדוֹשׁ.

***On שבת שובה:*

בָּרוּךְ אַתָּה יהוה הַמֶּלֶךְ הַקָּדוֹשׁ.

Silent recitation continues on page 158.

**From פסח to שמיני עצרת, some add:* מוֹרִיד הַטָּל.

MUSAF AMIDAH FOR SHABBAT
(with Matriarchs)

> When I call upon Adonai, proclaim glory to our God!
> Adonai, open my lips, so I may speak Your praise.

Praised are You Adonai, our God and God of our ancestors, God of Abraham, Isaac, and Jacob, Sarah, Rebecca, Rachel, and Leah, great, mighty, awesome, exalted God who bestows lovingkindness, Creator of all. You remember the pious deeds of our ancestors and will send a redeemer to their children's children because of Your loving nature.

> *On Shabbat Shuvah:*
> Remember us that we may live, O Sovereign who delights in life.
> Inscribe us in the Book of Life, for Your sake, living God.

You are the Sovereign who helps and guards, saves and shields. Praised are You Adonai, Shield of Abraham and Guardian of Sarah.

Your might, Adonai, is boundless. You give life to the dead; great is Your saving power.

> **From Sh'mini Atzeret until Pesaḥ:*
> You cause the wind to blow and the rain to fall.

Your love sustains the living, Your great mercies give life to the dead. You support the falling, heal the ailing, free the fettered. You keep Your faith with those who sleep in dust. Whose power can compare with Yours? You are Master of life and death and deliverance.

> *On Shabbat Shuvah:*
> Whose mercy can compare with Yours, Source of compassion?
> In mercy You remember Your creatures with life.

Faithful are You in giving life to the dead.
Praised are You Adonai, Master of life and death.

> *When the Amidah is recited aloud, continue on page 157.*

Holy are You and holy is Your name. Holy are those who praise You each day. **Praised are You Adonai, holy God.

> ***On Shabbat Shuvah:*
> Praised are You Adonai, holy Sovereign.

> *Silent recitation continues on page 158.*

---

*From Pesaḥ to Sh'mini Atzeret, some add: You cause the dew to fall.

קדושה

When the עמידה *is chanted by the Ḥazzan,* קדושה *is added.*

נַעֲרִיצְךָ וְנַקְדִּישְׁךָ כְּסוֹד שִׂיחַ שַׂרְפֵי קֹדֶשׁ הַמַּקְדִּישִׁים שִׁמְךָ בַּקֹּדֶשׁ, כַּכָּתוּב עַל יַד נְבִיאֶךָ, וְקָרָא זֶה אֶל זֶה וְאָמַר:

קָדוֹשׁ קָדוֹשׁ קָדוֹשׁ יהוה צְבָאוֹת, מְלֹא כָל־הָאָרֶץ כְּבוֹדוֹ.

כְּבוֹדוֹ מָלֵא עוֹלָם, מְשָׁרְתָיו שׁוֹאֲלִים זֶה לָזֶה: אַיֵּה מְקוֹם כְּבוֹדוֹ. לְעֻמָּתָם בָּרוּךְ יֹאמֵרוּ:

בָּרוּךְ כְּבוֹד יהוה מִמְּקוֹמוֹ.

מִמְּקוֹמוֹ הוּא יִפֶן בְּרַחֲמִים, וְיָחוֹן עַם הַמְיַחֲדִים שְׁמוֹ עֶרֶב וָבֹקֶר בְּכָל־יוֹם תָּמִיד, פַּעֲמַיִם בְּאַהֲבָה שְׁמַע אוֹמְרִים:

שְׁמַע יִשְׂרָאֵל יהוה אֱלֹהֵינוּ יהוה אֶחָד.

הוּא אֱלֹהֵינוּ, הוּא אָבִינוּ, הוּא מַלְכֵּנוּ, הוּא מוֹשִׁיעֵנוּ, וְהוּא יַשְׁמִיעֵנוּ בְּרַחֲמָיו שֵׁנִית לְעֵינֵי כָּל־חַי, לִהְיוֹת לָכֶם לֵאלֹהִים.

אֲנִי יהוה אֱלֹהֵיכֶם.

וּבְדִבְרֵי קָדְשְׁךָ כָּתוּב לֵאמֹר:

יִמְלֹךְ יהוה לְעוֹלָם, אֱלֹהַיִךְ צִיּוֹן לְדֹר וָדֹר, הַלְלוּיָהּ.

לְדוֹר וָדוֹר נַגִּיד גָּדְלֶךָ, וּלְנֵצַח נְצָחִים קְדֻשָּׁתְךָ נַקְדִּישׁ. וְשִׁבְחֲךָ אֱלֹהֵינוּ מִפִּינוּ לֹא יָמוּשׁ לְעוֹלָם וָעֶד, כִּי אֵל מֶלֶךְ גָּדוֹל וְקָדוֹשׁ אָתָּה. *בָּרוּךְ אַתָּה יהוה הָאֵל הַקָּדוֹשׁ.

*On שבת שובה:

בָּרוּךְ אַתָּה יהוה הַמֶּלֶךְ הַקָּדוֹשׁ.

---

*Ezekiel's vision describes the angels as having one straight, unbent leg. As we recite the Kedushah — our echo of the angels' praise of God found in Isaiah, Ezekiel, and Psalm 146 — we too stand erect in God's presence. It is customary to rise on one's toes during the repetitions of "**Kadosh** (Holy)," literally lifting our praise "toward singing seraphim."*

✽ KEDUSHAH

When the Reader chants the Amidah, Kedushah is added.

We revere and hallow You on earth as Your name is hallowed in heaven, where it is sung by celestial choirs, as in Your prophet's vision. The angels called one to another:

Kadosh kadosh kadosh Adonai Tz'va-ot, m'lo khol ha-aretz k'vodo.
Holy, holy, holy *Adonai Tz'va-ot*;
the grandeur of the world is God's glory.

God's glory fills the universe. When one angelic chorus asks, "Where is God's glory?" another responds with praise:

Barukh k'vod Adonai mi-m'komo.
Praised is Adonai's glory throughout the universe.

May God turn in compassion, granting mercy to His people who twice each day, evening and morning, proclaim God's oneness with love:

Sh'ma Yisra-el Adonai Eloheinu Adonai eḥad.
Hear, O Israel: Adonai is our God, Adonai alone.

This is our God, our Creator, our Sovereign, and our Redeemer. And in His mercy God will again declare, before all the world:

Ani Adonai Eloheikhem.   I, Adonai, am your God.

And thus sang the psalmist:

Yimlokh Adonai l'olam, Elohayikh Tziyon l'dor va-dor, Halleluyah.
Adonai shall reign through all generations;
Zion, Your God shall reign forever. Halleluyah!

We declare Your greatness through all generations, hallow Your holiness to all eternity. Your praise will never leave our lips, for You are God and Sovereign, great and holy.
*Praised are You Adonai, holy God.

On Shabbat Shuvah:
Praised are You Adonai, holy Sovereign.

The Kedushah is among the holiest prayers of the Jewish service, requiring a minyan to achieve the proper solemnity. We are to imagine ourselves in God's closest circle, joining with the ministering angels in chanting the most precious of praises.

For an alternative that omits mention of the sacrifices, continue at the bottom of the page.

תִּכַּנְתָּ **שַׁ**בָּת **רָ**צִיתָ **קָ**רְבְּנוֹתֶיהָ, **צִ**וִּיתָ **פֵּ**רוּשֶׁיהָ **עִ**ם **סִ**דּוּרֵי **נְ**סָכֶיהָ. **מְ**עַנְּגֶיהָ **לְ**עוֹלָם **כָּ**בוֹד **יִ**נְחָלוּ, **טוֹ**עֲמֶיהָ **חַ**יִּים **זָ**כוּ, **וְ**גַם **הָ**אוֹהֲבִים **דְּ**בָרֶיהָ **גְּ**דֻלָּה **בָּ**חָרוּ. **אָ**ז מִסִּינַי נִצְטַוּוּ עָלֶיהָ וַתְּצַוֵּם יהוה אֱלֹהֵינוּ לְהַקְרִיב בָּהּ קָרְבַּן מוּסַף שַׁבָּת כָּרָאוּי.

יְהִי רָצוֹן מִלְּפָנֶיךָ יהוה אֱלֹהֵינוּ וֵאלֹהֵי אֲבוֹתֵינוּ, הַמֵּשִׁיב בָּנִים לִגְבוּלָם, שֶׁתַּעֲלֵנוּ בְשִׂמְחָה לְאַרְצֵנוּ וְתִטָּעֵנוּ בִּגְבוּלֵנוּ, שֶׁשָּׁם עָשׂוּ אֲבוֹתֵינוּ לְפָנֶיךָ אֶת־קָרְבְּנוֹתֵיהֶם, תְּמִידִים כְּסִדְרָם וּמוּסָפִים כְּהִלְכָתָם, וְאֶת־מוּסַף יוֹם הַשַּׁבָּת הַזֶּה עָשׂוּ וְהִקְרִיבוּ לְפָנֶיךָ בְּאַהֲבָה כְּמִצְוַת רְצוֹנֶךָ כַּכָּתוּב בְּתוֹרָתֶךָ, עַל יְדֵי מֹשֶׁה עַבְדֶּךָ מִפִּי כְבוֹדֶךָ כָּאָמוּר:

במדבר כ״ח:ט׳-י׳

וּבְיוֹם הַשַּׁבָּת, שְׁנֵי כְבָשִׂים בְּנֵי שָׁנָה תְּמִימִם, וּשְׁנֵי עֶשְׂרֹנִים סֹלֶת מִנְחָה בְּלוּלָה בַשֶּׁמֶן וְנִסְכּוֹ. עֹלַת שַׁבַּת בְּשַׁבַּתּוֹ עַל עֹלַת הַתָּמִיד וְנִסְכָּהּ.

Alternative selection

תִּכַּנְתָּ **שַׁ**בָּת **רָ**צִיתָ **קְ**דוּשָּׁתָהּ, **צִ**וִּיתָ **פֵּ**רוּשֶׁיהָ **עִ**ם **סִ**דּוּרֵי **נוּ**סְחָתָהּ. **מְ**עַנְּגֶיהָ **לְ**עוֹלָם **כָּ**בוֹד **יִ**נְחָלוּ, **טוֹ**עֲמֶיהָ **חַ**יִּים **זָ**כוּ, **וְ**גַם **הָ**אוֹהֲבִים **דְּ**בָרֶיהָ **גְּ**דֻלָּה **בָּ**חָרוּ. **אָ**ז מִסִּינַי נִצְטַוּוּ עָלֶיהָ וַתְּצַוֵּנוּ לְעָבְדְּךָ בִּירוּשָׁלַיִם עִירֶךָ בְּיוֹם שַׁבַּת קֹדֶשׁ עַל הַר קָדְשֶׁךָ.

יְהִי רָצוֹן מִלְּפָנֶיךָ יהוה אֱלֹהֵינוּ וֵאלֹהֵי אֲבוֹתֵינוּ, הַמֵּשִׁיב בָּנִים לִגְבוּלָם, שֶׁתַּעֲלֵנוּ בְשִׂמְחָה לְאַרְצֵנוּ וְתִטָּעֵנוּ בִּגְבוּלֵנוּ, וְלֹא יִשָּׁמַע עוֹד חָמָס בְּאַרְצֵנוּ, שֹׁד וָשֶׁבֶר בִּגְבוּלֵנוּ. וְשָׁם נַעֲבָדְךָ בְּאַהֲבָה וּבְיִרְאָה כִּימֵי עוֹלָם וּכְשָׁנִים קַדְמוֹנִיּוֹת.

For an alternative that omits mention of sacrifices,
continue at the bottom of the page.

You have established Shabbat, Adonai our God, prescribing by Your will its special offerings and sacrifices. Those who delight in Shabbat will inherit enduring glory. Those who savor Shabbat will share the bliss of eternal life; those who love its teachings have chosen greatness. At Sinai our ancestors received the mitzvah of Shabbat, and You, Adonai, commanded that they offer an additional sacrifice on Shabbat.

May it be Your will, Adonai our God and God of our ancestors who returns Your children to their land, to lead us in joy to our land and to settle us within our borders. There our ancestors offered to You their daily and special sacrifices. And the special sacrifice for Shabbat they offered lovingly, according to Your will, as written in Your Torah through Moses, Your servant:

NUMBERS 28:9-10

Offerings for the day of Shabbat: two yearling lambs without blemish, together with two-tenths of an ephah of choice flour mingled with oil as a grain offering, with the proper libation; a burnt offering for every Shabbat, in addition to the daily burnt offering and its libation.

Alternative selection———————————————————

You have established Shabbat, Adonai our God, declaring its special holiness, ordaining details of its sacred observance. Those who delight in Shabbat will inherit enduring glory. Those who savor Shabbat will share the bliss of eternal life; those who love its teachings have chosen greatness. At Sinai our ancestors received the mitzvah of Shabbat. And You commanded us to worship You on Shabbat in Jerusalem Your city, on Your holy mountain.

May it be Your will, Adonai our God and God of our ancestors, who returns Your children to their land, to lead us in joy to our land and to settle us within our borders. No more shall violence be heard in our land; no more shall destruction be found within its borders. May we be privileged to worship You there, in splendor and in awe, as in ancient days.

Other interpretive English meditations may be found
on pages 162-164.

יִשְׂמְחוּ בְמַלְכוּתְךָ שׁוֹמְרֵי שַׁבָּת וְקוֹרְאֵי עֹנֶג. עַם מְקַדְּשֵׁי שְׁבִיעִי, כֻּלָּם יִשְׂבְּעוּ וְיִתְעַנְּגוּ מִטּוּבֶךָ. וְהַשְּׁבִיעִי רָצִיתָ בּוֹ וְקִדַּשְׁתּוֹ, חֶמְדַּת יָמִים אוֹתוֹ קָרָאתָ, זֵכֶר לְמַעֲשֵׂה בְרֵאשִׁית.

אֱלֹהֵינוּ וֵאלֹהֵי אֲבוֹתֵינוּ, רְצֵה בִמְנוּחָתֵנוּ. קַדְּשֵׁנוּ בְּמִצְוֹתֶיךָ וְתֵן חֶלְקֵנוּ בְּתוֹרָתֶךָ, שַׂבְּעֵנוּ מִטּוּבֶךָ וְשַׂמְּחֵנוּ בִּישׁוּעָתֶךָ, וְטַהֵר לִבֵּנוּ לְעָבְדְּךָ בֶּאֱמֶת. וְהַנְחִילֵנוּ יהוה אֱלֹהֵינוּ בְּאַהֲבָה וּבְרָצוֹן שַׁבַּת קָדְשֶׁךָ, וְיָנוּחוּ בָהּ יִשְׂרָאֵל מְקַדְּשֵׁי שְׁמֶךָ. בָּרוּךְ אַתָּה יהוה מְקַדֵּשׁ הַשַּׁבָּת.

רְצֵה יהוה אֱלֹהֵינוּ בְּעַמְּךָ יִשְׂרָאֵל וּבִתְפִלָּתָם, וְהָשֵׁב אֶת־הָעֲבוֹדָה לִדְבִיר בֵּיתֶךָ, וּתְפִלָּתָם בְּאַהֲבָה תְקַבֵּל בְּרָצוֹן, וּתְהִי לְרָצוֹן תָּמִיד עֲבוֹדַת יִשְׂרָאֵל עַמֶּךָ.

וְתֶחֱזֶינָה עֵינֵינוּ בְּשׁוּבְךָ לְצִיּוֹן בְּרַחֲמִים.
בָּרוּךְ אַתָּה יהוה הַמַּחֲזִיר שְׁכִינָתוֹ לְצִיּוֹן.

מוֹדִים אֲנַחְנוּ לָךְ שָׁאַתָּה הוּא יהוה אֱלֹהֵינוּ וֵאלֹהֵי אֲבוֹתֵינוּ לְעוֹלָם וָעֶד, צוּר חַיֵּינוּ מָגֵן יִשְׁעֵנוּ אַתָּה הוּא לְדוֹר וָדוֹר. נוֹדֶה לְּךָ וּנְסַפֵּר תְּהִלָּתֶךָ, עַל חַיֵּינוּ הַמְּסוּרִים בְּיָדֶךָ וְעַל נִשְׁמוֹתֵינוּ הַפְּקוּדוֹת לָךְ, וְעַל נִסֶּיךָ שֶׁבְּכָל־יוֹם עִמָּנוּ וְעַל נִפְלְאוֹתֶיךָ וְטוֹבוֹתֶיךָ שֶׁבְּכָל־עֵת, עֶרֶב וָבֹקֶר וְצָהֳרָיִם. הַטּוֹב כִּי לֹא כָלוּ רַחֲמֶיךָ, וְהַמְרַחֵם כִּי לֹא תַמּוּ חֲסָדֶיךָ, מֵעוֹלָם קִוִּינוּ לָךְ.

When the Ḥazzan recites מודים*, the congregation continues silently:*

מוֹדִים אֲנַחְנוּ לָךְ שָׁאַתָּה הוּא יהוה אֱלֹהֵינוּ וֵאלֹהֵי אֲבוֹתֵינוּ אֱלֹהֵי כָל־בָּשָׂר, יוֹצְרֵנוּ, יוֹצֵר בְּרֵאשִׁית. בְּרָכוֹת וְהוֹדָאוֹת לְשִׁמְךָ הַגָּדוֹל וְהַקָּדוֹשׁ, עַל שֶׁהֶחֱיִיתָנוּ וְקִיַּמְתָּנוּ. כֵּן תְּחַיֵּנוּ וּתְקַיְּמֵנוּ, וְתֶאֱסוֹף גָּלֻיּוֹתֵינוּ לְחַצְרוֹת קָדְשֶׁךָ, לִשְׁמוֹר חֻקֶּיךָ וְלַעֲשׂוֹת רְצוֹנֶךָ, וּלְעָבְדְּךָ בְּלֵבָב שָׁלֵם, עַל שֶׁאֲנַחְנוּ מוֹדִים לָךְ. בָּרוּךְ אֵל הַהוֹדָאוֹת.

Those who celebrate Shabbat rejoice in Your sovereignty and hallow the seventh day, calling it a delight. All of them truly enjoy Your goodness. For it pleased You to sanctify the seventh day, calling it the most desirable day, a reminder of Creation.

Our God and God of our ancestors, find favor in our Shabbat rest. Instill in us the holiness of Your mitzvot and let Your Torah be our portion. Fill our lives with Your goodness, and gladden us with Your triumph. Cleanse our hearts so that we might serve You faithfully. Lovingly and willingly, Adonai our God, grant that we inherit Your holy Shabbat, so that the people Israel, who hallow Your name, will always find rest on this day. Praised are You Adonai, who hallows Shabbat.

Accept the prayer of Your people Israel as lovingly as it is offered. Restore worship to Your sanctuary, and may the worship of Your people Israel always be acceptable to You.

May we witness Your merciful return to Zion. Praised are You Adonai, who restores the Divine Presence to Zion.

MODIM

We proclaim that You are Adonai our God and God of our ancestors throughout all time. You are the Rock of our lives, the Shield of our salvation in every generation. We thank You and praise You for our lives that are in Your hand, for our souls that are in Your charge, for Your miracles that daily attend us, and for Your wonders and gifts that accompany us, evening, morning, and noon. You are good, Your mercy everlasting; You are compassionate, Your kindness never-ending. We have always placed our hope in You.

When the Reader recites Modim, the congregation continues silently:

We proclaim that You are Adonai our God and God of our ancestors, God of all life, our Creator, the Creator of all. We praise You and thank You for granting us life and for sustaining us. May You continue to grant us life and sustenance. Gather our dispersed to Your holy place, to fulfill Your mitzvot and to serve You whole-heartedly, doing Your will. For this we shall thank You. Praised be God to whom thanksgiving is due.

On חנוכה:

עַל הַנִּסִּים וְעַל הַפֻּרְקָן, וְעַל הַגְּבוּרוֹת, וְעַל הַתְּשׁוּעוֹת, וְעַל הַמִּלְחָמוֹת שֶׁעָשִׂיתָ לַאֲבוֹתֵינוּ בַּיָּמִים הָהֵם וּבַזְּמַן הַזֶּה.

בִּימֵי מַתִּתְיָהוּ בֶּן־יוֹחָנָן כֹּהֵן גָּדוֹל חַשְׁמוֹנַאי וּבָנָיו, כְּשֶׁעָמְדָה מַלְכוּת יָוָן הָרְשָׁעָה עַל עַמְּךָ יִשְׂרָאֵל לְהַשְׁכִּיחָם תּוֹרָתֶךָ וּלְהַעֲבִירָם מֵחֻקֵּי רְצוֹנֶךָ, וְאַתָּה בְּרַחֲמֶיךָ הָרַבִּים עָמַדְתָּ לָהֶם בְּעֵת צָרָתָם, רַבְתָּ אֶת־רִיבָם, דַּנְתָּ אֶת־דִּינָם, נָקַמְתָּ אֶת־נִקְמָתָם, מָסַרְתָּ גִּבּוֹרִים בְּיַד חַלָּשִׁים, וְרַבִּים בְּיַד מְעַטִּים, וּטְמֵאִים בְּיַד טְהוֹרִים, וּרְשָׁעִים בְּיַד צַדִּיקִים, וְזֵדִים בְּיַד עוֹסְקֵי תוֹרָתֶךָ. וּלְךָ עָשִׂיתָ שֵׁם גָּדוֹל וְקָדוֹשׁ בְּעוֹלָמֶךָ, וּלְעַמְּךָ יִשְׂרָאֵל עָשִׂיתָ תְּשׁוּעָה גְדוֹלָה וּפֻרְקָן כְּהַיּוֹם הַזֶּה. וְאַחַר כֵּן בָּאוּ בָנֶיךָ לִדְבִיר בֵּיתֶךָ וּפִנּוּ אֶת־הֵיכָלֶךָ, וְטִהֲרוּ אֶת־מִקְדָּשֶׁךָ, וְהִדְלִיקוּ נֵרוֹת בְּחַצְרוֹת קָדְשֶׁךָ, וְקָבְעוּ שְׁמוֹנַת יְמֵי חֲנֻכָּה אֵלּוּ לְהוֹדוֹת וּלְהַלֵּל לְשִׁמְךָ הַגָּדוֹל.

וְעַל כֻּלָּם יִתְבָּרַךְ וְיִתְרוֹמַם שִׁמְךָ מַלְכֵּנוּ תָּמִיד לְעוֹלָם וָעֶד.

On שבת שובה:

וּכְתוֹב לְחַיִּים טוֹבִים כָּל־בְּנֵי בְרִיתֶךָ.

וְכֹל הַחַיִּים יוֹדוּךָ סֶּלָה, וִיהַלְלוּ אֶת־שִׁמְךָ בֶּאֱמֶת, הָאֵל יְשׁוּעָתֵנוּ וְעֶזְרָתֵנוּ סֶלָה. בָּרוּךְ אַתָּה יהוה הַטּוֹב שִׁמְךָ וּלְךָ נָאֶה לְהוֹדוֹת.

Ḥazzan adds:

אֱלֹהֵינוּ וֵאלֹהֵי אֲבוֹתֵינוּ, בָּרְכֵנוּ בַּבְּרָכָה הַמְשֻׁלֶּשֶׁת בַּתּוֹרָה הַכְּתוּבָה עַל יְדֵי מֹשֶׁה עַבְדֶּךָ, הָאֲמוּרָה מִפִּי אַהֲרֹן וּבָנָיו, כֹּהֲנִים, עַם קְדוֹשֶׁךָ, כָּאָמוּר:

Congregation:

יְבָרֶכְךָ יהוה וְיִשְׁמְרֶךָ. — כֵּן יְהִי רָצוֹן.

יָאֵר יהוה פָּנָיו אֵלֶיךָ וִיחֻנֶּךָּ. — כֵּן יְהִי רָצוֹן.

יִשָּׂא יהוה פָּנָיו אֵלֶיךָ וְיָשֵׂם לְךָ שָׁלוֹם. — כֵּן יְהִי רָצוֹן.

On Ḥanukkah:

We thank You for the miraculous deliverance, for the heroism, and for the triumphs of our ancestors from ancient days until our time.

In the days of Mattathias son of Yoḥanan, the heroic Hasmonean *Kohen*, and in the days of his sons, a cruel power rose against Your people Israel, demanding that they abandon Your Torah and violate Your mitzvot. You, in great mercy, stood by Your people in time of trouble. You defended them, vindicated them, and avenged their wrongs. You delivered the strong into the hands of the weak, the many into the hands of the few, the corrupt into the hands of the pure in heart, the guilty into the hands of the innocent. You delivered the arrogant into the hands of those who were faithful to Your Torah. You have revealed Your glory and Your holiness to all the world, achieving great victories and miraculous deliverance for Your people Israel to this day. Then Your children came into Your shrine, cleansed Your Temple, purified Your sanctuary, and kindled lights in Your sacred courts. They set aside these eight days as a season for giving thanks and chanting praises to You.

For all these blessings we shall ever praise and exalt You.

On Shabbat Shuvah:

Inscribe all the people of Your covenant for a good life.

May every living creature thank You and praise You faithfully, God of our deliverance and our help. Praised are You Adonai, the essence of goodness, worthy of acclaim.

Reader adds:

Bless us, our God and God of our ancestors, with the threefold blessing written in the Torah by Moses, Your servant, pronounced by Aaron and by his descendants, *Kohanim*, Your holy people.

	Congregation:
May Adonai bless you and guard you.	Ken y'hi ratzon.
May Adonai show you favor and be gracious to you.	Ken y'hi ratzon.
May Adonai show you kindness and grant you peace.	Ken y'hi ratzon.
	May this be God's will.

שִׂים שָׁלוֹם בָּעוֹלָם, טוֹבָה וּבְרָכָה, חֵן וָחֶסֶד וְרַחֲמִים עָלֵינוּ וְעַל כָּל־יִשְׂרָאֵל עַמֶּךָ. בָּרְכֵנוּ אָבִינוּ כֻּלָּנוּ כְּאֶחָד בְּאוֹר פָּנֶיךָ, כִּי בְאוֹר פָּנֶיךָ נָתַתָּ לָּנוּ, יהוה אֱלֹהֵינוּ, תּוֹרַת חַיִּים וְאַהֲבַת חֶסֶד, וּצְדָקָה וּבְרָכָה וְרַחֲמִים וְחַיִּים וְשָׁלוֹם. וְטוֹב בְּעֵינֶיךָ לְבָרֵךְ אֶת־עַמְּךָ יִשְׂרָאֵל בְּכָל־עֵת וּבְכָל־שָׁעָה בִּשְׁלוֹמֶךָ. *בָּרוּךְ אַתָּה יהוה הַמְבָרֵךְ אֶת־עַמּוֹ יִשְׂרָאֵל בַּשָּׁלוֹם.

**On שבת שובה, substitute the following:*

בְּסֵפֶר חַיִּים בְּרָכָה וְשָׁלוֹם, וּפַרְנָסָה טוֹבָה, נִזָּכֵר וְנִכָּתֵב לְפָנֶיךָ, אֲנַחְנוּ וְכָל־עַמְּךָ בֵּית יִשְׂרָאֵל, לְחַיִּים טוֹבִים וּלְשָׁלוֹם. בָּרוּךְ אַתָּה יהוה עֹשֵׂה הַשָּׁלוֹם.

The Ḥazzan's chanting of the עמידה ends here. The silent recitation of the עמידה concludes with a personal prayer.

אֱלֹהַי, נְצוֹר לְשׁוֹנִי מֵרָע וּשְׂפָתַי מִדַּבֵּר מִרְמָה, וְלִמְקַלְלַי נַפְשִׁי תִדּוֹם, וְנַפְשִׁי כֶּעָפָר לַכֹּל תִּהְיֶה. פְּתַח לִבִּי בְּתוֹרָתֶךָ וּבְמִצְוֹתֶיךָ תִּרְדּוֹף נַפְשִׁי. וְכָל־הַחוֹשְׁבִים עָלַי רָעָה, מְהֵרָה הָפֵר עֲצָתָם וְקַלְקֵל מַחֲשַׁבְתָּם. עֲשֵׂה לְמַעַן שְׁמֶךָ, עֲשֵׂה לְמַעַן יְמִינֶךָ, עֲשֵׂה לְמַעַן קְדֻשָּׁתֶךָ, עֲשֵׂה לְמַעַן תּוֹרָתֶךָ, לְמַעַן יֵחָלְצוּן יְדִידֶיךָ, הוֹשִׁיעָה יְמִינְךָ וַעֲנֵנִי. יִהְיוּ לְרָצוֹן אִמְרֵי־פִי וְהֶגְיוֹן לִבִּי לְפָנֶיךָ, יהוה צוּרִי וְגוֹאֲלִי. עֹשֶׂה שָׁלוֹם בִּמְרוֹמָיו, הוּא יַעֲשֶׂה שָׁלוֹם עָלֵינוּ וְעַל כָּל־יִשְׂרָאֵל, וְאִמְרוּ אָמֵן.

יְהִי רָצוֹן מִלְּפָנֶיךָ יהוה אֱלֹהֵינוּ וֵאלֹהֵי אֲבוֹתֵינוּ, שֶׁיִּבָּנֶה בֵּית הַמִּקְדָּשׁ בִּמְהֵרָה בְיָמֵינוּ וְתֵן חֶלְקֵנוּ בְּתוֹרָתֶךָ. וְשָׁם נַעֲבָדְךָ בְּיִרְאָה כִּימֵי עוֹלָם וּכְשָׁנִים קַדְמֹנִיּוֹת.

An alternative concluding prayer

יְהִי רָצוֹן מִלְּפָנֶיךָ, יהוה אֱלֹהַי, שֶׁתִּפְתַּח לִי שַׁעֲרֵי תוֹרָה, שַׁעֲרֵי אַהֲבָה וְאַחֲוָה, שַׁעֲרֵי שָׁלוֹם וְרֵעוּת. שׂוֹשׂ אָשִׂישׂ בַּיהוה, תָּגֵל נַפְשִׁי בֵּאלֹהַי. וְגַלְתִּי בִירוּשָׁלַיִם וְשַׂשְׂתִּי בְעַמִּי. עֹשֶׂה שָׁלוֹם בִּמְרוֹמָיו, הוּא יַעֲשֶׂה שָׁלוֹם עָלֵינוּ וְעַל כָּל־יִשְׂרָאֵל, וְאִמְרוּ אָמֵן.

Continue with קדיש שלם, page 181.

Grant universal peace, with happiness and blessing, grace, love, and mercy for us and for all the people Israel. Bless us, our Creator, one and all, with Your light; for You have given us, by that light, the guide to a life of caring, filled with generosity and contentment, kindness and well-being — and peace. May it please You to bless Your people Israel in every season and at all times with Your gift of peace. *Praised are You Adonai, who blesses His people Israel with peace.

> *On Shabbat Shuvah:*
>
> May we and the entire House of Israel be remembered and recorded in the Book of life, blessing, sustenance, and peace. Praised are You Adonai, Source of peace.

> *The silent recitation of the Amidah concludes with a personal prayer.*

My God, keep my tongue from evil, my lips from lies. Help me ignore those who would slander me. Let me be humble before all. Open my heart to Your Torah, that I may pursue Your mitzvot. Frustrate the designs of those who plot evil against me; make nothing of their schemes. Act for the sake of Your compassion, Your power, Your holiness, and Your Torah. Answer my prayer for the deliverance of Your people. May the words of my mouth and the meditations of my heart be acceptable to You, my Rock and my Redeemer. May the One who brings peace to His universe bring peace to us and to all the people Israel. Amen.

> May it be Your will, Adonai our God and God of our ancestors, that the Temple be restored in our day, and grant us a portion among those devoted to Your Torah. May we worship You there, in splendor and in awe, as in ancient days.

> *An alternative concluding prayer*
>
> May it be Your will, Adonai my God, to open for me the gates of learning, love and harmony, peace and companionship. I will surely rejoice in Adonai, my whole being will exult in my God. May I know the joy of celebrating in Jerusalem, rejoicing with my people. May the One who ordains peace for His universe bring peace to us and to all the people Israel. Amen.

Continue with Kaddish Shalem, page 181.

🍃 A MEDITATION ON THE MUSAF AMIDAH
FOR SHABBAT

Help me, O God, to pray.

Our ancestors worshiped You. Abraham and Sarah, Rebecca
and Isaac, Jacob, Rachel and Leah stood in awe before You.
We, too, reach for You, infinite, awesome, transcendent God,
source of all being whose truth shines through our ancestors'
lives. We, their distant descendants, draw strength from their
lives and from Your redeeming love. Be our help and our
shield, as You were theirs. We praise You, God, Guardian of
Abraham.

Your power sustains the universe. You breathe life into dead
matter. With compassion You care for all who live. Your
limitless love lets life triumph over death, heals the sick,
upholds the exhausted, frees the enslaved, keeps faith even
with the dead. Who is like You, God of splendor and power
incomparable? You govern both life and death, Your presence
brings our souls to blossom. We praise You, God who wrests
life from death.

Sacred are You, sacred Your mystery. Seekers of holiness
worship You all their lives. We praise You, God, ultimate
sacred mystery.

I

You ordained Shabbat; You willed its holy intimacy. You inspired
its symbols, rites, and profundities. Jews who rejoice in Shabbat
reap everlasting glory. Jews who cherish Shabbat gain fullness of
life; Jews who treasure her subtlest details choose a legacy of
grandeur. Ever since Sinai we bear this honor and obey God's
command to celebrate Shabbat. May it please You, O our God, God
of our ancestors, to help us take root in our legacy, to lead us
joyfully to our homeland, where we may fulfill our duty to
worship You, recalling the ancient pageant of sacrifice.

Those who observe Shabbat, calling it a pleasure, rejoice in Your
sovereignty. Contentment and delight with Your blessings fill all
who keep Shabbat holy — Shabbat, the seventh day, Your will and
mystery and joy, sweetest of days, memento of Creation.

II

Shabbat celebrates the world's creation.
On Shabbat we attest that God is Creator;
Blessed are those who tell of God's goodness.

Shabbat expands our lives with holiness.
Be open to joy with both body and soul;
Blessed are those who make Shabbat a delight.

Shabbat is a foretaste of future redemption.
Rejoice in Shabbat, inherit God's holy mountain;
Blessed are those who will sing in God's Temple.
The homeless will all be restored to God's home.

Shabbat rest makes whole our fragmented lives.
It foreshadows a world totally at peace.
Blessed be God, the Master of peace;
May His harmony, seen in nature, enhance every life.

May we be renewed by the calm of Shabbat,
As we praise our Creator for the gift of Shabbat.

III

As we fulfill the mitzvah of Shabbat with body and soul, may we
be refreshed by its sacred splendor. Freed from weekday routine
and burdensome labor, may we be true to our own nature,
reflecting God's compassion for all earthly creatures, blessed by
the beauty of sanctified time amid family and friends. May the
charm of Shabbat help us to resist the inclination to squander
time on vanities. Help us, Creator, to find true pleasure in Your
Torah; plant, in our sometimes unwilling hearts, the wisdom to
treasure its teachings. May Your gift of Shabbat continue to bind
us to You throughout all generations, teaching each of us that
holiness can be a living presence in our lives. May we serve You
purely, without thought of reward. May we be inspired by the
spirit of Shabbat, as we praise You, God who hallows Shabbat.

IV

To celebrate Shabbat is to share in holiness:
The presence of eternity, a moment of majesty,
The radiance of joy, enhancement of the soul.

To celebrate Shabbat is to realize freedom.
Shabbat reminds us that we are all royalty;
That all mortals are equal, children of God.

To celebrate Shabbat is to surpass limitations.
We can sanctify time and redeem history,
Affirm the world without becoming its slaves.

To celebrate Shabbat is to sing its melody.
We delight in the song of the spirit,
The joys of the good,
The grandeur of living in the face of eternity.

To celebrate Shabbat is to sense God's presence.
God sustains us even when our spirits falter.

May we deepen our spirituality and expand our compassion
As we praise our Creator for the holiness of Shabbat.

Continue here:

O our God, our ancestors' God, find pleasure in our Shabbat. Consecrate us with Your mitzvot, give us a share in Your truth. Sate us with Your goodness, delight us with Your help. Make our hearts worthy to serve You truly. May we possess Your holy Shabbat with love and eagerness. May the people Israel, bearer of Your holy name, be blessed with tranquility. We praise You, O God whose Shabbat is sacred.

Would that Your people at prayer gained delight in You. Would that we were aflame with the passionate piety of our ancestors' worship. Would that You found our worship acceptable, and forever cherished Your people. If only our eyes could see Your glory perennially renewed in Jerusalem. We praise You, God whose presence forever radiates from Zion.

You are our God today as You were our ancestors' God throughout the ages; firm foundation of our lives, we are Yours in gratitude and love. Our lives are safe in Your hand, our souls entrusted to Your care. Our sense of wonder and our praise of Your miracles and kindnesses greet You daily at dawn, dusk, and noon. O Gentle One, Your caring is endless; O Compassionate One, Your love is eternal. You are forever our hope. Let all the living confront You with thankfulness, delight, and truth. Help us, O God; sustain us. We praise You, God whose touchstone is goodness. To pray to You is joy.

O God, from whom all peace flows, grant serenity to Your Jewish people, with love and mercy, life and goodness for all. Shelter us with kindness, bless us with tranquility at all times and all seasons. We praise You, God whose blessing is peace.

May my tongue be innocent of malice and my lips free from lies. When confronted by enemies may my soul stay calm, truly humble to all. Open my heart with Your teachings, that I may be guided by You. May all who plan evil against me abandon their schemes. Hear my words and help me, God, because You are loving, because You reveal Your Torah. May You find delight in the words of my mouth and in the emotions of my heart, God, my strength and my salvation. As You maintain harmony in the heavens, give peace to us and to the whole Jewish people. Amen.

🎕 עמידה—מוסף ליום טוב ולשבת ראש חודש

On שמיני עצרת and the first day of פסח,
the Ḥazzan's recitation begins with טל or גשם,
page 217.

כִּי שֵׁם יהוה אֶקְרָא, הָבוּ גֹדֶל לֵאלֹהֵינוּ.
אֲדֹנָי, שְׂפָתַי תִּפְתָּח וּפִי יַגִּיד תְּהִלָּתֶךָ.

בָּרוּךְ אַתָּה יהוה אֱלֹהֵינוּ וֵאלֹהֵי אֲבוֹתֵינוּ, אֱלֹהֵי אַבְרָהָם
אֱלֹהֵי יִצְחָק וֵאלֹהֵי יַעֲקֹב, הָאֵל הַגָּדוֹל הַגִּבּוֹר וְהַנּוֹרָא,
אֵל עֶלְיוֹן, גּוֹמֵל חֲסָדִים טוֹבִים וְקוֹנֵה הַכֹּל, וְזוֹכֵר חַסְדֵי
אָבוֹת וּמֵבִיא גוֹאֵל לִבְנֵי בְנֵיהֶם לְמַעַן שְׁמוֹ בְּאַהֲבָה.
מֶלֶךְ עוֹזֵר וּמוֹשִׁיעַ וּמָגֵן. בָּרוּךְ אַתָּה יהוה מָגֵן אַבְרָהָם.

אַתָּה גִּבּוֹר לְעוֹלָם אֲדֹנָי, מְחַיֵּה מֵתִים אַתָּה, רַב לְהוֹשִׁיעַ.

*From שמיני עצרת until פסח:

מַשִּׁיב הָרוּחַ וּמוֹרִיד הַגָּשֶׁם.

מְכַלְכֵּל חַיִּים בְּחֶסֶד, מְחַיֵּה מֵתִים בְּרַחֲמִים רַבִּים, סוֹמֵךְ
נוֹפְלִים וְרוֹפֵא חוֹלִים וּמַתִּיר אֲסוּרִים, וּמְקַיֵּם אֱמוּנָתוֹ
לִישֵׁנֵי עָפָר. מִי כָמוֹךָ בַּעַל גְּבוּרוֹת וּמִי דּוֹמֶה לָּךְ, מֶלֶךְ
מֵמִית וּמְחַיֶּה וּמַצְמִיחַ יְשׁוּעָה. וְנֶאֱמָן אַתָּה לְהַחֲיוֹת
מֵתִים. בָּרוּךְ אַתָּה יהוה מְחַיֵּה הַמֵּתִים.

When the עמידה is chanted aloud, continue on page 167.

אַתָּה קָדוֹשׁ וְשִׁמְךָ קָדוֹשׁ, וּקְדוֹשִׁים בְּכָל־יוֹם יְהַלְלוּךָ סֶּלָה.
בָּרוּךְ אַתָּה יהוה הָאֵל הַקָּדוֹשׁ.

On שבת ראש חודש, the silent recitation of the עמידה
continues on page 168.

On יום טוב, the silent recitation of the עמידה
continues on page 170.

*From פסח to סוכות, some add: מוֹרִיד הַטָּל.

🌿 MUSAF AMIDAH FOR FESTIVALS
and SHABBAT ROSH ḤODESH

> *On Sh'mini Atzeret and the first day of Pesaḥ,*
> *the Reader's recitation begins with Geshem or Tal,*
> *page 217.*

When I call upon Adonai, proclaim glory to our God!
Adonai, open my lips, so I may speak Your praise.

Praised are You Adonai, our God and God of our ancestors,
God of Abraham, God of Isaac, and God of Jacob, great, mighty,
awesome, exalted God who bestows lovingkindness, Creator of
all. You remember the pious deeds of our ancestors and will
send a redeemer to their children's children because of Your
loving nature. You are the Sovereign who helps and saves and
shields. Praised are You Adonai, Shield of Abraham.

Your might, Adonai, is boundless. You give life to the dead;
great is Your saving power.

> **From Sh'mini Atzeret until Pesaḥ:*
> You cause the wind to blow and the rain to fall.

Your love sustains the living. Your great mercies give life to
the dead. You support the falling, heal the ailing, free the
fettered. You keep Your faith with those who sleep in dust.
Whose power can compare with Yours? You are Master of life
and death and deliverance. Faithful are You in giving life to
the dead. Praised are You Adonai, Master of life and death.

> *When the Amidah is chanted aloud, continue on page 167.*

Holy are You and holy is Your name. Holy are those who
praise You each day. Praised are You Adonai, holy God.

> *On Shabbat Rosh Ḥodesh, the silent recitation*
> *of the Amidah continues on page 168.*
>
> *On Festivals, the silent recitation of the Amidah*
> *continues on page 170.*

---

*From Pesaḥ to Sukkot, some add: You cause the dew to fall.

עמידה—מוסף ליום טוב ולשבת ראש חודש (כולל אמהות)

On שמיני עצרת and the first day of פסח, the Ḥazzan's recitation begins with גשם or טל, page 217.

כִּי שֵׁם יהוה אֶקְרָא, הָבוּ גֹדֶל לֵאלֹהֵינוּ.
אֲדֹנָי, שְׂפָתַי תִּפְתָּח וּפִי יַגִּיד תְּהִלָּתֶךָ.

בָּרוּךְ אַתָּה יהוה אֱלֹהֵינוּ וֵאלֹהֵי אֲבוֹתֵינוּ, אֱלֹהֵי אַבְרָהָם אֱלֹהֵי יִצְחָק וֵאלֹהֵי יַעֲקֹב, אֱלֹהֵי שָׂרָה אֱלֹהֵי רִבְקָה אֱלֹהֵי רָחֵל וֵאלֹהֵי לֵאָה, הָאֵל הַגָּדוֹל הַגִּבּוֹר וְהַנּוֹרָא, אֵל עֶלְיוֹן, גּוֹמֵל חֲסָדִים טוֹבִים וְקוֹנֵה הַכֹּל, וְזוֹכֵר חַסְדֵי אָבוֹת וּמֵבִיא גּוֹאֵל לִבְנֵי בְנֵיהֶם לְמַעַן שְׁמוֹ בְּאַהֲבָה. מֶלֶךְ עוֹזֵר וּפוֹקֵד וּמוֹשִׁיעַ וּמָגֵן. בָּרוּךְ אַתָּה יהוה מָגֵן אַבְרָהָם וּפֹקֵד שָׂרָה.

אַתָּה גִּבּוֹר לְעוֹלָם אֲדֹנָי, מְחַיֵּה מֵתִים אַתָּה, רַב לְהוֹשִׁיעַ.

**From שמיני עצרת until פסח:*

מַשִּׁיב הָרוּחַ וּמוֹרִיד הַגָּשֶׁם.

מְכַלְכֵּל חַיִּים בְּחֶסֶד, מְחַיֵּה מֵתִים בְּרַחֲמִים רַבִּים, סוֹמֵךְ נוֹפְלִים וְרוֹפֵא חוֹלִים וּמַתִּיר אֲסוּרִים, וּמְקַיֵּם אֱמוּנָתוֹ לִישֵׁנֵי עָפָר. מִי כָמוֹךָ בַּעַל גְּבוּרוֹת וּמִי דּוֹמֶה לָּךְ, מֶלֶךְ מֵמִית וּמְחַיֶּה וּמַצְמִיחַ יְשׁוּעָה. וְנֶאֱמָן אַתָּה לְהַחֲיוֹת מֵתִים. בָּרוּךְ אַתָּה יהוה מְחַיֵּה הַמֵּתִים.

When the עמידה is chanted aloud, continue on page 167.

אַתָּה קָדוֹשׁ וְשִׁמְךָ קָדוֹשׁ, וּקְדוֹשִׁים בְּכָל־יוֹם יְהַלְלוּךָ סֶּלָה. בָּרוּךְ אַתָּה יהוה הָאֵל הַקָּדוֹשׁ.

*On **שבת ראש חודש**, the silent recitation of the עמידה continues on page 168.*

*On **יום טוב**, the silent recitation of the עמידה continues on page 170.*

**From פסח to סוכות, some add:* מוֹרִיד הַטָּל.

MUSAF AMIDAH FOR FESTIVALS and SHABBAT ROSH ḤODESH
(with Matriarchs)

On Sh'mini Atzeret and the first day of Pesaḥ, the Reader's recitation begins with Geshem or Tal, page 217.

When I call upon Adonai, proclaim glory to our God!
Adoniai, open my lips, so I may speak Your praise.

Praised are You Adonai, our God and God of our ancestors, God of Abraham, Isaac, and Jacob, Sarah, Rebecca, Rachel, and Leah, great, mighty, awesome, exalted God who bestows lovingkindness, Creator of all. You remember the pious deeds of our ancestors and will send a redeemer to their children's children because of Your loving nature. You are the Sovereign who helps and guards, saves and shields. Praised are You Adonai, Shield of Abraham and Guardian of Sarah.

Your might, Adonai, is boundless. You give life to the dead; great is Your saving power.

**From Sh'mini Atzeret until Pesaḥ:*
You cause the wind to blow and the rain to fall.

Your love sustains the living. Your great mercies give life to the dead. You support the falling, heal the ailing, free the fettered. You keep Your faith with those who sleep in dust. Whose power can compare with Yours? You are Master of life and death and deliverance. Faithful are You in giving life to the dead. Praised are You Adonai, Master of life and death.

When the Amidah is chanted aloud, continue on page 167.

Holy are You and holy is Your name. Holy are those who praise You each day. Praised are You Adonai, holy God.

On Shabbat Rosh Ḥodesh, the silent recitation of the Amidah continues on page 168.

On Festivals, the silent recitation of the Amidah continues on page 170.

**From Pesaḥ to Sukkot, some add:* You cause the dew to fall.

קדושה

When the עמידה is chanted by the Ḥazzan, קדושה is added.

נַעֲרִיצְךָ וְנַקְדִּישְׁךָ כְּסוֹד שִׂיחַ שַׂרְפֵי קֹדֶשׁ הַמַּקְדִּישִׁים שִׁמְךָ בַּקֹּדֶשׁ, כַּכָּתוּב עַל יַד נְבִיאֶךָ, וְקָרָא זֶה אֶל זֶה וְאָמַר:

קָדוֹשׁ קָדוֹשׁ קָדוֹשׁ יהוה צְבָאוֹת, מְלֹא כָל־הָאָרֶץ כְּבוֹדוֹ.

כְּבוֹדוֹ מָלֵא עוֹלָם, מְשָׁרְתָיו שׁוֹאֲלִים זֶה לָזֶה: אַיֵּה מְקוֹם כְּבוֹדוֹ. לְעֻמָּתָם בָּרוּךְ יֹאמֵרוּ:

בָּרוּךְ כְּבוֹד יהוה מִמְּקוֹמוֹ.

מִמְּקוֹמוֹ הוּא יִפֶן בְּרַחֲמִים, וְיָחוֹן עַם הַמְיַחֲדִים שְׁמוֹ עֶרֶב וָבֹקֶר בְּכָל־יוֹם תָּמִיד, פַּעֲמַיִם בְּאַהֲבָה שְׁמַע אוֹמְרִים:

שְׁמַע יִשְׂרָאֵל יהוה אֱלֹהֵינוּ יהוה אֶחָד.

הוּא אֱלֹהֵינוּ, הוּא אָבִינוּ, הוּא מַלְכֵּנוּ, הוּא מוֹשִׁיעֵנוּ, וְהוּא יַשְׁמִיעֵנוּ בְּרַחֲמָיו שֵׁנִית לְעֵינֵי כָּל־חָי, לִהְיוֹת לָכֶם לֵאלֹהִים:

אֲנִי יהוה אֱלֹהֵיכֶם.

On שבת חול המועד and שבת ראש חודש, omit the following three lines:

אַדִּיר אַדִּירֵנוּ יהוה אֲדוֹנֵנוּ, מָה אַדִּיר שִׁמְךָ בְּכָל־הָאָרֶץ. וְהָיָה יהוה לְמֶלֶךְ עַל כָּל־הָאָרֶץ, בַּיּוֹם הַהוּא יִהְיֶה יהוה אֶחָד וּשְׁמוֹ אֶחָד.

וּבְדִבְרֵי קָדְשְׁךָ כָּתוּב לֵאמֹר:

יִמְלֹךְ יהוה לְעוֹלָם, אֱלֹהַיִךְ צִיּוֹן לְדֹר וָדֹר, הַלְלוּיָהּ.

לְדוֹר וָדוֹר נַגִּיד גָּדְלֶךָ, וּלְנֵצַח נְצָחִים קְדֻשָּׁתְךָ נַקְדִּישׁ. וְשִׁבְחֲךָ אֱלֹהֵינוּ מִפִּינוּ לֹא יָמוּשׁ לְעוֹלָם וָעֶד, כִּי אֵל מֶלֶךְ גָּדוֹל וְקָדוֹשׁ אָתָּה. בָּרוּךְ אַתָּה יהוה הָאֵל הַקָּדוֹשׁ.

*On **שבת ראש חודש**, continue on page 168.*

*On **יום טוב**, continue on page 170.*

🌿 KEDUSHAH

When the Reader chants the Amidah, Kedushah is added.

We revere and hallow You on earth as Your name is hallowed in heaven, where it is sung by celestial choirs, as in Your prophet's vision. The angels called one to another:

Kadosh kadosh kadosh Adonai Tz'va-ot, m'lo khol ha-aretz k'vodo.
Holy, holy, holy *Adonai Tz'va-ot;*
the grandeur of the world is God's glory.

God's glory fills the universe. When one angelic chorus asks, "Where is God's glory?" another responds with praise:

Barukh k'vod Adonai mi-m'komo.
Praised is Adonai's glory throughout the universe.

May God turn in compassion, granting mercy to His people who twice each day, morning and evening, proclaim God's oneness with love:

Sh'ma Yisra-el Adonai Eloheinu Adonai eḥad.
Hear, O Israel: Adonai is our God, Adonai alone.

This is our God, our Creator, our Sovereign, and our Redeemer. And in His mercy God will again declare, before all the world:

Ani Adonai Eloheikhem.   I, Adonai, am your God.

On Shabbat Ḥol Ha-mo'ed and Shabbat Rosh Ḥodesh, omit the following three lines:

Adonai, eternal, how magnificent Your name in all the world. Adonai shall be acknowledged Ruler of all the earth. On that day Adonai shall be One and His name One.

And thus sang the psalmist:

Yimlokh Adonai l'olam, Elohayikh Tziyon l'dor va-dor, Halleluyah.
Adonai shall reign through all generations;
Zion, your God shall reign forever. Halleluyah!

We declare Your greatness through all generations, hallow Your holiness to all eternity. Your praise will never leave our lips, for You are God and Sovereign, great and holy. Praised are You Adonai, holy God.

On Shabbat Rosh Ḥodesh, continue on page 168.

On Festivals, continue on page 170.

לשבת ראש חודש:

אַתָּה יָצַרְתָּ עוֹלָמְךָ מִקֶּדֶם, כִּלִּיתָ מְלַאכְתְּךָ בַּיּוֹם הַשְּׁבִיעִי. אָהַבְתָּ אוֹתָנוּ וְרָצִיתָ בָּנוּ, וְרוֹמַמְתָּנוּ מִכָּל־הַלְּשׁוֹנוֹת, וְקִדַּשְׁתָּנוּ בְּמִצְוֹתֶיךָ, וְקֵרַבְתָּנוּ מַלְכֵּנוּ לַעֲבוֹדָתֶךָ, וְשִׁמְךָ הַגָּדוֹל וְהַקָּדוֹשׁ עָלֵינוּ קָרָאתָ. וַתִּתֶּן לָנוּ יהוה אֱלֹהֵינוּ, בְּאַהֲבָה, שַׁבָּתוֹת לִמְנוּחָה וְרָאשֵׁי חֳדָשִׁים לְכַפָּרָה. וּלְפִי שֶׁחָטָאנוּ לְפָנֶיךָ, אֲנַחְנוּ וַאֲבוֹתֵינוּ, חָרְבָה עִירֵנוּ וְשָׁמֵם בֵּית מִקְדָּשֵׁנוּ וְגָלָה יְקָרֵנוּ, וְנֻטַּל כָּבוֹד מִבֵּית חַיֵּינוּ, וְאֵין אֲנַחְנוּ יְכוֹלִים לַעֲשׂוֹת חוֹבוֹתֵינוּ בְּבֵית בְּחִירָתֶךָ, בַּבַּיִת הַגָּדוֹל וְהַקָּדוֹשׁ שֶׁנִּקְרָא שִׁמְךָ עָלָיו, מִפְּנֵי הַיָּד שֶׁנִּשְׁתַּלְּחָה בְּמִקְדָּשֶׁךָ.

For an alternative, which omits mention of sacrifices, continue at the top of the next page.

יְהִי רָצוֹן מִלְּפָנֶיךָ יהוה אֱלֹהֵינוּ וֵאלֹהֵי אֲבוֹתֵינוּ, הַמֵּשִׁיב בָּנִים לִגְבוּלָם, שֶׁתַּעֲלֵנוּ בְשִׂמְחָה לְאַרְצֵנוּ וְתִטָּעֵנוּ בִּגְבוּלֵנוּ, שֶׁשָּׁם עָשׂוּ אֲבוֹתֵינוּ לְפָנֶיךָ אֶת־קָרְבְּנוֹתֵיהֶם, תְּמִידִים כְּסִדְרָם וּמוּסָפִים כְּהִלְכָתָם. וְאֶת־מוּסַף יוֹם הַשַּׁבָּת הַזֶּה וְאֶת־מוּסַף יוֹם רֹאשׁ הַחֹדֶשׁ הַזֶּה עָשׂוּ וְהִקְרִיבוּ לְפָנֶיךָ בְּאַהֲבָה כְּמִצְוַת רְצוֹנֶךָ, כַּכָּתוּב בְּתוֹרָתֶךָ, עַל יְדֵי מֹשֶׁה עַבְדֶּךָ מִפִּי כְבוֹדֶךָ כָּאָמוּר:

במדבר כ״ח:ט׳-י״א

וּבְיוֹם הַשַּׁבָּת, שְׁנֵי כְבָשִׂים בְּנֵי שָׁנָה תְּמִימִם, וּשְׁנֵי עֶשְׂרֹנִים סֹלֶת מִנְחָה בְּלוּלָה בַשֶּׁמֶן וְנִסְכּוֹ. עֹלַת שַׁבַּת בְּשַׁבַּתּוֹ, עַל עֹלַת הַתָּמִיד וְנִסְכָּהּ.

וּבְרָאשֵׁי חָדְשֵׁיכֶם תַּקְרִיבוּ עֹלָה לַיהוה, פָּרִים בְּנֵי בָקָר שְׁנַיִם וְאַיִל אֶחָד, כְּבָשִׂים בְּנֵי שָׁנָה שִׁבְעָה, תְּמִימִם.

וּמִנְחָתָם וְנִסְכֵּיהֶם כִּמְדֻבָּר, שְׁלֹשָׁה עֶשְׂרֹנִים לַפָּר, וּשְׁנֵי עֶשְׂרֹנִים לָאָיִל, וְעִשָּׂרוֹן לַכֶּבֶשׂ, וְיַיִן כְּנִסְכּוֹ, וְשָׂעִיר לְכַפֵּר, וּשְׁנֵי תְמִידִים כְּהִלְכָתָם.

Continue with ישמחו*, next page.*

On Shabbat Rosh Ḥodesh:

You formed Your world at the beginning, completing Your labor by the seventh day. You have loved and favored us, and distinguished us by instilling in us the holiness of Your mitzvot and drawing us near to Your service, our Sovereign, so that we became known by Your great and holy name. Adonai our God, lovingly have You given us Shabbat for rest and New Moon Festivals for atonement. Because we and our ancestors sinned, our city was laid waste, our sanctuary made desolate, our splendor taken, and glory removed from Zion. We are unable to partake in the solemn service in the great and holy Temple dedicated to You.

For an alternative, which omits mention of sacrifices, continue at the top of the next page.

May it be Your will, Adonai our God and God of our ancestors, who returns Your children to their land, to lead us in joy to our land and to settle us within our borders. There our ancestors sacrificed to You with their daily offerings and with their special offerings. And the special offering for Shabbat and for New Moon Festivals they offered lovingly, according to Your will, as written in Your Torah through Moses, Your servant:

NUMBERS 28:9-11

Offerings for the day of Shabbat: two yearling lambs without blemish, together with two-tenths of an ephah of choice flour mingled with oil as a grain offering, with the proper libation; a burnt offering for every Shabbat, in addition to the daily burnt offering and its libation.

On your New Moon Festivals you shall bring a burnt offering to Adonai: two young bulls, one ram, and seven yearling lambs, without blemish.

The grain offering shall be three-tenths of an ephah of choice flour mingled with oil for each bull, two-tenths of an ephah of choice flour mingled with oil for the ram, and one-tenth of an ephah of choice flour mingled with oil for each lamb. You shall bring it with the wine required for the libations, a goat for atonement, and the two daily offerings, as prescribed.

Continue with "Those who celebrate," next page.

לשבת ראש חודש:

Alternative selection

יְהִי רָצוֹן מִלְּפָנֶיךָ יהוה אֱלֹהֵינוּ וֵאלֹהֵי אֲבוֹתֵינוּ, הַמֵּשִׁיב בָּנִים לִגְבוּלָם, שֶׁתַּעֲלֵנוּ בְשִׂמְחָה לְאַרְצֵנוּ וְתִטָּעֵנוּ בִּגְבוּלֵנוּ, וְלֹא יִשָּׁמַע עוֹד חָמָס בְּאַרְצֵנוּ, שֹׁד וָשֶׁבֶר בִּגְבוּלֵנוּ.

Continue here:

יִשְׂמְחוּ בְמַלְכוּתְךָ שׁוֹמְרֵי שַׁבָּת וְקוֹרְאֵי עֹנֶג. עַם מְקַדְּשֵׁי שְׁבִיעִי, כֻּלָּם יִשְׂבְּעוּ וְיִתְעַנְּגוּ מִטּוּבֶךָ. וְהַשְּׁבִיעִי רָצִיתָ בּוֹ וְקִדַּשְׁתּוֹ, חֶמְדַּת יָמִים אוֹתוֹ קָרָאתָ, זֵכֶר לְמַעֲשֵׂה בְרֵאשִׁית.

During a leap year add the words in parentheses.

אֱלֹהֵינוּ וֵאלֹהֵי אֲבוֹתֵינוּ, רְצֵה בִמְנוּחָתֵנוּ, וְחַדֵּשׁ עָלֵינוּ בְּיוֹם הַשַּׁבָּת הַזֶּה אֶת־הַחֹדֶשׁ הַזֶּה לְטוֹבָה וְלִבְרָכָה, לְשָׂשׂוֹן וּלְשִׂמְחָה, לִישׁוּעָה וּלְנֶחָמָה, לְפַרְנָסָה וּלְכַלְכָּלָה, לְחַיִּים וּלְשָׁלוֹם, לִמְחִילַת חֵטְא וְלִסְלִיחַת עָוֹן (וּלְכַפָּרַת פָּשַׁע). כִּי בְעַמְּךָ יִשְׂרָאֵל בָּחַרְתָּ מִכָּל־הָאֻמּוֹת, וְשַׁבַּת קָדְשְׁךָ לָהֶם הוֹדַעְתָּ, וְחֻקֵּי רָאשֵׁי חֳדָשִׁים לָהֶם קָבָעְתָּ. בָּרוּךְ אַתָּה יהוה מְקַדֵּשׁ הַשַּׁבָּת וְיִשְׂרָאֵל וְרָאשֵׁי חֳדָשִׁים.

רְצֵה יהוה אֱלֹהֵינוּ בְּעַמְּךָ יִשְׂרָאֵל וּבִתְפִלָּתָם, וְהָשֵׁב אֶת־הָעֲבוֹדָה לִדְבִיר בֵּיתֶךָ, וּתְפִלָּתָם בְּאַהֲבָה תְקַבֵּל בְּרָצוֹן, וּתְהִי לְרָצוֹן תָּמִיד עֲבוֹדַת יִשְׂרָאֵל עַמֶּךָ.

וְתֶחֱזֶינָה עֵינֵינוּ בְּשׁוּבְךָ לְצִיּוֹן בְּרַחֲמִים.
בָּרוּךְ אַתָּה יהוה הַמַּחֲזִיר שְׁכִינָתוֹ לְצִיּוֹן.

Continue on page 176.

On Shabbat Rosh Ḥodesh:

Alternative selection —————————————————————

May it be Your will, Adonai our God and God of our ancestors who returns Your children to their land, to lead us in joy to our land and to settle us within our borders. No more shall violence be heard in our land; no more shall destruction be found within its borders.

Continue here:

Those who celebrate Shabbat rejoice in Your sovereignty and hallow the seventh day, calling it a delight. All of them truly enjoy Your goodness. For it pleased You to sanctify the seventh day, calling it the most desirable day, a reminder of Creation.

During a leap year, add the words in parentheses.

Our God and God of our ancestors, find favor in our Shabbat rest. Renew our lives in this month for goodness and blessedness, joy and gladness, deliverance and consolation, sustenance and support, life and peace, pardon of sin, and forgiveness of transgression (and atonement for wrongdoing). For You have chosen the people Israel from among all nations to observe the precepts of the New Moon Festival, proclaiming Your holy Shabbat to them. Praised are You Adonai, who hallows Shabbat, the people Israel, and the New Moon Festivals.

Accept the prayer of Your people Israel as lovingly as it is offered. Restore worship to Your sanctuary, and may the worship of Your people Israel always be acceptable to You.

May we witness Your merciful return to Zion. Praised are You Adonai, who restores the Divine Presence to Zion.

Continue on page 176.

ליום טוב:

אַתָּה בְחַרְתָּנוּ מִכָּל־הָעַמִּים, אָהַבְתָּ אוֹתָנוּ וְרָצִיתָ בָּנוּ, וְרוֹמַמְתָּנוּ מִכָּל־הַלְּשׁוֹנוֹת, וְקִדַּשְׁתָּנוּ בְּמִצְוֹתֶיךָ, וְקֵרַבְתָּנוּ מַלְכֵּנוּ לַעֲבוֹדָתֶךָ, וְשִׁמְךָ הַגָּדוֹל וְהַקָּדוֹשׁ עָלֵינוּ קָרָאתָ.

וַתִּתֶּן לָנוּ יהוה אֱלֹהֵינוּ בְּאַהֲבָה (שַׁבָּתוֹת לִמְנוּחָה וּ)מוֹעֲדִים לְשִׂמְחָה, חַגִּים וּזְמַנִּים לְשָׂשׂוֹן, אֶת־יוֹם (הַשַּׁבָּת הַזֶּה וְאֶת־יוֹם)

On סוכות:

חַג הַסֻּכּוֹת הַזֶּה, זְמַן שִׂמְחָתֵנוּ,

On שמיני עצרת and שמחת תורה:

הַשְּׁמִינִי, חַג הָעֲצֶרֶת הַזֶּה, זְמַן שִׂמְחָתֵנוּ,

On פסח:

חַג הַמַּצּוֹת הַזֶּה, זְמַן חֵרוּתֵנוּ,

On שבועות:

חַג הַשָּׁבֻעוֹת הַזֶּה, זְמַן מַתַּן תּוֹרָתֵנוּ,

(בְּאַהֲבָה) מִקְרָא קֹדֶשׁ, זֵכֶר לִיצִיאַת מִצְרָיִם.

וּמִפְּנֵי חֲטָאֵינוּ גָּלִינוּ מֵאַרְצֵנוּ וְנִתְרַחַקְנוּ מֵעַל אַדְמָתֵנוּ. וְאֵין אֲנַחְנוּ יְכוֹלִים לַעֲלוֹת וְלֵרָאוֹת וּלְהִשְׁתַּחֲווֹת לְפָנֶיךָ, וְלַעֲשׂוֹת חוֹבוֹתֵינוּ בְּבֵית בְּחִירָתֶךָ, בַּבַּיִת הַגָּדוֹל וְהַקָּדוֹשׁ שֶׁנִּקְרָא שִׁמְךָ עָלָיו, מִפְּנֵי הַיָּד שֶׁנִּשְׁתַּלְּחָה בְּמִקְדָּשֶׁךָ. יְהִי רָצוֹן מִלְּפָנֶיךָ יהוה אֱלֹהֵינוּ וֵאלֹהֵי אֲבוֹתֵינוּ, מֶלֶךְ רַחֲמָן הַמֵּשִׁיב בָּנִים לִגְבוּלָם, שֶׁתָּשׁוּב וּתְרַחֵם עָלֵינוּ וְעַל מִקְדָּשְׁךָ בְּרַחֲמֶיךָ הָרַבִּים, וְתִבְנֵהוּ מְהֵרָה וּתְגַדֵּל כְּבוֹדוֹ.

On Festivals:

You have chosen us from among all nations for Your service by loving and cherishing us as bearers of Your Torah. You have loved and favored us, and distinguished us by instilling in us the holiness of Your mitzvot and drawing us near to Your service, our Sovereign, so that we became known by Your great and holy name.

Lovingly, Adonai our God, have You given us (Shabbat for rest,) Festivals for joy and holidays for happiness, among them this (Shabbat and this)

Festival of Sukkot, season of our rejoicing,

Festival of Sh'mini Atzeret, season of our rejoicing,

Festival of Matzot, season of our liberation,

Festival of Shavuot, season of the giving of our Torah,

a day of sacred assembly, recalling the Exodus from Egypt.

Because of our sins were we exiled from our land, far from our soil. We are unable to partake in the solemn service in the great and holy Temple dedicated to You. May it be Your will, Adonai our God and God of our ancestors, compassionate Sovereign who returns Your children to their land, to have compassion for us and for Your sanctuary; speedily restore and enhance its glory.

ליום טוב:

אָבִינוּ מַלְכֵּנוּ גַּלֵּה כְּבוֹד מַלְכוּתְךָ עָלֵינוּ מְהֵרָה, וְהוֹפַע וְהִנָּשֵׂא עָלֵינוּ לְעֵינֵי כָּל־חָי, וְקָרֵב פְּזוּרֵינוּ מִבֵּין הַגּוֹיִם וּנְפוּצוֹתֵינוּ כַּנֵּס מִיַּרְכְּתֵי־אָרֶץ. וַהֲבִיאֵנוּ לְצִיּוֹן עִירְךָ בְּרִנָּה וְלִירוּשָׁלַיִם בֵּית מִקְדָּשְׁךָ בְּשִׂמְחַת עוֹלָם, שֶׁשָּׁם עָשׂוּ אֲבוֹתֵינוּ לְפָנֶיךָ אֶת־קָרְבְּנוֹתֵיהֶם, תְּמִידִים כְּסִדְרָם וּמוּסָפִים כְּהִלְכָתָם.

וְאֶת־מוּסַף (יוֹם הַשַּׁבָּת הַזֶּה וְאֶת־מוּסַף)

On סוכות:

יוֹם חַג הַסֻּכּוֹת הַזֶּה

On שמיני עצרת and שמחת תורה:

יוֹם הַשְּׁמִינִי, חַג הָעֲצֶרֶת הַזֶּה

On פסח:

יוֹם חַג הַמַּצּוֹת הַזֶּה

On שבועות:

יוֹם חַג הַשָּׁבֻעוֹת הַזֶּה

עָשׂוּ וְהִקְרִיבוּ לְפָנֶיךָ בְּאַהֲבָה כְּמִצְוַת רְצוֹנֶךָ, כַּכָּתוּב בְּתוֹרָתֶךָ, עַל יְדֵי משֶׁה עַבְדֶּךָ מִפִּי כְבוֹדֶךָ כָּאָמוּר:

In some congregations the readings of sacrificial offerings on the Festivals, on pages 172 and 173, are recited here. These passages from the Torah are taken from the Maftir portion for each Festival. On all Festivals, the recitation concludes with the passage at the bottom of page 173. Unlike the other selections, it is not taken word for word from the Torah.

Other congregations omit these passages and continue on page 174.

On Festivals:

Avinu Malkenu, manifest the glory of Your sovereignty, and reveal to all humanity that You are our Sovereign. Unite our scattered people; gather our dispersed from the ends of the earth. Lead us with song to Zion, Your city, with everlasting joy to Jerusalem, Your sanctuary. There our ancestors offered You their daily sacrifices and special offerings.

And the special offering for this (Shabbat and the special offering for this)

Festival of Sukkot

Festival of Sh'mini Atzeret

Festival of Matzot

Festival of Shavuot

they offered lovingly, according to Your will, as written in Your Torah through Moses, Your servant.

The passages on pages 172 and 173, from the Book of Numbers (Chapters 28 and 29), specify the sacrifices prescribed for each of the days listed (in addition to the regular daily offerings). The Festival burnt offerings always included bulls, rams, and yearling lambs, all without blemish. The number of animals required could vary. Libations of wine and grain offerings of choice flour mixed with oil were always included, along with the offering of a goat for expiation.

Some congregations omit these passages and continue on page 174.

ליום טוב:

On שבת:

וּבְיוֹם הַשַּׁבָּת, שְׁנֵי כְבָשִׂים בְּנֵי שָׁנָה תְּמִימִם, וּשְׁנֵי עֶשְׂרֹנִים סֹלֶת מִנְחָה בְּלוּלָה בַשֶּׁמֶן וְנִסְכּוֹ. עֹלַת שַׁבַּת בְּשַׁבַּתּוֹ, עַל עֹלַת הַתָּמִיד וְנִסְכָּהּ.

On the first two days of סוכות:

וּבַחֲמִשָּׁה עָשָׂר יוֹם לַחֹדֶשׁ הַשְּׁבִיעִי, מִקְרָא קֹדֶשׁ יִהְיֶה לָכֶם, כָּל־מְלֶאכֶת עֲבֹדָה לֹא תַעֲשׂוּ. וְחַגֹּתֶם חַג לַיהוה שִׁבְעַת יָמִים. וְהִקְרַבְתֶּם עֹלָה אִשֵּׁה רֵיחַ נִיחֹחַ לַיהוה, פָּרִים בְּנֵי בָקָר שְׁלֹשָׁה עָשָׂר, אֵילִם שְׁנָיִם, כְּבָשִׂים בְּנֵי שָׁנָה אַרְבָּעָה עָשָׂר, תְּמִימִם יִהְיוּ. וּמִנְחָתָם...

On the first day of חול המועד סוכות:

וּבַיּוֹם הַשֵּׁנִי, פָּרִים בְּנֵי בָקָר שְׁנֵים עָשָׂר, אֵילִם שְׁנָיִם, כְּבָשִׂים בְּנֵי שָׁנָה אַרְבָּעָה עָשָׂר, תְּמִימִם. וּמִנְחָתָם...

וּבַיּוֹם הַשְּׁלִישִׁי, פָּרִים עַשְׁתֵּי עָשָׂר, אֵילִם שְׁנָיִם, כְּבָשִׂים בְּנֵי שָׁנָה אַרְבָּעָה עָשָׂר, תְּמִימִם. וּמִנְחָתָם...

On the second day of חול המועד סוכות:

וּבַיּוֹם הַשְּׁלִישִׁי, פָּרִים עַשְׁתֵּי עָשָׂר, אֵילִם שְׁנָיִם, כְּבָשִׂים בְּנֵי שָׁנָה אַרְבָּעָה עָשָׂר, תְּמִימִם. וּמִנְחָתָם...

וּבַיּוֹם הָרְבִיעִי, פָּרִים עֲשָׂרָה, אֵילִם שְׁנָיִם, כְּבָשִׂים בְּנֵי שָׁנָה אַרְבָּעָה עָשָׂר, תְּמִימִם. וּמִנְחָתָם...

On the third day of חול המועד סוכות:

וּבַיּוֹם הָרְבִיעִי, פָּרִים עֲשָׂרָה, אֵילִם שְׁנָיִם, כְּבָשִׂים בְּנֵי שָׁנָה אַרְבָּעָה עָשָׂר, תְּמִימִם. וּמִנְחָתָם...

וּבַיּוֹם הַחֲמִישִׁי, פָּרִים תִּשְׁעָה, אֵילִם שְׁנָיִם, כְּבָשִׂים בְּנֵי שָׁנָה אַרְבָּעָה עָשָׂר, תְּמִימִם. וּמִנְחָתָם...

On the fourth day of חול המועד סוכות:

וּבַיּוֹם הַחֲמִישִׁי, פָּרִים תִּשְׁעָה, אֵילִם שְׁנָיִם, כְּבָשִׂים בְּנֵי שָׁנָה אַרְבָּעָה עָשָׂר, תְּמִימִם. וּמִנְחָתָם...

וּבַיּוֹם הַשִּׁשִּׁי, פָּרִים שְׁמֹנָה, אֵילִם שְׁנָיִם, כְּבָשִׂים בְּנֵי שָׁנָה אַרְבָּעָה עָשָׂר, תְּמִימִם. וּמִנְחָתָם...

On Festivals:

On הושענא רבה:

וּבַיּוֹם הַשִּׁשִּׁי, פָּרִים שְׁמֹנָה, אֵילִם שְׁנָיִם, כְּבָשִׂים בְּנֵי שָׁנָה
אַרְבָּעָה עָשָׂר, תְּמִימִם. וּמִנְחָתָם...
וּבַיּוֹם הַשְּׁבִיעִי, פָּרִים שִׁבְעָה, אֵילִם שְׁנָיִם, כְּבָשִׂים בְּנֵי שָׁנָה
אַרְבָּעָה עָשָׂר, תְּמִימִם. וּמִנְחָתָם...

On שמיני עצרת and שמחת תורה:

בַּיּוֹם הַשְּׁמִינִי, עֲצֶרֶת תִּהְיֶה לָכֶם, כָּל־מְלֶאכֶת עֲבֹדָה לֹא תַעֲשׂוּ. וְהִקְרַבְתֶּם עֹלָה אִשֵּׁה רֵיחַ נִיחֹחַ לַיהוה, פַּר אֶחָד, אַיִל אֶחָד, כְּבָשִׂים בְּנֵי שָׁנָה שִׁבְעָה, תְּמִימִם. וּמִנְחָתָם...

On the first two days of פסח:

וּבַחֹדֶשׁ הָרִאשׁוֹן, בְּאַרְבָּעָה עָשָׂר יוֹם לַחֹדֶשׁ, פֶּסַח לַיהוה. וּבַחֲמִשָּׁה עָשָׂר יוֹם לַחֹדֶשׁ הַזֶּה חָג, שִׁבְעַת יָמִים מַצּוֹת יֵאָכֵל. בַּיּוֹם הָרִאשׁוֹן מִקְרָא קֹדֶשׁ, כָּל־מְלֶאכֶת עֲבֹדָה לֹא תַעֲשׂוּ. וְהִקְרַבְתֶּם אִשֶּׁה עֹלָה לַיהוה, פָּרִים בְּנֵי בָקָר שְׁנַיִם וְאַיִל אֶחָד וְשִׁבְעָה כְבָשִׂים בְּנֵי שָׁנָה, תְּמִימִם יִהְיוּ לָכֶם. וּמִנְחָתָם...

On all other days of פסח:

וְהִקְרַבְתֶּם אִשֶּׁה עֹלָה לַיהוה, פָּרִים בְּנֵי בָקָר שְׁנַיִם וְאַיִל אֶחָד וְשִׁבְעָה כְבָשִׂים בְּנֵי שָׁנָה, תְּמִימִם יִהְיוּ לָכֶם. וּמִנְחָתָם...

On שבועות:

וּבְיוֹם הַבִּכּוּרִים, בְּהַקְרִיבְכֶם מִנְחָה חֲדָשָׁה לַיהוה בְּשָׁבֻעֹתֵיכֶם, מִקְרָא קֹדֶשׁ יִהְיֶה לָכֶם. כָּל־מְלֶאכֶת עֲבֹדָה לֹא תַעֲשׂוּ. וְהִקְרַבְתֶּם עוֹלָה לְרֵיחַ נִיחֹחַ לַיהוה, פָּרִים בְּנֵי בָקָר שְׁנַיִם, אַיִל אֶחָד, שִׁבְעָה כְבָשִׂים בְּנֵי שָׁנָה. וּמִנְחָתָם...

Added on each Festival:

וּמִנְחָתָם וְנִסְכֵּיהֶם כִּמְדֻבָּר, שְׁלֹשָׁה עֶשְׂרֹנִים לַפָּר וּשְׁנֵי עֶשְׂרֹנִים לָאָיִל, וְעִשָּׂרוֹן לַכֶּבֶשׂ, וְיַיִן כְּנִסְכּוֹ, וְשָׂעִיר לְכַפֵּר, וּשְׁנֵי תְמִידִים כְּהִלְכָתָם.

ליום טוב:

On שבת:

יִשְׂמְחוּ בְמַלְכוּתְךָ שׁוֹמְרֵי שַׁבָּת וְקוֹרְאֵי עֹנֶג. עַם מְקַדְּשֵׁי שְׁבִיעִי, כֻּלָּם יִשְׂבְּעוּ וְיִתְעַנְּגוּ מִטּוּבֶךָ. וְהַשְּׁבִיעִי רָצִיתָ בּוֹ וְקִדַּשְׁתּוֹ, חֶמְדַּת יָמִים אוֹתוֹ קָרָאתָ, זֵכֶר לְמַעֲשֵׂה בְרֵאשִׁית.

For an alternative, which omits mention of sacrifices,
continue at the bottom of the page.

אֱלֹהֵינוּ וֵאלֹהֵי אֲבוֹתֵינוּ, מֶלֶךְ רַחֲמָן, רַחֵם עָלֵינוּ, טוֹב וּמֵטִיב, הִדָּרֶשׁ לָנוּ. שׁוּבָה אֵלֵינוּ בַּהֲמוֹן רַחֲמֶיךָ בִּגְלַל אָבוֹת שֶׁעָשׂוּ רְצוֹנֶךָ. בְּנֵה בֵיתְךָ כְּבַתְּחִלָּה וְכוֹנֵן מִקְדָּשְׁךָ עַל מְכוֹנוֹ, וְהַרְאֵנוּ בְּבִנְיָנוֹ וְשַׂמְּחֵנוּ בְּתִקּוּנוֹ, וְהָשֵׁב כֹּהֲנִים לַעֲבוֹדָתָם, וּלְוִיִּם לְשִׁירָם וּלְזִמְרָם, וְהָשֵׁב יִשְׂרָאֵל לִנְוֵיהֶם. וְשָׁם נַעֲלֶה וְנֵרָאֶה וְנִשְׁתַּחֲוֶה לְפָנֶיךָ בְּשָׁלֹשׁ פַּעֲמֵי רְגָלֵינוּ, כַּכָּתוּב בְּתוֹרָתֶךָ: שָׁלוֹשׁ פְּעָמִים בַּשָּׁנָה יֵרָאֶה כָל־זְכוּרְךָ אֶת־פְּנֵי יְהוָה אֱלֹהֶיךָ בַּמָּקוֹם אֲשֶׁר יִבְחָר, בְּחַג הַמַּצּוֹת וּבְחַג הַשָּׁבֻעוֹת וּבְחַג הַסֻּכּוֹת, וְלֹא יֵרָאֶה אֶת־פְּנֵי יְהוָה רֵיקָם. אִישׁ כְּמַתְּנַת יָדוֹ, כְּבִרְכַּת יְהוָה אֱלֹהֶיךָ אֲשֶׁר נָתַן לָךְ.

Continue on page 175.

———————————— *Alternative selection* ————————————

אֱלֹהֵינוּ וֵאלֹהֵי אֲבוֹתֵינוּ, מֶלֶךְ רַחֲמָן, רַחֵם עָלֵינוּ, טוֹב וּמֵטִיב, הִדָּרֶשׁ לָנוּ. שׁוּבָה אֵלֵינוּ בַּהֲמוֹן רַחֲמֶיךָ בִּגְלַל אָבוֹת שֶׁעָשׂוּ רְצוֹנֶךָ. תַּעֲמִדֶנָה רְגָלֵינוּ בְּשַׁעֲרֵי יְרוּשָׁלַיִם הַבְּנוּיָה כְּעִיר שֶׁחֻבְּרָה לָּהּ יַחְדָּו, יְהִי שָׁלוֹם בְּחֵילָהּ, שַׁלְוָה בְּאַרְמְנוֹתָיִהָ, שֶׁשָּׁם עָלוּ שְׁבָטִים, שִׁבְטֵי יָהּ, עֵדוּת לְיִשְׂרָאֵל לְהוֹדוֹת לְשֵׁם קָדְשֶׁךָ. וְשָׁם נַעֲלֶה וְנֵרָאֶה וְנִשְׁתַּחֲוֶה לְפָנֶיךָ בְּשָׁלֹשׁ פַּעֲמֵי רְגָלֵינוּ, כַּכָּתוּב בְּתוֹרָתֶךָ: שָׁלוֹשׁ פְּעָמִים בַּשָּׁנָה יֵרָאֶה כָל־זְכוּרְךָ אֶת־פְּנֵי יְהוָה אֱלֹהֶיךָ בַּמָּקוֹם אֲשֶׁר יִבְחָר, בְּחַג הַמַּצּוֹת וּבְחַג הַשָּׁבֻעוֹת וּבְחַג הַסֻּכּוֹת, וְלֹא יֵרָאֶה אֶת־פְּנֵי יְהוָה רֵיקָם. אִישׁ כְּמַתְּנַת יָדוֹ, כְּבִרְכַּת יְהוָה אֱלֹהֶיךָ אֲשֶׁר נָתַן לָךְ.

On Festivals:

On Shabbat:

Those who celebrate Shabbat rejoice in Your sovereignty and hallow the seventh day, calling it a delight. All of them truly enjoy Your goodness. For it pleased You to sanctify the seventh day, calling it the most desirable day, a reminder of Creation.

For an alternative, which omits mention of sacrifices, continue at the bottom of the page.

Our God and God of our ancestors, compassionate Sovereign, have compassion for us. You are good and beneficent; inspire us to seek You. Return to us in Your abundant compassion through the merit of our ancestors who did Your will. Rebuild Your Temple anew and reestablish Your sanctuary there, giving us cause to rejoice when we view it. Restore *Kohanim* to their service of blessing and worship, Levites to their song and psalm, and the people Israel to their habitations. There will we make pilgrimage three times a year on our Festivals, as it is written in Your Torah: "Three times a year shall all your men appear before Adonai your God in the place that God will choose, on the Festivals of Pesaḥ, Shavuot, and Sukkot. They shall not appear before Adonai empty-handed. Each shall bring his own gift, appropriate to the blessing that Adonai your God has given you."

Continue on page 175.

Alternative selection

Our God and God of our ancestors, compassionate Sovereign, have compassion for us. You are good and beneficent; inspire us to seek You. Turn to us in Your abundant compassion through the merit of our ancestors who did Your will. When we stand within the gates of Jerusalem renewed, a city uniting all, may there be peace within its walls, serenity within its homes. There the tribes ascended, the tribes of Adonai, as the people Israel were commanded, praising God. And there will we make pilgrimage three times a year on our Festivals, as it is written in Your Torah: "Three times a year shall the entire community appear before Adonai your God in the place that God will choose, on the Festivals of Pesaḥ, Shavuot, and Sukkot. They shall not appear before Adonai empty-handed. Each shall bring his own gift, appropriate to the blessing that Adonai your God has given you."

ליום טוב:

וְהַשִּׂיאֵנוּ יהוה אֱלֹהֵינוּ אֶת־בִּרְכַּת מוֹעֲדֶיךָ לְחַיִּים וּלְשָׁלוֹם, לְשִׂמְחָה וּלְשָׂשׂוֹן, כַּאֲשֶׁר רָצִיתָ וְאָמַרְתָּ לְבָרְכֵנוּ. אֱלֹהֵינוּ וֵאלֹהֵי אֲבוֹתֵינוּ, (רְצֵה בִמְנוּחָתֵנוּ,) קַדְּשֵׁנוּ בְּמִצְוֹתֶיךָ וְתֵן חֶלְקֵנוּ בְּתוֹרָתֶךָ, שַׂבְּעֵנוּ מִטּוּבֶךָ וְשַׂמְּחֵנוּ בִּישׁוּעָתֶךָ, וְטַהֵר לִבֵּנוּ לְעָבְדְּךָ בֶּאֱמֶת. וְהַנְחִילֵנוּ יהוה אֱלֹהֵינוּ (בְּאַהֲבָה וּבְרָצוֹן) בְּשִׂמְחָה וּבְשָׂשׂוֹן (שַׁבָּת וּ)מוֹעֲדֵי קָדְשֶׁךָ, וְיִשְׂמְחוּ בְךָ יִשְׂרָאֵל מְקַדְּשֵׁי שְׁמֶךָ. בָּרוּךְ אַתָּה יהוה מְקַדֵּשׁ (הַשַּׁבָּת וְ)יִשְׂרָאֵל וְהַזְּמַנִּים.

רְצֵה יהוה אֱלֹהֵינוּ בְּעַמְּךָ יִשְׂרָאֵל וּבִתְפִלָּתָם, וְהָשֵׁב אֶת־ הָעֲבוֹדָה לִדְבִיר בֵּיתֶךָ, וּתְפִלָּתָם בְּאַהֲבָה תְקַבֵּל בְּרָצוֹן, וּתְהִי לְרָצוֹן תָּמִיד עֲבוֹדַת יִשְׂרָאֵל עַמֶּךָ.

*וְתֶחֱזֶינָה עֵינֵינוּ בְּשׁוּבְךָ לְצִיּוֹן בְּרַחֲמִים. בָּרוּךְ אַתָּה יהוה הַמַּחֲזִיר שְׁכִינָתוֹ לְצִיּוֹן.

* During repetition of the עמידה, in congregations where Kohanim chant the threefold blessing from the bimah, substitute the following:

וְתֶעֱרַב עָלֶיךָ עֲתִירָתֵנוּ כְּעוֹלָה וּכְקָרְבָּן. אָנָּא רַחוּם בְּרַחֲמֶיךָ הָרַבִּים הָשֵׁב שְׁכִינָתְךָ לְצִיּוֹן עִירְךָ, וְסֵדֶר הָעֲבוֹדָה לִירוּשָׁלָיִם. וְתֶחֱזֶינָה עֵינֵינוּ בְּשׁוּבְךָ לְצִיּוֹן בְּרַחֲמִים, וְשָׁם נַעֲבָדְךָ בְּיִרְאָה כִּימֵי עוֹלָם וּכְשָׁנִים קַדְמוֹנִיּוֹת. בָּרוּךְ אַתָּה יהוה, שֶׁאוֹתְךָ לְבַדְּךָ בְּיִרְאָה נַעֲבֹד.

On Festivals:

Adonai our God, bestow upon us the blessing of Your Festivals, for life and peace, for joy and gladness, as You have promised. Our God and God of our ancestors, (find favor in our Shabbat rest,) instill in us the holiness of Your mitzvot and let Your Torah be our portion. Fill our lives with Your goodness, and gladden us with Your triumph. Cleanse our hearts so that we might serve You faithfully. (Lovingly and willingly,) Adonai our God, grant that we inherit Your holy (Shabbat and) Festivals, so that the people Israel, who hallow Your name, will rejoice in You. Praised are You Adonai, who hallows (Shabbat,) the people Israel and the Festivals.

Accept the prayer of Your people Israel as lovingly as it is offered. Restore worship to Your sanctuary, and may the worship of Your people Israel always be acceptable to You.

*May we witness Your merciful return to Zion. Praised are You Adonai, who restores the Divine Presence to Zion.

> *During the repetition of the Amidah, in congregations where Kohanim chant the threefold blessing from the bimah, substitute the following:*

May our prayers be pleasing to You, as were the offerings our ancestors brought to You in the holy Temple in Jerusalem. In Your great mercy, merciful God, restore Your Presence to Zion, Your city, and the order of worship to Jerusalem. May we bear witness to Your merciful return to Zion, where we shall worship You in splendor and in awe, as in ancient days. Praised are You Adonai; You alone shall we worship in reverence.

All services continue here:

מוֹדִים אֲנַחְנוּ לָךְ שָׁאַתָּה הוּא יהוה אֱלֹהֵינוּ וֵאלֹהֵי אֲבוֹתֵינוּ לְעוֹלָם וָעֶד, צוּר חַיֵּינוּ מָגֵן יִשְׁעֵנוּ אַתָּה הוּא לְדוֹר וָדוֹר. נוֹדֶה לְּךָ וּנְסַפֵּר תְּהִלָּתֶךָ, עַל חַיֵּינוּ הַמְּסוּרִים בְּיָדֶךָ וְעַל נִשְׁמוֹתֵינוּ הַפְּקוּדוֹת לָךְ, וְעַל נִסֶּיךָ שֶׁבְּכָל־יוֹם עִמָּנוּ וְעַל נִפְלְאוֹתֶיךָ וְטוֹבוֹתֶיךָ שֶׁבְּכָל־עֵת, עֶרֶב וָבֹקֶר וְצָהֳרָיִם. הַטּוֹב כִּי לֹא כָלוּ רַחֲמֶיךָ, וְהַמְרַחֵם כִּי לֹא תַמּוּ חֲסָדֶיךָ, מֵעוֹלָם קִוִּינוּ לָךְ.

When the Ḥazzan recites מודים, the congregation continues silently:

מוֹדִים אֲנַחְנוּ לָךְ שָׁאַתָּה הוּא יהוה אֱלֹהֵינוּ וֵאלֹהֵי אֲבוֹתֵינוּ אֱלֹהֵי כָל־בָּשָׂר, יוֹצְרֵנוּ, יוֹצֵר בְּרֵאשִׁית. בְּרָכוֹת וְהוֹדָאוֹת לְשִׁמְךָ הַגָּדוֹל וְהַקָּדוֹשׁ, עַל שֶׁהֶחֱיִיתָנוּ וְקִיַּמְתָּנוּ. כֵּן תְּחַיֵּנוּ וּתְקַיְּמֵנוּ, וְתֶאֱסוֹף גָּלֻיּוֹתֵינוּ לְחַצְרוֹת קָדְשֶׁךָ, לִשְׁמוֹר חֻקֶּיךָ וְלַעֲשׂוֹת רְצוֹנֶךָ, וּלְעָבְדְךָ בְּלֵבָב שָׁלֵם, עַל שֶׁאֲנַחְנוּ מוֹדִים לָךְ. בָּרוּךְ אֵל הַהוֹדָאוֹת.

On חנוכה:

עַל הַנִּסִּים וְעַל הַפֻּרְקָן, וְעַל הַגְּבוּרוֹת, וְעַל הַתְּשׁוּעוֹת, וְעַל הַמִּלְחָמוֹת שֶׁעָשִׂיתָ לַאֲבוֹתֵינוּ בַּיָּמִים הָהֵם וּבַזְּמַן הַזֶּה.

בִּימֵי מַתִּתְיָהוּ בֶּן־יוֹחָנָן כֹּהֵן גָּדוֹל חַשְׁמוֹנַאי וּבָנָיו, כְּשֶׁעָמְדָה מַלְכוּת יָוָן הָרְשָׁעָה עַל עַמְּךָ יִשְׂרָאֵל לְהַשְׁכִּיחָם תּוֹרָתֶךָ וּלְהַעֲבִירָם מֵחֻקֵּי רְצוֹנֶךָ, וְאַתָּה בְּרַחֲמֶיךָ הָרַבִּים עָמַדְתָּ לָהֶם בְּעֵת צָרָתָם, רַבְתָּ אֶת־רִיבָם, דַּנְתָּ אֶת־דִּינָם, נָקַמְתָּ אֶת־נִקְמָתָם, מָסַרְתָּ גִבּוֹרִים בְּיַד חַלָּשִׁים, וְרַבִּים בְּיַד מְעַטִּים, וּטְמֵאִים בְּיַד טְהוֹרִים, וּרְשָׁעִים בְּיַד צַדִּיקִים, וְזֵדִים בְּיַד עוֹסְקֵי תוֹרָתֶךָ. וּלְךָ עָשִׂיתָ שֵׁם גָּדוֹל וְקָדוֹשׁ בְּעוֹלָמֶךָ, וּלְעַמְּךָ יִשְׂרָאֵל עָשִׂיתָ תְּשׁוּעָה גְדוֹלָה וּפֻרְקָן כְּהַיּוֹם הַזֶּה. וְאַחַר כֵּן בָּאוּ בָנֶיךָ לִדְבִיר בֵּיתֶךָ וּפִנּוּ אֶת־הֵיכָלֶךָ, וְטִהֲרוּ אֶת־מִקְדָּשֶׁךָ, וְהִדְלִיקוּ נֵרוֹת בְּחַצְרוֹת קָדְשֶׁךָ, וְקָבְעוּ שְׁמוֹנַת יְמֵי חֲנֻכָּה אֵלּוּ לְהוֹדוֹת וּלְהַלֵּל לְשִׁמְךָ הַגָּדוֹל.

וְעַל כֻּלָּם יִתְבָּרַךְ וְיִתְרוֹמַם שִׁמְךָ מַלְכֵּנוּ תָּמִיד לְעוֹלָם וָעֶד.

וְכֹל הַחַיִּים יוֹדוּךָ סֶּלָה, וִיהַלְלוּ אֶת־שִׁמְךָ בֶּאֱמֶת, הָאֵל יְשׁוּעָתֵנוּ וְעֶזְרָתֵנוּ סֶלָה. בָּרוּךְ אַתָּה יהוה הַטּוֹב שִׁמְךָ וּלְךָ נָאֶה לְהוֹדוֹת.

Silent recitation of the עמידה continues on page 178.

All services continue here:

MODIM

We proclaim that You are Adonai our God and God of our ancestors throughout all time. You are the Rock of our lives, the Shield of our salvation in every generation. We thank You and praise You for our lives that are in Your hand, for our souls that are in Your charge, for Your miracles that daily attend us, and for Your wonders and gifts that accompany us, evening, morning, and noon. You are good, Your mercy everlasting; You are compassionate, Your kindness never-ending. We have always placed our hope in You.

When the Reader recites Modim, the congregation continues silently:

We proclaim that You are Adonai our God and God of our ancestors, God of all life, our Creator, the Creator of all. We praise You and thank You for granting us life and for sustaining us. May You continue to grant us life and sustenance. Gather our dispersed to Your holy place, to fulfill Your mitzvot and to serve You whole-heartedly, doing Your will. For this we shall thank You. Praised be God to whom thanksgiving is due.

On Ḥanukkah:

We thank You for the miraculous deliverance, for the heroism, and for the triumphs of our ancestors from ancient days until our time.

In the days of Mattathias son of Yoḥanan, the heroic Hasmonean *Kohen*, and in the days of his sons, a cruel power rose against Your people Israel, demanding that they abandon Your Torah and violate Your mitzvot. You, in great mercy, stood by Your people in time of trouble. You defended them, vindicated them, and avenged their wrongs. You delivered the strong into the hands of the weak, the many into the hands of the few, the corrupt into the hands of the pure in heart, the guilty into the hands of the innocent. You delivered the arrogant into the hands of those who were faithful to Your Torah. You have revealed Your glory and Your holiness to all the world, achieving great victories and miraculous deliverance for Your people Israel to this day. Then Your children came into Your shrine, cleansed Your Temple, purified Your sanctuary, and kindled lights in Your sacred courts. They set aside these eight days as a season for giving thanks and chanting praises to You.

For all these blessings we shall ever praise and exalt You.

May every living creature thank You and praise You faithfully, God of our deliverance and our help. Praised are You Adonai, the essence of goodness, worthy of acclaim.

Silent recitation of the Amidah continues on page 178.

During the repetition of the עמידה, the Ḥazzan continues here (except in congregations where Kohanim chant the priestly blessing):

אֱלֹהֵינוּ וֵאלֹהֵי אֲבוֹתֵינוּ, בָּרְכֵנוּ בַבְּרָכָה הַמְשֻׁלֶּשֶׁת בַּתּוֹרָה הַכְּתוּבָה עַל יְדֵי מֹשֶׁה עַבְדֶּךָ, הָאֲמוּרָה מִפִּי אַהֲרֹן וּבָנָיו, כֹּהֲנִים, עַם קְדוֹשֶׁךָ, כָּאָמוּר:

Congregation:

יְבָרֶכְךָ יהוה וְיִשְׁמְרֶךָ. כֵּן יְהִי רָצוֹן.
יָאֵר יהוה פָּנָיו אֵלֶיךָ וִיחֻנֶּךָּ. כֵּן יְהִי רָצוֹן.
יִשָּׂא יהוה פָּנָיו אֵלֶיךָ וְיָשֵׂם לְךָ שָׁלוֹם. כֵּן יְהִי רָצוֹן.

The Ḥazzan continues on page 178.

During the repetition of the עמידה on יום טוב, in congregations where Kohanim chant the blessing, the Ḥazzan continues here:

אֱלֹהֵינוּ וֵאלֹהֵי אֲבוֹתֵינוּ, בָּרְכֵנוּ בַבְּרָכָה הַמְשֻׁלֶּשֶׁת בַּתּוֹרָה הַכְּתוּבָה עַל יְדֵי מֹשֶׁה עַבְדֶּךָ, הָאֲמוּרָה מִפִּי אַהֲרֹן וּבָנָיו, **כֹּהֲנִים**,

Congregation:

עַם קְדוֹשֶׁךָ, כָּאָמוּר:

Kohanim:

בָּרוּךְ אַתָּה יהוה אֱלֹהֵינוּ מֶלֶךְ הָעוֹלָם אֲשֶׁר קִדְּשָׁנוּ בִּקְדֻשָּׁתוֹ שֶׁל אַהֲרֹן וְצִוָּנוּ לְבָרֵךְ אֶת־עַמּוֹ יִשְׂרָאֵל בְּאַהֲבָה.

Ḥazzan, followed by Kohanim, word by word: / *Congregation:*

יְבָרֶכְךָ יהוה וְיִשְׁמְרֶךָ. אָמֵן.
יָאֵר יהוה פָּנָיו אֵלֶיךָ וִיחֻנֶּךָּ. אָמֵן.
יִשָּׂא יהוה פָּנָיו אֵלֶיךָ וְיָשֵׂם לְךָ שָׁלוֹם. אָמֵן.

Congregation:

אַדִּיר בַּמָּרוֹם, שׁוֹכֵן בִּגְבוּרָה, אַתָּה שָׁלוֹם וְשִׁמְךָ שָׁלוֹם. יְהִי רָצוֹן שֶׁתָּשִׂים עָלֵינוּ וְעַל כָּל־עַמְּךָ בֵּית יִשְׂרָאֵל חַיִּים וּבְרָכָה לְמִשְׁמֶרֶת שָׁלוֹם.

*During the repetition of the Amidah, the Reader
continues here (except in congregations where
Kohanim chant the priestly blessing):*

Bless us, our God and God of our ancestors, with the threefold
blessing written in the Torah by Moses, Your servant, pronounced
by Aaron and his descendants, *Kohanim*, Your holy people:

Congregation:

May Adonai bless you and guard you.   Ken y'hi ratzon.
May Adonai show you favor
  and be gracious to you.   Ken y'hi ratzon.
May Adonai show you kindness
  and grant you peace.   Ken y'hi ratzon.
                                              May this be God's will.

The Reader continues on page 178.

---

*During the repetition of the Amidah on Festivals,
in congregations where Kohanim chant the blessing,
the Reader continues here:*

Bless us, our God and God of our ancestors, with the threefold
blessing written in the Torah by Moses, Your servant, pronounced
by Aaron and by his descendants,
Kohanim,

Congregation:
Your holy people:

Kohanim:

Praised are You Adonai our God, who rules the universe, instill-
ing holiness in us through the holiness of Aaron, commanding us
to bless His people Israel lovingly.

Reader, followed by Kohanim: *Congregation:*

May Adonai bless you and guard you.   Amen.
May Adonai show you favor and be gracious to you.   Amen.
May Adonai show you kindness and grant you peace.   Amen.

Congregation:

Exalted in might, You are peace and Your name is peace. Bless us
and the entire House of Israel with life and with enduring
peace.

שִׂים שָׁלוֹם בָּעוֹלָם, טוֹבָה וּבְרָכָה, חֵן וָחֶסֶד וְרַחֲמִים עָלֵינוּ וְעַל כָּל־יִשְׂרָאֵל עַמֶּךָ. בָּרְכֵנוּ אָבִינוּ כֻּלָּנוּ כְּאֶחָד בְּאוֹר פָּנֶיךָ, כִּי בְאוֹר פָּנֶיךָ נָתַתָּ לָּנוּ, יהוה אֱלֹהֵינוּ, תּוֹרַת חַיִּים וְאַהֲבַת חֶסֶד, וּצְדָקָה וּבְרָכָה וְרַחֲמִים וְחַיִּים וְשָׁלוֹם. וְטוֹב בְּעֵינֶיךָ לְבָרֵךְ אֶת־עַמְּךָ יִשְׂרָאֵל בְּכָל־עֵת וּבְכָל־שָׁעָה בִּשְׁלוֹמֶךָ. בָּרוּךְ אַתָּה יהוה הַמְבָרֵךְ אֶת־עַמּוֹ יִשְׂרָאֵל בַּשָּׁלוֹם.

The Ḥazzan's chanting of the עמידה *ends here.*

The silent recitation of the עמידה *concludes with a personal prayer.*

אֱלֹהַי, נְצוֹר לְשׁוֹנִי מֵרָע וּשְׂפָתַי מִדַּבֵּר מִרְמָה, וְלִמְקַלְלַי נַפְשִׁי תִדּוֹם, וְנַפְשִׁי כֶּעָפָר לַכֹּל תִּהְיֶה. פְּתַח לִבִּי בְּתוֹרָתֶךָ וּבְמִצְוֹתֶיךָ תִּרְדּוֹף נַפְשִׁי. וְכָל־הַחוֹשְׁבִים עָלַי רָעָה, מְהֵרָה הָפֵר עֲצָתָם וְקַלְקֵל מַחֲשַׁבְתָּם. עֲשֵׂה לְמַעַן שְׁמֶךָ, עֲשֵׂה לְמַעַן יְמִינֶךָ, עֲשֵׂה לְמַעַן קְדֻשָּׁתֶךָ, עֲשֵׂה לְמַעַן תּוֹרָתֶךָ, לְמַעַן יֵחָלְצוּן יְדִידֶיךָ, הוֹשִׁיעָה יְמִינְךָ וַעֲנֵנִי. יִהְיוּ לְרָצוֹן אִמְרֵי־פִי וְהֶגְיוֹן לִבִּי לְפָנֶיךָ, יהוה צוּרִי וְגוֹאֲלִי. עֹשֶׂה שָׁלוֹם בִּמְרוֹמָיו, הוּא יַעֲשֶׂה שָׁלוֹם עָלֵינוּ וְעַל כָּל־יִשְׂרָאֵל, וְאִמְרוּ אָמֵן.

יְהִי רָצוֹן מִלְּפָנֶיךָ יהוה אֱלֹהֵינוּ וֵאלֹהֵי אֲבוֹתֵינוּ, שֶׁיִּבָּנֶה בֵּית הַמִּקְדָּשׁ בִּמְהֵרָה בְיָמֵינוּ וְתֵן חֶלְקֵנוּ בְּתוֹרָתֶךָ. וְשָׁם נַעֲבָדְךָ בְּיִרְאָה כִּימֵי עוֹלָם וּכְשָׁנִים קַדְמוֹנִיּוֹת.

An alternative concluding prayer for יום טוב

רִבּוֹנוֹ שֶׁל עוֹלָם, אֲדוֹן הַשִּׂמְחָה שֶׁאֵין לְפָנָיו עַצְבוּת, זַכֵּנִי בְּרַחֲמֶיךָ הָרַבִּים לְקַבֵּל וּלְהַמְשִׁיךְ עָלַי קְדֻשַּׁת יוֹם טוֹב בְּשִׂמְחָה וְחֶדְוָה. יָשִׂישׂוּ וְיִשְׂמְחוּ בְּךָ כָּל־מְבַקְשֶׁיךָ. תָּאִיר לִי וּתְלַמְּדֵנִי לַהֲפֹךְ יָגוֹן וַאֲנָחָה לְשִׂמְחָה, שֶׁהַהִתְרַחֲקוּת מִמְּךָ בָּאָה לָנוּ עַל יְדֵי הָעַצְבוּת. הָשִׁיבָה לִּי שְׂשׂוֹן יִשְׁעֶךָ, וְרוּחַ נְדִיבָה תִסְמְכֵנִי. יִהְיוּ לְרָצוֹן אִמְרֵי־פִי וְהֶגְיוֹן לִבִּי לְפָנֶיךָ, יהוה צוּרִי וְגוֹאֲלִי. עֹשֶׂה שָׁלוֹם בִּמְרוֹמָיו, הוּא יַעֲשֶׂה שָׁלוֹם עָלֵינוּ וְעַל כָּל־יִשְׂרָאֵל, וְאִמְרוּ אָמֵן.

On סוכות, הושענות *are recited, page 200.*

Grant universal peace, with happiness, blessing, grace, love, and mercy for us and for all the people Israel. Bless us, our Creator, one and all, with Your light; for You have given us, by that light, the guide to a life of caring, filled with generosity and contentment, kindness and well-being — and peace. May it please You to bless Your people Israel in every season and at all times with Your gift of peace. Praised are You Adonai, who blesses His people Israel with peace.

> *The silent recitation of the Amidah concludes with*
> *a personal prayer.*

My God, keep my tongue from evil, my lips from lies. Help me ignore those who would slander me. Let me be humble before all. Open my heart to Your Torah, that I may pursue Your mitzvot. Frustrate the designs of those who plot evil against me; make nothing of their schemes. Act for the sake of Your compassion, Your power, Your holiness, and Your Torah. Answer my prayer for the deliverance of Your people. May the words of my mouth and the meditations of my heart be acceptable to You, my Rock and my Redeemer. May the One who brings peace to His universe bring peace to us and to all the people Israel. Amen.

> May it be Your will, Adonai our God and God of our ancestors, that the Temple be restored in our day, and grant us a portion among those devoted to Your Torah. May we worship You there, in splendor and in awe, as in ancient days.

> *An alternative concluding prayer for Festivals*

Sovereign, Master of joy in whose presence despair takes flight, grant me the capacity to welcome and extend the holiness of this Festival with happiness and delight. Let all who seek You be jubilant, rejoicing in Your presence. Teach me to transcend sorrow with abiding contentment, for estrangement from You grows out of despair. Revive in me the joy of Your deliverance; may a willing spirit strengthen me. May the words of my mouth and the meditations of my heart be acceptable to You, my Rock and my Redeemer. May the One who ordains universal peace bring peace to us and to all the people Israel. Amen.

On Sukkot, Hoshanot are recited, page 200.

🌿 A MEDITATION ON THE MUSAF AMIDAH
FOR FESTIVALS

Help me, O God, to pray.

Our ancestors worshiped You. Abraham and Sarah, Rebecca and Isaac, Jacob, Rachel, and Leah, stood in awe before You. We, too, reach for You, infinite, awesome, transcendent God, source of all being whose truth shines through our ancestors' lives. We, their distant descendants, draw strength from their lives and from Your redeeming love. Be our help and our shield, as You were theirs. We praise You, God, Guardian of Abraham.

Your power sustains the universe. You breathe life into dead matter. With compassion You care for all who live. Your limitless love lets life triumph over death, heals the sick, upholds the exhausted, frees the enslaved, keeps faith even with the dead. Who is like You, God of splendor and power incomparable? You govern both life and death, Your presence brings our souls to blossom. We praise You, God who wrests life from death.

Sacred are You, sacred Your mystery. Seekers of holiness worship You all their lives. We praise You, God, ultimate sacred mystery.

Out of all humanity You chose us, You loved us, You found pleasure in us. Out of all peoples, through Your law, You uplifted us, You consecrated us, You drew us near to serve You, and shared with us Your great and holy name. Lovingly, *Adonai Eloheinu*, You gave us (Sabbaths for rest,) Festivals for joy, feasts and holy days for delight,

this Festival of Sukkot, season of our rejoicing,
this Festival of Sh'mini Atzeret, season of our rejoicing,
this Feast of Matzah, season of our liberation,
this Feast of Shavuot, season of Matan Torah,

a sacred gathering, memento of our Exodus from Egypt.

Tragically, we were exiled from our homeland, driven far from our roots. No longer can we perform our rites as in the Temple in ancient days. The hand of history has been heavy upon us. Yet we pray, *Adonai Eloheinu*, God of our ancestors: Show mercy once again to us and to Your holy place. Rebuild Jerusalem and enhance her splendor. *Avinu Malkenu*, reveal to us soon Your triumphant will. With all humanity as witness make Yourself manifest in our midst. Gather our scattered people. Forge us into a global unity. Lead us to Zion with joy, to Jerusalem, Your holy city, with endless delight. There may we fulfill our duty to worship You, recalling the ancient pageant of sacrifice.

[*On Shabbat add:* Those who observe Shabbat, calling it a pleasure, rejoice in Your sovereignty. Contentment and delight with Your blessings fill all who keep Shabbat holy — Shabbat, the seventh day, Your will and mystery and joy, sweetest of days, memento of creation.]

Shower upon us, *Adonai Eloheinu*, the gift of Your Festivals for life and peace, for happiness and joy, as You have promised to bless us. Consecrate us through Your law, give us a share of Your truth, fulfill us with Your goodness, cheer us with Your help. Make our hearts worthy to serve You truly. May Your holy Festivals be our glad and glorious treasure. Let Jews who worship You find joy today. We praise You O God, whose holiness illumines Israel and the sacred seasons.

Would that Your people at prayer gained delight in You. Would that we were aflame with the passionate piety of our ancestors' worship. Would that You found our worship acceptable and forever cherished Your people. If only our eyes could see Your glory perennially renewed in Jerusalem. We praise You, God whose presence forever radiates from Zion.

You are our God today as You were our ancestors' God throughout the ages; firm foundation of our lives, we are Yours in gratitude and love. Our lives are safe in Your hand, our souls entrusted to Your care. Our sense of wonder and our praise of Your miracles and kindnesses greet You daily at dawn, dusk, and noon. O Gentle One, Your caring is endless; O Compassionate One, Your love is eternal. You are forever our hope. Let all the living confront You with thankfulness, delight, and truth. Help us, O God; sustain us. We praise You, God whose touchstone is goodness. To pray to You is joy.

O God, from whom all peace flows, grant serenity to Your Jewish people, with love and mercy, life and goodness for all. Shelter us with kindness, bless us with tranquility at all times and all seasons. We praise You, God whose blessing is peace.

May my tongue be innocent of malice and my lips free from lies. When confronted by enemies may my soul stay calm, truly humble to all. Open my heart with Your teachings, that I may be guided by You. May all who plan evil against me abandon their schemes. Hear my words and help me, God, because You are loving, because You reveal Your Torah. May You find delight in the words of my mouth and in the emotions of my heart, God, my strength and my salvation. As You maintain harmony in the heavens, give peace to us and to the whole Jewish people. Amen.

קדיש שלם

Ḥazzan:

יִתְגַּדַּל וְיִתְקַדַּשׁ שְׁמֵהּ רַבָּא, בְּעָלְמָא דִּי בְרָא, כִּרְעוּתֵהּ, וְיַמְלִיךְ מַלְכוּתֵהּ בְּחַיֵּיכוֹן וּבְיוֹמֵיכוֹן וּבְחַיֵּי דְכָל־בֵּית יִשְׂרָאֵל, בַּעֲגָלָא וּבִזְמַן קָרִיב, וְאִמְרוּ אָמֵן.

Congregation and Ḥazzan:

יְהֵא שְׁמֵהּ רַבָּא מְבָרַךְ לְעָלַם וּלְעָלְמֵי עָלְמַיָּא.

Ḥazzan:

יִתְבָּרַךְ וְיִשְׁתַּבַּח וְיִתְפָּאַר וְיִתְרוֹמַם וְיִתְנַשֵּׂא וְיִתְהַדַּר וְיִתְעַלֶּה וְיִתְהַלַּל שְׁמֵהּ דְּקֻדְשָׁא, בְּרִיךְ הוּא *לְעֵלָּא מִן כָּל־בִּרְכָתָא וְשִׁירָתָא תֻּשְׁבְּחָתָא וְנֶחֱמָתָא דַּאֲמִירָן בְּעָלְמָא, וְאִמְרוּ אָמֵן.

*On שבת שובה: לְעֵלָּא לְעֵלָּא מִכָּל־בִּרְכָתָא וְשִׁירָתָא

תִּתְקַבַּל צְלוֹתְהוֹן וּבָעוּתְהוֹן דְּכָל־יִשְׂרָאֵל קֳדָם אֲבוּהוֹן דִּי בִשְׁמַיָּא וְאִמְרוּ אָמֵן.

יְהֵא שְׁלָמָא רַבָּא מִן שְׁמַיָּא וְחַיִּים עָלֵינוּ וְעַל כָּל־יִשְׂרָאֵל, וְאִמְרוּ אָמֵן.

עֹשֶׂה שָׁלוֹם בִּמְרוֹמָיו, הוּא יַעֲשֶׂה שָׁלוֹם עָלֵינוּ וְעַל כָּל־יִשְׂרָאֵל, וְאִמְרוּ אָמֵן.

KADDISH SHALEM

Reader:

May God's name be exalted and hallowed throughout the world that He created, as is God's wish. May God's sovereignty soon be accepted, during our life and the life of all Israel. And let us say: Amen.

Congregation and Reader:

Y'hei sh'mei raba m'varakh l'alam u-l'almei almaya.
May God's great name be praised throughout all time.

Reader:

Glorified and celebrated, lauded and worshiped, exalted and honored, extolled and acclaimed may the Holy One be, praised beyond all song and psalm, beyond all tributes that mortals can utter. And let us say: Amen.

May the prayers and pleas of all the people Israel be accepted by our Guardian in heaven. And let us say: Amen.

Let there be abundant peace from heaven, with life's goodness for us and for all Israel. And let us say: Amen.

May the One who brings peace to His universe bring peace to us and to all Israel. And let us say: Amen.

אין כאלהינו

אֵין כֵּאלֹהֵינוּ, אֵין כַּאדוֹנֵנוּ,
אֵין כְּמַלְכֵּנוּ, אֵין כְּמוֹשִׁיעֵנוּ.

מִי כֵאלֹהֵינוּ, מִי כַאדוֹנֵנוּ,
מִי כְמַלְכֵּנוּ, מִי כְמוֹשִׁיעֵנוּ.

נוֹדֶה לֵאלֹהֵינוּ, נוֹדֶה לַאדוֹנֵנוּ,
נוֹדֶה לְמַלְכֵּנוּ, נוֹדֶה לְמוֹשִׁיעֵנוּ.

בָּרוּךְ אֱלֹהֵינוּ, בָּרוּךְ אֲדוֹנֵנוּ,
בָּרוּךְ מַלְכֵּנוּ, בָּרוּךְ מוֹשִׁיעֵנוּ.

אַתָּה הוּא אֱלֹהֵינוּ, אַתָּה הוּא אֲדוֹנֵנוּ,
אַתָּה הוּא מַלְכֵּנוּ, אַתָּה הוּא מוֹשִׁיעֵנוּ.

אַתָּה הוּא שֶׁהִקְטִירוּ אֲבוֹתֵינוּ לְפָנֶיךָ אֶת־קְטֹרֶת הַסַּמִּים.

This ancient rabbinic lesson emphasizes that our future rests upon our children and disciples. We pray for a future marked by Torah and peace, in which our children will follow the example of Aaron, loving and pursuing peace, and attracting others to Torah.

ברכות סד.

אָמַר רַבִּי אֶלְעָזָר, אָמַר רַבִּי חֲנִינָא:
תַּלְמִידֵי חֲכָמִים מַרְבִּים שָׁלוֹם בָּעוֹלָם, שֶׁנֶּאֱמַר: וְכָל־בָּנַיִךְ לִמּוּדֵי יהוה, וְרַב שְׁלוֹם בָּנָיִךְ. אַל תִּקְרָא בָּנָיִךְ אֶלָּא בּוֹנָיִךְ. שָׁלוֹם רָב לְאֹהֲבֵי תוֹרָתֶךָ, וְאֵין לָמוֹ מִכְשׁוֹל. יְהִי שָׁלוֹם בְּחֵילֵךְ, שַׁלְוָה בְּאַרְמְנוֹתָיִךְ. לְמַעַן אַחַי וְרֵעָי, אֲדַבְּרָה־נָּא שָׁלוֹם בָּךְ. לְמַעַן בֵּית יהוה אֱלֹהֵינוּ, אֲבַקְשָׁה טוֹב לָךְ. יהוה עֹז לְעַמּוֹ יִתֵּן, יהוה יְבָרֵךְ אֶת־עַמּוֹ בַשָּׁלוֹם.

Some congregations add קדיש דרבנן*, page 71.*

✣ EIN KELOHEINU

Ein keloheinu,   ein kadonenu,
ein k'malkenu,   ein k'moshi-enu.

Mi kheloheinu,   mi khadonenu,
mi kh'malkenu,   mi kh'moshi-enu.

Nodeh leloheinu,   nodeh ladonenu,
nodeh l'malkenu,   nodeh l'moshi-enu.

Barukh Eloheinu,   barukh Adonenu,
barukh Malkenu,   barukh Moshi-enu.

Atah hu Eloheinu,   atah hu Adonenu,
atah hu Malkenu,   atah hu Moshi-enu.

Atah hu she-hiktiru avoteinu l'fanekha et k'toret ha-samim.

None compare to our God, to our Ruler.
None compare to our Sovereign, to our Deliverer.

Who compares to our God, to our Ruler?
Who compares to our Sovereign, to our Deliverer?

Let us thank our God, our Ruler.
Let us thank our Sovereign, our Deliverer.

Let us praise our God, our Ruler.
Let us praise our Sovereign, our Deliverer.

You are our God, our Ruler.
You are our Sovereign, our Deliverer.

You are the One to whom our ancestors offered incense.

Talmud B'RAKHOT 64a

Rabbi Elazar taught in the name of Rabbi Ḥanina:
Peace is increased by disciples of sages; as it was said: When all of
your children are taught of Adonai, great will be the peace of your
children (Isaiah 54:13). The second mention of "your children"
(*banayikh*) means all who have true understanding (*bonayikh*).
Thus it is written in the Book of Psalms: *Those who love Your
Torah have great peace; nothing makes them stumble* (119:165).
*May there be peace within your walls, security within your gates.
For the sake of my colleagues and friends I say: May peace
reside within you. For the sake of the House of Adonai I will seek
your welfare* (122:7-9). *May Adonai grant His people strength;
may Adonai bless His people with peace* (29:11).

Some congregations add Kaddish D'Rabbanan, page 71.

עלינו 🌿

עָלֵינוּ לְשַׁבֵּחַ לַאֲדוֹן הַכֹּל, לָתֵת גְּדֻלָּה לְיוֹצֵר בְּרֵאשִׁית, שֶׁלֹּא עָשָׂנוּ כְּגוֹיֵי הָאֲרָצוֹת וְלֹא שָׂמָנוּ כְּמִשְׁפְּחוֹת הָאֲדָמָה, שֶׁלֹּא שָׂם חֶלְקֵנוּ כָּהֶם, וְגוֹרָלֵנוּ כְּכָל־הֲמוֹנָם.

וַאֲנַחְנוּ כּוֹרְעִים וּמִשְׁתַּחֲוִים וּמוֹדִים

לִפְנֵי מֶלֶךְ מַלְכֵי הַמְּלָכִים, הַקָּדוֹשׁ בָּרוּךְ הוּא,

שֶׁהוּא נוֹטֶה שָׁמַיִם וְיוֹסֵד אָרֶץ, וּמוֹשַׁב יְקָרוֹ בַּשָּׁמַיִם מִמַּעַל, וּשְׁכִינַת עֻזּוֹ בְּגָבְהֵי מְרוֹמִים. הוּא אֱלֹהֵינוּ, אֵין עוֹד. אֱמֶת מַלְכֵּנוּ, אֶפֶס זוּלָתוֹ, כַּכָּתוּב בְּתוֹרָתוֹ: וְיָדַעְתָּ הַיּוֹם וַהֲשֵׁבֹתָ אֶל לְבָבֶךָ, כִּי יְהוָה הוּא הָאֱלֹהִים בַּשָּׁמַיִם מִמַּעַל וְעַל הָאָרֶץ מִתַּחַת, אֵין עוֹד.

עַל כֵּן נְקַוֶּה לְךָ יְהוָה אֱלֹהֵינוּ, לִרְאוֹת מְהֵרָה בְּתִפְאֶרֶת עֻזֶּךָ, לְהַעֲבִיר גִּלּוּלִים מִן הָאָרֶץ וְהָאֱלִילִים כָּרוֹת יִכָּרֵתוּן, לְתַקֵּן עוֹלָם בְּמַלְכוּת שַׁדַּי, וְכָל־בְּנֵי בָשָׂר יִקְרְאוּ בִשְׁמֶךָ, לְהַפְנוֹת אֵלֶיךָ כָּל־רִשְׁעֵי אָרֶץ. יַכִּירוּ וְיֵדְעוּ כָּל־יוֹשְׁבֵי תֵבֵל כִּי לְךָ תִּכְרַע כָּל־בֶּרֶךְ, תִּשָּׁבַע כָּל־לָשׁוֹן. לְפָנֶיךָ יְהוָה אֱלֹהֵינוּ יִכְרְעוּ וְיִפֹּלוּ. וְלִכְבוֹד שִׁמְךָ יְקָר יִתֵּנוּ, וִיקַבְּלוּ כֻלָּם אֶת־עֹל מַלְכוּתֶךָ וְתִמְלֹךְ עֲלֵיהֶם מְהֵרָה לְעוֹלָם וָעֶד, כִּי הַמַּלְכוּת שֶׁלְּךָ הִיא וּלְעוֹלְמֵי עַד תִּמְלוֹךְ בְּכָבוֹד, כַּכָּתוּב בְּתוֹרָתֶךָ: יְהוָה יִמְלֹךְ לְעֹלָם וָעֶד. ☐ וְנֶאֱמַר: וְהָיָה יְהוָה לְמֶלֶךְ עַל כָּל־הָאָרֶץ, בַּיּוֹם הַהוּא יִהְיֶה יְהוָה אֶחָד וּשְׁמוֹ אֶחָד.

Some congregations add Psalms appropriate to the day (pages 72 to 80).

The authorship of Aleinu has been ascribed to Rav, a Babylonian rabbi of the third century C.E., although some scholars believe it may have been composed centuries earlier, and was already part of the ritual in the Second Temple. Originally composed for the Rosh Hashanah liturgy, Aleinu has been included, since the Middle Ages, in every daily service throughout the year. It eloquently conveys our universalist hope that someday God will be worshiped by all humanity.

ALEINU

We rise to our duty to praise the Master of all, to acclaim the Creator. God made our lot unlike that of other people, assigning to us a unique destiny. We bend the knee and bow, acknowledging the Supreme Sovereign, the Holy One, exalted, who spread out the heavens and laid the foundations of the earth; whose glorious abode is in the highest heaven, whose mighty dominion is in the loftiest heights. This is our God; there is no other. In truth, God alone is our Ruler, as is written in the Torah: "Know this day and take it to heart that Adonai is God in heaven above and on earth below; there is no other."

Aleinu l'shabe-aḥ la'adon ha-kol, la-tet g'dulah l'yotzer b'reshit,
she-lo asanu k'goyei ha-aratzot
v'lo samanu k'mishp'ḥot ha'adamah,
she-lo sahm ḥelkenu kahem, v'goralenu k'khol hamonam.

Va-anaḥnu kor'im u-mishtaḥavim u-modim
lifnei melekh malkhei ha-m'lakhim, Ha-kadosh Barukh Hu.

And so we hope in You, Adonai our God, soon to see Your splendor: That You will sweep idolatry away so that false gods will be utterly destroyed, and that you will perfect the world by Your sovereignty so that all humanity will invoke Your name, and all the earth's wicked will return to You, repentant. Then all who live will know that to You every knee must bend, every tongue pledge loyalty. To You, Adonai, may all bow in worship. May they give honor to Your glory; may everyone accept Your dominion. Reign over all, soon and for all time. Sovereignty is Yours in glory, now and forever. Thus is it written in Your Torah: "Adonai reigns for ever and ever." Such is the prophetic assurance: "Adonai shall be acknowledged Ruler of all the earth. On that day Adonai shall be One and His name One."

V'ne-emar, v'haya Adonai l'melekh al kol ha-aretz,
ba-yom ha-hu yih'yeh Adonai eḥad u-sh'mo eḥad.

Some congregations add psalms appropriate to the day *(pages 72 to 80).*

One of the essential beliefs of Judaism is that God is both the all-powerful Author and Ruler of the universe, and our loving Shepherd and Guide. In the first paragraph of Aleinu, we speak of God in the third person, as befits God's awesome might. In the second paragraph, as we long for God's closeness to all humanity, our sages chose the more personal intimacy of the second person to describe our relationship with God.

קדיש יתום

In love we remember those who no longer walk this earth. We are grateful to God for the gift of their lives, for the joys we shared, and for the cherished memories that never fade. May God grant those who mourn the strength to see beyond their sorrow, sustaining them despite their grief. May the faith that binds us to our loved ones be a continuing source of comfort, as we invite those who mourn, and those observing Yahrzeit, to praise God's name with the words of the Kaddish.

Mourners and those observing Yahrzeit:

יִתְגַּדַּל וְיִתְקַדַּשׁ שְׁמֵהּ רַבָּא, בְּעָלְמָא דִּי בְרָא, כִּרְעוּתֵהּ, וְיַמְלִיךְ מַלְכוּתֵהּ בְּחַיֵּיכוֹן וּבְיוֹמֵיכוֹן וּבְחַיֵּי דְכָל־בֵּית יִשְׂרָאֵל, בַּעֲגָלָא וּבִזְמַן קָרִיב, וְאִמְרוּ אָמֵן.

Congregation and mourners:

יְהֵא שְׁמֵהּ רַבָּא מְבָרַךְ לְעָלַם וּלְעָלְמֵי עָלְמַיָּא.

Mourners:

יִתְבָּרַךְ וְיִשְׁתַּבַּח וְיִתְפָּאַר וְיִתְרוֹמַם וְיִתְנַשֵּׂא וְיִתְהַדַּר וְיִתְעַלֶּה וְיִתְהַלַּל שְׁמֵהּ דְּקֻדְשָׁא, בְּרִיךְ הוּא *לְעֵֽלָּא מִן כָּל־בִּרְכָתָא וְשִׁירָתָא תֻּשְׁבְּחָתָא וְנֶחֱמָתָא דַּאֲמִירָן בְּעָלְמָא, וְאִמְרוּ אָמֵן.

**On שבת שובה:* לְעֵֽלָּא לְעֵֽלָּא מִכָּל־בִּרְכָתָא וְשִׁירָתָא

יְהֵא שְׁלָמָא רַבָּא מִן שְׁמַיָּא וְחַיִּים עָלֵינוּ וְעַל כָּל־יִשְׂרָאֵל, וְאִמְרוּ אָמֵן.

עֹשֶׂה שָׁלוֹם בִּמְרוֹמָיו, הוּא יַעֲשֶׂה שָׁלוֹם עָלֵינוּ וְעַל כָּל־יִשְׂרָאֵל, וְאִמְרוּ אָמֵן.

MOURNER'S KADDISH

As we recite the Kaddish, we pray that all people throughout the world will recognize God's sovereignty in our time. For only to the extent that God's sovereignty is felt in the world, can blessing and song, peace and harmony, hope and consolation fill our lives. Thus, in recalling our dead, of blessed memory, we confront our loss in the presence of the congregation with an affirmation of faith. Let those who are in mourning or observing Yahrzeit join in praise of God's name.

Mourners and those observing Yahrzeit:

Yitgadal v'yitkadash sh'mei raba, b'alma di v'ra, kir'utei,
v'yamlikh malkhutei b'ḥayeikhon u-v'yomeikhon
u-v'ḥayei d'khol beit Yisra-el,
ba'agalah u-vi-z'man kariv, v'imru amen.

Congregation and mourners:

Y'hei sh'mei raba m'varakh l'alam u-l'almei almaya.

Mourners:

Yitbarakh v'yishtabaḥ v'yitpa-ar v'yitromam v'yitnasei,
v'yit-hadar v'yit'aleh v'yit-halal sh'mei d'kudsha, b'rikh hu
*l'ela min kol birkhata v'shirata tushb'ḥata v'neḥamata
da'amiran b'alma, v'imru amen.

**On Shabbat Shuvah:* l'ela l'ela mi-kol birkhata v'shirata

Y'hei sh'lama raba min sh'maya
v'ḥayim aleinu v'al kol Yisra-el, v'imru amen.

Oseh shalom bi-m'romav, hu ya'aseh shalom
aleinu v'al kol Yisra-el, v'imru amen.

An English translation of the Mourner's Kaddish may be found on page 82.

שיר הכבוד

The ארון הקודש is opened.

אַנְעִים זְמִירוֹת וְשִׁירִים אֶאֱרוֹג, כִּי אֵלֶיךָ נַפְשִׁי תַעֲרוֹג.
נַפְשִׁי חָמְדָה בְּצֵל יָדֶךָ, לָדַעַת כָּל־רָז סוֹדֶךָ.

מִדֵּי דַבְּרִי בִּכְבוֹדֶךָ הוֹמֶה לִבִּי אֶל דּוֹדֶיךָ.
עַל כֵּן אֲדַבֵּר בְּךָ נִכְבָּדוֹת, וְשִׁמְךָ אֲכַבֵּד בְּשִׁירֵי יְדִידוֹת.

אֲסַפְּרָה כְבוֹדְךָ וְלֹא רְאִיתִיךָ, אֲדַמְּךָ אֲכַנְּךָ וְלֹא יְדַעְתִּיךָ.
בְּיַד נְבִיאֶיךָ בְּסוֹד עֲבָדֶיךָ דִּמִּיתָ הֲדַר כְּבוֹד הוֹדֶךָ.

גְּדֻלָּתְךָ וּגְבוּרָתֶךָ, כִּנּוּ לְתֹקֶף פְּעֻלָּתֶךָ.
דִּמּוּ אוֹתְךָ וְלֹא כְּפִי יֶשְׁךָ, וַיְשַׁוּוּךָ לְפִי מַעֲשֶׂיךָ.

הִמְשִׁילוּךָ בְּרֹב חֶזְיוֹנוֹת, הִנְּךָ אֶחָד בְּכָל־דִּמְיוֹנוֹת.
וַיֶּחֱזוּ בְךָ זִקְנָה וּבַחֲרוּת, וּשְׂעַר רֹאשְׁךָ בְּשֵׂיבָה וְשַׁחֲרוּת.

זִקְנָה בְּיוֹם דִּין וּבַחֲרוּת בְּיוֹם קְרָב,
כְּאִישׁ מִלְחָמוֹת יָדָיו לוֹ רָב.
חָבַשׁ כּוֹבַע יְשׁוּעָה בְּרֹאשׁוֹ, הוֹשִׁיעָה לּוֹ יְמִינוֹ וּזְרוֹעַ קָדְשׁוֹ.

טַלְלֵי אוֹרוֹת רֹאשׁוֹ נִמְלָא, קְוֻצּוֹתָיו רְסִיסֵי לָיְלָה.
יִתְפָּאֵר בִּי כִּי חָפֵץ בִּי, וְהוּא יִהְיֶה לִּי לַעֲטֶרֶת צְבִי.

כֶּתֶם טָהוֹר פָּז דְּמוּת רֹאשׁוֹ, וְחַק עַל מֵצַח כְּבוֹד שֵׁם קָדְשׁוֹ.
לְחֵן וּלְכָבוֹד צְבִי תִפְאָרָה, אֻמָּתוֹ לוֹ עִטְּרָה עֲטָרָה.

This song is attributed to Yehudah HeḤasid, a twelfth-century Kabbalist. The poet embroiders a tapestry of praises to God, employing images from the Torah, the visions of the prophets, the Psalms, and the Song of Songs — all the while keenly aware that no human language can do more than hint at God's true majesty. He attempts to describe a God who is beyond all description, a God for whom he longs, but can never really know.

HYMN OF GLORY

An'im Z'mirot

The Ark is opened.

Melodies I weave, songs I sweetly sing;
Yearning for Your presence, to You I long to cling.

Within Your sheltering hand my soul delights to dwell;
Grasping at Your mystery, captured by Your spell.

When speaking of Your glory, Your radiance sublime,
My heart cries for Your love, a love transcending time.

Thus I sing Your glory in speech as well as song,
Declaring with my love: To You I do belong.

Never have I seen You, yet I state Your praise;
Never having known You, I laud You and Your ways.

To Your assembled servants and in Your prophets' speech,
You hinted at Your glory, which lay beyond their reach.

The vastness of Your power, the marvel of Your might
Were mirrored in Your actions, reflected in their sight.

The faithful ones portrayed You, but never as You are;
They told of all Your deeds, imagined from afar.

They spoke of You with parables, in visionary thought,
While ever Your great oneness inhered in all they taught.

In vain did they describe You as one now young, now old,
With hair now dark, now gray — as if it could be told:

Youth and force in battle, old age on judgment day;
Like a seasoned soldier, whose hands will clear the way.

Adorned with triumph, a helmet on His head,
God's power and holiness instill His foes with dread.

God's head suffused with dew, bathed in radiant light,
and locks of hair covered with dewdrops of the night.

God takes pride in me with heavenly delight;
And God will be my crown, whose praise I will recite.

God's head do we envision as pure and beaten gold,
That bears His holy name in letters large and bold.

With dignity and kindness, with splendor that they share,
Yisrael, God's people, crown God with their prayer.

מַחְלְפוֹת רֹאשׁוֹ כְּבִימֵי בְחֻרוֹת, קְוֻצּוֹתָיו תַּלְתַּלִּים שְׁחוֹרוֹת.
נְוֵה הַצֶּדֶק, צְבִי תִפְאַרְתּוֹ, יַעֲלֶה נָּא עַל רֹאשׁ שִׂמְחָתוֹ.

סְגֻלָּתוֹ תְּהִי בְיָדוֹ עֲטֶרֶת, וּצְנִיף מְלוּכָה צְבִי תִפְאֶרֶת.
עֲמוּסִים נְשָׂאָם עֲטֶרֶת עִנְּדָם, מֵאֲשֶׁר יָקְרוּ בְעֵינָיו כִּבְּדָם.

פְּאֵרוֹ עָלַי וּפְאֵרִי עָלָיו, וְקָרוֹב אֵלַי בְּקָרְאִי אֵלָיו.
צַח וְאָדוֹם לִלְבוּשׁוֹ אָדוֹם, פּוּרָה בְדָרְכוֹ בְּבוֹאוֹ מֵאֱדוֹם.

קֶשֶׁר תְּפִלִּין הֶרְאָה לֶעָנָו, תְּמוּנַת יהוה לְנֶגֶד עֵינָיו.
רוֹצֶה בְעַמּוֹ עֲנָוִים יְפָאֵר, יוֹשֵׁב תְּהִלּוֹת בָּם לְהִתְפָּאֵר.

רֹאשׁ דְּבָרְךָ אֱמֶת קוֹרֵא מֵרֹאשׁ, דּוֹר וָדוֹר, עַם דּוֹרֶשְׁךָ דְּרוֹשׁ.
שִׁית הֲמוֹן שִׁירַי נָא עָלֶיךָ, וְרִנָּתִי תִּקְרַב אֵלֶיךָ.

תְּהִלָּתִי תְּהִי לְרֹאשְׁךָ עֲטֶרֶת, וּתְפִלָּתִי תִּכּוֹן קְטֹרֶת.
תִּיקַר שִׁירַת רָשׁ בְּעֵינֶיךָ, כַּשִּׁיר יוּשַׁר עַל קָרְבָּנֶיךָ.

בִּרְכָתִי תַעֲלֶה לְרֹאשׁ מַשְׁבִּיר, מְחוֹלֵל וּמוֹלִיד צַדִּיק כַּבִּיר.
וּבְבִרְכָתִי תְנַעֲנַע לִי רֹאשׁ, וְאוֹתָהּ קַח לְךָ כִּבְשָׂמִים רֹאשׁ.

יֶעֱרַב נָא שִׂיחִי עָלֶיךָ, כִּי נַפְשִׁי תַעֲרֹג אֵלֶיךָ.

The ארון הקודש is closed.

לְךָ יהוה הַגְּדֻלָּה וְהַגְּבוּרָה וְהַתִּפְאֶרֶת וְהַנֵּצַח וְהַהוֹד,
כִּי כֹל בַּשָּׁמַיִם וּבָאָרֶץ,
לְךָ יהוה הַמַּמְלָכָה וְהַמִּתְנַשֵּׂא לְכֹל לְרֹאשׁ.
מִי יְמַלֵּל גְּבוּרוֹת יהוה, יַשְׁמִיעַ כָּל־תְּהִלָּתוֹ.

In some congregations, the Mourner's Kaddish is recited, page 184.

Encircled is God's head with curly locks of youth,
Hair black as any raven, splendid as the truth.

Nothing is more precious among God's treasured sights
Than Zion, seat of splendor, chief of God's delights.

God's exalted people adorn God as a crown,
A royal diadem of beauty and renown.

God lifts and crowns the people He nurtured since their birth
God loves and honors Israel far beyond their worth.

Through mutual devotion, expressed in song and rhyme,
I know that I approach God's presence so sublime.

Radiant and ruddy, with garments red as wine,
God crushes sinning nations like grapes pulled from a vine.

The knot of God's tefillin shone in humble Moses' eyes;
A vision of God's ways was his glimpse of paradise.

Raising up the humble, enthroned upon their praise,
God relishes His people, exalted through their ways.

Your word is based on truth from the start of all Creation;
Seek good for those who seek You in every generation.

Cherish all my songs as though Your very own;
May this, my joyous verse, approach Your holy throne.

My praise I humbly offer as a crown upon Your head;
For the incense we once gave, accept my prayer instead.

May the words of this my song be precious as the psalter
Once offered You with sacrifice upon the Temple's altar.

My prayer seeks the Creator of the miracle of birth,
Master of beginnings whose justice fills the earth.

And when I chant my prayer, may You greet it with assent;
The scent of ancient offerings to You is my intent.

May You find sweet and pleasing my prayer and my song;
My soul goes out in yearning, for You alone I long.

The Ark is closed.

Yours, Adonai, is the greatness, the power, and the splendor.
Yours is the triumph and the majesty,
For all in the heavens and on the earth is Yours.
Yours, Adonai, is supreme sovereignty.
Who can recount Adonai's mighty deeds?
Who can do full justice to God's praise?

אדון עולם

אֲדוֹן עוֹלָם אֲשֶׁר מָלַךְ בְּטֶרֶם כָּל־יְצִיר נִבְרָא.
לְעֵת נַעֲשָׂה בְחֶפְצוֹ כֹּל אֲזַי מֶלֶךְ שְׁמוֹ נִקְרָא.

וְאַחֲרֵי כִּכְלוֹת הַכֹּל לְבַדּוֹ יִמְלֹךְ נוֹרָא.
וְהוּא הָיָה וְהוּא הֹוֶה, וְהוּא יִהְיֶה בְּתִפְאָרָה.

וְהוּא אֶחָד וְאֵין שֵׁנִי לְהַמְשִׁיל לוֹ לְהַחְבִּירָה.
בְּלִי רֵאשִׁית בְּלִי תַכְלִית, וְלוֹ הָעֹז וְהַמִּשְׂרָה.

וְהוּא אֵלִי וְחַי גּוֹאֲלִי, וְצוּר חֶבְלִי בְּעֵת צָרָה.
וְהוּא נִסִּי וּמָנוֹס לִי מְנָת כּוֹסִי בְּיוֹם אֶקְרָא.

בְּיָדוֹ אַפְקִיד רוּחִי בְּעֵת אִישַׁן וְאָעִירָה.
וְעִם רוּחִי גְּוִיָּתִי יהוה לִי וְלֹא אִירָא.

Adon olam asher malakh b'terem kol y'tzir nivra,
L'eit na'asah b'ḥeftzo kol, azai Melekh sh'mo nikra.

V'aḥarei kikhlot ha-kol l'vado yimlokh nora,
V'hu hayah v'hu hoveh, v'hu yih'yeh b'tif'arah.

V'hu eḥad v'ein sheni l'hamshil lo l'haḥbirah,
B'li rei-sheet b'li takhleet, v'lo ha-oz v'hamisrah.

V'hu e-li v'ḥai go'ali v'tzur ḥevli b'et tzarah,
V'hu nisi u-manos li, m'nat kosi b'yom ekra.

B'yado afkid ruḥi b'et ishan v'a-irah,
V'im ruḥi g'viyati Adonai li v'lo ira.

🌾 ADON OLAM

*Adon Olam is perhaps the best known and most frequently
sung of all synagogue hymns, often attributed to Solomon ibn
Gabirol, the great Spanish philosopher-poet. It begins by
lauding God as the Infinite, the Creator of all, destined to
reign over all. But in the end, the poet can place his ultimate
trust only in God's loving embrace, for "God is with me;
I have no fear."*

Before creation shaped the world,
   eternally God reigned alone;

but only with creation done
   could God as Sovereign be known.

When all is ended, God alone
   will reign in awesome majesty.

God was, God is, always will be
   glorious in eternity.

God is unique and without peer,
   with none at all to be compared.

Without beginning, endlessly,
   God's vast dominion is not shared.

But still — my God, my only hope,
   my one true refuge in distress,

my shelter sure, my cup of life,
   with goodness real and limitless.

I place my spirit in God's care;
   my body too can feel God near.

When I sleep, as when I wake,
   God is with me; I have no fear.

יִזְכּוֹר

Yizkor

Memorial Service

YIZKOR יזכור

יהוה, מָה־אָדָם וַתֵּדָעֵהוּ, בֶּן־אֱנוֹשׁ וַתְּחַשְּׁבֵהוּ.
אָדָם לַהֶבֶל דָּמָה, יָמָיו כְּצֵל עוֹבֵר.
בַּבֹּקֶר יָצִיץ וְחָלָף, לָעֶרֶב יְמוֹלֵל וְיָבֵשׁ.
תָּשֵׁב אֱנוֹשׁ עַד־דַּכָּא, וַתֹּאמֶר שׁוּבוּ בְנֵי־אָדָם.
שׁוּבָה יהוה, עַד־מָתָי, וְהִנָּחֵם עַל עֲבָדֶיךָ.

There is a time for everything,
for all things under the sun:
A time to be born and a time to die,
a time to laugh and a time to cry;

a time to dance and a time to mourn,
a time to seek and a time to lose,
a time to forget and a time to remember.

This day in sacred convocation
we remember those who gave us life.

We remember those who enriched our lives
with love and beauty, kindness and compassion,
thoughtfulness and understanding.

We renew our bonds to those
who have gone the way of all the earth,
to those whose memory moves us this day.

As we reflect upon them, we seek consolation,
and the strength and the insight born of faith.

As a parent shows love to a child,
Adonai embraces all who are faithful.

God knows how we are fashioned,
remembers that we are dust.

Our days are as grass;
we flourish as a flower in the field.
The wind passes over it and it is gone,
and no one can recognize where it grew.

But Adonai's compassion for those who are steadfast,
God's tenderness to children's children,
remain, age after age, unchanging.

Three score and ten our years may number,
four score years if granted the vigor.
Laden with trouble and travail,
life quickly passes; it flies away.

What are mortals, eternal God,
that You should be mindful of them?

What are mortals, that You should take note of them,
that You have made them little less than angels?

The sounds of infants attest to Your power;
the magnificence of life reflects Your glory.
The heavens display Your splendor.
What majesty is Yours throughout the world!

Teach us to use all of our days,
that we may attain a heart of wisdom.

Bless us with Your love in the morning,
that we may joyously sing all our days.

שִׁוִּיתִי יהוה לְנֶגְדִּי תָמִיד, כִּי מִימִינִי בַּל־אֶמּוֹט.
לָכֵן שָׂמַח לִבִּי וַיָּגֶל כְּבוֹדִי, אַף בְּשָׂרִי יִשְׁכֹּן לָבֶטַח.

I

When I stray from You, Adonai, my life is as death;
but when I cleave to You, even in death I have life.

You embrace the souls of the living and the dead.

The earth inherits that which perishes.
The dust returns to dust;
but the soul, which is God's, is immortal.

Adonai has compassion for His creatures.
God has planted eternity within our soul,
granting us a share in His unending life.

God redeems our life from the grave.

May we all be charitable in deed and in thought,
in memory of those we love who walk the earth no longer.

May we live unselfishly, in truth and love and peace,
so that we will be remembered as a blessing,
as we lovingly remember, this day,
those who live on in our hearts.

— Jules Harlow

II

When Yizkor is recited, we affirm our love of those
so near and dear who have physically left us.

Our love, however, does not rest on physical being;
it is deeper than that.

When we love, we love the inner being of the beloved,
the quality that makes for uniqueness,
the spirit that creates personality and character.

That does not ever disappear.
It remains with us as long as we live.

Time eases the pain of loss
but does not erode the affection and emotions we feel
for the one who no longer moves about in our midst.

We know that whatever lives, someday must die.
That, however, is true only of the material world.
The spiritual can endure forever.

When we lose one who is dear, we mourn,
but we must not mourn excessively.
We must be grateful for what we have had
and find comfort in our memories.

We must continue the task of living, paying tribute
to our departed by contributing to the lives of others.
— Simcha Kling

III

We tell of Your love in the morning;
we recall Your faithfulness at night.

Yet we remember other mornings, other nights
when love and faithfulness were torn by tragedy.

We celebrate miracles of our people's past,
deliverance from peril into promised land.

Yet we remember slaughter and destruction,
and questions born from ashes of the undelivered.

In spite of Your silence, we reaffirm hope,
sustained by the certainty born of faith.

Lamentation and bitter weeping have been ours,
in refusing to be comforted for those who are no more.

Yet we shall survive to sing, to flourish,
to turn our mourning into gladness.

> *In spite of every obstacle we shall endure,*
> *nurturing our children to overcome despair.*

In spite of every obstacle we shall praise,
sustained by Your promise of redemption.

> *Our people has survived the sword,*
> *finding favor even in the wilderness.*

Those who sow in tears shall reap in joy,
for You redeem our lives from destruction.

> *Those who sow in tears shall reap in joy,*
> *embraced by love and faithfulness forever.*

— Jules Harlow

IV

When my loved one is taken from me, shall I mourn?
When my dear one departs forever,
shall I wail and rend my flesh as I do my garment?
No! That is not the way.

> *I may find the road ahead lonely.*
> *I may dread tomorrow without that voice, without that smile.*
> *I may not know whence will come the courage to continue.*
> *Yet I shall not despair!*

I shall praise God who gave me my beloved.
I shall sing unto God who enables us to love.
I shall voice thanks for what I have had.
I will refuse to become bitter over what I shall lack.

> *When my loved one leaves me, I shall indeed shed tears.*
> *Yet, even then, I shall utter a hymn —*
> *A song of joy for what has been.*

BARUKH ATAH ADONAI!
Praised are You, O God!
You have allowed me to know love;
You have granted me an eternal treasure.

— Simcha Kling

Our generations are bound to one another as children now remember their parents. Love is as strong as death as husbands and wives now remember their mates, as parents now remember their children. Memory softens death's pain as we now remember our brothers and sisters, grandparents, and our other relatives and friends.

The death of those we now recall left gaping holes in our lives. Even so, we are grateful for the gift of their lives, strengthened by the blessings they left us and the precious memories that comfort and sustain us, as we remember them this day.

A personal meditation

Eternal God, Master of mercy, give me the gift of remembering. May my memories of the dead be tender and true, undiminished by time; let me recall them, and love them, as they were. Shelter me with the gift of tears. Let me express my sense of loss — my sorrow, my pain, as well as my love, and words unspoken. Bless me with the gift of prayer. May I face You with an open heart, with trusting faith, unembarrassed and unashamed. Strengthen me with the gift of hope. May I always believe in the beauty of life, the power of goodness, the right to joy. May I surrender my being, and the soul of the dead, to Your all-knowing compassion.

Each congregant continues with the appropriate passages among the following, in silent meditation. Personal meditations may also be added.

We rise.

In memory of a father:

יִזְכּוֹר אֱלֹהִים נִשְׁמַת אָבִי מוֹרִי שֶׁהָלַךְ לְעוֹלָמוֹ. הִנְנִי נוֹדֵב / נוֹדֶבֶת צְדָקָה בְּעַד הַזְכָּרַת נִשְׁמָתוֹ. אָנָּא תְּהִי נַפְשׁוֹ צְרוּרָה בִּצְרוֹר הַחַיִּים וּתְהִי מְנוּחָתוֹ כָּבוֹד, שֹׂבַע שְׂמָחוֹת אֶת־פָּנֶיךָ, נְעִימוֹת בִּימִינְךָ נֶצַח. אָמֵן.

May God remember the soul of my father who has gone to his eternal home. In loving testimony to his life I pledge charity to help perpetuate ideals important to him. Through such deeds, and through prayer and remembrance, is his soul bound up in the bond of life. May I prove myself worthy of the gift of life and the many other gifts with which he blessed me. May these moments of meditation strengthen the ties that link me to his memory and to our entire family. May he rest forever in dignity and peace. Amen.

In memory of a mother:

יִזְכּוֹר אֱלֹהִים נִשְׁמַת אִמִּי מוֹרָתִי שֶׁהָלְכָה לְעוֹלָמָהּ. הִנְנִי
נוֹדֵב / נוֹדֶבֶת צְדָקָה בְּעַד הַזְכָּרַת נִשְׁמָתָהּ. אָנָּא תְּהִי נַפְשָׁהּ
צְרוּרָה בִּצְרוֹר הַחַיִּים וּתְהִי מְנוּחָתָהּ כָּבוֹד, שֹׂבַע שְׂמָחוֹת
אֶת־פָּנֶיךָ, נְעִימוֹת בִּימִינְךָ נֶצַח. אָמֵן.

May God remember the soul of my mother who has gone to her eternal home. In loving testimony to her life I pledge charity to help perpetuate ideals important to her. Through such deeds, and through prayer and remembrance, is her soul bound up in the bond of life. May I prove myself worthy of the gift of life and the many other gifts with which she blessed me. May these moments of meditation strengthen the ties that link me to her memory and to our entire family. May she rest forever in dignity and peace. Amen.

In memory of a wife:

יִזְכּוֹר אֱלֹהִים נִשְׁמַת אִשְׁתִּי שֶׁהָלְכָה לְעוֹלָמָהּ. הִנְנִי נוֹדֵב צְדָקָה
בְּעַד הַזְכָּרַת נִשְׁמָתָהּ. אָנָּא תְּהִי נַפְשָׁהּ צְרוּרָה בִּצְרוֹר הַחַיִּים
וּתְהִי מְנוּחָתָהּ כָּבוֹד, שֹׂבַע שְׂמָחוֹת אֶת־פָּנֶיךָ, נְעִימוֹת בִּימִינְךָ
נֶצַח. אָמֵן.

May God remember the soul of my wife who has gone to her eternal home. In loving testimony to her life I pledge charity to help perpetuate ideals important to her. Through such deeds, and through prayer and remembrance, is her soul bound up in the bond of life. Love is as strong as death; deep bonds of love are indissoluble. The memory of our companionship and love overcomes loneliness, for all that we shared still endures. May she rest forever in dignity and peace. Amen.

In memory of a husband:

יִזְכּוֹר אֱלֹהִים נִשְׁמַת בַּעְלִי שֶׁהָלַךְ לְעוֹלָמוֹ. הִנְנִי נוֹדֶבֶת צְדָקָה
בְּעַד הַזְכָּרַת נִשְׁמָתוֹ. אָנָּא תְּהִי נַפְשׁוֹ צְרוּרָה בִּצְרוֹר הַחַיִּים
וּתְהִי מְנוּחָתוֹ כָּבוֹד, שֹׂבַע שְׂמָחוֹת אֶת־פָּנֶיךָ, נְעִימוֹת בִּימִינְךָ
נֶצַח. אָמֵן.

May God remember the soul of my husband who has gone to his eternal home. In loving testimony to his life I pledge charity to help perpetuate ideals important to him. Through such deeds, and through prayer and remembrance, is his soul bound up in the bond of life. Love is as strong as death; deep bonds of love are indissoluble. The memory of our companionship and love overcomes loneliness, for all that we shared still endures. May he rest forever in dignity and peace. Amen.

In memory of a son or a brother:

יִזְכּוֹר אֱלֹהִים נִשְׁמַת בְּנִי / אָחִי הָאָהוּב שֶׁהָלַךְ לְעוֹלָמוֹ. הִנְנִי נוֹדֵב / נוֹדֶבֶת צְדָקָה בְּעַד הַזְכָּרַת נִשְׁמָתוֹ. אָנָּא תְּהִי נַפְשׁוֹ צְרוּרָה בִּצְרוֹר הַחַיִּים וּתְהִי מְנוּחָתוֹ כָּבוֹד, שֹׂבַע שְׂמָחוֹת אֶת־פָּנֶיךָ, נְעִימוֹת בִּימִינְךָ נֶצַח. אָמֵן.

May God remember the soul of my beloved son/brother who has gone to his eternal home. In loving testimony to his life I pledge charity to help perpetuate ideals important to him. Through such deeds, and through prayer and remembrance, is his soul bound up in the bond of life. I am grateful for the sweetness of his life and for all he accomplished in his lifetime. May he rest forever in dignity and peace. Amen.

In memory of a daughter or a sister:

יִזְכּוֹר אֱלֹהִים נִשְׁמַת בִּתִּי / אֲחוֹתִי הָאֲהוּבָה שֶׁהָלְכָה לְעוֹלָמָהּ. הִנְנִי נוֹדֵב / נוֹדֶבֶת צְדָקָה בְּעַד הַזְכָּרַת נִשְׁמָתָהּ. אָנָּא תְּהִי נַפְשָׁהּ צְרוּרָה בִּצְרוֹר הַחַיִּים וּתְהִי מְנוּחָתָהּ כָּבוֹד, שֹׂבַע שְׂמָחוֹת אֶת־פָּנֶיךָ, נְעִימוֹת בִּימִינְךָ נֶצַח. אָמֵן.

May God remember the soul of my beloved daughter/sister who has gone to her eternal home. In loving testimony to her life I pledge charity to help perpetuate ideals important to her. Through such deeds, and through prayer and remembrance, is her soul bound up in the bond of life. I am grateful for the sweetness of her life and for all she accomplished in her lifetime. May she rest forever in dignity and peace. Amen.

In memory of other relatives and friends:

יִזְכּוֹר אֱלֹהִים נִשְׁמוֹת קְרוֹבַי וְרֵעַי שֶׁהָלְכוּ לְעוֹלָמָם. הִנְנִי נוֹדֵב / נוֹדֶבֶת צְדָקָה בְּעַד הַזְכָּרַת נִשְׁמָתָם. אָנָּא תִּהְיֶינָה נַפְשׁוֹתֵיהֶם צְרוּרוֹת בִּצְרוֹר הַחַיִּים וּתְהִי מְנוּחָתָם כָּבוֹד, שֹׂבַע שְׂמָחוֹת אֶת־פָּנֶיךָ, נְעִימוֹת בִּימִינְךָ נֶצַח. אָמֵן.

May God remember the soul of ____________ and of all relatives and friends who have gone to their eternal home. In loving testimony to their lives I pledge charity to help perpetuate ideals important to them. Through such deeds, and through prayer and remembrance, are their souls bound up in the bond of life. May these moments of meditation strengthen the ties that link me to their memory. May they rest forever in dignity and peace. Amen.

In memory of martyrs:

יִזְכּוֹר אֱלֹהִים נִשְׁמוֹת כָּל־אַחֵינוּ בְּנֵי יִשְׂרָאֵל שֶׁמָּסְרוּ אֶת־נַפְשָׁם עַל קִדּוּשׁ הַשֵּׁם. הִנְנִי נוֹדֶבֶת / נוֹדֵב צְדָקָה בְּעַד הַזְכָּרַת נִשְׁמוֹתֵיהֶם. אָנָּא יִשָּׁמַע בְּחַיֵּינוּ הֵד גְּבוּרָתָם וּמְסִירוּתָם וְיֵרָאֶה בְּמַעֲשֵׂינוּ טֹהַר לִבָּם וְתִהְיֶינָה נַפְשׁוֹתֵיהֶם צְרוּרוֹת בִּצְרוֹר הַחַיִּים וּתְהִי מְנוּחָתָם כָּבוֹד, שֹׂבַע שְׂמָחוֹת אֶת־פָּנֶיךָ, נְעִימוֹת בִּימִינְךָ נֶצַח. אָמֵן.

May God remember the souls of our brethren, martyrs of our people, who gave their lives for the sanctification of God's name. In their memory do I pledge charity. May their bravery, their dedication, and their purity be reflected in our lives. May their souls be bound up in the bond of life. And may they rest forever in dignity and peace. Amen.

In memory of congregants:

יִזְכּוֹר אֱלֹהִים נִשְׁמוֹת יְדִידֵינוּ חֶבְרֵי הַקָּהָל הַקָּדוֹשׁ הַזֶּה שֶׁהָלְכוּ לְעוֹלָמָם. אָנָּא תִּהְיֶינָה נַפְשׁוֹתֵיהֶם צְרוּרוֹת בִּצְרוֹר הַחַיִּים וּתְהִי מְנוּחָתָם כָּבוֹד, שֹׂבַע שְׂמָחוֹת אֶת־פָּנֶיךָ, נְעִימוֹת בִּימִינְךָ נֶצַח. אָמֵן.

We lovingly recall the members of our congregation who no longer dwell on this earth. They have a special place in our hearts. We pray this day that all who have sustained the loss of loved ones be granted comfort and strength.

Exalted, compassionate God, comfort the bereaved families of this congregation. Help us to perpetuate everything that was worthy in the lives of those no longer with us, whom we remember this day. May their memory endure as a blessing. And let us say: Amen.

A meditation

Our Creator, the Eternal One, delights in life. Because of God's love for us, and because we are so few, each of us is a vital part of God's kingdom. Though we are only flesh and blood, we are irreplaceable. When one of the House of Israel dies, God's own grandeur is diminished. May the memory of all those we remember this day, in love, be an undying source of blessing to us, to our children, to all Israel, and to all humanity.

In memory of the six million:

אֵל מָלֵא רַחֲמִים, שׁוֹכֵן בַּמְּרוֹמִים, הַמְצֵא מְנוּחָה נְכוֹנָה תַּחַת כַּנְפֵי הַשְּׁכִינָה, בְּמַעֲלוֹת קְדוֹשִׁים וּטְהוֹרִים, כְּזֹהַר הָרָקִיעַ מַזְהִירִים, לְנִשְׁמוֹת כׇּל־אַחֵינוּ בְּנֵי יִשְׂרָאֵל שֶׁנִּטְבְּחוּ בַּשּׁוֹאָה, אֲנָשִׁים נָשִׁים וָטַף, שֶׁנֶּחְנְקוּ וְשֶׁנִּשְׂרְפוּ וְשֶׁנֶּהֶרְגוּ, שֶׁמָּסְרוּ אֶת נַפְשָׁם עַל קִדּוּשׁ הַשֵּׁם, בְּגַן עֵדֶן תְּהִי מְנוּחָתָם. אָנָּא בַּעַל הָרַחֲמִים, הַסְתִּירֵם בְּסֵתֶר כְּנָפֶיךָ לְעוֹלָמִים. וּצְרוֹר בִּצְרוֹר הַחַיִּים אֶת־נִשְׁמוֹתֵיהֶם. יהוה הוּא נַחֲלָתָם. וְיָנוּחוּ בְּשָׁלוֹם עַל מִשְׁכְּבוֹתֵיהֶם. וְנֹאמַר אָמֵן.

Exalted, compassionate God, grant infinite rest in Your sheltering presence, among the holy and pure, to the souls of our brethren who perished in the Shoah — men, women, and children of the House of Israel who were slaughtered and suffocated and burned to ashes. May their memory endure, and inspire deeds of charity and goodness in our lives. May their souls thus be bound up in the bond of life. May they rest in peace. And let us say: Amen.

In memory of all the dead:

אֵל מָלֵא רַחֲמִים, שׁוֹכֵן בַּמְּרוֹמִים, הַמְצֵא מְנוּחָה נְכוֹנָה תַּחַת כַּנְפֵי הַשְּׁכִינָה, בְּמַעֲלוֹת קְדוֹשִׁים וּטְהוֹרִים, כְּזֹהַר הָרָקִיעַ מַזְהִירִים, לְנִשְׁמוֹת כׇּל־אֵלֶּה שֶׁהִזְכַּרְנוּ הַיּוֹם לִבְרָכָה, שֶׁהָלְכוּ לְעוֹלָמָם, בְּגַן עֵדֶן תְּהִי מְנוּחָתָם. אָנָּא בַּעַל הָרַחֲמִים הַסְתִּירֵם בְּסֵתֶר כְּנָפֶיךָ לְעוֹלָמִים וּצְרוֹר בִּצְרוֹר הַחַיִּים אֶת־נִשְׁמוֹתֵיהֶם. יהוה הוּא נַחֲלָתָם. וְיָנוּחוּ בְּשָׁלוֹם עַל מִשְׁכְּבוֹתֵיהֶם. וְנֹאמַר אָמֵן.

Exalted, compassionate God, grant infinite rest in Your sheltering presence, among the holy and pure, to the souls of all our beloved who have gone to their eternal home. Merciful One, we ask that our loved ones find perfect peace in Your tender embrace, their memory enduring as inspiration for commitment to their ideals and integrity in our lives. May their souls thus be bound up in the bond of life. May they rest in peace. And let us say: Amen.

PSALM 23   תהלים כ״ג

מִזְמוֹר לְדָוִד.

יהוה רֹעִי, לֹא אֶחְסָר.

Adonai is my shepherd, I shall not want.

בִּנְאוֹת דֶּשֶׁא יַרְבִּיצֵנִי,

God gives me repose in green meadows,

עַל מֵי מְנֻחוֹת יְנַהֲלֵנִי.

and guides me over calm waters.

נַפְשִׁי יְשׁוֹבֵב, יַנְחֵנִי בְמַעְגְּלֵי־צֶדֶק לְמַעַן שְׁמוֹ.

God will revive my spirit and direct me on the right path
— for that is God's way.

גַּם כִּי אֵלֵךְ בְּגֵיא צַלְמָוֶת
לֹא אִירָא רָע כִּי אַתָּה עִמָּדִי.

Though I walk in the valley of the shadow of death,
I fear no harm, for You are at my side.

שִׁבְטְךָ וּמִשְׁעַנְתֶּךָ הֵמָּה יְנַחֲמֻנִי.

Your staff and Your rod comfort me.

תַּעֲרֹךְ לְפָנַי שֻׁלְחָן נֶגֶד צֹרְרָי,

You prepare a banquet for me in the presence of my foes;

דִּשַּׁנְתָּ בַשֶּׁמֶן רֹאשִׁי, כּוֹסִי רְוָיָה.

You anoint my head with oil, my cup overflows.

אַךְ טוֹב וָחֶסֶד יִרְדְּפוּנִי כָּל־יְמֵי חַיָּי,

Surely goodness and kindness shall be my portion
all the days of my life,

וְשַׁבְתִּי בְּבֵית יהוה לְאֹרֶךְ יָמִים.

and I shall dwell in the house of Adonai forever.

How do we face the reality of death?
We know that it is a fact. It is a part of life.
We may postpone it.
We may try to delay it as much as possible.
But some day we must be confronted by it.
How do we face the reality of death?
By giving thanks to God for the gift of life.
By voicing appreciation for the blessings we have known.
By being grateful for those lives that have touched ours
and whose echoes still resound in us.
May the Kaddish, which we now recite,
be not only a remembrance of those no longer with us,
but also a reminder of how we should live
and the values that we should represent.

— Simcha Kling

קדיש יתום

יִתְגַּדַּל וְיִתְקַדַּשׁ שְׁמֵהּ רַבָּא, בְּעָלְמָא דִּי בְרָא, כִּרְעוּתֵהּ,
וְיַמְלִיךְ מַלְכוּתֵהּ בְּחַיֵּיכוֹן וּבְיוֹמֵיכוֹן וּבְחַיֵּי דְכָל־בֵּית
יִשְׂרָאֵל, בַּעֲגָלָא וּבִזְמַן קָרִיב, וְאִמְרוּ אָמֵן:

יְהֵא שְׁמֵהּ רַבָּא מְבָרַךְ לְעָלַם וּלְעָלְמֵי עָלְמַיָּא:

יִתְבָּרַךְ וְיִשְׁתַּבַּח וְיִתְפָּאַר וְיִתְרוֹמַם וְיִתְנַשֵּׂא וְיִתְהַדַּר
וְיִתְעַלֶּה וְיִתְהַלַּל שְׁמֵהּ דְּקֻדְשָׁא, בְּרִיךְ הוּא לְעֵלָּא
מִן כָּל־בִּרְכָתָא וְשִׁירָתָא תֻּשְׁבְּחָתָא וְנֶחֱמָתָא דַּאֲמִירָן
בְּעָלְמָא, וְאִמְרוּ אָמֵן:

יְהֵא שְׁלָמָא רַבָּא מִן שְׁמַיָּא וְחַיִּים עָלֵינוּ וְעַל כָּל־יִשְׂרָאֵל,
וְאִמְרוּ אָמֵן:

עֹשֶׂה שָׁלוֹם בִּמְרוֹמָיו הוּא יַעֲשֶׂה שָׁלוֹם עָלֵינוּ וְעַל
כָּל־יִשְׂרָאֵל, וְאִמְרוּ אָמֵן:

And now, let us rise to join in prayer — for ourselves, and for all whose spirit now finds voice through us — that God and God's sovereignty will forever be hallowed and enhanced, glorified and celebrated. May all of us who mourn and all of us who cherish loving memories on this day, open our hearts to God, our Ruler and Redeemer, our everpresent hope, our eternal source of comfort, as we recite the words of the Kaddish.

✵ MOURNER'S KADDISH

Yitgadal v'yitkadash sh'mei raba, b'alma di v'ra, kir'utei,
v'yamlikh malkhutei b'ḥayeikhon u-v'yomeikhon
u-v'ḥayei d'khol beit Yisra-el,
ba'agala u-vi-z'man kariv v'imru amen.

    Y'hei sh'mei raba m'varakh l'alam u-l'almei almaya.

Yitbarakh v'yishtabaḥ v'yitpa-ar v'yitromam v'yitnasei,
v'yit-hadar v'yit'aleh v'yit-halal sh'mei d'kudsha, b'rikh hu
l'ela min kol birkhata v'shirata, tushb'ḥata v'neḥamata
da'amiran b'alma, v'imru amen.

Y'hei shlama raba min sh'maya
v'ḥayim aleinu v'al kol Yisra-el, v'imru amen.

Oseh shalom bi-m'romav, hu ya'aseh shalom
aleinu v'al kol Yisra-el, v'imru amen.

May God's name be exalted and hallowed throughout the world that He created, as is God's wish. May God's sovereignty soon be accepted, during our life and the life of all Israel. And let us say: Amen.

May God's great name be praised throughout all time.

Glorified and celebrated, lauded and worshiped, exalted and honored, extolled and acclaimed may the Holy One be, praised beyond all song and psalm, beyond all tributes that mortals can utter. And let us say: Amen.

Let there be abundant peace from heaven, with life's goodness for us and for all Israel. And let us say: Amen.

May the One who brings peace to His universe bring peace to us and to all Israel. And let us say: Amen.

תּוֹסֶפֶת
לְיוֹם טוֹב

Supplement
for Festivals

לסוכות

הושענות

When the first day falls on שבת, begin on page 202.

On weekdays:

We stand as the ארון הקודש is opened.
A ספר תורה is removed, and held on the bimah.
All who have a lulav and etrog form a procession behind the Ḥazzan, who chants הושע נא — echoed by the congregation — and the piyyut for that day.

Ḥazzan, then congregation:

הוֹשַׁע נָא, לְמַעַנְךָ אֱלֹהֵינוּ,	הוֹשַׁע נָא.
הוֹשַׁע נָא, לְמַעַנְךָ בּוֹרְאֵנוּ,	הוֹשַׁע נָא.
הוֹשַׁע נָא, לְמַעַנְךָ גּוֹאֲלֵנוּ,	הוֹשַׁע נָא.
הוֹשַׁע נָא, לְמַעַנְךָ דּוֹרְשֵׁנוּ,	הוֹשַׁע נָא.

Piyyut for first day
(second day when the first day is שבת):

לְמַעַן אֲמִתָּךְ. לְמַעַן בְּרִיתָךְ. לְמַעַן גָּדְלָךְ וְתִפְאַרְתָּךְ. לְמַעַן דָּתָךְ. לְמַעַן הוֹדָךְ. לְמַעַן וִעוּדָךְ. לְמַעַן זִכְרָךְ. לְמַעַן חַסְדָּךְ. לְמַעַן טוּבָךְ. לְמַעַן יִחוּדָךְ. לְמַעַן כְּבוֹדָךְ. לְמַעַן לִמּוּדָךְ. לְמַעַן מַלְכוּתָךְ. לְמַעַן נִצְחָךְ. לְמַעַן סוֹדָךְ. לְמַעַן עֻזָּךְ. לְמַעַן פְּאֵרָךְ. לְמַעַן צִדְקָתָךְ. לְמַעַן קְדֻשָּׁתָךְ. לְמַעַן רַחֲמֶיךָ הָרַבִּים. לְמַעַן שְׁכִינָתָךְ. לְמַעַן תְּהִלָּתָךְ. הוֹשַׁע נָא.

Piyyut for second day
(on Sunday, the preceding passage is recited):

אֶבֶן שְׁתִיָּה. בֵּית הַבְּחִירָה. גֹּרֶן אָרְנָן. דְּבִיר הַמֻּצְנָע. הַר הַמּוֹרִיָּה. וְהַר יֵרָאֶה. זְבוּל תִּפְאַרְתֶּךָ. חָנָה דָוִד. טוֹב הַלְּבָנוֹן. יְפֵה נוֹף מְשׂוֹשׂ כָּל הָאָרֶץ. כְּלִילַת יֹפִי. לִינַת הַצֶּדֶק. מָכוֹן לְשִׁבְתֶּךָ. נָוֶה שַׁאֲנָן. סֻכַּת שָׁלֵם. עֲלִיַּת שְׁבָטִים. פִּנַּת יִקְרַת. צִיּוֹן הַמְצֻיֶּנֶת. קֹדֶשׁ הַקֳּדָשִׁים. רָצוּף אַהֲבָה. שְׁכִינַת כְּבוֹדֶךָ. תֵּל תַּלְפִּיּוֹת. הוֹשַׁע נָא.

FOR SUKKOT

 **HOSHANOT**

When the first day falls on Shabbat, begin on page 202.

On weekdays:

We stand as the Ark is opened.
A Sefer Torah is removed, and held on the bimah.
All who have a lulav and etrog form a procession
behind the Reader, who chants the first four lines —
echoed by the congregation — and the piyyut for that day.

Reader, then congregation:

Hosha na. For Your sake, our God, please help us.
Hosha na. For Your sake, our Creator, please help us.
Hosha na. For Your sake, our Redeemer, please help us.
Hosha na. Because You seek our welfare, please help us.

Piyyut for first day
(second day when the first day is Shabbat):

For the sake of Your truth and Your covenant, Your greatness and Your glory, Your Torah and Your majesty, Your meeting-place and Your fame; for the sake of Your mercy and Your goodness, Your unity, Your honor, and Your wisdom; for the sake of Your sovereignty, Your eternity, Your counsel, Your strength and Your splendor; for the sake of Your righteousness, Your holiness, and Your abundant mercies; for the sake of Your divine presence and Your praise, help us now.

Piyyut for second day
(on Sunday, the preceding passage is recited):

Send help for the Temple Mount: the foundation-stone, the House of Your choice, the granary of Ornan the Jebusite, the sacred shrine, Mount Moriah, the hill of revelation and abode of Your splendor, where David resided. Send help for the goodliest of Lebanon, lovely height and joy of the earth, perfection of beauty, home of righteousness. Send help for the dwelling prepared for You, the tranquil habitation, the tabernacle of Jerusalem, the goal of the pilgrim tribes, the precious cornerstone; magnificent Zion, place of the Holy of Holies, object of our love, the home of Your glory. Send help for Zion, the hill to which the world turns.

Conclude each day with the following:

אֲנִי וָהוֹ הוֹשִׁיעָה נָּא.

כְּהוֹשַׁעְתָּ אֵלִים בְּלוּד עִמָּךְ,
בְּצֵאתְךָ לְיֵשַׁע עַמָּךְ, כֵּן הוֹשַׁע נָא.

כְּהוֹשַׁעְתָּ גּוֹי וֵאלֹהִים,
דְּרוּשִׁים לְיֵשַׁע אֱלֹהִים, כֵּן הוֹשַׁע נָא.

כְּהוֹשַׁעְתָּ הֲמוֹן צְבָאוֹת,
וְעִמָּם מַלְאֲכֵי צְבָאוֹת, כֵּן הוֹשַׁע נָא.

כְּהוֹשַׁעְתָּ זַכִּים מִבֵּית עֲבָדִים,
חַנּוּן בְּיָדָם מַעֲבִידִים, כֵּן הוֹשַׁע נָא.

כְּהוֹשַׁעְתָּ טְבוּעִים בְּצוּל גְּזָרִים,
יְקָרְךָ עִמָּם מַעֲבִירִים, כֵּן הוֹשַׁע נָא.

כְּהוֹשַׁעְתָּ כַּנָּה מְשׁוֹרֶרֶת וַיּוֹשַׁע,
לְגוֹחָהּ מְצֻיֶּנֶת וַיִּוָּשַׁע, כֵּן הוֹשַׁע נָא.

כְּהוֹשַׁעְתָּ מַאֲמַר וְהוֹצֵאתִי אֶתְכֶם,
נָקוּב וְהוּצֵאתִי אִתְּכֶם, כֵּן הוֹשַׁע נָא.

כְּהוֹשַׁעְתָּ סוֹבְבֵי מִזְבֵּחַ,
עוֹמְסֵי עֲרָבָה לְהַקִּיף מִזְבֵּחַ, כֵּן הוֹשַׁע נָא.

כְּהוֹשַׁעְתָּ פִּלְאֵי אָרוֹן כְּהֻפְשַׁע,
צִעֵר פְּלֶשֶׁת בַּחֲרוֹן אַף וְנוֹשַׁע, כֵּן הוֹשַׁע נָא.

כְּהוֹשַׁעְתָּ קְהִלּוֹת בָּבֶלָה שִׁלַּחְתָּ,
רַחוּם לְמַעֲנָם שֻׁלַּחְתָּ, כֵּן הוֹשַׁע נָא.

כְּהוֹשַׁעְתָּ שְׁבוּת שִׁבְטֵי יַעֲקֹב,
תָּשׁוּב וְתָשִׁיב שְׁבוּת אָהֳלֵי יַעֲקֹב, וְהוֹשִׁיעָה נָּא.

כְּהוֹשַׁעְתָּ שׁוֹמְרֵי מִצְוֹת, וְחוֹכֵי יְשׁוּעוֹת,
אֵל לְמוֹשָׁעוֹת, וְהוֹשִׁיעָה נָּא.

אֲנִי וָהוֹ הוֹשִׁיעָה נָּא.

הוֹשִׁיעָה אֶת עַמֶּךָ, וּבָרֵךְ אֶת נַחֲלָתֶךָ, וּרְעֵם וְנַשְּׂאֵם עַד הָעוֹלָם. וְיִהְיוּ דְבָרַי אֵלֶּה אֲשֶׁר הִתְחַנַּנְתִּי לִפְנֵי יהוה, קְרֹבִים אֶל יהוה אֱלֹהֵינוּ יוֹמָם וָלָיְלָה, לַעֲשׂוֹת מִשְׁפַּט עַבְדּוֹ וּמִשְׁפַּט עַמּוֹ יִשְׂרָאֵל, דְּבַר יוֹם בְּיוֹמוֹ. לְמַעַן דַּעַת כָּל עַמֵּי הָאָרֶץ, כִּי יהוה הוּא הָאֱלֹהִים, אֵין עוֹד.

The ספר תורה *is returned, and the* ארון הקודש *is closed.*
The service continues with קדיש שלם, *page 181.*

Conclude each day with the following:

Save Yourself and us!

As You redeemed our ancestors from Egypt, releasing Your people from bondage,	*hosha na!*
As You saved our nation and its leaders, singled out for God's salvation,	*help us now.*
As You delivered the hosts of our people, accompanied by hosts of angels,	*hosha na!*
As You guided the innocent from exile, freeing them from their oppressors' bonds,	*help us now.*
As You rescued those sinking in the depths of the sea, Your light enabling them to cross over,	*hosha na!*
As You saved the chorus who sang out: "God saved!" and You who gave birth to them were saved with them,	*help us now.*
As You freed them, declaring: "I will bring you out," which our sages interpreted: "I went out with you,"	*hosha na!*
As You aided those who ringed the altar, carrying willow branches to encircle it,	*help us now.*
As You redeemed the captured Ark from our foes, punishing the Philistines with Your wrath,	*hosha na!*
As You treasured the people You sent into Babylon, accompanying them into exile,	*help us now.*
As You eased the lot of the captive tribes of Jacob, return and restore us, who dwell still in the tents of Jacob,	*and save us.*
As You have always fulfilled the hopes of those devoted to mitzvot, who wait for redemption, O God of redemption,	*help us now.*

Eternal, we beseech You: Help us now.

Bless and deliver Your people, Your heritage; shelter and sustain them forever. May my words of supplication be near Adonai our God day and night. May God uphold the cause of His servant, the cause of His people Israel, as each day requires. Thus shall all on earth know that Adonai is God; there is no other.

The Sefer Torah is returned, and the Ark is closed.
The service continues with Kaddish Shalem, page 181.

On Shabbat:

The ארון הקודש is opened, but no ספרי תורה are removed. Lulav and etrog are not held, and there is no procession.

Ḥazzan, then congregation:

הוֹשַׁע נָא, לְמַעַנְךָ אֱלֹהֵינוּ, הוֹשַׁע נָא.
הוֹשַׁע נָא, לְמַעַנְךָ **בּ**וֹרְאֵנוּ, הוֹשַׁע נָא.
הוֹשַׁע נָא, לְמַעַנְךָ **גּ**וֹאֲלֵנוּ, הוֹשַׁע נָא.
הוֹשַׁע נָא, לְמַעַנְךָ **ד**וֹרְשֵׁנוּ, הוֹשַׁע נָא.

אוֹם נְצוּרָה כְּבָבַת. **ב**ּוֹנֶנֶת בְּדָת נֶפֶשׁ מְשִׁיבַת. **ג**וֹמֶרֶת הִלְכוֹת שַׁבָּת. **ד**וֹרֶשֶׁת מַשְׂאַת שַׁבָּת. **ה**ַקּוֹבַעַת אַלְפַּיִם תְּחוּם שַׁבָּת. **ו**ּמְשִׁיבַת רֶגֶל מִשַּׁבָּת. **ז**ָכוֹר וְשָׁמוֹר מְקַיֶּמֶת בַּשַּׁבָּת. **ח**ָשָׁה לְמַהֵר בִּיאַת שַׁבָּת. **ט**וֹרַחַת כֹּל מִשִּׁשָּׁה לַשַּׁבָּת. **י**וֹשֶׁבֶת וּמַמְתֶּנֶת עַד כְּלוֹת שַׁבָּת. **כּ**ָבוֹד וָעֹנֶג קוֹרְאָה לַשַּׁבָּת. **ל**ְבוּשׁ וּכְסוּת מְחַלֶּפֶת בַּשַּׁבָּת. **מ**ַאֲכָל וּמִשְׁתֶּה מְכִינָה לַשַּׁבָּת. **נ**ֹעַם מְגָדִים מַנְעֶמֶת לַשַּׁבָּת. **ס**ְעוּדוֹת שָׁלֹשׁ מְקַיֶּמֶת בַּשַּׁבָּת. **ע**ַל שְׁתֵּי כִּכָּרוֹת בּוֹצַעַת בַּשַּׁבָּת. **פּ**וֹרֶטֶת אַרְבַּע רְשֻׁיּוֹת בַּשַּׁבָּת. **צ**ִוּוּי הַדְלָקַת נֵר מַדְלֶקֶת בַּשַּׁבָּת. **ק**ִדּוּשׁ הַיּוֹם מְקַדֶּשֶׁת בַּשַּׁבָּת. **ר**ֶנֶן שֶׁבַע מְפַלֶּלֶת בַּשַּׁבָּת. **ש**ִׁבְעָה בַּדָּת קוֹרְאָה בַּשַּׁבָּת. **ת**ַּנְחִילֶנָּה לְיוֹם שֶׁכֻּלּוֹ שַׁבָּת, הוֹשַׁע נָא.

אֲנִי וָהוֹ הוֹשִׁיעָה נָּא

כְּהוֹשַׁעְתָּ אָדָם יְצִיר כַּפֶּיךָ לְגוֹנְנָה,
בְּשַׁבַּת קֹדֶשׁ הִמְצֵאתוֹ כֹּפֶר וַחֲנִינָה, כֵּן הוֹשַׁע נָא.

כְּהוֹשַׁעְתָּ **ג**ּוֹי מְצֻיָּן מְקַוִּים חֹפֶשׁ,
דֵּעָה כִּוְּנוּ לָבוּר שְׁבִיעִי לְנֹפֶשׁ, כֵּן הוֹשַׁע נָא.

כְּהוֹשַׁעְתָּ **ה**ָעָם נִהַגְתָּ כַּצֹּאן לְהַנְחוֹת,
וְחֹק שַׂמְתָּ בְּמָרָה עַל מֵי מְנֻחוֹת, כֵּן הוֹשַׁע נָא.

On Shabbat:

The Ark is opened, but no Sifrei Torah are removed. Lulav and etrog are not held, and there is no procession.

Reader, then congregation:
Hosha na. For Your sake, our God, please help us.
Hosha na. For Your sake, our Creator, please help us.
Hosha na. For Your sake, our Redeemer, please help us.
Hosha na. Because You seek our welfare, please help us.

Deliver Your people whom You guard like the apple of Your eye, Your children who contemplate Your Torah, solace of the soul. They learn the precepts of Shabbat, derive the laws of carrying burdens and the regulations of the limitations on Shabbat journeys, and keep from profaning Shabbat, fulfilling Your command to "remember" and "observe" Shabbat. They hasten to welcome its arrival, and provide for its needs from their six days of work. They rest and wait until Shabbat has ended, calling it a glory and a delight. They wear new clothes for Shabbat, and prepare special foods, honoring Shabbat with tasty dishes. They arrange three meals for Shabbat, and recite blessings over two loaves of bread. They enumerate the "four domains" of Shabbat, obey the mitzvah of kindling Shabbat lights, and recite Kiddush. They recite the Shabbat Amidah with its seven blessings, and call seven people to the reading of the Torah. Grant them deliverance — the immortality that will be a complete Shabbat.

Eternal, we beseech You: Help us now.

As You shielded the first mortal, granting him
   mercy and atonement on the holy Shabbat,   *hosha na!*

As You cared for the distinguished nation
   that longed for freedom and intentionally chose
   the seventh day for rest,   *help us now.*

As You delivered the people You led
   like a flock of sheep to their rest,
   and set a statute for them
   beside the tranquil waters at Marah,   *hosha na!*

כְּהוֹשַׁעְתָּ **ז**ְבוּדֶיךָ בְּמִדְבַּר סִין בַּמַּחֲנֶה,
חָכְמוּ וְלָקְטוּ בַּשִּׁשִּׁי לֶחֶם מִשְׁנֶה כֵּן הוֹשַׁע נָא.

כְּהוֹשַׁעְתָּ **ט**ְפוּלֶיךָ הוֹרוּ הֲכָנָה בְּמַדָּעָם,
יַשַּׁר כֹּחָם וְהוֹדָה לָמוֹ רוֹעָם, כֵּן הוֹשַׁע נָא.

כְּהוֹשַׁעְתָּ **כ**ַּלְכְּלוּ בְּעֹנֶג מָן הַמְּשֻׁמָּר,
לֹא הָפַךְ עֵינוֹ וְרֵיחוֹ לֹא נָמָר, כֵּן הוֹשַׁע נָא.

כְּהוֹשַׁעְתָּ **מ**ִשְׁפְּטֵי מַשְׂאוֹת שַׁבָּת גָּמָרוּ,
נָחוּ וְשָׁבְתוּ רְשֻׁיּוֹת וּתְחוּמִים שָׁמָרוּ, כֵּן הוֹשַׁע נָא.

כְּהוֹשַׁעְתָּ **ס**ִינַי הָשְׁמְעוּ בְּדִבּוּר רְבִיעִי,
עִנְיַן זָכוֹר וְשָׁמוֹר לְקַדֵּשׁ שְׁבִיעִי, כֵּן הוֹשַׁע נָא.

כְּהוֹשַׁעְתָּ **פ**ְּקֻדוּ יְרִיחוֹ שֶׁבַע לְהַקֵּף,
צָרוּ עַד רִדְתָּהּ בַּשַּׁבָּת לְתַקֵּף, כֵּן הוֹשַׁע נָא.

כְּהוֹשַׁעְתָּ **ק**ֹהֶלֶת וְעַמּוֹ בְּבֵית עוֹלָמִים,
רִצּוּךְ בְּחָגְגָם שִׁבְעָה וְשִׁבְעָה יָמִים, כֵּן הוֹשַׁע נָא.

כְּהוֹשַׁעְתָּ **ש**ָׁבִים עוֹלֵי גוֹלָה לְפִדְיוֹם,
תּוֹרָתְךָ בְּקָרְאָם בֶּחָג יוֹם יוֹם, כֵּן הוֹשַׁע נָא.

כְּהוֹשַׁעְתָּ מְשַׂמְּחֶיךָ בְּבִנְיַן שֵׁנִי הַמְחֻדָּשׁ,
נוֹטְלִין לוּלָב כָּל שִׁבְעָה בַּמִּקְדָּשׁ, כֵּן הוֹשַׁע נָא.

כְּהוֹשַׁעְתָּ חִבּוּט עֲרָבָה שַׁבָּת מַדְחִים,
מֻרְבִּיּוֹת מוֹצָא לִיסוֹד מִזְבֵּחַ מַנִּיחִים, כֵּן הוֹשַׁע נָא.

כְּהוֹשַׁעְתָּ בְּרַכּוֹת וַאֲרוּכוֹת וּגְבוֹהוֹת מְעַלְּסִים,
בִּפְטִירָתָן יֹפִי לְךָ מִזְבֵּחַ מְקַלְּסִים, כֵּן הוֹשַׁע נָא.

As You provided for Your chosen ones,
  encamped in the Wilderness of Sin,
  where they wisely gathered
  a double portion of bread on the sixth day,   *help us now.*

As You upheld Your faithful ones,
  who thoughtfully taught the laws of Shabbat preparation
  and earned their Shepherd's praise,   *hosha na!*

As You provided manna,
  which neither soured nor deteriorated on Shabbat,
  to sustain Your people in the wilderness,   *help us now.*

As You strengthened those who studied the laws
  of carrying on Shabbat, and, by their rest,
  preserved its boundaries and limits,   *hosha na!*

As You transformed at Sinai those who learned,
  in the fourth commandment, to "remember" and "observe"
  the holiness of Shabbat,   *help us now.*

As You protected those who were commanded
  to encircle Jericho seven times,
  besieging the city until it fell on Shabbat,   *hosha na!*

As You energized, in the Temple, Solomon and his people,
  who added seven days of Sukkot
  to their seven-day feast of dedication,   *help us now.*

As You shielded the exiled masses
  returning to their homeland, who read from Your Torah
  on each day of this Festival,   *hosha na!*

As You heartened Your people, Your delight,
  restored to Your Temple,
  bearing the lulav each day of this Festival,   *help us now.*

As You fortified those who, in reverence, beat willow leaves
  even on Shabbat, and who, at the base of the altar,
  placed branches from Moza,   *hosha na!*

As You inspired those who praised You
  with tall, slender willow branches as they left the altar,
  chanting hymns to its beauty,   *help us now.*

כְּהוֹשַׁעְתָּ מוֹדִים וּמְיַחֲלִים וְלֹא מְשַׁנִּים,
כֻּלָּנוּ אָנוּ לְיָהּ וְעֵינֵינוּ לְיָהּ שׁוֹנִים, כֵּן הוֹשַׁע נָא.

כְּהוֹשַׁעְתָּ יֶקֶב מַחֲצָבֶיךָ סוֹבְבִים בְּרַעֲנָנָה,
רוֹנְנִים אֲנִי וָהוֹ הוֹשִׁיעָה נָּא, כֵּן הוֹשַׁע נָא.

כְּהוֹשַׁעְתָּ חֵיל זְרִיזִים מְשָׁרְתִים בִּמְנוּחָה,
קָרְבַּן שַׁבָּת כָּפוּל עוֹלָה וּמִנְחָה, כֵּן הוֹשַׁע נָא.

כְּהוֹשַׁעְתָּ לְוִיֶּיךָ עַל דּוּכָנָם לְהַרְבָּת,
אוֹמְרִים מִזְמוֹר שִׁיר לְיוֹם הַשַּׁבָּת, כֵּן הוֹשַׁע נָא.

כְּהוֹשַׁעְתָּ נְחוּמֶיךָ בְּמִצְוֹתֶיךָ תָּמִיד יִשְׁתַּעְשְׁעוּן,
וּרְצֵם וְהַחֲלִיצֵם
בְּשׁוּבָה וָנַחַת יִוָּשֵׁעוּן, כֵּן הוֹשַׁע נָא.

כְּהוֹשַׁעְתָּ שְׁבוּת שִׁבְטֵי יַעֲקֹב,
תָּשׁוּב וְתָשִׁיב שְׁבוּת אָהֳלֵי יַעֲקֹב, וְהוֹשִׁיעָה נָּא.

כְּהוֹשַׁעְתָּ שׁוֹמְרֵי מִצְוֹת, וְחוֹכֵי יְשׁוּעוֹת,
אֵל לְמוֹשָׁעוֹת, וְהוֹשִׁיעָה נָּא.

אֲנִי וָהוֹ הוֹשִׁיעָה נָּא.

הוֹשִׁיעָה אֶת עַמֶּךָ, וּבָרֵךְ אֶת נַחֲלָתֶךָ, וּרְעֵם וְנַשְּׂאֵם עַד הָעוֹלָם. וְיִהְיוּ דְבָרַי אֵלֶּה אֲשֶׁר הִתְחַנַּנְתִּי לִפְנֵי יהוה, קְרֹבִים אֶל יהוה אֱלֹהֵינוּ יוֹמָם וָלָיְלָה, לַעֲשׂוֹת מִשְׁפַּט עַבְדּוֹ וּמִשְׁפַּט עַמּוֹ יִשְׂרָאֵל, דְּבַר יוֹם בְּיוֹמוֹ. לְמַעַן דַּעַת כָּל עַמֵּי הָאָרֶץ, כִּי יהוה הוּא הָאֱלֹהִים, אֵין עוֹד.

The ארון הקודש is closed, and the service continues with קדיש שלם on page 181.

In congregations that add הושענות after הלל, the service continues with קדיש שלם on page 138.

As You encouraged all whose thanks and hope
  have remained constant, who declare:
  "We are God's, and to God our eyes are turned," *hosha na.*

As You emboldened those who surrounded
  Your excavated winepress, singing:
  "Eternal, we beseech You — deliver us,"   *so help us now.*

As You moved the host of Your zealous *Kohanim,*
  who ministered on Shabbat
  with double offering and sacrifice,   *hosha na!*

As You inspired Your Levites, who,
  assembled on their sacred platform,
  sang "A Psalm, a Song for Shabbat,"   *Help us now.*

As You have preserved Your comforted children,
  whose constant joy is to do mitzvot,
  so in Your grace grant them redemption
  and bring them home in peace,   *hosha na!*

As You eased the lot of the captive tribes of Jacob,
  return and restore us,
  who dwell still in the tents of Jacob,   *Help us now.*

As You have always fulfilled the hopes of those
  devoted to mitzvot, who wait for redemption,
  O God of redemption,   *v'hoshia na!*

     Eternal, we beseech You: Help us now.

Bless and deliver Your people, Your heritage; shelter and
sustain them forever. May my words of supplication be near
Adonai our God day and night. May God uphold the cause
of His servant, the cause of His people Israel, as each day
requires. Thus shall all on earth know that Adonai is God;
there is no other.

          The Ark is closed, and the service continues
          with Kaddish Shalem on page 181.

          In congregations that add Hoshanot after Hallel,
          the service continues with Kaddish Shalem on page 138.

FOR HOSHANA RABBAH להושענא רבה

Hoshana Rabbah is not observed as a full Festival day, but since Jewish tradition considers it the final day of the Season of Repentance, it shares many of the characteristics of Yom Tov, especially the content of the Shaḥarit service. In Siddur Sim Shalom, the order of prayers for Hoshana Rabbah is as follows:

The service begins as does Shaḥarit for Shabbat, pages 61-86,
Psalm 100, "מִזְמוֹר לְתוֹדָה" (below), then pp. 87-103, and 106-114.
The weekday Amidah is recited, including שִׂים שָׁלוֹם, pages 3-9.
This is followed by הַלֵּל, pages 131-138.
The Torah Service begins on page 139 with "אֵין כָּמוֹךָ,"
and includes the selection for Festivals on page 140.
After the Torah reading and the return of the Sefer Torah,
continue with אַשְׁרֵי and וּבָא לְצִיּוֹן, pages 226-228.
Musaf follows with חֲצִי קַדִּישׁ on page 155,
and the Festival Amidah, pages 166-178.
Hoshanot follow, pages 206-212; Kaddish Shalem, page 181;
עָלֵינוּ, אֵין כֵּאלֹהֵינוּ, and Mourner's Kaddish, pages 182-184;
and Psalm 27, page 80.

תהלים ק׳

מִזְמוֹר לְתוֹדָה.
הָרִיעוּ לַיהוה כׇּל־הָאָרֶץ.
עִבְדוּ אֶת יהוה בְּשִׂמְחָה, בֹּאוּ לְפָנָיו בִּרְנָנָה.
דְּעוּ כִּי יהוה הוּא אֱלֹהִים, הוּא עָשָׂנוּ, וְלוֹ אֲנַחְנוּ,
עַמּוֹ וְצֹאן מַרְעִיתוֹ.
בֹּאוּ שְׁעָרָיו בְּתוֹדָה, חֲצֵרֹתָיו בִּתְהִלָּה, הוֹדוּ לוֹ בָּרְכוּ שְׁמוֹ.
כִּי טוֹב יהוה לְעוֹלָם חַסְדּוֹ, וְעַד דֹּר וָדֹר אֱמוּנָתוֹ.

PSALM 100

A Psalm of Praise.
Acclaim Adonai, all people on earth.
Worship Adonai in gladness;
come before God with joyous song.
Know that Adonai is God.
God fashioned us and we are His,
God's people, the flock God shepherds.
Enter God's gates with thanksgiving, His courts with praise.
Extol God and exalt Him.
For Adonai is good; God's love is eternal.
God's faithfulness endures for all generations.

HOSHANOT הושענות

We stand with lulav and etrog in hand, as the Ark is opened. All of the Sifrei Torah are removed, to be held on the bimah. The Ḥazzan chants the first four lines and then chants one piyyut while leading each of the seven processions, in which all who have a lulav and an etrog participate. The words "hosha na" are repeated by the congregation as a refrain after each phrase chanted by the Ḥazzan.

הוֹשַׁע נָא, לְמַעַנְךָ אֱלֹהֵינוּ, הוֹשַׁע נָא.
הוֹשַׁע נָא, לְמַעַנְךָ בּוֹרְאֵנוּ, הוֹשַׁע נָא.
הוֹשַׁע נָא, לְמַעַנְךָ גּוֹאֲלֵנוּ, הוֹשַׁע נָא.
הוֹשַׁע נָא, לְמַעַנְךָ דּוֹרְשֵׁנוּ, הוֹשַׁע נָא.

Hosha na. For Your sake, our God, please help us.
Hosha na. For Your sake, our Creator, please help us.
Hosha na. For Your sake, our Redeemer, please help us.
Hosha na. Because you seek our welfare, please help us.

לְמַעַן אֲמִתָּךְ. לְמַעַן בְּרִיתָךְ. לְמַעַן גָּדְלָךְ וְתִפְאַרְתָּךְ. לְמַעַן דָּתָךְ. לְמַעַן הוֹדָךְ. לְמַעַן וִעוּדָךְ. לְמַעַן זִכְרָךְ. לְמַעַן חַסְדָּךְ. לְמַעַן טוּבָךְ. לְמַעַן יִחוּדָךְ. לְמַעַן כְּבוֹדָךְ. לְמַעַן לִמּוּדָךְ. לְמַעַן מַלְכוּתָךְ. לְמַעַן נִצְחָךְ. לְמַעַן סוֹדָךְ. לְמַעַן עֻזָּךְ. לְמַעַן פְּאֵרָךְ. לְמַעַן צִדְקָתָךְ. לְמַעַן קְדֻשָּׁתָךְ. לְמַעַן רַחֲמֶיךָ הָרַבִּים. לְמַעַן שְׁכִינָתָךְ. לְמַעַן תְּהִלָּתָךְ.

כִּי אָמַרְתִּי עוֹלָם חֶסֶד יִבָּנֶה.

For the sake of Your truth and Your covenant, Your greatness and Your glory, for the sake of Your goodness and Your holiness, help us now.

אֶבֶן שְׁתִיָּה. בֵּית הַבְּחִירָה. גֹּרֶן אָרְנָן. דְּבִיר הַמֻּצְנָע. הַר הַמּוֹרִיָּה. וְהַר יֵרָאֶה. זְבוּל תִּפְאַרְתֶּךָ. חָנָה דָוִד. טוֹב הַלְּבָנוֹן. יְפֵה נוֹף מְשׂוֹשׂ כָּל הָאָרֶץ. כְּלִילַת יֹפִי. לִינַת הַצֶּדֶק. מָכוֹן לְשִׁבְתֶּךָ. נָוֶה שַׁאֲנָן. סֻכַּת שָׁלֵם. עֲלִיַּת שְׁבָטִים. פִּנַּת יִקְרַת. צִיּוֹן הַמְצֻיֶּנֶת. קֹדֶשׁ הַקֳּדָשִׁים. רָצוּף אַהֲבָה. שְׁכִינַת כְּבוֹדֶךָ. תֵּל תַּלְפִּיּוֹת.

לְךָ זְרוֹעַ עִם גְּבוּרָה, תָּעֹז יָדְךָ תָּרוּם יְמִינֶךָ.

Send help for Moriah, the site of Your Temple, joy of the earth, perfection of beauty — Zion, place of the Holy of Holies. Help us now.

אוֹם אֲנִי חוֹמָה. **בָּ**רָה כַּחַמָּה. **ג**וֹלָה וְסוּרָה. **דָּ**מְתָה לְתָמָר. **הַ**הֲרוּגָה עָלֶיךָ. **וְ**נֶחֱשֶׁבֶת כְּצֹאן טִבְחָה. **ז**ְרוּיָה בֵּין מַכְעִיסֶיהָ. **חֲ**בוּקָה וּדְבוּקָה בָךְ. **ט**וֹעֶנֶת עֻלָּךְ. **יְ**חִידָה לְיַחֲדָךְ. **כְּ**בוּשָׁה בַּגּוֹלָה. **ל**וֹמֶדֶת יִרְאָתָךְ. **מְ**רוּטַת לֶחִי. **נְ**תוּנָה לְמַכִּים. **ס**וֹבֶלֶת סִבְלָךְ. **עֲ**נִיָּה סֹעֲרָה. **פְּ**דוּיַת טוֹבִיָּה. **צֹ**אן קָדָשִׁים. **קְ**הִלּוֹת יַעֲקֹב. **רְ**שׁוּמִים בִּשְׁמֶךָ. **שׁ**וֹאֲגִים הוֹשַׁעְנָא. **תְּ**מוּכִים עָלֶיךָ, הוֹשַׁע נָא.

תִּתֵּן אֱמֶת לְיַעֲקֹב, חֶסֶד לְאַבְרָהָם.

This faithful nation, bright as the sun, still endures oppressors. Though often tormented, she continues to proclaim that You are One. Tossed in the storm of suffering, they who bear Your name beseech You: Help us now.

אָדוֹן הַמּוֹשִׁיעַ. **בִּ**לְתְּךָ אֵין לְהוֹשִׁיעַ. **גִּ**בּוֹר וְרַב לְהוֹשִׁיעַ. **דַּ**לּוֹתִי וְלִי יְהוֹשִׁיעַ. **הָ**אֵל הַמּוֹשִׁיעַ. **וּ**מַצִּיל וּמוֹשִׁיעַ. **ז**וֹעֲקֶיךָ תּוֹשִׁיעַ. **ח**וֹכֶיךָ הוֹשִׁיעַ. **טְ**לָאֶיךָ תַּשְׂבִּיעַ. **יְ**בוּל לְהַשְׁפִּיעַ. **כָּ**ל שִׂיחַ תַּדְשֵׁא וְתוֹשִׁיעַ. **לְ**גֵיא בַּל תַּרְשִׁיעַ. **מְ**גָדִים תַּמְתִּיק וְתוֹשִׁיעַ. **נְ**שִׂיאִים לְהַסִּיעַ. **שְׂ**עִירִים לְהָנִיעַ. **עֲ**נָנִים מִלְּהַמְנִיעַ. **פּ**וֹתֵחַ יָד וּמַשְׂבִּיעַ. **צְ**מֵאֶיךָ תַּשְׂבִּיעַ. **ק**וֹרְאֶיךָ תּוֹשִׁיעַ. **רְ**חוּמֶיךָ תּוֹשִׁיעַ. **שׁ**וֹחֲרֶיךָ הוֹשִׁיעַ. **תְּ**מִימֶיךָ תּוֹשִׁיעַ, הוֹשַׁע נָא.

נְעִמוֹת בִּימִינְךָ נֶצַח.

Adonai, my sole source of salvation, I was brought low but You have delivered me. Help those who hope in You. Provide water for every shrub. Condemn not the earth to infertility; withhold not Your blessing of rain. Satisfy Your thirsting creatures, all those who call upon You. Help us now.

אָדָם וּבְהֵמָה. **בָּ**שָׂר וְרוּחַ וּנְשָׁמָה. **גִּ**יד וְעֶצֶם וְקָרְמָה. **דְּ**מוּת וְצֶלֶם וְרִקְמָה. **ה**וֹד לַהֶבֶל דָּמָה. **וְ**נִמְשַׁל כַּבְּהֵמוֹת נִדְמָה. **זִ**יו וְתֹאַר וְקוֹמָה. **ח**ִדּוּשׁ פְּנֵי אֲדָמָה. **ט**ִיעַת עֲצֵי נְשַׁמָּה. **יְ**קָבִים וְקָמָה. **כְּ**רָמִים וְשִׁקְמָה. **לְ**תֵבֵל הַמְּסֻיָּמָה. **מִ**טְרוֹת עֹז לְסַמְּמָה. **נְ**שִׁיָּה לְקַיְּמָה. **שִׂ**יחִים לְקוֹמְמָה. **עֲ**דָנִים לְעָצְמָה. **פְּ**רָחִים לְהַעֲצִימָה. **צְ**מָחִים לְגָשְׁמָה. **קָ**רִים לְזָרְמָה. **רְ**בִיבִים לְשַׁלְּמָה. **שְׁ**תִיָּה לְרוֹמְמָה. **תְּ**לוּיָה עַל בְּלִימָה, הוֹשַׁע נָא.

יהוה אֲדֹנֵינוּ, מָה אַדִּיר שִׁמְךָ בְּכָל הָאָרֶץ,
אֲשֶׁר תְּנָה הוֹדְךָ עַל הַשָּׁמָיִם.

Save man and beast; renew the earth and bless its produce. Send rain to nurture greenery; let cool waters flow. Sustain the world, our earth, suspended in space. Help us now.

אֲדָמָה מֵאֶרֶר. בְּהֵמָה מִמְּשַׁכֶּלֶת. גֹּרֶן מִגָּזָם. דָּגָן מִדַּלֶּקֶת. הוֹן מִמְּאֵרָה. וְאֹכֶל מִמְּהוּמָה. זַיִת מִנֶּשֶׁל. חִטָּה מֵחָגָב. טֶרֶף מִגּוֹבַי. יֶקֶב מִיֶּלֶק. כֶּרֶם מִתּוֹלַעַת. לֶקֶשׁ מֵאַרְבֶּה. מֶגֶד מִצְּלָצַל. נֶפֶשׁ מִבֶּהָלָה. שֹׂבַע מִסָּלְעָם. עֲדָרִים מִדַּלּוּת. פֵּרוֹת מִשִּׁדָּפוֹן. צֹאן מִצְּמִיתוּת. קָצִיר מִקְּלָלָה. רֹב מֵרָזוֹן. שִׁבֹּלֶת מִצִּנָּמוֹן. תְּבוּאָה מֵחָסִיל, הוֹשַׁע נָא.

צַדִּיק יהוה בְּכָל־דְּרָכָיו, וְחָסִיד בְּכָל־מַעֲשָׂיו.

Save the soil from curses, our substance from catastrophe. Protect our crops from destruction, our flocks from disease, our souls from terror. Help us now.

לְמַעַן אֵיתָן הַנִּזְרַק בְּלַהַב אֵשׁ. לְמַעַן בֵּן הַנֶּעֱקַד עַל עֵצִים וָאֵשׁ. לְמַעַן גִּבּוֹר הַנֶּאֱבַק עִם שַׂר אֵשׁ. לְמַעַן דְּגָלִים נָחִיתָ בְּאוֹר וַעֲנַן אֵשׁ. לְמַעַן הֹעֲלָה לַמָּרוֹם וְנִתְעַלָּה כְּמַלְאֲכֵי אֵשׁ. לְמַעַן וְהוּא לָךְ כִּסֶגֶן בְּאֶרְאֶלֵּי אֵשׁ. לְמַעַן זֶבֶד דִּבְּרוֹת הַנִּתּוּנוֹת מֵאֵשׁ. לְמַעַן חִפּוּי יְרִיעוֹת וַעֲנַן אֵשׁ. לְמַעַן טֶכֶס הַר יָרַדְתָּ עָלָיו בָּאֵשׁ. לְמַעַן יְדִידוּת בַּיִת אֲשֶׁר אָהַבְתָּ מִשְּׁמֵי אֵשׁ. לְמַעַן כָּמַהּ עַד שָׁקְעָה הָאֵשׁ. לְמַעַן לָקַח מַחְתַּת אֵשׁ וְהֵסִיר חֲרוֹן אֵשׁ. לְמַעַן מְקַנֵּא קִנְאָה גְדוֹלָה בָּאֵשׁ. לְמַעַן נָף יָדוֹ וְיָרְדוּ אַבְנֵי אֵשׁ. לְמַעַן שָׂם טְלֵה חָלָב כְּלִיל אֵשׁ. לְמַעַן עָמַד בַּגֹּרֶן וְנִתְרַצָּה בָּאֵשׁ. לְמַעַן פִּלֵּל בָּעֲזָרָה וְיָרְדָה הָאֵשׁ. לְמַעַן צִיר עָלָה וְנִתְעַלָּה בְּרֶכֶב וְסוּסֵי אֵשׁ. לְמַעַן קְדוֹשִׁים מֻשְׁלָכִים בָּאֵשׁ. לְמַעַן רִבּוֹ רִבְבָן חָז וְנַהֲרֵי אֵשׁ. לְמַעַן שִׁמְמוֹת עִירְךָ הַשְּׂרוּפָה בָּאֵשׁ. לְמַעַן תּוֹלְדוֹת אַלּוּפֵי יְהוּדָה תָּשִׂים כְּכִיּוֹר אֵשׁ, הוֹשַׁע נָא.

For the sake of our ancestors who were tested by fire, help us. For the sake of Temple offerings consumed by fire, for the sake of Your city once made desolate by fire, help us now.

לְךָ יהוה הַגְּדֻלָּה וְהַגְּבוּרָה וְהַתִּפְאֶרֶת וְהַנֵּצַח וְהַהוֹד כִּי כֹל בַּשָּׁמַיִם וּבָאָרֶץ, לְךָ יהוה הַמַּמְלָכָה וְהַמִּתְנַשֵּׂא לְכֹל לְרֹאשׁ. וְהָיָה יהוה לְמֶלֶךְ עַל כָּל־הָאָרֶץ, בַּיּוֹם הַהוּא יִהְיֶה יהוה אֶחָד וּשְׁמוֹ אֶחָד. וּבְתוֹרָתְךָ כָּתוּב לֵאמֹר: שְׁמַע יִשְׂרָאֵל יהוה אֱלֹהֵינוּ יהוה אֶחָד. בָּרוּךְ שֵׁם כְּבוֹד מַלְכוּתוֹ לְעוֹלָם וָעֶד.

אֲנִי וָהוֹ הוֹשִׁיעָה נָּא.

כְּהוֹשַׁעְתָּ אֵלִים בְּלוּד עִמָּךְ,
בְּצֵאתְךָ לְיֵשַׁע עַמָּךְ, כֵּן הוֹשַׁע נָא.
כְּהוֹשַׁעְתָּ גּוֹי וֵאלֹהִים,
דְּרוּשִׁים לְיֵשַׁע אֱלֹהִים, כֵּן הוֹשַׁע נָא.
כְּהוֹשַׁעְתָּ הֲמוֹן צְבָאוֹת,
וְעִמָּם מַלְאֲכֵי צְבָאוֹת, כֵּן הוֹשַׁע נָא.
כְּהוֹשַׁעְתָּ זַכִּים מִבֵּית עֲבָדִים,
חַנּוּן בְּיָדָם מַעֲבִידִים, כֵּן הוֹשַׁע נָא.
כְּהוֹשַׁעְתָּ טְבוּעִים בְּצוּל גְּזָרִים,
יְקָרְךָ עִמָּם מַעֲבִירִים, כֵּן הוֹשַׁע נָא.
כְּהוֹשַׁעְתָּ כַּנָּה מְשׁוֹרֶרֶת וַיּוֹשַׁע,
לְגוֹחָה מְצֻיֶּנֶת וַיִּוָּשַׁע, כֵּן הוֹשַׁע נָא.
כְּהוֹשַׁעְתָּ מַאֲמַר וְהוֹצֵאתִי אֶתְכֶם,
נָקוּב וְהוּצֵאתִי אִתְּכֶם, כֵּן הוֹשַׁע נָא.
כְּהוֹשַׁעְתָּ סוֹבְבֵי מִזְבֵּחַ,
עוֹמְסֵי עֲרָבָה לְהַקִּיף מִזְבֵּחַ, כֵּן הוֹשַׁע נָא.
כְּהוֹשַׁעְתָּ פִּלְאֵי אָרוֹן כְּהֻפְשַׁע,
צִעֵר פְּלֶשֶׁת בַּחֲרוֹן אַף וְנוֹשַׁע, כֵּן הוֹשַׁע נָא.
כְּהוֹשַׁעְתָּ קְהִלּוֹת בָּבֶלָה שִׁלַּחְתָּ,
רַחוּם לְמַעֲנָם שֻׁלַּחְתָּ, כֵּן הוֹשַׁע נָא.
כְּהוֹשַׁעְתָּ שְׁבוּת שִׁבְטֵי יַעֲקֹב,
תָּשׁוּב וְתָשִׁיב שְׁבוּת אָהֳלֵי יַעֲקֹב, וְהוֹשִׁיעָה נָּא.
כְּהוֹשַׁעְתָּ שׁוֹמְרֵי מִצְוֹת, וְחוֹכֵי יְשׁוּעוֹת,
אֵל לְמוֹשָׁעוֹת, וְהוֹשִׁיעָה נָּא.

אֲנִי וָהוֹ הוֹשִׁיעָה נָּא.

As You redeemed our ancestors from Egypt, releasing them from bondage, help us now. As You guided Your people in exile with Your light, which accompanied them in their grief, help us now. As Your presence, journeying into exile with Your people, gave them cause to sing, although banished and forlorn, help us now.

הוֹשַׁע נָא, אֵל נָא, אָנָּא הוֹשִׁיעָה נָּא.
הוֹשַׁע נָא, סְלַח נָא, וְהַצְלִיחָה נָא, וְהוֹשִׁיעֵנוּ אֵל מָעֻזֵּנוּ.

Save us, God; please save us. Save us, God; please forgive us. Let us prosper. Save us, God, our stronghold.

Lulav and etrog are set aside, and willow twigs are taken.

תַּעֲנֶה אֱמוּנִים שׁוֹפְכִים לְךָ לֵב כַּמַּיִם, וְהוֹשִׁיעָה נָּא,
לְמַעַן בָּא בָאֵשׁ וּבַמַּיִם, וְהַצְלִיחָה נָא,
גָּזַר וְנָם יֻקַּח נָא מְעַט מַיִם, וְהוֹשִׁיעֵנוּ אֵל מָעֻזֵּנוּ.
תַּעֲנֶה דְגָלִים גָּזוּ גִּזְרֵי מַיִם, וְהוֹשִׁיעָה נָּא,
לְמַעַן הַנֶּעֱקַד בְּשַׁעַר הַשָּׁמַיִם, וְהַצְלִיחָה נָא,
וְשָׁב וְחָפַר בְּאֵרוֹת מַיִם, וְהוֹשִׁיעֵנוּ אֵל מָעֻזֵּנוּ.
תַּעֲנֶה זַכִּים חוֹנִים עֲלֵי מַיִם, וְהוֹשִׁיעָה נָּא,
לְמַעַן חָלָק מְפַצֵּל מַקְלוֹת בְּשִׁקְתוֹת הַמַּיִם, וְהַצְלִיחָה נָא,
טָעַן וְגָל אֶבֶן מִבְּאֵר מַיִם, וְהוֹשִׁיעֵנוּ אֵל מָעֻזֵּנוּ.
תַּעֲנֶה יְדִידִים נוֹחֲלֵי דָת מְשׁוּלַּת מַיִם, וְהוֹשִׁיעָה נָּא,
לְמַעַן כָּרוּ בְּמִשְׁעֲנוֹתָם מַיִם, וְהַצְלִיחָה נָא,
לְהָכִין לָמוֹ וּלְצֶאֱצָאֵימוֹ מַיִם, וְהוֹשִׁיעֵנוּ אֵל מָעֻזֵּנוּ.
תַּעֲנֶה מִתְחַנְּנִים כְּבִישִׁימוֹן עֲלֵי מַיִם, וְהוֹשִׁיעָה נָּא,
לְמַעַן נֶאֱמַן בַּיִת מַסְפִּיק לָעָם מַיִם, וְהַצְלִיחָה נָא,
סֶלַע הָךְ וַיָּזוּבוּ מַיִם, וְהוֹשִׁיעֵנוּ אֵל מָעֻזֵּנוּ.
תַּעֲנֶה עוֹנִים עֲלִי בְאֵר מַיִם, וְהוֹשִׁיעָה נָּא,
לְמַעַן פֻּקַּד בְּמֵי מְרִיבַת מַיִם, וְהַצְלִיחָה נָא,
צְמֵאִים לְהַשְׁקוֹתָם מַיִם, וְהוֹשִׁיעֵנוּ אֵל מָעֻזֵּנוּ.
תַּעֲנֶה קְדוֹשִׁים מְנַסְּכִים לְךָ מַיִם, וְהוֹשִׁיעָה נָּא,
לְמַעַן רֹאשׁ מְשׁוֹרְרִים כְּתָאֵב שְׁתוֹת מַיִם, וְהַצְלִיחָה נָא,
שָׁב וְנָסַךְ לְךָ מַיִם, וְהוֹשִׁיעֵנוּ אֵל מָעֻזֵּנוּ.
תַּעֲנֶה שׁוֹאֲלִים בְּרִבּוּעַ אֶשְׁלֵי מַיִם, וְהוֹשִׁיעָה נָּא,
לְמַעַן תֵּל תַּלְפִּיּוֹת מוֹצָא מַיִם, וְהַצְלִיחָה נָא,
תִּפְתַּח אֶרֶץ וְתַרְעִיף שָׁמַיִם, וְהוֹשִׁיעֵנוּ אֵל מָעֻזֵּנוּ.

רַחֵם נָא קְהַל עֲדַת יְשֻׁרוּן, סְלַח וּמְחַל עֲוֹנָם,
וְהוֹשִׁיעֵנוּ אֱלֹהֵי יִשְׁעֵנוּ.

Bless with rain those who pour their hearts out like water. Help us for the sake of Abraham, who went through fire and water. Bless those who have inherited the Torah, as life-giving as water. For the sake of Your servants who served You with libations of water, for the sake of Moses who, with Your help, gave his people water, let us prosper. Open the earth to Your blessing of water. Save us, God, our stronghold.

Have compassion, forgive our sin, save us.

קוֹל מְבַשֵּׂר מְבַשֵּׂר וְאוֹמֵר. קוֹל מְבַשֵּׂר מְבַשֵּׂר וְאוֹמֵר.

The voice of the prophet rings out, proclaiming good news of peace and deliverance.

אֹמֶץ יֶשְׁעֲךָ בָּא, קוֹל דּוֹדִי הִנֵּה זֶה בָּא, מְבַשֵּׂר וְאוֹמֵר.
בָּא בְּרִבְבוֹת כִּתִּים, לַעֲמוֹד עַל הַר הַזֵּיתִים, מְבַשֵּׂר וְאוֹמֵר.
גִּשְׁתּוֹ בַּשּׁוֹפָר לִתְקַע, תַּחְתָּיו הַר יִבָּקַע, מְבַשֵּׂר וְאוֹמֵר.
דָּפַק וְהֵצִיץ וְזָרַח, וּמָשׁ חֲצִי הָהָר מִמִּזְרָח, מְבַשֵּׂר וְאוֹמֵר.
הֵקִים מִלּוּל נְאֻמוֹ, וּבָא הוּא וְכָל קְדוֹשָׁיו עִמּוֹ, מְבַשֵּׂר וְאוֹמֵר.
וּלְכָל בָּאֵי הָעוֹלָם, בַּת קוֹל יִשָּׁמַע בָּעוֹלָם, מְבַשֵּׂר וְאוֹמֵר.
זֶרַע עֲמוּסֵי רְחָמוֹ, נוֹלְדוּ כְּיֶלֶד מִמְּעֵי אִמּוֹ, מְבַשֵּׂר וְאוֹמֵר.
חָלָה וְיָלְדָה מִי זֹאת, מִי שָׁמַע כָּזֹאת, מְבַשֵּׂר וְאוֹמֵר.
טָהוֹר פָּעַל כָּל אֵלֶּה, וּמִי רָאָה כָּאֵלֶּה, מְבַשֵּׂר וְאוֹמֵר.
יֶשַׁע וּזְמַן הוּחַד, הֲיוּחַל אֶרֶץ בְּיוֹם אֶחָד, מְבַשֵּׂר וְאוֹמֵר.
כַּבִּיר רוּם וָתַחַת, אִם יִוָּלֵד גּוֹי פַּעַם אֶחָת, מְבַשֵּׂר וְאוֹמֵר.
לְעֵת יִגְאַל עַמּוֹ נָאוֹר, וְהָיָה לְעֵת עֶרֶב יִהְיֶה אוֹר, מְבַשֵּׂר וְאוֹמֵר.
מוֹשִׁיעִים יַעֲלוּ לְהַר צִיּוֹן, כִּי חָלָה גַּם יָלְדָה צִיּוֹן, מְבַשֵּׂר וְאוֹמֵר.
נִשְׁמַע בְּכָל גְּבוּלֵךְ, הַרְחִיבִי מְקוֹם אָהֳלֵךְ, מְבַשֵּׂר וְאוֹמֵר.
שִׂימִי עַד דַּמֶּשֶׂק מִשְׁכְּנוֹתַיִךְ, קַבְּלִי בָנַיִךְ וּבְנוֹתַיִךְ, מְבַשֵּׂר וְאוֹמֵר.
עִלְזִי חֲבַצֶּלֶת הַשָּׁרוֹן, כִּי קָמוּ יְשֵׁנֵי חֶבְרוֹן, מְבַשֵּׂר וְאוֹמֵר.
פְּנוּ אֵלַי וְהִוָּשְׁעוּ, הַיּוֹם אִם בְּקוֹלִי תִשְׁמָעוּ, מְבַשֵּׂר וְאוֹמֵר.
צָמַח אִישׁ צֶמַח שְׁמוֹ, הוּא דָוִד בְּעַצְמוֹ, מְבַשֵּׂר וְאוֹמֵר.
קוּמוּ כְּפוּשֵׁי עָפָר, הָקִיצוּ וְרַנְּנוּ שׁוֹכְנֵי עָפָר, מְבַשֵּׂר וְאוֹמֵר.
רַבָּתִי עָם בְּהַמְלִיכוֹ, מִגְדּוֹל יְשׁוּעוֹת מַלְכּוֹ, מְבַשֵּׂר וְאוֹמֵר.
שֵׁם רְשָׁעִים לְהַאֲבִיד, עֹשֶׂה חֶסֶד לִמְשִׁיחוֹ לְדָוִד, מְבַשֵּׂר וְאוֹמֵר.
תְּנָה יְשׁוּעוֹת לְעַם עוֹלָם, לְדָוִד וּלְזַרְעוֹ עַד עוֹלָם, מְבַשֵּׂר וְאוֹמֵר.

The shofar is sounded, and the echo of a heavenly voice resounds throughout the world. Exult and be joyful; redemption is real. Return to God, the source of salvation; listen to God today. Rejoice in the redemption of Zion. Be grateful for God's lovingkindness and the promise of the messiah. May the eternal people be delivered — David and his descendants — forevermore.

Ḥazzan and congregation declare:

קוֹל מְבַשֵּׂר מְבַשֵּׂר וְאוֹמֵר.
קוֹל מְבַשֵּׂר מְבַשֵּׂר וְאוֹמֵר.
קוֹל מְבַשֵּׂר מְבַשֵּׂר וְאוֹמֵר.

Kol m'vaser, m'vaser v'omer.

The voice of the prophet rings out, proclaiming good news of peace and deliverance.

We symbolize our determination to separate sin from our lives by beating the willow twigs five times against the floor or other hard surface, causing leaves to fall.

הוֹשִׁיעָה אֶת־עַמֶּךָ וּבָרֵךְ אֶת־נַחֲלָתֶךָ, וּרְעֵם וְנַשְּׂאֵם עַד הָעוֹלָם. וְיִהְיוּ דְבָרַי אֵלֶּה אֲשֶׁר הִתְחַנַּנְתִּי לִפְנֵי יהוה, קְרֹבִים אֶל יהוה אֱלֹהֵינוּ יוֹמָם וָלָיְלָה, לַעֲשׂוֹת מִשְׁפַּט עַבְדּוֹ וּמִשְׁפַּט עַמּוֹ יִשְׂרָאֵל, דְּבַר יוֹם בְּיוֹמוֹ. לְמַעַן דַּעַת כָּל־עַמֵּי הָאָרֶץ, כִּי יהוה הוּא הָאֱלֹהִים, אֵין עוֹד.

Bless and deliver Your people, Your heritage; shelter and sustain them forever. May my words of supplication be near Adonai our God, day and night. May God uphold the cause of His servant, the cause of His people Israel, as each day requires. Thus shall all on earth know that Adonai is God; there is no other.

There is a tradition that the Days of Judgment, which begin on Rosh Hashanah and continue through Yom Kippur, end on Hoshana Rabbah, when the decree is sealed.

יְהִי רָצוֹן מִלְּפָנֶיךָ יהוה אֱלֹהֵינוּ וֵאלֹהֵי אֲבוֹתֵינוּ, שֶׁתְּקַבֵּל בְּרַחֲמִים וּבְרָצוֹן אֶת־תְּפִלָּתֵנוּ וְהַקָּפוֹתֵינוּ, וְתָסִיר מְחִיצַת הַבַּרְזֶל הַמַּפְסֶקֶת בֵּינֵינוּ וּבֵינֶיךָ, וְתַאֲזִין שַׁוְעָתֵינוּ, וְחָתְמֵנוּ בְּסֵפֶר חַיִּים טוֹבִים.

May it be Your will, Adonai our God and God of our ancestors, to accept our prayers and our ritual of this morning with compassion. Remove the barriers that separate us from You. Hear our plea. And seal us in the Book of a good life. Amen.

The Sifrei Torah are returned to the Ark, and the Ark is closed.

The service continues with Kaddish Shalem, page 181.

In congregations that add Hoshanot after Hallel, the service continues with Kaddish Shalem, page 138.

הקפות

The following פסוקים *are chanted by one or a series of individuals; each* פסוק *is then repeated by the congregation.*

אַתָּה הָרְאֵתָ לָדַעַת, כִּי יהוה הוּא הָאֱלֹהִים,
אֵין עוֹד מִלְּבַדּוֹ.
לְעֹשֵׂה נִפְלָאוֹת גְּדֹלוֹת לְבַדּוֹ, כִּי לְעוֹלָם חַסְדּוֹ.
אֵין כָּמְוֹךָ בָאֱלֹהִים, אֲדֹנָי, וְאֵין כְּמַעֲשֶׂיךָ.
יְהִי כְבוֹד יהוה לְעוֹלָם, יִשְׂמַח יהוה בְּמַעֲשָׂיו.
יְהִי שֵׁם יהוה מְבֹרָךְ, מֵעַתָּה וְעַד עוֹלָם.
יְהִי יהוה אֱלֹהֵינוּ עִמָּנוּ, כַּאֲשֶׁר הָיָה עִם אֲבֹתֵינוּ,
אַל יַעַזְבֵנוּ וְאַל יִטְּשֵׁנוּ.
וְאִמְרוּ, הוֹשִׁיעֵנוּ, אֱלֹהֵי יִשְׁעֵנוּ,
וְקַבְּצֵנוּ וְהַצִּילֵנוּ מִן הַגּוֹיִם,
לְהֹדוֹת לְשֵׁם קָדְשֶׁךָ, לְהִשְׁתַּבֵּחַ בִּתְהִלָּתֶךָ.
יהוה מֶלֶךְ, יהוה מָלָךְ, יהוה יִמְלֹךְ לְעוֹלָם וָעֶד.
יהוה עֹז לְעַמּוֹ יִתֵּן, יהוה יְבָרֵךְ אֶת עַמּוֹ בַשָּׁלוֹם.
וְיִהְיוּ נָא אֲמָרֵינוּ לְרָצוֹן, לִפְנֵי אֲדוֹן כֹּל.

The ארון הקודש *is opened.*

וַיְהִי בִּנְסֹעַ הָאָרֹן, וַיֹּאמֶר משֶׁה:
קוּמָה יהוה, וְיָפֻצוּ אֹיְבֶיךָ, וְיָנֻסוּ מְשַׂנְאֶיךָ מִפָּנֶיךָ.
קוּמָה יהוה לִמְנוּחָתֶךָ, אַתָּה וַאֲרוֹן עֻזֶּךָ.
כֹּהֲנֶיךָ יִלְבְּשׁוּ צֶדֶק, וַחֲסִידֶיךָ יְרַנֵּנוּ.
בַּעֲבוּר דָּוִד עַבְדֶּךָ, אַל תָּשֵׁב פְּנֵי מְשִׁיחֶךָ.

FOR SIMḤAT TORAH

🍃 HAKAFOT

*The following biblical verses are chanted by one or
a series of individuals; each verse is then repeated
by the congregation.*

You have been clearly shown that Adonai alone is God;
 there is none besides God.

Give thanks to Adonai who works great wonders alone;
 God's love is forever.

None compare to You, Adonai,
 and nothing compares to Your creation.

The glory of Adonai endures forever;
 may God rejoice in His works.

May the name of Adonai be praised, now and forever.

May Adonai our God be with us
 as He was with our ancestors;
 may God not abandon or forsake us.

Cry out: Deliver us, God our deliverer!
 Gather us and save us from among the nations,
 that we may give thanks to Your holy name,
 that we may take pride in Your praise.

Adonai reigns, Adonai has reigned,
 Adonai shall reign throughout all time.

May Adonai grant His people strength;
 may Adonai bless His people with peace.

May our words be pleasing to the Master of all.

The Ark is opened.

Whenever the Ark was carried forward, Moses would say:
 Arise, Adonai! May Your enemies be scattered;
 may Your foes be put to flight.

Arise, Adonai, to Your sanctuary, You and Your glorious Ark.

Let Your *Kohanim* be clothed in triumph;
 let Your faithful sing for joy.

For the sake of David Your servant,
 do not reject Your anointed.

וְאָמַר בַּיּוֹם הַהוּא, הִנֵּה אֱלֹהֵינוּ זֶה, קִוִּינוּ לוֹ וְיוֹשִׁיעֵנוּ, זֶה יהוה קִוִּינוּ לוֹ נָגִילָה וְנִשְׂמְחָה בִּישׁוּעָתוֹ.

מַלְכוּתְךָ מַלְכוּת כָּל־עֹלָמִים, וּמֶמְשַׁלְתְּךָ בְּכָל־דּוֹר וָדֹר.

כִּי מִצִּיּוֹן תֵּצֵא תוֹרָה, וּדְבַר יהוה מִירוּשָׁלָיִם.

אַב הָרַחֲמִים, הֵיטִיבָה בִרְצוֹנְךָ אֶת־צִיּוֹן, תִּבְנֶה חוֹמוֹת יְרוּשָׁלָיִם.

כִּי בְךָ לְבַד בָּטָחְנוּ, מֶלֶךְ אֵל רָם וְנִשָּׂא, אֲדוֹן עוֹלָמִים.

All the ספרי תורה *are removed from the* ארון הקודש, *to be carried by congregants in seven* הקפות *through the sanctuary. After each* הקפה, *it is customary to dance with the* ספרי תורה, *while singing appropriate songs.*

אָנָּא יהוה, הוֹשִׁיעָה נָּא. אָנָּא יהוה, הַצְלִיחָה נָא. אָנָּא יהוה, עֲנֵנוּ בְיוֹם קָרְאֵנוּ.

First הקפה

אֱלֹהֵי הָרוּחוֹת, הוֹשִׁיעָה נָּא. **בּוֹחֵן** לְבָבוֹת, הַצְלִיחָה נָא. **גּוֹאֵל** חָזָק, עֲנֵנוּ בְיוֹם קָרְאֵנוּ.

Second הקפה

דּוֹבֵר צְדָקוֹת, הוֹשִׁיעָה נָּא. **הָדוּר** בִּלְבוּשׁוֹ, הַצְלִיחָה נָא. **וָתִיק** וְחָסִיד, עֲנֵנוּ בְיוֹם קָרְאֵנוּ.

Third הקפה

זַךְ וְיָשָׁר, הוֹשִׁיעָה נָּא. **חוֹמֵל** דַּלִּים, הַצְלִיחָה נָא. **טוֹב** וּמֵטִיב, עֲנֵנוּ בְיוֹם קָרְאֵנוּ.

Fourth הקפה

יוֹדֵעַ מַחֲשָׁבוֹת, הוֹשִׁיעָה נָּא. **כַּבִּיר** וְנָאוֹר, הַצְלִיחָה נָא. **לוֹבֵשׁ** צְדָקוֹת, עֲנֵנוּ בְיוֹם קָרְאֵנוּ.

Fifth הקפה

מֶלֶךְ עוֹלָמִים, הוֹשִׁיעָה נָּא. **נָאוֹר** וְאַדִּיר, הַצְלִיחָה נָא. **סוֹמֵךְ** נוֹפְלִים, עֲנֵנוּ בְיוֹם קָרְאֵנוּ.

And on that day people will say: Behold, this is our God,
  for whom we have waited, to redeem us.
  This is Adonai for whom we have yearned;
  let us rejoice and be glad in God's deliverance.

Your sovereignty is everlasting;
  Your dominion endures throughout all generations.

Torah shall come from Zion,
  the word of Adonai from Jerusalem.

Creator of compassion, favor Zion with Your goodness;
  build the walls of Jerusalem.

For in You alone do we put our trust,
  Sovereign, exalted God, eternal Master.

> *All the Sifrei Torah are removed from the Ark,
> to be carried by congregants in seven processions
> (Hakafot) through the sanctuary.*

Adonai, we beseech You, save us. Adonai, we beseech You,
cause us to prosper. Adonai, answer us when we call.

Anenu v'yom kor'enu.

> *First Hakafah*

God of all spirits, save us. Searcher of hearts, cause us to prosper.
Mighty Redeemer, answer us when we call.

Anenu v'yom kor'enu.

> *Second Hakafah*

Proclaimer of righteousness, save us. God clothed in splendor, cause
us to prosper. Everlastingly loving One, answer us when we call.

Anenu v'yom kor'enu.

> *Third Hakafah*

Pure and upright, save us. Gracious to the needy, cause us to prosper.
Good and benevolent One, answer us when we call.

Anenu v'yom kor'enu.

> *Fourth Hakafah*

Knower of our thoughts, save us. Mighty and resplendent, cause us to
prosper. God clothed in righteousness, answer us when we call.

Anenu v'yom kor'enu.

> *Fifth Hakafah*

Eternal Ruler, save us. Source of light and majesty, cause us to
prosper. Upholder of the falling, answer us when we call.

Anenu v'yom kor'enu.

Sixth הקפה

עוֹזֵר דַּלִּים, הוֹשִׁיעָה נָּא. **פּוֹדֶה** וּמַצִּיל, הַצְלִיחָה נָא.
צוּר עוֹלָמִים, עֲנֵנוּ בְיוֹם קָרְאֵנוּ.

Seventh הקפה

קָדוֹשׁ וְנוֹרָא, הוֹשִׁיעָה נָּא. **רַחוּם** וְחַנּוּן, הַצְלִיחָה נָא.
שׁוֹמֵר הַבְּרִית, עֲנֵנוּ בְיוֹם קָרְאֵנוּ.
תּוֹמֵךְ תְּמִימִים, הוֹשִׁיעָה נָּא. **תַּקִּיף** לָעַד, הַצְלִיחָה נָא.
תָּמִים בְּמַעֲשָׂיו, עֲנֵנוּ בְיוֹם קָרְאֵנוּ.

In the evening, we read from one ספר תורה,
and all the rest are returned to the ארון הקודש.

In the morning, we read from three ספרי תורה,
and the others are returned to the ארון הקודש.

The Torah service continues with שמע ישראל, page 141.

The **חֲתַן/כַּלַּת הַתּוֹרָה** *is called to the תורה as follows:*

מֵרְשׁוּת הָאֵל הַגָּדוֹל הַגִּבּוֹר וְהַנּוֹרָא
אֶפְתַּח פִּי בְּשִׁירָה וּבְזִמְרָה,
לְהוֹדוֹת וּלְהַלֵּל לְדָר בִּנְהוֹרָא
שֶׁהֶחֱיָנוּ וְקִיְּמָנוּ בְּיִרְאָתוֹ הַטְּהוֹרָה,
וְהִגִּיעָנוּ לִשְׂמֹחַ בְּשִׂמְחַת הַתּוֹרָה,
הַמְשַׂמַּחַת לֵב וְעֵינַיִם מְאִירָה,
הַמַּאֲרֶכֶת יָמִים וּמוֹסֶפֶת גְּבוּרָה
לְאֹהֲבֶיהָ וּלְשׁוֹמְרֶיהָ בְּצִוּוּי וְאַזְהָרָה.
וּבְכֵן יְהִי רָצוֹן מִלִּפְנֵי הַגְּבוּרָה לָתֵת חַיִּים וָחֶסֶד וְנֵזֶר וַעֲטָרָה

Male:

לְ_____ בֶּן _____ הַנִּבְחַר לְהַשְׁלִים הַתּוֹרָה.
עֲמֹד עֲמֹד עֲמֹד _____ בֶּן _____ , חֲתַן הַתּוֹרָה,
וּבִשְׂכַר זֶה תִּזְכֶּה מֵאֵל נוֹרָא לִרְאוֹת בָּנִים וּבְנֵי בָנִים
עוֹסְקִים בַּתּוֹרָה. יַעֲמֹד _____ בֶּן _____ , חֲתַן הַתּוֹרָה.

Female:

לְ_____ בַּת _____ הַנִּבְחֶרֶת לְהַשְׁלִים הַתּוֹרָה.
עִמְדִי עִמְדִי עִמְדִי _____ בַּת _____ , כַּלַּת הַתּוֹרָה,
וּבִשְׂכַר זֶה תִּזְכִּי מֵאֵל נוֹרָא לִרְאוֹת בָּנִים וּבְנֵי בָנִים
עוֹסְקִים בַּתּוֹרָה. תַּעֲמֹד _____ בַּת _____ , כַּלַּת הַתּוֹרָה.

Sixth Hakafah

Helper of the needy, save us. Redeemer, Deliverer, cause us to prosper. Rock everlasting, answer us when we call.

Anenu v'yom kor'enu.

Seventh Hakafah

Holy, awesome, save us. Merciful, compassionate, cause us to prosper. Upholder of the covenant, answer us when we call.

Anenu v'yom kor'enu.

Supporter of the innocent, save us. Eternal in power, cause us to prosper. Perfect in Your ways, answer us when we call.

Anenu v'yom kor'enu.

In the evening, we read from one Sefer Torah, and all the rest are returned to the Ark.

In the morning, we read from three Sifrei Torah, and the others are returned to the Ark.

The Torah service continues with Sh'ma Yisra-el, page 141.

*The **Ḥatan/Kallat HaTorah** is called to the Torah as follows:*

Requesting permission of God, mighty, awesome, and great,
I lift my voice to sing and to celebrate,
to praise the One who sustains us and dwells in light sublime,
who has granted us life and allowed us to reach this time,
enabling us to arrive at this day to rejoice
in the Torah, which grants honor, as we lift up our voice.
It brings pleasure to the heart and light to the eyes,
and joy when we embrace its values we so prize.
May it be the will of the Almighty to grant blessings in profusion
to _____, chosen for this reading of the Torah
at its conclusion.

Male:

Arise, arise, arise, _____, Ḥatan HaTorah.
Through the merit of this deed
may God grant you a privileged sight:
To witness children and children's children
immersed in Torah with delight.

Female:

Arise, arise, arise, _____, Kallat HaTorah.
Through the merit of this deed
may God grant you a privileged sight:
To witness children and children's children
immersed in Torah with delight.

The **חֲתַן/כַּלַּת בְּרֵאשִׁית** *is called to the* תורה *as follows:*

מֵרְשׁוּת מְרוֹמָם עַל כָּל־בְּרָכָה וְשִׁירָה,
נוֹרָא עַל כָּל־תְּהִלָּה וְזִמְרָה,
חֲכַם לֵבָב וְאַמִּיץ כֹּחַ וּגְבוּרָה,
וּמוֹשֵׁל עוֹלָם אֲדוֹן כָּל־יְצִירָה.
וּמֵרְשׁוּת חֲבוּרַת צֶדֶק עֵדָה הַמְאֻשָּׁרָה,
קְבוּצִים פֹּה הַיּוֹם לְשִׂמְחַת תּוֹרָה,
וְנֶעֱצָרִים לְסַיֵּם וּלְהָחֵל בְּגִיל וּבְמוֹרָא.
וּבְכֵן נִסְכַּמְתִּי דַּעַת כֻּלָּם לְבָרְרָה.

Male:

יַעַן נַעֲשֵׂיתָ רִאשׁוֹן לְמִצְוָה גְמוּרָה,
מָה רַב טוּבְךָ וּמַשְׂכֻּרְתְּךָ יְתֵרָה.

עֲמֹד עֲמֹד עֲמֹד _____ בֶּן _____,
חֲתַן בְּרֵאשִׁית בָּרָא.
מֵרְשׁוּת הַקָּהָל הַקָּדוֹשׁ הַזֶּה לְבָרֵךְ אֵל גָּדוֹל וְנוֹרָא,
אָמֵן יַעֲנוּ אַחֲרֶיךָ הַכֹּל מְהֵרָה.
יַעֲמֹד _____ בֶּן _____, חֲתַן בְּרֵאשִׁית בָּרָא.

Female:

יַעַן נַעֲשֵׂית רִאשׁוֹנָה לְמִצְוָה גְמוּרָה,
מָה רַב טוּבֵךְ וּמַשְׂכֻּרְתֵּךְ יְתֵרָה.

עִמְדִי עִמְדִי עִמְדִי _____ בַּת _____,
כַּלַּת בְּרֵאשִׁית בָּרָא.
מֵרְשׁוּת הַקָּהָל הַקָּדוֹשׁ הַזֶּה לְבָרֵךְ אֵל גָּדוֹל וְנוֹרָא,
אָמֵן יַעֲנוּ אַחֲרַיִךְ הַכֹּל מְהֵרָה.
תַּעֲמֹד _____ בַּת _____, כַּלַּת בְּרֵאשִׁית בָּרָא.

The Ḥatan/Kallat B'reshit is called to the Torah as follows:

With permission of the One
exalted beyond all song and adoration,
awesome beyond all praise and acclamation,
the essence of wisdom and power,
eternal Ruler, Master of creation —
and with permission of this just and joyous congregation,
gathered here to rejoice in the Torah, filled with elation,
assembled to complete its reading
and to begin again with joy and veneration —
I concur with all assembled here in happy affirmation.
In being chosen for this beginning you set a fine example.
Your portion is so goodly; your reward will be so ample.

Male:

Arise, arise, arise, _____ , *Ḥatan B'reshit Bara,*
to greet the great and awesome God with adoration,
with the permission of this holy congregation.
We will respond "Amen" to your blessing, in acclamation.

Female:

Arise, arise, arise, _____ , *Kallat B'reshit Bara,*
to greet the great and awesome God with adoration,
with the permission of this holy congregation.
We will respond "Amen" to your blessing, in acclamation.

גשם וטל

On שמיני עצרת and the first day of פסח at Musaf, the chanting of the עמידה begins here.

The ארון הקודש is opened.

בָּרוּךְ אַתָּה יהוה אֱלֹהֵינוּ וֵאלֹהֵי אֲבוֹתֵינוּ, אֱלֹהֵי אַבְרָהָם אֱלֹהֵי יִצְחָק וֵאלֹהֵי יַעֲקֹב, הָאֵל הַגָּדוֹל הַגִּבּוֹר וְהַנּוֹרָא, אֵל עֶלְיוֹן, גּוֹמֵל חֲסָדִים טוֹבִים, וְקוֹנֵה הַכֹּל, וְזוֹכֵר חַסְדֵי אָבוֹת, וּמֵבִיא גּוֹאֵל לִבְנֵי בְנֵיהֶם לְמַעַן שְׁמוֹ בְּאַהֲבָה. מֶלֶךְ עוֹזֵר וּמוֹשִׁיעַ וּמָגֵן. בָּרוּךְ אַתָּה יהוה מָגֵן אַבְרָהָם.

אַתָּה גִּבּוֹר לְעוֹלָם יהוה, מְחַיֵּה מֵתִים אַתָּה, רַב לְהוֹשִׁיעַ.

On שמיני עצרת, continue with גשם, next page.

On פסח, continue with טל, page 219.

גשם וטל (כולל אמהות)

On שמיני עצרת and the first day of פסח at Musaf, the chanting of the עמידה begins here.

The ארון הקודש is opened.

בָּרוּךְ אַתָּה יהוה אֱלֹהֵינוּ וֵאלֹהֵי אֲבוֹתֵינוּ, אֱלֹהֵי אַבְרָהָם אֱלֹהֵי יִצְחָק וֵאלֹהֵי יַעֲקֹב, אֱלֹהֵי שָׂרָה אֱלֹהֵי רִבְקָה אֱלֹהֵי רָחֵל וֵאלֹהֵי לֵאָה, הָאֵל הַגָּדוֹל הַגִּבּוֹר וְהַנּוֹרָא, אֵל עֶלְיוֹן, גּוֹמֵל חֲסָדִים טוֹבִים, וְקוֹנֵה הַכֹּל, וְזוֹכֵר חַסְדֵי אָבוֹת, וּמֵבִיא גּוֹאֵל לִבְנֵי בְנֵיהֶם לְמַעַן שְׁמוֹ בְּאַהֲבָה. מֶלֶךְ עוֹזֵר וּפוֹקֵד וּמוֹשִׁיעַ וּמָגֵן. בָּרוּךְ אַתָּה יהוה מָגֵן אַבְרָהָם וּפֹקֵד שָׂרָה.

אַתָּה גִּבּוֹר לְעוֹלָם יהוה, מְחַיֵּה מֵתִים אַתָּה, רַב לְהוֹשִׁיעַ.

On שמיני עצרת, continue with גשם, next page.

On פסח, continue with טל, page 219.

GESHEM, the prayer for rain, requests that God, in the name of our most worthy ancestors, grant ample rain and a productive winter season to the Land of Israel. It is recited on Sh'mini Atzeret since it would be inappropriate to ask for rain while we still dwell outdoors in the sukkah.

GESHEM & TAL

*On Sh'mini Atzeret and the first day of Pesaḥ at Musaf,
the chanting of the Amidah begins here.*

The Ark is opened.

Praised are You Adonai, our God and God of our ancestors,
God of Abraham, God of Isaac, and God of Jacob, great, mighty,
awesome, exalted God who bestows lovingkindness, Creator of all.
You remember the pious deeds of our ancestors and will send
a redeemer to their children's children because of Your loving
nature. You are the Sovereign who helps and saves and shields.
Praised are You Adonai, Shield of Abraham.

Your might, Adonai, is boundless.
You give life to the dead; great is Your saving power.

On Sh'mini Atzeret, continue with Geshem, next page.

On Pesaḥ, continue with Tal, page 219.

GESHEM & TAL (with Matriarchs)

*On Sh'mini Atzeret and the first day of Pesaḥ at Musaf,
the chanting of the Amidah begins here.*

The Ark is opened.

Praised are You Adonai, our God and God of our ancestors,
God of Abraham, Isaac, and Jacob, Sarah, Rebecca, Rachel, and Leah,
great, mighty, awesome, exalted God who bestows lovingkindness,
Creator of all. You remember the pious deeds of our ancestors
and will send a redeemer to their children's children because of
Your loving nature. You are the Sovereign who helps and guards,
saves and shields. Praised are You Adonai, Shield of Abraham
and Guardian of Sarah.

Your might, Adonai, is boundless.
You give life to the dead; great is Your saving power.

On Sh'mini Atzeret, continue with Geshem, next page.

On Pesaḥ, continue with Tal, page 219.

---

*TAL, the prayer for dew, beseeches God to provide sufficient
springtime dew in Israel to assure a year of prosperity. According
to the Midrash, it was on the first day of Pesaḥ that Isaac
blessed Jacob, asking God to grant him the "dew of heaven."
Both Geshem and Tal were composed by Rabbi Eleazar Ha-Kallir
in eighth-century Palestine.*

גשם

אֱלֹהֵינוּ וֵאלֹהֵי אֲבוֹתֵינוּ,

זְכוֹר **אָ**ב נִמְשַׁךְ אַחֲרֶיךָ כַּמַּיִם,
בֵּרַכְתּוֹ כְּעֵץ שָׁתוּל עַל פַּלְגֵי מָיִם,
גְּנַנְתּוֹ הִצַּלְתּוֹ מֵאֵשׁ וּמִמַּיִם,
דְּרַשְׁתּוֹ בְּזָרְעוֹ עַל כָּל־מָיִם. בַּעֲבוּרוֹ אַל תִּמְנַע מָיִם.

זְכוֹר **הַ**נּוֹלָד בִּבְשׂוֹרַת יֻקַּח נָא מְעַט מַיִם,
וְשַׂחְתָּ לְהוֹרוֹ לְשָׁחֲטוֹ לִשְׁפֹּךְ דָּמוֹ כַּמַּיִם,
זִהֵר גַּם הוּא לִשְׁפֹּךְ לֵב כַּמַּיִם,
חָפַר וּמָצָא בְּאֵרוֹת מָיִם. בְּצִדְקוֹ חֹן חַשְׁרַת מָיִם.

זְכוֹר **טָ**עַן מַקְלוֹ וְעָבַר יַרְדֵּן מַיִם,
יִחַד לֵב וְגָל אֶבֶן מִפִּי בְּאֵר מַיִם,
כְּנֶאֱבַק לוֹ שַׂר בָּלוּל מֵאֵשׁ וּמִמַּיִם,
לָכֵן הִבְטַחְתּוֹ הֱיוֹת עִמּוֹ בָּאֵשׁ וּבַמָּיִם. בַּעֲבוּרוֹ אַל תִּמְנַע מָיִם.

זְכוֹר **מָ**שׁוּי בְּתֵבַת גֹּמֶא מִן הַמַּיִם,
נָמוּ דָּלֹה דָלָה וְהִשְׁקָה צֹאן מַיִם,
סְגוּלֶיךָ עֵת צָמְאוּ לַמַּיִם,
עַל הַסֶּלַע הָךְ וַיֵּצְאוּ מָיִם. בְּצִדְקוֹ חֹן חַשְׁרַת מָיִם.

זְכוֹר **פְּ**קִיד שָׁתוֹת טוֹבֵל חָמֵשׁ טְבִילוֹת בַּמַּיִם,
צוֹעֶה וּמַרְחִיץ כַּפָּיו בְּקִדּוּשׁ מַיִם,
קוֹרֵא וּמַזֶּה טָהֳרַת־מַיִם,
רֻחַק מֵעַם פַּחַז כַּמָּיִם. בַּעֲבוּרוֹ אַל תִּמְנַע מָיִם.

זְכוֹר **שְׁ**נֵים עָשָׂר שְׁבָטִים שֶׁהֶעֱבַרְתָּ בְּגִזְרַת מַיִם,
שֶׁהִמְתַּקְתָּ לָמוֹ מְרִירוּת מַיִם,
תּוֹלְדוֹתָם נִשְׁפַּךְ דָּמָם עָלֶיךָ כַּמַּיִם,
תֵּפֶן, כִּי נַפְשֵׁנוּ אָפְפוּ מָיִם. בְּצִדְקָם חֹן חַשְׁרַת מָיִם.

שָׁאַתָּה הוּא יהוה אֱלֹהֵינוּ מַשִּׁיב הָרוּחַ וּמוֹרִיד הַגָּשֶׁם

Congregation, then Ḥazzan, line by line: — *Congregation:*

לִבְרָכָה וְלֹא לִקְלָלָה, — אָמֵן.
לְחַיִּים וְלֹא לְמָוֶת, — אָמֵן.
לְשֹׂבַע וְלֹא לְרָזוֹן, — אָמֵן.

The ארון הקודש is closed.
The Ḥazzan continues with "מכלכל חיים," page 166a or b.

🍃 GESHEM

Our God and God of our ancestors:

Remember Abraham, his heart poured out to You like water.
You blessed him, as a tree planted near water;
You saved him when he went through fire and water.
  For Abraham's sake, do not withhold water.

Remember Isaac, his birth foretold
  while angels drank cool water.
At Moriah his blood was almost spilled like water;
In the desert he dug deep to find springs of water.
  For Isaac's sake, grant the gift of water.

Remember Jacob who, with his staff, forded Jordan's water.
Gallantly he showed his love beside a well of water;
He struggled, victoriously, with a creature of fire and water.
  For Jacob's sake, do not withhold water.

Remember Moses, whose basket rocked in reeds and water.
In Midian he gave his sheep ample grass and water.
He struck the rock; then the people drank sweet water.
  For Moses' sake, grant the gift of water.

Remember Aaron the priest who immersed himself in water.
On Yom Kippur he kept the rites with water;
He read from the Torah and bathed himself in water.
  For Aaron's sake, do not withhold water.

Remember Israel's tribes; You brought them through water.
Brackish marsh became, for their sake, sweet water.
For You their descendants' blood was spilled like water.
  For all Israel's sake, grant the gift of water.

You are Adonai our God
who causes the wind to blow
and the rain to fall.

Congregation, then Reader, line by line:	*Congregation:*
For a blessing, not for a curse,	Amen.
For life, not for death,	Amen.
For abundance, not for famine,	Amen.

The Ark is closed.
The Reader continues with "Your love..,"
page 166a or b.

טל

אֱלֹהֵינוּ וֵאלֹהֵי אֲבוֹתֵינוּ,

טַל **תֵּ**ן לִרְצוֹת אַרְצָךְ,
שִׁיתֵנוּ בְרָכָה בְּדִיצָךְ,
רֹב דָּגָן וְתִירוֹשׁ בְּהַפְרִיצָךְ,
קוֹמֵם עִיר בָּהּ חֶפְצָךְ בְּטָל.

טַל **צַ**וֵּה שָׁנָה טוֹבָה וּמְעֻטֶּרֶת,
פְּרִי הָאָרֶץ לְגָאוֹן וּלְתִפְאֶרֶת,
עִיר כַּסֻּכָּה נוֹתֶרֶת,
שִׂימָהּ בְּיָדְךָ עֲטֶרֶת בְּטָל.

טַל **נוֹ**פֵף עֲלֵי אֶרֶץ בְּרוּכָה,
מִמֶּגֶד שָׁמַיִם שַׂבְּעֵנוּ בְרָכָה
לְהָאִיר מִתּוֹךְ חֲשֵׁכָה,
כַּנָּה אַחֲרֶיךָ מְשׁוּכָה בְּטָל.

טַל **יַ**עֲסִיס צוּף הָרִים,
טְעַם בִּמְאוֹדֶיךָ מֻבְחָרִים,
חֲנוּנֶיךָ חַלֵּץ מִמַּסְגֵּרִים,
זִמְרָה נַנְעִים וְקוֹל נָרִים בְּטָל.

טַל **וָ**שֹׂבַע מַלֵּא אֲסָמֵינוּ,
הֲכָעֵת תְּחַדֵּשׁ יָמֵינוּ,
דּוֹד, כְּעֶרְכְּךָ הַעֲמֵד שְׁמֵנוּ,
גַּן רָוֶה שִׂימֵנוּ בְּטָל.

טַל **בּוֹ** תְּבָרֵךְ מָזוֹן,
בְּמִשְׁמַנֵּינוּ אַל יְהִי רָזוֹן,
אֲיֻמָּה אֲשֶׁר הִסַּעְתָּ כַּצֹּאן
אָנָּא תָּפֵק לָהּ רָצוֹן בְּטָל.

שָׁאַתָּה הוּא יהוה אֱלֹהֵינוּ מַשִּׁיב הָרוּחַ וּמוֹרִיד הַטָּל.

Congregation, then Ḥazzan, line by line: / *Congregation:*

לִבְרָכָה וְלֹא לִקְלָלָה, אָמֵן.
לְחַיִּים וְלֹא לְמָוֶת, אָמֵן.
לְשֹׂבַע וְלֹא לְרָזוֹן, אָמֵן.

The ארון הקודש is closed.
The Ḥazzan continues with "מכלכל חיים," page 166a or b.

TAL

Our God and God of our ancestors:

Dew, precious dew, unto Your land forlorn,
Pour out our blessing in Your exultation,
To strengthen us with ample wine and corn,
And give Your chosen city safe foundation
   In dew.

Dew, precious dew, the good year's crown, we await,
That earth in pride and glory may be fruited,
And that the city once so desolate
Into a gleaming crown may be transmuted
   By dew.

Dew, precious dew, let fall upon the land;
From heaven's treasury be this accorded;
So shall the darkness by a beam be spanned,
The faithful of Your vineyard be rewarded
   With dew.

Dew, precious dew, to make the mountains sweet,
The savor of Your excellence recalling.
Deliver us from exile, we entreat,
So we may sing Your praises, softly falling
   As dew.

Dew, precious dew, our granaries to fill,
And all our youthful excesses pardon.
Beloved God, uplift us at Your will
And make us as a richly watered garden
   With dew.

Dew, precious dew, that we our harvest reap,
And guard our fatted flocks and herds from leanness.
Behold our people follow You like sheep,
And look to You to give the earth her greenness
   With dew.

You are Adonai our God
who causes the wind to blow and the dew to fall.

Congregation, then Reader, line by line: *Congregation:*
For a blessing, not for a curse,   Amen.
For life, not for death,   Amen.
For abundance, not for famine,   Amen.

The Ark is closed.
The Reader continues with "Your love..,"
page 166a or b.

לפורים

ברכות recited before the reading of the מגילה

בָּרוּךְ אַתָּה יהוה אֱלֹהֵינוּ מֶלֶךְ הָעוֹלָם,
אֲשֶׁר קִדְּשָׁנוּ בְּמִצְוֹתָיו וְצִוָּנוּ עַל מִקְרָא מְגִלָּה.

בָּרוּךְ אַתָּה יהוה אֱלֹהֵינוּ מֶלֶךְ הָעוֹלָם,
שֶׁעָשָׂה נִסִּים לַאֲבוֹתֵינוּ בַּיָּמִים הָהֵם וּבַזְּמַן הַזֶּה.

בָּרוּךְ אַתָּה יהוה אֱלֹהֵינוּ מֶלֶךְ הָעוֹלָם,
שֶׁהֶחֱיָנוּ וְקִיְּמָנוּ וְהִגִּיעָנוּ לַזְּמַן הַזֶּה.

After the reading, the following is recited:

בָּרוּךְ אַתָּה יהוה אֱלֹהֵינוּ מֶלֶךְ הָעוֹלָם, הָרָב אֶת רִיבֵנוּ, וְהַדָּן אֶת דִּינֵנוּ, וְהַנּוֹקֵם אֶת נִקְמָתֵנוּ, וְהַמְשַׁלֵּם גְּמוּל לְכָל אֹיְבֵי נַפְשֵׁנוּ, וְהַנִּפְרָע לָנוּ מִצָּרֵינוּ. בָּרוּךְ אַתָּה יהוה הַנִּפְרָע לְעַמּוֹ יִשְׂרָאֵל מִכָּל צָרֵיהֶם, הָאֵל הַמּוֹשִׁיעַ.

שׁוֹשַׁנַּת יַעֲקֹב צָהֲלָה וְשָׂמֵחָה, בִּרְאוֹתָם יַחַד תְּכֵלֶת מָרְדְּכָי,
תְּשׁוּעָתָם הָיִיתָ לָנֶצַח, וְתִקְוָתָם בְּכָל דּוֹר וָדוֹר.
לְהוֹדִיעַ שֶׁכָּל קֹוֶיךָ לֹא יֵבֹשׁוּ,
וְלֹא יִכָּלְמוּ לָנֶצַח כָּל הַחוֹסִים בָּךְ.
אָרוּר הָמָן אֲשֶׁר בִּקֵּשׁ לְאַבְּדִי, בָּרוּךְ מָרְדְּכַי הַיְּהוּדִי.
אֲרוּרָה זֶרֶשׁ אֵשֶׁת מַפְחִידִי, בְּרוּכָה אֶסְתֵּר מְגִנָּה בַּעֲדִי,
וְגַם חַרְבוֹנָה זָכוּר לַטּוֹב.

Shoshanat Ya'akov tzahalah v'sameḥah,
bir-otam yaḥad t'khelet Mordekhai,
t'shu-atam hayita la-netzaḥ, v'tikvatam b'khol dor va-dor.
L'hodiya she-kol kovekha lo yevoshu, v'lo yikalmu kol ha-ḥosim bakh.
Arur Haman asher bikesh l'abdi, barukh Mordekhai ha-yehudi.
Arurah Zeresh eshet maf-ḥidi, b'rukhah Esther m'ginah ba'adi,
v'gam Ḥarvonah zakhur la-tov.

Shoshanat Ya'akov is the concluding section of an acrostic poem dating to early medieval times, celebrating God's deliverance of our people from the clutches of evil.

FOR PURIM

B'rakhot recited before the reading of the Megilah
Barukh atah Adonai, Eloheinu melekh ha-olam,
asher kid'shanu b'mitzvotav v'tzivanu al mikra Megilah.

Barukh atah Adonai, Eloheinu melekh ha-olam,
she-asah nisim la'avoteinu ba-yamim ha-hem
u-va-z'man ha-zeh.

Barukh atah Adonai, Eloheinu melekh ha-olam,
she-heḥeyanu v'kiy'manu v'higi-anu la-z'man ha-zeh.

Praised are You Adonai our God, who rules the universe,
instilling in us the holiness of mitzvot
by commanding us to read the Megilah.

Praised are You Adonai our God, who rules the universe,
accomplishing miracles for our ancestors
from ancient days until our time.

Praised are You Adonai our God, who rules the universe,
granting us life, sustaining us,
and enabling us to reach this day.

After the reading, the following is recited:
Praised are You Adonai our God, who rules the universe,
championing our cause, avenging the wrongs done to us,
liberating us from our enemies, and bringing retribution upon
our persecutors. Praised are You Adonai, the saving God, who
brings judgment upon Israel's oppressors.

SHOSHANAT YA'AKOV
The Jews of Shushan beamed with joy
when they beheld Mordecai robed in royal blue.
You have always been our deliverance,
our hope in every generation.
Those who set their hope in You will never be put to shame.
Those who trust in You will never be confounded.
Cursed be Haman, who sought to destroy us;
blessed be Mordecai the Jew.
Cursed be Zeresh, the wife of the one who terrified us;
blessed be Esther our protector,
and may Ḥarvonah also be remembered for good.

לפסח

This hymn is recited in some congregations on the first day of פסח*. It was composed by Shlomo HaBavli in tenth-century Italy.*

בְּרַח דּוֹדִי עַד שֶׁתְּחַפֵּץ אַהֲבַת כְּלוּלֵֽנוּ,
שׁוּב לְרַחֵם. כִּי כְּלֽוּנוּ שׁוֹבֵֽינוּ תּוֹלָלֵֽינוּ,
הֲרוֹס וְקַעֲקֵֽעַ בֵּיצָתָם מִתִּלֵּֽנוּ,
הָקֵם טוּרָךְ נַגֵּן שְׁתִילֵֽנוּ: הִנֵּה זֶה עוֹמֵד אַחַר כָּתְלֵֽנוּ.

בְּרַח דּוֹדִי עַד שֶׁיָּפֽוּחַ קֵץ מַחֲזֶה, חִישׁ וְנָֽסוּ הַצְּלָלִים מִזֶּה,
יָרוּם וְנִשָּׂא וְגָבַהּ נִבְזֶה, יַשְׂכִּיל וְיוֹכִֽיחַ וְגוֹיִם רַבִּים יַזֶּה,
חֲשׂוֹף זְרוֹעֲךָ קְרוֹא כָּזֶה: קוֹל דּוֹדִי הִנֵּה זֶה.

בְּרַח דּוֹדִי וּדְמֵה לְךָ לִצְבִי, יִגָּל יִגַּשׁ קֵץ קִצְבִי,
דְּלוּתִי מִשְּׁבִי לַעֲטֶֽרֶת צְבִי, תְּעוּבִים תְּאֵבִים הַר צְבִי,
וְאֵין מֵבִיא וְנָבִיא, וְלֹא תִשְׁבִּי מְשַׁוִּי מְשִׁיבִי.
רִיבָה רִיבִי, הָסֵר חוֹבִי וּכְאֵבִי,
וְיֵֽרֶא וְיֵבוֹשׁ אוֹיְבִי, וְאָשִֽׁיבָה חוֹרְפִי בְּנִיבִי:
זֶה דוֹדִי, גּוֹאֲלִי קְרוֹבִי, רֵעִי וַאֲהוּבִי, אֵל אֱלֹהֵי אָבִי.

בִּגְלַל אָבוֹת תּוֹשִֽׁיעַ בָּנִים, וְתָבִיא גְאוּלָה לִבְנֵי בְנֵיהֶם.
בָּרוּךְ אַתָּה יהוה גָּאַל יִשְׂרָאֵל.

This hymn is recited in some congregations on the second day of פסח*. It was composed by Rabbi Meshullam ben Kalonymus in the tenth century.*

בְּרַח דּוֹדִי אֶל מָכוֹן לְשִׁבְתָּךְ, וְאִם עָבַֽרְנוּ אֶת בְּרִיתָךְ,
אָנָּא זְכוֹר אִוּוּי חֻפָּתָךְ, הָקֵם קוֹשְׁטְ מִלָּתָךְ,
כּוֹנֵן מְשׂוֹשׂ קִרְיָתָךְ, הַעֲלוֹתָהּ עַל רֹאשׁ שִׂמְחָתָךְ.

בְּרַח דּוֹדִי אֶל שָׁלֵם סֻכָּךְ, וְאִם תָּעִֽינוּ מִדַּרְכָּךְ,
אָנָּא הָצֵץ מֵחֲרַכָּךְ, וְתוֹשִֽׁיעַ עַם עָנִי וּמֻתְכָּךְ,
חֲמָתְךָ מֵהֶם לְשַׁכָּךְ, וּבְאֶבְרָתְךָ סֶֽלָה לְהִסְתּוֹכָךְ.

בְּרַח דּוֹדִי אֶל מָרוֹם מֵרִאשׁוֹן, וְאִם בָּגַֽדְנוּ בְּכַחֲשׁוֹן,
אָנָּא סְכוֹת צִקּוּן לַחֲשׁוֹן, דְּלוּתִי מִטִּבְּֽוּעַ רִפְשׁוֹן,
גְּאַל נְצוּרֵי כְּאִישׁוֹן כְּאָז בַּחֹֽדֶשׁ הָרִאשׁוֹן.

בִּגְלַל אָבוֹת תּוֹשִֽׁיעַ בָּנִים, וְתָבִיא גְאוּלָה לִבְנֵי בְנֵיהֶם.
בָּרוּךְ אַתָּה יהוה גָּאַל יִשְׂרָאֵל.

Continue on page 123.

FOR PESAḤ

On the first day of Pesaḥ:

Hasten, O Friend divine, the time of our renewal;
return to us in mercy.
The oppressors of our people have all but consumed us;
destroy, uproot them from our midst.
Restore Your city and make us again a people of song.
May the hour of our redeemer draw nigh.

Hasten, O Friend, the time of redemption promised by Your seers.
Lift from us the darkening shadows;
raise up, exalt a people that has long known insult.
Bestow upon them wisdom, to teach, to cleanse many nations.
Reveal Your saving might; proclaim the hour of redemption.

Hasten, O Friend, with the roe's speed,
to put an end to my imprisonment.
I am despoiled in captivity; for my crown of glory I yearn,
and seek to return to the glorious mountain.
I am left without a leader, without prophet to restore me.
Plead my cause; remove my guilt and pain.
Let my enemy see and be confounded,
let me announce to them who reproach me
that my Friend has come —
my Redeemer, my Beloved, my father's God.

> For the merit of the ancestors, deliver their children and
> children's children. Praised are You Adonai, Redeemer of Israel.

On the second day of Pesaḥ:

Hasten, O Friend divine, to the city of Your presence. Though we
have broken Your covenant, return in mercy to the shrine of Your
love. Fulfill the promise of deliverance: Renew Your city in joy;
make her again an object of rejoicing.

Hasten, O Friend, to Your shrine of peace. Though we have strayed
from Your path, look with favor upon us and help a people afflicted
and harassed. Make an end to anger; shelter them beneath the wings
of Your love.

Hasten, O Friend, to Your ancient habitation. Though we have been
false to You, accept the plea stirring in our hearts. Lift us from the
mire; redeem the people You did guard with tenderness in this
month of freedom, as in days of old.

> For the merit of the ancestors, deliver their children and
> children's children. Praised are You Adonai, Redeemer of Israel.

Continue on page 123.

אקדמות

On the first day of Shavuot, Akdamut is chanted as part of the Torah service, before the first aliyah, as an introduction to the Torah reading.

Shavuot celebrates God's gift of Torah to the Jewish people. On Shavuot, the Ten Commandments, or Ten Words, are the focus of the Torah reading and thus represent the entire Revelation of Torah. The first words of this special poem, AKDAMUT MILLIN (introductory words), describe the poem's purpose — to introduce the Words of the Ten Commandments.

***Akdamut** was written in Aramaic by Rabbi Meir Ben Isaac Nehorai in twelfth-century Germany.*

אַקְדָּמוּת מִלִּין וְשָׁרָיוּת שׁוּתָא
אַוְלָא שָׁקֵלְנָא הַרְמָן וּרְשׁוּתָא.

בְּבָבֵי תְּרֵי וּתְלָת דְּאֶפְתַּח בְּנַקְשׁוּתָא,
בְּבָרֵי דְבָרֵי וְטָרֵי עֲדֵי לְקַשְׁשׁוּתָא.

גְּבוּרָן עָלְמִין לֵיהּ וְלָא סְפֵק פְּרִישׁוּתָא,
גְּוִיל אִלּוּ רְקִיעֵי, קְנֵי כָּל־חוּרְשָׁתָא.

דְּיוֹ אִלּוּ יַמֵּי וְכָל מֵי כְנִישׁוּתָא,
דָּיְרֵי אַרְעָא סָפְרֵי וְרָשְׁמֵי רַשְׁוָתָא.

הֲדַר מָרֵי שְׁמַיָּא וְשַׁלִּיט בְּיַבֶּשְׁתָּא,
הֲקֵם עָלְמָא יְחִידָאִי וְכַבְּשֵׁיהּ בְּכַבְּשׁוּתָא.

וּבְלָא לֵאוּ שַׁכְלְלֵיהּ, וּבְלָא תְשָׁשׁוּתָא,
וּבְאָתָא קַלִּילָא, דְּלֵית בַּהּ מְשָׁשׁוּתָא.

זַמִּין כָּל עֲבִידְתֵּיהּ בְּהַךְ יוֹמֵי שִׁתָּא,
זֵהוֹר יְקָרֵיהּ עֲלִי, עֲלֵי כָרְסְיֵהּ דְּאֶשָּׁתָא.

חֲיָל אֶלֶף אַלְפִין וְרִבּוֹא לְשַׁמְשׁוּתָא,
חַדְתִּין נְבוֹט לְצַפְרִין, סַגִּיאָה טְרָשׁוּתָא.

FOR SHAVUOT

 **AKDAMUT**

Akdamut praises God as Creator of the world. It highlights the inadequacy of any mortal attempt at such praise. The angels join in groups to praise the Creator. Yet wondrous and respectful as angels are, the praise of the people Israel is far more precious to God because of Israel's unique devotion to God on earth. The people Israel have been enticed to join others in idolatry, but they have withstood temptation, maintaining their loyalty to God and Jewish tradition, anticipating the time when they will enjoy the Shekhinah, the splendor of God's presence. All of us, the poet concludes, will be able to merit and enjoy that splendor by fulfilling the "Ten Words" presented at Mount Sinai by the living God: The words that embody God's gift of Torah, which we are about to hear in the Torah reading.

Before reading the ten divine commands,
O let me speak in awe two words, or three,
Of the One who wrought the world
And sustained it since time's beginning.

At God's command is infinite power,
Which words cannot define.
Were all the skies parchment,
And all the reeds pens, and all the oceans ink,
And all who dwell on earth scribes,
God's grandeur could not be told.

Sovereign over the heavens above,
God reigns supreme on earth below.
God launched creation unaided
And contains it in the bounds of His law.

Without weariness God created,
Only by divine will, uttered in a gentle sound.
God wrought His works in six days,
Then established His glorious sovereignty
Over the life of the universe.

Myriads of angelic hosts serve God,
Divine messengers that propel life's destiny.
They arise each morning to their calling.

טְפֵי יְקִידִין שְׂרָפִין, כְּלוֹל גַּפֵּי שִׁתָּא,
טְעֵם עַד יִתְיְהֵב לְהוֹן שְׁתִיקִין בְּאַדִּשְׁתָּא.

יְקַבְּלוּן דֵּין מִן דֵּין שָׁוֵי דְּלָא בְשַׁשְׁתָּא,
יְקָר מְלֵי כָל־אַרְעָא, לְתַלּוֹתֵי קְדֻשְׁתָּא.

כְּקָל מִן קֳדָם שַׁדַּי כְּקָל מֵי נְפִישׁוּתָא,
כְּרוּבִין קֳבֵל גַּלְגִּלִּין מְרוֹמְמִין בְּאַוְשָׁתָא.

לְמֶחֱזֵי בְּאַנְפָּא עֵין כְּוָת גִּירֵי קַשְׁתָּא,
לְכָל אֲתַר דְּמִשְׁתַּלְּחִין, זְרִיזִין בְּאַשְׁוָתָא.

מְבָרְכִין בְּרִיךְ יְקָרֵיהּ בְּכָל־לְשָׁן לְחִישׁוּתָא,
מֵאֲתַר בֵּית שְׁכִינְתֵּהּ, דְּלָא צְרִיךְ בְּחִישׁוּתָא.

נְהִים כָּל־חֵיל מְרוֹמָא, מְקַלְּסִין בַּחֲשַׁשְׁתָּא,
נְהִירָא מַלְכוּתֵיהּ, לְדָר וְדָר לְאַפְרַשְׁתָּא.

סְדִירָא בְהוֹן קְדֻשְׁתָּא, וְכַד חָלְפָא שַׁעְתָּא,
סִיּוּמָא דִלְעָלַם, וְאוֹף לָא לִשְׁבוּעֲתָא.

עֲדַב יְקָר אַחְסַנְתֵּיהּ חֲבִיבִין דִּבְקַבַּעְתָּא
עָבְדִין לֵיהּ חֲטִיבָה בִּדְנַח וּשְׁקַעְתָּא.

פְּרִישָׁן לְמָנָתֵיהּ, לְמֶעְבַּד לֵיהּ רְעוּתָא,
פְּרִשׁוּתֵיהּ שְׁבָחֵיהּ יְחַוּוֹן בְּשָׁעוּתָא.

צְבִי וְחַמֵּד וְרַגֵּג דְּיִלְאוּן בְּלָעוּתָא,
צְלוֹתְהוֹן בְּכֵן מְקַבֵּל וְהַנְיָא בָעוּתָא.

קְטִירָא לְחֵי עָלְמָא בְּתָגָא בִּשְׁבוּעֲתָא,
קֳבֵל יְקַר טוֹטַפְתָּא יְתִיבָא בִקְבִיעוּתָא.

רְשִׁימָא הִיא גוּפָא בְּחָכְמְתָא וּבְדַעְתָּא,
רְבוּתְהוֹן דְּיִשְׂרָאֵל, קָרְאֵי בִשְׁמַעְתָּא.

שְׁבַח רִבּוֹן עָלְמָא, אֲמִירָא דַכְוָתָא,
שְׁפַר עֲלֵי לְחַוּוֹיֵהּ, בְּאַפֵּי מַלְכְּוָתָא.

תָּאִין וּמִתְכַּנְּשִׁין כְּחֵזוּ אִדְוָתָא,
תְּמֵהִין וְשָׁיְלִין לֵהּ בְּעֵסֶק אָתְוָתָא.

All the celestial beings join in a chorus of praise;
In unison they call to one another:
All the earth is full of the glory of the thrice Holy One.

In a mighty roar,
As the thundering noise of vast waters,
Moving amidst the heavenly spheres
Where the divine light glows brilliant,
The angelic hosts proclaim their words of adoration:

Praised be God's glory by every whispering lip
From the place of His abode which is everywhere.
All the celestial hosts roar their response in awe:
The splendor of God's dominion
is acclaimed from age to age.

Yet dearer to God than this
Is the song of the children of Israel,
Rising to Him morning and evening,
In free outpourings of adoration.

Chosen to be the faithful servants of God's will,
They continually rehearse God's praises,
Who summoned them in love
to pursue the labors of Torah,
And accepts their supplications and entreaties,
Which weave a crown of glory for the Almighty.

The Eternal cherishes their prayers
And keeps them ever before Him,
Thus declaring the greatness of Israel
Who reiterate that God is One.

Israel acclaims the glory of the Ruler of the universe,
And offers God homage before kings and princes.
They all gather and ask in wonder,
Who is this your beloved, O fair one,
For whom you brave the perils of the lion's den?

מְנָן וּמָאן הוּא רְחִימָךְ, שַׁפִּירָא בְּרֵוָתָא,
אֲרוּם בְּגִינֵיהּ סָפִית מְדוֹר אַרְיְוָתָא.

יְקָרָא וְיָאָה אַתְּ, אִין תַּעַרְבִי לְמַרְוָתָא,
רְעוּתֵךְ נַעֲבִיד לִיךְ, בְּכָל־אַתְרְוָתָא.

בְּחָכְמְתָא מְתִיבָתָא לְהוֹן קְצָת לְהוֹדָעוּתָא,
יְדַעְתּוּן חַכְּמִין לֵיהּ בְּאִשְׁתְּמוֹדָעוּתָא.

רְבוּתְכוֹן מָה חֲשִׁיבָא קֳבֵל הַהִיא שְׁבַחְתָּא,
רְבוּתָא דְּיַעְבֵּד לִי, כַּד מַטְיָא יְשׁוּעֲתָא.

בְּמֵיתֵי לִי נְהוֹרָא, וְתַחֲפֵי לְכוֹן בַּהֲתָא,
יְקָרֵהּ כַּד אִתְגְּלֵי בְּתֻקְפָא וּבְגֵיוָתָא.

יְשַׁלֵּם גְּמֻלַיָּא לְסָנְאֵי וְנַגְוָתָא,
צִדְקָתָא לְעַם חֲבִיב וְסַגִּיא זַכְוָתָא.

חֲדוּ שְׁלֵמָא בְּמֵיתֵיהּ וּמָנֵי דַכְיָתָא,
קִרְיְתָא דִירוּשְׁלֵם כַּד יְכַנֵּשׁ גַּלְוָתָא.

יְקָרֵיהּ מָטִיל עֲלַהּ בְּיוֹמֵי וְלֵילְוָתָא,
גְּנוּנֵיהּ לְמֶעְבַּד בַּהּ בְּתֻשְׁבְּחָן כְּלִילָתָא.

דְּזֵהוֹר עֲנָנַיָּא לְמִשְׁפַּר כִּילָתָא,
לְפוּמֵיהּ דַעֲבִדְתָּא עֲבִידָן מְטַלַּלְתָּא.

בְּתַכְתְּקֵי דְהַב פִּיזָא וּשְׁבַע מַעֲלָתָא
תְּחִימִין צַדִּיקֵי קֳדָם רַב פָּעֳלָתָא.

וְרֵיוֵיהוֹן דָּמֵי לְשַׁבְעָא חֶדְוָתָא,
רְקִיעָא בְּזֵהוֹרֵהּ וְכוֹכְבֵי זִיוָתָא.

הֲדָרָא דְּלָא אֶפְשַׁר לְמִפְרַט בְּשִׂפְוָתָא,
וְלָא אִשְׁתְּמַע וְחָמֵי נְבִיאָן, חֶזְוָתָא.

בְּלָא שָׁלְטָא בֵיהּ עֵין, בְּגוֹ עֵדֶן גִּנְתָּא,
מְטַיְּלֵי בֵי חִנְגָּא לְבַהֲדֵי דִשְׁכִינְתָּא.

עֲלֵיהּ רָמְזֵי דֵּין הוּא, בְּרַם בְּאֶמְתָּנוּתָא,
שַׂבַּרְנָא לֵיהּ בְּשִׁבְיָן, תְּקוֹף הֵמָנוּתָא.

If you but join our fold,
We would cover you with splendor and glory;
In every land would we ratify your every wish.

A wise reply is Israel's:
How can you know God with your foolish minds?
How compare the glories you bestow
With the glory that is God's,
With the splendor of God's deeds
In the hour of our deliverance,
When the light divine will shine on us,
While darkness covers your mocking multitudes,
When God will manifest His glorious might
And render His foes their due,
And triumph to the people
Abounding in virtue
Whom God has loved.

Joy unmarred will reign in hearts ennobled, pure.
Jerusalem will rise again;
Her exiled children will come back to her.
Day and night God will shed His glory on her,
And build in her anew His sacred shrine of praise.

The righteous will possess the reward for their service.
They will dwell before their Creator,
Arrayed on golden thrones,
With seven steps ascending,
Resplendent as the azure of the sky
And the brightness of the stars.

They will acclaim God:
It is God we trusted with faith unyielding
In the days of our captivity.
God will lead us forever,
Renewing us with the glee of youthful dancers.

יַדְבַּר לָן עָלְמִין עֲלֵמִין מְדַמּוּתָא,
מְנָת דִּילָן דְּמִלְּקַדְמִין פָּרֵשׁ בַּאֲרָמוּתָא.

טְלוּלֵהּ דְלִוְיָתָן וְתוֹר טוּר רָמוּתָא,
וְחַד בְּחַד כִּי סָבִיךְ וְעָבֵד קְרָבוּתָא.

בְּקַרְנוֹהִי מְנַגַּח בְּהֵמוֹת בְּרַבְרְבוּתָא,
יְקַרְטַע נוּן לְקִבְלֵיהּ בְּצִיצוֹי בִּגְבוּרְתָּא.

מְקָרֵב לֵיהּ בָּרְיֵהּ בְּחַרְבֵּיהּ רַבְרְבָתָא,
אֲרִסְטוֹן לְצַדִּיקֵי יְתַקֵּן וְשֵׁרוּתָא.

מְסַחֲרִין עֲלֵי תַכֵּי דְּכַדְכֹּד וְגוּמַרְתָּא,
נְגִידִין קַמֵּיהוֹן אֲפַרְסְמוֹן נַהֲרָתָא.

וּמִתְפַּנְּקִין וְרָווּ בְּכַסֵּי רְוָיָתָא,
חֲמַר מְרַת דְּמִבְּרֵאשִׁית נְטִיר בֵּי נַעֲוָתָא.

זַכָּאִין, כַּד שְׁמַעְתּוּן שְׁבַח דָּא שִׁירָתָא,
קְבִיעִין כֵּן תֶּהֱווֹן בְּהַנְהוּ חֲבוּרָתָא.

וְתִזְכּוּן דִּי תֵיתְבוּן בְּעֵלָּא דָרָתָא,
אֲרֵי תְצִיתוּן לְמִלּוֹי, דְּנָפְקִין בְּהַדְרָתָא.

מְרוֹמָם הוּא אֱלָהִין בְּקַדְמָא וּבַתְרַיְתָא,
צְבִי וְאִתְרְעִי בָן וּמְסַר לָן אוֹרַיְתָא.

We will possess the portion
God set apart for us in ancient days.
Leviathan and the wild ox of the mountains
Will charge and contend with each other,
The beast goring fiercely with its horns,
The sea monster striking with its mighty fins.

But Adonai will make an end of them
With His great sword,
And prepare a banquet for the righteous.

They will sit at tables of precious stones,
Rivers of balsam flowing before them;
And they will drink the precious wine
Stored for them from the first of days.

O you upright who have heard the song of God's praise,
May you ever be in the blessed circle of God's faithful.

Through all eternity, exalted be Adonai
Who conferred true love upon us
By entrusting to us the Torah.

מִנְחָה לְשַׁבָּת וְיוֹם טוֹב

Afternoon Service
for Shabbat
and Festivals

מנחה לשבת וליום טוב

 אשרי

תהלים פ״ד:ה, קמ״ד:ט״ו

אַשְׁרֵי יוֹשְׁבֵי בֵיתֶךָ, עוֹד יְהַלְלוּךָ סֶּלָה.
אַשְׁרֵי הָעָם שֶׁכָּכָה לּוֹ, אַשְׁרֵי הָעָם שֶׁיהוה אֱלֹהָיו.

תהלים קמ״ה, קט״ו:י״ח

תְּהִלָּה לְדָוִד.

אֲרוֹמִמְךָ אֱלוֹהַי הַמֶּלֶךְ, וַאֲבָרְכָה שִׁמְךָ לְעוֹלָם וָעֶד.
בְּכָל-יוֹם אֲבָרְכֶךָּ, וַאֲהַלְלָה שִׁמְךָ לְעוֹלָם וָעֶד.

גָּדוֹל יהוה וּמְהֻלָּל מְאֹד, וְלִגְדֻלָּתוֹ אֵין חֵקֶר.
דּוֹר לְדוֹר יְשַׁבַּח מַעֲשֶׂיךָ, וּגְבוּרֹתֶיךָ יַגִּידוּ.

הֲדַר כְּבוֹד הוֹדֶךָ, וְדִבְרֵי נִפְלְאֹתֶיךָ אָשִׂיחָה.
וֶעֱזוּז נוֹרְאוֹתֶיךָ יֹאמֵרוּ, וּגְדֻלָּתְךָ אֲסַפְּרֶנָּה.

זֵכֶר רַב-טוּבְךָ יַבִּיעוּ, וְצִדְקָתְךָ יְרַנֵּנוּ.
חַנּוּן וְרַחוּם יהוה, אֶרֶךְ אַפַּיִם וּגְדָל-חָסֶד.

טוֹב יהוה לַכֹּל, וְרַחֲמָיו עַל-כָּל-מַעֲשָׂיו.
יוֹדוּךָ יהוה כָּל-מַעֲשֶׂיךָ, וַחֲסִידֶיךָ יְבָרְכוּכָה.

כְּבוֹד מַלְכוּתְךָ יֹאמֵרוּ, וּגְבוּרָתְךָ יְדַבֵּרוּ.
לְהוֹדִיעַ לִבְנֵי הָאָדָם גְּבוּרֹתָיו, וּכְבוֹד הֲדַר מַלְכוּתוֹ.

מַלְכוּתְךָ מַלְכוּת כָּל-עֹלָמִים, וּמֶמְשַׁלְתְּךָ בְּכָל-דּוֹר וָדֹר.
סוֹמֵךְ יהוה לְכָל-הַנֹּפְלִים, וְזוֹקֵף לְכָל-הַכְּפוּפִים.

AFTERNOON SERVICE
FOR SHABBAT AND FESTIVALS

🌿 ASHREI

PSALM 84:5; 144:15
Blessed are they who dwell in Your house;
they shall praise You forever.

Blessed the people who are so favored;
blessed the people whose God is Adonai.

PSALM 145; 115:18
A Psalm of David.

I glorify You, my God, my Sovereign;
I praise You throughout all time.

Every day I praise You, exalting Your glory forever.

Great is Adonai, and praiseworthy;
God's greatness exceeds definition.

One generation lauds Your works to another,
acclaiming Your mighty deeds.

They tell of Your wonders and Your glorious splendor.
They speak of Your greatness and Your awesome power.

They recall Your goodness; they sing of Your faithfulness.

Adonai is gracious and compassionate;
patient, and abounding in love.

Adonai is good to all; God's compassion embraces all.

All of Your creatures shall praise You;
the faithful shall continually bless You,

recounting Your glorious sovereignty,
telling tales of Your might.

And everyone will know of Your power,
the awesome radiance of Your dominion.

Your sovereignty is everlasting;
Your dominion endures for all generations.

Adonai supports all who stumble,
and uplifts all who are bowed down.

עֵינֵי־כֹל אֵלֶיךָ יְשַׂבֵּרוּ, וְאַתָּה נוֹתֵן לָהֶם אֶת־אָכְלָם בְּעִתּוֹ.

פּוֹתֵחַ אֶת־יָדֶךָ, וּמַשְׂבִּיעַ לְכָל־חַי רָצוֹן.

צַדִּיק יהוה בְּכָל־דְּרָכָיו, וְחָסִיד בְּכָל־מַעֲשָׂיו.

קָרוֹב יהוה לְכָל־קֹרְאָיו, לְכֹל אֲשֶׁר יִקְרָאֻהוּ בֶאֱמֶת.

רְצוֹן יְרֵאָיו יַעֲשֶׂה, וְאֶת־שַׁוְעָתָם יִשְׁמַע וְיוֹשִׁיעֵם.

שׁוֹמֵר יהוה אֶת־כָּל־אֹהֲבָיו, וְאֵת כָּל־הָרְשָׁעִים יַשְׁמִיד.

☐ **תְּהִלַּת** יהוה יְדַבֶּר־פִּי,
וִיבָרֵךְ כָּל־בָּשָׂר שֵׁם קָדְשׁוֹ לְעוֹלָם וָעֶד.

וַאֲנַחְנוּ נְבָרֵךְ יָהּ, מֵעַתָּה וְעַד עוֹלָם, הַלְלוּיָהּ.

*This series of passages, known as Kedushah D'Sidra,
was originally added to the daily morning service to
conclude in the spirit of holiness and study of Torah.
On Shabbat and Festivals it was moved to Minḥah.
Its reference to the messianic age makes it particularly
appropriate to the Minḥah prayers with their emphasis
on the future.*

וּבָא לְצִיּוֹן גּוֹאֵל, וּלְשָׁבֵי פֶשַׁע בְּיַעֲקֹב, נְאֻם יהוה. וַאֲנִי זֹאת
בְּרִיתִי אוֹתָם אָמַר יהוה, רוּחִי אֲשֶׁר עָלֶיךָ, וּדְבָרַי אֲשֶׁר
שַׂמְתִּי בְּפִיךָ לֹא יָמוּשׁוּ מִפִּיךָ, וּמִפִּי זַרְעֲךָ, וּמִפִּי זֶרַע זַרְעֲךָ,
אָמַר יהוה, מֵעַתָּה וְעַד עוֹלָם. וְאַתָּה קָדוֹשׁ, יוֹשֵׁב תְּהִלּוֹת
יִשְׂרָאֵל. וְקָרָא זֶה אֶל זֶה וְאָמַר, קָדוֹשׁ קָדוֹשׁ קָדוֹשׁ יהוה
צְבָאוֹת, מְלֹא כָל־הָאָרֶץ כְּבוֹדוֹ. וּמְקַבְּלִין דֵּין מִן דֵּין,
וְאָמְרִין קַדִּישׁ, בִּשְׁמֵי מְרוֹמָא עִלָּאָה בֵּית שְׁכִינְתֵּהּ, קַדִּישׁ
עַל אַרְעָא עוֹבַד גְּבוּרְתֵּהּ, קַדִּישׁ לְעָלַם וּלְעָלְמֵי עָלְמַיָּא,
יהוה צְבָאוֹת מַלְיָא כָל אַרְעָא זִיו יְקָרֵהּ. וַתִּשָּׂאֵנִי רוּחַ,
וָאֶשְׁמַע אַחֲרַי קוֹל רַעַשׁ גָּדוֹל, בָּרוּךְ כְּבוֹד יהוה מִמְּקוֹמוֹ.
וּנְטָלַתְנִי רוּחָא, וְשִׁמְעֵת בַּתְרַי קָל זִיעַ סַגִּיא, דִּמְשַׁבְּחִין
וְאָמְרִין, בְּרִיךְ יְקָרָא דַיהוה מֵאֲתַר בֵּית שְׁכִינְתֵּהּ. יהוה
יִמְלֹךְ לְעֹלָם וָעֶד. יהוה מַלְכוּתֵהּ קָאֵם לְעָלַם וּלְעָלְמֵי
עָלְמַיָּא.

The eyes of all look hopefully to You,
and You provide their food in due time.

You open Your hand; Your favor sustains all the living.

Adonai is just in all His ways,
loving in all His deeds.

Adonai is near to all who call,
to all who call to God with integrity.

God fulfills the desire of those who are faithful;
God hears their cry and delivers them.

Adonai preserves all who love Him,
while marking the wicked for destruction.

My mouth shall praise Adonai.
Let all flesh praise God's name throughout all time.

We shall praise Adonai now and always. Halleluyah!

> *The following paragraph includes the biblical verses*
> *(in quotation marks) that are at the heart of the Kedushah.*
> *The passages in italics are renderings of the interpretive*
> *Aramaic translations of those verses.*

Adonai has assured a redeemer for Zion, for those of the House
of Jacob who turn from sin. Adonai has said: "This is My
covenant with them: My spirit shall remain with you and
with your descendants. My words shall be upon your lips
and upon the lips of your children and your children's
children, now and forever." For You are holy, enthroned upon
the praises of the people Israel. "The angels on high called out
one to another: 'Holy, holy, holy *Adonai Tz'va-ot*; the grandeur
of the world is God's glory.'" *They receive sanction from one*
another, saying: "Adonai Tz'va-ot is holy in the highest heavens,
holy on the earth and holy forever, throughout all time; the
radiance of God's glory fills the whole world." "Then a wind
lifted me up and I heard the sound of a great rushing behind
me, saying: 'Praised be Adonai's glory from His place.'" *Then a*
wind lifted me up and I heard the sound of a great rushing
behind me, the sound of those who utter praise, saying:
"Praised be the glory of Adonai from the place of His
presence." "Adonai shall reign throughout all time." *The*
sovereignty of Adonai endures forever, throughout all time.

יהוה אֱלֹהֵי אַבְרָהָם יִצְחָק וְיִשְׂרָאֵל אֲבוֹתֵינוּ,
שָׁמְרָה־זֹּאת לְעוֹלָם, לְיֵצֶר מַחְשְׁבוֹת לְבַב עַמֶּךָ,
וְהָכֵן לְבָבָם אֵלֶיךָ.
וְהוּא רַחוּם, יְכַפֵּר עָוֹן וְלֹא יַשְׁחִית,
וְהִרְבָּה לְהָשִׁיב אַפּוֹ וְלֹא יָעִיר כָּל חֲמָתוֹ.
כִּי אַתָּה אֲדֹנָי טוֹב וְסַלָּח, וְרַב חֶסֶד, לְכָל קוֹרְאֶיךָ.

צִדְקָתְךָ צֶדֶק לְעוֹלָם, וְתוֹרָתְךָ אֱמֶת.
תִּתֵּן אֱמֶת לְיַעֲקֹב, חֶסֶד לְאַבְרָהָם,
אֲשֶׁר נִשְׁבַּעְתָּ לַאֲבוֹתֵינוּ מִימֵי קֶדֶם.
בָּרוּךְ אֲדֹנָי, יוֹם יוֹם יַעֲמָס־לָנוּ, הָאֵל יְשׁוּעָתֵנוּ סֶלָה.
יהוה צְבָאוֹת עִמָּנוּ, מִשְׂגָּב לָנוּ, אֱלֹהֵי יַעֲקֹב סֶלָה.
יהוה צְבָאוֹת, אַשְׁרֵי אָדָם בֹּטֵחַ בָּךְ.
יהוה הוֹשִׁיעָה, הַמֶּלֶךְ יַעֲנֵנוּ בְיוֹם קָרְאֵנוּ.

בָּרוּךְ הוּא אֱלֹהֵינוּ, שֶׁבְּרָאָנוּ לִכְבוֹדוֹ,
וְהִבְדִּילָנוּ מִן הַתּוֹעִים, וְנָתַן לָנוּ תּוֹרַת אֱמֶת,
וְחַיֵּי עוֹלָם נָטַע בְּתוֹכֵנוּ.
הוּא יִפְתַּח לִבֵּנוּ בְּתוֹרָתוֹ וְיָשֵׂם בְּלִבֵּנוּ אַהֲבָתוֹ וְיִרְאָתוֹ,
וְלַעֲשׂוֹת רְצוֹנוֹ וּלְעָבְדוֹ בְּלֵבָב שָׁלֵם,
לְמַעַן לֹא נִיגַע לָרִיק, וְלֹא נֵלֵד לַבֶּהָלָה.

יְהִי רָצוֹן מִלְּפָנֶיךָ, יהוה אֱלֹהֵינוּ וֵאלֹהֵי אֲבוֹתֵינוּ,
שֶׁנִּשְׁמֹר חֻקֶּיךָ בָּעוֹלָם הַזֶּה,
וְנִזְכֶּה וְנִחְיֶה וְנִרְאֶה, וְנִירַשׁ טוֹבָה וּבְרָכָה,
לִשְׁנֵי יְמוֹת הַמָּשִׁיחַ, וּלְחַיֵּי הָעוֹלָם הַבָּא.
לְמַעַן יְזַמֶּרְךָ כָבוֹד וְלֹא יִדֹּם, יהוה אֱלֹהַי לְעוֹלָם אוֹדֶךָּ.
בָּרוּךְ הַגֶּבֶר אֲשֶׁר יִבְטַח בַּיהוה, וְהָיָה יהוה מִבְטַחוֹ.
בִּטְחוּ בַיהוה עֲדֵי עַד, כִּי בְּיָהּ יהוה צוּר עוֹלָמִים.
□ וְיִבְטְחוּ בְךָ יוֹדְעֵי שְׁמֶךָ, כִּי לֹא עָזַבְתָּ דֹּרְשֶׁיךָ יהוה.
יהוה חָפֵץ לְמַעַן צִדְקוֹ, יַגְדִּיל תּוֹרָה וְיַאְדִּיר.

Adonai our God and God of our ancestors,
impress this forever upon Your people,
and direct our hearts toward You:

*God, being merciful, grants atonement for sin
and does not destroy. Time and again God restrains wrath,
refusing to let rage be all-consuming.*

You, Adonai, are kind and forgiving,
loving to all who call upon You.
Your righteousness is everlasting, Your Torah is truth.

*You will be faithful to Jacob and merciful to Abraham,
fulfilling the promise You made to our ancestors.*

Praised is Adonai, the God of our deliverance,
who sustains us day after day.
Adonai Tz'va-ot is with us; the God of Jacob is our Refuge.

*Adonai Tz'va-ot, blessed is the one who trusts in You.
Adonai, help us; answer us, Sovereign, when we call.*

Praised is our God who created us for His glory,
setting us apart from those who go astray,
giving us the Torah, which is truth,
and planting within us life eternal.

*May God open our hearts to His Torah,
inspiring us to love and revere Him,
wholeheartedly to serve God.*

Thus shall we not labor in vain,
nor shall our children suffer confusion.

*Adonai our God and God of our ancestors,
may we fulfill Your precepts in this world,
to be worthy of happiness and blessing
in the messianic era and in the world to come.*

Thus I will sing Your praise unceasingly,
thus I will exalt You, Adonai my God, forever.

Blessed is the one who trusts in Adonai.

Trust in Adonai forever and ever;
Adonai is an unfailing stronghold.
Those who love You trust in You;
You never forsake those who seek You, Adonai.

*Adonai, through divine righteousness,
exalts the Torah with greatness and glory.*

חצי קדיש

Ḥazzan:

יִתְגַּדַּל וְיִתְקַדַּשׁ שְׁמֵהּ רַבָּא, בְּעָלְמָא דִּי בְרָא, כִּרְעוּתֵהּ, וְיַמְלִיךְ מַלְכוּתֵהּ בְּחַיֵּיכוֹן וּבְיוֹמֵיכוֹן וּבְחַיֵּי דְכָל־בֵּית יִשְׂרָאֵל, בַּעֲגָלָא וּבִזְמַן קָרִיב, וְאִמְרוּ אָמֵן.

Congregation and Ḥazzan:

יְהֵא שְׁמֵהּ רַבָּא מְבָרַךְ לְעָלַם וּלְעָלְמֵי עָלְמַיָּא.

Ḥazzan:

יִתְבָּרַךְ וְיִשְׁתַּבַּח וְיִתְפָּאַר וְיִתְרוֹמַם וְיִתְנַשֵּׂא וְיִתְהַדַּר וְיִתְעַלֶּה וְיִתְהַלַּל שְׁמֵהּ דְּקֻדְשָׁא, בְּרִיךְ הוּא *לְעֵלָּא מִן כָּל־בִּרְכָתָא וְשִׁירָתָא תֻּשְׁבְּחָתָא וְנֶחֱמָתָא דַּאֲמִירָן בְּעָלְמָא, וְאִמְרוּ אָמֵן.

**On שבת שובה:* לְעֵלָּא לְעֵלָּא מִכָּל־בִּרְכָתָא וְשִׁירָתָא

On weekdays, the יום טוב service continues with the עמידה on page 242a or 242b (with אמהות).

סדר קריאת התורה

וַאֲנִי תְפִלָּתִי לְךָ יהוה עֵת רָצוֹן,
אֱלֹהִים בְּרָב חַסְדֶּךָ, עֲנֵנִי בֶּאֱמֶת יִשְׁעֶךָ.

We rise as the ארון הקודש is opened.

וַיְהִי בִּנְסֹעַ הָאָרֹן וַיֹּאמֶר מֹשֶׁה:
קוּמָה יהוה וְיָפֻצוּ אֹיְבֶיךָ, וְיָנֻסוּ מְשַׂנְאֶיךָ מִפָּנֶיךָ.

Ḥazzan and congregation:

כִּי מִצִּיּוֹן תֵּצֵא תוֹרָה, וּדְבַר יהוה מִירוּשָׁלָיִם.
בָּרוּךְ שֶׁנָּתַן תּוֹרָה לְעַמּוֹ יִשְׂרָאֵל בִּקְדֻשָּׁתוֹ.

🦒 ḤATZI KADDISH

Reader:

May God's name be exalted and hallowed throughout the world that He created, as is God's wish. May God's sovereignty soon be accepted, during our life and the life of all Israel. And let us say: Amen.

Congregation and Reader:

Y'hei sh'mei raba m'varakh l'alam u-l'almei almaya.

May God's great name be praised throughout all time.

Reader:

Glorified and celebrated, lauded and worshiped, exalted and honored, extolled and acclaimed may the Holy One be, praised beyond all song and psalm, beyond all tributes that mortals can utter. And let us say: Amen.

On weekdays, the Festival service continues with the Amidah on page 242a or 242b (with Matriarchs).

🦒 TORAH SERVICE

I offer my prayer to You, Adonai, at this time of grace.
In Your abundant mercy, answer me with Your saving truth.

We rise as the Ark is opened.

Whenever the Ark was carried forward, Moses would say:
Arise, Adonai! May Your enemies be scattered;
may Your foes be put to flight.

Reader and congregation:

Ki mi-Tziyon tetze Torah, u-d'var Adonai mirushalayim.
Torah shall come from Zion,
the word of Adonai from Jerusalem.

Barukh she-natan Torah l'amo Yisra-el bi-k'dushato.
Praised is God who gave the Torah to Israel in holiness.

The ספר תורה is taken from the ארון הקודש.

Ḥazzan:

גַּדְּלוּ לַיהוה אִתִּי, וּנְרוֹמְמָה שְׁמוֹ יַחְדָּו.

Ḥazzan and congregation:

לְךָ יהוה הַגְּדֻלָּה וְהַגְּבוּרָה וְהַתִּפְאֶרֶת
וְהַנֵּצַח וְהַהוֹד,
כִּי כֹל בַּשָּׁמַיִם וּבָאָרֶץ,
לְךָ יהוה הַמַּמְלָכָה
וְהַמִּתְנַשֵּׂא לְכֹל לְרֹאשׁ.

רוֹמְמוּ יהוה אֱלֹהֵינוּ
וְהִשְׁתַּחֲווּ לַהֲדֹם רַגְלָיו, קָדוֹשׁ הוּא.
רוֹמְמוּ יהוה אֱלֹהֵינוּ
וְהִשְׁתַּחֲווּ לְהַר קָדְשׁוֹ,
כִּי קָדוֹשׁ יהוה אֱלֹהֵינוּ.

אַב הָרַחֲמִים הוּא יְרַחֵם עַם עֲמוּסִים, וְיִזְכֹּר בְּרִית אֵיתָנִים, וְיַצִּיל נַפְשׁוֹתֵינוּ מִן הַשָּׁעוֹת הָרָעוֹת, וְיִגְעַר בְּיֵצֶר הָרָע מִן הַנְּשׂוּאִים, וְיָחֹן אוֹתָנוּ לִפְלֵיטַת עוֹלָמִים, וִימַלֵּא מִשְׁאֲלוֹתֵינוּ בְּמִדָּה טוֹבָה יְשׁוּעָה וְרַחֲמִים.

Torah Reader (or Gabbai):

וְתִגָּלֶה וְתֵרָאֶה מַלְכוּתוֹ עָלֵינוּ בִּזְמַן קָרוֹב, וְיָחֹן פְּלֵטָתֵנוּ וּפְלֵטַת עַמּוֹ בֵּית יִשְׂרָאֵל לְחֵן וּלְחֶסֶד לְרַחֲמִים וּלְרָצוֹן, וְנֹאמַר אָמֵן.
הַכֹּל הָבוּ גֹדֶל לֵאלֹהֵינוּ, וּתְנוּ כָבוֹד לַתּוֹרָה.
(כֹּהֵן, קְרָב. יַעֲמֹד ______ בֶּן ______ הַכֹּהֵן.)
(בַּת כֹּהֵן, קִרְבִי. תַּעֲמֹד ______ בַּת ______ הַכֹּהֵן.)
(יַעֲמֹד ______ בֶּן ______, רִאשׁוֹן.)
(תַּעֲמֹד ______ בַּת ______, רִאשׁוֹן.)
בָּרוּךְ שֶׁנָּתַן תּוֹרָה לְעַמּוֹ יִשְׂרָאֵל בִּקְדֻשָּׁתוֹ.

Congregation and Torah Reader:

וְאַתֶּם הַדְּבֵקִים בַּיהוה אֱלֹהֵיכֶם חַיִּים כֻּלְּכֶם הַיּוֹם.

The Sefer Torah is taken from the Ark.

Reader:

Acclaim Adonai with me; let us exalt God together.

Reader and congregation:

L'kha Adonai ha-g'dulah v'ha-g'vurah v'ha-tif-eret
v'ha-netzaḥ v'ha-hod,
ki khol ba-shamayim u-va-aretz,
l'kha Adonai ha-mamlakhah v'ha-mitnasei l'khol l'rosh.

Rom'mu Adonai Eloheinu
v'hish-taḥavu la-hadom raglav, kadosh hu.
Rom'mu Adonai Eloheinu v'hish-taḥavu l'har kodsho,
ki kadosh Adonai Eloheinu.

Yours, Adonai, is the greatness,
the power, and the splendor.
Yours is the triumph and the majesty,
for all in heaven and on earth is Yours.
Yours, Adonai, is supreme sovereignty.

Exalt Adonai; worship God, who is holy.
Exalt Adonai our God, and bow toward God's holy mountain.
Adonai our God is holy.

May the Merciful One show mercy to the people He has always
sustained, remembering His covenant with our ancestors. May
God deliver us from evil times, restrain the impulse within us to
do evil, and grace our lives with enduring deliverance. May God
answer our petition with an abundant measure of kindness and
compassion.

Torah Reader (or Gabbai):

May God's sovereignty be revealed to us soon. May God favor the
remnant of His people Israel with grace and kindness, with
compassion and love. And let us say: Amen. Let us all declare the
greatness of God and give honor to the Torah. (*Let the first to be
honored come forward.*) Praised is God who gave the Torah to
Israel in holiness.

Congregation and Torah Reader:

V'atem ha-d'vekim badonai Eloheikhem
ḥayim kulkhem ha-yom.

You who remain steadfast to Adonai your God
have been sustained to this day.

Each congregant receiving an עליה recites these ברכות.

Before the reading:

בָּרְכוּ אֶת־יהוה הַמְבֹרָךְ.

Congregation responds:

בָּרוּךְ יהוה הַמְבֹרָךְ לְעוֹלָם וָעֶד.

Congregant repeats above response, then continues:

בָּרוּךְ אַתָּה יהוה אֱלֹהֵינוּ מֶלֶךְ הָעוֹלָם,
אֲשֶׁר בָּחַר בָּנוּ מִכָּל־הָעַמִּים וְנָתַן לָנוּ אֶת־תּוֹרָתוֹ.
בָּרוּךְ אַתָּה יהוה נוֹתֵן הַתּוֹרָה.

After the reading:

בָּרוּךְ אַתָּה יהוה אֱלֹהֵינוּ מֶלֶךְ הָעוֹלָם,
אֲשֶׁר נָתַן לָנוּ תּוֹרַת אֱמֶת, וְחַיֵּי עוֹלָם נָטַע בְּתוֹכֵנוּ.
בָּרוּךְ אַתָּה יהוה נוֹתֵן הַתּוֹרָה.

מי שברך and גומל may be found on pages 142 to 145.

The ספר תורה is raised.

וְזֹאת הַתּוֹרָה אֲשֶׁר שָׂם מֹשֶׁה לִפְנֵי בְּנֵי יִשְׂרָאֵל,
עַל פִּי יהוה בְּיַד מֹשֶׁה.

Each congregant receiving an aliyah recites these b'rakhot.

Before the reading:
Bar'khu et Adonai ha-m'vorakh.

Congregation responds:
Barukh Adonai ha-m'vorakh l'olam va-ed.

Congregant repeats above response, then continues:
Barukh atah Adonai, Eloheinu melekh ha-olam,
asher baḥar banu mi-kol ha-amim, v'natan lanu et torato.
Barukh atah Adonai, noten ha-Torah.

After the reading:
Barukh atah Adonai, Eloheinu melekh ha-olam,
asher natan lanu torat emet, v'ḥayei olam nata b'tokhenu.
Barukh atah Adonai, noten ha-Torah.

Praise Adonai, the Exalted One.

Praised be Adonai, the Exalted One, throughout all time.

Praised are You Adonai our God, who rules the universe, choosing us from among all peoples by giving us His Torah. Praised are You Adonai, who gives the Torah.

Praised are You Adonai our God, who rules the universe, giving us the Torah of truth, planting within us life eternal. Praised are You Adonai, who gives the Torah.

Prayers for individual well-being may be found on pages 142 to 145.

The Sefer Torah is raised.

V'zot ha-Torah asher sahm Mosheh lifnei b'nai Yisra-el,
al pi Adonai b'yad Mosheh.

This is the Torah that Moses set before the people Israel: The Torah, given by God, through Moses.

החזרת ספר תורה

We rise as the ארון הקודש *is opened.*

Ḥazzan:

יְהַלְלוּ אֶת־שֵׁם יהוה, כִּי נִשְׂגָּב שְׁמוֹ לְבַדּוֹ.

Congregation:

הוֹדוֹ עַל אֶרֶץ וְשָׁמָיִם. וַיָּרֶם קֶרֶן לְעַמּוֹ,
תְּהִלָּה לְכָל־חֲסִידָיו, לִבְנֵי יִשְׂרָאֵל עַם קְרוֹבוֹ, הַלְלוּיָהּ.

תהלים כ״ד

לְדָוִד מִזְמוֹר.

לַיהוה הָאָרֶץ וּמְלוֹאָהּ, תֵּבֵל וְיֹשְׁבֵי בָהּ. כִּי הוּא עַל יַמִּים יְסָדָהּ, וְעַל נְהָרוֹת יְכוֹנְנֶהָ. מִי יַעֲלֶה בְהַר יהוה, וּמִי יָקוּם בִּמְקוֹם קָדְשׁוֹ. נְקִי כַפַּיִם וּבַר־לֵבָב, אֲשֶׁר לֹא נָשָׂא לַשָּׁוְא נַפְשִׁי, וְלֹא נִשְׁבַּע לְמִרְמָה. יִשָּׂא בְרָכָה מֵאֵת יהוה, וּצְדָקָה מֵאֱלֹהֵי יִשְׁעוֹ. זֶה דּוֹר דֹּרְשָׁיו, מְבַקְשֵׁי פָנֶיךָ יַעֲקֹב, סֶלָה. שְׂאוּ שְׁעָרִים רָאשֵׁיכֶם, וְהִנָּשְׂאוּ פִּתְחֵי עוֹלָם, וְיָבוֹא מֶלֶךְ הַכָּבוֹד. מִי זֶה מֶלֶךְ הַכָּבוֹד, יהוה עִזּוּז וְגִבּוֹר, יהוה גִּבּוֹר מִלְחָמָה. שְׂאוּ שְׁעָרִים רָאשֵׁיכֶם, וּשְׂאוּ פִּתְחֵי עוֹלָם, וְיָבֹא מֶלֶךְ הַכָּבוֹד. מִי הוּא זֶה מֶלֶךְ הַכָּבוֹד, יהוה צְבָאוֹת הוּא מֶלֶךְ הַכָּבוֹד, סֶלָה.

The ספר תורה *is placed in the* ארון הקודש*.*

וּבְנֻחֹה יֹאמַר: שׁוּבָה יהוה רִבְבוֹת אַלְפֵי יִשְׂרָאֵל.
קוּמָה יהוה לִמְנוּחָתֶךָ, אַתָּה וַאֲרוֹן עֻזֶּךָ.
כֹּהֲנֶיךָ יִלְבְּשׁוּ־צֶדֶק, וַחֲסִידֶיךָ יְרַנֵּנוּ.
בַּעֲבוּר דָּוִד עַבְדֶּךָ, אַל תָּשֵׁב פְּנֵי מְשִׁיחֶךָ.
כִּי לֶקַח טוֹב נָתַתִּי לָכֶם, תּוֹרָתִי אַל תַּעֲזֹבוּ.

□ עֵץ חַיִּים הִיא לַמַּחֲזִיקִים בָּהּ, וְתֹמְכֶיהָ מְאֻשָּׁר.

דְּרָכֶיהָ דַרְכֵי־נֹעַם, וְכָל־נְתִיבוֹתֶיהָ שָׁלוֹם.

הֲשִׁיבֵנוּ יהוה אֵלֶיךָ וְנָשׁוּבָה, חַדֵּשׁ יָמֵינוּ כְּקֶדֶם.

❧ RETURNING THE SEFER TORAH

We rise as the Ark is opened.

Reader:
Praise Adonai, for God is unique, exalted.

Congregation:
God's glory encompasses heaven and earth. God exalts and extols His faithful, the people Israel who are close to Him. Halleluyah!

PSALM 24

A Song of David.
The earth and its grandeur belong to Adonai; the world and its inhabitants. God founded it upon the seas, and set it firm upon flowing waters. Who may ascend the mountain of Adonai? Who may rise in God's sanctuary? One who has clean hands and a pure heart, who has not used God's name in false oaths, nor sworn deceitfully, shall receive a blessing from Adonai, a just reward from the God of deliverance. Such are the people who seek God, who long for the presence of Jacob's Deity. Lift high your lintels, O you gates; open wide, you ancient doors! Welcome the glorious Sovereign. Who is the glorious Sovereign? Adonai, triumphant and mighty; Adonai, triumphant in battle. Lift high your lintels, O you gates; open wide, you ancient doors! Welcome the glorious Sovereign. Who is the glorious Sovereign? *Adonai Tz'va-ot* is the glorious Sovereign.

The Sefer Torah is placed in the Ark.

Whenever the Ark was set down, Moses would say: Adonai, may You dwell among the myriad families of the people Israel. Return, Adonai, to Your sanctuary, You and Your glorious Ark. Let Your *Kohanim* be clothed in triumph, let Your faithful sing for joy. For the sake of David Your servant, do not reject Your anointed.

Precious teaching do I give you: Never forsake My Torah.

It is a tree of life for those who grasp it,
and all who uphold it are blessed.

Its ways are pleasant, and all its paths are peace.

Help us turn to You, Adonai, and we shall return.
Renew our lives as in days of old.

חצי קדיש

Ḥazzan:

יִתְגַּדַּל וְיִתְקַדַּשׁ שְׁמֵהּ רַבָּא, בְּעָלְמָא דִּי בְרָא, כִּרְעוּתֵהּ, וְיַמְלִיךְ מַלְכוּתֵהּ בְּחַיֵּיכוֹן וּבְיוֹמֵיכוֹן וּבְחַיֵּי דְכָל־בֵּית יִשְׂרָאֵל, בַּעֲגָלָא וּבִזְמַן קָרִיב, וְאִמְרוּ אָמֵן.

Congregation and Ḥazzan:

יְהֵא שְׁמֵהּ רַבָּא מְבָרַךְ לְעָלַם וּלְעָלְמֵי עָלְמַיָּא.

Ḥazzan:

יִתְבָּרַךְ וְיִשְׁתַּבַּח וְיִתְפָּאַר וְיִתְרוֹמַם וְיִתְנַשֵּׂא וְיִתְהַדַּר וְיִתְעַלֶּה וְיִתְהַלַּל שְׁמֵהּ דְּקֻדְשָׁא, בְּרִיךְ הוּא *לְעֵלָּא מִן כָּל־בִּרְכָתָא וְשִׁירָתָא תֻּשְׁבְּחָתָא וְנֶחָמָתָא דַּאֲמִירָן בְּעָלְמָא, וְאִמְרוּ אָמֵן.

**On שבת שובה:* לְעֵלָּא לְעֵלָּא מִכָּל־בִּרְכָתָא וְשִׁירָתָא

On שבת (including שבת חול המועד), continue on page 234a or 234b (with אמהות) through page 239.

On יום טוב (including when it falls on שבת), continue on page 242a or 242b (with אמהות) through page 246.

✿ ḤATZI KADDISH

Reader:

May God's name be exalted and hallowed throughout the world that He created, as is God's wish. May God's sovereignty soon be accepted, during our life and the life of all Israel. And let us say: Amen.

Congregation and Reader:

Y'hei sh'mei raba m'varakh l'alam u-l'almei almaya.

May God's great name be praised throughout all time.

Reader:

Glorified and celebrated, lauded and worshiped, exalted and honored, extolled and acclaimed may the Holy One be, praised beyond all song and psalm, beyond all tributes that mortals can utter. And let us say: Amen.

On Shabbat (including Shabbat Ḥol Ha-mo'ed), continue on page 234a or 234b (with Matriarchs) through page 239.

On a Festival (including when it falls on Shabbat), continue on page 242a or 242b (with Matriarchs) through page 246.

For an interpretive Meditation on the Shabbat Amidah, see page 240; on the Festival Amidah, see page 129.

עמידה — מנחה לשבת

כִּי שֵׁם יהוה אֶקְרָא, הָבוּ גֹדֶל לֵאלֹהֵינוּ.
אֲדֹנָי, שְׂפָתַי תִּפְתָּח וּפִי יַגִּיד תְּהִלָּתֶךָ.

בָּרוּךְ אַתָּה יהוה אֱלֹהֵינוּ וֵאלֹהֵי אֲבוֹתֵינוּ, אֱלֹהֵי אַבְרָהָם אֱלֹהֵי יִצְחָק וֵאלֹהֵי יַעֲקֹב, הָאֵל הַגָּדוֹל הַגִּבּוֹר וְהַנּוֹרָא, אֵל עֶלְיוֹן, גּוֹמֵל חֲסָדִים טוֹבִים וְקוֹנֵה הַכֹּל, וְזוֹכֵר חַסְדֵי אָבוֹת וּמֵבִיא גוֹאֵל לִבְנֵי בְנֵיהֶם לְמַעַן שְׁמוֹ בְּאַהֲבָה.

On שבת שובה:

זָכְרֵנוּ לְחַיִּים, מֶלֶךְ חָפֵץ בַּחַיִּים,
וְכָתְבֵנוּ בְּסֵפֶר הַחַיִּים, לְמַעַנְךָ אֱלֹהִים חַיִּים.

מֶלֶךְ עוֹזֵר וּמוֹשִׁיעַ וּמָגֵן. בָּרוּךְ אַתָּה יהוה מָגֵן אַבְרָהָם.

אַתָּה גִּבּוֹר לְעוֹלָם אֲדֹנָי, מְחַיֵּה מֵתִים אַתָּה, רַב לְהוֹשִׁיעַ.

**From שמיני עצרת until פסח:*

מַשִּׁיב הָרוּחַ וּמוֹרִיד הַגָּשֶׁם.

מְכַלְכֵּל חַיִּים בְּחֶסֶד, מְחַיֵּה מֵתִים בְּרַחֲמִים רַבִּים, סוֹמֵךְ נוֹפְלִים וְרוֹפֵא חוֹלִים וּמַתִּיר אֲסוּרִים, וּמְקַיֵּם אֱמוּנָתוֹ לִישֵׁנֵי עָפָר. מִי כָמוֹךָ בַּעַל גְּבוּרוֹת וּמִי דּוֹמֶה לָּךְ, מֶלֶךְ מֵמִית וּמְחַיֶּה וּמַצְמִיחַ יְשׁוּעָה.

On שבת שובה:

מִי כָמוֹךָ אַב הָרַחֲמִים, זוֹכֵר יְצוּרָיו לְחַיִּים בְּרַחֲמִים.

וְנֶאֱמָן אַתָּה לְהַחֲיוֹת מֵתִים.
בָּרוּךְ אַתָּה יהוה מְחַיֵּה הַמֵּתִים.

When the עמידה is chanted aloud, continue on page 235.

אַתָּה קָדוֹשׁ וְשִׁמְךָ קָדוֹשׁ, וּקְדוֹשִׁים בְּכָל־יוֹם יְהַלְלוּךָ סֶּלָה.
**בָּרוּךְ אַתָּה יהוה הָאֵל הַקָּדוֹשׁ.

***On שבת שובה:*

בָּרוּךְ אַתָּה יהוה הַמֶּלֶךְ הַקָּדוֹשׁ.

Silent recitation continues on page 236.

**From פסח to שמיני עצרת, some add:* מוֹרִיד הַטָּל.

MINḤAH AMIDAH FOR SHABBAT

When I call upon Adonai, proclaim glory to our God!
Adonai, open my lips, so I may speak Your praise.

Praised are You Adonai, our God and God of our ancestors, God of Abraham, God of Isaac, and God of Jacob, great, mighty, awesome, exalted God who bestows lovingkindness, Creator of all. You remember the pious deeds of our ancestors and will send a redeemer to their children's children because of Your loving nature.

On Shabbat Shuvah:

Remember us that we may live, O Sovereign who delights in life. Inscribe us in the Book of Life, for Your sake, living God.

You are the Sovereign who helps and saves and shields.
Praised are You Adonai, Shield of Abraham.

Your might, Adonai, is boundless. You give life to the dead; great is Your saving power.

*From Sh'mini Atzeret until Pesaḥ:

You cause the wind to blow and the rain to fall.

Your love sustains the living, Your great mercies give life to the dead. You support the falling, heal the ailing, free the fettered. You keep Your faith with those who sleep in dust. Whose power can compare with Yours? You are Master of life and death and deliverance.

On Shabbat Shuvah:

Whose mercy can compare with Yours, Source of compassion? In mercy You remember Your creatures with life.

Faithful are You in giving life to the dead.
Praised are You Adonai, Master of life and death.

When the Amidah is chanted aloud, continue on page 235.

Holy are You and holy is Your name. Holy are those who praise You each day. **Praised are You Adonai, holy God.

**On Shabbat Shuvah:

Praised are You Adonai, holy Sovereign.

Silent recitation continues on page 236.

---

*From Pesaḥ to Sh'mini Atzeret, some add: You cause the dew to fall.

עמידה — מנחה לשבת (כולל אמהות)

כִּי שֵׁם יהוה אֶקְרָא, הָבוּ גֹדֶל לֵאלֹהֵינוּ.
אֲדֹנָי, שְׂפָתַי תִּפְתָּח וּפִי יַגִּיד תְּהִלָּתֶךָ.

בָּרוּךְ אַתָּה יהוה אֱלֹהֵינוּ וֵאלֹהֵי אֲבוֹתֵינוּ, אֱלֹהֵי אַבְרָהָם אֱלֹהֵי יִצְחָק וֵאלֹהֵי יַעֲקֹב, אֱלֹהֵי שָׂרָה אֱלֹהֵי רִבְקָה אֱלֹהֵי רָחֵל וֵאלֹהֵי לֵאָה, הָאֵל הַגָּדוֹל הַגִּבּוֹר וְהַנּוֹרָא, אֵל עֶלְיוֹן, גּוֹמֵל חֲסָדִים טוֹבִים, וְקוֹנֵה הַכֹּל, וְזוֹכֵר חַסְדֵי אָבוֹת וּמֵבִיא גּוֹאֵל לִבְנֵי בְנֵיהֶם לְמַעַן שְׁמוֹ בְּאַהֲבָה.

On שבת שובה:

זָכְרֵנוּ לְחַיִּים, מֶלֶךְ חָפֵץ בַּחַיִּים,
וְכָתְבֵנוּ בְּסֵפֶר הַחַיִּים, לְמַעַנְךָ אֱלֹהִים חַיִּים.

מֶלֶךְ עוֹזֵר וּפוֹקֵד וּמוֹשִׁיעַ וּמָגֵן.
בָּרוּךְ אַתָּה יהוה מָגֵן אַבְרָהָם וּפֹקֵד שָׂרָה.

אַתָּה גִּבּוֹר לְעוֹלָם אֲדֹנָי, מְחַיֵּה מֵתִים אַתָּה, רַב לְהוֹשִׁיעַ.

**From שמיני עצרת until פסח:*

מַשִּׁיב הָרוּחַ וּמוֹרִיד הַגָּשֶׁם.

מְכַלְכֵּל חַיִּים בְּחֶסֶד, מְחַיֵּה מֵתִים בְּרַחֲמִים רַבִּים, סוֹמֵךְ נוֹפְלִים וְרוֹפֵא חוֹלִים וּמַתִּיר אֲסוּרִים, וּמְקַיֵּם אֱמוּנָתוֹ לִישֵׁנֵי עָפָר. מִי כָמוֹךָ בַּעַל גְּבוּרוֹת וּמִי דּוֹמֶה לָּךְ, מֶלֶךְ מֵמִית וּמְחַיֶּה וּמַצְמִיחַ יְשׁוּעָה.

On שבת שובה:

מִי כָמוֹךָ אַב הָרַחֲמִים, זוֹכֵר יְצוּרָיו לְחַיִּים בְּרַחֲמִים.

וְנֶאֱמָן אַתָּה לְהַחֲיוֹת מֵתִים.
בָּרוּךְ אַתָּה יהוה מְחַיֵּה הַמֵּתִים.

When the עמידה is chanted aloud, continue on page 235.

אַתָּה קָדוֹשׁ וְשִׁמְךָ קָדוֹשׁ, וּקְדוֹשִׁים בְּכָל־יוֹם יְהַלְלוּךָ סֶּלָה.
**בָּרוּךְ אַתָּה יהוה הָאֵל הַקָּדוֹשׁ.

***On שבת שובה:*

בָּרוּךְ אַתָּה יהוה הַמֶּלֶךְ הַקָּדוֹשׁ.

Silent recitation continues on page 236.

**From פסח to שמיני עצרת, some add:* מוֹרִיד הַטָּל.

MINḤAH AMIDAH FOR SHABBAT
(with Matriarchs)

When I call upon Adonai, proclaim glory to our God!
Adonai, open my lips, so I may speak Your praise.

Praised are You Adonai, our God and God of our ancestors,
God of Abraham, Isaac, and Jacob, Sarah, Rebecca, Rachel,
and Leah, great, mighty, awesome, exalted God who bestows
lovingkindness, Creator of all. You remember the pious deeds
of our ancestors and will send a redeemer to their children's
children because of Your loving nature.

> *On Shabbat Shuvah:*
>
> Remember us that we may live, O Sovereign who delights in life.
> Inscribe us in the Book of Life, for Your sake, living God.

You are the Sovereign who helps and guards, saves and
shields. Praised are You Adonai, Shield of Abraham and
Guardian of Sarah.

Your might, Adonai, is boundless. You give life to the dead;
great is Your saving power.

> **From Sh'mini Atzeret until Pesaḥ:*
>
> You cause the wind to blow and the rain to fall.

Your love sustains the living, Your great mercies give life to
the dead. You support the falling, heal the ailing, free the
fettered. You keep Your faith with those who sleep in dust.
Whose power can compare with Yours? You are Master of life
and death and deliverance.

> *On Shabbat Shuvah:*
>
> Whose mercy can compare with Yours, Source of compassion?
> In mercy You remember Your creatures with life.

Faithful are You in giving life to the dead.
Praised are You Adonai, Master of life and death.

> *When the Amidah is chanted aloud, continue on page 235.*

Holy are You and holy is Your name. Holy are those who
praise You each day. **Praised are You Adonai, holy God.

> ***On Shabbat Shuvah:*
>
> Praised are You Adonai, holy Sovereign.

Silent recitation continues on page 236.

---

*From Pesaḥ to Sh'mini Atzeret, some add: You cause the dew to fall.

קדושה

When the עמידה is chanted by the Ḥazzan, קדושה is added.

נְקַדֵּשׁ אֶת־שִׁמְךָ בָּעוֹלָם, כְּשֵׁם שֶׁמַּקְדִּישִׁים אוֹתוֹ בִּשְׁמֵי מָרוֹם, כַּכָּתוּב עַל יַד נְבִיאֶךָ, וְקָרָא זֶה אֶל זֶה וְאָמַר:

קָדוֹשׁ קָדוֹשׁ קָדוֹשׁ יהוה צְבָאוֹת, מְלֹא כָל־הָאָרֶץ כְּבוֹדוֹ.

לְעֻמָּתָם בָּרוּךְ יֹאמֵרוּ:

בָּרוּךְ כְּבוֹד יהוה מִמְּקוֹמוֹ.

וּבְדִבְרֵי קָדְשְׁךָ כָּתוּב לֵאמֹר:

יִמְלֹךְ יהוה לְעוֹלָם, אֱלֹהַיִךְ צִיּוֹן לְדֹר וָדֹר, הַלְלוּיָהּ.

לְדוֹר וָדוֹר נַגִּיד גָּדְלֶךָ, וּלְנֵצַח נְצָחִים קְדֻשָּׁתְךָ נַקְדִּישׁ. וְשִׁבְחֲךָ אֱלֹהֵינוּ, מִפִּינוּ לֹא יָמוּשׁ לְעוֹלָם וָעֶד, כִּי אֵל מֶלֶךְ גָּדוֹל וְקָדוֹשׁ אָתָּה. *בָּרוּךְ אַתָּה יהוה הָאֵל הַקָּדוֹשׁ.

**On שבת שובה:*

בָּרוּךְ אַתָּה יהוה הַמֶּלֶךְ הַקָּדוֹשׁ.

🌿 KEDUSHAH

When the Reader chants the Amidah, Kedushah is added.

We proclaim Your holiness on earth as it is proclaimed in heaven above. We sing the words of heavenly voices as recorded in Your prophet's vision:

> Kadosh kadosh kadosh Adonai Tz'va-ot, m'lo khol ha-aretz k'vodo.
> Holy, holy, holy *Adonai Tz'va-ot*;
> the grandeur of the world is God's glory.

Heavenly voices respond with praise:

> Barukh k'vod Adonai mi-m'komo.
> Praised is Adonai's glory throughout the universe.

And in Your holy psalms it is written:

> Yimlokh Adonai l'olam Elohayikh Tziyon l'dor va-dor. Halleluyah.
> Adonai shall reign through all generations;
> Zion, your God shall reign forever. Halleluyah!

We declare Your greatness through all generations, hallow Your holiness to all eternity. Your praise will never leave our lips, for You are God and Sovereign, great and holy. *Praised are You Adonai, holy God.

> *On Shabbat Shuvah:*
> Praised are You Adonai, holy Sovereign.

אַתָּה אֶחָד וְשִׁמְךָ אֶחָד,
וּמִי כְּעַמְּךָ יִשְׂרָאֵל גּוֹי אֶחָד בָּאָרֶץ.
תִּפְאֶרֶת גְּדֻלָּה, וַעֲטֶרֶת יְשׁוּעָה,
יוֹם מְנוּחָה וּקְדֻשָּׁה לְעַמְּךָ נָתָתָּ.
אַבְרָהָם יָגֵל, יִצְחָק יְרַנֵּן,
יַעֲקֹב וּבָנָיו יָנְוּחוּ בוֹ,
מְנוּחַת אַהֲבָה וּנְדָבָה,
מְנוּחַת אֱמֶת וֶאֱמוּנָה,
מְנוּחַת שָׁלוֹם וְשַׁלְוָה וְהַשְׁקֵט וָבֶטַח,
מְנוּחָה שְׁלֵמָה שָׁאַתָּה רוֹצֶה בָּהּ.
יַכִּירוּ בָנֶיךָ וְיֵדְעוּ כִּי מֵאִתְּךָ הִיא מְנוּחָתָם,
וְעַל מְנוּחָתָם יַקְדִּישׁוּ אֶת־שְׁמֶךָ.

אֱלֹהֵינוּ וֵאלֹהֵי אֲבוֹתֵינוּ, רְצֵה בִמְנוּחָתֵנוּ.
קַדְּשֵׁנוּ בְּמִצְוֹתֶיךָ וְתֵן חֶלְקֵנוּ בְּתוֹרָתֶךָ,
שַׂבְּעֵנוּ מִטּוּבֶךָ וְשַׂמְּחֵנוּ בִּישׁוּעָתֶךָ,
וְטַהֵר לִבֵּנוּ לְעָבְדְּךָ בֶּאֱמֶת.
וְהַנְחִילֵנוּ יהוה אֱלֹהֵינוּ
בְּאַהֲבָה וּבְרָצוֹן שַׁבַּת קָדְשֶׁךָ,
וְיָנְוּחוּ בָהּ יִשְׂרָאֵל מְקַדְּשֵׁי שְׁמֶךָ.
בָּרוּךְ אַתָּה יהוה מְקַדֵּשׁ הַשַּׁבָּת.

You are One, Your name is One,
and who is like Your people Israel,
unique throughout the world?
Singular splendor, crown of salvation,
a day of rest and sanctity
You have given to Your people.
Abraham was glad, Isaac rejoiced,
Jacob and his children found rest on this day —
a rest reflecting Your lavish love and true faithfulness,
in peace and tranquility,
contentment and quietude —
a perfect rest in which You delight.
May Your children acknowledge You
as their source of rest.
And through their rest
may they sanctify Your name.

Our God and God of our ancestors,
find favor in our Shabbat rest.
Instill in us the holiness of Your mitzvot
and let Your Torah be our portion.
Fill our lives with Your goodness,
and gladden us with Your triumph.
Cleanse our hearts
so that we might serve You faithfully.
Lovingly and willingly, Adonai our God,
grant that we inherit Your holy Shabbat,
so that the people Israel,
who hallow Your name,
will always find rest on this day.
Praised are You Adonai, who hallows Shabbat.

רְצֵה יהוה אֱלֹהֵינוּ בְּעַמְּךָ יִשְׂרָאֵל וּבִתְפִלָּתָם, וְהָשֵׁב אֶת־הָעֲבוֹדָה לִדְבִיר בֵּיתֶךָ, וּתְפִלָּתָם בְּאַהֲבָה תְקַבֵּל בְּרָצוֹן, וּתְהִי לְרָצוֹן תָּמִיד עֲבוֹדַת יִשְׂרָאֵל עַמֶּךָ.

On ראש חודש and שבת חול המועד:

אֱלֹהֵינוּ וֵאלֹהֵי אֲבוֹתֵינוּ, יַעֲלֶה וְיָבֹא וְיַגִּיעַ, וְיֵרָאֶה וְיֵרָצֶה וְיִשָּׁמַע, וְיִפָּקֵד וְיִזָּכֵר זִכְרוֹנֵנוּ וּפִקְדוֹנֵנוּ, וְזִכְרוֹן אֲבוֹתֵינוּ, וְזִכְרוֹן מָשִׁיחַ בֶּן־דָּוִד עַבְדֶּךָ, וְזִכְרוֹן יְרוּשָׁלַיִם עִיר קָדְשֶׁךָ, וְזִכְרוֹן כָּל־עַמְּךָ בֵּית יִשְׂרָאֵל לְפָנֶיךָ, לִפְלֵיטָה לְטוֹבָה, לְחֵן וּלְחֶסֶד וּלְרַחֲמִים, לְחַיִּים וּלְשָׁלוֹם, בְּיוֹם

On ראש חודש: רֹאשׁ הַחֹדֶשׁ הַזֶּה.

On סוכות: חַג הַסֻּכּוֹת הַזֶּה. *On פסח:* חַג הַמַּצּוֹת הַזֶּה.

זָכְרֵנוּ יהוה אֱלֹהֵינוּ בּוֹ לְטוֹבָה, וּפָקְדֵנוּ בוֹ לִבְרָכָה, וְהוֹשִׁיעֵנוּ בוֹ לְחַיִּים, וּבִדְבַר יְשׁוּעָה וְרַחֲמִים חוּס וְחָנֵּנוּ, וְרַחֵם עָלֵינוּ וְהוֹשִׁיעֵנוּ כִּי אֵלֶיךָ עֵינֵינוּ, כִּי אֵל מֶלֶךְ חַנּוּן וְרַחוּם אָתָּה.

וְתֶחֱזֶינָה עֵינֵינוּ בְּשׁוּבְךָ לְצִיּוֹן בְּרַחֲמִים.
בָּרוּךְ אַתָּה יהוה הַמַּחֲזִיר שְׁכִינָתוֹ לְצִיּוֹן.

מוֹדִים אֲנַחְנוּ לָךְ שָׁאַתָּה הוּא יהוה אֱלֹהֵינוּ וֵאלֹהֵי אֲבוֹתֵינוּ לְעוֹלָם וָעֶד, צוּר חַיֵּינוּ מָגֵן יִשְׁעֵנוּ אַתָּה הוּא לְדוֹר וָדוֹר. נוֹדֶה לְּךָ וּנְסַפֵּר תְּהִלָּתֶךָ, עַל חַיֵּינוּ הַמְּסוּרִים בְּיָדֶךָ וְעַל נִשְׁמוֹתֵינוּ הַפְּקוּדוֹת לָךְ, וְעַל נִסֶּיךָ שֶׁבְּכָל־יוֹם עִמָּנוּ וְעַל נִפְלְאוֹתֶיךָ וְטוֹבוֹתֶיךָ שֶׁבְּכָל־עֵת, עֶרֶב וָבֹקֶר וְצָהֳרָיִם. הַטּוֹב כִּי לֹא כָלוּ רַחֲמֶיךָ, וְהַמְרַחֵם כִּי לֹא תַמּוּ חֲסָדֶיךָ, מֵעוֹלָם קִוִּינוּ לָךְ.

When the Hazzan recites מודים, the congregation continues silently:

מוֹדִים אֲנַחְנוּ לָךְ שָׁאַתָּה הוּא יהוה אֱלֹהֵינוּ וֵאלֹהֵי אֲבוֹתֵינוּ אֱלֹהֵי כָל־בָּשָׂר, יוֹצְרֵנוּ, יוֹצֵר בְּרֵאשִׁית. בְּרָכוֹת וְהוֹדָאוֹת לְשִׁמְךָ הַגָּדוֹל וְהַקָּדוֹשׁ, עַל שֶׁהֶחֱיִיתָנוּ וְקִיַּמְתָּנוּ. כֵּן תְּחַיֵּנוּ וּתְקַיְּמֵנוּ, וְתֶאֱסוֹף גָּלֻיּוֹתֵינוּ לְחַצְרוֹת קָדְשֶׁךָ, לִשְׁמוֹר חֻקֶּיךָ וְלַעֲשׂוֹת רְצוֹנֶךָ, וּלְעָבְדְּךָ בְּלֵבָב שָׁלֵם, עַל שֶׁאֲנַחְנוּ מוֹדִים לָךְ. בָּרוּךְ אֵל הַהוֹדָאוֹת.

Accept the prayer of Your people Israel as lovingly as it is offered. Restore worship to Your sanctuary, and may the worship of Your people Israel always be acceptable to You.

On Rosh Ḥodesh and Shabbat Ḥol Ha-mo'ed:
Our God and God of our ancestors, show us Your care and concern. Remember our ancestors; recall Your anointed, descended from David Your servant. Protect Jerusalem, Your holy city, and exalt all Your people, Israel, with life and well-being, contentment and peace on this

    Rosh Ḥodesh.   Festival of Sukkot.   Festival of Matzot.

Grant us life and blessing, and remember us for good. Recall Your promise of mercy and redemption. Be merciful to us and save us, for we place our hope in You, loving and merciful God.

May we witness Your merciful return to Zion. Praised are You Adonai, who restores the Divine Presence to Zion.

MODIM
We proclaim that You are Adonai our God and God of our ancestors throughout all time. You are the Rock of our lives, the Shield of our salvation in every generation. We thank You and praise You for our lives that are in Your hand, for our souls that are in Your charge, for Your miracles that daily attend us, and for Your wonders and gifts that accompany us, evening, morning, and noon. You are good, Your mercy everlasting; You are compassionate, Your kindness never-ending. We have always placed our hope in You.

When the Reader recites Modim, the congregation continues silently:

We proclaim that You are Adonai our God and God of our ancestors, God of all life, our Creator, the Creator of all. We praise You and thank You for granting us life and for sustaining us. May You continue to grant us life and sustenance. Gather our dispersed to Your holy place, to fulfill Your mitzvot and to serve You whole-heartedly, doing Your will. For this we shall thank You. Praised be God to whom thanksgiving is due.

On חנוכה:

עַל הַנִּסִּים, וְעַל הַפֻּרְקָן, וְעַל הַגְּבוּרוֹת, וְעַל הַתְּשׁוּעוֹת, וְעַל הַמִּלְחָמוֹת שֶׁעָשִׂיתָ לַאֲבוֹתֵינוּ בַּיָּמִים הָהֵם וּבַזְּמַן הַזֶּה.

בִּימֵי מַתִּתְיָהוּ בֶּן יוֹחָנָן כֹּהֵן גָּדוֹל חַשְׁמוֹנָאִי וּבָנָיו, כְּשֶׁעָמְדָה מַלְכוּת יָוָן הָרְשָׁעָה עַל עַמְּךָ יִשְׂרָאֵל לְהַשְׁכִּיחָם תּוֹרָתֶךָ וּלְהַעֲבִירָם מֵחֻקֵּי רְצוֹנֶךָ, וְאַתָּה בְּרַחֲמֶיךָ הָרַבִּים עָמַדְתָּ לָהֶם בְּעֵת צָרָתָם, רַבְתָּ אֶת־רִיבָם, דַּנְתָּ אֶת־דִּינָם, נָקַמְתָּ אֶת־נִקְמָתָם, מָסַרְתָּ גִבּוֹרִים בְּיַד חַלָּשִׁים, וְרַבִּים בְּיַד מְעַטִּים, וּטְמֵאִים בְּיַד טְהוֹרִים, וּרְשָׁעִים בְּיַד צַדִּיקִים, וְזֵדִים בְּיַד עוֹסְקֵי תוֹרָתֶךָ. וּלְךָ עָשִׂיתָ שֵׁם גָּדוֹל וְקָדוֹשׁ בְּעוֹלָמֶךָ, וּלְעַמְּךָ יִשְׂרָאֵל עָשִׂיתָ תְּשׁוּעָה גְדוֹלָה וּפֻרְקָן כְּהַיּוֹם הַזֶּה. וְאַחַר כֵּן בָּאוּ בָנֶיךָ לִדְבִיר בֵּיתֶךָ וּפִנּוּ אֶת־הֵיכָלֶךָ, וְטִהֲרוּ אֶת־מִקְדָּשֶׁךָ, וְהִדְלִיקוּ נֵרוֹת בְּחַצְרוֹת קָדְשֶׁךָ, וְקָבְעוּ שְׁמוֹנַת יְמֵי חֲנֻכָּה אֵלּוּ לְהוֹדוֹת וּלְהַלֵּל לְשִׁמְךָ הַגָּדוֹל.

וְעַל כֻּלָּם יִתְבָּרַךְ וְיִתְרוֹמַם שִׁמְךָ מַלְכֵּנוּ תָּמִיד לְעוֹלָם וָעֶד.

On שבת שובה:

וּכְתוֹב לְחַיִּים טוֹבִים כָּל־בְּנֵי בְרִיתֶךָ.

וְכֹל הַחַיִּים יוֹדוּךָ סֶּלָה, וִיהַלְלוּ אֶת־שִׁמְךָ בֶּאֱמֶת, הָאֵל יְשׁוּעָתֵנוּ וְעֶזְרָתֵנוּ סֶלָה. בָּרוּךְ אַתָּה יהוה הַטּוֹב שִׁמְךָ וּלְךָ נָאֶה לְהוֹדוֹת.

שָׁלוֹם רָב עַל יִשְׂרָאֵל עַמְּךָ וְעַל כָּל־יוֹשְׁבֵי תֵבֵל תָּשִׂים לְעוֹלָם, כִּי אַתָּה הוּא מֶלֶךְ אָדוֹן לְכָל־הַשָּׁלוֹם. וְטוֹב בְּעֵינֶיךָ לְבָרֵךְ אֶת־עַמְּךָ יִשְׂרָאֵל, בְּכָל־עֵת וּבְכָל־שָׁעָה בִּשְׁלוֹמֶךָ. *בָּרוּךְ אַתָּה יהוה הַמְבָרֵךְ אֶת־עַמּוֹ יִשְׂרָאֵל בַּשָּׁלוֹם.

**On שבת שובה:*

בְּסֵפֶר חַיִּים בְּרָכָה וְשָׁלוֹם, וּפַרְנָסָה טוֹבָה, נִזָּכֵר וְנִכָּתֵב לְפָנֶיךָ, אֲנַחְנוּ וְכָל־עַמְּךָ בֵּית יִשְׂרָאֵל, לְחַיִּים טוֹבִים וּלְשָׁלוֹם. בָּרוּךְ אַתָּה יהוה עֹשֵׂה הַשָּׁלוֹם.

The Ḥazzan's chanting of the עמידה ends here.

On Ḥanukkah:

We thank You for the miraculous deliverance, for the heroism, and for the triumphs of our ancestors from ancient days until our time.

In the days of Mattathias son of Yoḥanan, the heroic Hasmonean *Kohen*, and in the days of his sons, a cruel power rose against Your people Israel, demanding that they abandon Your Torah and violate Your mitzvot. You, in great mercy, stood by Your people in time of trouble. You defended them, vindicated them, and avenged their wrongs. You delivered the strong into the hands of the weak, the many into the hands of the few, the corrupt into the hands of the pure in heart, the guilty into the hands of the innocent. You delivered the arrogant into the hands of those who were faithful to Your Torah. You have revealed Your glory and Your holiness to all the world, achieving great victories and miraculous deliverance for Your people Israel to this day. Then Your children came into Your shrine, cleansed Your Temple, purified Your sanctuary, and kindled lights in Your sacred courts. They set aside these eight days as a season for giving thanks and chanting praises to You.

For all these blessings we shall ever praise and exalt You.

On Shabbat Shuvah:

Inscribe all the people of Your covenant for a good life.

May every living creature thank You and praise You faithfully, God of our deliverance and our help. Praised are You Adonai, the essence of goodness, worthy of acclaim.

Grant true and lasting peace to Your people Israel and to all who dwell on earth, for You are the supreme Sovereign of peace. May it please You to bless Your people Israel in every season and at all times with Your gift of peace. *Praised are You Adonai, who blesses the people Israel with peace.

**On Shabbat Shuvah:*

May we and the entire House of Israel be remembered and recorded in the Book of life, blessing, sustenance, and peace. Praised are You Adonai, Source of peace.

The silent recitation of the עמידה concludes with a personal prayer.

אֱלֹהַי, נְצוֹר לְשׁוֹנִי מֵרָע וּשְׂפָתַי מִדַּבֵּר מִרְמָה, וְלִמְקַלְלַי נַפְשִׁי תִדֹּם, וְנַפְשִׁי כֶּעָפָר לַכֹּל תִּהְיֶה. פְּתַח לִבִּי בְּתוֹרָתֶךָ וּבְמִצְוֹתֶיךָ תִּרְדּוֹף נַפְשִׁי. וְכָל־הַחוֹשְׁבִים עָלַי רָעָה, מְהֵרָה הָפֵר עֲצָתָם וְקַלְקֵל מַחֲשַׁבְתָּם. עֲשֵׂה לְמַעַן שְׁמֶךָ, עֲשֵׂה לְמַעַן יְמִינֶךָ, עֲשֵׂה לְמַעַן קְדֻשָּׁתֶךָ, עֲשֵׂה לְמַעַן תּוֹרָתֶךָ, לְמַעַן יֵחָלְצוּן יְדִידֶיךָ, הוֹשִׁיעָה יְמִינְךָ וַעֲנֵנִי. יִהְיוּ לְרָצוֹן אִמְרֵי־פִי וְהֶגְיוֹן לִבִּי לְפָנֶיךָ, יהוה צוּרִי וְגוֹאֲלִי. עֹשֶׂה שָׁלוֹם בִּמְרוֹמָיו, הוּא יַעֲשֶׂה שָׁלוֹם עָלֵינוּ וְעַל כָּל־יִשְׂרָאֵל, וְאִמְרוּ אָמֵן.

An alternative concluding prayer:

זַכֵּנִי לִשְׂמְחָה וְחֵרוּת שֶׁל שַׁבָּת, לִטְעֹם טַעַם עֹנֶג שַׁבָּת בֶּאֱמֶת. זַכֵּנִי שֶׁלֹּא יַעֲלֶה עַל לִבִּי עַצְבוּת בְּיוֹם שַׁבָּת קֹדֶשׁ. שַׂמֵּחַ נֶפֶשׁ מְשָׁרְתֶךָ, כִּי אֵלֶיךָ אֲדֹנָי נַפְשִׁי אֶשָּׂא. עָזְרֵנִי לְהַרְבּוֹת בְּתַעֲנוּגֵי שַׁבָּת, וּלְהַמְשִׁיךְ הַשִּׂמְחָה שֶׁל שַׁבָּת לְשֵׁשֶׁת יְמֵי הַחוֹל. תּוֹדִיעֵנִי אֹרַח חַיִּים. שֹׂבַע שְׂמָחוֹת אֶת־פָּנֶיךָ, נְעִימוֹת בִּימִינְךָ נֶצַח. יִהְיוּ לְרָצוֹן אִמְרֵי־פִי וְהֶגְיוֹן לִבִּי לְפָנֶיךָ יהוה צוּרִי וְגוֹאֲלִי. עֹשֶׂה שָׁלוֹם בִּמְרוֹמָיו, הוּא יַעֲשֶׂה שָׁלוֹם עָלֵינוּ וְעַל כָּל־יִשְׂרָאֵל, וְאִמְרוּ אָמֵן.

The following passage is omitted on any שבת when תחנון would not be recited if it were a weekday.

צִדְקָתְךָ צֶדֶק לְעוֹלָם, וְתוֹרָתְךָ אֱמֶת. וְצִדְקָתְךָ אֱלֹהִים עַד מָרוֹם אֲשֶׁר עָשִׂיתָ גְדֹלוֹת, אֱלֹהִים מִי כָמוֹךָ. צִדְקָתְךָ כְּהַרְרֵי אֵל, מִשְׁפָּטֶיךָ תְּהוֹם רַבָּה, אָדָם וּבְהֵמָה תוֹשִׁיעַ, יהוה.

The service is concluded on page 247.

Purim (including 14 and 15 Adar I and II), the entire month of Nisan, Yom Ha-atzma'ut, Lag Ba'omer, Yom Y'rushalayim, the first eight days of Sivan, Tishah B'Av, 15 Av, on the day of a Brit Milah or a naming (if the mother or father is present at the service); during the week following a wedding (if the bride or groom is present), or on festive days in the civil calendar. Taḥanun is also omitted in a house of mourning.

*The silent recitation of the Amidah concludes with
a personal prayer.*

My God, keep my tongue from evil, my lips from lies. Help me
ignore those who would slander me. Let me be humble before
all. Open my heart to Your Torah, that I may pursue Your
mitzvot. Frustrate the designs of those who plot evil against
me; make nothing of their schemes. Act for the sake of Your
compassion, Your power, Your holiness, and Your Torah.
Answer my prayer for the deliverance of Your people. May
the words of my mouth and the meditations of my heart be
acceptable to You, my Rock and my Redeemer. May the One
who brings peace to His universe bring peace to us and to all
the people Israel. Amen.

An alternative concluding prayer

Grant me the privilege of the liberating joy of Shabbat, of truly
tasting its delights. May I be undisturbed by sorrow during these
holy Shabbat hours. Fill my heart with joy, for to You, Adonai, I
offer my entire being. Help me to expand the dimensions of all of
Shabbat's pleasures, to extend its spirit to the other days of the
week. Show me the path of life, the fullness of Your presence, the
bliss of being close to You forever. May the words of my mouth
and the meditations of my heart be acceptable to You, Adonai, my
Rock and my Redeemer. May the One who brings peace to His
universe bring peace to us and to all the people Israel. Amen.

*The following passage is omitted on any Shabbat when
Taḥanun would not be recited if it were a weekday.*

The righteousness You have taught is eternal justice. Your Torah
is truth. Your righteousness extends throughout the universe. Your
deeds reflect Your greatness, incomparable God. Your righteousness
is like the lofty mountains, Your judgments like the great deep.
Man and beast are in Your care; Adonai, help them.

The service is concluded on page 247.

Taḥanun *(personal prayer and supplication) is normally recited
during the Shaḥarit Service, Sunday through Friday, and at
Minḥah, Sunday through Thursday.*

It is omitted on the following occasions: *Shabbat or Festivals,
Rosh Ḥodesh, the day before Rosh Hashanah, from the day before
Yom Kippur to Rosh Ḥodesh Ḥeshvan, Ḥanukkah, Tu BiSh'vat,*

🌿 A MEDITATION ON THE MINḤAH AMIDAH
FOR SHABBAT

Help me, O God, to pray.

Our ancestors worshiped You. Abraham and Sarah, Rebecca
and Isaac, Jacob, Rachel, and Leah stood in awe before You.
We, too, reach for You, infinite, awesome, transcendent God,
source of all being whose truth shines through our ancestors'
lives. We, their distant descendants, draw strength from their
lives and from Your redeeming love. Be our help and our
shield, as You were theirs. We praise You, God, Guardian of
Abraham.

Your power sustains the universe. You breathe life into dead
matter. With compassion You care for all who live. Your
limitless love lets life triumph over death, heals the sick,
upholds the exhausted, frees the enslaved, keeps faith even
with the dead. Who is like You, God of splendor and power
incomparable? You govern both life and death; Your presence
brings our souls to blossom. We praise You, God who wrests
life from death.

Sacred are You, sacred Your mystery. Seekers of holiness
worship You all their lives. We praise You, God, ultimate
sacred mystery.

You are One, Your name, "The One." What nation, though
scattered on earth, is one as is Your people Israel? To us, Your
people, You gave an infinite beauty, a crowning grace: A day
of rest and holiness. Abraham made merry on it, Isaac sang
aloud on it, Jacob found peace on it, and so do we, their
offspring. Tranquil with love and freedom are we, tranquil
with truth and faith, tranquil with peace and calm, with quiet
and safety, altogether serene, worthy of You. May we, Your
children, sense and see that as our peace flows from You, so
must our gratitude stream to You.

O our God, our ancestors' God, find pleasure in our Shabbat,
consecrate us with Your mitzvot, give us a share in Your truth.
Sate us with Your goodness, delight us with Your help. Make
our hearts worthy to serve You truly. May we possess Your
holy Shabbat with love and eagerness. May the people Israel,
bearer of Your holy name, be blessed with tranquility. We
praise You, O God whose Shabbat is sacred.

Would that Your people at prayer found delight in You. Would that we were aflame with the passionate piety of our ancestors' worship. Would that You found our worship acceptable and forever cherished Your people. If only our eyes could see Your glory perennially renewed in Jerusalem. We praise You, God whose presence forever radiates from Zion. You are our God today as You were our ancestors' God throughout the ages; firm foundation of our lives, we are Yours in gratitude and love. Our lives are safe in Your hand, our souls entrusted to Your care. Our sense of wonder and our praise of Your miracles and kindnesses greet You daily at dawn, dusk, and noon. O Gentle One, Your caring is endless; O Compassionate One, Your love is eternal. You are forever our hope. Let all the living confront You with thankfulness, delight, and truth. Help us, O God; sustain us. We praise You, God whose touchstone is goodness. To pray to You is joy.

O God, from whom all peace flows, grant serenity to Your Jewish people, with love and mercy, life and goodness for all. Shelter us with kindness, bless us with tranquility at all times and all seasons. We praise You, God whose blessing is peace.

May my tongue be innocent of malice and my lips free from lies. When confronted by enemies may my soul stay calm, truly humble to all. Open my heart with Your teachings, that I may be guided by You. May all who plan evil against me abandon their schemes. Hear my words and help me, God, because You are loving, because You reveal Your Torah. May you find delight in the words of my mouth and in the emotions of my heart, God, my strength and my salvation. As You maintain harmony in the heavens, give peace to us and to the whole Jewish people. Amen.

עמידה — מנחה ליום טוב

כִּי שֵׁם יהוה אֶקְרָא, הָבוּ גֹדֶל לֵאלֹהֵינוּ.
אֲדֹנָי, שְׂפָתַי תִּפְתָּח וּפִי יַגִּיד תְּהִלָּתֶךָ.

בָּרוּךְ אַתָּה יהוה אֱלֹהֵינוּ וֵאלֹהֵי אֲבוֹתֵינוּ, אֱלֹהֵי אַבְרָהָם אֱלֹהֵי יִצְחָק וֵאלֹהֵי יַעֲקֹב, הָאֵל הַגָּדוֹל הַגִּבּוֹר וְהַנּוֹרָא, אֵל עֶלְיוֹן, גּוֹמֵל חֲסָדִים טוֹבִים וְקוֹנֵה הַכֹּל, וְזוֹכֵר חַסְדֵי אָבוֹת וּמֵבִיא גוֹאֵל לִבְנֵי בְנֵיהֶם לְמַעַן שְׁמוֹ בְּאַהֲבָה. מֶלֶךְ עוֹזֵר וּמוֹשִׁיעַ וּמָגֵן. בָּרוּךְ אַתָּה יהוה מָגֵן אַבְרָהָם.

אַתָּה גִּבּוֹר לְעוֹלָם יהוה, מְחַיֵּה מֵתִים אַתָּה, רַב לְהוֹשִׁיעַ.

**On שמיני עצרת and שמחת תורה:*

מַשִּׁיב הָרוּחַ וּמוֹרִיד הַגָּשֶׁם.

מְכַלְכֵּל חַיִּים בְּחֶסֶד, מְחַיֵּה מֵתִים בְּרַחֲמִים רַבִּים, סוֹמֵךְ נוֹפְלִים וְרוֹפֵא חוֹלִים וּמַתִּיר אֲסוּרִים, וּמְקַיֵּם אֱמוּנָתוֹ לִישֵׁנֵי עָפָר. מִי כָמוֹךָ בַּעַל גְּבוּרוֹת וּמִי דּוֹמֶה לָּךְ, מֶלֶךְ מֵמִית וּמְחַיֶּה וּמַצְמִיחַ יְשׁוּעָה. וְנֶאֱמָן אַתָּה לְהַחֲיוֹת מֵתִים. בָּרוּךְ אַתָּה יהוה מְחַיֵּה הַמֵּתִים.

When the עמידה is chanted aloud, continue on page 243.

אַתָּה קָדוֹשׁ וְשִׁמְךָ קָדוֹשׁ, וּקְדוֹשִׁים בְּכָל־יוֹם יְהַלְלוּךָ סֶּלָה. בָּרוּךְ אַתָּה יהוה הָאֵל הַקָּדוֹשׁ.

Silent recitation continues on page 244.

**From פסח to שמיני עצרת, some add:* מוֹרִיד הַטָּל.

MINḤAH AMIDAH FOR FESTIVALS

When I call upon Adonai, proclaim glory to our God!
Adonai, open my lips, so I may speak Your praise.

Praised are You Adonai, our God and God of our ancestors, God of Abraham, God of Isaac, and God of Jacob, great, mighty, awesome, exalted God who bestows lovingkindness, Creator of all. You remember the pious deeds of our ancestors and will send a redeemer to their children's children because of Your loving nature. You are the Sovereign who helps and saves and shields. Praised are You Adonai, Shield of Abraham.

Your might, Adonai, is boundless. You give life to the dead; great is Your saving power.

**On Sh'mini Atzeret and Simḥat Torah:*
You cause the wind to blow and the rain to fall.

Your love sustains the living, Your great mercies give life to the dead. You support the falling, heal the ailing, free the fettered. You keep Your faith with those who sleep in dust. Whose power can compare with Yours? You are Master of life and death and deliverance. Faithful are You in giving life to the dead. Praised are You Adonai, Master of life and death.

When the Amidah is chanted aloud, continue on page 243.

Holy are You and holy is Your name. Holy are those who praise You each day. Praised are You Adonai, holy God.

Silent recitation continues on page 244.

**From Pesaḥ to Sh'mini Atzeret, some add:* You cause the dew to fall.

עמידה — מנחה ליום טוב (כולל אמהות)

כִּי שֵׁם יהוה אֶקְרָא, הָבוּ גֹדֶל לֵאלֹהֵינוּ.
אֲדֹנָי, שְׂפָתַי תִּפְתָּח וּפִי יַגִּיד תְּהִלָּתֶךָ.

בָּרוּךְ אַתָּה יהוה אֱלֹהֵינוּ וֵאלֹהֵי אֲבוֹתֵינוּ, אֱלֹהֵי אַבְרָהָם אֱלֹהֵי יִצְחָק וֵאלֹהֵי יַעֲקֹב, אֱלֹהֵי שָׂרָה אֱלֹהֵי רִבְקָה אֱלֹהֵי רָחֵל וֵאלֹהֵי לֵאָה, הָאֵל הַגָּדוֹל הַגִּבּוֹר וְהַנּוֹרָא, אֵל עֶלְיוֹן, גּוֹמֵל חֲסָדִים טוֹבִים וְקוֹנֵה הַכֹּל, וְזוֹכֵר חַסְדֵי אָבוֹת וּמֵבִיא גוֹאֵל לִבְנֵי בְנֵיהֶם לְמַעַן שְׁמוֹ בְּאַהֲבָה. מֶלֶךְ עוֹזֵר וּפוֹקֵד וּמוֹשִׁיעַ וּמָגֵן. בָּרוּךְ אַתָּה יהוה מָגֵן אַבְרָהָם וּפֹקֵד שָׂרָה.

אַתָּה גִּבּוֹר לְעוֹלָם יהוה, מְחַיֵּה מֵתִים אַתָּה, רַב לְהוֹשִׁיעַ.

On שמיני עצרת *and* שמחת תורה*:*
מַשִּׁיב הָרוּחַ וּמוֹרִיד הַגָּשֶׁם.

מְכַלְכֵּל חַיִּים בְּחֶסֶד, מְחַיֵּה מֵתִים בְּרַחֲמִים רַבִּים, סוֹמֵךְ נוֹפְלִים וְרוֹפֵא חוֹלִים וּמַתִּיר אֲסוּרִים, וּמְקַיֵּם אֱמוּנָתוֹ לִישֵׁנֵי עָפָר. מִי כָמוֹךָ בַּעַל גְּבוּרוֹת וּמִי דוֹמֶה לָּךְ, מֶלֶךְ מֵמִית וּמְחַיֶּה וּמַצְמִיחַ יְשׁוּעָה. וְנֶאֱמָן אַתָּה לְהַחֲיוֹת מֵתִים. בָּרוּךְ אַתָּה יהוה מְחַיֵּה הַמֵּתִים.

When the עמידה *is chanted aloud, continue on page 243.*

אַתָּה קָדוֹשׁ וְשִׁמְךָ קָדוֹשׁ, וּקְדוֹשִׁים בְּכָל־יוֹם יְהַלְלוּךָ סֶּלָה. בָּרוּךְ אַתָּה יהוה הָאֵל הַקָּדוֹשׁ.

Silent recitation continues on page 244.

**From* פסח *to* שמיני עצרת*, some add:* מוֹרִיד הַטָּל.

✤ MINḤAH AMIDAH FOR FESTIVALS
(with Matriarchs)

When I call upon Adonai, proclaim glory to our God!
Adonai, open my lips, so I may speak Your praise.

Praised are You Adonai, our God and God of our ancestors,
God of Abraham, Isaac, and Jacob, Sarah, Rebecca, Rachel,
and Leah, great, mighty, awesome, exalted God who bestows
lovingkindness, Creator of all. You remember the pious deeds
of our ancestors and will send a redeemer to their children's
children because of Your loving nature. You are the Sovereign
who helps and guards, saves and shields. Praised are You
Adonai, Shield of Abraham and Guardian of Sarah.

Your might, Adonai, is boundless. You give life to the dead;
great is Your saving power.

> *On Sh'mini Atzeret and Simḥat Torah:*
> You cause the wind to blow and the rain to fall.

Your love sustains the living, Your great mercies give life to
the dead. You support the falling, heal the ailing, free the
fettered. You keep Your faith with those who sleep in dust.
Whose power can compare with Yours? You are Master of life
and death and deliverance. Faithful are You in giving life to
the dead. Praised are You Adonai, Master of life and death.

When the Amidah is chanted aloud, continue on page 243.

Holy are You and holy is Your name. Holy are those who
praise You each day. Praised are You Adonai, holy God.

Silent recitation continues on page 244.

---

*From Pesaḥ to Sh'mini Atzeret, some add: You cause the dew to fall.

קדושה ﷼

When the עמידה is chanted by the Ḥazzan, קדושה is added.

נְקַדֵּשׁ אֶת־שִׁמְךָ בָּעוֹלָם, כְּשֵׁם שֶׁמַּקְדִּישִׁים אוֹתוֹ בִּשְׁמֵי
מָרוֹם, כַּכָּתוּב עַל יַד נְבִיאֶךָ, וְקָרָא זֶה אֶל זֶה וְאָמַר:

קָדוֹשׁ קָדוֹשׁ קָדוֹשׁ יהוה צְבָאוֹת, מְלֹא כָל־הָאָרֶץ כְּבוֹדוֹ.

לְעֻמָּתָם בָּרוּךְ יֹאמֵרוּ:

בָּרוּךְ כְּבוֹד יהוה מִמְּקוֹמוֹ.

וּבְדִבְרֵי קָדְשְׁךָ כָּתוּב לֵאמֹר:

יִמְלֹךְ יהוה לְעוֹלָם, אֱלֹהַיִךְ צִיּוֹן לְדֹר וָדֹר, הַלְלוּיָהּ.

לְדוֹר וָדוֹר נַגִּיד גָּדְלֶךָ, וּלְנֵצַח נְצָחִים קְדֻשָּׁתְךָ נַקְדִּישׁ.
וְשִׁבְחֲךָ אֱלֹהֵינוּ מִפִּינוּ לֹא יָמוּשׁ לְעוֹלָם וָעֶד, כִּי אֵל מֶלֶךְ
גָּדוֹל וְקָדוֹשׁ אָתָּה. בָּרוּךְ אַתָּה יהוה הָאֵל הַקָּדוֹשׁ.

✿ KEDUSHAH

When the Reader chants the Amidah, Kedushah is added.

We proclaim Your holiness on earth as it is proclaimed in heaven above. We sing the words of heavenly voices as recorded in Your prophet's vision:

> Kadosh kadosh kadosh Adonai Tz'va-ot, m'lo khol ha-aretz k'vodo.
> Holy, holy, holy *Adonai Tz'va-ot;*
> the grandeur of the world is God's glory.

Heavenly voices respond with praise:

> Barukh k'vod Adonai mi-m'komo.
> Praised is Adonai's glory throughout the universe.

And in Your holy Psalms it is written:

> Yimlokh Adonai l'olam Elohayikh Tziyon l'dor va-dor. Halleluyah.
> Adonai shall reign through all generations;
> Zion, your God shall reign forever. Halleluyah!

We declare Your greatness through all generations, hallow Your holiness to all eternity. Your praise will never leave our lips, for You are God and Sovereign, great and holy. Praised are You Adonai, holy God.

אַתָּה בְחַרְתָּנוּ מִכָּל־הָעַמִּים, אָהַבְתָּ אוֹתָנוּ וְרָצִיתָ בָּנוּ, וְרוֹמַמְתָּנוּ מִכָּל־הַלְּשׁוֹנוֹת, וְקִדַּשְׁתָּנוּ בְּמִצְוֹתֶיךָ, וְקֵרַבְתָּנוּ מַלְכֵּנוּ לַעֲבוֹדָתֶךָ, וְשִׁמְךָ הַגָּדוֹל וְהַקָּדוֹשׁ עָלֵינוּ קָרָאתָ.

וַתִּתֶּן־לָנוּ יהוה אֱלֹהֵינוּ בְּאַהֲבָה (שַׁבָּתוֹת לִמְנוּחָה וּ)מוֹעֲדִים לְשִׂמְחָה, חַגִּים וּזְמַנִּים לְשָׂשׂוֹן, אֶת יוֹם (הַשַּׁבָּת הַזֶּה וְאֶת־יוֹם)

On סוכות:

חַג הַסֻּכּוֹת הַזֶּה, זְמַן שִׂמְחָתֵנוּ,

On שמיני עצרת and שמחת תורה:

הַשְּׁמִינִי, חַג הָעֲצֶרֶת הַזֶּה, זְמַן שִׂמְחָתֵנוּ,

On פסח:

חַג הַמַּצּוֹת הַזֶּה, זְמַן חֵרוּתֵנוּ,

On שבועות:

חַג הַשָּׁבֻעוֹת הַזֶּה, זְמַן מַתַּן תּוֹרָתֵנוּ,

(בְּאַהֲבָה) מִקְרָא קֹדֶשׁ, זֵכֶר לִיצִיאַת מִצְרָיִם.

אֱלֹהֵינוּ וֵאלֹהֵי אֲבוֹתֵינוּ, יַעֲלֶה וְיָבֹא וְיַגִּיעַ, וְיֵרָאֶה וְיֵרָצֶה וְיִשָּׁמַע, וְיִפָּקֵד וְיִזָּכֵר זִכְרוֹנֵנוּ וּפִקְדוֹנֵנוּ, וְזִכְרוֹן אֲבוֹתֵינוּ, וְזִכְרוֹן מָשִׁיחַ בֶּן־דָּוִד עַבְדֶּךָ, וְזִכְרוֹן יְרוּשָׁלַיִם עִיר קָדְשֶׁךָ, וְזִכְרוֹן כָּל־עַמְּךָ בֵּית יִשְׂרָאֵל לְפָנֶיךָ, לִפְלֵיטָה לְטוֹבָה, לְחֵן וּלְחֶסֶד וּלְרַחֲמִים, לְחַיִּים וּלְשָׁלוֹם,

On סוכות:

בְּיוֹם חַג הַסֻּכּוֹת הַזֶּה.

On שמיני עצרת and שמחת תורה:

בַּיּוֹם הַשְּׁמִינִי, חַג הָעֲצֶרֶת הַזֶּה.

On פסח:

בְּיוֹם חַג הַמַּצּוֹת הַזֶּה.

On שבועות:

בְּיוֹם חַג הַשָּׁבֻעוֹת הַזֶּה.

זָכְרֵנוּ יהוה אֱלֹהֵינוּ בּוֹ לְטוֹבָה, וּפָקְדֵנוּ בוֹ לִבְרָכָה, וְהוֹשִׁיעֵנוּ בוֹ לְחַיִּים. וּבִדְבַר יְשׁוּעָה וְרַחֲמִים חוּס וְחָנֵּנוּ וְרַחֵם עָלֵינוּ וְהוֹשִׁיעֵנוּ כִּי אֵלֶיךָ עֵינֵינוּ, כִּי אֵל מֶלֶךְ חַנּוּן וְרַחוּם אָתָּה.

You have chosen us from among all nations for Your service by loving and cherishing us as bearers of Your Torah. You have loved and favored us, and distinguished us by instilling in us the holiness of Your mitzvot and drawing us near to Your service, our Sovereign, so that we became known by Your great and holy name.

Lovingly, Adonai our God, have You given us (Shabbat for rest,) Festivals for joy, and holidays for happiness, among them this (Shabbat and this)

Festival of Sukkot, season of our rejoicing,

Festival of Sh'mini Atzeret, season of our rejoicing,

Festival of Matzot, season of our liberation,

Festival of Shavuot, season of the giving of our Torah,

a day of sacred assembly, recalling the Exodus from Egypt.

Our God and God of our ancestors, show us Your care and concern. Remember our ancestors; recall Your anointed, descended from David Your servant. Protect Jerusalem, Your holy city, and exalt all Your people, Israel, with life and well-being, contentment and peace on this

Festival of Sukkot.

Festival of Sh'mini Atzeret.

Festival of Matzot.

Festival of Shavuot.

Grant us life and blessing and remember us for good. Recall Your promise of mercy and redemption. Be merciful to us and save us, for we place our hope in You, loving and merciful God.

וְהַשִּׂיאֵנוּ יהוה אֱלֹהֵינוּ אֶת־בִּרְכַּת מוֹעֲדֶיךָ לְחַיִּים וּלְשָׁלוֹם, לְשִׂמְחָה וּלְשָׂשׂוֹן, כַּאֲשֶׁר רָצִיתָ וְאָמַרְתָּ לְבָרְכֵנוּ. אֱלֹהֵינוּ וֵאלֹהֵי אֲבוֹתֵינוּ, (רְצֵה בִמְנוּחָתֵנוּ,) קַדְּשֵׁנוּ בְּמִצְוֹתֶיךָ וְתֵן חֶלְקֵנוּ בְּתוֹרָתֶךָ, שַׂבְּעֵנוּ מִטּוּבֶךָ וְשַׂמְּחֵנוּ בִּישׁוּעָתֶךָ, וְטַהֵר לִבֵּנוּ לְעָבְדְּךָ בֶּאֱמֶת. וְהַנְחִילֵנוּ יהוה אֱלֹהֵינוּ (בְּאַהֲבָה וּבְרָצוֹן) בְּשִׂמְחָה וּבְשָׂשׂוֹן (שַׁבָּת וּ)מוֹעֲדֵי קָדְשֶׁךָ, וְיִשְׂמְחוּ בְךָ יִשְׂרָאֵל מְקַדְּשֵׁי שְׁמֶךָ. בָּרוּךְ אַתָּה יהוה מְקַדֵּשׁ (הַשַּׁבָּת וְ)יִשְׂרָאֵל וְהַזְּמַנִּים.

רְצֵה יהוה אֱלֹהֵינוּ בְּעַמְּךָ יִשְׂרָאֵל וּבִתְפִלָּתָם, וְהָשֵׁב אֶת־הָעֲבוֹדָה לִדְבִיר בֵּיתֶךָ, וּתְפִלָּתָם בְּאַהֲבָה תְקַבֵּל בְּרָצוֹן, וּתְהִי לְרָצוֹן תָּמִיד עֲבוֹדַת יִשְׂרָאֵל עַמֶּךָ.

וְתֶחֱזֶינָה עֵינֵינוּ בְּשׁוּבְךָ לְצִיּוֹן בְּרַחֲמִים.
בָּרוּךְ אַתָּה יהוה הַמַּחֲזִיר שְׁכִינָתוֹ לְצִיּוֹן.

מוֹדִים אֲנַחְנוּ לָךְ שָׁאַתָּה הוּא יהוה אֱלֹהֵינוּ וֵאלֹהֵי אֲבוֹתֵינוּ לְעוֹלָם וָעֶד, צוּר חַיֵּינוּ מָגֵן יִשְׁעֵנוּ אַתָּה הוּא לְדוֹר וָדוֹר. נוֹדֶה לְּךָ וּנְסַפֵּר תְּהִלָּתֶךָ, עַל חַיֵּינוּ הַמְּסוּרִים בְּיָדֶךָ וְעַל נִשְׁמוֹתֵינוּ הַפְּקוּדוֹת לָךְ, וְעַל נִסֶּיךָ שֶׁבְּכָל־יוֹם עִמָּנוּ וְעַל נִפְלְאוֹתֶיךָ וְטוֹבוֹתֶיךָ שֶׁבְּכָל־עֵת, עֶרֶב וָבֹקֶר וְצָהֳרָיִם. הַטּוֹב כִּי לֹא כָלוּ רַחֲמֶיךָ, וְהַמְרַחֵם כִּי לֹא תַמּוּ חֲסָדֶיךָ, מֵעוֹלָם קִוִּינוּ לָךְ.

When the Ḥazzan recites מודים, the congregation continues silently:

מוֹדִים אֲנַחְנוּ לָךְ שָׁאַתָּה הוּא יהוה אֱלֹהֵינוּ וֵאלֹהֵי אֲבוֹתֵינוּ אֱלֹהֵי כָל־בָּשָׂר, יוֹצְרֵנוּ, יוֹצֵר בְּרֵאשִׁית. בְּרָכוֹת וְהוֹדָאוֹת לְשִׁמְךָ הַגָּדוֹל וְהַקָּדוֹשׁ, עַל שֶׁהֶחֱיִיתָנוּ וְקִיַּמְתָּנוּ. כֵּן תְּחַיֵּנוּ וּתְקַיְּמֵנוּ, וְתֶאֱסוֹף גָּלֻיּוֹתֵינוּ לְחַצְרוֹת קָדְשֶׁךָ, לִשְׁמוֹר חֻקֶּיךָ וְלַעֲשׂוֹת רְצוֹנֶךָ, וּלְעָבְדְּךָ בְּלֵבָב שָׁלֵם, עַל שֶׁאֲנַחְנוּ מוֹדִים לָךְ. בָּרוּךְ אֵל הַהוֹדָאוֹת.

Adonai our God, bestow upon us the blessing of Your Festivals, for life and peace, for joy and gladness, as You have promised. Our God and God of our ancestors, (find favor in our Shabbat rest,) instill in us the holiness of Your mitzvot and let Your Torah be our portion. Fill our lives with Your goodness, and gladden us with Your triumph. Cleanse our hearts so that we might serve You faithfully. (Lovingly and willingly,) Adonai our God, grant that we inherit Your holy (Shabbat and) Festivals, so that the people Israel, who hallow Your name, will rejoice in You. Praised are You Adonai, who hallows (Shabbat,) the people Israel and the Festivals.

Accept the prayer of Your people Israel as lovingly as it is offered. Restore worship to Your sanctuary, and may the worship of Your people Israel always be acceptable to You.

May we witness Your merciful return to Zion. Praised are You Adonai, who restores the Divine Presence to Zion.

MODIM

We proclaim that You are Adonai our God and God of our ancestors throughout all time. You are the Rock of our lives, the Shield of our salvation in every generation. We thank You and praise You for our lives that are in Your hand, for our souls that are in Your charge, for Your miracles that daily attend us, and for Your wonders and gifts that accompany us evening, morning, and noon. You are good, Your mercy everlasting; You are compassionate, Your kindness never-ending. We have always placed our hope in You.

When the Reader recites Modim, the congregation continues silently:

We proclaim that You are Adonai our God and God of our ancestors, God of all life, our Creator, the Creator of all. We praise You and thank You for granting us life and for sustaining us. May You continue to grant us life and sustenance. Gather our dispersed to Your holy place, to fulfill Your mitzvot and to serve You wholeheartedly, doing Your will. For this we shall thank You. Praised be God to whom thanksgiving is due.

וְעַל כֻּלָּם יִתְבָּרַךְ וְיִתְרוֹמַם שִׁמְךָ מַלְכֵּנוּ תָּמִיד לְעוֹלָם וָעֶד.

וְכֹל הַחַיִּים יוֹדוּךָ סֶּלָה, וִיהַלְלוּ אֶת־שִׁמְךָ בֶּאֱמֶת, הָאֵל יְשׁוּעָתֵנוּ וְעֶזְרָתֵנוּ סֶלָה. בָּרוּךְ אַתָּה יהוה הַטּוֹב שִׁמְךָ וּלְךָ נָאֶה לְהוֹדוֹת.

שָׁלוֹם רָב עַל יִשְׂרָאֵל עַמְּךָ וְעַל כָּל־יוֹשְׁבֵי תֵבֵל תָּשִׂים לְעוֹלָם, כִּי אַתָּה הוּא מֶלֶךְ אָדוֹן לְכָל־הַשָּׁלוֹם. וְטוֹב בְּעֵינֶיךָ לְבָרֵךְ אֶת־עַמְּךָ יִשְׂרָאֵל, בְּכָל־עֵת וּבְכָל־שָׁעָה בִּשְׁלוֹמֶךָ. בָּרוּךְ אַתָּה יהוה הַמְבָרֵךְ אֶת־עַמּוֹ יִשְׂרָאֵל בַּשָּׁלוֹם.

The silent recitation of the עמידה concludes with a personal prayer.

אֱלֹהַי, נְצוֹר לְשׁוֹנִי מֵרָע וּשְׂפָתַי מִדַּבֵּר מִרְמָה, וְלִמְקַלְלַי נַפְשִׁי תִדֹּם, וְנַפְשִׁי כֶּעָפָר לַכֹּל תִּהְיֶה. פְּתַח לִבִּי בְּתוֹרָתֶךָ וּבְמִצְוֹתֶיךָ תִּרְדּוֹף נַפְשִׁי. וְכָל־הַחוֹשְׁבִים עָלַי רָעָה, מְהֵרָה הָפֵר עֲצָתָם וְקַלְקֵל מַחֲשַׁבְתָּם. עֲשֵׂה לְמַעַן שְׁמֶךָ, עֲשֵׂה לְמַעַן יְמִינֶךָ, עֲשֵׂה לְמַעַן קְדֻשָּׁתֶךָ, עֲשֵׂה לְמַעַן תּוֹרָתֶךָ, לְמַעַן יֵחָלְצוּן יְדִידֶיךָ, הוֹשִׁיעָה יְמִינְךָ וַעֲנֵנִי. יִהְיוּ לְרָצוֹן אִמְרֵי־פִי וְהֶגְיוֹן לִבִּי לְפָנֶיךָ, יהוה צוּרִי וְגוֹאֲלִי. עֹשֶׂה שָׁלוֹם בִּמְרוֹמָיו, הוּא יַעֲשֶׂה שָׁלוֹם עָלֵינוּ וְעַל כָּל־יִשְׂרָאֵל, וְאִמְרוּ אָמֵן.

An alternative concluding prayer

רִבּוֹנוֹ שֶׁל עוֹלָם, אֲדוֹן הַשִּׂמְחָה שֶׁאֵין לְפָנָיו עַצְבוּת, זַכֵּנִי בְּרַחֲמֶיךָ הָרַבִּים לְקַבֵּל וּלְהַמְשִׁיךְ עָלַי קְדוּשַּׁת יוֹם טוֹב בְּשִׂמְחָה וְחֶדְוָה. יָשִׂישׂוּ וְיִשְׂמְחוּ בְּךָ כָּל־מְבַקְשֶׁיךָ. תָּאִיר לִי וּתְלַמְּדֵנִי לַהֲפֹךְ כָּל־מִינֵי יָגוֹן וַאֲנָחָה לְשִׂמְחָה, שֶׁהַהִתְרַחֲקוּת מִמְּךָ בָּאָה לָנוּ עַל יְדֵי הָעַצְבוּת. הָשִׁיבָה לִּי שְׂשׂוֹן יִשְׁעֶךָ, וְרוּחַ נְדִיבָה תִסְמְכֵנִי. יִהְיוּ לְרָצוֹן אִמְרֵי פִי וְהֶגְיוֹן לִבִּי לְפָנֶיךָ, יהוה צוּרִי וְגוֹאֲלִי. עֹשֶׂה שָׁלוֹם בִּמְרוֹמָיו, הוּא יַעֲשֶׂה שָׁלוֹם עָלֵינוּ וְעַל כָּל־יִשְׂרָאֵל, וְאִמְרוּ אָמֵן.

For all these blessings we shall ever praise and exalt You.

May every living creature thank You and praise You faithfully, God of our deliverance and our help. Praised are You Adonai, the essence of goodness, worthy of acclaim.

Grant true and lasting peace to Your people Israel and to all who dwell on earth, for You are the supreme Sovereign of peace. May it please You to bless Your people Israel in every season and at all times with Your gift of peace. Praised are You Adonai, who blesses the people Israel with peace.

The silent recitation of the Amidah concludes with
a personal prayer.

My God, keep my tongue from evil, my lips from lies. Help me ignore those who would slander me. Let me be humble before all. Open my heart to Your Torah, so that I may pursue Your mitzvot. Frustrate the designs of those who plot evil against me; make nothing of their schemes. Act for the sake of Your compassion, Your power, Your holiness, and Your Torah. Answer my prayer for the deliverance of Your people. May the words of my mouth and the meditations of my heart be acceptable to You, my Rock and my Redeemer. May the One who brings peace to His universe bring peace to us and to all the people Israel. Amen.

An alternative concluding prayer:

Sovereign, Master of joy in whose presence despair takes flight, grant me the capacity to welcome and extend the holiness of this Festival with happiness and delight. Let all who seek You be jubilant, rejoicing in Your presence. Teach me to transcend sorrow with abiding contentment, for estrangement from You grows out of despair. Revive in me the joy of Your deliverance; may a willing spirit strengthen me. May the words of my mouth and the meditations of my heart be acceptable to You, my Rock and my Redeemer. May the One who ordains universal peace bring peace to us and to all the people Israel. Amen.

קדיש שלם

Ḥazzan:

יִתְגַּדַּל וְיִתְקַדַּשׁ שְׁמֵהּ רַבָּא, בְּעָלְמָא דִּי בְרָא, כִּרְעוּתֵהּ, וְיַמְלִיךְ מַלְכוּתֵהּ בְּחַיֵּיכוֹן וּבְיוֹמֵיכוֹן וּבְחַיֵּי דְכָל־בֵּית יִשְׂרָאֵל, בַּעֲגָלָא וּבִזְמַן קָרִיב, וְאִמְרוּ אָמֵן.

Congregation and Ḥazzan:

יְהֵא שְׁמֵהּ רַבָּא מְבָרַךְ לְעָלַם וּלְעָלְמֵי עָלְמַיָּא.

Ḥazzan:

יִתְבָּרַךְ וְיִשְׁתַּבַּח וְיִתְפָּאַר וְיִתְרוֹמַם וְיִתְנַשֵּׂא וְיִתְהַדַּר וְיִתְעַלֶּה וְיִתְהַלַּל שְׁמֵהּ דְּקֻדְשָׁא, בְּרִיךְ הוּא *לְעֵֽלָּא מִן כָּל־בִּרְכָתָא וְשִׁירָתָא תֻּשְׁבְּחָתָא וְנֶחָמָתָא דַּאֲמִירָן בְּעָלְמָא, וְאִמְרוּ אָמֵן.

**On שבת שובה:* לְעֵֽלָּא לְעֵֽלָּא מִכָּל־בִּרְכָתָא וְשִׁירָתָא

תִּתְקַבַּל צְלוֹתְהוֹן וּבָעוּתְהוֹן דְּכָל־יִשְׂרָאֵל קֳדָם אֲבוּהוֹן דִּי בִשְׁמַיָּא, וְאִמְרוּ אָמֵן.

יְהֵא שְׁלָמָא רַבָּא מִן שְׁמַיָּא וְחַיִּים עָלֵֽינוּ וְעַל כָּל־יִשְׂרָאֵל, וְאִמְרוּ אָמֵן.

עֹשֶׂה שָׁלוֹם בִּמְרוֹמָיו הוּא יַעֲשֶׂה שָׁלוֹם עָלֵֽינוּ וְעַל כָּל־יִשְׂרָאֵל, וְאִמְרוּ אָמֵן.

✤ KADDISH SHALEM

Reader:

May God's name be exalted and hallowed throughout the world that He created, as is God's wish. May God's sovereignty soon be accepted, during our life and the life of all Israel. And let us say: Amen.

Congregation and Reader:

Y'hei sh'mei raba m'varakh l'alam u-l'almei almaya.

May God's great name be praised throughout all time.

Reader:

Glorified and celebrated, lauded and worshiped, exalted and honored, extolled and acclaimed may the Holy One be, praised beyond all song and psalm, beyond all tributes that mortals can utter. And let us say: Amen.

May the prayers and pleas of all the people Israel be accepted by our Guardian in heaven. And let us say: Amen.

Let there be abundant peace from heaven, with life's goodness for us and for all Israel. And let us say: Amen.

May the One who brings peace to His universe bring peace to us and to all Israel. And let us say: Amen.

עלינו

עָלֵינוּ לְשַׁבֵּחַ לַאֲדוֹן הַכֹּל, לָתֵת גְּדֻלָּה לְיוֹצֵר בְּרֵאשִׁית, שֶׁלֹּא עָשָׂנוּ כְּגוֹיֵי הָאֲרָצוֹת וְלֹא שָׂמָנוּ כְּמִשְׁפְּחוֹת הָאֲדָמָה, שֶׁלֹּא שָׂם חֶלְקֵנוּ כָּהֶם, וְגֹרָלֵנוּ כְּכָל־הֲמוֹנָם.

וַאֲנַחְנוּ כּוֹרְעִים וּמִשְׁתַּחֲוִים וּמוֹדִים
לִפְנֵי מֶלֶךְ מַלְכֵי הַמְּלָכִים, הַקָּדוֹשׁ בָּרוּךְ הוּא,

שֶׁהוּא נוֹטֶה שָׁמַיִם וְיוֹסֵד אָרֶץ, וּמוֹשַׁב יְקָרוֹ בַּשָּׁמַיִם מִמַּעַל, וּשְׁכִינַת עֻזּוֹ בְּגָבְהֵי מְרוֹמִים. הוּא אֱלֹהֵינוּ אֵין עוֹד. אֱמֶת מַלְכֵּנוּ, אֶפֶס זוּלָתוֹ, כַּכָּתוּב בְּתוֹרָתוֹ: וְיָדַעְתָּ הַיּוֹם וַהֲשֵׁבֹתָ אֶל לְבָבֶךָ, כִּי יהוה הוּא הָאֱלֹהִים בַּשָּׁמַיִם מִמַּעַל וְעַל הָאָרֶץ מִתָּחַת, אֵין עוֹד.

עַל כֵּן נְקַוֶּה לְּךָ יהוה אֱלֹהֵינוּ, לִרְאוֹת מְהֵרָה בְּתִפְאֶרֶת עֻזֶּךָ, לְהַעֲבִיר גִּלּוּלִים מִן הָאָרֶץ וְהָאֱלִילִים כָּרוֹת יִכָּרֵתוּן, לְתַקֵּן עוֹלָם בְּמַלְכוּת שַׁדַּי, וְכָל־בְּנֵי בָשָׂר יִקְרְאוּ בִשְׁמֶךָ, לְהַפְנוֹת אֵלֶיךָ כָּל־רִשְׁעֵי אָרֶץ. יַכִּירוּ וְיֵדְעוּ כָּל־יוֹשְׁבֵי תֵבֵל, כִּי לְךָ תִּכְרַע כָּל־בֶּרֶךְ, תִּשָּׁבַע כָּל־לָשׁוֹן. לְפָנֶיךָ יהוה אֱלֹהֵינוּ יִכְרְעוּ וְיִפֹּלוּ. וְלִכְבוֹד שִׁמְךָ יְקָר יִתֵּנוּ, וִיקַבְּלוּ כֻלָּם אֶת־עוֹל מַלְכוּתֶךָ וְתִמְלֹךְ עֲלֵיהֶם מְהֵרָה לְעוֹלָם וָעֶד, כִּי הַמַּלְכוּת שֶׁלְּךָ הִיא וּלְעוֹלְמֵי עַד תִּמְלוֹךְ בְּכָבוֹד, כַּכָּתוּב בְּתוֹרָתֶךָ: יהוה יִמְלֹךְ לְעוֹלָם וָעֶד.
□ וְנֶאֱמַר: וְהָיָה יהוה לְמֶלֶךְ עַל כָּל־הָאָרֶץ, בַּיּוֹם הַהוּא יִהְיֶה יהוה אֶחָד וּשְׁמוֹ אֶחָד.

Since the Middle Ages, Aleinu has been included in every daily service throughout the year, although it was originally composed for the Rosh Hashanah liturgy. It contains two complementary ideas. The first paragraph celebrates the distinctiveness of the Jewish people, and its unique faith in God. The second speaks eloquently of our universalist hope that someday God will be worshiped by all humanity.

ALEINU

We rise to our duty to praise the Master of all, to acclaim the Creator. God made our lot unlike that of other people, assigning to us a unique destiny. We bend the knee and bow, acknowledging the Supreme Sovereign, the Holy One, exalted, who spread out the heavens and laid the foundations of the earth, whose glorious abode is in the highest heaven, whose mighty dominion is in the loftiest heights. This is our God; there is no other. In truth, God alone is our Ruler, as is written in the Torah: "Know this day and take it to heart that Adonai is God in heaven above and on earth below; there is no other."

Aleinu l'shabe-aḥ la'adon hakol, la-tet g'dulah l'yotzer b'reshit,
she-lo asanu k'goyei ha-aratzot
v'lo samanu k'mishp'ḥot ha-adamah,
she-lo sahm ḥelkeinu kahem, v'goralenu k'khol hamonam.
Va-anaḥnu kor'im u-mishtaḥavim u-modim
lifnei Melekh malkhei ha-m'lakhim, Ha-kadosh Barukh Hu.

And so we hope in You, Adonai our God, soon to see Your splendor: That you will sweep idolatry away so that false gods will be utterly destroyed, and that You will perfect the world by Your sovereignty so that all humanity will invoke Your name, and all the earth's wicked will return to You, repentant. Then all who live will know that to You every knee must bend, every tongue pledge loyalty. To You, Adonai, may all bow in worship. May they give honor to Your glory; may everyone accept Your dominion. Reign over all, soon and for all time. Sovereignty is Yours in glory, now and forever. Thus is it written in Your Torah: "Adonai reigns for ever and ever." Such is the prophetic assurance: "Adonai shall be acknowledged Ruler of all the earth. On that day Adonai shall be One and His name One."

V'ne-emar, v'haya Adonai l'melekh al kol ha-aretz,
ba-yom ha-hu yih'yeh Adonai eḥad u-sh'mo eḥad.

The authorship of Aleinu has been ascribed to Rav, a Babylonian rabbi of the third century C.E., although some scholars believe it may have been composed centuries earlier, and was already part of the ritual in the Second Temple.

קדיש יתום

We recall with affection those who no longer walk this earth, grateful to God for the gift of their lives, for their companionship, and for the cherished memories that endure. May God comfort all who mourn, and sustain them in their sorrow. In testimony to the faith that links our generations one to another, let those who mourn and those observing Yahrzeit now stand to sanctify God's name with the words of the Kaddish.

Mourners and those observing Yahrzeit:

יִתְגַּדַּל וְיִתְקַדַּשׁ שְׁמֵהּ רַבָּא, בְּעָלְמָא דִּי בְרָא, כִּרְעוּתֵהּ, וְיַמְלִיךְ מַלְכוּתֵהּ בְּחַיֵּיכוֹן וּבְיוֹמֵיכוֹן וּבְחַיֵּי דְכָל־בֵּית יִשְׂרָאֵל, בַּעֲגָלָא וּבִזְמַן קָרִיב, וְאִמְרוּ אָמֵן.

Congregation and mourners:

יְהֵא שְׁמֵהּ רַבָּא מְבָרַךְ לְעָלַם וּלְעָלְמֵי עָלְמַיָּא.

Mourners:

יִתְבָּרַךְ וְיִשְׁתַּבַּח וְיִתְפָּאַר וְיִתְרוֹמַם וְיִתְנַשֵּׂא וְיִתְהַדַּר וְיִתְעַלֶּה וְיִתְהַלַּל שְׁמֵהּ דְּקֻדְשָׁא, בְּרִיךְ הוּא *לְעֵלָּא מִן כָּל־בִּרְכָתָא וְשִׁירָתָא תֻּשְׁבְּחָתָא וְנֶחָמָתָא דַּאֲמִירָן בְּעָלְמָא, וְאִמְרוּ אָמֵן.

**On שבת שובה:* לְעֵלָּא לְעֵלָּא מִכָּל־בִּרְכָתָא וְשִׁירָתָא

יְהֵא שְׁלָמָא רַבָּא מִן שְׁמַיָּא וְחַיִּים עָלֵינוּ וְעַל כָּל־יִשְׂרָאֵל, וְאִמְרוּ אָמֵן.

עֹשֶׂה שָׁלוֹם בִּמְרוֹמָיו הוּא יַעֲשֶׂה שָׁלוֹם עָלֵינוּ וְעַל כָּל־יִשְׂרָאֵל, וְאִמְרוּ אָמֵן.

It is traditional, following the מנחה service, to await the close of שבת by engaging in a period of meditation or study. On each שבת between סוכות and שבת הגדול, the psalms starting on page 250 are recited. Between פסח and ראש השנה, the chapters of פרקי אבות, beginning on page 257, are studied, a different chapter each Shabbat.

🌿 MOURNER'S KADDISH

Amidst the sorrow of our bereavement, we lift our hearts to You, O God, for comfort and consolation. Help us to resist the shadows of despair that darken our lives. Help us find strength in the knowledge that those we have lost were not ours by right, but Your gift to us. Teach us to be grateful for the blessing of their lives, and for the time they were granted to walk this world by our side. May their memories continue to inspire us and to bring us blessing.

Mourners and those observing Yahrzeit:
Yitgadal v'yitkadash sh'mei raba, b'alma di v'ra, kir'utei,
v'yamlikh malkhutei b'ḥayeikhon u-v'yomeikhon
u-v'ḥayei d'khol beit Yisra-el,
ba'agala u-vi-z'man kariv, v'imru amen.

Congregation and mourners:
Y'hei sh'mei raba m'varakh l'alam u-l'almei almaya.

Mourners:
Yitbarakh v'yishtabaḥ v'yitpa-ar v'yitromam v'yitnasei,
v'yit-hadar v'yit'aleh v'yit-halal sh'mei d'kudsha, b'rikh hu
*l'ela min kol birkhata v'shirata, tushb'ḥata v'neḥamata
da'amiran b'alma, v'imru amen.
    *On Shabbat Shuvah: l'ela l'ela mi-kol birkhata v'shirata,

Y'hei sh'lama raba min sh'maya
v'ḥayim aleinu v'al kol Yisra-el, v'imru amen.

Oseh shalom bi-m'romav, hu ya'aseh shalom
aleinu v'al kol Yisra-el, v'imru amen.

An English translation of the Mourner's Kaddish may be found on page 82.

תהלים — מנחה לשבת

Psalms for מנחה לשבת begin with Psalm 104 (page 78) and continue below.

תהלים ק״כ

שִׁיר הַמַּעֲלוֹת.

אֶל־יהוה בַּצָּרָתָה לִּי קָרָאתִי וַיַּעֲנֵנִי.
יהוה הַצִּילָה נַפְשִׁי מִשְּׂפַת־שֶׁקֶר מִלָּשׁוֹן רְמִיָּה.
מַה־יִּתֵּן לְךָ וּמַה יֹּסִיף לָךְ לָשׁוֹן רְמִיָּה.
חִצֵּי גִבּוֹר שְׁנוּנִים עִם גַּחֲלֵי רְתָמִים.
אוֹיָה לִי כִּי גַרְתִּי מֶשֶׁךְ שָׁכַנְתִּי עִם אָהֳלֵי קֵדָר.
רַבַּת שָׁכְנָה־לָּהּ נַפְשִׁי עִם שׂוֹנֵא שָׁלוֹם.
אֲנִי שָׁלוֹם וְכִי אֲדַבֵּר הֵמָּה לַמִּלְחָמָה.

תהלים קכ״א

שִׁיר לַמַּעֲלוֹת.

אֶשָּׂא עֵינַי אֶל־הֶהָרִים, מֵאַיִן יָבֹא עֶזְרִי.
עֶזְרִי מֵעִם יהוה עֹשֵׂה שָׁמַיִם וָאָרֶץ.
אַל־יִתֵּן לַמּוֹט רַגְלֶךָ, אַל־יָנוּם שֹׁמְרֶךָ.
הִנֵּה לֹא יָנוּם וְלֹא יִישָׁן שׁוֹמֵר יִשְׂרָאֵל.
יהוה שֹׁמְרֶךָ, יהוה צִלְּךָ עַל יַד יְמִינֶךָ.
יוֹמָם הַשֶּׁמֶשׁ לֹא יַכֶּכָּה וְיָרֵחַ בַּלָּיְלָה.
יהוה יִשְׁמָרְךָ מִכָּל־רָע, יִשְׁמֹר אֶת־נַפְשֶׁךָ.
יהוה יִשְׁמָר צֵאתְךָ וּבוֹאֶךָ מֵעַתָּה וְעַד עוֹלָם.

PSALMS FOR SHABBAT AFTERNOON

*Psalms for Shabbat Minḥah begin with Psalm 104
(page 78) and continue below.*

PSALM 120
A Song of Ascent.

To Adonai, in my anguish, I call that He may answer:

*"Save me, Adonai, from lying lips;
save me from a treacherous tongue."*

What will it benefit you?
What will you gain, treacherous tongue?

A warrior's sharp arrows and red-hot coals.

Alas, that I dwell with the ruthless,
that I live among the lawless.

Too long have I lived among those who hate peace.

I am for peace,
but whenever I speak, they are for war.

PSALM 121
A Song of Ascent.

I lift up my eyes to the hills.
What is the source of my help?

*My help comes from Adonai,
Maker of the heavens and the earth.*

God will not allow you to stumble;
Your Guardian will not slumber.

Indeed, the Guardian of Israel neither slumbers nor sleeps.

Adonai is your Guardian, your shelter at your side.
The sun will not smite you by day nor the moon by night.

*Adonai will guard you against all evil;
God will guard you, body and soul.*

Adonai will guard your going out
and your coming home, now and forever.

תהלים קכ״ב

שִׁיר הַמַּעֲלוֹת לְדָוִד.

שָׂמַחְתִּי בְּאֹמְרִים לִי בֵּית יהוה נֵלֵךְ.
עֹמְדוֹת הָיוּ רַגְלֵינוּ בִּשְׁעָרַיִךְ יְרוּשָׁלָיִם.
יְרוּשָׁלַיִם הַבְּנוּיָה כְּעִיר שֶׁחֻבְּרָה־לָּהּ יַחְדָּו.
שֶׁשָּׁם עָלוּ שְׁבָטִים, שִׁבְטֵי־יָהּ עֵדוּת לְיִשְׂרָאֵל,
לְהֹדוֹת לְשֵׁם יהוה.
כִּי שָׁמָּה יָשְׁבוּ כִסְאוֹת לְמִשְׁפָּט
כִּסְאוֹת לְבֵית דָּוִד.
שַׁאֲלוּ שְׁלוֹם יְרוּשָׁלָיִם יִשְׁלָיוּ אֹהֲבָיִךְ.
יְהִי שָׁלוֹם בְּחֵילֵךְ, שַׁלְוָה בְּאַרְמְנוֹתָיִךְ.
לְמַעַן אַחַי וְרֵעָי אֲדַבְּרָה־נָּא שָׁלוֹם בָּךְ.
לְמַעַן בֵּית יהוה אֱלֹהֵינוּ אֲבַקְשָׁה טוֹב לָךְ.

תהלים קכ״ג

שִׁיר הַמַּעֲלוֹת.

אֵלֶיךָ נָשָׂאתִי אֶת־עֵינַי, הַיֹּשְׁבִי בַּשָּׁמָיִם.
הִנֵּה כְעֵינֵי עֲבָדִים אֶל יַד אֲדוֹנֵיהֶם,
כְּעֵינֵי שִׁפְחָה אֶל־יַד גְּבִרְתָּהּ,
כֵּן עֵינֵינוּ אֶל יהוה אֱלֹהֵינוּ עַד שֶׁיְּחָנֵּנוּ.
חָנֵּנוּ יהוה חָנֵּנוּ כִּי רַב שָׂבַעְנוּ בוּז.
רַבַּת שָׂבְעָה־לָּהּ נַפְשֵׁנוּ
הַלַּעַג הַשַּׁאֲנַנִּים, הַבּוּז לִגְאֵי יוֹנִים.

תהלים קכ״ד

שִׁיר הַמַּעֲלוֹת לְדָוִד.

לוּלֵי יהוה שֶׁהָיָה לָנוּ, יֹאמַר נָא יִשְׂרָאֵל.
לוּלֵי יהוה שֶׁהָיָה לָנוּ בְּקוּם עָלֵינוּ אָדָם.
אֲזַי חַיִּים בְּלָעוּנוּ בַּחֲרוֹת אַפָּם בָּנוּ.

PSALM 122
A Song of Ascent, by David.

I rejoiced when they said to me:
"Let us go to the House of Adonai."

> *We stood within your gates, Jerusalem —*
> *Jerusalem rebuilt, a city uniting all.*

There the tribes ascended, the tribes of Adonai,
as Israel was commanded, to praise God's name.
There the seats of judgment stood,
thrones of the House of David.

> *Pray for the peace of Jerusalem.*
> *May those who love you prosper.*
> *May there be peace within your walls,*
> *serenity within your homes.*

For the sake of my comrades and companions,
I pray that peace be yours.

> *For the sake of the House of Adonai our God,*
> *I seek your welfare.*

PSALM 123
A Song of Ascent.

I lift my eyes to You, enthroned in heaven.

> *As servants look to their master,*
> *as a maidservant looks to her mistress,*
> *we look to Adonai our God,*
> *confident of God's compassion.*

Have compassion, Adonai, compassion;
we have had our fill of contempt.

> *Too long have we had our fill of scorn,*
> *the contempt of the arrogant, from those who are complacent.*

PSALM 124
A Song of Ascent, by David.

Had Adonai not been on our side,
the people Israel now declare,
had Adonai not been on our side
when others rose to attack us —

> *they would have swallowed us alive,*
> *so fierce was their anger against us.*

אֲזַי הַמַּיִם שְׁטָפוּנוּ, נַחְלָה עָבַר עַל נַפְשֵׁנוּ.
אֲזַי עָבַר עַל נַפְשֵׁנוּ הַמַּיִם הַזֵּידוֹנִים.
בָּרוּךְ יהוה שֶׁלֹּא נְתָנָנוּ טֶרֶף לְשִׁנֵּיהֶם.
נַפְשֵׁנוּ כְּצִפּוֹר נִמְלְטָה מִפַּח יוֹקְשִׁים,
הַפַּח נִשְׁבָּר וַאֲנַחְנוּ נִמְלָטְנוּ.
עֶזְרֵנוּ בְּשֵׁם יהוה, עֹשֵׂה שָׁמַיִם וָאָרֶץ.

תהלים קכ״ה

שִׁיר הַמַּעֲלוֹת.

הַבֹּטְחִים בַּיהוה כְּהַר־צִיּוֹן לֹא יִמּוֹט,
לְעוֹלָם יֵשֵׁב.
יְרוּשָׁלַיִם הָרִים סָבִיב לָהּ,
וַיהוה סָבִיב לְעַמּוֹ מֵעַתָּה וְעַד עוֹלָם.
כִּי לֹא יָנוּחַ שֵׁבֶט הָרֶשַׁע עַל גּוֹרַל הַצַּדִּיקִים,
לְמַעַן לֹא־יִשְׁלְחוּ הַצַּדִּיקִים בְּעַוְלָתָה יְדֵיהֶם.
הֵיטִיבָה יהוה לַטּוֹבִים וְלִישָׁרִים בְּלִבּוֹתָם.
וְהַמַּטִּים עַקַלְקַלּוֹתָם
יוֹלִיכֵם יהוה אֶת־פֹּעֲלֵי הָאָוֶן,
שָׁלוֹם עַל יִשְׂרָאֵל.

תהלים קכ״ו

שִׁיר הַמַּעֲלוֹת.

בְּשׁוּב יהוה אֶת־שִׁיבַת צִיּוֹן הָיִינוּ כְּחֹלְמִים.
אָז יִמָּלֵא שְׂחוֹק פִּינוּ וּלְשׁוֹנֵנוּ רִנָּה,
אָז יֹאמְרוּ בַגּוֹיִם,
הִגְדִּיל יהוה לַעֲשׂוֹת עִם אֵלֶּה.
הִגְדִּיל יהוה לַעֲשׂוֹת עִמָּנוּ,
הָיִינוּ שְׂמֵחִים.
שׁוּבָה יהוה אֶת־שְׁבִיתֵנוּ כַּאֲפִיקִים בַּנֶּגֶב.
הַזֹּרְעִים בְּדִמְעָה בְּרִנָּה יִקְצֹרוּ.
הָלוֹךְ יֵלֵךְ וּבָכֹה נֹשֵׂא מֶשֶׁךְ־הַזָּרַע,
בֹּא יָבוֹא בְרִנָּה נֹשֵׂא אֲלֻמֹּתָיו.

The floods would have swept us away.
A torrent would have overcome us,
raging waters would have drowned us.

Praise Adonai who did not abandon us
to become prey between their teeth.

We have escaped like a bird from the fowler's trap;
the trap is broken and we have escaped.

Our help lies in Adonai,
Maker of the heavens and the earth.

PSALM 125
A Song of Ascent.

Those who trust in Adonai are like Mount Zion —
immovable, enduring forever.

As the surrounding hills protect Jerusalem,
Adonai protects His people now and forever.

The rule of wickedness shall not govern the righteous,
lest the righteous turn their hand to wrongdoing.

Be good, Adonai, to those who are good,
to those who are honorable.

But as for those who turn aside to crooked ways,
may Adonai lead them to the fate of evildoers.

May there be peace for the people Israel.

PSALM 126
A Song of Ascent.

When Adonai restored our exiles to Zion,
it was like a dream.

Then our mouths were filled with laughter;
joyous song was on our tongues.

Then it was said among the nations:
"Adonai has done great things for them."

Great things indeed has Adonai done for us;
therefore we rejoiced.

Bring back our exiles, Adonai,
like streams returning to the Negev.

Those who sow in tears shall reap in joyous song.

The seed bearer may plant in tears,
but will come home singing,
carrying ample sheaves of grain.

תהלים קכ״ז

שִׁיר הַמַּעֲלוֹת לִשְׁלֹמֹה.

אִם יהוה לֹא יִבְנֶה בַיִת,
שָׁוְא עָמְלוּ בוֹנָיו בּוֹ,
אִם יהוה לֹא יִשְׁמָר־עִיר,
שָׁוְא שָׁקַד שׁוֹמֵר.
שָׁוְא לָכֶם מַשְׁכִּימֵי קוּם, מְאַחֲרֵי־שֶׁבֶת,
אֹכְלֵי לֶחֶם הָעֲצָבִים,
כֵּן יִתֵּן לִידִידוֹ שֵׁנָא.
הִנֵּה נַחֲלַת יהוה בָּנִים,
שָׂכָר פְּרִי הַבָּטֶן.
כְּחִצִּים בְּיַד גִּבּוֹר, כֵּן בְּנֵי הַנְּעוּרִים.
אַשְׁרֵי הַגֶּבֶר אֲשֶׁר מִלֵּא אֶת־אַשְׁפָּתוֹ מֵהֶם,
לֹא יֵבֹשׁוּ כִּי יְדַבְּרוּ אֶת־אוֹיְבִים בַּשָּׁעַר.

תהלים קכ״ח

שִׁיר הַמַּעֲלוֹת.

אַשְׁרֵי כָּל־יְרֵא יהוה, הַהֹלֵךְ בִּדְרָכָיו.
יְגִיעַ כַּפֶּיךָ כִּי תֹאכֵל,
אַשְׁרֶיךָ וְטוֹב לָךְ.
אֶשְׁתְּךָ כְּגֶפֶן פֹּרִיָּה בְּיַרְכְּתֵי בֵיתֶךָ,
בָּנֶיךָ כִּשְׁתִלֵי זֵיתִים סָבִיב לְשֻׁלְחָנֶךָ.
הִנֵּה כִי־כֵן יְבֹרַךְ גָּבֶר יְרֵא יהוה.
יְבָרֶכְךָ יהוה מִצִּיּוֹן,
וּרְאֵה בְּטוּב יְרוּשָׁלָיִם כֹּל יְמֵי חַיֶּיךָ.
וּרְאֵה בָנִים לְבָנֶיךָ,
שָׁלוֹם עַל יִשְׂרָאֵל.

PSALM 127
A Song of Ascent, by Solomon.

Unless Adonai builds the house,
its builders labor in vain.

> *Unless Adonai protects the city,*
> *the watchman stands guard in vain.*

In vain do you rise early, stay up late,
and eat your bread in anxiety;
God provides for His loved ones even while they sleep.

> *Children are a gift of God;*
> *fruit of the womb, they are God's reward.*

Like arrows in the hand of a warrior
are the children born in one's youth.
Blessed the man whose quiver is filled with them;
they shall not be shamed when confronting enemies in the gate.

PSALM 128
A Song of Ascent.

Blessed are all who revere Adonai,
who follow in God's ways.

> *You shall enjoy the fruit of your labors;*
> *you shall be happy and prosper.*

Your wife shall be like a fruitful vine
within your house,
your children like olive shoots
round about your table.

> *This is the blessing of one who reveres Adonai.*

May Adonai bless you from Zion.
May you see Jerusalem prosper
all the days of your life.

> *May you live to see children's children.*
> *May there be peace for the people Israel.*

תהלים קכ״ט
שִׁיר הַמַּעֲלוֹת.

רַבַּת צְרָרוּנִי מִנְּעוּרַי יֹאמַר נָא יִשְׂרָאֵל.
רַבַּת צְרָרוּנִי מִנְּעוּרָי
גַּם לֹא יָכְלוּ לִי.
עַל גַּבִּי חָרְשׁוּ חֹרְשִׁים
הֶאֱרִיכוּ לְמַעֲנִיתָם.
יְהוָה צַדִּיק קִצֵּץ עֲבוֹת רְשָׁעִים.
יֵבֹשׁוּ וְיִסֹּגוּ אָחוֹר כֹּל שֹׂנְאֵי צִיּוֹן.
יִהְיוּ כַּחֲצִיר גַּגּוֹת שֶׁקַּדְמַת שָׁלַף יָבֵשׁ.
שֶׁלֹּא מִלֵּא כַפּוֹ קוֹצֵר וְחִצְנוֹ מְעַמֵּר.
וְלֹא אָמְרוּ הָעֹבְרִים בִּרְכַּת יְהוָה אֲלֵיכֶם,
בֵּרַכְנוּ אֶתְכֶם בְּשֵׁם יְהוָה.

תהלים ק״ל
שִׁיר הַמַּעֲלוֹת.

מִמַּעֲמַקִּים קְרָאתִיךָ יְהוָה.
אֲדֹנָי שִׁמְעָה בְקוֹלִי,
תִּהְיֶינָה אָזְנֶיךָ קַשֻּׁבוֹת לְקוֹל תַּחֲנוּנָי.
אִם עֲוֹנוֹת תִּשְׁמָר יָהּ, אֲדֹנָי מִי יַעֲמֹד.
כִּי עִמְּךָ הַסְּלִיחָה לְמַעַן תִּוָּרֵא.
קִוִּיתִי יְהוָה קִוְּתָה נַפְשִׁי וְלִדְבָרוֹ הוֹחָלְתִּי.
נַפְשִׁי לַאדֹנָי מִשֹּׁמְרִים לַבֹּקֶר שֹׁמְרִים לַבֹּקֶר.
יַחֵל יִשְׂרָאֵל אֶל יְהוָה,
כִּי עִם יְהוָה הַחֶסֶד
וְהַרְבֵּה עִמּוֹ פְדוּת.
וְהוּא יִפְדֶּה אֶת יִשְׂרָאֵל מִכֹּל עֲוֹנֹתָיו.

PSALM 129
A Song of Ascent.

Though they often harrassed me since earliest times —
let the people Israel gratefully say —

> *they often harrassed me since earliest times,*
> *but they have not prevailed against me.*

Plowmen have plowed across my back,
making, with cruelty, long furrows.

> *Yet Adonai, with justice,*
> *has snapped the cords of the wicked.*

May all those who hate Zion
be put to shame and fall backward.

> *Let them be like grass on a roof;*
> *before it can flourish, it fades.*
> *It never will fill a mower's hand*
> *nor yield an armful to the harvester.*

No one passing by will say to them:
"May Adonai's blessing be yours.
We bless you in the name of Adonai."

PSALM 130
A Song of Ascent.

Out of the depths I call to You:
Adonai, hear my cry, heed my plea!

> *Be attentive to my prayers,*
> *to my sigh of supplication.*

Who could survive, Adonai,
if You kept count of every sin?

> *But forgiveness is Yours,*
> *so that we may worship You.*

My whole being waits for Adonai;
with hope I wait for His word.
I yearn for Adonai
more eagerly than watchmen for the dawn.

> *Put your hope in Adonai,*
> *for Adonai is generous with mercy.*

Abundant is God's power to redeem;
God will redeem the people Israel from all sin.

תהלים קל״א

שִׁיר הַמַּעֲלוֹת לְדָוִד.

יהוה לֹא גָבַהּ לִבִּי וְלֹא רָמוּ עֵינַי
וְלֹא הִלַּכְתִּי בִּגְדֹלוֹת
וּבְנִפְלָאוֹת מִמֶּנִּי.
אִם לֹא שִׁוִּיתִי וְדוֹמַמְתִּי נַפְשִׁי
כְּגָמֻל עֲלֵי אִמּוֹ כַּגָּמֻל עָלַי נַפְשִׁי.
יַחֵל יִשְׂרָאֵל אֶל יהוה
מֵעַתָּה וְעַד עוֹלָם.

תהלים קל״ב

שִׁיר הַמַּעֲלוֹת.

זְכוֹר יהוה לְדָוִד אֵת כָּל־עֻנּוֹתוֹ.
אֲשֶׁר נִשְׁבַּע לַיהוה נָדַר לַאֲבִיר יַעֲקֹב.
אִם אָבֹא בְּאֹהֶל בֵּיתִי,
אִם אֶעֱלֶה עַל עֶרֶשׂ יְצוּעָי.
אִם אֶתֵּן שְׁנָת לְעֵינָי לְעַפְעַפַּי תְּנוּמָה.
עַד אֶמְצָא מָקוֹם לַיהוה,
מִשְׁכָּנוֹת לַאֲבִיר יַעֲקֹב.
הִנֵּה שְׁמַעֲנוּהָ בְאֶפְרָתָה,
מְצָאנוּהָ בִּשְׂדֵי יָעַר.
נָבוֹאָה לְמִשְׁכְּנוֹתָיו,
נִשְׁתַּחֲוֶה לַהֲדֹם רַגְלָיו.
קוּמָה יהוה לִמְנוּחָתֶךָ, אַתָּה וַאֲרוֹן עֻזֶּךָ.
כֹּהֲנֶיךָ יִלְבְּשׁוּ צֶדֶק וַחֲסִידֶיךָ יְרַנֵּנוּ.
בַּעֲבוּר דָּוִד עַבְדֶּךָ אַל תָּשֵׁב פְּנֵי מְשִׁיחֶךָ.
נִשְׁבַּע יהוה לְדָוִד, אֱמֶת לֹא יָשׁוּב מִמֶּנָּה,
מִפְּרִי בִטְנְךָ אָשִׁית לְכִסֵּא לָךְ.
אִם יִשְׁמְרוּ בָנֶיךָ בְּרִיתִי, וְעֵדֹתִי זוֹ אֲלַמְּדֵם,
גַּם בְּנֵיהֶם עֲדֵי עַד יֵשְׁבוּ לְכִסֵּא לָךְ.

PSALM 131
A Song of Ascent, by David.

My heart is not haughty, Adonai;
no lofty looks are mine.

> *I do not meddle with the sublime,*
> *with matters too wondrous for me.*

I have calmed and quieted my soul,
like a child weaned from its mother's breast.

> *Israel, put your hope in Adonai,*
> *now and forever.*

PSALM 132
A Song of Ascent.

Remember, Adonai, in David's favor, his great self-denial,
how he took an oath to Adonai
and vowed to the Mighty One of Jacob:

> *"I will not enter my house nor will I lie upon my bed,*
> *until I find a sanctuary for Adonai,*
> *a dwelling for the Mighty One of Jacob."*

Searching, we heard that the Ark was in Efrat;
then we found it in the region of Yaar.

> *Let us enter God's dwelling;*
> *let us worship at God's footstool.*

Advance, Adonai, to Your resting place,
You and the Ark of Your might.
Let Your *Kohanim* be clothed in triumph,
let Your faithful sing for joy.

> *For the sake of Your servant David,*
> *do not reject Your anointed.*

Adonai has sworn to David
an oath that He will not renounce:
"The fruit of your body will I set upon your throne.

> *"If your children keep My covenant,*
> *and heed the teachings that I give them,*
> *their children shall sit forever upon your throne."*

כִּי בָחַר יהוה בְּצִיּוֹן אִוָּהּ לְמוֹשָׁב לוֹ.
זֹאת מְנוּחָתִי עֲדֵי עַד,
פֹּה אֵשֵׁב כִּי אִוִּתִיהָ.
צֵידָהּ בָּרֵךְ אֲבָרֵךְ אֶבְיוֹנֶיהָ אַשְׂבִּיעַ לָחֶם.
וְכֹהֲנֶיהָ אַלְבִּישׁ יֶשַׁע וַחֲסִידֶיהָ רַנֵּן יְרַנֵּנוּ.
שָׁם אַצְמִיחַ קֶרֶן לְדָוִד, עָרַכְתִּי נֵר לִמְשִׁיחִי.
אוֹיְבָיו אַלְבִּישׁ בֹּשֶׁת וְעָלָיו יָצִיץ נִזְרוֹ.

תהלים קל״ג

שִׁיר הַמַּעֲלוֹת לְדָוִד.

הִנֵּה מַה טּוֹב וּמַה־נָּעִים
שֶׁבֶת אַחִים גַּם יָחַד.
כַּשֶּׁמֶן הַטּוֹב עַל הָרֹאשׁ, יֹרֵד עַל הַזָּקָן,
זְקַן אַהֲרֹן שֶׁיֹּרֵד עַל פִּי מִדּוֹתָיו.
כְּטַל חֶרְמוֹן שֶׁיֹּרֵד עַל הַרְרֵי צִיּוֹן,
כִּי שָׁם צִוָּה יהוה אֶת־הַבְּרָכָה,
חַיִּים עַד הָעוֹלָם.

תהלים קל״ד

שִׁיר הַמַּעֲלוֹת.

הִנֵּה בָּרְכוּ אֶת־יהוה כָּל־עַבְדֵי יהוה,
הָעֹמְדִים בְּבֵית יהוה בַּלֵּילוֹת.
שְׂאוּ יְדֵכֶם קֹדֶשׁ
וּבָרְכוּ אֶת־יהוה.
יְבָרֶכְךָ יהוה מִצִּיּוֹן,
עֹשֵׂה שָׁמַיִם וָאָרֶץ.

For Adonai loves Zion, desiring it for His home:

"This is My resting place forever;
here will I dwell, for such is My desire.

"I will richly bless her with provisions;
I will satisfy her needy with bread.
I will clothe her Kohanim in victory,
and her faithful shall sing for joy.

"There will I renew David's dynasty
and prepare a lamp for My anointed.
I will clothe his foes in shame,
while his own crown shall sparkle."

PSALM 133
A Song of Ascent, by David.

How good it is, and how pleasant,
when comrades dwell in harmony.

It is like precious oil upon the head,
flowing down the beard, Aaron's beard,
to the very edges of his robe.

It is like abundant dew falling on the hills of Zion.

There Adonai bestows His blessings,
life forevermore.

PSALM 134
A Song of Ascent.

Praise Adonai, all servants of Adonai,
who stand each night in the House of Adonai.

Raise your hands in prayer toward the sanctuary,
and sing praise to Adonai.

May Adonai, who made the heavens and the earth,
bless you from Zion.

פרקי אבות

This passage is often read before each chapter of Pirkei Avot.

סנהדרין י:א

כָּל־יִשְׂרָאֵל יֵשׁ לָהֶם חֵלֶק לָעוֹלָם הַבָּא, שֶׁנֶּאֱמַר:
וְעַמֵּךְ כֻּלָּם צַדִּיקִים, לְעוֹלָם יִרְשׁוּ אָרֶץ,
נֵצֶר מַטָּעַי מַעֲשֵׂה יָדַי לְהִתְפָּאֵר.

CHAPTER I

א מֹשֶׁה קִבֵּל תּוֹרָה מִסִּינַי,
וּמְסָרָהּ לִיהוֹשֻׁעַ, וִיהוֹשֻׁעַ לִזְקֵנִים, וּזְקֵנִים לִנְבִיאִים,
וּנְבִיאִים מְסָרוּהָ לְאַנְשֵׁי כְנֶסֶת הַגְּדוֹלָה.
הֵם אָמְרוּ שְׁלֹשָׁה דְבָרִים:
הֱווּ מְתוּנִים בַּדִּין, וְהַעֲמִידוּ תַלְמִידִים הַרְבֵּה, וַעֲשׂוּ סְיָג לַתּוֹרָה.

ב שִׁמְעוֹן הַצַּדִּיק הָיָה מִשְּׁיָרֵי כְנֶסֶת הַגְּדוֹלָה.
הוּא הָיָה אוֹמֵר:
עַל שְׁלֹשָׁה דְבָרִים הָעוֹלָם עוֹמֵד —
עַל הַתּוֹרָה, וְעַל הָעֲבוֹדָה, וְעַל גְּמִילוּת חֲסָדִים.

ג אַנְטִיגְנוֹס אִישׁ סוֹכוֹ קִבֵּל מִשִּׁמְעוֹן הַצַּדִּיק.
הוּא הָיָה אוֹמֵר:
אַל תִּהְיוּ כַּעֲבָדִים הַמְשַׁמְּשִׁין אֶת־הָרַב עַל מְנָת לְקַבֵּל פְּרָס,
אֶלָּא הֱווּ כַּעֲבָדִים הַמְשַׁמְּשִׁין אֶת־הָרַב שֶׁלֹּא עַל מְנָת לְקַבֵּל פְּרָס.
וִיהִי מוֹרָא שָׁמַיִם עֲלֵיכֶם.

ד יוֹסֵי בֶּן־יוֹעֶזֶר, אִישׁ צְרֵדָה,
וְיוֹסֵי בֶּן־יוֹחָנָן, אִישׁ יְרוּשָׁלַיִם, קִבְּלוּ מֵהֶם.
יוֹסֵי בֶּן־יוֹעֶזֶר, אִישׁ צְרֵדָה, אוֹמֵר:
יְהִי בֵיתְךָ בֵּית וַעַד לַחֲכָמִים, וֶהֱוֵי מִתְאַבֵּק בַּעֲפַר רַגְלֵיהֶם,
וֶהֱוֵי שׁוֹתֶה בְצָמָא אֶת־דִּבְרֵיהֶם.

PIRKEI AVOT

TEACHINGS OF THE SAGES

This passage is often read before each chapter of Pirkei Avot.

SANHEDRIN X:1

All Israel have a portion in the world-to-come, as it is written: "Your people shall all be righteous, they shall possess the land forever; they are a shoot of My planting, the work of My hands in whom I shall be glorified" (Isaiah 60:21).

CHAPTER 1

1 *Moses received Torah from God at Sinai.*
He transmitted it to Joshua,
Joshua to the Elders, the Elders to the Prophets,
the Prophets to the members of the Great Assembly.

They formulated three precepts:
Be cautious in rendering a decision,
rear many students,
and build a fence to protect Torah.

2 *Shimon Ha-Tzadik was one of the last members of the Great Assembly.*
This was a favorite teaching of his:
The world rests on three things —
on Torah, on service of God, on deeds of love.

3 *Antigonus, of Sokho, received the tradition from Shimon Ha-Tzaddik.*
This was a favorite teaching of his:
Do not be like servants who serve their master
expecting to receive a reward;
be rather like servants who serve their master unconditionally,
with no thought of reward.[1]
Also, let the fear of God determine your actions.

4 *Yose ben Yoezer, of Tz'redah, and Yose ben Yoḥanan, of Jerusalem, received the tradition from him.*
Yose ben Yoezer of Tz'redah, taught:
Make your home a regular meeting place for the scholars;
sit eagerly at their feet and thirstily drink their words.

1 See *Avot D'Rabbi Natan*, chapter 10, *Nusaḥ* B,
where the reading is עַל מְנַת שֶׁלֹּא לְקַבֵּל פְּרָס — "with expectation of no reward."

ה יוֹסֵי בֶּן־יוֹחָנָן, אִישׁ יְרוּשָׁלַיִם, אוֹמֵר:
יְהִי בֵיתְךָ פָּתוּחַ לָרְוָחָה, וְיִהְיוּ עֲנִיִּים בְּנֵי בֵיתֶךָ,
וְאַל תַּרְבֶּה שִׂיחָה עִם הָאִשָּׁה.
(בְּאִשְׁתּוֹ אָמְרוּ, קַל וָחֹמֶר בְּאֵשֶׁת חֲבֵרוֹ.
מִכָּאן אָמְרוּ חֲכָמִים:
כָּל־זְמַן שֶׁאָדָם מַרְבֶּה שִׂיחָה עִם הָאִשָּׁה גּוֹרֵם רָעָה לְעַצְמוֹ,
וּבוֹטֵל מִדִּבְרֵי תוֹרָה, וְסוֹפוֹ יוֹרֵשׁ גֵּיהִנָּם.)

ו יְהוֹשֻׁעַ בֶּן־פְּרַחְיָה וְנִתַּי הָאַרְבֵּלִי קִבְּלוּ מֵהֶם.
יְהוֹשֻׁעַ בֶּן־פְּרַחְיָה אוֹמֵר:
עֲשֵׂה לְךָ רַב, וּקְנֵה לְךָ חָבֵר,
וֶהֱוֵי דָן אֶת־כָּל־הָאָדָם לְכַף זְכוּת.

ז נִתַּי הָאַרְבֵּלִי אוֹמֵר:
הַרְחֵק מִשָּׁכֵן רָע,
וְאַל תִּתְחַבֵּר לָרָשָׁע,
וְאַל תִּתְיָאֵשׁ מִן הַפֻּרְעָנוּת.

ח יְהוּדָה בֶּן־טַבַּאי וְשִׁמְעוֹן בֶּן־שֶׁטַח קִבְּלוּ מֵהֶם.
יְהוּדָה בֶּן־טַבַּאי אוֹמֵר:
אַל תַּעַשׂ עַצְמְךָ כְּעוֹרְכֵי הַדַּיָּנִין,
וּכְשֶׁיִּהְיוּ בַּעֲלֵי הַדִּין עוֹמְדִים לְפָנֶיךָ, יִהְיוּ בְעֵינֶיךָ כִּרְשָׁעִים,
וּכְשֶׁנִּפְטָרִים מִלְּפָנֶיךָ, יִהְיוּ בְעֵינֶיךָ כְּזַכָּאִין,
כְּשֶׁקִּבְּלוּ עֲלֵיהֶם אֶת־הַדִּין.

ט שִׁמְעוֹן בֶּן־שֶׁטַח אוֹמֵר:
הֱוֵי מַרְבֶּה לַחְקֹר אֶת־הָעֵדִים, וֶהֱוֵי זָהִיר בִּדְבָרֶיךָ,
שֶׁמָּא מִתּוֹכָם יִלְמְדוּ לְשַׁקֵּר.

י שְׁמַעְיָה וְאַבְטַלְיוֹן קִבְּלוּ מֵהֶם.
שְׁמַעְיָה אוֹמֵר:
אֱהֹב אֶת־הַמְּלָאכָה, וּשְׂנָא אֶת־הָרַבָּנוּת, וְאַל תִּתְוַדַּע לָרָשׁוּת.

יא אַבְטַלְיוֹן אוֹמֵר:
חֲכָמִים, הִזָּהֲרוּ בְדִבְרֵיכֶם, שֶׁמָּא תָחוּבוּ חוֹבַת גָּלוּת
וְתִגְלוּ לִמְקוֹם מַיִם הָרָעִים, וְיִשְׁתּוּ הַתַּלְמִידִים הַבָּאִים אַחֲרֵיכֶם
וְיָמוּתוּ, וְנִמְצָא שֵׁם שָׁמַיִם מִתְחַלֵּל.

5 *Yose ben Yoḥanan, of Jerusalem, taught:*
Open wide the doors of your home
and make the poor welcome as members of your household;
do not engage in small talk with your wife.[2]
(Now if this be true for one's wife,
how much more does it apply to the wife of a friend!
Our sages derived a lesson from this:
One who engages in small talk with his wife harms himself;
he will neglect the study of Torah and, in the end, inherit Gehinom.)

6 *Y'hoshua ben P'raḥyah and Nitai, of Arbel,*
received the tradition from them.
Y'hoshua ben P'raḥyah taught:
Select a master-teacher for yourself;
acquire a colleague for study;
when you assess people, tip the balance in their favor.

7 *Nitai, of Arbel, taught:*
Keep far from an evil neighbor;
be not a partner with an evil person;
never despair of retribution for the wicked.

8 *Y'hudah ben Tabai and Shimon ben Shetaḥ*
received the tradition from them.
Y'hudah ben Tabai taught:
When serving as a judge,
do not play the role of counsel for either litigant;
when the litigants appear before you, deem them both guilty.
But when they depart, having accepted the verdict,
regard them both as innocent.

9 *Shimon ben Shetaḥ taught:*
Cross-examine the witnesses thoroughly,
but be careful in your choice of words
lest something you say lead them to testify falsely.

10 *Sh'mayah and Avtalyon received the tradition from them.*
Sh'mayah taught:
Love work; hate positions of domination;
do not make yourself known to the authorities.

11 *Avtalyon taught:*
Sages, be careful of what you say lest you be exiled by the authorities.
You may be exiled to a center of heretical sects,[3]
and your students (who will follow you there)
may imbibe their teachings and become apostates.[4]
You will thus be responsible for the desecration of God's name.

---

2 The term האשה refers to one's wife. See Genesis 3:13, Ecclesiastes 7:26.
3 מים is a favorite Rabbinic metaphor for Torah;
   מים רעים may be a metaphor for heretical teachings.
4 Literally, "they will die." Apostasy is equated with death.

יב הִלֵּל וְשַׁמַּאי קִבְּלוּ מֵהֶם.
הִלֵּל אוֹמֵר:
הֱוֵי מִתַּלְמִידָיו שֶׁל אַהֲרֹן —
אוֹהֵב שָׁלוֹם וְרוֹדֵף שָׁלוֹם, אוֹהֵב אֶת־הַבְּרִיּוֹת וּמְקָרְבָן לַתּוֹרָה.

יג הוּא הָיָה אוֹמֵר:
נְגַד שְׁמָא אֲבַד שְׁמֵהּ, וּדְלָא מוֹסִיף יְסוּף,
וּדְלָא יָלֵף קַטְלָא חַיָּב, וּדְאִשְׁתַּמַּשׁ בְּתָגָא חֲלַף.

יד הוּא הָיָה אוֹמֵר:
אִם אֵין אֲנִי לִי, מִי לִי?
וּכְשֶׁאֲנִי לְעַצְמִי, מָה אֲנִי?
וְאִם לֹא עַכְשָׁיו, אֵימָתַי?

טו שַׁמַּאי אוֹמֵר:
עֲשֵׂה תוֹרָתְךָ קֶבַע, אֱמוֹר מְעַט וַעֲשֵׂה הַרְבֵּה,
וֶהֱוֵי מְקַבֵּל אֶת־כָּל־הָאָדָם בְּסֵבֶר פָּנִים יָפוֹת.

טז רַבָּן גַּמְלִיאֵל אוֹמֵר:
עֲשֵׂה לְךָ רַב, וְהִסְתַּלֵּק מִן הַסָּפֵק, וְאַל תַּרְבֶּה לְעַשֵּׂר אוֹמָדוֹת.

יז שִׁמְעוֹן בְּנוֹ אוֹמֵר:
כָּל־יָמַי גָּדַלְתִּי בֵּין הַחֲכָמִים וְלֹא מָצָאתִי לַגּוּף טוֹב אֶלָּא שְׁתִיקָה,
וְלֹא הַמִּדְרָשׁ הוּא הָעִקָּר אֶלָּא הַמַּעֲשֶׂה.
וְכָל־הַמַּרְבֶּה דְבָרִים מֵבִיא חֵטְא.

יח רַבָּן שִׁמְעוֹן בֶּן־גַּמְלִיאֵל אוֹמֵר:
עַל שְׁלֹשָׁה דְבָרִים הָעוֹלָם עוֹמֵד —
עַל הַדִּין, וְעַל הָאֱמֶת, וְעַל הַשָּׁלוֹם,
שֶׁנֶּאֱמַר: אֱמֶת וּמִשְׁפַּט שָׁלוֹם שִׁפְטוּ בְּשַׁעֲרֵיכֶם.

At the end of each chapter of פרקי אבות, *the passage* *on page 280 is often read.*

12 *Hillel and Shammai received the tradition from them.*
Hillel taught:
Be a disciple of Aaron —
loving peace and pursuing peace,
loving your fellow creatures
and attracting them to the study of Torah.

13 *This was a favorite teaching of his:*
When you seek fame, you destroy your name.
Knowledge not increased is knowledge decreased;
one who does not study deserves to die,
and one who exploits Torah will perish.

14 *This was another favorite teaching of his:*
If I am not for me, who will be?
If I am for myself alone, what am I?
And if not now, when?

15 *Shammai taught:*
Make the study of Torah your primary occupation;
say little, do much,
and greet every person with a cheerful face.

16 *Rabban Gamliel taught:*
Select a master-teacher for yourself
so that you avoid doubtful decisions;
do not make a habit of tithing by estimate.

17 *His son, Shimon, taught:*
Throughout my life, I was raised among the scholars —
and I discovered that nothing becomes a person more than silence;
not study, but doing mitzvot is the essence of virtue;
excess in speech leads to sin.

18 *Rabban Shimon ben Gamliel taught:*
The world rests on three things:
On Justice, on Truth, and on Peace,[5]
as it is written: "With truth, justice, and peace
shall you judge in your gates" (Zechariah 8:16).

At the end of each chapter of Pirkei Avot,
the passage on page 280 is often read.

---

5   Some transpose the order to correspond with the proof text.

CHAPTER II

א רַבִּי אוֹמֵר:
אֵיזוֹ הִיא דֶרֶךְ יְשָׁרָה שֶׁיָּבוֹר לוֹ הָאָדָם?
כָּל־שֶׁהִיא תִפְאֶרֶת לְעֹשֶׂהוּ וְתִפְאֶרֶת לוֹ מִן הָאָדָם.

וֶהֱוֵי זָהִיר בְּמִצְוָה קַלָּה כְּבַחֲמוּרָה,
שֶׁאֵין אַתָּה יוֹדֵעַ מַתַּן שְׂכָרָן שֶׁל מִצְוֹת,

וֶהֱוֵי מְחַשֵּׁב הֶפְסֵד מִצְוָה כְּנֶגֶד שְׂכָרָהּ,
וּשְׂכַר עֲבֵרָה כְּנֶגֶד הֶפְסֵדָהּ.

וְהִסְתַּכֵּל בִּשְׁלֹשָׁה דְבָרִים וְאִי אַתָּה בָא לִידֵי עֲבֵרָה.
דַּע מַה לְּמַעְלָה מִמָּךְ:
עַיִן רוֹאָה, וְאֹזֶן שׁוֹמַעַת, וְכָל־מַעֲשֶׂיךָ בַּסֵּפֶר נִכְתָּבִין.

ב רַבָּן גַּמְלִיאֵל בְּנוֹ שֶׁל רַבִּי יְהוּדָה הַנָּשִׂיא אוֹמֵר:
יָפֶה תַלְמוּד תּוֹרָה עִם דֶּרֶךְ אֶרֶץ,
שֶׁיְּגִיעַת שְׁנֵיהֶם מְשַׁכַּחַת עָוֹן,
וְכָל־תּוֹרָה שֶׁאֵין עִמָּהּ מְלָאכָה סוֹפָהּ בְּטֵלָה וְגוֹרֶרֶת עָוֹן,
וְכָל־הָעוֹסְקִים עִם הַצִּבּוּר יִהְיוּ עוֹסְקִים עִמָּהֶם לְשֵׁם שָׁמַיִם,
שֶׁזְּכוּת אֲבוֹתָם מְסַיַּעְתָּן וְצִדְקָתָם עוֹמֶדֶת לָעַד.
וְאַתֶּם, מַעֲלֶה אֲנִי עֲלֵיכֶם שָׂכָר הַרְבֵּה כְּאִלּוּ עֲשִׂיתֶם.

ג הֱווּ זְהִירִין בָּרָשׁוּת, שֶׁאֵין מְקָרְבִין לוֹ לָאָדָם אֶלָּא לְצֹרֶךְ עַצְמָן.
נִרְאִין כְּאוֹהֲבִין בִּשְׁעַת הֲנָאָתָן,
וְאֵין עוֹמְדִין לוֹ לָאָדָם בִּשְׁעַת דָּחְקוֹ.

ד הוּא הָיָה אוֹמֵר:
עֲשֵׂה רְצוֹנוֹ כִּרְצוֹנְךָ כְּדֵי שֶׁיַּעֲשֶׂה רְצוֹנְךָ כִּרְצוֹנוֹ,
בַּטֵּל רְצוֹנְךָ מִפְּנֵי רְצוֹנוֹ כְּדֵי שֶׁיְּבַטֵּל רְצוֹן אֲחֵרִים מִפְּנֵי רְצוֹנֶךָ.

🌿 CHAPTER II

1 Rabbi[6] taught:
Which is the path of virtue a person should follow?
That which brings honor to one's Maker[7]
as well as respect from one's fellow human beings.

Be as attentive to a minor mitzvah as to a major one,
for you do not know the reward for each of the mitzvot.

Weigh the loss incurred in performing a mitzvah against the gain;
conversely, weigh the gain of an *aveirah* (sin) against the loss.

Ponder three things and you will avoid committing an *aveirah.*
Keep in mind what is above you:
An Eye that sees, an Ear that hears,
a Book in which all your deeds are recorded.

2 Rabban Gamliel, son of Rabbi Y'hudah Ha-Nasi, taught:
The study of Torah is commendable
when combined with a gainful occupation,
for when a person toils in both, sin is driven out of mind.
Study alone, without an occupation,
leads to idleness and ultimately to sin.
All who serve on behalf of the community
should do so for heaven's sake.
Their work will prosper
because the inherited merit of our ancestors endures forever.
God will abundantly reward them
as though they had achieved it all through their own efforts.

3 Another teaching of Rabban Gamliel:
Be wary of the authorities!
They do not befriend anyone unless it serves their own needs.
They appear as friend when it is to their advantage,
but do not stand by a person in an hour of need.

4 This was a favorite teaching of his:
Do God's will as though it were yours,
so that God will do your will as though it were His.
Nullify your will for God's,
that God may nullify the will of others for yours.

---

6 Rabbi Y'hudah Ha-Nasi, the compiler of the Mishnah.
7 Our text is based on the variant reading לְעֹשֵׂהוּ, rather than לְעֹשֶׂהָ.
   The Gaon of Vilna, in his commentary, cites as a proof text Proverbs 3:4.

ה הִלֵּל אוֹמֵר:
אַל תִּפְרוֹשׁ מִן הַצִּבּוּר, וְאַל תַּאֲמֵן בְּעַצְמְךָ עַד יוֹם מוֹתְךָ,
וְאַל תָּדִין אֶת־חֲבֵרְךָ עַד שֶׁתַּגִּיעַ לִמְקוֹמוֹ,
וְאַל תֹּאמַר דָּבָר שֶׁאִי אֶפְשָׁר לִשְׁמוֹעַ, שֶׁסּוֹפוֹ לְהִשָּׁמַע,
וְאַל תֹּאמַר לִכְשֶׁאֶפָּנֶה אֶשְׁנֶה, שֶׁמָּא לֹא תִפָּנֶה.

ו הוּא הָיָה אוֹמֵר:
אֵין בּוּר יְרֵא חֵטְא, וְלֹא עַם הָאָרֶץ חָסִיד, וְלֹא הַבַּיְשָׁן לָמֵד,
וְלֹא הַקַּפְּדָן מְלַמֵּד, וְלֹא כָל־הַמַּרְבֶּה בִסְחוֹרָה מַחְכִּים,
וּבִמְקוֹם שֶׁאֵין אֲנָשִׁים הִשְׁתַּדֵּל לִהְיוֹת אִישׁ.

ז אַף הוּא רָאָה גֻּלְגֹּלֶת אַחַת שֶׁצָּפָה עַל פְּנֵי הַמָּיִם. אָמַר לָהּ:
עַל דַּאֲטֵפְתְּ אֲטִיפוּךְ, וְסוֹף מְטִיפַיִךְ יְטוּפוּן.

ח הוּא הָיָה אוֹמֵר:
מַרְבֶּה בָשָׂר, מַרְבֶּה רִמָּה; מַרְבֶּה נְכָסִים, מַרְבֶּה דְאָגָה;
מַרְבֶּה נָשִׁים, מַרְבֶּה כְשָׁפִים; מַרְבֶּה שְׁפָחוֹת, מַרְבֶּה זִמָּה;
מַרְבֶּה עֲבָדִים, מַרְבֶּה גָזֵל.
מַרְבֶּה תוֹרָה, מַרְבֶּה חַיִּים, מַרְבֶּה יְשִׁיבָה, מַרְבֶּה חָכְמָה,
מַרְבֶּה עֵצָה, מַרְבֶּה תְבוּנָה, מַרְבֶּה צְדָקָה, מַרְבֶּה שָׁלוֹם.
קָנָה שֵׁם טוֹב קָנָה לְעַצְמוֹ,
קָנָה לוֹ דִבְרֵי תוֹרָה קָנָה לוֹ חַיֵּי הָעוֹלָם הַבָּא.

ט רַבָּן יוֹחָנָן בֶּן־זַכַּאי קִבֵּל מֵהִלֵּל וּמִשַּׁמַּאי.
הוּא הָיָה אוֹמֵר:
אִם לָמַדְתָּ תּוֹרָה הַרְבֵּה, אַל תַּחֲזִיק טוֹבָה לְעַצְמְךָ,
כִּי לְכָךְ נוֹצָרְתָּ.

י חֲמִשָּׁה תַלְמִידִים הָיוּ לוֹ לְרַבָּן יוֹחָנָן בֶּן־זַכַּאי, וְאֵלּוּ הֵן:
רַבִּי אֱלִיעֶזֶר בֶּן־הֻרְקְנוֹס, וְרַבִּי יְהוֹשֻׁעַ בֶּן־חֲנַנְיָה,
וְרַבִּי יוֹסֵי הַכֹּהֵן, וְרַבִּי שִׁמְעוֹן בֶּן־נְתַנְאֵל, וְרַבִּי אֶלְעָזָר בֶּן־עֲרָךְ.

יא הוּא הָיָה מוֹנֶה שִׁבְחָם:
רַבִּי אֱלִיעֶזֶר בֶּן־הֻרְקְנוֹס, בּוֹר סוּד שֶׁאֵינוֹ מְאַבֵּד טִפָּה,
רַבִּי יְהוֹשֻׁעַ בֶּן־חֲנַנְיָה, אַשְׁרֵי יוֹלַדְתּוֹ,
רַבִּי יוֹסֵי הַכֹּהֵן, חָסִיד,
רַבִּי שִׁמְעוֹן בֶּן־נְתַנְאֵל, יְרֵא חֵטְא,
רַבִּי אֶלְעָזָר בֶּן־עֲרָךְ, כְּמַעְיָן הַמִּתְגַּבֵּר.

5 *Hillel taught:*
Do not withdraw from the community.
Do not be sure of yourself till the day of your death;
do not judge your fellows till you stand in their situation.
Do not say "It is not possible to understand this,"
for ultimately it will be understood.
Do not say "When I have leisure, I will study,"
for you may never have leisure.

6 *This was a favorite teaching of his:*
A boor cannot be reverent; an ignoramus cannot be pious;
a shy person cannot learn; an ill-tempered person cannot teach;
not everyone engrossed in business learns wisdom.
Where there are no worthy persons, strive to be a worthy person.

7 *Another comment of Hillel,*
upon seeing a human skull floating on the water.
He addressed it thus:
Because you drowned others, they have drowned you;
in the end, they who drowned you shall be drowned.

8 *Another favorite teaching of his:*
More flesh, more worms; more possessions, more worries;
more wives, more witchcraft; more maidservants, more lewdness;
more menservants, more thievery.
However —
more Torah, more life;
more study with colleagues, more wisdom;
more counsel, more understanding;
more good deeds, more peace.

The acquisition of a good reputation brings personal gain,
but one who has acquired Torah has acquired eternal life.

9 *Rabbi Yoḥanan ben Zakkai received the tradition*
from Hillel and Shammai.
This was a favorite teaching of his:
If you have studied much Torah, take no special credit for it
since you were created for this very purpose.

10 *Rabbi Yoḥanan ben Zakkai had five disciples, namely:*
Rabbi Eliezer ben Hyrcanus, Rabbi Y'hoshua ben Ḥananiah, Rabbi
Yose Ha-Kohen, Rabbi Shimon ben N'tanel, Rabbi Elazar ben Arakh.

11 *This is how he characterized their merits:*
Rabbi Eliezer ben Hyrcanus: A plastered well that never loses a drop;
Rabbi Y'hoshua ben Ḥananiah: Happy the one who gave him birth;
Rabbi Yose Ha-Kohen: A saintly person;
Rabbi Shimon ben N'tanel: A pious person;
Rabbi Elazar ben Arakh: An ever-flowing fountain.

יב הוּא הָיָה אוֹמֵר:
אִם יִהְיוּ כָּל־חַכְמֵי־יִשְׂרָאֵל בְּכַף מֹאזְנַיִם,
וֶאֱלִיעֶזֶר בֶּן־הֻרְקְנוֹס בְּכַף שְׁנִיָּה, מַכְרִיעַ אֶת־כֻּלָּם.
אַבָּא שָׁאוּל אוֹמֵר מִשְּׁמוֹ:
אִם יִהְיוּ כָּל־חַכְמֵי־יִשְׂרָאֵל בְּכַף מֹאזְנַיִם,
וֶאֱלִיעֶזֶר בֶּן הֻרְקְנוֹס אַף עִמָּהֶם, וְאֶלְעָזָר בֶּן־עֲרָךְ בְּכַף שְׁנִיָּה,
מַכְרִיעַ אֶת־כֻּלָּם.

יג אָמַר לָהֶם:
צְאוּ וּרְאוּ אֵיזוֹהִי דֶּרֶךְ טוֹבָה שֶׁיִּדְבַּק בָּהּ הָאָדָם.

רַבִּי אֱלִיעֶזֶר אוֹמֵר: עַיִן טוֹבָה.
רַבִּי יְהוֹשֻׁעַ אוֹמֵר: חָבֵר טוֹב.
רַבִּי יוֹסֵי אוֹמֵר: שָׁכֵן טוֹב.
רַבִּי שִׁמְעוֹן אוֹמֵר: הָרוֹאֶה אֶת־הַנּוֹלָד.
רַבִּי אֶלְעָזָר אוֹמֵר: לֵב טוֹב.
אָמַר לָהֶם:
רוֹאֶה אֲנִי אֶת־דִּבְרֵי אֶלְעָזָר בֶּן־עֲרָךְ, שֶׁבִּכְלַל דְּבָרָיו דִּבְרֵיכֶם.

יד אָמַר לָהֶם:
צְאוּ וּרְאוּ אֵיזוֹהִי דֶּרֶךְ רָעָה שֶׁיִּתְרַחֵק מִמֶּנָּה הָאָדָם.
רַבִּי אֱלִיעֶזֶר אוֹמֵר: עַיִן רָעָה.
רַבִּי יְהוֹשֻׁעַ אוֹמֵר: חָבֵר רָע.
רַבִּי יוֹסֵי אוֹמֵר: שָׁכֵן רָע.
רַבִּי שִׁמְעוֹן אוֹמֵר: הַלֹּוֶה וְאֵינוֹ מְשַׁלֵּם (אֶחָד הַלֹּוֶה מִן הָאָדָם כְּלֹוֶה
מִן הַמָּקוֹם, שֶׁנֶּאֱמַר: לֹוֶה רָשָׁע וְלֹא יְשַׁלֵּם וְצַדִּיק חוֹנֵן וְנוֹתֵן).
רַבִּי אֶלְעָזָר אוֹמֵר: לֵב רָע.
אָמַר לָהֶם:
רוֹאֶה אֲנִי אֶת־דִּבְרֵי אֶלְעָזָר בֶּן־עֲרָךְ, שֶׁבִּכְלַל דְּבָרָיו דִּבְרֵיכֶם.

טו הֵם אָמְרוּ שְׁלֹשָׁה דְבָרִים.
רַבִּי אֱלִיעֶזֶר אוֹמֵר:
יְהִי כְבוֹד חֲבֵרְךָ חָבִיב עָלֶיךָ כְּשֶׁלָּךְ, וְאַל תְּהִי נוֹחַ לִכְעוֹס,
וְשׁוּב יוֹם אֶחָד לִפְנֵי מִיתָתְךָ.
(וֶהֱוֵי מִתְחַמֵּם כְּנֶגֶד אוּרָן שֶׁל חֲכָמִים, וֶהֱוֵי זָהִיר בְּגַחַלְתָּן
שֶׁלֹּא תִכָּוֶה, שֶׁנְּשִׁיכָתָן נְשִׁיכַת שׁוּעָל, וַעֲקִיצָתָן עֲקִיצַת עַקְרָב,
וּלְחִישָׁתָן לְחִישַׁת שָׂרָף, וְכָל־דִּבְרֵיהֶם כְּגַחֲלֵי אֵשׁ.)

12 *He added this comment about his disciples:*
If all the scholars of Israel were in one scale of a balance,
and Eliezer ben Hyrcanus in the other, he would outweigh them all.

Abba Shaul, in the name of Rabbi Yoḥanan, quoted him thus:
If all the scholars including Eliezer ben Hyrcanus
were in one scale of a balance, and Elazar ben Arakh in the other,
he would outweigh them all.

13 *He posed this question to his disciples:*
Look about you and tell me —
which is the way in life to which one should cleave?

Rabbi Eliezer said: A generous eye;
Rabbi Y'hoshua said: A good colleague;
Rabbi Yose said: A good neighbor;
Rabbi Shimon said: Foresight;[8]
Rabbi Elazar said: A generous heart.

Said he to them:
I prefer the answer of Elazar ben Arakh,
for his view includes all of yours.

14 *Rabbi Yoḥanan continued:*
Look about you and tell me —
which is the way in life that one should avoid:
Rabbi Eliezer said: A begrudging eye;
Rabbi Y'hoshua said: An evil colleague;
Rabbi Yose said: An evil neighbor;
Rabbi Shimon said: One who borrows and does not repay
[for borrowing from a person is like borrowing from God;
as it is said: "The wicked borrows and does not repay,
but the righteous one deals graciously and gives" (Psalm 37:21)];
Rabbi Elazar said: A begrudging heart.

Said he to them:
I prefer the answer of Elazar ben Arakh,
for his view includes all of yours.

15 *Each of the disciples taught three things.*
Rabbi Eliezer taught:
Cherish your colleague's honor as your own;
be not easily provoked to anger;
repent one day before your death.
(He is also quoted as saying: Warm yourself at the fire of the scholars,
but be wary of their glowing coals lest you be burnt.
Their bite is that of a fox; their sting that of a scorpion;
their hiss that of a serpent —
indeed, all their teachings are like live coals of fire.)

---

8 Literally, "one who sees the consequences of his deeds."

טז רַבִּי יְהוֹשֻׁעַ אוֹמֵר:
עַיִן הָרַע וְיֵצֶר הָרַע וְשִׂנְאַת־הַבְּרִיּוֹת
מוֹצִיאִין אֶת־הָאָדָם מִן הָעוֹלָם.

יז רַבִּי יוֹסֵי אוֹמֵר:
יְהִי מָמוֹן חֲבֵרְךָ חָבִיב עָלֶיךָ כְּשֶׁלָּךְ,
וְהַתְקֵן עַצְמְךָ לִלְמוֹד תּוֹרָה שֶׁאֵינָהּ יְרֻשָּׁה לָךְ,
וְכָל־מַעֲשֶׂיךָ יִהְיוּ לְשֵׁם שָׁמָיִם.

יח רַבִּי שִׁמְעוֹן אוֹמֵר:
הֱוֵי זָהִיר בִּקְרִיאַת־שְׁמַע וּבִתְפִלָּה,
וּכְשֶׁאַתָּה מִתְפַּלֵּל אַל תַּעַשׂ תְּפִלָּתְךָ קֶבַע
אֶלָּא רַחֲמִים וְתַחֲנוּנִים לִפְנֵי הַמָּקוֹם, שֶׁנֶּאֱמַר:
כִּי חַנּוּן וְרַחוּם הוּא, אֶרֶךְ אַפַּיִם וְרַב חֶסֶד וְנִחָם עַל הָרָעָה.
וְאַל תְּהִי רָשָׁע בִּפְנֵי עַצְמָךְ.

יט רַבִּי אֶלְעָזָר אוֹמֵר:
הֱוֵי שָׁקוּד לִלְמוֹד תּוֹרָה,
וְדַע מַה שֶׁתָּשִׁיב לְאַפִּיקוֹרוֹס, וְדַע לִפְנֵי מִי אַתָּה עָמֵל,
וְנֶאֱמָן הוּא בַּעַל מְלַאכְתְּךָ שֶׁיְּשַׁלֶּם לָךְ שְׂכַר פְּעֻלָּתָךְ.

כ רַבִּי טַרְפוֹן אוֹמֵר:
הַיּוֹם קָצָר, וְהַמְּלָאכָה מְרֻבָּה,
וְהַפּוֹעֲלִים עֲצֵלִים, וְהַשָּׂכָר הַרְבֵּה, וּבַעַל הַבַּיִת דּוֹחֵק.

כא הוּא הָיָה אוֹמֵר:
לֹא עָלֶיךָ הַמְּלָאכָה לִגְמוֹר, וְלֹא אַתָּה בֶן־חוֹרִין לִבָּטֵל מִמֶּנָּה.
אִם לָמַדְתָּ תּוֹרָה הַרְבֵּה, נוֹתְנִים לָךְ שָׂכָר הַרְבֵּה,
וְנֶאֱמָן הוּא בַּעַל מְלַאכְתְּךָ שֶׁיְּשַׁלֶּם לָךְ שְׂכַר פְּעֻלָּתָךְ,
וְדַע שֶׁמַּתַּן שְׂכָרָן שֶׁל צַדִּיקִים לֶעָתִיד לָבֹא.

At the end of each chapter of פרקי אבות*, the passage on page 280 is often read.*

16 Rabbi Y'hoshua taught:
The begrudging eye, the evil impulse,
and hatred of one's fellow human beings
will ruin a person's life.[9]

17 Rabbi Yose taught:
The property of others should be as precious to you as your own.
Perfect yourself in the study of Torah —
it will not come to you by inheritance;
let all your deeds be for heaven's sake.

18 Rabbi Shimon taught:
Be careful when you recite the Sh'ma and the Amidah.
When reciting the Amidah do not make your prayer
a prescribed routine but a plea for mercy and grace before God;
as it is said: "For God is gracious and merciful,
patient and abounding in love, taking pity on evildoers" (Joel 2:13).
Do not regard yourself as an evil person.

19 Rabbi Elazar taught:
Be diligent in the study of Torah;
be armed with knowledge to refute a heretic;
be aware for whom you labor,
and that your Employer can be relied upon
to reward your labors.

20 Rabbi Tarfon taught:
The day is short, the task is great,
the workers indolent, the reward bountiful,
and the Master insistent!

21 This was a favorite teaching of his:
You are not obliged to finish the task,
neither are you free to neglect it.
If you have studied much Torah, your reward will be abundant.
Your Employer can be relied upon to reward you for your labors.
Know, however, that the reward of the righteous
is in a future time.

*At the end of each chapter of Pirkei Avot,
the passage on page 280 is often read.*

---

9 Literally, "takes a person out of the world."

CHAPTER III

א עֲקַבְיָא בֶּן־מַהֲלַלְאֵל אוֹמֵר:
הִסְתַּכֵּל בִּשְׁלֹשָׁה דְבָרִים וְאֵין אַתָּה בָא לִידֵי עֲבֵרָה:
דַּע מֵאַיִן בָּאתָ, וּלְאָן אַתָּה הוֹלֵךְ,
וְלִפְנֵי מִי אַתָּה עָתִיד לִתֵּן דִּין וְחֶשְׁבּוֹן.
מֵאַיִן בָּאתָ? מִטִּפָּה סְרוּחָה.
וּלְאָן אַתָּה הוֹלֵךְ? לִמְקוֹם עָפָר, רִמָּה וְתוֹלֵעָה.
וְלִפְנֵי מִי אַתָּה עָתִיד לִתֵּן דִּין וְחֶשְׁבּוֹן?
לִפְנֵי מֶלֶךְ מַלְכֵי הַמְּלָכִים, הַקָּדוֹשׁ בָּרוּךְ הוּא.

ב רַבִּי חֲנַנְיָה סְגַן הַכֹּהֲנִים אוֹמֵר:
הֱוֵי מִתְפַּלֵּל בִּשְׁלוֹמָהּ שֶׁל מַלְכוּת,
שֶׁאִלְמָלֵא מוֹרָאָהּ אִישׁ אֶת־רֵעֵהוּ חַיִּים בְּלָעוֹ.

ג רַבִּי חֲנַנְיָא בֶּן־תְּרַדְיוֹן אוֹמֵר:
שְׁנַיִם שֶׁיּוֹשְׁבִין וְאֵין בֵּינֵיהֶן דִּבְרֵי תוֹרָה, הֲרֵי זֶה מוֹשַׁב לֵצִים,
שֶׁנֶּאֱמַר: וּבְמוֹשַׁב לֵצִים לֹא יָשָׁב.
אֲבָל שְׁנַיִם שֶׁיּוֹשְׁבִין וְיֵשׁ בֵּינֵיהֶן דִּבְרֵי תוֹרָה, שְׁכִינָה שְׁרוּיָה בֵינֵיהֶם,
שֶׁנֶּאֱמַר: אָז נִדְבְּרוּ יִרְאֵי יהוה אִישׁ אֶל רֵעֵהוּ, וַיַּקְשֵׁב יהוה וַיִּשְׁמָע,
וַיִּכָּתֵב סֵפֶר זִכָּרוֹן לְפָנָיו, לְיִרְאֵי יהוה וּלְחֹשְׁבֵי שְׁמוֹ.
אֵין לִי אֶלָּא שְׁנַיִם, מִנַּיִן שֶׁאֲפִילוּ אֶחָד שֶׁיּוֹשֵׁב וְעוֹסֵק בַּתּוֹרָה,
שֶׁהַקָּדוֹשׁ בָּרוּךְ הוּא קוֹבֵעַ לוֹ שָׂכָר?
שֶׁנֶּאֱמַר: יֵשֵׁב בָּדָד וְיִדֹּם כִּי נָטַל עָלָיו.

ד רַבִּי שִׁמְעוֹן אוֹמֵר:
שְׁלֹשָׁה שֶׁאָכְלוּ עַל שֻׁלְחָן אֶחָד וְלֹא אָמְרוּ עָלָיו דִּבְרֵי תוֹרָה,
כְּאִלּוּ אָכְלוּ מִזִּבְחֵי מֵתִים,
שֶׁנֶּאֱמַר: כִּי כָּל־שֻׁלְחָנוֹת מָלְאוּ קִיא צֹאָה בְּלִי מָקוֹם.
אֲבָל שְׁלֹשָׁה שֶׁאָכְלוּ עַל שֻׁלְחָן אֶחָד וְאָמְרוּ עָלָיו דִּבְרֵי תוֹרָה,
כְּאִלּוּ אָכְלוּ מִשֻּׁלְחָנוֹ שֶׁל מָקוֹם,
שֶׁנֶּאֱמַר: וַיְדַבֵּר אֵלַי, זֶה הַשֻּׁלְחָן אֲשֶׁר לִפְנֵי יהוה.

ה רַבִּי חֲנִנְיָה בֶּן־חֲכִינַאי אוֹמֵר:
הַנֵּעוֹר בַּלַּיְלָה, וְהַמְהַלֵּךְ בַּדֶּרֶךְ יְחִידִי וּמְפַנֶּה לִבּוֹ לְבַטָּלָה,
הֲרֵי זֶה מִתְחַיֵּב בְּנַפְשׁוֹ.

🌿 CHAPTER III

1 Akaviah ben Mahalalel taught:
Ponder three things and you will avoid falling into sin:
Know your origin, your destination,
and before whom you will be required to give an accounting.

Your origin? A putrid drop.
Your destination? A place of dust, worms, and maggots.
Before whom will you be required to give an accounting?
Before the Ruler of rulers, the Holy Exalted One.

2 Rabbi Ḥananiah, the Deputy High Priest, taught:
Pray for the welfare of the Government, for if people did not fear it,
they would swallow each other alive.

3 Rabbi Ḥananiah ben T'radyon taught:
When two persons meet and do not exchange words of Torah,
they are regarded as a company of scoffers; as it is written:
"Who joins not in the company of scoffers" (Psalm 1:1).
However, when two persons meet and exchange words of Torah,
the Shekhinah hovers over them; as it is written:
"Then those who fear Adonai conversed with one another;
Adonai listened and heard,
and a book of records was made before God,
of those who fear Adonai and cherish His name" (Malachi 3:16).
This verse implies two persons.
Where do we learn that even one person sitting alone,
studying Torah, is rewarded by the Holy Exalted One?
From the verse: "God shall sit alone and meditate quietly,
yet take a reward for it" (Lamentations 3:28).

4 Rabbi Shimon taught:
Three who dine at a table and do not exchange words of Torah
are considered as having eaten of idolatrous sacrifices;
as it is written: "For all the tables are filled with vomit and filth,
when God is absent" (Isaiah 28:8).

However, three who dine at a table and exchange words of Torah
are considered as having eaten at God's table; as it is written:
"And God spoke to me: 'This is the table before Adonai'" (Ezekiel 41:22).

5 Rabbi Ḥananiah ben Ḥakhinai taught:
Those who stay awake at night,
or who travel alone and turn their thoughts to trivial matters,
endanger their lives.

ו רַבִּי נְחוּנְיָא בֶּן־הַקָּנָה אוֹמֵר:
כָּל־הַמְקַבֵּל עָלָיו עוֹל תּוֹרָה
מַעֲבִירִין מִמֶּנּוּ עֹל מַלְכוּת וְעֹל דֶּרֶךְ אֶרֶץ,
וְכָל־הַפּוֹרֵק מִמֶּנּוּ עֹל תּוֹרָה
נוֹתְנִין עָלָיו עֹל מַלְכוּת וְעֹל דֶּרֶךְ אֶרֶץ.

ז רַבִּי חֲלַפְתָּא, אִישׁ כְּפַר חֲנַנְיָה, אוֹמֵר:
עֲשָׂרָה שֶׁיּוֹשְׁבִין וְעוֹסְקִין בַּתּוֹרָה, שְׁכִינָה שְׁרוּיָה בֵינֵיהֶם,
שֶׁנֶּאֱמַר: אֱלֹהִים נִצָּב בַּעֲדַת אֵל.
וּמִנַּיִן אֲפִילוּ חֲמִשָּׁה? שֶׁנֶּאֱמַר: וַאֲגֻדָּתוֹ עַל אֶרֶץ יְסָדָהּ.
וּמִנַּיִן אֲפִילוּ שְׁלֹשָׁה? שֶׁנֶּאֱמַר: בְּקֶרֶב אֱלֹהִים יִשְׁפֹּט.
וּמִנַּיִן אֲפִילוּ שְׁנַיִם? שֶׁנֶּאֱמַר: אָז נִדְבְּרוּ יִרְאֵי יהוה אִישׁ אֶל רֵעֵהוּ,
וַיַּקְשֵׁב יהוה וַיִּשְׁמָע.
וּמִנַּיִן אֲפִילוּ אֶחָד? שֶׁנֶּאֱמַר: בְּכָל־הַמָּקוֹם אֲשֶׁר אַזְכִּיר אֶת־שְׁמִי,
אָבֹא אֵלֶיךָ וּבֵרַכְתִּיךָ.

ח רַבִּי אֶלְעָזָר, אִישׁ בַּרְתּוֹתָא, אוֹמֵר:
תֶּן לוֹ מִשֶּׁלּוֹ, שֶׁאַתָּה וְשֶׁלְּךָ שֶׁלּוֹ.
וְכֵן בְּדָוִד הוּא אוֹמֵר:
כִּי מִמְּךָ הַכֹּל, וּמִיָּדְךָ נָתַנּוּ לָךְ.

ט רַבִּי יַעֲקֹב אוֹמֵר:
הַמְהַלֵּךְ בַּדֶּרֶךְ וְשׁוֹנֶה, וּמַפְסִיק מִמִּשְׁנָתוֹ וְאוֹמֵר, מַה נָּאֶה אִילָן זֶה,
מַה נָּאֶה נִיר זֶה, מַעֲלִין עָלָיו כְּאִלּוּ מִתְחַיֵּב בְּנַפְשׁוֹ.

י רַבִּי דוֹסְתַּאי בַּר יַנַּאי, מִשּׁוּם רַבִּי מֵאִיר, אוֹמֵר:
כָּל־הַשּׁוֹכֵחַ דָּבָר אֶחָד מִמִּשְׁנָתוֹ, מַעֲלֶה עָלָיו הַכָּתוּב
כְּאִלּוּ מִתְחַיֵּב בְּנַפְשׁוֹ, שֶׁנֶּאֱמַר: רַק הִשָּׁמֶר לְךָ וּשְׁמֹר נַפְשְׁךָ מְאֹד,
פֶּן תִּשְׁכַּח אֶת־הַדְּבָרִים אֲשֶׁר רָאוּ עֵינֶיךָ.
יָכוֹל, אֲפִילוּ תָקְפָה עָלָיו מִשְׁנָתוֹ?
תַּלְמוּד לוֹמַר: וּפֶן יָסוּרוּ מִלְּבָבְךָ כֹּל יְמֵי חַיֶּיךָ,
הָא אֵינוֹ מִתְחַיֵּב בְּנַפְשׁוֹ עַד שֶׁיֵּשֵׁב וִיסִירֵם מִלִּבּוֹ.

יא רַבִּי חֲנִינָא בֶּן־דּוֹסָא אוֹמֵר:
כָּל־שֶׁיִּרְאַת חֶטְאוֹ קוֹדֶמֶת לְחָכְמָתוֹ, חָכְמָתוֹ מִתְקַיֶּמֶת,
וְכָל־שֶׁחָכְמָתוֹ קוֹדֶמֶת לְיִרְאַת חֶטְאוֹ, אֵין חָכְמָתוֹ מִתְקַיֶּמֶת.

---

10 Literally, “the yoke of the Kingdom.”
11 The rabbinic metaphor דרך ארץ refers to “a worldly occupation.”

6 *Rabbi N'ḥunia ben Ha-Kanah taught:*
Whoever accepts the yoke of Torah will be spared
the burdens of citizenship[10] and of earning a livelihood;[11]
but whoever throws off the yoke of Torah will have to bear
the burdens of citizenship and of earning a livelihood.

7 *Rabbi Ḥalafta, of K'far Ḥananyah, taught:*
When ten persons sit together and study Torah,
the Shekhinah hovers over them;
as it is written: "God is present in the divine assembly" (Psalm 82:1).
Where do we learn that this applies also to five?
From the verse: "God has established His band on earth" (Amos 9:6).
Where do we learn that this applies also to three?
From the verse: "God judges in the midst of the judges" (Psalm 82:1).
Where do we learn that this applies also to two?
From the verse: "Then those who fear Adonai conversed
with one another, and Adonai listened and heard" (Malachi 3:16).
From where do we learn that this is true even of one?
From the verse: "In every place where I cause My name
to be mentioned, I will come to you and bless you" (Exodus 20:24).

8 *Rabbi Elazar of Bartota taught:*
Give God what is God's, for you and yours are God's.

This is also expressed by David: "For all things come from You,
and we give You only what is Yours" (I Chronicles 29:14).

9 *Rabbi Ya'akov taught:*
One engaged in study while strolling, who interrupted to remark,
"What a beautiful tree," or "What a lovely field,"
is considered as having committed a capital offense.[12]

10 *Rabbi Dostai bar Yanai, in the name of Rabbi Meir, taught:*
Whoever forgets a single word of the law
is considered as having committed a capital offense;
as it is written: "Take heed and guard well your soul
lest you forget the things your own eyes have seen" (Deuteronomy 4:9).

Does this apply to one who finds laws too difficult?
No, for the verse continues, "Lest they be removed from your heart
all the days of your life" (Deuteronomy 4:9).
This means that one is not guilty
unless one deliberately forgets.

11 *Rabbi Ḥanina ben Dosa taught:*
When one gives priority to reverence over wisdom,
that wisdom will be enduring;
but when one gives priority to wisdom over reverence,
that wisdom will not be enduring.

---

12 Literally, "liable even (at the cost) of life."

יב הוּא הָיָה אוֹמֵר:
כָּל־שֶׁמַּעֲשָׂיו מְרֻבִּין מֵחָכְמָתוֹ, חָכְמָתוֹ מִתְקַיֶּמֶת,
וְכָל־שֶׁחָכְמָתוֹ מְרֻבָּה מִמַּעֲשָׂיו, אֵין חָכְמָתוֹ מִתְקַיֶּמֶת.

יג הוּא הָיָה אוֹמֵר:
כָּל־שֶׁרוּחַ הַבְּרִיּוֹת נוֹחָה הֵימֶנּוּ, רוּחַ הַמָּקוֹם נוֹחָה הֵימֶנּוּ,
וְכָל־שֶׁאֵין רוּחַ הַבְּרִיּוֹת נוֹחָה הֵימֶנּוּ, אֵין רוּחַ הַמָּקוֹם נוֹחָה הֵימֶנּוּ.

יד רַבִּי דוֹסָא בֶּן־הַרְכִּינָס אוֹמֵר:
שֵׁנָה שֶׁל שַׁחֲרִית, וְיַיִן שֶׁל צָהֳרַיִם, וְשִׂיחַת הַיְלָדִים,
וִישִׁיבַת בָּתֵּי־כְנֵסִיּוֹת שֶׁל עַמֵּי־הָאָרֶץ,
מוֹצִיאִין אֶת־הָאָדָם מִן הָעוֹלָם.

טו רַבִּי אֶלְעָזָר הַמּוֹדָעִי אוֹמֵר:
הַמְחַלֵּל אֶת־הַקֳּדָשִׁים, וְהַמְבַזֶּה אֶת־הַמּוֹעֲדוֹת,
וְהַמַּלְבִּין פְּנֵי חֲבֵרוֹ בָּרַבִּים, וְהַמֵּפֵר בְּרִיתוֹ שֶׁל אַבְרָהָם אָבִינוּ,
וְהַמְגַלֶּה פָנִים בַּתּוֹרָה שֶׁלֹּא כַהֲלָכָה,
אַף עַל פִּי שֶׁיֵּשׁ בְּיָדוֹ תּוֹרָה וּמַעֲשִׂים טוֹבִים,
אֵין לוֹ חֵלֶק לָעוֹלָם הַבָּא.

טז רַבִּי יִשְׁמָעֵאל אוֹמֵר:
הֱוֵי קַל לָרֹאשׁ וְנוֹחַ לַתִּשְׁחֹרֶת,
וֶהֱוֵי מְקַבֵּל אֶת־כָּל־הָאָדָם בְּשִׂמְחָה.

יז רַבִּי עֲקִיבָא אוֹמֵר:
שְׂחוֹק וְקַלּוּת רֹאשׁ מַרְגִּילִין אֶת־הָאָדָם לָעֶרְוָה.
מָסֹרֶת סְיָג לַתּוֹרָה, מַעְשְׂרוֹת סְיָג לָעֹשֶׁר,
נְדָרִים סְיָג לַפְּרִישׁוּת, סְיָג לַחָכְמָה שְׁתִיקָה.

יח הוּא הָיָה אוֹמֵר:
חָבִיב אָדָם, שֶׁנִּבְרָא בְצֶלֶם, חִבָּה יְתֵרָה נוֹדַעַת לוֹ שֶׁנִּבְרָא בְּצֶלֶם,
שֶׁנֶּאֱמַר: בְּצֶלֶם אֱלֹהִים עָשָׂה אֶת־הָאָדָם.

חֲבִיבִין יִשְׂרָאֵל, שֶׁנִּקְרְאוּ בָנִים לַמָּקוֹם.
חִבָּה יְתֵרָה נוֹדַעַת לָהֶם שֶׁנִּקְרְאוּ בָנִים לַמָּקוֹם,
שֶׁנֶּאֱמַר: בָּנִים אַתֶּם לַיהוה אֱלֹהֵיכֶם.

12 *This was a favorite teaching of his:*
When one's good deeds exceed one's wisdom,
that wisdom will be enduring;
but when one's wisdom exceeds one's good deeds,
that wisdom will not be enduring.

13 *This was another favorite teaching of his:*
When one pleases one's fellow creatures, God is pleased;
when one does not please one's fellow creatures,
God is not pleased.

14 *Rabbi Dosa ben Harcinas taught:*
Morning sleep, midday wine, children's prattle,
loafing in the meeting places of the vulgar —[13]
all these will ruin a person's life.

15 *Rabbi Elazar Ha-Modai taught:*
A person who profanes the sacred,
despises the Festivals,
shames others publicly,
annuls the covenant of our father Abraham,[14]
and contemptuously perverts the meaning of Torah —
though steeped in learning and the performance of good deeds —
shall have no share in the world-to-come.

16 *Rabbi Yishmael taught:*
Be compliant with your seniors,[15] be affable with your juniors,[16]
and greet every person with a cheerful manner.

17 *Rabbi Akiva taught:*
Jesting and levity lead a person to lewdness.
Tradition is a protection for Torah;
tithing is a protection for wealth;
vows are a protection for abstinence;
silence is a protection for wisdom.

18 *This was a favorite teaching of his:*
Humans are beloved, for they were created in the image of God.
They are exceedingly beloved, for it was made known to them
that they were created in the Divine Image;
as it is written: "In the image of God were mortals made" (Genesis 9:6).

Israel is beloved, for they are called God's children.
They are exceedingly beloved for it was made known to them
that they are God's children; as it is written:
"You are children of Adonai your God" (Deuteronomy 14:1).

---

13 Literally, "people of the land" — a rabbinic metaphor for peasant, ignoramus.
14 This refers to the rite of circumcision and the practice, in ancient times,
    to remove surgically the sign of the covenant.
15 Literally, "chief" or "head person."
16 Literally, "time of one's youth."

חֲבִיבִין יִשְׂרָאֵל, שֶׁנִּתַּן לָהֶם כְּלִי חֶמְדָּה.
חִבָּה יְתֵרָה נוֹדַעַת לָהֶם שֶׁנִּתַּן לָהֶם כְּלִי חֶמְדָּה שֶׁבּוֹ נִבְרָא הָעוֹלָם
שֶׁנֶּאֱמַר: כִּי לֶקַח טוֹב נָתַתִּי לָכֶם, תּוֹרָתִי אַל תַּעֲזֹבוּ.

יט הַכֹּל צָפוּי, וְהָרְשׁוּת נְתוּנָה,
וּבְטוּב הָעוֹלָם נִדּוֹן, וְהַכֹּל לְפִי רֹב הַמַּעֲשֶׂה.

כ הוּא הָיָה אוֹמֵר:
הַכֹּל נָתוּן בָּעֵרָבוֹן, וּמְצוּדָה פְּרוּסָה עַל כָּל־הַחַיִּים.
הַחֲנוּת פְּתוּחָה, וְהַחֶנְוָנִי מַקִּיף, וְהַפִּנְקָס פָּתוּחַ, וְהַיָּד כּוֹתֶבֶת,
וְכָל־הָרוֹצֶה לִלְווֹת יָבֹא וְיִלְוֶה,
וְהַגַּבָּאִים מַחֲזִירִים תָּדִיר בְּכָל־יוֹם וְנִפְרָעִין מִן הָאָדָם,
מִדַּעְתּוֹ וְשֶׁלֹּא מִדַּעְתּוֹ, וְיֵשׁ לָהֶם עַל מַה שֶּׁיִּסְמֹכוּ.
וְהַדִּין דִּין אֱמֶת, וְהַכֹּל מְתֻקָּן לַסְּעוּדָה.

כא רַבִּי אֶלְעָזָר בֶּן־עֲזַרְיָה אוֹמֵר:
אִם אֵין תּוֹרָה אֵין דֶּרֶךְ אֶרֶץ, אִם אֵין דֶּרֶךְ אֶרֶץ אֵין תּוֹרָה.
אִם אֵין חָכְמָה אֵין יִרְאָה, אִם אֵין יִרְאָה אֵין חָכְמָה.
אִם אֵין בִּינָה אֵין דַּעַת, אִם אֵין דַּעַת אֵין בִּינָה,
אִם אֵין קֶמַח אֵין תּוֹרָה, אִם אֵין תּוֹרָה אֵין קֶמַח.

כב הוּא הָיָה אוֹמֵר:
כָּל־שֶׁחָכְמָתוֹ מְרֻבָּה מִמַּעֲשָׂיו, לְמַה הוּא דוֹמֶה?
לְאִילָן שֶׁעֲנָפָיו מְרֻבִּין וְשָׁרָשָׁיו מֻעָטִין,
וְהָרוּחַ בָּאָה וְעוֹקַרְתּוֹ וְהוֹפַכְתּוֹ עַל פָּנָיו,
שֶׁנֶּאֱמַר: וְהָיָה כְּעַרְעָר בָּעֲרָבָה וְלֹא יִרְאֶה כִּי יָבֹא טוֹב,
וְשָׁכַן חֲרֵרִים בַּמִּדְבָּר, אֶרֶץ מְלֵחָה וְלֹא תֵשֵׁב.
אֲבָל כָּל־שֶׁמַּעֲשָׂיו מְרֻבִּין מֵחָכְמָתוֹ, לְמַה הוּא דוֹמֶה?
לְאִילָן שֶׁעֲנָפָיו מֻעָטִין וְשָׁרָשָׁיו מְרֻבִּין
שֶׁאֲפִילוּ כָּל־הָרוּחוֹת שֶׁבָּעוֹלָם בָּאוֹת וְנוֹשְׁבוֹת בּוֹ,
אֵין מְזִיזוֹת אוֹתוֹ מִמְּקוֹמוֹ, שֶׁנֶּאֱמַר: וְהָיָה כְּעֵץ שָׁתוּל עַל מַיִם,
וְעַל יוּבַל יְשַׁלַּח שָׁרָשָׁיו וְלֹא יִרְאֶה כִּי יָבֹא חֹם, וְהָיָה עָלֵהוּ רַעֲנָן,
וּבִשְׁנַת בַּצֹּרֶת לֹא יִדְאָג, וְלֹא יָמִישׁ מֵעֲשׂוֹת פֶּרִי.

כג רַבִּי אֱלִיעֶזֶר חִסְמָא אוֹמֵר:
קִנִּין וּפִתְחֵי נִדָּה הֵן הֵן גּוּפֵי הֲלָכוֹת,
תְּקוּפוֹת וְגִמַטְרִיָּאוֹת פַּרְפְּרָאוֹת לַחָכְמָה.

At the end of each chapter of פרקי אבות, the passage on page 280 is often read.

Israel is beloved, for a precious instrument was given to them.
They are exceedingly beloved for it was made known to them
that they were given a precious instrument
with which the world was created; as it is written:
"For I give you good doctrine; forsake not My Torah" (Proverbs 4:2).

19 *Another teaching of Rabbi Akiva:*
Everything is foreseen, yet freedom of choice is granted.
The world is judged favorably, yet all depends
on the preponderance of good deeds.

20 *Yet another teaching of his:*
Everything is a loan against a pledge;
a net is spread over all the living.
The shop is open, the shopkeeper extends credit, the ledger is open,
the hand records, whoever would borrow may do so;
the collectors make their rounds daily, they exact payment
from everyone, with or without consent; they have a reliable record.
The verdict is a just one,
and everything is ready for the final accounting.

21 *Rabbi Elazar ben Azariah taught:*
No Torah, no worldly occupation; no worldly occupation, no Torah;
no wisdom, no piety; no piety, no wisdom;
no knowledge, no understanding; no understanding, no knowledge;
no sustenance, no Torah; no Torah, no sustenance.

22 *This was a favorite teaching of his:*
When one's wisdom exceeds one's good deeds, to what may such a
person be compared? To a tree with many branches but few roots. A
wind blows, uproots it and topples it over, as it is written, "Such a
one is like a desert scrub that never thrives but dwells unwatered in
the wilderness, in a salty, solitary land" (Jeremiah 17:6).

However, when one's good deeds exceed one's wisdom, to what may
that person be compared? To a tree with few branches but many
roots. All the winds of the world may blow against it, yet they cannot
move it from its place; as it is written: "Such a one is like a tree
planted by waters, spreading its roots by a stream. Untouched by
scorching heat, its foliage remains luxurious. It will have no concern
in a year of drought and will not cease to yield fruit" (Jeremiah 17:8).

23 *Rabbi Elazar Ḥisma taught:*
The laws relating to sacrifices of birds
and to the calculation of menstrual days
are the essentials of halakhah;
the study of equinoxes and mathematical calculations
constitute peripheral knowledge.

*At the end of each chapter of Pirkei Avot,
the passage on page 280 is often read.*

CHAPTER IV

א בֶּן־זוֹמָא אוֹמֵר:
אֵיזֶהוּ חָכָם? הַלּוֹמֵד מִכָּל־אָדָם,
שֶׁנֶּאֱמַר: מִכָּל־מְלַמְּדַי הִשְׂכַּלְתִּי.

אֵיזֶהוּ גִבּוֹר? הַכּוֹבֵשׁ אֶת־יִצְרוֹ,
שֶׁנֶּאֱמַר: טוֹב אֶרֶךְ אַפַּיִם מִגִּבּוֹר, וּמוֹשֵׁל בְּרוּחוֹ מִלֹּכֵד עִיר.

אֵיזֶהוּ עָשִׁיר? הַשָּׂמֵחַ בְּחֶלְקוֹ,
שֶׁנֶּאֱמַר: יְגִיעַ כַּפֶּיךָ כִּי תֹאכֵל, אַשְׁרֶיךָ וְטוֹב לָךְ.
(אַשְׁרֶיךָ בָּעוֹלָם הַזֶּה, וְטוֹב לָךְ לָעוֹלָם הַבָּא.)

אֵיזֶהוּ מְכֻבָּד? הַמְכַבֵּד אֶת־הַבְּרִיּוֹת,
שֶׁנֶּאֱמַר: כִּי מְכַבְּדַי אֲכַבֵּד וּבֹזַי יֵקָלּוּ.

ב בֶּן עַזַּאי אוֹמֵר:
הֱוֵי רָץ לְמִצְוָה קַלָּה כְּבַחֲמוּרָה, וּבוֹרֵחַ מִן הָעֲבֵרָה,
שֶׁמִּצְוָה גוֹרֶרֶת מִצְוָה וַעֲבֵרָה גוֹרֶרֶת עֲבֵרָה,
שֶׁשְּׂכַר מִצְוָה מִצְוָה, וּשְׂכַר עֲבֵרָה עֲבֵרָה.

ג הוּא הָיָה אוֹמֵר:
אַל תְּהִי בָז לְכָל־אָדָם, וְאַל תְּהִי מַפְלִיג לְכָל־דָּבָר,
שֶׁאֵין לָךְ אָדָם שֶׁאֵין לוֹ שָׁעָה, וְאֵין לָךְ דָּבָר שֶׁאֵין לוֹ מָקוֹם.

ד רַבִּי לְוִיטַס, אִישׁ יַבְנֶה, אוֹמֵר:
מְאֹד מְאֹד הֱוֵי שְׁפַל רוּחַ, שֶׁתִּקְוַת אֱנוֹשׁ רִמָּה.

ה רַבִּי יוֹחָנָן בֶּן־בְּרוֹקָא אוֹמֵר:
כָּל־הַמְחַלֵּל שֵׁם שָׁמַיִם בַּסֵּתֶר, נִפְרָעִין מִמֶּנּוּ בַּגָּלוּי.
אֶחָד שׁוֹגֵג וְאֶחָד מֵזִיד בְּחִלּוּל הַשֵּׁם.

ו רַבִּי יִשְׁמָעֵאל בְּנוֹ אוֹמֵר:
הַלּוֹמֵד עַל מְנָת לְלַמֵּד, מַסְפִּיקִין בְּיָדוֹ לִלְמֹד וּלְלַמֵּד,
וְהַלּוֹמֵד עַל מְנָת לַעֲשׂוֹת,
מַסְפִּיקִין בְּיָדוֹ לִלְמוֹד וּלְלַמֵּד לִשְׁמוֹר וְלַעֲשׂוֹת.

🥀 CHAPTER IV

1 *Ben Zoma taught:*
Who is wise? Those who learn from everyone; as it is written:
"From all my teachers have I gained understanding" (Psalm 119:99).

Who is mighty? Those who conquer their evil impulse;
as it is written: "One who is slow to anger
is better than the mighty, and one who rules over his spirit,
than one who conquers a city" (Proverbs 16:32).

Who is rich? Those who are content with their portion;
as it is written: "When you eat the labor of your hands,
happy will you be and all will be well with you" (Psalm 128:2).
("Happy will you be" refers to this world;
"all will be well with you" refers to the world-to-come.)

Who is honored? Those who honor all people;
as it is written: "Those who honor Me, I will honor;
but those who scorn Me will be despised" (I Samuel 2:30).

2 *Ben Azzai taught:*
Pursue even a minor mitzvah and flee from an *aveirah* (sin);
for one mitzvah generates another and one *aveirah* generates another.
Thus, the reward for a mitzvah is another mitzvah,
and the penalty for an *aveirah* is another *aveirah*.

3 *This was a favorite teaching of his:*
Do not disdain any person;
do not underrate the importance of any thing —
for there is no person who does not have his hour,
and there is no thing without its place in the sun.

4 *Rabbi L'vitas of Yavneh taught:*
Be exceedingly humble, for a mortal's only prospect is the grave.[17]

5 *Rabbi Yoḥanan ben B'roka taught:*
Whoever profanes God's name in secret
will be punished in public.
Whether it was done knowingly or unknowingly,
it is all the same when God's name is profaned.

6 *Rabbi Yishmael, his son, taught:*
A person who studies in order to teach
is given the opportunity both to study and to teach.

A person who studies in order to observe the mitzvot
is given the opportunity to study, to teach,
to observe the mitzvot, and to perform them.

---

17 Literally, "the worm."
   The grave is referred to as a place of "worms and maggots." See Pirkei Avot 3:1.

ז רַבִּי צָדוֹק אוֹמֵר:
אַל תַּעֲשֵׂם עֲטָרָה לְהִתְגַּדֵּל בָּהֶם וְלֹא קַרְדֹּם לַחְפֹּר בָּהֶם.
וְכָךְ הָיָה הִלֵּל אוֹמֵר: וְדִאִשְׁתַּמֵּשׁ בְּתָגָא חֲלָף.
הָא לָמַדְתָּ, כָּל־הַנֶּהֱנֶה מִדִּבְרֵי תוֹרָה נוֹטֵל חַיָּיו מִן הָעוֹלָם.

ח רַבִּי יוֹסֵי אוֹמֵר:
כָּל־הַמְכַבֵּד אֶת־הַתּוֹרָה, גּוּפוֹ מְכֻבָּד עַל הַבְּרִיּוֹת,
וְכָל־הַמְחַלֵּל אֶת־הַתּוֹרָה, גּוּפוֹ מְחֻלָּל עַל הַבְּרִיּוֹת.

ט רַבִּי יִשְׁמָעֵאל בְּנוֹ אוֹמֵר:
הַחוֹשֵׂךְ עַצְמוֹ מִן הַדִּין, פּוֹרֵק מִמֶּנּוּ אֵיבָה וְגָזֵל וּשְׁבוּעַת שָׁוְא,
וְהַגַּס לִבּוֹ בְּהוֹרָאָה, שׁוֹטֶה, רָשָׁע וְגַס רוּחַ.

י הוּא הָיָה אוֹמֵר:
אַל תְּהִי דָן יְחִידִי, שֶׁאֵין דָּן יְחִידִי אֶלָּא אֶחָד,
וְאַל תֹּאמַר קַבְּלוּ דַעְתִּי, שֶׁהֵן רַשָּׁאִין וְלֹא אַתָּה.

יא רַבִּי יוֹנָתָן אוֹמֵר:
כָּל־הַמְקַיֵּם אֶת־הַתּוֹרָה מֵעֹנִי סוֹפוֹ לְקַיְּמָהּ מֵעֹשֶׁר,
וְכָל־הַמְבַטֵּל אֶת־הַתּוֹרָה מֵעֹשֶׁר סוֹפוֹ לְבַטְּלָהּ מֵעֹנִי.

יב רַבִּי מֵאִיר אוֹמֵר:
הֱוֵי מְמַעֵט בְּעֵסֶק וַעֲסֹק בַּתּוֹרָה, וֶהֱוֵי שְׁפַל רוּחַ בִּפְנֵי כָל־אָדָם.
וְאִם בִּטַּלְתָּ מִן הַתּוֹרָה, יֶשׁ לָךְ בְּטֵלִים הַרְבֵּה כְּנֶגְדָּךְ,
וְאִם עָמַלְתָּ בַּתּוֹרָה, יֵשׁ לוֹ שָׂכָר הַרְבֵּה לִתֶּן לָךְ.

יג רַבִּי אֱלִיעֶזֶר בֶּן־יַעֲקֹב אוֹמֵר:
הָעוֹשֶׂה מִצְוָה אַחַת, קוֹנֶה לוֹ פְּרַקְלִיט אֶחָד,
וְהָעוֹבֵר עֲבֵרָה אַחַת, קוֹנֶה לוֹ קַטֵּגוֹר אֶחָד.
תְּשׁוּבָה וּמַעֲשִׂים טוֹבִים כִּתְרִיס בִּפְנֵי הַפֻּרְעָנוּת.

יד רַבִּי יוֹחָנָן הַסַּנְדְּלָר אוֹמֵר:
כָּל־כְּנֵסִיָּה שֶׁהִיא לְשֵׁם שָׁמַיִם סוֹפָהּ לְהִתְקַיֵּם,
וְשֶׁאֵינָהּ לְשֵׁם שָׁמַיִם אֵין סוֹפָהּ לְהִתְקַיֵּם.

7 *Rabbi Tzadok taught:*
Do not make Torah an ornament[18] for self-aggrandizement
nor a means for livelihood;[19]
for this is precisely what Hillel warned against:
"A person who uses Torah for personal gain perishes."

We may infer from this that a person who derives profit
from the words of Torah is foolishly self-destructive.

8 *Rabbi Yose taught:*
Whoever honors Torah will in turn be honored by others;
whoever dishonors Torah will in turn be dishonored by others.

9 *Rabbi Yishmael, his son, taught:*
A person who shuns the office of judge
avoids enmity, theft, and perjury; but one who treats
the judicial process lightly is a fool, wicked, and arrogant.

10 *This was a favorite teaching of his:*
Do not render decisions alone; there is but One who judges alone.
Never say to your colleagues: "You must adopt my view";
the prerogative is theirs, not yours to coerce.

11 *Rabbi Yonatan taught:*
Whoever, when poor, fulfills the obligation to study Torah,
will someday be wealthy and will continue to study;
but whoever, having wealth, neglects to study Torah,
will eventually be poor, and will still neglect to study.

12 *Rabbi Meir taught:*
Decrease your absorption in business and study Torah.
Be humble before all persons.
If you are idle in the study of Torah,
many idle things will distract you;
but if you toil in the study of Torah,
God has a rich reward in store for you.

13 *Rabbi Eliezer ben Yaakov taught:*
A person who performs a single mitzvah
acquires an advocate;
but a person who commits a single *aveirah* (sin)
acquires an accuser.
Repentance and good deeds serve as a shield[20] against punishment.

14 *Rabbi Yoḥanan Ha-Sandlar taught:*
Every assembly whose purpose is to serve God
will, in the end, be established;
but every assembly whose purpose is not for God's sake,
will not, in the end, be established.

18 Literally, "a crown."
19 Literally, "a spade to dig with."
20 Literally, "a fence."

טו רַבִּי אֶלְעָזָר בֶּן־שַׁמּוּעַ אוֹמֵר:
יְהִי כְבוֹד תַּלְמִידְךָ חָבִיב עָלֶיךָ כְּשֶׁלָּךְ,
וּכְבוֹד חֲבֵרְךָ כְּמוֹרָא רַבָּךְ, וּמוֹרָא רַבָּךְ כְּמוֹרָא שָׁמָיִם.

טז רַבִּי יְהוּדָה אוֹמֵר:
הֱוֵי זָהִיר בַּתַּלְמוּד, שֶׁשִּׁגְגַת תַּלְמוּד עוֹלָה זָדוֹן.

יז רַבִּי שִׁמְעוֹן אוֹמֵר:
שְׁלֹשָׁה כְתָרִים הֵם: כֶּתֶר תּוֹרָה וְכֶתֶר כְּהֻנָּה וְכֶתֶר מַלְכוּת,
וְכֶתֶר שֵׁם טוֹב עוֹלֶה עַל גַּבֵּיהֶן.

יח רַבִּי נְהוֹרַאי אוֹמֵר:
הֱוֵי גוֹלֶה לִמְקוֹם תּוֹרָה, וְאַל תֹּאמַר שֶׁהִיא תָבוֹא אַחֲרֶיךָ,
שֶׁחֲבֵרֶיךָ יְקַיְּמוּהָ בְיָדֶךָ, וְאֶל בִּינָתְךָ אַל תִּשָּׁעֵן.

יט רַבִּי יַנַּאי אוֹמֵר:
אֵין בְּיָדֵינוּ לֹא מִשַּׁלְוַת הָרְשָׁעִים, וְאַף לֹא מִיִּסּוּרֵי הַצַּדִּיקִים.

כ רַבִּי מַתְיָא בֶּן־חָרָשׁ אוֹמֵר:
הֱוֵי מַקְדִּים בִּשְׁלוֹם כָּל־אָדָם,
וֶהֱוֵי זָנָב לָאֲרָיוֹת וְאַל תְּהִי רֹאשׁ לְשֻׁעָלִים.

כא רַבִּי יַעֲקֹב אוֹמֵר:
הָעוֹלָם הַזֶּה דּוֹמֶה לַפְּרוֹזְדוֹר בִּפְנֵי הָעוֹלָם הַבָּא.
הַתְקֵן עַצְמְךָ בַּפְּרוֹזְדוֹר, כְּדֵי שֶׁתִּכָּנֵס לַטְּרַקְלִין.

כב הוּא הָיָה אוֹמֵר:
יָפָה שָׁעָה אַחַת בִּתְשׁוּבָה וּמַעֲשִׂים טוֹבִים בָּעוֹלָם הַזֶּה מִכָּל־חַיֵּי הָעוֹלָם הַבָּא, וְיָפָה שָׁעָה אַחַת שֶׁל קֹרַת רוּחַ בָּעוֹלָם הַבָּא מִכָּל־חַיֵּי הָעוֹלָם הַזֶּה.

כג רַבִּי שִׁמְעוֹן בֶּן־אֶלְעָזָר אוֹמֵר:
אַל תְּרַצֶּה אֶת־חֲבֵרְךָ בִּשְׁעַת כַּעְסוֹ,
וְאַל תְּנַחֲמֶנּוּ בְּשָׁעָה שֶׁמֵּתוֹ מֻטָּל לְפָנָיו,
וְאַל תִּשְׁאַל לוֹ בִּשְׁעַת נִדְרוֹ,
וְאַל תִּשְׁתַּדֵּל לִרְאוֹתוֹ בִּשְׁעַת קַלְקָלָתוֹ.

15 *Rabbi Elazar ben Shamua taught:*
The dignity of your student
should be as precious to you as your own;
the dignity of your colleague
should be as precious to you as your reverence for your teacher;
your reverence for your teacher
should be as great as your reverence for God.

16 *Rabbi Y'hudah taught:*
Study with great care,
for to err in teaching may be considered a deliberate sin.

17 *Rabbi Shimon taught:*
There are three crowns: The crown of Torah,
the crown of Priesthood, and the crown of Royalty.
The crown of a good name surpasses them all.

18 *Rabbi N'horai taught:*
Uproot yourself to live in a community where Torah is studied;
do not delude yourself that the Torah will come to you.
Only with colleagues can your studies be fortified.
Do not rely on your own understanding.

19 *Rabbi Yannai taught:*
The tranquility of the wicked and the suffering of the righteous —
these are beyond human understanding.

20 *Rabbi Mattia ben Ḥarash taught:*
Be the first to extend greetings to every human being.
Be a tail to lions rather than a head to foxes.

21 *Rabbi Yaakov taught:*
This world is compared to a foyer that leads to the world-to-come.
Prepare yourself in the foyer,
that you may be worthy to enter the main hall.

22 *This was a favorite teaching of his:*
Repentance and good deeds in this world, even for one hour,
are better than eternal life in the world-to-come;
nevertheless, one hour of bliss in the world-to-come
is more exquisite than all of life in this world.

23 *Rabbi Shimon ben Elazar taught:*
Do not pacify your colleague when his anger is raging;
do not comfort him when his dead lies before him;
do not challenge him at the time he makes his vow;
do not intrude upon him at the time of his disgrace.

כד שְׁמוּאֵל הַקָּטָן אוֹמֵר:
בִּנְפֹל אוֹיִבְךָ אַל-תִּשְׂמָח, וּבִכָּשְׁלוֹ אַל-יָגֵל לִבֶּךָ,
פֶּן יִרְאֶה יהוה וְרַע בְּעֵינָיו, וְהֵשִׁיב מֵעָלָיו אַפּוֹ.

כה אֱלִישָׁע בֶּן-אֲבוּיָה אוֹמֵר:
הַלּוֹמֵד יֶלֶד לְמַה הוּא דוֹמֶה? לִדְיוֹ כְתוּבָה עַל נְיָר חָדָשׁ.
וְהַלּוֹמֵד זָקֵן, לְמַה הוּא דוֹמֶה? לִדְיוֹ כְתוּבָה עַל נְיָר מָחוּק.

כו רַבִּי יוֹסֵי בַּר יְהוּדָה, אִישׁ כְּפַר הַבַּבְלִי, אוֹמֵר:
הַלּוֹמֵד מִן הַקְּטַנִּים, לְמַה הוּא דוֹמֶה?
לְאוֹכֵל עֲנָבִים קֵהוֹת
וְשׁוֹתֶה יַיִן מִגִּתּוֹ.
וְהַלּוֹמֵד מִן הַזְּקֵנִים, לְמַה הוּא דוֹמֶה?
לְאוֹכֵל עֲנָבִים בְּשׁוּלוֹת וְשׁוֹתֶה יַיִן יָשָׁן.

כז רַבִּי אוֹמֵר:
אַל תִּסְתַּכֵּל בַּקַּנְקַן אֶלָּא בַמֶּה שֶׁיֵּשׁ בּוֹ.
יֵשׁ קַנְקַן חָדָשׁ מָלֵא יָשָׁן, וְיָשָׁן שֶׁאֲפִילוּ חָדָשׁ אֵין בּוֹ.

כח רַבִּי אֶלְעָזָר הַקַּפָּר אוֹמֵר:
הַקִּנְאָה וְהַתַּאֲוָה וְהַכָּבוֹד מוֹצִיאִין אֶת-הָאָדָם מִן הָעוֹלָם.

כט הוּא הָיָה אוֹמֵר:
הַיִּלּוֹדִים לָמוּת, וְהַמֵּתִים לְהֵחָיוֹת, וְהַחַיִּים לִדּוֹן,
לֵידַע לְהוֹדִיעַ וּלְהִוָּדַע שֶׁהוּא אֵל.
הוּא הַיּוֹצֵר, הוּא הַבּוֹרֵא, הוּא הַמֵּבִין, הוּא הַדַּיָּן, הוּא עֵד,
הוּא בַּעַל דִּין, וְהוּא עָתִיד לָדוּן.
בָּרוּךְ הוּא, שֶׁאֵין לְפָנָיו לֹא עַוְלָה, וְלֹא שִׁכְחָה,
וְלֹא מַשּׂוֹא פָנִים, וְלֹא מִקַּח שֹׁחַד, שֶׁהַכֹּל שֶׁלּוֹ.
וְדַע, שֶׁהַכֹּל לְפִי הַחֶשְׁבּוֹן.
וְאַל יַבְטִיחֲךָ יִצְרְךָ שֶׁהַשְּׁאוֹל בֵּית מָנוֹס לָךְ.
שֶׁעַל כָּרְחֲךָ אַתָּה נוֹצָר, וְעַל כָּרְחֲךָ אַתָּה נוֹלָד,
וְעַל כָּרְחֲךָ אַתָּה חַי, וְעַל כָּרְחֲךָ אַתָּה מֵת,
וְעַל כָּרְחֲךָ אַתָּה עָתִיד לִתֵּן דִּין וְחֶשְׁבּוֹן לִפְנֵי מֶלֶךְ מַלְכֵי הַמְּלָכִים,
הַקָּדוֹשׁ בָּרוּךְ הוּא.

At the end of each chapter of פרקי אבות*, the passage on page 280 is often read.*

24 *Shmuel Ha-Katan quoted this verse:*
"Rejoice not when your enemy falls;
let not your heart be glad when he stumbles,
lest Adonai see it and be displeased —
and divert His wrath from your enemy to you" (Proverbs 24:17, 18).

25 *Elisha ben Abuyah taught:*
To what may we compare one who studies as a child?
To ink written on fresh paper.
To what may we compare one who studies in old age?
To ink written on blotted paper.

26 *Rabbi Yose bar Y'hudah, of K'far Bavli, taught:*
To what may we compare one who learns from the young?
To one who eats unripe grapes and drinks from the vat.
To what may we compare one who learns from the old?
To one who eats ripe grapes and drinks wine that is aged.

27 *Rabbi[21] taught:*
Do not look at the flask but at its contents.
You can find a new flask with old wine
and an old flask that does not hold even new wine.

28 *Rabbi Elazar Ha-Kappar taught:*
Envy, lust, and pursuit of honor will ruin a person's life.[22]

29 *These were favorite teachings of his:*
Those who are born will die; those who are dead will be revived.

The living will stand in judgment,
to make it known and have it acknowledged that it is God —
Designer, Creator, Discerner, Judge, Witness, Plaintiff —
who will render judgment in time to come:
The Exalted — with whom there is no iniquity, no forgetfulness,
no favoritism, and no bribery — for everything belongs to God.

Let it further be known that it (the judgment) is based
on an accounting of one's deeds,
and let not your imagination assure you
that death will provide you with an escape from judgment.

It was not your will that formed you,
nor was it your will that gave you birth;
it is not your will that makes you live,
and it is not your will that brings you death;
nor is it your will that some day in the future
you will have to give an accounting and a reckoning
before the Ruler of rulers, the Holy Exalted One.

*At the end of each chapter of Pirkei Avot,
the passage on page 280 is often read.*

---

21 Some manuscripts attribute this saying to Rabbi Meir.
22 Literally, "takes a person out of the world."

CHAPTER V

א בַּעֲשָׂרָה מַאֲמָרוֹת נִבְרָא הָעוֹלָם. וּמַה תַּלְמוּד לוֹמַר?
וַהֲלֹא בְּמַאֲמָר אֶחָד יָכוֹל לְהִבָּרְאוֹת?
אֶלָּא לְהִפָּרַע מִן הָרְשָׁעִים, שֶׁמְּאַבְּדִין אֶת־הָעוֹלָם
שֶׁנִּבְרָא בַּעֲשָׂרָה מַאֲמָרוֹת, וְלִתֵּן שָׂכָר טוֹב לַצַּדִּיקִים,
שֶׁמְּקַיְּמִין אֶת־הָעוֹלָם שֶׁנִּבְרָא בַּעֲשָׂרָה מַאֲמָרוֹת.

ב עֲשָׂרָה דוֹרוֹת מֵאָדָם עַד נֹחַ, לְהוֹדִיעַ כַּמָּה אֶרֶךְ אַפַּיִם לְפָנָיו,
שֶׁכָּל־הַדּוֹרוֹת הָיוּ מַכְעִיסִין לְפָנָיו
עַד שֶׁהֵבִיא עֲלֵיהֶם אֶת־מֵי הַמַּבּוּל.

ג עֲשָׂרָה דוֹרוֹת מִנֹּחַ עַד אַבְרָהָם, לְהוֹדִיעַ כַּמָּה אֶרֶךְ אַפַּיִם לְפָנָיו,
שֶׁכָּל־הַדּוֹרוֹת הָיוּ מַכְעִיסִין לְפָנָיו
עַד שֶׁבָּא אַבְרָהָם אָבִינוּ וְקִבֵּל שְׂכַר כֻּלָּם.

ד עֲשָׂרָה נִסְיוֹנוֹת נִתְנַסָּה אַבְרָהָם אָבִינוּ וְעָמַד בְּכֻלָּם,
לְהוֹדִיעַ כַּמָּה חִבָּתוֹ שֶׁל אַבְרָהָם אָבִינוּ.

ה עֲשָׂרָה נִסִּים נַעֲשׂוּ לַאֲבוֹתֵינוּ בְּמִצְרַיִם, וַעֲשָׂרָה עַל הַיָּם.
עֶשֶׂר מַכּוֹת הֵבִיא הַקָּדוֹשׁ בָּרוּךְ הוּא עַל הַמִּצְרִים בְּמִצְרַיִם
וַעֲשָׂרָה עַל הַיָּם.

ו עֲשָׂרָה נִסְיוֹנוֹת נִסּוּ אֲבוֹתֵינוּ אֶת־הַמָּקוֹם בָּרוּךְ הוּא בַּמִּדְבָּר,
שֶׁנֶּאֱמַר: וַיְנַסּוּ אֹתִי זֶה עֶשֶׂר פְּעָמִים, וְלֹא שָׁמְעוּ בְּקוֹלִי.

ז עֲשָׂרָה נִסִּים נַעֲשׂוּ לַאֲבוֹתֵינוּ בְּבֵית הַמִּקְדָּשׁ:
לֹא הִפִּילָה אִשָּׁה מֵרֵיחַ בְּשַׂר הַקֹּדֶשׁ,
וְלֹא הִסְרִיחַ בְּשַׂר הַקֹּדֶשׁ מֵעוֹלָם,
וְלֹא נִרְאָה זְבוּב בְּבֵית הַמִּטְבְּחַיִם,
וְלֹא אֵרַע קֶרִי לְכֹהֵן גָּדוֹל בְּיוֹם הַכִּפּוּרִים,
וְלֹא כִבּוּ גְשָׁמִים אֵשׁ שֶׁל עֲצֵי הַמַּעֲרָכָה,
וְלֹא נָצְחָה הָרוּחַ אֶת־עַמּוּד הֶעָשָׁן,
וְלֹא נִמְצָא פְסוּל בָּעֹמֶר וּבִשְׁתֵּי הַלֶּחֶם וּבְלֶחֶם הַפָּנִים,
עוֹמְדִים צְפוּפִים וּמִשְׁתַּחֲוִים רְוָחִים,
וְלֹא הִזִּיק נָחָשׁ וְעַקְרָב בִּירוּשָׁלַיִם מֵעוֹלָם,
וְלֹא אָמַר אָדָם לַחֲבֵרוֹ צַר לִי הַמָּקוֹם שֶׁאָלִין בִּירוּשָׁלַיִם.

CHAPTER V

1 The world was created by ten utterances.
Since it could have been created by one utterance,
what does this teach?
It teaches us that the punishment of the wicked,
who destroy a world created by ten utterances, is multiplied;
while the righteous, who preserve a world created by ten utterances,
are richly rewarded.

2 There were ten generations from Adam to Noah.
This demonstrates the extent of God's forbearance.
All these generations continually provoked God
until God brought the flood waters upon them.

3 There were ten generations from Noah to Abraham.
This, too, demonstrates the extent of divine forbearance.
All these generations continually provoked God,
until our father Abraham appeared
and received the reward that they had lost.

4 Our father Abraham was tested with ten trials
and he withstood them all.
This demonstrates our father Abraham's great love for God.

5 Ten miracles were performed for our ancestors in Egypt
and ten at the Sea.
The Holy Exalted One brought ten plagues
upon the Egyptians in Egypt and ten at the Sea.

6 Ten times our ancestors tested God's patience in the wilderness;
as it is written: "They have tested Me these ten times
and have not listened to My voice" (Numbers 14:22).

7 Ten miracles were performed for our ancestors in the Temple:
No woman miscarried from the scent of the sacrificial meat;
the sacrificial meat never became putrid;
no fly was ever seen in the slaughter house;
the High Priest never became ritually impure on Yom Kippur;
the rains never extinguished the fire of the woodpile;
no wind dispersed the column of smoke;
no defect was found
in the Omer, the Two Loaves, or the Showbread.
The people stood pressed together, yet knelt in ease;
no scorpion or serpent ever injured anyone in Jerusalem;
no one complained: "It is too crowded for me
to lodge overnight in Jerusalem."

ח עֲשָׂרָה דְבָרִים נִבְרְאוּ בְּעֶרֶב שַׁבָּת בֵּין הַשְּׁמָשׁוֹת, וְאֵלּוּ הֵן:
פִּי הָאָרֶץ, פִּי הַבְּאֵר, פִּי הָאָתוֹן,
הַקֶּשֶׁת, וְהַמָּן, וְהַמַּטֶּה, וְהַשָּׁמִיר,
וְהַכְּתָב, וְהַמִּכְתָּב, וְהַלֻּחוֹת.

וְיֵשׁ אוֹמְרִים: אַף הַמַּזִּיקִין, וּקְבוּרָתוֹ שֶׁל מֹשֶׁה,
וְאֵילוֹ שֶׁל אַבְרָהָם אָבִינוּ.
וְיֵשׁ אוֹמְרִים: אַף צְבָת בִּצְבָת עֲשׂוּיָה.

ט שִׁבְעָה דְבָרִים בַּגֹּלֶם, וְשִׁבְעָה בֶּחָכָם:
חָכָם אֵינוֹ מְדַבֵּר בִּפְנֵי מִי שֶׁהוּא גָדוֹל מִמֶּנּוּ בְּחָכְמָה וּבְמִנְיָן,
וְאֵינוֹ נִכְנָס לְתוֹךְ דִּבְרֵי חֲבֵרוֹ, וְאֵינוֹ נִבְהָל לְהָשִׁיב,
שׁוֹאֵל כְּעִנְיָן וּמֵשִׁיב כַּהֲלָכָה,
וְאוֹמֵר עַל רִאשׁוֹן רִאשׁוֹן וְעַל אַחֲרוֹן אַחֲרוֹן,
וְעַל מַה שֶׁלֹּא שָׁמַע אוֹמֵר לֹא שָׁמַעְתִּי,
וּמוֹדֶה עַל הָאֱמֶת; וְחִלּוּפֵיהֶן בַּגֹּלֶם.

י שִׁבְעָה מִינֵי פֻרְעָנִיּוֹת בָּאִין לָעוֹלָם עַל שִׁבְעָה גוּפֵי עֲבֵרָה:
מִקְצָתָן מְעַשְּׂרִין וּמִקְצָתָן אֵינָן מְעַשְּׂרִין, רָעָב שֶׁל בַּצֹּרֶת בָּא;
מִקְצָתָן רְעֵבִים וּמִקְצָתָן שְׂבֵעִים.
גָּמְרוּ שֶׁלֹּא לְעַשֵּׂר, רָעָב שֶׁל מְהוּמָה וְשֶׁל בַּצֹּרֶת בָּא,
וְשֶׁלֹּא לִטּוֹל אֶת־הַחַלָּה, רָעָב שֶׁל כְּלָיָה בָּא.
דֶּבֶר בָּא לָעוֹלָם עַל מִיתוֹת הָאֲמוּרוֹת בַּתּוֹרָה
שֶׁלֹּא נִמְסְרוּ לְבֵית דִּין, וְעַל פֵּרוֹת שְׁבִיעִית.
חֶרֶב בָּאָה לָעוֹלָם עַל עִנּוּי הַדִּין,
וְעַל עִוּוּת הַדִּין, וְעַל הַמּוֹרִים בַּתּוֹרָה שֶׁלֹּא כַהֲלָכָה.
חַיָּה רָעָה בָּאָה לָעוֹלָם עַל שְׁבוּעַת שָׁוְא וְעַל חִלּוּל הַשֵּׁם.
גָּלוּת בָּאָה לָעוֹלָם עַל עֲבוֹדָה זָרָה,
וְעַל גִּלּוּי עֲרָיוֹת, וְעַל שְׁפִיכַת דָּמִים, וְעַל הַשְׁמָטַת הָאָרֶץ.

23 Korah and his followers were swallowed by the earth (Numbers 16).
24 The Israelites drank water from this well in the wilderness (Numbers 12:16).
25 Balaam's ass had the power of speech (Numbers 22).
26 After the Flood, Noah saw a rainbow as a sign of God's covenant (Genesis 9:13).
27 In Egypt, Moses used a rod to bring about certain signs (Exodus 4:17).
28 A legendary worm that could eat the hardest stone.

8 *Ten things were created on the eve of the Sabbath (of Creation),
at twilight:*
the mouth of the earth,[23] the mouth of the well,[24]
the speech of the ass,[25] the rainbow,[26] the manna, the rod,[27]
the shamir,[28] the script,[29] the writing instrument,[30] the tablets.

Others add: the demons, the burial place of Moses,
the ram for our father Abraham.
Some add: tongs, which must be made with tongs.[31]

9 *There are seven characteristics that typify the clod
and seven the wise person:*
The wise person does not speak
in the presence of one who is wiser;
does not interrupt a friend's words, does not reply in haste,
asks what is relevant, answers to the point;
replies to questions in orderly sequence;[32]
when appropriate, concedes that, "I have not heard this,"
and acknowledges the truth.
The opposite of these typify the clod.

10 *There are seven kinds of calamity visited upon the world
for seven classes of aveirot* (sins):
A famine, brought on by drought,
comes when some tithe and others do not —
so that some go hungry while others have plenty.

A famine of tumult brought on by drought comes
when everyone resolves not to tithe;
a famine of extermination comes
when everyone resolves not to set aside the ḥallah dough.

Pestilence comes to the world when capital offenses
enumerated in the Torah are not adjudicated in court;
and also when the laws of the seventh year fruits are violated.

The sword descends upon the world when there is a delay of justice,
or a perversion of justice, and also when Torah
is not interpreted in accordance with the Halakhah.

Wild beasts are set loose in the world when perjury is committed
and God's name thereby is profaned.

Homelessness is visited upon the peoples of the world
when there is idolatry, incest, bloodshed,
and violation of the laws of *shemittah*.[33]

---

29 The writing on the Tablets.
30 The writing instrument with which the Tablets were lettered.
31 The first tongs, therefore, had to be created by God.
32 Literally, "first questions first, last ones last."
33 For laws of *shemittah*, see Leviticus 25:1ff.

יא בְּאַרְבָּעָה פְרָקִים הַדֶּבֶר מִתְרַבֶּה:
בָּרְבִיעִית, וּבַשְּׁבִיעִית, וּבְמוֹצָאֵי שְׁבִיעִית,
וּבְמוֹצָאֵי הֶחָג שֶׁבְּכָל־שָׁנָה וְשָׁנָה.
בָּרְבִיעִית, מִפְּנֵי מַעֲשַׂר עָנִי שֶׁבַּשְּׁלִישִׁית;
בַּשְּׁבִיעִית, מִפְּנֵי מַעֲשַׂר עָנִי שֶׁבַּשִּׁשִּׁית;
בְּמוֹצָאֵי שְׁבִיעִית, מִפְּנֵי פֵּרוֹת שְׁבִיעִית;
בְּמוֹצָאֵי הֶחָג שֶׁבְּכָל־שָׁנָה וְשָׁנָה, מִפְּנֵי גֶזֶל מַתְּנוֹת עֲנִיִּים.

יב אַרְבַּע מִדּוֹת בָּאָדָם:
הָאוֹמֵר: שֶׁלִּי שֶׁלִּי וְשֶׁלְּךָ שֶׁלָּךְ, זוֹ מִדָּה בֵינוֹנִית,
וְיֵשׁ אוֹמְרִים: זוֹ מִדַּת סְדוֹם.
שֶׁלִּי שֶׁלְּךָ וְשֶׁלְּךָ שֶׁלִּי, עַם הָאָרֶץ,
שֶׁלִּי שֶׁלְּךָ וְשֶׁלְּךָ שֶׁלָּךְ, חָסִיד,
שֶׁלְּךָ שֶׁלִּי וְשֶׁלִּי שֶׁלִּי, רָשָׁע.

יג אַרְבַּע מִדּוֹת בְּדֵעוֹת:
נוֹחַ לִכְעוֹס וְנוֹחַ לִרְצוֹת, יָצָא שְׂכָרוֹ בְּהֶפְסֵדוֹ,
קָשֶׁה לִכְעוֹס וְקָשֶׁה לִרְצוֹת, יָצָא הֶפְסֵדוֹ בִּשְׂכָרוֹ.
קָשֶׁה לִכְעוֹס וְנוֹחַ לִרְצוֹת, חָסִיד,
נוֹחַ לִכְעוֹס וְקָשֶׁה לִרְצוֹת, רָשָׁע.

יד אַרְבַּע מִדּוֹת בַּתַּלְמִידִים:
מַהֵר לִשְׁמוֹעַ וּמַהֵר לְאַבֵּד, יָצָא שְׂכָרוֹ בְּהֶפְסֵדוֹ.
קָשֶׁה לִשְׁמוֹעַ וְקָשֶׁה לְאַבֵּד, יָצָא הֶפְסֵדוֹ בִּשְׂכָרוֹ.
מַהֵר לִשְׁמוֹעַ וְקָשֶׁה לְאַבֵּד, חָכָם,
קָשֶׁה לִשְׁמוֹעַ וּמַהֵר לְאַבֵּד, זֶה חֵלֶק רָע.

טו אַרְבַּע מִדּוֹת בְּנוֹתְנֵי צְדָקָה:
הָרוֹצֶה שֶׁיִּתֵּן וְלֹא יִתְּנוּ אֲחֵרִים, עֵינוֹ רָעָה בְּשֶׁל אֲחֵרִים.
יִתְּנוּ אֲחֵרִים וְהוּא לֹא יִתֵּן, עֵינוֹ רָעָה בְּשֶׁלּוֹ.
יִתֵּן וְיִתְּנוּ אֲחֵרִים, חָסִיד,
לֹא יִתֵּן וְלֹא יִתְּנוּ אֲחֵרִים, רָשָׁע.

11 *At four periods (during the seven-year cycle),*
pestilence is on the increase: The fourth year, the seventh year,
the close of the seventh year, and annually
at the close of the Sukkot Festival.
In the fourth year, because of the poor-tithe due in the third year;
in the seventh year, because of the poor-tithe due in the sixth year;
at the close of the seventh year, because of the fruits of that year;
at the close of the Sukkot festival, annually,
because of robbing the poor of their gifts.[34]

12 *There are four character traits among people. Some say:*
"Mine is mine and yours is yours" — this is the average trait.
(However, some say this trait is characteristic of Sodom.)
"Mine is yours and yours is mine" — the trait of a peasant;
"Mine is yours and yours is yours" — the trait of the saintly;
"Yours is mine and mine is mine" — the trait of a scoundrel.

13 *There are four kinds of temperaments:*
Those who are easy to provoke and easy to appease —
their gain is canceled by their loss;
those who are difficult to provoke and difficult to appease —
their loss is canceled by their gain;
those who are difficult to provoke and easy to appease —
they are saintly;
those who are easy to provoke and difficult to appease —
they are scoundrels.

14 *There are four types of students:*
Those who are quick to understand but quick to forget —
their gain is canceled by their loss;
those who understand with difficulty but forget with difficulty —
their loss is canceled by their gain;
those who are quick to understand and forget with difficulty —
they are wise;
those who understand with difficulty and are quick to forget —
they have bad fortune.

15 *There are four types among those who give tz'dakah:*
Those who want to give but do not want others to give —
they begrudge their fellow human beings the mitzvah;
those who want others to give but refuse themselves to give —
they are miserly;
those who want to give and also want others to give —
they are saintly;
those who do not want others to give and themselves do not give —
they are scoundrels.

---

34 For laws of gifts to the poor, see Leviticus 29:9-11.

טז אַרְבַּע מִדּוֹת בְּהוֹלְכֵי לְבֵית הַמִּדְרָשׁ:
הוֹלֵךְ וְאֵינוֹ עוֹשֶׂה, שְׂכַר הֲלִיכָה בְּיָדוֹ.
עוֹשֶׂה וְאֵינוֹ הוֹלֵךְ, שְׂכַר מַעֲשֶׂה בְּיָדוֹ.
הוֹלֵךְ וְעוֹשֶׂה, חָסִיד,
לֹא הוֹלֵךְ וְלֹא עוֹשֶׂה, רָשָׁע.

יז אַרְבַּע מִדּוֹת בְּיוֹשְׁבִים לִפְנֵי חֲכָמִים:
סְפוֹג, וּמַשְׁפֵּךְ, מְשַׁמֶּרֶת, וְנָפָה.
סְפוֹג, שֶׁהוּא סוֹפֵג אֶת־הַכֹּל.
מַשְׁפֵּךְ, שֶׁמַּכְנִיס בָּזוֹ וּמוֹצִיא בָּזוֹ.
מְשַׁמֶּרֶת, שֶׁמּוֹצִיאָה אֶת־הַיַּיִן וְקוֹלֶטֶת אֶת־הַשְּׁמָרִים.
וְנָפָה, שֶׁמּוֹצִיאָה אֶת־הַקֶּמַח וְקוֹלֶטֶת אֶת־הַסֹּלֶת.

יח כָּל־אַהֲבָה שֶׁהִיא תְלוּיָה בְדָבָר, בָּטֵל דָּבָר בְּטֵלָה אַהֲבָה,
וְשֶׁאֵינָהּ תְּלוּיָה בְדָבָר, אֵינָהּ בְּטֵלָה לְעוֹלָם.
אֵיזוֹ הִיא אַהֲבָה הַתְּלוּיָה בְדָבָר? זוֹ אַהֲבַת אַמְנוֹן וְתָמָר.
וְשֶׁאֵינָהּ תְּלוּיָה בְדָבָר? זוֹ אַהֲבַת דָּוִד וִיהוֹנָתָן.

יט כָּל־מַחֲלֹקֶת שֶׁהִיא לְשֵׁם שָׁמַיִם, סוֹפָהּ לְהִתְקַיֵּם,
וְשֶׁאֵינָהּ לְשֵׁם שָׁמַיִם, אֵין סוֹפָהּ לְהִתְקַיֵּם.
אֵיזוֹ הִיא מַחֲלֹקֶת שֶׁהִיא לְשֵׁם שָׁמַיִם?
זוֹ מַחֲלֹקֶת הִלֵּל וְשַׁמַּאי.
וְשֶׁאֵינָהּ לְשֵׁם שָׁמַיִם? זוֹ מַחֲלֹקֶת קֹרַח וְכָל־עֲדָתוֹ.

כ כָּל־הַמְזַכֶּה אֶת־הָרַבִּים, אֵין חֵטְא בָּא עַל יָדוֹ,
וְכָל־הַמַּחֲטִיא אֶת־הָרַבִּים, אֵין מַסְפִּיקִין בְּיָדוֹ לַעֲשׂוֹת תְּשׁוּבָה.
מֹשֶׁה זָכָה וְזִכָּה אֶת־הָרַבִּים, זְכוּת הָרַבִּים תְּלוּיָה בוֹ,
שֶׁנֶּאֱמַר: צִדְקַת יהוה עָשָׂה, וּמִשְׁפָּטָיו עִם יִשְׂרָאֵל.
יָרָבְעָם (בֶּן־נְבָט) חָטָא וְהֶחֱטִיא אֶת־הָרַבִּים,
חֵטְא הָרַבִּים תָּלוּי בוֹ,
שֶׁנֶּאֱמַר: עַל חַטֹּאות יָרָבְעָם אֲשֶׁר חָטָא
וַאֲשֶׁר הֶחֱטִיא אֶת־יִשְׂרָאֵל.

כא כָּל־מִי שֶׁיֵּשׁ בּוֹ שְׁלֹשָׁה דְבָרִים הַלָּלוּ
מִתַּלְמִידָיו שֶׁל אַבְרָהָם אָבִינוּ,
וּשְׁלֹשָׁה דְבָרִים אֲחֵרִים, מִתַּלְמִידָיו שֶׁל בִּלְעָם הָרָשָׁע:

16 There are four types among those who attend the house of study:
Those who attend but do not practice mitzvot —
they receive a reward for their attendance;
those who practice mitzvot but do not attend regularly —
they receive a reward for their performance;
those who attend and practice mitzvot —
they are saintly;
those who neither attend nor practice mitzvot —
they are scoundrels.

17 There are four types among those who study with the sages:
The sponge, the funnel, the strainer, the sifter.
The sponge — absorbs everything.
The funnel — in one end and out the other.
The strainer — passes the wine, retains the dregs.
The sifter — removes the chaff, retains the groats.

18 When love depends on achieving a certain goal,
love vanishes when that goal is achieved;
but a love that is not dependent on any goal never vanishes.

What is an example of love which is conditional?
The love of Amnon for Tamar.[35]
What is an example of an unconditional love?
The love of David and Jonathan.[36]

19 A controversy for heaven's sake will have lasting value,
but a controversy not for heaven's sake will not endure.

What is an example of a controversy for heaven's sake?
The debates of Hillel and Shammai.[37]
What is an example of a controversy not for heaven's sake?
The rebellion of Koraḥ and his associates.[38]

20 If one leads many people to a life of righteousness,
no transgression will follow,
but if one leads many people into a life of sin,
no amount of repentance can avail.

Moses was righteous and led his people to a life of righteousness;
therefore, the merit of the people is attributed to him;
as it is written: "He achieved the righteousness of Adonai
and God's ordinances with Israel" (Deuteronomy 33:21).

Jeroboam was a sinner and led his people into a life of sin;
therefore the sin of the people is attributed to him;
as it is written: "For the sins of Jeroboam,
which he committed and caused Israel to sin" (I Kings 15:30).

---

35 See II Samuel 13:1ff.
36 See I Samuel 18:1-3.
37 See *Erubin* 13b.
38 See Numbers 16:1ff.

עַיִן טוֹבָה, וְרוּחַ נְמוּכָה, וְנֶפֶשׁ שְׁפָלָה,
מִתַּלְמִידָיו שֶׁל אַבְרָהָם אָבִינוּ;
עַיִן רָעָה, וְרוּחַ גְּבוֹהָה, וְנֶפֶשׁ רְחָבָה,
מִתַּלְמִידָיו שֶׁל בִּלְעָם הָרָשָׁע.
מַה בֵּין תַּלְמִידָיו שֶׁל אַבְרָהָם אָבִינוּ לְתַלְמִידָיו שֶׁל בִּלְעָם הָרָשָׁע?
תַּלְמִידָיו שֶׁל אַבְרָהָם אָבִינוּ
אוֹכְלִין בָּעוֹלָם הַזֶּה וְנוֹחֲלִין בָּעוֹלָם הַבָּא,
שֶׁנֶּאֱמַר: לְהַנְחִיל אֹהֲבַי יֵשׁ, וְאֹצְרֹתֵיהֶם אֲמַלֵּא.
אֲבָל תַּלְמִידָיו שֶׁל בִּלְעָם הָרָשָׁע יוֹרְשִׁין גֵּיהִנָּם וְיוֹרְדִין לִבְאֵר שַׁחַת,
שֶׁנֶּאֱמַר: וְאַתָּה, אֱלֹהִים, תּוֹרִדֵם לִבְאֵר שַׁחַת,
אַנְשֵׁי דָמִים וּמִרְמָה, לֹא יֶחֱצוּ יְמֵיהֶם, וַאֲנִי אֶבְטַח בָּךְ.

כב יְהוּדָה בֶּן־תֵּימָא אוֹמֵר:
הֱוֵי עַז כַּנָּמֵר, וְקַל כַּנֶּשֶׁר, וְרָץ כַּצְּבִי, וְגִבּוֹר כָּאֲרִי,
לַעֲשׂוֹת רְצוֹן אָבִיךָ שֶׁבַּשָּׁמָיִם.
הוּא הָיָה אוֹמֵר:
עַז פָּנִים לְגֵיהִנָּם, וּבֹשֶׁת פָּנִים לְגַן עֵדֶן.
יְהִי רָצוֹן מִלְּפָנֶיךָ, יהוה אֱלֹהֵינוּ, שֶׁתִּבְנֶה עִירְךָ בִּמְהֵרָה בְיָמֵינוּ,
וְתֵן חֶלְקֵנוּ בְּתוֹרָתֶךָ.

כג הוּא הָיָה אוֹמֵר:
בֶּן־חָמֵשׁ שָׁנִים לַמִּקְרָא, בֶּן־עֶשֶׂר לַמִּשְׁנָה,
בֶּן־שְׁלֹשׁ עֶשְׂרֵה לַמִּצְוֹת, בֶּן־חֲמֵשׁ עֶשְׂרֵה לַתַּלְמוּד,
בֶּן־שְׁמוֹנֶה עֶשְׂרֵה לַחֻפָּה, בֶּן־עֶשְׂרִים לִרְדּוֹף,
בֶּן־שְׁלֹשִׁים לַכֹּחַ, בֶּן־אַרְבָּעִים לַבִּינָה, בֶּן־חֲמִשִּׁים לָעֵצָה,
בֶּן־שִׁשִּׁים לַזִּקְנָה, בֶּן־שִׁבְעִים לַשֵּׂיבָה, בֶּן־שְׁמוֹנִים לַגְּבוּרָה,
בֶּן־תִּשְׁעִים לָשׁוּחַ, בֶּן־מֵאָה כְּאִלּוּ מֵת וְעָבַר וּבָטֵל מִן הָעוֹלָם.

כד בֶּן־בַּג בַּג אוֹמֵר:
הֲפֹךְ בָּהּ וַהֲפֹךְ בָּהּ דְּכֹלָּא בַהּ,
וּבַהּ תֶּחֱזֵי, וְסִיב וּבְלֵה בַהּ, וּמִנַּהּ לָא תְזוּעַ,
שֶׁאֵין לְךָ מִדָּה טוֹבָה הֵימֶנָּה.

כה בֶּן־הֵא הֵא אוֹמֵר: לְפֻם צַעֲרָא אַגְרָא.

At the end of each chapter of פרקי אבות, the passage on page 280 is often read.

21 Whoever possesses these three qualities is numbered among the disciples of our father Abraham, and those who possess the three opposite qualities are found among the disciples of wicked Balaam:
A generous spirit, a humble soul, a modest appetite —
such a one is a disciple of our father Abraham.
A grudging spirit, an arrogant soul, an insatiable appetite —
such a one is a disciple of wicked Balaam.

What difference does it make if one is a disciple
of our father Abraham or of the wicked Balaam?
The disciples of our father Abraham enjoy this world
and inherit the world-to-come; as it is written:
"That I may give an inheritance of abundance to those who love Me
and that I may fill their treasures" (Proverbs 8:21).

The disciples of the wicked Balaam inherit Gehinom
and descend into the pit of destruction; as it is written:
"You, O God, will bring them down into the pit of destruction;
violent and deceitful, they shall not live out half their days,
while I put my trust in You" (Psalm 55:24).

22 *Yehudah ben Tema taught:*
Be bold as the leopard, swift as the eagle, fleet as the deer,
mighty as the lion, to perform the will of your Creator in heaven.

This was a favorite teaching of his:
The insolent are destined for Gehinom; the shy, for heaven.
May it be Your will, Adonai our God,
to rebuild Your city speedily, in our day.
May our portion be with those who study Your Torah.

23 *This was another favorite teaching of his:*
At the age of five — the study of Bible; at ten — the study of Mishnah;
at thirteen — responsibility for the mitzvot;
at fifteen — the study of Talmud; at eighteen — marriage;
at twenty — pursuit of a livelihood;
at thirty — the peak of one's powers;
at forty — the age of understanding; at fifty — the age of counsel;
at sixty — old age; at seventy — the hoary head;
at eighty — the age of "strength"; at ninety — the bent back;
at one hundred — as one dead and out of this world.

24 *Ben Bag-Bag taught:*
Study it and review it — you will find everything in it.
Scrutinize it, grow old and gray in it, do not depart from it.
There is no better portion of life than this.

25 *Ben Hay-Hay taught:*
The reward is proportionate to the suffering.

*At the end of each chapter of Pirkei Avot,
the passage on page 280 is often read.*

CHAPTER VI

KINYAN TORAH, OR THE BARAITA OF RABBI MEIR

א רַבִּי מֵאִיר אוֹמֵר:
כָּל־הָעוֹסֵק בַּתּוֹרָה לִשְׁמָהּ זוֹכֶה לִדְבָרִים הַרְבֵּה.
וְלֹא עוֹד, אֶלָּא שֶׁכָּל־הָעוֹלָם כֻּלּוֹ כְּדַי הוּא לוֹ.
נִקְרָא רֵעַ אָהוּב, אוֹהֵב אֶת־הַמָּקוֹם, אוֹהֵב אֶת־הַבְּרִיּוֹת,
מְשַׂמֵּחַ אֶת־הַמָּקוֹם, מְשַׂמֵּחַ אֶת־הַבְּרִיּוֹת.
וּמַלְבַּשְׁתּוֹ עֲנָוָה וְיִרְאָה, וּמַכְשַׁרְתּוֹ לִהְיוֹת צַדִּיק, חָסִיד, יָשָׁר וְנֶאֱמָן,
וּמְרַחַקְתּוֹ מִן הַחֵטְא, וּמְקָרַבְתּוֹ לִידֵי זְכוּת.
וְנֶהֱנִין מִמֶּנּוּ עֵצָה וְתוּשִׁיָּה, בִּינָה וּגְבוּרָה,
שֶׁנֶּאֱמַר: לִי עֵצָה וְתוּשִׁיָּה, אֲנִי בִינָה, לִי גְבוּרָה.
וְנוֹתֶנֶת לוֹ מַלְכוּת וּמֶמְשָׁלָה, וְחִקּוּר דִּין.
וּמְגַלִּין לוֹ רָזֵי תוֹרָה, וְנַעֲשָׂה כְּמַעְיָן הַמִּתְגַּבֵּר וּכְנָהָר שֶׁאֵינוֹ פוֹסֵק.
וֶהֱוֵי צָנוּעַ וְאֶרֶךְ רוּחַ, וּמוֹחֵל עַל עֶלְבּוֹנוֹ.
וּמְגַדַּלְתּוֹ וּמְרוֹמַמְתּוֹ עַל כָּל־הַמַּעֲשִׂים.

ב אָמַר רַבִּי יְהוֹשֻׁעַ בֶּן־לֵוִי:
בְּכָל־יוֹם וָיוֹם בַּת קוֹל יוֹצֵאת מֵהַר חוֹרֵב וּמַכְרֶזֶת וְאוֹמֶרֶת:
אוֹי לָהֶם לַבְּרִיּוֹת מֵעֶלְבּוֹנָהּ שֶׁל תּוֹרָה,
שֶׁכָּל־מִי שֶׁאֵינוֹ עוֹסֵק בַּתּוֹרָה נִקְרָא נָזוּף,
שֶׁנֶּאֱמַר: נֶזֶם זָהָב בְּאַף חֲזִיר, אִשָּׁה יָפָה וְסָרַת טָעַם.
וְאוֹמֵר: וְהַלֻּחֹת מַעֲשֵׂה אֱלֹהִים הֵמָּה, וְהַמִּכְתָּב מִכְתַּב אֱלֹהִים הוּא,
חָרוּת עַל הַלֻּחֹת. אַל תִּקְרָא חָרוּת אֶלָּא חֵרוּת,
שֶׁאֵין לְךָ בֶּן־חוֹרִין אֶלָּא מִי שֶׁעוֹסֵק בְּתַלְמוּד תּוֹרָה.
וְכָל־מִי שֶׁעוֹסֵק תָּדִיר בַּתּוֹרָה הֲרֵי זֶה מִתְעַלֶּה,
שֶׁנֶּאֱמַר: וּמִמַּתָּנָה נַחֲלִיאֵל, וּמִנַּחֲלִיאֵל בָּמוֹת.

ג הַלּוֹמֵד מֵחֲבֵרוֹ פֶּרֶק אֶחָד, אוֹ הֲלָכָה אַחַת, אוֹ פָּסוּק אֶחָד,
אוֹ דִבּוּר אֶחָד, אוֹ אֲפִילוּ אוֹת אַחַת, צָרִיךְ לִנְהָג בּוֹ כָּבוֹד,
שֶׁכֵּן מָצִינוּ בְּדָוִד מֶלֶךְ יִשְׂרָאֵל,
שֶׁלֹּא לָמַד מֵאֲחִיתֹפֶל אֶלָּא שְׁנֵי דְבָרִים בִּלְבַד, וּקְרָאוֹ רַבּוֹ,
אַלּוּפוֹ וּמְיֻדָּעוֹ, שֶׁנֶּאֱמַר: וְאַתָּה אֱנוֹשׁ כְּעֶרְכִּי, אַלּוּפִי וּמְיֻדָּעִי.
וַהֲלֹא דְבָרִים קַל וָחֹמֶר: וּמַה דָּוִד מֶלֶךְ יִשְׂרָאֵל שֶׁלֹּא לָמַד
מֵאֲחִיתֹפֶל אֶלָּא שְׁנֵי דְבָרִים בִּלְבַד, קְרָאוֹ רַבּוֹ, אַלּוּפוֹ וּמְיֻדָּעוֹ,

CHAPTER VI

KINYAN TORAH, OR THE BARAITA OF RABBI MEIR

1 *Rabbi Meir taught:*
Whoever studies Torah for its own sake merits many things;
moreover, it was worth creating the world for their sake alone.
They are called: Beloved friends, lovers of God, lovers of humanity,
a joy to God, a joy to humanity.

Torah clothes them with humility and reverence;
it equips them to be righteous, saintly, upright, and faithful.
It keeps them far from sin and draws them near to virtue.

People benefit from their counsel and skill,
their understanding and strength;
as it is written: "Counsel and skill are Mine;
I am understanding; strength is Mine" (Proverbs 8:14).

It endows them with sovereignty, with authority,
with power of keen judgment.
The secrets of Torah are revealed to them;
they become an effluent fountain, a never-failing stream;
they become modest and patient, forgiving of insults;
it magnifies and exalts them over all creations.

2 *Rabbi Y'hoshua ben Levi taught:*
Every day a heavenly voice is heard from Mount Ḥoreb
proclaiming: "Woe to those creatures who have contempt for Torah."
Whoever does not engage in the study of Torah is called detestable;
as it is written: "Like a golden ring in the snout of a swine,
is a beautiful woman lacking discretion" (Proverbs 11:22).

Furthermore, it is written: "And the tablets were the work of God,
graven (*ḥarut*) upon the tablets" (Exodus 32:16).
Do not read *ḥarut* (graven) but rather *ḥerut* (freedom),
for no person is free but one who engages in the study of Torah.

Whoever engages in the study of Torah regularly is exalted;
as it is written: "From Matanah (gift) to Naḥaliel (inheritance of God)
and from Naḥaliel to Bamot (high places)" (Numbers 21:19).

3 One who learns from a colleague one chapter, or one halakhah,
or one verse, or one expression, or even one letter,
is obliged to show respect.
This we learn from David, King of Israel, who learned
but two things[39] from Aḥitofel, yet called him his master, his guide,
his dear friend; as it is written: "But it is you, my equal, my guide,
my dear friend" (Psalm 55:14). It follows, then, that if King David,
who learned only two things from Aḥitofel, called him his master,

39 The suggested emendation of שני דברים to שנדברים yields the more meaningful rendering, "who learned nothing from Aḥitofel but only conversed with him..."

הַלּוֹמֵד מֵחֲבֵרוֹ פֶּרֶק אֶחָד, אוֹ הֲלָכָה אַחַת אוֹ פָּסוּק אֶחָד,
אוֹ דִבּוּר אֶחָד, אוֹ אֲפִילוּ אוֹת אַחַת,
עַל אַחַת כַּמָּה וְכַמָּה שֶׁצָּרִיךְ לִנְהָג בּוֹ כָּבוֹד.
וְאֵין כָּבוֹד אֶלָּא תוֹרָה,
שֶׁנֶּאֱמַר: כָּבוֹד חֲכָמִים יִנְחָלוּ, וּתְמִימִים יִנְחֲלוּ טוֹב.
וְאֵין טוֹב אֶלָּא תוֹרָה,
שֶׁנֶּאֱמַר: כִּי לֶקַח טוֹב נָתַתִּי לָכֶם, תּוֹרָתִי אַל תַּעֲזֹבוּ.

ד כָּךְ הִיא דַּרְכָּהּ שֶׁל תּוֹרָה:
פַּת בַּמֶּלַח תֹּאכֵל, וּמַיִם בַּמְּשׂוּרָה תִּשְׁתֶּה,
וְעַל הָאָרֶץ תִּישַׁן, וְחַיֵּי צַעַר תִּחְיֶה, וּבַתּוֹרָה אַתָּה עָמֵל.
וְאִם אַתָּה עֹשֶׂה כֵּן, אַשְׁרֶיךָ וְטוֹב לָךְ.
אַשְׁרֶיךָ בָּעוֹלָם הַזֶּה, וְטוֹב לָךְ לָעוֹלָם הַבָּא.

ה אַל תְּבַקֵּשׁ גְּדֻלָּה לְעַצְמְךָ, וְאַל תַּחְמוֹד כָּבוֹד.
יוֹתֵר מִלִּמּוּדְךָ עֲשֵׂה,
וְאַל תִּתְאַוֶּה לְשֻׁלְחָנָם שֶׁל מְלָכִים,
שֶׁשֻּׁלְחָנְךָ גָּדוֹל מִשֻּׁלְחָנָם, וְכִתְרְךָ גָּדוֹל מִכִּתְרָם,
וְנֶאֱמָן הוּא בַּעַל מְלַאכְתְּךָ, שֶׁיְּשַׁלֶּם לָךְ שְׂכַר פְּעֻלָּתֶךָ.

ו גְּדוֹלָה תוֹרָה יוֹתֵר מִן הַכְּהֻנָּה וּמִן הַמַּלְכוּת,
שֶׁהַמַּלְכוּת נִקְנֵית בִּשְׁלֹשִׁים מַעֲלוֹת,
וְהַכְּהֻנָּה בְּעֶשְׂרִים וְאַרְבַּע,
וְהַתּוֹרָה נִקְנֵית בְּאַרְבָּעִים וּשְׁמוֹנָה דְבָרִים. וְאֵלּוּ הֵן:
בְּתַלְמוּד, בִּשְׁמִיעַת הָאֹזֶן, בַּעֲרִיכַת שְׂפָתַיִם, בְּבִינַת הַלֵּב,
בְּשִׂכְלוּת הַלֵּב, בְּאֵימָה, בְּיִרְאָה, בַּעֲנָוָה, בְּשִׂמְחָה, בְּשִׁמּוּשׁ חֲכָמִים,
בְּדִבּוּק חֲבֵרִים, בְּפִלְפּוּל הַתַּלְמִידִים, בְּיִשּׁוּב, בְּמִקְרָא, בְּמִשְׁנָה,
בְּמִעוּט סְחוֹרָה, בְּמִעוּט שֵׁנָה, בְּמִעוּט שִׂיחָה, בְּמִעוּט תַּעֲנוּג,
בְּמִעוּט שְׂחוֹק, בְּמִעוּט דֶּרֶךְ אֶרֶץ, בְּאֶרֶךְ אַפַּיִם, בְּלֵב טוֹב,
בֶּאֱמוּנַת חֲכָמִים, וּבְקַבָּלַת הַיִּסּוּרִין.

הַמַּכִּיר אֶת־מְקוֹמוֹ, וְהַשָּׂמֵחַ בְּחֶלְקוֹ,
וְהָעוֹשֶׂה סְיָג לִדְבָרָיו וְאֵינוֹ מַחֲזִיק טוֹבָה לְעַצְמוֹ,
אָהוּב, אוֹהֵב אֶת־הַמָּקוֹם, אוֹהֵב אֶת־הַבְּרִיּוֹת,
אוֹהֵב אֶת־הַצְּדָקוֹת, אוֹהֵב אֶת־הַמֵּישָׁרִים, אוֹהֵב אֶת־הַתּוֹכָחוֹת,
מִתְרַחֵק מִן הַכָּבוֹד וְלֹא מֵגִיס לִבּוֹ בְּתַלְמוּדוֹ, וְאֵינוֹ שָׂמֵחַ בְּהוֹרָאָה,
נוֹשֵׂא בְעֹל עִם חֲבֵרוֹ, וּמַכְרִיעוֹ לְכַף־זְכוּת,
וּמַעֲמִידוֹ עַל הָאֱמֶת, וּמַעֲמִידוֹ עַל הַשָּׁלוֹם,

his guide, his dear friend — one who learns from a colleague
one chapter, one halakhah, one verse, one expression,
or even one letter, surely is obliged to show respect.

Honor and Torah are synonymous; as it is written:
"The wise shall inherit honor" (Proverbs 28:10).
Good and Torah are synonymous; as it is written:
"I give you good doctrine, forsake not My Torah" (Proverbs 4:2).

4 This is the lifestyle for Torah students:
Eat a salty crust of bread, ration your drinking water,
sleep on the ground, live a life of privation,
exhaust yourself in Torah study. If you live in this manner,
"You will be happy and all will go well with you" (Psalm 128:2).
"You will be happy" in this world;
"all will go well with you" in the world-to-come.

5 Do not seek high position; do not covet honor.
Let your deeds exceed your learning.
Do not crave the table of kings —
your table is greater than theirs
and your crown greater than their crowns;
your Employer can be relied on to compensate you for your labors.

6 Torah is greater than priesthood and royalty.
Royalty is acquired through thirty virtues,
priesthood through twenty-four.
Torah, however, is acquired through forty-eight virtues:

By study; by attentiveness; by orderly speech;
by an understanding heart; by a perceptive heart; by awe;
by fear; by humility; by joy; by ministering to the sages;
by cleaving to colleagues;[40] by probing discussion with pupils;
by calmness in study; by study of Scripture and Mishnah;
by a minimum of business; by a minimum of sleep;
by a minimum of small talk; by a minimum of worldly pleasure;
by a minimum of frivolity; by a minimum of worldly pursuits;
by patience; by a generous heart; by trust in the sages;
by acceptance of suffering;

knowing one's place; contentment with one's lot;
guarding one's speech and taking no personal credit;
being beloved; loving God;[41] loving all creatures;
loving charitable deeds; loving rectitude; loving reproof;
shunning honor and not boasting of one's learning;
not delighting in giving rulings; sharing the burden with one's fellows;
influencing them to virtue; setting them on the path of truth;
showing them the path of peace;

---

40 Some texts read בדקדוק, referring to the give and take of colleagues.
41 Literally, "the Place," a metaphor for God who is everywhere.

וּמִתְיַשֵּׁב בְּתַלְמוּדוֹ, שׁוֹאֵל וּמֵשִׁיב, שׁוֹמֵעַ וּמוֹסִיף,
הַלּוֹמֵד עַל מְנָת לְלַמֵּד, וְהַלּוֹמֵד עַל מְנָת לַעֲשׂוֹת,
הַמַּחְכִּים אֶת־רַבּוֹ, וְהַמְכַוֵּן אֶת־שְׁמוּעָתוֹ,
וְהָאוֹמֵר דָּבָר בְּשֵׁם אוֹמְרוֹ.
הָא לָמַדְתָּ, שֶׁכָּל־הָאוֹמֵר דָּבָר בְּשֵׁם אוֹמְרוֹ, מֵבִיא גְאֻלָּה לָעוֹלָם,
שֶׁנֶּאֱמַר: וַתֹּאמֶר אֶסְתֵּר לַמֶּלֶךְ בְּשֵׁם מָרְדֳּכָי.

ז גְּדוֹלָה תּוֹרָה שֶׁהִיא נוֹתֶנֶת חַיִּים לְעוֹשֶׂיהָ בָּעוֹלָם הַזֶּה
וּבָעוֹלָם הַבָּא, שֶׁנֶּאֱמַר: כִּי חַיִּים הֵם לְמֹצְאֵיהֶם, וּלְכָל־בְּשָׂרוֹ מַרְפֵּא.
וְאוֹמֵר: רִפְאוּת תְּהִי לְשָׁרֶּךָ וְשִׁקּוּי לְעַצְמוֹתֶיךָ.
וְאוֹמֵר: עֵץ חַיִּים הִיא לַמַּחֲזִיקִים בָּהּ, וְתוֹמְכֶיהָ מְאֻשָּׁר.
וְאוֹמֵר: כִּי לִוְיַת חֵן הֵם לְרֹאשֶׁךָ, וַעֲנָקִים לְגַרְגְּרֹתֶיךָ.
וְאוֹמֵר: תִּתֵּן לְרֹאשְׁךָ לִוְיַת חֵן, עֲטֶרֶת תִּפְאֶרֶת תְּמַגְּנֶךָּ.
וְאוֹמֵר: כִּי בִי יִרְבּוּ יָמֶיךָ, וְיוֹסִיפוּ לְּךָ שְׁנוֹת חַיִּים.
וְאוֹמֵר: אֹרֶךְ יָמִים בִּימִינָהּ, בִּשְׂמֹאלָהּ עֹשֶׁר וְכָבוֹד.
וְאוֹמֵר: כִּי אֹרֶךְ יָמִים וּשְׁנוֹת חַיִּים וְשָׁלוֹם יוֹסִיפוּ לָךְ.

ח רַבִּי שִׁמְעוֹן בֶּן־יְהוּדָה, מִשּׁוּם רַבִּי שִׁמְעוֹן בֶּן־יוֹחַאי, אוֹמֵר:
הַנּוֹי, וְהַכֹּחַ, וְהָעֹשֶׁר, וְהַכָּבוֹד, וְהַחָכְמָה, הַזִּקְנָה וְהַשֵּׂיבָה, וְהַבָּנִים,
נָאֶה לַצַּדִּיקִים וְנָאֶה לָעוֹלָם,
שֶׁנֶּאֱמַר: עֲטֶרֶת תִּפְאֶרֶת שֵׂיבָה, בְּדֶרֶךְ צְדָקָה תִּמָּצֵא.
וְאוֹמֵר: תִּפְאֶרֶת בַּחוּרִים כֹּחָם, וַהֲדַר זְקֵנִים שֵׂיבָה.
וְאוֹמֵר: עֲטֶרֶת חֲכָמִים עָשְׁרָם. וְאוֹמֵר: עֲטֶרֶת זְקֵנִים בְּנֵי בָנִים,
וְתִפְאֶרֶת בָּנִים אֲבוֹתָם. וְאוֹמֵר: וְחָפְרָה הַלְּבָנָה וּבוֹשָׁה הַחַמָּה,
כִּי מָלַךְ יהוה צְבָאוֹת בְּהַר צִיּוֹן וּבִירוּשָׁלַיִם, וְנֶגֶד זְקֵנָיו כָּבוֹד.
רַבִּי שִׁמְעוֹן בֶּן מְנַסְיָא אוֹמֵר:
אֵלּוּ שֶׁבַע מִדּוֹת
שֶׁמָּנוּ חֲכָמִים לַצַּדִּיקִים, כֻּלָּם נִתְקַיְּמוּ בְּרַבִּי וּבְבָנָיו.

ט אָמַר רַבִּי יוֹסֵי בֶּן־קִסְמָא:
פַּעַם אַחַת הָיִיתִי מְהַלֵּךְ בַּדֶּרֶךְ וּפָגַע בִּי אָדָם אֶחָד וְנָתַן לִי שָׁלוֹם,
וְהֶחֱזַרְתִּי לוֹ שָׁלוֹם. אָמַר לִי: רַבִּי, מֵאֵיזֶה מָקוֹם אַתָּה?
אָמַרְתִּי לוֹ: מֵעִיר גְּדוֹלָה שֶׁל חֲכָמִים וְשֶׁל סוֹפְרִים אָנִי.
אָמַר לִי: רַבִּי, רְצוֹנְךָ שֶׁתָּדוּר עִמָּנוּ בִּמְקוֹמֵנוּ,
וַאֲנִי אֶתֵּן לְךָ אֶלֶף אֲלָפִים דִּינְרֵי זָהָב וַאֲבָנִים טוֹבוֹת וּמַרְגָּלִיּוֹת.
אָמַרְתִּי לוֹ: אִם אַתָּה נוֹתֵן לִי כָּל־כֶּסֶף וְזָהָב וַאֲבָנִים טוֹבוֹת
וּמַרְגָּלִיּוֹת שֶׁבָּעוֹלָם, אֵינִי דָר אֶלָּא בִּמְקוֹם תּוֹרָה.

concentrating on one's studies; asking and answering questions;
absorbing knowledge and contributing to it;
studying in order to teach; studying in order to perform mitzvot;
sharpening the wisdom of one's teacher;
transmitting precisely what one has learned; quoting one's source.
From this we learn that a person who cites the source
brings deliverance to the world; as it is written:
"And Esther spoke to the king, in the name of Mordecai" (Esther 2:22).

7 How great is Torah! To those who fulfill it, it provides life both in
this world and in the world-to-come; as it is written: "For they are life
to those who find them and health to all their flesh" (Proverbs 4:22),
and it is written: "It shall be health to your body and marrow to your
bones" (Proverbs 3:8). And it is written: "It is a tree of life to those who
grasp it, and those who hold it fast are happy" (Proverbs 3:18). And it is
written: "For they are a graceful garland for your head and pendants
for your neck" (Proverbs 1:9). And it is written: "It will place a graceful
garland upon your head and bestow a glorious crown upon you"
(Proverbs 4:9). And it is written: "Long life in her right hand, in her left
are riches and honor" (Proverbs 3:16). And it is written: "For a long life,
years of life and peace will they bring you" (Proverbs 3:2).

8 *Rabbi Shimon ben Y'hudah,*
in the name of Rabbi Shimon ben Yoḥai, taught:
Beauty, strength, riches, honor, wisdom, old age and the hoary head,
and children — all these are becoming to the righteous and becoming
to the world; as it is written: "The hoary head is a glorious crown,
achieved by a righteous life" (Proverbs 16:31). And it is written: "The
glory of the young is their strength, the beauty of the old, the hoary
head" (Proverbs 20:29). And it is written: "The crown of the wise is
their riches" (Proverbs 14:24). And it is written: "Children's children are
the crown of the old, parents are the glory of their children" (Proverbs
17:6). And it is written: "The moon will be ashamed and the sun
abashed, for *Adonai Tz'va-ot* will reign in Zion and Jerusalem; God's
glory shall stand revealed before the elders." (Isaiah 24:23).

Rabbi Shimon ben Menasya taught:
These seven virtues that the sages ascribed to the righteous
were all present in Rabbi and in his sons.[42]

9 *Rabbi Yose ben Kisma related:*
Once I was traveling on a journey. A certain man met me and
extended greetings. I greeted him in return. He inquired: "From
where do you come?" I replied: "I come from a great city of scholars
and sages." He said: "Rabbi, if it would please you to live with us in
our community, I would give you thousands of gold *dinarim*, as well
as the most precious stones and pearls in the world." I replied:
"Though you give me all the silver, gold, precious stones, and pearls
in the world, I would not live anywhere except in a community
where there is Torah."

---

42 The reference to Rabbi Y'hudah Ha-Nasi and his illustrious descendants.

וְלֹא עוֹד, אֶלָּא שֶׁבִּשְׁעַת פְּטִירָתוֹ שֶׁל אָדָם אֵין מְלַוִּין לוֹ לְאָדָם
לֹא כֶסֶף, וְלֹא זָהָב, וְלֹא אֲבָנִים טוֹבוֹת וּמַרְגָּלִיּוֹת,
אֶלָּא תוֹרָה וּמַעֲשִׂים טוֹבִים בִּלְבַד, שֶׁנֶּאֱמַר: בְּהִתְהַלֶּכְךָ תַּנְחֶה אֹתָךְ,
בְּשָׁכְבְּךָ תִּשְׁמוֹר עָלֶיךָ, וַהֲקִיצוֹתָ הִיא תְשִׂיחֶךָ. בְּהִתְהַלֶּכְךָ תַּנְחֶה
אֹתָךְ, בָּעוֹלָם הַזֶּה. בְּשָׁכְבְּךָ תִּשְׁמוֹר עָלֶיךָ, בַּקֶּבֶר.
וַהֲקִיצוֹתָ הִיא תְשִׂיחֶךָ, לָעוֹלָם הַבָּא. וְכֵן כָּתוּב בְּסֵפֶר תְּהִלִּים
עַל יְדֵי דָוִד מֶלֶךְ יִשְׂרָאֵל: טוֹב לִי תוֹרַת־פִּיךָ מֵאַלְפֵי זָהָב וָכָסֶף.
וְאוֹמֵר: לִי הַכֶּסֶף וְלִי הַזָּהָב, נְאֻם יהוה צְבָאוֹת.

י חֲמִשָּׁה קִנְיָנִים קָנָה הַקָּדוֹשׁ בָּרוּךְ הוּא בְּעוֹלָמוֹ, וְאֵלּוּ הֵן:
תּוֹרָה, קִנְיָן אֶחָד, שָׁמַיִם וָאָרֶץ, קִנְיָן אֶחָד, אַבְרָהָם, קִנְיָן אֶחָד,
יִשְׂרָאֵל, קִנְיָן אֶחָד, בֵּית הַמִּקְדָּשׁ, קִנְיָן אֶחָד. תּוֹרָה קִנְיָן אֶחָד מִנַּיִן?
דִּכְתִיב: יהוה קָנָנִי רֵאשִׁית דַּרְכּוֹ, קֶדֶם מִפְעָלָיו מֵאָז.
שָׁמַיִם וָאָרֶץ קִנְיָן אֶחָד מִנַּיִן? דִּכְתִיב: כֹּה אָמַר יהוה,
הַשָּׁמַיִם כִּסְאִי וְהָאָרֶץ הֲדֹם רַגְלָי, אֵי זֶה בַיִת אֲשֶׁר תִּבְנוּ לִי
וְאֵי זֶה מָקוֹם מְנוּחָתִי. וְאוֹמֵר: מָה רַבּוּ מַעֲשֶׂיךָ, יהוה,
כֻּלָּם בְּחָכְמָה עָשִׂיתָ, מָלְאָה הָאָרֶץ קִנְיָנֶךָ.
אַבְרָהָם קִנְיָן אֶחָד מִנַּיִן? דִּכְתִיב: וַיְבָרְכֵהוּ וַיֹּאמַר,
בָּרוּךְ אַבְרָם לְאֵל עֶלְיוֹן, קֹנֵה שָׁמַיִם וָאָרֶץ.
יִשְׂרָאֵל קִנְיָן אֶחָד מִנַּיִן?
דִּכְתִיב: עַד יַעֲבוֹר עַמְּךָ, יהוה, עַד יַעֲבוֹר עַם זוּ קָנִיתָ.
וְאוֹמֵר: לִקְדוֹשִׁים אֲשֶׁר בָּאָרֶץ הֵמָּה, וְאַדִּירֵי כָּל־חֶפְצִי בָם.
בֵּית הַמִּקְדָּשׁ קִנְיָן אֶחָד מִנַּיִן?
דִּכְתִיב: מָכוֹן לְשִׁבְתְּךָ פָּעַלְתָּ, יהוה. מִקְּדָשׁ, אֲדֹנָי, כּוֹנְנוּ יָדֶיךָ.
וְאוֹמֵר: וַיְבִיאֵם אֶל גְּבוּל קָדְשׁוֹ, הַר זֶה קָנְתָה יְמִינוֹ.

יא כָּל־מַה שֶּׁבָּרָא הַקָּדוֹשׁ בָּרוּךְ הוּא בְּעוֹלָמוֹ לֹא בְרָאוֹ אֶלָּא לִכְבוֹדוֹ,
שֶׁנֶּאֱמַר: כֹּל הַנִּקְרָא בִשְׁמִי, וְלִכְבוֹדִי בְּרָאתִיו, יְצַרְתִּיו אַף עֲשִׂיתִיו.
וְאוֹמֵר: יהוה יִמְלֹךְ לְעוֹלָם וָעֶד.

This passage is often read after each chapter of פרקי אבות:

מכות ג:ט״ז

רַבִּי חֲנַנְיָא בֶּן־עֲקַשְׁיָא אוֹמֵר: רָצָה הַקָּדוֹשׁ בָּרוּךְ הוּא
לְזַכּוֹת אֶת־יִשְׂרָאֵל, לְפִיכָךְ הִרְבָּה לָהֶם תּוֹרָה וּמִצְוֹת,
שֶׁנֶּאֱמַר: יהוה חָפֵץ לְמַעַן צִדְקוֹ, יַגְדִּיל תּוֹרָה וְיַאְדִּיר.

Moreover, neither silver, gold, precious stones, nor pearls will accompany a person in death, only Torah and good deeds; as it is written: "When you walk it will lead you" — in this world; "when you lie down it will watch over you" — in the grave; "when you awake it will talk with you" — in the world-to-come. Thus is it written in the Book of Psalms by David, King of Israel: "The teaching you have proclaimed means more to me than a fortune in gold and silver" (Psalm 119:72). And it is written: "Mine is the silver, Mine the gold, says *Adonai Tz'va-ot*" (Haggai 2:8).

10 The Holy Exalted One acquired five possessions in the world. These are: Torah, heaven and earth,
Abraham, the people Israel, and the Holy Temple.

How do we know this about Torah?
It is written: "Adonai possessed me as the first of His works,
the beginning of His creation in the days of old" (Proverbs 8:22).

How do we know this about heaven and earth? It is written:
"Thus said Adonai: The heaven is My throne and the earth
My footstool. What kind of House would you build for Me,
what kind of place for My dwelling? (Isaiah 66:1). And it is written:
"How manifold are Your works, Adonai! In wisdom have You
made them all. The earth is full of Your possessions" (Psalm 104:24).

How do we know this about Abraham? It is written:
"He blessed him and said, 'Blessed be Abraham of God most high,
possessor of heaven and earth'" (Genesis 14:19).

How do we know this about the people Israel? It is written: "Till Your people pass over, Adonai, till this people You have acquired, pass over" (Exodus 15:16). It is further written: "As for the holy ones on earth, they are the noble ones, all My delight is in them" (Psalm 16:3).

How do we know this about the Holy Temple? It is written: "The place of Your abode, which You, Adonai, have made; the Sanctuary, Adonai, which Your hands have established" (Exodus 15:17). It is further written: "God brought them to His holy region, to the mountain which His right hand had acquired" (Psalm 78:54).

11 Everything that the Holy Exalted One created in the world,
was created solely for God's glory; as it is written:
"Everything that is called by My name, I created it, I formed it,
I made it, for My glory" (Isaiah 43:7). It is further written:
"Adonai shall reign for ever and ever" (Exodus 15:18).

> *This passage is often read after each chapter of Pirkei Avot:*

MAKKOT III:16
Rabbi Ḥananyah ben Akashyah taught:
The Holy Exalted One desired to benefit the people Israel;
therefore, God gave them the Torah with an abundance of mitzvot;
as it is written: "Adonai was pleased, for His righteousness' sake,
to make the Torah great and glorious" (Isaiah 62:21).

עַרְבִית לְחוֹל

Weekday Evening Service

for the conclusion
of Shabbat
and Festivals

ערבית לחול

קריאת שמע וברכותיה

וְהוּא רַחוּם יְכַפֵּר עָוֹן וְלֹא יַשְׁחִית, וְהִרְבָּה לְהָשִׁיב אַפּוֹ וְלֹא יָעִיר כָּל חֲמָתוֹ. יהוה הוֹשִׁיעָה, הַמֶּלֶךְ יַעֲנֵנוּ בְיוֹם קָרְאֵנוּ.

Ḥazzan:

בָּרְכוּ אֶת יהוה הַמְבֹרָךְ.

Congregation, then Ḥazzan:

בָּרוּךְ יהוה הַמְבֹרָךְ לְעוֹלָם וָעֶד.

The first ברכה before קריאת שמע

בָּרוּךְ אַתָּה יהוה אֱלֹהֵינוּ מֶלֶךְ הָעוֹלָם, אֲשֶׁר בִּדְבָרוֹ מַעֲרִיב עֲרָבִים, בְּחָכְמָה פּוֹתֵחַ שְׁעָרִים, וּבִתְבוּנָה מְשַׁנֶּה עִתִּים וּמַחֲלִיף אֶת־הַזְּמַנִּים, וּמְסַדֵּר אֶת־הַכּוֹכָבִים בְּמִשְׁמְרוֹתֵיהֶם בָּרָקִיעַ כִּרְצוֹנוֹ. בּוֹרֵא יוֹם וָלָיְלָה, גּוֹלֵל אוֹר מִפְּנֵי חֹשֶׁךְ וְחֹשֶׁךְ מִפְּנֵי אוֹר, וּמַעֲבִיר יוֹם וּמֵבִיא לָיְלָה, וּמַבְדִּיל בֵּין יוֹם וּבֵין לָיְלָה, יהוה צְבָאוֹת שְׁמוֹ. □ אֵל חַי וְקַיָּם, תָּמִיד יִמְלוֹךְ עָלֵינוּ לְעוֹלָם וָעֶד. בָּרוּךְ אַתָּה יהוה הַמַּעֲרִיב עֲרָבִים.

The second ברכה before קריאת שמע

אַהֲבַת עוֹלָם בֵּית יִשְׂרָאֵל עַמְּךָ אָהָבְתָּ. תּוֹרָה וּמִצְוֹת, חֻקִּים וּמִשְׁפָּטִים אוֹתָנוּ לִמַּדְתָּ. עַל כֵּן יהוה אֱלֹהֵינוּ בְּשָׁכְבֵנוּ וּבְקוּמֵנוּ נָשִׂיחַ בְּחֻקֶּיךָ, וְנִשְׂמַח בְּדִבְרֵי תוֹרָתֶךָ וּבְמִצְוֹתֶיךָ לְעוֹלָם וָעֶד. כִּי הֵם חַיֵּינוּ וְאֹרֶךְ יָמֵינוּ וּבָהֶם נֶהְגֶּה יוֹמָם וָלָיְלָה. □ וְאַהֲבָתְךָ אַל תָּסִיר מִמֶּנּוּ לְעוֹלָמִים. בָּרוּךְ אַתָּה יהוה אוֹהֵב עַמּוֹ יִשְׂרָאֵל.

281

WEEKDAY EVENING SERVICE

🌿 K'RIAT SH'MA AND ITS B'RAKHOT

God, being merciful, grants atonement for sin and does not destroy. Time and again God restrains wrath, refuses to let rage be all-consuming. Save us, Adonai. Answer us, O Sovereign, when we call.

Reader:
Bar'khu et Adonai ha-m'vorakh.
Praise Adonai, the Exalted One.

Congregation, then Reader:
Barukh Adonai ha-m'vorakh l'olam va-ed.
Praised be Adonai, the Exalted One, throughout all time.

In this b'rakhah, we acknowledge the miracle of creation.

Praised are You Adonai our God, who rules the universe, Your word bringing the evening dusk. You open with wisdom the gates of dawn, design the day with wondrous skill, set the succession of seasons, and arrange the stars in the sky according to Your will. *Adonai Tz'va-ot*, You create day and night, rolling light away from darkness and darkness away from light. Eternal God, Your sovereignty shall forever embrace us. Praised are You Adonai, for each evening's dusk.

In this b'rakhah, we extol God for giving us the Torah, testimony to God's love for Israel.

With constancy You have loved Your people Israel, teaching us Torah and mitzvot, statutes and laws. Therefore, Adonai our God, when we lie down to sleep and when we rise, we shall think of Your laws and speak of them, rejoicing always in Your Torah and mitzvot. For they are our life and the length of our days; we will meditate on them day and night. Never take Your love from us. Praised are You Adonai, who loves the people Israel.

קריאת שמע

If there is no minyan, add: אֵל מֶלֶךְ נֶאֱמָן

דברים ו׳:ד׳-ט׳

שְׁמַע יִשְׂרָאֵל יהוָה אֱלֹהֵינוּ יהוָה׀ אֶחָד׃

Silently:

בָּרוּךְ שֵׁם כְּבוֹד מַלְכוּתוֹ לְעוֹלָם וָעֶד.

וְאָהַבְתָּ אֵת יהוָה אֱלֹהֶיךָ בְּכָל־לְבָבְךָ וּבְכָל־נַפְשְׁךָ וּבְכָל־מְאֹדֶךָ׃ וְהָיוּ הַדְּבָרִים הָאֵלֶּה אֲשֶׁר אָנֹכִי מְצַוְּךָ הַיּוֹם עַל־לְבָבֶךָ׃ וְשִׁנַּנְתָּם לְבָנֶיךָ וְדִבַּרְתָּ בָּם בְּשִׁבְתְּךָ בְּבֵיתֶךָ וּבְלֶכְתְּךָ בַדֶּרֶךְ וּבְשָׁכְבְּךָ וּבְקוּמֶךָ׃ וּקְשַׁרְתָּם לְאוֹת עַל־יָדֶךָ וְהָיוּ לְטֹטָפֹת בֵּין עֵינֶיךָ׃ וּכְתַבְתָּם עַל־מְזֻזוֹת בֵּיתֶךָ וּבִשְׁעָרֶיךָ׃

דברים י״א:י״ג-כ״א

וְהָיָה אִם־שָׁמֹעַ תִּשְׁמְעוּ אֶל־מִצְוֺתַי אֲשֶׁר אָנֹכִי מְצַוֶּה אֶתְכֶם הַיּוֹם לְאַהֲבָה אֶת־יהוָה אֱלֹהֵיכֶם וּלְעָבְדוֹ בְּכָל־לְבַבְכֶם וּבְכָל־נַפְשְׁכֶם׃ וְנָתַתִּי מְטַר־אַרְצְכֶם בְּעִתּוֹ יוֹרֶה וּמַלְקוֹשׁ וְאָסַפְתָּ דְגָנֶךָ וְתִירֹשְׁךָ וְיִצְהָרֶךָ׃ וְנָתַתִּי עֵשֶׂב בְּשָׂדְךָ לִבְהֶמְתֶּךָ וְאָכַלְתָּ וְשָׂבָעְתָּ׃ הִשָּׁמְרוּ לָכֶם פֶּן־יִפְתֶּה לְבַבְכֶם וְסַרְתֶּם וַעֲבַדְתֶּם אֱלֹהִים אֲחֵרִים וְהִשְׁתַּחֲוִיתֶם לָהֶם׃ וְחָרָה אַף־יהוָה בָּכֶם וְעָצַר אֶת־הַשָּׁמַיִם וְלֹא־יִהְיֶה מָטָר וְהָאֲדָמָה לֹא תִתֵּן אֶת־יְבוּלָהּ וַאֲבַדְתֶּם מְהֵרָה מֵעַל הָאָרֶץ הַטֹּבָה אֲשֶׁר יהוָה נֹתֵן לָכֶם׃ וְשַׂמְתֶּם אֶת־דְּבָרַי אֵלֶּה עַל־לְבַבְכֶם וְעַל־נַפְשְׁכֶם וּקְשַׁרְתֶּם אֹתָם לְאוֹת עַל־יֶדְכֶם וְהָיוּ לְטוֹטָפֹת בֵּין עֵינֵיכֶם׃ וְלִמַּדְתֶּם אֹתָם אֶת־בְּנֵיכֶם לְדַבֵּר בָּם בְּשִׁבְתְּךָ בְּבֵיתֶךָ וּבְלֶכְתְּךָ בַדֶּרֶךְ וּבְשָׁכְבְּךָ וּבְקוּמֶךָ׃ וּכְתַבְתָּם עַל־מְזוּזוֹת בֵּיתֶךָ וּבִשְׁעָרֶיךָ׃ לְמַעַן יִרְבּוּ יְמֵיכֶם וִימֵי בְנֵיכֶם עַל הָאֲדָמָה אֲשֶׁר נִשְׁבַּע יהוָה לַאֲבֹתֵיכֶם לָתֵת לָהֶם כִּימֵי הַשָּׁמַיִם עַל־הָאָרֶץ׃

✿ K'RIAT SH'MA

*As witnesses to God's presence, we formally affirm
Divine sovereignty through our acceptance of
mitzvot. Twice each day we lovingly reaffirm our
loyalty to God and mitzvot by reciting the Sh'ma.*

If there is no minyan, add:
God is a faithful sovereign.

DEUTERONOMY 6:4-9

Sh'ma Yisra-el Adonai Eloheinu, Adonai Eḥad.
Hear, O Israel: Adonai is our God, Adonai alone.

> *Silently:*
Praised be God's glorious sovereignty throughout all time.

You shall love Adonai your God with all your heart, with all
your soul, with all your might. And these words, which I
command you this day, you shall take to heart. Teach them,
diligently, to your children, and recite them at home and
away, night and day. Bind them as a sign upon your hand,
and as a reminder above your eyes. Inscribe them upon the
doorposts of your homes and upon your gates.

DEUTERONOMY 11:13-21

If you will earnestly heed the mitzvot I give you this day, to
love Adonai your God and to serve God with all your heart
and all your soul, then I will favor your land with rain at the
proper season, in autumn and in spring, and you will have an
ample harvest of grain, wine and oil. I will assure abundance
in the fields for your cattle. You will eat to contentment. Take
care lest you be tempted to stray, and to worship false gods.
For then Adonai's wrath will be directed against you. God will
close the heavens and hold back the rain; the earth will not
yield its produce. You will soon disappear from the good land
which Adonai is giving you. Therefore, impress these words of
Mine upon your heart. Bind them as a sign upon your hand;
let them be a reminder above your eyes. Teach them to your
children. Repeat them at home and away, night and day.
Inscribe them upon the doorposts of your homes and upon
your gates. Then your days and the days of your children on
the land that Adonai swore to give to your ancestors, will
endure as the days of the heavens over the earth.

במדבר ט״ו:ל״ז-מ״א

וַיֹּאמֶר יהוה אֶל־מֹשֶׁה לֵּאמֹר: דַּבֵּר אֶל־בְּנֵי יִשְׂרָאֵל וְאָמַרְתָּ אֲלֵהֶם וְעָשׂוּ לָהֶם צִיצִת עַל־כַּנְפֵי בִגְדֵיהֶם לְדֹרֹתָם וְנָתְנוּ עַל־צִיצִת הַכָּנָף פְּתִיל תְּכֵלֶת: וְהָיָה לָכֶם לְצִיצִת וּרְאִיתֶם אֹתוֹ וּזְכַרְתֶּם אֶת־כָּל־מִצְוֹת יהוה וַעֲשִׂיתֶם אֹתָם וְלֹא תָתוּרוּ אַחֲרֵי לְבַבְכֶם וְאַחֲרֵי עֵינֵיכֶם אֲשֶׁר־אַתֶּם זֹנִים אַחֲרֵיהֶם: לְמַעַן תִּזְכְּרוּ וַעֲשִׂיתֶם אֶת־כָּל־מִצְוֹתָי וִהְיִיתֶם קְדֹשִׁים לֵאלֹהֵיכֶם: אֲנִי יהוה אֱלֹהֵיכֶם אֲשֶׁר הוֹצֵאתִי אֶתְכֶם מֵאֶרֶץ מִצְרַיִם לִהְיוֹת לָכֶם לֵאלֹהִים אֲנִי יהוה אֱלֹהֵיכֶם: אֱמֶת ◻

אֱמֶת וֶאֱמוּנָה כָּל־זֹאת וְקַיָּם עָלֵינוּ, כִּי הוּא יהוה אֱלֹהֵינוּ וְאֵין זוּלָתוֹ, וַאֲנַחְנוּ יִשְׂרָאֵל עַמּוֹ. הַפּוֹדֵנוּ מִיַּד מְלָכִים, מַלְכֵּנוּ הַגּוֹאֲלֵנוּ מִכַּף כָּל־הֶעָרִיצִים, הָאֵל הַנִּפְרָע לָנוּ מִצָּרֵינוּ וְהַמְשַׁלֵּם גְּמוּל לְכָל־אֹיְבֵי נַפְשֵׁנוּ, הָעֹשֶׂה גְדוֹלוֹת עַד אֵין חֵקֶר וְנִפְלָאוֹת עַד אֵין מִסְפָּר, הַשָּׂם נַפְשֵׁנוּ בַּחַיִּים וְלֹא נָתַן לַמּוֹט רַגְלֵנוּ, הַמַּדְרִיכֵנוּ עַל בָּמוֹת אוֹיְבֵינוּ וַיָּרֶם קַרְנֵנוּ עַל כָּל־שׂוֹנְאֵינוּ, הָעוֹשֶׂה לָּנוּ נִסִּים וּנְקָמָה בְּפַרְעֹה, אוֹתוֹת וּמוֹפְתִים בְּאַדְמַת בְּנֵי חָם, הַמַּכֶּה בְעֶבְרָתוֹ כָּל בְּכוֹרֵי מִצְרָיִם, וַיּוֹצֵא אֶת־עַמּוֹ יִשְׂרָאֵל מִתּוֹכָם לְחֵרוּת עוֹלָם, הַמַּעֲבִיר בָּנָיו בֵּין גִּזְרֵי יַם סוּף, אֶת רוֹדְפֵיהֶם וְאֶת־שׂוֹנְאֵיהֶם בִּתְהוֹמוֹת טִבַּע, וְרָאוּ בָנָיו גְּבוּרָתוֹ, שִׁבְּחוּ וְהוֹדוּ לִשְׁמוֹ. ◻ וּמַלְכוּתוֹ בְּרָצוֹן קִבְּלוּ עֲלֵיהֶם. מֹשֶׁה וּבְנֵי יִשְׂרָאֵל לְךָ עָנוּ שִׁירָה בְּשִׂמְחָה רַבָּה, וְאָמְרוּ כֻלָּם:

מִי־כָמֹכָה בָּאֵלִם יהוה, מִי כָּמֹכָה נֶאְדָּר בַּקֹּדֶשׁ, נוֹרָא תְהִלֹּת עֹשֵׂה־פֶלֶא.

◻ מַלְכוּתְךָ רָאוּ בָנֶיךָ, בּוֹקֵעַ יָם לִפְנֵי מֹשֶׁה. זֶה אֵלִי עָנוּ וְאָמְרוּ:

יהוה יִמְלוֹךְ לְעוֹלָם וָעֶד.

◻ וְנֶאֱמַר: כִּי פָדָה יהוה אֶת־יַעֲקֹב, וּגְאָלוֹ מִיַּד חָזָק מִמֶּנּוּ. בָּרוּךְ אַתָּה יהוה גָּאַל יִשְׂרָאֵל.

NUMBERS 15:37-41

Adonai said to Moses: Instruct the people Israel that in every generation they shall put *tzitzit* on the corners of their garments, and bind a thread of blue to the *tzitzit*, the fringe on each corner. Look upon these *tzitzit* and you will be reminded of all the mitzvot of Adonai and fulfill them, and not be seduced by your heart nor led astray by your eyes. Then you will remember and observe all My mitzvot and be holy before your God. I am Adonai your God, who brought you out of the land of Egypt to be your God. I, Adonai, am your God, *who is Truth.*

> *In this b'rakhah, we praise God as the eternal*
> *Redeemer of the people Israel.*

We affirm the truth that Adonai alone is our God, and that we are God's people Israel. God redeems us from the power of kings and delivers us from the hand of all tyrants, bringing judgment upon our oppressors and retribution upon all our mortal enemies, performing wonders beyond understanding and marvels beyond all reckoning. God has maintained us among the living, not allowing our steps to falter, guided us to triumph over mighty foes, and exalted our strength over all our enemies, vindicating us with miracles before Pharaoh, with signs and wonders in the land of Egypt. God smote, in wrath, Egypt's firstborn, brought Israel to lasting freedom, and led them through divided waters as their pursuers sank in the sea. When God's children beheld the divine might they sang in praise, gladly accepting God's sovereignty. Moses and the people Israel joyfully sang this song to You:

> Mi khamokha ba-elim Adonai, mi kamokha ne'dar ba-kodesh,
> nora t'hilot, oseh feleh.
> "Who is like You, Adonai, among all that is worshiped!
> Who is, like You, majestic in holiness,
> awesome in splendor, working wonders!"

As You divided the sea before Moses, Your children beheld Your sovereignty. "This is my God," they proclaimed:

> Adonai yimlokh l'olam va-ed.
> "Adonai shall reign throughout all time."

And thus it is written: "Adonai has rescued Jacob; God redeemed him from those more powerful." Praised are You Adonai, Redeemer of the people Israel.

The second ברכה *after* קריאת שמע

הַשְׁכִּיבֵנוּ יהוה אֱלֹהֵינוּ לְשָׁלוֹם, וְהַעֲמִידֵנוּ מַלְכֵּנוּ לְחַיִּים, וּפְרוֹשׂ עָלֵינוּ סֻכַּת שְׁלוֹמֶךָ, וְתַקְּנֵנוּ בְּעֵצָה טוֹבָה מִלְּפָנֶיךָ, וְהוֹשִׁיעֵנוּ לְמַעַן שְׁמֶךָ. וְהָגֵן בַּעֲדֵנוּ, וְהָסֵר מֵעָלֵינוּ אוֹיֵב דֶּבֶר וְחֶרֶב וְרָעָב וְיָגוֹן, וְהָסֵר שָׂטָן מִלְּפָנֵינוּ וּמֵאַחֲרֵנוּ. וּבְצֵל כְּנָפֶיךָ תַּסְתִּירֵנוּ, כִּי אֵל שׁוֹמְרֵנוּ וּמַצִּילֵנוּ אָתָּה, כִּי אֵל מֶלֶךְ חַנּוּן וְרַחוּם אָתָּה. □ וּשְׁמוֹר צֵאתֵנוּ וּבוֹאֵנוּ לְחַיִּים וּלְשָׁלוֹם מֵעַתָּה וְעַד עוֹלָם. בָּרוּךְ אַתָּה יהוה שׁוֹמֵר עַמּוֹ יִשְׂרָאֵל לָעַד.

בָּרוּךְ יהוה לְעוֹלָם, אָמֵן וְאָמֵן.
בָּרוּךְ יהוה מִצִּיּוֹן, שֹׁכֵן יְרוּשָׁלָיִם, הַלְלוּיָהּ.
בָּרוּךְ יהוה אֱלֹהִים אֱלֹהֵי יִשְׂרָאֵל, עֹשֵׂה נִפְלָאוֹת לְבַדּוֹ.
וּבָרוּךְ שֵׁם כְּבוֹדוֹ לְעוֹלָם,
וְיִמָּלֵא כְבוֹדוֹ אֶת כָּל־הָאָרֶץ, אָמֵן וְאָמֵן.
יְהִי כְבוֹד יהוה לְעוֹלָם, יִשְׂמַח יהוה בְּמַעֲשָׂיו.
יְהִי שֵׁם יהוה מְבֹרָךְ מֵעַתָּה וְעַד עוֹלָם.
כִּי לֹא יִטֹּשׁ יהוה אֶת־עַמּוֹ בַּעֲבוּר שְׁמוֹ הַגָּדוֹל,
כִּי הוֹאִיל יהוה לַעֲשׂוֹת אֶתְכֶם לוֹ לְעָם.

וַיַּרְא כָּל־הָעָם וַיִּפְּלוּ עַל פְּנֵיהֶם,
וַיֹּאמְרוּ: יהוה הוּא הָאֱלֹהִים, יהוה הוּא הָאֱלֹהִים.
וְהָיָה יהוה לְמֶלֶךְ עַל כָּל־הָאָרֶץ,
בַּיּוֹם הַהוּא יִהְיֶה יהוה אֶחָד וּשְׁמוֹ אֶחָד.
יְהִי חַסְדְּךָ יהוה עָלֵינוּ, כַּאֲשֶׁר יִחַלְנוּ לָךְ.

הוֹשִׁיעֵנוּ יהוה אֱלֹהֵינוּ, וְקַבְּצֵנוּ וְהַצִּילֵנוּ מִן הַגּוֹיִם,
לְהוֹדוֹת לְשֵׁם קָדְשֶׁךָ, לְהִשְׁתַּבֵּחַ בִּתְהִלָּתֶךָ.
כָּל גּוֹיִם אֲשֶׁר עָשִׂיתָ יָבֹאוּ וְיִשְׁתַּחֲווּ לְפָנֶיךָ אֲדֹנָי,
וִיכַבְּדוּ לִשְׁמֶךָ.
כִּי גָדוֹל אַתָּה וְעֹשֵׂה נִפְלָאוֹת, אַתָּה אֱלֹהִים לְבַדֶּךָ.
וַאֲנַחְנוּ עַמְּךָ וְצֹאן מַרְעִיתֶךָ, נוֹדֶה לְּךָ לְעוֹלָם,
לְדוֹר וָדוֹר נְסַפֵּר תְּהִלָּתֶךָ.

*In this b'rakhah, we praise God for the peace
and protection we are given in our times of need.*

Help us, Adonai, to lie down in peace, and awaken us again,
our Sovereign, to life. Spread over us Your shelter of peace;
guide us with Your good counsel. Save us because of
Your mercy. Shield us from enemies and pestilence, from
starvation, sword, and sorrow. Remove the evil forces that
surround us. Shelter us in the shadow of Your wings, O God,
who watches over us and delivers us, our gracious and
merciful Ruler. Guard our coming and our going; grant us life
and peace, now and always. Praised are You Adonai, eternal
Guardian of Your people Israel.

Praised is Adonai forever. Amen! Amen!
Let praise of Adonai come forth from Zion.
Praise the One who dwells in Jerusalem. Halleluyah!
Praised is Adonai, God of Israel.
God alone works wondrous deeds.
Praised is God's glory forever.
The glory of Adonai shall be forever;
Adonai shall rejoice in His works.
God's glory fills the world. Amen!
Praised is the glory of Adonai now and always.
For the sake of His glory, God will not abandon His people;
Adonai desires to make you His own.

When the people saw the wonders wrought by God,
they fell to the ground in worship,
exclaiming: "Adonai is God; Adonai is God!"
Adonai shall be the Ruler of all the earth;
on that day Adonai shall be One and His name One.
Let Your mercy be upon us, as our hope is in You.

Help us, Adonai our God, and deliver us.
Gather us, and free us from oppression,
that we may praise Your glory,
that we may be exalted in praising You.
All the nations You have created, Adonai,
will worship You and glorify You.
Great are You, wondrous are Your deeds; You alone are God.
We are Your people, the flock You shepherd;
we will never cease thanking You,
and we will recount Your praises to all generations.

בָּרוּךְ יהוה בַּיּוֹם, בָּרוּךְ יהוה בַּלָּיְלָה, בָּרוּךְ יהוה בְּשָׁכְבֵנוּ,
בָּרוּךְ יהוה בְּקוּמֵנוּ כִּי בְיָדְךָ נַפְשׁוֹת הַחַיִּים וְהַמֵּתִים,
אֲשֶׁר בְּיָדוֹ נֶפֶשׁ כָּל חָי וְרוּחַ כָּל בְּשַׂר אִישׁ.
בְּיָדְךָ אַפְקִיד רוּחִי, פָּדִיתָה אוֹתִי יהוה אֵל אֱמֶת.
אֱלֹהֵינוּ שֶׁבַּשָּׁמַיִם, יַחֵד שִׁמְךָ, וְקַיֵּם מַלְכוּתְךָ תָּמִיד,
וּמְלוֹךְ עָלֵינוּ לְעוֹלָם וָעֶד.

יִרְאוּ עֵינֵינוּ, וְיִשְׂמַח לִבֵּנוּ, וְתָגֵל נַפְשֵׁנוּ בִּישׁוּעָתְךָ בֶּאֱמֶת,
בֶּאֱמוֹר לְצִיּוֹן מָלַךְ אֱלֹהָיִךְ.
יהוה מֶלֶךְ, יהוה מָלָךְ, יהוה יִמְלוֹךְ לְעוֹלָם וָעֶד.
□ כִּי הַמַּלְכוּת שֶׁלְּךָ הִיא, וּלְעוֹלְמֵי עַד תִּמְלוֹךְ בְּכָבוֹד,
כִּי אֵין לָנוּ מֶלֶךְ אֶלָּא אָתָּה.
בָּרוּךְ אַתָּה יהוה הַמֶּלֶךְ בִּכְבוֹדוֹ
תָּמִיד יִמְלוֹךְ עָלֵינוּ לְעוֹלָם וָעֶד, וְעַל כָּל מַעֲשָׂיו.

חצי קדיש

Ḥazzan:

יִתְגַּדַּל וְיִתְקַדַּשׁ שְׁמֵהּ רַבָּא, בְּעָלְמָא דִּי בְרָא, כִּרְעוּתֵהּ,
וְיַמְלִיךְ מַלְכוּתֵהּ בְּחַיֵּיכוֹן וּבְיוֹמֵיכוֹן וּבְחַיֵּי דְכָל־בֵּית
יִשְׂרָאֵל, בַּעֲגָלָא וּבִזְמַן קָרִיב, וְאִמְרוּ אָמֵן.

Congregation and Ḥazzan:

יְהֵא שְׁמֵהּ רַבָּא מְבָרַךְ לְעָלַם וּלְעָלְמֵי עָלְמַיָּא.

Ḥazzan:

יִתְבָּרַךְ וְיִשְׁתַּבַּח וְיִתְפָּאַר וְיִתְרוֹמַם וְיִתְנַשֵּׂא וְיִתְהַדַּר
וְיִתְעַלֶּה וְיִתְהַלַּל שְׁמֵהּ דְּקֻדְשָׁא, בְּרִיךְ הוּא *לְעֵלָּא
מִן כָּל־בִּרְכָתָא וְשִׁירָתָא תֻּשְׁבְּחָתָא וְנֶחֱמָתָא דַּאֲמִירָן
בְּעָלְמָא, וְאִמְרוּ אָמֵן.

**Between ראש השנה and יום כפור:*

לְעֵלָּא לְעֵלָּא מִכָּל־בִּרְכָתָא וְשִׁירָתָא

Continue with the עמידה on page 286a or 286b (with אמהות) through page 291.

Praised is Adonai by day and praised by night,
praised when we lie down and praised when we rise up.
In Your hands are the souls of the living and the dead,
the life of every creature, the breath of all flesh.
Into Your hand I entrust my spirit;
You will redeem me, Adonai, God of truth.
Our God in heaven, assert the unity of Your dominion;
affirm Your sovereignty and reign over us forever.

May our eyes behold, our hearts rejoice,
and our souls be glad in Your sure deliverance,
when it shall be said to Zion: Your God is Sovereign.
Adonai reigns, Adonai has reigned,
Adonai shall reign throughout all time.
All sovereignty is Yours;
unto all eternity only You reign in glory, only You are Sovereign.
Praised are You Adonai, glorious Sovereign,
eternal Ruler over us and over all creation.

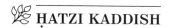 ḤATZI KADDISH

Reader:

May God's name be exalted and hallowed throughout the world that He created, as is God's wish. May God's sovereignty soon be accepted, during our life and the life of all Israel. And let us say: Amen.

Congregation and Reader:

Y'hei sh'mei raba m'varakh l'alam u-l'almei almaya.
May God's great name be praised throughout all time.

Reader:

Glorified and celebrated, lauded and worshiped, exalted and honored, extolled and acclaimed may the Holy One be, praised beyond all song and psalm, beyond all tributes that mortals can utter. And let us say: Amen.

*Continue with Amidah on page 286a or 286b
(with Matriarchs) through page 291.*

עמידה — ערבית לחול

אֲדֹנָי, שְׂפָתַי תִּפְתָּח וּפִי יַגִּיד תְּהִלָּתֶךָ.

בָּרוּךְ אַתָּה יהוה אֱלֹהֵינוּ וֵאלֹהֵי אֲבוֹתֵינוּ, אֱלֹהֵי אַבְרָהָם אֱלֹהֵי יִצְחָק וֵאלֹהֵי יַעֲקֹב, הָאֵל הַגָּדוֹל הַגִּבּוֹר וְהַנּוֹרָא, אֵל עֶלְיוֹן, גּוֹמֵל חֲסָדִים טוֹבִים וְקוֹנֵה הַכֹּל, וְזוֹכֵר חַסְדֵי אָבוֹת וּמֵבִיא גוֹאֵל לִבְנֵי בְנֵיהֶם לְמַעַן שְׁמוֹ בְּאַהֲבָה.

Between ראש השנה *and* יום כפור:

זָכְרֵנוּ לְחַיִּים, מֶלֶךְ חָפֵץ בַּחַיִּים,
וְכָתְבֵנוּ בְּסֵפֶר הַחַיִּים, לְמַעַנְךָ אֱלֹהִים חַיִּים.

מֶלֶךְ עוֹזֵר וּמוֹשִׁיעַ וּמָגֵן. בָּרוּךְ אַתָּה יהוה מָגֵן אַבְרָהָם.

אַתָּה גִּבּוֹר לְעוֹלָם אֲדֹנָי, מְחַיֵּה מֵתִים אַתָּה, רַב לְהוֹשִׁיעַ.

**From* שמיני עצרת *until* פסח:

מַשִּׁיב הָרוּחַ וּמוֹרִיד הַגָּשֶׁם.

מְכַלְכֵּל חַיִּים בְּחֶסֶד, מְחַיֵּה מֵתִים בְּרַחֲמִים רַבִּים, סוֹמֵךְ נוֹפְלִים, וְרוֹפֵא חוֹלִים, וּמַתִּיר אֲסוּרִים, וּמְקַיֵּם אֱמוּנָתוֹ לִישֵׁנֵי עָפָר, מִי כָמוֹךָ בַּעַל גְּבוּרוֹת וּמִי דּוֹמֶה לָּךְ, מֶלֶךְ מֵמִית וּמְחַיֶּה וּמַצְמִיחַ יְשׁוּעָה.

Between ראש השנה *and* יום כפור:

מִי כָמוֹךָ אַב הָרַחֲמִים, זוֹכֵר יְצוּרָיו לְחַיִּים בְּרַחֲמִים.

וְנֶאֱמָן אַתָּה לְהַחֲיוֹת מֵתִים.
בָּרוּךְ אַתָּה יהוה מְחַיֵּה הַמֵּתִים.

אַתָּה קָדוֹשׁ וְשִׁמְךָ קָדוֹשׁ, וּקְדוֹשִׁים בְּכָל־יוֹם יְהַלְלוּךָ סֶּלָה.
**בָּרוּךְ אַתָּה יהוה הָאֵל הַקָּדוֹשׁ.

***Between* ראש השנה *and* יום כפור:

בָּרוּךְ אַתָּה יהוה הַמֶּלֶךְ הַקָּדוֹשׁ.

Continue on page 287.

**From* פסח *to* שמיני עצרת*, some add:* מוֹרִיד הַטָּל.

🌺 AMIDAH FOR WEEKDAY MA'ARIV

Adonai, open my lips, so I may speak Your praise.

Praised are You Adonai, our God and God of our ancestors, God of Abraham, God of Isaac, and God of Jacob, great, mighty, awesome, exalted God who bestows lovingkindness, Creator of all. You remember the pious deeds of our ancestors and will send a redeemer to their children's children because of Your loving nature.

> *Between Rosh Hashanah and Yom Kippur:*
> Remember us that we may live, O Sovereign who delights in life. Inscribe us in the Book of Life, for Your sake, living God.

You are the Sovereign who helps and saves and shields.
Praised are You Adonai, Shield of Abraham.

Your might, Adonai, is boundless. You give life to the dead; great is Your saving power.

> **From Sh'mini Atzeret until Pesaḥ:*
> You cause the wind to blow and the rain to fall.

Your love sustains the living, Your great mercies give life to the dead. You support the falling, heal the ailing, free the fettered. You keep Your faith with those who sleep in dust. Whose power can compare with Yours? You are Master of life and death and deliverance.

> *Between Rosh Hashanah and Yom Kippur:*
> Whose mercy can compare with Yours, Source of compassion? In mercy You remember Your creatures with life.

Faithful are You in giving life to the dead.
Praised are You Adonai, Master of life and death.

Holy are You and holy is Your name. Holy are those who praise You each day. **Praised are You Adonai, holy God.

> ***Between Rosh Hashanah and Yom Kippur:*
> Praised are You Adonai, holy Sovereign.

Continue on page 287.

**Between Pesaḥ and Sh'mini Atzeret, some add:* You cause the dew to fall.

עמידה — ערבית לחול (כולל אמהות)

אֲדֹנָי, שְׂפָתַי תִּפְתָּח וּפִי יַגִּיד תְּהִלָּתֶךָ.

בָּרוּךְ אַתָּה יהוה אֱלֹהֵינוּ וֵאלֹהֵי אֲבוֹתֵינוּ, אֱלֹהֵי אַבְרָהָם אֱלֹהֵי יִצְחָק וֵאלֹהֵי יַעֲקֹב, אֱלֹהֵי שָׂרָה אֱלֹהֵי רִבְקָה אֱלֹהֵי רָחֵל וֵאלֹהֵי לֵאָה, הָאֵל הַגָּדוֹל הַגִּבּוֹר וְהַנּוֹרָא, אֵל עֶלְיוֹן, גּוֹמֵל חֲסָדִים טוֹבִים וְקוֹנֵה הַכֹּל, וְזוֹכֵר חַסְדֵי אָבוֹת וּמֵבִיא גּוֹאֵל לִבְנֵי בְנֵיהֶם לְמַעַן שְׁמוֹ בְּאַהֲבָה.

Between ראש השנה and יום כפור:

זָכְרֵנוּ לְחַיִּים, מֶלֶךְ חָפֵץ בַּחַיִּים,
וְכָתְבֵנוּ בְּסֵפֶר הַחַיִּים, לְמַעַנְךָ אֱלֹהִים חַיִּים.

מֶלֶךְ עוֹזֵר וּפוֹקֵד וּמוֹשִׁיעַ וּמָגֵן.
בָּרוּךְ אַתָּה יהוה מָגֵן אַבְרָהָם וּפֹקֵד שָׂרָה.

אַתָּה גִּבּוֹר לְעוֹלָם אֲדֹנָי, מְחַיֵּה מֵתִים אַתָּה, רַב לְהוֹשִׁיעַ.

**From שמיני עצרת until פסח:*

מַשִּׁיב הָרוּחַ וּמוֹרִיד הַגָּשֶׁם.

מְכַלְכֵּל חַיִּים בְּחֶסֶד, מְחַיֵּה מֵתִים בְּרַחֲמִים רַבִּים, סוֹמֵךְ נוֹפְלִים, וְרוֹפֵא חוֹלִים, וּמַתִּיר אֲסוּרִים, וּמְקַיֵּם אֱמוּנָתוֹ לִישֵׁנֵי עָפָר, מִי כָמוֹךָ בַּעַל גְּבוּרוֹת וּמִי דּוֹמֶה לָּךְ, מֶלֶךְ מֵמִית וּמְחַיֶּה וּמַצְמִיחַ יְשׁוּעָה.

Between ראש השנה and יום כפור:

מִי כָמוֹךָ אַב הָרַחֲמִים, זוֹכֵר יְצוּרָיו לְחַיִּים בְּרַחֲמִים.

וְנֶאֱמָן אַתָּה לְהַחֲיוֹת מֵתִים.
בָּרוּךְ אַתָּה יהוה מְחַיֵּה הַמֵּתִים.

אַתָּה קָדוֹשׁ וְשִׁמְךָ קָדוֹשׁ, וּקְדוֹשִׁים בְּכָל־יוֹם יְהַלְלוּךָ סֶּלָה.
**בָּרוּךְ אַתָּה יהוה הָאֵל הַקָּדוֹשׁ.

***Between ראש השנה and יום כפור:*

בָּרוּךְ אַתָּה יהוה הַמֶּלֶךְ הַקָּדוֹשׁ.

**From פסח to שמיני עצרת, some add:* מוֹרִיד הַטָּל.

AMIDAH FOR WEEKDAY MA'ARIV
(with Matriarchs)

Adonai, open my lips, so I may speak Your praise.

Praised are You Adonai, our God and God of our ancestors, God of Abraham, Isaac, and Jacob, Sarah, Rebecca, Rachel, and Leah, great, mighty, awesome, exalted God who bestows lovingkindness, Creator of all. You remember the pious deeds of our ancestors and will send a redeemer to their children's children because of Your loving nature.

> *Between Rosh Hashanah and Yom Kippur:*
> Remember us that we may live, O Sovereign who delights in life. Inscribe us in the Book of Life, for Your sake, living God.

You are the Sovereign who helps and guards, saves and shields. Praised are You Adonai, Shield of Abraham and Guardian of Sarah.

Your might, Adonai, is boundless. You give life to the dead; great is Your saving power.

> **From Sh'mini Atzeret until Pesaḥ:*
> You cause the wind to blow and the rain to fall.

Your love sustains the living, Your great mercies give life to the dead. You support the falling, heal the ailing, free the fettered. You keep Your faith with those who sleep in dust. Whose power can compare with Yours? You are Master of life and death and deliverance.

> *Between Rosh Hashanah and Yom Kippur:*
> Whose mercy can compare with Yours, Source of compassion? In mercy You remember Your creatures with life.

Faithful are You in giving life to the dead.
Praised are You Adonai, Master of life and death.

Holy are You and holy is Your name. Holy are those who praise You each day. **Praised are You Adonai, holy God.

> ***Between Rosh Hashanah and Yom Kippur:*
> Praised are You Adonai, holy Sovereign.

---

*Between Pesaḥ and Sh'mini Atzeret, some add: You cause the dew to fall.

At the conclusion of שבת *or* יום טוב*:*

אַתָּה חוֹנֵן לְאָדָם דַּעַת, וּמְלַמֵּד לֶאֱנוֹשׁ בִּינָה. אַתָּה חוֹנַנְתָּנוּ לְמַדַּע תּוֹרָתֶךָ, וַתְּלַמְּדֵנוּ לַעֲשׂוֹת חֻקֵּי רְצוֹנֶךָ, וַתַּבְדֵּל יהוה אֱלֹהֵינוּ בֵּין קֹדֶשׁ לְחוֹל, בֵּין אוֹר לְחֹשֶׁךְ, בֵּין יִשְׂרָאֵל לָעַמִּים, בֵּין יוֹם הַשְּׁבִיעִי לְשֵׁשֶׁת יְמֵי הַמַּעֲשֶׂה. אָבִינוּ מַלְכֵּנוּ, הָחֵל עָלֵינוּ הַיָּמִים הַבָּאִים לִקְרָאתֵנוּ לְשָׁלוֹם, חֲשׂוּכִים מִכָּל חֵטְא, וּמְנֻקִּים מִכָּל עָוֹן, וּמְדֻבָּקִים בְּיִרְאָתֶךָ. וְחָנֵּנוּ מֵאִתְּךָ דֵּעָה בִּינָה וְהַשְׂכֵּל. בָּרוּךְ אַתָּה יהוה חוֹנֵן הַדָּעַת.

On other evenings:

אַתָּה חוֹנֵן לְאָדָם דַּעַת, וּמְלַמֵּד לֶאֱנוֹשׁ בִּינָה. חָנֵּנוּ מֵאִתְּךָ דֵּעָה בִּינָה וְהַשְׂכֵּל. בָּרוּךְ אַתָּה יהוה חוֹנֵן הַדָּעַת.

הֲשִׁיבֵנוּ אָבִינוּ לְתוֹרָתֶךָ, וְקָרְבֵנוּ מַלְכֵּנוּ לַעֲבוֹדָתֶךָ, וְהַחֲזִירֵנוּ בִּתְשׁוּבָה שְׁלֵמָה לְפָנֶיךָ. בָּרוּךְ אַתָּה יהוה הָרוֹצֶה בִּתְשׁוּבָה.

סְלַח לָנוּ אָבִינוּ כִּי חָטָאנוּ, מְחַל לָנוּ מַלְכֵּנוּ כִּי פָשָׁעְנוּ, כִּי מוֹחֵל וְסוֹלֵחַ אָתָּה. בָּרוּךְ אַתָּה יהוה חַנּוּן הַמַּרְבֶּה לִסְלֹחַ.

רְאֵה נָא בְעָנְיֵנוּ, וְרִיבָה רִיבֵנוּ, וּגְאָלֵנוּ מְהֵרָה לְמַעַן שְׁמֶךָ, כִּי גוֹאֵל חָזָק אָתָּה. בָּרוּךְ אַתָּה יהוה גּוֹאֵל יִשְׂרָאֵל.

רְפָאֵנוּ יהוה, וְנֵרָפֵא, הוֹשִׁיעֵנוּ וְנִוָּשֵׁעָה, כִּי תְהִלָּתֵנוּ אָתָּה, וְהַעֲלֵה רְפוּאָה שְׁלֵמָה לְכָל מַכּוֹתֵינוּ,

On behalf of one who is ill:

וִיהִי רָצוֹן מִלְּפָנֶיךָ יהוה אֱלֹהֵינוּ וֵאלֹהֵי אֲבוֹתֵינוּ, שֶׁתִּשְׁלַח מְהֵרָה רְפוּאָה שְׁלֵמָה מִן הַשָּׁמַיִם, רְפוּאַת הַנֶּפֶשׁ וּרְפוּאַת הַגּוּף, לְ______ בֶּן / בַּת ______ בְּתוֹךְ שְׁאָר חוֹלֵי יִשְׂרָאֵל, וְחַזֵּק אֶת־יְדֵי הָעוֹסְקִים בְּצָרְכֵיהֶם,

כִּי אֵל מֶלֶךְ רוֹפֵא נֶאֱמָן וְרַחֲמָן אָתָּה. בָּרוּךְ אַתָּה יהוה רוֹפֵא חוֹלֵי עַמּוֹ יִשְׂרָאֵל.

At the conclusion of Shabbat or a Festival:

You graciously endow mortals with intelligence, teaching us wisdom. You graciously granted us knowledge of Your Torah, teaching us to fulfill the laws You have willed. You set apart the sacred from the profane, even as You separated light from darkness, singled out the people Israel from among the nations, and distinguished Shabbat from all other days. *Avinu Malkenu*, may the coming days bring us peace. May they be free of sin and cleansed of wrongdoing; may they find us more closely attached to You. Grant us knowledge, wisdom, and discernment. Praised are You Adonai, who graciously grants us intelligence.

On other evenings:

You graciously endow mortals with intelligence, teaching us wisdom. Grant us knowledge, wisdom, and discernment. Praised are You Adonai, who graciously grants us intelligence.

Bring us back, our Teacher, to Your Torah. Draw us near, our Sovereign, to Your service. Lead us back to You, truly repentant. Praised are You Adonai, who welcomes repentance.

Forgive us, our Guide, for we have sinned. Pardon us, our Ruler, for we have transgressed; for You forgive and pardon. Praised are You Adonai, gracious and forgiving.

Behold our adversity and deliver us. Redeem us soon because of Your mercy, for You are the mighty Redeemer. Praised are You Adonai, Redeemer of the people Israel.

Heal us, Adonai, and we shall be healed. Help us and save us, for You are our glory. Grant complete healing for all our afflictions,

On behalf of one who is ill:

and may it be Your will, Adonai our God and God of our ancestors, to send complete healing, of body and soul, to _____, along with all others who are stricken, and strength to those who tend to them,

for You are the faithful and merciful God of healing. Praised are You Adonai, Healer of His people Israel.

בָּרֵךְ עָלֵינוּ יהוה אֱלֹהֵינוּ אֶת הַשָּׁנָה הַזֹּאת וְאֶת־כָּל־מִינֵי תְבוּאָתָהּ לְטוֹבָה

From פסח to December 3rd: (December 4th in a Hebrew year divisible by four)

וְתֵן בְּרָכָה

From December 4th to פסח: (December 5th in a Hebrew year divisible by four)

וְתֵן טַל וּמָטָר לִבְרָכָה

עַל פְּנֵי הָאֲדָמָה, וְשַׂבְּעֵנוּ מִטּוּבָהּ, וּבָרֵךְ שְׁנָתֵנוּ כַּשָּׁנִים הַטּוֹבוֹת. בָּרוּךְ אַתָּה יהוה מְבָרֵךְ הַשָּׁנִים.

תְּקַע בְּשׁוֹפָר גָּדוֹל לְחֵרוּתֵנוּ, וְשָׂא נֵס לְקַבֵּץ גָּלֻיּוֹתֵינוּ, וְקַבְּצֵנוּ יַחַד מֵאַרְבַּע כַּנְפוֹת הָאָרֶץ. בָּרוּךְ אַתָּה יהוה מְקַבֵּץ נִדְחֵי עַמּוֹ יִשְׂרָאֵל.

הָשִׁיבָה שׁוֹפְטֵינוּ כְּבָרִאשׁוֹנָה וְיוֹעֲצֵינוּ כְּבַתְּחִלָּה, וְהָסֵר מִמֶּנּוּ יָגוֹן וַאֲנָחָה, וּמְלוֹךְ עָלֵינוּ אַתָּה יהוה לְבַדְּךָ בְּחֶסֶד וּבְרַחֲמִים, וְצַדְּקֵנוּ בַּמִּשְׁפָּט. *בָּרוּךְ אַתָּה יהוה מֶלֶךְ אוֹהֵב צְדָקָה וּמִשְׁפָּט.

**Between ראש השנה and יום כפור:*

בָּרוּךְ אַתָּה יהוה הַמֶּלֶךְ הַמִּשְׁפָּט.

וְלַמַּלְשִׁינִים אַל תְּהִי תִקְוָה, וְכָל הָרִשְׁעָה כְּרֶגַע תֹּאבֵד, וְכָל אוֹיְבֶיךָ מְהֵרָה יִכָּרֵתוּ, וְהַזֵּדִים מְהֵרָה תְעַקֵּר וּתְשַׁבֵּר וּתְמַגֵּר וְתַכְנִיעַ בִּמְהֵרָה בְיָמֵינוּ. בָּרוּךְ אַתָּה יהוה שֹׁבֵר אֹיְבִים וּמַכְנִיעַ זֵדִים.

עַל הַצַּדִּיקִים וְעַל הַחֲסִידִים וְעַל זִקְנֵי עַמְּךָ בֵּית יִשְׂרָאֵל, וְעַל פְּלֵיטַת סוֹפְרֵיהֶם, וְעַל גֵּרֵי הַצֶּדֶק וְעָלֵינוּ, יֶהֱמוּ נָא רַחֲמֶיךָ יהוה אֱלֹהֵינוּ, וְתֵן שָׂכָר טוֹב לְכָל הַבּוֹטְחִים בְּשִׁמְךָ בֶּאֱמֶת, וְשִׂים חֶלְקֵנוּ עִמָּהֶם, וּלְעוֹלָם לֹא נֵבוֹשׁ כִּי בְךָ בָטָחְנוּ. בָּרוּךְ אַתָּה יהוה מִשְׁעָן וּמִבְטָח לַצַּדִּיקִים.

וְלִירוּשָׁלַיִם עִירְךָ בְּרַחֲמִים תָּשׁוּב, וְתִשְׁכּוֹן בְּתוֹכָהּ כַּאֲשֶׁר דִּבַּרְתָּ, וּבְנֵה אוֹתָהּ בְּקָרוֹב בְּיָמֵינוּ בִּנְיַן עוֹלָם, וְכִסֵּא דָוִד מְהֵרָה לְתוֹכָהּ תָּכִין. בָּרוּךְ אַתָּה יהוה בּוֹנֵה יְרוּשָׁלָיִם.

Adonai our God, make this a blessed year. May its varied produce bring us happiness.

From Pesaḥ to December 3rd: (December 4th in a Hebrew year divisible by four)	*From December 4th to Pesaḥ:* (December 5th in a Hebrew year divisible by four)
Grant blessing	Grant dew and rain for blessing

upon the earth, satisfy us with its abundance, and bless our year as the best of years. Praised are You Adonai, who blesses the years.

Sound the great shofar to herald our freedom; raise high the banner to gather our exiles. Gather our dispersed from the ends of the earth. Praised are You Adonai, who gathers the dispersed of the people Israel.

Restore our judges as in days of old; restore our counselors as in former times. Remove sorrow and anguish from our lives. Reign over us, Adonai, You alone, with lovingkindness and mercy; with justice sustain our cause. *Praised are You Adonai, Sovereign who loves justice with compassion.

Between Rosh Hashanah and Yom Kippur:
Praised are You Adonai, Sovereign of judgment.

Frustrate the hopes of all those who malign us. Let all evil soon disappear; let all Your enemies soon be destroyed. May You quickly uproot and crush the arrogant; may You subdue and humble them in our time. Praised are You Adonai, who humbles the arrogant.

Let Your tender mercies be stirred for the righteous, the pious, and the leaders of the House of Israel, devoted scholars and faithful proselytes. Be merciful to us of the House of Israel. Reward all who trust in You; cast our lot with those who are faithful to You. May we never come to despair, for our trust is in You. Praised are You Adonai, who sustains the righteous.

Have mercy and return to Jerusalem, Your city. May Your presence dwell there as You have promised. Build it now, in our days and for all time. Reestablish there the majesty of David, Your servant. Praised are You Adonai, who builds Jerusalem.

אֶת־צֶמַח דָּוִד עַבְדְּךָ מְהֵרָה תַצְמִיחַ, וְקַרְנוֹ תָּרוּם בִּישׁוּעָתֶךָ, כִּי לִישׁוּעָתְךָ קִוִּינוּ כָּל הַיּוֹם. בָּרוּךְ אַתָּה יהוה מַצְמִיחַ קֶרֶן יְשׁוּעָה.

שְׁמַע קוֹלֵנוּ יהוה אֱלֹהֵינוּ, חוּס וְרַחֵם עָלֵינוּ, וְקַבֵּל בְּרַחֲמִים וּבְרָצוֹן אֶת־תְּפִלָּתֵנוּ, כִּי אֵל שׁוֹמֵעַ תְּפִלּוֹת וְתַחֲנוּנִים אָתָּה, וּמִלְּפָנֶיךָ מַלְכֵּנוּ רֵיקָם אַל תְּשִׁיבֵנוּ. כִּי אַתָּה שׁוֹמֵעַ תְּפִלַּת עַמְּךָ יִשְׂרָאֵל בְּרַחֲמִים. בָּרוּךְ אַתָּה יהוה שׁוֹמֵעַ תְּפִלָּה.

רְצֵה יהוה אֱלֹהֵינוּ בְּעַמְּךָ יִשְׂרָאֵל וּבִתְפִלָּתָם, וְהָשֵׁב אֶת־הָעֲבוֹדָה לִדְבִיר בֵּיתֶךָ, וּתְפִלָּתָם בְּאַהֲבָה תְקַבֵּל בְּרָצוֹן, וּתְהִי לְרָצוֹן תָּמִיד עֲבוֹדַת יִשְׂרָאֵל עַמֶּךָ.

On ראש חודש *and* חול המועד:

אֱלֹהֵינוּ וֵאלֹהֵי אֲבוֹתֵינוּ, יַעֲלֶה וְיָבֹא וְיַגִּיעַ, וְיֵרָאֶה וְיֵרָצֶה וְיִשָּׁמַע, וְיִפָּקֵד וְיִזָּכֵר זִכְרוֹנֵנוּ וּפִקְדוֹנֵנוּ, וְזִכְרוֹן אֲבוֹתֵינוּ, וְזִכְרוֹן מָשִׁיחַ בֶּן־דָּוִד עַבְדֶּךָ, וְזִכְרוֹן יְרוּשָׁלַיִם עִיר קָדְשֶׁךָ, וְזִכְרוֹן כָּל עַמְּךָ בֵּית יִשְׂרָאֵל לְפָנֶיךָ, לִפְלֵיטָה לְטוֹבָה, לְחֵן וּלְחֶסֶד וּלְרַחֲמִים, לְחַיִּים וּלְשָׁלוֹם, בְּיוֹם

On ראש חודש: רֹאשׁ הַחֹדֶשׁ הַזֶּה.
On סוכות: חַג הַסֻּכּוֹת הַזֶּה. *On* פסח: חַג הַמַּצּוֹת הַזֶּה.

זָכְרֵנוּ יהוה אֱלֹהֵינוּ בּוֹ לְטוֹבָה, וּפָקְדֵנוּ בוֹ לִבְרָכָה, וְהוֹשִׁיעֵנוּ בוֹ לְחַיִּים, וּבִדְבַר יְשׁוּעָה וְרַחֲמִים חוּס וְחָנֵּנוּ וְרַחֵם עָלֵינוּ וְהוֹשִׁיעֵנוּ כִּי אֵלֶיךָ עֵינֵינוּ, כִּי אֵל מֶלֶךְ חַנּוּן וְרַחוּם אָתָּה.

וְתֶחֱזֶינָה עֵינֵינוּ בְּשׁוּבְךָ לְצִיּוֹן בְּרַחֲמִים.
בָּרוּךְ אַתָּה יהוה הַמַּחֲזִיר שְׁכִינָתוֹ לְצִיּוֹן.

מוֹדִים אֲנַחְנוּ לָךְ שָׁאַתָּה הוּא יהוה אֱלֹהֵינוּ וֵאלֹהֵי אֲבוֹתֵינוּ לְעוֹלָם וָעֶד, צוּר חַיֵּינוּ מָגֵן יִשְׁעֵנוּ אַתָּה הוּא לְדוֹר וָדוֹר. נוֹדֶה לְּךָ וּנְסַפֵּר תְּהִלָּתֶךָ, עַל חַיֵּינוּ הַמְּסוּרִים בְּיָדֶךָ וְעַל נִשְׁמוֹתֵינוּ הַפְּקוּדוֹת לָךְ, וְעַל נִסֶּיךָ שֶׁבְּכָל־יוֹם עִמָּנוּ וְעַל נִפְלְאוֹתֶיךָ וְטוֹבוֹתֶיךָ שֶׁבְּכָל־עֵת, עֶרֶב וָבֹקֶר וְצָהֳרָיִם. הַטּוֹב כִּי לֹא כָלוּ רַחֲמֶיךָ, וְהַמְרַחֵם כִּי לֹא תַמּוּ חֲסָדֶיךָ, מֵעוֹלָם קִוִּינוּ לָךְ.

Cause the offspring of Your servant David to flourish, and hasten the coming of messianic deliverance. We hope continually for Your redemption. Praised are You Adonai, who assures our redemption.

Hear our voice, Adonai our God. Have compassion upon us, pity us. Accept our prayer with loving favor. You listen to entreaty and prayer. Do not turn us away unanswered, our Sovereign, for You mercifully heed Your people's supplication. Praised are You Adonai, who listens to prayer.

Accept the prayer of Your people Israel as lovingly as it is offered. Restore worship to Your sanctuary, and may the worship of Your people Israel always be acceptable to You.

On Rosh Ḥodesh and on Ḥol Ha-mo'ed:
Our God and God of our ancestors, show us Your care and concern. Remember our ancestors; recall Your anointed, descended from David Your servant. Protect Jerusalem, Your holy city, and exalt all Your people, Israel, with life and well-being, contentment and peace on this

Rosh Ḥodesh.

Festival of Sukkot.   Festival of Matzot.

Grant us life and blessing, and remember us for good. Recall Your promise of mercy and redemption. Be merciful to us and save us, for we place our hope in You, loving and merciful God.

May we witness Your merciful return to Zion. Praised are You Adonai, who restores the Divine Presence to Zion.

We proclaim that You are Adonai our God and God of our ancestors throughout all time. You are the Rock of our lives, the Shield of our salvation in every generation. We thank You and praise You for our lives that are in Your hand, for our souls that are in Your charge, for Your miracles that daily attend us, and for Your wonders and gifts that accompany us, evening, morning, and noon. You are good, Your mercy everlasting; You are compassionate, Your kindness never-ending. We have always placed our hope in You.

On חנוכה:

עַל הַנִּסִּים וְעַל הַפֻּרְקָן, וְעַל הַגְּבוּרוֹת, וְעַל הַתְּשׁוּעוֹת, וְעַל הַמִּלְחָמוֹת שֶׁעָשִׂיתָ לַאֲבוֹתֵינוּ בַּיָּמִים הָהֵם וּבַזְּמַן הַזֶּה.

בִּימֵי מַתִּתְיָהוּ בֶּן־יוֹחָנָן כֹּהֵן גָּדוֹל חַשְׁמוֹנַאי וּבָנָיו, כְּשֶׁעָמְדָה מַלְכוּת יָוָן הָרְשָׁעָה עַל עַמְּךָ יִשְׂרָאֵל לְהַשְׁכִּיחָם תּוֹרָתֶךָ וּלְהַעֲבִירָם מֵחֻקֵּי רְצוֹנֶךָ, וְאַתָּה בְּרַחֲמֶיךָ הָרַבִּים עָמַדְתָּ לָהֶם בְּעֵת צָרָתָם, רַבְתָּ אֶת־רִיבָם, דַּנְתָּ אֶת־דִּינָם, נָקַמְתָּ אֶת־נִקְמָתָם, מָסַרְתָּ גִבּוֹרִים בְּיַד חַלָּשִׁים, וְרַבִּים בְּיַד מְעַטִּים, וּטְמֵאִים בְּיַד טְהוֹרִים, וּרְשָׁעִים בְּיַד צַדִּיקִים, וְזֵדִים בְּיַד עוֹסְקֵי תוֹרָתֶךָ. וּלְךָ עָשִׂיתָ שֵׁם גָּדוֹל וְקָדוֹשׁ בְּעוֹלָמֶךָ, וּלְעַמְּךָ יִשְׂרָאֵל עָשִׂיתָ תְּשׁוּעָה גְדוֹלָה וּפֻרְקָן כְּהַיּוֹם הַזֶּה. וְאַחַר כֵּן בָּאוּ בָנֶיךָ לִדְבִיר בֵּיתֶךָ וּפִנּוּ אֶת־הֵיכָלֶךָ, וְטִהֲרוּ אֶת־מִקְדָּשֶׁךָ, וְהִדְלִיקוּ נֵרוֹת בְּחַצְרוֹת קָדְשֶׁךָ, וְקָבְעוּ שְׁמוֹנַת יְמֵי חֲנֻכָּה אֵלּוּ לְהוֹדוֹת וּלְהַלֵּל לְשִׁמְךָ הַגָּדוֹל.

On פורים:

עַל הַנִּסִּים וְעַל הַפֻּרְקָן, וְעַל הַגְּבוּרוֹת, וְעַל הַתְּשׁוּעוֹת, וְעַל הַמִּלְחָמוֹת שֶׁעָשִׂיתָ לַאֲבוֹתֵינוּ בַּיָּמִים הָהֵם וּבַזְּמַן הַזֶּה.

בִּימֵי מָרְדְּכַי וְאֶסְתֵּר בְּשׁוּשַׁן הַבִּירָה, כְּשֶׁעָמַד עֲלֵיהֶם הָמָן הָרָשָׁע, בִּקֵּשׁ לְהַשְׁמִיד, לַהֲרֹג וּלְאַבֵּד אֶת־כָּל־הַיְּהוּדִים, מִנַּעַר וְעַד זָקֵן, טַף וְנָשִׁים, בְּיוֹם אֶחָד בִּשְׁלֹשָׁה עָשָׂר לְחֹדֶשׁ שְׁנֵים־עָשָׂר, הוּא חֹדֶשׁ אֲדָר, וּשְׁלָלָם לָבוֹז. וְאַתָּה בְּרַחֲמֶיךָ הָרַבִּים הֵפַרְתָּ אֶת־עֲצָתוֹ, וְקִלְקַלְתָּ אֶת־מַחֲשַׁבְתּוֹ, וַהֲשֵׁבוֹתָ לּוֹ גְּמוּלוֹ בְּרֹאשׁוֹ, וְתָלוּ אוֹתוֹ וְאֶת־בָּנָיו עַל הָעֵץ.

וְעַל כֻּלָּם יִתְבָּרַךְ וְיִתְרוֹמַם שִׁמְךָ מַלְכֵּנוּ תָּמִיד לְעוֹלָם וָעֶד.

Between ראש השנה and יום כפור:

וּכְתוֹב לְחַיִּים טוֹבִים כָּל בְּנֵי בְרִיתֶךָ.

וְכֹל הַחַיִּים יוֹדוּךָ סֶּלָה, וִיהַלְלוּ אֶת־שִׁמְךָ בֶּאֱמֶת, הָאֵל יְשׁוּעָתֵנוּ וְעֶזְרָתֵנוּ סֶלָה. בָּרוּךְ אַתָּה יְהוָה הַטּוֹב שִׁמְךָ וּלְךָ נָאֶה לְהוֹדוֹת.

On Ḥanukkah:

We thank You for the miraculous deliverance, for the heroism, and for the triumphs of our ancestors from ancient days until our time.

In the days of Mattathias son of Yoḥanan, the heroic Hasmonean *Kohen*, and in the days of his sons, a cruel power rose against Your people Israel, demanding that they abandon Your Torah and violate Your mitzvot. You, in great mercy, stood by Your people in time of trouble. You defended them, vindicated them, and avenged their wrongs. You delivered the strong into the hands of the weak, the many into the hands of the few, the corrupt into the hands of the pure in heart, the guilty into the hands of the innocent. You delivered the arrogant into the hands of those who were faithful to Your Torah. You have revealed Your glory and Your holiness to all the world, achieving great victories and miraculous deliverance for Your people Israel to this day. Then Your children came into Your shrine, cleansed Your Temple, purified Your sanctuary, and kindled lights in Your sacred courts. They set aside these eight days as a season for giving thanks and chanting praises to You.

On Purim:

We thank You for the miraculous deliverance, for the heroism, and for the triumphs of our ancestors from ancient days until our time.

In the days of Mordecai and Esther, in Shushan, the capital of Persia, the wicked Haman rose up against all Jews and plotted their destruction. In a single day, the thirteenth of Adar, the twelfth month of the year, Haman planned to annihilate all Jews, young and old, and to permit the plunder of their property. You, in great mercy, thwarted his designs, frustrated his plot, and visited upon him the evil he planned to bring on others. Haman, together with his sons, was put to death on the gallows he had made for Mordecai.

For all these blessings we shall ever praise and exalt You.

Between Rosh Hashanah and Yom Kippur:
Inscribe all the people of Your covenant for a good life.

May every living creature thank You and praise You faithfully, God of our deliverance and our help. Praised are You Adonai, the essence of goodness, worthy of acclaim.

שָׁלוֹם רָב עַל יִשְׂרָאֵל עַמְּךָ וְעַל כָּל־יוֹשְׁבֵי תֵבֵל תָּשִׂים לְעוֹלָם, כִּי אַתָּה הוּא מֶלֶךְ אָדוֹן לְכָל־הַשָּׁלוֹם. וְטוֹב בְּעֵינֶיךָ לְבָרֵךְ אֶת־עַמְּךָ יִשְׂרָאֵל בְּכָל־עֵת וּבְכָל־שָׁעָה בִּשְׁלוֹמֶךָ. *בָּרוּךְ אַתָּה יהוה הַמְבָרֵךְ אֶת־עַמּוֹ יִשְׂרָאֵל בַּשָּׁלוֹם.

**Between* ראש השנה *and* יום כפור*:*

בְּסֵפֶר חַיִּים בְּרָכָה וְשָׁלוֹם, וּפַרְנָסָה טוֹבָה, נִזָּכֵר וְנִכָּתֵב לְפָנֶיךָ, אֲנַחְנוּ וְכָל־עַמְּךָ בֵּית יִשְׂרָאֵל, לְחַיִּים טוֹבִים וּלְשָׁלוֹם. בָּרוּךְ אַתָּה יהוה עֹשֵׂה הַשָּׁלוֹם.

The silent recitation of the עמידה *concludes with a personal prayer.*

אֱלֹהַי, נְצוֹר לְשׁוֹנִי מֵרָע וּשְׂפָתַי מִדַּבֵּר מִרְמָה, וְלִמְקַלְלַי נַפְשִׁי תִדֹּם, וְנַפְשִׁי כֶּעָפָר לַכֹּל תִּהְיֶה. פְּתַח לִבִּי בְּתוֹרָתֶךָ וּבְמִצְוֹתֶיךָ תִּרְדּוֹף נַפְשִׁי. וְכָל־הַחוֹשְׁבִים עָלַי רָעָה, מְהֵרָה הָפֵר עֲצָתָם וְקַלְקֵל מַחֲשַׁבְתָּם. עֲשֵׂה לְמַעַן שְׁמֶךָ, עֲשֵׂה לְמַעַן יְמִינֶךָ, עֲשֵׂה לְמַעַן קְדֻשָּׁתֶךָ, עֲשֵׂה לְמַעַן תּוֹרָתֶךָ, לְמַעַן יֵחָלְצוּן יְדִידֶיךָ, הוֹשִׁיעָה יְמִינְךָ וַעֲנֵנִי. יִהְיוּ לְרָצוֹן אִמְרֵי־פִי וְהֶגְיוֹן לִבִּי לְפָנֶיךָ, יהוה צוּרִי וְגוֹאֲלִי. עֹשֶׂה שָׁלוֹם בִּמְרוֹמָיו, הוּא יַעֲשֶׂה שָׁלוֹם עָלֵינוּ וְעַל כָּל־יִשְׂרָאֵל, וְאִמְרוּ אָמֵן.

An alternative concluding prayer

יְהִי רָצוֹן מִלְּפָנֶיךָ יהוה אֱלֹהַי וֵאלֹהֵי אֲבוֹתַי שֶׁלֹּא תַעֲלֶה קִנְאַת אָדָם עָלַי וְלֹא קִנְאָתִי עַל אֲחֵרִים, וְשֶׁלֹּא אֶכְעוֹס הַיּוֹם וְשֶׁלֹּא אַכְעִיסֶךָ. וְתַצִּילֵנִי מִיֵּצֶר הָרָע, וְתֵן בְּלִבִּי הַכְנָעָה וַעֲנָוָה. מַלְכֵּנוּ וֵאלֹהֵינוּ, יַחֵד שִׁמְךָ בְּעוֹלָמֶךָ, בְּנֵה עִירְךָ, יַסֵּד בֵּיתֶךָ וְשַׁכְלֵל הֵיכָלֶךָ, וְקַבֵּץ קִבּוּץ גָּלֻיּוֹת, וּפְדֵה צֹאנֶךָ וְשַׂמַּח עֲדָתֶךָ. יִהְיוּ לְרָצוֹן אִמְרֵי־פִי וְהֶגְיוֹן לִבִּי לְפָנֶיךָ, יהוה צוּרִי וְגוֹאֲלִי. עֹשֶׂה שָׁלוֹם בִּמְרוֹמָיו, הוּא יַעֲשֶׂה שָׁלוֹם עָלֵינוּ וְעַל כָּל־יִשְׂרָאֵל, וְאִמְרוּ אָמֵן.

On a night other than Saturday night, or when a יום טוב *falls during the coming week, continue with* קדיש שלם*, page 294.*

Grant true and lasting peace to Your people Israel and to all who dwell on earth, for You are the supreme Sovereign of peace. May it please You to bless Your people Israel in every season and at all times with Your gift of peace.* Praised are You Adonai, who blesses His people Israel with peace.

Between Rosh Hashanah and Yom Kippur:
May we and the entire House of Israel be remembered and recorded in the Book of life, blessing, sustenance, and peace. Praised are You Adonai, Source of peace.

The silent recitation of the Amidah concludes with a personal prayer.

My God, keep my tongue from evil, my lips from lies. Help me ignore those who would slander me. Let me be humble before all. Open my heart to Your Torah, that I may pursue Your mitzvot. Frustrate the designs of those who plot evil against me; make nothing of their schemes. Act for the sake of Your compassion, Your power, Your holiness, and Your Torah. Answer my prayer for the deliverance of Your people. May the words of my mouth and the meditations of my heart be acceptable to You, my Rock and my Redeemer. May the One who brings peace to His universe bring peace to us and to all the people Israel. Amen.

An alternative concluding prayer
May it be Your will Adonai, my God and God of my ancestors, that envy of another not consume me, and that I will cause no one to become envious of me; that I will not become angered this day, and that I will give You no cause for anger. Save me from the evil impulse, and grant me a spirit of submission and humility. O God and Sovereign, make Your name One throughout Your world. Build Your city, establish Your house and complete Your sacred dwelling; gather together our exiles and redeem Your flock, and give Your people cause to rejoice. May the words of my mouth and the meditations of my heart be acceptable to You, my Rock and my Redeemer. May the One who brings peace to His universe bring peace to us and to all the people Israel. Amen.

On a night other than Saturday night or when a Festival falls during the coming week, continue with Kaddish Shalem, page 294.

חצי קדיש

Ḥazzan:

יִתְגַּדַּל וְיִתְקַדַּשׁ שְׁמֵהּ רַבָּא, בְּעָלְמָא דִּי בְרָא, כִּרְעוּתֵהּ,
וְיַמְלִיךְ מַלְכוּתֵהּ בְּחַיֵּיכוֹן וּבְיוֹמֵיכוֹן וּבְחַיֵּי דְכָל־בֵּית
יִשְׂרָאֵל, בַּעֲגָלָא וּבִזְמַן קָרִיב וְאִמְרוּ אָמֵן.

Congregation and Ḥazzan:

יְהֵא שְׁמֵהּ רַבָּא מְבָרַךְ לְעָלַם וּלְעָלְמֵי עָלְמַיָּא.

Ḥazzan:

יִתְבָּרַךְ וְיִשְׁתַּבַּח וְיִתְפָּאַר וְיִתְרוֹמַם וְיִתְנַשֵּׂא וְיִתְהַדַּר
וְיִתְעַלֶּה וְיִתְהַלַּל שְׁמֵהּ דְּקֻדְשָׁא, בְּרִיךְ הוּא *לְעֵֽלָּא
מִן כָּל־בִּרְכָתָא וְשִׁירָתָא תֻּשְׁבְּחָתָא וְנֶחָמָתָא דַּאֲמִירָן
בְּעָלְמָא, וְאִמְרוּ אָמֵן.

**Between ראש השנה and יום כפור:*

לְעֵֽלָּא לְעֵֽלָּא מִכָּל־בִּרְכָתָא וְשִׁירָתָא

(On תשעה באב Psalms 90 and 91 are omitted, and we continue on page 293.)

תהלים צ:י״ז

וִיהִי נֹעַם אֲדֹנָי אֱלֹהֵינוּ עָלֵינוּ,
וּמַעֲשֵׂה יָדֵינוּ כּוֹנְנָה עָלֵינוּ, וּמַעֲשֵׂה יָדֵינוּ כּוֹנְנֵהוּ.

תהלים צ״א

יֹשֵׁב בְּסֵתֶר עֶלְיוֹן בְּצֵל שַׁדַּי יִתְלוֹנָן. אֹמַר לַיהוה מַחְסִי
וּמְצוּדָתִי אֱלֹהַי אֶבְטַח־בּוֹ. כִּי הוּא יַצִּילְךָ מִפַּח יָקוּשׁ מִדֶּבֶר
הַוּוֹת. בְּאֶבְרָתוֹ יָסֶךְ לָךְ וְתַחַת כְּנָפָיו תֶּחְסֶה, צִנָּה וְסֹחֵרָה
אֲמִתּוֹ. לֹא־תִירָא מִפַּחַד לָיְלָה, מֵחֵץ יָעוּף יוֹמָם. מִדֶּבֶר
בָּאֹפֶל יַהֲלֹךְ, מִקֶּטֶב יָשׁוּד צָהֳרָיִם. יִפֹּל מִצִּדְּךָ אֶלֶף וּרְבָבָה
מִימִינֶךָ, אֵלֶיךָ לֹא יִגָּשׁ. רַק בְּעֵינֶיךָ תַבִּיט וְשִׁלֻּמַת רְשָׁעִים
תִּרְאֶה. כִּי־אַתָּה יהוה מַחְסִי, עֶלְיוֹן שַׂמְתָּ מְעוֹנֶךָ.
לֹא־תְאֻנֶּה אֵלֶיךָ רָעָה וְנֶגַע לֹא־יִקְרַב בְּאָהֳלֶךָ. כִּי מַלְאָכָיו
יְצַוֶּה־לָּךְ לִשְׁמָרְךָ בְּכָל־דְּרָכֶיךָ. עַל־כַּפַּיִם יִשָּׂאוּנְךָ פֶּן־תִּגֹּף
בָּאֶבֶן רַגְלֶךָ. עַל־שַׁחַל וָפֶתֶן תִּדְרֹךְ, תִּרְמֹס כְּפִיר וְתַנִּין. כִּי
בִי חָשַׁק וַאֲפַלְּטֵהוּ, אֲשַׂגְּבֵהוּ כִּי־יָדַע שְׁמִי. יִקְרָאֵנִי וְאֶעֱנֵהוּ,
עִמּוֹ אָנֹכִי בְצָרָה, אֲחַלְּצֵהוּ וַאֲכַבְּדֵהוּ. אֹרֶךְ יָמִים אַשְׂבִּיעֵהוּ
וְאַרְאֵהוּ בִּישׁוּעָתִי.

אֹרֶךְ יָמִים אַשְׂבִּיעֵהוּ וְאַרְאֵהוּ בִּישׁוּעָתִי.

🌿 ḤATZI KADDISH

Reader:

May God's name be exalted and hallowed throughout the world that He created, as is God's wish. May God's sovereignty soon be accepted, during our life and the life of all Israel. And let us say: Amen.

Congregation and Reader:

Y'hei sh'mei raba mevarakh l'alam u-l'almei almaya.

May God's great name be praised throughout all time.

Reader:

Glorified and celebrated, lauded and worshiped, exalted and honored, extolled and acclaimed may the Holy One be, praised beyond all song and psalm, beyond all tributes that mortals can utter. And let us say: Amen.

We begin our transition from Shabbat to a new week with the following verses:
(On Tishah B'Av Psalms 90 and 91 are omitted, and we continue on page 293.)

PSALM 90:17

May Adonai our God show us compassion; may God establish the work of our hands. May God firmly establish the work of our hands.

PSALM 91

Dwelling in the shelter of the Most High, abiding in the shadow of the Almighty, I call Adonai my refuge and fortress, my God in whom I trust. God will save you from the fowler's snare, from deadly pestilence. God will cover you with His wings; in His shelter you will find refuge. Fear not terror by night nor the arrow that flies by day, the pestilence that stalks in darkness, nor the plague that rages at noon. A thousand may fall by your side, ten thousand close at hand, but it will never touch you; God's faithfulness will shield you. You need only look with your eyes to see the recompense of the wicked. You have made Adonai your refuge, the Most High your haven. No evil shall befall you; no plague shall approach your dwelling. God will instruct His angels to guard you in all your paths, to carry you in their hands lest you stumble on a stone. You will step on cubs and cobras, tread safely on lions and serpents. "Since you are devoted to Me I will deliver you; I will protect you because you care for Me. When you call to Me, I will answer. I will be with you in time of trouble; I will rescue you and honor you. I will satisfy you with long life, and lead you to enjoy My salvation."

וְאַתָּה קָדוֹשׁ, יוֹשֵׁב תְּהִלּוֹת יִשְׂרָאֵל. וְקָרָא זֶה אֶל זֶה וְאָמַר, קָדוֹשׁ קָדוֹשׁ קָדוֹשׁ יהוה צְבָאוֹת, מְלֹא כָל־הָאָרֶץ כְּבוֹדוֹ. וּמְקַבְּלִין דֵּין מִן דֵּין, וְאָמְרִין קַדִּישׁ, בִּשְׁמֵי מְרוֹמָא עִלָּאָה בֵּית שְׁכִינְתֵּהּ, קַדִּישׁ עַל אַרְעָה עוֹבַד גְּבוּרְתֵּהּ, קַדִּישׁ לְעָלַם וּלְעָלְמֵי עָלְמַיָּא, יהוה צְבָאוֹת מַלְיָא כָל־אַרְעָא זִיו יְקָרֵהּ. וַתִּשָּׂאֵנִי רוּחַ, וָאֶשְׁמַע אַחֲרַי קוֹל רַעַשׁ גָּדוֹל, בָּרוּךְ כְּבוֹד יהוה מִמְּקוֹמוֹ. וּנְטָלַתְנִי רוּחָא, וְשִׁמְעֵת בַּתְרַי קָל זִיעַ סַגִּיא, דִּמְשַׁבְּחִין וְאָמְרִין, בְּרִיךְ יְקָרָא דַיהוה מֵאֲתַר בֵּית שְׁכִינְתֵּהּ. יהוה יִמְלֹךְ לְעֹלָם וָעֶד. יהוה מַלְכוּתֵהּ קָאֵם לְעָלַם וּלְעָלְמֵי עָלְמַיָּא.

יהוה אֱלֹהֵי אַבְרָהָם יִצְחָק וְיִשְׂרָאֵל אֲבוֹתֵינוּ, שָׁמְרָה זֹּאת לְעוֹלָם, לְיֵצֶר מַחְשְׁבוֹת לְבַב עַמֶּךָ, וְהָכֵן לְבָבָם אֵלֶיךָ. וְהוּא רַחוּם, יְכַפֵּר עָוֹן וְלֹא יַשְׁחִית, וְהִרְבָּה לְהָשִׁיב אַפּוֹ וְלֹא יָעִיר כָּל חֲמָתוֹ. כִּי אַתָּה אֲדֹנָי טוֹב וְסַלָּח, וְרַב חֶסֶד, לְכָל קוֹרְאֶיךָ. צִדְקָתְךָ צֶדֶק לְעוֹלָם, וְתוֹרָתְךָ אֱמֶת. תִּתֵּן אֱמֶת לְיַעֲקֹב, חֶסֶד לְאַבְרָהָם, אֲשֶׁר נִשְׁבַּעְתָּ לַאֲבֹתֵינוּ מִימֵי קֶדֶם. בָּרוּךְ אֲדֹנָי, יוֹם יוֹם יַעֲמָס־לָנוּ, הָאֵל יְשׁוּעָתֵנוּ סֶלָה. יהוה צְבָאוֹת עִמָּנוּ, מִשְׂגָּב לָנוּ, אֱלֹהֵי יַעֲקֹב סֶלָה. יהוה צְבָאוֹת, אַשְׁרֵי אָדָם בֹּטֵחַ בָּךְ. יהוה הוֹשִׁיעָה, הַמֶּלֶךְ יַעֲנֵנוּ בְיוֹם קָרְאֵנוּ.

בָּרוּךְ הוּא אֱלֹהֵינוּ, שֶׁבְּרָאָנוּ לִכְבוֹדוֹ, וְהִבְדִּילָנוּ מִן הַתּוֹעִים, וְנָתַן לָנוּ תּוֹרַת אֱמֶת, וְחַיֵּי עוֹלָם נָטַע בְּתוֹכֵנוּ. הוּא יִפְתַּח לִבֵּנוּ בְּתוֹרָתוֹ וְיָשֵׂם בְּלִבֵּנוּ אַהֲבָתוֹ וְיִרְאָתוֹ, וְלַעֲשׂוֹת רְצוֹנוֹ וּלְעָבְדוֹ בְּלֵבָב שָׁלֵם, לְמַעַן לֹא נִיגַע לָרִיק, וְלֹא נֵלֵד לַבֶּהָלָה. יְהִי רָצוֹן מִלְּפָנֶיךָ, יהוה אֱלֹהֵינוּ וֵאלֹהֵי אֲבוֹתֵינוּ, שֶׁנִּשְׁמֹר חֻקֶּיךָ בָּעוֹלָם הַזֶּה, וְנִזְכֶּה וְנִחְיֶה וְנִרְאֶה, וְנִירַשׁ טוֹבָה וּבְרָכָה, לִשְׁנֵי יְמוֹת הַמָּשִׁיחַ, וּלְחַיֵּי הָעוֹלָם הַבָּא. לְמַעַן יְזַמֶּרְךָ כָבוֹד וְלֹא יִדֹּם, יהוה אֱלֹהַי לְעוֹלָם אוֹדֶךָּ. בָּרוּךְ הַגֶּבֶר אֲשֶׁר יִבְטַח בַּיהוה, וְהָיָה יהוה מִבְטַחוֹ. בִּטְחוּ בַיהוה עֲדֵי עַד, כִּי בְּיָהּ יהוה צוּר עוֹלָמִים.
□ וְיִבְטְחוּ בְךָ יוֹדְעֵי שְׁמֶךָ, כִּי לֹא עָזַבְתָּ דֹרְשֶׁיךָ יהוה. יהוה חָפֵץ לְמַעַן צִדְקוֹ, יַגְדִּיל תּוֹרָה וְיַאְדִּיר.

The following paragraph includes the biblical verses
(in quotation marks) that are at the heart of the Kedushah.
The passages in italics are renderings of the interpretive
Aramaic translations of those verses.

You are holy, enthroned upon the praises of the people Israel.
"The angels on high called out one to another: 'Holy, holy, holy
Adonai Tz'va-ot; the grandeur of the world is God's glory.'" *They*
receive sanction from one another saying, "Adonai Tz'va-ot is holy
in the highest heavens, holy on the earth and holy forever,
throughout all time; the radiance of God's glory fills the whole
world." "Then a wind lifted me up and I heard the sound of a
great rushing behind me saying: 'Praised be Adonai's glory from
His place.'" *Then a wind lifted me up and I heard the sound of a*
great rushing behind me, the sound of those who utter praise,
saying: "Praised be the glory of Adonai from the place of His
presence." "Adonai shall reign throughout all time." *The*
sovereignty of Adonai endures forever, throughout all time.

Adonai our God and God of our ancestors, impress this forever
upon Your people, and direct our hearts toward You: God, being
merciful, grants atonement for sin and does not destroy. Time and
again God restrains wrath, refusing to let rage be all-consuming.
You, Adonai, are kind and forgiving, loving to all who call upon
You. Your righteousness is everlasting, Your Torah is truth. You
will be faithful to Jacob and merciful to Abraham, fulfilling the
promise You made to our ancestors. Praised is Adonai, the God of
our deliverance, who sustains us day after day. *Adonai Tz'va-ot* is
with us; the God of Jacob is our Refuge. *Adonai Tz'va-ot*, blessed
is the one who trusts in You. Adonai, help us; answer us,
Sovereign, when we call.

Praised is our God who created us for His glory, setting us apart
from those who go astray, giving us His Torah, which is truth, and
planting within us life eternal. May God open our hearts to His
Torah, inspiring us to love and revere Him, wholeheartedly to
serve God. Thus shall we not labor in vain, nor shall our children
suffer confusion. Adonai our God and God of our ancestors, may
we fulfill Your precepts in this world, to be worthy of happiness
and blessing in the messianic era and in the world to come. Thus
I will sing Your praise unceasingly, thus will I exalt You, Adonai
my God, forever. Blessed is the one who trusts in Adonai. Trust
in Adonai forever and ever; Adonai is an unfailing stronghold.
Those who love You trust in You; You never forsake those who
seek You, Adonai. Adonai, through divine righteousness, exalts
the Torah with greatness and glory.

קדיש שלם

Hazzan:

יִתְגַּדַּל וְיִתְקַדַּשׁ שְׁמֵהּ רַבָּא, בְּעָלְמָא דִּי בְרָא, כִּרְעוּתֵהּ, וְיַמְלִיךְ
מַלְכוּתֵהּ בְּחַיֵּיכוֹן וּבְיוֹמֵיכוֹן וּבְחַיֵּי דְכָל־בֵּית יִשְׂרָאֵל, בַּעֲגָלָא
וּבִזְמַן קָרִיב, וְאִמְרוּ אָמֵן.

Congregation and Hazzan:

יְהֵא שְׁמֵהּ רַבָּא מְבָרַךְ לְעָלַם וּלְעָלְמֵי עָלְמַיָּא.

Hazzan:

יִתְבָּרַךְ וְיִשְׁתַּבַּח וְיִתְפָּאַר וְיִתְרוֹמַם וְיִתְנַשֵּׂא וְיִתְהַדַּר וְיִתְעַלֶּה
וְיִתְהַלַּל שְׁמֵהּ דְּקֻדְשָׁא, בְּרִיךְ הוּא *לְעֵלָּא מִן כָּל־בִּרְכָתָא
וְשִׁירָתָא תֻּשְׁבְּחָתָא וְנֶחֱמָתָא דַּאֲמִירָן בְּעָלְמָא, וְאִמְרוּ אָמֵן.

**Between ראש השנה and יום כפור:*

לְעֵלָּא לְעֵלָּא מִכָּל־בִּרְכָתָא וְשִׁירָתָא,

תִּתְקַבַּל צְלוֹתְהוֹן וּבָעוּתְהוֹן דְּכָל־יִשְׂרָאֵל קֳדָם אֲבוּהוֹן
דִּי בִשְׁמַיָּא, וְאִמְרוּ אָמֵן.

יְהֵא שְׁלָמָא רַבָּא מִן שְׁמַיָּא וְחַיִּים עָלֵינוּ וְעַל כָּל־יִשְׂרָאֵל,
וְאִמְרוּ אָמֵן.

עֹשֶׂה שָׁלוֹם בִּמְרוֹמָיו הוּא יַעֲשֶׂה שָׁלוֹם עָלֵינוּ וְעַל כָּל־יִשְׂרָאֵל,
וְאִמְרוּ אָמֵן.

From the eve of the second day of פסח to ערב שבועות, the עומר is counted, page 55.

On any night other than a Saturday night, or on תשעה באב, continue with עלינו, page 297.

Different portions of the following anthology may be recited each week, always concluding with the final passages on page 296.

בראשית כ״ז:כ״ח-כ״ט; כ״ח:ג׳-ד׳

וְיִתֶּן־לְךָ הָאֱלֹהִים מִטַּל הַשָּׁמַיִם וּמִשְׁמַנֵּי הָאָרֶץ, וְרֹב דָּגָן
וְתִירֹשׁ. יַעַבְדוּךָ עַמִּים וְיִשְׁתַּחֲווּ לְךָ לְאֻמִּים הֱוֵה גְבִיר
לְאַחֶיךָ וְיִשְׁתַּחֲווּ לְךָ בְּנֵי אִמֶּךָ, אֹרְרֶיךָ אָרוּר וּמְבָרְכֶיךָ בָּרוּךְ.
וְאֵל שַׁדַּי יְבָרֵךְ אֹתְךָ וְיַפְרְךָ וְיַרְבֶּךָ, וְהָיִיתָ לִקְהַל עַמִּים.
וְיִתֶּן־לְךָ אֶת־בִּרְכַּת אַבְרָהָם, לְךָ וּלְזַרְעֲךָ אִתָּךְ, לְרִשְׁתְּךָ
אֶת אֶרֶץ מְגֻרֶיךָ אֲשֶׁר־נָתַן אֱלֹהִים לְאַבְרָהָם.

🍃 KADDISH SHALEM

Reader:

May God's name be exalted and hallowed throughout the world that He created, as is God's wish. May God's sovereignty soon be accepted, during our life and the life of all Israel. And let us say: Amen.

Congregation and Reader:

Y'hei sh'mei raba m'varakh l'alam u-l'almei almaya.
May God's great name be praised throughout all time.

Reader:

Glorified and celebrated, lauded and worshiped, exalted and honored, extolled and acclaimed may the Holy One be, praised beyond all song and psalm, beyond all tributes that mortals can utter. And let us say: Amen.

May the prayers and pleas of all the people Israel be accepted by our Guardian in heaven. And let us say: Amen.

Let there be abundant peace from heaven, with life's goodness for us and for all Israel. And let us say: Amen.

May the One who brings peace to His universe bring peace to us and to all Israel. And let us say: Amen.

> *From the eve of the second day of Pesaḥ*
> *to Erev Shavuot, the Omer is counted, page 55.*
>
> *On a night other than Saturday night, or on Tish'ah B'Av,*
> *continue with Aleinu, page 297.*
>
> *We now recall blessings given in ancient times,*
> *with the hope that God's blessings will accompany us*
> *in the new week.*

GENESIS 27:28-29; 28:3-4

These are Isaac's blessings to Jacob: "May God grant you dew from the heavens and rich soil upon the earth, abundance of grain and wine. May nations serve you and peoples bow to you; be a master for your kinsmen and let your mother's sons bow to you. Cursed be those who curse you; blessed be those who bless you. May Almighty God bless you, make you fruitful and numerous, increasing your descendants until you become an assemblage of nations. May God bestow the blessing of Abraham upon you and your descendants, that you may inherit the land where you reside, the land that God gave to Abraham."

בראשית מ״ט:כ״ה-כ״ו

מֵאֵל אָבִיךָ וְיַעְזְרֶךָּ, וְאֵת שַׁדַּי וִיבָרְכֶךָּ, בִּרְכֹת שָׁמַיִם מֵעָל, בִּרְכֹת תְּהוֹם רֹבֶצֶת תָּחַת, בִּרְכֹת שָׁדַיִם וָרָחַם. בִּרְכֹת אָבִיךָ גָּבְרוּ עַל בִּרְכֹת הוֹרַי עַד־תַּאֲוַת גִּבְעֹת עוֹלָם. תִּהְיֶיןָ לְרֹאשׁ יוֹסֵף וּלְקָדְקֹד נְזִיר אֶחָיו.

דברים ז׳:י״ג-ט״ו

וַאֲהֵבְךָ וּבֵרַכְךָ וְהִרְבֶּךָ, וּבֵרַךְ פְּרִי־בִטְנְךָ וּפְרִי־אַדְמָתֶךָ, דְּגָנְךָ וְתִירֹשְׁךָ וְיִצְהָרֶךָ שְׁגַר אֲלָפֶיךָ וְעַשְׁתְּרֹת צֹאנֶךָ עַל הָאֲדָמָה אֲשֶׁר נִשְׁבַּע לַאֲבֹתֶיךָ לָתֶת לָךְ. בָּרוּךְ תִּהְיֶה מִכָּל־הָעַמִּים. לֹא־יִהְיֶה בְךָ עָקָר וַעֲקָרָה, וּבִבְהֶמְתֶּךָ. וְהֵסִיר יהוה מִמְּךָ כָּל־חֹלִי וְכָל־מַדְוֵי מִצְרַיִם הָרָעִים אֲשֶׁר יָדַעְתָּ לֹא יְשִׂימָם בָּךְ וּנְתָנָם בְּכָל־שֹׂנְאֶיךָ.

בראשית מ״ח:ט״ז

הַמַּלְאָךְ הַגֹּאֵל אֹתִי מִכָּל־רָע יְבָרֵךְ אֶת־הַנְּעָרִים, וְיִקָּרֵא בָהֶם שְׁמִי וְשֵׁם אֲבֹתַי אַבְרָהָם וְיִצְחָק, וְיִדְגּוּ לָרֹב בְּקֶרֶב הָאָרֶץ.

דברים א׳:י׳-י״א

יהוה אֱלֹהֵיכֶם הִרְבָּה אֶתְכֶם, וְהִנְּכֶם הַיּוֹם כְּכוֹכְבֵי הַשָּׁמַיִם לָרֹב. יהוה אֱלֹהֵי אֲבוֹתֵיכֶם יֹסֵף עֲלֵיכֶם כָּכֶם אֶלֶף פְּעָמִים, וִיבָרֵךְ אֶתְכֶם כַּאֲשֶׁר דִּבֶּר לָכֶם.

דברים כ״ח:ג׳,ו׳,ה׳,ד׳,ח׳,י״ב

בָּרוּךְ אַתָּה בָּעִיר, וּבָרוּךְ אַתָּה בַּשָּׂדֶה. בָּרוּךְ אַתָּה בְּבֹאֶךָ, וּבָרוּךְ אַתָּה בְּצֵאתֶךָ. בָּרוּךְ טַנְאֲךָ וּמִשְׁאַרְתֶּךָ. בָּרוּךְ פְּרִי בִטְנְךָ וּפְרִי אַדְמָתְךָ וּפְרִי בְהֶמְתֶּךָ, שְׁגַר אֲלָפֶיךָ וְעַשְׁתְּרוֹת צֹאנֶךָ. יְצַו יהוה אִתְּךָ אֶת־הַבְּרָכָה בַּאֲסָמֶיךָ וּבְכֹל מִשְׁלַח יָדֶךָ, וּבֵרַכְךָ בָּאָרֶץ אֲשֶׁר יהוה אֱלֹהֶיךָ נֹתֵן לָךְ. יִפְתַּח יהוה לְךָ אֶת־אוֹצָרוֹ הַטּוֹב, אֶת־הַשָּׁמַיִם, לָתֵת מְטַר אַרְצְךָ בְּעִתּוֹ וּלְבָרֵךְ אֵת כָּל־מַעֲשֵׂה יָדֶךָ, וְהִלְוִיתָ גּוֹיִם רַבִּים וְאַתָּה לֹא תִלְוֶה.

GENESIS 49:25-26

This is Jacob's blessing to his sons: "May the God of your father who helps you, Almighty God who blesses you, grant you blessings of the heavens above, blessings of the deep waters resting below, blessings of breast and womb. May the blessings of your father surpass the blessings of my ancestors, to the utmost bounds of the everlasting hills. May they rest upon the head of Joseph, on the brow of the prince among his brothers."

DEUTERONOMY 7:13-15

This is the blessing of Moses to the people Israel: "God will love you, bless you, and make you numerous. God will bless the fruit of your body and the fruit of your soil, your grain and wine and oil, the calves of your herds and the lambs of your flocks, in the land that He promised your ancestors to give you. You shall be blessed beyond all other nations; there shall be no impotent male or barren female among you or among your cattle. Adonai will free you from all sickness; God will not bring upon you any of the dreadful diseases of Egypt that you know so well, but will bring them upon all who hate you."

GENESIS 48:16

This is Jacob's blessing to Joseph and his sons: "May the angel who has redeemed me from all harm bless these lads. May they carry on my name and the names of my fathers, Abraham and Isaac, and may they grow into a multitude on earth."

DEUTERONOMY 1:10-11

This is the blessing of Moses to the people Israel: "Adonai your God has increased your number so that today you are as numerous as the stars in the sky. May Adonai, the God of your ancestors, increase your number a thousandfold, and bless you as He has promised."

DEUTERONOMY 28:3, 6, 5, 4, 8, 12

These are God's blessings transmitted by Moses to the people Israel: "Blessed shall you be in the city and blessed in the country. Blessed shall you be in your comings and in your goings. Blessed shall be your basket and your kneading bowl. Blessed shall be the fruit of your body, the fruit of your soil, and the fruit of your cattle, the calves of your herds and the lambs of your flocks. May Adonai ordain blessings for you in your granaries and in all your labors, blessing you in the land your God is giving you. May Adonai open for you His bountiful treasury, the heavens, to provide rain for your land at the proper time and to bless you in all your labors, that you will be creditor to many nations and debtor to none."

ישעיהו מ״ד:כ״ב-כ״ג,מ״ז:ד׳

מָחִיתִי כָעָב פְּשָׁעֶיךָ וְכֶעָנָן חַטֹּאותֶיךָ. שׁוּבָה אֵלַי כִּי גְאַלְתִּיךָ, רָנּוּ שָׁמַיִם כִּי עָשָׂה יהוה, הָרִיעוּ תַּחְתִּיּוֹת אָרֶץ, פִּצְחוּ הָרִים רִנָּה, יַעַר וְכָל־עֵץ בּוֹ, כִּי גָאַל יהוה יַעֲקֹב וּבְיִשְׂרָאֵל יִתְפָּאָר. גֹּאֲלֵנוּ יְהוָֹה צְבָאוֹת שְׁמוֹ, קְדוֹשׁ יִשְׂרָאֵל.

ישעיהו י״ב:ב׳-ו׳,כ״ה:ט׳

הִנֵּה אֵל יְשׁוּעָתִי, אֶבְטַח וְלֹא אֶפְחָד, כִּי עָזִּי וְזִמְרָת יָהּ יהוה, וַיְהִי־לִי לִישׁוּעָה. וּשְׁאַבְתֶּם־מַיִם בְּשָׂשׂוֹן מִמַּעַיְנֵי הַיְשׁוּעָה. וַאֲמַרְתֶּם בַּיּוֹם הַהוּא: הוֹדוּ לַיהוה, קִרְאוּ בִשְׁמוֹ, הוֹדִיעוּ בָעַמִּים עֲלִילֹתָיו, הַזְכִּירוּ כִּי נִשְׂגָּב שְׁמוֹ. זַמְּרוּ יהוה כִּי גֵאוּת עָשָׂה, מוּדַעַת זֹאת בְּכָל־הָאָרֶץ. צַהֲלִי וָרֹנִּי יוֹשֶׁבֶת צִיּוֹן, כִּי גָדוֹל בְּקִרְבֵּךְ קְדוֹשׁ יִשְׂרָאֵל. וְאָמַר בַּיּוֹם הַהוּא: הִנֵּה אֱלֹהֵינוּ זֶה קִוִּינוּ לוֹ וְיוֹשִׁיעֵנוּ, זֶה יהוה קִוִּינוּ לוֹ, נָגִילָה וְנִשְׂמְחָה בִּישׁוּעָתוֹ.

ישעיהו ב׳:ה׳,ל״ג:ו׳

בֵּית יַעֲקֹב, לְכוּ וְנֵלְכָה בְּאוֹר יהוה. וְהָיָה אֱמוּנַת עִתֶּיךָ חֹסֶן יְשׁוּעֹת, חָכְמַת וָדָעַת, יִרְאַת יהוה הִיא אוֹצָרוֹ.

Conclude here:

מלכים א ח׳:נ״ז, דברים ד׳:ד׳, ישעיהו נ״א:ג׳, מ״ב:כ״א

יְהִי יהוה אֱלֹהֵינוּ עִמָּנוּ כַּאֲשֶׁר הָיָה עִם אֲבֹתֵינוּ אַל־יַעַזְבֵנוּ וְאַל־יִטְּשֵׁנוּ. וְאַתֶּם הַדְּבֵקִים בַּיהוה אֱלֹהֵיכֶם, חַיִּים כֻּלְּכֶם הַיּוֹם. כִּי נִחַם יהוה צִיּוֹן, נִחַם כָּל־חָרְבֹתֶיהָ, וַיָּשֶׂם מִדְבָּרָהּ כְּעֵדֶן וְעַרְבָתָהּ כְּגַן יהוה. שָׂשׂוֹן וְשִׂמְחָה יִמָּצֵא בָהּ, תּוֹדָה וְקוֹל זִמְרָה. יהוה חָפֵץ לְמַעַן צִדְקוֹ, יַגְדִּיל תּוֹרָה וְיַאְדִּיר.

תהלים קכ״ח

שִׁיר הַמַּעֲלוֹת. אַשְׁרֵי כָּל־יְרֵא יהוה, הַהֹלֵךְ בִּדְרָכָיו. יְגִיעַ כַּפֶּיךָ כִּי תֹאכֵל, אַשְׁרֶיךָ וְטוֹב לָךְ. אֶשְׁתְּךָ כְּגֶפֶן פֹּרִיָּה בְּיַרְכְּתֵי בֵיתֶךָ, בָּנֶיךָ כִּשְׁתִלֵי זֵיתִים סָבִיב לְשֻׁלְחָנֶךָ. הִנֵּה כִי־כֵן יְבֹרַךְ גָּבֶר יְרֵא יהוה. יְבָרֶכְךָ יהוה מִצִּיּוֹן, וּרְאֵה בְּטוּב יְרוּשָׁלָיִם כֹּל יְמֵי חַיֶּיךָ. וּרְאֵה בָנִים לְבָנֶיךָ, שָׁלוֹם עַל יִשְׂרָאֵל.

ISAIAH 44:22-23; 47:4

And these are words from the prophet Isaiah: "I sweep away your sins like a cloud, your transgressions like mist; return to Me, for I redeem you. Shout in triumph, you heavens, for Adonai has done it. Shout aloud, you depths of the earth; burst into joy, you mountains, you forests with all of your trees, for Adonai has redeemed Jacob and will be glorified through the people Israel. Our Redeemer, *Adonai Tz'va-ot* by name, is the Holy One of Israel."

ISAIAH 12:2-6;25:9

"Indeed God is my deliverance; I am confident and unafraid. Adonai is my strength, my might, my deliverance. With joy shall you draw water from the wells of deliverance. And on that day you shall say: Praise Adonai, proclaim His name; make God's deeds known among the nations. Proclaim that God's name is exalted. Sing to Adonai, for God has triumphed; let this be made known in all the earth. Cry out, sing for joy, dweller in Zion, for the Holy One of Israel is in your midst in majesty. On that day they shall say: This is our God for whose deliverance we were waiting; this is Adonai in whom we trusted. Let us exult and rejoice in God's deliverance."

ISAIAH 2:5; 33:6

"Come, House of Jacob, let us live by the light of Adonai. Deliverance, wisdom, and devotion will be the triumph of Zion, and reverence for Adonai will be its treasure."

Conclude here:

I KINGS 8:57; DEUTERONOMY 4:4; ISAIAH 51:3, 42:21

May Adonai our God be with us, as He was with our ancestors; may God neither leave us nor forsake us. You, in adhering to Adonai your God, have been sustained to this day. Adonai indeed has comforted Zion, comforted all of her ruins, turning her wilderness into an Eden, her desert into a Garden of Adonai. Joy and gladness shall abide there, thanksgiving and melody. Adonai, through His righteousness, exalts the Torah with greatness and glory.

PSALM 128

A Song of Ascent.

Blessed are all who revere Adonai, who follow in God's ways. You shall enjoy the fruit of your labors; you shall be happy and prosper. Your wife shall be like a fruitful vine within your house, your children like olive shoots round about your table. This is the blessing of one who reveres Adonai. May Adonai bless you from Zion. May you see Jerusalem prosper all the days of your life. May you live to see children's children. May there be peace for the people Israel.

In some congregations, הבדלה, page 299, is recited here.

עלינו

עָלֵינוּ לְשַׁבֵּחַ לַאֲדוֹן הַכֹּל, לָתֵת גְּדֻלָּה לְיוֹצֵר בְּרֵאשִׁית, שֶׁלֹּא עָשָׂנוּ כְּגוֹיֵי הָאֲרָצוֹת וְלֹא שָׂמָנוּ כְּמִשְׁפְּחוֹת הָאֲדָמָה, שֶׁלֹּא שָׂם חֶלְקֵנוּ כָּהֶם, וְגֹרָלֵנוּ כְּכָל־הֲמוֹנָם.

וַאֲנַחְנוּ כּוֹרְעִים וּמִשְׁתַּחֲוִים וּמוֹדִים
לִפְנֵי מֶלֶךְ מַלְכֵי הַמְּלָכִים, הַקָּדוֹשׁ בָּרוּךְ הוּא,

שֶׁהוּא נוֹטֶה שָׁמַיִם וְיֹסֵד אָרֶץ, וּמוֹשַׁב יְקָרוֹ בַּשָּׁמַיִם מִמַּעַל, וּשְׁכִינַת עֻזּוֹ בְּגָבְהֵי מְרוֹמִים. הוּא אֱלֹהֵינוּ אֵין עוֹד. אֱמֶת מַלְכֵּנוּ, אֶפֶס זוּלָתוֹ, כַּכָּתוּב בְּתוֹרָתוֹ: וְיָדַעְתָּ הַיּוֹם וַהֲשֵׁבֹתָ אֶל לְבָבֶךָ, כִּי יהוה הוּא הָאֱלֹהִים בַּשָּׁמַיִם מִמַּעַל וְעַל הָאָרֶץ מִתָּחַת, אֵין עוֹד.

עַל כֵּן נְקַוֶּה לְךָ יהוה אֱלֹהֵינוּ, לִרְאוֹת מְהֵרָה בְּתִפְאֶרֶת עֻזֶּךָ, לְהַעֲבִיר גִּלּוּלִים מִן הָאָרֶץ וְהָאֱלִילִים כָּרוֹת יִכָּרֵתוּן, לְתַקֵּן עוֹלָם בְּמַלְכוּת שַׁדַּי, וְכָל בְּנֵי־בָשָׂר יִקְרְאוּ בִשְׁמֶךָ, לְהַפְנוֹת אֵלֶיךָ כָּל־רִשְׁעֵי אָרֶץ. יַכִּירוּ וְיֵדְעוּ כָּל־יוֹשְׁבֵי תֵבֵל, כִּי לְךָ תִּכְרַע כָּל־בֶּרֶךְ, תִּשָּׁבַע כָּל־לָשׁוֹן. לְפָנֶיךָ יהוה אֱלֹהֵינוּ יִכְרְעוּ וְיִפֹּלוּ. וְלִכְבוֹד שִׁמְךָ יְקָר יִתֵּנוּ, וִיקַבְּלוּ כֻלָּם אֶת־עוֹל מַלְכוּתֶךָ וְתִמְלֹךְ עֲלֵיהֶם מְהֵרָה לְעוֹלָם וָעֶד, כִּי הַמַּלְכוּת שֶׁלְּךָ הִיא וּלְעוֹלְמֵי עַד תִּמְלוֹךְ בְּכָבוֹד, כַּכָּתוּב בְּתוֹרָתֶךָ: יהוה יִמְלֹךְ לְעוֹלָם וָעֶד. □ וְנֶאֱמַר: וְהָיָה יהוה לְמֶלֶךְ עַל כָּל־הָאָרֶץ, בַּיּוֹם הַהוּא יִהְיֶה יהוה אֶחָד וּשְׁמוֹ אֶחָד.

From ראש חודש אלול through הושענא רבה (in some congregations, through יום כפור), Psalm 27 is recited, page 80.

In some congregations, Havdalah, page 299, is recited here.

ALEINU

We rise to our duty to praise the Master of all, to acclaim the Creator. God made our lot unlike that of other people, assigning to us a unique destiny. We bend the knee and bow, acknowledging the Supreme Sovereign, the Holy One, exalted, who spread out the heavens and laid the foundations of the earth; whose glorious abode is in the highest heaven, whose mighty dominion is in the loftiest heights. This is our God; there is no other. In truth, God alone is our Ruler, as is written in the Torah: "Know this day and take it to heart that Adonai is God in heaven above and on earth below; there is no other."

Aleinu l'shabe-aḥ la'adon hakol, la-tet g'dulah l'yotzer b'reshit,
she-lo asanu k'goyei ha-aratzot
v'lo samanu k'mishp'ḥot ha-adamah,
she-lo sahm ḥelkeinu kahem, v'goralenu k'khol hamonam.
Va-anaḥnu kor'im u-mishtaḥavim u-modim
lifnei melekh malkhei ha-m'lakhim, Ha-kadosh Barukh Hu.

And so we hope in You, Adonai our God, soon to see Your splendor: That You will sweep idolatry away so that false gods will be utterly destroyed, and that You will perfect the world by Your sovereignty so that all humanity will invoke Your name, and all the earth's wicked will return to You, repentant. Then all who live will know that to You every knee must bend, every tongue pledge loyalty. To You, Adonai, may all bow in worship. May they give honor to Your glory; may everyone accept Your dominion. Reign over all, soon and for all time. Sovereignty is Yours in glory, now and forever. Thus is it written in Your Torah: "Adonai reigns for ever and ever." Such is the prophetic assurance: "Adonai shall be acknowledged Ruler of all the earth. On that day Adonai shall be One and His name One."

V'ne-emar, v'haya Adonai l'melekh al kol ha-aretz,
ba-yom ha-hu yih'yeh Adonai eḥad u-sh'mo eḥad.

From Rosh Ḥodesh Elul through Hoshana Rabbah (in some congregations, through Yom Kippur), Psalm 27 is recited, page 80.

קדיש יתום

We recall with affection those who no longer walk this earth. We are grateful to God for the gift of their lives, for their companionship, and for the cherished memories that endure. In tribute to our loved ones, we invite those who are in mourning or observing Yahrzeit to join in reciting the Kaddish.

Mourners and those observing Yahrzeit:

יִתְגַּדַּל וְיִתְקַדַּשׁ שְׁמֵהּ רַבָּא, בְּעָלְמָא דִּי בְרָא, כִּרְעוּתֵהּ,
וְיַמְלִיךְ מַלְכוּתֵהּ בְּחַיֵּיכוֹן וּבְיוֹמֵיכוֹן וּבְחַיֵּי דְכָל־בֵּית
יִשְׂרָאֵל, בַּעֲגָלָא וּבִזְמַן קָרִיב, וְאִמְרוּ אָמֵן.

Congregation and mourners:

יְהֵא שְׁמֵהּ רַבָּא מְבָרַךְ לְעָלַם וּלְעָלְמֵי עָלְמַיָּא.

Mourners:

יִתְבָּרַךְ וְיִשְׁתַּבַּח וְיִתְפָּאַר וְיִתְרוֹמַם וְיִתְנַשֵּׂא וְיִתְהַדַּר
וְיִתְעַלֶּה וְיִתְהַלַּל שְׁמֵהּ דְּקֻדְשָׁא, בְּרִיךְ הוּא *לְעֵלָּא
מִן כָּל־בִּרְכָתָא וְשִׁירָתָא תֻּשְׁבְּחָתָא וְנֶחֱמָתָא דַּאֲמִירָן
בְּעָלְמָא, וְאִמְרוּ אָמֵן.

**Between ראש השנה and יום כפור:*

לְעֵלָּא לְעֵלָּא מִכָּל־בִּרְכָתָא וְשִׁירָתָא

יְהֵא שְׁלָמָא רַבָּא מִן שְׁמַיָּא וְחַיִּים עָלֵינוּ וְעַל כָּל־יִשְׂרָאֵל,
וְאִמְרוּ אָמֵן.

עֹשֶׂה שָׁלוֹם בִּמְרוֹמָיו הוּא יַעֲשֶׂה שָׁלוֹם עָלֵינוּ וְעַל
כָּל־יִשְׂרָאֵל, וְאִמְרוּ אָמֵן.

✤ MOURNER'S KADDISH

May God comfort all who mourn, and sustain them in their sorrow. In testimony to the faith that links our generations one to another, those who mourn and those observing Yahrzeit now stand to sanctify God's name with the words of the Kaddish.

Mourners and those observing Yahrzeit:
Yitgadal v'yitkadash sh'mei raba, b'alma di v'ra, kir'utei,
v'yamlikh malkhutei b'ḥayeikhon u-v'yomeikhon
u-v'ḥayei d'khol beit Yisra-el,
ba-agala u-vi-z'man kariv, v'imru amen.

Congregation and mourners:
Y'hei sh'mei raba m'varakh l'alam u-l'almei almaya.

Mourners:
Yitbarakh v'yishtabaḥ v'yitpa-ar v'yitromam v'yitnasei,
v'yit-hadar v'yit'aleh v'yit-halal sh'mei d'kudsha, b'rikh hu
*l'ela min kol birkhata v'shirata, tushb'ḥata v'neḥamata
da'amiran b'alma, v'imru amen.

*Between Rosh Hashanah and Yom Kippur:
l'ela l'ela mi-kol birkhata v'shirata,

Y'hei sh'lama raba min sh'maya
v'ḥayim aleinu v'al kol Yisra-el, v'imru amen.

Oseh shalom bi-m'romav, hu ya'aseh shalom
aleinu v'al kol Yisra-el, v'imru amen.

An English translation of the Mourner's Kaddish may be found on page 82.

הבדלה

הבדלה is recited at the conclusion of שבת or יום טוב.
(חנוכה candles, page 307, are lit before הבדלה in the synagogue, but after הבדלה at home.)

Some congregations begin with the ברכה for wine when הבדלה is recited in the synagogue. After יום טוב, recite only the ברכה for wine and the final paragraph.

הִנֵּה אֵל יְשׁוּעָתִי, אֶבְטַח וְלֹא אֶפְחָד.
כִּי עָזִּי וְזִמְרָת יָהּ יהוה, וַיְהִי לִי לִישׁוּעָה.
וּשְׁאַבְתֶּם מַיִם בְּשָׂשׂוֹן מִמַּעַיְנֵי הַיְשׁוּעָה.
לַיהוה הַיְשׁוּעָה עַל עַמְּךָ בִרְכָתֶךָ סֶּלָה.
יהוה צְבָאוֹת עִמָּנוּ, מִשְׂגָּב לָנוּ אֱלֹהֵי יַעֲקֹב, סֶלָה.
יהוה צְבָאוֹת, אַשְׁרֵי אָדָם בֹּטֵחַ בָּךְ.
יהוה הוֹשִׁיעָה, הַמֶּלֶךְ יַעֲנֵנוּ בְיוֹם קָרְאֵנוּ.

All recite together, then the leader repeats:

לַיְּהוּדִים הָיְתָה אוֹרָה וְשִׂמְחָה וְשָׂשׂוֹן וִיקָר. כֵּן תִּהְיֶה לָּנוּ.

כּוֹס יְשׁוּעוֹת אֶשָּׂא וּבְשֵׁם יהוה אֶקְרָא.

Raise the cup of wine and recite:

סַבְרִי מָרָנָן וְרַבָּנָן וְרַבּוֹתַי:

בָּרוּךְ אַתָּה יהוה אֱלֹהֵינוּ מֶלֶךְ הָעוֹלָם, בּוֹרֵא פְּרִי הַגָּפֶן.

Put down the wine without drinking.

Hold the spicebox and recite:

בָּרוּךְ אַתָּה יהוה אֱלֹהֵינוּ מֶלֶךְ הָעוֹלָם, בּוֹרֵא מִינֵי בְשָׂמִים.

Inhale the spices.

Extend your hands toward the Havdalah candle:

בָּרוּךְ אַתָּה יהוה אֱלֹהֵינוּ מֶלֶךְ הָעוֹלָם, בּוֹרֵא מְאוֹרֵי הָאֵשׁ:

Raise the cup of wine once more:

בָּרוּךְ אַתָּה יהוה אֱלֹהֵינוּ מֶלֶךְ הָעוֹלָם, הַמַּבְדִּיל בֵּין קֹדֶשׁ לְחוֹל, בֵּין אוֹר לְחֹשֶׁךְ, בֵּין יִשְׂרָאֵל לָעַמִּים, בֵּין יוֹם הַשְּׁבִיעִי לְשֵׁשֶׁת יְמֵי הַמַּעֲשֶׂה. בָּרוּךְ אַתָּה יהוה הַמַּבְדִּיל בֵּין קֹדֶשׁ לְחוֹל.

Drink some wine, then extinguish the flame of the candle in the remaining wine.

 **HAVDALAH**

> *Recite at the conclusion of Shabbat or a Festival.*
> *(Ḥanukkah candles, page 307, are lit before Havdalah*
> *in the synagogue, but after Havdalah at home.)*

> *After a Festival, recite only the b'rakhah for wine*
> *and the final paragraph.*

Behold, God is my deliverance; I am confident and unafraid.
Adonai is my strength, my might, my deliverance.
With joy shall you draw water from the wells of deliverance.
Deliverance is Adonai's; may You bless Your people.
Adonai Tz'va-ot is with us; the God of Jacob is our fortress.
Adonai Tz'va-ot, blessed the one who trusts in You.
Help us, Adonai; answer us, O Sovereign, when we call.

> *All recite together, then the leader repeats:*
> La-y'hudim hay'tah orah v'simḥah v'sason vikar. Ken tih'yeh lanu.
> Grant us the blessings of light, gladness, joy, and honor,
> which the miracle of deliverance brought to our ancestors.

I lift the cup of deliverance and call upon Adonai.

> *B'rakhah over wine:*

Praised are You Adonai our God, who rules the universe,
creating the fruit of the vine.

> *B'rakhah over spices:*

Praised are you Adonai our God, who rules the universe,
creating fragrant spices.

> *B'rakhah over the flame of the Havdalah candle:*

Praised are You Adonai our God, who rules the universe,
creating the lights of fire.

Praised are You Adonai our God, who rules the universe,
endowing all creation with distinctive qualities, distinguishing
between the sacred and the secular, between light and
darkness, between the people Israel and others, between the
seventh day and the six working days of the week. Praised are
You Adonai, who differentiates the sacred from the secular.

---

*HAVDALAH — "Differentiation" — is a ritual that marks the end
of Shabbat ceremoniously, as it began, with lights and wine.
Spices are added, to revive our spirits as our Shabbat joy
departs. The introductory paragraph includes verses from Isaiah,
Psalms, and Esther.*

הַמַּבְדִּיל בֵּין קֹדֶשׁ לְחוֹל,
חַטֹּאתֵינוּ הוּא יִמְחֹל,
זַרְעֵנוּ וְכַסְפֵּנוּ (וּשְׁלוֹמֵנוּ) יַרְבֶּה כַחוֹל
וְכַכּוֹכָבִים בַּלָּֽיְלָה.

יוֹם פָּנָה כְּצֵל תֹּמֶר,
אֶקְרָא לָאֵל עָלַי גּוֹמֵר,
אָמַר שׁוֹמֵר
אָתָא בֹקֶר וְגַם לָֽיְלָה.
הַמַּבְדִּיל....

צִדְקָתְךָ כְּהַר תָּבוֹר,
עַל חֲטָאַי עָבוֹר תַּעֲבוֹר,
כְּיוֹם אֶתְמוֹל כִּי יַעֲבוֹר
וְאַשְׁמוּרָה בַלָּֽיְלָה.
הַמַּבְדִּיל....

שָׁבוּעַ טוֹב! אַ גוּטֶע וואָך!

אליהו הנביא

אֵלִיָּֽהוּ הַנָּבִיא, אֵלִיָּֽהוּ הַתִּשְׁבִּי,
אֵלִיָּֽהוּ, אֵלִיָּֽהוּ,
אֵלִיָּֽהוּ הַגִּלְעָדִי.

בִּמְהֵרָה בְיָמֵינוּ יָבוֹא אֵלֵינוּ,
עִם מָשִׁיחַ בֶּן דָּוִד, עִם מָשִׁיחַ בֶּן דָּוִד.

גאט פון אברהם

גאָט פוּן אברהם, פוּן יצחק און יעקב, באַהיט דַיין פאָלק ישראל אִין זַיין נויט. דֶער ליבּער, הייליקער שבת גייט אַוועק. די גוּטע וואָך זאָל אוּנדז קוּמען צוּ געזונט און צום לעבען, צוּ מזל און ברכה, צוּ עושר און כבוד, צוּ חן און חסד, צוּ אַ גוּטער פּרנסה און הצלחה און צוּ אַלע גוּטן געווינס און מחילת עוונות, אמן ואמן סלה.

Ha-mavdil ben kodesh l'ḥol,
ḥatoteinu hu yimḥol
zar'enu v'khaspenu (u-shlomenu) yarbeh kha-ḥol
v'kha-kokhavim ba-lailah.

Yom panah k'zel tomer,
ekra la-el alai gomer,
amar shomer ata boker v'gam lailah.
    Ha-mavdil . . . .

Tzid-kat-kha k'har tavor,
al ḥata-ai avor ta'avor,
k'yom etmol ki ya'avor v'ashmurah va-lailah.
    Ha-mavdil . . . .

May the One who separates sacred and profane
forgive our sins from on high.
Our families and our means (and our peace)
may God increase
like grains of sand,
like stars up in the sky.

> *Greetings are exchanged:*
> Shavua tov! A gutte vokh!
> May you have a good week!

☙ ELIYAHU HA-NAVI

Eliyahu Ha-navi, Eliyahu Ha-tishbi,
Eliyahu, Eliyahu, Eliyahu Ha-gil'adi.
Bim'hera v'yameinu yavo eleinu
im mashi-aḥ ben David,
im mashi-aḥ ben David.

Elijah the prophet, Elijah the Tishbite, from Gilead.
May you come speedily, in our time,
bringing the Messiah, descended from David.

☙ A YIDDISH PRAYER

God of Abraham, of Isaac and of Jacob, protect Your people Israel
in their need, as the holy, beloved Sabbath takes its leave. May the
good week come to us with health and life, good fortune and
blessing, prosperity and dignity, graciousness and lovingkindness,
sustenance and success, with all good blessings and with
forgiveness of sin. Amen.

בְּרָכוֹת
וּמִנְהֲגֵי בַּיִת

Observances

in the Home

OBSERVANCES
IN THE HOME

ברכות
ומנהגי בית

 CANDLE LIGHTING

הדלקת נרות

Shabbat and the Festivals are always welcomed with the lighting of candles. The Torah instructs us to rejoice on Shabbat and Yom Tov, and these lights have become the essential symbol of the joy that is to fill the Jewish home on sacred occasions.

It is the special obligation of a woman to light candles for Shabbat, Festivals, Rosh Hashanah, and Yom Kippur. When no woman is present, men are obligated to light the candles.

FOR SHABBAT:

לשבת:

Shabbat candles are lit on Friday eighteen minutes before sunset. Since the recitation of the b'rakhah itself inaugurates Shabbat, the candles are lit first, the eyes are then covered, and the b'rakhah is recited, so that when the hands are removed, the light of Shabbat is already present.

> *(On Shabbat Ḥanukkah, the Ḥanukkah candles should be lit before the Shabbat candles. For the Ḥanukkah b'rakhot, see page 307.)*

בָּרוּךְ אַתָּה יהוה אֱלֹהֵינוּ מֶלֶךְ הָעוֹלָם,
אֲשֶׁר קִדְּשָׁנוּ בְּמִצְוֹתָיו וְצִוָּנוּ לְהַדְלִיק נֵר שֶׁל שַׁבָּת.

Barukh atah Adonai, Eloheinu melekh ha-olam,
asher kid'shanu b'mitzvotav v'tzivanu l'hadlik ner shel Shabbat.

Praised are You Adonai our God, who rules the universe,
instilling in us the holiness of mitzvot
by commanding us to kindle the light of Shabbat.

✿ MEDITATIONS UPON LIGHTING SHABBAT CANDLES

I

These lights we kindle are a sign that Shabbat has arrived, and a reminder — that we can wrest light from darkness, that hope can be kindled even in despair. May my life be warmed, O God, by the divine light of Your compassion; may I be strengthened by my trust in You. May these lights also serve as a reflection of the love I share with those who surround me, as we welcome Shabbat together.

II

During the week, the body is drawn in one direction, the soul in another; often there is no peace between them. On Shabbat, however, the struggle subsides. As the Talmud instructs us: "Shabbat candles are meant to bring peace within the home." Their purpose is to bring peace within the person, the home that houses body and soul. It is the glow of their light that gives our being inner radiance and harmony.

III

Spiritual fulfillment always seems to slip from our grasp, especially by the end of the week. Instead of feeling whole, we feel fragmented. Instead of finding balance in our lives, we find uncertainty. How easy, then, to expect too much of Shabbat, to light these candles in hope of instant spiritual transformation. It is harder to savor this moment, as evening descends, and to appreciate its fragile beauty, as the quiet of Shabbat envelops us. If we can only give of ourselves to You, Adonai, without vain or excessive demands — then little by little, from one Shabbat to another, these lights will succeed in bringing us back to You.

IV

Ribbono shel olam, when I am lonely, help me to realize I am never alone. When I am discouraged, guide me to new paths and new hope. When I am afraid, let me discover my hidden strengths. When I am unable to find meaning in my life, enable me to see the depth and the beauty of our tradition. Grant me the courage to stand before You, as Sarah, Rebecca, Rachel, and Leah stood before You with an understanding of Your will. As You inspired them, inspire me as I welcome Shabbat, so the spark they kindled will never be extinguished.

Continue on page 309.

FOR FESTIVALS: ליום טוב:

(When a Festival immediately precedes Shabbat, perform
Eruv Tavshilin, page 306, before beginning the Festival
with candle-lighting.)

On the first night of Festivals (including Rosh Hashanah),
candles are lit eighteen minutes before sunset, as on Shabbat.
On the second night, candles should not be lit until dark.
(On Friday, candles are always lit before sunset;
on Saturday night, always after dark.)

בָּרוּךְ אַתָּה יהוה אֱלֹהֵינוּ מֶלֶךְ הָעוֹלָם, אֲשֶׁר קִדְּשָׁנוּ בְּמִצְוֹתָיו
וְצִוָּנוּ לְהַדְלִיק נֵר שֶׁל (שַׁבָּת וְשֶׁל) יוֹם טוֹב.

Barukh atah Adonai, Eloheinu melekh ha-olam, asher kid-shanu
b'mitzvotav v'tzivanu l'hadlik ner shel (Shabbat v'shel) Yom Tov.

Praised are You Adonai our God, who rules the universe,
instilling in us the holiness of mitzvot
by commanding us to kindle lights for (Shabbat and) the Festival.

Omit this b'rakhah on the concluding days of Pesaḥ:

בָּרוּךְ אַתָּה יהוה אֱלֹהֵינוּ מֶלֶךְ הָעוֹלָם,
שֶׁהֶחֱיָנוּ וְקִיְּמָנוּ וְהִגִּיעָנוּ לַזְּמַן הַזֶּה.

Barukh atah Adonai, Eloheinu melekh ha-olam,
she-heḥeyanu v'kiy'manu v'higi-anu la-z'man ha-zeh.

Praised are You Adonai our God, who rules the universe,
granting us life, sustaining us, and enabling us to reach this day.

FOR YOM KIPPUR: ליום כפור:

Candles should be lit before leaving for the synagogue.

בָּרוּךְ אַתָּה יהוה אֱלֹהֵינוּ מֶלֶךְ הָעוֹלָם, אֲשֶׁר קִדְּשָׁנוּ בְּמִצְוֹתָיו
וְצִוָּנוּ לְהַדְלִיק נֵר שֶׁל (שַׁבָּת וְשֶׁל) יוֹם הַכִּפּוּרִים.

Barukh atah Adonai, Eloheinu melekh ha-olam, asher kid-shanu
b'mitzvotav v'tzivanu l'hadlik ner shel (Shabbat v'shel) Yom Ha-kippurim.

Praised are You Adonai our God, who rules the universe,
instilling in us the holiness of mitzvot
by commanding us to kindle lights for (Shabbat and) Yom Kippur.

בָּרוּךְ אַתָּה יהוה אֱלֹהֵינוּ מֶלֶךְ הָעוֹלָם,
שֶׁהֶחֱיָנוּ וְקִיְּמָנוּ וְהִגִּיעָנוּ לַזְּמַן הַזֶּה.

Barukh atah Adonai, Eloheinu melekh ha-olam,
she-heḥeyanu v'kiy'manu v'higi-anu la-z'man ha-zeh.

Praised are You Adonai our God, who rules the universe,
granting us life, sustaining us, and enabling us to reach this day.

✏ MEDITATIONS UPON LIGHTING FESTIVAL CANDLES

FOR ROSH HASHANAH:

Through all of Elul
stirred by the shofar's call
we have waited for this thin sliver
of shining Tishri moon.
As the sun sets
and the crescent ascends unto the very heavens,
created anew,
we ask You to remember us unto life
in all its sweetness.
May this New Year bring us peace
and the promise of bright beginnings.
Let these lights we are about to kindle
cast a glow golden like honey
upon all that we love.
Grant us joy.
Grant us the full measure of our days.
Grant us each other
that we might share our lives with You.

FOR YOM KIPPUR:

As we give light to this day that shall have no night, we pray
that the dark corners of our world and our lives will lose their
shadows. As the minutes become hours and we grow weaker, help
us to find strength of spirit and the stamina to search our souls.
May the gates not close until we have made peace with ourselves,
the ones we love, and You. May the last long sweet note of the
shofar not sound until we have resolved to take the discoveries
of this day with us, into the night and beyond, into the gift of time
You, in Your infinite wisdom, have granted us. Amen.

FOR SUKKOT:

Harvest-full, the moon hangs in the sky like the fruits of the season
suspended from the sukkah's boughs. The stars, peeping through,
glimmer as brightly as these candles we bless. However ephemeral
the moment, we rejoice in being at one with nature and You.
As the sukkah sways in the wind, let us, too, bend and not break.
Let us flow, let us grow, let us ripen in our time, that we may
fulfill Your plan for us, Your dream of holiness come to fruition
here on earth.

FOR SH'MINI ATZERET:

Help us, compassionate God, to fill this sacred season with joy and gladness. Open our eyes to nature's bounty, to the rain that brings forth fruit, and to the life-giving streams that too often we take for granted. May the radiance of these candles inspire us to give thanks to You for all our blessings. Guide us to reach out — so that the light of our fulfillment may illumine the lives of others as well as our own.

FOR SIMḤAT TORAH:

Rejoicing in the Torah we re-roll the great Scroll.
The thump of wood
the whisper of parchment
speak to us of the storied battles and miracles
inscribed within.

Each year the chant begins again; still, new insights touch us
to reshape our lives. So, too, may these Yom Tov candles,
tapered like the yad pointing to the sacred words, guide us

to find meaning in every moment,
wonder in each new day,
understanding
and the desire to know more
about the heritage we hold so close to our heart.

FOR PESAḤ:

Springtime. Sundown. After all the hurried preparations, the long-awaited moment has come. From slavery to freedom we will relive an ancient story, one that yet has relevance in our time. We pray for the faith to walk through stormy seas, the strength to hold Your outstretched hand, the humility to grasp Your mighty arm. May we always know the joy of being Your people, and of making You our God. Light our way, that our journey, like the exodus of our ancestors, will lead us to You.

FOR SHAVUOT:

Ripening fields beneath the Canaan sky
knew Ruth's gentle touch centuries ago.
How these flames flicker and sway
like those rippling, sun-kissed heads of grain!
Ruth gathered up the sheaves in her arms;
so, too, were we clustered at Sinai's foot —
safe, secure, held fast in God's keeping.
The harvest, the fruits, once nourished our bodies
while today, even as then, we reap the words,
God-given, which fashion and sustain our souls.

ERUV TAVSHILIN עֵרוּב תַּבְשִׁילִין

When a Festival immediately precedes Shabbat, special arrangements should be made to prepare food for Shabbat. Ordinarily it is forbidden to cook or bake food during a Festival, unless it is for that day itself. Preparation that was begun before the Festival, however, may be continued during the Festival. Before the Festival begins (before candle lighting on Wednesday or Thursday afternoon, as appropriate) the b'rakhah and declaration below are recited over a portion of the food (a mixture — "eruv") cooked or baked for the Festival, which has been reserved for Shabbat use. This food is then set aside, not to be eaten until Shabbat, thereby allowing further cooking and baking for Shabbat to be done during the Festival.

בָּרוּךְ אַתָּה יהוה אֱלֹהֵינוּ מֶלֶךְ הָעוֹלָם,
אֲשֶׁר קִדְּשָׁנוּ בְּמִצְוֹתָיו וְצִוָּנוּ עַל מִצְוַת עֵרוּב.

Barukh atah Adonai, Eloheinu melekh ha-olam,
asher kid-shanu b'mitzvotav v'tzivanu al mitzvat eruv.

Praised are You Adonai our God, who rules the universe,
instilling in us the holiness of mitzvot
by commanding us to observe the mitzvah of Eruv.

Choose one of the following:

Aramaic:

בַּהֲדֵין עֵרוּבָא יְהֵא שָׁרֵא לָנָא לַאֲפוּיֵי וּלְבַשּׁוּלֵי וּלְאַטְמוּנֵי
וּלְאַדְלוּקֵי שְׁרָגָא וּלְתַקָּנָא וּלְמֶעְבַּד כָּל צָרְכָּנָא, מִיּוֹמָא
טָבָא לְשַׁבְּתָא, לָנָא וּלְכָל יִשְׂרָאֵל הַדָּרִים בָּעִיר הַזֹּאת.

Hebrew:

בְּעֵרוּב הַזֶּה יְהֵא מֻתָּר לָנוּ לֶאֱפוֹת וּלְבַשֵּׁל וּלְהַטְמִין,
וּלְהַדְלִיק נֵר, וְלַעֲשׂוֹת כָּל־צְרָכֵינוּ מִיּוֹם טוֹב לְשַׁבָּת,
לָנוּ וּלְכָל יִשְׂרָאֵל הַדָּרִים בָּעִיר הַזֹּאת.

By means of this mixture (*eruv*) we are permitted to bake, cook, warm, kindle lights, and make all the necessary preparations during the Festival (*Yom Tov*) for Shabbat, we and all who live in this place (*city, town*).

הדלקת נרות חנוכה 🌿

Candles are lit on each of the eight nights of Ḥanukkah: One the first night, two the second, and an additional candle on each subsequent night. The candle for the first night is placed at the far right of the menorah (ḥanukiah); on each subsequent night, another candle is added to the left. An extra candle, designated as the "shamash," is lit first — then used to light the others after the b'rakhot are recited. Each night, the candles are lit from left to right, starting with the new candle.

One who was present during the lighting of the candles at the synagogue should also light them at home.

On Shabbat Ḥanukkah, the Ḥanukkah lights are kindled before the Shabbat candles. On Erev Shabbat, it is customary to use special, extra-long Ḥanukkah candles, since the fulfillment of the mitzvah requires that the Ḥanukkah lights burn for at least one half hour after dark.

On Saturday night, the Ḥanukkah candles are lit after Havdalah at home, but before Havdalah in the synagogue.

בָּרוּךְ אַתָּה יהוה אֱלֹהֵינוּ מֶלֶךְ הָעוֹלָם,
אֲשֶׁר קִדְּשָׁנוּ בְּמִצְוֹתָיו וְצִוָּנוּ לְהַדְלִיק נֵר שֶׁל חֲנֻכָּה.

בָּרוּךְ אַתָּה יהוה אֱלֹהֵינוּ מֶלֶךְ הָעוֹלָם,
שֶׁעָשָׂה נִסִּים לַאֲבוֹתֵינוּ בַּיָּמִים הָהֵם וּבַזְּמַן הַזֶּה.

On the first night only:

בָּרוּךְ אַתָּה יהוה אֱלֹהֵינוּ מֶלֶךְ הָעוֹלָם,
שֶׁהֶחֱיָנוּ וְקִיְּמָנוּ וְהִגִּיעָנוּ לַזְּמַן הַזֶּה.

☙ LIGHTING ḤANUKKAH LIGHTS

A ḤANUKKAH MEDITATION

From the joyful nights of our childhood,
from days of a more distant sober past,
memories as colorful as these candles —
as hazy as the shadows
they will cast on the walls
when hallowed and lit —
charge us to recall the sustainers of our faith.
Standard bearers like this proud shamash

they stand alone, waiting to be joined.

Maccabees, martyrs,
men and women of valor
shall spark to life anew.
Refusing to be extinguished,
their very souls are revealed in mystical flares,
in the last blue glimmer of spiraling flame.
Ancestors and descendants — searching, reaching —
they are who we were and who we will yet become.

Barukh atah Adonai, Eloheinu melekh ha-olam,
asher kid-shanu b'mitzvotav v'tzivanu l'hadlik ner shel Ḥanukkah.

Barukh atah Adonai, Eloheinu melekh ha-olam,
she-asah nissim la'avoteinu ba-yamim ha-hem u-va-z'man ha-zeh.

On the first night only:
Barukh atah Adonai, Eloheinu melekh ha-olam,
she-heḥeyanu v'kiy'manu v'higi-anu la-z'man ha-zeh.

Praised are You Adonai our God, who rules the universe,
instilling in us the holiness of mitzvot
by commanding us to light the lights of Ḥanukkah.

Praised are You Adonai our God, who rules the universe,
accomplishing miracles for our ancestors
from ancient days until our time.

On the first night only:
Praised are You Adonai our God, who rules the universe,
granting us life, sustaining us, and enabling us to reach this day.

After the lights are lit:

הַנֵּרוֹת הַלָּלוּ אֲנַחְנוּ מַדְלִיקִים עַל הַנִּסִּים וְעַל הַנִּפְלָאוֹת וְעַל הַתְּשׁוּעוֹת וְעַל הַמִּלְחָמוֹת, שֶׁעָשִׂיתָ לַאֲבוֹתֵינוּ בַּיָּמִים הָהֵם וּבַזְּמַן הַזֶּה, עַל יְדֵי כֹּהֲנֶיךָ הַקְּדוֹשִׁים. וְכָל שְׁמוֹנַת יְמֵי חֲנֻכָּה הַנֵּרוֹת הַלָּלוּ קֹדֶשׁ הֵם, וְאֵין לָנוּ רְשׁוּת לְהִשְׁתַּמֵּשׁ בָּהֶם, אֶלָּא לִרְאוֹתָם בִּלְבָד, כְּדֵי לְהוֹדוֹת וּלְהַלֵּל לְשִׁמְךָ הַגָּדוֹל עַל נִסֶּיךָ וְעַל נִפְלְאוֹתֶיךָ וְעַל יְשׁוּעָתֶךָ.

מָעוֹז צוּר יְשׁוּעָתִי, לְךָ נָאֶה לְשַׁבֵּחַ,
תִּכּוֹן בֵּית תְּפִלָּתִי, וְשָׁם תּוֹדָה נְזַבֵּחַ,
לְעֵת תָּכִין מַטְבֵּחַ, מִצָּר הַמְנַבֵּחַ,
אָז אֶגְמוֹר בְּשִׁיר מִזְמוֹר, חֲנֻכַּת הַמִּזְבֵּחַ.

רָעוֹת שָׂבְעָה נַפְשִׁי, בְּיָגוֹן כֹּחִי כִּלָּה,
חַיַּי מֵרְרוּ בְּקֹשִׁי, בְּשִׁעְבּוּד מַלְכוּת עֶגְלָה,
וּבְיָדוֹ הַגְּדוֹלָה, הוֹצִיא אֶת הַסְּגֻלָּה,
חֵיל פַּרְעֹה וְכָל זַרְעוֹ, יָרְדוּ כְּאֶבֶן בִּמְצוּלָה.

דְּבִיר קָדְשׁוֹ הֱבִיאַנִי, וְגַם שָׁם לֹא שָׁקַטְתִּי,
וּבָא נוֹגֵשׂ וְהִגְלַנִי, כִּי זָרִים עָבַדְתִּי,
וְיֵין רַעַל מָסַכְתִּי, כִּמְעַט שֶׁעָבַרְתִּי,
קֵץ בָּבֶל, זְרֻבָּבֶל, לְקֵץ שִׁבְעִים נוֹשָׁעְתִּי.

כְּרֹת קוֹמַת בְּרוֹשׁ בִּקֵּשׁ, אֲגָגִי בֶּן הַמְּדָתָא,
וְנִהְיְתָה לוֹ לְפַח וּלְמוֹקֵשׁ, וְגַאֲוָתוֹ נִשְׁבָּתָה,
רֹאשׁ יְמִינִי נִשֵּׂאתָ, וְאוֹיֵב שְׁמוֹ מָחִיתָ,
רֹב בָּנָיו וְקִנְיָנָיו, עַל הָעֵץ תָּלִיתָ.

יְוָנִים נִקְבְּצוּ עָלַי, אֲזַי בִּימֵי חַשְׁמַנִּים,
וּפָרְצוּ חוֹמוֹת מִגְדָּלַי, וְטִמְּאוּ כָּל הַשְּׁמָנִים,
וּמִנּוֹתַר קַנְקַנִּים, נַעֲשָׂה נֵס לַשּׁוֹשַׁנִּים,
בְּנֵי בִינָה יְמֵי שְׁמוֹנָה, קָבְעוּ שִׁיר וּרְנָנִים.

After the lights are lit:

These lights which we kindle recall the wondrous triumphs and the miraculous victories wrought through Your holy *Kohanim* for our ancestors from ancient days until our time. These lights are sacred through all the eight days of Ḥanukkah. We may not make use of their light, but are only to look upon them, and thus be reminded to thank and praise You for the wondrous miracle of our deliverance.

Ma-oz Tzur y'shu-ati
Tikon beit t'filati
L'et takhin matbe-aḥ
    Az egmor b'shir mizmor

l'kha na-eh l'shabe-aḥ,
v'sham todah n'zabe-aḥ,
mi-tzar ha-m'nabe-aḥ,
    Ḥanukkat ha-mizbe-aḥ.

Ra-ot sav'ah nafshi
Ḥayay mer'ru b'koshi
U-v'yado ha-g'dolah
    Ḥeyl par-oh v'khol zar-o

b'yagon koḥi khilah,
b'shi-bud malkhut eglah,
hotzi et ha-s'gulah,
    yardu kh'even bi-m'tzulah.

D'vir kod-sho hevi-ani
U-va noges v'higlani
V'yein ra-al masakhti
    Ketz bavel, z'rubavel,

v'gam sham lo shakat'ti,
ki zarim avad'ti,
kim'at she-avarti,
    l'ketz shiv-im noshati.

K'rot komat b'rosh bikesh
V'nih'y'ta lo l'faḥ u-l'mokesh
Rosh y'mini niseita,
    Rov banav v'kinyanav

Agagi ben ham'data,
v'ga'avato nishbatah,
v'oyev sh'mo maḥita
    al ha-etz talita.

Y'vanim nik-b'tzu alai
U-fartzu ḥomot migdalai
U-mi-notar kankanim
    B'nei vinah y'mei shmonah

azai bimei ḥashmanim,
v'tim-u kol ha-sh'manim,
na'asah nes la-shoshanim,
    kav-u shir u-r'nanim.

Rock of Ages, let our song praise Your saving power. You amid the raging throng were our sheltering tower. Furious they assailed us, but Your help availed us.
    And Your word broke their sword
    when our own strength failed us.

לסעודת שבת

שלום עליכם

שָׁלוֹם עֲלֵיכֶם מַלְאֲכֵי הַשָּׁרֵת, מַלְאֲכֵי עֶלְיוֹן,
(מִ)מֶּלֶךְ מַלְכֵי הַמְּלָכִים, הַקָּדוֹשׁ בָּרוּךְ הוּא.

בּוֹאֲכֶם לְשָׁלוֹם מַלְאֲכֵי הַשָּׁלוֹם, מַלְאֲכֵי עֶלְיוֹן,
(מִ)מֶּלֶךְ מַלְכֵי הַמְּלָכִים, הַקָּדוֹשׁ בָּרוּךְ הוּא.

בָּרְכוּנִי לְשָׁלוֹם מַלְאֲכֵי הַשָּׁלוֹם, מַלְאֲכֵי עֶלְיוֹן,
(מִ)מֶּלֶךְ מַלְכֵי הַמְּלָכִים, הַקָּדוֹשׁ בָּרוּךְ הוּא.

צֵאתְכֶם לְשָׁלוֹם מַלְאֲכֵי הַשָּׁלוֹם, מַלְאֲכֵי עֶלְיוֹן,
(מִ)מֶּלֶךְ מַלְכֵי הַמְּלָכִים, הַקָּדוֹשׁ בָּרוּךְ הוּא.

שבת המלכה

הַחַמָּה מֵרֹאשׁ הָאִילָנוֹת נִסְתַּלְּקָה,
בֹּאוּ וְנֵצֵא לִקְרַאת שַׁבָּת הַמַּלְכָּה.
הִנֵּה הִיא יוֹרֶדֶת הַקְּדוֹשָׁה הַבְּרוּכָה,
וְעִמָּהּ מַלְאָכִים צְבָא שָׁלוֹם וּמְנוּחָה.
בֹּאִי, בֹּאִי, הַמַּלְכָּה.
בֹּאִי, בֹּאִי, הַכַּלָּה.
שָׁלוֹם עֲלֵיכֶם מַלְאֲכֵי הַשָּׁלוֹם.

A FAMILY PRAYER

We thank You, God, for enabling us
to welcome this Shabbat day together.

We are grateful for the happiness of our home
and for our caring and loving family.

We are thankful for the blessings of the past week:
For life and health, for laughter and friendship;
for the opportunity to work, to learn, and to grow.

Where these have been lacking,
may the coming week be better.

We pray that the peacefulness of Shabbat will refresh
and inspire us so that the week ahead will be one
of blessing and accomplishment for each of us.

FOR THE SHABBAT TABLE

 SHALOM ALEIKHEM

Shalom aleikhem mal'akhei ha-sharet, mal'akhei Elyon,
(Mi-)melekh malkhei ha-m'lakhim, Ha-kadosh Barukh Hu.

Bo'akhem l'shalom mal'akhei ha-shalom, mal'akhei Elyon,
(Mi-)melekh malkhei ha-m'lakhim, Ha-kadosh Barukh Hu.

Bar'khuni l'shalom mal'akhei ha-shalom, mal'akhei Elyon,
(Mi-)melekh malkhei ha-m'lakhim, Ha-kadosh Barukh Hu.

Tzet'khem l'shalom mal'akhei ha-shalom, mal'akhei Elyon,
(Mi-)melekh malkhei ha-m'lakhim, Ha-kadosh Barukh Hu.

We wish you peace, attending angels,
angels of the most sublime,
the highest Sovereign — the Holy Exalted One.

Come to us in peace,
bless us with peace,
take your leave in peace,
angels of peace, angels of the most sublime,
the highest Sovereign — the Holy Exalted One.

SHABBAT HA-MALKAH

Ha-ḥamah me-rosh ha-ilanot nistalkah,
bo-u v'netze likrat Shabbat ha-malkah.
Hineh hi yoredet ha-k'doshah ha-b'rukhah,
v'imah mal-akhim tz'va shalom u-m'nuḥah.
Bo-i, bo-i, ha-malkah,
Bo-i, bo-i, ha-kallah.
Shalom aleikhem mal-akhei ha-shalom.

The sun on the treetops no longer is seen.
Come, let us welcome Shabbat, the true Queen.
Behold her descending, the holy, the blessed,
and with her God's angels of peace and of rest.
Come now, dear Queen, with us abide.
Come now, come now, Shabbat, our Bride.
Shalom aleikhem, angels of peace.

— Ḥayim Naḥman Bialik

אשת חיל

Traditionally, husbands are invited to offer praise to their wives, and children to their mother, as the provider of Jewish faith and continuity, using these words from the Book of Proverbs.

משלי ל״א

אֵשֶׁת חַיִל מִי יִמְצָא, וְרָחֹק מִפְּנִינִים מִכְרָהּ.

בָּטַח בָּהּ לֵב בַּעְלָהּ, וְשָׁלָל לֹא יֶחְסָר.

גְּמָלַתְהוּ טוֹב וְלֹא־רָע, כֹּל יְמֵי חַיֶּיהָ.

דָּרְשָׁה צֶמֶר וּפִשְׁתִּים, וַתַּעַשׂ בְּחֵפֶץ כַּפֶּיהָ.

הָיְתָה כָּאֳנִיּוֹת סוֹחֵר, מִמֶּרְחָק תָּבִיא לַחְמָהּ.

וַתָּקָם בְּעוֹד לַיְלָה, וַתִּתֵּן טֶרֶף לְבֵיתָהּ וְחֹק לְנַעֲרֹתֶיהָ.

זָמְמָה שָׂדֶה וַתִּקָּחֵהוּ, מִפְּרִי כַפֶּיהָ נָטְעָה כָּרֶם.

חָגְרָה בְעוֹז מָתְנֶיהָ, וַתְּאַמֵּץ זְרוֹעֹתֶיהָ.

טָעֲמָה כִּי־טוֹב סַחְרָהּ, לֹא־יִכְבֶּה בַלַּיְלָה נֵרָהּ.

יָדֶיהָ שִׁלְּחָה בַכִּישׁוֹר, וְכַפֶּיהָ תָּמְכוּ פָלֶךְ.

כַּפָּהּ פָּרְשָׂה לֶעָנִי, וְיָדֶיהָ שִׁלְּחָה לָאֶבְיוֹן.

לֹא־תִירָא לְבֵיתָהּ מִשָּׁלֶג, כִּי כָל־בֵּיתָהּ לָבֻשׁ שָׁנִים.

מַרְבַדִּים עָשְׂתָה־לָּהּ, שֵׁשׁ וְאַרְגָּמָן לְבוּשָׁהּ.

נוֹדָע בַּשְּׁעָרִים בַּעְלָהּ, בְּשִׁבְתּוֹ עִם־זִקְנֵי־אָרֶץ.

סָדִין עָשְׂתָה וַתִּמְכֹּר, וַחֲגוֹר נָתְנָה לַכְּנַעֲנִי.

עֹז וְהָדָר לְבוּשָׁהּ, וַתִּשְׂחַק לְיוֹם אַחֲרוֹן.

פִּיהָ פָּתְחָה בְחָכְמָה, וְתוֹרַת חֶסֶד עַל־לְשׁוֹנָהּ.

צוֹפִיָּה הֲלִיכוֹת בֵּיתָהּ, וְלֶחֶם עַצְלוּת לֹא תֹאכֵל.

קָמוּ בָנֶיהָ וַיְאַשְּׁרוּהָ, בַּעְלָהּ וַיְהַלְלָהּ.

רַבּוֹת בָּנוֹת עָשׂוּ חָיִל, וְאַתְּ עָלִית עַל־כֻּלָּנָה.

שֶׁקֶר הַחֵן וְהֶבֶל הַיֹּפִי, אִשָּׁה יִרְאַת־יהוה הִיא תִתְהַלָּל.

תְּנוּ־לָהּ מִפְּרִי יָדֶיהָ, וִיהַלְלוּהָ בַשְּׁעָרִים מַעֲשֶׂיהָ.

It is appropriate as well for a wife to bless her husband, and children their father, using this tribute from the Book of Psalms.

תהלים קי״ב:א׳-ט׳

הַלְלוּיָהּ

אַשְׁרֵי־אִישׁ יָרֵא אֶת־יהוה | בְּמִצְוֹתָיו חָפֵץ מְאֹד.

גִּבּוֹר בָּאָרֶץ יִהְיֶה זַרְעוֹ | דּוֹר יְשָׁרִים יְבֹרָךְ.

הוֹן־וָעֹשֶׁר בְּבֵיתוֹ | וְצִדְקָתוֹ עֹמֶדֶת לָעַד.

זָרַח בַּחֹשֶׁךְ אוֹר לַיְשָׁרִים | חַנּוּן וְרַחוּם וְצַדִּיק.

(Continued on next page)

✿ ESHET ḤAYIL — The Woman of Valor

Traditionally, husbands are invited to offer praise to their wives, and children to their mother, as the provider of Jewish faith and continuity, using these words from the Book of Proverbs.

PROVERBS 31

The woman of valor: A priceless find,
    a treasure more precious than pearls.
An unfailing asset to her husband,
    she assures him a life of contentment.
Eager, energetic, far-sighted, and strong,
    her family knows she will always be near.
Her optimism never wavers,
    her industriousness never flags.
She extends a hand to the poor;
    she offers her hands to the needy.
She projects strength and dignity,
    and is confident about the future.
Her speech abounds with wisdom;
    she soothes everyone with words of kindness.
Her children bring her fulfillment,
    her husband sings her virtues:
"Many women have excelled,
    but you surpass them all."
Charm is a mask and beauty is vain,
    but a righteous woman is deserving of praise.
Her handiwork attests to her merit;
    all her actions bring her honor.

— Selected from PROVERBS 31

It is appropriate as well for a wife to bless her husband, and children their father, using this tribute from the Book of Psalms.

PSALM 112:1-9

Blessed is the man who reveres Adonai,
who delights in God's commandments.
His descendants will be honored in the land;
a generation of the upright, they will be blessed.
Prosperity fills his household; his righteousness is enduring.
Even in the darkness, light shines for the upright,
for the one who is gracious, compassionate, and just.

(continued on next page)

טוֹב אִישׁ חוֹנֵן וּמַלְוֶה יְכַלְכֵּל דְּבָרָיו בְּמִשְׁפָּט.
כִּי־לְעוֹלָם לֹא יִמּוֹט לְזֵכֶר עוֹלָם יִהְיֶה צַדִּיק.
מִשְּׁמוּעָה רָעָה לֹא יִירָא נָכוֹן לִבּוֹ בָּטֻחַ בַּיהוה.
סָמוּךְ לִבּוֹ לֹא יִירָא עַד אֲשֶׁר־יִרְאֶה בְצָרָיו.
פִּזַּר נָתַן לָאֶבְיוֹנִים צִדְקָתוֹ עֹמֶדֶת לָעַד
קַרְנוֹ תָּרוּם בְּכָבוֹד.

It is customary for parents to bless their children by placing their hands on the head of each child and to bless each individually.

For sons:

יְשִׂמְךָ אֱלֹהִים כְּאֶפְרַיִם וְכִמְנַשֶּׁה.

May God grant you the blessings of Ephraim and Menasheh.

May you be blessed by God as were Ephraim and Menasheh,
who understood that wherever they lived
their Jewishness was the essence of their lives;
who loved and honored their elders and teachers,
and who cherished one another
without pettiness or envy,
accepting in humility the blessings that were theirs.

For daughters:

יְשִׂמֵךְ אֱלֹהִים כְּשָׂרָה רִבְקָה רָחֵל וְלֵאָה.

May God grant you the blessings of Sarah, Rebecca, Rachel, and Leah.

May God bless you
with the strength and vision of Sarah,
with the wisdom and foresight of Rebecca,
with the courage and compassion of Rachel
with the gentleness and graciousness of Leah —
and their faith in the promise of our people's heritage.

The blessing concludes thus for all children:

יְבָרֶכְךָ יהוה וְיִשְׁמְרֶךָ.
יָאֵר יהוה פָּנָיו אֵלֶיךָ וִיחֻנֶּךָּ.
יִשָּׂא יהוה פָּנָיו אֵלֶיךָ וְיָשֵׂם לְךָ שָׁלוֹם.

May Adonai bless you and guard you.
May Adonai show you favor and be gracious to you.
May Adonai show you kindness and grant you peace.

All goes well with the man who is generous,
whose dealings are marked by integrity.
He shall never be shaken;
his kindness will always be remembered.
Evil tidings do not frighten him;
his mind is firm, trusting in Adonai.
His heart is steady, he will not be fearful,
for his enemies are destined to be overcome.
He has given freely to the poor.
His goodness is an inspiration to others;
his life is exalted in honor.

FOR THE BLESSINGS

For the blessings which You lavish upon us
in forest and sea, in mountain and meadow, in rain and sun,
we thank You.

For the blessings You implant within us,
joy and peace, meditation and laughter,
we are grateful to You.

For the blessings of friendship and love,
of family and community,

For the blessings we ask of You
and those we cannot ask,

For the blessings You bestow upon us openly
and those You give us in secret,

For all these blessings, Creator of the Universe,
we thank You and are grateful to You.

For the blessings we recognize
and those we fail to recognize,

For the blessings of our tradition
and the joy of this holy Shabbat,

For the blessings of return and forgiveness,
of memory, of vision, and of hope —

For all these blessings which surround us on every side
Dear God, hear our thanks and accept our gratitude.

— Ruth Brin

🌿 קידוש לשבת

בראשית א׳:ל״א-ב׳:ג׳
וַיְהִי עֶרֶב וַיְהִי בֹקֶר

יוֹם הַשִּׁשִּׁי.
וַיְכֻלּוּ הַשָּׁמַיִם וְהָאָרֶץ וְכָל-צְבָאָם.
וַיְכַל אֱלֹהִים בַּיּוֹם הַשְּׁבִיעִי מְלַאכְתּוֹ אֲשֶׁר עָשָׂה,
וַיִּשְׁבֹּת בַּיּוֹם הַשְּׁבִיעִי מִכָּל-מְלַאכְתּוֹ אֲשֶׁר עָשָׂה.
וַיְבָרֶךְ אֱלֹהִים אֶת-יוֹם הַשְּׁבִיעִי וַיְקַדֵּשׁ אֹתוֹ,
כִּי בוֹ שָׁבַת מִכָּל-מְלַאכְתּוֹ אֲשֶׁר בָּרָא אֱלֹהִים לַעֲשׂוֹת.

סַבְרִי מָרָנָן (וְרַבָּנָן וְרַבּוֹתַי) / חֲבֵרַי

בָּרוּךְ אַתָּה יהוה אֱלֹהֵינוּ מֶלֶךְ הָעוֹלָם, בּוֹרֵא פְּרִי הַגָּפֶן.

בָּרוּךְ אַתָּה יהוה אֱלֹהֵינוּ מֶלֶךְ הָעוֹלָם,
אֲשֶׁר קִדְּשָׁנוּ בְּמִצְוֹתָיו וְרָצָה בָנוּ,
וְשַׁבַּת קָדְשׁוֹ בְּאַהֲבָה וּבְרָצוֹן הִנְחִילָנוּ
זִכָּרוֹן לְמַעֲשֵׂה בְרֵאשִׁית.
כִּי הוּא יוֹם תְּחִלָּה לְמִקְרָאֵי-קֹדֶשׁ,
זֵכֶר לִיצִיאַת מִצְרָיִם.
כִּי בָנוּ בָחַרְתָּ וְאוֹתָנוּ קִדַּשְׁתָּ מִכָּל-הָעַמִּים,
וְשַׁבַּת קָדְשְׁךָ בְּאַהֲבָה וּבְרָצוֹן הִנְחַלְתָּנוּ.
בָּרוּךְ אַתָּה יהוה מְקַדֵּשׁ הַשַּׁבָּת.

On the intermediate Shabbat of Sukkot, if Kiddush
is recited in the sukkah, conclude with this b'rakhah:

בָּרוּךְ אַתָּה יהוה אֱלֹהֵינוּ מֶלֶךְ הָעוֹלָם,
אֲשֶׁר קִדְּשָׁנוּ בְּמִצְוֹתָיו וְצִוָּנוּ לֵישֵׁב בַּסֻּכָּה.

Barukh atah Adonai, Eloheinu melekh ha-olam,
asher kid'shanu b'mitzvotav v'tzivanu leishev ba-sukkah.

Praised are You Adonai our God, who rules the universe,
instilling in us the holiness of mitzvot
by commanding us to dwell in the sukkah.

 KIDDUSH FOR SHABBAT EVENING

The Festival Kiddush is on page 334.

Va-y'hi erev va-y'hi voker,
Yom ha-shishi.
Va-y'khulu ha-shamayim v'ha-aretz v'khol tz'va-am.
Va-y'khal Elohim ba-yom ha-sh'vi-i m'lakhto asher asah,
va-yish-bot ba-yom ha-sh'vi-i mi-kol m'lakhto asher asah.
Va-y'varekh Elohim et yom ha-sh'vi-i va-y'kadesh oto,
ki vo shavat mi-kol m'lakhto, asher bara Elohim la'asot.

Savri maranan (v'rabanan v'rabotai) / Ḥaverai
**Barukh atah Adonai, Eloheinu melekh ha-olam,
borei p'ri ha-gafen.**

Barukh atah Adonai, Eloheinu melekh ha-olam,
asher kid'shanu b'mitzvotav v'ratzah vanu,
v'shabbat kodsho b'ahavah u-v'ratzon hinḥi-lanu,
zikaron l'ma-aseh v'reshit.
Ki hu yom t'ḥilah l'mikra-ei kodesh, zekher li-y'tzi-at mitzrayim.
Ki vanu vaḥarta v'otanu kidashta mikol ha-amim,
v'shabbat kod'sh'kha b'ahavah u-v'ratzon hin-ḥal-tanu.
Barukh atah Adonai, m'kadesh ha-shabbat.

GENESIS 1:31-2:3
And there was evening and there was morning —

the sixth day. The heavens and the earth, and all they contain, were completed. On the seventh day God finished the work He had been doing, and ceased on the seventh day from all the work that He had done. Then God blessed the seventh day and called it holy, because on it God ceased from all the work of creation.

Honored guests / Friends:
Praised are You Adonai our God, who rules the universe, creating the fruit of the vine.

Praised are You Adonai our God, who rules the universe, instilling in us the holiness of mitzvot, and cherishing us by granting us His holy Shabbat lovingly, gladly, a reminder of Creation. It is the first among our days of sacred assembly that recall the Exodus from Egypt. Thus You have chosen us — endowing us with holiness — from among all peoples, granting us Your holy Shabbat lovingly and gladly. Praised are You Adonai, who hallows Shabbat.

🌿 A SHABBAT MEDITATION

Dear God, help us on this Shabbat to still the sound of our own striving, so we can hear more clearly the music of Your presence. Teach us that this divine moment of tranquility can bring us harmony, and a melody to uplift our soul and renew our spirit. Bless our Shabbat rest, so that by seeking and serving You, by immersing ourselves in the timeless rhythm of Your holy day, we can better fulfill in the coming week the purpose for which You gave us life. Amen.

🌿 WASHING THE HANDS   🌿 נטילת ידים

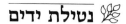

Following Kiddush on Shabbat and Festivals,
we prepare for the b'rakhah over bread (הַמּוֹצִיא)
by washing our hands (נְטִילַת יָדַיִם).

Each participant at the meal pours water two
or three times over each hand, alternating hands.
Often a special two-handled cup is used.

After this ritual washing of the hands,
the following b'rakhah is recited:

בָּרוּךְ אַתָּה יהוה אֱלֹהֵינוּ מֶלֶךְ הָעוֹלָם,
אֲשֶׁר קִדְּשָׁנוּ בְּמִצְוֹתָיו וְצִוָּנוּ עַל נְטִילַת יָדָיִם.

Barukh atah Adonai Eloheinu melekh ha-olam,
asher kid'shanu b'mitzvotav v'tzivanu al n'tilat yadayim.

Praised are You Adonai our God, who rules the universe,
instilling in us the holiness of mitzvot
by commanding us to rinse our hands.

Washing the hands before eating is meant to be a ritual act —
to achieve spiritual holiness, not physical cleanliness. The dinner
table is often compared in rabbinic literature to the altar in the
Temple. As the Kohanim would wash their hands before entering
the Temple to offer sacrifices, we, too, wash our hands immediately
before any meal.

The two ḥallot used for Ha-motzi on Shabbat and Festivals are
reminiscent of the double Shabbat portion of manna provided
by God in the wilderness, as well as the two loaves placed on
the Temple altar.

HA-MOTZI המוציא

After washing our hands, we refrain from speaking until המוציא *is recited; in this way we prepare ourselves to approach the dinner table, our "altar," without interruption.*

Two ḥallot are used for the b'rakhah over bread on both Shabbat and Festivals.

בָּרוּךְ אַתָּה יהוה אֱלֹהֵינוּ מֶלֶךְ הָעוֹלָם,
הַמּוֹצִיא לֶחֶם מִן הָאָרֶץ.

Barukh atah Adonai, Eloheinu melekh ha-olam,
ha-motzi leḥem min ha-aretz.

Praised are You Adonai our God, who rules the universe, bringing forth bread from the earth.

The Shabbat meal is served.

Sanctify Shabbat with food and drink, with splendid clothes. Delight yourself with pleasure and God will reward you for this very delight.

— Deuteronomy Rabbah 3:1

When the Shekhinah sees that Shabbat candles are burning, that the table is set for a festive Shabbat meal, and that there is happiness between husband and wife, the Shekhinah declares: "This is mine." And the Shekhinah then recites the verse from Isaiah which speaks of Israel as the people "in whom I shall be glorified."

— Rabbi Isaiah Horowitz

What is the Sabbath? The presence of eternity, a moment of majesty, the radiance of joy. The soul is enhanced, time is a delight, and inwardness a supreme reward. We do not stand alone; we live in the presence of the day.

— Abraham Joshua Heschel

קידוש—יום שבת (קידושא רבא)

שמות ל״א: ט״ז-י״ז

וְשָׁמְרוּ בְנֵי יִשְׂרָאֵל אֶת־הַשַּׁבָּת, לַעֲשׂוֹת אֶת־הַשַּׁבָּת לְדוֹרֹתָם בְּרִית עוֹלָם. בֵּינִי וּבֵין בְּנֵי יִשְׂרָאֵל אוֹת הִיא לְעֹלָם, כִּי שֵׁשֶׁת יָמִים עָשָׂה יהוה אֶת־הַשָּׁמַיִם וְאֶת־הָאָרֶץ, וּבַיּוֹם הַשְּׁבִיעִי שָׁבַת וַיִּנָּפַשׁ.

שמות כ׳:ח׳-י״א

זָכוֹר אֶת־יוֹם הַשַּׁבָּת לְקַדְּשׁוֹ. שֵׁשֶׁת יָמִים תַּעֲבֹד וְעָשִׂיתָ כָּל־מְלַאכְתֶּךָ. וְיוֹם הַשְּׁבִיעִי שַׁבָּת לַיהוה אֱלֹהֶיךָ, לֹא־תַעֲשֶׂה כָל־מְלָאכָה, אַתָּה־וּבִנְךָ וּבִתֶּךָ עַבְדְּךָ וַאֲמָתְךָ וּבְהֶמְתֶּךָ, וְגֵרְךָ אֲשֶׁר בִּשְׁעָרֶיךָ. כִּי שֵׁשֶׁת־יָמִים עָשָׂה יהוה אֶת־הַשָּׁמַיִם וְאֶת־הָאָרֶץ אֶת־הַיָּם וְאֶת־כָּל־אֲשֶׁר־בָּם, וַיָּנַח בַּיּוֹם הַשְּׁבִיעִי —

עַל כֵּן בֵּרַךְ יהוה אֶת־יוֹם הַשַּׁבָּת וַיְקַדְּשֵׁהוּ.

סַבְרִי מָרָנָן (וְרַבָּנָן וְרַבּוֹתַי) / חֲבֵרַי

בָּרוּךְ אַתָּה יהוה אֱלֹהֵינוּ מֶלֶךְ הָעוֹלָם, בּוֹרֵא פְּרִי הַגָּפֶן.

On שבת חול המועד סוכות, if קידוש is recited in the סוכה, conclude with this ברכה:

בָּרוּךְ אַתָּה יהוה אֱלֹהֵינוּ מֶלֶךְ הָעוֹלָם,
אֲשֶׁר קִדְּשָׁנוּ בְּמִצְוֹתָיו וְצִוָּנוּ לֵישֵׁב בַּסֻּכָּה.

After the ritual washing of hands:

בָּרוּךְ אַתָּה יהוה אֱלֹהֵינוּ מֶלֶךְ הָעוֹלָם,
אֲשֶׁר קִדְּשָׁנוּ בְּמִצְוֹתָיו וְצִוָּנוּ עַל נְטִילַת יָדָיִם.

Barukh atah Adonai, Eloheinu melekh ha-olam,
asher kid'shanu b'mitzvotav v'tzivanu al n'tilat yadayim.

The ברכה for bread, which begins the שבת or יום טוב meal, is recited over two ḥallot:

בָּרוּךְ אַתָּה יהוה אֱלֹהֵינוּ מֶלֶךְ הָעוֹלָם,
הַמּוֹצִיא לֶחֶם מִן הָאָרֶץ.

Barukh atah Adonai, Eloheinu melekh ha-olam,
ha-motzi leḥem min ha-aretz.

✺ KIDDUSH FOR SHABBAT DAY

EXODUS 31:16-17

The people Israel shall observe Shabbat, to maintain it as an everlasting covenant through all generations. It is a sign between Me and the people Israel for all time, that in six days Adonai made the heavens and the earth, and on the seventh day, ceased from work and rested.

EXODUS 20:8-11

Remember to make the day of Shabbat holy. Six days shall you labor and do all your work, but the seventh day is a Sabbath of Adonai your God; on it you shall not do any work — you, your son or your daughter, your male or female servant, your cattle, or the stranger who is among you — for in six days Adonai made the heavens, the earth and the sea, and all they contain, and rested on the seventh day.

Al ken berakh Adonai et yom ha-shabbat va-y'kadshehu.
Barukh atah Adonai, Eloheinu melekh ha-olam, borei p'ri ha-gafen.

Therefore Adonai blessed Shabbat and made it holy.

Praised are You Adonai our God, who rules the universe, creating the fruit of the vine.

*On the intermediate Shabbat of Sukkot, if Kiddush
is recited in the sukkah, conclude with this b'rakhah:*

Barukh atah Adonai, Eloheinu melekh ha-olam,
asher kid'shanu b'mitzvotav, v'tzivanu leishev ba-sukkah.

Praised are You Adonai our God, who rules the universe,
instilling in us the holiness of mitzvot
by commanding us to dwell in the sukkah.

After the ritual washing of hands:

Praised are You Adonai our God, who rules the universe, instilling in us the holiness of mitzvot by commanding us to rinse our hands.

*Two ḥallot are used for the b'rakhah over bread
on Shabbat and Festivals.*

Praised are You Adonai our God, who rules the universe, bringing forth bread from the earth.

Z'MIROT FOR SHABBAT זמירות לשבת

M'nuḥah v'simḥah or la-y'hudim,	מְנוּחָה וְשִׂמְחָה אוֹר לַיְּהוּדִים,
Yom shabbaton yom maḥmadim,	יוֹם שַׁבָּתוֹן יוֹם מַחֲמַדִּים,
Shomrav v'zochrav heymah m'idim,	שׁוֹמְרָיו וְזוֹכְרָיו הֵמָּה מְעִידִים,
Ki l'shishah kol b'ru-im v'omdim.	כִּי לְשִׁשָּׁה כֹּל בְּרוּאִים וְעוֹמְדִים.
Sh'mei shamayim eretz v'yamim,	שְׁמֵי שָׁמַיִם אֶרֶץ וְיַמִּים,
Kol tz'va marom g'vohim v'ramim,	כָּל צְבָא מָרוֹם גְּבוֹהִים וְרָמִים,
Tanin v'adam v'ḥayat r'eymim,	תַּנִּין וְאָדָם וְחַיַּת רְאֵמִים,
Ki v'yah Adonai tzur olamim.	כִּי בְּיָהּ יְיָ צוּר עוֹלָמִים.
Hu asher diber l'am s'gulato,	הוּא אֲשֶׁר דִּבֶּר לְעַם סְגֻלָּתוֹ,
Shamor l'kadsho mi-bo-o v'ad tzeyto,	שָׁמוֹר לְקַדְּשׁוֹ מִבּוֹאוֹ וְעַד צֵאתוֹ,
Shabbat kodesh yom ḥemdato,	שַׁבַּת קֹדֶשׁ יוֹם חֶמְדָּתוֹ,
Ki vo shavat El mi-kol m'lakhto.	כִּי בוֹ שָׁבַת אֵל מִכָּל מְלַאכְתּוֹ.
B'mitzvat Shabbat El yaḥalitzakh,	בְּמִצְוַת שַׁבָּת אֵל יַחֲלִיצָךְ,
Kum k'ra elav yaḥish l'amtzakh,	קוּם קְרָא אֵלָיו יָחִישׁ לְאַמְּצָךְ,
Nishmat kol ḥai v'gam na'aritzakh,	נִשְׁמַת כָּל חַי וְגַם נַעֲרִיצָךְ,
Ekhol b'simḥah ki k'var ratzakh.	אֱכוֹל בְּשִׂמְחָה כִּי כְבָר רָצָךְ.
B'mishneh leḥem v'kiddush rabbah,	בְּמִשְׁנֶה לֶחֶם וְקִדּוּשׁ רַבָּה,
B'rov mat-amim v'ru-aḥ n'divah,	בְּרֹב מַטְעַמִּים וְרוּחַ נְדִיבָה,
Yizku l'rav tuv ha-mit-angim bah,	יִזְכּוּ לְרַב טוּב הַמִּתְעַנְּגִים בָּהּ,
B'vi-at go-el l'ḥayei ha-olam ha-ba.	בְּבִיאַת גּוֹאֵל לְחַיֵּי הָעוֹלָם הַבָּא.

Tranquility and joy, light for all Jews;
Shabbat and its pleasures are treasures that we choose.

God made the universe, a whole world in six days:
Land and sea, and all that dwells under heaven's rays.
Then God decreed that we keep holy from the start
the seventh day, Creation's crown, God's delightful art.
Seek rest as God did rest; find strength in God's great love.
With prayer honor God, who smiles on you from above.
Over two ḥallot and wine, blessings chant and sing —
then to the Shabbat table choice foods you shall bring.
Dine well and let your spirit with Shabbat joy soar;
redemption will be yours and life forevermore.

Yah ribon alam v'almaya,	**יָהּ רִבּוֹן** עָלַם וְעָלְמַיָּא,
Ant hu malka melekh malkhaya,	אַנְתְּ הוּא מַלְכָּא מֶלֶךְ מַלְכַיָּא,
Ovad g'vurtekh v'timhaya,	עוֹבַד גְּבוּרְתֵּךְ וְתִמְהַיָּא,
Sh'far kodamakh l'haḥavaya.	שְׁפַר קֳדָמָךְ לְהַחֲוָיָא.
Yah ribon alam v'almaya,	יָהּ רִבּוֹן עָלַם וְעָלְמַיָּא,
Ant hu malka melekh malkhaya.	אַנְתְּ הוּא מַלְכָּא מֶלֶךְ מַלְכַיָּא.
Sh'vaḥin asader tzafra v'ramsha,	שְׁבָחִין אֲסַדֵּר צַפְרָא וְרַמְשָׁא,
Lakh Elaha kadisha	לָךְ אֱלָהָא קַדִּישָׁא
di v'ra kol nafsha,	דִּי בְרָא כָּל־נַפְשָׁא,
Irin kadishin u-v'nei enasha,	עִירִין קַדִּישִׁין וּבְנֵי אֱנָשָׁא,
Ḥeivat bara v'ofei sh'maya.	חֵיוַת בָּרָא וְעוֹפֵי שְׁמַיָּא.
Yah ribon alam....	יָהּ רִבּוֹן עָלַם....
Ravr'vin ov-deikh v'takifin,	רַבְרְבִין עוֹבְדָיךְ וְתַקִּיפִין,
Makhikh r'maya v'zakif k'fifin,	מָכִיךְ רָמַיָּא וְזָקִיף כְּפִיפִין,
Lu yiḥyeh g'var sh'nin alfin,	לוּ יִחְיֶה גְבַר שְׁנִין אַלְפִין,
La yei-ol g'vurtekh b'ḥushb'naya.	לָא יֵעוֹל גְּבוּרְתֵּךְ בְּחֻשְׁבְּנַיָּא.
Yah ribon alam....	יָהּ רִבּוֹן עָלַם....
Elaha di lei y'kar u-r'vuta,	אֱלָהָא דִּי לֵהּ יְקַר וּרְבוּתָא,
P'rok yat anakh mi-poom aryavata,	פְּרוֹק יַת עָנָךְ מִפּוּם אַרְיָוָתָא,
V'apeik yat amekh mi-go galuta,	וְאַפֵּיק יַת עַמֵּךְ מִגּוֹ גָלוּתָא,
Amekh di v'ḥart mi-kol umaya.	עַמֵּךְ דִּי בְחַרְתְּ מִכָּל־אֻמַּיָּא.
Yah ribon alam....	יָהּ רִבּוֹן עָלַם....
L'mikd'shakh tuv u-l'kodesh kud-shin,	לְמִקְדְּשָׁךְ תּוּב וּלְקֹדֶשׁ קֻדְשִׁין,
Atar di veh yeḥ'edun ruḥin v'nafshin,	אֲתַר דִּי בֵהּ יֶחֱדוּן רוּחִין וְנַפְשִׁין,
Vizamrun lakh shirin v'raḥashin,	וִיזַמְּרוּן לָךְ שִׁירִין וְרַחֲשִׁין,
Birushlem karta d'shufraya.	בִּירוּשְׁלֵם קַרְתָּא דְשׁוּפְרַיָּא.
Yah ribon alam....	יָהּ רִבּוֹן עָלַם....

Ruler of worlds, of all people and things,
You are our Sovereign, supreme over kings.

At dawn and at dusk I sing Your praise,
yet even were we granted countless days,
we could never extol Your deeds and might.
Angels and mortals, beasts, birds taking flight:
You created all, Your glory wondrously bright.
O great God, save Your flock from being slain;
release us from exile and end our pain,
that we may see the day when again You reign.
In the Holy of Holies Your praise we will render;
sweet songs will we sing in Your city of splendor.

Tzur mi-shelo akhalnu, bar'khu emunai,
Savanu v'hotarnu kid'var Adonai.

צוּר מִשֶּׁלּוֹ אָכַלְנוּ, בָּרְכוּ אֱמוּנַי,
שָׂבַעְנוּ וְהוֹתַרְנוּ כִּדְבַר יְיָ.

Ha-zan et olamo ro-einu avinu,
Akhalnu et laḥmo v'yeino shatinu,
Al ken nodeh lish-mo un'hal'lo b'finu,
Amarnu v'aninu ein kadosh kadonai.

הַזָּן אֶת עוֹלָמוֹ, רוֹעֵנוּ אָבִינוּ,
אָכַלְנוּ אֶת לַחְמוֹ וְיֵינוֹ שָׁתִינוּ,
עַל כֵּן נוֹדֶה לִשְׁמוֹ וּנְהַלְּלוֹ בְּפִינוּ,
אָמַרְנוּ וְעָנִינוּ אֵין קָדוֹשׁ כַּייָ.

   Tzur mishelo akhalnu....

   צוּר מִשֶּׁלּוֹ אָכַלְנוּ....

B'shir v'kol todah n'varekh leloheinu,
Al eretz ḥemdah she-hin-ḥil la'avoteinu,
Mazon v'tzedah hisbi-a l'nafshenu,
Ḥasdo gavar aleinu ve'emet Adonai.

בְּשִׁיר וְקוֹל תּוֹדָה נְבָרֵךְ לֵאלֹהֵינוּ,
עַל אֶרֶץ חֶמְדָּה שֶׁהִנְחִיל לַאֲבוֹתֵינוּ,
מָזוֹן וְצֵדָה הִשְׂבִּיעַ לְנַפְשֵׁנוּ,
חַסְדּוֹ גָּבַר עָלֵינוּ וֶאֱמֶת יְיָ.

   Tzur mishelo akhalnu....

   צוּר מִשֶּׁלּוֹ אָכַלְנוּ....

Raḥem b'ḥasdekha al amkha Tzurenu,
Al Tziyon mishkan k'vodekha
   z'vul beit tif-artenu,
Ben David avdekha yavo v'yig-alenu,
Ru-aḥ apeinu m'shiaḥ Adonai.

רַחֵם בְּחַסְדֶּךָ עַל עַמְּךָ צוּרֵנוּ,
עַל צִיּוֹן מִשְׁכַּן כְּבוֹדֶךְ
זְבוּל בֵּית תִּפְאַרְתֵּנוּ,
בֶּן דָּוִד עַבְדֶּךָ יָבוֹא וְיִגְאָלֵנוּ,
רְוּחַ אַפֵּינוּ מְשִׁיחַ יְיָ.

   Tzur mishelo akhalnu....

   צוּר מִשֶּׁלּוֹ אָכַלְנוּ....

Yibaneh ha-mikdash, ir Tziyon t'malei,
V'sham nashir shir ḥadash
   u-vir'nanah na'aleh,
Ha-Raḥaman ha-nikdash
   yitbarakh v'yit-aleh,
Al kos yayin malei k'virkat Adonai.

יִבָּנֶה הַמִּקְדָּשׁ, עִיר צִיּוֹן תְּמַלֵּא,
וְשָׁם נָשִׁיר שִׁיר חָדָשׁ
וּבִרְנָנָה נַעֲלֶה,
הָרַחֲמָן הַנִּקְדָּשׁ
יִתְבָּרֵךְ וְיִתְעַלֶּה,
עַל כּוֹס יַיִן מָלֵא כְּבִרְכַּת יְיָ.

   Tzur mishelo akhalnu....

   צוּר מִשֶּׁלּוֹ אָכַלְנוּ....

Let us praise the Source of our sustenance, my friends,
who satisfies us with food, upon which life depends.
Our Creator, our Shepherd, sees to all our needs.
For gifts of wine and bread, we praise God and His deeds.
With joyous song we extol God, our thanks heartfelt,
for giving our forebears the land in which they dwelt.
Have mercy, our Rock, for Your people, one and all,
and for the site of Your splendor, before Zion's fall.
We pray for redemption and Your Temple, restored,
rebuilt on Zion, as our ancestors implored.
Then a new song we'll sing there; with joy we'll go up
to the Temple, once again as full as this cup.
Praise the God of mercy with this a cup of wine.
Magnify the One who bestows blessing divine.

Yom zeh m'khubad mi-kol yamim	**יוֹם זֶה מְכֻבָּד** מִכָּל־יָמִים
Ki vo shavat Tzur Olamim.	כִּי בוֹ שָׁבַת צוּר עוֹלָמִים.
Sheshet yamim ta'aseh m'lakhtekha	שֵׁשֶׁת יָמִים תַּעֲשֶׂה מְלַאכְתֶּךָ
V'yom ha-sh'vi-i lelohekha,	וְיוֹם הַשְּׁבִיעִי לֵאלֹהֶיךָ,
Shabbat lo ta'aseh vo m'lakhah,	שַׁבָּת לֹא תַעֲשֶׂה בוֹ מְלָאכָה,
Ki khol asah sheshet yamim.	כִּי כֹל עָשָׂה שֵׁשֶׁת יָמִים.
Yom zeh m'khubad....	יוֹם זֶה מְכֻבָּד....
Rishon hu l'mikra-ei kodesh,	רִאשׁוֹן הוּא לְמִקְרָאֵי קֹדֶשׁ,
Yom shabbaton yom Shabbat kodesh,	יוֹם שַׁבָּתוֹן יוֹם שַׁבַּת קֹדֶשׁ,
Al ken kol ish b'yeino y'kadesh,	עַל כֵּן כָּל־אִישׁ בְּיֵינוֹ יְקַדֵּשׁ,
Al sh'tei leḥem yivtz'u t'mimim.	עַל שְׁתֵּי לֶחֶם יִבְצְעוּ תְמִימִים.
Yom zeh m'khubad....	יוֹם זֶה מְכֻבָּד....
Ekhol mashmanim sh'teh mamtakim,	אֱכֹל מַשְׁמַנִּים שְׁתֵה מַמְתַּקִּים,
Ki El yiten l'khol bo d'vekim,	כִּי אֵל יִתֵּן לְכֹל בּוֹ דְבֵקִים,
Beged lilbosh leḥem hukim,	בֶּגֶד לִלְבּשׁ לֶחֶם חֻקִּים,
Basar v'dagim v'khol mat-amim.	בָּשָׂר וְדָגִים וְכָל־מַטְעַמִּים.
Yom zeh m'khubad....	יוֹם זֶה מְכֻבָּד....
Lo teḥ-sar kol bo v'akhalta	לֹא תֶחְסַר כֹּל בּוֹ וְאָכַלְתָּ
V'sava-ta u-verakhta	וְשָׂבָעְתָּ וּבֵרַכְתָּ
Et Adonai Elohekha asher ahavta,	אֶת־יְיָ אֱלֹהֶיךָ אֲשֶׁר אָהַבְתָּ,
Ki verakh'kha mi-kol ha-amim.	כִּי בֵרַכְךָ מִכָּל־הָעַמִּים.
Yom zeh m'khubad....	יוֹם זֶה מְכֻבָּד....
Ha-shamayim m'saprim k'vodo,	הַשָּׁמַיִם מְסַפְּרִים כְּבוֹדוֹ,
V'gam ha-aretz mal'ah ḥasdo,	וְגַם הָאָרֶץ מָלְאָה חַסְדּוֹ,
R'u ki khol eleh as'tah yado,	רְאוּ כִּי כָל־אֵלֶּה עָשְׂתָה יָדוֹ,
Ki hu ha-tzur po'olo tamim.	כִּי הוּא הַצּוּר פָּעֳלוֹ תָמִים.
Yom zeh m'khubad....	יוֹם זֶה מְכֻבָּד....

This day is honored, above all is it blessed,
for on this very day the Eternal did rest.

You have six days to labor as you may;
the seventh, however, is God's special day.
For in six God made all by divine command.
On the first holy day God then stilled His hand:
A Shabbat of holiness, a day of rest —
with kiddush on wine and ḥallot we are blessed.
On tasty food we all dine, we enjoy meat and fish;
we praise God who provides each nourishing dish.
God's glory is told by the heavens above;
the earth is filled with God's kindness and love.

Mah y'didut m'nuḥatekh,	**מַה יְּדִידוּת מְנוּחָתֵךְ,**
At Shabbat ha-malkah,	אַתְּ שַׁבָּת הַמַּלְכָּה,
B'khen narutz lik-ratekh,	בְּכֵן נָרוּץ לִקְרָאתֵךְ,
Bo-i khallah n'sukhah,	בּוֹאִי כַלָּה נְסוּכָה,
L'vush bigdei ḥamudot,	לְבוּשׁ בִּגְדֵי חֲמוּדוֹת,
L'hadlik ner bi-v'rakhah,	לְהַדְלִיק נֵר בִּבְרָכָה,
Va-tekhel kol ha'avodot,	וַתֵּכֶל כָּל הָעֲבוֹדוֹת,
Lo ta'asu m'lakhah.	לֹא תַעֲשׂוּ מְלָאכָה.
L'hit-aneg b'ta'anugim	לְהִתְעַנֵּג בְּתַעֲנוּגִים
Barburim u-s'lav v'dagim.	בַּרְבּוּרִים וּשְׂלָו וְדָגִים.
Me-erev mazminim	מֵעֶרֶב מַזְמִינִים
Kol minei mat-amim,	כָּל מִינֵי מַטְעַמִּים,
Mib'od yom mukhanim	מִבְּעוֹד יוֹם מוּכָנִים
Tarn'golim m'futamim,	תַּרְנְגוֹלִים מְפֻטָּמִים,
V'la'arokh kamah minim,	וְלַעֲרֹךְ כַּמָּה מִינִים,
Sh'tot yeinot m'vusamim,	שְׁתוֹת יֵינוֹת מְבֻשָּׂמִים,
V'tafnukei ma'adanim,	וְתַפְנוּקֵי מַעֲדַנִּים,
B'khol shalosh p'amim.	בְּכָל שָׁלשׁ פְּעָמִים.
L'hit-aneg b'ta'anugim	לְהִתְעַנֵּג בְּתַעֲנוּגִים . . . .
Naḥalat Ya'akov yirash	נַחֲלַת יַעֲקֹב יִירָשׁ
B'li m'tzarim naḥalah,	בְּלִי מְצָרִים נַחֲלָה,
Vikhab'duhu ashir va-rash,	וִיכַבְּדוּהוּ עָשִׁיר וָרָשׁ,
V'tizku li-g'ulah,	וְתִזְכּוּ לִגְאֻלָּה,
Yom Shabbat im tishmoru,	יוֹם שַׁבָּת אִם תִּשְׁמֹרוּ,
Vi-h'yitem li s'gulah,	וִהְיִיתֶם לִי סְגֻלָּה,
Sheshet yamim ta'avodu,	שֵׁשֶׁת יָמִים תַּעֲבֹדוּ,
U-va-sh'vi-i nagilah.	וּבַשְּׁבִיעִי נָגִילָה.
L'hit-aneg b'ta'anugim	לְהִתְעַנֵּג בְּתַעֲנוּגִים . . . .
Ḥafatzekha bo asurim,	חֲפָצֶיךָ בּוֹ אֲסוּרִים,
V'gam la-ḥashov ḥeshbonot,	וְגַם לַחֲשֹׁב חֶשְׁבּוֹנוֹת,
Hirhurim mutarim,	הִרְהוּרִים מֻתָּרִים,
U-l'shadekh ha-banot,	וּלְשַׁדֵּךְ הַבָּנוֹת,
V'tinok l'lamdo sefer,	וְתִינוֹק לְלַמְּדוֹ סֵפֶר,
La-m'natze-aḥ bi-n'ginot,	לַמְנַצֵּחַ בִּנְגִינוֹת,
V'la-hagot b'imrei shefer,	וְלַהֲגוֹת בְּאִמְרֵי שֶׁפֶר,
B'khol pinot u-maḥanot.	בְּכָל פִּנּוֹת וּמַחֲנוֹת.
L'hit-aneg b'ta'anugim	לְהִתְעַנֵּג בְּתַעֲנוּגִים . . . .

Hilukhakh t'hei v'naḥat,	הִלּוּכָךְ תְּהֵא בְנַחַת,
Oneg k'ra la-shabbat,	עֹנֶג קְרָא לַשַּׁבָּת,
V'ha-shenah m'shubaḥat,	וְהַשֵּׁנָה מְשֻׁבַּחַת,
K'dat nefesh m'shivat,	כְּדָת נֶפֶשׁ מְשִׁיבַת,
B'khen nafshi l'kha ar'gah,	בְּכֵן נַפְשִׁי לְךָ עָרְגָה,
V'lanu-aḥ b'ḥibat,	וְלָנוּחַ בְּחִבַּת,
Ka-shoshanim sugah,	כַּשּׁוֹשַׁנִּים סוּגָה,
Bo yanuḥu ben u-vat.	בּוֹ יָנוּחוּ בֵּן וּבַת.
L'hit-aneg b'ta'anugim	לְהִתְעַנֵּג בְּתַעֲנוּגִים . . . .

Me-ein olam ha-ba	מֵעֵין עוֹלָם הַבָּא
Yom Shabbat m'nuḥah,	יוֹם שַׁבָּת מְנוּחָה,
Kol ha-mit-angim bah	כָּל הַמִּתְעַנְּגִים בָּהּ
Yizku l'rov simḥah,	יִזְכּוּ לְרֹב שִׂמְחָה,
Me-ḥevlei mashiaḥ,	מֵחֶבְלֵי מָשִׁיחַ,
Yutzalu li-r'vaḥah,	יֻצָּלוּ לִרְוָחָה,
P'dutenu tatzmi-aḥ,	פְּדוּתֵנוּ תַצְמִיחַ,
V'nas yagon va'anaḥah.	וְנָס יָגוֹן וַאֲנָחָה.
L'hit-aneg b'ta'anugim	לְהִתְעַנֵּג בְּתַעֲנוּגִים . . . .

Shabbat, the Queen! Your beloved rest is our pride!
We run, therefore, to greet you. Come, anointed bride!

We light candles with a b'rakhah, dressed in our best.
All work has ceased, for we are commanded to rest.
It's a time to delight in all kinds of dishes:
fatted geese, tender quail, and succulent fishes.
On Erev Shabbat delicious foods are prepared:
Fragrant wines and delicacies; no effort is spared.
Jacob's unbounded heritage will be our reward;
rich and poor alike shall greet Shabbat with accord.
"Honor Shabbat," God says, "and be My treasured choice.
Six days shall you work," but on this seventh, rejoice.
Business is forbidden, as is figuring accounts.
But it is permissible, in generous amounts,
to make shiddochs, teach children, sing a Shabbat song;
to speak words of Torah everywhere, all day long.
Walk at a slow pace and make Shabbat joy your goal;
sleep, too, is praiseworthy, for it restores the soul.
My soul longs for you, Shabbat, to rest in love;
our children, free of cares, may taste of the world above.
All who rejoice on this day much happiness shall see.
Our redemption will flourish, grief and sorrow will flee.

D'ror yikra l'ven im bat,	**דְּרוֹר יִקְרָא** לְבֵן עִם בַּת,
V'yin-tzorkhem k'mo vavat,	וְיִנְצָרְכֶם כְּמוֹ בָבַת,
N'im shimkhem v'lo yushbat,	נְעִים שִׁמְכֶם וְלֹא יֻשְׁבַּת,
Sh'vu nuḥu b'yom shabbat.	שְׁבוּ נוּחוּ בְּיוֹם שַׁבָּת.

D'rosh navi v'ulami,	דְּרוֹשׁ נָוִי וְאוּלַמִּי,
V'ot yesha asey imi,	וְאוֹת יֶשַׁע עֲשֵׂה עִמִּי,
N'ta sorek b'tokh karmi,	נְטַע שׂוֹרֵק בְּתוֹךְ כַּרְמִי,
Sh'ey shav-at b'nai ami.	שְׁעֵה שַׁוְעַת בְּנֵי עַמִּי.

D'rokh purah b'tokh botzrah,	דְּרוֹךְ פּוּרָה בְּתוֹךְ בָּצְרָה,
V'gam bavel asher gavrah,	וְגַם בָּבֶל אֲשֶׁר גָּבְרָה,
N'totz tzarai b'af evrah,	נְתוֹץ צָרַי בְּאַף עֶבְרָה,
Sh'ma koli b'yom ekra.	שְׁמַע קוֹלִי בְּיוֹם אֶקְרָא.

Elohim ten b'midbar har,	אֱלֹהִים תֵּן בְּמִדְבָּר הַר,
Hadas shitah b'rosh tid-har,	הֲדַס שִׁטָּה בְּרוֹשׁ תִּדְהָר,
V'la-maz-hir v'la-nizhar,	וְלַמַּזְהִיר וְלַנִּזְהָר,
Sh'lomim ten k'mei nahar.	שְׁלוֹמִים תֵּן כְּמֵי נָהָר.

Hadof kamai, El kana,	הֲדוֹף קָמַי, אֵל קַנָּא,
B'mog levav u-vim'ginah,	בְּמוֹג לֵבָב וּבִמְגִנָּה,
V'narḥiv peh u-n'malenah	וְנַרְחִיב פֶּה וּנְמַלְאֶנָּה,
L'shonenu l'kha rinah.	לְשׁוֹנֵנוּ לְךָ רִנָּה.

D'eh ḥokhmah l'nafshekha,	דְּעֵה חָכְמָה לְנַפְשֶׁךָ,
V'hi kheter l'roshekha,	וְהִיא כֶתֶר לְרֹאשֶׁךָ,
N'tzor mitzvat k'doshekha,	נְצֹר מִצְוַת קְדוֹשֶׁךָ,
Sh'mor Shabbat kod-shekha.	שְׁמֹר שַׁבַּת קָדְשֶׁךָ.

Freedom for one and all is God's behest,
as Shabbat was created for repose and for rest.

Seek my sanctuary, my sacred place;
give me a pledge of redemption and grace.
Heed my people's cry, show me a sign,
in vineyards of hope plant a fruitful vine.
Repel all my foes; cause them to fall.
Hear my voice, Eternal One, when I call.
Make the wilderness flourish in fertility,
to all who observe Shabbat, grant prosperity.
Make wisdom your crown, mitzvot at your side;
let Shabbat be your treasure, its joy your pride.

Yom shabbaton ein lishko-aḥ,	**יוֹם שַׁבָּתוֹן** אֵין לִשְׁכּוֹחַ,
Zikhro k'rei-aḥ ha-niḥo-aḥ,	זִכְרוֹ כְּרֵיחַ הַנִּיחֹחַ,
Yonah matz'ah vo mano-aḥ,	יוֹנָה מָצְאָה בוֹ מָנוֹחַ,
V'sham yanuḥu y'gi-ei kho-aḥ.	וְשָׁם יָנוּחוּ יְגִיעֵי כֹחַ.
Yonah matz'ah vo mano-aḥ,	יוֹנָה מָצְאָה בוֹ מָנוֹחַ,
V'sham yanuḥu y'gi-ei kho-aḥ.	וְשָׁם יָנוּחוּ יְגִיעֵי כֹחַ.
Ha-yom nikhbad liv'nei emunim,	הַיּוֹם נִכְבָּד לִבְנֵי אֱמוּנִים,
Z'hirim l'shomro avot u-vanim,	זְהִירִים לְשָׁמְרוֹ אָבוֹת וּבָנִים,
Ḥakuk bish'nei luḥot avanim,	חָקוּק בִּשְׁנֵי לֻחוֹת אֲבָנִים,
Me-rov onim v'amitz ko-aḥ.	מֵרֹב אוֹנִים וְאַמִּיץ כֹּחַ.
Yonah matz'ah vo mano-aḥ....	יוֹנָה מָצְאָה בוֹ מָנוֹחַ....
U-va-u khulam bi-v'rit yaḥad,	וּבָאוּ כֻלָּם בִּבְרִית יַחַד,
Na'aseh v'nishma amru k'eḥad,	נַעֲשֶׂה וְנִשְׁמַע אָמְרוּ כְּאֶחָד,
U-fat'ḥu v'anu Adonai eḥad,	וּפָתְחוּ וְעָנוּ יְיָ אֶחָד,
Barukh ha-noten la-ya-ef ko-aḥ.	בָּרוּךְ הַנֹּתֵן לַיָּעֵף כֹּחַ.
Yonah matz'ah vo mano-aḥ....	יוֹנָה מָצְאָה בוֹ מָנוֹחַ....
Diber b'kod-sho b'har ha-mor,	דִּבֶּר בְּקָדְשׁוֹ בְּהַר הַמּוֹר,
Yom ha-sh'vi-i zakhor v'shamor,	יוֹם הַשְּׁבִיעִי זָכוֹר וְשָׁמוֹר,
V'khol pikudav yaḥad lig-mor,	וְכָל־פִּקֻּדָיו יַחַד לִגְמוֹר,
Ḥazek mot-nayim v'ametz ko-aḥ.	חַזֵּק מָתְנַיִם וְאַמֵּץ כֹּחַ.
Yonah matz'ah vo mano-aḥ....	יוֹנָה מָצְאָה בוֹ מָנוֹחַ....
Ha-am asher na ka-tzon ta-ah,	הָעָם אֲשֶׁר נָע כַּצֹּאן תָּעָה,
Yizkor l'fokdo b'rit u-sh'vu-ah,	יִזְכּוֹר לְפָקְדוֹ בְּרִית וּשְׁבוּעָה,
L'val ya'avor bam mikrei ra-ah,	לְבַל יַעֲבָר בָּם מִקְרֵה רָעָה,
Ka'asher nishba-ta al mei no'aḥ.	כַּאֲשֶׁר נִשְׁבַּעְתָּ עַל מֵי נֹחַ.
Yonah matz'ah vo mano-ah....	יוֹנָה מָצְאָה בוֹ מָנוֹחַ....

Shabbat, day of rest, so unforgettable,
is like a sweet scent's memory lingering still.
On this day a dry resting place Noah's dove found;
so, too, our weary people will know rest profound.
Those who cling to our heritage revere this day;
young and old alike strive to observe it the way
God did command us on two carved tablets of stone,
at Sinai where our people became God's alone.
"Keep and remember Shabbat" and all of its ways,
the people shall recall as they wander like strays.
No evil shall befall them, as God did swear
after the Flood, to Noah, whose life God did spare.

Barukh El Elyon	**בָּרוּךְ אֵל עֶלְיוֹן**
asher natan m'nuḥah,	אֲשֶׁר נָתַן מְנוּחָה,
L'nafsheinu fidyon	לְנַפְשֵׁנוּ פִּדְיוֹן
misheit va'anaḥah.	מִשֵּׁאת וַאֲנָחָה.
V'hu yidrosh l'Tziyon ir ha-nidahah,	וְהוּא יִדְרֹשׁ לְצִיּוֹן עִיר הַנִּדָּחָה,
Ad ana tog'yun nefesh ne'enahah?	עַד אָנָה תּוּגְיוֹן נֶפֶשׁ נֶאֱנָחָה?
Ha-shomer Shabbat ha-ben im ha-bat,	הַשּׁוֹמֵר שַׁבָּת הַבֵּן עִם הַבַּת,
La-El yeratzu k'minḥah al maḥavat.	לָאֵל יֵרָצוּ כְּמִנְחָה עַל מַחֲבַת.
Rokhev ba'aravot Melekh olamim,	רוֹכֵב בָּעֲרָבוֹת מֶלֶךְ עוֹלָמִים,
Et amo lishbot izeyn ba-n'imim,	אֶת עַמּוֹ לִשְׁבֹּת אִזֵּן בַּנְּעִימִים.
B'ma'akhalot arevot	בְּמַאֲכָלוֹת עֲרֵבוֹת
b'minei mat-amim	בְּמִינֵי מַטְעַמִּים,
B'malbushei khavod	בְּמַלְבּוּשֵׁי כָבוֹד
zevaḥ mishpaḥah.	זֶבַח מִשְׁפָּחָה.
Ha-shomer Shabbat....	הַשּׁוֹמֵר שַׁבָּת....
V'ashrei khol ḥokheh l'tashlumei khefel,	וְאַשְׁרֵי כָּל-חוֹכֶה לְתַשְׁלוּמֵי כֶפֶל,
Me-et kol sokheh shokhen ba'arafel.	מֵאֵת כֹּל סוֹכֶה שׁוֹכֵן בָּעֲרָפֶל.
Naḥalah lo yizkeh ba-har u-va-shafel,	נַחֲלָה לוֹ יִזְכֶּה בָּהָר וּבַשָּׁפֶל,
Naḥalah u-m'nuḥah	נַחֲלָה וּמְנוּחָה
ka-shemesh lo zar'ḥah.	כַּשֶּׁמֶשׁ לוֹ זָרְחָה.
Ha-shomer Shabbat....	הַשּׁוֹמֵר שַׁבָּת....
Kol shomer Shabbat kadat me-ḥal'lo,	כָּל-שׁוֹמֵר שַׁבָּת כַּדָּת מֵחַלְּלוֹ,
Hen hakhsher ḥibat kodesh goralo.	הֵן הַכְשֵׁר חִבַּת קֹדֶשׁ גּוֹרָלוֹ.
V'im yetzei ḥovat ha-yom ashrei lo,	וְאִם יֵצֵא חוֹבַת הַיּוֹם אַשְׁרֵי לוֹ,
L'El adon m'hol'lo	לְאֵל אָדוֹן מְחוֹלְלוֹ
minḥah hi sh'luḥah.	מִנְחָה הִיא שְׁלוּחָה.
Ha-shomer Shabbat....	הַשּׁוֹמֵר שַׁבָּת....
Ḥemdat ha-yamim k'ra-o Eli Tzur,	חֶמְדַּת הַיָּמִים קְרָאוֹ אֵלִי צוּר,
V'ashrei li-t'mimim im yih'yeh natzur.	וְאַשְׁרֵי לִתְמִימִים אִם יִהְיֶה נָצוּר.
Keter hilumim al rosham yatzur,	כֶּתֶר הִלּוּמִים עַל רֹאשָׁם יָצוּר,
Tzur ha-olamim ruḥo bam naḥah.	צוּר הָעוֹלָמִים רוּחוֹ בָּם נָחָה.
Ha-shomer Shabbat....	הַשּׁוֹמֵר שַׁבָּת....

Zakhor et yom ha-shabbat l'kadsho,

זָכוֹר אֶת־יוֹם הַשַּׁבָּת לְקַדְּשׁוֹ,

Karno ki gav'hah nezer al rosho.

קַרְנוֹ כִּי גָבְהָה נֵזֶר עַל רֹאשׁוֹ.

Al ken yiten ha-adam l'nafsho oneg

עַל כֵּן יִתֵּן הָאָדָם לְנַפְשׁוֹ עֹנֶג

V'gam simḥah, ba-hem lo l'moshḥah.

וְגַם שִׂמְחָה, בָּהֶם לוֹ לְמָשְׁחָה.

Ha-shomer Shabbat....

הַשּׁוֹמֵר שַׁבָּת....

Kodesh hi lakhem

קֹדֶשׁ הִיא לָכֶם

Shabbat ha-malkah,

שַׁבָּת הַמַּלְכָּה,

El tokh bateikhem l'hani-aḥ b'rakhah.

אֶל תּוֹךְ בָּתֵּיכֶם לְהָנִיחַ בְּרָכָה.

B'khol mosh-voteikhem

בְּכָל מוֹשְׁבוֹתֵיכֶם

lo ta'asu m'lakhah,

לֹא תַעֲשׂוּ מְלָאכָה,

B'neikhem u-v'noteikhem

בְּנֵיכֶם וּבְנוֹתֵיכֶם עֶבֶד

eved v'gam shifḥah.

וְגַם שִׁפְחָה.

Ha-shomer Shabbat....

הַשּׁוֹמֵר שַׁבָּת....

Each son, each daughter taught to hallow the Shabbat
will please God like a gift of baked treats piping hot.

Blessed be God, most high, who gave a resting place,
release from our soul's sighs, redemption from disgrace.
For Zion God will cry — city led astray, in waste:
"How long shall trouble ply this spirit sorrow-laced?"

Rider of heaven's skies, Ruler of worlds and all,
commands our people prize and heed Shabbat's sweet call.
Such food to tempt the eyes, to savor and enthrall,
a family meal provides — dish and dress in good taste.

All who keep Shabbat's light, as it should ever glow,
shall merit in God's sight a holy portion — so,
if our people delight in this day they shall know
and be a blessing bright to God, a tribute placed.

"Of all days a delight!" so God my Fortress said:
"Blessed are the upright, if they be hard beset."
Crowned with God's shielding might, feasters slip evil's net;
the Rock's eternal light leads to ease and rest's embrace.

Remember the Shabbat, to keep holy this day;
be proud the crown God wrought shines in splendid array.
It will then be our lot to be joyous and may
God rejoice and be brought great pleasure in our grace.

Mi-pi El, mi-pi El, y'vorakh Yisra-el.   **מִפִּי אֵל**, מִפִּי אֵל, יְבֹרַךְ יִשְׂרָאֵל.

Ein adir kadonai,   אֵין אַדִּיר כַּיְיָ,

Ein barukh k'ven Amram,   אֵין בָּרוּךְ כְּבֶן עַמְרָם,

Ein g'dulah ka-torah,   אֵין גְּדֻלָּה כַּתּוֹרָה,

Ein dor'she-ha k'Yisra-el.   אֵין דּוֹרְשֶׁיהָ כְּיִשְׂרָאֵל.

    Mi-pi El, mi-pi El, y'vorakh Yisra-el.   מִפִּי אֵל, מִפִּי אֵל, יְבֹרַךְ יִשְׂרָאֵל.

Ein hadur kadonai,   אֵין הָדוּר כַּיְיָ,

Ein vatik k'ven Amram,   אֵין וָתִיק כְּבֶן עַמְרָם,

Ein z'khiyah ka-torah,   אֵין זְכִיָּה כַּתּוֹרָה,

Ein ḥakhame-ha k'Yisra-el.   אֵין חֲכָמֶיהָ כְּיִשְׂרָאֵל.

    Mi-pi El, mi-pi El, y'vorakh Yisra-el.   מִפִּי אֵל, מִפִּי אֵל, יְבֹרַךְ יִשְׂרָאֵל.

Ein tahor kadonai,   אֵין טָהוֹר כַּיְיָ,

Ein yashar k'ven Amram,   אֵין יָשָׁר כְּבֶן עַמְרָם,

Ein k'vudah ka-torah,   אֵין כְּבֻדָּה כַּתּוֹרָה,

Ein lom'de-ha k'Yisra-el.   אֵין לוֹמְדֶיהָ כְּיִשְׂרָאֵל.

    Mi-pi El, mi-pi El, y'vorakh Yisra-el.   מִפִּי אֵל, מִפִּי אֵל, יְבֹרַךְ יִשְׂרָאֵל.

Ein melekh kadonai,   אֵין מֶלֶךְ כַּיְיָ,

Ein navi k'ven Amram,   אֵין נָבִיא כְּבֶן עַמְרָם,

Ein s'gulah ka-torah,   אֵין סְגֻלָּה כַּתּוֹרָה,

Ein os'ke-ha k'Yisra-el.   אֵין עוֹסְקֶיהָ כְּיִשְׂרָאֵל.

    Mi-pi El, mi-pi El, y'vorakh Yisra-el.   מִפִּי אֵל, מִפִּי אֵל, יְבֹרַךְ יִשְׂרָאֵל.

Ein podeh kadonai,   אֵין פּוֹדֶה כַּיְיָ,

Ein tzaddik k'ven Amram,   אֵין צַדִּיק כְּבֶן עַמְרָם,

Ein k'dushah ka-torah,   אֵין קְדֻשָּׁה כַּתּוֹרָה,

Ein rom'me-ha k'Yisra-el.   אֵין רוֹמְמֶיהָ כְּיִשְׂרָאֵל.

    Mi-pi El, mi-pi El, y'vorakh Yisra-el.   מִפִּי אֵל, מִפִּי אֵל, יְבֹרַךְ יִשְׂרָאֵל.

Ein kadosh kadonai,   אֵין קָדוֹשׁ כַּיְיָ,

Ein rahum k'ven Amram,   אֵין רַחוּם כְּבֶן עַמְרָם,

Ein sh'mirah ka-torah,   אֵין שְׁמִירָה כַּתּוֹרָה,

Ein tom'khe-ha k'Yisra-el.   אֵין תּוֹמְכֶיהָ כְּיִשְׂרָאֵל.

    Mi-pi El, mi-pi El, y'vorakh Yisra-el.   מִפִּי אֵל, מִפִּי אֵל, יְבֹרַךְ יִשְׂרָאֵל.

From the mouth of God may Israel be blessed,
And none can compare, as the great are addressed.

Yom zeh l'Yisra-el orah v'simḥah,	**יוֹם זֶה לְיִשְׂרָאֵל** אוֹרָה וְשִׂמְחָה,
Shabbat m'nuḥah.	שַׁבַּת מְנוּחָה.
Tzivita pikudim b'ma'amad Har Sinai,	צִוִּיתָ פִּקּוּדִים בְּמַעֲמַד הַר סִינַי,
Shabbat u-mo'adim	שַׁבָּת וּמוֹעֲדִים
lish-mor b'khol shanai,	לִשְׁמוֹר בְּכָל שָׁנַי,
La'arokh l'fanai mas-et va'aruḥah,	לַעֲרֹךְ לְפָנַי מַשְׂאֵת וַאֲרוּחָה,
Shabbat m'nuḥah.	שַׁבַּת מְנוּחָה.
Yom zeh l'Yisra-el....	יוֹם זֶה לְיִשְׂרָאֵל....
Ḥemdat ha-l'vavot l'umah sh'vurah,	חֶמְדַּת הַלְּבָבוֹת לְאֻמָּה שְׁבוּרָה,
lin'fashot nikh-avot n'shamah y'terah,	לִנְפָשׁוֹת נִכְאָבוֹת נְשָׁמָה יְתֵרָה,
L'nefesh m'tzerah tasir anaḥah,	לְנֶפֶשׁ מְצֵרָה תָּסִיר אֲנָחָה,
Shabbat m'nuḥah.	שַׁבַּת מְנוּחָה.
Yom zeh l'Yisra-el....	יוֹם זֶה לְיִשְׂרָאֵל....
Kidashta berakhta oto mi-kol yamim,	קִדַּשְׁתָּ בֵּרַכְתָּ אוֹתוֹ מִכָּל יָמִים,
B'sheshet kilita m'lekhet olamim,	בְּשֵׁשֶׁת כִּלִּיתָ מְלֶאכֶת עוֹלָמִים,
Bo matz-u agumim hashket u-vit-ḥah,	בּוֹ מָצְאוּ עֲגוּמִים הַשְׁקֵט וּבִטְחָה,
Shabbat m'nuḥah.	שַׁבַּת מְנוּחָה.
Yom zeh l'Yisra-el....	יוֹם זֶה לְיִשְׂרָאֵל....
L'isur m'lakhah tzivitanu nora,	לְאִסּוּר מְלָאכָה צִוִּיתָנוּ נוֹרָא,
Ezkeh hod m'lukhah	אֶזְכֶּה הוֹד מְלוּכָה
im Shabbat eshmorah,	אִם שַׁבָּת אֶשְׁמְרָה,
Akriv shai la-mora, minḥah merkaḥah,	אַקְרִיב שַׁי לַמּוֹרָא, מִנְחָה מֶרְקָחָה,
Shabbat m'nuḥah.	שַׁבַּת מְנוּחָה.
Yom zeh l'Yisra-el....	יוֹם זֶה לְיִשְׂרָאֵל....
Ḥadesh mikdashenu zakhrah neḥerevet,	חַדֵּשׁ מִקְדָּשֵׁנוּ זָכְרָה נֶחֱרֶבֶת,
Tuv'kha, Moshi-enu, t'nah la-ne'etzevet,	טוּבְךָ, מוֹשִׁיעֵנוּ, תְּנָה לַנֶּעֱצֶבֶת,
B'Shabbat yoshevet b'zemer u-sh'vaḥah,	בְּשַׁבָּת יוֹשֶׁבֶת בְּזֶמֶר וּשְׁבָחָה,
Shabbat m'nuḥah.	שַׁבַּת מְנוּחָה.
Yom zeh l'Yisra-el....	יוֹם זֶה לְיִשְׂרָאֵל....

This day, for Israel, is joyous and blessed
with light, happiness, and Shabbat rest.

Additional songs for the Shabbat and Festival table:

Oseh Shalom bim'romav,	**עֹשֶׂה שָׁלוֹם** בִּמְרוֹמָיו,
hu ya'aseh shalom aleinu	הוּא יַעֲשֶׂה שָׁלוֹם עָלֵינוּ
v'al kol Yisra-el, v'imru amen.	וְעַל כָּל־יִשְׂרָאֵל, וְאִמְרוּ אָמֵן.

May the One who brings peace to His universe bring peace
to us and to all the people Israel. And let us say: Amen.

Esa einai el he-harim,	**אֶשָּׂא עֵינַי** אֶל הֶהָרִים,
me-ayin yavo ezri?	מֵאַיִן יָבוֹא עֶזְרִי?
Ezri me-im Ha-shem,	עֶזְרִי מֵעִם יְיָ,
oseh shamayim va-aretz.	עוֹשֵׂה שָׁמַיִם וָאָרֶץ.

I lift my eyes to the hills, from where comes my help.
My help comes from the Eternal, who made heaven and earth.

Hoshiah et amekha	**הוֹשִׁיעָה אֶת־עַמֶּךָ**
u-varekh et naḥala-tekha	וּבָרֵךְ אֶת־נַחֲלָתֶךָ
u-r'em v'nas-em ad ha-olam.	וּרְעֵם וְנַשְּׂאֵם עַד הָעוֹלָם.

Save Your people and bless Your inheritance;
tend them and sustain them forever.

Yism'ḥu ha-shamayim	**יִשְׂמְחוּ הַשָּׁמַיִם**
v'tagel ha-aretz,	וְתָגֵל הָאָרֶץ
yir-am ha-yam u-m'lo-o.	יִרְעַם הַיָּם וּמְלֹאוֹ.

Let the heavens rejoice and the earth be glad;
let the sea roar and all within it give praise.

Lo yisa goy el goy ḥerev	**לֹא יִשָּׂא גוֹי** אֶל גּוֹי חֶרֶב
v'lo yilm'du od milḥamah.	וְלֹא יִלְמְדוּ עוֹד מִלְחָמָה.

Nation shall not lift up sword against nation,
neither shall they learn war any more.

Barukh Eloheinu	**בָּרוּךְ אֱלֹהֵינוּ**
she-b'ra-anu li-kh'vodo,	שֶׁבְּרָאָנוּ לִכְבוֹדוֹ,
v'hivdi-lanu min ha-to-im,	וְהִבְדִּילָנוּ מִן הַתּוֹעִים,
v'natan lanu torat emet	וְנָתַן לָנוּ תּוֹרַת אֱמֶת
v'ḥayei olam nata b'tokheinu.	וְחַיֵּי עוֹלָם נָטַע בְּתוֹכֵנוּ.

Blessed be our God who created us for His glory,
separating us from those who go astray
by giving us the Torah of truth,
thus planting everlasting life in our midst.

Y'varekh'kha Ha-shem mi-Tziyon	**יְבָרֶכְךָ** יְיָ מִצִּיּוֹן
u-r'eh b'tuv Yerushalayim,	וּרְאֵה בְּטוּב יְרוּשָׁלָיִם,
y'varekh'kha Ha-shem mi-Tziyon	יְבָרֶכְךָ יְיָ מִצִּיּוֹן
kol y'mei ḥayekha.	כֹּל יְמֵי חַיֶּיךָ.
U-r'eh vanim l'vanekha	וּרְאֵה בָנִים לְבָנֶיךָ
shalom al Yisra-el.	שָׁלוֹם עַל יִשְׂרָאֵל.

May God bless you from Zion; may you see Jerusalem flourish.
May God bless you from Zion all the days of your life.
May you live to see children's children, and Israel at peace.

Eileh ḥamdah libi	**אֵלֶּה חָמְדָה לִבִּי**
ḥusah na v'al na tit-alem.	חוּסָה נָּא וְאַל נָא תִּתְעַלֵּם.

These are the desires of my heart.
Have mercy and do not turn away from us.

Hinei mah tov u-mah na-im	**הִנֵּה מַה־טּוֹב** וּמַה־נָּעִים
shevet aḥim gam ya-ḥad.	שֶׁבֶת אַחִים גַּם יָחַד.

How good and pleasant it is
for friends to dwell together in harmony.

Yasis alayikh Elohayikh	**יָשִׂישׂ עָלַיִךְ** אֱלֹהָיִךְ
ki-m'sos ḥatan al kallah.	כִּמְשׂוֹשׂ חָתָן עַל כַּלָּה.

Your God shall rejoice over you
as a bridegroom rejoices over his bride.

V'nomar l'fanav shirah ḥadashah,	**וְנֹאמַר לְפָנָיו** שִׁירָה חֲדָשָׁה,
Halleluyah.	הַלְלוּיָהּ.

Let us recite before God a new song, Halleluyah!

V'eineinu tir'enah mal-khutekha	**וְעֵינֵינוּ תִרְאֶינָה** מַלְכוּתֶךָ
ka-davar ha-amur b'shirei uzekha	כַּדָּבָר הָאָמוּר בְּשִׁירֵי עֻזֶּךָ
al y'dei David m'shi-aḥ tzid-kekha.	עַל יְדֵי דָוִד מְשִׁיחַ צִדְקֶךָ.

May our eyes behold the establishment of Your kingdom,
according to the word spoken in the Psalms
by David, Your righteous, anointed one.

Ki hem ḥayeinu v'orekh yameinu	**כִּי הֵם חַיֵּינוּ** וְאֹרֶךְ יָמֵינוּ
u-vahem neh'geh yomam va-lailah.	וּבָהֶם נֶהְגֶּה יוֹמָם וָלָיְלָה.

For they are our life and the length of our days;
we will meditate upon them day and night.

USHPIZIN | אושפיזין

The custom of inviting our most revered ancestors to the sukkah as Ushpizin, "honored guests," at the beginning of dinner each evening is based on a passage in the Zohar, which states that as a reward for dwelling faithfully in sukkot, the people of Israel are granted the privilege of welcoming God's presence and seven honored elders of our tradition. Our text pairs distinguished women with the men traditionally invited. Some are husbands and wives, while others are related through various qualities which link them uniquely together. All seven pairs visit every night, led each night by another pair. We graciously welcome them, as we welcome all our guests, along with the poor and the needy, to share in our Sukkot meals.

הֲרֵינִי מוּכָן וּמְזֻמָּן לְקַיֵּם מִצְוַת סֻכָּה כַּאֲשֶׁר צִוַּנִי הַבּוֹרֵא יִתְבָּרַךְ שְׁמוֹ. בַּסֻּכֹּת תֵּשְׁבוּ שִׁבְעַת יָמִים, כָּל־הָאֶזְרָח בְּיִשְׂרָאֵל יֵשְׁבוּ בַּסֻּכֹּת. לְמַעַן יֵדְעוּ דֹרֹתֵיכֶם, כִּי בַסֻּכּוֹת הוֹשַׁבְתִּי אֶת־בְּנֵי יִשְׂרָאֵל, בְּהוֹצִיאִי אוֹתָם מֵאֶרֶץ מִצְרָיִם.

I am ready to perform the mitzvah of dwelling in the sukkah as instructed by my divine Creator: "In sukkot shall you dwell for seven days; every inhabitant of Israel shall dwell in sukkot, so your descendants may know that I caused all Israel to dwell in sukkot when I brought them out of Egypt."

וִיהִי נֹעַם יהוה אֱלֹהֵינוּ עָלֵינוּ, וּמַעֲשֵׂה יָדֵינוּ כּוֹנְנָה עָלֵינוּ, וּמַעֲשֵׂה יָדֵינוּ כּוֹנְנֵהוּ.

May the pleasantness of our Eternal God rest upon us; establish for our benefit the work of our hands.

I

רִבּוֹן כָּל הָעוֹלָמִים, יְהִי רָצוֹן מִלְּפָנֶיךָ שֶׁיְּהֵא חָשׁוּב לְפָנֶיךָ מִצְוַת יְשִׁיבַת סֻכָּה זוֹ, כְּאִילוּ קִיַּמְנוּהָ בְּכָל פְּרָטֶיהָ וְדִקְדּוּקֶיהָ וְתַרְיַ״ג מִצְוֹת הַתְּלוּיוֹת בָּהּ, וּכְאִלּוּ כִּוַּנְנוּ בְּכָל הַכַּוָּנוֹת שֶׁכִּוְּנוּ בָהּ אַנְשֵׁי כְנֶסֶת הַגְּדוֹלָה.

Master of the universe, may it be Your will that our fulfillment of this mitzvah of dwelling in the sukkah will accrue to our merit as if we had fulfilled all 613 mitzvot faithfully, and as if our devotion were the equivalent of that of our greatest sages.

II

יְהִי רָצוֹן מִלְּפָנֶיךָ, יהוה אֱלֹהֵינוּ וֵאלֹהֵי אֲבוֹתֵינוּ, שֶׁתַּשְׁרֶה שְׁכִינָתְךָ בֵּינֵינוּ, וְתִפְרוֹשׂ עָלֵינוּ סֻכַּת שְׁלוֹמֶךָ, וְתַקִּיף אוֹתָנוּ מִזִּיו כְּבוֹדְךָ הַקָּדוֹשׁ וְהַטָּהוֹר. וְלָרְעֵבִים גַּם צְמֵאִים תֵּן לַחְמָם וּמֵימָם נֶאֱמָנִים. וּתְזַכֵּנוּ לֵישֵׁב יָמִים רַבִּים עַל הָאֲדָמָה, אַדְמַת קֹדֶשׁ, בַּעֲבוֹדָתְךָ וּבְיִרְאָתֶךָ. בָּרוּךְ יהוה לְעוֹלָם, אָמֵן וְאָמֵן.

May it be Your will, Adonai our God and God of our ancestors, to cause Your divine spirit to dwell in our midst. Spread over us Your shelter of peace, and encompass us with Your glorious majesty, holy and pure. As for those who are hungry and thirsty, grant them sufficient bread and water. Grant us long life in the Land of Israel, that we may serve You with reverence. Praised be Adonai forever, amen, amen.

אֲזַמֵּן לִסְעֻדָּתִי אֻשְׁפִּיזִין עִלָּאִין: אַבְרָהָם יִצְחָק יַעֲקֹב יוֹסֵף מֹשֶׁה אַהֲרֹן וְדָוִד, שָׂרָה רִבְקָה לֵאָה רָחֵל מִרְיָם דְּבוֹרָה וְרוּת.

I am honored to welcome to my sukkah the following distinguished guests: Abraham, Isaac, Jacob, Joseph, Moses, Aaron, and David, Sarah, Rebecca, Leah, Rachel, Miriam, Deborah, and Ruth.

On the first evening:

בְּמָטוּ מִנָּךְ, אַבְרָהָם וְשָׂרָה, אֻשְׁפִּיזַי עִלָּאֵי, דְּיֵתְבוּ עִמִּי וְעִמָּכוֹן כָּל אֻשְׁפִּיזֵי עִלָּאֵי, יִצְחָק יַעֲקֹב יוֹסֵף מֹשֶׁה אַהֲרֹן וְדָוִד, רִבְקָה לֵאָה רָחֵל מִרְיָם דְּבוֹרָה וְרוּת.

Welcome Abraham, welcome Sarah. You parented a faith together in Ḥaran and carried your beliefs wherever you traveled. May we, like you, be models of faithfulness and fortitude in all we do.

On the second evening:

בְּמָטוּ מִנָּךְ, יִצְחָק וְרִבְקָה, אֻשְׁפִּיזַי עִלָּאֵי, דְּיֵתְבוּ עִמִּי וְעִמָּכוֹן כָּל אֻשְׁפִּיזֵי עִלָּאֵי, אַבְרָהָם יַעֲקֹב יוֹסֵף מֹשֶׁה אַהֲרֹן וְדָוִד, שָׂרָה לֵאָה רָחֵל מִרְיָם דְּבוֹרָה וְרוּת.

Welcome Isaac, welcome Rebecca. You carried forward the foundation laid by your forebears, and prospered as you passed on their legacy. May we, like you, honor the ways of our parents and cause their inheritance to flourish.

Conclude each evening with the meditation on page 333.

On the third evening:

בְּמָטוּ מִנָּךְ, יַעֲקֹב וְלֵאָה, אֻשְׁפִּיזֵי עִלָּאֵי, דְּיֵתְבוּ עִמִּי וְעִמָּכוֹן
כָּל אֻשְׁפִּיזֵי עִלָּאֵי, אַבְרָהָם יִצְחָק יוֹסֵף מֹשֶׁה אַהֲרֹן וְדָוִד,
שָׂרָה רִבְקָה רָחֵל מִרְיָם דְּבוֹרָה וְרוּת.

Welcome Jacob, welcome Leah, primary progenitors of Israel. Through you did Israel grow in size and might. May we, like you, overcome all obstacles to ensure a strong and confident future.

On the fourth evening:

בְּמָטוּ מִנָּךְ, יוֹסֵף וְרָחֵל, אֻשְׁפִּיזֵי עִלָּאֵי, דְּיֵתְבוּ עִמִּי וְעִמָּכוֹן
כָּל אֻשְׁפִּיזֵי עִלָּאֵי, אַבְרָהָם יִצְחָק יַעֲקֹב מֹשֶׁה אַהֲרֹן וְדָוִד,
שָׂרָה רִבְקָה לֵאָה מִרְיָם דְּבוֹרָה וְרוּת.

Welcome Joseph, welcome Rachel, nurturers of generations past, caretakers of generations to come. May we, like you, merit blessing through compassion, vision, hope, and our dreams.

On the fifth evening:

בְּמָטוּ מִנָּךְ, מֹשֶׁה וּמִרְיָם, אֻשְׁפִּיזֵי עִלָּאֵי, דְּיֵתְבוּ עִמִּי וְעִמָּכוֹן
כָּל אֻשְׁפִּיזֵי עִלָּאֵי, אַבְרָהָם יִצְחָק יַעֲקֹב יוֹסֵף אַהֲרֹן וְדָוִד,
שָׂרָה רִבְקָה לֵאָה רָחֵל דְּבוֹרָה וְרוּת.

Welcome Moses, welcome Miriam. You brought Israel out of Egypt, and led her in singing "This is my God" at the Sea of Reeds. May we always rejoice in our freedom; may we always sing songs of praise to God, our Redeemer.

On the sixth evening:

בְּמָטוּ מִנָּךְ, אַהֲרֹן וּדְבוֹרָה, אֻשְׁפִּיזֵי עִלָּאֵי, דְּיֵתְבוּ עִמִּי וְעִמָּכוֹן
כָּל אֻשְׁפִּיזֵי עִלָּאֵי, אַבְרָהָם יִצְחָק יַעֲקֹב יוֹסֵף מֹשֶׁה וְדָוִד,
שָׂרָה רִבְקָה לֵאָה רָחֵל מִרְיָם וְרוּת.

Welcome Aaron, welcome Deborah. You shaped Israel's destiny, one with words of peace, one with a call to battle. May we have the wisdom always to strive for peace, but never lack the courage to oppose injustice.

Conclude each evening with the meditation on *page 333.*

On the seventh evening:

בְּמָטוּ מִנָּךְ, דָּוִד וְרוּת, אֻשְׁפִּיזַי עִלָּאֵי, דְיֵתְבוּ עִמִּי וְעִמָּכוֹן כָּל אֻשְׁפִּיזֵי עִלָּאֵי, אַבְרָהָם יִצְחָק יַעֲקֹב יוֹסֵף מֹשֶׁה וְאַהֲרֹן, שָׂרָה רִבְקָה לֵאָה רָחֵל מִרְיָם וּדְבוֹרָה.

Welcome David, welcome Ruth. You represent the living legacy of Israel, the future as well as the past. As you embraced God with all your being, may we too live in dignity and honor, a source of pride to God and to our heritage.

Conclude with the meditation below.

There is a tradition that in the diaspora, on the eve of Sh'mini Atzeret, we welcome an eighth pair of visitors to our sukkah as we prepare to take leave of the Festival.

בְּמָטוּ מִנָּךְ, שְׁלֹמֹה וְאֶסְתֵּר, אֻשְׁפִּיזַי עִלָּאֵי, דְיֵתְבוּ עִמִּי וְעִמָּכוֹן כָּל אֻשְׁפִּיזֵי עִלָּאֵי, אַבְרָהָם יִצְחָק יַעֲקֹב יוֹסֵף מֹשֶׁה אַהֲרֹן וְדָוִד, שָׂרָה רִבְקָה רָחֵל לֵאָה מִרְיָם דְּבוֹרָה וְרוּת.

Welcome Solomon, welcome Esther. You each exercised royal judgment in the interests of Israel's well-being. May we, in tribute to your example, live with wisdom and determination for the preservation and betterment of our people.

On each evening we conclude with this meditation:

We call upon you, revered elders — Abraham, Isaac, Jacob, Joseph, Moses, Aaron, and David (and Solomon), Sarah, Rebecca, Leah, Rachel, Miriam, Deborah, and Ruth (and Esther) — to join us in this sukkah. May God's presence also dwell among us and bring us honor, prosperity, and peace.

Upon leaving the sukkah for the final time, one may recite this prayer of messianic anticipation:

יְהִי רָצוֹן מִלְּפָנֶיךָ, יהוה אֱלֹהֵינוּ וֵאלֹהֵי אֲבוֹתֵינוּ, כְּשֵׁם שֶׁקִּיַּמְנוּ וְיָשַׁבְנוּ בְּסֻכָּה זוֹ, כֵּן נִזְכֶּה לַשָּׁנָה הַבָּאָה לֵישֵׁב בְּסֻכַּת עוֹרוֹ שֶׁל לִוְיָתָן. לְשָׁנָה הַבָּאָה בִּירוּשָׁלָיִם.

May it be Your will, our God and God of our ancestors, that just as we have fulfilled the mitzvah of dwelling in the sukkah on this Festival, so may we be privileged in years to come to dwell in the fabled sukkah, fashioned from the skin of the legendary Leviathan, in the holy city of Jerusalem.

🌿 קידוש — ליל יום טוב

On שבת, *add this passage:*

וַיְהִי עֶרֶב וַיְהִי בֹקֶר

יוֹם הַשִּׁשִּׁי: וַיְכֻלּוּ הַשָּׁמַיִם וְהָאָרֶץ וְכָל־צְבָאָם. וַיְכַל אֱלֹהִים בַּיּוֹם הַשְּׁבִיעִי מְלַאכְתּוֹ אֲשֶׁר עָשָׂה, וַיִּשְׁבֹּת בַּיּוֹם הַשְּׁבִיעִי מִכָּל־מְלַאכְתּוֹ אֲשֶׁר עָשָׂה. וַיְבָרֶךְ אֱלֹהִים אֶת־יוֹם הַשְּׁבִיעִי וַיְקַדֵּשׁ אֹתוֹ, כִּי בוֹ שָׁבַת מִכָּל־מְלַאכְתּוֹ אֲשֶׁר בָּרָא אֱלֹהִים לַעֲשׂוֹת.

סַבְרִי מָרָנָן (וְרַבָּנָן וְרַבּוֹתַי) / חֲבֵרַי

בָּרוּךְ אַתָּה יהוה אֱלֹהֵינוּ מֶלֶךְ הָעוֹלָם, בּוֹרֵא פְּרִי הַגָּפֶן.

בָּרוּךְ אַתָּה יהוה אֱלֹהֵינוּ מֶלֶךְ הָעוֹלָם, אֲשֶׁר בָּחַר בָּנוּ מִכָּל־עָם וְרוֹמְמָנוּ מִכָּל־לָשׁוֹן וְקִדְּשָׁנוּ בְּמִצְוֹתָיו. וַתִּתֶּן־לָנוּ יהוה אֱלֹהֵינוּ בְּאַהֲבָה (שַׁבָּתוֹת לִמְנוּחָה וּ)מוֹעֲדִים לְשִׂמְחָה, חַגִּים וּזְמַנִּים לְשָׂשׂוֹן, אֶת־יוֹם (הַשַּׁבָּת הַזֶּה וְאֶת־יוֹם)

On סוכות:
חַג הַסֻּכּוֹת הַזֶּה, זְמַן שִׂמְחָתֵנוּ,

On שמיני עצרת *and* שמחת תורה:
הַשְּׁמִינִי, חַג הָעֲצֶרֶת הַזֶּה, זְמַן שִׂמְחָתֵנוּ,

On פסח:　　　　　　　　　*On* שבועות:
חַג הַמַּצּוֹת הַזֶּה, זְמַן חֵרוּתֵנוּ,　　חַג הַשָּׁבוּעוֹת הַזֶּה, זְמַן מַתַּן תּוֹרָתֵנוּ,

(בְּאַהֲבָה) מִקְרָא קֹדֶשׁ, זֵכֶר לִיצִיאַת מִצְרָיִם. כִּי בָנוּ בָחַרְתָּ, וְאוֹתָנוּ קִדַּשְׁתָּ מִכָּל הָעַמִּים (וְשַׁבָּת) וּמוֹעֲדֵי קָדְשֶׁךָ (בְּאַהֲבָה וּבְרָצוֹן) בְּשִׂמְחָה וּבְשָׂשׂוֹן הִנְחַלְתָּנוּ. בָּרוּךְ אַתָּה יהוה מְקַדֵּשׁ (הַשַּׁבָּת וְ)יִשְׂרָאֵל וְהַזְּמַנִּים.

On Saturday night, הבדלה *(next page) is inserted here.*

On סוכות, *when* קידוש *is chanted in the* סוכה,
this ברכה *is added. (On the first night, before* שהחינו;
on the second night, after שהחינו)

בָּרוּךְ אַתָּה יהוה אֱלֹהֵינוּ מֶלֶךְ הָעוֹלָם,
אֲשֶׁר קִדְּשָׁנוּ בְּמִצְוֹתָיו וְצִוָּנוּ לֵישֵׁב בַּסֻּכָּה.

This ברכה *is omitted on the last two nights of* פסח.

בָּרוּךְ אַתָּה יהוה אֱלֹהֵינוּ מֶלֶךְ הָעוֹלָם,
שֶׁהֶחֱיָנוּ וְקִיְּמָנוּ וְהִגִּיעָנוּ לַזְּמַן הַזֶּה.

🕊 KIDDUSH FOR FESTIVALS — EVENING

On Shabbat, add this passage:

GENESIS 1:31-2:3
And there was evening and there was morning —
the sixth day. The heavens and the earth, and all they contain,
were completed. On the seventh day God finished the work He
had been doing, and ceased on the seventh day from all the work
that He had done. Then God blessed the seventh day and called it
holy, because on it God ceased from all the work of creation.

Praised are You Adonai our God, who rules the universe,
creating the fruit of the vine.

Praised are You Adonai our God, who rules the universe,
choosing and distinguishing us from among all others by
instilling in us the holiness of mitzvot. Lovingly have You
given us (Shabbat for rest,) Festivals for joy and holidays for
happiness, among them this (Shabbat and this) day of

Sukkot, season of our rejoicing,

Sh'mini Atzeret, season of our rejoicing,

Pesaḥ, season of our liberation,

Shavuot, season of the giving of our Torah,

a day of sacred assembly recalling the Exodus from Egypt.
Thus You have chosen us — endowing us with holiness — from
among all peoples, granting us (Shabbat and) Your hallowed
Festivals (lovingly and gladly,) in happiness and joy. Praised are
You, Adonai, who hallows (Shabbat,) the people Israel and the
Festivals.

On Saturday night, Havdalah (next page) is inserted here.

*On Sukkot, when Kiddush is chanted in the sukkah, this
b'rakhah is added. (On the first night, before Sheheḥeyanu;
on the second night, after Sheheḥeyanu):*

Praised are You Adonai our God, who rules the universe,
instilling in us the holiness of mitzvot
by commanding us to dwell in the sukkah.

Omit on the last two nights of Pesaḥ.

Praised are You Adonai our God, who rules the universe,
granting us life, sustaining us, and enabling us to reach this day.

On Saturday night הבדלה is added:

בָּרוּךְ אַתָּה יהוה אֱלֹהֵינוּ מֶלֶךְ הָעוֹלָם, בּוֹרֵא מְאוֹרֵי הָאֵשׁ.

בָּרוּךְ אַתָּה יהוה אֱלֹהֵינוּ מֶלֶךְ הָעוֹלָם, הַמַּבְדִּיל בֵּין קֹדֶשׁ לְחוֹל, בֵּין אוֹר לְחֹשֶׁךְ, בֵּין יִשְׂרָאֵל לָעַמִּים, בֵּין יוֹם הַשְּׁבִיעִי לְשֵׁשֶׁת יְמֵי הַמַּעֲשֶׂה. בֵּין קְדֻשַּׁת שַׁבָּת לִקְדֻשַּׁת יוֹם טוֹב הִבְדַּלְתָּ, וְאֶת־יוֹם הַשְּׁבִיעִי מִשֵּׁשֶׁת יְמֵי הַמַּעֲשֶׂה קִדַּשְׁתָּ, הִבְדַּלְתָּ וְקִדַּשְׁתָּ אֶת־עַמְּךָ יִשְׂרָאֵל בִּקְדֻשָּׁתֶךָ. בָּרוּךְ אַתָּה יהוה הַמַּבְדִּיל בֵּין קֹדֶשׁ לְקֹדֶשׁ.

קידוש — יום טוב בבקר (קידושא רבא)

On שבת add:

שמות ל״א:ט״ז-י״ז

וְשָׁמְרוּ בְנֵי יִשְׂרָאֵל אֶת־הַשַּׁבָּת, לַעֲשׂוֹת אֶת־הַשַּׁבָּת לְדוֹרֹתָם בְּרִית עוֹלָם. בֵּינִי וּבֵין בְּנֵי יִשְׂרָאֵל אוֹת הִיא לְעֹלָם, כִּי שֵׁשֶׁת יָמִים עָשָׂה יהוה אֶת־הַשָּׁמַיִם וְאֶת־הָאָרֶץ, וּבַיּוֹם הַשְּׁבִיעִי שָׁבַת וַיִּנָּפַשׁ.

שמות כ׳:ח׳-י״א

זָכוֹר אֶת־יוֹם הַשַּׁבָּת לְקַדְּשׁוֹ. שֵׁשֶׁת יָמִים תַּעֲבֹד וְעָשִׂיתָ כָּל־מְלַאכְתֶּךָ. וְיוֹם הַשְּׁבִיעִי שַׁבָּת לַיהוה אֱלֹהֶיךָ, לֹא־תַעֲשֶׂה כָל־מְלָאכָה, אַתָּה־וּבִנְךָ וּבִתֶּךָ עַבְדְּךָ וַאֲמָתְךָ וּבְהֶמְתֶּךָ, וְגֵרְךָ אֲשֶׁר בִּשְׁעָרֶיךָ. כִּי שֵׁשֶׁת־יָמִים עָשָׂה יהוה אֶת־הַשָּׁמַיִם וְאֶת־הָאָרֶץ אֶת־הַיָּם וְאֶת־כָּל־אֲשֶׁר־בָּם, וַיָּנַח בַּיּוֹם הַשְּׁבִיעִי —

עַל כֵּן בֵּרַךְ יהוה אֶת־יוֹם הַשַּׁבָּת וַיְקַדְּשֵׁהוּ.

וַיְדַבֵּר מֹשֶׁה אֶת־מֹעֲדֵי יהוה אֶל בְּנֵי יִשְׂרָאֵל.

On ראש השנה substitute the following:

תִּקְעוּ בַחֹדֶשׁ שׁוֹפָר, בַּכֶּסֶה לְיוֹם חַגֵּנוּ.
כִּי חֹק לְיִשְׂרָאֵל הוּא, מִשְׁפָּט לֵאלֹהֵי יַעֲקֹב.

סַבְרִי מָרָנָן (וְרַבָּנָן וְרַבּוֹתַי) / חֲבֵרַי

בָּרוּךְ אַתָּה יהוה אֱלֹהֵינוּ מֶלֶךְ הָעוֹלָם, בּוֹרֵא פְּרִי הַגָּפֶן.

In a סוכה add:

בָּרוּךְ אַתָּה יהוה אֱלֹהֵינוּ מֶלֶךְ הָעוֹלָם,
אֲשֶׁר קִדְּשָׁנוּ בְּמִצְוֹתָיו וְצִוָּנוּ לֵישֵׁב בַּסֻּכָּה.

On Saturday night add:

Praised are You Adonai our God, who rules the universe, creating the lights of fire.

Praised are You Adonai our God, who rules the universe, endowing all creation with distinctive qualities, distinguishing between the sacred and the secular, between light and darkness, between the people Israel and others, between the seventh day and the other days of the week. You have made a distinction between the sanctity of Shabbat and the sanctity of Festivals, and have hallowed Shabbat more than the other days of the week. You have set Your people Israel apart, making their lives holy through attachment to Your holiness. Praised are You Adonai, who distinguishes one sacred time from another.

KIDDUSH FOR FESTIVALS — DAYTIME

On Shabbat add:

EXODUS 31:16-17

The people Israel shall observe Shabbat, to maintain it as an everlasting covenant through all generations. It is a sign between Me and the people Israel for all time, that in six days Adonai made the heavens and the earth, and on the seventh day, ceased from work and rested.

EXODUS 20:8-11

Remember to make the day of Shabbat holy. Six days shall you labor and do all your work, but the seventh day is a Sabbath of Adonai your God; on it you shall not do any work — you, your son or your daughter, your male or female servant, your cattle, or the stranger who is among you — for in six days Adonai made the heavens, the earth and the sea, and all they contain, and rested on the seventh day —

Therefore Adonai blessed Shabbat and made it holy.

Thus Moses proclaimed the Festivals of Adonai before the people Israel.

On Rosh Hashanah substitute the following:

Sound the shofar on the New Moon, announcing our solemn Festival. It is Israel's law; the God of Jacob calls us to judgment.

Praised are You Adonai our God, who rules the universe, creating the fruit of the vine.

In a sukkah add:

Praised are You Adonai our God, who rules the universe, instilling in us the holiness of mitzvot
by commanding us to dwell in the sukkah.

קידוש — ליל ראש השנה

On שבת add:

בראשית א׳:ל״א-ב׳:ג׳

וַיְהִי עֶרֶב וַיְהִי בֹקֶר יוֹם הַשִּׁשִּׁי. וַיְכֻלּוּ הַשָּׁמַיִם וְהָאָרֶץ וְכָל־צְבָאָם וַיְכַל אֱלֹהִים בַּיּוֹם הַשְּׁבִיעִי מְלַאכְתּוֹ אֲשֶׁר עָשָׂה, וַיִּשְׁבֹּת בַּיּוֹם הַשְּׁבִיעִי מִכָּל־מְלַאכְתּוֹ אֲשֶׁר עָשָׂה. וַיְבָרֶךְ אֱלֹהִים אֶת־יוֹם הַשְּׁבִיעִי וַיְקַדֵּשׁ אֹתוֹ, כִּי בוֹ שָׁבַת מִכָּל־מְלַאכְתּוֹ אֲשֶׁר בָּרָא אֱלֹהִים לַעֲשׂוֹת.

סַבְרִי מָרָנָן (וְרַבָּנָן וְרַבּוֹתַי) / חֲבֵרַי

בָּרוּךְ אַתָּה יהוה אֱלֹהֵינוּ מֶלֶךְ הָעוֹלָם, בּוֹרֵא פְּרִי הַגָּפֶן.

בָּרוּךְ אַתָּה יהוה אֱלֹהֵינוּ מֶלֶךְ הָעוֹלָם, אֲשֶׁר בָּחַר־בָּנוּ מִכָּל־עָם וְרוֹמְמָנוּ מִכָּל־לָשׁוֹן, וְקִדְּשָׁנוּ בְּמִצְוֹתָיו. וַתִּתֶּן־לָנוּ יהוה אֱלֹהֵינוּ בְּאַהֲבָה אֶת־יוֹם (הַשַּׁבָּת הַזֶּה וְאֶת־יוֹם) הַזִּכָּרוֹן הַזֶּה, יוֹם (זִכְרוֹן) תְּרוּעָה (בְּאַהֲבָה) מִקְרָא קֹדֶשׁ, זֵכֶר לִיצִיאַת מִצְרָיִם. כִּי בָנוּ בָחַרְתָּ וְאוֹתָנוּ קִדַּשְׁתָּ מִכָּל־הָעַמִּים, וּדְבָרְךָ אֱמֶת וְקַיָּם לָעַד. בָּרוּךְ אַתָּה יהוה מְקַדֵּשׁ (הַשַּׁבָּת וְ)יִשְׂרָאֵל וְיוֹם הַזִּכָּרוֹן.

On Saturday night הבדלה is added:

בָּרוּךְ אַתָּה יהוה אֱלֹהֵינוּ מֶלֶךְ הָעוֹלָם, בּוֹרֵא מְאוֹרֵי הָאֵשׁ.

בָּרוּךְ אַתָּה יהוה אֱלֹהֵינוּ מֶלֶךְ הָעוֹלָם, הַמַּבְדִּיל בֵּין קֹדֶשׁ לְחוֹל, בֵּין אוֹר לְחֹשֶׁךְ, בֵּין יִשְׂרָאֵל לָעַמִּים, בֵּין יוֹם הַשְּׁבִיעִי לְשֵׁשֶׁת יְמֵי הַמַּעֲשֶׂה. בֵּין קְדֻשַּׁת שַׁבָּת לִקְדֻשַּׁת יוֹם טוֹב הִבְדַּלְתָּ, וְאֶת־יוֹם הַשְּׁבִיעִי מִשֵּׁשֶׁת יְמֵי הַמַּעֲשֶׂה קִדַּשְׁתָּ, הִבְדַּלְתָּ וְקִדַּשְׁתָּ אֶת־עַמְּךָ יִשְׂרָאֵל בִּקְדֻשָּׁתֶךָ. בָּרוּךְ אַתָּה יהוה הַמַּבְדִּיל בֵּין קֹדֶשׁ לְקֹדֶשׁ.

בָּרוּךְ אַתָּה יהוה אֱלֹהֵינוּ מֶלֶךְ הָעוֹלָם,
שֶׁהֶחֱיָנוּ וְקִיְּמָנוּ וְהִגִּיעָנוּ לַזְּמַן הַזֶּה.

Eating of apple dipped in honey

בָּרוּךְ אַתָּה יהוה אֱלֹהֵינוּ מֶלֶךְ הָעוֹלָם, בּוֹרֵא פְּרִי הָעֵץ.

יְהִי רָצוֹן מִלְּפָנֶיךָ, יהוה אֱלֹהֵינוּ וֵאלֹהֵי אֲבוֹתֵינוּ,
שֶׁתְּחַדֵּשׁ עָלֵינוּ שָׁנָה טוֹבָה וּמְתוּקָה.

🌿 KIDDUSH FOR ROSH HASHANAH — EVENING

On Shabbat, add this passage:

GENESIS 1:31-2:3

And there was evening and there was morning —
the sixth day. The heavens and the earth, and all they contain, were
completed. On the seventh day God finished the work He had been doing,
and ceased on the seventh day from all the work that He had done. Then
God blessed the seventh day and called it holy, because on it God ceased
from all the work of creation.

Praised are You Adonai our God, who rules the universe,
creating the fruit of the vine.

Praised are You Adonai our God, who rules the universe, choosing
and distinguish us from among all others by instilling in us the
holiness of mitzvot. Lovingly have You given us (this Shabbat and)
this Day of Remembrance, a day for (recalling with love the)
sounding of the Shofar, a day of sacred assembly recalling the
Exodus from Egypt. Thus You have chosen us — endowing us with
holiness — from among all peoples, as Your word is established and
will endure forever. Praised are You Adonai, who hallows (Shabbat
and) the people Israel and the Day of Remembrance.

On Saturday night add:

Praised are You Adonai our God, who rules the universe,
creating the lights of fire.

Praised are You Adonai our God, who rules the universe, endowing all
creation with distinctive qualities, distinguishing between the sacred and
the secular, between light and darkness, between the people Israel and
others, between the seventh day and the other days of the week. You have
made a distinction between the sanctity of Shabbat and the sanctity of
Festivals, and have hallowed Shabbat more than the other days of the
week. You have set Your people Israel apart, making their lives holy
through attachment to Your holiness. Praised are You Adonai, who distin-
guishes one sacred time from another.

Praised are You Adonai our God, who rules the universe,
granting us life, sustaining us, and enabling us to reach this day.

Eating of apple dipped in honey

Praised are You Adonai our God, who rules the universe,
creating the fruit of the tree.

May it be Your will, Adonai our God and God of our ancestors,
to renew for us the coming year in sweetness and happiness.

❧ ברכת המזון

(Psalm 126 is included on שבת and יום טוב.)

תהלים קכ״ו

שִׁיר הַמַּעֲלוֹת בְּשׁוּב יהוה אֶת־שִׁיבַת צִיּוֹן הָיִינוּ כְּחֹלְמִים. אָז יִמָּלֵא שְׂחוֹק פִּינוּ וּלְשׁוֹנֵנוּ רִנָּה, אָז יֹאמְרוּ בַגּוֹיִם, הִגְדִּיל יהוה לַעֲשׂוֹת עִם אֵלֶּה. הִגְדִּיל יהוה לַעֲשׂוֹת עִמָּנוּ, הָיִינוּ שְׂמֵחִים. שׁוּבָה יהוה אֶת־שְׁבִיתֵנוּ כַּאֲפִיקִים בַּנֶּגֶב. הַזֹּרְעִים בְּדִמְעָה בְּרִנָּה יִקְצֹרוּ. הָלוֹךְ יֵלֵךְ וּבָכֹה נֹשֵׂא מֶשֶׁךְ־הַזָּרַע, בֹּא יָבֹא בְרִנָּה נֹשֵׂא אֲלֻמֹּתָיו.

Some add:

תְּהִלַּת יהוה יְדַבֶּר פִּי וִיבָרֵךְ כָּל־בָּשָׂר שֵׁם קָדְשׁוֹ לְעוֹלָם וָעֶד. וַאֲנַחְנוּ נְבָרֵךְ יָהּ מֵעַתָּה וְעַד עוֹלָם, הַלְלוּיָהּ. הוֹדוּ לַיהוה כִּי טוֹב, כִּי לְעוֹלָם חַסְדּוֹ. מִי יְמַלֵּל גְּבוּרוֹת יהוה, יַשְׁמִיעַ כָּל־תְּהִלָּתוֹ.

When three or more adults have eaten together, one of them formally invites the others to join in giving thanks. (If ten or more adults are present, include ״אלהינו״.)

רַבּוֹתַי / חֲבֵרַי נְבָרֵךְ!

All respond:

יְהִי שֵׁם יהוה מְבֹרָךְ מֵעַתָּה וְעַד עוֹלָם.

The leader continues:

יְהִי שֵׁם יהוה מְבֹרָךְ מֵעַתָּה וְעַד עוֹלָם. בִּרְשׁוּת, (מָרָנָן וְרַבָּנָן וְ)רַבּוֹתַי / חֲבֵרַי, נְבָרֵךְ (אֱלֹהֵינוּ) שֶׁאָכַלְנוּ מִשֶּׁלּוֹ.

The others respond:

בָּרוּךְ (אֱלֹהֵינוּ) שֶׁאָכַלְנוּ מִשֶּׁלּוֹ, וּבְטוּבוֹ חָיִינוּ.

The leader continues:

בָּרוּךְ (אֱלֹהֵינוּ) שֶׁאָכַלְנוּ מִשֶּׁלּוֹ, וּבְטוּבוֹ חָיִינוּ.

All join in:

בָּרוּךְ הוּא וּבָרוּךְ שְׁמוֹ.

BIRKAT HA-MAZON

B'RAKHOT AFTER MEALS

(Psalm 126 is included on Shabbat and Festivals.)

PSALM 126

A Song of Ascent. When Adonai restored our exiles to Zion, it was like a dream. Then our mouths were filled with laughter; joyous song was on our tongues. Then it was said among the nations: "Adonai has done great things for them." Great things indeed has Adonai done for us; therefore we rejoiced. Bring back our exiles, Adonai, like streams returning to the Negev. Those who sow in tears shall reap in joyous song. The seed bearer may plant in tears, but will come home singing, carrying ample sheaves of grain.

Some add:

My mouth shall praise Adonai.
Let all flesh praise God's name throughout all time.
We shall praise Adonai now and always. Halleluyah!
Acclaim Adonai, for God is good: God's love endures forever.
Who can recount Adonai's mighty deeds, or utter all God's praise?

When three or more adults have eaten together, one of them formally invites the others to join in giving thanks.
(If ten or more adults are present, include "Eloheinu – our God.")

Rabotai/Ḥaverai, n'varekh.
Honored guests/Friends, let us give thanks.

All respond, then the leader repeats:

Y'hi shem Adonai m'vorakh me-atah v'ad olam.
May Adonai be praised, now and forever.

The leader continues:

Bir'shut, *rabotai/ḥaverai*, n'varekh (Eloheinu) she-akhalnu mi-shelo.
With your consent, *honored guests/friends*, let us praise (our God,) the One of whose food we have partaken.

The others respond, then the leader repeats:

Barukh (Eloheinu) she-akhalnu mi-shelo u-v'tuvo ḥayinu.
Praised be (our God,) the One of whose food we have partaken and by whose goodness we live.

All join in:

Barukh hu u-varukh sh'mo.
Praised be God and praised be God's name.

בָּרוּךְ אַתָּה יהוה אֱלֹהֵינוּ מֶלֶךְ הָעוֹלָם,
הַזָּן אֶת־הָעוֹלָם כֻּלּוֹ בְּטוּבוֹ בְּחֵן בְּחֶסֶד וּבְרַחֲמִים.
הוּא נוֹתֵן לֶחֶם לְכָל־בָּשָׂר כִּי לְעוֹלָם חַסְדּוֹ.
וּבְטוּבוֹ הַגָּדוֹל תָּמִיד לֹא חָסַר לָנוּ,
וְאַל יֶחְסַר לָנוּ מָזוֹן לְעוֹלָם וָעֶד.
בַּעֲבוּר שְׁמוֹ הַגָּדוֹל, כִּי הוּא זָן וּמְפַרְנֵס לַכֹּל
וּמֵטִיב לַכֹּל, וּמֵכִין מָזוֹן לְכָל־בְּרִיּוֹתָיו אֲשֶׁר בָּרָא.
בָּרוּךְ אַתָּה יהוה, הַזָּן אֶת־הַכֹּל.

נוֹדֶה לְּךָ יהוה אֱלֹהֵינוּ עַל שֶׁהִנְחַלְתָּ לַאֲבוֹתֵינוּ, אֶרֶץ חֶמְדָּה טוֹבָה וּרְחָבָה, וְעַל שֶׁהוֹצֵאתָנוּ יהוה אֱלֹהֵינוּ מֵאֶרֶץ מִצְרַיִם, וּפְדִיתָנוּ מִבֵּית עֲבָדִים, וְעַל בְּרִיתְךָ שֶׁחָתַמְתָּ *בִּבְשָׂרֵנוּ, וְעַל תּוֹרָתְךָ שֶׁלִּמַּדְתָּנוּ, וְעַל חֻקֶּיךָ שֶׁהוֹדַעְתָּנוּ וְעַל חַיִּים חֵן וָחֶסֶד שֶׁחוֹנַנְתָּנוּ, וְעַל אֲכִילַת מָזוֹן שָׁאַתָּה זָן וּמְפַרְנֵס אוֹתָנוּ תָּמִיד, בְּכָל־יוֹם וּבְכָל־עֵת וּבְכָל־שָׁעָה.

*Some substitute: עַל לִבֵּנוּ,

On חנוכה:

עַל הַנִּסִּים וְעַל הַפֻּרְקָן, וְעַל הַגְּבוּרוֹת, וְעַל הַתְּשׁוּעוֹת, וְעַל הַמִּלְחָמוֹת שֶׁעָשִׂיתָ לַאֲבוֹתֵינוּ בַּיָּמִים הָהֵם וּבִזְּמַן הַזֶּה.

בִּימֵי מַתִּתְיָהוּ בֶּן־יוֹחָנָן כֹּהֵן גָּדוֹל חַשְׁמוֹנַאי וּבָנָיו, כְּשֶׁעָמְדָה מַלְכוּת יָוָן הָרְשָׁעָה עַל עַמְּךָ יִשְׂרָאֵל לְהַשְׁכִּיחָם תּוֹרָתֶךָ וּלְהַעֲבִירָם מֵחֻקֵּי רְצוֹנֶךָ, וְאַתָּה בְּרַחֲמֶיךָ הָרַבִּים עָמַדְתָּ לָהֶם בְּעֵת צָרָתָם, רַבְתָּ אֶת־רִיבָם, דַּנְתָּ אֶת־דִּינָם, נָקַמְתָּ אֶת־נִקְמָתָם, מָסַרְתָּ גִּבּוֹרִים בְּיַד חַלָּשִׁים, וְרַבִּים בְּיַד מְעַטִּים, וּטְמֵאִים בְּיַד טְהוֹרִים, וּרְשָׁעִים בְּיַד צַדִּיקִים, וְזֵדִים בְּיַד עוֹסְקֵי תוֹרָתֶךָ. וּלְךָ עָשִׂיתָ שֵׁם גָּדוֹל וְקָדוֹשׁ בְּעוֹלָמֶךָ, וּלְעַמְּךָ יִשְׂרָאֵל עָשִׂיתָ תְּשׁוּעָה גְדוֹלָה וּפֻרְקָן כְּהַיּוֹם הַזֶּה. וְאַחַר כֵּן בָּאוּ בָנֶיךָ לִדְבִיר בֵּיתֶךָ וּפִנּוּ אֶת־הֵיכָלֶךָ, וְטִהֲרוּ אֶת־מִקְדָּשֶׁךָ, וְהִדְלִיקוּ נֵרוֹת בְּחַצְרוֹת קָדְשֶׁךָ, וְקָבְעוּ שְׁמוֹנַת יְמֵי חֲנֻכָּה אֵלּוּ לְהוֹדוֹת וּלְהַלֵּל לְשִׁמְךָ הַגָּדוֹל.

Praised are You Adonai our God, who rules the universe, graciously sustaining the whole world with kindness and compassion, providing food for every creature, for God's love endures forever.
God, abounding in kindness, has never failed us; may our nourishment be assured forever.
God sustains all life and is good to all, providing every creature with food and sustenance.
We praise You Adonai, who sustains all life.

We thank You, Adonai our God, for the pleasing, good, and spacious land which You gave to our ancestors and for liberating us from bondage in Egypt. We thank You for the covenant sealed *in our flesh, for teaching us Your Torah and Your precepts, for the gift of life and compassion graciously granted us, and for the food we have eaten, for You nourish and sustain us all of our days, whatever the season, whatever the time.

Some substitute: upon our hearts,

On Ḥanukkah:

We thank You for the miraculous deliverance, for the heroism, and for the triumphs of our ancestors from ancient days until our time.

In the days of Mattathias son of Yoḥanan, the heroic Hasmonean *Kohen*, and in the days of his sons, a cruel power rose against Your people Israel, demanding that they abandon Your Torah and violate Your mitzvot. You, in great mercy, stood by Your people in time of trouble. You defended them, vindicated them, and avenged their wrongs. You delivered the strong into the hands of the weak, the many into the hands of the few, the corrupt into the hands of the pure in heart, the guilty into the hands of the innocent. You delivered the arrogant into the hands of those who were faithful to Your Torah. You have revealed Your glory and Your holiness to all the world, achieving great victories and miraculous deliverance for Your people Israel to this day. Then Your children came into Your shrine, cleansed Your Temple, purified Your sanctuary, and kindled lights in Your sacred courts. They set aside these eight days as a season for giving thanks and chanting praises to You.

On פורים:

עַל הַנִּסִּים וְעַל הַפֻּרְקָן, וְעַל הַגְּבוּרוֹת, וְעַל הַתְּשׁוּעוֹת, וְעַל הַמִּלְחָמוֹת שֶׁעָשִׂיתָ לַאֲבוֹתֵינוּ בַּיָּמִים הָהֵם וּבַזְּמַן הַזֶּה.

בִּימֵי מָרְדְּכַי וְאֶסְתֵּר בְּשׁוּשַׁן הַבִּירָה, כְּשֶׁעָמַד עֲלֵיהֶם הָמָן הָרָשָׁע, בִּקֵּשׁ לְהַשְׁמִיד, לַהֲרֹג וּלְאַבֵּד אֶת־כָּל־הַיְּהוּדִים, מִנַּעַר וְעַד זָקֵן, טַף וְנָשִׁים, בְּיוֹם אֶחָד, בִּשְׁלוֹשָׁה עָשָׂר לְחֹדֶשׁ שְׁנֵים־עָשָׂר, הוּא חֹדֶשׁ אֲדָר, וּשְׁלָלָם לָבוֹז. וְאַתָּה בְּרַחֲמֶיךָ הָרַבִּים הֵפַרְתָּ אֶת־עֲצָתוֹ, וְקִלְקַלְתָּ אֶת־מַחֲשַׁבְתּוֹ, וַהֲשֵׁבוֹתָ לּוֹ גְּמוּלוֹ בְּרֹאשׁוֹ, וְתָלוּ אוֹתוֹ וְאֶת־בָּנָיו עַל הָעֵץ.

On יום העצמאות:

עַל הַנִּסִּים וְעַל הַפֻּרְקָן, וְעַל הַגְּבוּרוֹת, וְעַל הַתְּשׁוּעוֹת, וְעַל הַמִּלְחָמוֹת שֶׁעָשִׂיתָ לַאֲבוֹתֵינוּ בַּיָּמִים הָהֵם וּבַזְּמַן הַזֶּה.

בִּימֵי שִׁיבַת בָּנִים לִגְבוּלָם, בְּעֵת תְּקוּמַת עַם בְּאַרְצוֹ כִּימֵי קֶדֶם, נִסְגְּרוּ שַׁעֲרֵי אֶרֶץ אָבוֹת בִּפְנֵי אַחֵינוּ פְּלִיטֵי חֶרֶב, וְאוֹיְבִים בָּאָרֶץ וְשִׁבְעָה עֲמָמִים בַּעֲלֵי בְרִיתָם קָמוּ לְהַכְרִית עַמְּךָ יִשְׂרָאֵל, וְאַתָּה בְּרַחֲמֶיךָ הָרַבִּים, עָמַדְתָּ לָהֶם בְּעֵת צָרָתָם, רַבְתָּ אֶת־רִיבָם, דַּנְתָּ אֶת־דִּינָם, חִזַּקְתָּ אֶת־לִבָּם לַעֲמוֹד בַּשַּׁעַר, וְלִפְתֹּחַ שְׁעָרִים לַנִּרְדָּפִים וּלְגָרֵשׁ אֶת־צִבְאוֹת הָאוֹיֵב מִן הָאָרֶץ. מָסַרְתָּ רַבִּים בְּיַד מְעַטִּים, וּרְשָׁעִים בְּיַד צַדִּיקִים, וּלְךָ עָשִׂיתָ שֵׁם גָּדוֹל וְקָדוֹשׁ בְּעוֹלָמֶךָ, וּלְעַמְּךָ יִשְׂרָאֵל עָשִׂיתָ תְּשׁוּעָה גְדוֹלָה וּפֻרְקָן כְּהַיּוֹם הַזֶּה.

וְעַל הַכֹּל יהוה אֱלֹהֵינוּ אֲנַחְנוּ מוֹדִים לָךְ, וּמְבָרְכִים אוֹתָךְ, יִתְבָּרַךְ שִׁמְךָ בְּפִי כָּל־חַי תָּמִיד לְעוֹלָם וָעֶד. כַּכָּתוּב, וְאָכַלְתָּ וְשָׂבָעְתָּ, וּבֵרַכְתָּ אֶת־יהוה אֱלֹהֶיךָ עַל הָאָרֶץ הַטּוֹבָה אֲשֶׁר נָתַן לָךְ. בָּרוּךְ אַתָּה יהוה, עַל הָאָרֶץ וְעַל הַמָּזוֹן.

רַחֵם יהוה אֱלֹהֵינוּ, עַל יִשְׂרָאֵל עַמֶּךָ, וְעַל יְרוּשָׁלַיִם עִירֶךָ, וְעַל צִיּוֹן מִשְׁכַּן כְּבוֹדֶךָ, וְעַל מַלְכוּת בֵּית דָּוִד מְשִׁיחֶךָ, וְעַל הַבַּיִת הַגָּדוֹל וְהַקָּדוֹשׁ שֶׁנִּקְרָא שִׁמְךָ עָלָיו. אֱלֹהֵינוּ, אָבִינוּ, רְעֵנוּ, זוּנֵנוּ, פַּרְנְסֵנוּ, וְכַלְכְּלֵנוּ, וְהַרְוִיחֵנוּ, וְהַרְוַח לָנוּ יהוה אֱלֹהֵינוּ מְהֵרָה מִכָּל־צָרוֹתֵינוּ, וְנָא אַל תַּצְרִיכֵנוּ יהוה אֱלֹהֵינוּ, לֹא לִידֵי מַתְּנַת בָּשָׂר וָדָם, וְלֹא לִידֵי הַלְוָאָתָם. כִּי אִם לְיָדְךָ הַמְּלֵאָה, הַפְּתוּחָה, הַגְּדוּשָׁה וְהָרְחָבָה, שֶׁלֹּא נֵבוֹשׁ וְלֹא נִכָּלֵם לְעוֹלָם וָעֶד.

On Purim:

We thank You for the miraculous deliverance, for the heroism, and for the triumphs of our ancestors from ancient days until our time.

In the days of Mordecai and Esther, in Shushan, the capital of Persia, the wicked Haman rose up against all Jews and plotted their destruction. In a single day, the thirteenth of Adar, the twelfth month of the year, Haman planned to annihilate all Jews, young and old, and to permit the plunder of their property. You, in great mercy, thwarted his designs, frustrated his plot, and visited upon him the evil he planned to bring on others. Haman, together with his sons, was put to death on the gallows he had made for Mordecai.

On Yom Ha-Atzma'ut (Israel Independence day):

We thank You for the miraculous deliverance, for the heroism, and for the triumphs of our ancestors from ancient days until our time.

In the days when Your children were returning to their borders, at the time when our people took root in its land as in days of old, the gates to the land of our ancestors were closed before those who were fleeing the sword. When enemies from within the land, together with seven neighboring nations, sought to annihilate Your people, You, in Your great mercy, stood by them in time of trouble. You defended them and vindicated them. You gave them courage to meet their foes, to open the gates to those seeking refuge, and to free the land of its armed invaders. You delivered the many into the hands of the few, the guilty into the hands of the innocent. You have revealed Your glory and Your holiness to all the world, achieving great victories and miraculous deliverance for Your people Israel to this day.

For all this we thank You and praise You, Adonai our God. You shall be forever praised by every living thing. Thus is it written in the Torah: "When you have eaten and are satisfied, you shall praise Adonai your God for the good land that God has given you." Praised are You Adonai, for the land and for sustenance.

Have mercy, Adonai our God, for Israel Your people, for Jerusalem Your holy city, for Zion the home of Your glory, for the royal House of David Your anointed, and for the great and holy House which is called by Your name. Our God, our Sustainer, shelter us and shield us, sustain us; maintain us, grant us relief from all our troubles. May we never find ourselves in need of gifts or loans from flesh and blood, but may we rely only upon Your helping hand, which is open, ample, and generous; thus we shall never suffer shame or humiliation.

ברכת המזון   340

On שבת:

רְצֵה וְהַחֲלִיצֵנוּ יהוה אֱלֹהֵינוּ בְּמִצְוֹתֶיךָ וּבְמִצְוַת יוֹם הַשְּׁבִיעִי, הַשַּׁבָּת הַגָּדוֹל וְהַקָּדוֹשׁ הַזֶּה. כִּי יוֹם זֶה גָּדוֹל וְקָדוֹשׁ הוּא לְפָנֶיךָ, לִשְׁבָּת בּוֹ וְלָנוּחַ בּוֹ, בְּאַהֲבָה כְּמִצְוַת רְצוֹנֶךָ, וּבִרְצוֹנְךָ הָנַח לָנוּ, יהוה אֱלֹהֵינוּ, שֶׁלֹּא תְהֵא צָרָה וְיָגוֹן וַאֲנָחָה בְּיוֹם מְנוּחָתֵנוּ. וְהַרְאֵנוּ יהוה אֱלֹהֵינוּ בְּנֶחָמַת צִיּוֹן עִירֶךָ, וּבְבִנְיַן יְרוּשָׁלַיִם עִיר קָדְשֶׁךָ, כִּי אַתָּה הוּא בַּעַל הַיְשׁוּעוֹת וּבַעַל הַנֶּחָמוֹת.

On ראש חודש *and* יום טוב *(including* חול המועד*):*

אֱלֹהֵינוּ וֵאלֹהֵי אֲבוֹתֵינוּ, יַעֲלֶה וְיָבֹא וְיַגִּיעַ, וְיֵרָאֶה וְיֵרָצֶה וְיִשָּׁמַע, וְיִפָּקֵד וְיִזָּכֵר זִכְרוֹנֵנוּ וּפִקְדוֹנֵנוּ, וְזִכְרוֹן אֲבוֹתֵינוּ, וְזִכְרוֹן מָשִׁיחַ בֶּן־דָּוִד עַבְדֶּךָ, וְזִכְרוֹן יְרוּשָׁלַיִם עִיר קָדְשֶׁךָ, וְזִכְרוֹן כָּל־עַמְּךָ בֵּית יִשְׂרָאֵל לְפָנֶיךָ, לִפְלֵיטָה לְטוֹבָה לְחֵן וּלְחֶסֶד וּלְרַחֲמִים, לְחַיִּים וּלְשָׁלוֹם,

On ראש חודש: בְּיוֹם רֹאשׁ הַחֹדֶשׁ הַזֶּה.

On ראש השנה: בְּיוֹם הַזִּכָּרוֹן הַזֶּה.

On סוכות: בְּיוֹם חַג הַסֻּכּוֹת הַזֶּה.

On שמיני עצרת *and* שמחת תורה:

בְּיוֹם הַשְּׁמִינִי, חַג הָעֲצֶרֶת הַזֶּה.

On פסח: בְּיוֹם חַג הַמַּצּוֹת הַזֶּה.

On שבועות: בְּיוֹם חַג הַשָּׁבֻעוֹת הַזֶּה.

זָכְרֵנוּ יהוה אֱלֹהֵינוּ בּוֹ לְטוֹבָה, וּפָקְדֵנוּ בוֹ לִבְרָכָה, וְהוֹשִׁיעֵנוּ בוֹ לְחַיִּים. וּבִדְבַר יְשׁוּעָה וְרַחֲמִים חוּס וְחָנֵּנוּ וְרַחֵם עָלֵינוּ וְהוֹשִׁיעֵנוּ כִּי אֵלֶיךָ עֵינֵינוּ, כִּי אֵל מֶלֶךְ חַנּוּן וְרַחוּם אָתָּה.

וּבְנֵה יְרוּשָׁלַיִם עִיר הַקֹּדֶשׁ בִּמְהֵרָה בְיָמֵינוּ. בָּרוּךְ אַתָּה יהוה, בּוֹנֵה בְרַחֲמָיו יְרוּשָׁלָיִם. אָמֵן.

On Shabbat:

Strengthen us, Adonai our God, with Your mitzvot, particularly the mitzvah of this great and holy Shabbat. You have sanctified it lovingly, that we may rest thereon, according to Your will. May You grant, Adonai our God, that our Shabbat rest be free of anguish, sorrow, and sighing. May we behold Zion Your city consoled, Jerusalem Your holy city rebuilt. For You are Master of deliverance and consolation.

On Rosh Ḥodesh and on Festivals:

Our God and God of our ancestors, show us Your care and concern. Remember our ancestors; recall Your anointed, descended from David Your servant. Protect Jerusalem, Your holy city, and exalt all Your people, Israel, with life and well-being, contentment and peace on this

Rosh Ḥodesh.

On Rosh Hashanah: Day of Remembrance.

Festival of Sukkot.

Festival of Sh'mini Atzeret.

Festival of Matzot.

Festival of Shavuot.

Grant us life and blessing, and remember us for good. Recall Your promise of mercy and redemption. Be merciful to us and save us, for we place our hope in You, loving and merciful God.

Rebuild Jerusalem, the holy city, soon, in our day.
Praised are You Adonai, who in mercy rebuilds Jerusalem.
Amen.

בָּרוּךְ אַתָּה יהוה אֱלֹהֵינוּ מֶלֶךְ הָעוֹלָם, הָאֵל, אָבִינוּ מַלְכֵּנוּ,
אַדִּירֵנוּ בּוֹרְאֵנוּ גּוֹאֲלֵנוּ, יוֹצְרֵנוּ, קְדוֹשֵׁנוּ קְדוֹשׁ יַעֲקֹב,
רוֹעֵנוּ רוֹעֵה יִשְׂרָאֵל, הַמֶּלֶךְ הַטּוֹב וְהַמֵּטִיב לַכֹּל, שֶׁבְּכָל־
יוֹם וָיוֹם הוּא הֵטִיב, הוּא מֵטִיב, הוּא יֵיטִיב לָנוּ.
הוּא גְמָלָנוּ, הוּא גוֹמְלֵנוּ, הוּא יִגְמְלֵנוּ לָעַד, לְחֵן וּלְחֶסֶד
וּלְרַחֲמִים וּלְרֶוַח, הַצָּלָה וְהַצְלָחָה, בְּרָכָה וִישׁוּעָה,
נֶחָמָה פַּרְנָסָה וְכַלְכָּלָה, וְרַחֲמִים וְחַיִּים וְשָׁלוֹם וְכָל־טוֹב,
וּמִכָּל־טוּב לְעוֹלָם אַל יְחַסְּרֵנוּ.

הָרַחֲמָן, הוּא יִמְלוֹךְ עָלֵינוּ לְעוֹלָם וָעֶד.

הָרַחֲמָן, הוּא יִתְבָּרַךְ בַּשָּׁמַיִם וּבָאָרֶץ.

הָרַחֲמָן, הוּא יִשְׁתַּבַּח לְדוֹר דּוֹרִים,
וְיִתְפָּאַר בָּנוּ לָנֶצַח נְצָחִים,
וְיִתְהַדַּר בָּנוּ לָעַד וּלְעוֹלְמֵי עוֹלָמִים.

הָרַחֲמָן, הוּא יְפַרְנְסֵנוּ בְּכָבוֹד.

הָרַחֲמָן, הוּא יִשְׁבּוֹר עֻלֵּנוּ מֵעַל צַוָּארֵנוּ
וְהוּא יוֹלִיכֵנוּ קוֹמְמִיּוּת לְאַרְצֵנוּ.

הָרַחֲמָן, הוּא יִשְׁלַח לָנוּ בְּרָכָה מְרֻבָּה בַּבַּיִת הַזֶּה,
וְעַל שֻׁלְחָן זֶה שֶׁאָכַלְנוּ עָלָיו.

הָרַחֲמָן, הוּא יִשְׁלַח לָנוּ אֶת אֵלִיָּהוּ הַנָּבִיא, זָכוּר לַטּוֹב,
וִיבַשֶּׂר־לָנוּ בְּשׂוֹרוֹת טוֹבוֹת, יְשׁוּעוֹת וְנֶחָמוֹת.

הָרַחֲמָן, הוּא יַשְׁכִּין שָׁלוֹם בֵּינֵינוּ.

Praised are You Adonai our God, who rules the universe, our Provider, our Sovereign, our Creator and Redeemer, our Holy One, the Holy One of Jacob, our Shepherd, the Shepherd of Israel, Sovereign who is good to all, whose goodness is constant throughout all time. May You continue to bestow upon us grace, kindness, and compassion, providing us with deliverance, prosperity and ease, life and peace, and all goodness. May You never deprive us of Your goodness.

May the Merciful reign over us throughout all time.

May the Merciful be praised in the heavens and on earth.

May the Merciful be lauded in every generation,
glorified through our lives,
exalted through us always and for eternity.

May the Merciful give us an honorable livelihood.

May the Merciful break our yoke of exile
and lead us in dignity to our land.

May the Merciful send abundant blessings to this house
and to this table at which we have eaten.

May the Merciful send us the prophet Elijah,
of blessed memory,
who will bring us good news
of deliverance and consolation.

May the Merciful cause peace to dwell among us.

At a communal gathering:

הָרַחֲמָן, הוּא יְבָרֵךְ אֶת־כָּל־הַמְסֻבִּין כָּאן, אוֹתָם וְאֶת־בֵּיתָם וְאֶת־זַרְעָם וְאֶת־כָּל־אֲשֶׁר לָהֶם, אוֹתָנוּ וְאֶת־כָּל־אֲשֶׁר לָנוּ,

For an individual:

הָרַחֲמָן, הוּא יְבָרֵךְ אוֹתִי (וְאֶת־זַרְעִי) וְאֶת־כָּל־אֲשֶׁר לִי,

At a gathering of one's family:

הָרַחֲמָן, הוּא יְבָרֵךְ אוֹתִי (וְאֶת־אִשְׁתִּי / וְאֶת־בַּעֲלִי / וְאֶת־אָבִי / וְאֶת־אִמִּי / וְאֶת־זַרְעִי / וְאֶת־זַרְעֵנוּ) וְאֶת־כָּל־אֲשֶׁר לָנוּ,

At another's home or at the home of one's parents:

הָרַחֲמָן, הוּא יְבָרֵךְ אֶת־(אָבִי מוֹרִי) בַּעַל הַבַּיִת הַזֶּה, וְאֶת־(אִמִּי מוֹרָתִי) בַּעֲלַת הַבַּיִת הַזֶּה, אוֹתָם וְאֶת־בֵּיתָם וְאֶת־זַרְעָם וְאֶת־כָּל־אֲשֶׁר לָהֶם, אוֹתָנוּ וְאֶת־כָּל־אֲשֶׁר לָנוּ,

One may include each participant at the table, by adding:

(אֶת־_____, וְאֶת־_____, אוֹתָם וְאֶת־בֵּיתָם וְאֶת־זַרְעָם וְאֶת־כָּל־אֲשֶׁר לָהֶם,)

At a meal honoring a בר מצוה:

הָרַחֲמָן, הוּא יְבָרֵךְ אֶת־הַבָּחוּר הַבַּר־מִצְוָה, וְיִהְיוּ יָדָיו וְלִבּוֹ אֱמוּנָה, וִיהִי יהוה אֱלֹהֵינוּ עִמּוֹ, וְיִתְּנֵהוּ לְמַעְלָה לְמַעְלָה,

At a meal honoring a בת מצוה:

הָרַחֲמָן, הוּא יְבָרֵךְ אֶת־הַבָּחוּרָה הַבַּת־מִצְוָה, וְיִהְיוּ יָדֶיהָ וְלִבָּהּ אֱמוּנָה, וִיהִי יהוה אֱלֹהֵינוּ עִמָּהּ, וְיִתְּנֶהָ לְמַעְלָה לְמַעְלָה,

כְּמוֹ שֶׁנִּתְבָּרְכוּ אֲבוֹתֵינוּ, אַבְרָהָם יִצְחָק וְיַעֲקֹב: בַּכֹּל, מִכֹּל, כֹּל. כֵּן יְבָרֵךְ אוֹתָנוּ כֻּלָּנוּ יַחַד בִּבְרָכָה שְׁלֵמָה, וְנֹאמַר אָמֵן.

(with אמהות)

כְּמוֹ שֶׁנִּתְבָּרְכוּ אֲבוֹתֵינוּ, אַבְרָהָם יִצְחָק וְיַעֲקֹב, שָׂרָה רִבְקָה רָחֵל וְלֵאָה: בַּכֹּל, מִכֹּל, כֹּל. כֵּן יְבָרֵךְ אוֹתָנוּ כֻּלָּנוּ יַחַד בִּבְרָכָה שְׁלֵמָה, וְנֹאמַר אָמֵן.

בַּמָּרוֹם יְלַמְּדוּ עֲלֵיהֶם וְעָלֵינוּ זְכוּת, שֶׁתְּהֵא לְמִשְׁמֶרֶת שָׁלוֹם, וְנִשָּׂא בְרָכָה מֵאֵת יהוה וּצְדָקָה מֵאֱלֹהֵי יִשְׁעֵנוּ, וְנִמְצָא חֵן וְשֵׂכֶל טוֹב בְּעֵינֵי אֱלֹהִים וְאָדָם.

On שבת:

הָרַחֲמָן, הוּא יַנְחִילֵנוּ יוֹם שֶׁכֻּלּוֹ שַׁבָּת וּמְנוּחָה לְחַיֵּי הָעוֹלָמִים.

At a communal gathering:

May the Merciful bless all who are gathered here, their children and all that is theirs, us and all that is ours,

For an individual:

May the Merciful bless me (and my children) and all that is mine,

At a gathering of one's family:

May the Merciful bless me and (my wife, / my husband, / my father, / my mother, / my children / our children,) and all that is ours,

At another's home or at the home of one's parents:

May the Merciful bless (my father and teacher,) the master of this house and (my mother and teacher,) the mistress of this house, along with their children and all that is theirs, us and all that is ours,

At a meal honoring a Bar Mitzvah:

May the Merciful bless this Bar Mitzvah; may his hands and heart serve God faithfully; may God be with him and strengthen him,

At a meal honoring a Bat Mitzvah:

May the Merciful bless this Bat Mitzvah; may her hands and heart serve God faithfully; may God be wih her and strengthen her,

as our ancestors Abraham, Isaac, and Jacob were blessed in every way. May God bless each of us and all of us together, fully. And let us say: Amen.

(with Matriarchs)

as our ancestors Abraham, Isaac, and Jacob, Sarah, Rebecca, Rachel and Leah, were blessed in every way. May God bless each of us and all of us together, fully. And let us say: Amen.

May grace be invoked on high for them and for us, leading to enduring peace. May we receive blessings from Adonai, lovingkindness from the God of our deliverance. May we find grace and good favor before both God and mortals.

On Shabbat:

May the Merciful grant us a day of true Shabbat rest, reflecting the life of eternity.

On ראש חודש:

הָרַחֲמָן, הוּא יְחַדֵּשׁ עָלֵינוּ אֶת־הַחֹדֶשׁ הַזֶּה לְטוֹבָה וְלִבְרָכָה.

On ראש השנה:

הָרַחֲמָן, הוּא יְחַדֵּשׁ עָלֵינוּ אֶת־הַשָּׁנָה הַזֹּאת לְטוֹבָה וְלִבְרָכָה.

On יום טוב:

הָרַחֲמָן, הוּא יַנְחִילֵנוּ יוֹם שֶׁכֻּלּוֹ טוֹב.

On סוכות:

הָרַחֲמָן, הוּא יָקִים לָנוּ אֶת סֻכַּת דָּוִד הַנּוֹפֶלֶת.

הָרַחֲמָן, הוּא יְבָרֵךְ אֶת־הָאָרֶץ הַזֹּאת וְיִשְׁמְרֶהָ.

הָרַחֲמָן, הוּא יְבָרֵךְ אֶת־מְדִינַת יִשְׂרָאֵל,
רֵאשִׁית צְמִיחַת גְּאֻלָּתֵנוּ.

הָרַחֲמָן, הוּא יְבָרֵךְ אֶת־אַחֵינוּ בְּנֵי יִשְׂרָאֵל הַנְּתוּנִים בְּצָרָה,
וְיוֹצִיאֵם מֵאֲפֵלָה לְאוֹרָה.

הָרַחֲמָן, הוּא יְזַכֵּנוּ לִימוֹת הַמָּשִׁיחַ וּלְחַיֵּי הָעוֹלָם הַבָּא.

***מִגְדּוֹל** יְשׁוּעוֹת מַלְכּוֹ, וְעֹשֶׂה חֶסֶד לִמְשִׁיחוֹ, לְדָוִד וּלְזַרְעוֹ
עַד עוֹלָם. עֹשֶׂה שָׁלוֹם בִּמְרוֹמָיו, הוּא יַעֲשֶׂה שָׁלוֹם עָלֵינוּ
וְעַל כָּל־יִשְׂרָאֵל, וְאִמְרוּ אָמֵן.

**On weekdays:* מַגְדִּיל

יְראוּ אֶת־יהוה קְדֹשָׁיו, כִּי אֵין מַחְסוֹר לִירֵאָיו.
כְּפִירִים רָשׁוּ וְרָעֵבוּ, וְדוֹרְשֵׁי יהוה לֹא יַחְסְרוּ כָל־טוֹב.
הוֹדוּ לַיהוה כִּי טוֹב, כִּי לְעוֹלָם חַסְדּוֹ.
פּוֹתֵחַ אֶת יָדֶךָ, וּמַשְׂבִּיעַ לְכָל־חַי רָצוֹן.
בָּרוּךְ הַגֶּבֶר אֲשֶׁר יִבְטַח בַּיהוה, וְהָיָה יהוה מִבְטַחוֹ.
נַעַר הָיִיתִי גַּם זָקַנְתִּי
וְלֹא רָאִיתִי צַדִּיק נֶעֱזָב,
וְזַרְעוֹ מְבַקֶּשׁ לָחֶם.
יהוה עֹז לְעַמּוֹ יִתֵּן, יהוה יְבָרֵךְ אֶת־עַמּוֹ בַשָּׁלוֹם.

On Rosh Ḥodesh:
May the Merciful renew this month for goodness and for blessing.

On Rosh Hashanah:
May the Merciful renew this year for goodness and for blessing.

On Festivals:
May the Merciful grant us a day that is truly good.

On Sukkot:
May the Merciful restore the glory of King David.

May the Merciful bless this land and preserve it.

May the Merciful bless the State of Israel,
the promise of our redemption.

May the Merciful bless all our people who suffer persecution
and bring them out of darkness into light.

May the Merciful consider us worthy of the messianic era
and life in the world to come.

God is a source of deliverance for His king, of lovingkindness
for His anointed, for David and his descendants forever. May
the One who brings peace to His universe bring peace to us
and to all the people Israel. And let us say: Amen.

Revere Adonai, you His holy ones,
for those who revere God know no want.
Scoffers may suffer starvation,
but those who seek Adonai shall not be deprived of goodness.
Praise Adonai, for God is good; God's love endures forever.
God opens His hand
and satisfies every living thing with favor.
Blessed are those who trust in Adonai;
Adonai is the source of their security.
I have been young and now I am old,
but never have I looked on at one righteous and forsaken,
and allowed his children to go begging for bread.
May Adonai grant His people strength;
may Adonai bless His people with peace.

Adonai oz l'amo yiten, Adonai y'varekh et amo va-shalom.

ברכת המזון (קיצור)

(Psalm 126 may be included on שבת and יום טוב.)

תהלים קכ״ו

שִׁיר הַמַּעֲלוֹת בְּשׁוּב יהוה אֶת־שִׁיבַת צִיּוֹן הָיִינוּ כְּחֹלְמִים.
אָז יִמָּלֵא שְׂחוֹק פִּינוּ וּלְשׁוֹנֵנוּ רִנָּה, אָז יֹאמְרוּ בַגּוֹיִם,
הִגְדִּיל יהוה לַעֲשׂוֹת עִם אֵלֶּה. הִגְדִּיל יהוה לַעֲשׂוֹת
עִמָּנוּ, הָיִינוּ שְׂמֵחִים. שׁוּבָה יהוה אֶת שְׁבִיתֵנוּ כַּאֲפִיקִים
בַּנֶּגֶב. הַזֹּרְעִים בְּדִמְעָה בְּרִנָּה יִקְצֹרוּ. הָלוֹךְ יֵלֵךְ וּבָכֹה
נֹשֵׂא מֶשֶׁךְ־הַזָּרַע, בֹּא יָבֹא בְרִנָּה נֹשֵׂא אֲלֻמֹּתָיו.

Shir ha-ma'alot. B'shuv Adonai et shivat Tziyon hayinu k'holmim.
Az yimalei s'hok pinu, u-l'shoneinu rinah.
Az yom'ru va-goyim higdil Adonai la-asot im eileh,
higdil Adonai la-asot imanu, hayinu s'meḥim.
Shuvah Adonai et sh'vitenu ka-afikim ba-negev.
Ha-zor'im b'dim-ah b'rinah yiktzoru. Halokh yelekh u-vakhoh,
nosei meshekh ha-zara, bo yavo v'rinah nosei alumotav.

When three or more adults have eaten together, one of them formally invites the others to join in giving thanks. (If ten or more adults are present, include "אלהינו.")

רַבּוֹתַי / חֲבֵרַי נְבָרֵךְ!

All respond:

יְהִי שֵׁם יהוה מְבֹרָךְ מֵעַתָּה וְעַד עוֹלָם.

The leader continues:

יְהִי שֵׁם יהוה מְבֹרָךְ מֵעַתָּה וְעַד עוֹלָם,
בִּרְשׁוּת, רַבּוֹתַי / חֲבֵרַי, נְבָרֵךְ (אֱלֹהֵינוּ) שֶׁאָכַלְנוּ מִשֶּׁלּוֹ.

The others respond:

בָּרוּךְ (אֱלֹהֵינוּ) שֶׁאָכַלְנוּ מִשֶּׁלּוֹ, וּבְטוּבוֹ חָיִינוּ.

The leader continues:

בָּרוּךְ (אֱלֹהֵינוּ) שֶׁאָכַלְנוּ מִשֶּׁלּוֹ, וּבְטוּבוֹ חָיִינוּ.

All join in:

בָּרוּךְ הוּא וּבָרוּךְ שְׁמוֹ.

🍃 BIRKAT HA-MAZON (Abridged version)

B'RAKHOT AFTER MEALS

(Psalm 126 may be included on Shabbat and Festivals)

PSALM 126
A Song of Ascent. When Adonai restored our exiles to Zion, it was like a dream. Then our mouths were filled with laughter; joyous song was on our tongues. Then it was said among the nations: "Adonai has done great things for them." Great things indeed has God done for us; therefore we rejoiced. Bring back our exiles, Adonai, as streams returning to Israel's desert. Those who sow in tears shall reap with joyous song. The seed bearer may plant in tears, but will come home singing, carrying ample sheaves of grain.

When three or more adults have eaten together, one of them formally invites the others to join in giving thanks. (If ten or more adults are present, include "Eloheinu" – our God.")

Rabotai/Ḥaverai, n'varekh.
Honored guests / Friends, let us give thanks!

The others respond:
Y'hi shem Adonai m'vorakh me-atah v'ad olam.
May Adonai be praised, now and forever.

The leader continues:
Y'hi shem Adonai m'vorakh me-atah v'ad olam,
bi-r'shut, *rabotai/ḥaverai,*
n'varekh (Eloheinu) she-akhalnu mi-shelo.
May Adonai be praised, now and forever.
With your consent, *honored guests / friends*, let us praise
(our God,) the One of whose food we have partaken.

The others respond:
Barukh (Eloheinu) she-akhalnu mi-shelo u-v'tuvo ḥayiynu.
Praised be (our God,) the One of whose food we have partaken and by whose goodness we live.

The leader continues:
Barukh (Eloheinu) she-akhalnu mi-shelo u-v'tuvo ḥayiynu.
Praised be (our God,) the One of whose food we have partaken and by whose goodness we live.

All join in:
Barukh hu u-varukh sh'mo
Praised be God and praised be God's name.

A full transliteration of the Hebrew text begins at the bottom of this page.

בָּרוּךְ אַתָּה יהוה אֱלֹהֵינוּ מֶלֶךְ הָעוֹלָם,
הַזָּן אֶת־הָעוֹלָם כֻּלּוֹ בְּטוּבוֹ בְּחֵן בְּחֶסֶד וּבְרַחֲמִים.
הוּא נוֹתֵן לֶחֶם לְכָל־בָּשָׂר כִּי לְעוֹלָם חַסְדּוֹ.
וּבְטוּבוֹ הַגָּדוֹל תָּמִיד לֹא חָסַר לָנוּ,
וְאַל יֶחְסַר לָנוּ מָזוֹן לְעוֹלָם וָעֶד.
בַּעֲבוּר שְׁמוֹ הַגָּדוֹל, כִּי הוּא זָן וּמְפַרְנֵס לַכֹּל
וּמֵטִיב לַכֹּל, וּמֵכִין מָזוֹן לְכָל־בְּרִיּוֹתָיו אֲשֶׁר בָּרָא.
בָּרוּךְ אַתָּה יהוה, הַזָּן אֶת־הַכֹּל.

נוֹדֶה לְּךָ יהוה אֱלֹהֵינוּ עַל שֶׁהִנְחַלְתָּ לַאֲבוֹתֵינוּ,
אֶרֶץ חֶמְדָּה טוֹבָה וּרְחָבָה, בְּרִית וְתוֹרָה, חַיִּים וּמָזוֹן.

On חנוכה:

עַל הַנִּסִּים וְעַל הַפֻּרְקָן שֶׁעָשִׂיתָ לַאֲבוֹתֵינוּ בַּיָּמִים הָהֵם וּבַזְּמַן הַזֶּה.

בִּימֵי מַתִּתְיָהוּ בֶּן־יוֹחָנָן כֹּהֵן גָּדוֹל חַשְׁמוֹנַאי וּבָנָיו, כְּשֶׁעָמְדָה מַלְכוּת יָוָן הָרְשָׁעָה עַל עַמְּךָ יִשְׂרָאֵל לְהַשְׁכִּיחָם תּוֹרָתֶךָ, וְאַתָּה בְּרַחֲמֶיךָ הָרַבִּים עָמַדְתָּ לָהֶם בְּעֵת צָרָתָם, מָסַרְתָּ גִּבּוֹרִים בְּיַד חַלָּשִׁים, וְרַבִּים בְּיַד מְעַטִּים. וְאַחַר כֵּן בָּאוּ בָנֶיךָ לִדְבִיר בֵּיתֶךָ, וְטִהֲרוּ אֶת־מִקְדָּשֶׁךָ, וְקָבְעוּ שְׁמוֹנַת יְמֵי חֲנֻכָּה אֵלּוּ לְהוֹדוֹת וּלְהַלֵּל לְשִׁמְךָ הַגָּדוֹל.

Barukh atah Adonai, Eloheinu melekh ha-olam,
ha-zan et ha-olam kulo b'tuvo, b'ḥen b'ḥesed u-v'raḥamim.
Hu noten leḥem l'khol basar, ki l'olam ḥasdo.
Uv'tuvo ha-gadol tamid lo ḥasar lanu,
v'al yeḥsar lanu mazon l'olam va-ed.
Ba-avur sh'mo ha-gadol, ki hu zan u-m'farnes la-kol
u-metiv la-kol, u-mekhin mazon l'khol b'riyotav asher bara.
Barukh atah Adonai, ha-zan et ha-kol.

Nodeh l'kha Adonai Eloheinu al she-hin-halta la-avoteinu
eretz ḥemdah tovah u-r'ḥavah, b'rit v'Torah, ḥayim u-mazon.

Praised are You Adonai our God, who rules the universe,
graciously sustaining the whole world with kindness
and compassion, providing food for every creature,
for God's love endures forever.
God, abounding in kindness, has never failed us;
may our nourishment be assured forever.
God sustains all life and is good to all,
providing every creature with food and sustenance.
Praised are You Adonai, who sustains all life.

We thank You, Adonai our God, for the pleasing, good,
and spacious land which You have given us as a heritage,
together with Torah and covenant, life and sustenance.

On Ḥanukkah:

We thank You for the miraculous deliverance of our ancestors from ancient days until our time.

In the days of Mattathias son of Yoḥanan, the heroic Hasmonean *Kohen*, and in the days of his sons, a cruel power rose against Your people Israel, demanding that they abandon Your Torah. You, in great mercy, stood by Your people in time of trouble, delivering the strong into the hands of the weak, the many into the hands of the few. Then Your children came into Your shrine and cleansed Your Temple. They set aside these eight days as a season for giving thanks and chanting praises to You.

On Ḥanukkah:

Al ha-nisim v'al ha-purkan she-asita la-avoteinu ba-yamim ha-hem, u-va-z'man ha-zeh.

Bimei Matityahu ben Yoḥanan Kohen gadol, ḥashmona'i u'vanav, k'she-amdah malkhut Yavan ha-r'sha-ah al amkha Yisra-el, l'hash-kiḥam toratekha, v'atah b'rahamekha ha-rabim, amad'ta la-hem b'et tzaratam, masarta giborim b'yad ḥalashim, v'rabim b'yad m'atim. V'aḥar ken ba-u vanekha li-d'vir beitekha, v'tiharu et mikdashekha, v'kav-u sh'monat y'mei Ḥanukkah eilu l'hodot u-l'halel l'shimkha ha-gadol.

On *פורים:*

עַל הַנִּסִּים וְעַל הַפֻּרְקָן שֶׁעָשִׂיתָ לַאֲבוֹתֵינוּ בַּיָּמִים הָהֵם וּבַזְּמַן הַזֶּה.

בִּימֵי מָרְדְּכַי וְאֶסְתֵּר, כְּשֶׁעָמַד עֲלֵיהֶם הָמָן הָרָשָׁע, בִּקֵּשׁ לְהַשְׁמִיד לַהֲרֹג וּלְאַבֵּד אֶת־כָּל־הַיְּהוּדִים. וְאַתָּה בְּרַחֲמֶיךָ הָרַבִּים, הֵפַרְתָּ אֶת־עֲצָתוֹ, וַהֲשֵׁבוֹתָ לּוֹ גְּמוּלוֹ בְּרֹאשׁוֹ.

On *יום העצמאות:*

עַל הַנִּסִּים וְעַל הַפֻּרְקָן שֶׁעָשִׂיתָ לַאֲבוֹתֵינוּ בַּיָּמִים הָהֵם וּבַזְּמַן הַזֶּה.

בִּימֵי שִׁיבַת בָּנִים לִגְבוּלָם, בְּעֵת תְּקוּמַת עַם בְּאַרְצוֹ, אוֹיְבִים קָמוּ לְהַכְרִית עַמְּךָ יִשְׂרָאֵל. וְאַתָּה בְּרַחֲמֶיךָ הָרַבִּים, עָמַדְתָּ לָהֶם בְּעֵת צָרָתָם, מָסַרְתָּ רַבִּים בְּיַד מְעַטִּים, וּרְשָׁעִים בְּיַד צַדִּיקִים, וּלְעַמְּךָ יִשְׂרָאֵל עָשִׂיתָ תְּשׁוּעָה גְדוֹלָה וּפֻרְקָן כְּהַיּוֹם הַזֶּה.

וְעַל הַכֹּל יהוה אֱלֹהֵינוּ, אֲנַחְנוּ מוֹדִים לָךְ וּמְבָרְכִים אוֹתָךְ, יִתְבָּרַךְ שִׁמְךָ בְּפִי כָל־חַי תָּמִיד לְעוֹלָם וָעֶד. כַּכָּתוּב, וְאָכַלְתָּ וְשָׂבָעְתָּ, וּבֵרַכְתָּ אֶת־יהוה אֱלֹהֶיךָ עַל הָאָרֶץ הַטֹּבָה אֲשֶׁר נָתַן לָךְ. בָּרוּךְ אַתָּה יהוה, עַל הָאָרֶץ וְעַל הַמָּזוֹן.

On *שבת:*

רְצֵה וְהַחֲלִיצֵנוּ יהוה אֱלֹהֵינוּ בְּמִצְוֹתֶיךָ וּבְמִצְוַת יוֹם הַשְּׁבִיעִי, הַשַּׁבָּת הַגָּדוֹל וְהַקָּדוֹשׁ הַזֶּה, לִשְׁבָּת בּוֹ וְלָנוּחַ בּוֹ בְּאַהֲבָה כְּמִצְוַת רְצוֹנֶךָ.

On Purim:

Al ha-nisim v'al ha-purkan she-asita la'avoteinu ba-yamim ha-hem, u-va-z'man ha-zeh.

Biy'mei Mordekhai v'Esther, k'she-amad aleihem Haman ha-rasha, bikesh l'hashmid la-harog u-l'abed et kol ha-Yehudim, v'atah b'raḥamekha ha-rabim, hefarta et atzato, va-hashevota lo g'mulo b'rosho.

On Yom Ha-Atzma'ut (Israel Independence Day):

Al ha-nisim v'al ha-purkan she-asita la'avoteinu ba-yamim ha-hem, u-va-z'man ha-zeh.

Bimei shivat banim li-g'vulam, b'et t'kumat am b'artzo, oyvim kamu l'hakhrit amkha Yisra-el. V'atah b'raḥamekha ha-rabim, amad'ta la-hem b'et tzaratam, masarta rabim b'yad m'atim, u-r'sha-im b'yad tzadikim, u-l'am'kha Yisra-el asita t'shu-ah g'dolah u-furkan k'ha-yom ha-zeh.

On Purim:

We thank You for the miraculous deliverance of our ancestors from ancient days until our time.

In the days of Mordecai and Esther, the wicked Haman rose up against all Jews and plotted their destruction. You, in great mercy, thwarted his designs and visited upon him the evil he planned to bring on others.

On Yom Ha-Atzma'ut (Israel Independence Day):

We thank You for the miraculous deliverance of our ancestors from ancient days until our time.

In the days when Your children were returning to their borders, at the time of a people revived in its land, enemies sought to annihilate Your people. You, in great mercy, stood by them in time of trouble, delivering the many into the hands of the few, the guilty into the hands of the innocent, achieving great victories and miraculous deliverance for Your people Israel to this day.

For all this we thank You and praise You, Adonai our God. You shall be forever praised by every living thing. Thus is it written in the Torah: "When you have eaten and are satisfied, you shall praise Adonai your God for the good land which God has given you." Praised are You, Adonai, for the land and for sustenance.

On Shabbat:

Strengthen us, Adonai our God, with Your mitzvot, particularly the mitzvah of this great and holy seventh day. You have sanctified it lovingly, that we may rest thereon, according to Your will.

V'al ha-kol Adonai Eloheinu, anaḥnu modim lakh u-m'varkhim otakh, yit-barakh shimkha b'fi kol ḥai tamid l'olam va-ed. Ka-katuv v'akhalta v'sava-ta, u-verakhta et Adonai Elohekha al ha-aretz ha-tovah asher natan lakh. Barukh atah Adonai, al ha-aretz v'al ha-mazon.

On Shabbat:

R'tzei v'ha-ḥalitzenu Adonai Eloheinu b'mitzvotekha, u-v'mitzvat yom ha-sh'vi-i, ha-shabbat ha-gadol v'ha-kadosh ha-zeh, lish-bot bo v'lanu-aḥ bo b'ahavah k'mitzvat r'tzonekha.

On ראש חודש and יום טוב (including חול המועד):

אֱלֹהֵינוּ וֵאלֹהֵי אֲבוֹתֵינוּ, יַעֲלֶה וְיָבֹא וְיִזָּכֵר זִכְרוֹנֵנוּ, וְזִכְרוֹן אֲבוֹתֵינוּ, וְזִכְרוֹן יְרוּשָׁלַיִם עִיר קָדְשֶׁךָ, וְזִכְרוֹן כָּל עַמְּךָ בֵּית יִשְׂרָאֵל לְפָנֶיךָ לְטוֹבָה,

בְּיוֹם רֹאשׁ הַחֹדֶשׁ הַזֶּה. *On ראש חודש:*

בְּיוֹם הַזִּכָּרוֹן הַזֶּה. *On ראש השנה:*

בְּיוֹם חַג הַסֻּכּוֹת הַזֶּה. *On סוכות:*

On שמיני עצרת and שמחת תורה:

בַּיּוֹם הַשְּׁמִינִי, חַג הָעֲצֶרֶת הַזֶּה.

בְּיוֹם חַג הַמַּצּוֹת הַזֶּה. *On פסח:*

בְּיוֹם חַג הַשָּׁבֻעוֹת הַזֶּה. *On שבועות:*

זָכְרֵנוּ יהוה אֱלֹהֵינוּ בּוֹ לְטוֹבָה, וּפָקְדֵנוּ בוֹ לִבְרָכָה, וְהוֹשִׁיעֵנוּ בוֹ לְחַיִּים.

וּבְנֵה יְרוּשָׁלַיִם עִיר הַקֹּדֶשׁ בִּמְהֵרָה בְיָמֵינוּ. בָּרוּךְ אַתָּה יהוה, בּוֹנֵה בְרַחֲמָיו יְרוּשָׁלָיִם. אָמֵן.

בָּרוּךְ אַתָּה יהוה אֱלֹהֵינוּ מֶלֶךְ הָעוֹלָם, הָאֵל, אָבִינוּ מַלְכֵּנוּ, אַדִּירֵנוּ בּוֹרְאֵנוּ גּוֹאֲלֵנוּ, יוֹצְרֵנוּ, קְדוֹשֵׁנוּ קְדוֹשׁ יַעֲקֹב, רוֹעֵנוּ רוֹעֵה יִשְׂרָאֵל, הַמֶּלֶךְ הַטּוֹב וְהַמֵּטִיב לַכֹּל, שֶׁבְּכָל־יוֹם וָיוֹם הוּא הֵטִיב, הוּא מֵטִיב, הוּא יֵיטִיב לָנוּ. הוּא גְמָלָנוּ, הוּא גוֹמְלֵנוּ, הוּא יִגְמְלֵנוּ לָעַד.

On Rosh Ḥodesh and Festivals (including Ḥol Ha-moed):

Eloheinu velohei avoteinu, ya'aleh v'yavo v'yizakher zikhronenu, v'zikhron avoteinu, v'zikhron Y'rushalayim ir kod-shekha, v'zikhron kol amkha beit Yisra-el l'fanekha l'tovah,

On Rosh Ḥodesh:	b'yom Rosh ha-ḥodesh ha-zeh.
On Rosh Hashanah:	b'yom Ha-zikaron ha-zeh.
On Sukkot:	b'yom Ḥag ha-sukkot ha-zeh.
On Sh'mini Atzeret and Simḥat Torah:	
	ba-yom Ha-sh'mini, Ḥag ha-atzeret ha-zeh.
On Pesaḥ:	b'yom Ḥag ha-matzot ha-zeh.
On Shavuot:	b'yom Ḥag ha-shavu-ot ha-zeh.

Zokhrenu Adonai Eloheinu bo l'tovah, u-fok-denu vo li-v'rakhah, v'hoshi-enu vo l'ḥayim.

On Rosh Ḥodesh and Festivals (including Ḥol Ha-moed):

Our God and God of our ancestors, remember us and be gracious to us, and to all the people Israel on this

Rosh Ḥodesh.

On Rosh Hashanah: Day of Remembrance.

Festival of Sukkot.

Festival of Sh'mini Atzeret.

Festival of Matzot.

Festival of Shavuot.

Grant us life and blessing, and remember us for good.

Rebuild Jerusalem, the holy city, soon, in our day.
Praised are You Adonai, who in mercy rebuilds Jerusalem.
Amen.

Praised are You Adonai our God, who rules the universe, our Provider, our Sovereign, our Creator and Redeemer, our Holy One, the Holy One of Jacob, our Shepherd, the Shepherd of Israel, Sovereign who is good to all, whose goodness is constant throughout all time. May You continue to bestow upon us grace, kindness, and compassion.

U-v'neh Y'rushalayim ir ha-kodesh bi-m'herah v'yameinu.
Barukh atah Adonai, boneh v'raḥamav Y'rushalayim. Amen.

Barukh atah Adonai, Eloheinu melekh ha-olam, ha-El Avinu Malkenu Adirenu Bor'enu Go'alenu Yotz'renu K'doshenu, K'dosh Ya'akov, Ro-enu Ro-eh Yisra-el. Ha-Melekh ha-tov v'ha-metiv la-kol, she-b'khol yom va-yom hu hetiv, hu metiv, hu yeitiv lanu. Hu g'malanu, hu gomlenu, hu yigm'lenu la-ad.

הָרַחֲמָן, הוּא יְבָרֵךְ אֶת־כָּל־הַמְסוּבִּין כָּאן.

On שבת:

הָרַחֲמָן, הוּא יַנְחִילֵנוּ יוֹם שֶׁכֻּלּוֹ שַׁבָּת וּמְנוּחָה לְחַיֵּי הָעוֹלָמִים.

On ראש חודש:

הָרַחֲמָן, הוּא יְחַדֵּשׁ עָלֵינוּ אֶת־הַחֹדֶשׁ הַזֶּה לְטוֹבָה וְלִבְרָכָה.

On יום טוב:

הָרַחֲמָן, הוּא יַנְחִילֵנוּ יוֹם שֶׁכֻּלּוֹ טוֹב.

הָרַחֲמָן, הוּא יְבָרֵךְ אֶת־הָאָרֶץ הַזֹּאת וְיִשְׁמְרֶהָ.

הָרַחֲמָן, הוּא יְבָרֵךְ אֶת־מְדִינַת יִשְׂרָאֵל,
רֵאשִׁית צְמִיחַת גְּאֻלָּתֵנוּ.

הָרַחֲמָן, הוּא יְזַכֵּנוּ לִימוֹת הַמָּשִׁיחַ וּלְחַיֵּי הָעוֹלָם הַבָּא.

****מִגְדּוֹל** יְשׁוּעוֹת מַלְכּוֹ, וְעֹשֶׂה חֶסֶד לִמְשִׁיחוֹ, לְדָוִד וּלְזַרְעוֹ עַד עוֹלָם. עֹשֶׂה שָׁלוֹם בִּמְרוֹמָיו, הוּא יַעֲשֶׂה שָׁלוֹם עָלֵינוּ וְעַל כָּל־יִשְׂרָאֵל, וְאִמְרוּ אָמֵן.

**On weekdays:* מַגְדִּיל

מַה שֶּׁאָכַלְנוּ יִהְיֶה לְשָׂבְעָה,
וּמַה שֶּׁשָּׁתִינוּ יִהְיֶה לִרְפוּאָה,
וּמַה שֶּׁהוֹתַרְנוּ יִהְיֶה לִבְרָכָה, כִּדְבַר יהוה.

Ha-raḥaman, hu y'varekh et kol ha-m'subin kan.

On Shabbat:
Ha-raḥaman, hu yan-ḥilenu yom she-kulo Shabbat
u-m'nuḥah l'ḥayei ha-olamim.

On Rosh Ḥodesh:
Ha-raḥaman, hu y'ḥadesh aleinu et ha-ḥodesh ha-zeh
l'tovah v'li-v'rakhah.

On Festivals:
Ha-raḥaman, hu yan-ḥilenu yom she-kulo tov.

Ha-raḥaman, hu y'varekh et ha-aretz ha-zot v'yishm're-ha.

May the Merciful bless all who are gathered here.

On Shabbat:
May the Merciful grant us a day of true Shabbat rest,
reflecting the life of eternity.

On Rosh Ḥodesh:
May the Merciful renew this month for goodness and for blessing.

On Festivals:
May the Merciful grant us a day that is truly good.

May the Merciful bless this land and preserve it.

May the Merciful bless the State of Israel,
the promise of our redemption.

May the Merciful consider us worthy of the messianic era
and life in the world to come.

God is a source of deliverance for His king, of lovingkindness
for His anointed, for David and his descendants forever.
May the One who brings peace to His universe bring peace
to us and to all the people Israel. And let us say: Amen.

May we be satisfied and nourished
by all we have eaten and drunk.
May whatever remains be a blessing to others
in accordance with the wishes of God.

Ha-raḥaman, hu y'varekh et m'dinat Yisra-el,
reshit tz'miḥat g'ulatenu.

Ha-raḥaman, hu y'zakenu limot ha-mashiaḥ
u-l'ḥayei ha-olam ha-ba.

Migdol (*on weekdays:* Magdil) y'shu-ot malko, v'oseh ḥesed
li-m'shiḥo, l'david u-l'zar-o ad olam. Oseh shalom bi-m'romav, hu
ya'aseh shalom aleinu v'al kol Yisra-el, v'imru amen.

Mah she-akhalnu yih'yeh l'sov-ah,
u-mah she-shatinu yih'yeh li-r'fu-ah,
u-mah she-hotarnu yih'yeh li-v'rakhah, ki-d'var Adonai.

ברכה אחרונה

After a meal at which bread has not been eaten,
but which has included at least one of the following:
Any food or cake made of one of the five grains
mentioned in the Torah
(wheat, barley, rye, oats, or spelt),
or any of the biblical fruits of the Land of Israel
(grapes, figs, olives, dates, or pomegranates),
or grape wine,
this special ברכה *(on pages 349-50) is recited.*

Following any other food or drink,
the brief ברכה *on page 350 is recited instead.*

בָּרוּךְ אַתָּה יהוה אֱלֹהֵינוּ מֶלֶךְ הָעוֹלָם,

On wine or grape juice:	(וְ)עַל הַגֶּפֶן וְעַל פְּרִי הַגֶּפֶן
On fruit:	(וְ)עַל הָעֵץ וְעַל פְּרִי הָעֵץ
On cake:	עַל הַמִּחְיָה וְעַל הַכַּלְכָּלָה

וְעַל תְּנוּבַת הַשָּׂדֶה,
וְעַל אֶרֶץ חֶמְדָּה טוֹבָה וּרְחָבָה
שֶׁרָצִיתָ וְהִנְחַלְתָּ לַאֲבוֹתֵינוּ
לֶאֱכֹל מִפִּרְיָהּ וְלִשְׂבֹּעַ מִטּוּבָהּ.
רַחֵם נָא יהוה אֱלֹהֵינוּ עַל יִשְׂרָאֵל עַמֶּךָ,
וְעַל יְרוּשָׁלַיִם עִירֶךָ,
וְעַל צִיּוֹן מִשְׁכַּן כְּבוֹדֶךָ, וְעַל הֵיכָלֶךָ.
וּבְנֵה יְרוּשָׁלַיִם עִיר הַקֹּדֶשׁ בִּמְהֵרָה בְיָמֵינוּ,
וְהַעֲלֵנוּ לְתוֹכָהּ וְשַׂמְּחֵנוּ בְּבִנְיָנָהּ,
וְנֹאכַל מִפִּרְיָהּ וְנִשְׂבַּע מִטּוּבָהּ,
וּנְבָרֶכְךָ עָלֶיהָ בִּקְדֻשָּׁה וּבְטָהֳרָה.

🌿 B'RAKHAH AFTER FOOD

> *Following a meal at which bread has not been eaten,*
> *but which has included at least one of the following:*
>   *any food or cake made of one of the five grains*
>   *mentioned in the Torah*
>   *(wheat, barley, rye, oats, or spelt),*
>   *or any of the biblical fruits of the Land of Israel*
>   *(grapes, figs, olives, dates, or pomegranates),*
>   *or grape wine,*
> *this special b'rakhah (on pages 349-50) is recited.*
>
> *Following any other food or drink,*
> *the brief b'rakhah on page 350 is recited instead.*

We praise You Adonai our God, who rules the universe,

> *On wine or grape juice:* for the vine and for its fruit.
>
> *On fruit:* for the tree and for its fruit.
>
> *On cake:* for nourishment and sustenance.

We thank You for the earth's bounty
and for the pleasing, good, and spacious land
which You gave to our ancestors,
that they might eat of its produce
and be satisfied from its goodly yield.
Have mercy, Adonai our God, for Jerusalem Your city,
for Zion the home of Your glory, and for the Temple.
Fully restore Jerusalem soon and in our day,
bringing us rejoicing in its restoration
to eat there of the land's good fruit in abundance
and to praise You in holiness.

On שבת: וּרְצֵה וְהַחֲלִיצֵנוּ בְּיוֹם הַשַּׁבָּת הַזֶּה,

On ראש חודש: וְזָכְרֵנוּ לְטוֹבָה בְּיוֹם רֹאשׁ הַחֹדֶשׁ הַזֶּה,

On ראש השנה: וְזָכְרֵנוּ לְטוֹבָה בְּיוֹם הַזִּכָּרוֹן הַזֶּה,

On סוכות: וְשַׂמְּחֵנוּ בְּיוֹם חַג הַסֻּכּוֹת הַזֶּה,

On שמיני עצרת *and* שמחת תורה:

וְשַׂמְּחֵנוּ בַּיּוֹם הַשְּׁמִינִי, חַג הָעֲצֶרֶת הַזֶּה,

On פסח: וְשַׂמְּחֵנוּ בְּיוֹם חַג הַמַּצּוֹת הַזֶּה,

On שבועות: וְשַׂמְּחֵנוּ בְּיוֹם חַג הַשָּׁבֻעוֹת הַזֶּה,

כִּי אַתָּה יהוה טוֹב וּמֵטִיב לַכֹּל, וְנוֹדֶה לְּךָ עַל הָאָרֶץ

On cake:	On fruit:	On wine:
וְעַל הַמִּחְיָה.	וְעַל הַפֵּרוֹת.	וְעַל פְּרִי הַגָּפֶן.

בָּרוּךְ אַתָּה יהוה עַל הָאָרֶץ

On cake:	On fruit:	On wine:
וְעַל הַמִּחְיָה.	וְעַל הַפֵּרוֹת.	וְעַל פְּרִי הַגָּפֶן.

🌿 ברכת בורא נפשות

בָּרוּךְ אַתָּה יהוה אֱלֹהֵינוּ מֶלֶךְ הָעוֹלָם,
בּוֹרֵא נְפָשׁוֹת רַבּוֹת וְחֶסְרוֹנָן,
עַל כָּל־מַה שֶּׁבָּרָאתָ לְהַחֲיוֹת בָּהֶם נֶפֶשׁ כָּל־חָי.
בָּרוּךְ חֵי הָעוֹלָמִים.

On Shabbat:

Strengthen us on this Shabbat,

On Rosh Ḥodesh:

Remember us for goodness on this Rosh Ḥodesh,

On Rosh Hashanah:

Remember us for goodness on this Day of Remembrance,

On Festivals:

Grant us joy on this Festival of Sukkot,

Grant us joy on this Festival of Sh'mini Atzeret,

Grant us joy on this Festival of Matzot,

Grant us joy on this Festival of Shavuot,

as we thank You, Adonai, for Your goodness to all, for the land,

On wine:	*On fruit:*	*On cake*
and for the fruit of the vine.	and for fruit.	and for nourishment.

We praise You Adonai, for the land

On wine	*On fruit:*	*On cake:*
and for the fruit of the vine.	and for fruit.	and for nourishment.

B'RAKHAH AFTER ALL OTHER FOOD

We praise You Adonai our God, who rules the universe,
creating many creatures and their needs.
For all that You have created to sustain every living creature,
we praise You, the One whose life is eternal.

לִקּוּטֵי קְרִיאָה

Supplementary
Readings
and Prayers

SUPPLEMENTARY READINGS AND PRAYERS

HELP ME TO PRAY

Ruler of the universe, Master of prayer,
open Your lips within me, for I cannot speak.

Send me words to help me shape Your praise,
to bring peace and blessing to my days.

Too often the world has stifled
all words of blessing within me.

So much has threatened to break my spirit.

Help me, O God, for I have been so very low,
and You heal the broken in spirit with love.

In Your compassion, in Your boundless love,
give me words of prayer; then accept them from me.

May my words, Your words, be sweet and whole before You
as the words of King David, sweet singer of psalms.

I am so often weary, empty, dry.
In thirst, in hunger, I seek comfort, joy, and song.

Transform my sorrow, O God.
Help me to renew my faith, my hopes,
as I raise my soul toward You.

Open Your lips within me, O God,
that I may speak Your praises.

— adapted from Nachman of Bratzlav

THERE IS NO SINGING WITHOUT GOD

There is no singing without God.
God's majesty fills the whole world.

To realize this is within our reach,
yet too often just beyond our grasp.

There is no speech, there are no words;
the song of the heavens is beyond expression.

We sense and feel more than we comprehend;
too often we see, but do not understand.

Of what use are ears if the heart is hardened?
Of what use are eyes if the heart is blind?

Can we escape God's spirit?
Can we avoid God's presence?

Compassion and goodness reveal that presence;
truth and forgiveness reflect the nearness of God.

The earth is filled with glory beyond awe;
the heavens declare it, vaulted skies sing.

Yet there is no music, no worship, no love,
when we take the world's majesty for granted.

Even wonder and amazement can hardly touch our soul
when we forget that they are guided by the hand of God.

Let us reach for that hand with all our being,
let us be held by that which we cannot hold.

Kadosh, kadosh, kadosh, holy, holy, holy.
The world is filled with the resonance of God's glory.

There is no speech, there are no words,
yet God has given each of us the ability to hear.

Let us open our eyes and rejoice in God's work;
let us open our hearts and sing.

ON FEAR AND PRAISE

God of men and mountains,
Master of people and planets,

Creator of the universe,
I am afraid.

I am afraid of the angels
You have sent to wrestle with me:

The angel of sucess,
who carries a two-edged sword.

The angels of darkness,
whose names I do not know.

The angel of death,
for whom I have no answer.

I am afraid of the touch of Your hand
on my feeble heart.

Yet I must turn to You in praise,
awesome, holy God, for there is none else.

There is no strength, no courage,
but in You.

There is no life, no light, no joy
but in You.

— Ruth F. Brin

THIS IS MY PRAYER

This is my prayer to You, my God:
Let not my spirit wither and shrivel
in its thirst for You
and lose the dew
with which You sprinkled it
when I was young.

May my heart be open
to every broken soul,
to orphaned life,
to every stumbler
wandering unknown
and groping in the shadows.

Bless my eyes, purify me to see
man's beauty rise in the world,
and the glory of my people in its redeemed land
spreading its fragrance over all the earth.

Deepen and broaden my senses
to absorb a fresh
green, flowering world,
to take from it the secret
of blossoming in silence.

Grant strength to yield fine fruits,
quintessence of my life,
steeped in my very being,
without expectation of reward.

And when my time comes —
let me slip into the night
demanding nothing, God, of man,
or of You.

> — Hillel Bavli,
>   translated from the Hebrew
>   by Rabbi Norman Tarnor

ONE THING I ASK OF GOD

I'm not asking God to change the world.
I'm not asking God to make this a world
where people no longer die,
where people are automatically good,
where they must choose good
because they are incapable of evil.

If I weren't sure of God,
if I couldn't be sure that justice, courage, and peace
were things God wanted,
I'm not sure I could go on working for them.

If I didn't believe God cared about me and how I live,
that God takes every human life seriously
and invests it with significance,
I couldn't believe that the world was on the way
to becoming God's kind of world.
I think I'd be too scared of death and evil to help anyone.

So I'm not asking God to change the world for me.
I ask only one thing of God, nothing but this:
Reassurance that God is there.
That God is real.
That God makes a difference.

Let me know that.
Let me find God
in my own power to grow and to believe,
to sanctify and to help others,
and I will know that I'm not alone.
My world will be filled with light and with strength.

— Harold Kushner

SHOW US HOW TO FASHION HOLINESS

O God —

Show us how to fashion
holiness from waste,
uncovering sparks in the broken shells
of people beaten down by circumstance
and mired in the boredom of hollowness.

Teach us to take
a neutralized reality
and create the sublime,
forming shapes of blessings with a sacred touch.

Instruct us in sympathy,
that we may learn to tear away at hopelessness
and the groan and *oy* of despair
by stories, jokes, and astonishing embraces.

Remove shallowness from our lives
and destroy senselessness,
that we may discover Your plan
and fulfill Your purposes.

Give us insight and vision,
and we will perform signs and wonders
in the sight of all humanity
as You Yourself once did
in the Land of Egypt and at Sinai.

Show us life in all its glory,
and we will glorify Your name,
here and now, everywhere and forever.

— Danny Siegel

NO RELIGION IS AN ISLAND

No religion is an island;
there is no monopoly on holiness.

> *We are companions of all who revere God.*
> *We rejoice when the divine name is praised.*

No religion is an island;
we share the kinship of humanity,
the capacity for compassion.

> *God's spirit rests upon all, Jew or Gentile,*
> *man or woman, in consonance with their deeds.*

The creation of one Adam promotes peace.
No one can claim: My ancestry is nobler than yours.

> *There is no monopoly on holiness;*
> *there is no truth without humility.*

We are diverse in our devotion and commitment.
We must unite in working now for the sovereignty of God.

> *God is near to all who call upon Him in truth.*
> *There can be disagreement without disrespect.*

Let us help one another overcome hardness of heart,
opening minds to the challenges of faith.

> *Should we hope for each other's failure?*
> *Or should we pray for each other's welfare?*

Let mutual concern replace remnants of mutual contempt,
as we share the precarious position of being human.

> *Have we not all one Creator? Are we not all God's children?*

Let us not be guided by ignorance or disdain.
Let lives of holiness illumine all our paths.

> *The hand of God is extended to all who seek Him.*
> *Let our deeds reflect that we share the image of God.*

Let those who revere the Eternal speak one to another,
leading everyone to acknowledge the splendor of God.

— *adapted from* Abraham Joshua Heschel

WHERE SHALL WE FIND GLORY?

Where shall we find glory?
In what does the Eternal delight?

Let the wise not glory in their wisdom;
let the wealthy not glory in their wealth;
let the mighty not glory in their might.

What does Adonai require?
How can we follow God's ways?

"Let those who would find glory understand
that I practice kindness and justice on earth;
for in this do I delight," says the Lord.

Let us love justice, live with kindness,
and walk humbly with our God.

As God helps the needy, let us help the needy.
As God visits the sick, let us visit the sick.

As God comforts mourners, let us comfort mourners.
As God feeds the hungry, clothes the naked,
let us feed the hungry, clothe the naked.

As God is merciful and compassionate,
let us be merciful and compassionate.

Hate evil, love goodness, and establish justice in public.
"For in this do I delight," says the Lord.

Then shall I betroth you to Me forever,
in righteousness and justice, love and mercy.

"I will betroth you to Me in faithfulness,
and you shall love Adonai."

God delights in those who care for others
with justice and kindness, with love and compassion.

"For in this do I delight," says the Eternal.
In this is glory found for all who live.

— Jules Harlow

A HIGHER JOY

I need not receive
In return for giving.
I caressed an injured bird
Because it was in pain.
I embraced my child
Because I love him.
I guided a blind man
Across the street
Because he needed help.
I looked in awe at a sunset
Because it was beautiful.
I know a higher joy,
I live in order to spend myself,
And the fountain is enriched
The more I draw on it.

— Ben Zion Bokser

THE GIFT OF LOVE

True love is always free.
I did not merit
That God call me
From the infinite void
To give me life
And adorn me
With his image,
Enabling me
To think and dream,
To feel and serve.
I did not merit
The love of those who raised me
To the time of my blooming.
All lavished love on me
Beyond my deserving.

When I rise
To a higher love
I, too, shall bestow it free.
Love is the soul's answer to God,
Calling me to be like Him.
The gift of love nourishes the world.

— Ben Zion Bokser

IN ASSURANCE AND IN DOUBT

God speaks
In assurance
And in doubt.
When we are vexed,
When many paths beckon
And we cannot choose our way,
God illumines a way.
Assurance comes to the soul
And we are again at peace.
But when we have chosen unwisely
And feel smugly content,
God disturbs us
With doubt
To challenge us,
That we might
Rethink our way.

— Ben Zion Bokser

THE TREE KNOWS

Naked and lonely,
Bereaved of her children,
The brood of green foliage,
The tree stands in the winter cold
Shaking in the wind.
She bears witness to her faith
That the world will green again.
The storm bends her,
But she remains rooted
In the spot
Where God or man
Stationed her.
She knows through the wisdom
Imbibed in her flesh
That storms recede,
That spring returns,
That her hard limbs
Will grow soft again
At the touch of a warmer sun,
And the crown of new foliage
Will mark the renewal
Of her life.

— Ben Zion Bokser

TORAH AND LOVE

Your love, O God, is reflected
in our ability to love.

Your compassion is reflected
in the lives of the compassionate.

Our ancestors were such people.
Through their vision of You
they learned the laws of life.

May we be worthy to learn them too.
Creator of mercy, open our hearts.

Source of compassion, lead us to learning,
that learning may lead us to deeds
and may lead us to teaching others.

May our eyes light up with Torah;
may our hearts cling to mitzvot.

May our trust in You
lead us to gladness and joy.

In peace gather us from the corners of the earth
and lead us proudly to the promised land.

You have brought us close to Your great name,
to thank You and to say "You are One"
through deeds of love.

All praise to You, Adonai,
who gives the Torah to the people Israel
with the blessing of love.

— Arthur Green

THE TEN COMMANDMENTS

Gathered together in this sanctuary, we recall
a gathering of our people in ancient times.

Together they entered and witnessed a covenant
transmitted through our teacher Moses, who said:

The Eternal God made a covenant with us at Sinai.

Not only with our ancestors
did the Eternal make this covenant,
but with us, the living,
every one of us here today.

The Eternal said: I am Adonai your God who brought you
out of the land of Egypt, out of the house of bondage.
You shall worship only Me.

You shall not make a graven image to worship;
you shall not bow down to idols or serve them.

You shall not use the name of Adonai your God
to take a false oath.

Observe the Sabbath day, to keep it holy.

Honor your father and your mother.

You shall not murder.

You shall not commit adultery.

You shall not steal.

You shall not bear false witness against your neighbor.

You shall not covet your neighbor's wife,
and you shall not covet your neighbor's house, or field,
or servant, or anything that belongs to your neighbor.

Not only with our ancestors
did the Eternal make this covenant,
but with us, the living,
every one of us here today,
to remember and to fulfill it.

TORAH — A TREE OF LIFE

Our Torah is the great symbol of Jewish life today,
as it has been for more than two thousand years.

At first there was the menorah, the ark of the Covenant,
and then the Temple.

But before the second Temple was built,
the reading of Torah
became the great symbolic act of Jewish unity.

Medieval Jews honored the Torah with a rich cover
and a crown, as they had learned to honor royalty.

Modern Jews, like our ancestors,
stand in its presence and treat it with awe, a holy object.

It is a tree of life, we say,
therefore identifying it with the seven-branched menorah
that stood in the Tabernacle and the Temple.

It contains the Law of Moses, we say,
identifying it with the Temple, the center of Jewish life
in the past, and proclaiming it the center of Jewish life
today for ourselves and our people.

We stand in awe of these scrolls,
for they have preserved us as we have preserved them.
They are potent and they are dangerous:

Dangerous if we treat them like icons,
keep the scrolls rolled and look at the jeweled embroidery,
kiss the mantle and forget the words,

Dangerous even if we read the words
and accept them as written
without understanding, without interpretation, without love,

Potent to make us seek eternal values
in our temporary lives;
potent to set our minds and souls on the search for God.

This is our Torah.
In it is the God-seeking of our people.
Let us use it with wisdom.

— Ruth F. Brin

HELP US TO OPEN OUR LIVES TO YOUR TRUTH

Help us, Creator, to embrace the enduring.

> *Too often we waste this world;*
> *too often we squander time on the trivial.*

Help us, Eternal, to honor humility.

> *Too often we follow the foolish and the wicked;*
> *too often we follow mockers and the arrogant.*

Protect us, Sovereign, from ourselves as from others.

> *Too often we speak slander and violence;*
> *too often we falter in our faithfulness.*

Protect us, God, from dullness and routine.

> *Too often we accept apathy and unconcern;*
> *too often we are blind to the miracles of life.*

Inspire us, Creator, with a sense of the sacred.

> *Too often we limit our lives to the profane;*
> *too often we ignore the treasures of Torah.*

Inspire us, Lord, with the blessings of Your truth.

> *Too often we succumb to cynicism;*
> *too often we wallow in worthlessness.*

Spiritual blindness cannot lead to blessing.
Life stripped of compassion is sterile, forlorn.

> *Help us, Compassionate, to help others.*
> *Protect us, Creator, from callousness.*

Inspire us, Merciful, with kindness.
Awaken us, Lord, from indifference.

> *Help us to open our eyes to Your truth;*
> *help us to open our hearts to Your Torah.*
> *Help us to open our lives to You.*

— Jules Harlow

A BLESSING

May your eyes sparkle with the light of Torah,
and your ears hear the music of its words.
May the space between each letter of the scrolls
bring warmth and comfort to your soul.
May the syllables draw holiness from your heart,
and may this holiness be gentle and soothing
to you and all God's creatures.
May your study be passionate,
and meanings bear more meanings
until life arrays itself to you
as a dazzling wedding feast.
And may your conversation,
even of the commonplace,
be a blessing to all who listen to your words
and see the Torah glowing on your face.

— Danny Siegel

SHABBAT HAS COME

Where has this week vanished?
Is it lost forever?
Will I ever recover anything from it?
The joy of life, the unexpected victory,
the realized hope, the task acomplished?
Will I ever be able to banish the memory of pain,
the sting of defeat, the heaviness of boredom?
On this day let me keep for a while what must drift away.
On this day let me be free of the burdens that must return.
On this day, Shabbat, abide.

And now Shabbat has come,
can it help me to withdraw for a while
from the flight of time?
Can it contain the retreat of the hours and days
from the grasp of a frantic life?
When all days abandon me, Shabbat, abide.

Let me learn to pause, if only for this day.
Let me find peace on this day.
Let me enter into a quiet world this day.
On this day, Shabbat, abide.

— David Polish

SHABBAT BLESSING

How little it takes
as Friday fades
to make us feel blessed beyond words
so aware, so alive
so full, so aching —
here
in our hearts.

We need only open the china cupboard drawer
to lift out grandmother's lace cloth
the one that graced her Sabbath table
when we were too young to know
how much of our lives would be interwoven
in the strands now entrusted to our loving care.

How little it takes — just the cupboard itself
the fine old wood as proud in its prime
as in the days it stood in mama's dining room
to make us feel that tug,
that pull to lean in closer to inhale
the faint scent of yesterday lingering still.

How can we thank God for these moments beyond price?
we wonder as we cradle one more treasure, a gift,
the candlesticks our child brought home from Israel
along with the commitment to value all that is ours —
honoring the past, living fully for the moment,
creating for, endowing, the next generation.

It takes only the sun's last glance
a blush of color in the sky
to tell us the Sabbath Bride makes ready . . .
Beckoning to her, welcoming her
we veil our own eyes
to whisper the *b'rakhah*
while light spills forth around, above
and at last from within
marrying soul to *mitzvah*
spirit to *shekhina*
to shine, to burn, to be, to praise.

— Laurie A. Sunshine

ETERNITY UTTERS A DAY

On Shabbat we share the holiness at the heart of time.
Eternity utters a day.

We celebrate Creation;
we celebrate the sacredness of time.

We sanctify Shabbat with all our senses;
body and soul partake of Shabbat.

Struggle and dissonance are forgotten;
we are embraced by peace and by wholeness.

Eternity utters a day.
Shabbat is a temple in time.

Shabbat is holiness in time, the presence of eternity,
a moment of majesty, the radiance of joy.

We are reminded of our royalty,
raised to nobility by our exalted Sovereign.

Shabbat ennobles, enhances; it nourishes
the seed of eternity planted in our soul.

Shabbat is a gift of dignity and rest,
of holiness, splendor, and delight.

Eternity utters a day.
We bask in the radiance of redemption.

Shabbat is a taste of the world to come,
a time of peace, tranquility, harmony, and joy.

In time to come the promise of paradise will be restored,
a messianic covenant of peace to bind all creatures.

We are grateful for the gift of this Shabbat
as we anticipate the time when all will be Shabbat.

— *adapted from* Abraham Joshua Heschel

THE GIFT OF SHABBAT

Out of a vast and formless mass,
You, O God, did fashion a world.

You brought light into darkness,
Order where there was confusion,
And living creatures to inhabit the earth.

You created us in Your own image,
Giving us dominion over all Your works.

Then you rejoiced in Your creation;
You beheld Your work and it was good.

You who have given us Shabbat to remember creation,
Implant within us a spark of Your spirit,

That we may share with You the joy of creation,
And you may find our efforts good.

May we, also, bring light where there is darkness,
Ennobling thus the human heart and mind.

Sovereign of all creation, God most high,
Your power is manifest in the destiny of people and nations.

You delivered Israel from bondage in Egypt,
For it is Your will that we should be free.

You have given us Shabbat to commemorate that freedom,
To teach us that no one shall be master and no one a slave.

Help us to break every shackle asunder,
Hastening the day when the strong will be just,
And the weak will no longer know fear.

You, our Creator, are mindful of Your handiwork;
Your ordinances are all conceived in wisdom.

You commanded us to cease from our labor,
That we may find joy and peace in Shabbat rest.

For we were not made only to labor;
We must pause and reflect and commune with You.

We thank You, our Creator, for the gift of Shabbat,
Your gift to Israel that blesses all mankind.

— *Adapted from* Morris Silverman

FOR YOUR SAKE, FOR OURS

Turning, ever turning
season follows season
and we wave the branches, the willow once again
to hear a faint whisper
of voices from the past
in the rustle of myrtle and soft snap of palm.

Oh, they're there. Can't you tell?
Can't you hear the murmur
the magic melody of some four thousand years
ever the same
always calling, reaching, tugging
to pull us back, far back in the cycle of time?

Back to the days of kings,
patriarchs and heroes —
to Solomon, Esther, Abraham and Sarah,
Joshua, Deborah —
but still it does not stop.
The rhythm increasing with each swish of the frond,

they come wave after wave
and the ages go by —
yet still we know their names and can't escape the bonds:
Maccabee, Marrano,
shtetl bocher, ḥalutz . . .
The rumble grows louder and we sway with the swell

of fathers, of mothers, whose names we do not know —
but they know us, oh yes,
and claim us for their own
even as they were chosen
and charged to remember
the commandments for all generations to come.

So it comes down to us.
Though at times it is hard,
like holding the citron with the greatest of care
to preserve the precious point.
Yet that bittersweet tang
of fragrant fruit lingers and the song — oh, the song!

Can't you hear it? Sense it?
Can't you feel it touch you,
that haunting, familiar, just-out-of-grasp refrain
the one that won't let you go
not this year nor the next?
I am yours, you are mine; we are God's, God is ours.

Dear God, don't let it stop.
Let the music go on
for Your sake if not for ours, for all that's gone before.
Recall Your covenant even as we listen
to our past, our future.
Let it go on and on.

— Laurie A. Sunshine

IMPERMANENT DWELLINGS

For forty years our ancestors wandered in the wilderness.
They were Your sanctuary;
You were their protection.

Tents, huts, sukkot, rude impermanent dwellings —
The weakest of structures were the strongest of homes.

In them You shaped our people's soul.
In them we have felt Your nearness.

We build these huts anew each year
To find again Your presence.

Life is frail as a sukkah;
We are insubstantial as a harvest hut.
Exposed to the ravages of nature, we are impermanent.

Faith in God is frail as a sukkah.
It is prey to all life's evil
Even as the Sukkah is exposed to wind and rain.

But life is also strong as a sukkah.
We are enduring as a harvest hut;
Often beaten down, we rise again.

And faith in You is strong as a sukkah.
Amid all life's furies it rises again and again,
A fortress of hope and salvation.

On Sukkot we thank You for all Your blessings —
Home and hearth, food and clothing.

Above all we thank You for the faith that sustains us.
Spread over us always Your sukkah of inner peace.

— I. Michael Hecht

ECCLESIASTES (Kohelet) *(selected passages)*

*In some congregations the entire Book of Kohelet is read
during services on Sukkot.*

Futility, utter futility, said Kohelet.
What do we gain by all of our toil under the sun?

*Generations come and go,
but the earth remains the same forever.
All streams flow into the sea, but the sea is never full.*

What has happened before shall happen again.
There is nothing new under the sun.

*The wise and the foolish share the same fate.
Both are forgotten; we strive after wind.*

For everything there is a season,
a time for everything under the sun:

*A time to be born and a time to die,
a time to laugh and a time to cry.*

A time to lose and a time to seek,
a time to be silent and a time to speak.

*A time to love and a time to hate,
a time for war and a time for peace.*

God brings about everything in its time.
Nothing is added, or taken away.

*Justice and wickedness are both in the world.
Humans and animals share the same fate.
It would be better not having been born,
than to see wrong-doing under the sun.*

Still, two are much better off than one;
should they fall, one can lift the other.

*Be not rash with your mouth,
be not hasty to utter a word before God.*

One who loves money will never be satisfied.
A lover of wealth will never have his fill.
This too is futility.

*A good name is better than fragrant oil,
and the day of death better than the day of birth.*

It is better to go to a house of mourning than of feasting,
for that is the end of every mortal.

Sometimes the righteous perish despite their righteousness;
sometimes the wicked endure despite their wickedness.

There is not one righteous person on earth
who does only good and never sins.

Eat your bread in gladness and drink your wine in joy,
for God has already approved of your action.

Enjoy life with the one you love all the fleeting days
of your life that have been granted you under the sun.

Do with all your might whatever you are able to do.
There is no activity, no thought,
no wisdom in Sheol, where you are going.

The race is not to the swift, nor the battle to the strong.
Bread is not won by the wise, nor wealth by the intelligent.
Time and chance befall them all.

Cast your bread upon the waters,
for after many days you will find it.

How sweet is the light,
how pleasant for eyes to behold the sun.

Rejoice while you are young.
Follow your heart's desire, the sight of your eyes.

But know that for all these things
God will call you to account.

Remember your Creator and appreciate life
in the days of your youth, before the days of sorrow come
and years draw near when you will say:
I have no pleasure in them.

This applies to all mortals:
God will call every creature into account
for everything, good or bad.

The dust returns to the earth as it was,
and the spirit returns to God who gave it.

To sum up the matter:
Revere God and fulfill God's mitzvot,
for this is the purpose of human existence.

SIMḤAT TORAH

We have finished the Torah now,
reading of the last days of our teacher, Moses,
and we have begun at the beginning once more.

We have moved from the story of Israel
to the creation of light,
resolved to make a new and better beginning
in our study of Torah.

Before creating Adam and Eve,
God created time, evening and morning.

God created the stars and the planets
whirling in their courses,
and the patterns of motion for earth and sun and moon.

God created plants and birds,
animals and the creatures of the sea,
each with its beginning, its flowering, and its ending,
its rhythm of death and of birth.

Though we move in cycles,
like every work of Your hand,
we are not bound to a wheel revolving on a fixed axis;
we believe we can move forward.

Inspire us, our Creator,
to continue the cycle of Torah;
strengthen us to renew the life of Israel,
help us bring Your light to our world,
speed us toward the bright morning of peace.

— Ruth F. Brin

THE FEAST OF FREEDOM

What does this ritual mean?
Why on this night do we eat Matzah?

> *What is this all about?*
> *Why on this night do we eat Maror?*

What are the laws which Adonai has commanded us?
How different is this night from all other nights!

> *We were slaves to Pharaoh in Mitzrayim.*
> *They dealt harshly with us and oppressed us.*
> *They paid back in evil the kindnesses Joseph had done them.*

We cried out to Adonai.
God knows of our suffering.

> *Be at ease my soul.*
> *God's promise sustains us.*
> *Adonai heard our plea in every generation.*

The Holy One saves us from their hands
With a mighty hand and an outstretched arm,

> *With signs and wonders. "I and not a messenger."*
> *With the awesome power of divine revelation.*

God passed over our dwellings and redeemed us.
Dayenu. In every generation.
You shall tell your children on that day,
"It is because of what Adonai did for me."

> *From slavery to freedom.*
> *From darkness to light.*
> *From enslavement to redemption.*

L'shanah ha-ba'ah bi-rushalayim ha-b'nuyah.
Next year may we celebrate in Jerusalem rebuilt.

— Selections from the Haggadah *of Pesaḥ*

THE SONG OF SONGS (*selected passages*)

> *In some congregations the Song of Songs is read in its
> entirety during services on Pesaḥ.*

Oh, for a kiss from your lips,
for your love is better than wine.

> *You are fair, my beloved, you are fair.
> Your eyes are doves.*

You, too, are fair, my darling, sweet indeed.
Our couch is shaded with branches.
The beams of our house are cedar, our rafters are firs.

> *Like a lily among thorns
> is my beloved among women.*

Like an apple tree in the forest
is my darling among men.
I delight to sit in his shade;
his fruit is sweet to my palate.

> *Sustain me with raisins, revive me with apples,
> for I am faint with love.*

Hark, my beloved! Here he comes,
leaping over mountains, bounding over hills.

> *Thus does my beloved speak to me:
> Arise, my darling, my beauty, and come away.
> For the winter is over, the rains have gone,
> blossoms have appeared, the time for pruning has come.*

The turtledove's cooing is heard in the land.
The green figs on the fig tree are ripening,
the vines are in blossom; they give off fragrance.

> *Arise, my darling, my fair one, and come away.*

O my dove, in the cranny of the rock, hidden by the cliff —
let me see your face, let me hear your voice,
for your voice is sweet, your face is lovely.

> *My beloved is mine and I am his;
> he grazes among the lilies.*

My bride, my own, you have captured my heart
with a glance of your eyes, with a turn of your neck.

>*How sweet your love, my bride, my own,*
>*far sweeter than wine.*

Your lips drop sweetness, my bride.
Honey and milk are under your tongue.
No spice is so sweet as your fragrance.

>*Where has your beloved gone, fairest of women?*
>*Where has your darling wandered?*
>*Let us seek him together.*

My beloved has gone down to his garden of spices,
to browse in the garden and to gather lilies.

>*I am my beloved's and my beloved is mine.*
>*He feeds among the lilies.*

My beloved is fair and ruddy,
a paragon among ten thousand,

>*My dove is the only one, the perfect beauty:*
>*Fair as the moon, clear as the sun.*

I am my beloved's, whose longing is all for me.
Come away to the fields, my beloved.

>*Let us sleep among the blossoms of henna.*
>*Let us go to the vineyards early.*

Let us see if the vine has ripened, if blossoms are open.
There I will give my love to you.

>*Let me be a seal upon your heart, upon your arm.*
>*For love is as strong as death, passion mighty as the grave.*
>*Its flashes burn like flames, a blazing fire.*

Vast floods cannot quench love,
no river can sweep it away.

>*If one offered all he has for love,*
>*he would be utterly scorned.*

You linger in the garden, companions listen for you.
Let me hear your voice.

>*Hurry, my beloved, as a swift gazelle, a young stag,*
>*to the hills of spices.*

THE PATH OF FREEDOM

An individual or a people can be liberated from slavery.
But to be liberated is not yet to be free.
It is only the first great step into freedom.

While others can give us liberty,
only we can make ourselves free;
for if we serve only ourselves,
freedom itself soon falls into slavery.

The path of freedom is like a high, unprotected road
requiring our endless vigilance.

On such a road we must be prepared to choose
between slavery and freedom
at every turn, at every moment.

That is why it is hard
to make the journey of freedom alone.

We must strengthen our choices
by walking with the giants of all ages
who are on the same journey with us.

In a home where freedom is being celebrated
a door must be opened,
so that all who are outside may be invited in.

Whenever someone joins us who seeks freedom
our own freedom is enlarged.

It is to make us remember
the endless effort which freedom demands
from those who would be free.

And to keep us from forgetting
that slavery comes in many forms,
enveloping the spirit as well as the body.

As in every generation, we too must invite
all those we can to share the journey with us:

To help each other,
to serve and free each other,
to open our door, so that all might be free.

UNCOMPLETED JOURNEY

Jacob had gone to Egypt in time of famine
and found there food to sustain life.

Unthinking, he had accepted the power of Egypt,
like an unhappy child, had given obedience for food,

Unknowing as a child, he had grown and learned,
heard tales of strange gods, suffered and wondered.

Then, like a youth seeking independence from parents,
he struggled and fought for freedom.

Like an infant who must be born or strangle
Israel burst forth from the womb of Egypt.

With fear we fled through the walls of water
leaving forever the fertile valley of the Nile.

Self-orphaned, alone and hungry, we fled
into the empty desert of freedom,
the rocky valleys of decision.

For many years we sought the God
    of freedom and righteousness,
sought the way to the promised land
    where we would build our new home.

This is the journey of the soul:
To forsake the mother's womb, the father's house,
to search in the wilderness for God,
to build a life of love and independence.

This is the uncompleted journey of our people:
To forsake slavery, to fight tyranny,

to seek the difficult ways of God, which alone teach us
to build a world of freedom and peace.

— Ruth F. Brin

WINGLESS

Our past goes back to Sinai,
our future will be complete at Zion.
But now we live in this divided present,
struggling for direction.

With psalms and prayers,
the fine nets our people have woven,
we will recapture our dreams.

Dusted with powders of flight,
gliding on wings of dreams,
we will return to the wilderness,
we will roam the desert of Sinai.

We have struggled to survive heat and sand,
we have been hungry and afraid and angry.

Now we stand at Sinai, the earth rumbles,
flames roar from the mountain, trumpets scream.

Above the thunder, the crashing of rocks,
the quaking of earth,
beyond the rage and fright trembling within us,
we hear the voice of God.

With fear we promise to obey the commandments,
with awe we accept the responsibility of Torah,
with humility we take our places among the people of Israel.

Wingless now, we are dropped
in the howling wilderness of our present

knowing that when we hear and obey
we go forward toward Zion;

when we live by the work of God
we have reached the foot of the mountain,

when we love Adonai our God
we will come to exultation.

— Ruth F. Brin

THE PASSION OF MY HEART

At Sinai,
The passion of my heart awoke me from my dreams,
My ears heard a voice, my eyes saw a vision of loveliness.
I beamed.

> *On the day that Moses alone was allowed to draw near,*
> *On the sixth of Sivan, as we stood afar, in fear,*
> *God opened my eyes.*

We received the tablets, burnished in blazing light,
The letters engraved,
A crown for the faithful at heart.

> *We have publicized Torah's riches,*
> *grown wise through its laws,*
> *Ever praising the Ageless, the Presence of Sinai.*

We will joyfully study laws, written and oral,
Fragments of truth exciting my thoughts.

> *Beautiful, sacred people, radiant with the light of Torah,*
> *We abide in the protection of the Awesome, the Eternal,*
> *The source of my life and its direction.*

How lovely is our visage, returned to Jerusalem —
God's spirit infused in our synagogues and homes.

> *Guide me, God, to achieve the goals for which I strive.*
> *Apple of my eye, my strength, my vision,*
> *Purify me, as You did, Adonai,*
> *At Sinai.*

— Abu Shim'on Shabazi (Yemen, 17th c.)

THE BOOK OF RUTH (excerpts)

In some congregations the Book of Ruth is read in its entirety during services on Shavuot.

In the days when the judges ruled, there was a famine in the land, and a man from Bethlehem in Judah went to live in Moab with his wife and two sons. His name was Elimelekh, his wife's name was Naomi, and his two sons were Maḥlon and Khilion. Elimelekh died and their two sons married Moabite women, one named Orpah and the other, Ruth. After about ten years, Maḥlon and Khilion also died, so that Naomi was bereft of her husband and of her two sons.

With her two daughters-in-law she set out on the road back to the land of Judah. Naomi said to them: "Turn back, each of you to her mother's house. May the Eternal deal kindly with you, as you have dealt kindly with the dead and with me." They wept aloud, and said to her: "No, we will return with you to your people." But Naomi replied: "Go back, my daughters. Why should you come with me? Have I more sons in my womb that they may become your husbands?"

They wept again. Orpah kissed her mother-in-law farewell, but Ruth clung to her. Then Naomi said: "You see that your sister-in-law has gone back to her people and to her gods; go back with your sister-in-law." But Ruth replied: "Entreat me not to leave you, to go back and not follow you. Wherever you go will I go and wherever you stay will I stay. Your people shall be my people, and your God my God. Wherever you die will I die, and beside you will I be buried. I vow that only death will separate me from you." When Naomi saw that Ruth was determined to go with her, the two of them walked on until they reached Bethlehem.

Naomi had a kinsman, a man of wealth from Elimelekh's family; his name was Boaz. Ruth said to Naomi: "Allow me to go into the fields to glean among the ears of grain." And Naomi replied: "Go, my daughter." So Ruth went, and came to glean in a field belonging to Boaz. Boaz asked his servant who was in charge of the reapers: "Whose girl is this?" The servant replied: "She is the Moabite girl who came back with Naomi from Moab. She asked to be allowed to glean behind the reapers." Boaz said to Ruth: "Listen, my daughter. Glean in no other field. Stay here close to my girls, and follow them. I have forbidden the young men to molest you. Whenever you are thirsty, go and drink. I have been told all that you have done for your mother-in-law since the death of your husband, how you left your father and your mother and your native land to come to a people you had not known before. May you be richly rewarded by the God of Israel, under whose wings you have come to seek shelter." She replied, "I am grateful. You have comforted me by speaking kindly to your maidservant."

One day Naomi said to her: "My daughter, I must see you happily settled. There is our kinsman Boaz; you have been close to his girls. He is winnowing barley at the threshing floor tonight. Bathe, dress yourself, and go down to the threshing floor, but do not make yourself known to him until he has finished eating and drinking. When he lies down, go, uncover his feet, and you lie down. He will tell you what to do." She did just as her mother-in-law had told her. Boaz ate and drank, and went to lie down beside the heap of grain. Ruth came in quietly, turned back the covering at his feet, and lay down. In the middle of the night, the man gave a start and bent forward. There was a woman lying at his feet!

He asked: "Who are you?" She responded: "I am Ruth, your maidservant. Spread your robe over your maidservant, for you are my redeeming kinsman." Boaz said: "May the Eternal bless you, my daughter. Have no fear. I will do all that you ask, for everyone knows how worthy a woman you are."

Boaz declared to the elders and to all the people: "You are witnesses that I am acquiring from Naomi all that belonged to Elimelekh and to Khilion and Maḥlon. I am also taking Maḥlon's wife, Ruth the Moabite, to be my wife, to perpetuate the name of the dead together with his inheritance, so that his name will not perish from among his kindred or from the gate of his native place."

Then the elders and all the people said: "We are witnesses. May the Eternal make the woman who is coming into your house like Rachel and Leah, who built up the House of Israel. May your house flourish like the house of Peretz, whom Tamar bore to Judah, through the offspring which the Eternal will give you with this young woman."

So Boaz married Ruth and she became his wife. The Eternal caused her to conceive, and she bore Boaz a son. Then the women said to Naomi: "Praised be the Eternal. This child will renew your life and nourish you in your old age, for he is born of your daughter-in-law, who loves you and who is better to you than seven sons." Naomi took the child and became its nurse, and the women, her neighbors, gave him a name. "A son is born for Naomi," they announced. And they called him Obed. He was the father of Jesse, the father of David.

THANKSGIVING

Worship Adonai in gladness; come before God with joy.

Enter God's gates with thanksgiving;
with gratitude sing out God's praise.

Adonai, Creator of the heavens and the earth,
provides food for the hungry with mercy,
and brings justice to the oppressed.

Praise the Creator who works great wonders,
who ennobles us from birth, who treats us with compassion.

God covers the sky with clouds, sending rain,
bringing forth bread from the earth to sustain us,
providing wind to gladden the human heart.

God has brought peace to our borders
and has satisfied us with choice wheat.

God has blessed us with liberty,
with noble dreams, and with the pursuit of happiness.

Give thanks to Adonai, for God is good.
God's love endures forever.

God crowns the year with goodness,
and the fields yield a rich harvest.

The hills are covered with happiness,
and the meadows are clothed with sheep;
the valleys, adorned with corn.

How shall we thank God for our blessings?

Let us share our bread with the hungry;
let us not turn away from the needy.

Clothe the naked and shelter the homeless,
help those who have no help.

Let us not take our blessings for granted.
Let us share them with others, with thanks.

Sing a new song for Adonai.
Where the faithful gather, let God be praised.

God's love endures forever.
Let us share in that love with our life.

IN DARKNESS, CANDLES

God, You create day and night,
Rolling away light before darkness,
Darkness before light.
Thank You for the darkness.
Without it we could not appreciate the light.
By the darkness we can measure blessing —
Health by sickness, laughter by tears,
Riches by poverty, freedom by oppression.
In the darkness of the night
The Maccabees lit a flame
Which still illuminates our lives.
Thank You for giving them the courage to resist.
In centuries of night
Jews defied the darkness and lit flames.
And by those slender lights,
From torn and tear-soaked prayerbooks,
They pleaded for Your mercy
And asked an end to exile's night.
Thank You for the answer to their prayers,
And for restoring Israel's light.
But still night reigns in all the world.
In the darkness teach us to light candles.
Teach us to light candles,
Even as we do each night
In memory of ancient light after darkness.
A candle is small.
Not far from where it brightly flames
The darkness closes in.
But candles light other candles,
And light draws strength from light.
Each night of life let us add candles:
The candle of hope.
The candle of faith.
The candle of brave deeds.
The candle of freedom . . .
We thank You for the darkness
Even as we thank You for the light.
— I. Michael Hecht

REMEMBER

Adonai, Master, Creator,
who set the round course of the world,
birth, death, and disease —

Creator, who caused veins, brains, and bones to grow,
who fashioned us air that we might breathe and sing —

Remember that we are incomplete
and inconsolable, our vision clouded by ashes.

Remember the chimneys, the ingenious habitations of death
where part of Israel's body drifted as smoke through the air.
Remember the mutilated music of their lives.

We lament in fields of loneliness
for six million of our number torn away. Remember them.

There are some who have no memorial.
They are perished as though they had never been.
Forget them not.

Remember the landscape of screams
engraved at entrance gates to death.
Remember the unborn dreams.

Remember the terror of children, whose tears were burned.
Remember the agony of parents, whose blessings were consumed.

Remember the prayers of the dying,
the shame and suffering of the innocent.

Remember. We have not forgotten You
though all this has befallen us.

Remember the God-forsaken millions in a silent world;
their loneliness was matched only by Yours.

Who is like You, Adonai, among the silent,
remaining silent through the suffering of Your children?

Are You not God, Adonai, that we may hope in You?
Renew the light of Your creation, which has been dimmed.

Renew in Your creatures Your image, which has been desecrated.
Restore the covenant, which Your people have maintained.

Remember the hopes of the slain
by sending redemption to Your shattered world.

In spite of everything which strangles hope,
help us to continue the sustaining song of their lives.

— Jules Harlow

DO NOT DESPAIR

Gevalt, Jews! Do not despair.
In the Holocaust the Partisans sang:
Never say that we have come to journey's end
when days are dark and clouds
upon the world descend.

> *Our past is a prelude; we are never at the end of the road.*
> *God redeems the people Israel; He rebuilds Jerusalem.*

In the Warsaw ghetto,
Jews added an eleventh commandment:
Gevalt, Jews! You shall not despair.

> *We believe that justice and peace will reign.*
> *God's splendor will then be seen in all humanity.*
> *We believe in the sun even when it is not shining.*
> *We believe in God even when He is silent.*

We believe with perfect faith in the coming of the messiah.
And though he tarry, as all of us have tarried,
nevertheless — and truly — we believe.

> *Though we walk in a valley overshadowed by death,*
> *we shall fear no harm for You are with us.*
> *Gevalt, Jews! Do not despair.*

Those who dwell in darkness will be bathed in light.
Ruthlessness and arrogance will cease to be.

> *The glory of humanity will be revealed.*
> *The upright will rejoice, the pious celebrate in song.*

There will be peace within our walls,
serenity within our homes.

> *Hope in Adonai and be strong;*
> *take courage, and hope in Adonai.*

— Jules Harlow

THE RESTORATION OF ZION

The restoration of Zion began on the day of its destruction.

We have been rebuilding it daily
for nearly two thousand years.

Israel is a land where time transcends space,
where space is a dimension of time.

The land was rebuilt in time
long before it was restored to space.

Despoiled and dispersed, abased and harassed,
we knew we were not estranged forever.

It is not only memory, our past, that ties us to the land;
it is our hope, our future.

What is so precious about Israel?
What is the magnetic quality of its atmosphere?

The Land of Israel — biblical chapters hovering everywhere.
Places like Hebrew letters, waiting to be vocalized,
waiting for crowns with which to be adorned.

Israel is a land sanctified by the words of the prophets,
by the suffering of a whole people.

It has been made holy by the tears and prayers of thousands
of years, by the labor and dedication of pioneers.

What is the meaning of the State of Israel?
Its sheer being is the message.

What we have witnessed in our own days is a reminder
of the power of God's mysterious promise to Abraham
and a testimony to the fact that the people kept its pledge,
"If I forget you, O Jerusalem, let my right hand wither."

                                        — *adapted from* Abraham Joshua Heschel

ISRAEL — THE DREAM AND THE REALITY

And God promised: "I will return you to your own land, with a new heart and a refreshed spirit. You shall make your home in your ancestors' land and you shall be My people, and I shall be your God."

EZEKIEL 36:22/28

"I believe that a wondrous breed of Jews will spring up from the earth. The Maccabees will rise again. The Jews who will it shall achieve their own state. We shall live at last as free men and women on our own soil, and in our own homes die peacefully."

Theodor Herzl, *Der Judenstadt*, 1902

We seek to establish in Eretz Yisrael a new, recreated Jewish people, not a colony of Diaspora Jewry, not a continuation of Diaspora life in a new form. We aim to make Eretz Israel the motherland of world Jewry. The Jewish communities of the Diaspora will be its colonies, not the opposite."

Aharon David Gordon, "Our Tasks Ahead," 1920

"Each year at Passover, the Jew opens his account of this experience with two statements: This year, we are slaves; next year we will be free. This year we are here; next year we will be in Jerusalem, in Zion, in the Land of Israel. Gentlemen, this is the nature of the Jews."

David Ben-Gurion, 1946
testimony before the Anglo-American Commission of Inquiry

Eretz-Yisrael was the birthplace of the Jewish people. Here their spiritual, religious and political identity was shaped. Here they first attained to statehood, created cultural values of national and universal significance and gave the world the eternal Book of Books. Impelled by this historic and traditional attachment, Jews strove in every successive generation to re-establish themselves in their ancient homeland. This right is the natural right of the Jewish people to be masters of their own fate, like all other nations, in their own sovereign state.

ISRAEL'S DECLARATION OF INDEPENDENCE

"We all believe that the links between Israel and the Jewish people are indestructible: One cannot live without the other. Israel to us is more than a justification of our existence; Israel is our existence.

Elie Wiesel, 1973

THE PEACE OF JERUSALEM

Jerusalem is a witness, an echo of eternity.

She is the city where waiting for God was born.

Jerusalem is waiting for the prologue of redemption.

She is the city where the hope for peace was born.

Jerusalem inspires prayer: an end to rage and violence.

She is holiness in history, memory and assurance.

The stones of Jerusalem heard the promise of Isaiah:

*"In time to come all people shall stream to Jerusalem,
eager to learn of God's ways and to walk in His paths.*

"For instruction comes from Zion,
the word of Adonai from Jerusalem."

*Jerusalem's past is a prelude.
She is never at the end of the road.*

Jerusalem is the promise of peace and God's presence.
The word of Adonai from Jerusalem declares:

*"They shall beat their swords into ploughshares,
their spears into pruning hooks.*

"Nation shall not lift sword against nation,
nor shall they experience war anymore."

*Jerusalem is the joy of the earth;
may her peace and prosperity lead us to song.*

May we witness the peace of Jerusalem;
may those who love her prosper.

*May we all be embraced by her promise:
Peace and God's presence. Amen.*

— *adapted from* Abraham Joshua Heschel

IF MY DAYS BE FEW

If my days remaining on earth be few,
Let me know beauty.

Let the heat of battle sear the earth no more,
Let us live out our lives.

Let my people come back to its loved land.

Let me have a small house in a village
Hidden among the fields.

For I am weary:

My life has been a long flight
Along unmarked roads,
Unsheltered.

And let my windows be open to the world.

— Sh. Shalom

I AM A JEW

I am a Jew because my faith demands no abdication of the mind.

I am a Jew because my faith demands all the devotion
of my heart.

I am a Jew because wherever there is suffering, the Jew weeps.

I am a Jew because whenever there is despair, the Jew hopes.

I am a Jew because the message of our faith is the oldest
and the newest.

I am a Jew because the promise of our faith
is a universal promise.

I am a Jew because for the Jew the world is not completed;
we must complete it.

I am a Jew because for the Jew humanity is not fully created;
we must be God's partners in creation.

I am a Jew because the faith of the people Israel
places humanity above nations — above Judaism itself.

I am a Jew because the faith of the people Israel places above
humanity — created in God's image — the Oneness of God.

— *adapted from* Edmund Fleg

FACING LIFE CHANGES

Help me, O God, to find still moments,
Quiet spaces within which to refresh my soul;
Cease my questions, my inner debates,
And let me meditate on Your goodness.

Help me, O God, to nurture my courage,
Recalling moments of strength,
Remembering days of fortitude,
The certainty of Your regard.

Help me, O God, to grasp changed visions,
Filmy curtains to blur my unhappiness
And wrap my tears with radiance,
Your hand upon my face.

Help me, O God, to turn to the light,
Warmed face and fingers outstretched,
Alive, alive in Your sight.

— Debbie Perlman

A WOMAN'S MEDITATION

When men were children,
they thought of God as a father;
when men were slaves,
they thought of God as a master;
when men were subjects,
they thought of God as a king.
But I am a woman, not a slave, not a subject,
not a child who longs for God as father or mother.

I might imagine God as teacher or friend,
but those images, like king, master, father or mother,
are too small for me now.

God is the force of motion and light in the universe;
God is the strength of life on our planet;
God is the power moving us to do good;
God is the source of love springing up in us.
God is far beyond what we can comprehend.

— Ruth F. Brin

AMERICA'S BIBLICAL HERITAGE

We hold these truths to be self-evident, that all men are created equal, that they are endowed by their Creator with certain inalienable rights, that among these are life, liberty and the pursuit of happiness.
>   THE DECLARATION OF INDEPENDENCE

>   Have we not all one Creator?
>   Has not one God created us?
>   MALAKHI 2:10

We, the people of the United States, in order to form a more perfect union, establish justice, insure domestic tranquility, provide for the common defense, promote the general welfare, and secure the blessings of liberty to ourselves and our posterity, do ordain and establish this Constitution for the United States of America.
>   THE CONSTITUTION OF THE UNITED STATES

>   Justice, justice shall you pursue,
>   that you may thrive in the land
>   which Adonai your God gives you.
>   DEUTERONOMY 16:20

Congress shall make no law respecting an establishment of religion, or prohibiting the free exercise thereof; or abridging the freedom of speech, or of the press; or the right of the people to assemble, and to petition the government for a redress of grievances.
>   THE BILL OF RIGHTS

>   Proclaim liberty through the land,
>   for all of its inhabitants.
>   LEVITICUS 25:10

With malice toward none, with charity for all, with firmness in the right as God gives us to see the right, let us strive to finish the work we are in...to do all which may achieve and cherish a just and lasting peace among ourselves, and with all nations.
>   Abraham Lincoln — SECOND INAUGURAL ADDRESS

>   They shall beat their swords into plowshares,
>   and their spears into pruning hooks.
>   Nation shall not lift sword against nation,
>   and they shall not again experience war.
>   People shall dwell under their own vines,
>   under their own fig trees,
>   and no one shall make them afraid.
>   MICAH 4:3-4

HATIKVAH התקוה

Kol od ba-levav p'nimah	כָּל־עוֹד בַּלֵּבָב פְּנִימָה
Nefesh y'hudi homiyah	נֶפֶשׁ יְהוּדִי הוֹמִיָּה
U-l'fa-atei mizraḥ kadimah	וּלְפַאֲתֵי מִזְרָח קָדִימָה
Ayin l'Tziyon tzofiyah.	עַיִן לְצִיּוֹן צוֹפִיָּה.
Od lo avdah tikvatenu	עוֹד לֹא אָבְדָה תִּקְוָתֵנוּ
Ha-tikvah bat sh'not alpayim	הַתִּקְוָה בַּת שְׁנוֹת אַלְפַּיִם
Li-h'yot am ḥofshi b'artzenu	לִהְיוֹת עַם חָפְשִׁי בְּאַרְצֵנוּ
Eretz Tziyon vi-rushalayim.	אֶרֶץ צִיּוֹן וִירוּשָׁלָיִם.

As long as the heart of the Jew beats,
And as long as the eyes of the Jew look eastward,
Then our two-thousand-year hope is not lost,
To be a free nation in Zion, in Jerusalem.

THE STAR–SPANGLED BANNER

O say, can you see, by the dawn's early light,
What so proudly we hailed at the twilight's last gleaming,
Whose broad stripes and bright stars,
Through the perilous fight,
O'er the ramparts we watched were so gallantly streaming?

And the rockets' red glare, the bombs bursting in air,
Gave proof through the night that our flag was still there.
O say, does that star-spangled banner yet wave
O'er the land of the free and the home of the brave?

O, thus be it ever, when free men shall stand
Between their loved homes and war's desolation;
Blest with victory and peace,
May our heaven-rescued land
Praise the Power that hath made and preserved us a nation.

Then conquer we must, when our cause it is just,
And this be our motto, "In God is our trust."
And the star-spangled banner in triumph shall wave
O'er the land of the free and the home of the brave.

O CANADA

O Canada! Our home and native land!
True patriot love in all thy sons command.
With glowing hearts we see thee rise,
The true north strong and free!
From far and wide, O Canada,
We stand on guard for thee.
God keep our land glorious and free!
O Canada, we stand on guard for thee!
O Canada, we stand on guard for thee.

AMERICA THE BEAUTIFUL

O beautiful for spacious skies,
For amber waves of grain,
For purple mountain majesties
Above the fruited plain!
America! America!
God shed His grace on thee
And crown thy good with brotherhood
From sea to shining sea!

O beautiful for pilgrim feet,
Whose stern, impassioned stress,
A thoroughfare for freedom beat
Across the wilderness!
America! America!
God mend thine every flaw,
Confirm thy soul in self-control,
Thy liberty in law!

O beautiful for patriot dream
That sees beyond the years,
Thine alabaster cities gleam
Undimmed by human tears!
America! America!
God shed His grace on thee,
And crown thy good with brotherhood
From sea to shining sea!

JERUSALEM

ירושלים

Me-al pisgat Har Ha-tzofim
eshta-ḥaveh lakh apayim.
Me-al pisgat Har Ha-tzofim
shalom lakh Y'rushalayim!
Meah dorot ḥalamti alayikh,
liz-kot lir-ot b'or panayikh.

מֵעַל פִּסְגַּת הַר הַצּוֹפִים
אֶשְׁתַּחֲוֶה לָךְ אַפַּיִם.
מֵעַל פִּסְגַּת הַר הַצּוֹפִים
שָׁלוֹם לָךְ יְרוּשָׁלַיִם!
מֵאָה דוֹרוֹת חָלַמְתִּי עָלַיִךְ,
לִזְכּוֹת לִרְאוֹת בְּאוֹר פָּנָיִךְ.

Y'rushalayim, Y'rushalayim,
ha-iri panayikh li-v'nekh!
Y'rushalayim, Y'rushalayim,
me-ḥor'votayikh evneykh!

יְרוּשָׁלַיִם, יְרוּשָׁלַיִם,
הָאִירִי פָּנַיִךְ לִבְנֵךְ!
יְרוּשָׁלַיִם, יְרוּשָׁלַיִם,
מֵחָרְבוֹתַיִךְ אֶבְנֵךְ!

Me-al pisgat har ha-tzofim
shalom lakh Y'rushalayim!
Alfei golim mi-k'tzot kol teveyl
nos'im elayikh einayim.
B'alfei v'rakhot hayi v'rukhah,
mikdash melekh ir m'lukhah.

מֵעַל פִּסְגַּת הַר הַצּוֹפִים
שָׁלוֹם לָךְ יְרוּשָׁלַיִם!
אַלְפֵי גוֹלִים מִקְצוֹת כָּל־תֵּבֵל
נוֹשְׂאִים אֵלַיִךְ עֵינָיִם.
בְּאַלְפֵי בְּרָכוֹת הֲיִי בְרוּכָה,
מִקְדַּשׁ מֶלֶךְ עִיר מְלוּכָה.

Y'rushalayim, Y'rushalayim,
ani lo azuz mi-poh!
Y'rushalayim, Y'rushalayim,
yavo ha-mashi-aḥ, yavo!

יְרוּשָׁלַיִם, יְרוּשָׁלַיִם,
אֲנִי לֹא אָזוּז מִפֹּה!
יְרוּשָׁלַיִם, יְרוּשָׁלַיִם,
יָבֹא הַמָּשִׁיחַ, יָבֹא!

From high atop Mount Scopus I gaze,
and bow low in rapt adoration.
From the heights of Tzofim I sing of your praise
Jerusalem, pride of our nation.

Through ages untold I have dreamt of your story,
to be worthy of seeing your rekindled glory.
Jerusalem, Jerusalem, your radiant treasures make plain,
Jerusalem, Jerusalem, your ruins I'll build once again.

JERUSALEM OF GOLD — ירושלים של זהב

Avir harim tzalul ka-yayin	**אֲוִיר הָרִים** צָלוּל כַּיַּיִן
v'rei-aḥ oranim	וְרֵיחַ אֳרָנִים
nisa b'ru-aḥ ha-arbayim	נִשָּׂא בְּרוּחַ הָעַרְבַּיִם
im kol pa'amonim.	עִם קוֹל פַּעֲמוֹנִים.
U-v'tardemat ilan va-even	וּבְתַרְדֵּמַת אִילָן וָאֶבֶן
sh'vuyah ba-ḥalomah	שְׁבוּיָה בַּחֲלוֹמָהּ
ha-ir asher badad yoshevet	הָעִיר אֲשֶׁר בָּדָד יוֹשֶׁבֶת
u-v'libah ḥomah.	וּבְלִבָּהּ חוֹמָה.
Y'rushalayim shel zahav	יְרוּשָׁלַיִם שֶׁל זָהָב
v'shel n'ḥoshet v'shel or	וְשֶׁל נְחֹשֶׁת וְשֶׁל אוֹר
ha-lo l'khol shirayikh ani kinor.	הֲלֹא לְכָל־שִׁירַיִךְ אֲנִי כִּנּוֹר.
Akh b'vo-i ha-yom la-shir lakh	אַךְ בְּבוֹאִי הַיּוֹם לָשִׁיר לָךְ
v'lakh lik'shor k'tarim	וְלָךְ לִקְשֹׁר כְּתָרִים
katonti mi-tz'ir banayikh	קָטֹנְתִּי מִצְּעִיר בָּנַיִךְ
u-me-aḥaron ha-m'shor'rim	וּמֵאַחֲרוֹן הַמְשׁוֹרְרִים
ki sh'mekh tzorev et ha-s'fatayim	כִּי שְׁמֵךְ צוֹרֵב אֶת־הַשְּׂפָתַיִם
ki-n'shikat saraf	כִּנְשִׁיקַת שָׂרָף
im eshka-ḥekh Y'rushalayim	אִם אֶשְׁכָּחֵךְ יְרוּשָׁלַיִם
asher kulah zahav.	אֲשֶׁר כֻּלָּהּ זָהָב.
Y'rushalayim shel zahav. . . .	יְרוּשָׁלַיִם שֶׁל זָהָב. . . .

The olive trees that stand in silence upon the hills of time —
To hear the voices of the city as bells of evening chime.
The shofar sounding from the Temple to call the world to prayer —
The shepherd pauses in the valley and peace is everywhere.

The water well for those who thirsted, the ancient market square —
Your golden sun that lights the future for people everywhere.
How many songs, how many stories the stony hills recall —
Around her heart my city carries a lonely, ancient wall.

Jerusalem that shines of gold,
all shades of brass and golden glow;
for every string that sings your praises
I am the bow.

Torah Readings and Haftarot for the Festivals and other Special Days

(Maftir portions are always indicated by italics.)

SUKKOT

First Day:	Leviticus 22:26-23:44, *Numbers 29:12-16*
Haftarah:	Zekhariah 14:1-21
Second Day:	Same as first day
Haftarah:	I Kings 8:2-21
First Day Ḥol Ha-mo'ed:	Numbers 29:17-25
Second Day Ḥol Ha-mo'ed:	Numbers 29:20-28
Third Day Ḥol Ha-mo'ed:	Numbers 29:23-31
Fourth Day Ḥol Ha-mo'ed:	Numbers 29:26-34
Shabbat Ḥol Ha-mo'ed:	Exodus 33:12-34:26, *Numbers 29:17-25 or 23-29 or 26-31* (depending on whether it is the first, third or fourth day of Ḥol Ha-mo'ed)
Haftarah:	Ezekiel 38:18-39:16
Hoshana Rabbah:	Numbers 29:26-34

SH'MINI ATZERET

Torah:	Deuteronomy 14:22-16:17, *Numbers 29:35-30:1*
Haftarah:	I Kings 8:54-66

SIMḤAT TORAH

Torah:	Deuteronomy 33:1-34:12, Genesis 1:1-2:3, *Numbers 29:35-30:1*
Haftarah:	Joshua 1:1-18

ḤANUKKAH

Shabbat Ḥanukkah:	Regular Shabbat reading (*Va-yeshev* or *Miketz*), plus *Maftir* appropriate for the day of Ḥanukkah on which it falls.
Haftarah:	Zekhariah 2:14-4:7
First Day:	Numbers 7:1-17
Second Day:	Numbers 7:18-29
Third Day:	Numbers 7:24-35
Fourth Day:	Numbers 7:30-41
Fifth Day:	Numbers 7:36-47
Sixth Day:	Numbers 28:1-15, Numbers 7:42-47
Seventh Day:	Numbers 7:48-59
If it is Rosh Ḥodesh:	Numbers 28:1-15, Numbers 7:48-53
Eighth Day	Numbers 7:54-8:4

Ḥanukkah —

Second Shabbat: Regular Shabbat reading (always *Miketz*, Genesis 41:1-44:17), plus *Numbers 7:54-8:4*

Haftarah: I Kings 7:40-50

On Shabbat Rosh Ḥodesh: Miketz, Numbers 28:9-15, plus *7:42-47*

PESAḤ

First Day: Exodus 12:21-51, *Numbers 28:16-25*

Haftarah: Joshua 5:2-6:1

Second Day: Leviticus 22:26-23:44, *Numbers 28:16-25*

Haftarah II Kings 23:1-9, 21-25

First Day Ḥol Ha-mo'ed: Exodus 13:1-16, Numbers 28:19-25
(If this day is on Shabbat, this reading is read on Sunday and the next reading is read on Monday.)

Second Day Ḥol Ha-mo'ed: Exodus 22:24-23:19, Numbers 28:19-25

Third Day Ḥol Ha-mo'ed: Exodus 34:1-26, Numbers 28:19-25

Fourth Day Ḥol Ha-mo'ed: Numbers 9:1-14, Numbers 28:19-25

Shabbat Ḥol Ha-mo'ed: Exodus 33:12-34: 26, *Numbers 28:19-25*

Haftarah: Ezekiel 37:1-14

Seventh Day: Exodus 13:17-15:26, *Numbers 28:19-25*

Haftarah: II Samuel 22:1-51

Eighth Day: Deuteronomy 15:19-16:17 (on Shabbat, 14:22-16:17), *Numbers 28:19-25*

Haftarah: Isaiah 10:32-12:6

SHAVUOT

First Day: Exodus 19:1-20:23, *Numbers 28:26-31*

Haftarah: Ezekiel 1:1-28, 3:12

Second Day: Deuteronomy 15:19-16:17 (on Shabbat, 14:22-16:17), *Numbers 28:26-31*

Haftarah: Ḥabakkuk 2:20-3:19

ROSH ḤODESH

Shabbat Maḥar Ḥodesh: Regular Shabbat reading

Haftarah: I Samuel 20:18-42

Shabbat Rosh Ḥodesh: Regular Shabbat reading, *Numbers 28:9-15*

Haftarah: Isaiah 66:1-24

SOURCES

Sources for most of the basic Hebrew rabbinic liturgical texts are not listed.

Page 13: *Shalom Aleikhem*... Author unknown, first printed in Prague, 1641.
Shabbat Ha-malkah. Composed by Ḥayyim Naḥman Bialik (1873-1934)

Page 14: *Yedid Nefesh*... Rabbi Eleazar Azikri (sixteenth-century Palestine); English adapted from translation of Rabbi Zalman Schachter-Shalomi

Page 33: *Creator of peace*... Adapted from the Hebrew of Rabbi Natan Sternhartz (1780-1845), Likutei Tefillot 1:95.

Page 38, 120, 239: *Grant me the privilege*... Hebrew based upon passages from the Book of Psalms (86:4, 51:10, 16:11, 19:15) and teachings of Rabbi Naḥman of Bratslav (1770-1811).

Page 39f, 45f, 121f, 129f, 179f, 240f: Meditations by Rabbi Andre Ungar.

Page 44, 128, 178, 246: *Sovereign*... Based upon passages from Isaiah (61:10, 65:19), the Book of Psalms (40:17, 51:14), Maḥzor Roma (nineteenth-century Italy), and teachings of Rabbi Naḥman of Bratslav (1770-1811).

Page 60: *A concluding prayer*... Based on a commentary by Rabbi Jules Harlow.

Page 140: *Ribono shel Olam*... First appears in a siddur in Prague, 1661.

Page 148: *Prayer for our country*... English and Hebrew based upon a text by Louis Ginzberg (1873-1953).

Page 149: *Prayer for Peace*... Adapted and translated from the Hebrew of Rabbi Nathan Sternhartz, from Likutei Tefillot, 2:53.

Page 149: *A Personal Meditation*... Adapted from Rabbi Nathan Sternhartz (1780-1845); English adapted from Navah Harlow.

Page 151: *Ashrei* ... Translation by Rabbi Andre Ungar.

Page 162-165: *Meditation on the Shabbat Musaf Amidah* (opening and closing sections)... Rabbi Andre Ungar; *As we fulfill*... Based on commentary to the Shabbat Musaf Amidah by Rabbi Jacob Z. Mecklenburg (1785-1865); *Shabbat celebrates*... Rabbi Jules Harlow; *You ordained Shabbat*... Rabbi Andre Ungar; *To Celebrate Shabbat*... Based upon words by Rabbi Abraham Joshua Heschel.

Page 188: Yizkor Meditation... Rabbi Jules Harlow.

Page 195: *Our Creator*... Based on the Hebrew of S. Y. Agnon (1888-1970).

Page 218: *Remember Abraham*... Translation by Rabbi Andre Ungar.

Page 219: *Dew, precious dew*... Translation by Israel Zangwill (1864-1926).

Page 221: *B'raḥ Dodi*... Translations by Rabbi Ben Zion Bokser.

Page 222-225: *Akdamut*... Translation by Rabbi Ben Zion Bokser.

Pages 257-280: Pirkei Avot... Translation adapted from Rabbi Max J. Routtenberg.

Page 300: *Gott fun Avraham*... Attributed to Rabbi Levi Yitzḥak of Berdichev.

Page 302: *Meditations: I, II, and IV*... Adapted from Rabbi Jules Harlow.

Pages 304-5, 307: *Meditations for Rosh Hashanah, Yom Kippur, Sukkot, Simḥat Torah, Pesaḥ, Shavuot, and Ḥanukkah*... Laurie A. Sunshine

Page 308: *Ma-oz Tzur*... Rabbi Mordechai ben Isaac (thirteenth-century Germany). Translation adapted from Rabbi Marcus Jastrow.

Page 316: *M'nuhah V'simhah*... Author unknown.

Page 317: *Yah Ribon*... Rabbi Israel Najarah (c. 1555-c. 1625).

Page 318: *Tzur Mi-shelo*... Author unknown.

Page 319: *Yom Zeh M'khubad*... Author unknown.

Pages 320-1: *Mah Yedidut*... Menaḥem ben Makhir of Ratisbonne (13th c.).

Page 322: *D'ror Yikra*...Dunash ben Labrat (920-990).
Page 323: *Yom Shabbaton*...Judah Ha-Levi (1075-1141).
Page 324-5: *Barukh El Elyon*...Rabbi Barukh ben Samuel of Mainz (c. 1150-1221). Translation by Laurie Altman Sunshine.
Page 354: *There is no singing without God*...by Rabbi Jules Harlow, based upon phrases from Irving Feldman, Isaiah, Psalms, and Rabbi Abraham Joshua Heschel.
Page 385: *Thanksgiving*...Based on passages from Psalms, Isaiah, and Ben Sira.
Page 390: *Israel-The Dream and the Reality*...Selected from *A Treasury of Israel and Zionism*, edited by Rabbis Dov Peretz Elkins and Jeremy Kalmanofsky.
Page 395: *The Star Spangled Banner*...Francis Scott Key (1779-1843), Samuel Francis Smith (1808-1895);
Hatikvah...Hebrew by Naphtali Herz Imber (1856-1909).
Page 396: *O, Canada*...Justice Robert Stanley Weir (1856-1926);
America, the Beautiful...Katherine Lee Bates (1859-1929);
Page 397: *Y'rushalayim*...Avigdor Hameiri (20th c. Israel);
Page 398: *Y'rushalayim Shel Zahav*...Naomi Shemer-Shapir.

ACKNOWLEDGMENTS

We are grateful to the publishers and authors listed below for having granted us permission to print excerpts from the following works.

The Prayerbook: Weekday, Sabbath and Festival, by Ben-Zion Bokser, published by Behrman House, © 1955.

Meditations: For Rosh Hashanah; For Yom Kippur; For Sukkot; For Simḥat Torah; For Pesaḥ; For Shavuot; A Ḥanukkah Meditation; A Shabbat Blessing; For Your Sake, for Ours, by Laurie Altman Sunshine, printed by permission of the author.

Harvest: Collected Poems and Prayers, by Ruth Firestone Brin, published by The Reconstructionist Press, © 1986, reprinted by permission of the author.

Commanded to Live, by Rabbi Harold Kushner, published by Hartmore House, © 1973, reprinted with permission of Media Judaica.

The Lord is a Whisper at Midnight: Psalms and Prayers, by Danny Siegel, published by Town House Press, © 1985, reprinted by permission of the author.

Stirrings of the Heart, by Ben-Zion Bokser, reprinted by permission of Kallia Bokser, © 1985.

Torah and Love, p. 363, by Arthur Green, reprinted by permission of the author.

Gates of the House, published by the Central Conference of American Rabbis, © 1977, reprinted with permission of CCAR.

The Fire Waits, by Michael I. Hecht, published by Hartmore House, © 1972, reprinted with permission of Media Judaica.

Jerusalem of Gold, by Naomi Shemer-Shapir, © 1967 Chappell & Co. Ltd., All rights reserved, Used by permission — Warner Bros. Publications U.S. Inc.

Reading II (page 190), an adaptation of *Reading III* (pages 190-91) and *Reading IV* (page 191), by Simcha Kling. © 1993, by Edith Kling.

Psalms for a New Day, by Debbie Perlman, Rad Publishers, © 1994, reprinted by permission of the author.

Any inadvertent omissions or errors will be corrected in future editions.

GLOSSARY

(* also appears elsewhere in Siddur Sim Shalom)

Adonai (יהוה) The essential name of God, used only in prayer.

• **Adonai Tz'va-ot** (יהוה צְבָאוֹת) A name that refers to God as the Ruler of the angelic hosts of heaven. *p.110**

Akdamut (אַקְדָמוּת) A poem in Aramaic, glorifying the gift of Torah; recited on Shavuot. *p.222ff*

Aliyah (עֲלִיָּה) The act of honoring the Torah by being called to recite blessings before and after the reading. *p.142**

Amen (אָמֵן) The congregation's response affirming a prayer recited publicly by an individual.

Amidah (עֲמִידָה) The central petitionary prayer of every service, recited standing, in heightened reverence.

Arvit (עַרְבִית) The evening service, also called Ma'ariv. *p.28ff*

Avinu Malkenu (אָבִינוּ מַלְכֵּנוּ) A title that addresses God as both our Guardian and our Ruler. *p.111**

Avinu She-ba-shamayim (אָבִינוּ שֶׁבַּשָּׁמַיִם) A divine title that reflects God's watchful care over us.

B'rakhah (*pl.* b'rakhot) (בְּרָכָה) A prayer of gratitude or praise of God, starting with *"Barukh atah Adonai"*; a "blessing."

Erev Shabbat (עֶרֶב שַׁבָּת) "Sabbath eve." That part of Friday set aside to prepare for Shabbat.

Gabbai (גַּבַּאי) The person who assists the Ḥazzan in coordinating and running a service. *p.142**

Geshem (גֶשֶׁם) A prayer for rain in Israel, recited as part of Musaf on Sh'mini Atzeret. *p.217*

Hakafot (הַקָּפוֹת) Processions around the synagogue on Simḥat Torah. *p.213*

Hallel (הַלֵּל) Psalms of thanksgiving recited on most holidays. *p.132ff*

Halleluyah (הַלְלוּיָהּ) A joyful response of thanksgiving and praise to God.

Ḥatan/Kallat B'reshit (חֲתַן/כַּלַּת בְּרֵאשִׁית) "Groom/Bride of B'reshit." The person given the aliyah that begins the reading of the Torah anew on Simḥat Torah. *p.216*

Ḥatan/Kallat HaTorah (חֲתַן/כַּלַּת הַתּוֹרָה) "Groom/Bride of the Torah." The person given the aliyah that completes the reading of the Torah on Simḥat Torah. *p.215*

Havdalah (הַבְדָּלָה) The ceremony marking the conclusion of Shabbat. *p.299*

Ḥazzan (חַזָּן) "Cantor" or "Reader"; the one who leads the chanting of the service, as the representative of the congregation.

Ḥol Ha-mo'ed (חוֹל הַמּוֹעֵד) The semi-festive intermediate days of Pesaḥ and Sukkot, on which holiday rituals continue but work is permitted.

Hoshana Rabbah (הוֹשַׁעְנָא רַבָּה) The last intermediate day of Sukkot when we circle the synagogue seven times.

Hoshanot (הוֹשַׁעְנוֹת) Prayers recited on Sukkot that ask for God's protection. *p.200ff*

Ḥuppah (חֻפָּה) The wedding canopy; a reference to marriage.

Kabbalat Shabbat (קַבָּלַת שַׁבָּת) A collection of psalms and poetry recited to welcome Shabbat. *p.13ff*

Kaddish (קַדִּישׁ) A prayer in Aramaic praising God, recited in several forms following various sections of the service.

• **Ḥatzi Kaddish** (חֲצִי קַדִּישׁ) A "short" Kaddish, dividing sections within a service.

• **Kaddish D'Rabbanan** (קַדִּישׁ דְּרַבָּנָן) An extended Kaddish recited after study. *p.71**

• **Kaddish Shalem** (קַדִּישׁ שָׁלֵם) "Complete" Kaddish recited at the end of a service.

• **Mourners' Kaddish** (קַדִּישׁ יָתוֹם) Kaddish recited by mourners during the year of mourning and on Yahrzeits. *p.183**

Kedushah (קְדוּשָּׁה) Prayer declaring the holiness of God — the heart of the public recitation of the Amidah.

Kiddush (קִדּוּשׁ) Prayer dedicating Shabbat or a Festival, recited over wine. *p.49**

Kohen (*pl.* Kohanim) (כֹּהֵן) One who would have served as a priest in the ancient Temple; descendant of Aaron.

K'riat Sh'ma (קְרִיאַת שְׁמַע) The passage from Deuteronomy expressing our enduring faith in God's sovereignty and oneness. *p.30**

Lulav (לוּלָב) "Palm frond." Used broadly to refer to the four species of plants carried on Sukkot. *p.131**

Ma'ariv (מַעֲרִיב) The evening service; also called Arvit. *p.28ff**

Matzah (*pl.* Matzot) (מַצָּה) Unleavened bread, eaten on Pesaḥ.

Minḥah (מִנְחָה) Afternoon service. *p.1**

Mitzvah (*pl.* Mitzvot) (מִצְוָה) An observance or practice required by Jewish law in fulfillment of God's command.

Modim (מוֹדִים) The prayer of thanksgiving toward the end of every Amidah.

Musaf (מוּסָף) The additional service following the Torah Service on Shabbat and Festivals. *p.155ff*

Omer (עֹמֶר) The 49-day period counted between Pesaḥ and Shavuot. *p.55ff*

Pesaḥ (פֶּסַח) "Passover"; The spring Festival commemorating our liberation from Egyptian bondage.

P'sukei D'Zimra (פְּסוּקֵי דְזִמְרָא) A collection, primarily of Psalms: an early part of the Shaḥarit service. *p.83*

Rosh Ḥodesh (רֹאשׁ חֹדֶשׁ) The New Month. A semi-holiday: Hallel and Musaf are recited, but work is permitted.

Sefer Torah (סֵפֶר תּוֹרָה) A sacred Torah scroll.

Shabbat (שַׁבָּת) The Sabbath.

• **Shabbat Shuvah** (שַׁבַּת שׁוּבָה) The Shabbat between Rosh Hashanah and Yom Kippur, emphasizing repentance and return.

Shaḥarit (שַׁחֲרִית) The morning service. *p.107ff*

Shavuot (שָׁבֻעוֹת) The springtime Festival celebrating the first fruits and the giving of Torah. *p.222ff*

Sh'mini Atzeret (שְׁמִינִי עֲצֶרֶת) The "eighth day," which comes at the conclusion of the Festival of Sukkot.

Simḥat Torah (שִׂמְחַת תּוֹרָה) "Rejoicing with the Torah"; holiday celebrating the completion and beginning of the annual cycle of Torah readings. *p.213ff*

Sukkah (*pl.* sukkot) (סֻכָּה) The temporary "booth," or hut, in which Sukkot meals are eaten. *p.330*

Sukkot (סֻכּוֹת) The autumn harvest Festival, which follows the High Holy Days. *p.200ff*

Tal (טַל) "Dew." Prayer for a productive spring and summer in Israel, recited as part of Musaf on Pesaḥ. *p.217*

Tallit (טַלִּית) A prayershawl. *p.62*

Tish'ah B'Av (תִּשְׁעָה בְּאָב) The fast of the ninth day of the Hebrew month of Av, which commemorates the day when both Temples were destroyed.

Tzitzit (צִיצִית) The four fringes of the Tallit. *p.113*

Yahrzeit (יאָרצַייט) The anniversary of a death, when a candle is lit and Kaddish is recited in memory of the departed.

Yizkor (יִזְכּוֹר) Memorial prayer for the dead, recited four times a year. *p.188*

Z'mirot (זְמִירוֹת) Traditional songs sung at the Shabbat table. *p.316ff*

Out of Eden

Out of Eden

An Odyssey of Ecological Invasion

Alan Burdick

Farrar, Straus and Giroux / New York

Farrar, Straus and Giroux
19 Union Square West, New York 10003

Copyright © 2005 by Alan Burdick
All rights reserved
Distributed in Canada by Douglas & McIntyre Ltd.
Printed in the United States of America
First edition, 2005

Portions of this book have appeared, in different form, in Discover *and*
The New York Times Magazine.

Grateful acknowledgment is made to the following for permission to reprint the images in this book:
Dean Amadon, "The Hawaiian Honeycreepers (Aves, Drepaniidae)," Bulletin of the American
Museum of Natural History: New York, 1950, volume 95, Article 4; C. B. Huffaker, "Experimental
Studies of Predation: Dispersion Factors and Predator-Prey Oscillations," Hilgardia 27: 343–83,
copyright © 1958 Regents of University of California; "Copepod," National Marine Invasions
Laboratory, Smithsonian Environmental Research Center.

Library of Congress Control Number: 2005922517

ISBN-13: 978-0-374-21973-4
ISBN-10: 0-374-21973-7

Designed by Jonathan D. Lippincott

www.fsgbooks.com

1 2 3 4 5 6 7 8 9 10

To Mary and Robert,
for the roots

Why, Cadmus, why stare at the snake you've slain?
You too shall be a snake and stared at.

— Ovid, Metamorphosis

Out of Eden

Flight

Out of the blue, a red fuse: Hawaii.

The first island erupted from a volcanic vent in the seabed, drifted northwest with the ocean crust, and sank. Called the Meiji Seamount, it is more than eighty million years old and today lies at the bottom of the Pacific Ocean not far from Russia's Kamchatka Peninsula and the Aleutian Islands, buried under half a mile of sea clay, chalk, and a restless film of biological detritus known to scientists as "ooze." Eons passed; more islands came, went, stayed. An archipelago formed of the semisubmerged—a line of stepping-stones pointing back to the beginning. Upon them, incidental travelers settled: a spider ballooning across from the mainland on a strand of silk, a snail or a tick or a burr stowed in the down of a roving seabird, each new colonist arriving every twenty thousand years or so. Natural selection did its pruning. A pair of finches gave rise, over millions of years, to fifty-odd radiant species of honeycreeper. From a single pair of fruit flies, more than six hundred species evolved. Thornless raspberries, nettleless nettles, cave-dwelling albino crickets. No reptiles, no mosquitoes, no mammals, except, eventually, a monk seal and an insectivorous bat. The meek shall inherit paradise.

Out of the blue—restless hours of it, even in this age of air travel—Hawaii. I watched the archipelago unfurl below my window, east to west. First the Big Island, Hawai'i with apostrophe. Clouds wreathed its peaks, Mauna Loa and Mauna Kea, at ten thousand feet; one million years old, it is the youngest member of the island chain. Twenty minutes later, Maui and the sprawling crater of Haleakala, which residents have come to believe is an extinct volcano but in fact is merely dormant. Then Molokai and Lanai, low and rippled as green flatworms. In the passenger cabin, on the movie screen at the front of the aisle, a map of the island chain appeared suddenly. We were the small white silhouette of a jet arc-ing toward Honolulu, which was marked as a small red star on the island of Oahu.

A stewardess came down the aisle handing out slips of paper printed with orange lettering: declaration forms. I declare: No, I harbor no fresh fruits or vegetables. I have no live lobsters or clams to speak of, no flowers, foliage, rooted plants, or plant cuttings; no seeds, bulbs, soil, or sand; no bacteria, no algae, no fungi, no protozoa. No, I am not traveling with a dog or a bird or a turtle or a lizard. Oahu appeared through the porthole: Diamond Head crater to the west, the high-rises of Waikiki merging into those of Honolulu, pearls of concrete strung along a white sand beach. The plane banked over sugarcane fields, over Pearl Harbor. With the continents of Asia and North America more than two thousand miles away, Hawaii is the most isolated major landmass on Earth, the pilot announced. His voice rang over the loudspeaker: *We are farther from anywhere than anywhere.*

I had come, ostensibly, to see about a snake. That is an uncommon pastime in Hawaii, for the simple reason that, as far as anyone can yet determine, there are few snakes to be found. Once or twice a year someone's pet boa constrictor or Burmese python escapes and reappears in a Waikiki or Waimea garage, prompting a call to the animal squad at the Hawaii Department of Agriculture. The only snake known to be established in the state is the Braminy blind snake, a widespread sightless, wriggling creature closer in size and spirit to a worm.

The snake I sought was, like me, a stranger to Hawaii: *Boiga irregularis*, the brown tree snake. Originally from Australia, the snake arrived first on the Pacific island of Guam, fifteen hundred miles west of Honolulu, shortly after the Second World War. The snake's sphere of influence and notoriety has expanded steadily since. Prior to that fateful arrival, the only snake on Guam was the hapless Braminy. Today Guam hosts more brown tree snakes—more snakes of any kind, for that matter—per square mile than anywhere else in the world. This distinction has come largely at the expense of Guam's native bird population, which the snake's boundless appetite has almost entirely eliminated; the national bird of Guam, a flightless rail known as the koko, reigns from behind the safety of an electrified fence in a rearing compound near the international airport.

In its native territory, the brown tree snake rarely grows more than three feet long; on Guam, twelve-foot-long specimens are not unheard of. Its bite, inflicted on two hundred or so people a year, is slightly venomous, akin to a bee sting. It also displays an irrepressible urge to climb, most notably onto power lines and into transformers, causing dozens of electrical outages each year, at a cost approaching a million dollars annually. Its toll on the local psyche is less easily quantified. Tales circulate of the snake that crawled in through the toilet; the snake that leaped from an automobile air-conditioning vent, sending the driver into a near-fatal swerve; and the snakes that attack infants in their cribs—lured there, local housewives attest, by the scent of mother's milk.

And now, it seems, the brown tree snake has gained the ability to fly. Since 1981, eight brown tree snakes have been found near the runways of Honolulu's airports. To the best that experts can determine, the snakes arrived as stowaways in the wheel wells of jetliners from Guam. A ninth specimen, last seen on the perimeter of the local air force base, also may have been a brown tree snake, but it slipped away before it could be positively identified. Over the centuries, Hawaii's bird population has absorbed assaults by one introduced organism after another: humans with clubs; avian malaria, which arrived with imported cage birds and was transmitted by an introduced mosquito; Norway rats, which arrived incidentally aboard European ships; and mongooses, which were introduced intentionally in the late nineteenth century with the aim— misguided, as it turned out—of controlling the rat population. Today, nearly 40 percent of the birds on the U.S. endangered species list are found in Hawaii, an indication both of the uniqueness of Hawaii's avian fauna and of its precarious situation. None of those birds are evolutionarily prepared for the likes of snakes.

Nor, presumably, are the eighteen thousand human visitors who arrive in Hawaii daily. A representative fraction of us had begun to gather in baggage claim: honeymooners, Japanese businessmen, grandmothers in leis, flight-weary tourists in floral print T-shirts. We had received a warning of sorts on the incoming flight. For a few moments, the map of Hawaii on the screen in the passenger cabin had given way to a video called *It Came from Beyond*, made by the Hawaii Department of Agriculture. A local celebrity appeared. *Aloha!* Hawaii is a special place; thanks for visiting! But Hawaii has other, less welcome visitors: insects, animals, plants, and diseases that can threaten local agriculture or native wildlife if they become established. So be please be careful what you bring in. Better to declare it than to suffer a fine. Better to confess. In baggage claim I watched as an avid beagle, outfitted in a green vest marked HAWAII DEPARTMENT OF AGRICULTURE, towed an amiable state employee around the room by a leash, through a sea of suitcases, tote bags, backpacks, bundles, and their flagging possessors. The dog zigzagged onward, nosily intent, until at last he zeroed in on a small sensory paradise, a black handbag resting on the marble floor. The dog's inspector spoke briefly with the bag's owner, a Korean woman who eyed the beagle with terror. Reluctantly, she withdrew two oranges from the handbag and handed them to the inspector.

Eight brown tree snakes in twenty years would hardly seem to pose much of a threat. However, the biology of *Boiga irregularis* is sufficiently remarkable to concern any scientist, conservationist, or tourist administrator. The snake is nocturnal and, like any good predator, impressively hard to find. It is also impressively hardy; in 1993 a military officer in Corpus Christi, Texas, opened the lid of a washing machine he had packed up and sent home several months earlier from his previous station on Guam. Inside was a brown tree snake, alive, with nothing for company or nourishment but a small pool of water. Thomas Fritts, the director of the Brown Tree Snake Research Program for the United States and Guam, kept one alive in his office for a full year without once feeding it. Like many reptiles, a female brown tree snake can lay fertile eggs for several years after mating. Two dozen eggs a year for seven years equals more than a hundred and fifty eggs, a hundred and fifty new snakes capable of hiding, mating, and producing yet more eggs—all from a single snake. On Guam, four decades passed before scientists realized that the island was thoroughly snake infested, its bird population doomed, its ecosystem permanently altered. Today in Hawaii there is similar, urgent wondering: Perhaps those seven snakes are mere harbingers. Perhaps they are but a visible handful of innumerable brown tree snakes that have slipped, and continue to slip, across Hawaii's borders and into its foliage—apparent warning signs of what in fact is an encroaching, multiplying multitude of snakes. Perhaps below the Edenic surface of bougainvillea-lined streets and moss-draped rain forests, there lies a swarming Hieronymus Bosch world of brown tree snakes slowly gathering into a wicked, irreversible mass.

"What havoc the introduction of any new beast of prey must cause in a country," Charles Darwin mused in 1835, "before the instincts of the indigenous inhabitants have become adapted to the stranger's craft or power." Darwin was twenty-six years old at the time, a passenger aboard the HMS *Beagle*, on what would prove to be a seminal journey through the eastern Pacific Ocean. Some years later he waxed enthusiastic for the possibilities in Hawaii—"I would subscribe 50 pounds to any collector to go there and work"—but his professional fate became entwined instead with the Galápagos Islands, six hundred miles off the coast of Ecuador. Darwin spent several weeks there collecting finches and comparing the shells of tortoises, noting the morphological differences between the species of one island and the next. This body of evidence would later fuel his theory of evolution by natural selection. A creature becomes isolated—a mainland finch or spider blown to a distant outpost, a tortoise marooned over eons by the sinking of a land bridge or the rise of an impassable mountain chain. The struggle to survive commences; competition ensues for limited food and mates. The winners survive to reproduce, and their descendants continue in the struggle. The losers die, leaving fewer offspring, a withering branch on the evolutionary tree. And so the limb is trimmed from generation to generation until a new branch, a new species, sufficiently distinct from the ancestral one, takes form.

That insight would come later. The immediate question on Darwin's mind was more straightforward: Why are certain animals and plants where they are and not somewhere else? Why are the inhabitants of this island similar to, yet recognizably different from, the inhabitants of that island? Why isn't the world's flora and fauna everywhere the same? What makes a place, and its residents, unique? "One of the subjects on which I have been experimenting & which cost me much trouble, is the means of distribution of all organic beings found on oceanic islands," he wrote to a colleague in 1857. The conclusions he presented, in the 1859 publication of *On the Origin of Species* (and the five subsequent revisions), unveiled the fabric of nature across geologic time and geographic space. Nature is dynamic, not static. Species that existed long ago exist no longer; new species have since arisen where no such species existed before. Things move around. Life, if left alone long enough, transforms itself. Eventually—so slowly that the human eye can detect it only well in retrospect—this place, in its flora and fauna, becomes different from that place. Heterogeneity arises and is continually reborn.

That variegated fabric, scientists today fear, is unraveling from within.

Now, as never before, exotic plants and organisms are traversing the globe, borne on the swelling tide of human traffic to places where nature never intended them to be. Africanized bees have reached California; stinging colonies of South American fire ants have settled in Texas; the kudzu vine is strangling the southeast; the zebra mussel, a pistachio-size mollusk from Europe, carpets the bottom of the Great Lakes and, increasingly, the Mississippi River, where it slurps the water clean of plankton that other aquatic creatures require to thrive. Among the invaders to grab headlines lately is an Asian fish called the snakehead. A delicacy to some, an ornamental fish to others, the snakehead gradually entered U.S. waterways as aquarium owners emptied their pets into local ponds and streams. The animal proliferated and its population spread, emerging recently in Maryland and Florida and alarming fish biologists with its voracious appetite for the local fauna. Efforts to eliminate it by poisoning entire ponds have failed; the animal merely burrows into the mud or, with amphibian-like versatility, crawls up onto land, where it can remain for days. Live specimens have been found on land miles from the nearest body of water; apparently, when one pond or river fails them, they walk to the next one.

The flight of the brown tree snake is merely one of the more dramatic steps toward what some experts in biological invasion have begun to refer to fearfully as "the homogenization of the world." Feral pigs now root in the lawns of San Jose, California. Giant Asian carp, introduced in the 1970s to control aquatic weeds, leap unsolicited into fishing boats along the Mississippi River. In New York City, where one is tempted to think that there's already one of everything, environmental officials are closely monitoring the advance of the Asian long-horned beetle, which so far has required the anguished removal of several city blocks' worth of maples from Brooklyn. At last report, two trees in Central Park were found to be infected; to check any further spread, researchers are experimenting with a stethoscope-like device that listens for the chewing of beetle maggots within the tree. All told, five thousand introduced plant species now exist in U.S. ecosystems, compared with the seventeen thousand known native plant species. Half the wild poisonous plants in North America are introduced, as are half the earthworms in the soil. In south Florida, the nexus of the nation's pet trade, backyard menageries are so common and escapes so commonplace that exotic pythons and boa constrictors are now established, free-ranging residents. The local animal catcher cruises the suburbs of Miami in a sport-utility vehicle capturing stray lions, tigers, cougars, rheas, macaques—even, once, a bison on the freeway. The man's business card shows a photograph in which he and three friends hold up a twenty-two-foot Indonesian python they extracted from a burrow beneath a suburban Miami home.

The invaders are legion: escaped pets; sport fish and garden plants run amok; bugs that came hidden in the foliage of introduced garden plants; pests that were introduced to control other pests, with greater or, usually, lesser success. The African clawed frog, an adaptable and omnivorous amphibian, was imported in the 1940s and '50s for use in diagnostic pregnancy tests. (When injected with the urine of a pregnant woman, the frog releases eggs—the telltale sign.) The animal's own reproductive habits were not carefully monitored, however, and by 1969 it had established wild populations in California, where it eats young trout. The invaders come as seeds, as spores, as larvae; they are four-legged ungulates set loose to roam. They come in crates, on crates, in cargo containers, and in the ballast water that ships carry to counterbalance the weight of cargo containers. Fish have spread with the openings of canals; plants have spread along railbeds; sponges have spread on the bottoms of boats. Tens of thousands of species—most of the world's fauna, minus the insects—can be and are legally imported into the United States through the mail. In recent years U.S. health officials have grown concerned at the spread of the Asian tiger mosquito, which carries dengue fever in its native continent and arrived in Houston in the mid-1980s. Laying its eggs in the rainwater that collects in used automobile tires, the insect has spread with the used-tire trade—a billion-dollar-a-year industry that sends used tires from Asia to the United States to be shredded, recycled, and reconstituted into newer used tires—to more than a dozen states and the Caribbean. It is the quintessential traveler, migrating on the wheels of yesterday's travel, which have taken on a migratory life of their own.

The invaders are from anywhere, going everywhere. The international newsletter *Aliens*, to which I briefly subscribed, provides updates on Indian house crows in Zanzibar, Argentine ants in New Zealand, North American crayfish in England, and the northern Pacific sea star in Tasmania. Australia—which for years has suffered the terrestrial deprivations of introduced rabbits, dogs, cats, camels, and ravenous, poisonous cane toads—has lately begun to focus on the intruders in its waters. The more prominent additions include the European green crab, a marauding crustacean that threatens the nation's nascent shellfish industry, and a host of toxic single-celled plankton that, when eaten by people who eat shellfish that have eaten the plankton, can prompt an unpleasant, sometimes fatal respiratory attack. Italy is battling the insurgence of the American gray squirrel, which has replaced the native red squirrel in much of Europe. (The city of Moscow is so lacking in red squirrels that it has established a special breeding program for them in a local park.) In Antarctica, ostensibly the most remote continent on Earth, researchers recently found that emperor penguins had been exposed to infectious bursal disease virus, a pathogen that normally affects domesticated poultry and is thought to have reached the penguins through garbage thrown overboard from passing ships. Feral goats in the Galápagos have caused so much erosion to the summit of Isabela Island that they have altered its rainfall pattern and water cycle; they have, in effect, changed the local climate. Even Darwin's finches are at risk; scientists recently found that finch nests in the Galápagos are infested with the larvae of an exotic parasitic fly. At night the maggots emerge and, vampirelike, suck the blood of nestlings, killing as many as one in six.

How to quantify the impact of alien species? How to grasp their toll? Wielding a financial yardstick, the federal government has estimated that between 1906 and 1991, seventy-nine nonindigenous species—including, most notably, the European gypsy moth and the Mediterranean fruit fly—had cost the nation ninety-seven billion dollars in damages, or about a billion dollars a year. Recently a group of Cornell University researchers raised the estimated damage report by two orders of magnitude, to 138 billion dollars a year. The South American fire ant costs Texas half a billion dollars annually in damage and control costs. Cleanup and control of the zebra mussel: five billion dollars annually. The Russian wheat aphid: 173 million dollars. Parasitic lamprey eel in the Great Lakes: ten million dollars. Introduced diseases of lawns, gardens, and golf courses: two billion dollars. Shipworms: 200 million dollars. Brown tree snake control and research: six million dollars. As for "emerging diseases" like West Nile virus, their cost is typically counted in human lives lost—by which measure, at least in Western nations, one is considered too many.

Ecologists work a different calculus. With exotic plants and organisms moving more readily from place to place, an increasing number of native species—residents of the planet's backwaters, unable to cohabit with zoology's rising cosmopolitan class—are being pushed out of existence. In 1991 the U.S. Fish and Wildlife Service estimated that one hundred and sixty species officially listed as threatened or endangered owe their status, at least in part, to competition with or predation by nonindigenous species. The more recent Cornell report estimated that more than four hundred species, nearly half the species on the endangered species list, are at risk. The Harvard biologist Edward O. Wilson has claimed that the introduction of alien species is second only to habitat destruction as the leading cause of extinctions worldwide.

Already alien species are so prevalent in the public eye that they meld into quotidian experience. They appear so regularly in news articles that it is sometimes difficult to the grasp the entirety of the phenomenon—to see the forest, as it were, for the alien trees that keep sprouting up in it. Possums in New Zealand. Pine trees in Africa. Giant hogweed in Slovakia. Nature is entering a new era—the Homogecene, one scientist calls it—wherein the greatest threat to biological diversity is no longer just bulldozers or pesticides but, in a sense, nature itself. A creeping sameness threatens, wrought as alien species insinuate themselves into the Darwinian fabric and gradually, almost imperceptibly, supplant it. One biologist I met expressed the cost as a personal one. "There's a loss of the features that allow you to describe where you live. When you characterize where you're from, you look out your window at the plants and animals, even if you don't notice them immediately. I think there's something terribly wrong with the loss of a distinct sense of being. It comes down to: Where is my home?"

It was by way of fathoming that riddle, the nature of one's home, that I decided for a time to quit my own. Those two words, *nature* and *home*, do not customarily share the same sentence. Nature is understood to be a separate realm, wild and unsullied by the imprint of human hands and feet; as the latter multiply, so the former is diminished, to the point where nature threatens to disappear entirely, if it has not done so already. As I continued reading about alien species, however, I began to wonder if perhaps a more nuanced outlook was required. After all, nature has been moving around for hundreds of millions, even billions of years; that is the essence of biogeography. If anything, today's nature seemed to having a field day, albeit at its own expense. Was this a new kind of nature, or the old kind gone amok? What, in this rapidly changing world, *is* nature?

I realized too that, as a city-dweller, perhaps I was poorly situated to address such questions. Cities are by people, for people; that is why I enjoy living in one. What counts as nature here would disappoint a purist. The rambling wildness of Central Park in fact was wholly cultivated by a landscape architect; the polar bear in the park zoo saw a psychiatrist for a while to cure its compulsive pacing. Once, standing on the back terrace of my apartment (my rent-stabilized indoors came with a rent-stabilized square of outdoors), I saw a neighbor across the courtyard waving her hands to catch my attention. Her pet African gray parrot had flown off. Had I seen it? I remember thinking, in a very unneighborly spirit, *Nevermore!* and feeling slightly pleased that the city had gained a touch of African grayness, if only to counter the ubiquitous grayness of pigeons. The world of us was too much with me. To truly grasp the threat posed by ecological invasion, I would need to sweep aside the homogenizing scrim of humanity and seek out an unfiltered nature, heterogeneous and raw. I would find the border where people end and nature begins and would boldly step across it.

So I set out. What started as a mild interest in tracking the course of cross-species migrations quickly blossomed into a raging obsession with all things weedy and unwanted, and it soon had me tracing paths as global and intersecting as the species I was after. I attended conferences devoted to introduced species, nonindigenous species, aquatic-nuisance species, marine bioinvaders; I collected the written minutes of alien-species symposia held in Norway; I ordered illustrated binders describing every exotic aquatic plant and animal in Tasmania. My search for the brown tree snake was only the beginning. I crossed seas by ship; I went on the road; I crawled through the darkened underworld and met a ghost named Polyphemus. All I lacked was a white whale. Thoreau once suggested that a traveler need never leave his home: he could forgo South Sea expeditions and explore instead the inner world of being. Forget that. I would find my way to the end of nature, or it would be the end of me.

In the Serpent's Embrace

1

The airport shuttle driver in Honolulu laughed when I told him where I was headed. "Watch out for snakes," he said.

Nine miles wide, thirty miles long, and a seven-hour flight across the date line from Hawaii, Guam is, for the moment, one of the world's more unusual cultural cauldrons. It is the most southern member of the Marianas archipelago, a five-hundred-mile string of islands that erupted from the ocean floor four million years ago and which, were it not for seven vertical miles of seawater, would comprise the highest mountain chain on Earth. The first inhabitants were the Chamorro, a group of South Asian lineage that flourished from thirty-five hundred years ago until shortly after the sixteenth century, with the simultaneous arrival of Spaniards, Catholicism, influenza, and smallpox. Today their descendants on Guam mostly occupy the southern third of the island, speaking a mixture of Spanish and ancient Chamorro, cruising through sleepy, palm-lined villages in lowrider pickup trucks, throwing Sunday fiestas for their patron saints, all in all presenting the appearance of East L.A. on an extended tropical vacation. In 1898 the United States acquired Guam, as well as Puerto Rico and the Philippines, from Spain under the Treaty of Paris. This tenure has been interrupted only once, on December 8, 1941 — Pearl Harbor Day behind the date line — when the Japanese invaded from their outpost on the neighboring island of Saipan. The United States regained custody thirty-one months later, in one of the bloodiest battles of the Pacific. Since 1944, the northern third of Guam, a jungly limestone plateau, has been the almost exclusive purview of the U.S. military, which maintains a major air force base there and, until a decade ago, several hundred nuclear warheads. Complaints are muted: the military and the Guam government, known as GovGuam, together employ more than half the island's 150,000 residents. Officially, Guam is a U.S. territory, a privilege manifest in one nonvoting congressman and two tourist slogans: "The Gateway to Micronesia" and "Where America's Day Begins."

And what a beginning. The northern and southern thirds of Guam join in a narrow isthmus of common ground: strip malls, fast-food joints, high-rise resorts, an international airport, and a sleepless snarl of traffic. At what stoplight does the district of Tumon become entangled with Tamuning? Where does Tamuning let off and Agana begin? For most travelers from the U.S. mainland Guam is a tiresome stopover on the way to somewhere else: Palau, Pohnpei, somewhere quieter, more paradaisical. For international travelers however—particularly the burgeoning number of Japanese honeymooners, businessmen, vacationers, and bargain shoppers—Guam has become an end in itself. You can, for an immodest fee, discharge your choice of firearm (illegal in Japan) in any of several local shooting galleries, or dress in cowboy attire and ride a pony around a small ring in a back lot. You can shop tax free at the world's largest KMart, provided you can find a parking space: the lot is filled to capacity every night until the nine o'clock closing. You can stay in one of the many hotels that cater exclusively to Japanese guests. In 1972, Shoichi Yokoi, a sergeant in the Japanese army, emerged from the remote cave he had hidden in for the past twenty-eight years, unaware that the war had ended, and no doubt perplexed, on seeing so many Japanese billboards, as to which side had lost.

Into a world thus made, the brown tree snake somehow found itself. One local theory maintains that the American military set the snakes loose to get rid of the rats. No, another resident says: the snake swam from the Philippines, fifteen hundred miles away. Most biologists champion a cargo-based explanation: *Boiga irregularis* arrived some time around 1949 from a military base in the Admiralty Islands, near New Guinea, coiled in the dashboard of a jeep or in some other bit of wartime salvage. Until then, Guam had no proper snakes to speak of. What a novelty, then, to see one. SEVEN FOOT SNAKE SLAIN HERE, one headline exclaimed. Another announced: NAV MAG MEN FIND LARGEST SNAKE TO DATE—8.5 FT. LONG. And simply: SNAKES ALIVE! "Because they eat small pests and are not dangerous to man," the *Guam Daily News* reported in October 1965 alongside a photo of a seven-foot snake killed at the United Seamen's Service Center, "they may be considered beneficial to the island." Several equally large specimens were remarked upon in the local press in ensuing years, including a snake that one Mrs. Edith Smith found slipping across her neck at four o'clock one morning in June 1966.

At first, sightings were limited to the area around the military seaport at Apra Harbor, several miles south of Agana. By 1970 the snake was making appearances island-wide. Other animals began disappearing: not just "small pests"—in a 1989 poll, more than half the respondents attested that the number of rats around their homes was definitely decreasing—but also chickens and eggs, domestic pigeons, guinea fowl, ducks, quail, geese, pet parakeets and finches, piglets, and cats. One day a chicken is in the cage; the next day, there is a snake too fat to escape. Gradually the snake began attempting larger prey. Between September 1989 and September 1991 the Guam Memorial Hospital recorded seventy-nine bites by brown tree snakes. Of those victims, sixty-three—80 percent—had been sleeping in their homes at the time; and of those, half were children under age five, including two infants who were bitten while sleeping between their parents. Yvonne Matson's experience typified a mother's terror. Early one morning she awoke to the screams of her infant son; racing to his room, she saw a five-foot brown tree snake entwining him from leg to neck and gnawing on his left hand. Months later, after her mother was bitten, Matson hired an exorcist.

As fast as the snake spread, word of it spread faster, to Hawaii, California, New York. A *Wall Street Journal* article claimed that the snakes "hang from trees like fat brown strands of cooked spaghetti." But I never saw that. None crawled in through my hotel sink. None lurked in the grass island of the Taco Bell parking lot. I drove around for two days after my arrival, asking after the snake.

"I think I saw one a couple of years ago on the road when I was driving, but it was night."

"My friend saw one a couple years ago when he was driving."

"I seen more snakes in Texas!"

A farmer described seeing a snake burrowing into the nose of his pet goat, which died a day later. "And you know, the color isn't brown. It's blue!"

In short, a dissonance has arisen on Guam, a discrepancy between the heard and the seen—a gap of uncertain size, yet wide enough to rankle. One evening I attended a cocktail gathering for guests of the Guam Hilton. The general manager, an amiable German transplant, assured me that he had encountered only one snake—"may it rest in peace"—on the hotel grounds during his six years there. He sounded sincere, so I was surprised a few weeks later to read an article in the *Los Angeles Times* in which an anonymous Hilton groundskeeper confessed to decapitating twenty snakes a month with his machete. I called to confirm. "I'm not at liberty to discuss that," said the hotel employee I'd been directed to. The line promptly went dead. Calling back, I was connected to a supervisor. He shouted into the phone: "Is everybody trying to sink the tourist industry? Everybody's got this twitch about the brown tree snake and how it's devouring Guam! I've lived here for three and a half years, and I've only seen two snakes. One was in a bottle—somebody caught it—and the other was squashed on the road. I tell you, I live in the boonies, and if I thought that brown tree snakes were dripping from the trees like spaghetti, I wouldn't have my children running around outside. All you people are making a mountain out of a molehill!"

So I'd come looking for a snake, a snake that clearly had no intention of showing itself anytime soon—indeed, a snake that had successfully navigated eons of evolution precisely by going about its business unseen.

"The snakes are extremely averse to light," Earl Campbell explained to me at his field site one evening. "During the day they take cover in places where people aren't likely to encounter them. Many of my friends have lived on Guam for years and never seen snakes."

Campbell, a young herpetologist from Ohio State University, suggested I might have some luck in his company. He worked under the auspices of the Brown Tree Snake Research Program, an array of federally financed research projects established in 1988 that aims to eliminate the brown tree snake population—or, more reasonably, to prevent its spread to Hawaii or anywhere else beyond Guam. Campbell's interest was snake barriers: real barriers, actual physical fences that would confine the snake to certain areas or, conversely, keep it out of other areas; and also figurative fences, general strategies of corralling the animal, reducing its numbers, slowing it down—barriers of human intelligence unsurmountable by any brown tree snake. To halt the enemy, however, one must first know something about how it operates; and until the brown tree snake appeared on Guam in profusion, virtually nothing was known about its basic biology. To learn that, a researcher first must find a brown tree snake.

Athletic and prematurely graying, Campbell wore that grizzled look endemic to graduate students everywhere. His research site sat at the remote northern tip of Guam, on Northwest Field, a forested limestone plateau above the sea. During the Second World War the area held numerous military barracks, basketball courts, runways, and ammunition dumps. Afterward, it devolved into a scruffy jungle of tangantangan trees—a gnarled, fast-growing Central American species that was planted en masse after the war to prevent erosion and has since come to provide abundant habitat for brown tree snakes. The snake is largely nocturnal; Campbell had become so too. One evening, well past dark, he arrived at the site for a few hours of research dressed in proper fieldwork attire: T-shirt, shorts, and sandals. A crescent moon hung low above the tree line; the humid tropical air resonated with the chirring of locusts. Campbell donned a helmet with a headlamp attached to it, flicked that on, then headed down a path made narrow and low by dense foliage and dangling vines.

"Looking for a snake in the forest is sort of like being in a demented *Where's Waldo?* book," he said. He crept forward, turning his head from side to side, illuminating knotted boughs with the ray from his headlamp. "My average here is one an hour." He conceded that this number did not sound impressive. Nevertheless, he said, this patch of forest contained the highest concentration of brown tree snakes anywhere in the world. Some months earlier, Campbell had traveled with two colleagues to Australia to study the brown tree snake in its native range. In eighteen nights of looking, they together found just three snakes: one brown tree snake and two of another species. "It's incredible how well the brown tree snake does on Guam," Campbell said with a hint of admiration. Exactly how well it does, and why, are among the many things he and his colleagues would like to identify. This night's mission was part of what Campbell described as his "marker-recapture" work. Any brown tree snake he nabbed would be weighed, measured, tagged for identification and then set free, perhaps, he hoped, to be captured again days or weeks or months later. The cumulative data would shed light on the growth and movement habits of the snakes over time. "It turns out these snakes really migrate a lot," he said. "It's only when you get a barrier that you stop that movement."

Over the years, the proliferation of exotic species around the world has spawned its own field of scientific inquiry, known to its practitioners as invasion biology. The field marks its formal beginning with the 1958 publication of *The Ecology of Invasions by Animals and Plants*, by the English ecologist Charles Elton. Individual cases of biological introductions and invasions had been remarked upon in scientific journals for some time before that, but Elton was first to address such incidents as part of a large-scale, advancing phenomenon: "We must make no mistake: we are seeing one of the great historical convulsions in the world's fauna and flora." Elton covered a broad swath of history and territory—from the introduction, in 1890, of starlings into the United States (the man responsible, a Brooklynite named Eugene Schiefflin, intended to release into Central Park all the birds mentioned in the plays of William Shakespeare) to the blight wrought by *Endothia parasitica*, the Asian fungus that would eventually kill 75 percent of the nation's chestnut trees. At the time, ecology itself was a relatively new phenomenon, eager to be distinguished as a modern science apart from the gentlemanly, hunt-and-collect endeavor known for generations as natural history. So Elton strove to discern underlying patterns of invasion, to forge theories about the hidden structures of ecosystems and the manner of their unraveling. His treatise, *The Ecology of Invasions*, was as much a clarion call to his colleagues as it was to the public at large. Elton wrote, "We might say, with Professor Challenger, standing on Conan Doyle's 'Lost World,' with his black beard jutting out: 'We have been privileged to be present at one of the typical decisive battles of history—the battles which have determined the fate of the world.' But how will it be decisive? Will it be a Lost World? These are questions that ecologists ought to try to answer."

Ecologists are still at it—in greater numbers than in Elton's day, with more sophisticated instruments and analytic tools at their disposal and many more case studies to select from. To a degree, invasion biology can be thought of as evolutionary biology turned inside out. As Darwin recognized, the appearance of a new species is frequently the downwind result of an invasion—a finch blown off course, say—that occurred generations earlier. Contemporary evolutionary biologists are still working out the subtleties of Darwin's insight: the competitive tensions that ripple among species; the genetic mutations and recombinations at the heart of evolution; the isolative acts eons ago that set it off. The invasion biologist, in contrast, is drawn to those first critical moments of colonization under way right now, all around: the incidents of travel, the tooth-and-claw contests that unfold in the subsequent days, weeks, months, years. Why are some organisms more successful invaders than others? Why do some ecosystems seem particularly susceptible to intrusion? Are there general laws of invasion? Is it possible to predict which ecosystems are at risk—or, better, to predict when and where the next invasion will occur? Whether a particular introduction leads to any evolution at all—whether the native organisms can survive the "stranger's craft" in sufficient numbers to adapt—is for biologists fifty or a thousand or a million years from now to determine. The invasion biologist is ecology's emergency-room physician, discovering how ecosystems work by watching how they fall apart.

In the rapidly growing annals of invasion biology, Campbell's research subject has become an iconic figure. Upon arriving in Guam, the brown tree snake entered a monopolist's heaven. All the forces that work to reduce its numbers in Australia and New Guinea—the other snakes that prey on it or vie for the same food; the mites, ticks, bacteria, and protozoa that claim its vital juices; all the predators, competitors, and pathogens; all the elbowers and energy sappers—were absent on Guam. The result was "ecological release": unhindered proliferation, an explosion of snakes. The birds of Guam were not equipped for the challenge. Left alone for millions of years on an island without predators, many species evolved a docile manner that left them defenseless when, at this late date, predators arrived. Biologists refer to this behavioral poverty as "island tameness," and it is by no means limited to Guam. One study has found that of two hundred seventeen bird extinctions in recent history, two hundred occurred on islands.

The first of Guam's birds to go extinct were the bridled white-eyes, the smallest and least suspecting of the lot. One researcher noted that when the white-eyes were kept in a large outdoor cage, they always slept wing to wing and could be plucked off one at a time with no upset to the others. The snake proceeded to eliminate larger and more wary birds: the rufous fantail and the Guam flycatcher, each about the size of a sparrow, in 1984; the Mariana fruit dove, a sort of multicolored pigeon, in 1985; and in 1986, both the white-throated ground dove and the cardinal honeyeater, which looks something like a tanager with a curved beak and a black eye mask. I know their appearances only through illustrated books. Of the thirteen forest bird species originally native to Guam, nine were extirpated from the island. Four of those nine persist elsewhere in the Mariana Islands. Three were indigenous—native to Guam and to Guam alone—and are now utterly extinct. Another two exist only in captivity: the Micronesian kingfisher, in zoos on the mainland, and the Guam rail, a ground-dwelling bird with the body of a guinea fowl and the neck of an egret. Like many island bird species, the Guam rail—the national bird of a birdless nation—is altogether too tame for the modern world. Well before the arrival of the brown tree snake, the human residents of Guam caught rails by the sackful. The snake also eliminated three seabird species native to Guam and at least three species of small lizard. The Mariana fruit bat, an enormous flying mammal that feeds during the daytime and numbered in the thousands only a few decades ago, has been reduced to a population of a few hundred on a forested bluff below the air force base. (That they are the primary ingredient in fruit-bat soup, a local human delicacy, does not help their prospects.) Guam's ornithologists are left with a scientific task distressingly similar to Campbell's, of studying subjects that are largely absent—and truly so, not merely apparently so.

Other than the Guam rail, the only native forest bird still found on the island is the Mariana crow, better known locally by its Chamorro name, the aga. It is a majestic specimen of the genus *Corvus*, upward of fifteen inches tall and coal black. In sunlight its head and back refract a dark green gloss, its tail a scintillating cobalt. Relative to continental crows, the plumage of the aga is, in ornithological terms, "lax," with a misadjusted feather tufting out here or there, conferring on it the air of a stylish, easygoing monarch. The aga's large size meant that it was among the last birds on Guam to be threatened by the brown tree snake. Nonetheless, by 1985 the forests of Guam contained only a hundred individual agas. Ten years later only twenty-six could be accounted for. By early 1997 that number had fallen to fourteen: four mated pairs and six unpaired "singletons." A few hundred agas—a sizable if not exactly vibrant community—persist on the nearby island of Rota, which is still free of brown tree snakes. Rota is the lone remaining wilderness harbor of the aga. The only other population is a small cluster of political exiles: ten crows spirited from Rota some years earlier and sent to breeding programs in Texas and Virginia.

The continuing survival of the agas on Guam today depends upon an elaborate operation run by Celestino Aguon, a biologist with Guam's Division of Aquatic and Wildlife Resources. By night I sought snakes with Campbell; by day I followed Aguon and the birds. Lately Aguon had taken a keen interest in one pair of agas in particular, an older couple known as 11B6. The pair had chosen to build their nest—a large, intricate platform of sticks, vines, and rootlets—at the top of a tree in a forested corner of the air force base, just off a long avenue of concrete bunkers that in years past had been used to store ammunition. The tree that held the nest had itself been transformed into something akin to a military fortification. The trunk, for several feet off the ground, was wrapped in a skein of wires, and the branches just above it had been cut short to prevent snakes from creeping onto them from the surrounding trees. A solar-powered battery, the size of a small toolbox, sat on the ground nearby and fed the wires with a steady current of five thousand volts. Through various experiments, Aguon had found that this arrangement was sufficient to dissuade snakes on the ground from climbing the trunk. I followed him to a blind—a square roof of black plastic stretched between branches—about a hundred yards from the fortified tree. From here I could see the female half of 11B6, her head black and bright, peering over the edge of the nest. The couple looked trapped in its safety, like those people in Manhattan who secure their apartments with eight locks on the front door, but of course the crows, with no roof above them, were free to fly off at any moment. Indeed, crows are intelligent and fiercely observant, and any prospect of excessive harassment—by a roving male aga, hovering military helicopters, or too many researchers lingering too near for too long—can spur a pair to abandon their nest and start again elsewhere, requiring the human encampment to track down the nest and impose its siege of vigilance once again.

An organism introduced to a new environment must overcome several natural barriers. Climate and nourishment, principally. Can it take the weather? Can it find enough to eat? These are immediate challenges, and they help to explain the brown tree snake's success on Guam, just as they help to explain why many other introduced organisms fail to take hold, or why some biological invaders make only limited progress. A less immediate but no less critical barrier to invasion is reproduction. To prosper, an invader by definition must procreate. Even if, like the snake, it can arrive laden with fertile eggs, eventually it or its offspring must find a mate. The odds of doing so depend on many variables, including the ratio of males to females, the speed with which individual newcomers disperse into the new territory, and the size of the territory they are entering. It boils down to sex: Can male and female find each other, and can subsequent generations do so with sufficient frequency and reproductive success to create a viable population? There is a numerical threshold above which a species can outlast extinction and below which it cannot; that number varies widely among species. This threshold applies not only to invaders but to native species as well; it governs the struggle to occupy old ground as well as new. The agas remaining on

Guam were approaching this barrier in a descent from above. They are victims of what biologists call "sexual disharmony," the scientific way of saying they may be doomed to die alone.

Nor, as Aguon soon explained, is that the agas' only problem. In 1990, when it became clear that the agas were losing their eggs to the snake, nest protection began in earnest. Aguon designed and erected the electrical barrier and set several snake traps nearby. The first night out, he caught seven brown tree snakes near the nest. Within a week he had trapped twenty-one outside the electrical barrier. In three weeks he caught thirty. The nests, although still beacons for snakes, were now demonstrably safe. The following year the protected nests produced a couple of hatchlings, including the future Mrs. 11B6. In unprotected nests, female agas were known to lay one or two eggs in a clutch. Now Aguon began to document clutches with three eggs. In addition, he discovered that if the eggs were removed from the nest soon after laying and placed in a laboratory incubator, he could induce the female to lay again, thereby increasing the number of potential aga hatchlings. That was the good news. The bad news was that of the forty-one eggs laid in various nests between 1992 and 1995, only four hatched. Only six agas have fledged since 1989. There are many reasons why an egg might fail to hatch—cracks, inadequate incubation in the nest, calcium deficiencies—but the main one in this case, as Aguon discovered with chagrin, was that most of them were not fertile. In the time it had taken him to make nests safe for upcoming agas, the remaining adults had aged irreparably. "We couldn't keep up the recruitment of younger crows," Aguon said. "We solved the protection problem, but now we're facing infertility." He motioned to the nest of 11B6. "This particular pair hasn't produced anything in years. Their pattern is to build a nest, abandon it, build, abandon. My conclusion is they're beyond the age of reproduction. They're doing everything you'd see at a normal nest. I don't know what's in it. I'll give it a few days and see."

Slight of stature, with a full beard and tired brown eyes, Aguon— "Tino" to his friends—is himself something of a rarity, the only native Guamanian biologist in the history of Guam's wildlife agency. As the number of agas on Guam has dwindled, so have the hours he allots for sleep: his is often a schedule of eighteen-hour days and seven-day weeks. Colleagues speak of him with a mixture of admiration and pity.

"Tino has the hardest nut to crack. He was involved in projects with three other species that have disappeared. Our joke is, whatever Tino touches goes extinct."

"He's trying to handle the last bird—the last egg of the last bird—on Guam. That's a tremendous amount of pressure. And there are no new Tinos coming along."

Island species, isolated from predators and the vigors of competition, often thrive; yet the same conditions may also render them vulnerable when their environment undergoes rapid change. The same could be said of island biologists. "The people on Guam have burned themselves to a frazzle," said a former colleague of Aguon's. "They are the hardest-working people I know. But there's a sense of panic. They've seen more taxa go extinct under their watch than anyone else. It's not easy: that might be the last crow out there if you don't find it. That—and the isolation. You don't have the intellectual exchange that you do in Hawaii. Ideas happen somewhat in a vacuum. You feel a little alone, a little betrayed."

By 1995, only a single pair of agas was producing properly fertilized eggs. That season, before the male disappeared for good, they laid two. Twice Aguon climbed the tree, lifted an egg from the nest, tucked it into a small box bedded with sawdust, put that in a larger, temperature-regulated container, and transported it back to the incubator in the lab. The first egg, bearing a male, hatched in captivity on April 2, 1996; the second, bearing his sister, hatched two days later. These are the last two native agas to have fledged on Guam. The female is named Nancy. When I last saw her, she was perched in a large cage in a forest grove not far from the abandoned ammunition bunkers. Before a juvenile captive-bred crow can be released into the wild, she must be "hacked out": set outdoors in a cage to acclimate, her door eventually opened, and her food gradually decreased from week to week until she is forced to venture out and forage on her own. Aguon drove the back roads to Nancy's cage, parked several dozen yards away, and shut off the engine. Nancy was an elegant youth, already too large to be taken by a snake. On sighting Aguon, she cocked her head and began flapping her wings, the numerous marker bands on her legs jangling like bracelets. She was a girl on the lookout, sharpening up for the crow equivalent of Saturday night, too young yet to sense the coming days of heartbreak. Aguon said, "The unfortunate thing is, we're unable to get Nancy mated up."

He backed out of Nancy's grove and wound his way past the ammunition bunkers, out the main gates of the air force base, down the main

road past concrete suburbs, and into the fray of stoplights and construc-
tion detours, toward his office. Aguon has little spare time these days in
which to indulge his exhaustion; with the time he does have, he often
visits local classrooms to work with human fledglings. "If we're gonna
succeed in conservation efforts, kids are the place we've got to start," he
said. "I don't really stand in front of them and give them a doom-and-
gloom scenario; they don't have much feel for numbers. I give them a lit-
tle taste of biology and geology and connect it with the animals here. I
always take a branch and let a child hold on to it. 'This is a branch.
Where does it come from?' A *tree*. 'What do you call a whole bunch of
trees?' A *forest*. 'What sorts of things live in the forest?' I don't just tell
them that this bat is an endangered species. I ask, 'Where does it live?
Where does it get food?' I keep going back to the forest, so they know not
only that the snake is a problem, but that losing the forest is a problem for
some of these animals. It's kind of fun. The kids have taken me out of my
element a little. You can hold their attention for a whole hour—it's un-
believable." Nevertheless, he said, for some children the learning curve
is dismayingly steep. "They're growing up in an environment devoid of
wildlife. When I ask what lives in the forest, some say, 'Crocodiles.' It's
something they've seen on television."

2

By ten o'clock at night the heat of the day had dissolved, and a feathery dew began to swirl through the trees of Earl Campbell's research site at Northwest Field. From deep among the branches, small amber jewels—the reflective eyes of nocturnal moths—glittered back at the light on Campbell's helmet. The eyes of the brown tree snake, unlike those of most snakes, would not reflect the light from our headlamps, rendering the animal doubly hard to detect. Every few steps brought an entanglement of spiderwebs—gummy wisps, woven on a scale to rival tents, that glued themselves to hands and face. The effect was sepulchral, and it had been even more so earlier in the day, in full sunlight. No sound but for passing wasps and the drone of an overhead plane—an enveloping aural emptiness created, I realized, by the absence of any birdsong. As for bird sightings, I could count them on one hand, even after several days: one drongo, a shrike from Southeast Asia; a species of turtledove that had immigrated from the Philippines several years ago; and a few bedraggled Eurasian sparrows that stuck close to my hotel. "It's amazing, just hearing the wind blow through the forest," Campbell said. "It's warm, it's lush, it's tropical, but there's no noise."

The snake owes its success on Guam as much to its own remarkable biology as to the pleasant climate and abundant food that greeted its arrival. Although the brown tree snake has been known to grow longer than ten feet, most are yardstick length and thin as a human pinkie. It is also a master climber, endowed with a slender prehensile tail and strong enough to hold three-quarters of its body upright as it stretches for a distant bough. (When a researcher attempts to pull one from a tree, the snake can tie itself to the branch with a half-hitch knot.) The sum product is a supremely cryptic creature: nocturnal, capable of sliding soundlessly from branch to branch, yet able in an instant to strike a pigeon from midair. The rear of its mouth holds several small sharp fangs that can grip prey until its mild venom asserts a hold. With its flexible jaw, the snake can devour creatures more than half its own meager weight, including at least one Labrador retriever puppy.

Precisely because of this battery of traits, *Boiga irregularis* had long been considered a specialized creature, built for an arboreal existence and little more. But behavior, even in a pea-brained reptile, is surprisingly flexible. On Guam, the snake forages as easily on the ground as in the trees, and it will consume anything that smells of blood: dog food, spareribs, soiled tampons, rotting lizards, paper towels, maggot-infested rabbits, raw hamburger, even the foam plate that the hamburger comes on. What scientists thought was one serpent in effect is two: the native and the colonist, the preinvasive and the postlapsarian. The hunter became a scavenger. "This sort of thing catches the attention of a herpetologist," one herpetologist told me over the phone. "It's unheard of in snakes. I came back from Guam and tested it out, and by God it's true — they do eat dog and cat food. And they will certainly eat bloody raw meat. There is a certain mystique among breeders that a captive snake must be fed live, natural-looking prey. Now along comes this snake that you can just as easily feed sausages."

Environmental scientists sometimes characterize a species in terms of the "role" or "function" it plays in an ecological community. Charles Elton popularized the term *niche* to describe something similar — the working relationship between an organism, its food, and its enemies. "When an ecologist says, 'There goes a badger,' he should include in his thoughts some definite idea of the animal's place in the community to which it belongs, just as if he had said, 'There goes the vicar.'" The brown tree snake illustrates one hazard of this perspective. It is all too tempting to assume that an organism's "ecological role" is inflexibly inscribed in its biology. The human mind may be more niche-bound than any physical species.

Indeed, the perennial mystery — and marvel — of ecological invasion lies in the erratic link between biological behavior and geographic location: that a species can be placid and contained in one location (its "home range") yet may become a reproductively raging menace in a foreign setting. The vicar at home becomes a devil abroad. In *Ecological Imperialism*, the historian Alfred Crosby notes that in the nineteenth century, British botanists expressed amazement that so many English plants had spread to both Australia and North America, yet very few plants from either of those continents had spread to England, despite plenty of human traffic between. Joseph Hooker marveled at "the total want of reciprocity in nature" and expressed his thoughts to Darwin. "We have the apparent double anomaly, that Australia is apparently better suited to some English plants than England is, and that some English plants are better suited to Australia than those Australian plants were which have given way before English intruders."

Such anomalies have offered the tantalizing hint of an underlying pattern—of natural selection, of biogeographic direction. Biologists have avidly sought to identify the common traits of successful invaders and, with that list, to predict which species are more likely than others to successfully invade. (Agricultural companies often rely on such lists to argue that their genetically modified plants will not become weeds.) Increasingly, however, many invasion scientists have begun to question the value of these trait lists. For example, it is commonly assumed that a species that reproduces faster will make for a better invader, but the supporting evidence "is thin and contradictory," writes the biologist Mark Williams in his book *Biological Invasions*, a recent survey of invasions research. One basic problem is that the "intrinsic" rate of increase measured for a species in a laboratory setting can differ widely from the rate measured in the wild—and the wild rate can vary depending on location and circumstance. Even then, fast means nothing. Humankind, arguably the most successful invader in biological history, grows at the very slow rate of 3 percent a year. Some scientists contend that successful invaders are often "opportunists," but others wonder if the term isn't simply a post hoc explanation masquerading as a noun.

Although biologists on Guam had followed the decline of the forest birds with growing alarm since the 1960s, the brown tree snake was not considered seriously as the culprit for another two decades. The creature was easy to overlook—not visibly abundant, apparent only by the absences that accumulated around it. No previous record existed of a snake obliterating an entire island of birds, and even if such a thing were conceivable, the little evidence then available did not suggest that the brown tree snake would prove to be the historical groundbreaker. Any and every other cause seemed more likely: remnants of the DDT that had been sprayed as a defoliant during the war; or a pox, akin to the avian malaria that had begun to claim forest birds in Hawaii around that time; or the loss of habitat as Guam's forests were renovated into houses, roads, malls, hotels.

Beginning in 1982, Julie Savidge, then a graduate student working in Guam, studied the possible causes and one by one dismissed them. She took a hard second look at the snake. From conversations, interviews, and newspaper accounts of sightings, she charted the advance of the snake across the island. Her map resembled a rippling pond, the first waves emanating from the military seaport in the 1950s and, by the 1970s, reaching the northern limits of Guam. She then mapped the decline of the birds: their last sightings and dwindling numbers. The two maps, of birds and snakes, were virtually identical. Two overlapping sets of ripples, one reptile dropping silently through the center of the pond. The paper she later published, "Extinction of an Island Forest Avifauna by an Introduced Snake," is now a classic: a case study of what a snake can do when left alone on an island full of birds and, more broadly, of the deceptive tranquility with which even the most ruinous biological invasion can unfold. No wonder the Hawaiians are concerned, Earl Campbell said. By the time they know for certain whether the brown tree snake is among them, it will be too late. "How do you prove to people there's a problem if it's something they can't see?"

Campbell had yet to spot a snake that evening. We had walked more than an hour, first down one dark path, then another, stumbling over roots, stalking the shadows of tree branches, when he stopped abruptly and said quietly, "There's one." The beam from his headlamp, which had been programmatically scanning the walls of foliage to either side, now illuminated one leaf in particular, on which was perched a gecko, wide-eyed and blinking. Campbell estimated its size and jotted the figure in a pocket notebook. I was underwhelmed—it was not the snake I still hoped to see—but Campbell noted that the gecko too was an invading species and in fact was a critical factor in the brown tree snake's success on Guam. "We have all these introduced lizards," he said. "There are five species on Guam. Two date back to when the Melanesians first came to this area. The other three have come during recent shippings." They are all prolific breeders, he added, and although none live in the snake's native range, they now form a significant part of its diet, enabling it to grow and multiply in a forest virtually devoid of birdlife. "That's the major reason the snakes are doing so well." Encouraged by his academic adviser, Campbell had added gecko and skink counts to his nocturnal surveys. How many, what size, where in the canopy, what time of year. From this database, one could begin to chart the demographics of the lizard population, the abundance and quality of the snake's repast. The early results, in the scientists' opinion, are sobering.

In simple ecological models, the relationship between a predator and its prey is straightforward, Malthusian. In the classic model, there are rabbits and there are lynxes eating rabbits: the lynxes thrive, reproduce, spawn more hungry lynxes—so many that soon there are fewer and fewer rabbits, fewer lynx meals, eventually fewer lynxes. The lynx population declines, the rabbits slowly recover their numbers, and the cycle of eating and eaten, supply and starvation, begins again. The situation on Guam is altogether different. Even after the forests were emptied of birds, the snake continued to thrive. Its numbers are down: approximately twenty-four snakes per hectare, from a hundred per hectare in the late 1980s. That is a major drop, yet twenty-four snakes per hectare is still four times more dense than even the most snake-infested plot of Amazon jungle. Campbell said, "That's like having a gob versus a big gob." Now the snakes subsist on skinks and geckos. And the skinks and geckos are not disappearing. In fact, because they are no longer preyed upon by birds, they are more abundant than ever. The snakes have found a renewable resource, the gustatory equivalent of solar energy. And there is evidence to suggest that the snakes are reproducing faster too, giving birth at a younger age. Few biological invaders, once they have gained such a solid foothold in their new habitat, subsequently disappear from it entirely. Any hope that the snake would eat itself out of existence appears equally groundless.

In *On the Origin of Species*, Darwin meditated on the impact that house cats might be having on the surrounding countryside. If there were more cats, there would be fewer mice. With fewer mice burrowing into the hives of their favorite snack, the bumblebee, there would perforce be more bees buzzing about, gathering nectar, pollinating the local blossoms—most notably the blossoms of *Trifolium pratense*, the common red clover, which depends exclusively on the bumblebee to complete its reproductive cycle. In short, more cats would mean more red clover. "Plants and animals, most remote in the scale of nature, are bound together by a web of complex relations," Darwin wrote. Even a small perturbation can reverberate throughout the web; the addition of even a single species can create a cascade of secondary effects. So it has been with the brown tree snake. Its success on Guam was paved in part by the invasions that preceded it—not merely the skinks and geckos, biologists suspect, but even the trees in the forest. Guam's forests, once a rich mixture of several tree species, had been devastated by the war and subsequently reseeded with a relatively uniform assemblage of tangantangan trees. The new canopy was both less dense and visually less complex in the eyes of a snake; the nests of birds now stood out far more clearly. Indeed, the first birds to disappear were not only the smallest but also the ones that nested in tangantangans. Only the more specialized species—the kingfisher, which nested in rotten holes; the Mariana crow, which nests in high trees—presented the snake with some semblance of a challenge.

With the snake now a permanent presence, biologists like Campbell have begun charting its cascading impact. The introduced skinks and geckos are thriving. So are the introduced birds: Philippine turtledoves, which reproduce more quickly than most of Guam's native forest birds ever could have dreamed; European sparrows, flourishing amid the bustle of downtown Agana; the Southeast Asian black drongo, nesting atop the island's concrete utility poles, which are too smooth and wide for the snakes to climb. And as the forest birds have disappeared, the insects they once fed on, the gnats, butterflies, and moths, have flourished. The flutter of feathered wings has been replaced by a flurry of tiny membranous ones, in turn prompting a frenzy of spinning among the spiders. All the better for hungry, multiplying skinks and geckos. The feedback loop is complete. "The invader," the ecologist Charles Elton wrote in 1958, "is therefore working his way somehow into a complex system, rather as an immigrant might try to find a job and a house and start a new family in a new country or big city." Some organisms arrive to certain failure, defeated by the wind, the soil, the hot or cold, hunger, reproductive frustration. Others, the ecological wallflowers, arrive and quietly persist, squeaking by, rooting in, thriving just below the level of human awareness, making no apparent—or at least no immediate—impact on the system as a whole. And still others are outright boors, strolling through the doorways occupied by their reclusive friends, elbowing their way toward the buffet. Soon their friends arrive, and more friends, uncles, cousins, until a point is reached when the hosts, expecting to mingle among familiar faces, discovers with dismay that their dinner party is filled with uninvited guests. New strands weave their way into the food web, the old ones unweft—singly, unobserved, supplanted.

"This place isn't truly natural," Campbell said before quitting for the night. "Most of the plants around here are Central American. Introduced species do very well here. It's a McDonald's ecosystem, and these are real fast-food animals. If people don't watch out, we're going to have the same metropolitan animals across the globe. I see the same birds in Copenhagen as I see in Toledo and Sydney. In the St. Lawrence Seaway, forty to sixty percent of the animals are introduced. I leave Guam and go to my parents' place on Lake Erie and get my feet cut up by zebra mussels. What's wrong with cosmopolitan fauna? There may be people who would like to just get it over with, because it would make it simpler to get on with business. Concerned citizens, businessmen on Guam have said, 'Well, if we can't have the native birds here anymore, why not introduce beautiful tropical birds, parrots, because tourists will like it.'"

Consider a length of thread, silken, delicate, seemingly endless. It begins in a patch of matted grass on the side of the road, it enters the forest, and, because the thread is so fine as to be barely perceptible against the blare of tropical foliage, it promptly disappears. At the far end of the thread, in theory, is a brown tree snake. At the near end, matting the grass with his hands and knees, sweating in the noon sun, tracing the thread with a forefinger, is Craig Clark.

Clark, like Campbell, was a budding herpetologist on loan from Ohio State. In the several months the two of them worked together on Guam, they had tagged, released, and gathered data on more than three hundred brown tree snakes. In that time they learned at least one essential truth: the brown tree snake is highly mobile. It is continuously on the go, moving as far as half a mile on a given night. If it has a home range, a piece of property that it considers familiar and to which it returns with some regularity, like a night-shift worker at the end of the evening, that range is sizable enough that biologists have not yet succeeded in fixing a number to it. Every organism treads a path between conflicting instincts: safety, stillness, occlusion on the one hand; novelty, movement, exposure on the other. Motion is a road to fulfillment: nourishment, reproduction, dispersion. It also renders an organism vulnerable—to predators, to the elements, to physical damage. Travel is the driving need and the Achilles' heel. The snake is nature's rule in this respect, not an exception.

Campbell focused on the snake's mobility on a macro scale, across acres and even miles. Clark would like to understand the micro scale, the up-close details of the snake's perpetual motion. When a brown tree snake moves around in the course of an evening, where exactly, meter by meter, does it go? "Perch height, perch type, incline, distance from trunk, length of branch. I want an estimate of where they're using the canopy. I want to be able to say, 'This is where the snake is going.' Is it a random pattern? What are they looking for? How much time does it spend foraging? How much time does it spend sitting around?" His project has practical implications. Although brown tree snakes will never be entirely eliminated from Guam, biologists have found that they can be trapped out of small, select areas: caught one by one in specially designed snake traps until the local population drops to near zero. But a snake trap works only if it is placed in a location a snake is likely to venture past; and those locations are what Clark would like to identify. "What species of tree do you put the trap in? How far off the ground? One snake I tracked for one hundred and eighty meters: it took me four days. Tracking techniques have been used on rodents, but nobody else has tried to do this with an arboreal snake. And with good reason: it's too much work."

Clark's field site was a patch of forest several miles south of downtown Agana on the property of the U.S. Naval Air Base. To reach it, he had to pass through a security checkpoint, drive on past a concrete building complex—still used occasionally by U.S. Navy SEALs for jungle training—and park along the shoulder of a long and mostly empty road, in front of an unremarkable wall of foliage. The forest is second growth: the short, scrubby tangantangan trees, so prevalent on Guam, interspersed with the occasional cycad, a native palmlike tree with evolutionary roots a quarter-billion years deep. A few hundred yards away, hidden on the far side of the forest, was Apra Harbor, the port through which the brown tree snake first entered Guam. Although additional brown tree snakes may or may not be arriving still through this port, more immediately hazardous materials, such as live bombs, do come and go. Clark said, "If something goes wrong, technically I'm within the blast zone."

Clark's research methodology is the clever product of modern technology and late-night tinkering. He begins with the research subject, a live brown tree snake, retrieved from a cageful kept at the lab for such purposes. Just behind the snake's head Clark attaches the serpentine equivalent of a backpack: a miniature radio transmitter, a miniature battery, and a bobbin with two hundred meters of red thread that feeds out from the inside of the spool. Total weight, approximately five grams. To prevent the load from snagging on twigs or rocks, Clark fits a small triangular piece of plastic straw in front of it, like the cowcatcher on a locomotive. Thus laden, the snake is released at night; Clark, hiding behind a blind and wearing night-vision goggles, watches it enter the forest. The next day—today—he tracks the snake's radio signal to its hideout. Then he will capture the snake, retrieve the transmitter, quickly dissect the snake, and check its stomach contents to find out what it has eaten in the past few hours.

On this particular day he was reeling in research subject No. 18. The first seventeen snakes had been trial runs to work out the kinks in the experimental setup. Clark said, "Whenever you start a field project like this, you expect a lot of hiccups. Things you don't expect to go wrong, go wrong." For example: if the snake travels more than two hundred meters, it runs out of thread, and Clark loses the snake and some expensive miniature transmitting equipment. This has happened more than once already. For this reason, Clark tries to let no more than twenty-four hours elapse between the time of release and the time of recapture.

In the next few moments Clark would discover something else that can go wrong. He extracted a radio transceiver from the bed of his pickup truck. It was three feet across and shaped like the letter H, and it had a handgrip, like a pistol. Clark held the H horizontally above his head. He flicked a small switch on the handle, and the H emitted a low whine, more or less insistent depending on the direction Clark aimed it. He followed the signal into the forest, losing it, finding it, losing it again. "It's fairly imprecise," he said. "I do a fair amount of wandering around aimlessly." And stumbling. The footing, as in many Pacific island forests, consists mostly of small, sharp blocks of limestone karst. Clark had come out here the previous night hoping to get an early bead on No. 18. Wandering in circles, with only the light from his headlamp to stave off total creaking blackness, it was all he could do to avoid becoming completely lost within forty yards of where he'd parked.

The pitch of the radio signal increased steadily as Clark moved forward, until he stood before a large pile of limestone rubble. Last night's search had ended at the same spot. "From what I can tell, the snake is underneath there somewhere," Clark said. "There's not much I can do about it except wait, and hope the batteries outlast his patience. He may sit there for a while. The snake has a really slow metabolism. If he ever moves, I can get my radio back."

We stood there for a few moments, Clark holding the whining transceiver overhead. Finally he turned it off and made his way back through the trees to his truck. He still had two hundred meters of thread to trace. He indicated a small orange flag at the forest edge, where the snake had been released and had crawled into the brush, unspooling as it went. The grass near the flag was flattened where Clark had spent the morning taking data on the first few meters of thread. Now he sat down and resumed the work. He found the thread again, a red filament woven into the fabric of the grass, and measured out another meter. With a compass he determined the snake's direction of travel, then made a note in his notebook. He identified the predominant plants in that meter of microhabitat and noted them in his notebook. From a pocket he retrieved a spherical densiometer: a curved mirror the size of a woman's compact, with a grid pattern imposed on it. By counting the number of darkened squares of mirror, Clark could quantify the amount of daylight occluded by the forest canopy. He jotted some numbers in his notebook, then crawled on. The details of travel: effortless for a beast to perform, painstaking for man to recover.

Two hundred meters of thread, five minutes per meter: it would take Clark all week to reach the end. If the thread moved up a trunk, into a tree, if it entangled the fruit of the thinnest upper limbs—for even the largest brown tree snakes can navigate the top of the canopy, so adept are they at distributing their weight—Clark would follow, on his stepladder. "If I thought like a snake, this would be easy," he said.

I picture him there still: crawling through the tall grass, eyes on the thread, thread between forefinger and thumb, taking the measure of weft and warp. He is inching forward, spinning in, deweaving, insinuating himself into the tapestry, into the forest, into the mind of the serpent.

3

The nerve center of brown tree snake biology rests on a neck of land at the base of the cliffs of Ritidian Point, in a low-lying, typhoon-proof concrete box. Here is the field station for the U.S. Brown Tree Snake Research Program. It is a windowless building, its corridors gloomy, labyrinthine, claustrophobic. For many years it belonged to the American military and served as the primary naval listening post for the western Pacific. It was, in effect, a giant invisible ear. Outside the building, foreign ships and submarines crisscrossed the oceanic expanse, whispering and conspiring in code; inside, within the most isolated chambers of the ear, American intelligence officers combed the waters for signals—intercepting, decoding, interpreting. Or so it is said. What actually went on was secret and largely remains so to the building's present-day occupants, herpetology grad students who wander its warren of offices and clack away on computer keyboards. Gad Perry, their supervisor, showed me down the main hallway to a pair of solid steel doors, which opened into a cavernous empty room— the former nexus, allegedly, of the naval monitoring operation. At the far end of that room was a smaller steel door, leading into a small room. It was in here, sealed and soundproofed from the world, that the real spy work went on, where the intelligence homunculi intercepted foreign messages and slipped them to compatriots in the outer room through a slot in the wall. In this inner room was yet a third door. It too was solid steel, with a circular crank handle, like a bank vault. The combination to the lock has long been forgotten, the door never opened, the secrets of the innermost room never exposed to light.

"We have no idea what's in there," Perry said.

Perry—ursine, with bright eyes above a bristly brown beard—is the on-site manager of the field station. At the moment, he was working on his laptop in one of the windowless rooms off the main corridor, checking his e-mail through a fuzzy phone line. He sat on a rickety swivel chair, his feet propped up on a second one. Gordon Rodda sat to his left, similarly occupied. In the private opinion of several of his colleagues, Rodda is a herpetologist of Einsteinian caliber. He began his career with a doctorate in animal behavior—specifically, the navigational skills of alligators in Florida. Later, on a fellowship from the Smithsonian Institution, he became immersed in the sex lives of green iguanas in Venezuela. In 1987 he was hired by the federal Brown Tree Snake Research Program and now designs and runs its science agenda. He has spent more than a decade roaming the territory, actual and potential, of *Boiga irregularis*. At one point he spent several months studying the brown tree snake in Papua New Guinea and the Solomon Islands—living in thatch huts, battling internal parasites, and sneaking into the forest at night to conduct snake surveys while trying to evade curious villagers who kept wanting to follow him. He is loose-limbed and rangy—an affable, energetic shipwreck. A red beard tends toward the untamed; on the top of his head is a small clearing, a bald spot surrounded by an unruly thicket of red hair. The root bed below, by nearly all accounts, contains the neuronal axis of brown tree snake biology. Rodda's graduate students and postdocs—Earl Campbell, Craig Clark, Gad Perry among them—pass through Guam for varying lengths of stay; they are autonomous extensions of the same neural cluster. Rodda himself is based in Fort Collins, Colorado; administrative duties keep him from traveling to Guam more than three or four times a year, for two to four weeks at a stretch. The rest of the year, it falls to Perry to oversee the myriad research projects concerned with brown tree snake control.

Control is the operative word, because no scientist in history has yet been successful in eradicating an entire population of snakes. Nevertheless, there is no lack of biologists eager to make an exceptional example of Guam's brown tree snakes. Snake poisons. Snake diseases. Snake birth control. I spoke to one zoologist with an elaborate scheme to insert into the DNA of the snake a chemical or protozoan or virus that would effectively disrupt its reproductive cycle. It is his idea that the disruptive agent could be carried by some intermediary—a Trojan mosquito of sorts—set loose on Guam to make the delivery. ("It would have to be fail-safe," he assured me on the phone. "You wouldn't want something that bites humans.") To be successful, such schemes needn't eliminate every single snake. They need only make a reasonable dent in the population: to make it more difficult for brown tree snakes to find one another and reproduce; to remove them from small, select areas of forest where biologists hope to revitalize what remains of Guam's bird population; to make sure there aren't quite so many brown tree snakes in the trees around Guam's airport, waiting to wander into the next outbound plane. Some of those projects have gained a boost from research that Rodda has conducted into the basic biology of the snake. By and large, however, the Brown Tree Snake Research Program keeps to its own specific mandate: preventing the snake from going anywhere beyond where it already is. The brown tree snake was born to move. The Brown Tree Snake Research Program was born to decipher, infiltrate, and arrest that movement.

"A lot of people on the mainland perceive the snake problem as something that's happening far, far away," Perry said. "It's been hard to convince them that it is their problem. And it is: the snake has gotten to Texas once. They could do well in quite a few parts of the mainland. South Florida—we're quite sure the snake could get established there. It may well be the next stopping place. The ecology is great: introduced rats; agricultural areas close to urban ones; introduced anoles, they'd be the primary source of food. Even downtown San Diego: nice climate, lots of sprinklers. The snake could eat alligator lizards until the sun goes down." He corrected himself: "*After* the sun goes down." If some of the questions Rodda and his colleagues are pursuing appear at first glance to be tangential or arcane, give them time, Perry said. "We're trying to be three to five years ahead of the need. People think we're working on stuff that's not relevant. But we're working on things you don't know you need yet."

Rodda and Perry have assumed an almost epidemiological outlook. The brown tree snake represents a kind of contagion, surreptitious yet virulent. It is spread not by mosquitoes, like malaria or the West Nile virus; nor, like the bubonic plague, is it spread by a combination of rats and fleas. Rather, it is transmitted by the everyday vectors of human commerce: planes, ships, vehicles of cargo. As far as anyone knows with certainty, Guam is the only place with an established population of brown tree snakes; it is the only source of the problem, the only host of the disease. Rodda and Perry would like to keep it that way; otherwise every new victim will itself become a host, an infected node, a potential source of further contagion. "The place we're trying to protect is Oahu," Rodda said. "It's the trade nexus for virtually every island in the Pacific: Nauru, Micronesia, the Marshalls, the tropical Far East. We see it as a first line of defense for Tonga, American Samoa, and all the other places that the U.S. doesn't care about."

Already the snake has appeared on several Pacific islands that conduct trade with Guam. As early as 1979, one was seen crawling from the landing gear of a military cargo plane on Kwajalein Atoll, in the Marshall Islands. In 1994 an inspector on the Micronesian island of Pohnpei found a brown tree snake crushed between two cargo containers being unloaded from a ship from Guam; the ship had already stopped at three other nearby islands. Since 1986, Saipan—the capital of the Commonwealth of Northern Mariana Islands and the weekly recipient of at least twenty cargo containers shipped from Guam—has recorded three dozen sightings of brown tree snakes; whether the snake is an established resident or only an occasional migrant is unclear. At the fish-and-wildlife office, on Saipan's main strip, a map of the island marks the location of each snake sighting with a red pin. Most of the pins are clustered around the seaport, a paved acreage of wooden pallets and idle cargo containers. Each pin is matched by an entry in the agency logbook:

14 May 1990. A brown tree snake was discovered dead at the airport inside an air cargo container. Subsequently, an airline employee on Guam was overheard to claim responsibility for deliberately placing the snake in the container as a joke, knowing it would cause a stir on Saipan.

4 January 1993. A visitor from Guam, who was aware of the desire to keep snakes off Saipan, reported trying to run over a snake as it passed in front of his car on the beach road at 3 a.m.

March 1994. A juvenile brown tree snake was captured by an airline employee after it was spotted climbing on a cyclone fence midway between the main terminal and the commuter terminal at daybreak.

11 November 1995. A juvenile brown tree snake was observed swimming in the ocean next to a tug recently arrived from Guam; presumably the snake had just fallen off the boat.

In November 1995 four brown tree snakes were found outside a used-appliance store on Tinian, a small island forty miles north of Guam and a ten-minute puddle jump from neighboring Saipan. Tinian is histori-

cally notable for its flatness. During the Second World War, after vicious
fighting with the Japanese, the Americans seized Tinian and converted
it into airfields from which, on August 6, 1945, the bomber *Enola Gay*
set off for Hiroshima with the world's first atomic payload. The run-
ways are cracked and overgrown now, but with a map one day I found
my way through the green labyrinth to a somber pair of plaques on
the tarmac where Fat Man and Little Boy once awaited their final jour-
neys. The rest of the island is equally, blissfully, forgotten. The sole
endemic bird is a saffron finch called the Tinian monarch. The island's
four thousand human inhabitants occupy a cluster of cement boxes off
a potholed, meridianed boulevard called Broadway. During the war,
barracked American soldiers convinced themselves that Tinian is shaped
like Manhattan and so named the island's grid of roads after famous
streets: Broadway, Canal, Forty-second. My own neighborhood, near the
corner of Eighty-sixth Street and Riverside, translated on Tinian into
an impenetrable dirt track. I was intrigued by the prospect of snakes
in Tinian's Times Square—an intersection that turned out to be only
slightly less weed-bound than Tinian's Upper West Side—but even if
they were established there, the odds of my seeing them in all that foliage
were remote.

"I've likened it to AIDS," Perry says. "It can be widespread in the pop-
ulation before it ever becomes apparent. Ebola virus is so apparent that it
will always draw attention, but AIDS will cost more money and kill more
people. The snake is like that. A little more money spent now would save
much more later. California is spending twenty million dollars to stop
Mediterranean fruit flies, and that's to protect avocados."

An epidemiologist studying malaria needs to know something about
the mosquitoes that carry it. Likewise, Perry would like to learn more
about the carriers of this herpetological contagion. What goes on inside
a wheel well? What are the prevailing temperatures and humidities in-
side shipboard cargo containers? If a snake crawls inside, what are its
chances of crawling out alive at the end of the trip? With that informa-
tion, one could begin to rank commercial trade routes according to their
likelihood of spreading brown tree snakes, and could likewise identify
which islands, ports, and cities face the greatest risk of infection. "For ex-
ample, we could find out what the risks are for the plane you came in
on," Perry told me. "It was probably a DC-10. It's a seven-hour flight from
Hawaii. If it flies at forty thousand feet, then the temperature is about

minus forty degrees Celsius. That's pretty damn cold. The snake can't survive that. The question is, is it that cold inside the wheel well? Probably not—the landing gear has to be in working order. And we know that snakes get in there. I personally pulled one out of a plane bound for Japan four months ago."

Perry showed me his principal tool for this research project, a small rectangle of microelectronics called a data logger; it looked like a box of dental floss. The data logger is highly sensitive to its environment and capable of collecting nearly two thousand data points—temperature readings, humidity readings—over whatever span of time Perry designates. Afterward, the data can be downloaded into a laptop and analyzed. Perry has several data loggers, each with many thousands of miles logged. Some have spent weeks riding in the cargo containers of ships. Others have traveled in the luggage compartments of airplanes. Perry said, "We have a lot of information on luggage compartments. Snakes are very happy in there. They will come out alive." Perry has been impressed by the wide variation in climates. A cargo container might be baking hot inside if it is stowed on the sunny deck of a ship, or it might be pleasingly cool if it is stowed below in a dark hold. Wheel wells present further complexities. What cranny in this black nest of tubes and cables would a snake most likely be drawn to? Some planes have a starter motor that expels copious amounts of hot air through a tube in the wheel well. Others warm their passengers' feet with a series of hot-air tubes that pass under the cabin floor and may or may not extend into the wheel cavity. Every wheel well, every cargo container is an environment unto itself, a microhabitat as distinct as one branch of a tree from the next, or one species of disease-bearing mosquito from another. Recently Perry adapted his research into a paper—"Conditions facing airplane stowaways during flight: temperature in wheel-wells and cargo compartments"—for the journal *Aviation, Space, and Environmental Medicine.* His focus was not snakes, but humans: the handful of people each year who, desperate to immigrate somewhere, hide in the wheel wells of outbound jetliners. Virtually all of them die trying.

As vectors of contagion go, there is one glaring difference between mosquitoes—or rats or fleas—and airplanes: society as a whole approves of airplanes, whereas most people would happily see mosquitoes, rats, and fleas vanish entirely from Earth. This places the invasion biologist in an awkward position. Faced with an outbreak of a mosquito-borne illness such as West Nile virus, a traditional epidemiologist can openly propose—and political officials will readily consider—solutions that attack the vector directly, up to and including spraying insecticides in and over large swaths of a metropolis. An epidemiologist of an airplane-borne contagion of snakes has no such recourse. Natural science suggests one approach; social, economic, and political realities demand another. "We're very much on the interface of biology and policy," Perry said. "The perspectives are very, very different. Science is designed to produce the right answer. It's not designed to produce quick answers. And often what you're doing might need a quick answer. How do you make sure the snake doesn't get to Hawaii, Texas, Florida? That's an immediate issue: the snake can go out any day. And politics is very important. The main way the snake has gotten out is ships and planes. So commerce is involved. Money is involved. The problem is solvable, but if the solution is 'No planes anymore,' obviously that's not going to pass."

Science is a contest between two opposing but not entirely opposite phenomena. On the one hand is nature: the unruly physical world out there, filled with everything from quarks and ions to stars and galaxy superclusters; teeming (at least locally) with bacteria, plankton, grasses, birds, snakes, and, increasingly, people. It is a realm, in short, of objects and forces acting and acted upon in a manner that presumably would continue whether or not humans were around to contemplate them. Nature is what causes a tree to fall in the forest, even if no one is listening. Addressing this phenomenon, taking it all in, is the observant listener: the human ear, the human eye, the human hand—the roving, probing, attendant tools of a restless and inquisitive human mind. Over time, this mind has augmented its capacities by creating additional tools: sextants, telescopes, microscopes, particle accelerators, software programs, and a procedure loosely referred to as the scientific method, the proper rules of which have been debated ever since the human mind advanced to a point capable of considering such matters. Insofar as a single line can be said to separate the world of nature and the world of man, that line is exactly the thickness of the human skull. Outside, an infinite number and variety of dots; inside, a system that connects the dots. Outside: hippopotamuses, trees, deoxyribonucleic acids, evaporation, erosion, decay; inside, hypotheses, deductions, theories, predictions, calculations, conclusions. Outside, *silva rerum*, the forest of things; inside, dioramas, models, metaphors. Outside, true wilderness; inside, a map.

The science lies in learning, over and anew, how to tell the difference. Consider the case of the American astronomer Percival Lowell. In 1896, while peering through his twenty-four-inch-diameter telescope, Lowell observed what he firmly believed to be canals on the surface of the planet Venus. Lowell was already famous for spotting canals on Mars—proof, he convinced himself (and the lay public), of the existence of intelligent Martians, or at least Martians with shovels. His observations in 1896 led him to conclude that Venus was likewise inhabited. Where Lowell saw canals, however, fellow astronomers saw only a blurry white sphere; they could not replicate his observations. Neither could Lowell himself, until at last, in 1903, he saw the canals once more and even managed to draw a picture of them. Lowell died in 1916; the canals were never seen again. Only recently have scientists figured out what he saw. A team of ophthalmologists, examining Lowell's notes, determined that the astronomer had made the aperture of his telescope so small that he had unwittingly turned it into a mirror: what he thought were canals were, in fact, the reflected shadows of the blood vessels in his retina. He had stamped his eye on the cosmos and mistaken it for the real thing. It is every scientist's nightmare: to mistake inside for outside; to confuse the order one sees, or wishes to see, or even, as in Lowell's case, one actually *does* see, with what is actually there.

Invasion biologists readily acknowledge one such perceptual bias in their research. Much of what is known—and theorized—about ecologi-

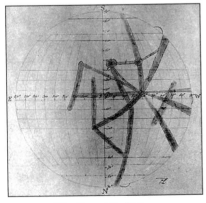
The "canals" of Venus

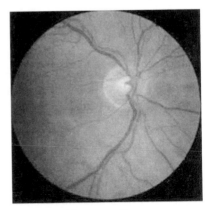
A human retina

cal invasions is based on case studies of successful introductions, because the failed invasions have disappeared and left scant record. However, it is hard to be fully confident about why things work when so little can be said about why they don't. The literature of invasion biology frequently makes reference to the "ten's rule," a highly anecdotal observation that one in ten invasion attempts results in successful establishment, and one in ten established invaders will become serious pests. Yet even this vague axiom is difficult to prove, as the bulk of scientific attention is given to the one exciting invasion, and little effort given to studying, or even counting, the other ninety-nine attempts, or however many there may actually be. Daniel Simberloff, director of the Institute for Biological Invasions at the University of Tennessee in Knoxville, likes to emphasize the converse: most invasions *aren't* successful, and most established invaders *aren't* pests. Why not? Are the troublesome invaders biologically unique or similar in some measurable way, or are they simply statistical anomalies—the inevitable one in a hundred? "Without knowledge of the failures, it is impossible to answer questions at any of the levels listed above by observing numbers of successful invasions by species with particular suites of life history traits," writes Simberloff. That the most studied invasions tend to be the more noticeable ones, he adds, should give an invasion biologist pause before generalizing from any particular case study. The brown tree snake is iconic, but is it representative?

When Gordon Rodda surveys his field of research, he sees an epistemological minefield. Not only does he study the one-in-a-hundred successful pest of an invader (which may or may not be reflective of invaders elsewhere); he studies an invader whose surreptitious behavior makes it supremely difficult to study in the first place. Even seemingly straightforward acts of observation—for example, gaining an accurate count of the number of brown tree snakes in certain plots of forest on Ritidian Point, or of the numbers of geckos, skinks, and moles that inhabit those same areas and are available to the snake as food—are to Rodda's mind tripwired with potential viewer bias. "One thing I feel really strongly about is that ecologists generally don't understand how hard it is to get accurate measurements—and they understand better than the public does. The perception is, you just put a gauge on a pole, and that's it. But it's a physically and philosophically challenging problem."

Nor is it without consequence to the forests of Guam. One afternoon, Rodda invited the biologists of the Division of Aquatic and Wildlife Resources—the agency on Guam responsible for tracking and studying what few wildlife resources remain on the island—to the conference room at Ritidian Point for a viewing of some snake numbers he'd been crunching lately on his laptop. For several years, the DAWR biologists had discussed the possibility of reintroducing the Guam rail to a sixty-acre plot of native forest at the northern end of Guam. The plot, known as Area 50, sits on U.S. Air Force property amid the overgrown remains of runways. It is entirely surrounded by a Cyclone fence. I'd visited it one day with Rodda and Gad Perry—Perry driving a perilously decrepit car, Rodda crammed in the passenger seat, his cranium brushing the ceiling, wincing at the potholes. The forest itself, inside the fence, was a local anomaly of diversity: breadfruit and ironwood trees, and small cycads growing on a thin layer of soil overlying rough limestone karst. It was an ideal habitat for rails. The problem was snakes, which would have to be trapped out or eliminated, or their numbers somehow sufficiently reduced. Determining at what point the snake-substraction effort had succeeded and bird addition could safely begin was Rodda's project. Gathered in his conference room, the biologists plied him with questions.

"How do you know when the snakes have been effectively removed?"

"How many days do you have to go not capturing a snake until you feel confident you've captured most of them?"

"At what density of these snakes can the birds proliferate?"

"How low do we have to keep the snake population to allow the birds to recover? And how fast do you get to that point?"

In short, if the success of the snake, like that of many biological invaders, is partly a function of its silence—if there is an inescapable gap between the number seen and the number actually present—how does one begin to detect it?

Rodda is the scientist to approach with such questions. He has spent his years on Guam not only tracking and counting snakes—figuring out how many there are, or aren't, in a given area—but also evaluating and perfecting the best method of said counting.

"It appalls me the number of ecologists who use a technique because it's available, without first evaluating if it's the best one. If I see twice as many snakes today as yesterday, I would like to believe it's because there are twice as many snakes there." He added, "I tend to be more anal than most people about this stuff."

As it turns out, there is a best way to count snakes in the forest. Contrary to long-standing tradition, the proper method does not involve herpetologists in headlamps creeping among the trees at night and counting snakes in the boughs—one an hour, if you're lucky. This approach is flawed for the plain yet not-so-obvious reason (as Rodda discovered through a statistical comparison of his own nocturnal snake counts against those of Campbell, Clark, and Perry) that some people are better than others at seeing snakes. "The most important variable was not when or where you're looking, but who's doing the looking. This turned out to be a significant source of error." Instead, Rodda has begun to rely more on the use of snake traps to gain accurate counts. "Spaced twenty to thirty meters apart, you can catch up to a quarter of the snakes in an area in a single night, which is phenomenally good." The trap is a cylindrical cage roughly two feet long, resembling two heavy-duty wire-mesh wastebaskets attached at their top rims. A two-inch-diameter plastic cuff at one end serves as the door: the snake can enter, but a tiny wire flap, swinging inward, prevents its escape. The lure is a live white mouse, safely housed inside the cage in its own wire cabin with as much diced potato as it can eat in a week. Rodda designed the cage; he built and tested more than four dozen configurations before settling on this one. One early model had an 80 percent escape rate. Another set of tests examined the attractiveness of different baits. (Water, perfume, blood, catfish baits, and even commercially available snake lures hold nowhere near the appeal that a live mouse does; even traps into which a mouse has been inserted and then removed will continue to catch snakes.) To keep snakes from wandering too near any mode of outbound transportation, the traps are now a fixture along the Cyclone fences that surround Guam's airports, shipyards, and cargo-loading areas. The effort of checking them falls to the U.S. Department of Agriculture's department of Animal Damage Control, which is designated to stem the tide of brown tree snakes from Guam. Once, the agency supervisor decided to tinker with the cage's wire entry flap, which in his opinion jammed too frequently. Rodda was unimpressed with the changes and, naturally, had a series of test-result graphs to back his claim. "Mess around with the flap, you do so at great risk."

The results of all the snake surveys, trap tests, gecko counts, and other data collected over the years on Guam have been fed by Rodda through various computer algorithms and transformed into a series of multicolored cross-referenced charts and graphs on his laptop. With his laptop plugged into an overhead projector in the conference room, Rodda gave the assembled biologists a picturesque tour of his information landscapes.

What it added up to was a sort of meta-ecology. How do you accurately measure what you can't see? How do you know what you don't know? How do you know when you know enough, or when you need to know more? The audience reaction that morning was quiet awe, as much for the boggling level of data analysis as for the sheer novelty of the effort.

Rodda's meta-questions apply not only to Guam, which already has the snakes, but to Micronesia, Hawaii, and every other location that has, might have, or thinks it one day may have brown tree snakes. In fact, these questions apply to all invasions and, Rodda emphasizes, to the even larger venture of studying biological diversity as a whole. Rareness and abundance, the twin measures of biodiversity and successful conservation, are matters of accounting. To calculate accurately how many, and how quickly, various species are going extinct around the world—owing to habitat loss, pollution, invasions, or whatever other reason—scientists must first determine the total number of existing species, roughly how many individuals of each species remain, and more or less where they can be found. Without proven and reliable accounting practices, all the counting in the world is fruitless.

"The public thinks the government is monitoring the populations of various things," Rodda told me. "It's just not true. By and large, nobody is measuring it. For most species in most places, nobody has a clue. For deer, elk, a few economically important species, yeah. But vast numbers of species, including important ones of economic value, nobody knows. And one of the reasons people don't know what's going on with population trends is because it's hard to make the measurements."

4

No organism, regardless of how small or brainless, aspires to be the last of its kind. Consequently, through evolutionary time, the species of the world have pursued all manner of strategy to expand their foothold on Earth. The seeds of the coconut can float for months on salty ocean currents, which explains their prevalence on tropical coasts and oceanic islands around the world. Snails and frogs from Cuba and Central America, borne aloft on the winds of tropical hurricanes, land in Florida with sufficient regularity that they have established nascent colonies in the Everglades. Ship captains have witnessed lush rafts of flotsam drifting far out at sea and harboring all manner of tagalongs: crabs, barnacles, field mice, boa constrictors, termites, geckos, squirrels, thirty-foot-tall palm trees. Charles Darwin noted that on several occasions the rigging of the *Beagle* became coated with the gossamer strands of spiders — thousands of spiders, the size of poppy seeds — blown several dozen miles offshore. "The little aeronaut as soon as it arrived on board was very active, running about, sometimes letting itself fall, and then reascending the same thread; sometimes employing itself in making a small and very irregular mesh in the corners between the ropes."

Near Cape Verde he examined a net of gauze attached to the *Beagle's* masthead to see what other life might be carried in the winds. In addition to mosquito wings and beetle antennae, he recovered pollen grains from European trees; spores of fungi, lichens, mosses, and ferns; and the encysted forms of single-celled plants and animals that had been whirled aloft from dried-up ponds. Henry David Thoreau spent the last years of his life assiduously documenting the dispersion of seeds: the roving parachutes of milkweed and cottonwood that waft on summer breezes; the insistent burdocks and sticktights that will attach themselves to a dog's fur or a philosopher's pant leg and be carried for miles, all the way to his front door. "We find ourselves in a world that is already planted," he wrote, "but is also still being planted as at first." In recent years, whole subfields of science—aerobiology, radar entomology—have arisen to more closely study the wind-borne movements of plants and animals, using technologies more often associated with human traffic: airplanes, balloons, helicopters, Doppler radar.

Some organisms have linked their fate, or that of their offspring, to the movements of yet other organisms. Mussels of the genus *Lampsilis* spit the larvae of their young into the mouths of unsuspecting fish; the larvae attach themselves to the fishes' gills, where they draw nourishment until they are large enough to let go and burrow into the sand, miles from their parent. Young quahogs in New England disperse across the seafloor by clamping onto the legs of crabs that step on them—often with such bear-trap tenacity that they amputate the leg. Another tiny crab spends its entire life cycle traveling inside the respiratory tract of a lumbering sea cucumber; the pearlfish plays a similar role at the opposite end, darting in and out of the sea cucumber's anus generation after generation. Bees have mites; birds' nests have bedbugs. Evolutionarily, it pays to hitchhike. A migrating marsh bird is a more dependable mode of transportation than a random, wayward gust of wind. Burrs thrive in greatest profusion most closely to the footpath, where heavy traffic drops them—and will pick them up again.

And what carrier is more dependable—what organism travels farther and more frequently—than humankind? No species has expanded its range so willfully or with such success. We walked out of Africa north to Europe, east to Asia, and across ephemeral land bridges to North America and Australia. When feet proved too slow, we augmented: wheels, sails, rails, wings. Even today, when it sometimes seems that there is hardly anywhere new left to go, we keep moving, towing along everything necessary to create as good a life in our new homes as in the old ones. Standing outside Guam's international airport, on a bluff overlooking the island's industrial district, I began to grasp the scale of humankind's constant motion: square miles of commercial warehouses in which consumer goods—auto parts, floor fans, crates full of hand soap—await packing and shipment to smaller islands nearby and farther abroad. On any given day, Apra Harbor, the commercial seaport, is crowded with cargo containers the size of railroad freight cars. Break-bulk items too large for such containers wait outdoors on the pavement: stacks of lumber and long metal pipes; a truckload of acetylene tanks; fifteen new cars; ten historic powder cannons. The Fleet and Industrial Supply Center, the main cargo depot for the U.S. Navy at the northern end of the island, is a warehouse the size of a football field, filled with crates and boxes of all equipment vital to maintaining national security: ironing boards, clothes dryers, heavy-duty spoons, treadmills, earplugs.

The historian Alfred Crosby, in *Ecological Imperialism*, contends that agriculture and the domestication of livestock, the essential makings of modern humankind, were well in place by three thousand years ago. "The opposable thumb had enabled hominids to grasp and manipulate tools; in the Neolithic, these humans would reach out to grasp and manipulate whole divisions of the biota around them." We had begun to shape the wild into a space more familiar, to turn the unknown into the known. And the natural world—some of it—began to shape itself to us. Our plowed fields were an open invitation to opportunists: vetch, ryegrass, thistle, fast-growing plants already accustomed to colonizing lands swept clear by floods and fires. No sooner did humankind create the garden than she had to weed it. Animal pests—rats, mice, fleas, worms—were drawn into our domestic aura, as well as diseases unique to humans: smallpox, measles, dysentery, influenza. Consistently, nature has heeded the call of our campfires, our warm hearths, our alleyways and garbage heaps. Corn rot, bathroom mold, staphylococcus-resistant bacteria—we are their meal ticket to reproductive success. We are their movable feast. Now the brown tree snake too follows in the wake of civilization. Its migratory expansion shadows the human one; it has become what biologists refer to as a commensal organism—literally, a messmate—reliant on the habits of another species.

At this point a reader might reasonably wonder: How exactly does a brown tree snake find its way into an airplane wheel well? One morning, with that question in mind, I stopped by the Guam field office of Animal Damage Control. The ADC consists of a dozen Jack Russell terriers, specially attuned to the scent of brown tree snakes, and a score of trained dog handlers, or Animal Damage Control Specialists. They have placed more than four hundred snake traps in and around the island's seven ports, and they regularly check them. In addition, the dogs and their handlers visit the warehouses and cargo-loading areas as frequently as they can, in an effort to sniff out any snakes that have slipped past the gauntlet of traps and threaten total escape. Since its inception, in 1993, the unit has caught upward of fourteen thousand snakes, the overwhelming majority of them in traps designed by Gordon Rodda. The pop singer Mariah Carey, impressed by the plight of Guam's birds and the interdiction efforts of the dogs, has donated several Jack Russell terriers to the agency. She owns several herself, including one named Guam.

The ADC field office is located within the secured boundaries of Andersen Air Force Base, in a concrete warehouse on the outskirts of a small metropolis of military administration buildings. The location is ideal, as fully half the snakes caught trying to escape Guam over the years have been caught on Andersen property. The reason for this is plainly evident to a visitor standing on the tarmac: the base, its administration buildings, hangars, cargo heaps, airstrips, and the Cyclone fence around the perimeter are entirely surrounded by forest, hundreds of acres of prime brown tree snake habitat. A nocturnal tree snake runs on a basic cerebral program: move, climb, avoid light—three simple commands that, over evolutionary time, have reliably led the organism to food and shelter. So it isn't much of a trick for a snake to find itself in the shadowed midst of boxes and pallets, or ascending a treelike wheel strut, or amid the viny hydraulic lines inside a wheel well—and to then disappear. Once, in a short piece of pipe hardly three inches in diameter, Gordon Rodda found not one but eleven brown tree snakes in hiding, two of them well over four feet long. More than one snake has been found on ADC property: in one of the agency jeeps; in an inspector's boot; even, once, inside Danny Rodriguez's electric typewriter. Rodriguez, a former marine and F-18 mechanic, is the ADC field manager. At least one night a week he or another inspector hops into the company pickup to patrol the three miles of chain-link fence that encircle the military runways and separate them from the forest. Brown tree snakes will climb anything vaguely treelike—airplane wheel struts, but also Cyclone fences, which makes this fence perhaps the best place to try to intercept snakes before they reach the base itself. Rodda's snake traps are attached to the outside of the fence, about halfway up, one every thirty yards or so. When Rodriguez spots a snake, either in a trap or entwined in the Cyclone fencing, he takes hold of it and pulls its head off.

The dogs serve as a last line of defense. They have caught snakes on the brink of export: in the power-steering unit of an outbound military truck; in a pallet of bombs destined for California; in a U.S. Navy SEAL trailer headed for Tinian. They have nabbed pregnant females—snakes containing five, six, eleven eggs. But the sun beats down, a dog's enthusiasm wilts, and the snake's instinct for seclusion is superb. Inspectors in a loading bay once watched a snake drop out of a military truck and disappear into the chassis of another, and still they could not find it. (It reappeared the following day, crawling around the legs of the driver.) All the while, the volume of outgoing cargo remains immense. The chief enemy of the ADC is not biology, it's statistics. Scientists employ the term *propagule pressure*—the success of a seed owing to the sheer weight of numbers. One might, with Thoreau, picture the downy tufts of milkweed that in late summer spill from their pods onto the breeze. "The calm hollow, in which no wind blows, without effort receives and harbors it." One might notice, as I did on the day I visited, an enormous C-5 cargo plane parked at the end of the runway, where it had sat for days undergoing maintenance—its leggy wheel struts inviting and unattended, perhaps like the vectors that are thought to have borne several brown tree snakes to the air force base in Honolulu.

One night toward the end of my stay on Guam I looked out the window of my hotel room and beheld the most common manifestation of *Boiga irregularis*: total darkness.

Somewhere out there, the power had gone out. All the streetlamps were dark; the strip malls had shed their glare and receded from sight. The only visible lights belonged to pairs of headlights streaming up and down Guam's blackened main boulevard. The next morning, when the power was on again, I turned on the television news and learned that the outage had been caused by two brown tree snakes that had crawled onto power lines and cut electricity to the entire island. That this was newsworthy was itself noteworthy, as the phenomenon occurs almost daily on Guam: brown tree snakes induce more than a hundred outages a year as they cross power lines or slip into substations, perhaps in pursuit of the sparrows that nest there. Two snakes in one day was a new twist, though, and the incident presented me with a good opportunity to actually see one. I hurried over to the headquarters of the Guam Power Authority, where the press officer agreed to show me the culprits. She went to her office and returned a few moments later with a pizza box. She flipped it open to reveal two snakes, each roughly three feet long. The true color of their skin was now virtually impossible to discern, since it had turned mostly black from the high voltage and in some places was flayed off al-together.

My closest encounter with a live brown tree snake, however, came late one morning in full daylight, on an outing with inspectors from Animal Damage Control. They were patrolling a densely forested area a few hundred yards from the international airport from which I would soon depart, and they were checking the numerous snake traps that had been placed there to capture would-be emigrants. The district supervisor led the way around trees and through thickets of chest-high sword grass. He sought out one snake trap after another, opened each one, and looked inside. On this day, at least, they were all empty. Finally, and perhaps keen to convey the effectiveness of his snake-control unit, he led me to a clearing beneath a large tree. A wire cage as big as a luggage trunk rested on the ground. Inside, in a writhing tangle, were at least a dozen brown tree snakes. Here was what I had been waiting to see: Hieronymus Bosch in a box. "We make sure we have some on hand for research," he said.

As the supervisor approached the box, a large snake lunged toward him, mouth agape, into the mesh wall of the cage. While the snake struggled to free its fangs from the wire, my guide lifted the lid of the cage and plucked the animal out with a pair of long metal tongs. He held it at arm's length and let it dangle for a moment—six feet of pure muscle coiling and uncoiling in midair. Its skin was neither brown nor blue, I noticed, but a murky green, like grass in Manhattan; the scales on its belly were yellow. "These ventral scales are kinda sharp," he said. "That's what allows them to climb." Then he handed the snake to me. At his instruction, I placed my thumb on a bony ridge at the back of its skull and, pressing down gently, clamped its jaw safely shut against my forefinger, as one might hold a garden hose. The rest of the snake immediately began to wreathe itself around my forearm and neck, squeezing with a gentle, almost clinical indifference, like the blood pressure gauge in a doctor's office. The tip of the snake's tail began to probe my right ear. I lifted its pebbly head for a closer look, as if I might catch a glimmer of intent. But its eyes were tiny yellow beads, slit vertically like a cat's and far more impenetrable.

At that moment I was of two minds. Although biologists do not like to talk about evolution in terms of "progress," I was struck most immediately by a sense of my own biological superiority. Any thoughts I was then having about the snake, it seemed clear to me, were a great deal more complex than any thoughts the snake might be having about me. I could both consider the snake and consider my considering of the snake, whereas the snake could only consider me as lunch. It seemed clear to me too—even if this calculus was less clear in the snake's unblinking eyes—that I was the organism in control: it was I holding the snake, not the other way around. At the same time, I was gripped by admiration. The snake was a marvelous work of biology—powerful, elegant, efficient. I was impressed by its opportunism, by its "strange craft": that an intelligence so minor could direct itself, unpremeditated, on such a profitable trajectory. As agents of homogenization go, it was not without appeal. I sympathized with it. I even felt a little sorry for it—guileless, cursed, outcast.

My sympathy, I knew, ran counter to customary thinking about ecological invasion. Conservationists and environmental scientists typically draw a firm line between two varieties of invasions: the unnatural kind, which happen as a direct or indirect result of human activity, and those that happen naturally without us. The latter category of invasion dates to the beginning of life on Earth; one recent paleontological study concluded that 95 percent of the animal species living today in South America evolved from species that traveled from North America—by wing, or by foot across a land bridge—millions of years ago. (The species that traveled in the opposite direction evidently fared less well: only 5 percent of North American species are evolved from southern ancestors.) Almost by definition, a species native to one place in the world—the Guam rail, or the now extinct bridled white-eye—is a species that evolved from an ancestor that somehow reached and colonized that isolated outpost long ago from somewhere else. That is natural—in contrast to the large and ever-growing number of ecological dislocations prompted, willfully or not, by our own motion.

The line between natural and unnatural, in other words, is us. On paper, the demarcation seems clear: If an invasion happened in prehistory, before the rise of human influence (whenever that was exactly), and left a mark in the fossil record, it is certifiably "natural." But in the first-person present—in this world awhirl with us, viewed without the aid of half a million years of hindsight—I was having a harder time of it. Some years back, the notion was floated that, with even the most far-flung wildernesses now tainted by the effects of human-induced global warming, nature, that separate and eternal realm untouched by our existence, had ended. But if nature was finished, what now was this thing that had wrapped itself so firmly around me, doing its Sisyphean best to finish me? Was it not nature? Was I not nature? That it could confuse a tree with a wheel strut, or a PVC pipe with a hole in the ground, seemed if anything to have worked in its favor. If the line we've drawn to distinguish natural from unnatural serves some human purpose, it is a line to which the snake—and every living inhabitant of the world, save ourselves—is entirely oblivious.

I understood that the snake had wrought tremendous environmental damage. And I understood that in an indirect way, as a consumer, traveler, and employer of the transportation the animal has latched onto, I bore some responsibility for its invasion. I could not condemn the snake without repenting myself. But for what exactly? Standing there, trying to draw reason from unforgiving eyes, I felt as if I had committed a most unoriginal sin.

Behind the building that Rodda and Perry call their office is a large yard of unmowed grass. Encircling both the yard and the building is a Cyclone fence, and encircling that fence is another fence. If years ago a spy had wanted to sneak into the building—into the steel-doored room where the submarine messages were intercepted, then into the sealed room where decoders feverishly decoded, and from there into the vault where the most precious secrets were locked away—this person would first have been required to navigate the two Cyclone fences and the vicious German shepherds that patrolled the alley between them. The dogs are long gone now, and in the yard inside the inner fence Rodda and Perry have added a fence of their own, a barrier designed not to keep things out, but to keep things in.

"There are barriers the snake can't get over," Rodda said, standing in the sunbaked yard. As important as population surveys and meta-analyses are in Rodda's larger scheme, it is the designing of fences that occupies much of his field time these days. Australia, he noted, has successfully fenced off thousands of square miles from introduced predators like feral cats and dingo dogs. The effort has been significant in protecting endangered kangaroos. "It's brute force. But it solves the problem exactly. If the problem is species moving into an area, you keep them out."

To halt brown tree snakes, Rodda said, there are two kinds of barriers one might erect. A long-term barrier, probably made of concrete, that could be set up around an airport or a nature preserve and could be maintained for several years. And a temporary barrier, something that could be deployed quickly around, say, a small cargo-loading area. The barrier might be an exclosure, designed to keep snakes out—useful for surrounding cargo being loaded into planes on Guam. Or it might be an enclosure, designed to keep any snakes that might be in the cargo from escaping on arrival into the wilds of Honolulu. In the coming weeks, American forces would be taking part in an annual multinational military exercise—held that year on the northeast coast of Australia, home not only to brown tree snakes but also to taipans, brown snakes, black tiger snakes, and several other candidates for the world's deadliest snake. Soon, mountains of cargo from Guam and throughout the Pacific would travel to Australia, sit for long stretches within crawling distance of the forest, and return: boxes, barrels, crates, cartons, pallets, trucks, and the associated dark, snake-friendly nooks. Among the cargo would be a portable barrier created by Rodda and Perry. "It's lightweight, inexpensive, and easy to transport and build," Rodda said. "It's designed to be used for a few weeks at a time. We tested the main idea. This is our final design."

He stopped in the middle of the yard, beside a roughly circular barrier some fifteen feet in diameter. The walls were waist-high and made of panels of heavy cloth, each panel attached to the next and pegged to the ground by a steel rod encased in PVC pipe. The cloth panels were not vertical but were angled inward; the whole contraption resembled a large canvas pup tent with its dome lopped off. The enclosure had been up for about a year, Rodda said. The panels were made of shade cloth, the sort used in greenhouses, because the material doesn't fall apart under the intense sun of the tropics. Also, the cloth surface was pocked with tiny holes: large enough to be porous to wind (of which Guam has plenty), but too small for a snake to squeeze through. "We've found that snakes can go through holes so small you'd think it's not possible. The snake keeps impressing me. It's a machine for getting places."

Gingerly, Rodda stepped inside the enclosure. A red fifty-five-gallon drum sat in the middle, on end. Somewhere in the ring there might be a snake creeping about, left over from a recent field experiment. Rodda wasn't sure. The snake is so cryptic that even if it is wearing a radio transmitter in a confined patch of lawn grass, a herpetologist—or, preferably, an assistant—must crawl around on all fours to find it. Rodda stopped to admire his handiwork. The design was deceptively simple, belying innumerable insights into brown tree snake behavior. In one early experiment, Rodda would dump thirty snakes inside the enclosure, then return the next day and count how many were still there. On other occasions, he or a colleague would sit on the barrel wearing night-vision goggles and watch what happened.

"As the night progresses, the snakes start trying to climb, and they're trying harder and harder. The only ones that can get out of here are two meters long or longer." Such specimens are rare, he said, maybe 1 or 2 percent of the population. Earlier experiments had revealed that the angle of the barrier wall was critical: the snakes tend to crawl up to the very edge of a surface and climb it; morever, they can free-stand up to two-thirds of their length. The backward angle causes them to collapse back under their own weight. In all, Rodda found, the snakes would spend only 3 percent of their time trying to climb the barrel; in contrast, fully half of their escape attempts were focused on the corners where the barrier panels came together, their best hope for a vertical ascent. "If you give them a ninety-degree corner, they can climb it. So it's very important that you have more obtuse angles. That's something we wouldn't know unless we spent hours sitting out here or watching videotapes from indoor experiments."

Back inside the building, between the conference room and the kitchen, is another room, sealed off from all natural light and tuned to an artificial cycle of day and night. Here, Rodda and Perry were testing designs for a more lasting barrier that, if effective, might be used to enclose several forested acres on Guam, from which brown tree snakes then could be trapped and removed and in which the remnants of Guam's bird population might be encouraged to recover. In the room, along two of the walls, Rodda and Perry had built a series of six wooden stalls, each with its own door, like walk-in phone booths. In each one, Rodda and Perry had constructed a different experimental design for a snake-proof barrier. Most of the test barriers were variations on a theme: a wall about chest-high with a wide, protruding ledge at the top, to keep the snake from simply slithering up and over, and an electrified wire or series of wires running along the top ledge to dissuade the most ambitious snakes. Brown tree snakes would be tossed into the stall to probe the weakness of the barriers. With the aid of infrared video cameras, one mounted at the top of each cubicle and aimed downward, Rodda and Perry could watch the confrontations and try to improve on each barrier design.

"We keep assuming snakes perceive the world the way we do," Perry said in an adjoining room, "but there's more and more indication that they don't. Put a brown tree snake in a darkened room: if there's any imperfection on the wall, they'll go for it. Maybe they can see infrared, I don't know."

Rodda said, "We're trying to get a feeling for how much it takes before what you want stops working. It's a balance between testing the most extreme conditions and making our lives as difficult as possible."

Perry popped one videocassette after another into a tape machine and watched as black-and-white video segments appeared on a television monitor—a sort of greatest hits of brown tree snake behavior. Long snakes, short snakes, snakes creeping to the wall and rearing up, snakes falling back in confusion from the electrical wire, snakes crawling over it, snakes in artificial daylight, snakes in total darkness. In one tape segment, the most advanced barrier was being challenged by a particularly large brown tree snake. "This one is what we call a honker," Perry said. "It's over two and a half meters long. In the population it's very rare. In our studies, they're all male. But even with the electricity off"—a common occurrence, owing to the snakes' knack for causing power outages—"only these large ones get out. Even if the worst happens and the barrier is not powered and the snake gets out, it may eat something, but it's male—it won't breed. We're very, very happy with this."

Perry's favorite tape is dated April 21, 1995. He slipped it into the video player and fast-forwarded to 9:08 p.m. A bird's-eye view appeared of cubicle No. 1, an early test model featuring a one-meter-tall barrier with a single electrified wire running along the top. On the floor, in total darkness, a honker was considering the possible avenues of escape. The snake crawled up to the barrier and rose onto its tail like a charmed cobra, swaying, leaning back, sizing up the barrier. Its actions might have appeared sinister had the tape not been playing at double speed; instead, the events had a Chaplinesque quality. At last, with its head alone, the snake found purchase on the ledge above the wire and in no time had pulled up the rest of its body, oblivious to the principles of electricity. The barrier had been surmounted, but escape was not yet complete. Earlier, when Perry had exhibited cubicle No. 1 with the lights on, he pointed out a piece of masking tape that had recently been laid to cover the hairline crevice that runs from floor to ceiling along the edge of the door. The need for this tape was now clear. Although the crevice is many times narrower than a snake, to this particular animal it must have yawned deliciously wide. Stretching over from its ledge, the snake pressed its body against this narrow crack and, using an impossibly slim door hinge for leverage, climbed the wall vertically, out of camera range. It was at this point that the video image began to shake violently. The snake, Perry later surmised, had begun climbing the electrical cable leading to the camera. Suddenly an enormous reptilian head loomed on-screen: out of focus, tongue flicking, one impassive eye considering another. The head disappeared; a long body trailed past the camera; the tip of the tail came and went. Time: 9:17 p.m.

"Well," Perry said, "we learned from that."

Paradise in Sight

5

What draws the traveler to an island that is farther from anywhere than anywhere? Do you aim to come, driven by a vision, with your destination clearly in mind? Or do you arrive by happenstance, like driftwood or a wafting seed?

When I was a boy, my favorite book was *Kon-Tiki*, the true-life adventure of Thor Heyerdahl as he sailed across the South Pacific on a balsa-wood raft. Mostly I just looked at the pictures, especially the one on the cover, a photograph of the raft seen from a distance: embattled by waves, with a tiny figure—a sunburned Heyerdahl—high in the rigging pondering the future of his waterlogged and slowly disintegrating craft. I imagined him alone, an island of man adrift on the blue expanse.

Heyerdahl, a Norwegian explorer and self-styled anthropologist, had spent a year in 1937 on the remote island of Fatu Hiva, in the Marquesas, deep in Polynesia. He had intended to study how animals had colonized such faraway and desperate terrain. Instead, he became fascinated with the people. Where were they from? How did the first settlers first get there? Polynesian legend described a journey of intent, a steady, deliberate migration eastward across the Pacific that spanned thousands of years: first from New Guinea and the Solomon Islands east to Fiji, Tonga, the Cook Islands, and Tahiti; from there east to Easter Island and southwest to New Zealand; and at last to the Marquesas and fifteen hundred miles northeast to Hawaii. Heyerdahl was skeptical: canoe voyages on the open ocean, west to east against prevailing currents and trade winds, unguided by nautical instruments, landing with pinpoint accuracy again and again? Perhaps instead, Heyerdahl proposed, Polynesia was settled from the east, inadvertently, by South Americans blown adrift.

He conducted an experiment. He built a balsa-wood sailing raft, the *Kon-Tiki,* modeled after those he'd seen skirting the Pacific coast of

South America, and in 1947 he set off on the currents from Peru toward Polynesia. Heyerdahl was not alone, as I'd imagined at a young age, nor was he exactly aimless. On closer inspection the book's cover photograph reveals a second figure below Heyerdahl in the rigging; a third companion has rowed out in a rubber dinghy to snap the picture; and three more sit unseen in the raft's cabin, one reading Goethe and another charting their course with a sextant. In the end, after a hundred one days and nearly missing their target entirely, the *Kon-Tiki* foundered on the reef of Raroia island. (Recently, a Frenchwoman sailed the same route alone in only eighty-nine days, on a twenty-five-foot Windsurfer.) Heyerdahl, and his worldwide readership of millions, were convinced: Polynesia was settled by accident, by human fluffs of dandelion.

This conclusion did not sit well among Polynesians, nor among Hawaiians to the north, who felt that their history and sailing prowess had been called into question. In 1973 a Honolulu anthropologist and two friends set out to prove Heyerdahl wrong. Their historical research found that early European visitors to the Polynesian islands in fact had witnessed enormous canoes—double hulls carved from tree trunks, with sails woven from coconut fronds—plying the open ocean. The newly formed Polynesian Voyaging Society decided to build one, following traditional designs and with modern materials. Then they would sail it from Hawaii to Tahiti—retracing, backward, the legendary path of Hawaii's settlement. For a navigator they recruited Mau Piailug, a forty-two-year-old native of the Caroline Islands in Micronesia. Piailug was one of the last masters of the dying art of open-ocean navigation: where Heyerdahl required a sextant, Piailug would refer to the drift of flotsam, the flight paths of birds, the patterns and reflections of clouds, the position of stars as they rose and set on the horizon. They set sail from Maui on May 1, 1976, and arrived without incident thirty-one days later on Mataiva, in the Tuamotus. They celebrated the Fourth of July with a traditional feast of poi and roast pig, then sailed home. Years later Piailug told a Honolulu newspaper, "When I go in the ocean, only one thing inside my mind: I like find the land. I no like miss."

The Polynesian Voyaging Society repeated the feat in 1980, this time under Nainoa Thompson, who had sailed with Piailug in 1976 and later trained with him. In 1985 Thompson undertook a two-year, sixteen-thousand-mile voyage through the island groups of Polynesia—again without instruments and, contrary to Heyerdahl's conviction, despite prevailing trade winds. Inspired by the example, other Polynesian islands

built their own voyaging canoes. In 1995 three Hawaiian canoes sailed
south to the Society Islands, met a contingent of three other South Pa-
cific canoes, then sailed to the Marquesas and north again to the Big Is-
land of Hawaii, for the first time retracing the original route of discovery
of the Hawaiian Islands.

This historic voyage encountered only one significant problem.
Three days before the canoes were due to arrive home, the crew radioed
Honolulu with news that they were suffering the painful bite of some un-
detected insect. Entomologists were consulted. The suspects were nar-
rowed to three: the nono, a tiny, vicious blackfly that plagues beaches of
the Marquesas and doomed those islands' resorts; the punkie midge, a
no-see-um half the size of the nono that also haunts the Marquesas; and
a biting midge known in French Polynesia as the white beach nono. The
first is native to the Marquesas; the latter two arrived in Polynesia some-
time between 1920 and 1950. All three are functionally identical: with
mouths like scissors, they bite holes in the victim's skin, producing welts
that if scratched can quickly fester. A single nono fly can inflict five thou-
sand bites in an hour. After securing a blood meal, the fly retreats to a
crevice in any nearby decaying organic matter—waterlogged wood, a co-
conut husk, the hull of a Polynesian voyaging canoe—to reproduce. Its
larvae emerge several days later to begin the cycle anew. With these facts
in mind, Honolulu newspapers treated readers to several days of midge
coverage, disagreeing only as to whether the midges posed a worse threat
to the tourist industry than the brown tree snake, or merely an equivalent
one. Cynics whispered of a midge conspiracy, of midges planted aboard
the canoes by an environmental group eager to publicize the dangers of
alien species in Hawaii.

Riding a strong headwind, a biting midge can cross fifty miles of open
ocean. To forestall such an event, and despite prime sailing conditions,
the six voyaging canoes were ordered to a halt some two hundred miles
south-southwest of Hawaii's Big Island, Hawai'i. The following morning,
after much wrangling over which government agency should take re-
sponsibility for a nuisance insect that is neither an agricultural pest nor,
strictly speaking, a public-health threat, and which in any event now sat in
international waters, a Coast Guard plane dropped thirty-six aerosol cans
of pyrethrin, an insecticide made from daisies, into what were now heavy
seas. The canoes' holds were emptied, clothes and equipment sprayed
with disinfectant, the hulls scrubbed four times with seawater, the sails
keelhauled. Everything organic was tossed overboard: religious carvings,

palm-frond baskets, breadfruit seedlings wrapped in coconut husks, and traditional foods like sweet potato, taro leaf patties, and poi—which crew members perhaps were happy to see go, as they later confessed a preference for sausage and Spam. Inspectors from the Hawaii Department of Health then boarded the canoes and sprayed everything again. A series of triumphal celebrations had been planned to mark the voyage's end. Instead, the canoes were escorted into Hilo Harbor, sprayed once more, and enclosed in fumigation tents. A crowd of two dozen, including several customs and immigrations officials, greeted them.

Health and agriculture inspectors still do not know what sort of midge they nearly encountered; the cleaning, spraying, scrubbing, and fumigation had left no trace of them. Other survivors were discovered, however, including four species of fly, two species of ant, a cockroach, two spiders, a book louse, a parasitic wasp, a beetle, several snails, some live shrimps, a gecko, two species of eye gnat, and a scale insect that in some parts of the world is considered a serious agricultural pest. Some time afterward the chief of the Hawaii Department of Agriculture was heard expressing nostalgia for the days when state inspectors could walk down the aisles of arriving aircraft and fumigate freely, as they still do in New Zealand. As for the canoes, they reached their destinations. The Hawaiian crews sailed to warm homecomings on Maui, Molokai, and Oahu. The Cook Islanders disembarked, showered, and dried off with one hundred and fifty donated towels. The Tahitian voyagers, though they had a fine canoe, never arrived; in fact, they never embarked. They had failed to apply for U.S. visas, and were gently advised to stay home.

The Hawaiian archipelago has long been thought of as a sort of laboratory of the pristine. It is an ecological jewel: 90 percent of Hawaii's native species—the species that were in Hawaii before the arrival of humankind some fifteen hundred years ago—are in fact endemic, found nowhere else on Earth. As such, almost since Captain James Cook stumbled upon them in 1778, the Hawaiian Islands have attracted scientists keen on understanding how plants, animals, and ecological communities arise and sustain themselves in such splendid isolation. And not only scientists are attracted. On average, and in addition to the human travelers and curiosity seekers, five new plants and twenty species of insect, plus the occasional pathogen and predator, are established in Hawaii each year. According to the Nature Conservancy, a "silent invasion of pest species" is under way.

Some are agricultural pests, such as the sugarcane aphid, accidentally imported a few years ago in a shipment of golf-course sod. Others, like the poisonous Amazonian tree frog, which now inhabits the upland forests of Oahu, pose a threat to humans and animals alike. All told, counting the nine hundred nonnative plants now growing in Hawaii, the foreign species approach in number the indigenous ones. The brown tree snake is only one of the more spectacular of the state's myriad concerns. "It is quite an exchange and bazaar for species, a scrambling together of forms from the continents and islands of the world," Charles Elton wrote of Hawaii in 1958 in *The Ecology of Invasions*. "It's an ecological disaster area," the biologist E. O. Wilson had told me over the phone before I left New York. "It's the invasion capital of the world." Who wouldn't be curious to see that?

In recent years, the effort to stem the tide of alien species into Hawaii has come to involve a tangled web of agencies and organizations: the U.S. Department of Fish and Wildlife; Hawaii's Division of Forestry and Wildlife; the Hawaii chapter of the Nature Conservancy; the Armed Forces Pest Management Board; the Killer Bee Committee. Much of the frontline legwork, however, falls to the several dozen inspectors—human and canine—employed by the Hawaii Department of Agriculture's Animal and Plant Health Inspection Service. The bulk of their time is spent standing in the river of passengers, cargo, post office parcels, and express-mail packages that flows steadily into the state, keeping eyes and noses open for unapproved nonnative organisms. Theirs is a ceaseless task of small triumphs, which the agency dutifully and proudly records at its headquarters, a small building that I eventually found tucked behind a warehouse in downtown Honolulu. The tally for one recent year added up to a hundred sixty-one animals: forty-eight toads and frogs, ten turtles, one mynah, six Jackson's chameleons, seven iguanas, seventy-five other lizards, four snakes, two hamsters, three ferrets, two hedgehogs, one hermit crab, one squirrel, and one possum. Most animals seized by the agency are eventually shipped back to the mainland and distributed to zoos. Any creatures required as evidence in court cases—an illegal white tarantula that someone had left in a paper bag at the airport; a pair of piranhas, seized from the home of a pet-store manager, that had recently finished spawning in their holding tank—were maintained behind a door at the back of the office, in a dank purgatory of glass terraria and clacking, burbling aquariums.

When one of Hawaii's various ecological invaders exceeds its stay in the animal room, and if no zoo expresses interest in its fate, the creature might well end up in one of the large glass display cases set up in the visitors' lobby to exhibit the state's plight. Here, stuffed and mounted behind glass, were ferrets, boas, bats. Here too were seven of the brown tree snakes that are known with certainty to have entered the state since 1981. For my viewing benefit, an agent opened one of the glass doors and withdrew from the cabinet a large jar of formaldehyde, which he set on a nearby table. He lined up five more jars alongside this one. White labels on each jar noted the length of the specimen within and its date of capture. The fifth jar, dated September 3, 1991, held the remains of two brown tree snakes found that day: one, dead less than twenty-four hours, on the runway of Honolulu International Airport; the other, stunned but alive, under the wing of a military transport plane that had arrived the previous evening from Guam. Except for one or two squashed heads, all the specimens were intact, each curled in its container of fluid, the lot of them suspended in a row like conspirators on a public gallows. They were slim and small, none longer than a meter; over time, their color had faded to a sort of pickled white. Even inanimate they retained an air of permanent menace, their mouths agape, their eyes clouded and unfathomable.

Traditionally, natural scientists sought to understand nature by seeking out "natural" enclaves of it, areas far from the footsteps of humankind, well off civilization's trodden path—in situ isolates of Eden. Beginning around the 1920s, however, and with increasing confidence through the century, naturalists embraced in addition a more interventionist approach. No longer content to simply study a lion at arm's length, they would also "twist the lion's tail," as Francis Bacon put it. They would experiment: in the field, in the laboratory, and everywhere in between. "Tinkering, observing nature out of sheer curiosity, and armchair theorizing as the early nineteenth-century philosophical naturalists did, have fallen out of favor in ecology," a commentator notes in a recent issue of *The Quarterly Review of Biology*. For Charles Elton and subsequent biologists, the innumerable examples of biological invasion around the world provided a ready supply of field studies, each one a potential test case of ecological theory. "The weeds and cultigens, scorned as 'unnatural,' yet may tell us a great deal about nature," wrote the natural historian Marston Bates in 1956. "Their behavior is part of an unplanned but nonetheless significant series of gigantic experiments which, by the very alteration of the geological sequence of events, may teach us much about the operation of that sequence." Even in that era it was apparent that Hawaii represented a laboratory full of such experiments. It was a microcosm of microcosms—"probably the most changed of the major faunas through man-dependent dispersal," Bates noted. The same holds true today, more than ever. For better and worse, Hawaii is two test tubes at once: in one, a study of the evolutionary effects of bio-geographic isolation; in the other, a runaway study of the consequences of breaching that isolation. "It could be that Hawaii is a lost cause," a national-park manager in Hawaii confided to me one afternoon. "We'll see. In the meantime, it's a great experiment."

Going there, I suppose, was a sort of experiment for me as well. If, as scientists say, the danger of biological invasion is the homogenizing veil of sameness it imposes on the landscape, I had met one of its weavers: in the forests of Guam; and here again in Honolulu, through a glass jar, I looked it in the eye, dim and thoughtless though that eye was. What I desired now was its obverse: nature uncloaked—splendid, wondrous, naked. I wanted to see what's at stake.

Well, that is only partly true. I had hardly elbowed my way through airport baggage claim when I became dimly aware of another impulse for visiting Hawaii, this one more reptilian than noble, and not terribly original: I just wanted to see the place. Soon after my arrival, while poking through the library of the natural history museum in Honolulu, I had come across a travel journal from the 1920s. The authors, a pair of British medical entomologists, had journeyed through Polynesia and Melanesia surveying the local population of bloodsucking insects. They soon discovered that many of these insects in fact were relative newcomers to the islands, carried there inadvertently by the investigators and adventurers that had preceded them. The louse is "a recent introduction into the New Hebrides, where it is known as 'One big fella flea, 'e stink.'" The residents of another atoll had first made the acquaintance of the common flea only a hundred years earlier, in the 1820s—an event thereafter conflated with the arrival of Western explorers. "The placid natives of Aitutaki," the journal notes, "observing that the little creatures were restless and inquisitive, and at times even irritating, drew the reasonable inference that they were the souls of deceased white men." Now, standing in the lobby of the Hawaii Department of Agriculture and peering into the hollow eyes of that snake, I had the disturbing impression that I had seen a ghost.

6

If it is true that nature ends where humans begin, then nature in Hawaii first ended fifteen hundred years ago at Ka Lae, the southern tip of Hawai'i, the Big Island, at the foot of towering Mauna Loa. Ka Lae today is the southernmost point in the fifty United States, and it is a desolate place, a grassy, windswept knob of land that ends abruptly in a line of black lava cliffs above a roiling turquoise sea. No monument marks the precise landing point of the first Polynesian settlers, but over the centuries they would make their presence felt. They spread throughout the archipelago, using stone adzes to transform the lowland forests into fertile farmland, building domestic lives around taro, pig, breadfruit, and other plants and animals they had brought with them. Villages sprang up, of which, for a time, Ka Lae was the most populous. Kamehameha, who in 1810 became the first king of all the Hawaiian islands, is said to have fished here; Kamehameha II surfed nearby. Much later, after syphilis, influenza, and smallpox ravaged the population, and eruptions and mud slides devoured the town, nearly a century after Hawaii was forcibly annexed by the United States, some rich developers briefly considered building a spaceport at Ka Lae, a Pacific rival to Cape Canaveral. But all I saw on the day I visited was a herd of cows roaming beneath tall wind-power generators and a group of local fishermen sitting along the cliff on picnic coolers, casting into the waves.

From Ka Lae a bumpy dirt road leads north to Mamalahoa Highway, the two-lane road that encircles the island. Here a modern traveler faces the first of many choices. In Hawaii, directions are given not so much according to the points of the compass as by one's position relative to the trade winds. Are you heading to the leeward part of the island or to windward? Are you going to *kona* side or *hilo* side? Are you going to the beach, or do you want to get drenched? Ka Lae, dry in the rain shadow of Mauna Loa, is *kona* side. Turn left on the highway, roughly northwest, and one eventually reaches Kailua-Kona, a warm, cloudless seaside town notable for its rich coffee fields and, increasingly, golf courses, shopping centers, and sprawling resorts. I turned right, to *hilo* side: up the southern flank of Mauna Loa to the four-thousand-foot elevation mark—a third of the way to the summit—then down the other side toward the island's capital, named Hilo. The transition from *kona* to *hilo* occurs precisely at the crest of this road. One moment a driver is ascending through arid blue brightness; suddenly a wall of cloud looms ahead, and then you are in it, wipers swishing, driving downhill between walls of moss-draped tree ferns. I crossed this line dozens of times during my time in Hawaii yet never failed to be astonished at how a day could congeal into mist so instantly or dissolve again if I simply chose to reverse course.

Just south of the highway, straddling the *kona–hilo* divide, is Kilauea Caldera. The Big Island is a crucible of evolution; Kilauea is the flame of it, a straight-walled basin three miles across and five hundred feet deep. Inside, at one end, is a smaller crater, Halema'uma'u, the legendary home of Pele, Hawaiian goddess of fire. From this crater, on occasion, sometimes for months or years on end, lava is ejected hundreds of feet into the air—in molten sheets or in flaming ropes and ribbons—then falls spattering into the surrounding basin and cools into a rocky black crust. This happens so regularly that the floor of the caldera resembles a cracked and rumpled plain of black meringue; sulfurous clouds pipe up here and there, rising out of the basin to form an erosive volcanic fog, called, technically, vog. Mark Twain visited Kilauea in 1866 and, only hours after an eruption, spent a pitch-dark night stumbling across the newly crusted floor, searching for the trail. "I have seen Vesuvius since," he later wrote, "but it was a mere toy, a child's volcano, a soup kettle, compared to this." On occasion, lava spews from the summit of Mauna Loa, ten thousand feet higher up, but such events are hard to witness because the strip road that leads there has been buried by subsequent eruptions. Mauna Loa and Kilauea, as well as the satellite craters that surround them, branch from a single trunk of magma rooted in the seabed miles below. Lava wells up from the Earth's crust and out onto the Big Island, adding an inch of height to it each year. And each year, with the slow migration of the continental plates, the island drifts a little farther west off its stem. Already, from an underwater vent a mile to the east, a new island, Loihi, is taking shape, although scientists do not expect it to surface for several thousand years at least.

Psychologists have found that what people think of as the present actually encompasses about three seconds, roughly the span between blinks of an eye: time enough to think, *This is the present*, but not enough to think, *I'm still thinking about the present.* By that time, you are already into a new present, the old one having quietly subsided, a mote drifting down into the sediment of memory. Volcanic islands are like that: they rise up; they linger for a geological blink; they disappear beneath the waves. They go extinct. Of course, the thing about geological blinks is, they are very long. A great many biological moments can be packed into a single geological one. In the seven hundred thousand years that the Big Island has existed, thousands of species have arisen on it, some of which went extinct even before scientists evolved to describe them, each species the product of hundreds or thousands of generations, each generation composed of countless individual lives, countless blips of empirical sensation—a magnanimous observer would say consciousness— each too brief and preoccupied to grasp the larger geological moment that contains it. And that moment is still young: the Big Island has perhaps thirty million years to go before it winds up like Ocean Island, the oldest and westernmost of the Northwest Hawaiian Islands, today little more than an atoll peeking above the waves like a periscope.

The occupants of the brief geological moment called the Big Island are concentrated in Hawai'i Volcanoes National Park, which unfolds for more than two hundred thousand acres around Kilauea Caldera. Opened in 1916, HAVO stretches from the summit of Mauna Loa down to Kilauea and fans out below that to the coastline, encompassing rain forests, ancient xeric woodlands, and a vast expanse of barren, sunbaked lava flow known as the Ka'u Desert. Within these borders reside the most extensive remnants of the archipelago's native flora and fauna. Park surveys list nearly five hundred native plants, including ninety-six species of fern, and eighteen native animals, eleven of which are officially endangered: four forest birds, a hawk, an owl, a goose, two sea turtles, a seal, and a fruit bat. The primary, official mandate of the park's managers is "to protect natural habitats from alien biota"—a suite of offenders that includes feral goats and pigs, mongooses, cats, rats, and hundreds of alien plants, fifty-six of which have been deemed especially pernicious. Although some species were introduced with the arrival of the first Polynesian settlers several centuries ago, most ecologists mark 1778, the year of Captain Cook's arrival, as the beginning of an accelerating decline.

"The early Hawaiians altered the lowlands considerably," Linda Pratt, a veteran Park Service botanist, said one morning during a stroll through one of the high-elevation forests. "But they had virtually no impact on these upland systems. What we're looking at today is two hundred years of change, very recent and passing away before our eyes."

What we were looking at was a stretch of forest on the dry side of the *kona–hilo* boundary: a sunny, open woodland and one of Pratt's favorite sections of the park. Pratt has worked at the national park for more than two decades, monitoring the advance of alien plants and compiling a detailed history of the introductions; her husband is a park ornithologist who has studied the Big Island's birds for at least as long. On this morning she had tucked her hair—long and brown, with faint wisps of gray—under a green Park Service cap. The park entomologist, David Foote, accompanied her. The two had spent the previous hour on the other side of the *kona–hilo* boundary, in a wet forest, and they still wore the blue rain slickers and black, knee-high rubber boots necessary for such an outing. The gear would be thoroughly scrubbed upon return to park headquarters. "Anybody who works in conservation in Hawaii is aware that they personally could be the one who carries some nasty alien plant into a native forest," Pratt said. A few years earlier, near the finish line of the Kilauea Crater Run, an annual footrace around the perimeter of the crater, park biologists had set up a booth where runners could have their sneakers scrubbed clean of alien seeds. The seeds were saved and later grown in the park greenhouse. Sixteen different plants sprouted, twelve of them common, and one, an African grass, an alien weed.

"Things will always be arriving," Pratt said. "The key element here is the time frame and the number. If all the people disappeared from the planet tomorrow, there still would be a very low rate of plant and animal introduction into Hawaii, say one every twenty thousand years. But the current rate is *hundreds* per year. To me, that makes a huge difference. Of the hundreds of plants that arrive in Hawaii, maybe only one, or none, could have gotten here on their own."

The difference between a *kona*-side forest and a *hilo*-side forest amounts to about a hundred inches of rainfall a year. That is to say, the Hawaiian rain forest, in true rain forest fashion, is very wet. Tree ferns spout from the ground like the tops of giant pineapples, an impenetrable field of them, their wide fronds overlapping and laden with glistening mosses. Fallen logs give rise to leafy lobeliads, trunks are entwined in flowering lianas, epiphytic liverworts sprout from the junctures of boughs;

barks bear slime molds, mosses have mildews. Everything is a staging ground for something else: move over, grow faster, waste no space. All of it is drenched in mist or rain, the air thick with efflorescence and decay. What does not sprout in excess is rotting underfoot, degenerating into a black, pungent muck that threatens with every step to suck the boot from one's foot. In a biological sense, the Hawaiian rain forest is perhaps the safest in the world: no poisonous snakes to worry about, no lurking leopards or gorillas, no nettles, no mosquitoes—no native ones, anyway, and none in abundance above the four-thousand-foot elevation mark. Still, an ecologist's job is hazardous. "You get bruised, constantly slipping and falling," Foote said. "I've toyed with wearing safety glasses in here." One park technician nearly lost an eye when she fell onto a branch that cracked the lens of her eyeglasses. Another was confronted by her physician, who demanded assurance that the bruises on her body were work-related and not the result of domestic abuse. Foote said, "It's pretty miserable work. I try my best to warn applicants. When they call and ask what it's like to work here, I ask them what their interests are. If they say they're looking forward to getting to a beach in Hawaii, I almost won't hire them on the spot—we're so far from any beaches, and it's just miserable if you're stuck up in the rain forest and it's cloudy and rainy all day and what you came to Hawaii for was fun in the sun."

That was one of the principal virtues of the dry, *kona*-side forest in which Foote and Pratt now stood: warm sunlight. Stout trunks rose dozens of feet straight up. Pratt pointed out a stately koa, once the predominant hardwood tree in Hawaii but so scarce now after decades of logging that when the Polynesian Voyaging Society tried to build an ocean-voyaging canoe entirely of traditional materials, they could not find two koas big enough to serve as hulls. (They settled for two spruce logs donated by Alaska.) Pratt pointed out a flaky-barked soapberry tree and a red-blossomed o'hia, typically the first tree species to colonize fresh lava floes and ubiquitous in both wet and dry Hawaiian forests. The vista was refreshing, a vibrant antidote to the monochrome forests of Guam. But there was something else too: in the weeks I'd spent on Guam, in a landscape the brown tree snake had depleted of birds, I had forgotten that forests sing. Silence has a way of doing that, of blanketing not only sound but the very memory of it, until the quiet—static and empty— comes to seem like the natural order of things. The Hawaiian forest, in contrast, swelled with an aural dew of warbles, trills, and whistles. It struck me as the paragon of wilderness, the iconic setting one conjures when imagining nature in its purest form. It is a vision absent of snakes.

When conservationists envision the damage the brown tree snake might wreak upon Hawaii, their thoughts turn first and foremost to the islands' endemic birds, the most spectacular among them the family *Drepanididae*, the honeycreepers.

Had Darwin visited Hawaii, he would have loved the honeycreepers. Instead he went to the Galápagos, and the finches he found there—thirteen species, known today as Darwin's finches—became the emblems of evolutionary biology. Related to one another by a single ancestor blown adrift, the finches nonetheless vary widely in form, many of them involved in profoundly unfinchlike activities. One drinks the nectar of cacti; another draws blood from the backs of boobies; a third trims twigs with which it probes tree bark for grubs. They are aided in these tasks by beaks that, in their diversity, have been compared to a toolbox of pliers: straight needle-nose, curved needle-nose, parrot-head, diagonal, lineman's. Collectively, Darwin's finches have come to illustrate the arc of evolution by natural selection: how environmental forces—flood or drought, seasons of plenty or privation—can work upon subtle, often imperceptible genetic variations to bring about wholesale changes in morphology, ultimately giving shape to new species, each one better adapted than its predecessor to the current environmental conditions, however transitory those conditions prove to be.

As illustrative as are Darwin's finches, the Hawaiian honeycreepers are more so. For one thing, they are more numerous: forty-seven known species in total, all of them, like their Galápagos cousins, descended from a single wayward pair of birds. In recent years, experts in genetics have estimated that the ancestral pair, the first honeycreeper colonists, reached the archipelago between fifteen million and twenty million years ago. The time frame is noteworthy, because Kauai, the oldest island in the principal Hawaiian chain, is only five and a half million years old. The Northwest Hawaiian Islands—the Hawaiian islands of yesteryear, which long ago sprang one by one from the hot spot beneath Kilauea and today are faded and sinking embers far to the northwest—range in age from seven million to twenty-seven million years. That is to say, the honeycreeper family tree took root and begun evolving on islands that no longer exist. The first pair blew in, colonized, and, after generations, radiated into new species. From one of these, another pair flew or was blown to the next island, colonized it, branched out into new species—over and over, again and again, the unfortunate ones stranded on an island doomed eventually to subside, the lucky few hopping to the next, emerging island, until Kauai and Oahu and the rest of the archipelago that they now inhabit rose above the waves. The honeycreepers are Darwin's finches cubed.

And they look it. Unlike the Galápagos finches, which occupy the narrow wavelength between black and brown, the Hawaiian honeycreepers display the full spectrum of raiment: the vermilion i'iwi; the leaf-green o'u; the crimson apapane; the mamo, glossy black, with shoulders, rump, and thighs drenched in yellow. Each species often has close cousins on other islands, each admitting further refinement. The scarlet Hawai'i akepa, for example, differs only slightly in hue from the rufous orange Oahu akepa (now extinct), the dark orange Maui akepa (possibly extinct), and the pale olive Kauai akepa, while the various species of amakihi span the subtleties of yellow-green. But what sets the honeycreepers apart is their astounding array of bills. The beaks of the o'u, the koa finch, and the palila are parrotlike variations on short and stout; these beaks are employed, respectively but not exclusively, in capturing and crushing beetles, tearing open the seed pods of koa and mamane trees, and extracting the maggot-size germ from the seed of the naio tree. The bill of the akepa is short and mildly twisted at its tip, an adaptation that mystified ornithologists until the bird was seen prying open leaf buds to get at the insects hiding within. Perhaps most striking are the bills of the nukupu'u and the akialoa, two birds rarely sighted these days. Their bills, which are slender, exceedingly long, and delicately curved, prove supremely useful for withdrawing nectar, in the manner of hummingbirds, from the slender-throated blossoms of certain native lobeliads. Indeed, as there are no native honeybees in Hawaii, the birds are thought to be one of the primary pollinators of these rare flowers.

Collectively, the honeycreepers take their name in part from their habit of creeping around the trunks and branches of trees, prying into bark and under lichens for whatever caterpillar, grub, cricket, cockroach, millipede, or spider's egg might be found there. Yet for all the specialization their beaks afford them, the honeycreepers share a taste for nectar. The o'u is partial to the female flower of the ieie vine. The amakihi, its bill too short to drink from the slender-throated lobeliads, has taken to puncturing the blossom at its base and retrieving the nectar more directly. The akohekohe, now extinct, was often seen with its crest dusted with pollen after plunging headfirst into an o'hia blossom. Accordingly, the one anatomical trait the honeycreepers have in common is a tubular tongue: longer or shorter, wide or slender, the tip sometimes ending in a wick of bristles, like a paintbrush, but always the edges of the tongue curling upward, often overlapping, forming what looks like a canal or a canoe or a finely rolled cigarette. It is by means of this tongue that the honeycreeper draws nectar from the flower. Even those few species that have forsaken this ambrosia altogether, that feed exclusively on seeds or caterpillars, retain its memory in the furrow of their loosely curled tongues. It was the music of these tongues that spilled now from the canopy, showering like one of those Amazonian cascades that has as its source a dozen streams, each born in some prehistoric pocket of wilderness, each tumbling down the ages to join the others in a river of gathering force and swiftness that soon explodes from a great height upon the present moment.

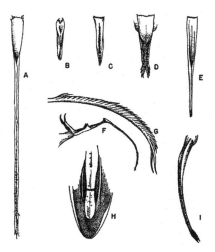

FIG. 16. Tongues of some species of Drepaniidae.
A. *Hemignathus procerus.* B. *Psittirostra cantans.*
C. *Loxops maculata bairdi.* D. *Pseudonestor xanthophrys.* E. *Himatione sanguinea.* F. *Drepanis pacifica.* G. Tip of same, enlarged. H. *Psittirostra bailleui* (tongue in place in lower mandible). I. *Ciridops anna.* A and B after Gardner; C, E, and H after Gadow; D, F, G, and I from Rothschild, drawn by Frohawk.

Or so it sounded to my expectant ear. Pratt smiled ruefully. The honeycreepers, she said, and the vast majority of the island's native songbirds, resided in forests elsewhere in the park, far out of earshot from where we now stood. She picked out a strain of song from somewhere off to the left. "That's either a Japanese white-eye or a European house finch," she said. She jabbed a thumb in the opposite direction. "And that's a cardinal over there. That's what gives New England forests their distinctive summer sound." So eager to catch a glimpse of unfamiliar nature, I had succeeded only in rediscovering my own backyard.

It is a unique trait of human beings that, however far we travel, we rarely go unencumbered. No other species packs a suitcase, or a lunch. That was the breakthrough of the Neolithic Revolution: the discovery of a reliable set of animals and plants—cattle, goats, pigs, horses; rye, wheat, barley, hops—around which to build an agrarian lifestyle. Those crops and beasts have since become regular members of the ever-expanding human road show. Maize joined the international troupe in the sixteenth century when European explorers discovered it in the Americas, where it had been domesticated for several millennia already; by the late eighteenth century it was traveling with English colonists to Australia. The historian Alfred Crosby notes that virtually every edible plant and animal described positively in *Letters from an American Farmer,* written in 1782 by the French settler J. Hector St. John de Crèvecoeur, in fact was of European origin. The pattern is even more entrenched today. According to a 1998 report from the U.S. Census Bureau, 98 percent of the American food system, worth an estimated eight hundred billion dollars annually, is derived from introduced species, from corn and wheat to cattle and other livestock.

No sooner do people export themselves than they begin importing other things: livestock, feed grass, lawn grass, ornamental shrubs, pet iguanas, pet canaries, cats. "I saw cats," Mark Twain wrote of Honolulu in 1866. "Tomcats, Mary Ann cats, long-tailed cats, bob-tailed cats, blind cats, one-eyed cats, wall-eyed cats, cross-eyed cats, gray cats, black cats, white cats, yellow cats, striped cats, spotted cats, tame cats, wild cats, singed cats, individual cats, groups of cats, platoons of cats, companies of cats, regiments of cats, armies of cats, multitudes of cats, millions of cats, and all of them sleek, fat, lazy and sound asleep." Five thousand years

ago, after Eurasians had settled the Australian continent for tens of thou-
sands of years already, they brought over their dogs. Australia today is
plagued by feral camels, three hundred thousand or more that wander
free, trample the land, and suck up the water holes. (By one account,
they also turn on the faucets of farm wells, then neglect to turn them off.)
They were introduced in the 1800s to serve as pack animals; now Aus-
tralia has so many camels—the largest wild population in the world—
that they are sold to Saudi Arabia.

The unknown, it turns out, is no place to settle down. However much
the human mind may covet the concept of unfettered wilderness, it is
soon exhausted by the real thing and sets about generating more com-
fortably familiar scenery—to eat, to watch, or simply for company. The
wilderness is wild once, until you've seen it. Then it's just cold and lonely
and cries out for improvement. "A surprising number of introductions
appear to have been performed for what today would be considered triv-
ial motives," a contemporary ecologist writes. "Among these, nostalgia of
displaced peoples for familiar fauna to surround them would seem to
rank fairly highly."

One of the most influential nostalgia movements on the American
landscape was a nineteenth-century organization called the American
Acclimatization Society. Although based in New York, the Acclimatiza-
tion Society had branches in most every major city from New Haven to
Cleveland to San Francisco. The beneficiaries of acclimatization were
the societies' participants, most of whom were recent European immi-
grants; their goal was to introduce birds and animals from abroad. In the
1860s, Andrew Erkenbrecher, the German-born founder of the Cincin-
nati Zoological Garden, spent five thousand dollars importing songbirds
from Europe on the premise that the songs America's birds were singing
were less than inspiring. "It may be expected that the ennobling influ-
ence of the song of birds will be felt by the inhabitants," he wrote, "as
well as enliven our parks, woods and meadows, which in comparison
with European countries are so bare of feathered songsters."

Among the first introduced singers to succeed in the United States
was the English sparrow. The first eight pairs were brought from England
in 1850 and released in New York City by Nicholas Pike, a board mem-
ber of the Brooklyn Institute. These failed to establish, so a second at-
tempt was made in 1852. "Fifty sparrows were let loose at the Narrows,
according to the instructions, and the rest on arrival were placed in the

tower of Greenwood Cemetery chapel. They did not fare well and were removed to the house of Mr. John Hooper, a member of the committee, for care during the winter." The sparrows were set free in the cemetery the following spring; they thrived and spread. Soon, similar efforts were under way across the country, as well as in South America, Australia, New Zealand, and the then-independent island nation of Hawaii. By the 1880s, when it became evident that the sparrows were eating the buds and blossoms of fruit trees and thriving at the expense of wheat growers, it was too late; local newspapers consoled readers with recipes for sparrow potpie. The success of acclimatization is measurable today by its transparency. Like most Americans, I grew up with sparrows at the bird feeder. For the longest time I had no idea what they were; they were small and brown and flitted about, as common as squirrels or pigeons, so ubiqitous they were invisible. Even when I learned that they were English house sparrows, it took a while to register: they came from England.

Pratt remarked that a similar movement had taken place in Hawaii. We were still in the dry forest, making our way through an open area filled with young trees that had grown in since the 1960s, when park managers fenced it off and shot the last of the feral goats that had grazed there for decades. In Hawaii, the local acclimatization society was named Hui Manu—"Bird Group" in Hawaiian, although few of the society's members actually spoke the language, Pratt said. (This, despite the fact that early in the nineteenth century, American missionaries had simplified the Hawaiian alphabet to just twelve letters and a liberal use of apostrophes.) The mainland societies had aimed to transform the new landscape of birds into a refreshingly familiar Old World one—to turn the unknown into the known. The Hawaiian group charged itself with the opposite task: turning what was becoming an increasingly unmysterious and homogenous landscape into one newly exotic and unknown.

By the late nineteenth century, for reasons that scientists would not decipher for some years to come, Hawaii's native birds were rapidly disappearing. No longer did the nukupu'u visit feeders in Oahu; no longer could a collector shoot a dozen o'o—a regal black bird with long tail feathers and saffron epaulets—in a single afternoon. Hawaii, that icon of exotica, was becoming a little too familiar and quiet. Hui Manu was already busy releasing mainland game birds into Hawaiian forests: quail, grouse, turkeys, partridge, pheasant, all birds that Pratt and Foote still see from time to time in the national park today. Now the group set out to refresh the palettes of color and sound. Japanese bush warblers and white-eyes were set free, nightingales and yellowfern canaries, saffron finches, lavender waxbills, parakeets, cockatoos, mockingbirds, and magpies. They had fooled me. "It was mostly people from Honolulu that wanted to see these beautiful birds flying around," Pratt said. Many of the releases, like the three flamingos imported from Cuba by one ornithological optimist, failed to take hold. Others quickly settled in. The mynah, released in 1865 to control the cutworms and armyworms that had begun plaguing sugarcane plantations, established itself so readily that guests of the Royal Hawaiian Hotel complained of the squawking in the banyan trees at dusk. Hotel managers concocted several schemes to scare the birds off, even playing back the distress call of the mynah, a tactic that succeeded only in making the guests' dentures quiver with high-frequency vibrations.

A more serious problem soon became apparent: the mynah was dispersing the seeds of lantana, a decorative shrub that had been imported into Hawaii in 1858 and was now spreading up into the foothills, growing in dense stands, overtaking native shrubs, and proving toxic to certain valuable nonnative creatures called cattle. Lantana today is one of more than four hundred nonindigenous plants in Hawai'i Volcanoes National Park; a few dozen pose a sufficient threat that park managers will spend millions of dollars in the coming years trying to eliminate them or contain their spread. Pratt has written a book about them. The protagonists include banana poka, a showy vine that strangles trees in light-hogging mats, like a colorful kudzu; it is the main food of the introduced kalij pheasant. Himalayan raspberry, Florida blackberry, and thimbleberry, which form impassable thickets of briars in the forests, are likewise thought to be spread by alien birds. *Miconia calvescens*, an ornamental tree from the Azores, escaped from a nursery near Hilo and is slowly making its way toward the park; in Tahiti, where it invaded in the 1960s, *Miconia* now comprises 80 percent of the forest.

"That's what I mean by homogenization," Pratt said. "People have brought this suite of plants and animals with them to Hawaii, and they've done the same thing everywhere else in the world. Look at the worst extreme; look at the lowlands. You can sit in the middle of Hilo, and you could just as easily be in any of twenty-five other towns in tropical or subtropical areas all over the world. Looking around you, you wouldn't know. Where are you?

"A lot of people have a difficult time understanding why we're so interested in native plants and animals. We had a group of kids from Great Britain here a few years ago working on various resource management projects, mostly removing alien plants. They worked very hard, but they couldn't really understand what we were doing. 'Why are you worried about these plants? Humans brought them here; humans are natural; therefore the invasion of alien plants is natural.' I tried to explain what our viewpoint was. Afterward, I came to feel that they couldn't understand it, because they'd grown up in a situation in Great Britain where everything they looked at had been changed by humans thousands of years ago. We have schoolchildren from Hilo visiting the park. If you ask them, 'What's a native bird?' they'll say mynah or cardinal—that's a native bird to them."

Once, in a museum, I saw the rings of a tree fossilized in a sheet of limestone: an entire lifetime fixed on the thinnest slice of a far longer, inanimate one. Perhaps the mind works the same way. The moments of the present come and go between blinks, one by one falling behind the eye, accumulating in the brain like chalk in the seabed. Only much later, in the tracing of deposited layers, does the experience of nature acquire a discernible shape: these are the shells I saw on the beach as a boy, this is the tree I climbed in, this is the bird I heard at the close of day. The stars were brighter then, there were fewer deer, it snowed more in winter. How deep do the strata run? How much time does the mind contain? How long before the memories within are reshaped by the added weight of new sediment—before the bottommost and oldest memories buckle, dissolve, and re-form, and one can no longer distinguish what really happened from the way one remembers it? That is perhaps the most vexing challenge posed by alien species: how to delineate natural history from the eye that perceives it. An inspector for the Hawaii Department of Agriculture ruefully put it to me this way: "Nature is defined by human memory, which is infinitely shorter than ecological memory."

7

Slowly I began to sense just how tall an order I had set for myself. I had come to Hawaii to step past the scrim of humanity and see nature as it had not been seen before, but clearly I had no idea what this should look or sound like nor how to identify it when it found me. The Hawaiian birds I'd thought were native were not: either they were imported from the mainland, itself long settled by European birds, or they were "exotic" introductions, by which I mean they were novel both to Hawaii and to me, and so were effectively indistinguishable to my eye. (I confess I am not the best at recognizing birds, but am perhaps no worse than the average bird viewer.) To see a true Hawaiian bird and know it as such, I would have to be guided to it—by a live biologist or by a picture in a biologist-written bird book. I was not going to get far in nature on my own. "To see the scarlet oak, the scarlet oak must, in a sense, be in your eye when you go forth," Thoreau wrote. "We cannot see anything until we are possessed with the idea of it, and then we can hardly see anything else." Clearly there was something in my eye. I started to wonder if I could ever get it out.

In January 1778 the residents of the islands of Kauai and Niihau saw something novel in their eyes—the appearance offshore of two floating islands sprouting masts like trees and inhabited by odd people: pale, with loose skins, smoke issuing from their mouths, and long hair trailing from tricornered heads. The visitors were friendly, however, so the feasts commenced and trade was exchanged; the chief of the smoking flap-skins was Captain James Cook. After a few weeks, Cook and his islands floated away again and the onshore viewers went back to their daily lives, entirely unaware that they lived on the Sandwich Islands, so named in honor of someone called the Earl of Sandwich.

The following January, after several months charting the coast of the Pacific Northwest, Cook returned to Hawaii, setting anchor in Kealakekua Bay, on the *kona* side of the Big Island, fifty miles north of Ka Lae. One weekend, after too many rainy days in Volcano, I drove up to see it. Today Kealakekua Bay receives state protection as a marine-life sanctuary. Though narrow streets of modern homes have sprung up in front of it, the bay itself remains blue and serene, a prime spot for snorkeling if the prospect of sharks doesn't trouble you. I visited Pu'uhonua o Honaunau, a national historic park that sits on a promontory at the bay's southern end, and contemplated various religious relics and ruins and a reconstructed thatch temple. Across the bay, in a glade of coconut palms on a small promontory, I found a small white obelisk bearing a bronze plaque: NEAR THIS SPOT CAPT. JAMES COOK WAS KILLED FEBRUARY 14, 1779.

Cook and his crew spent weeks here, repairing the ships, stocking up, trading utensils and bits of iron for yams and turtles and pigs—not the large, feral pigs that Cook had released on his first stop in Hawaii, but a small homebound variety that Polynesian voyagers had carried along on their migrations for centuries. Cook wrote in his log: "We again found ourselves in the land of plenty." Wherever he went, he noted, he was received with a reverence "approaching to adoration": prostrate hordes, incomprehensible rituals. As timing had it, Cook had landed in the midst of a Hawaiian ceremony celebrating the long-awaited arrival of the god Lono—a name they now applied to Cook. The Hawaiians honored him as a great chief, or they thought he was a god, or Cook believed the Hawaiians thought he was a god—or perhaps, as some anthropologists have contended, it was only afterward in the minds of imperialist historians and missionary notetakers that Hawaiians thought Cook was a god. Whoever everybody was, everyone thought they were someone else.

God or not, Cook sailed from Kealakekua Bay on February 4. A storm rose up, a foremast snapped, and he was soon forced to return. The reception this time was notably sour, for reasons still debated: the Hawaiians' stores were spent and their hospitality strained; or their worldview had been shattered (according to the ritual, Lono was supposed to sail away and not return); or Cook now looked too bedraggled to be divine; or his behavior—erratic and vengeful, strained by thirty near-continuous years at sea—sparked ill feeling against him. Natives stole trinkets, blacksmith tongs, and a dinghy from the ship; they were pursued and fired upon; a chief was accidentally killed. Onshore, Cook found himself surrounded by an angry mob. Knives were drawn, and as one crew member later recalled, "a fellow gave him a blow on the head with a large Club and he was seen alive no more."

Afterward, the locals dismembered and burned Cook's corpse, salted his hands, paraded his bones around the island, and then divided them among the chiefs. They placed his heart in a tree, where, one rumor had it, it was eaten by a small child. It was a tragedy of miscommunication, or it was the primal act of primitive, ritually bound minds. Or, to more than one missionary, it was a visitation of God, the divine retribution for Cook's sin of welcoming false adoration: "How vain, rebellious, and at the same time contemptible for a worm to presume to receive homage and sacrifices from the stupid and polluted worshippers of demons."

What else would a traveler think, so far from home, flogged by the sea and half starved on salt rations? Brown bodies swam around Cook's ships like shoals of fish, offering strange fruits and naked adulation. It was a sort of paradise, if not quite a peaceable kingdom: these Sandwichers were constantly at war, the chief of this island sending his canoes against the chief of that island, back and forth for centuries, until 1795, when Kamehameha defeated most of them and proclaimed himself king. And the native inhabitants numbered in the hundreds of thousands, their taro plantations carved from the forest and covering the lowlands like a patchwork blanket, the islands settled more densely and uniformly even than they are today. If this was Eden, it could not last, for the same reason that no Eden ever lasts: we all hurry to see it, only to discover that it departed immediately with our arrival. Always there is a worm in the apple, and the worm is us.

By the nineteenth century Hawaii was squarely on the maps, and it was on the way to everywhere everyone wanted to go. Traders found a midpoint between East and West; whalers paused in their pursuit of whales; Christian missionaries were drawn by the evil of nakedness. Desires were exchanged. Visitors bought molasses, pumpkins, Irish potatoes, coffee, bananas, oranges, cabbages, pineapples, leather, melons, hogs, yams, sugarcane, taro, plantains, sandalwood, salt. Hawaiians bought nails, spoons, guns, cannons, ammunition. The newcomers feasted; the natives acquired everything but resistance.

Manifest destiny had begun to spill off the California coast out into the Pacific. In 1871 the number of foreigners in Hawaii was "between 5,000 and 6,000, two-thirds of whom are from the United States, and they own a disproportionate share of wealth," the U.S. minister to Hawaii wrote. "The foreigners are creeping in among the natives, getting their largest and best lands, water privileges, building lots, etc.," a Honolulu wholesaler remarked. "The Lord seems to be allowing such things to take place that the Islands may gradually pass into other hands." Alongside the old kings, a new one arose: sugar. By the turn of the century, more than a hundred thousand plantation laborers—Chinese, Japanese, Portuguese and Philippine—had immigrated to perform fieldwork that Hawaiians no longer could, because they were so few. Between 1778 and 1900 the native Hawaiian population dropped from at least three hundred thousand—and perhaps far more—to just twenty-nine thousand. Some had chosen to leave, enticed by income and the appeal of distant shores on newly drawn world maps. In 1850 alone, four thousand Hawaiians—one-eighth of the total native population at the time—embarked on whaling vessels, most never to return. "We have heard that there is no port in this ocean untrodden by Hawaiians," the minister of the interior was told, "and they are also in Nantucket, New Bedford, Sag Harbor, New London, and other places in the United States." Many Hawaiians were carried off by different newcomers: tuberculosis, whooping cough, measles, mumps, cholera, influenza, smallpox, the common cold. A proverb came into being: *Lawe li'ili'i ka make a ka Hawai'i, lawe nui ka make a ka haole.* "Native death takes a few at a time, the foreigners' death takes many."

Hawaii's birds were quietly suffering a similar fate. They had been fading for some time already: in recent years archaeologists have discovered that well before the arrival of Captain Cook and the Europeans, native Hawaiians had hunted at least seven species of flightless goose and two species of flightless ibis to extinction; and several species of honeycreeper were barely hanging on when the rest of the world began stopping in. Increasingly, the remaining lowland forest habitat was replaced by sugar and pineapple plantations. By night, European rats stole eggs from nests; by day, the mongoose, an Indonesian introduction, did the same.

But the most fearsome enemy was disease. In 1893, after ten years of surveying the fauna of Hawaii, the biologist Robert Perkins noted that many of the birds on Oahu and the Big Island had swellings on their legs and feet, and in some cases were missing one or more claws or parts of toes. He sent specimens to a lab in Washington, and the analysis indicated the work of bumblefoot, or bird pox, a degenerative disease com-

mon among chickens, turkeys, pigeons, and other birds but entirely un-
familiar to the unworldly forest birds of Hawaii, which succumbed in
countless numbers. Although the pox arrived with nonnative birds, its
transmission requires mosquitoes. These had arrived several decades ear-
lier when the crew of a Central American ship emptied their casks of
stagnant water, and the larvae living in it, into a stream on Maui. The
mosquito became a ready vector for bird pox and, subsequently, avian
malaria. The parasite responsible for avian malaria, *Plasmodium relic-
tum*, probably arrived in Hawaii at the turn of the century aboard one of
the many foreign birds then being released by acclimatization groups.
By 1930, an epidemic of avian malaria had swept through the forest.
Hawaii's birds became paradigms of island vulnerability and immunity
breakdown, so much so that in the early 1980s, when biologists on Guam
began asking why that island's birds were disappearing, many found it
impossible to believe that anything but disease could be responsible.

The malaria pandemic continues today among Hawaii's native birds. Its
front line runs straight through the upland forests of Hawai'i Volcanoes
National Park, through the cluster of drab brown buildings that com-
prises the park headquarters, and across the institutional steel desk of a
parasitologist named Carter Atkinson. "There was a major epidemic at
the end of 1992," he said one afternoon. "We found birds too weak to fly.
We brought them in but couldn't do anything." Malaria works by de-
stroying the red blood cells. In normal blood, the cellular bits make up
roughly half of what a scientist sees. In the birds, that portion was more
like 10 to 15 percent. "Their blood was like water."
    Atkinson is slight, with receding hair and wire-rim spectacles. Al-
though invariably friendly, he radiates an awkwardness that suggests he
would be more comfortable by himself, doing pretty much anything
other than talking. If he were a bird, he might be a night heron or a small
saw-whet owl: liable to stand there blinking in the illumination of a flash-
light, then dart away the moment the light roamed off. Atkinson first
came to Hawaii in 1977 to help with a statewide survey of forest birds,
and in 1991 he moved there. His self-appointed task has been to catch
and count mosquitoes, to figure out how many there are and where they
breed, and to gather and to monitor the avian-malaria epidemic. The
basic method of catching mosquitoes involves a contraption called an

ovipositor trap. Atkinson had one on hand and lifted it onto his desk: a plastic tube with a motorized fan at the top end and a pan of stagnant water at the bottom. The trap is left out overnight in the forest; adult mosquitoes lay their eggs on the surface of the water and are then sucked up the tube into a collection bag. One thing Atkinson has found is surprisingly few mosquitoes. "We're lucky to get five or ten in a night," he said. "If we hadn't actually gone out and found dead birds dropping out of trees, I would find it hard to believe that a population of mosquitoes this small could support an epidemic."

The fatal difference lies in Hawaii's native birds, which are far less resistant to *Plasmodium*, the malaria parasite the mosquitoes carry, than are the introduced birds. In the 1980s, Charles van Riper, an ornithologist from the University of California at Davis, conducted an experiment in which he injected different bird species on the Big Island—the native apapane, i'iwi, and amakihi, and the introduced Japanese white-eye and red-billed leiothrix—with the *Plasmodium* parasite. The results were eye-opening: every single introduced bird survived infection, whereas only 42 percent of the honeycreepers did. Through his own experiments, Carter Atkinson found that up to 50 percent of the mosquitoes that are trapped after they've drawn blood from a native bird carry malaria; that is, as many as half the native birds with blood to give carry the *Plasmodium* parasite in their blood. And the native birds maintain infective stages of the malaria parasite in their blood for much longer—up to thirty days after being bitten—than introduced birds do.

If I was having trouble seeing Hawaii's birds, evidently part of the reason was that few of them were alive and available for viewing, at least in the areas I had visited thus far. The conflict between birds, mosquitoes, and the malarial parasite plays out on a landscape that stretches from the coastline up to forty-five hundred feet in elevation, high enough to include Kilauea Crater and Atkinson's office, where I stood. Above that altitude, the cold nights prevent the mosquitoes from breeding. The forest birds—the native ones, at least—are hardly found in significant numbers below the forty-five-hundred-foot mark; the upper elevations are their last refuge. Most birds infected with malaria are found between three thousand and forty-five hundred feet—precisely where the range of vector and host overlap. In the 1980s, van Riper found that the native bird with the highest rate of infection was the apapane—probably, he surmised, because it regularly flies from the upper elevations, where it nests, to the

lower elevations, into the malaria zone, to collect nectar. The i'iwi shares
the apapane's nomadic life and infection rate, yet once infected, the i'iwi
is far less likely to survive. Atkinson has found that the malarial parasite
kills 60 percent of the apapanes and amakihis that become infected, and
close to 90 percent of the i'iwis. By process of elimination, the native
birds most resistant to malaria are the ones most prevalent today. The
i'iwi, once one of the most abundant and widely distributed of all the
honeycreepers, is far less numerous today. In contrast, the apapane and
amakihi, now two of the most common honeycreepers, have even man-
aged to reinhabit some lower-elevation forests they had previously ceded
to the mosquito.

Atkinson mentioned that he had a few honeycreepers in his lab, if I
was interested in seeing some. He took me around to a small brown
cabin set apart from the other park administration buildings. Atkinson's
experiments involve exposing birds to malaria-bearing mosquitoes and
closely studying the consequences. To avoid compromising the experi-
ments, any human entering the lab must obey a few basic quarantine
measures. Atkinson led me through the cabin's front door into a narrow
foyer, where we removed our shoes and put on plastic slippers. Then we
passed through a second door and into a narrow hallway with five doors
labeled A through E, each with a window. In room D, I could see a se-
ries of screened cages sitting on a benchtop, aflurry with breeding mos-
quitoes. Atkinson had developed an elaborate experimental protocol to
precisely control the amount of malarial parasite that each bird receives.
This involved, among other things, drawing blood (and with it the *Plas-
modium* parasite) from an infected honeycreeper; injecting that into a
canary, in which the parasite would reproduce for ten days; "exsan-
guinating" the canary (draining and collecting its blood) and reisolating
the now-prospering parasites; injecting those into ducklings; exposing
the ducklings to mosquitoes to permit the latter to load up on parasites;
and finally, exposing these mosquitoes, visible in Room D, one-on-one
to honeycreepers, infecting them.

Room B was where Atkinson maintained the native forest birds be-
tween experiments. This room was not open to visitors, but from the hall-
way I could look through a one-way window into a small chamber where
a dozen birds—mostly sparrow-size and dull lime in color, except for one
larger, bright red one—flitted around. For company they had four potted
o'hia trees with quarter slices of orange stuck on several branches, recall-

ing a sort of Charlie Brown citrus tree. Peering in, I felt a bit like a parasite myself. Atkinson said, "There are twelve birds in there: eleven amakihis, one apapane. Half now have malaria." He turned a knob on the wall, activating a ceiling sprinkler in the bird room. "We have a mister that really gets them turned on. As soon as you switch it on, they start to sing." On this occasion they did not sing. Atkinson showed me the rest of the facility, and then we returned to his office.

He is still amazed and alarmed by the high mortality among i'iwis exposed to avian malaria. In one experiment, every single i'iwi, even those bitten only once, developed malaria within the first four days. After thirty-seven days, all but one were dead. Along the way, their food intake fell sharply, though by how much exactly Atkinson couldn't say—the birds had died so fast he had stopped keeping track. Their weights, on average, had dropped by 13 percent, the lightest succumbing first. In the end only a single i'iwi—a male, and the heaviest of the lot—survived. When Atkinson exposed it to another round of infection five months later, it continued to thrive. He shook his head just thinking about it: "They were so susceptible." The experiment led him to surmise that young i'iwis are especially susceptible to malaria: they weigh less and are subordinate to adults and other birds at feeding time. Only a small fraction of juvenile i'iwis are likely able to recover from malaria and develop resistance to reinfection, he concluded.

What makes the i'iwi so much more susceptible to malaria than native birds like the amakihi and apapane? With Sue Jarvi, a genetics researcher at the national park, Atkinson has begun to explore how the birds' genetic makeup contributes to their differences in vulnerability. Elsewhere on the Big Island, ornithologists have established a captive-breeding program for several species of Hawaiian birds. By rearing native birds in captivity and releasing them into the wild, biologists hope to sustain the otherwise dwindling wild populations. Jarvi's and Atkinson's research could prove useful to that endeavor. Atkinson said, "The long-term rationale is, if you can identify birds with a certain genetic background that are more resistant, then you could incorporate that into a captive-breeding program. If you're going to rear birds and release them to another island or to a new habitat, you could start with ones that are disease resistant." The challenge of pinpointing a gene or a suite of genes somewhere in the deoxyribonucleic archipelago that might account for the i'iwi's high mortality rate promises to be painstaking. Jarvi's task is made slightly easier by the unique pedigree of the honeycreepers. Genetically speaking, the *Drepanididae* are a tight-knit family: the individual species are all descended from a single ancestral line, and they evolved in isolation, rarely mixing or hybridizing with non-honeycreepers. Consequently the DNA of one honeycreeper species is virtually identical to the DNA of another—identical enough, anyway, that whatever genetic differences separate them should stand out clearly to a trained eye.

"It might be that the more common species will develop resistance in the long run, say a hundred years," Atkinson said. "But the birds with low populations, like the i'iwi, are in the most trouble. An epidemic that wipes out ninety percent of their population could be enough to push them over the edge. The saving grace is that the endangered birds live at high elevations, where the current crop of mosquitoes can't live. What would really mess things up is if somebody introduced a temperate mosquito, one that did well at high elevations. That would be disastrous."

The interplay between disease, host, and vector is dynamic, constantly evolving, and turning in new and unexpected directions. Just as the human ear, when assaulted by some noxious and continuous noise, manages over time to occlude it, to proceed around it as if it were hardly more than the buzzing of a fly, so too the behavior of the native birds has altered under the oppressive rule of malaria. Back in 1968, while studying avian diseases in Hawaii, the biologist Richard Warner noticed that all the nonnative birds in his experimental cages slept with their bills and faces tucked into the fluffed feathers on their backs and with their legs tucked underneath them. In contrast, the honeycreepers slept whatever way, with everything exposed—a habit, Warner speculated, that would make them more likely to be bitten by malarial mosquitoes. When Charles van Riper looked at the behavior in 1986, he saw something quite different: all the honeycreepers he saw slept with their heads tucked and one leg raised into their feathers. Evidently, in less than twenty years, a behavioral shift had taken place. It is not the honeycreepers learned a new sleeping position. Rather, the old habit was selected against: the birds who exhibited it were eliminated, while those few who slept defensively were able to live, breed, and flourish.

Van Riper found a comparable shift in the honeycreepers' eating habits. The nectar-producing trees in Hawaii bloom along a gradient: the trees in the lowlands reach the peak of flowering in the summer and fall, whereas the high-elevation trees reach peak bloom in the winter, the slope of a mountainside rippling up and down with color and fragrance as the year cycles around. To gather the most nectar, then, a honeycreeper must pursue these ripples, like a surfer migrating with the seasonal swells. It moves uphill in the winter and downhill, into the malaria zone, in the fall—precisely the season, it so happens, when the mosquito population is blooming. No wonder, van Riper concluded, that i'iwis are infected in greatest numbers during the fall season. Except that the i'iwis do not migrate seasonally up and down the slope, at least not anymore. Rather, van Riper found, the i'iwis, the apapanes, and a few other native birds make this commute daily. They leave their perches early in the morning and begin working their way downhill, reaching the lowest elevation just as the *Culex* mosquito, which has been up all night in search of blood, is at the nadir of activity. At dusk, the birds gather and fly home; by eight in the evening, when *Culex* is again mustering its nighttime forces, the birds are asleep uphill, safely out of range. At one time the birds may have migrated seasonally, but selection pressure clipped that habit short. Van Riper concluded: "What was once probably a gradual movement of the birds downslope following the flowering of nectar-producing trees, has now evolved into a daily circular pattern."

Natural selection has begun its pruning, favoring native birds with habits that, however unwittingly, protect them from introduced mosquitoes. (One might fairly ask: if the selective pressure is applied by an alien species, is it still "natural" selection?) Yet selection is egalitarian: what applies to the host applies equally to the parasite. At the start of the twentieth century, the primary reservoirs of *Plasmodium relictum* were nonnative bird species. Birds like the California quail and the red-billed leiothrix brought it in, worked their way into the forests, and served as hosts while the mosquitoes dished out the parasite to the honeycreepers and other Hawaiian birds. The situation has since evolved. In the early 1980s van Riper found that the leiothrixes, the Japanese white-eyes, and other introduced birds carried only low levels of the parasite in their blood; a decade later, Atkinson could find only a few nonnative birds with detectable infections. The parasite has switched primary hosts, from the introduced birds to the native ones. The nonnative birds no longer play the Trojan horse in the malaria epidemic; now the native birds are the vessels of their own doom. Although one might surmise that the introduced birds have become more resistant to the malaria parasite, that is not what Atkinson thinks; rather, he believes that the parasite, to its own advantage, has become weaker. "If a parasite is really virulent, it kills its host so fast that it can't be transmitted — the parasite dies out. So you're gonna see selection for strains of the parasite that the native birds can tolerate long enough for the mosquito to pass it on to something else." Recently van Riper has found some experimental evidence to suggest that the Hawaiian strains of *Plasmodium relictum* may be less virulent than their mainland counterparts.

Atkinson has developed a hypothesis. As he sees it, a virulent strain of avian malaria reached Hawaii a century ago and wiped out all the native birds in the lowlands. Then, over time, a less virulent, intermediate-strength strain of the virus was selected. It still kills a high percentage of native birds like the i'iwi, but other native birds like the apapane and amakihi can tolerate it; the introduced birds, more resistant to begin with, are effectively rendered immune. "You still have a high level of mortality, but there are enough native birds around that they can maintain the cycle." It is something of a paradox: the same conditions that fostered the evolution of the honeycreepers — genetic isolation, small populations — may be driving some sort of adaptation, a coevolutionary compromise, between vulnerable native species and their foreign parasitic enemy. Not that Atkinson admits to optimism. The tides of evolution are murky and shifting, not to be counted on, especially where viruses and bacteria are concerned.

"It's important to remember that the parasite is also evolving and changing. And we have no idea how many different strains or types of parasites are out there. It's something that people kind of forget about. Nobody's looking at that at all."

8

"The fate of remote islands is rather melancholy," Charles Elton re-
marked in *The Ecology of Invasions by Animals and Plants.* "The recon-
stitution of their vegetation and fauna into a balanced network of species
will take a great many years. So far, no one has even tried to visualize
what the end will be. What is the full ecosystem on a place like Guam or
Kauai or Easter Island? How many species can get along together in one
place? What is the nature of the balance amongst them?"

Elton was well into his career when *The Ecology of Invasions* ap-
peared, in 1958. His first book, *Animal Ecology,* which he'd managed to
write in just eighty-five days in 1926, at the age of twenty-six, established
him as a leading voice in the new science then beginning to congeal
around the word *ecology.* The term was coined in the nineteenth century
by the German biologist Ernst Haeckel, who defined it alternately as "the
sociology and economy of animals" and "the study of all the complex in-
terrelationships referred to by Darwin as the conditions of the struggle for
existence." Literally, the term refers to the study (*logos*) of the immediate
surroundings (*oikos*)—effectively, what goes on in our backyards.

Today the science of ecology is generally understood as the study of
communities in nature. An ecologist tries to detect patterns in these com-
munities and develop explanations for them—to ask not only "what" (the
purview, traditionally, of the natural historian) but also "how" and "why."
The foremost questions are as simple to state as they are difficult to an-
swer: How do ecological communities form? How does an individual
species fit into an ecosystem? What sort of structure binds these various
organisms into an assembled whole? Today's invasion scientist asks a sim-
ilar array of questions: Why do the vast majority of invasions fail to take
hold in their new environments? What is it—in the invader, in the re-
cipient ecosystem, or in some combination of the two—that keeps a new-
comer from settling in? Why does a given group repel, or fail to repel, an

arriving individual? "A central task," a contemporary ecologist summa-
rizes, "is to explain why certain groups of species exist together in time
and space. A satisfying answer must answer both why certain species suc-
cessfully coexist and why they are not joined by other species."

In short: How does nature work? How should one visualize it? Is it a
finely tuned machine, like cogworks or the insides of a watch, liable to
grind to a halt if too many loose screws are tossed in? Or is an ecosystem
instead like an airplane: remove some critical rivets—the native species
integral to its structure—and the entire infrastructure crashes to the
ground? Some scientists refer to these rivets as "keystone species," evok-
ing less an aircraft than a vaulted cathedral. Or perhaps an economic
analogy is more apt: an ecological free market of producers and con-
sumers, all competing for limited natural resources, all buying, stealing,
or otherwise exchanging the nutritional equivalent of energy vouchers. Is
it a machine, an edifice, an organism, a community-watch program, an
international bank? To understand nature—much less preserve and pro-
tect it—one must conjure the right metaphor for it. If nature is like a
clockwork, the tools of veterinary medicine don't apply. If nature is a
cathedral, no airplane technician can fix it. For Elton, the study of inva-
sions offered a way to probe and test nature's essential shape and opera-
tion. Anyone who journeys down this path today, across the shifting
landscape wrought by introduced species, hoping to see nature for what
it truly is, sooner or later finds himself in Elton's guiding company, sizing
up the natural world through his eyes.

I have a photograph, taken in the 1930s, of the young Elton on a motor-
cycle, riding down a road near Oxford, England. A large, stuffed sack
hangs on his back wheel like a saddlebag, as if Elton is embarking on a
long and arduous trip. I like to imagine him as ecology's Che Guevara,
fond of daring and high speeds, except that he is wearing a tweed coat
and was by all accounts a shy and unassuming man. When a former stu-
dent first met Elton in 1960, he mistook the biologist—by then the dis-
tinguished head of the Bureau of Animal Population, which he founded
in 1932—for the janitor. Early on, Elton was an amateur boxer, and he
liked to say that one of the good things about walking down a busy street
in Oxford is that it required him to dodge oncoming people and thereby
improved his footwork. He conducted fieldwork on some Arctic islands
and later visited South America, but on the whole he avoided travel, pre-

ferring instead the glades and fields of nearby Whytham Woods. He devoted the early part of his career to capturing and counting rodents—in 1942 he published a book called *Voles, Mice, and Lemmings*—in an effort to understand how and why the populations of certain animals fluctuate over time. Insofar as his professional world involved a great many mousetraps, the sack on the back of his motorcycle in that photograph could be said to contain his worldly possessions.

Let us place ourselves in his seat, then, as he rides through the Oxford woods and envision the natural landscape as it presents itself to him. Placid from a distance, this landscape in fact roiled with philosophical tensions about how it should best be viewed. Pulling from one side were the proponents of order, integration, stability. They saw an ecological community as a sort of limited-membership club, its constituents organized and bound by time-honored alliances and dependencies that, left undisturbed, could effectively bar new entrants from settling in. Species were where they were, and not elsewhere, in part because certain communities would not have them. At its extreme, this view considered an ecosystem literally as an organism—a superorganism—able to discern member from nonmember, native from alien, self from nonself.

Meanwhile, pulling from the other side were the advocates of individualism and happenstance. The physical environment varies through time and geographic space; every species, and each individual, can tolerate a range of conditions. The reason a species is here and not there is no more than serendipity: a random act of dispersal that happened to drop an organism—a windblown finch, a ballooning spider—into a physical environment it could withstand. No overarching principles, no community-wide ecological laws. "Every species of plant is a law unto itself," declared New York Botanical Garden biologist Henry Gleason, the main (and for a long time, only) proponent of this view; an ecological community is "not an organism, scarcely even a vegetational unit, but merely a coincidence." Is the whole greater than the sum of its parts—or is it just some parts in the same place at the same time? Are there rules—or instead, as Gleason contended, are the rules "merely abstract extrapolations of the ecologist's mind"? Is there a structure to nature, or is it in the scientists' heads?

These two poles marked a growing divide between plant and animal ecology. By 1927, when Elton's *Animal Ecology* appeared, plant ecologists already had spent years carving out a sizable intellectual territory for themselves. Central to their outlook was the notion of succession, the apparent trajectory of certain plant communities, particularly forests: the early years of mad rush, of quick-sprouting seeds and short-lived, colonizing weeds; then a gradual maturing into a climax community of trees that, barring windstorms and handsaws, could persist for decades or even centuries—relatively unchanged, apparently stable, and, it seemed to their studiers, largely closed to incursions by nonmember species. The struggle for existence continued quietly, everywhere and throughout—limbs and leaves stretched for the sun's attention, roots probed for buried nitrogen treasure—but now took on an added, community-wide dimension. As one researcher of the period phrased it, "Each species competes with those around it and in this competition the individuals might be said to stand shoulder to shoulder against the common foe."

The animal ecologists, meanwhile, were still figuring out where on this property to erect their tent. Animals were proving to be more vexing ecological research subjects than plants. For a start, they rarely stood still; consequently, the boundaries of their communities could be impossibly vast or difficult for a researcher to traverse. (Try following bison on the Great Plains, or a snake in the forest, or a cockroach in your kitchen.) In addition, these boundaries often enough bore little or no correspondence with physical real estate. (How does one delimit a community of starlings?) Elton, in *Animal Ecology*, was frank: "The writer has found that it is almost impossible to make even a superficial study of succession in any large and complicated community, owing to the appalling amount of mere collecting which is required, and the trouble of getting the collected material identified. When one has to include seasonal changes throughout the year as well, the work becomes first of all disheartening, then terrific, and finally impossible." Studies of animal succession, he advised, were best carried out in simple, confined communities: decaying logs, rotting animal carcasses, small, brackish pools, piles of dung. By 1954, the underlying philosophical landscape had solidified somewhat, but not yet enough to please Elton. "Animal ecology is still in such an embryonic stage of thought (though it still has all too many facts to swim around in) that it can hardly be said yet to have completed its neural fold. The facts are rather chaotic; many of them are not facts at all; its theories are poised uneasily between arm-chair pipe-dreams (valuable as models of thought) and ready-to-wear mathematical models that fit badly and are already bursting at their seams." At times El-

ton avoided the term *ecologist* altogether and described himself simply as
a zoologist.

The issue was precisely that: How to consider the individual (an or-
ganism, or a species—the units of zoology) in relation to its group (ecol-
ogy). How do disparate parts become a whole? Darwin got as far as
figuring out the origin of new parts—the species. Every organism varies
slightly from the next in its ability to survive and reproduce; it is tossed
onto an Earth of limited capacity, into a pool of limited food, mates, and
refuge; and the game of natural selection begins. The winners survive to
reproduce another day, spawning a new generation, ever so slightly dif-
ferent from the parent, that continues in the struggle; the losers die with-
out sufficient progeny and so leave no record of themselves and their
evolutionary inadequacy. In spelling this out, however, Darwin found
himself faced with a paradox that, despite five revisions of *On the Origin
of Species*, he could never quite resolve. The world of the individual, and
of the individual species, is nasty, brutish, and short—a tooth-and-nail
"war for existence" fought, essentially, over crumbs, in a timescale best
described as fleeting. Yet the world of the aggregate—the coral reef, the
tropical rain forest, the mountain lake—is remarkably quiescent and per-
sistent, seemingly stable over the long term, an entrenched and "entan-
gled bank" of species on the whole. Somehow, a drawerful of short,
fraying, often mutually repellent strands of fabric meld to form a rich and
lasting tapestry. How does each thread relate to the whole? What role, if
any, does the individual play in sustaining the larger scheme that sur-
rounds him? What is its value in nature? Those questions lie at the heart
of modern ecology and conservation. Although the arguments and evi-
dence have grown more sophisticated and subtle since Elton's time, the
ancient poles still magnetize the scientific landscape, pulling researchers
this way and that like iron filings, and lining them up one against the
other: the community-assemblyists versus the individualists; the holists
versus the reductionists; integrationists versus disequilibriumists; deter-
minists versus null-theorists; believers versus atheists.

Which road to follow? From *Animal Ecology* onward, Elton argued
that distinct groups of plants and animals are bound together in a multi-
factorial, time-tested manner; they comprise not "mere assemblages," but
rather are "closely knit communities or societies." Darwin had noted that
even a serene meadow is a "complex web" of relationships, in which a
population of red clover can be distantly affected, through intermediary

ties to pollinating bees and bee-eating mice, by the number of house cats on the prowl. Elton had spent sufficient time on his motorcycle setting mousetraps and counting voles; he knew the entangled bank firsthand. But he understood, too, the limits of metaphor. He was skeptical of the clockwork simile, the common view that a natural community is like a tightly integrated system of cogs and gears that require each other for the whole to function properly. Nature rarely proceeds so mechanically, Elton countered. If one can imagine a clock in which each cogwheel runs on its own mainspring, each at its own speed, instead of all of them running from a single spring, Elton proposed, then perhaps the simile had merit. "There is also the difficulty that each wheel retains the right to arise and migrate and settle down in another clock, only to set up further trouble in its new home"—the phenomenon known as ecological invasion. If nature is indeed a clock, it is a clock with interchangeable parts.

Nature demanded a dynamic metaphor. The natural scientist had to incorporate the clear fact of invasion—that in certain cases a species could transcend the evolutionary bonds of its native habitat and work its way into a new one. At the same time, Elton argued in *The Ecology of Invasions*, one had to account for the apparent fact that certain environments, notably islands like those in Hawaii, seem especially vulnerable to invasion. Laboratory studies at the time suggested that simple populations, comprised of few species, are more prone to wild oscillations, even to outright extinction, than are larger, more complex assemblages of species. Less diversity equals lower stability; and lower stability, Elton concluded, widens the door to foreign species. "The balance of relatively simple communities of plants and animals is more easily upset than that of richer ones," he wrote, "and more vulnerable to invasions." Remote oceanic islands like Hawaii, he added, are particularly simple, and therefore particularly prone: they contain fewer native species than mainland ecosystems do; their flora and fauna are constrained to less area, and that area contains fewer sustaining resources. In effect, Elton was among the first natural scientists to articulate a link between biological diversity and ecological health. Greater diversity conveys a degree of "biotic resistance," in Elton's phrase, that helps preserve the integrity of an ecosystem over time. A natural, undisturbed community of native species could be thought of as an immunological system; invasion, its disease.

Out there, *silva rerum*, the forest of things; inside, a metaphor, a model, a map. Where does one end and the other begin?

A scientist typically engages this question in a conceptual room known as an experiment. Although *experiment* can be thought of as a verb—an activity that unfolds over a period of time—it is perhaps better imagined as a noun, an arena in which the human mind and selected elements of the natural world spend some moments together hashing things out. In practice, an experiment can take any number of forms: a mile-long particle accelerator; a tabletop vacuum chamber; an array of wire-mesh cages filled with hungry crabs and plugged into a mudflat; a series of petri dishes filled with agar and bacteria and studied for days under a microscope. Even a microscope or telescope can be thought of as a sort of experiment, constructed as it is based on certain ideas about optics and the nature of light and requiring a great deal of skill to use properly. In 1800, several decades after the microscope was invented, the renowned French pathologist Marie-Françoise-Xavier Bichat considered the device so unreliable that he banned its use in the laboratory.

Above all, an experiment is an artifice, a conceit. It is a container, its confines established by the researcher in order to study a certain parcel of nature. This is an inherent and unavoidable fact. In a perfect world, the ideal experiment would be a "natural" experiment—something ready-made and stumbled upon that can be studied immediately without any further organization, subdividing, manipulation, or managing required on the part of the investigator. A series of similar islands, ponds, trees, or even rocks can offer something close to this ideal for studying the habits of certain birds, fish, snails, or slime molds. But of course no two islands, ponds, trees, or rocks are exactly alike, so any comparison between them can never be precise. Purely natural experiments are impossible to come across for the simple reason that nature, unlike the designers of shopping malls and laboratory test tubes, declines to repeat itself. By and large, experiments are designed, not discovered—made, not born. In a sense, experiments occupy the same epistemological purgatory as gardens: not entirely natural, but not entirely unnatural either, perhaps a bit like what Thoreau called "a half-cultivated field." Here is a plot of ground set aside with the express aim of generating a few small fruits of knowledge. You will require a trowel and perhaps a low fence or even a wall to keep out the weeds and woodchucks. Certainly you could forgo these tools, but in the long run you will wind up with either gnawed cabbage or impenetrable brambles, both equally difficult to digest.

Think of an experiment as a small piece of real estate fenced off from the rest of the busy world. One of the most influential experiments in ecology took place entirely on an orange. In the late 1950s Carl Huffaker, a Berkeley ecologist and the owner of the orange, set out to test long-standing ideas about what makes a community of organisms stable, or persistent over time. Thirty years earlier, a pair of mathematicians had developed several equations (the Lotka-Volterra equations, so named for their originators) to characterize how predators and their prey interact and coexist in a community. The equations describe two oscillating and slightly overlapping curves: the prey thriving and rising in number; the predator thriving (by eating the prey) and rising in number; the prey population falling due to increased predation; the predator population falling (i.e., starving to death) due to a drop in available prey; the prey increasing due to a drop in predation; and so on up and down, week after month after year. A persistent cycle: stability.

Very neat and elegant—except that in the laboratory, reality did not match the graph. In 1934, in a classic experiment much admired by Elton, the Russian biologist Georgyi Frantsevich Gause dropped some prey (a species of protozoan) and a predator (another protozoan) into a test tube containing a limited supply of food (oats). The prey thrived briefly, and the predators thrived briefly on the prey; but the predators quickly ate the prey to extinction and then, after a day or two of starvation, went extinct themselves. No cycle there; barely half an oscillation. Gause next tried giving the prey some oatmeal sediment to hide in, to perhaps sustain their numbers for a little longer. Again the predators quickly ate everything in sight, then went extinct—at which point the hidden prey emerged from the sediment, fed, thrived, and reproduced, and their numbers went through the roof. No cycle there either; rather, half an oscillation, one extinction, and one population explosion. In short, Gause couldn't get the system to behave like the theory. Only by adding some new predators and prey every few days or so—the final version of his experiment—could he generate the cycles of populations predicted by Lotka and Volterra.

Looking back, Carl Huffaker wondered if perhaps Gause's microcosm had been too simple. After all, in the wild, predators and prey do manage to coexist for more than five days at a stretch. For his own experiment, Huffaker employed two species of mite: *Eotetranychus*, a six-spotted mite that eats oranges, and *Typhlodromus*, which eats six-spotted mites. Huffaker cast the prey mites loose on their own edible island of

orange—actually, just the top one-twentieth of the orange, which made
it easier for Huffaker to monitor and count his subjects. (The rest of the
orange was wrapped in paper and sealed off from the mites—terra incog-
nita.) Eleven days later, Huffaker set loose the predators.

As it turned out, Huffaker's initial setup was also too simple. Invari-
ably, within about a month of colonizing the orange, the predator mites
ate the prey mites to extinction and then, a couple of days later, starved
to death. So Huffaker remade the mite world. Now he used bunches of
oranges, four at a time, arrayed in trays and linked by fine wire bridges.
He covered some of each orange in paraffin or Vaseline (impassable and
inedible to mites), so that the total area of orange food equaled the same
surface area as before. This gave the prey mites somewhere to go to avoid
their predators, and it enabled the predators to change habitats when
prey became scarce.

Again the predators found the prey, ate them, and went extinct—this
time taking slightly longer in doing so. Huffaker made the experiment
yet more complex, adding further oranges, bridges, and barriers. By the
end, he had built a veritable mite metropolis: some two hundred fifty
oranges linked with an array of paper and wire bridges, wooden pegs
(which permitted mites to jump from one orange to another), Vaseline
barriers, and inedible but traversible rubber balls. Here, the prey mites
and predator mites dwelled together for many months, through three os-

cillations in their respective numbers, until after two hundred forty days, their final numbers failed.

Huffaker's experiment is considered a classic because it highlighed the ecological importance of refuge. If an ecosystem is big enough and patchy enough, and permits a species—predator or prey—somewhere to go in hard times, the species will survive longer. The other organisms that rely on that species likewise can survive longer, and the whole web of dynamics gains a degree of persistence. Native Hawaiian birds like the apapane and amakihi continue to elude avian malaria in part because they can live above an elevation line that the disease vector—the mosquito—can't cross. Huffaker's microcosm likewise informed one of Elton's concerns, the weakness of island ecosystems. Island species, limited in space, typically have fewer members than similar species on the mainland; purely arithmetically, a species with few members will go extinct more quickly than a species with many members. A small species on a single patch of ground, with limited refuge, is doubly vulnerable. Any catastrophe—drought, hurricane, disease, the introduction of foreign predators like avian malaria or the brown tree snake—has a greater chance of driving the species extinct in one fell swoop. In Huffaker's more complex microcosms, the mites on any particular orange not only had somewhere to go, they had somewhere to come from; their populations gained regular infusions of new members from nearby oranges. A species on a real-world island rarely gains such a benefit. The more remote it is—the farther from the mainland or another source of additional members—the lower the odds of an infusion.

That explains why island species are more vulnerable to extinction in the face of invasions. But are islands more vulnerable to invasion per se? Is there something about the structure of island ecosystems that permits easier access to an invading organism? Elton believed so, and drew his analogy from the social world of humans. As he saw it, an ecosystem is comprised of species each occupying their own niche, performing something like a job: predation, rumination, decomposition. "The 'niche' of an animal means its place in the biotic environment, its relations to food and enemies." Every day, every moment, is a Darwinian exercise in jostling and job competition, with each niche occupied by the most fit and efficient organism for the task.

The clearest experimental evidence had come in 1934 from Gause, who put two species of paramecia (both vegetarian) into a test tube and

watched as one invariably beat out the other. The outcome gave rise to
the notion of "competitive exclusion": two similar species cannot occupy
the same niche indefinitely. The superior competitor wins. By exten-
sion, an ecological invader succeeds in its new environment by claim-
ing an existing niche—through predation or disease, or by outcompeting
a native species for the same job. This puts island ecosystems like
Hawaii's at a disadvantage, Elton argued. They are younger and simpler
(that is, they contain fewer species) than their mainland equivalents, so
there are more available niches—more job openings for introduced
species to fill. Also, being remote and small in membership, island
species are not "steeled by competition"; they are unaccustomed to high-
intensity elbowing and thus are ill equipped to defend against it when it
arrives from the mainland. One need only note the multitude of inva-
sions that occur in agricultural areas—habitats and biological commu-
nities "very much simplified by man," Elton wrote—to recognize the
tragic link between low richness and high vulnerability.

By the 1980s the advent of powerful computers had made it possible
for scientists to model and manipulate virtual ecosystems and so probe
the link between species richness, stability, and "biotic resistance." To be
sure, the computer models are simple systems compared with the outside
world. Still, computer models enable scientists to control a wide array of
cyberbiological factors and to more closely track the effects of their tweak-
ings. In one striking experiment, the biologists Mac Post and Stuart
Pimm dropped some computer organisms onto a computer island. Each
species—an array of plants, herbivores, and carnivores—was described
mathematically in terms of its type, size, territorial range, and food
needs. One by one they entered this digital realm. Post and Pimm made
no attempt to build a particular community (although they did follow a
logical pattern of plants first, then herbivores, then predators). Nonethe-
less, communities did form. And the dynamics were striking: as the com-
munities grew more rich in species, the harder it became to add new
species. Elton seemed to have a point. "Simply," Pimm wrote, "the more
species there are, the harder the system is to invade."

The test of any experiment comes in moving from local observations
to general truths—in extending the microcosm to the macrocosm. To
what extent does an orange, an algae-filled beaker, or a computer model
accurately represent what goes on regularly in the wild? Here, nature
provides a ready looking glass. "The Hawaiian Islands provide an obvious

system on which to test ideas of community resistance, because they have received so many introductions," Pimm has noted. And in certain respects, the ecological reality of Hawaii seems to confirm the predictions. Looking back over the history of bird introductions in Hawaii, Pimm found that the probability that an introduction would fail increased over time in proportion to the number of introduced bird species already established. The more physically similar the birds—that is, the more likely they presumably would compete for the same niche—the higher the probability of failure. Likewise, some biologists have noted that the ecosystems of the Hawaiian Islands are essentially segregated into two categories: the high-elevation forests, which are mature in geologic age, still largely undisturbed, and rich in native species; and the lowlands, which consist largely of foreign species that have been thrown together in the past two hundred years. Most of the invaders are established in the lowlands, not the highlands—lending apparent credence to the notion that mature ecosystems have unique resistive properties denied to younger ones.

For Elton, the link between invasions, species richness, and biotic resistance was more than an intellectual puzzle. It was a key to saving places like Hawaii, where the native biological tapestry is being undone and rewoven into a commonplace design. "There is a prospect of being able to handle our biological affairs by the better planning of habitat interspersion and the building up of fairly complex plant and animal communities," he wrote in *The Ecology of Invasions*. What is at stake, for Elton then and for ecologists today, is biological diversity—the stunningly rich variety of life-forms that crawl, fly, trot, swim, drift, scuttle, or slime across Earth's surface, or sprout and blossom from it. Not merely the physical state of biodiversity—whether and where it exists, and what condition it is in—but also, and perhaps as important, its agreed value in both conversation and conservation. Does biological richness make a difference in nature? Are intact, mature, species-rich ecosystems inherently stronger than ecosystems that have been disturbed by people or heavily invaded by exotic organisms? Is a native ecosystem somehow measurably superior to a nonnative ecosystem? Is natural better than nonnatural? How much does biodiversity matter?

9

A fence, at its simplest, is a line. It is the definition of desire. On one side, there is what we want; on the other side, what we don't. What belongs, what does not belong; accepted, unacceptable. Of course, more than a line, a fence is also a barrier. It not only designates, it separates. It ensures no mixing, no mingling, no internecine traffic. A fence is not unlike an ocean: over here, the island of us; over there, the island of them. Except that a fence, unlike an ocean, can be moved. You can put it where you see fit. Likewise, if its location is unacceptable, a fence can be removed. And where are you then? How can two distinct classes exist—good, bad, desirable, undesirable—if there is nothing to delineate them?

These were some of the thoughts running through Lloyd Case's mind one morning back in 1992 when, while hunting pigs in the forests of the Pu'u O 'Umi Natural Area Reserve, above Waimea on the north side of the Big Island, he encountered a fence that had not previously been there. In recent years, state and federal land managers had begun fencing off large tracts of particularly sensitive forest to protect them from the activities of feral pigs. Whether the feral pig properly qualifies as an alien species in Hawaii is a matter of heated cultural debate. All agree, however, that pigs arrived on the islands only with the aid and settlement of humans: introduced first with the Polynesian colonists, some fifteen hundred years ago, as docile farm animals; and again in 1778, when Captain Cook released a pair of British pigs into the Hawaiian forest to run free and proliferate. The feral pigs that run wild in the forest today are the descendants of one strain or the other, or, some say, a hybrid of both.

In any event, they are abundant in number and, to many biologists, in offense. Weighing upward of two hundred pounds, an adult pig is easily capable of pushing over a tree fern and, with a formidable set of tusks and teeth, ripping out the starchy core to feed upon. This tends to kill the tree. In many cases also the rotting trunks become collection basins of stagnating rainwater, which in turn are ideal breeding grounds for introduced, disease-bearing mosquitoes. One of Carter Atkinson's upcoming projects would be to drain all the hollowed logs in a two-square-mile patch of rain forest, and then go in and trap for mosquitoes and see if this reduced the population. ("Oh God, it's gonna be . . ." He laughed as he told me. "You gotta walk back and forth, back and forth—it's really thick and uneven, no trails, you know, no roads or anything—trying to find these logs and drain them.") In addition to killing native plants and spreading foreign mosquitoes, the feral pig is believed to abet the invasion of numerous troublesome introduced plants—the fruited, strangling vines of strawberry guava and banana poka; the thorny brambles of Himalayan raspberry—through its wide-ranging travels, digestions, and droppings. To many biologists, the feral pig is a chief culprit in the continued undoing of Hawaii's natural fabric. Resource managers at Hawai'i Volcanoes National Park spend a considerable amount each year erecting fences around select areas of rain forest and hunting, trapping, or otherwise eliminating the feral pigs within these exclusionary zones.

The fence that Lloyd Case encountered that morning had been erected by state managers, not on national parkland but on state land that Case looks on as his backyard. The fence was built of steel rails and barbed wire, at an estimated cost of twenty-five thousand dollars a mile, and it ran right through his favorite hunting grounds. This bothered him. What also bothered him, I suspect, and what caused him then and there to declare war against this and all similar fences, was that he was suddenly made uncertain as to what side of the fence—inside, outside, native, alien—it put him on.

Lloyd Case is not the sort of man one would actively choose to contend with. He is sizable, with a wide black mustache and black hair streaked with gray. One imagines that he could wrestle an alligator, if he ever saw one. In fact, Case rarely leaves the Big Island. He left the state of Hawaii only once, to visit Los Angeles, and was so disturbed by the experience he returned immediately. "I couldn't believe it. It's all screwed up, overdeveloped."

Although he may look like a man disinclined to talk, Case enjoys the opportunity to do so. He is intense, curious, genial. The first time I met him in person, after talking to him once on the telephone, he brought me a handmade T-shirt. It was yellow, and on the front was a silk-screen drawing of a bearded, bare-chested man, spear in hand, standing alongside a boar; above the design it read MAUNA KANE, Hawaiian for "mountain man." Case, as the saying goes, has a lot of aloha. Even the people he does contend with—state land managers, biologists from Hawai'i Volcanoes National Park—confess respect for him.

"He's really sharp. He knows the forest and native plants."

"There are some misses in his logic, but there's real communication there."

"There are people like Lloyd Case who are really articulate; if you could get 'em on your side, you could really do a lot."

One reason to have Case on your side is that he is Hawaiian. This could mean a number of things. Although the concept of aloha implies inclusiveness (*Welcome! Everyone is Hawaiian!*), in fact it disguises a subtly graded social order. The most basic Hawaiian is the resident, someone who once lived somewhere else—usually the mainland States, but also Europe, Japan, the Philippines, anywhere—and now lives in Hawaii. The common term for the palest of this suborder is *haole*. The *Hawaiian Dictionary* supplies the following definition of *haole*: "White person, American, Englishman, Caucasian: formerly, any foreigner; foreign, introduced, of foreign origin, as plants, pigs, chickens." The term is pronounced "howly" and can be used warmly or in the pejorative, depending. This rung, although the lowest, is also the widest. Slightly higher status is conferred upon the *kamaaina*, those people who can rightfully call themselves locals: people born to first-generation residents but who themselves were born and raised in Hawaii. The benefits of locality are most immediately useful when speaking at community meetings or running for political office.

At the top of the social hierarchy is the native Hawaiian: any citizen of Hawaii who can trace his or her lineage back to the original Polynesian settlers. Today there are slightly more than one hundred thousand native Hawaiians, of varying dilutions, living in Hawaii, or about 9 percent of the state population. The borders of this social territory—*haole*, local, native—are largely invisible, at least to the outside eye. A woman with darker skin and wide, seemingly Pacific features might be the child or grandchild of Portuguese immigrant laborers. A man named Medeiros might be descended from King Kamehameha himself. And yet everyone knows where the borders lie. One man who has lived in Hawaii for twenty years told me he would never dare to think of himself as truly Hawaiian. He said, "The people who forget that are the ones who get in trouble." Another woman had closed her bakery in New Jersey, moved to Kauai twenty years ago, and recently married a native Hawaiian man. She had fit quietly into the community, she said, by obeying a simple principle: "They rule."

Lloyd Case is Hawaiian in the ruling sense. King Kamehameha, the first ruler to consolidate all the Hawaiian Islands under his power, reigned from the comfort of the Big Island's lush Kohala District, which encompasses Case's home and the modern environs of Waimea. Through his mother's bloodline Case counts himself a direct descendant of Kamehameha, with all the respect and ingrained knowledge that that tie engenders. For him, hunting pigs is as much a nod to tradition as to the gods of hunger. "I still use the animals in Hawaiian ceremonies," he says. "I go out and harvest them. Or I bring one home alive, until that part of the ceremony is coming up. Just like ancient Hawaiians." Or: "We view the forest as our ancestors viewed the forest. If the numbers of animals are up, we take them down, naturally. I believe there is no need to eradicate any animal; all you need is a balance."

The animal that Case sets his clock by, however, as the majority of his relatives and neighbors do and have done for several generations now, is cattle. In 1793, the British explorer Captain George Vancouver presented several head of cattle to Kamehameha as a gift; the cattle were set free on the Big Island and a *kapu* placed upon them such that none could be killed for ten years, in order that they might proliferate. And proliferate they did, multiplying so quickly that their churning hooves and insatiable appetites soon constituted a force of destructive nature. Eventually Kamehameha III commissioned John Palmer Parker—a former whaler from New England who had arrived in 1809 at the age of nineteen and jumped ship at the Big Island—to control the situation. Parker erected fences, bred a true line within them, and shot the feral animals without. Cowboys from Mexico and Spain—paniolos, a corruption of the Spanish word *Españoles*—were imported for hired help. After marrying one of Kamehameha's granddaughters, Parker acquired more than two hundred thousand acres of prime grazing land near Waimea; this became the foundation for Parker Ranch, today one of the nation's largest cattle ranches. By the turn of the century, Waimea and the ranch were the breeders of legend: paniolos, steel guitars, dusty gals. Around this time, Dr. Leonard Case moved to Honolulu and then to Waimea from Norwich, Connecticut, and worked on the ranch as a veterinarian. "He taught me that all diseases that came to this land, they were brought in," Lloyd Case says of his father. "Just like the brown tree snake." The younger Case rises early for his job in local construction. He returns home well after nightfall and falls asleep shortly thereafter.

"People say Waimea is beautiful, but it's nothing like what it was," Case said one evening over a beer in a local restaurant. "There were few cars, everyone knew everyone else. You'd tie your horse up outside. It was such a beautiful place. Then everything changed. It's happening too quick. A lot of old-timers, I feel sorry for them. They can't adapt to this. They retired from Parker Ranch on fifty dollars a month. Can you believe that? They just got washed by the side. There's more roads now, more traffic, more people coming in. Mostly people who came here from somewhere else. They came to get away from development. A lot of local Hawaiians, they're in construction, so they depend on development. I hate that part. I'm in construction too. But it's a different life now. I got electric bills; I got a mortgage. Insurance alone on five cars, that's five thousand dollars a year. I've got four homes: that's seven, eight thousand dollars in insurance. It's all for my kids, because they won't be able to afford it. More and more people are selling out because they can't afford it. More Hawaiians are moving to the mainland than ever before. The kids go to college, come back, and find no jobs here. They don't come back. This community, this town will never be the same again. The future is not us."

Among his various responsibilities, Case is the newly elected president of the Wildlife Conservation Association. The WCA consists largely of hunters and folks from the Kohala District, as well as members from elsewhere in the state. The organization hosts hunting tournaments and charity events, distributes scholarships to the children of members, and holds an annual banquet. It also provides a forum for the opponents of fences. Case said, "We can turn the heat up if we want to, but I don't use power and money to influence politicians. I think they have the message to take care. We could say 'No more fences,' and cut down all the ones out there. And you can't do nothing—it's our land! But we want to save something. These environmentalists will never know that feeling. I've got fifteen hundred years here. You've walked from one stolen land to another stolen land. You've got no history. They've got people in the hotels trying to teach aloha. You can't teach aloha! You have to live it. I always tell biologists, 'Before you fix this place, fix the place you came from; it's fucked up.' I've talked to people from New York, places like that. I give them credit. I couldn't adapt to a place like that. I go to Oahu, I can't wait to get back."

Case's main house, where he lives with his wife, three daughters, and three sons, is a pink ranch situated on a quiet street in Waimea a couple of blocks uphill from a public park. Thirty-eight years of hunting trophies are nailed around the inside of his garage: a seemingly limitless array of jawbones of boars, tusks and all. There are hundreds of them, so many that they nearly fill an adjacent room. It is the largest collection of boar jawbones in the state. Once, fifty or so were stolen; Case indicated the empty nails that formerly held them. "They were worth about a hundred dollars apiece. Since they stopped using ivory from elephants, the price has gone way up." Also in the garage was a walk-in freezer. Case opened the door to reveal three pigs, skinned to their subcutaneous fat and hanging by hooks through their lower jaws, and two enormous sides of beef.

A multicolored Playskool swing set was set up in the backyard. Several free-ranging chickens and a duck were investigating the grass around it. The odor of dog was overpowering. Farther back Case kept a series of kennels and chicken coops and small wooden houses for fighting cocks, and from everywhere came a cacophony of barks, clucks, yips, and squawks. The king of the yard was a wild boar. I had never seen one before. It was domesticated, insofar as it was castrated and lived within a hog-wire pen awaiting the social occasion that would require its slaughter. In no sense was it cute, in the way one typically pictures barnyard animals. This boar was hairy and black and very large, maybe three hundred pounds. It was an impressive grotesque, like a small rhinoceros.

As it happened, I did not see the boar, or visit the house, until after Case invited me to accompany him on a pig-hunting expedition. I did not see it, in fact, until the moment of our return. Had his invitation come a day after my introduction to the boar, I would still have said yes, but I would not have sounded so eager.

Of all the years that land managers might choose in which to erect a fence to exclude pigs from a tract of state forest, 1992—the year the Pu'u O 'Umi fence suddenly materialized, without prior public notification, in the Kohala highlands—was a particularly poor choice. The following year would mark the hundredth anniversary of the bitter fall, in 1893, of the Hawaiian monarchy; it was an eve of unusual cultural and political fervor, and blood was on everyone's mind.

The matter of the Hawaiian Islands had simmered throughout the nineteenth century. The native population, of residents born in Hawaii and linked by blood to the original Polynesian settlers, had declined by exodus and disease to a mere fraction of its pre-Cook numbers. Meanwhile, the islands' value to outsiders—American whalers, American missionaries, American managers of pineapple and sugarcane plantations—had risen steadily. The opening of Japan to trade placed Hawaii at a strategic midpoint between the Far East and newly established California ports. In Pearl Harbor, Honolulu had the makings of a central Pacific naval base. Hawaii was an independent country, feted and formally recognized by the major nations of the world. But its political base was shrinking and its military nonexistent. It was a light canoe in heavy seas. When a French warship made threatening advances in Honolulu Harbor, the monarchy began considering its options. Congressmen in Washington, fearing a British-Hawaiian alliance, debated the outer limits of manifest destiny and the ethics of declaring outright ownership. ("It is no longer a question of whether Hawai'i shall be controlled by the native Hawaiian or by some foreign people, but the question is, What foreign people shall control Hawai'i?") In 1893 a white militia, largely supported by plantation owners, ousted Queen Lydia Lili'uokalani from her palace. She was the last monarch to reign in Hawaii. The island nation was quickly annexed by the United States; in 1898 it became a U.S. territory and in 1959 a full state.

From the distance of the mainland, the historical plight of the native Hawaiian looks similar enough to that of the Native American that the two ethnic groups are often viewed as one. Their lawyers today frequently share notes. But a native Hawaiian is quick to emphasize that with all due respect, he is not natively American. Before 1893 Hawaii was marked on world maps as an independent nation. That this is no longer so is not merely unfortunate, or unseemly, or immoral, or whatever adjective one applies to the Native Americans' situation; rather, by the laws of the United States then and now, it is outright illegal. In 1893 President Grover Cleveland declared as much, decrying "the lawless occupation of Honolulu under false pretexts by United States forces." In 1993 President Bill Clinton offered a formal apology. The fact still simmers in the veins. In the past two decades, various groups have formed to support the creation of a "Native Hawaiian government." There is little question of this government's legal right to exist. However, innumerable votes and electoral conventions have yet to define precisely what shape it should take or whom it would include.

One leading faction, following the example of the Native Americans, supports a nation-within-a-nation model: Hawaii would remain a U.S. state, and native Hawaiians would form a government under the umbrella of—but not subservient to—the federal one. Other factions argue for complete sovereignty and outright secession. Peggy Ross, the leader of Na 'Ohana O Hawaii, a group based on the Waimea side of the Big Island, maintains that legally Hawaii is still a monarchy and that she herself is genealogically entitled to be its queen. In 1980 her group issued a Declaration of Independence from the United States, and she told the local papers, "This nation-within-a-nation business is just another case of giving Hawaiians half a loaf and making them pay for the whole thing." Followers of this faction refuse to pay federal taxes; they drive without license plates and have burned their Social Security cards. There is also a middle-of-the-road faction, derided equally by the groups on either side.

The stakes are enormous. With the annexation of Hawaii, two million acres of land were seized by the U.S. government and, in 1959, returned to state officials. Theoretically, all this land would again belong to the native Hawaiian government, just as soon as that entity declares itself. Much of the land has since been developed and today includes multinational quarrying and mining operations, the Pacific naval headquarters, state wastewater treatment facilities, state forests, airports, cemeteries, auto dealerships, and the Prince Kuhio shopping center in Hilo. The prospect of wealth appeals to many native Hawaiians, who have been largely passed over by the state's economic rise. (As a group, native Hawaiians suffer high unemployment and have the worst health and education profiles in the country, second only to Native Americans. On the Big Island, the disparities play out in the topography. Twin pillars of Caucasian wealth—reclusive white scientists and billion-dollar telescopes on the peak of Mauna Kea; exclusive parkland, antihunting biologists, and a multimillion-dollar tourist industry on Mauna Loa—dominate every lowland vista.) Would ownership of this real estate suddenly revert to a native Hawaiian government, or would its current owners have to pay exorbitant sums to keep it? No one yet knows, and everyone who isn't a native Hawaiian is anxious because if and when a time comes to vote on the matter, only native Hawaiians will be allowed to do so. And who is a native Hawaiian? No one can say that either, with any certainty. Various definitions are in circulation: 50 percent Hawaiian blood, 100 percent Hawaiian blood, any trace of Hawaiian blood. All anyone can agree on so far is that, since any legal definition of Hawaiianness can be made only by native Hawaiians, the final decision will be contentious.

In the natural landscape of native Hawaii, no animal is more central than the pig. It is a key figure in the Hawaiian creation myth as a source of food and ritual. Some biologists contend that the feral pigs now running through the rain forests bear no behavioral relation to the docile animals imported by the Polynesians, and argue that pig hunting is a recent cultural acquisition, no more distinctively Hawaiian than the rifle or the sport-utility vehicle. Try telling that to Lloyd Case. "The Hawaiian and the Indian are so much alike. The pig is like the buffalo to the Indian: if their numbers go down, we suffer too. The pig is chemical-free; it's better for your health than that stuff you buy. If you take it away, you tear one more page out of our history. I know there's controversy, that the pig is not the same pig as the Polynesians brought in. But look at us: part Portuguese, part Chinese. There is still Hawaiian blood in us. This pig is descended from that one."

In the early 1990s, when the Nature Conservancy of Hawaii began to trap out and eradicate feral pigs from a preserve on Molokai, hunters there denounced the effort as "eco-imperialistic." (People for the Ethical Treatment of Animals briefly stoked the resentment with a press release exclaiming, "When animals who have been on Hawaii for 1,500 years don't behave precisely as TNC would like, 'diversity of life' becomes 'alien species.'") One Hawaiian woman told public radio, "If you're going to call the pigs alien, you might as well kill us too." It was Case's daughter. Suffice to say, I had not been in Hawaii very long before I understood that the phrase *alien species,* used loosely and in the wrong company, might be hazardous to one's health.

At just past seven o'clock in the morning Case swung open a cattle gate and drove up through the dewy, hillocked pastures of Parker Ranch. He was driving a large pickup truck and pulling a red, wooden-slat trailer that held his hunting dogs: Roxie, a black female Doberman; and Spotty, a mix-breed male with black and white spots. Case wore jeans, sneakers, and a T-shirt with the sleeves ripped off. The absence of sleeves revealed thick cordons of muscle and a large and intricate tattoo on each shoulder blade, octopus on the left, boar on the right.

Though dawn was barely thirty minutes old, the cows were busy ruminating. Case drove on—past a reservoir that tapped into various streams running from the mountains we were headed into—until he reached a padlocked gate. He had forgotten the key, so we parked there, released the dogs, walked around the gate, and began hiking up a dirt road into the forest. For a knapsack Case wore a burlap coffee sack tied tight with rope; the shoulder straps were lengths of rope, covered, for comfort, with a layer of foam and old carpeting. Presently the sound of an engine approached from behind, and soon a pickup truck pulled up alongside. It was Case's friend Harry Wishard, with his wife and daughter along for the ride.

Wishard asked, "Why aren't you driving?"

Case smiled. "I like to walk. The farther the better."

Wishard waved and drove on; Case kept walking.

It was two hours by foot uphill to prime hunting grounds. Case passed the time amiably expounding on pigs, Hawaiian life, and the boundary between natural and unnatural. He bent down to examine tracks in the mud. He cupped his hands and drank from a small stream. At times I felt like I was in an old Injun film; perhaps Case did too.

"What people don't understand is the pig is a sacred piece of our culture.

"One of the things the scientists wanted to do was kill all the earthworms because earthworms are not native to this island. But what earthworms do, their basic function, is to turn organic matter back into nitrogen. Whether it is native or not native, don't get rid of 'em.

"When the ocean is rough, the pig is fat. When the ocean is smooth, the fish is fat. Hawaiians know—the seasons never change.

"I try to go hunting once a month, but I don't like to go out when the sows are giving birth or pregnant. The modern hunter goes anytime. He'll take eight or ten dogs. It's ridiculous. They'll go out and kill sows and piglets—that's killing the future. One hunter came over from Oahu with fifteen dogs! Some people go for trophies. I don't call them hunters."

There are several hunting groups in Hawaii aside from Case's, many members of which are not native Hawaiian. What all the hunters share is a dismay at the gradual expansion of the national parks and state reserves in Hawaii over the years, and the gradual dwindling of available hunting grounds. One Sunday morning I attended a meeting of Pig Hunters of Hawaii, which was founded in 1992 after the Pu'u O 'Umi fence went up. The meeting was held in the back room of the McDonald's on the main thoroughfare in Hilo, about a mile from the airport. The restaurant was located directly under the flight path and shook from time to time with the roar of departing jets. The attending members included several hunters from the Hilo side of the island, as well as a fellow with long black hair and mirrored sunglasses from the Kohala region, where Case lives and hunts. In addition, they had invited two members of the Hawaiian Rifle Association, based on Oahu, and a California representative of the National Rifle Association, on whom the group hoped to impress its grievances.

"All this land has been removed from public use, or is scheduled to be removed. They say it's for the public good, but the public isn't invited in; it's for their own use. Like Hawai'i Volcanoes National Park: they tell you it's a great success story, but they still got weeds in there."

"When you come into the visitors' center, there's a stuffed pig—all this about how they're destroying the forest, the worst thing that ever happened to the park. And they go around telling our schoolchildren this. The propaganda is incredible."

"I do want to save native species and native ecosystems. But we're doomed as far as hunting goes."

"We feel that all animals that are here should be protected. Not eradicated, but kept in balance. That's the thing. There are a certain number of animals here that can coexist with the native plants and animals."

"My impression of the Endangered Species Act is it's a bunch of bullshit. They've got a little green plant on the beach on Molokai? It's an endangered species, but I got it growing all over the place at my house. I'm whackin' it up the wingwang with my Weedwacker!"

"Hawaii is losing its identity," Tom Lodge, a longtime member and a sightseeing tour pilot, said afterward. "The plantations are all gone. The rural lifestyle is being encroached upon. The fears of the environmental community about the forest are very real: alien plants, bugs, development. The threat is very real, and we all want to do something, but they don't feel that the hunters are credible. Our view is that some of these problems are being in kept in check by the animals here." He added, "If you start saying we should have English only, the response is, 'Oh, no, we'd be taking away from people's culture.' Yet if you ask them about the

introduction of a plant or animal? 'Absolutely not! Why would you want
to pollute the environment?' Like with the brown tree snake. What if it
swam here? Do you deny its right to existence if it got here by itself? If
some bird species got blown here? What's here is here. It has a right to be
here. If life showed up from outer space, would you preserve it? Or
would you go out there and Clorox it?"

When Case and I at last reached the Pu'u O 'Umi fence line, there was lit-
tle to see. Shortly after the Hawaii state legislature learned of the construc-
tion of the fence, as local hunters made certain, state land managers tore it
down. Now all that remained was a two-foot-wide corridor of air through
dense bracken and moss-draped hapu'u ferns. Every hundred yards or so
sat a heap of rusting galvanized steel rails—former fence posts—that Case
complained were now leaching zinc into the groundwater.

   For a while, the state mandated a series of meetings between the
Hawaii Department of Fish and Wildlife and the Kohala community,
the tenor of which, early on, was heated to say the least. From these
meetings another council was born: the Natural Areas Working Group,
made up of folks from the community, the national park, and various
state and federal agencies with the collective aim of reaching some
consensus on which areas of the Big Island could be fenced to exclude
pigs and which could not. In addition, the hunters had a few questions of
their own: What exactly distinguishes a native forest? What makes a
forest "pristine"—and is that according to pre-Hawaiian standards or pre-
European ones? And most important: Why are outsiders making deci-
sions about what is or is not alien to Hawaii?

   The life span of the working group lasted through several dozen
meetings. Case attended when he could, but it is his firm contention—
and the contention of virtually every hunter with a view on the matter—
that the fencing out and removal of pigs from forests has not slowed the
influx of alien weeds. If anything, he said, it has exacerbated the prob-
lem. "I use the knowledge from when I was young. And now I can see the
difference. What scientists say—the forest has gotten better? No, it hasn't.
I see now, with the reduction in the animals, it has gotten worse."

   Having located the old Pu'u O 'Umi fence line, we now began to fol-
low its ghost of a trail farther into the Kohala highlands. The sun had dis-
appeared behind a veil of drizzle. The bracken was sopping. The mud, at

times, sucked to the knee. From a hillside, Case pointed across to Waipio Canyon, a green cliff line that dropped precipitously to the seacoast below. A lush plateau at its top was the heart of the pigs' breeding area, Case said. He pointed to a series of barely discernible wavering trails cut by pigs migrating up and down the canyon wall. The plateau was also the site of the state's next tempestuous proposal, a plan to fence one hundred twenty acres of a larger area called the Bog Unit. Stiff offshore winds sweep up the valley walls, annually depositing one hundred fifty inches of rain on the plateau, thoroughly saturating the soil. The Bog Unit encompasses two adjacent montane bogs, each with a distinct and rare assemblage of plants: native sedges, grasses and mosses, an endemic violet, as well as various native trees so stunted by the conditions that in some cases they grow no more than a foot tall. The unit is also home to several endemic birds, a few weeds, as well as mongooses, rats, feral cats, and migrating pigs. Not incidentally, it would sit squarely on the pigs' migration path. Although pig hunters rarely hunt in the bogs—it is a rough three-hour hike just to reach it—they would consider any fence there as a veiled attempt to cut off their supply.

A draft environmental assessment of the fencing project notes that "feral pigs are present in high numbers in and around the project area. Their activity has contributed to the destruction of native vegetation and subsequent invasion by nonnative weeds in much of the area surrounding the bog. Large areas have been converted from native shrubland into meadows of alien pasture grasses . . ." Case, slogging on into the thickening drizzle, said simply, "A fence don't belong in the forest. I don't care what anybody tells me. It ruins the natural beauty." Later he added, "If fencing were such a great idea, the world would be covered with fences."

10

Consider an experiment set in a remote rain forest on an island in the ocean. In outward appearance, this experiment consists of no more than a fence—a mile or two of barbed wire stretched from steel post to steel post, extending beyond sight in both directions and eventually turning on itself to enclose several hundred acres of forest. It is not so much a fence erected for conservation as much as a fence erected to test the validity of conservation. As a boundary or border, the fence is essentially porous: forest birds can easily pass from outside to inside and back again; also insects, flying or crawling. Even snakes could come and go, although to the best anyone can detect, there are yet no snakes living in the forests of Hawaii. The same plants that grow inside the fenced area also grow outside it: the same trees, tree ferns, epiphytic bromeliads, and ground-dwelling lilies; the same mosses and fungi; the same dead leaves and forest litter; the same soil and muck; the same worms, soil mites, and microscopic muck dwellers. In fact, the barbed-wire fence is impassable to only a single species, *Sus scrofa*, the feral pig. The fence has been erected specifically to prevent any feral pigs from crossing into the enclosed area; in that sense, the enclosed area is less an enclosure than an exclosure, an exclusionary zone. Whether the forest inside the exclosure, where no feral pigs roam, is measurably different from the unprotected forest outside the exclosure—whether, say, its trees produce more or fewer leaves, or its soil is more or less fertile, or the worms, flies, mites, and other soil dwellers are more or less abundant—is what David Foote, one of the principal scientists who designed the experiment and erected the fence, aims to find out.

Foote is a biologist at Hawai'i Volcanoes National Park; by training, he is an entomologist, a studier of insects. He stands at medium height, with boyish blue eyes and sandy, inherently tousled hair. His voice, warm and precise, bespeaks a loving devotion to the millimetric. I would have left that impression to characterize him, until I caught sight of him early one morning in his backyard. The mist had not yet lifted, and Foote, in knee-high rubber boots, was strolling around in it, Patton-like, with a cigar clamped between his teeth, appearing less the investigator of multi-legged microscopia, more a strategist of large-scale tactical combat.

Foote lives on the Big Island in the village of Volcano, a small grid of quiet residential roads two miles down the road from the entrance to Hawai'i Volcanoes National Park. The more remarkable features of Volcano include a diner, a gas station, a new hardware store, and a persistent drizzle. Sitting at an elevation that corresponds exactly with the cloud line, the village receives one hundred forty inches of moisture a year, forty inches more than the park immediately uphill. Moss grows on Foote's welcome mat. A row of tall trees obscures his neighbors; a gravel road runs past. Foote lives there with his wife, Karin, and their young son, Sam. Also in residence are two jittery dogs: Homer, so named for his odyssey through three prior owners, and Sed—an acronym, Foote explained, for Someone Else's Dog.

Although insects occupy a great deal of his laboratory and field time, Foote, like most biologists who work in the Hawaiian rain forests, is increasingly preoccupied with the movement and impact of feral pigs. A colleague of Foote's who grew up in Hawaii and has worked at the park nearly three decades, explained it like this: "Once you get pigs in a forest, they cut up the roots, trample the soil, and the soil loses its air space. It loses the natural aerobic processes. The production of the roots of trees diminishes. The productivity of the forest is diminished; reproduction is diminished. The structural diversity is greatly diminished. The structural elements for retaining moisture are gone. When you lose your groundwater, everything else gets affected. The plants that are vulnerable—which are many—are diminishing in abundance. If you look at the endangered species list, all the plants are either edible or highly fragile. Even the trees have edible seeds."

However, for all the effort spent on eradicating and excluding pigs from sensitive habitats, the animal's true ecological impact has gone largely unmeasured, its notoriety more a product of suspicion and estimation than of precise measurement and analysis. "People haven't done a good job of quantifying it," Foote says. "Botanists tend to believe that pigs eat every rare plant in the forest, yet you wouldn't be able to find a single study in the literature to demonstrate that. It's not so much that I don't think that pigs cause damage, so much as I think that conservationist biologists have done a very poor job of demonstrating their case."

Foote means to confirm or deny the validity of those suspicions. With Peter Vitousek, an ecologist at Stanford University, Foote has established four pig-free areas of Hawaiian rain forest: two on the Big Island, within a few miles of Foote's office, and two on the neighboring island of Molokai. He collects samples of soil from these areas and returns them to his laboratory for analysis. The lab sits directly across the hall from his office. It is a white, fluorescent-lit room with a counter, microscopes, and a row of metal stools along one wall; along another wall, a bank of windows looks out onto the cluster of drab wooden buildings that comprises the park headquarters. When I stopped in, Christmas lights—the oversize kind, in blue, yellow, green, red, and white—had been strung across the ceiling in parallel rows. We were still only in November, a bit premature, it seemed to me, for yuletide festivities.

"Dime-store biology," Foote explained. Rather than pay fifty dollars for a device known in scientific catalogs as a Berlese-Tullgren funnel, he had engineered his own, in quantity: plastic jugs, their bottoms cut off, that would hang upside down directly under each bulb; a glass vial would hang under each spout, secured there by a rubber band and the cutoff neck of a balloon. Already an intern was busy hanging the first of one hundred sixty jugs. Each one contained a sample of rain forest soil from a field site on Molokai. In three weeks, heat from the bulbs would dry out the soil, and the soil's inhabitants—the centipedes and millipedes, mites, springtails, pill bugs, isopods, arthropods, and other, smaller invertebrates that Foote identifies collectively as "micropods"—would migrate down to the spout and into the vial for later study. As a group, the micropods would form a measure of the productivity of the soil and, by extension, of the rain forest immediately surrounding the area from which the soil sample had been taken. These measures in turn would go some way toward revealing whether a forest without pigs is quantifiably better off—more productive or functionally efficient—than a forest overrun. Looking up at the downward-pointing spouts, trying to picture the descending micropods, I understood that my quest for unfiltered nature was leaving familiar, macroscopic terrain and entering a far finer scale. Where gravity led, we would follow.

Usually it is the job of interns and assistants to go over to Molokai for

a couple of days, traipse around in the rain and muck, and come home
with the requisite bags of dirt and bugs. Foote likes to keep an eye on
things, though, so one evening he boarded a small commuter plane at
the Hilo airport and flew over there himself—to have a look, collect a
few insects, and all in all continue his efforts to understand how the
ecology of Molokai relates to that on the Big Island and on Kauai, where
he has also done some fieldwork. Insofar as all the islands in the Hawai-
ian archipelago stem originally from the same volcanic hot spot, they
represent the same geological and evolutionary processes seen at vastly
different stages in time and development, and they invite comparison. As
the plane landed at the darkened airstrip on Molokai, Foote said, "So
much of the focus is on the unique—that's the national park strategy, and
it works well. But what's interesting to me is the interconnectedness of
environments. I like the idea that you can come to Hawaii and see the
same basalt lava that's outside your home in Los Angeles."

A battered four-wheel-drive truck awaited us in the airport's small
parking lot. Foote scrounged around inside for the keys, then drove out
of town. After a few miles he turned onto a narrow dirt road leading up
into the foothills of a cluster of low, formerly volcanic mountains that oc-
cupy the eastern half of Molokai. In the morning, we would drive to the
top, to Kamakou Preserve, several square miles of pristine forest in which
Foote's experiment was somewhere nestled. For now, our evening stopover
was an abandoned Boy Scout forestry camp, a few miles shy of Kamakou
proper, that serves as base camp whenever Foote or his interns pay a visit
to the field site. It was well after dark when we pulled in. Through driz-
zle, our headlights illuminated a patchy lawn. Nearby was a small shack,
from which soon emerged the property's caretaker, a shirtless fellow with
a long gray beard and a large, hairy belly: Santa at the bleary end of his
career. He greeted Foote warmly and handed him a set of keys. Foote
crossed through the dark to a ramshackle wooden barracks; he found the
fuse box, unlocked the front door, and ventured inside.

When I entered a few moments later, Foote was busy in the kitchen,
such as it was: a bare bulb illuminating a picnic table, a yellowed refrig-
erator, curling linoleum floor tiles, and a porcelain sink crawling with
cockroaches of astonishing size. The place seemed to manifest a kind of
limbo, an intermediary realm between the fully modern world of side-
walks and street signs and the classically natural world of forests and, at
most, footpaths. Indeed, I was inclined to think of the cabin as a kind of

frontier, a stepping-off point—forgetting that mine was the human perspective and that in fact the cabin was as much an entry point as an exit, a haven and gathering point for the various animals that, like humans, prefer not to have nature too close around them. Foote wandered from the kitchen into the sleeping quarters, a large, open room with a dozen or so steel bed frames and old mattresses. He found a bed to his liking and tossed his sleeping bag onto it. He advised me to pick one not located directly under any of the rafters, which he referred to collectively as "the rat highway." I fell asleep to the whine of bloodthirsty mosquitoes and the patter of rain on the tin roof.

Morning brought clearing and a slight breeze. After a quick breakfast— hard-boiled eggs, toast, and instant coffee—Foote loaded gear into the truck and began the drive up to Kamakou. The road wound and rose through a forest of towering eucalyptus trees, imported and planted there decades ago to replace the massive stands of native sandalwoods that had been cut in the early nineteenth century to feed a short-lived sandalwood trade with China. Back then, perhaps, the road had been easier to navigate. However, subsequent generations of mechanical smoothers and graders had succeeded only in scraping the road several feet into the earth, producing something akin to a clay slalom. From one rise, Foote surveyed the stretch ahead: a steep downward slope that cut left, then sharply right again at the bottom just before passing over a narrow, unrailed bridge—from here to there one long mudslick. He gripped the wheel. "It's kinda hairy," he said, and smiled tightly.

Foote's initial entrance into entomology was likewise something of a carefully controlled slide. His first real taste of field biology came in the summer after high school, when he took part in a study of a herring gull colony along the Massachusetts coast. For two weeks he walked the shore with binoculars, reading the leg bands on gulls and conducting a population census. "The idea of being able to follow a cohort through time was very intriguing to me," he said. The following summer, Foote focused his bird-watching skills on a gull colony on Thrumcap Island, in coastal Maine, observing the different postures and calls: what, when, how often, why. "It was my first experience in actually quantifying anything in biology, and convincing other people that what you're seeing is indeed a pattern." Foote was nineteen at the time. In college, he gravitated toward the zoology department at Berkeley. When it came time for graduate school, he sought out a traditional ecology program and found it at the University of California at Davis. One adviser was Jim Carey, a leading researcher in California's long-standing effort to protect its agriculture from successive incursions of foreign fruit flies. "I didn't know anything about entomology at the time. That was my first chance to do serious population demography—and that's when I began to realize what some people go through to get tenure. It was very discouraging to watch him just grind out these life tables one after another."

Life tables are to biologists what human mortality schedules are to insurance agents: mind-numbing assemblages of life-expectancy data. Place a group of insects in a cage, all of a given age. How many die each day, how many new ones are born, how quickly does the population grow or dwindle under various conditions? In California, where introduced fruit flies are a nagging problem, fruit-fly life tables are a valuable commodity. The state agriculture department has devised a clever strategy to check the spread of pest flies: breed sterile flies in the lab and release them en masse; when the wild pest flies mate with the sterile ones, they produce no offspring. For the plan to work, state biologists must be able to pump out several million sterile pupae in the space of a week. This requires a detailed understanding of the fecundity and mortality rates of the fly in question—which in turn requires an entomologist somewhere, or his research assistant, to devote a significant proportion of his career to watching caged flies live, breed, and expire. "It's not that it's not meaningful information," Foote continued. "It depends on the sorts of questions you're asking. What bothered me was that it's so divorced from the reality of the organism's true life cycle. Patterns of mortality in the natural environment can be completely different than in a controlled laboratory. I could see how doing one life table . . ." He broke off to consider a fork in the road.

"I think this is the right turn, watch me if I'm wrong." A dozen yards ahead a road sign appeared: NO TRESPASSING. Foote laughed. "No, I think I'm wrong. Boy, and I thought I knew my way."

By now the road had risen through the area of planted eucalyptus and had entered native forest: stately, slender koas and soapberries, the hallmarks of a woodland on the drier side of a Hawaiian island. The landscape changed again in a few moments as the road climbed a little farther. Foote parked the truck in a cul-de-sac. The air was cool, the fo-

liage bright with moisture. Foote grabbed his knapsack from the back of
the truck, then led the way down a narrow trail through a forest of
bracken and the mossy trunks of budding tree ferns. After a few minutes
the path opened out onto a sunny, open plateau. A stiff breeze sent
clumps of mist tumbling at us. The ground was sodden, the vegetation
low and bristling: knee-high ferns; fountains of long, narrow, spiked
leaves belonging to an endemic lily of the genus *Astelia*. In short, a mon-
tane bog, stunted by acidic soil and constant exposure to a soggy breeze,
the whole of it creating the appearance of a terrestrial seabed, a field of
anemones and flowering barnacles and green, many-tendriled corals
combing the tide of moisture that ebbed and flowed across them. Be-
tween bouts of mist it was possible to see the ridge opposite, and below
that, sheer cliffs of foliage that dropped two thousand feet or more to a
merciless coastline.

In 1986 Foote's work with fruit flies brought him under the wing
of the California Department of Fish and Game. He had given little
thought to state of Hawaii, or to the state of Hawaiian entomology, until
one morning when he drove to the marina in Sausalito to pick up the de-
partment's single outboard. Moored next to him, he remembers, was a
gaff-rigged sailboat owned by a young couple. "They were fixing it up
and fixing it up. One day we got to talking, and it turned out they were
planning to sail to Hawaii. Seemed like a long way to me, but they said
nah, it's easy. One day they were gone. I don't know if they ever made it,
but that got the bug in me."

The bugs experienced by Foote are now beyond counting. More so
even than the birds and snails, the most prominent and evolutionarily ra-
diant members of Hawaii's land fauna are the insects: there are at least
ten thousand native species, half of them yet unnamed, with untold
more yet undiscovered. Thirteen hundred species of beetle. Ninety-three
species of mites and ticks. Seventy-five species of bark lice. A hundred
and fifty-four species of spider, nearly all of them of the ballooning vari-
ety. There are sapsuckers and leaf miners, wood borers and lichen eaters,
decomposers, hunters, kleptoparasites. There are flightless lacewings,
flightless moths, flightless crickets, flightless wasps—even, entomology's
oxymorons, flightless flies. There is a weevil that grows algae on its back
as a disguise; there is a wasp that walks under rocks in swiftly moving
streams, where it lays its eggs in the pupae of beach flies. All of them are
descended from no more than four hundred ancestral species that colo-

nized the islands sometime during the past seventy million years—four hundred winners of "the dispersal sweepstakes," as biologists refer to it. Just as notable are the losers, the species that did not make it. There are nine hundred fifty native species of moth in Hawaii, but only two butterflies. A hundred and five native species of housefly, but no horseflies or deerflies. Six hundred fifty-two native hymenoptera, including sixty-four species of yellow-faced bees and thirty-three species of square-headed wasps, but no bumblebees. No native cockroaches, no termites, no ants. The only native species of flea, *Parapsyllus laysanensis*, clings for its life to seabirds in the Northwest Hawaiian Islands.

But all that is changing. There are now some twenty-seven hundred alien species of insect in Hawaii, including six hundred forty species of beetles; six hundred twenty-four ants, bees, and predatory wasps; twenty cockroaches; and nine fleas. Some arrived inadvertently; others were intentionally released—decades ago by the Hawaiian Sugar Planters Association, and later by the Hawaii Department of Agriculture—to combat the inadvertent ones. Insects arriving, insects going extinct, insects who knows where or what to call them. Foote says, "You fog a tree with insecticide for five minutes, and dozens of species fall out." It could be argued that ornithologists have the tougher emotional task, that whatever anthropomorphic calculus ranks birds more sympathetic than insects—larger eyes, perhaps, widening onto minds more easily considered—also binds the prospect of their extinction that much more tightly to the human heart. The entomologist, however, is confronted with the weight of numbers. There are more insects than birds: more of them present, more of them passing. Foote knows that when the time comes for him to leave Hawaii, there will be fewer native insects than when he arrived. He also has seen the toll that extinction exacts from biologists too long exposed to it. So Foote has armed himself. With transects and dendrometer bands, pan traps, gas chromatographs, ion-exchange resin bags, with a practiced detachment and a slingshot, he awaits the green unraveling. "I take the position that it's going to happen, and I'm going to document it."

Foote continued across the fog-swept bog until the trail reentered the forest, an open woodland dominated by native o'hia trees. The trail went a mile or so farther in, toward Foote's eventual destination, the fenced pig-free zone that was the source of the soil hanging in plastic jugs beneath

Christmas bulbs back in his lab. For the moment, though, he busied himself with catching flies, which provide yet another gauge of the changes under way in Hawaii's forests. Sun filtered down through the trees, rustling in a steady wind: wonderful weather for humans, Foote said, but terrible for flies. "These are the worst possible conditions—I just want to warn you." Of all the Hawaiian insects, the dearest to Foote is the family Drosophilidae, the pomace flies, better known, not entirely correctly, as fruit flies. Included in the family Drosophilidae is the genus *Drosophila*. Among genetics researchers, *Drosophila* is the organism of choice. Its chromosomes are few and big and easily extracted from its salivary glands; it reproduces at ten days of age, so genetic changes unfold observably from generation to generation, which means you can wrap up an experiment in a matter of weeks. Also, flies don't eat much—not like mice or lab rats, which will quickly chew a hole in one's departmental budget. Over the past century, the science of genetics has grown up around one drosophila species in particular, *Drosophila melanogaster*, a tiny red-eyed orange fly so ubiquitous that scientists simply shrug and call it "cosmopolitan." *Drosophila melanogaster* is a guinea pig with wings. It has been scrutinized and forcibly mutated, crossbred, back-bred, inbred. Scientists have created drosophilas with extra-long life spans (sixty days, instead of thirty), drosophilas with superior maze-navigating abilities, drosophilas dumb as posts; drosophilas with no legs, with legs sprouting from their heads, even—I saw their photograph a few years ago on the front page of *The New York Times*—with extra, ectopic eyes peering out from where their knees should be. A great deal of what we know about ourselves has been gleaned from monkeying with this pale orange fly.

In contrast, the drosophilas of Hawaii owe their oddity entirely to the whims of natural selection. They are a tribe unto themselves: oversize, with elaborate stripes and colorations and strange and intricate mating rituals. To prove their sexual worth, males of the species *Drosophila heteroneura* butt heads, which are elongated like those of hammerhead sharks. Males of the closely related *Drosophila silvestris* stand on their hind legs and grapple like boxers in the clinch. If you want to understand the genetics of colonization, isolation, and speciation in a nonlaboratory setting, the Hawaiian drosophilas are your subject; they are honeycreepers for entomologists. There are some six hundred species of *Drosophila* in Hawaii, one-fifth of all the *Drosophila* species in the world—the progeny of flies that tumbled from earlier Hawaiian islands and have been doing so for forty-two million years, ever since the one fly from which they are all descended blew in from somewhere else, to an island that long ago submerged. From one strange and alluring species to the next, drosophila are themselves a sort of archipelago of biodiversity.

And as surely as the honeycreepers are indicators of environmental change in Hawaii, so too are the drosophilas, perhaps more so. Ecologists sometimes describe an ecosystem as a sort of pyramidal hotel of energy consumers, built up of successive trophic layers of feeders and fed-upons: plants, which draw their energy from light; grazers, which draw their energy from plants and span a range of organisms from leaf-mining insects to fruit-eating bats to Jersey cows; and predators, like tigers, feral cats, *Tyrannosaurus rex*, and bird-eating brown tree snakes. It is a loose schema, with numerous exceptions and outstanding questions. (Which story, for example, do carnivorous army ants inhabit in the Amazonian rain forest pyramid?) The drosophilas occupy a janitorial closet near the base of this building. They subsist largely on decaying plant material—bark, branches, leaf litter. They are composters, thriving on the senescence and misfortune of their fellow hotel guests. Most everything ends with them. The drosophilas are so ubiquitous in Hawaiian rain forests and their microhabitats so varied that their seemingly minor fates in fact closely reflect the spectrum of disruptions and alterations unfolding above and around them—including but not limited to the damage caused, or said to be caused, by feral pigs. If your quarry is the pig, it pays to follow the flies.

"The drosophilas are decomposers in this ecosystem," Foote explained to me one afternoon on the Big Island. "They're responsible for breaking down the organic matter in plants and allowing the nutrients to be cycled up into the forest again. These particular species breed on plants that are some of the most sensitive to disturbance by pigs, cattle, and rats. So we're very concerned about their status."

Foote had taken me to into the Ola'a Tract, a modest and representative stretch of rain forest just a couple of miles from Foote's office at Hawai'i Volcanoes park headquarters. A two-hundred-plus-hectare portion of the Ola'a Tract had been fenced off to exclude feral pigs. Along with the two pig-free plots on Molokai and another on the Big Island, this tract comprised one-quarter of Foote's larger investigation into the ecological impact of the pig. The foliage was dense and dripping, and Foote led cautiously along an invisible path, stepping over moss-draped logs, two thousand years of organic decay slurping at his boots. In 1963, when some biologists from the University of Texas began a long-term study of Hawaii's drosophilas—the Hawaiian Drosophila Project, as it is known today—the Ola'a Tract is where they came. Foote began working at Hawai'i Volcanoes National Park in 1990, and he has spent a considerable portion of that time tramping through Ola'a, chasing drosophilas, both as objects of interest unto themselves and as heralds of a more widespread flux.

To study or collect wild drosophilas, a researcher must first attract them; there is a time-honored method for doing so, at which Foote is well practiced. First you'll need some mushroom spray: slice up some mushrooms, let them ferment in yeast for a week, then pour the resulting juice into a handheld sprayer. (A common houseplant mister serves just fine.) It is wise to first strain the juice through a fruit sieve to remove the larger mushroom chunks that might clog your sprayer. Then, on the night before you are to begin your fieldwork, mix up some banana bait. Slice several bananas into a large bowl, add yeast, then mash and wait; by the next morning the concoction should be spilling out of the bowl onto the counter like a post-nuclear tapioca. Put some of this unctuous ooze in a Tupperware container; grab your sprayer, a butter knife, and some kitchen sponges; and off you go. Once you are in the forest, find some spots to tack up your sponges: tree trunks are good, at eye level, out of the wind. Spread on some banana bait, give a few squirts of mushroom juice, and watch what flocks in. Foote now led us to an orange sponge that he had slathered with goop and tacked to a tree trunk a few moments earlier. The odor resembled something between mildewed sweat socks and stale beer. "You get used to it, to the point where you really enjoy it in the morning," Foote insisted, with a note of apology. "You *do*. It's a very mulchy smell, like rotting leaves. The flies come to it like a magnet."

Already a flurry of drosophilas had settled. Several were of the alien variety, the small orange foci of millions of hours of laboratory tedium and common pests of the kitchen fruit bowl. The other drosophilas on the sponge, the Hawaiian ones, were darker and much larger. Foote pointed to one with a splotchy pattern on its otherwise transparent wings. Among the Hawaiian drosophilas, there exists a subset of species known as picturewings—this specimen was one—of particular interest to Foote. There are more than a hundred species of picturewing drosophila, each one endemic usually to just a single Hawaiian island. They all evolved within the past six million years, on the islands now present, from a sin-

gle species very much like one still found on Kauai and named, in honor
of its seniority, *Drosophila primaeva*. Through a close reading of the map
on the wings of the picturewings—in this case, "the T-bar infuscation on
the M cross-vein"—individual species can be identified as precisely as
snowflakes. Foote said, "A tremendous amount of sexual selection has
gone on in the evolution of these flies. From that pattern, I could tell you
not only what species it is, but what sex it is. This is *Drosophila setosi-
mentum*. It's one of four species in the park that breeds in the rotting bark
of this *Clermontia* here."

He indicated a low sapling growing nearby; a cluster of spiny leaves
sprouted from its top end, like a knee-high palm tree. The picturewings,
Foote explained, lay their eggs almost exclusively in the rotting bark of
this and other, often rare, Hawaiian plants, including the olapa tree and
the ieie vine. One picturewing species is particularly choosy. It lays its
eggs only in the rotting bark of the native soapberry, a tall, smooth-
skinned tree long prized for its hardwood. Moreover, the bark must be at-
tached to very large limbs or fallen trunks of the tree. (On smaller limbs,
where the ratio of surface area to volume is high, the bark dries out in-
stead of rotting.) And the fallen branch or trunk must initially be green—
that is, it must have been broken off by the wind and then begun to
rot. At the dissolving border of green bark and new rot, that is where
Drosophila engyochracea leaves its larvae. "And it's been shown that
they're feeding on bacteria and fungi that are associated with the decom-
position, at the same time that they're feeding on the decaying bark it-
self," Foote said.

As goes the rot, so go the rot eaters. Surveys of the drosophila popula-
tion have found a steady decline in the number of picturewing species
over the past three decades. Four species of picturewings that were pres-
ent in the Ola'a Tract in the 1970s and 1980s, including two of the most
magnificent species, are now missing from the forest. Twenty years ago,
Drosophila setosimentum, the fly that sat on the goopy sponge immedi-
ately in view, had once been among the most common species in the
area. Now it is one of the rarest. Their plight, Foote said, is probably
linked to the feeding habits of feral pigs and introduced slugs and rats,
which have caused a general decline in the abundance of the native
plants that the drosophilas breed on and eat. In 1992, he and Hampton
Carson, a colleague at the University of Hawaii, came to Ola'a and sur-
veyed the relative abundance of drosophilas both inside and outside the

fenced area, as a proxy for the relative abundance of the native flora. They tacked up sponges inside and outside the fence line—some eight hundred sponges slathered with banana bait and sprayed with fermented mushroom juice. Flies came; Foote and Carson saw; they counted. Their survey revealed that the native drosophilas were denser in number inside the protected area, presumably because their host plants are more numerous there. In contrast, alien drosophilas occurred in greater numbers outside the protected area. "The alien species are much broader in their diet," Foote explained. "They're able to feed on a variety of native plants, but they're also able to feed on a large number of the alien plants that are invading this ecosystem"—plants thought to be spread, he added, by the feral pigs outside the fence. "Keeping pigs out, and keeping pigs from spreading weeds—those are the two factors at work here."

On Molokai, Foote began tacking sponges to trees along the trail and smearing them with drosophila bait. He had planned to leave the baited sponges up overnight and return the following morning to survey the attractees, but the possibility of another night of rain forced a reconsideration. Instead, he would inspect the sponges in a few hours, on the hike out, after we had visited the pig experiment. "We won't get as much that way, but the idea of coming back here at six o'clock in the morning . . . The road is marginal right now. I don't think I'd wanna be stuck here if it rains any harder." He wandered ahead on the trail with his Tupperware and sprayer, tacking up a sponge every dozen yards or so—sponge, glob of banana, essence of mushroom—and leaving each to waft its feculent aroma. "Calling all flies," he cried out.

Whether or not nature is best viewed as a pyramid, wherein the snakes, tigers, and other predators reign from the apex while the grazers and grubs wallow at the base, the important point is this: there are many more of the latter than the former. The mulch-loving drosophilas may occupy a janitorial closet in the larger scheme, but as Foote has come to learn, they are far from alone down there. There are entire sub-basements of multi-legged and near-microscopic creatures that toil ceaselessly and unnoticed, not unlike a custodial staff, breaking down the day's fatalities and recycling their nutrients into a stratum—soil—on which tomorrow's life builds itself up anew. Walking along the trail again, Foote bent down and drew my attention to a native lily growing alongside the path. Its leaves were long and narrow and fountained outward from a central stalk. Foote took a leaf in hand and gently peeled it back ever so slightly to reveal the axil, a slim pocket between the base of the leaf and the stem itself, where a small well of rainwater and detritus had formed. "Bingo!" he exclaimed.

Floating amid the leaf gunk were two tadpolelike creatures—two larvae, Foote said, of the genus *Megalagrion*, which encompasses Hawaii's damselflies. Close kin to dragonflies, damselflies are typically smaller and more slender. Moreover, whereas a dragonfly alights with its four membranous wings splayed horizontally, helicopter-like, a damselfly rests with its wings folded vertically above its back, like a fighter plane parked on the deck of an aircraft carrier. When an iridescent red damselfly paused on a nearby leaf, Foote could reach out and, by gently holding its wings together between his thumb and forefinger, lift it from its perch. As with the drosophila, the first *Megalagrion* colonist reached ur-Hawaii millions of years ago and began radiating, giving rise to a host of species endemic to one or two of the islands visible today. So far, thirty species have been identified, though how many there are in all is hard to say: until Foote came along, nobody had bothered trying to tell them apart.

"All *Megalagrion* have been lumped into a single species from the islands, which is ridiculous," he said. "Their morphologies are completely different." By collecting specimens from different islands and analyzing their DNA, it should eventually be possible to reconstruct a phylogenetic history of the genus, much like what's been done with *Drosophila:* which species are more closely related to one another; which are older; which one, perhaps, is the primeval ancestor from which the others evolved. An entomologist could collect damselflies, or try, by sweeping through the forest with a net on a pole. It is easier, however, to catch them in their youth. Adult damselflies lay their eggs in the pools of water that form in the leaf axils of plants like *Astelia,* the native lily, and the eggs soon hatch into wriggling and voracious little naiads like the ones Foote was now admiring. "They're predators in the soil and litter system," he said. "The species here has specialized to the point where it feeds only on species that crawl into a leaf axil of *Astelia. The Astelia* act as nets, they catch litter, and that litter decomposes and builds up a little microhabitat of organic matter in the bases of the leaves. That's colonized by springtails and mites and other soil organisms, and they in turn are preyed upon by the *Megalagrion* larvae."

What Foote was describing—what he has spent and will spend years more delineating—was an underworld ecosystem. Detrivores, microbivores, leaf-litter eaters, and leaf-litter-eater eaters, small things consuming smaller things and then themselves consumed, all the way to the bottom. Composition, decomposition: what's old is new again. When looking out on the natural world, there is an understandable tendency to focus on the plants and animals that one can most readily see—the flashy and unusual birds, the sinister bird-eating snakes, and other "megafauna" near the apex of the pyramidal food chain. As a consequence, it becomes all too easy to mistake their lofty perspective as the only overview and to project onto the landscape a sort of upward inevitability, as if all the other plants and organisms exist only, like piled stones, to provide a singular vista from the top. Foote, in contrast, has graduated to a sort of grassroots view, surveying the state of the natural economy through its trickle-down effects. And nowhere but down here, at the lowest trophic levels, do the animate and the inanimate come so close to converging: geology melts into soil chemistry; soil chemistry merges with biochemistry; biochemistry begets biology. There is a river of nutrients flowing up and down the scales of perspective. Foote had led me to the proverbial head of the Nile, at a biogeochemical spring bubbling out of the earth.

The properties of this spring, Foote believes, offer a potentially powerful measure of the impact that alien species have on the landscape through which the nutrients flow. There are various terms for introduced plants and animals: exotic species, nonindigenous species, invasives, nonnatives, aliens. "Nutrient additions" is the soil ecologist's way of saying it. Picture an ecosystem as a reservoir of nutrients, a bank of recycling, edible currency. The plants and organisms in the ecosystem are the bank's borrowers and lenders, the temporary holders of the currency. An *Astelia* lily sprouts from the forest floor, accumulating the nutrients necessary for its own growth; the lily decomposes, the nutrients rejoin the general pool. A damselfly larvae hatches in a leaf axil: withdrawal. A honeycreeper defecates from a tree branch: deposit. Invading species function similarly except that their transactions are, to the local ecology, novel. They are the embezzlers and money launderers: diverting funds into foreign accounts for nonnative use and flooding the system with unexpected infusions of nutrient cash. That is the theory, anyway. The question is, do the aliens make a difference? Do their deposits and withdrawals have a measurable impact on the productivity of the native ecosystem—on the amount of living stuff that the ecosystem can generate? Are native micropods less abundant in soil tilled by feral pigs? Are nonnative weeds more likely to grow there? Those are the kinds of questions Foote and his colleague Peter Vitousek want to get at. They are not unlike a pair of financial analysts poring over a series of bank statements for signs of fiscal misconduct.

"There are a lot of ideas floating around about how soil communities are structured," Foote said. "And there are a lot of ideas about what factors contribute to biological diversity overall. One of the basic ones is that more productive areas tend to have higher biodiversity than less productive areas. But almost always when people reach that conclusion they're comparing apples and oranges. They're comparing areas that are very dissimilar in terms of their origination and development. The nice thing about Hawaii is that you can argue that areas that differ in productivity may be very similar in other respects—climate, patterns of rainfall, temperature, the parent material underlying the soil. So it's a very nice model system for looking at overall patterns of biological diversity and tying that into this whole question of nutrient development and limitation. Is community structure determined by bottom-up factors—the amount of litter available for food—or from the top down, by predators? That's really what I'm looking at."

11

Foote's experimental plot, when we finally reached it, offered little to distinguish itself. A barbed-wire fence extended out of sight in both directions. Evidently we were on the outside of the exclosure, along with the feral pigs, wherever they might be. Foote pointed to tree limbs here and there, where yellow plastic ribbons marked transects through the woods; small red flags on wire staves indicated spots where Foote or someone from his research team would come to collect soil samples. The forest on the opposite side of the fence—the inside—was otherwise visually identical to the forest on the near side.

For Charles Elton and many of his successors, biological invasions were a way to probe and characterize the way that ecological communities are assembled and held together. The ecosystem was studied as a sort of organic machine—a system—of semi-interchangeable parts, or, to borrow another analogy, a kind of corporate economy maintained by organisms with defined ecological jobs. By studying the arrival of foreign workers and the consequent displacements, the notion went, a scientist could figure out the overall corporate structure: the various job descriptions, the interoffice competition, the company bylaws, the glue of market success and longevity. Critical to this schema is the job itself, the ecological niche—a concept that has receded from meaning over the years with every new attempt to clarify it. Today, one can speak of a habitat niche (the range of habitats in which a species can and does occur) or a functional niche, the "role" or "place" of a species in a community—a notion further divisible into trophic niche (the relationship of the species to its food and enemies) and resource niche (which spans things utilized by the species, like nesting sites). As a conceptual tool, the niche has effectively dropped from the modern ecologist's belt. "Niche," Mark Williamson summarizes in his book *Biological Invasions*, "is useful in a preliminary, exploratory description, but becomes difficult to pin down in particular situations."

Whatever a niche is exactly, successful invasion, in Elton's schema, allegedly involves occupying an empty one. But, many biologists counter, what does it mean for a niche to be "empty"? If a niche is an ecological job that takes up food or resources, and such a job is going unfilled in an ecosystem, the community would show side effects; it would soon be overwhelmed by waste or unused food. So for such a job opening to exist yet not harm the community, by definition it must be a job that involves no interaction whatsoever with other community members —like one of those jobs the boss's kid fills on summer vacation, only less productive. But if that is the case, any invader entering this empty non-job would have no impact on the system—which clearly isn't what happens with many invaders. "If you take the view that there are no empty niches," Williamson writes, "the invasion of communities cannot involve occupying empty niches." Some ecologists contend that in saying that an invader occupies a vacant niche, what is meant is that an invader plays a new functional role in the community, not that it doesn't use resources previously used by other species. The brown tree snake fits this definition; in coming to Guam, it declared itself top predator of an ecosystem that for eons had run perfectly well without such a top executive. Under these terms, Williamson writes, successful invasion becomes a matter of always, often, or sometimes entering a niche that can be full, empty, partly full, or partly empty—terminology that begins to suit the term itself. Williamson concludes, "It is to some extent a matter of the meaning you want to put on the word 'empty.'"

At the very least, invasion biology has made it clear that the conflicts and interactions that transpire between species in an ecosystem are too fluid and dynamic to be meaningfully described by a static term like *niche*. To introduce niche theory is to propose a koan: Does an ecological niche exist before an invader arrives to fill it? Meditatively interesting, perhaps, but useless in forecasting. "We are still unable to recognize a vacant niche except by carrying out the tautological experiment of introducing a species and seeing if it becomes established," one biologist notes. Williamson adds, "The extent to which a niche is vacant is, in practice, a post hoc explanation. Post hoc explanations are neither intellectually satisfying nor much use in prediction."

Foote and Vitousek aim to sidestep this conceptual quagmire. At all four experimental plots they will measure forest productivity—the total mass of life that a given area produces—both outside the fence (where pigs are) and inside the fence (where pigs aren't), over time, to see if there's a detectable difference. They are ignoring the ecosystem's corporate hierarchy—workers, job descriptions, and competion—to focus instead on the common currency that flows through the office. Rather than consider an ecosystem as an assemblage of parts, they treat it as a black box. What matters most isn't what's inside; it's what goes in and what comes out.

Quantifying the productivity of a forest is no small task, however. Vitousek, an expert on "ecosystem properties"—soil fertility, nutrient cycles, and the like—will concentrate on the soil and the flora that arises from it. How productive is Hawaiian soil under various conditions? What amount of green biomass—the dry weight of plant life—can a given area support? Leaf litter is gathered from selected areas, dried out, ground up, and weighed, and its chemistry is analyzed. How much litter accumulates over time? How much carbon, nitrogen, calcium, magnesium, and potassium does it contain? What percent of the nitrogen and phosphorus is actually available to plants, and what percent is inaccessibly bound up in compounds? At what rate is nitrogen released from organic matter decaying in the soil? As soils breathe and decompose, they release carbon dioxide, methane, and nitrous oxide—these gases will be measured over time too. Slim belts of metal, called dendrometer bands, will be placed around the trunks of selected o'hia trees to monitor the rate at which the trunks widen and the trees grow. Leaves will be gathered from the canopy, either with a shotgun or, near the state prison on the Big Island, a slingshot. What is the biomass of leaves in a given unit area? What is their nutrient content?

Those are Vitousek's concerns. Atop these, Foote is adding his own layer of inquiry, the soil dwellers: springtails, mites, and other microarthropods, extracted from the soil using Christmas lights and Berlese-Tullgren funnels; dried out; ground up; weighed; the biomass of the invertebrate population measured and tracked. And Foote will monitor the flies—the drosophilas, which complete their life cycle on decaying plants and bacteria and fungi, and the *Dolichopodidae*, or long-legged flies, which prey on the springtails and mites—which are as sensitive to shifts in their prey base as the honeycreepers are to the abundance or disappearance of their favorite seeds and caterpillars.

"The idea is to integrate it all together and try to understand the general pattern of soil alteration associated with pig digging and disturbance," Foote said. By creating a kind of data sandwich, he and Vitousek will be able to quantify the biomass and diversity of the invertebrates and compare that with the productivity of the underlying trophic level—the trees, plants, leaves, leaf litter, and the soil itself. "There should be a fairly close correspondence between the two," Foote said. One could take the comparison a step further, he added, and look at the productivity overhead, of plant-dependent invertebrates that live in the canopy. Beyond that, one could even examine the highest trophic level, the forest birds. How do changes in nutrient flow through the other trophic levels affect the birds, which mostly feed on insects or nectar from the trees? "That question is probably the least tangible, in terms of addressing it in any experimental way. But certainly with the lowest trophic level it'll be possible to look very closely at where there have been nutrient additions to see whether or not that affects diversity at all. And my guess is it probably does."

He added, "There's not going to be a simple equation that says pigs encourage weedy soil fauna. People have been introducing soil fauna here since the sixteen hundreds. There's been a tremendous transport of potted plants, agricultural plants—they must have had soil mites and other critters. When people talk about restoring ecosystems here to a pristine state, most of the organisms responsible for maintaining that system are foreign. The most important is the earthworm—and there's no evidence that they are native. They are all introduced species."

Foote had wandered away from the experimental plot, down one of the side trails through the forest. Here and there on the path, shreds of greenery were strewn about, the remains of an ieie vine or a lily fed upon by a feral pig. Foote followed from one to the next like a meteorologist on the path of a tornado. "I started finding earthworms in the leaf axils of the *Freycinetia* and the *Astelia*," he said. "It occurred to me that one reason why the pigs may be ripping off the leaves is simply to forage for the very small but maybe significant amount of protein matter that is tied up in these little leaf axils. There are always these garlic snails—an exotic snail—in there. And there are a fair number of earthworms. There's no easy way to test the idea; but I'm paying more attention to the way in which the pigs feed on the *Astelia* and *Freycinetia*. It really doesn't look like they're too concerned about eating the plant itself. But they sure rip 'em apart. I can picture them sticking their little tongues in, licking up isopods and worms, and leaving the foliage."

The afternoon was getting on. Foote followed the path of blasted lilies back to the main trail, then turned in the direction of the bog. A stiff breeze swept up from the canyon. The ridge opposite, normally visible through the trees, was cloaked in swiftly moving clouds. There was one task yet to complete before hiking to the truck: collecting flies. We were approaching the series of sponges Foote had tacked up a few hours earlier; even from a distance one could see that they were freckled with drosophilas.

"We're getting flies," Foote said. "One thing about drosophilas is, they're slow; they can be caught pretty easily."

In addition to the sponges and the mushroom-banana bait, there are two essential tools of the drosophilist's trade. The first is an aspirator, a three-foot length of slender, transparent tubing that Foote carries draped around his neck. With one end in his hand and the other in his mouth, he creeps toward a sponge, spots a particularly compelling picture-wing—"That's a really interesting one; I'm not sure what it is"—waggles a finger off to one side to distract it, then sucks the fly into the aspirator. A filter at the mouth end keeps him from swallowing it. Then with a gentle puff he blows the fly into a specimen vial, which he stops shut with the other essential tool, the cotton wad. Hawaii's more traditional drosophilists—Hampton Carson, Ken Kanishira, Bill Mole—cut their stoppers from old aloha shirts, a ritual that allegedly began when a wife prohibited a husband from wearing his aloha shirts in public once they became worn at the edges. Foote sticks to white cotton or cotton balls. "It's not Hawaiian," he said. "You can tell I'm from the mainland."

One virtue of chasing flies as a way to study pigs is the low likelihood of encountering the latter. It was only a few days after Foote and I returned from Molokai that I had found myself on the pig hunt with Lloyd Case, following a trail along the old Pu'u O 'Umi fence line in the Kohala highlands, on the prowl for something considerably swifter, larger, and smarter than any drosophila. In fact, I had fallen slightly behind. Case was partway up a low ridge when a bark sounded over the trees from nearby and he stopped in his tracks to listen.

He heard nothing: stillness, an exhalation of wind through branches. Case remembered a signature hoofprint he had seen a hundred yards earlier on the trail. "That track down there was from this morning," he said. Just then one of the dogs, Roxie, burst through the bracken onto the trail, panting, then dashed back into the forest. Spotty was absent. Case stood on alert, his rifle in his right hand and a machete in the other. Then we heard it: two more barks from close by, followed by a high-pitched squeal, and then a high, chilling yowl, almost human, like the yelp of a dog whose tail has been stepped on, only far worse. Concern flashed across Case's face. "The pig really got 'em, the dog." He paused to listen for a moment, then pointed up the trail with his rifle.

"The pig gonna come out on top there."

Nothing appeared. Case waited a few moments then stepped off the trail and began hacking his way through the forest with his machete. The ground was uneven, dropping sharply over roots, into pockets of moss, into mud. Roxie materialized from nowhere, running alongside us. Case yelled out Spotty's name. Again no response. The trees parted onto a clearing with a swath of matted grass. I wondered briefly what Foote might say about it, what a quantitative analysis might reveal about the pigs' impact in this place, but I did not linger on the thought. "Boars hang out in here," Case said. "I tell you, they catch a dog in here, rip him to pieces. Sometimes when you hear 'em like that, the pig kill 'em, that quick. Not many dogs cry like that."

We moved on. "I've lost maybe five dogs in my thirty-eight years of hunting. Sometimes the boar, he knows you're coming, and he'll stay right there, waiting. Just chop 'em to pieces. One boar claimed eight or nine dogs. One was amazing: he cut the bone and everything, right through the neck. Just a little bit of skin was holding it. That was one of my friend's dogs." He told of a boar out on Parker Ranch that would run up underneath a man's horse and slit the belly open. "Up in these mountains, you gotta be real careful. You get some monsters up here, five hundred pounds." Case let go a series of sharp, shrill whistles. "Hey, Spotty!" He handed me the machete. It seemed absurdly insufficient to its alleged task. I wondered if boars were like sharks, whether they could be dissuaded with a poke in the eye. I wondered, if events made it necessary, whether a pen would prove mightier than a sword.

Case plunged back into the forest and circled wide. The trees grew thick and close around us. It seemed easily possible to become lost. Case found a trail of fist-size droppings and followed it to another clearing, this one larger than the last and littered with fresh droppings. The air was acrid with animal pong. "This is the nest," Case said. "Looks like a lot of 'em, maybe ten or fifteen." We were in a wilderness labyrinth stalking a four-legged metaphor. But a metaphor for what? Captain Cook and his ecological imperialism? The quintessence of Hawaiian culture? What-ever it was, it had struck back. Case scanned the area for signs of blood but found none. Finally he sidled up to a tree near the center of the nest-ing area, where the scent of pig was particularly pungent. I heard a fly un-zip and the trickling release of a bladder.

Case hacked the way back to the trail; I stumbled after. The clouds were low and glowering. Case whistled again for Spotty and shouted his name. The reply was a brisk wind and the soft clatter of leaves. It was a five-mile hike back to the truck, through shoulder-high bracken and grass. Case sized up the sky, which had taken on a grim cast, and began trudging up the ridge.

"We're gonna be in for some bad weather, boy."

As much as anything, a fence marks an intellectual boundary. On the one side, what is understood; on the other, what has yet to be grasped. Known, unknown. In an ideal world, the boundary is fairly clean and clear, and the bounded area of the known expands over time to enclose a yet greater portion of unknown territory. Foote has had the opposite ex-perience. With regard to feral pigs, between what is known with certainty and what the various human factions believe they know with certainty, there is a remarkably wide gray zone in which very little of anything is known. The more Foote learns, the murkier it gets.

"In Hawai'i Volcanoes National Park we tend to think that pigs are re-sponsible for disturbing the soil, reducing tree-fern densities, and then bringing in a lot of weedy species," he said on Molokai. "Well, there are pigs here"—he waved his hand in the direction of the trees outside his fence—"but I don't see any weeds. These are all native plants. So what else is in the equation? Well, in Hawai'i Volcanoes you've got a national park situated around a residential area where there have been huge num-bers of plant introductions. So the opportunity for invasion is there, and pigs probably do speed it along. But whether banana poka and Hi-malayan raspberry would be there anyway is a very open question. We know that with Himalayan raspberry, birds feed very readily on the fruits; it's possible that the birds are also feeding on banana poka. Pigs may ac-celerate weedy species invasions, but on the other hand they may not. And there's no evidence to demonstrate it one way or the other. So it boils down to meetings with conservation biologists, land managers, and hunters, and you have three different opinions and no way to distinguish between them.

"At the very least, what we're trying to do here is quantify what we mean by pig disturbance. The same goes for documenting impacts on native vegetation: you've got to go out there and measure it. And frankly, when you do measure it, the effects aren't nearly as dramatic as the conservationists would have you believe. It's almost like a religious thing. I don't know how else to describe it: there is this tremendous belief that pigs are responsible for wiping out most of the rare plants. Except a) we usually don't have any information to show that those plants occurred at higher densities anywhere in the historical past; and b) we don't have any information about the historical densities of pigs. We can't even say that the pig densities were at a given level before the exclosure went up, because nobody went out and measured pig disturbance in a way that would allow you to see what has happened to this forest over time. The data that we're working on right now is some of the most comprehensive data available. I think the bottom line is that when the survey work is completed and we start to really quantify the impact of pigs, it's not going to be dramatic."

I couldn't help remarking that several hundred thousand dollars, the park's annual budget for its fencing and pig-eradication efforts, seemed like a lot to spend based on what sounded like a weak case.

"Well," Foote said, "I think that where eradication is practical, it's a first step toward a long-term stable recovery of the forests. But if you have an area that's already heavily invaded by alien plants and you don't have a mechanism for controlling them, and you have an area that has high densities of rats—and the densities of rats in our rain forests are among the highest ever observed in the world—then I wouldn't necessarily say that getting rid of pigs gets you anywhere fast. But if you have a method for controlling rats and alien plants, then I think that there's a lot to be said for clearing out the pigs. I don't want to stand in the way of people building exclosures. I think it's a good thing to do. But I think the hunters have a lot of good ideas too. We should be out there trying to test some of them."

One theory, expressed to Foote by a local hunter, is that removing pigs from open woodlands serves only to increase the density of the rat population; the grasses grow taller, the rats take refuge from owls and other predators, their numbers soar, and they ravage the succulent native plants. "It's perfectly likely," Foote said. "Some of my colleagues don't want to hear it. They think it's blasphemy. So they've been working with hunters' groups for years now and there hasn't been any improvement in the situation. Of course, I'm not optimistic that a lot of the hunters won't be real jerks about it."

Case and I returned home in late afternoon. He showed me his backyard and the enormous boar he kept penned there. I was exhausted. My clothes were soaked and streaked with mud. I wanted to be clean. I wanted everything to be clean. Some days earlier, while driving back from a meeting of biologists, state officials, and local hunters, one of Foote's colleagues had speculated that a real ability to preserve Hawaiian ecosystems will come when the community of native Hawaiian people begins to recognize and embrace what is truly endemic in the Hawaiian landscape. At the time, the words offered solace, a glimmer of optimism. Now I no longer knew what they meant. I grasped then how an ecologist—how anyone—could burn out in that environment, how faith in one's own views could acquire more weight than any evidence behind them.

Foote had offered me his porch to sleep on that night. I made the two-hour drive from Waimea to Volcano in falling darkness, struggling not to nod off. Foote works a farmer's hours: he is asleep most nights by eight o'clock and awake and in the office most mornings by four. He was still up when I got back, so we sat outside for a while drinking schnapps and "talking story," the local phrase for chewing the fat. The night air was dewy and reverberated with the pneumatic trill of a grasshopper. From somewhere down the street came the antiphonal barking of a neighbor's dogs. I asked Foote if his work ever discouraged him.

"What you get discouraged about isn't the loss of a few endangered species," he responded. "It's the fact that we haven't learned how to conserve very well. That we haven't learned how to share resources equitably. That humans are still at war with each other. That's far more critical. While human beings are still on the planet, we can still preserve reasonably good chunks of forest, provided you don't have a situation like Rwanda." He added, "You keep from being discouraged by focusing on those bits of land that have been set aside, then focusing on small chunks within that habitat. In the end, you can spend the same amount of money and save one species or hundreds. Obviously, if you have the money, you do both. It boils down to triage, essentially. If you have an endangered bird down to a few individuals, why waste time on it? I don't think people really disagree with that view, except that they think that focusing on endangered species is a useful way of preserving habitat. The next phase in conservation is going to be learning to accept some losses. We haven't really reached it until we're willing to do triage, and nobody is willing to do that yet."

The morning dawned cool and bright, an unusual turn in cloud-shrouded Volcano. It was Sunday. At Foote's suggestion, we packed Sam into the car seat and drove just over the crest of the hill to Kipuka Ki, a semi-open scrubland on the dry side of the park. We parked and walked a few yards down the road; Sam stayed in the car, asleep in his chair, to the sound of talk radio. The scenery surrounding us was little more than four hundred years old, the thriving postlogue of a lava flow that had swept through the area centuries earlier and wiped the slate clean. It was the first place Foote had shown me when I initially visited the Big Island several years before. "It may be just a postage-stamp–size reserve, but in ten years you won't see many alien elements here, to the point where they're not affecting the regeneration of the forest. A self-sustaining ecosystem: I think it's realistically optimistic. It's enough to make anyone happy about what's going on in Hawaii."

It had taken me weeks to grasp the importance of Foote's research — less the science of it, which was complicated enough; more its potential resonance in the human community, if the evidence of the pig's disruptiveness turned out to be as thin as his early results seemed to indicate. I wondered aloud if Foote felt an obligation to enter the larger dialogue, to perhaps steer the hunters and land managers to a middle ground.

"I'm not the person to do that," he said. "There are other people who have to be that vehicle for communication, people who won't do it but could: local guys who have a good rapport with hunters, who grew up on this island and have a lot of respect in the community. I'm hoping that if I amass enough information, somebody might be willing to take that information forward in five or ten years and say, you know, 'Here's some really solid data showing that pig disturbance in different areas really depends on the density of pigs.' If we can show that an area like Kamakou Preserve is relatively intact despite the long-term history of pig disturbance, that suggests that we don't need to put up any more fences. Hearing that would really make hunters happy.

"But it can't come from me. I'm the haole scientist. I don't know if you've been to any of those meetings but they just . . . It's just so easy to nail you for being an outsider. I keep a low profile. There are a lot of people who'll be listened to as people rather than as Great White Scientists from the mainland—which I'm afraid is always the label I'll be given. I think of myself as a producer of information. If they need it, they can take it. But if I run into people in the forest, I won't shy away from them. If a hunter wants to talk story, I'll talk story."

12

In Volcano, in the center of Foote's front lawn, a native hapu'u tree fern stands a dozen feet tall, a static geyser of greenery erupting from the grass. At the base of the tree, leading into the ground, is a hole—the entrance to a wasp nest. It materialized there one day some months back and Foote convinced his wife to let it remain as a kind of natural experiment, as perhaps it is for the wasps themselves: they are an alien species in Hawaii, *Vespula pennsylvanica*, a variety of yellow jacket native to the U.S. mainland. *Vespula* first arrived in Hawaii sometime in the 1970s, purportedly as an intact colony in a shipment of Christmas trees imported from the Pacific Northwest. That explanation has never quite made sense to Foote, as yellow-jacket queens typically do not form new colonies at that time of year. "But it takes an imagination to come up with alternative explanations."

It was Thanksgiving. We stood on the veranda, which Foote had recently built around the front of the house, and looked on as a steady stream of yellow jackets issued from the ground. However the species arrived, *Vespula* now ranks among the most disruptive insects to have invaded Hawaii thus far. Of Hawaii's six hundred fifty indigenous species of bee and wasp, none are social insects: they lead solitary lives, singly hunting the larvae and eggs of other insects and laying their eggs in isolated burrows. *Vespula*, in contrast, is social to a totalitarian extreme. Its members aggregate in highly organized colonies, constructing their paper nests in tree hollows, in underground cavities, even on the exposed crags of lava fields. They are aggressive, efficient hunters. Foote has watched them pluck caterpillars from the blossoms of trees. Left to its devices in a laboratory setting, a *Vespula* worker will ritualistically slice off the wings of a native fruit fly, then suck the juice from the carcass. In the wild, a colony of *Vespula* will scour the terrain as thoroughly as a pack of accountants on a corporate audit.

The species has spread through Hawaii with phenomenal success—a success, entomologists note, that corresponds with alarming declines in the numbers of several native insect species, which in turn pose a threat to the native birds that feed on the insects. Foote suspects that the dwindling populations of some drosophila species, which he once attributed to feral pigs and their impact on the local flora, may be equally due to predation by the yellow jackets. Native caterpillars of the genus *Cydia*, a favored food of the palila—an endangered bird that now resides only on the upper slopes of Mauna Kea—have been hard-hit by the yellow jackets.

"You can pretty much count off the insectivorous birds," Foote said. "Each one of these workers is carrying one or two masticated insects. The traffic rate is not a very reliable count: on a sunny day, you could see ten times that number. In New Zealand, they have these nests every ten meters or so."

As we watched, yellow jackets swooped in and out of the hole in his lawn at a steady pace, a new worker coming or going every second or so. I stood riveted. Here was a river of living particles, winged automatons, flowing in both directions at once with a regular, almost mechanical precision, yet with a fluidity suggesting some rudimentary, inchoate intelligence. I might have been watching a flow of electrical current or an exchange of bits through a modem cable. I felt I was witness to a dialogue of sorts, a conversation between the poles of inanimacy—this hole in the earth, the wide-open sky—written in the alphabet of *Vespula*.

What difference does one individual make? How does one organism or species contribute to the integrity of the community to which it belongs? Does its presence, or absence, matter?

It was Elton's hope that the study of invasions would provide some insight. He was particularly keen to investigate the nature of competition. As he rode through the countryside on his motorcycle, he saw a landscape of species busily fulfilling the various ecological tasks natural selection had assigned them, while simultaneously struggling to hold their ground against alien species that threatened to do the same job only better. Competition was itself a selective force and, Elton believed, contributed to the stability and biotic resistance of the encompassing ecosystem. The better adapted species were to their niches—the more honed by competition— the harder it would be for alien species to enter their midst.

However, competition was, and remains, vexingly difficult to demonstrate in the wild. The challenge is partly semantic: if one cannot precisely and consistently define the niche over which two species allegedly compete, it becomes hard to define exactly what their competition consists of. Historically, the phenomenon has been more readily observed among plants. Plants don't move, so the resources over which two plant species could be said to compete—sunlight, soil nutrients, water—are easier to monitor and measure, both outdoors and in the laboratory. Animals are not so static, however, and the range of resources over which any two species of fish or fowl might tangle is much wider, including mates, breeding grounds, and, for an omnivore, food of all types. (Unlike plants, animals also engage in predation: they eat or are eaten, which in either case is an additional pressure beyond competition.) Elton was painfully aware of these limitations. "We do not get any clear conception of the exact way in which one species replaces another," he noted in *Animal Ecology*. "Does it drive the other one out by competition? And if so, what precisely do we mean by competition? Or do changing conditions destroy or drive out the first arrival, making thereby an empty niche for another animal which quietly replaces it without ever becoming 'red in tooth and claw' at all?" Even Gause's classic experiment, involving two species of paramecium and some bacteria (their shared food) in a test tube, was less than definitive in illustrating competition. Gause found that as the experiment progressed, the animals changed their environment: their waste accumulated, which altered the animals' growth rates sufficiently that one species consistently beat out the other. Clearly, poisoning your opponent with your feces is an effective strategy for microcosmic domination; whether it fairly qualilfies as competition is another matter.

Elton was confounded in particular by the case of the American gray squirrel. The squirrel was introduced to England in 1876, perhaps for hunting purposes or purely for visual variety; thanks in part to some thirty subsequent introduction efforts, it is now widespread in that country. Innocuous enough in its home range, the gray squirrel—"tree rat" to its detractors—has made a pest of itself in its new land with its habit of eating flower bulbs and birds' eggs and stripping the bark from young trees. In addition, the spread of the gray squirrel has coincided with declining numbers of the Eurasian red squirrel, a beloved native despite the fact that it is only slightly less destructive than the gray squirrel.

Outwardly, Elton wrote, the situation bears all the signs of an invading species outcompeting a native one. Both species of squirrel eat acorns, and, well, how ecologically different can two acorn-eating squirrels be? But, Elton continued, there was no hard evidence that competition explained the red squirrel's decline. "There are thousands of similar cases cropping up," he added, "practically all of which are as little accounted for as that of the squirrels." Even today, with fewer than twenty thousand red squirrels remaining in England, the precise cause remains unclear. Scientists have found that the gray is more efficient at foraging in the woods and in backyards. On the other hand, even before the gray's arrival, red squirrel populations in Britain had a frequent tendency to die out. (They were reintroduced to Scotland and Ireland several times during the nineteenth century.) In addition, it is now known that two-thirds of gray squirrels are silent carriers of a viral skin disease fatal to red squirrels. Again, domination comes easier to those who can spread a pox. But is that competition? In any event, between the virus and the concerted human effort to introduce gray squirrels, it is hard to credit competition singly, or even chiefly, for the success of the squirrel's invasion.

Lately some biologists have pointed out that many successful invasions that have been attributed to competition can be explained through a far simpler mechanism: opportunity. The gray squirrel thrives in England in no small part because humans intervened repeatedly on its behalf. The English house sparrow failed to take hold on American soil when eight pairs were initially released in Central Park in 1851, a failure that could be ascribed to any number of reasonable causes, including competition with native birds. But the English sparrow did catch on the following year—almost certainly, Mark Williamson notes in *Biological Invasions*, because this time *fifty* pairs were released, followed by other releases elsewhere in the country. "It is all too easy to think there is competition where there is not, or to think there is not when there is." Stuart Pimm of Duke University and Daniel Simberloff of the University of Tennessee in Knoxville, have disagreed for years over the real reason for the success of certain foreign bird species now resident in Hawaii. Pimm has argued for the birds' competitive superiority. Simberloff instead notes their anthropogenic history: they succeeded because so many nostalgic bird-club members worked hard to ensure their successful introduction.

In fact, it may be that the classical concepts in ecology—competition, niches, species richness, community structure—have little or no bearing on why any given invader succeeds. Rather, an increasing number of invasion biologists are coming to the conclusion that the main factor of invasion success is nothing more complicated than propagule pressure:

the frequency and persistence of the introduction. Throw enough different kinds of noodles at a wall for long enough, and eventually one will stick. Agricultural plots, roadsides, vacant lots, and other landscapes disturbed by people do see more invasions than undisturbed areas, but not because they are less rich in their number of species. Rather, Williamson counters, "it only reflects the fact that species are more likely both to be transported from disturbed areas and to arrive in them, because of human activities." The statement that disturbed areas are more easily invaded is essentially tautological: disturbed areas are more invaded, so they have more invaders. Propagule pressure likewise explains Hawaii's general plight, argues Simberloff: the lowlands harbor more introduced species than upland forests not because the lowlands are disturbed or simple or vulnerable, but because human traffic is heaviest there, and heavy traffic creates more opportunities for an invading organism to succeed. What to Elton's eye looked like biotic resistance merely represents, to Simberloff, "the historical distribution of dispersal opportunities." As Williamson puts it, "The number establishing reflects the ease of transport."

And it isn't only humans that transport and disperse introduced species. In the eager search for evidence of competition, Simberloff writes, biologists have overlooked the extent to which introduced species mutually abet one another's success. The lantana vine was an innocuous introduction in Hawaii until the introduced mynah bird began to eat the vine's fruit and disperse the seeds in more distant forests. The spread of avian malaria among the honeycreepers represents the confluence of three invaders: the *Plasmodium* parasite; introduced songbirds, which carried the parasite in their blood; and a mosquito vector. It's all about opportunity. Humans are often the initial agents of dispersion, but the seeds we spread also spread seeds in turn: propagule pressure squared.

In an Eltonian world, the probability that any given invasion will succeed should drop over time as the number of introductions rises: more species now living in the ecosystem, more competition for niches, lower odds of success for later entrants. Simberloff proposes precisely the opposite argument. If introduced species help one another rather than interfere, then the odds of an invasion succeeding should increase with the number of invasions that preceded it. Invasion begets invasion. "It is possible to imagine an invasion model very different from the dominant scenario of biotic resistance," Simberloff writes. In the extreme, one can imagine a string of begats, an "accelerating accumulation of introduced species and effects." Simberloff calls it "invasional meltdown."

In a geological sense, the Big Island is only the latest manifestation of an
ages-old, ongoing meltdown. From a volcanic vent in the seabed, magma
oozes up, erupts, and at last after eons blossoms above the waves: an
island, the Big Island, the youngest island in the archipelago called
Hawaii. Today the fountainhead is Kilauea Crater; before that it was
Mauna Loa proper, and before that Mauna Kea, and so on northwest
across the island, across all the islands, across and through the entire
sunken chain. The vent may sit dormant for thousands of years. Since
1983, Kilauea has erupted almost daily. Its issue creeps downhill in burn-
ing streams and rivers, carves through the forest, flattens some tracts, and
leaves others unscathed. When the lava comes, all biological accounts
are wiped clean: the ground is charred and buried, time begins again at
zero, and before long the bank of nutrients reopens to any and all bor-
rowers. Every fresh lava field is a new invitation for life—plant or animal,
native or not—to try and settle in.

One afternoon, I drove with Foote to the dry side of Hawai'i Volca-
noes National Park, down a long, gentle slope on a lower flank of Ki-
lauea, to a site where a new, biological meltdown was occurring atop the
old, geological one. The terrain was arid and open, a buckled field of
lava from which, here and there, young o'hia trees rose up: gray, gnarled
trunks, and branches with red blossoms like small explosions of ber-
gamot. Everywhere else, grass—chest-high and sun-dried golden—stirred
in a breeze that drifted up from the sea, which was visible several miles
in the distance. "When Kilauea erupted in 1959, it dumped a huge
amount of ash and cinder throughout here," Foote was saying. The fra-
grance of the grasses that have grown up since was intoxicating, dewy
and sweet like something from the Serengeti Plain. It was all alien, Foote
said. Some was beard grass from Central and South America; some was
broom sedge from the southeastern United States; some was molasses
grass from Africa. All three were introduced to Hawaii in the early 1900s
as cattle feed for ranches throughout the islands. The wind-borne
seeds soon jumped their confines, and a habitat novel to Hawaii—the
grassland—has begun appearing across the islands, its spread uncontrol-
lable. The 1959 eruption was their opportunity to invade the park.

Normally, a bare lava field in Hawaii would grow over to form an
open woodland dominated by native o'hia trees and mamane shrubs. In-
stead, the alien grasses, quick to settle on open ground, grow in thick

mats that shade out most other plants, favoring only themselves. The novel appearance of grasslands in turn has introduced an entirely new force of nature—fire—to Hawaii. Since 1968, with a new and persistent bed of fuel to burn, the number of wildfires in the Hawaiian Islands has jumped fourfold, and each fire on average is sixty times larger. Already, several areas of the park targeted for restoration have been razed by wild-fires. The invading grasses are ideally suited to the situation: their roots can withstand high temperatures, and their seeds, dispersed by the flame-fanned winds, are quick to sprout in charred soil. Various studies around the park have found that the total area covered by alien grass increases af-ter a fire and remains thus dominated even two decades later. Every fire sets the stage for another, more destructive, hotter fire—and further in-vasions of fire-promoting grasses. If an "invasional meltdown" involves one invader dispersing another, this was a meltdown by fire.

According to Simberloff, one introduced species can abet other in-vaders not only by dispersing them but also by altering the environment in a way that increases the odds of their survival. Foote's colleague Peter Vitousek has made a specialty of studying such invaders: species that "not merely compete with or consume native species" but instead alter "the fundamental rules of existence for all organisms in an area." Melaleuca, an Australian tree that is spreading rapidly through the Florida Ever-glades, draws in so much water through its roots that it essentially con-verts open marsh habitats and wet prairies into shady forests or dry land—and leaves the marsh dwellers homeless. Like the alien grasses in Hawaii, melaleuca greatly increases the risk of fire, which clears the land and spreads the tree's seeds. Many floating aquatic plants can be thought of as rule-changers, insofar as they can dramatically reduce the amount of sunlight that filters down through a previously open water column. Goats and cattle change the ecological rules of islands like Hawaii by eat-ing and trampling vegetation and causing the soil to erode. Whether the feral pig, by burrowing into the soil of Hawaii's rain forests, is a rule-changer too is part of what Vitousek and Foote hope to learn with their fencing experiments on Molokai and the Big Island.

In essence, a rule-changing invader alters the flow of nutrients through the landscape in a manner that benefits itself and often, inci-dentally, any number of other invading species. On this day, Foote had driven out to check on the advance of one such intruder, a tree—*Myrica faya*, more comonly known as fire tree—that lately has begun to encroach on his research into both feral pigs and soil micropods. The fire tree earns its name not for any fire-promoting qualities, but rather for the clusters of small orange blossoms that decorate its branches. The name has proven apt, however, as *Myrica faya* has shown a tendency to spread with burning speed. Originally from the Azores, the fire tree came to the Hawaiian Islands in the late 1800s, probably as an ornamental plant. It gained notice in Hawai'i Volcanoes National Park in 1961; by 1977, roughly fifteen hundred acres of the park were occupied by fire trees. Within another eight years the plant had spread to cover nearly thirty thousand acres of park and nearly ninety thousand acres in the islands as a whole. It tends to thrive on young soil—volcanic cinder less than fifteen years old—and in semi-open forests. Its spread is aided by birds, mostly introduced ones, that feed on its berries, fly off, perch on native trees, and deposit the seeds directly below. But it was the 1959 Kilauea eruption that opened the door widest, Foote said. "That disturbance allowed for *Myrica faya*, which was already well established in the park, to really spread. As we drive down the hill, you'll start to pick it up."

The truck clattered over ruts in the road. Gradually the neo-African veld of introduced grasses gave way to a more wooded area, where Foote pulled over. With instruction, a novice tree-watcher could distinguish between the native o'hias, with rounded leaves of silver-gray, and the darker foliage of the fire trees. "If you look across the landscape, you'll see trees with pointy crowns, a bit like Christmas trees, that contrast with the o'hia. Right here it looks like *Myrica* is occupying greater than about sixty percent of the ground cover. It's really just choking out the o'hia."

The secret to *Myrica faya*'s success, Foote explained, lay hidden below our feet. The plant is a nitrogen-fixer: its roots harbor bacteria that gather nitrogen, an essential nutrient, from the surrounding soil and pass it on to the plant. In Hawaii, this trait confers an enormous advantage. In any environment, the fertility of the soil is determined foremost by the amount of nitrogen it contains, more being better. Volcanic ash and lava, which form the soil base for most new ecosystems in Hawaii, are notably lacking in nitrogen. Most of the native plants that first sprout on a Hawaiian lava field are adapted to nitrogen deprivation; they grow for so many years until a layer of soil—the decomposed remains of the first generation of colonizing plants—accumulates and contains sufficient nitrogen that a new and different generation of plants, seedlings adapted to a more nitrogen-rich diet, can move in and begin to dominate the scenery.

Nitrogen-fixers—or more precisely, the specialized bacteria employed by the roots of nitrogen-fixing plants like the fire tree—are uncommon among Hawaii's flora.

"In a nitrogen-poor regime like this, any species that is capable of manufacturing its own nitrogen will have an advantage," Foote said. "And that seems to be what we're seeing here with *Myrica faya*. All of the native species here are classic colonizing species. They pop up on young lava flows and are perfectly capable of growth and development in a nitrogen-poor lava matrix. It's just that *Myrica* can grow faster and repro-duce more rapidly."

Even as it hogs space aboveground, *Myrica faya* is radically changing the makeup of the soil below. In a series of careful experiments, Vitousek has found that the soil and forest floor beneath *Myrica faya* contain sig-nificantly more available nitrogen than do areas nearby. By making ni-trogen so readily available, *Myrica faya* may be favoring the success of other nitrogen-hungry invaders that ordinarily would not be able to colo-nize fresh lava fields. New species, new rule: nitrogen. Moreover, the fire tree establishes and grows quickly enough on fresh lava fields that it soon shades out other, more light-hungry native plants trying to get a start there. Among the invaders profiting from the fire tree's nitrogen bounty, Foote said, are earthworms; their populations appear to be particularly dense in the nitrogen-rich leaf litter dropped by *Myrica faya*. Earth-worms are soil movers and shifters. Foote has found that in areas where earthworms are numerous, the numbers of endemic micropods—the Hawaiian mites and springtails, which thrive in the undisturbed soil of old forests—are unusually reduced. In turn, the new inhabitants of the soil alter the manner in which nutrients flow through it, in effect altering the platform on which successive generations of life can build. Foote said, "Earthworms definitely have a very significant effect on rates of de-composition and nutrient cycling. So if you have an invasion of an alien tree, you have a subsequent increase in the density of an alien mega-invertebrate that then alters the structure of the endemic invertebrate population in the soil. That's something of concern, but there's not much we can do about it." Earthworms, he added, also appear to be a snack of choice among feral pigs.

In its effect, the fire tree behaves something like a floodgate operator, sending a wave of nitrogen down what would otherwise be a moist creek bed; its downstream effect is less a meltdown than a washout. As the first settler to arrive on lava-bared terrain, it resurfaces the nutritional land-scape for all colonists that would follow. This troubles an ecologist, but it is also interesting because it again raises the old question of "keystone species"—whether individual species can be said to carry out ecological roles; whether some roles matter more than others; whether certain na-tive species are like rivets, more essential than others to the general health and integrity of an ecosystem. Remove them, and the rest of the ecosystem unravels around them. If an invader can do it—if a single species of tree like *Myrica faya* can fundamentally alter the shape and contents of an ecosystem—then it stands to reason that some native species must play a similar role by setting the rules for their own com-munity, Vitousek reasons. If some invaders "matter" to the future course of an ecosystem, then some native species must matter too. "We believe that a demonstration of widespread ecosystem-level consequences of biological invasions would constitute an explicit demonstration that species make a difference on the ecosystem level."

Still, Foote cautioned, it is possible to overstate the singular nature of *Myrica faya*'s impact on the local dynamic. The tree was certainly alter-ing the local rules of nutrition, but the rules had been in flux for some time already; teasing out how much each new invader contributes to the overall change in scenery is nigh on impossible. Where he and I now stood, feral goats, set loose a century earlier to forage and multiply, had once roamed by the thousands, until park officials eradicated them in the 1970s. By that time, however, the goats had greatly reduced the abun-dance of various native plants, including the mamane shrub, one of the few Hawaiian plants that can fix nitrogen and typically an early settler on fresh lava fields. Had mamane been more prevalent, Foote said, *Myrica faya* might not have invaded so thoroughly. Paradoxically, in eliminating the goats, the park removed the one force capable of trimming back the alien grasses. Fewer goats, more alien grasses, a rising incidence of wild-fires; more wildfires, even more alien grasses. The dense growth of the grasses in turn has made it difficult for mamane to reestablish itself, giv-ing *Myrica faya* more room in which to spread out. And without the fleshy seedpods of mamane available to feed on, the endangered palila bird has retreated to the upper slopes of Mauna Kea. In some cases, it seems, the only thing more difficult than watching an invader transform itself into a keystone species is trying to extract it and reverse the damage.

13

On occasion, lava breaks through a wall of Kilauea Crater or issues from one of the smaller craters around it and makes a run for the sea. Often enough this happens in plain sight, and it is entirely unstoppable. Everything is plowed under: swaths of forest; stretches of pristine beach; even, as happened in 1989 along the Kalapana coast thirty miles downhill from Kilauea, expensive houses with ocean views. It is common enough these days to read about nature giving way to culture, of a stretch of marshland, say, lost as bulldozers and tar spreaders prepare the ground for a housing development or a chain bookstore. Rarely do you hear of the converse — civilization paved under to make way for some trees. Yet that is exactly what happened. The residents of Kalapana could only watch as the lava inched closer each day like an assault of red-hot snails: sending trees into flame, engulfing a park visitors' center, creeping across a million-dollar roadway, and one by one reducing homes to carbon ash. I watched it all years later on a local television station devoted exclusively to footage of advancing lava flows, as the narrator spoke ominously of the goddess Pele exacting her revenge.

The flows of lava harden and overlap in a tangle; they can be several miles wide, a hundred feet thick. On the wall of my Manhattan apartment is a map that traces the dates and jumbled outlines of individual flows: 1840, 1982, 1971, 1919, 1955, 1972, 1823, 1969, 1974, and one that has run continuously from 1983 to the present day. In person, however, to the untutored eye, the flows are indistinguishable, barren, disorienting—an undulating ink-dark glacier, an anti-glacier. Yet the flow of lava is not always aboveground nor visible. Consider a stream of lava—notably of the highly fluid, basaltic variety known as pahoehoe. It runs downhill, following the contours of the earth into gullies and natural channels. Gradually the sides of the stream cool, congeal, harden; the active lava runs now like a brisk river through a narrowing canyon. The surface of the river may cool and harden too, crusting into a thick roof. And still the lava advances, molten blood churning now through a roughly cylindrical tube several or a dozen feet belowground.

When the flow ceases and the lava drains, a tunnel remains, its walls fused to a black glaze by the combustion of volcanic gases. With new eruptions in subsequent months, years, or centuries, new tubes may intersect and infuse old ones or cut them short, crossing and recrossing, interweaving, forming an interrupted plexus of hardened, emptied arteries—interconnected further by restless capillary crevices that open and close as the lava field cools, cracks, settles, ages, and erodes. To venture into a lava tube, then, is to enter the circulatory system of the earth itself, or, it often seemed to me, the Jurassic pathway of some giant rock-eating earthworm. Some lava tubes extend for a hundred yards before breaking into skylight, others for a thousand. Some, like the Thurston Lava Tube, not far from the headquarters of Hawai'i Volcanoes National Park, are large enough to permit tourists to stroll through two abreast. Many more lace beneath long-overgrown lava fields in forgotten corners of Hawaii, and they are as cramped as a crawl space, or narrower—certainly no place, one might easily assume, for an explorer of Frank Howarth's bulk.

Howarth is an entomologist at the Bishop Museum in Honolulu, where he holds the L.A. Bishop Chair in Zoology. Although the position is distinguished, the accommodations are burrowlike. Howarth occupies the last in a row of makeshift cubicles, each separated from the next by walls of steel bookshelves stacked with dusty journals and jars of pallid creatures steeped in formaldehyde. He is large, with burly forearms laced with scratches earned in search of this endangered damselfly or that yellow-faced bee. A dense white beard merges into a shock of silver hair atop his head. His glasses—thick, with plastic rims—are affixed to his head with a wide rubber-band strap.

In the 1980s, Howarth was among the first to point out that the presence of introduced species seemed to foster further invasions, not foreclose them as Elton's competitive-niche paradigm suggested. He reached this conclusion in part by studying the history of biological control in Hawaii: the practice, mostly by agricultural interests, of introducing one species (most often an insect) to combat another one (usually a plant, but sometimes another insect) that has made a pest of itself. He is a leading scholar and outspoken critic of biocontrol, with a pointed question: If it is impossible to accurately predict what an organism will do when introduced to a new environment, and if, moreover, every new invasion opens up new opportunities for subsequent invasions, how can anyone purposefully introduce any organism and state confidently that it will stay contained? When the Polynesian voyaging canoe *Hawai'iloa* arrived from the Marquesas infested with biting midges, Howarth was one of the experts the Hawaii Department of Agriculture called for advice. For the television news, he called the insects "a potential disaster for Hawaii." In private, he jokingly refers to them as "biocontrol for tourists."

In my search for an undigested nature I had followed Foote into the porous realm of soil, to the decomposing, perpetually digested boundary between vegetable and mineral. It did not occur to me that there might be still more to see farther below, but there was. Howarth's entomological specialty is lava tubes and the strange array of insects that inhabit them: albino cave moths, albino plant hoppers, pale crickets, and earwigs—most of them blind, having evolved in near or total darkness. They are descended from insects often still living aboveground. The big-eyed hunting spider, found outdoors on mountain summits, in young lava flows, and in forests, has two cousins relegated to the caves: the small-eyed big-eyed hunting spider, and the no-eyed big-eyed hunting spider. Howarth has discovered more than fifty different species of lava-tube insects in Hawaii so far, although, as he quickly insists, he merely finds them. The real work of identifying a new species is performed by the taxonomist he often sends them to, whose task involves counting tiny hairs on tiny legs and deciphering even tinier genitalia.

Howarth is constantly exploring old caves and looking for new ones. He studies a map of the lava flows, locates a likely area, goes there, and stumbles around until he sees a promising vent in the earth. He straps on knee pads, slips on gloves, dons a hard hat with a miner's lamp. "Ah, wild caving at its best," he'll say, and crawl in. Typically, the floor is level and the ceiling is low. If Howarth has chosen well, delicate strands of roots hang from roof to floor, in curtains. The o'hias, the first native plants to colonize a fresh lava field, send their roots dozens of feet deep in search of water. The roots are the life-threads of the cave, the fundamental source of moisture and nutrients. The larvae of the cave moth and the nymphs of the plant hopper—a white fleck of an insect—feed primarily on them. The other inhabitants feed on these insects or their debris. It is an ephemeral environment. Older lava fields are dominated by koa, soapberry, and other trees, whose roots do not extend below the blankets of soil accumulating there. For this reason, cave-adapted insects are limited almost exclusively to younger lava tubes. In one five-hundred-year-old tube near Kilauea, Howarth found eleven species of cave-adapted arthropods and insects. In another, only a hundred years old, seven species had already settled. In fact, the insects rarely inhabit the caves proper: they spend most of their lives in the interstitial cracks and voids, venturing into a new cave only when the conditions—high temperature, high humidity, a stable air mass—are right. The trick, Howarth says, is to find a cave that enters their environment.

Their environment, by most standards, is hostile. In the cave Howarth agreed to show me, we could see our breath, not because the air was cold, but because it was warm and humid. The farther into a cave one ventures, the less the climate is affected by changes in the temperature and weather in the outside world. Some lava tubes contain what Howarth calls the deep-cave zone. The climate in these nether regions, reached only through tortuous crawlways, is virtually isolated from the rest of the cave; the air is stable and very warm, the humidity high and constant. Beyond the deep-cave zone, in the best tubes, lie pockets of stagnant air. The humidity here is 100 percent, the temperature more than a hundred degrees Fahrenheit. The concentrations of oxygen and carbon dioxide can fluctuate dramatically, depending on the amount of decomposing organic matter. The resident insects can cope with these conditions. An entomologist can't, not for long anyway.

"The air is saturated," Howarth said, "so your lungs don't work—you're pulling in water from the air, and pretty soon your lungs fill up and you drown. And you overheat—there's no way to cool off." A few years earlier, a local town sealed up a cave after a tourist entered, became lost, and died from heat prostration. On those occasions when Howarth reaches the deep cave, he does not linger. Fortunately, there are cave insects all along this climatic spectrum, forming a morphological spectrum of their own. Howarth pointed out a cave moth: large and gray, with numerous black scales and distinctive white marks on its wings. Out in the rain forest, he said, is a closely related species, identical but for bold black and white stripes on the wings. Farther into the cave, on the lip of total darkness, is yet another relative—fully gray with only pale wing patterns. And in the deep cave is yet another, its wings undecorated and, on the female, tiny and useless; the male of the species is blind.

Howarth crawls through a lava tube with the meticulous grace of a

bear in a blueberry patch. He makes a point of not breaking roots, or—to
the extent that this is possible—even brushing them. A plant hopper
nymph, knocked from its edible perch, could well starve. Trampling a
visible root can kill the fifty additional feet of it that continue down
through the rock, thus removing it from the food chain. Accordingly,
Howarth does not like the notion of visitors in the caves. People leave
trash, write graffiti, and exhale cigarette smoke, which in enclosed spaces
acts as a powerful insecticide. Even informed visitors draw his skepticism.
Once, Howarth rounded a corner to discover that his companion, a local
conservationist and astute field biologist, had written the word *shit* in a
small patch of white cave slime. To Howarth's subsequent lecture, the
fellow replied that he merely had been marking the location of a small
pile of rat droppings occupied by some intriguing insects. "Both of his ar-
guments were patently false, of course," Howarth later wrote in a paper
on cave conservation, "and after some consideration I erased the word
even though it virtually destroyed the remains of a rather nice patch of
slime and its inhabitants." Howarth is presented with the ecological
equivalent of the Heisenberg uncertainty principle. Publicizing the exis-
tence of the lava-tube ecosystem will surely attract curiosity seekers and
bumbling explorers. Remaining silent ensures that the caves will con-
tinue to be paved over, chewed up by developers, destroyed in ignorance.
Even in his scientific papers, Howarth is cagey: he describes roughly
where his caves are, but never exactly.

Although Howarth loves all his lava-tube insects equally, he has a soft
spot for the plant hoppers because, as he has discovered, they sing. He
traces the roots of this insight back to 1949 and the work of the Swedish
entomologist Frej Ossiannilsson. With a simple set of tools, Ossian-
nilsson demonstrated that some eighty local species of the suborder
Auchenorhyncha—which includes leafhoppers, plant hoppers, and var-
ious other insects not much larger than the typewritten letter I—produce
an astounding array of sounds. But you must listen closely. The first song
Ossiannilsson heard was emitted by *Aphrodes bifasciatus*, a leafhopper:
he had put the insect in a small glass vial and held the open end to his
ear. "By this method I have heard most of the calls described in this pa-
per, and several species caught during my travels I have been able to
study in this way only." Sometimes, to facilitate observation, Ossiannils-
son would watch in a mirror as his subjects sang into his ear. Other times
he would wrap a length of wire around the vial, insert the wire's other

end, also spirally wound, into a second vial, then place the closed end of this second vial against his ear; this way he could view the insects through a magnifying glass. (Ossiannilsson later graduated to a stethoscope.) Yet other calls were strong enough that they could be heard distinctly if the insect was placed on a suitable sounding board. In most cases he used for this purpose the belly of his violin.

It was as though Ossiannilsson had wandered into a microcosmic concert hall, a veritable subsonic symphony. Each species of insect had its own call, as unique as a songbird's. Ossiannilsson got hold of a microphone and amplifier and made gramophone recordings. From the Royal Telegraph Society he borrowed a radiograph to measure the frequency of the rhythms. Limited only by the written language, he set out to describe what he heard.

Dicranotropis hamata: "I listened to the sound-production of this species on 22 June, 1945, at 5:35 p.m. Cluckings pitched in about C^1, emitted singly or in an irregular rapid succession, are often heard. These calls sound like a plucking on rubber strings, or a rapping on hollow wood. Sometimes a dull 'booooh' or 'biiiir' pitched in G^1 are heard. The latter sound lasts for two or three seconds. I heard these calls even in the dark on 23 June, 1945, at five minutes past midnight. Dying yell of the male: a short buzz pitched in F^1."

Calligypona elegantula: "The song was rather faint. It began with a couple of short croaking notes 'cha-cha-' followed by a rhythmical buzzing as from a sewing machine. This song lasts for about ten seconds."

Aphrophora alni: "As a sign of apprehension or dissatisfaction this male emits a smacking sound usually repeated in rapid succession and at intervals of irregular length."

Through his binocular magnifier Ossiannilsson deciphered the musical mechanics of his subjects. Orthopteran insects—crickets, katydids, locusts, and grasshoppers—generate sound by rubbing the edge of one forewing against another or against a leg; they are the string section of the insect orchestra. Ossiannilsson's subjects operated differently. They produced sound by vibrating their abdomens, as a tin can might sound if it were rapidly scrunched and unscrunched. (Cicadas, larger cousins of the leafhoppers, sing in this way.) In addition, the vibration of the body was often accompanied by a regular stamping of the insects' feet. In this sense, their song is more properly a drumming; Ossiannilsson compared it to Morse code. And as he soon discerned, it is a code with a purpose.

With species after species, Ossiannilsson beheld complex and musically furious mating rituals. "During the singing the abdomen vibrated vertically," he noted after watching a pair of *Eupelix depressa* through his binocular magnifier. "Soon this vibration became rather strong and set the whole body in such agitated motion that the male was forced to shift his foothold once a second in pace with the music. In this way a sort of dance or marking time was executed, interrupted, however, now and then by short, rapid movements in the direction of the female. The latter often tried to escape by running or by a leap. Sometimes the male made a short pause in his music but recommenced it if he found himself near the female. Having mounted the female and being busy trying to connect his genitalia to hers, the male continued his singing. During copulation he kept silent. The act of copulation took in the case observed a time of 15 minutes. When it was over, the male again performed a short song of the same kind as that above described."

Howarth surmised that something similar might be going on among his own lava-tube plant hoppers. Sure enough, experiments that he and a colleague, Hannelore Hoch, conducted with a soundboard—not a violin, but a small balsa wood stick attached to a sensitive microphone and amplifier—revealed a rich suite of songs. The call of each species, they determined, is unique. (The cave-dwelling plant hopper *Oliarus lorettae* is named in honor of country star Loretta Lynn, on whose property, and in whose spelunking company, Howarth found it.) In fact, when Howarth and Hoch played back mating calls of the plant hopper *Oliarus polyphemus*, which is found in seven caves on the Big Island, they heard seven slightly different dialects of song, each native to one of the seven caves. Each population was musically isolated, a separate sonic island. They sounded like seven separate species, in effect—and indeed may be. After some detailed peeping, Howarth found distinct, if barely perceptible, differences between their genitalia.

To breed successfully, potential mates of the same species must first recognize each other. For insects, as for birds, a song is one means of attraction. For eyeless insects living in total darkness, the song is the only means. But there are acoustics to overcome. The cicada is audible because he is large: his song is sufficiently strong to vibrate air molecules for a mile around. Pity the tiny plant hopper and her faint tremblings, too weak to vibrate the air. Howarth wondered: How does the male hear her? And how, having heard her song through the dark, does he find her? In the 1970s it swas shown that aboveground plant hoppers transmit their signals not through the air but through the ground—more precisely, through their host plant, the stems of grass they spend most of their lives standing on and feeding from. For the lava-tube plant hoppers, the medium is the roots of the native o'hia tree. Howarth has found that the songs of subterranean plant hoppers can travel through roots for more than two meters—about the distance, in human scale, of a crosstown phone call. Songs can even travel between roots, via the hair-size rootlets that cross and touch the main lines, without the message seriously degrading.

When Howarth enters a lava tube, then, he sees a web of telegraphy. The lines around him are inaudibly electric—thrumming, whirring, buzzing. He is Horton hearing a Who. And that, he says, is getting harder and harder to do, for the simple reason that the roots are disappearing. As the introduced tree *Myrica faya* invades the fresh lava fields aboveground, the native o'hia trees are losing ground—and the roots of *Myrica faya* do not penetrate the cave roof and dangle free, nor are they edible to plant hoppers. The meltdown has seeped even to here. The lines of song are fading. The singers are growing mute, each one marooned on the island of itself, unable to communicate, to mate, to sustain its end of evolutionary conversation.

Yet no root, native or new, can count on permanence. After showing me the monotypic stands of *Myrica faya* overtaking the lava field aboveground, Foote drove on for another few hundred yards, then stopped, hopped out, and waded several yards off the road into chest-high grass. The footing was sharp and uneven, the signature of an old a'a flow. Chunky outcroppings of lava dotted the field like small black drumlins. Here and there a tree stood: mamane, red-blossomed o'hia, and specimen after specimen of *Myrica faya*, the latter looking less than fully healthy. Foote plucked a leaf from one nearby. Normally large and green, this leaf was shrunken, yellow, and cupped in the manner of a canoe or a honeycreeper's tongue. "Foliar chlorosis," Foote said. Recently biologists at Hawai'i Volcanoes National Park had begun to notice an ailment afflicting certain stands of *Myrica faya* in the national park. The leaves turned yellow, branches drooped, whole trees died. The phenomenon seemed to bypass trees that had invaded the rain forest; it was far more prevalent in the arid sections of the park, where the dieback seemed to be rippling outward in concentric circles. At first, biologists suspected a disease, perhaps a bacterium that had made its way from one of the guava plantations on the island. In fact, the culprit was the two-spotted leafhopper, *Sophonia rufofascia*, a Chinese insect that was first noticed in Hawaii in 1987. Foote swept a hand net at the branches and caught one. It was a splinter of a bug—yellow, like one of those forgettable flecks that fly up if you beat some bushes with a stick. Two tiny spots at the back end marked the species. In large numbers, it can defoliate a tree as effectively as any herbicide. In the vicinity where we stood, Foote said, roughly sixty percent of the *Myrica* were failing. By and large it was a kingdom of the dead.

This would be good fortune—an invading tree felled by an introduced insect—if not for two concerns, Foote added. First, the range of the two-spotted leafhopper is restricted to the dry forests, whereas *Myrica faya* is found throughout the park. Second, and more troubling, the two-spotted leafhopper does not limit itself to *Myrica faya*. "We're starting to compile a list of rare and endangered species that are sensitive," Foote said. "What we're finding is that the native species likely to be vulnerable to the leafhopper are the ones that are most common. Dodonea is one of the most common shrubs in the park; it's very infested. O'hia is infested. About forty percent of the o'hia around here are dead. So there's no real evidence that *Myrica faya* is going to somehow be replaced by a native species. On the other hand, *Myrica* does seem to be disproportionately affected. There might be a long-term transition here to more of a shrubland rather than o'hia scrubland. Anyhow, right now Resources Management is sort of taking a wait-and-see attitude. There's really not any way to intervene."

In the interim, the park has assembled its own fleet of insects to combat *Myrica faya*. The first, a moth, *Caloptilia schinella*, was launched into battle several years ago by the U.S. Forest Service. Originally from the Azores, *Caloptilia* is a leaf roller: it starts at one end of the enemy leaf and rolls it into a tube, then lays eggs inside. This habit serves to protect the next generation of *Caloptilia*. More important—however unintended by the moth—this habit also takes the leaf out of the photosynthesis business; burdened with unproductive leaves, the affected tree soon dies. Unfortunately for biologists, however, *Caloptilia* is choosy: it assiduously avoids chlorotic leaves, the kind produced by the two-spotted leafhopper. Foote said, "Our concern is that even though the two-spotted leafhopper has achieved a good bit of damage to *Myrica*, our biocontrol agent may ultimately get knocked out here if the leafhopper continues to be a dominant force."

Foote got into the truck and headed back to park headquarters. Of course, he said, nobody expects one biocontrol insect to do the trick against *Myrica*; four or five, working in concert, will likely be required to reduce the tree's numbers. The leading candidates are various weevils that would attack the tree's roots and seeds. Ideal would be a moth that feeds on leaves: such moths are relatively easy to find, and they tend to be specific in their choice of plant hosts. Here, however, Hawaii's biocontrol effort is haunted by its past. Early in the century, in an effort to combat various moth pests then attacking major crops in Hawaii, agricultural biologists introduced large numbers of hymenopteran parasites: predatory wasps, different from the wasps occupying Foote's front lawn but with equally catholic tastes. These wasps made a sizable dent in the pest population; they also drove countless native moths and butterflies to near or complete extinction. More to the point, Foote said, any moth or butterfly released today to control *Myrica faya* or another invasive plant will be hit immediately by yesterday's biocontrol parasites. Even for *Caloptilia schinella*, the leaf-rolling moth that is showing some potential against *Myrica faya*, the days are numbered. "That's an irony I'm sure Frank Howarth can elaborate on."

By now the truck had reached the transition zone from windward to leeward. The day, once crackling hot and open, was thick again in mist and damp green forest. "It's a paradox," Foote was saying. "I have a lot of doubts about the efficacy of biocontrol in general, and I have some real concerns about its safety—particularly the biocontrol of insects, where there are numerous examples of major problems. As far as research is concerned, it's among the sloppiest I've ever seen. And yet from a conservation perspective in Hawaii, the biocontrol of weeds is really our last hope. There's no way that we're going to be able to deal mechanically with a species like *Myrica faya*. If we cannot get a successful biocontrol program going for *Myrica*, it will destroy the forest here. It's going to boil down to coming up with a much better program that is well funded. It doesn't cost much money. I mean, once you get an insect established, it's there and it is going to do its job and it's not going to take any more funding in order to keep it out there. That's the whole appeal of biocontrol: the long-term benefit is potentially permanent."

He gave a wry laugh. "But we're getting virtually nothing in the way of funding. Right now, with endangered species programs, we're just throwing money down the drain. Instead of focusing on habitat restoration, we're focusing on captive breeding of endangered honeycreepers that show no promise of long-term survival in Hawaii. I don't want to be too extreme here, but it is just . . . It makes me sick how much money is being put into a species like the Hawaiian crow. Any population biologist would tell you that there is no way that you're going to bring about recovery of that species."

Some weeks prior, the head of the U.S. Fish and Wildlife Service had publicly vowed not to let a single species go extinct on his watch. It was a noble sentiment, Foote said, and utterly irresponsible. "We're losing entire forests; we're losing entire ecosystems in Hawaii as a consequence of people who are unwilling to let go of a single species. By putting himself out on that limb, he is going to end up using huge amounts of resources that could benefit the long-term persistence of species that are common now but won't be if we spend all our money on the rare species. They're going to end up disappearing, and we're going to end up with trash forest: increasingly homogenous groups of species that have become introduced and established throughout the tropics. The only way to get around it is to get people to let go of single species. It will be interesting for schoolchildren to go to a zoo and see species that are functionally extinct in the wild and realize that they're still persisting in captivity. But that shouldn't be what our goal is. We should be looking more at trying to do something about the forests that we live in. It really rubs me the wrong way."

Foote reached the park headquarters. He pulled into an open parking spot on the grass, got out, and slammed the door. It was the first and really only time I had seen him so agitated. He trudged back to his office with a weary smile. "Well, that's my rant and rave. It really rubs me the wrong way."

In 1847, while Charles Darwin sat in his English laboratory examining dead Galápagos finches for the clues that would eventually point him to the idea of evolution by natural selection, a young naturalist in Massachusetts was conducting an experiment of his own. His name was Henry David Thoreau, and he had no interest in grand voyages. For him, no expeditions to explore the South Seas or to count the cats in Zanzibar, no search for the great hole that opened into what some believed was a hollow Earth. Instead he built a cabin in the woods and did his best to make an island of himself.

It was an experiment, by and large, in weeding. When not pondering the pond or walking into town to steal pies off windowsills (as legend has it), he spent his time in his garden "making invidious distinctions with the hoe," trying to make the ground speak beans instead of grass, and shaking his fist at the local woodchuck. He began with the notion that his garden would mark the boundary where nature ended and civilized bean society began, but he quickly came to understand that his was a boundary that nature would not respect. Particularly not the woodchuck, which left Thoreau conflicted: identify with it or eat it? (In the end he left it alone—a decision made somewhat easier by the removal, at age thirty-three, of all of his teeth.)

At issue was how to come to grips with nature's estranging otherness. Humans, one notices daily, are a bipedal paradox, simultaneously the products of nature and, with our big fat brains, the sole outside observers of it. "I may be either the driftwood in the stream, or Indra in the sky looking down on it," Thoreau mused. It's a weird evolutionary role to play, and thoughtful humans have never been entirely comfortable in it. Alienated from nature, we flock to it in such numbers that it is trampled in the process. Then again, if we define nature as everything alien to us, how can we feel anything but alienated?

Without quite realizing it, Elton confronted a similar divide. It was his notion, or at least his supposition, that a biological difference exists between "natural" invasions—the sort that have occurred through geological time—and those that occur today by the witting or unwitting hand of man. Undisturbed, evolutionarily mature, species-rich ecosystems are more resistant to the incursion of nonnative species than those simplified, "unnatural" ecosystems cobbled together by human activity, he contended. If that is the case—if nativeness somehow acts as a repulsive force—then native ecosystems must have a biogenic advantage over nonnative ones. Nativeness—naturalness—must matter in nature.

Elton hoped that invasion biology would account for this difference—and it has, all these years later, largely by dispelling it. "It seems clear that there is no prima facie case for the biotic resistance paradigm," Daniel Simberloff writes in an article in the journal *Biological Invasions*. The consensus among invasion scientists today is that, given the right opportunity, any native species can become an invader in some environment in the world; and any native ecosystem can be invaded by something. The most common factor determining whether an invasion succeeds lies not in biology—in some trait of the invader or the invaded region—

but in statistics, in the frequency and intensity of the introduction: in propagule pressure. Mark Williamson, in his book *Biological Invasions*, concludes: "It is possible to say something empirically about Elton's generalization, and that is that it is scarcely, if at all, supported by fuller data."

Of all things, Elton seems to have been led astray by semantics. Mark Davis, a biologist at Macalester College, has noted that in the 1960s, in the early days of invasion biology, most researchers used neutral terms like *introduced, nonnative,* and *founding populations* to describe the phenomenon. Elton was largely alone, though not for long, in his use of flashier terminology: *alien, exotic, invader.* While emphasizing the threat, the heavy use of this language over time has come to imply that the "otherness" of an invading species is somehow ingrained in its biological being. In true fact, an invader is simply a species that comes from elsewhere; its definition is purely geographical.

Our language troubles do not end there, Mark Williamson adds. There is a tendency to think of invaders, weeds, and colonizing species as a synonymous group, when in fact they comprise three separate and only rarely overlapping categories. An invader comes from elsewhere. A weed or pest is simply an organism we dislike; it may be native or an invader. (Giant ragweed is native to North America but a weed in the eyes of many North American farmers.) Weeds sprout from human opinion. Colonizing species are altogether different. They are ecology's nomads, impermanent to any one place, that persist by perpetually settling new ground and ceding it as the territory matures. Colonizers may be natives or invaders, weeds or not; of the three, only colonizers have something like a biological definition.

So to reliably predict that a given invader will or won't become a bothersome weed, simply by examining certain traits of the organism in question—as many agricultural companies and biocontrol scientists claim the ability to do—is an act of semiotic futility, Williamson writes. "The characters of invaders that become weeds might reasonably be expected to combine the characters of both invaders and weeds, but that is only possible if both invaders and weeds have definable characteristics." It is a search for scientific indicators where by definition no such indicators exist, rather like comparing an apple to an orange and asking when the former will become a vegetable. One invasion biologist I later met has disavowed entirely the term *invasive species.* Call them *invading species* or *invaders* if you must, he says, but *invasive* credits the organism with a biological advantage that science is not prepared to recognize. It may sometimes seem that how we talk about nature is irrelevant to how we deal with it, but with ecological invaders—nonindigenous species, if you will—it makes all the difference.

In any event, the concept of biotic resistance does not drive conservation planning at Hawai'i Volcanoes National Park. According to its official resource management plan, "Natural processes in ecosystems changed by alien species are not understood well enough at present to demonstrate that preserving native plant and animal communities will protect natural ecological and evolutionary processes." As Foote expressed it one afternoon, "We're fairly myopic here. We tend not to worry too much about whether a generalization can be made from a particular park research program. We're more concerned about doing a good job of restoration and trying to halt the invasions that are taking place."

We had driven over to the dry side of the park to take a look at a stretch of forest called Kipuka Pua'ulu, one of fifteen Special Ecological Areas that form the backbone of the park's management plan. They are test tubes in their own right, large and largely self-sustaining assemblages of native species. Lava flows from Kilauea Crater or smaller craters nearby; it runs downhill in streams and rivers, carving through the forest, flattening wide stretches of it, leaving other patches unscathed—green islands stranded on a black sea of hardened lava. So it is that the Big Island, and every island in the Hawaiian chain, is itself an archipelago, itself a necklace of islands, of pearls of habitat marooned one from the next. These islands, called kipukas, see some traffic between them: slender-billed honeycreepers traveling far afield to feed on blossoms and, incidentally, pollinating them; seeds of koa and o'hia and mamane drifting on the wind. But the tiniest, least mobile inhabitants of these kipukas— the drosophilas, the soil mites, the caterpillars, the snails—might as well be on the most remote Pacific island. They might as well be in Hawaii.

On these colonists, isolated in small communities, natural selection works with renewed vigor; the effects of inbreeding and random genetic drift are amplified. Often new species arise, such as flightless wasps and hammerhead fruit flies. And often such species are confined to the kipukas in which they arose. Eventually the lava flow that surrounds their kipuka shows sprigs of life; over decades and centuries it reverts to forest.

But even for a long time after, the integrity of the kipuka remains intact and distinct: the age, depth, and chemistry of the soil, and the assembly of mites and springtails and microscopic organisms that inhabit and revitalize the soil; the suite of trees and smaller plants that grow only on this kind of soil; the weevil that feeds only on these fronds; the damselfly that breeds only in this leaf axil; the caterpillar camouflaged to match only this cloud-forest liverwort. To the extent that these kipukas are relatively self-contained, easily demarcated, and often represent unique suites of plants and organisms, they make up the majority of the park's Special Ecological Areas.

Most of the forests surrounding Kilauea are relatively young: roughly 90 percent of the total acreage has been completely obliterated by lava in the past thousand years, the biotic clock reset to zero. Kipuka Pua'ulu, in contrast, is one of the oldest fragments of forest in the park, having sprouted from a thick blanket of ash cast off by Kilauea at least two thousand years ago. It is dominated by tall, stately koa trees, once a common feature of the Hawaiian landscape but now rare. What is now Kipuka Pua'ulu once covered a much larger area, Foote said, but successive eruptions from Mauna Loa had come down and covered the surrounding forest. In fact, we were standing on the border of two kipukas: the older one, and a younger one only about four hundred fifty years old. It all looked like trees to me, but Foote, attuned to the subtleties that make up biological diversity, could easily tell them apart.

"Most of the Hawaiian forests aren't that rich, species-wise," he said. "If you were to go out and put up an exclosure, you'd save a chunk of forest, but it wouldn't necessarily be the best chunk. What we're trying to do is prioritize and preserve areas that are richest. That accounts for a relatively small proportion of the forest. If we focus our attention in a few areas, we might be able to preserve the bulk of the diversity that's present. In Hawaii, we have the luxury that many of the species that evolved here evolved in fragmented forests, whereas on the mainland, many of the species require much larger tracts of forest. There's room for optimism that even a forty-hectare tract of forest will be self-sustaining, simply because many of the species that evolved here are used to colonizing small kipukas of forest and persisting in them. The lowlands—they're gonna take a lot of work to do anything that results in a predominantly native system. The kipukas up here, once you do the initial work, it won't take much to maintain them."

All told, Hawai'i Volcanoes National Park spends a million and a half dollars annually on the control and removal of alien species; fully half of that, about eight hundred thousand dollars, goes to the removal of introduced plants. This is a modest amount in the larger war against alien species. Florida—which, like Hawaii, boasts a semitropical climate and a diverse cache of endemic organisms—annually spends seven million dollars alone fighting hydrilla, an aquarium plant from Sri Lanka that was dumped into a canal in 1951 and has since emerged as a sort of underwater kudzu, choking seventy-five thousand acres of state waterways. Everglades National Park spends half a million dollars annually combating two fast-growing alien trees, Australian pine and melaleuca, that crowd out native plants and the creatures that depend on them. At the conclusion of the federal government's 1993 report, "Harmful Non-Indigenous Species in the United States," the authors suggest that "the metaphors that guide resource management are shifting from the self-sustaining wilderness to the managed garden. The world is being defined more in terms of the 'unnatural' rather than the 'natural.'" Some environmentalists might wonder whether one can truly call an ecosystem "natural" if it requires constant management and maintenance by people. I put the question to Foote: What's the difference between this kipuka and a zoo or a garden?

"It's a world apart from an arboretum or a zoo," he responded after a moment's reflection. "Here you have a functioning ecosystem that requires very little in the way of manipulation. We're not feeding the birds. We're not planting the plants. The insects that pollinate the plants serve as food for the birds and reproduce on their own. The only thing we do is keep out aliens."

One evening I was strolling with Foote around his small lawn, discussing the plight of Hawaii's biological diversity, when he stopped suddenly with an inspiration. "Hang on," he said, and went inside. He returned a moment later, the screen door banging shut behind him. In his palm he held a large gray moth: a specimen of *Eupithecia monticolens*, he said, that he had captured at his porch lamp the previous night. In caterpillar form, the animal thrives on the pollen of o'hia blossoms and the protein therein. That in itself is an unusual evolutionary adaptation, as most caterpillars eat only carbohydrate-laden foliage. At one time, Foote said, the moths of

Eupithecia monticolens blanketed the windows of Volcano at night, drawn to the lights inside. "Now you're lucky if you see one or two. Their decline seems directly related to the introduction of yellow jackets, which pluck them right off the o'hia blossoms. It's really dramatic to see." Unfortunately, he added, the yellow jackets are thereby reducing a key food source for forest birds. In its caterpillar form, *Eupithecia monticolens* is a primary prey item for three endangered bird species. There are perhaps eighteen species of *Eupithecia* caterpillar in Hawaii, all of them the evolutionary offshoots, it is thought, of *Eupithecia monticolens*. Some members of the genus *Eupithecia* are quite unusual, Foote said. He suggested that I stop by his lab the following morning and have a look.

When we met up, he handed me a glass vial. Stoppered inside was a slim leaf. On it, an inchworm sat erect. Its hind end was fastened to the stem by tiny legs; its segmented body sloped skyward like a miniature leaf-green escalator. This species is called *Eupithecia orichloris*, Foote explained. How long ago it evolved into its own species is unclear; the DNA work that might spell out its molecular phylogeny had not yet been done. Nonetheless *Eupithecia orichloris* has retained its ancestor's taste for protein. In fact, *Eupithecia orichloris* and its Hawaiian kin have taken this legacy to the extreme. They are the world's only known carnivorous inchworms.

Foote shooed several ordinary fruit flies from a holding vial into the proverbial lion's den. As they settled in, the inchworm stood twig-still. After a few minutes, a fly wandered into one of several sensitive hairs protruding from the inchworm's hind end. Instantly the inchworm struck, reaching over backward and nabbing its prey with—I watched now through a microscope—two sets of clawlike legs. These held the fly in lock while the mandibles of *Eupithecia* began to graze: first on the tail, then on the thorax, the wings, the still-wriggling legs, until all that was left after fifteen minutes were two amber, geodesic eyes. Then these too were punctured and devoured. *Eupithecia* paused a moment, then stiffened in anticipation of its next meal. Rather like the brown tree snake, the predatory caterpillars have adopted a surreptitious lifestyle. One is gray and spiny, resembling the decayed twigs on which it perches; another is ornamented with tubercles resembling moss. One stations itself along the edge of koa leaves; another chews out the midrib of hapu'u fronds and lies there in ambush. I fed more flies into the vial and was spellbound by the activity: *Eupithecia* lashing again and again, victim after victim reduced to a bolus dimly visible through its skin. I felt oddly sated, at last full of the marvel I had come to see.

Foote wandered in from across the hall with an additional bit of information. Like the native birds that feed on them, he said, these *Eupithecia* are inching toward oblivion. "Their prey are disappearing. Two species of picturewing drosophila that the caterpillars feed on are disappearing from the park."

The caterpillars were being simultaneously eaten and starved, pressed from both sides by the accumulating impacts of introduced species. For a moment it was as though the face of a watch had been pried off and the inner workings revealed to me: inchworms, flies, wasps, birds, mosquitoes, pigs, worms, trees, seeds—gearwork too intricate and interrelated for me to discern what time it was or why. Of course, that is just an analogy. Nature does not function precisely like clockwork, a tapestry, a cathedral, a pyramid, an airplane, or an international bank; metaphors are drawn from the world of human invention and knowledge, whereas nature is far larger than either of those things and has hardly begun to be understood. The biologist Robert O'Neill has proposed that even the concept of an "ecosystem" has outlived its descriptive usefulness. An ecosystem suggests a system: an integrated unit, self-regulating, resistant to disturbance, a collection of dynamics that occur within set boundaries. Whereas in fact, the order of the day is constant change. Species disperse and invade, come and go, evolve and go extinct. Any organism can be an invader somewhere. Every ecosystem—or whatever one calls it—can be invaded by something. This is true even in the absence of humankind. An ecosystem is stable over time not because its list of species remains forever the same, but because it varies—not in spite of disturbance, but because of it. Huffaker's microcosm of orange persisted only because it was persistently infused with new inhabitants. Stability is not an end result; it is a state that nature is forever falling into.

Biologists refer to this as the "nonequilibrium model" of nature, and it has largely supplanted the old balance-of-nature view of the world, at least among scientists. Its only real fault is its lack of sex appeal. Without the striking image of an unraveling tapestry or a broken watch or a crumbling edifice, how does a conservation-minded scientist impress upon the public the threat posed by a phenomenon like ecological invasion? If nature is always changing, how do you manage it? If a line can be drawn anywhere, how do we know when we've gone too far? "By admitting to some kinds of change, we may have opened a Pandora's box of problems," cautions the biologist Daniel Botkin. "Once we have acknowledged that some kinds of change are good, how can we argue against any alteration of the environment?"

At the start of the jet age, the anthropologist Claude Lévi-Strauss lamented that the variety of human cultures was even then dissolving into uniformity. "Civilization has ceased to be that delicate flower which was preserved and painstakingly cultivated in one or two sheltered areas of a soil rich in wild species," he wrote in 1955. "Mankind has opted for monoculture; it is in the process of creating a mass civilization, as beetroot is grown in the mass." The ecologist's lament is similar: As the human race spreads and its sphere of disruption widens, the natural world is winnowed only to those plants and creatures that can thrive in our wake. As nature's most pervasive invader, human civilization has become a force of natural selection in its own right. Owing to simple disregard, many of the organisms we see—and many more that we do not—are being selected against.

"We are increasingly dealing with a number of species that are associated with humans throughout the world," Foote said when I returned the caterpillar to him. "If that's what you want to live with—a small suite of a dozen, maybe two dozen species—then you can live with that, I suppose. You can argue that biodiversity has a utilitarian value. But it's an aesthetic issue for me."

It was a surprising sentiment to hear out loud from a biologist. For the longest time it has been fashionable to discuss nature in the third person, as an external entity against which the prudence of human activities can be objectively gauged. Elton pursued the study of invasion in part because in doing so, he imagined, he would uncover certain ecological rules that would guide and improve conservation efforts. *What would nature do?* Fifty years of subsequent research, however, have yet to reward that endeavor. Biological diversity is indeed valuable, but perhaps less for any advantages—stability, resistance—that accrue to nature and more for the advantages that accrue to us. "Probabilistic ecology does not suggest an ecological imperative," Botkin writes. "There are no balances to protect. Rather, nature is protected and promoted because we derive benefits from it, whether the benefit be aesthetic, spiritual, scientific, or economic."

One might describe it as ecology in the first-person plural—an ecology of a personal nature. It is a disarming notion, that the strongest argument for preserving biodiversity might rest on something so mercurial, so subjective, so intimate as a personal desire to live in a world that is biologically rich. Yet why else had I come so far? For scientists like David Foote, Linda Pratt, and Earl Campbell, homogenization presents a kind of domestic crisis: a dwindling sense that one's native environment—one's home, perforce one's being—is unique in the world. A traveler confronts the same threat turned inside-out. In a homogenized world, where does one seek out novelty, surprise, wonder? If everywhere looks the same, where is there left to go?

In the end, despite our best intentions, nature is not a reliable model for wilderness conservation. That is what I remember seeing most clearly through Foote's microscope that afternoon. Viewed up close, nature is heartless, mindless, raw, and insatiable; it is red in tooth and claw. However much we care about it or its more attractive artifacts, it does not care for us, nor even for itself. Humans enjoy the notion that unlike all other organisms, we stand one foot beyond nature, outside looking in. But we flatter ourselves. Nature is sufficiently fearsome that, in order to live and thrive, every plant and animal, consciously or not, must align itself against it. Nature is other, for everything in it. It is the force that through the green fuse blasts the roots of trees, chews the heads off tiny flies, drives our green age and perpetually destroys it. No, the problem is not that nature has ended. The problem is that nature cannot tell us where to stop.

14

There is nothing like an airplane flight to make one feel like a seed in a pod. Partly it is the orderliness of the affair, the tidy packaging. Partly it is the tending one receives, calibrated and carefully timed, as in a hydroponic garden. Mostly it is the physical proximity. Precisely wedged into a chair among chairs, the passenger cannot avoid sensing that seating arrangements were made by a computer algorithm that aims to balance two commercial equations: the maximum amount of passenger income that can be squeezed from a given area of floor space versus the maximum amount of discomfort that a passenger will pay to withstand. Biologists sometimes classify organisms into two categories based on reproductive strategy: r-selected species, such as dandelions, which effectively toss overwhelming numbers of seeds onto the wind; and K-selected species, which produce relatively few offspring but expend large amounts of energy ensuring their comfort and survival. On a passenger jet, the K-selected group is called First Class.

One could argue that the propagule sensation is inherent to the very idea of the journey. Travel, one is told, is a seminal experience. The advertisements, the four-color brochures, the narratives all extend a similar promise: you will see, you will absorb, you will gain, you will grow. In some small way, you will be transformed. Travel is a weekend away, a reward upon retirement, a chance gift won in a game show or a sweepstakes. *Honey, we're going to Hawaii!* Applied by biologists to nonhuman organisms, the phenomenon is known as the ecological sweepstakes, and it explains how life arrives at a place like Hawaii to begin with. In the 1960s, Linsley Gressitt, an entomologist at the Bishop Museum in Honolulu, flew a small plane above Oahu and towed a net through the air to gather and study the extent of the "aerial plankton" up there, much as Darwin did on the deck of the *Beagle*. Gressitt collected thousands of seeds and insects belonging to dozens of species. More recently another entomologist calculated that on a fine day in May, a volume of air one mile square extending from twenty feet above the ground to an altitude of five hundred feet contains thirty-two million floating spiders and other arthropods. "This amounts to 6 arthropods per 10 cubic yards of air," he notes. "Ten cubic yards is quite a small space, about the size of a small clothes closet." An airline passenger should be so lucky.

By and large the cause of biogeographical uniqueness—the reason why plants and animals first arrived where they did and not somewhere else—is not the biological richness or paucity of the host environment, nor some biologically superior aspect of the invader, nor even something as mundane and seemingly pertinent as climate. Rather, the deciding factor is propagule pressure: the number of seeds that show up and the frequency and persistence with which they do so. Nature runs a numbers game. This was the case even before the rise of humankind. In 1974 the biologist Sherwin Carlquist examined the suite of endemic plants currently living in Hawaii and then worked the taxonomy backward to calculate which and how many ancestral species would have been required to colonize the island and how they first arrived there. Some, he determined, floated in on ocean currents (14.3 percent), aboard floating logs or vegetation (8.5 percent), or adrift on the wind (1.4 percent). By far the most significant vector of plant introductions to Hawaii, however, was the travel of birds. Plants like the ohelo, an endemic berry, bear fleshy fruits that are often consumed by birds, which retain the seeds in their digestive tracts and later disperse them in their wandering. This mode of transportation probably accounted for a large proportion (38.9 percent) of the Hawaiian plant introductions over geological time, Carlquist concluded, as such plants are well represented today among the endemics. Other plants bear barbed or bristly seeds or fruits that probably arrived stuck to birds' feathers (12.8 percent), small seeds that readily adhere to the mud on a bird's foot or lodge in the crevices of its feathers (12.8 percent), or viscid seeds or fruits that simply stick to a bird (10.3 percent). Carlquist later conducted a similar study examining some hundred-odd herb species familiar to both North and South America. Virtually all of them possessed adaptations that would improve their odds of being transported by birds: barbed or bristly seeds or fruits (42.4 percent); fleshiness and edibility (19.9 percent); stickiness (18.9 percent); small size, ideal for mud or feathers (15.1 percent). For plants, at least in Hawaii's prehistoric days, the propagule pressure was applied chiefly by birds.

Increasingly, human flight offers a parallel byway, and not only for plants. The first official inspection of aircraft in the United States, in 1928, found ten species of insects hitchhiking in the *Graf Zeppelin*. Between 1937 and 1947 the U.S. Public Health Service inspected more than eighty thousand airplanes; a third of them were found to contain spiders or other arthropods. In 1975, the crew of an orbiting Apollo flight spotted "a super Florida mosquito" flying around in their space module; it was seen once and never again. In the past two decades, epidemiologists in Britain and France have reported numerous cases of "airport malaria"—incidents of malaria among urban residents who had not traveled to the tropics, but who live within an insect hop of an international airport. Malaria-bearing mosquitoes not only have arrived in London and Europe aboard incoming flights but also, in one case, managed to hitchhike out to the suburbs in the cars of airport employees. In another case, the malaria patient was the landlord of a public house in Sussex, several miles from Gatwick International; he is thought to have contracted the disease, through an intermediary mosquito, from one of the many flight attendants who regularly stayed there.

Once, I spent a day in the company of Todd Hardwick, who runs a flourishing business in south Florida catching stray animals—a roving menagerie that, because Miami is the nexus of the nation's pet trade, includes everything from stray cougars and emus to monitor lizards and Vietnamese potbellied pigs. Among his tougher cases was Tabitha, a housecat that escaped her owner during a 747 flight from New York to L.A. and disappeared into the bowels of the plane. She allegedly remained there for twelve days and thirty thousand additional miles, until negative publicity and the threat of a lawsuit saw the plane grounded and searched. Airline officials soon declared they had found Tabitha (or a cat sufficiently similar) alive, in a crawl space above the baggage compartment. Christa Carl, a New York psychic, subsequently claimed credit for helping Tabitha resolve a problem with one of her past lives and showing her how to emerge from the plane's drop ceiling. Hardwick, when I spoke with him, was skeptical. At the airline's invitation, he spent several hours probing the floors and walls of the plane with a snaking camera that is popular with plumbers, looking for Tabitha. All he found were the numerous small pressurizing vents on the plane's skin that open outward to the great blue sky. He quietly suggests that the real Tabitha never made it back to Earth, at least not safely. Curiosity: sometimes it introduces a cat; sometimes it kills it.

Evolution, at least on a remote island like Hawaii, is the titrated result of propagule pressure and genetic isolation—of flow, and the lack of it. For natural selection to affect a species, the species must first somehow arrive. Dispersal, or gene flow, must be frequent and regular enough to enable that possibility. If dispersal is too infrequent—if the propagule pressure is too weak—then an organism cannot become established. (Among other things, this explains why large mammals are rarely endemic to remote islands. It's hard enough for one individual to get there, but it takes two or more to establish a population, and the odds against that are steep.) On the other hand, if dispersal is too frequent—if so many of the same species arrive that the incoming gene flow becomes a continuous stream— then future generations will not differentiate from one another or from the ancestral stock. Only if the gene flow ceases at some point, or slows considerably, can natural selection get to work; only then will an island species begin, slowly over generations, to evolve along a different path from its mainland kin. Humans are ever more skilled at transcending geographical boundaries and crashing the gates of remoteness, yet we do occasionally create genetic islands with our wake. In recent years, entomologists have discovered a variety of mosquito unique to the London underground—three of them, in fact, one each along the Victoria, Bakerloo, and Central lines. Introduced to the tunnels when construction began in the nineteenth century, the mosquito has been pushed on cushions of air to the far reaches of the Tube system and left there to evolve, Morlocks of the genus *Culex.*

The question today is how to balance the conflicting need of an island to be simultaneously unplugged and plugged in. "How do we remain the hub of the Pacific," Alan Holt, the director of the Nature Conservancy of Hawaii, asked me rhetorically at one point, "yet also maintain the value that isolation brings?" The dilemma applies equally to human communities and to biological ones. Before leaving Hawaii for the mainland, I spent a few days on the island of Maui, where residents were locked in heated debate over the virtues and hazards of a proposed plan to lengthen the runways of the local airport. Longer runways would effectively internationalize the airport by permitting the takeoff and landing of larger planes from more distant places. No longer would passengers from Asia and the East Coast of the United States need to first stop in Honolulu to transfer flights—a two-hour addition to an already lengthy journey. Faster access would mean greater passenger flow and would boost tourism, the only significant legal economy on Maui. But more international flights would bring more international passengers of all species—more incoming alien seeds and insects borne on the wind that blows from the airport twenty miles uphill to Haleakala National Park, whose managers staunchly opposed runway expansion. For a while, until airport officials finally tabled the expansion project, pineapple growers, flower farmers, retired surfers, and native Hawaiian activists sat down with hotel operators, park biologists, airport engineers, and of course lawyers and discussed the future of their island at such depth and length that the various cultural and biological concerns began to grow together in a tangle and almost seemed synonymous.

"We are a tiny little island in the middle of the Pacific, completely dependent on planes bringing money into our economy. We all agree that some kind of effort is needed regarding the alien species introductions. We know from our satisfaction study that the environment is the number one reason why people come to Maui. But we can't do it at the expense of economic stability."

"When you have to spend an entire day coming or going, if you have a seven-day vacation, two of those are due to travel. Some people say, 'It doesn't matter how long it takes.' But it wears off. The paradise stuff wears off, and you start to think, How can I get there faster?"

"The island is a microcosm of the whole country. The airport encourages more business, creates more jobs. But more development means that more people move here. You end up in the same place you were, but now you've lost everything."

"We can't stop every single alien species from coming in. Even the scientists say so. Stuff that's on Oahu is eventually going to make its way here. Maybe it'll take five years; maybe it'll take ten years. But all we're talking about is a delay for that length of time."

"There are so many people here, they've changed the face of Maui. They're not in touch with what's native about it. Nobody is saying don't grow, don't develop. They just question the pace of development."

"In some ways, the views of tourists are more important than the views of locals. In some respects, it has gone too far. It's not what it used to be. Maybe we're killing the golden goose. Even the tourists are starting to see it."

"You can't recall a bug. It's a time bomb: once you turn it on, you can't turn it off."

"We are very 'controlled growth.' We know that we need to keep Maui 'Maui' to continue to attract visitors. We are not Honolulu. We do not want to be Honolulu. That is not the goal of the tourism industry on Maui. That's not why any of us live here. I wouldn't give you two cents to live in Honolulu."

"There's so much competition out there. We've all become far better and more frequent travelers than we were in the '80s. You gotta maintain, or next year Mexico is gonna look pretty appealing."

"If this project makes most of the people happy, that's great. If it makes everybody happy, fantastic! I can't think of a case where that has actually happened. Everybody can't be happy. Hawaii is paradise, and still not everybody likes it here."

As an egg or a seedpod matures, the propagule within grows and begins slowly to test the walls of its casing. So too aboard an airplane. As the in-flight hours pass, everyone and everything seems to swell. Papers spill from briefcases and book bags onto the neighboring seat; blankets, dispensed from overhead bins, wind up in a tangle underfoot. Even your neighbor's physical person seems to have swollen, encroaching now on your armrest; he seems incapable of letting a moment pass without some sighing, corrective adjustment. The air, stagnant and recycled, swells in your head. Propagule pressure. When the plane touches down and begins a halting process toward its gate, it will be all everyone can do not to burst from their chairs and scatter through the door, like the germs of jewelweed.

For the next few hours, however, there is only suspension, hibernation, diapause—an increasingly interminable wait. The plane hurtles through space, covering an expanse that not so long ago would have taken weeks to cross. You are going nowhere, fast. You take up a book. Through tinny headphones you absorb the musics of the world, which sound alike and eventually repeat. You peer out the porthole into a deepening blue. Is that the sky or the sea? Are you the driftwood in the stream or Indra above looking down on it? You sleep the earthen sleep of spores and dream their floating dreams.

Setting Sail

15

"Island biotas are very interesting to me," Jim Carlton was saying. "How organisms get where, the whole sweepstakes phenomenon that geographers have written about. Marine people don't think about those things very much."

James T. Carlton is a marine person. At the moment, he was at the helm of a rented minivan, navigating the twists and turns of the John Muir Parkway along the upper reaches of San Francisco Bay, north of San Pablo, not far from the town of Hercules. On board were three other marine people, a trio of marine invertebrate biologists Carlton has come to know over the course of his career. Another carload of marine people was somewhere out there on the highway, though whether they were in front or behind, Carlton couldn't say: his cell phone had stopped working. On the surrounding hillsides, under a bright June sun, plaid-panted golfers roamed acres of seamless green. Off and on for the past few years, around this time of year, Carlton has led a flotilla of colleagues on a biological survey of the Bay. For several days they scurry over docks, wharves, and tidal zones and gather representative samples of the local marine flora and fauna for later study: sponges torn from Styrofoam floats, gribbles and barnacles scraped from wooden pilings, whatever wriggling or microscopic creatures come up in the plankton net. These were all on board now too, in specimen jars in the rear of the van, adrift in dead seas of formalin.

Marine biology is the study of the sea, its saltwater margins and the life therein. Of the latter, the vertebrates—fish, whales, seals, and other bony animals—tend to dominate the public imagination. Lesser-known yet far more abundant are the invertebrates, the constituents of Carlton's expertise. There are barnacles, of course, and mussels and clams, oysters, shrimps, krill, crabs, lobsters. There are seaweeds, sea stars, sea squirts, and sea anemones; nudibranchs (sea slugs), pycnogonids (sea spiders), and holothuroids (sea cucumbers). There is the sea hare, a kind of snail that if roughly handled squirts purple ink, which it manufactures from the red algae it eats. There is the sea gooseberry, a small, roundish comb jelly that snares plankton with two sticky tentacles that extend from the sides of its body. There is a variety of sea squirt, a pinkish slab of marine flesh, known as sea pork. There is a sea slug scientifically named Doris. There are tube worms and ribbon worms, peanut worms and flatworms; syllids, spionids, cirratulids, capitellids, serpulids, spirorbids, and phyllodocids. There is the fearsome chaetognath, or arrowworm, which, seen under a microscope, I swear looks like a glass penis with teeth. There are medusae and Hydromedusae, Ctenophora, Chondrophora, isopods, amphipods, ostracods, and pelecypods. Barely more than cells are the diatoms, the dinoflagellates, the radiolaria and rotifers, the nannoplankton and picoplankton. On and on. Add to this list the myriad juvenile forms of marine organisms: the veligers of snails, the nauplii of crabs and shrimps, the seven instar stages of the larvae of barnacles, the planula of coral, the pentacula of the sea cucumber, the megalops of brachyurans, the scyphistoma of Scyphozoa. There is a flat jelly called *Velella* that, with a protuberance that rises from its body like a small sail, is blown along the surface of the sea. There is a sea strider called *Halobates*. There is a vast and barely charted world of marine plants and animals out there, a Peloponnesus of sea dwellers—most of which, quite frankly, until I began spending time with Carlton, I never knew existed.

The habitats of these organisms are equally—almost infinitely—diverse. Estuaries, tributaries, bays, shores; seafloor, rocky coast, mudflat, mid-ocean. Some organisms, the floating seaweeds, flourish only at the very surface of the water, along with their epiphytic attachments: snails and worms that live only here, like the orchids that grow solely on the upper branches of certain rain forest trees. Others—various shrimps, worms, and marine pill bugs—rise from the bottom mud into the water column only in the darkness of night. Much of marine life is concentrated in the photic layer, the top two hundred feet or so of water that, under ideal conditions, is suffused with sunlight. But the sea below is teeming too, feeding on "marine snow," the constant microscopic manna that precipitates from the sunlit layer down into the crepuscular realm: living and dead phytoplankton, exoskeletons freed of purpose, fecal pellets, detritus. Night feeds on day. The smallest plankton alight on mere

particles and commence decay; nutrients are freed up; single-celled ani-
mals climb aboard. The tiniest ecosystems are no more than seaflakes
falling into darkness. In short, although it does not appear so to the casual
eye, the sea is a lattice of aquatic islands: a watery reticulate of subdivi-
sions and sub-subdivisions, each defined by stern differences in salinity,
temperature, and the availability of light and nutrients, each marine is-
land as isolated from the next as the islands of any terrestrial archipelago.
"The ocean is not just this homogenous slurry of water," Carlton said. "It
is made up of distinct water masses whose biota sometimes don't overlap
whatsoever. Take a boat from Boston and head for Europe. Sample the
plankton around Boston Harbor. Two days out, you'll be in the North At-
lantic Drift, and not a single species of plankton will be the same. The
biota is completely different. The water is completely different: the tem-
perature, the salinity, the amount of dissolved oxygen. The high seas, for
an organism that lives on the coast—you might as well take an organism
from the forest and throw it into the desert."

A few organisms transcend these boundaries and travel widely. Most of
them are macroscopic, and most of them are swimmers: the oceanic
salmon that returns to the freshwater of its native river to mate and spawn;
the freshwater eel, whose life cycle takes it from the Sargasso Sea near
Bermuda to the inland fens of England and back again. On rare occasions,
a natural raft may carry palm trees or land snails or iguanas or other terres-
trial organisms from one remote shore to another. The planktonic brood
of the Caribbean spiny lobster tours the Atlantic basin: newly hatched
nauplii ride the Gulf Stream north to Nova Scotia, catch the North At-
lantic Current east to Europe, are swept south to Africa by the Canary
Current, and arrive, twelve months later, back in the Caribbean as mature
lobster larvae. But that is the anomaly. Most marine invertebrates—at least
the ones small and light enough to be borne on a current, yet hardy
enough to survive the transition from one marine zone to the next—are
short-lived: their lives are typically measured in weeks or days, too brief
to last the months required to drift across a wide sea.

"They'd have to go through more than one generation," Carlton says.
"They'd have to reproduce along the way. That's like trying to get a red-
wood tree to cross the Sahara by having it drop seeds, grow, then drop
seeds, until you had a thousand-mile-long line of trees." Some species of
shipworm have been seen living in logs in mid-ocean, leading some sci-
entists to mistakenly formulate what Carlton calls the shipworm syllo-

gism: shipworms live in wood, wood floats, therefore shipworms can float across the sea on logs. Not true, Carlton says: the species of shipworm seen on the high seas are not the same species seen along the coast, nor vice versa. "When you sample the high seas, you don't see logs or drifting things with estuarine species on them. If you launched a piece of wood and it somehow got to the mid-ocean, by the time it reached the shore again, it'd be covered with organisms of the high seas." Most marine plants and animals are restricted by their physiology to a limited and local marine island: a South Sea atoll, an Oregon estuary, the mouth of the river that feeds the Oregon estuary, a frond of kelp, an intertidal rock. They are homebodies. They are victors of the ecological sweepstakes: somehow, long ago, they or their evolutionary ancestors reached wherever they are today and have managed to pretty much stay put since.

Suffice to say, then, it would be unusual to find a Japanese sea star in the coastal waters of Tasmania, or a comb jelly from Long Island in the Black Sea in Europe, or the European green crab—a shore crab native to the Atlantic Ocean—on the Pacific Coast of the United States. Yet Japanese sea stars can be found in the coastal waters of Tasmania; they appeared around 1990 and, voracious predators that they are, pose a threat to native and commercial shellfish. In the mid-1980s *Mnemiopsis leidyi*, a comb jellyfish from the American coast of the Atlantic, was inadvertently introduced to the Black Sea. It has become so abundant, and its appetite for plankton and fish larvae is so limitless, that the invader now constitutes 90 percent of the wet biomass in the Black Sea; the local fishing industry, tottering already, has collapsed. Since the 1960s, *Carcinus maenas*, a predatory crustacean more commonly known as the European green crab, has become established in coastal waters as far removed as Nova Scotia and South Africa, to the alarm of fishermen and marine conservationists. In 1989, Andy Cohen, a biologist with the San Francisco Estuary Institute, discovered the green crab in San Francisco Bay, where it feeds on the same shellfish preferred by native shorebirds. (According to a journal article by another biologist, the green crab also eats *Potamocorbula amurensis*—a homely clam inadvertently introduced from Asia in the 1980s and now the most abundant mollusk in the northern reaches of the Bay—"like pistachios.")

Cohen is, with Jim Carlton, a cofounder and coleader of the semisemiennial San Francisco Bay expedition. He sat now in the passenger seat of the van, looking at a road map and offering navigational advice. In

1995, after several years of fieldwork and literature reviews, Carlton and Cohen submitted a report to the U.S. Fish and Wildlife Service on the prevalence and effects of introduced species in San Francisco Bay. At the time, they counted two hundred twelve exotic species in the estuary—from Mediterranean mussels and Japanese clams to a weedy salt-marsh cordgrass from the Atlantic Coast—whose net impact on the region's ecology, they summarized, is "profound." And every year that Carlton, Cohen, and their marine friends return to update the tally, they find something new to add to the list. Carlton and Cohen have called San Francisco Bay "the most invaded aquatic ecosystem in North America." They acknowledge that their assessment may be premature: their 1995 study in fact was the first in-depth regional study of aquatic invasions ever conducted anywhere. Since then, inspired by Carlton's model, similar surveys have begun in estuaries from Chesapeake Bay to Pearl Harbor to Apra Harbor in Guam. So far, however, San Francisco Bay remains the comparative model. What Hawaii is to terrestrial invasion ecologists, San Francisco Bay is to their marine counterparts: the yardstick against which the integrity of estuarine ecosystems is now measured.

"And we tend to be conservative about what we call introduced," Carlton said. "Anywhere in the marine environment, we may seriously underestimate the number of invasions because we simply don't know about all the tiny stuff: the worms, the protozoans, the filamentous algae, the diatoms and dinoflagellates—there are literally hundreds of species. We say there are two hundred and twelve introduced species in San Francisco Bay. There could be four hundred or five hundred. There are huge groups of organisms whose status we don't even talk about."

Carlton was steering the van with one hand. The other was dipping into a large bag of potato chips, having already plumbed a bagful of miniature candy bars. Breakfast was a cupcake with bright blue frosting. For all intents and purposes, Carlton is the world's expert on marine ecological invasions. Accordingly, he is much in demand, and he travels constantly: to speak at nonindigenous aquatic-nuisance species conferences in Norway, Australia, Hawaii, South Africa, Fiji; to teach classes in Connecticut, Oregon, and Argentina; to testify before Senate subcommittees; almost never to vacation. He has become something of a global organism himself, a connoisseur of the red-eye. He had arrived in Berkeley from the East Coast late the night before and had been up much of the night prior finishing an article for a marine biology journal. From what his colleagues can gather, Carlton is a graduate of the Thomas Edison school of sleep: three or four hours of true sleep a night, with several allusions to naps—visible to the observer as a momentary shutting of his eyes and nodding of his head—during the day. His schedule is that of a brain surgeon who has been on call for ten years running. Yet at all hours Carlton remains affable and enthusiastic. "He's cheerful," an amazed colleague said while loading up the van at seven o'clock that morning. "He doesn't get all grumpy and weird." Carlton is more or less trim, and graying hair graces his head in thick curls. Also, although he takes no notice of the fact, nor appears in any way affected by it, Carlton is notably diminutive: five feet three inches of barely contained energy. He is a mitochondrion of a man, powered largely, as far as I could tell, by processed sugar.

Like ecologists of terrestrial invasions, Carlton is less concerned with island ecosystems per se than with the diminishing distance between them. At one time the movement of species was governed strictly by physical boundaries: an isthmus rose between North and South America, and the species of two continents mingled. The same isthmus rose, and a sea of organisms was permanently parted, east from west, Atlantic and Pacific. Oceans divided continents; continents divided oceans. Coastal estuaries were rendered remote by the high seas between them; islands were isolated by unbridgeable gaps. Carlton said, "The whole understanding of the evolution of biota that we teach in biology is one of allopatric speciation: oceans and continents are barriers to each other. And it doesn't matter anymore. At least for the kinds of organisms and systems I deal with, none of these invasions would occur in the absence of humans. Nature simply does not exchange the marine biotas of western Europe and eastern Australia. It just doesn't happen."

For the terrestrial ecologist, history offers a modicum of solace, or at least perspective. The scientific exploration of life on land has been under way for more than four centuries. For four hundred years, since the first major expeditions were launched to navigate and chart the four corners of the earth, scientists have been taking careful notes: botanists, bug nuts, bird-watchers, zoologists, fossil hunters; collecting, describing, depicting, comparing, cataloging, storing away, keeping track. The natural landscape that these first scientists took note of was more or less, with some notable exceptions, the natural landscape as it existed prior to the first wave of European travel. Looking back, the contemporary ecologist is granted a relatively unobstructed view of premodern biogeography: how many of which terrestrial species were where in the world—before Captain Cook's pigs and the age of air travel and express mail—back in the prelapsarian era when physical geography reigned supreme. They have a baseline, shaky as that line may be.

Carlton is having a harder time of it. Marine biology, he points out, is a young science, barely two centuries old. The first recorded deep-sea sample—a bucket of seafloor mud—was collected in 1818. The United States Exploring Expedition of 1838 scouted whales, charted much of the Antarctic coast, climbed Mauna Loa in Hawaii, and confirmed beyond dispute that Earth in fact is not hollow, nor can it be entered through enormous holes at its poles. Plankton were scientifically unknown before 1847. The first expedition mounted exclusively to study the ocean, the voyage of the HMS *Challenger*, took place from 1872 to 1876; it discovered that marine life exists below one mile down, and using trawl nets, it retrieved forty-seven hundred previously undiscovered species. The first reference book on marine science, *The Oceans*, was published in 1942.

And now Carlton, after arduous years in the field and in the library, has come to realize that by the time marine biology got going, by the time scientists began taking careful note of which marine organisms were out there and where they were, those organisms had already been subjected to centuries of human-mediated reshuffling—"to a good deal of chess play," as Charles Elton phrased it in *The Ecology of Invasions by Animals and Plants.* For the terrestrial ecologist, history is a limpid pool. Carlton sees only a turbid swamp—"the murky antiquity," he calls it. Until Carlton began to plumb it, the depth of this unnatural history remained largely invisible to his contemporaries. If some marine organisms were cosmopolitan, if two members of the same species were found at opposite ends of the world, they were presumed to have been so since time immemorial: marine physics had made them so. Human travel didn't enter the equation, or so it was thought. So it still is, in the opinion of some holdfast marine biologists. To some, it has not yet dawned that the biological seascape encountered a century ago was not a seascape untraversed.

"Marine people don't think about those things very much," Carlton was saying in the van, near the limits of Hercules. In recent years he has been poring over a newly published series of scholarly volumes on the native marine invertebrates of the Pacific Islands. Among his own many projects, Carlton, with Lucius Eldredge of the Bishop Museum in Honolulu, is writing a monograph of the introduced marine invertebrates of the Hawaiian Islands, a catalog that now stands at some three hundred species. What fascinates him is the number of species in the published volumes—the catalog of organisms that presumably count Hawaii as part of their native range—that would seem to be strong candidates for his own list of introduced organisms. For example, he finds it odd that several species of marine snail that are listed as occurring naturally both in Hawaii and in other parts of the world like Japan, Indonesia, and California, have larvae that exist as free-floating plankton for no more than three or four days. That is to say, a newly hatched snail larva would have only three or four days in which to drift from its eggshell, wherever it is, and to settle as an adult in whatever patch of sea mud or rocky shore it will occupy for the rest of its life. Yet Japan, Indonesia, California, even the Northwest Hawaiian Islands—the closest landmass to the Hawaiian archipelago proper—all are weeks or months away from Hawaii by drift current. If the snails are not strictly Hawaiian, if they are found elsewhere in the world, how exactly did they cross the ocean to get to Hawaii? "They ain't getting to Hawaii by drifting there," Carlton said. "Yet nobody seems to talk about that." He is aware that, once in a great while, even a snail can win the sweepstakes and make its way from one end of the world to the other. But this does not occur anywhere near frequently enough to create a steady gene flow, at least not without humankind's help. "A lot of biologists casually invoke the ocean currents—that the reason a lot of marine species are everywhere is because they've been carried around the world by ocean currents. Ocean currents don't do that. Ocean currents have not homogenized the ocean."

At heart, Carlton's endeavor is as retrospective as it is inspective. Other invasion ecologists divide the world of organisms into two categories, native and introduced. Carlton has uncovered a third category, an array of organisms that are neither clearly native nor alien; their true geographic origins are lost in the shuffled prehistory of marine biology. Their pasts are indeterminate, perhaps indeterminable. Carlton calls these species "cryptogenic." Their very nature precludes an exact estimate of their numbers; Carlton figures the tally is large, at least a thousand. In San Francisco Bay alone, he and Cohen have found at least one hundred twenty-three species that they consider cryptogenic. Status unknown. The actual number, he says, might be twice that. In effect, Carlton has stumbled upon an epistemological frontier. Most explorers discover something tangible: a sea, a continent, a Pacific archipelago, a lost civilization. Carlton has found the opposite: a gaping pit where solid ground was thought to be, a hole in common knowledge. In one scientific paper he asks, "What were the coastal oceans like in 1899, in 1799, in 1699? No one knows: it's embarrassing to say that we lack even a rudimentary synthetic picture that would provide the first answers to these questions." Carlton has no interest in making history. He just wants to find it.

In 1984 Carlton and a group of college-age students dropped five hundred glass bottles, corked and sealed with wax, into the waters off Cape Cod, to see where the sea would take them. Each bottle contained a slip of paper with a message written in five languages:

> HELLO! This drift bottle is part of a long-term scientific research project, on the movement of ocean currents, being conducted by students of the Williams College–Mystic Seaport Program in American maritime studies.

The message noted the date and location of each bottle's release and urged its discoverer to reply and indicate when and where the bottle had been found. Carlton and his brood repeated similar exercises through the 1980s, adding several hundred more bottles to the worldwide flow. Mostly they waited—days, weeks, often months, sometimes years. Responses trickled in from farther afield with the passage of time. He heard from third-graders in New Jersey and Portuguese sailors in the Bahamas. A beachcomber in Rhode Island advised Carlton to improve the watertightness of the seal. A man in the Azores asked Carlton to sponsor his immigration to the United States. A German respondent expressed delight in having discovered a message in a bottle on a beach in France: "For the first time in my life I had such an experience and it is for me a little adventure."

The replies all arrived at the same address, that of a small stucco building across the street from the Mystic Seaport in Mystic, Connecticut, at the administrative offices of the Williams College–Mystic Seaport Maritime Studies Program. Carlton, among his many professional responsibilities, is the director of the program, which offers otherwise land-locked undergraduates the opportunity to spend an academic semester in Mystic studying the literature, history, politics, and biology of the sea. Mystic in the mid-nineteenth century was one of several bustling, poly-glot seaports along the New England coast. Men set sail for Calcutta, Hong Kong, Gibraltar; affluent women wore Smyrna silks and Turkish satins to church; the days sang with green parrots and Java sparrows brought from afar. Seamen and their families resettled from Mongolia, Africa, Cape Verde, Hawaii. Any Queequeg would have felt at home, or close enough to it. Today the seaport at Mystic is the Mystic Seaport, a cluster of quaint shops and a museum set on a small harbor. The decks of refurbished sailing ships crawl with tourists from Germany, Japan, Iowa. Once in a while, weather permitting, one of Carlton's students stands on the dock and provides passersby with a short seminar on in-vading marine species. The students live a block away in boarding-houses. During the course of their academic study, they will spend ten days doing fieldwork on the West Coast and two weeks sailing on the high seas. They must learn a maritime skill such as knot tying or celestial navigation. There are no term papers, only research papers. "This isn't 'Put on a lab coat and play at science,'" Carlton says. "This is 'Get out and find out how hard it is to extract information from nature.'"

Carlton's office—the neatest one of several he occupies, the one in which he greets visitors—is upstairs. It is a repository for an eye-opening collection of decorative crabs: plastic windup crabs, clacking wooden crab toys, crab-shaped dog biscuits, a crab-shaped catnip sack from Ver-mont, an oversize crab-shaped pillow he bought for fifty-three dollars at the Baltimore airport, and, across the room, a crab lantern, its door open, into which Carlton shoots rubber bands when sitting at his desk. At the moment, however, he was seated downstairs in the visitor waiting room. A globe of the Earth sat on a coffee table in front of him, and he used it to point out the world's oceanic currents: the Gulf Stream, the Southern Equatorial, the North Atlantic Drift. More than anything, Carlton has devoted his career to the study of biological flow—the motion of organ-isms of all kinds, by all means, to and from all places, from ancient to modern times. "Bioflow. How do things get where? What are its limits? I've got files on all possible natural vectors. Aerial dispersal; things on birds' feet, insect wings. I want to develop a thorough background." He was waving his hands over the globe like a magician. "Tens of millions of years of bioflow. Suddenly out of Africa comes this primate, and within ten thousand years it's an organized vector. Within the last five thousand years it has unraveled all the borders. Ours has become a borderless world."

The bounds of Carlton's knowledge, such as they are, are manifest in a white clapboard house up the street from his office, where he keeps his personal library. I once spent several days there at his invitation. The house had several rooms, every inch of which was awash in words. Bookcases stood floor to ceiling everywhere: a shelf for books about the Pacific Coast (A *Quantitative Study of Benthic Infauna in Puget Sound*); a shelf for books about mollusks ("my specialty," Carlton said proudly); numerous shelves packed with maritime history (*Voyage; The Seacraft of Prehistory; Sea Routes to Polynesia*). Field guides, ecology textbooks, monographs; *Introduction of Foreign Species, Dispersal and Migration; Green Cargos; The Giant African Snail; Immigrant Killers; Animal Killers; The Alien Animals.* The collected works of Thor Heyerdahl; collectors' editions of John Steinbeck's *Cannery Row.* What had no shelf sat on the floor, on a windowsill, or on some other long-buried surface, which in turn served as a platform for any number of manila folders with scientific papers about one introduced species or another: Japanese salmon in Chile, Pacific clams in Ireland, Atlantic striped bass in California. One shelf held an assortment of marine biology serials and journals: *Oceans, Oceanus, Pacific Science, Amphipacifica, American Conchologist, American Malacological Bulletin, Hawaiian Shell News, The Veliger.* Another shelf, which continued down a long hallway, held Carlton's collection of early books about evolution, including an 1868 edition of Ernst Haeckel's *The History of Creation* and Charles Lyell's *Principles of Geology* from 1830. This hallway was made considerably narrower by the occupancy of several filing cabinets devoted, if the labels were any indication, to specific introduced species: INTROS—MARSH PLANTS or INTROS—BARNACLES or INTROS—PANAMA CANAL, SUEZ CANAL, SALTON SEA.

I counted almost two dozen four-drawer filing cabinets in all, each one stuffed to bursting and piled high with more files and papers, including one entitled "Faecal Pellets." Sitting there, struggling to ingest some fraction of this literature, I felt quite small, like an intruder in the burrow of some very industrious bookworm that was itself progressing through a sea of measureless proportion. Sooner or later my tunneling led me down a hall of shelves and files and papers to the lavatory. The bathtub held several cardboard boxes, each one full of specimen jars of marine plants and creatures suspended and preserved in a yellowish scientific liquid—samples from the San Francisco Bay expedition, Carlton said, which would soon be making a cross-country journey of their own, to proper storage at the California Academy of Sciences.

There are islands, and there is getting to them. There is the sea and the crossing of it. There are vessels: rafts, dugouts, skiffs, canoes, longboats, ferries, schooners, clippers, trawlers, yachts, tugs, barges and barge carriers, bulkers, freighters, colliers, tankers (carrying oil, chemicals, fruit juice), aircraft carriers, passenger liners, landing craft, destroyers. Some ships carry nothing but what are known as "containerized goods": containers for containers and the things they contain. And what is a container but a kind of island, a division of contents unto itself? In 1778 Hawaiians jostled on the sands of turquoise bays as Captain Cook's ships, *Resolution* and *Discovery*, appeared offshore. They nudged, pointed, speculated. Look, they said: floating islands.

To Carlton, the notion that ships are floating islands is not merely figuratively true; it is literally so, and his career—indeed, an entire branch of ecology—has grown up around its demonstration. Consider the wooden ship *Arbella*, the subject of one of the hundred-plus papers Carlton has written about maritime biology. The *Arbella* sailed from England on April 8, 1630; sixty-five days later it anchored off Cape Ann, Massachusetts. Its cargo, one hundred English settlers bound for the New World, was typical of the era. What interests Carlton is not the human colonists on board, nor the livestock, plants, and seeds they carried with them. Rather, Carlton's interest is the marine passengers, the fouling community of organisms that settled onto and into the ship's hull and traveled with and plagued virtually every ship until the modern era.

The *Arbella* almost certainly carried shipworms. The shipworm is a worm in name only; in fact it is a bivalve mollusk, like a clam, mussel, scallop, or oyster, albeit a naked one. Its body is soft and elongated and entirely unprotected by its two shells, which are exceptionally small and located at what one might call the creature's front end. The sides of the shells are lined with rows of fine teeth; viewed close up and head-on, it brings to mind one of those giant rock-munching machines that some years back chewed a tunnel beneath the English Channel. Although most shipworms grow no more than twelve inches long, some grow to three feet or more—the size of a brown tree snake, at least the ones in Australia. Other mollusks burrow into sand. The shipworm burrows into wood: it settles as a larva, files away at the hull with its rasped shells, and, as it grows, mines out a tubular cavern for itself, which it lines with calcium carbonate it exudes from its body. Two small siphons, located at the back end of the shipworm, protrude slightly from the burrow into the water, filtering and ingesting plankton. When the mollusk dies, it leaves behind its tunnel, a convoluted hollow with an eggshell lining. One burrow may intersect others, or the lot of them might collapse and form a vast hollow within the hull that is entirely invisible to the outside viewer. Carlton has inserted his arm up to the elbow in the collapsed caverns of shipworms. Like the larvae of various other bivalve mollusks, the naval shipworm, *Teredo navalis*, also has the unusual ability to survive passage through the intestines of creatures that chance to ingest them. A scientist in 1938 noted: "Since *Teredo* and other pelecypod larvae are able to withstand trips through the alimentary tracts of other animals, they may be conveyed long distances from their place of origin."

Presumably the shipworm got its start long ago on submerged stumps and sunken logs, then moved, as civilizations grew more ambitious, to dugouts, rowboats, schooners, dock pilings. If ever an organism was built to travel, the shipworm is it. Pliny and Ovid wrote about shipworms. Twelfth-century vessels in the Mediterranean carried shipworms. Christopher Columbus lost two ships to shipworms on his fourth voyage in the West Indies. As early as 1590, the ports of Brazil were so notorious for shipworm activity that English ships were forbidden to enter them. Even today a fisherman in the tropics may watch aghast as his small wooden boat, seaworthy one moment, sinks at the dock. The naval shipworm first appeared in San Francisco Bay in 1913. It became so abundant so quickly that between 1919 and 1921 virtually every major wharf, ferry slip, and pier in the northern part of the Bay collapsed from it, at a modern-day cost of three billion dollars. In 1993, workers in Manhattan began the urgent repair of several piers along the Hudson River that were newly in danger of collapse: a cleaner river benefits shipworms too. Tropical species of shipworm in turn have been found in Long Island Sound just a few miles from Mystic, thriving in the warm effluent of a nuclear power plant in Waterford. I spent many childhood summers on the beach at Waterford; I learned to sail there. I find it strange now to think that for all biological intents and purposes, I was charting equatorial waters.

So Carlton assumes that the *Arbella*, a typical ship of its time, carried shipworms acquired in one port of call or another. As the ship sat at anchor, other organisms also would have found their way aboard: algae and barnacles; clams and worms that rose from the harbor floor and settled into muddy cracks in the keel; crabs and even fish hidden in the tranquil, abandoned caverns of shipworms; and of course gribbles, a kind of marine pill bug that burrows into the hull and slowly chews away layer after layer of wood. Scientists speak of the "primary film"—an initial assortment of fungi, algae, and single-celled plants that settle on a hull or any submerged surface, as eager seeds might colonize a forest clearing or a fresh lava field. The marine colonists are bound fast by mucilage, a sugary glue secreted by associated bacteria. Upon this bed an entire ecosystem blooms, a luxuriant subaqueous jungle: seaweeds and sea anemones, sponges, sea squirts, sea slugs, flatworms and roundworms, limpets and other snails, and whichever crustaceans grab hold as the ship begins to move. Carlton can only guess at precisely which organisms were aboard the *Arbella*. Nonetheless, he writes, "there is no question that the *Arbella* was a floating biological island." The fouling community on a typical wooden ship might be a foot and a half thick and would slow the craft considerably. Some vessels of the period covered their hulls with layers of tar, animal hair, and "sacrificial" elm (later, cast sheet leading came into use) as prophylaxis against fouling. But as many vessels or more used no protection whatsoever.

Carlton pictures the *Arbella* setting forth, plowing into the high seas, its next shore two months away. How many colonists survive? Which propagules shall propagate? The casual hangers-on, lackadaisical crabs and fishes, fall away early on. Others die en route, shocked by drastic changes in temperature and salinity, starved for plankton in mid-ocean. Yet others remain firm, ensconced in their tunnels or shielded within tentacles of seaweed or sleeping the hungerless sleep of spores. The new port is another estuary, the marine climate perhaps not so different from the port of departure. The *Arbella* anchors, lingers long enough for some of the organisms to feed, grow, and reproduce. Barnacles send forth young nauplii; anemones produce planulae; translucent medusae, nascent jellyfish, break off from their parental polyps like flower heads drifting from their stems. Over time the port becomes a kind of aquatic transit lounge, with sea creatures coming and going, taking residence or not. I picture frequent fliers at passenger gate, travelers so familiar with the anonymity of waiting areas it is as though they live there, or the transient men and women one sees on the street late at night.

In 1987, to better understand fouling organisms and how ships of old may have dispersed them, Carlton and a colleague, Janet Hodder, spent two months following the travels of the *Golden Hinde II*, a replica of the three-masted English ship that circumnavigated the globe under Sir Francis Drake from 1577 to 1580. The replica, built in England in 1973, had made its way to Yaquina Bay in Oregon; Carlton and Hodder kept up with it as it traveled slowly down the coast to San Francisco Bay. The ship's hull had been treated with copper-based antifouling paints; Carlton nonetheless found thriving communities of organisms on the hull, keel, and rudder. In addition, for experimental purposes, they attached panels to the rudder on which various fouling organisms soon settled. In each port of call along the way, they removed the panels, examined and tallied the survivors of ocean transit, and attached new panels in their place. In this manner, Carlton compiled a detailed measure of which organisms survived the various stages of the journey, and the temperatures and salinities they weathered along the way.

Over the course of the voyage Carlton and Hodder counted sixty-four major taxa, or groups, of species, including fifteen kinds of mollusks, twenty-seven kinds of crustaceans (a group that spans everything from crabs and gribbles to water fleas and fish lice), and seven kinds of polychaete worms. Although not all the organisms were found on every stage of the journey, the survival rate from port to port was notable. Of the twenty-two taxa that boarded the *Golden Hinde II* in Yaquina Bay, twenty-one were found when the ship arrived a day later in Coos Bay, Oregon. Of the fifty taxa that left Humboldt Bay in California, forty-six—92 percent—survived the three-day voyage to San Francisco Bay, among them young barnacles and sea squirts that evidently were born en route. A notable casualty was *Dendronotus frondosus*, a carnivorous nudibranch, or sea slug. Nudibranchs of this genus are highly mobile, wandering freely through a marine forest, grazing on hydroids. The slug breathes with the aid of elongated fleshy gills that rise from its back like branches; the animal resembles a small thornbush. Carlton found that *Dendronotus frondosus* did not survive the first leg of the ship's journey from Yaquina Bay to Humboldt; however, its cousin *Onchidoris bilamellata*, a slower-moving slug with the low profile of a limpet, was more steadfast. Carlton surmises that the larger, faster-moving slugs are more likely to be washed off during an ocean passage, victims of the old bleacher adage "Move your feet, lose your seat." Nevertheless, over the decades and centuries, large sea slugs have dispersed far and wide around the world which suggests to Carlton that they traveled under the protective canopies of what must have been massive fouling communities.

And all of this, Carlton writes, speaks only to what was carried on the outside of a sailing ship. To stay trim and stable in the water when sailing empty, cargo vessels filled their holds with dry ballast: stones, sand, gravel, or whatever debris was on hand. Upon arrival, goods replaced the ballast, which was heaved into the channel or, when that method was outlawed, piled ashore. Thus the solid earth of nations made its way across the seas. Ballast lots sprouted in the major cities of the U.S. East Coast; local botanical clubs soon flocked to view the exotic flora—bristly oxtongue (*Helminthia echioides*) from England, black bindweed (*Polygonum convolvulus*) from Europe, both now common worldwide—that arose there. No world was as new as the shipyards of Baltimore and Philadelphia and Camden, New Jersey. "As I review these ballast deposits, and detect so many strangers," one amateur botanist noted in 1876, "I feel a reawakening of that interest which a ramble about our fields and woodlands fails to create." Sightings of new plant species filled the pages of botanical gazettes: one hundred twenty-five new species in Philadelphia; sixty-four in Pensacola; two hundred fifty-eight in New York. Natural history journals sprouted lists of "ballast plants." In 1879 another amateur botanist in New York reflected that the large balance of trade in favor of the United States "has compelled a great many vessels, for want of freights on their westward trips from Europe, to come more or less laden with ballast. At the Atlantic Docks, Brooklyn, and on Gowanus Creek, vessels have for many months past been discharging it without cessation, night and day." The economy literally blossomed. Manhattan streets were built on loads of ballast several feet deep: 107th Street from Third to Fifth Avenue, 100th Street east of Second Avenue. The weight of one mode of travel provided firmament for the next. Peruvian heliotropes bloomed on Eighth Avenue, European heliotropes in the Bronx. Although many of these "waifs from abroad" would perish after a few seasons, one botanist wrote, "sufficient opportunity will nevertheless be afforded to some, not hitherto reported here, to test their endurance of

our climate and to compete with our native growths." The adaptive strate-
gies pursued by the city's indoor fauna—the social climbers, the human
wallflowers—were as well suited to the flora just outside the window. Be
pushy or blend with the woodwork. Fit in or get lost. "The less hardy
plants will be ejected by our vigorous weed."

By the 1880s the nature of shipping—and the nature inadvertently
shipped—had begun to change. Iron ships came into regular use: metal-
hulled motor-driven behemoths with cargo holds partitioned by iron
bulkheads. The ships of today carry that trend to mind-boggling propor-
tions: the largest ship currently afloat is the *Jahre Viking*, an oil tanker
some fifteen hundred feet long. The vast communities of fouling organ-
isms that once blanketed the hulls of sailing ships are largely absent from
the modern cargo vessel. Moving through the water at twenty to twenty-
five knots, such a ship is stripped free of many of the seaweeds, worms,
sea slugs, and crustaceans that might otherwise take hold. (The *Golden
Hinde* of the 1590s achieved an average speed of five knots.) Where a
sailing ship of old might linger in port for weeks or months, the modern
ship typically departs within a matter of hours, insufficient time for or-
ganisms to settle on board and assemble in any quantity. Fouling com-
munities are a costly drag: a layer of algae only a millimeter thick can
reduce a ship's speed by 15 percent, a coat of barnacles by nearly half.
Consequently, the hulls of twentieth-century ships have been coated
with successive generations of toxic antifouling paints, each one more ef-
fective than the last. (Some also damaged the environment, and have
been banned.) The paints have reduced, though not eliminated, the role
of the ship's exterior in the global transport of organisms. The Asian
green seaweed *Codium fragile tomentosoides*, common now from Nova
Scotia to the mid-Atlantic (and sometimes known as dead-man's-fingers
or Sputnik weed), first arrived in New York as a fouling organism, Carl-
ton believes. He also thinks about mobile dry docks and oil rigs, which
accumulate astonishing amounts of biomass during their long tenures at
sea, and "sea chests," those protected portions inside ship hulls into which
water is drawn to aid propulsion, which typically go untouched by anti-
fouling paints. And like malarial mosquitoes, some species of fouling sea-
weed have developed resistance to the toxins invented to eliminate
them. Shipworms, at least, are little menace to ships any longer.

The most significant change in the shipping industry, from the point
of view of a marine biologist, was in ballast technology. Ever-larger ships

required ever more stones, dirt, and debris for stability; it became easier, quicker, and less costly instead to pump seawater into and out of empty cargo holds and segregated ballast tanks as needed. A container ship traveling empty from Japan to Oregon to pick up a load of wood chips might begin its journey by filling its ballast tanks and a central cargo tank with harbor water for stability along the way. The water will be released when the ship arrives in Oregon, along with whatever marine life that water contains. In 1989 Carlton collected a few jars of ballast water from such a ship arriving from Japan and took them back to the lab for inspection. His findings were seminal, in every sense of the word. In that small volume of water Carlton found more than fifty different species of marine organisms, none of them native to Oregon: crabs, shrimps, mussels, clams, diatoms, dinoflagellates, barnacles; predators and prey; larvae and adults; zooplankton and phytoplankton—representing every stage of life, every habitat in the water column, every level in the food chain.

In *The Ecology of Invasions by Animals and Plants*, Charles Elton wrote, "Accidental carriage in or on shipping, that is in water ballast tanks or on the hull, has been a powerful and steady agency dispersing marine plants and animals around the world." Elton provided a handful of anecdotes, cobbled together from the few scientific papers that mentioned the phenomenon. That was 1958. One or two scientific papers came and went—they're all on file in Carlton's office—but until Carlton came along, nobody had studied the phenomenon in any long-term, systematic fashion. When he started out, few of his colleagues and advisers even knew what ballast water was. As he says, "I might as well have been studying those plastic things at the ends of shoelaces."

By 2000, several dozen scientific papers had been written about ballast water, a notable fraction of them with Carlton's name attached. A retrospective look at ship-trade patterns and the biology and life cycles of certain marine organisms led Carlton and other scientists to conclude that ballast water has been a vector of invasions since at least 1910, when the Chinese mitten crab—notorious for burrowing holes in dikes and levees—suddenly appeared in rivers in Germany. (It has since spread to San Francisco Bay, among other locations.) Carlton believes that the rate of ballast-water introductions has increased in the past two decades, and not simply because more researchers are investigating the phenomenon. The rate of global trade has doubled every seven years for the past several decades; some 80 percent of that trade is conducted by ship. On any given day, thirty-five thousand commercial and private ships are in motion, carrying—and dumping—billions of gallons of ballast water: from Seoul to San Francisco, Tokyo to Tasmania, the Black Sea to the Great Lakes, Brazil to Seoul.

Carlton, in effect, is a biologist of human commerce. Other ecologists conduct their fieldwork in rain forests, coral reefs, or tropical atolls, the kinds of settings that urbanites work and save for years in order to visit just once. Carlton's field sites are about as far from the classical definition of a natural paradise as one can get. He prefers marinas, seaports, docksides: the ports of departure for those other, Edenic places; the stepping-off points in our species' ceaseless drive to explore the worlds away from our homes. I suppose that was one reason for my own interest in him. It is one thing to appreciate the homogenizing impact of introduced species away from home, against a remote and exotic backdrop like the rain forests of Hawaii, where the contrast is stark. But how readily would it stand out in more familiar environs, in the semi-urban habitats that the majority of the world's people actually inhabit? I was interested too in the nature of nature. The average person living in so-called civilization is inclined to view nature as a world apart from the realm of humans—a semantic construction that, while understandable, unfortunately reduces nature to an entity that we cannot actually inhabit. "The natural world is far more dynamic, far more changeable, and far more entangled with human history than popular beliefs about 'the balance of nature' have typically acknowledged," writes the environmental historian William Cronon. "The task is to find a human history that is *within* nature, rather than without it." Jim Carlton, it seemed to me, was up to his elbows in exactly that.

16

"Here's a nice little seaweed," Carlton said. It was eight a.m., and he sat cross-legged on a floating dock in the San Leandro marina, a few miles south of Oakland on the east side of the Bay, poking through what looked like a green, waterlogged feather duster that he had just pulled up from the dock's underside. The leisure craft of the local privileged—small yachts, sloops, pleasure cruisers—sat at ease around him. The water, olive and murky, was as slate to a bright and cloudless sky. From time to time the Oakland airport indicated its proximity with the passing, directly overhead, of an enormous roaring jet.

San Leandro had been the first stop of the day. After disembarking from the van, the crew of biologists quickly fanned out to strategic points on the marina dock. Andy Cohen eyed one of the large Styrofoam buoys underneath the dock that helped keep it afloat. Just below the waterline, a bright forest of organisms had assembled itself. Cohen reached down and began ripping off handfuls of life and spreading it in the sun: dark mussels, orange sponges, small grayish oysters, delicate strands of green seaweed, saggy yellow stumps of sea anemones. Claudia Mills, from the University of Washington, had dropped a plankton net—a long cone of fine mesh, similar in appearance to a wind sock—into the water and was reeling it back up to the surface. With a handheld dredge, John Chapman of Oregon State University was hauling up mud from the estuary floor. "Claudia's looking for jellyfish," Carlton said. "John is always scuzzing for amphipods." At one point Carlton lay on his stomach and dipped a salinity meter into the murk. "Anyone want to guess the salinity?" The salt content of mid-ocean seawater is about thirty-five parts per thousand; of freshwater, zero to one part per thousand. The marina was several miles from the Pacific headwaters of the Golden Gate, so Carlton put the local salinity somewhere in the low twenties. He checked the meter: "Just about twenty on the nose."

Encompassing some sixteen hundred square miles of surface waters, the San Francisco Estuary is one of the largest freshwater and estuarine ecosystems in the United States. The estuary spans four linked embayments and the Sacramento–San Joaquin river delta. San Francisco Bay proper, which begins in the south around Palo Alto and Fremont and runs north to San Rafael and the San Quentin prison, is only part of it. Carlton's studies also include San Pablo Bay, just north of the Richmond–San Rafael bridge, and continues some way into the Sacramento–San Joaquin river delta. This broad area contains representatives of most every kind of aquatic habitat found in the warm and cool latitudes of the nation. There are fresh, brackish, and saltwater marshes, sand flats, mudflats, rocky shores, beds of eelgrass, shallow-water ecosystems on a variety of sediments. Salinity, one of the key factors governing which species of aquatic organism live where, runs from near-ocean readings at the Golden Gate Bridge down to single digits near the mouth of the Sacramento River. A few organisms, including the introduced European green crab, can tolerate a wide range of salinities. But most inhabit very narrow spectra of saltiness, which limits their potential range, although even these limits are changeable: shifting tides, rainstorms, and droughts can dramatically lower or raise the local salinity in large portions of the estuary.

On the whole, the wide variety of habitats and potential inhabitants make the region "an ideal theater for assessing the diversity and range of effects of aquatic invasions," wrote Carlton and Cohen in their summary for the Fish and Wildlife Service. Their follow-up surveys are designed to collect specimens from as many different locations as a handful of biologists can reasonably visit in a week. This year, eighteen sampling sites were on the itinerary. Many were marinas, each with a slightly different salinity. Large commercial shipyards, not small marinas, are where the greater number of foreign marine organisms are first introduced, but marinas are the better locus for an ongoing survey of the problem, Carlton said. To begin with, marinas are safer and easier to access, and limiting the survey to marinas lends a standardized element to the study. Also, not all commercial-shipyard supervisors warm to the prospect of scientific investigators swarming around the property, regardless of what those scientists might be investigating. Moreover, Carlton's main interest is in understanding how introduced organisms spread and become established once they've arrived, not simply what happens at their point of arrival.

"A lot of things don't survive past the drop zone," Carlton said. He was examining the shapeless mass of seaweed in front of him. "It may be a *Bryopsis*, introduced from somewhere. Boy these are handsome!"

Bryopsis is a broad genus of marine algae, or seaweeds. Like all weeds, the *Bryopsis* are hardy and liable to pop up anywhere: most visibly on natural or man-made floats, or at the low-tide mark of wooden pilings. They were common hangers-on in the days of ship fouling and have traveled widely as a result. The strands of seaweeds are themselves a movable feast, host to any number of microscopic organisms that feed, live, and incidentally ride on their edible surface. What those subvisible organisms might be, Carlton would later determine in the lab; for now, he put the specimen of *Bryopsis* in a jar of seawater. Meanwhile, the other biologists were coming and going on the dock, presenting Carlton with their own discoveries. Dislocated life-forms accumulated in a heap around him: a cluster of Japanese mussels, each hardly larger than a fingernail; the calcified burrows of a colony of tube worms, which rather resembled a small, crusty pipe organ; globs of sponges. Most of the organisms arrived not in single units, but in tight-knit, intermixed clumps: barnacles on mussels, seaweeds on barnacles, everything clinging tightly to everything else, with tiny isopods, like pill bugs, trundling around in it all. Carlton, handling one such clump, inspected what looked like a row of small, glutinous ball bearings.

"Most of these yellow things are anemones," he said. Removed from the water, the anemones had withdrawn their tentacles and turned inward to conserve moisture. "*Haliplinella luciae*. They're Japanese. They first showed up in Rhode Island in the 1880s and '90s." From across the dock, the other biologists were shouting out the names of the organisms they were pulling up: *Mytilus galloprovincialis, Schizoporella unicornis, Molgula manhattensis.* My skills suited me to the task of writing down all the scientific names as they were called out. At one point Carlton pried apart an encrusted, living mass of exotic matter and uncovered, at the bottom of everything, a small whitish oyster. "What's native here? This tiny oyster, that's about it."

The San Francisco Estuary has received so many introduced marine organisms largely because it has for so long attracted human mariners. Propagule pressure. The estuary is a vast, sheltered, and penetrating waterway; the sea-lanes stretch from the coastal headlands to the inland port cities of the Central Valley: Pittsburg, the outskirts of Stockton. The port of Oakland—a sprawling workscape of cargo ships and gargantuan cranes, the alleged inspiration for the sinister, oversize combat vehicles in *Star Wars*—is by some measures the largest in the United States. The nation's last whaling station, a blood-rust carcass of a building, sat on a lonely stretch of shore on San Pablo Bay until it was finally dismantled in 1998. The first ship known to have entered San Francisco Bay, the *San Carlos*, arrived in 1775; ships soon flocked there from both the Atlantic and the Pacific oceans. By the early 1800s the estuary facilitated a steady export of lumber, hides, and furs; with the 1848 gold rush, the region blossomed overnight into an international center of shipping and trade. The native creatures in the estuary had always been subject to the vicissitudes of nature: currents, waves, winds, and storms—seasonal, annual, or sudden—that altered the local salinity or eroded the sediment of their habitat and sent it elsewhere. And their numbers may have been thin to begin with, Carlton believes; the estuary is only seven thousand years old, relatively young in ecological terms. Now an additional array of disturbances came into play. Rivers were diked; channels were dredged; marshes and mudflats were filled. Dams rose up, rivers changed course, shorelines were redirected, and sediments and toxins poured in from new sources: farms, mines, refineries, factories, ships, cities. New habitats were etched—seawalls, pilings, riprap—and old slates wiped clean.

Most occupants of an ecosystem as fluid and abruptly changeable as an estuary are accustomed to disruption: a mudflat might be washed lifeless, but enough native mud crabs and native mud snails are floating around in larval form that sooner or later, somewhere, they settle down and the population of native mud crabs and mud snails rebuilds itself. After 1848, however, the disruptions in San Francisco Bay became ever more frequent and abrupt, and each new tabula rasa made way for a novel array of exotic contenders intent on—and adept at—eating, settling in, and spreading out. With the completion of the Transcontinental Railroad, in 1869, East Coast oysters were introduced to the Bay along with a host of oyster hitchhikers. "A single oyster shell may have upon it representatives of ten or more invertebrate phyla, comprising dozens of species," Carlton has written, "and these numbers can be greatly increased when oysters are packed together for shipment with associated clumps of mud and algae." In the subsequent four decades, Atlantic oyster seed was sent west and planted by the millions. Pollution and the changing hydrology of the Bay shut down the industry after the turn of the century; a minor industry based on the Japanese oyster thrived briefly in the 1930s. By then, Carlton says, the incidental companions of oysters had already made themselves apparent. By the 1890s several clams and snails common on the East Coast were recorded in the Bay: an oyster drill, a gem clam, a marsh mussel, two species of slipper limpets, a mud snail. In 1946 the Japanese mussel *Musculista senhousia* and the Japanese clam *Venerupis philippinarum* were collected. Of all the introduced marine organisms Carlton has found in the Bay so far, 15 percent— some thirty species—came in with Atlantic oysters, he figures; the Japanese oyster is associated with another 4 percent. In describing the introduction of marine species, marine biologists sometimes resort to a hypodermic analogy. For a century and a half, writes Carlton, the human traffic has subjected the Bay Area "to both multiple and massive inoculations of exotic species." Today San Francisco Bay is home to more species of exotic invertebrates than anywhere else on the West Coast.

By three o'clock Carlton and company had made their way a few miles farther up the east side of the Bay, to a marina operated exclusively by and for the U.S. Coast Guard. Here was another floating dock, one much smaller than the last, upon which the biologists again threw themselves to extract nature and its information: temperature, salinity, seaweeds and sponges and mussels detached from pilings with an audible rip. "Here's a flatworm," Carlton said, noting one squirming deep in a knot of dislodged sea life. Flatworms, he conceded, are not glamorous subjects; consequently, there are fewer flatworm biologists than some might wish. "There's a whole career in there; the world would beat a path to your door." At one point he and Cohen located a large, flat rectangle of Styrofoam floating loose in the water alongside the dock. With some effort they turned it over. The underside was a thick slime jungle, a gloppy, multicolored mat of sponges, sea squirts, and bryozoans. Carlton and Cohen pulled off a few specimens for their sample jars, then tried to turn the float right side up. Its large size, however, and the fact that 90 percent of its mass was now on top instead of underneath, made it impossible to right. After several minutes of futile effort, they gave up. "Uh, let's just walk away whistling," Carlton said.

Nearby was a narrow, sheltered beach. Carlton and Cohen walked down to it and began to stroll its length. They flipped rocks over with their feet, so I did the same. A snail caught my eye, and I picked it up. It was small and whitish and looked pretty much like every beach snail I've ever seen—with good reason, Carlton said. "That's *Littorina saxatilis*, the Atlantic periwinkle. It's the common snail of the East Coast." The snail grazes on algae and has the potential to drastically—if subtly, to the average human eye—alter the intertidal environment. The overall effect might be not unlike the introduction of a herd of tiny, slow-moving aquatic goats. In 1993 Carlton discovered the first population of *Littorina* on the West Coast, at the marina in Emeryville, next to a public boat ramp. He strongly suspects that it arrived hidden in the seaweed in which live bait-worms are packed and shipped from Maine to San Francisco; fishermen habitually toss the seaweed from their boats into the water. More than once, Carlton and Cohen have casually inspected shipments of bait-worms and found live snails in the seaweed; as many as a million bait-worms are shipped to the area each year. Carlton and Cohen had collected more than a hundred specimens of *Littorina* in Emeryville. "We've been watching the population, wondering if we should eradicate it," Carlton said. It so happened that the specimen I'd picked up was the first they had seen anywhere other than Emeryville. Already Carlton had mentally sketched out a scientific paper in which he describes a second, newly established population of *Littorina* in the Bay. "Find two more of these, and you'll be a coauthor," he said.

An invasion biologist is frequently in the awkward philosophical position of admiring an organism that, by all accustomed measures, should at best be maligned. An introduced species may be a nuisance, even a menace, but it is also, in a sense, a winner, and even a biologist can't help but be impressed, in a scholarly sense, by a winner's ability to survive. "And not only survive but become phenomenally abundant," Cohen said. "I think everyone who works in this field is impressed by that. That's part of what draws people to it. We root for these things all the time, though we don't admit it."

"Yeah," Carlton said. "I got excited when I saw that second population of *Littorina saxatilis* in the East Bay. I'm sorry to see it established here; I suppose I should have had a little wake or gone out with some flame-throwers. Yet as an ecologist, it interests me that it is getting established and how it will spread—and how difficult that is to measure. I mean, it would be an incredible labor of love to figure out where *Littorina saxatilis* is right now. Its distribution is very patchy; they're hidden among rocks, in the dark. It's fortuitous how we found them. That means there are probably a fair number of little colonies of them kicking around."

"And it's unlikely that anyone else will notice it, or notice that anything is different," Cohen said.

"It's probably in a fairly early colonization stage," Carlton said. "We have no idea how abundant it will become in the Bay."

They made their way back to their colleagues, who were still dredging off the docks; then everyone tallied their gains and piled back into the van. If they limited their time to two hours per site, including driving time, the group would hit its goal of visiting nearly two dozen sites in the coming days: docks, wharves, boat slips, and pilings, each site a slightly different habitat from the next, each with its own suite of exotic marine slimes, encrustations, seaweeds, and worms to rip off, pull apart, and note down.

"Shipworms! I got shipworms!"

"I've got mysids!"

"Who wants this flatworm?"

"Here's a baby *Hemigrapsus*."

"That's not *Hemigrapsus*, it's *Pachygrapsus*."

"What's that gunk over there on the dock?"

"It's dried gunk."

"This sieve is rusty. It's great except for the big hole."

"I didn't get a grant to pay for it, like you guys do. I bought it on sale."

"Where, at KMart?"

At the larger and ritzier marinas, Carlton or Cohen would spend a few initial moments chatting up the dock supervisor while the other biologists got to work. Others began with a surreptitious climb around a chain-link fence and ended with a warning call from Carlton: "Work with alacrity, folks. We may be kicked off soon."

Channel Street is a two-lane thoroughfare along the coast at the southern edge of San Francisco. A grassy ridge parallels the western side of the road; beyond it is sand, then the Pacific. In the late nineteenth century, Channel Street was an open waterway, one of several that carried raw sewage from the city out to sea. This channel in particular, a health officer wrote at the time, "smells to Heaven with a loudness and persistence that the strongest nostrils may not withstand and the disinfectants of a metropolis could not remove." Today the Bureau of Water Pollution Control has its headquarters on Channel Street. From the road, the only visible aspect of the bureau is an enormous corrugated-steel garage door built into the hillside, and a security telephone. Carlton used the phone to dial a guard somewhere inside; presently, the door was raised and a warning siren blared. He steered the van through a concrete tunnel into a central concrete parking lot surrounded by high concrete walls. The place was vast and ghostly, even in daylight, and had the air of a heavily armed fortress.

A certain fraction of the Bay's aquatic inhabitants were scientifically identifiable with the naked eye as Carlton and his colleagues pulled them from pilings and floats and piled them on the dock. But most were too small, or their defining characteristics too intricate, for even an experienced marine biologist to quickly tell what was what or to say which species were native to the Bay and which were newcomers. So for the next few nights and through the weekend, the bureau laboratory would be occupied by Carlton's survey team and its microscopic preoccupations. Andy Cohen had set up the arrangement. The lab was spacious and sparkling clean, with wide workbenches, comfortable stools, and cleaning areas with steel sinks and spray-nozzle hoses. When I caught up with the expedition one afternoon, the crew members were spread throughout the room, each peering into a microscope at some teaspoon fraction of any one of the dozens of sample jars of specimens collected earlier in the week.

With some excitement, Carlton motioned to his microscope, where he had an isopod in focus. I looked through at what resembled a fourteen-legged armadillo wandering through a moonscape of barnacles and collapsed anemones. Isopods are the marine equivalent of potato bugs; this one belonged to the genus *Sphaeroma*, although Carlton had not yet identified the precise species. Whatever it was exactly, Carlton previously had seen it only on the east side of the Bay; this year, for the first time, he had found a population on the west side. "I should be able to get a species name on it when I get back home," he said. "Oftentimes you only get one or two specimens, so you're not sure whether to make a big deal of it." Usually *Sphaeroma* is found in wood pilings, in the mud, or in the vacant tunnels of shipworms. Carlton has discovered that on the West Coast, the isopod has a tendency to burrow into Styrofoam floats and buoys, for which reason he has begun referring to the genus as *Styroma*.

Across the room, Cohen had a bryozoan in focus. "A bryozoan" in fact is a tight-knit colony of individual bryozoans, or zooids, each one little more than a tiny lump of digestive tract in a calcareous box. From each box, a small fan of tentacles waves about and draws food in. Tech-

nically the bryozoan is an animal. Bryozoans grow in clusters of thou-
sands of identical units, an interconnected network of food processors.
Bryozoan colonies assume various forms, depending on the species.
Some are flat and reticulated and can blanket broad portions of rocks,
floats, and wooden pilings; to the naked eye they somewhat resemble
lichen. Others assume a more upright, branched form and resemble
(under a microscope) dense forests of greedy, grasping trees. (One text-
book informed me that "many people have erect bryozoans in their
homes without knowing it.") The bryozoan colony Cohen was looking at
was of the branching variety, and a tiny mat of it had settled around the
even tinier branches of a sponge. Carlton walked over and peered in.
"This is a mess, isn't it?" he said, impressed. "It's like living in a thorn-
bush. You wouldn't think space is that valuable, would you? If they had
voices, they'd be going, 'Ooo! Aah! Oow!'"

The study of marine invertebrates, even more than the study of ter-
restrial invertebrates, demands a unique combination of patience, devo-
tion, and strength of eye. Yes, the soil of the earth is filled with countless
species of subvisible microbes and insects. But soil is only the thinnest,
outermost layer of Earth's skin. In contrast, the sea is miles deep and
thousands of miles wide; it covers 71 percent of the globe's surface, its
total volume is eleven times greater than all the land above sea level
combined, and virtually every cubic inch of it is teeming with inverte-
brate life—much of it microscopic; most of it unseen or unidentified;
most of the remaining, fractional portion that has been retrieved and ob-
served comprised of fragile, translucent, and dazzlingly intricate organ-
isms seemingly indistinguishable from every other species of fragile,
translucent, and dazzlingly intricate organisms. Carlton said, "There are
people who look at invertebrates by habitat, others by a strictly taxo-
nomic orientation, others with a broader ecological context, like I do
with introduced species. But it seems to me, when they fall in love with
an invertebrate group, they're fascinated by the morphology. You learn
about the taxonomy; a great number of species are not yet described. It
all becomes great fun. But unless you're a museum systematist, it's some-
thing of a hobby."

In the eighteenth century, the Swedish botanist Carolus Linnaeus
laid out a scheme that classified the world's life-forms into groups, or
taxa, according to the physical shapes of their bodies. A century later Dar-
win's notion of evolution was added to the mix, such that today the Lin-

nean system, while still concentrated on morphology, classifies organ-
isms based on their ancestral relationship to one another. Toward the end
of the nineteenth century, however, the German biologist Ernst Haeckel
proposed an alternate but complementary classification schema—still in
widespread use today—for the marine organisms, based not on how an
organism looks, but on where it lives. Haeckel divided the sea's inhabi-
tants into two groups: the benthos (Greek for "deep"), which live on or
in the seafloor; and the nekton (from *nektos*, "swimming"), which en-
compassed everything else above the benthos. Isopods, anemones, flat-
worms, bryozoans, horseshoe crabs, clams, limpets, corals: the benthos
are sedentary creatures, often immobile, in any case limited mostly to a
territory of two dimensions. Fish, sharks, squid, whales, and all things
swimming are nekton. By subdivision, later scientists created a third cat-
egory: the "wandering" (*planktos*) plankton. The plankton are those
organisms—mostly but not exclusively quite small—that do not swim
freely as the nekton do: krill, seaweed seeds, the drifting larvae of sea
snails. Although some plankton possess tiny appendages with which they
flail against the water, overall their travels are determined by the drift of
tides and currents. The distinction boils down to locomotive ability: nek-
ton can move willfully against a current; plankton are at the whim of the
flow. It is the difference between a mariner and a castaway, an ocean
liner and a lifeboat, a voyaging canoe and a balsa wood raft. Forget the
countless species of terrestrial insects: by far the most abundant form of
biological matter on Earth is plankton—particulates of life mostly, going
nowhere in particular and in no particular hurry.

These three categories—nekton, plankton, and benthos—span the
boundaries of Linnean classification. For example, the plankton include
members of both the plant kingdom (phytoplankton) and the animal
kingdom (zooplankton). Members of the zooplankton include every-
thing from jellyfish (phylum Cnidaria) and their cousins the comb jellies
(Ctenophora), to shrimps (Arthropoda), some snails (Gastropoda), all
the way down to single-celled protists of the genus *Globigerina*. Picture
the *Globigerina* as amoebas encased in fragile shells, which they manu-
facture from cemented grains of sand or from calcite they absorb from
seawater. Upon the death of the animal, the shell drifts to the ocean floor
to join a thick, billowy layer of micro-shell muck known as carbonate
ooze. The ooze accumulates at an approximate rate of two inches every
thousand years; scientists estimate that one-third of the ocean floor is cov-

ered with a layer of carbonate ooze anywhere from half a mile to three miles thick. The chalk cliffs of Dover are comprised largely of ancient, uplifted beds of carbonate ooze—mountains built on microscopic backs. Among phytoplankton, the tiny dinoflagellates are perhaps most common. Each consists of a single cell, with a handful of chloroplasts for photosynthesis and two tiny flagella to whirl around with. They are like plants with tails; some are elaborately armored with horns or spines. If conditions are right, dinoflagellates divide and multiply into massive blooms that turn the water red or green or brown. Dinoflagellates and diatoms—single-celled plants, many with no means of propulsion— constitute the bulk of plant life in the sea. Science books often refer to them as "crops" and "pasturage" on which the rest of sea life grazes. In the marine food chain, they are most of the food.

Of the three categories, that of plankton is the most plastic. Some plankton are simply nekton in transition: the larvae of many fish may spend days or weeks drifting as plankton. A great many benthic invertebrates—sponges, anemones, corals, mussels, crabs, barnacles, sea stars—cast planktonic larvae into the currents. Many phytoplankton are merely the seeds of seaweeds and stationary sea plants. Some species (known collectively as holoplankton) spend the whole of their lives in planktonic form: krill, for instance, and the transparent arrowworm. Others (the meroplankton) devote only a portion of their allotted time, usually the larval part, adrift in the water column. The jellyfish is one. A few species of jellyfish are incapable of swimming; the adults, which have no tentacles, creep around on mats of algae and underwater stones, eating whatever they can find. The two hundred or so other species are more familiar. The adult medusae waft through the seas, all gelatin and nettle. When the time comes, they produce sperm and eggs, and the fertilized conjunction—the planula, shaped like a microscopic sausage— settles and forms a small polyp, or scyphistoma. Under a microscope, the polyp looks rather like a blossom, with waving petals that herd food particles toward a central opening, the animal's mouth. Over time, the body of the polyp changes into a column of individual disks; one book I read compared the formation to a stack of hotel ashtrays. One by one, the disks are cast off. These are young jellyfish, free to live the meandering life.

Claudia Mills was looking at something like this through her microscope. Mills, a member of the annual Bay expedition since its inception in 1993, is an expert on jellyfish and their cousin comb jellies. The present specimen, a young comb jelly, had come from a marina toward the southern end of the Bay, where the team had gone at six o'clock that morning. At the moment, the animal was in its rooted form, growing at the top of what looked like a stem, and went by the species name *Ectopleura crocea*. It was an astonishing little creature, a translucent red daylily, winking. It too was an invader, noted in the Bay since the 1850s, but like so many alien species, its potential impact was unclear. "It looks as much like a flower as an animal can look," Mills said. "It's something we expected to find at several sites, but we only found it at two."

The biologists Carlton and Cohen assembled in 1993 were invited based in part on their invertebrate specialties. Their combined expertise would make the study of impossibly small and seemingly indistinguishable organisms at least marginally easier. John Chapman, from Oregon State University, volunteered with a deep knowledge of small crustaceans: isopods, mysids, cumaceans. Leslie Harris, from the Los Angeles County Museum of Natural History, knows the polychaetes, a diverse class of bristled, segmented sea worms that comprises more than five thousand species. She drew my attention to a specimen she had identified in one of the Bay samples. Its skin was a translucent red, tinted most likely by the algae the worm feeds on, Harris said. Through its skin I could clearly make out a single blood vessel that ran the length of the worm; a welt of blood pulsed from one end to the other, steadily as a metronome. In recent months Harris has taken an interest in a South African species of polychaete that lately has devastated California's abalone industry. The worm bores into the shells of living abalone; it does not harm the animal nor damage the meat. However, the shells of afflicted abalone are left misshapen—"like baseball caps," Harris said. Alas, baseball caps do not sell well in the seafood section; sales of abalone have plummeted.

Suddenly Carlton called out from across the room, "I've got *Corophium* here!"

It was *Corophium brevis*, a tiny, shrimplike amphipod that serves as a food source for many fish. It was a Bay native, which seemed to explain Carlton's excitement. Still, his announcement failed to elicit a response from the other biologists, absorbed as they were in their own microworlds.

"Nobody's listening," Carlton said to the room at large. "I could have thousand-dollar bills here, but nobody's listening."

Carlton had two microscopes set up in his work area. He shuttled

back and forth between them, slipping glass petri dishes under one lens
or the other and taking note of the residents: a spionid worm; a diminu-
tive hermit crab; some small, shapeless snail larvae that Carlton de-
scribed, fittingly, as "blobby goobery." He inspected the movements of a
flatworm, a spotted, amoebalike mass as large as a nickel. Two small eyes
rose on stalks at what was, apparently, the front end. Under the spotlight
of the microscope, the flatworm glided across the petri dish with an ele-
gant fluidity, like some hybrid of a flounder and a leopard-skin rug. Carl-
ton next turned his attention to a pycnogonid. "Ever seen a sea spider?
They're called that not because they're spiders, but because of their gen-
eral morphology." The pycnogonids comprise one of several classes un-
der the arthropod phylum, which also includes the crustaceans, insects,
and arachnids, or true spiders. The pycnogonid Carlton had in view did
indeed look spidery, despite the distant relationship. On ten long legs it
proceeded gingerly across a potholed microscape, like Charlotte on rick-
ety knees. "I don't know which sea spider it is, frankly," Carlton said. "But
it's a classic fouling organism. It's deeply embedded in communities that
are otherwise introduced."

In a landscape as confined and confounding as that of marine inver-
tebrate biology, populated as it is with mobs of transparent, multi-legged
blebs that might be the planktonic stage of just about anything, it
helps to have directions. Enter the identification key. Over the years,
taxonomists—specialists with an in-depth knowledge of a particular
group of organisms—have assembled a variety of manuals, or keys, to
help the less-specialized biologist identify whatever odd or unfamiliar
plant or animal presents itself under the microscope. Dozens of such
books were on the shelves in the bureau laboratory, and every member of
the Bay survey team had one or more propped open on his or her work-
bench. *Intertidal Invertebrates of California. Hydromedusae of British
Columbia and Puget Sound. Pacific Coast Pelagic Invertebrates: A Guide
to the Common Gelatinous Animals.* One guide opened on a bluntly
honest note: "The identification of marine plankton is a tedious yet fas-
cinating undertaking."

A key such as this functions as a guidebook: you compare the un-
known organism in front of you to a series of increasingly precise de-
scriptions of known organisms in the book, following along until you
achieve a positive identification. Is your organism "elongate, cylindrical
or chain-like"? Does it have "spines about twice the body length, not

widely spreading"? Then it must be the echinopluteus larva of a sea urchin. Does it instead possess "spines more than twice the body length"? Well, then, that's an ophiopluteus larva of a brittle star. If it has "ciliated lateral bands, leaf-like in appearance," then you are looking at the auricularia larva of a sea cucumber. If it has "tentacles or developing feet," that's the brachiolaria stage of a starfish.

For the purposes of deciphering the contents of San Francisco Bay — what's native, what's introduced — by far the best general manual is a blue hardback book entitled *Light's Manual: Intertidal Organisms of the Central California Coast, Third Edition*, which represents the edited insights of dozens of individual taxonomists. Even Carlton was consulting a copy, although one might think he would already know everything in it: he edited it. The first edition, assembled by an invertebrate biologist named Sol Felty Light, was published in 1941 and titled simply *A Guidebook to the Intertidal Invertebrates of Central California*. The second edition appeared in 1954 and had five editors, including Ralph Smith, a zoologist at the University of California at Berkeley. In 1973 the aging Smith encountered a promising young marine biologist named Jim Carlton and invited him to coedit the third edition. The fourth edition, incorporating the insights of more than a hundred taxonomists on the Pacific Coast, is in the works. Carlton is the sole editor; he plans to rename it the *Light and Smith Manual*, in honor of his former colleague, who died in 1993. For some time now, Carlton has been meaning to assemble an oral history of the aging taxonomists, to record their accumulated knowledge, but so far he has not gotten around to it. "Every time one of these geezers dies, I feel terrible."

Cohen's voice came from the other end of the room. "Have you identified that *Limnoria*, Jim?"

"I'm working on it."

One of Carlton's microscopes had in focus a chunk of decaying wooden piling collected from a floating dock near downtown San Francisco. The wood had been gnawed heavily by an isopod of the genus *Limnoria*, also in view. It was white and fat and grublike; Carlton had yet to determine its precise species. His attention was momentarily drawn to the wood itself and to several tubular boreholes that ran its length, one of which held a slender white shipworm. Rough handling had torn open its body like a peapod: inside was a series of what looked like tiny white clams. "We've broken open the brood chamber," Carlton said. "Here's what shipworms look like in the planktonic stage. Very few people in the world have seen this."

He focused again on the isopod *Limnoria*. "They're known as the termites of the sea. Probably he's not doing so well, as his head is partly crushed. These are an introduced species, another one of our Flying Dutchmen. I don't know the origins, but it wasn't here in early records. Look at all these galleries." He directed my attention to a network of small grooves in the wood gnawed out by the isopods. "They create the classical hourglass shape on dock supports. They bore from the outside in, whereas shipworms bore from the inside out. Look at that little *Limnoria*, looking up at us with his black beady eyes."

To Cohen he said, "It's either *Limnoria tripunctata* or *Limnoria quadripunctata*. It could be *lignorum*."

"I thought we never saw *lignorum* in the Bay."

"Oh, maybe around the Golden Gate."

Carlton looked back into the scope, then directed me to look again closely. From the hind end of the isopod extended what looked like the open ends of several tiny green tubes or pipes. Amid the tiny tubes grew tinier stalks, each with a globule at the end, like a pinhead. From time to time, from the end of the green tubes at the end of the *Limnoria*, minuscule horseshoe-shaped probes popped briefly into view, then disappeared again. "These *Limnoria* have a little commensal organism on their backs, called Mirofolliculina," Carlton said. "It's a protozoan that lives on these things—just on *Limnoria*, as far as I know. Are those cute or what?" The pinhead stalks, he said, were yet a third organism altogether, another form of protozoan. "And midships, on the left side of *Limnoria*, there's a little discontinuity—that's a commensal copepod." Sure enough, I could make out a translucent lump, vaguely reminiscent of a crustacean, firmly attached to the isopod; it wasn't parasitic, merely adapted, barnacle-like, for a permanent ride. "There's a paper in German about commensal copepods on *Limnoria*," Carlton said. "This one hasn't been recorded before in the Bay."

Cohen came over and took a look. "That looks uncomfortable, all those things growing out of your butt."

"It's a veritable fuzzball of commensals," Carlton said. "The rats have fleas, which have smaller fleas."

17

The Bay survey team includes on its itinerary of sampling sites Lake Merritt, a small, brackish lagoon surrounded by a public park smack in the center of downtown Oakland. In 1870 the lake was established as a wildlife refuge, the nation's first. A murky pond amid dull greenery, with an empty parking lot and several nearby office towers for company, Lake Merritt today is more a lunchtime refuge for lawyers than a haven for threatened fauna. Nonetheless, it holds special interest to marine invertebrate ecologists, one in particular. "There are a lot of introduced species here," Carlton said. "Originally it was a slough attached to the Oakland estuary. Since then it's been a highly urbanized system." The team of biologists, having tumbled out of the van, had taken up stations along a floating dock that extended out into the lake. Carlton sat out at the end, sifting through a soggy heap of living matter he had pulled from one of the supporting floats. He yawned and stretched and looked out over the water, which was green with algae. "Boy, is this water productive or what? The phytoplankton are just *blooming*."

For all intents and purposes, the modern study of marine biological invasion began on a September afternoon in 1962 during a Carlton family picnic to Lake Merritt's meager shores. Jim Carlton was fourteen. Hoping to expand his seashell collection, which he had been accumulating since age nine, he wandered down to the lakefront. He jumped from a small bluff down to the beach and landed on something hard: a clump of crusty organic tubes, what looked like a petrified hornet's nest, but obviously marine in origin. Later Carlton would come to know it as the characteristic housing of tube worms, which live underwater in dense clusters of slender tubes that they manufacture from calcium carbonate. At the time, however, the young collector did not know what he'd found, so he took it home and showed it to his mother, who promptly relegated it and him to the basement. The following week, he wandered back to the park's nature center and sought enlightenment in the exhibits. His attention was drawn to a specimen identical to his and labeled MERCIERELLA ENIGMATA. "It was misspelled: it's actually *Mercierella enigmatica.* Today it's called *Ficopomatus enigmaticus.*" The two words that seduced Carlton that day, however, were written below the species name and described the native origin of the tube worm: SOUTH SEAS.

How had it arrived there? What else in the lake was foreign? Beginning right away, until 1974, Carlton conducted a twelve-year survey of the biological contents of Lake Merritt. He established ten sampling stations along the margin of the lake and visited them weekly with specimen containers. He built a laboratory in his parents' basement, complete with microscopes and ten burbling ten-gallon marine aquariums. With the generous help of various old-time systematists at the California Academy of Sciences, he taught himself invertebrate biology and taxonomy. "I first wandered over there in 1962, when there were folks who'd begun their careers in the 1910s and '20s. Almost all of them are gone now. From the age of fifteen on, I began visiting on a regular basis, taking the bus over, dragging my species with me. The academy didn't have sponge people, hydroid people, polychaete people. But they taught me how to send my species to experts around the world: how to box them, where to mail them. I was shipping stuff to Canada, to Germany. Everyone helped me. They'd write back, 'Dear Dr. Carlton . . .'" Many of the responses also included the phrase "No previous record on the Pacific Coast." Again and again the adolescent Carlton was discovering species in Lake Merritt that by all biogeographical logic should not have been there. His success rate was a function of sleepless diligence and his incidental choice of a nonclassical environment. "Nobody had been collecting in the brackish, estuarine areas around the Bay. Who'd want to muck around in the backwaters? Being young and naïve, I tackled everything: nematodes, polychaetes. I wanted to know it all, no matter how big or small." He wrote his first scientific paper, on the fauna of Lake Merritt, for the *News of the Western Association of Shell Clubs,* at the age of fourteen. Many of the species Carlton described then are still thriving in the lake, including a small Asian shrimp that Carlton—now peering down into the water at an active specimen—had suddenly taken an interest in. "It was introduced by a ship from Korea in the 1950s, during the

Korean War. I used to catch it as a kid, when it must have just arrived. It pops up now in places like Coos Bay, in Oregon."

The exotic mysteries of Lake Merritt were merely a hobby, a diversion largely unknown to young Carlton's friends. In junior high and high school, his overt passion was language: English, journalism, literature, the humanities. He was editor of the high-school newspaper. He interviewed Jack London's daughter Joan, then in her sixties, for the school literary magazine. He considered studying linguistics at Berkeley. As well as a basement laboratory, Carlton kept an office upstairs in his parents' house where he was slowly assembling his first, yet-unfinished monograph—an exhaustive collection of English-language clichés: *white as a . . . green as a . . . red as a . . .* He scoured books that his mother, with a master's degree in linguistics and literature, had accumulated. "I was interested in the origin and evolution of slang words, in the differences in regional dialects. I liked the idea of a fingerprint, that I could tell where you'd grown up, whether you'd spent a summer in Missouri." He was the world's only linguodeltiologist—a word and professional specialty he had invented to describe himself. Deltiology (a real word) is the collection and study of postcards. Scouring the junk shops of Oakland's lower east side, the young Carlton turned up box after box of postcards dating from the 1870s onward, vacation postcards mostly: Coney Island, Florida, Palm Beach. He sat on the floor and studied them, looking for slang words, noting each card's date, its origin, the destination address. "Here was a language; here was oral history. Words were written down that weren't likely to appear in print, at least not in 1900 or 1910. I'd find a slang word—*car* for 'auto,' or a racial epithet. I'd look at the date; I'd look in my mother's *Dictionary of American Slang.* It would say that the first usage was 1927—but here it was being used in 1917. I'd found an earlier history. I had a window on linguistic history." During his high school years, Carlton took no chemistry, no physics, no biology. Compared with the professionals he'd been quietly mingling with at the Cal Academy, the high school science teachers had nothing to offer him. "My interests came as quite a shock to the science nerds."

Eventually, science won his full attention. Carlton attended the state university in Berkeley and, in 1971, received his bachelor's degree in paleontology—"which was a guarantee for absolutely nothing." Throughout college he had worked as a volunteer at the Cal Academy. On the Monday after graduation he was offered a full-time job as a research assistant in invertebrate zoology, for thirty-six hundred dollars a year. "I was in heaven. I could save up some money, buy a car. I had no particular plans after that." That year, two Standard Oil tankers collided under the Golden Gate Bridge, generating a spill that seeped well into the estuary. Carlton was asked to sift through the biological wreckage and help identify some of the smaller invertebrate specimens. On the job he met John Chapman, then a graduate student in biology at San Francisco State University, who also had been called in on invertebrate duty.

"Amphipods are about all I work on now," Chapman said. He was working at the end of the dock now, alongside Carlton. Amphipods are crustaceans. They resemble, more or less, minuscule shrimps. With tweezers, Chapman picked individual wriggling specimens from a mass of vegetation from the bottom of the lake. "They're a great animal to do biogeography with. They brood their young. They don't have planktonic larvae, they don't drift far, so it's easy to tell what's from where. I've seen two species arrive in the Bay since Jim and I began working on amphipods. One of the advantages of working so long in a place like this is when you see something new, you know it wasn't there before. Many people didn't want to believe these things are introduced, but it'd be almost impossible to explain any other way."

In 1975 Carlton coedited the third edition of *Light's Manual* with Ralph Smith. With the manual on his résumé, Carlton had no trouble winning acceptance to the graduate ecology program at the University of California at Davis. What began as a teenage fascination with Lake Merritt expanded into a nine-hundred-page Ph.D. dissertation identifying more than three hundred introduced marine invertebrates on the Pacific Coast, including nearly a hundred exotic species in San Francisco Bay. Carlton put in three years as a postdoc at the Woods Hole Oceanographic Institution, in Woods Hole, Massachusetts, on the elbow of Cape Cod. He revisited an abiding curiosity: to what extent was ballast water a vector of exotic species? Carlton won a small grant to pursue the question. He began visiting the local shipyards, sampling their tanks, seeing what he could dredge up. He sampled the ballast tanks of the Woods Hole research vessels, and he rode one of them, the R/V *Knorr*, from Scotland to Newfoundland, taking periodic measurements of the temperature, salinity, and creature contents of the ship's ballast water. One day, for my benefit, he extracted from the depths of his overstuffed library a posterboard presentation of the *Knorr* experiments that he had made some years earlier, complete with a photo of him: young, curly hair not yet gray, peering up from inside a ballast hold. He rode an oil tanker from Portsmouth, New Hampshire, to Corpus Christi, Texas, sampling its ballast tanks along the way. "It was a fantastic trip," Carlton says. "I set up the microscope in the mess hall, and these old gruffs would come over and look in at the copepods."

In subsequent years, dozens of similar transoceanic sampling expeditions would be conducted by biologists—in many cases, by Carlton's postdocs or graduate students, or by their eventual postdocs and grad students. But Carlton's was the first of its kind, the inspiration for a ripening, well-financed field of science known today as ballast-water ecology. At the time, however, the subject was not yet a magnet for research dollars. Carlton moved to the Oregon Institute of Marine Biology, where he supported his ballast-water studies—including his now infamous inspection of ships arriving from Japan—with more traditional biological studies. Ostensibly, his primary research involved a study of Japanese eelgrass, a brackish weed that was gradually invading the tidewaters of Coos Bay. One morning, in the eternal hunt for research dollars, Carlton visited the director of Oregon Sea Grant, a state branch of a federal agency that allocates money to marine studies. Until Carlton entered his request, no researcher from that lab had ever won funding from Sea Grant.

"I was gonna put together a whole thing on the invasion of Japanese eelgrass in the Pacific Northwest," Carlton recalled late one evening in the laboratory in San Francisco. The Oregon Sea Grant director listened patiently for an hour, then remarked that eelgrass researchers had had difficulty attracting funding lately. Nonetheless, he added, Carlton was welcome to give it a shot. "As I was getting out of my chair and he was getting slowly out of his chair, I said, in departure mode, 'Well, yep, thank you very much, and by the way, I got on a ship recently and sampled the ballast water and found all this stuff coming in from Japan.' And he paused—he was putting on his coat; he had a lunch appointment with his wife—and he looked at me and said, 'Well, now what's that all about?' He thought ballast water was the neatest thing since the telephone. So then we walked to the elevator and he got in, and I said, 'Ahem. Which should I write the grant on, Japanese eelgrass or ballast water?' And as the door was closing, he said, 'I can't tell you that. But we've never heard of ballast water before . . .'"

It took an overactive, underfinanced ecologist several years to convince the scientific community that shipboard biological invasions, particularly those mediated by ballast water, were a subject worthy of deeper investigation. It took a brainless, striped, pistachio-size mollusk—*Dreissena polymorpha*, the zebra mussel— to bring the subject to national attention.

The zebra mussel is a freshwater bivalve. In size and coloring it resembles a small nut; a pattern of brown and white stripes on its shell accounts for its name. The animal was first identified in 1769 in Russia's Ural River. Gradually over the next two centuries it spread to western Europe: through newly opened canals and inland waterways, attached to timber imported from Russian rivers, and—so one biologist speculates— with the retreat of Napoleon's troops from Moscow. It reached Scandinavia in the 1940s, Swiss lakes in the 1960s. In 1988 a specimen was found in Lake St. Claire; a few months later another was found in Lake Erie. By 1993 the zebra mussel had colonized all the Great Lakes and entered eight river systems including the Hudson, Ohio, Mississippi, and Arkansas. Its range now extends south to New Orleans and west to Duluth, Minnesota. On a scale unlike any aquatic invader to come before, the biology and travel potential of *Dreissena polymorpha* attracted the attention of industry representatives, average citizens, local politicians, and, ultimately, Congress, the members of which hurriedly called Carlton for insight.

"Zebra mussels were the catalyst," Carlton recalled. "It was the motivational species." He stood now at the outer end of San Francisco's Pier 39 in the afternoon sun. With his back turned to the gleaming Bay, he surveyed the bustle of tourism that separated him from shore, a wharf's worth of curio shops, hot-dog vendors, ice-cream stands, and a wax museum. He was talking to Cohen. The biologists were sprawled on the dock of a marina at the extreme end of the pier, behind a padlocked gate; I had lost track of the number of sampling sites we had visited by then. The scientists went at this one with their penknives and specimen jars. A cluster of spectators watched from a distance. Carlton asked Cohen, "Any zebra mussels?"

He was half joking. Although the mollusk might well make it to the Bay Area eventually, it would never survive this close to open ocean, in highly saline waters.

"Not yet," Cohen replied. "But they'll be here."

Although nominally a freshwater animal, the zebra mussel nonetheless can tolerate salinities as high as four parts per thousand, enabling it to colonize estuaries and brackish waters. Like a saltwater mussel, it can attach itself to hard substrates; it made its new presence in the United States known through its tendency to carpet underwater surfaces with itself. A car pulled from Lake Erie in 1989 after eight months underwater was three inches thick in zebra mussels. Over a six-month period, workers at Detroit Edison watched as the density of zebra mussels lining the plant's intake canals jumped from one thousand per square meter to nearly three-quarters of a million per square meter. Two years later, when one of the company's twenty-foot-deep canals—by now 75 percent occluded—was blasted clean with a high-pressure hose, thirty tons of zebra mussels washed out. Navigational buoys have sunk from the gathered weight of zebra mussels. In December 1989 the town of Monroe, Michigan, was brought to a halt for two days when zebra mussels clogged the only intake pipe to the water-treatment plant. Between 1989 and 2003, the estimated cost to power companies alone of controlling the zebra mussel was slightly more than one billion dollars. Today the control of zebra mussels is an industry unto itself, a thriving marketplace of competing anti-mussel paints and sprays, filtration systems, de-cloggers, and allegedly surefire heat treatments—one set of opportunists met squarely by another.

The zebra mussel has struck ecological communities with equal force and speed. So exclusively do the animals congregate, so thoroughly do they colonize, crowd in, overlap, and overtake every available underwater inch, there is little room left for anything else. They are a monopoly of themselves. Native freshwater bivalves are the species most immediately threatened; even before the arrival of the zebra mussel, nearly three-fourths of the freshwater mussel species in the United States had been classified as rare or imperiled. Since 1988, nineteen species of native freshwater clams have disappeared from Lake St. Clair. The assault is sometimes direct: among the countless surfaces that zebra mussels can adhere to are the shells of native unionid clams. So many zebra mussels may attach to a clam—one scientist counted roughly ten thousand zebra mussels on one five-inch-long unionid—that the clam cannot move, nor burrow, nor open wide enough to feed or reproduce. The zebra mussel also inflicts starvation on its neighbors. Like other bivalve mollusks, the zebra mussel is a filter feeder: with a siphon, it pulls water into its mantle, then passes it through a set of small gills that screen and collect the edible particulates. It is a water-treatment plant in which the algal life, not the water, is the prized commodity. Tens of thousands of mussels (or more) per square meter, tens of thousands of square meters in a lake, equals hundreds of billions of tiny straws sucking, filtrating, consuming, removing every floating, edible mote from even the largest body of water. Weekly, the zebra mussels in Lake Erie filter a volume of water equal to the volume of the lake's western basin. In one study, researchers observed that the amount of chlorophyll in a *Dreissena*-infested lake dropped by half in a six-month period; the effect is much the same as if the Great Plains was suddenly shorn of half its grass. Scientists in Michigan recently discovered that Diporeia, a shrimplike crustacean that serves as the food base for large fish like salmon and trout, and which eats—or would eat—the same algae eaten by the zebra mussel, is rapidly disappearing from the Great Lakes.

"Ecologically, the zebra mussel could be bigger here than the Asian clam," Cohen said. He was sitting with an old car tire he had pulled from the water alongside the dock; a length of rope connected the tire to a piling, where it served as a yacht bumper. Cohen's hand was deep in the marine muck that had settled in the tire's well. "With the Asian clam, the concern is how much phytoplankton it's feeding out of the water. It's abundant; it lives in a part of the Bay that is lower in salinity but not fresh. The zebra mussel is freshwater to slightly salty. Their range would be nicely complementary. Both have the potential to be disastrous. Together they could really hog the food resources. Potentially. We just don't know until it happens."

Once, Carlton was invited to write a chapter for a particularly hefty book about the biology of zebra mussels. He opens by noting that freshwater and marine invertebrates "possess a remarkable variety of dispersal mechanisms"; then he goes on to illustrate that zebra mussels are particularly gifted in regard to motion and dispersion. Begin with the eggs. A single female zebra mussel may produce a million eggs in one year—eggs that may ride the currents for hundreds of miles and can survive out of water for several days. The larval phase can last anywhere from six to thirty days, if conditions are right, during which time the nascent zebra mussels drift as plankton, floating free with currents, down streams and rivers, through canals—through, say, all of western Europe. At last the time comes for a young veliger to find a suitable surface and settle. Only 3 percent of zebra mussels reach this juncture. Still, the end figure is considerable: thirty thousand adult zebra mussels from every million eggs, each year, per zebra-mussel mother. A young zebra mussel may pick up and move if its substrate does not suit it. Once firmly and permanently affixed, the adult may continue to expand its territory if by chance it has attached itself to a surface that is itself moving: driftwood, detached floats and buoys, plastic garbage, mats of algae, birds, amphibians, turtles, the wet fur of muskrats, beavers, even moose. Zebra mussels are known to adhere to live crayfish, which alone do not journey far; as bait, however, crayfish may travel hundreds of miles. Live mussels can be defecated or regurgitated by animals, although, as Carlton notes, the odds of successful egress diminish rapidly with time ingested.

If, when attaching itself permanently to an underwater surface, a zebra mussel wanted to maximize the likelihood that its chosen surface would soon relocate to a new body of water some distance away, the best odds would lie with a boat. Zebra mussels have been found on and in virtually every surface that boats possess: hulls, intake pipes, outtake pipes, outboard and inboard motors — on the hydraulic cylinders, trolling plates, prop guards, and transducers; on anchors, hawse pipes, rudders, propellers, shafts, and centerboards. Any recreational craft — yachts, dories, sailboats, canoes, rubber dinghies — will suffice, or any barge or workboat, or the small trailers that transport boats from one lake or river to another, or even the pontoons of catamarans and seaplanes. Not to be overlooked are the things that many boats carry from lake to river or from pond to stream: fish cages, buckets, bait and bait-bucket water, fouled tackle, nets, traps, floats, marker buoys — even, though less ideal, Carlton says, scuba gear, Windsurfers, water skis, and underwater cameras. It is mainly on surfaces such as these that the zebra mussel has managed to reach waters far removed from the Great Lakes: ponds in Vermont, reservoirs in Iowa, streams in Oklahoma.

"A few years ago I predicted that we'd have them here within ten years," Cohen said. "It's been found a half dozen times at the California border already, mostly in the piping of boat engines. I'm sure there must be as many that get through. I have no idea whether mussels attached to a boat can cause an introduction. Do you need a whole boatload?"

The zebra mussel's original incursion into the Great Lakes, however, was almost certainly mediated by ballast water — in a ship either from Europe or from the Black Sea, sometime in 1985 or 1986. It would have stood an excellent chance of surviving the crossing—either in its adult phase, attached to the interior walls of the tank, or as microscopic plankton floating in the ballast water itself. As Carlton himself discovered, ballast tanks regularly transport live organisms across wide oceans and do so in sufficient number to ensure that at least a few creatures will meet, mate, and reproduce in the receiving harbor. "It had never really hit the aquatic environment in this country where the interface with ballast water was so clear. We'd been waiting for the big disaster."

In 1990 and again in subsequent years, Carlton was called before congressional subcommittees to testify on the subject of ballast water and aquatic invasions. That year, Congress passed Public Law 101-646, the Non-indigenous Aquatic Nuisance Prevention and Control Act. Under the law, "aquatic nuisance species" are defined as any "nonindigenous species that threaten the diversity or abundance of native species or the ecological stability of infested waters, or commercial, agricultural, aquacultural or recreational activities dependent on such waters." The zebra mussel was Exhibit One. In an effort to slow the incoming tide of ballast-water invasions, the law also issued voluntary guidelines for all ships bearing ballast water into the Great Lakes. Today, before entering, all ships must first empty their ballast tanks (typically filled with low-salinity water from their home estuary) in the open sea, and refill them with high-salinity seawater. Presumably, the infusion of high-salinity seawater would kill or flush out whatever estuarine organisms remain in the tanks. (Any high-salinity organisms that might be drawn into the tank in the process would not likely survive their release into low-salinity port waters.) Since 1993 the laws have been mandatory for the Great Lakes. The U.S. Coast Guard regularly checks the salinity of the ballast water of arriving ships for evidence of an open-ocean exchange.

For marine biologists and policy makers alike, the Great Lakes have served as a kind of pilot program for the nationwide regulation of ballast water. The challenge lies in scaling up the program to match the daunting scale of the national shipping trade. In 1995, under a mandate from the Non-indigenous Aquatic Nuisance Prevention and Control Act, the U.S. Department of Transportation published a two-hundred-page report that quantified in great detail the role of shipping in the transfer of biological invaders: the number of ships entering U.S. ports annually; their origins and destinations; how much ballast water is carried; which ports are busiest. The report's primary author was Carlton; in assembling it, he gained an intimate appreciation for the difference between Great Lakes shipping and the overall enterprise.

"We're talking about a huge number of ships compared with the Great Lakes," Carlton said. He had resumed the helm of the minivan and was again navigating the Bay Area highways, with Cohen in the passenger seat consulting the map. Some twelve hundred foreign ships enter the Chesapeake Bay each year. The San Francisco Bay sees close to a thousand ships. The Great Lakes see maybe five hundred foreign ships a year. "And the Great Lakes are closed four months out of the year, from December first to March thirty-first. So it's a much more focused situation. The question is what to do about the rest of the U.S."

Carlton's acquaintance with the complexities of the shipping industry has granted him a finer understanding of the apparent trends and patterns in the emergence of new aquatic invaders. One question he commonly confronts is, Why did the zebra mussel invade in the 1980s and not, say, in the 1960s, shortly after the 1959 opening of the St. Lawrence Seaway? For that matter, why do other marine and freshwater invasions occur when they do, neither sooner nor later? The European sea squirt *Ascidiella aspersa*, a common fouling organism on the hulls of ships, colonized New England waters only in the 1980s, despite four centuries of regular ship trade before that time. If a man-made transfer corridor—a canal, a seaway, a shipping route—has been active for a hundred years, why does organism X not invade until year one hundred and one? If ships have been moving species around the world for centuries, why aren't the world's marine species everywhere already?

The reasons are myriad, Carlton says, and so expose the problematic nature of ecological prediction. In general, the odds of an organism successfully invading a new habitat depend on how it is introduced and what greets it upon arrival; those two factors can cancel or combine in any number of ways. Consider an organism traveling from Port A to Port B. The environmental conditions of Port B could change in such a way—cleaner waters, an influx of certain nutrients, or higher or lower salinity—that improves the arriving organism's chances of surviving and reproducing. Suddenly there are more Styrofoam floats in the waters of Port B, making a new habitat available for the burrowing isopod *Sphaeroma quoyanum*. Or the donor environment, Port A, might change in a way that increases the abundance of an organism, thereby increasing its odds of encountering a ship bound for Port B. Carlton offers the example of the Japanese clam *Theora lubrica*, which appeared in San Francisco Bay in the 1980s. Only a few years earlier, a cleanup of the Inland Sea of Japan—a significant donor of ballast water to San Francisco Bay—had significantly increased the number of clams living there.

Or perhaps the environment changes not at all, and instead the vicissitudes of commerce alter the flow of ballast water between one port and another. The Asian clam *Potamocorbula amurensis* did not appear in San Francisco Bay until the 1980s, in part because before that time, direct international trade between China and North America was prohibited. Its success on arrival may have been abetted by climatic factors: a period of heavy rain and flooding around then may have lowered the salinity of San Francisco Bay sufficiently to improve the claims' survival rate. It should be noted that ballast water travels largely against the main currents of trade. Ballast is intended to steady an empty ship—that is, a ship traveling somewhere to pick up a load of something commercially valuable. Therefore, ballast water, and the aquatic life therein, tends to move from the harbors of goods importers to the harbors of goods exporters. The exotic creatures in one's port waters, then, provide some historical insight into what humans have come from afar to acquire. In the late 1980s, marine scientists in Tasmania noted with alarm the sudden arrival of a predatory sea star and a pernicious, fast-growing seaweed, both native to Japan. Tasmania's main export is woodchips from the island's dwindling forests; the principal buyers are Korea and Japan, which send empty, ballasted ships to collect it. Since the 1960s, those ships have become ever faster and larger, bearing more ballast water—and with it, more kinds of organisms and more individuals per species—per load, all in all granting the organisms a higher likelihood of surviving their voyage and of mating and reproducing upon release. And every harbor that receives and fosters an exotic organism becomes a potential donor of it. In the 1980s the East Coast saw the arrival of two Asian marine species, the sea squirt *Styela clava* and the green algae *Codium fragile tomentosoides*; they arrived not from Asia, however, but from western Europe, which had acquired them some years earlier. Within a few short years of receiving the zebra mussel, the Great Lakes is now an inadvertent exporter of it.

In a recent paper with Gregory Ruiz, a former marine ecology postdoc with Carlton and now the director of an invasions lab at the Smith-

sonian Environmental Research Center in Maryland, Carlton boiled
down the various factors governing invasion success into a single mathe-
matical equation. Its apparent precision disguises a great deal of ineffa-
bility:

$$I = \sum_{i=1}^{n} (\, (Ps_i) \, (R_i) \, (B_i))$$

What it states generally, in vague concision, is that invasion is a function
of three variables: the incoming propagule supply (Ps), the state of the
recipient ecosystem (R, which stands for "resistance"), and the bias of the
data (B). The precise contribution of each variable varies, depending on
the organism and the situation. The easiest variable to measure, and the
one that seems to carry the most force, is propagule supply: the number
of organisms that arrive and the frequency with which they do so—in
ballast water, on ship hulls, in airplane wheel wells, or by whatever other
means. The biggest unknown, however, and the variable most likely to
throw off everything else, is B, the bias of the data. The equation can pro-
ceed accurately only based on what scientists know for certain. The facts
they don't know—and that they don't know that they don't know, the un-
known unknowns—are a large part of why ecological invasions are
nearly impossible to predict in advance and probably will remain so. In
retrospect, Carlton says, the opening of trade with China in the 1980s
might have suggested that the Asian clam *Potamocorbula amurensis*
would soon invade San Francisco Bay—except that, owing to the trade
restrictions, most of the Asian biota had never been seen or studied out-
side of native habitats, so biologists had no reason to even consider
Potamocorbula on the list of potential colonizers. So it goes with most in-
vaders still.

"In reality, we do not know why the zebra mussel, or any other recent
invasion, was successfully introduced when it was, and not earlier," Carl-
ton wrote in the Department of Transportation shipping study. "Simi-
larly, we cannot explain why many species have not yet been introduced
into North America." Now, in the van, he said, "The existence of a trans-
port mechanism doesn't tell you that everything that could have been in-
troduced would have been introduced by now. That's a very common
argument: 'Ballast water has been dumped in here for decades—why
don't we have everything already? Why didn't the zebra mussel enter the

Great Lakes in the fifties, or sixties, or seventies?' The answer basically is
we don't know. The likelihood is that there is no one answer. It may be a
synergism of things that have happened around the world. The most
popular hypothesis is, 'Well, you should have seen the Great Lakes back
then.' You know, light a match, throw it on Lake Erie. For some people,
the invasion of the zebra mussel is what you get when you clean up the
environment."

If the thrust and impact of Carlton's globe-spanning and interdisciplinary
career were to be summarized in a single word, that word would be *cryp-
togenic*. Although Carlton did not invent the word—in medicine it indi-
cates a problem without a clear cause—he is first to apply it to the realm
of marine biogeography.

In 1979, with an exhaustive survey of the introduced marine inverte-
brates of the Pacific coast to his credit, Carlton took a postdoctoral posi-
tion at the Woods Hole Oceanographic Institution. There he proposed
to conduct an exhaustive survey of the introduced marine invertebrates
of the Atlantic coast from Canada to Florida. "I figured, 'This is easy, I'll
knock it off in a year.'" It wasn't, and he didn't. "Suddenly I realized the
depths to which the history of biogeography was not known. It was here
that I faced the mystery of shipping traffic."

On the Pacific coast, where the history of shipping dates back to Span-
ish explorations in the 1500s, Carlton had tallied three hundred intro-
duced organisms. His historical review of the marine-science literature of
the East Coast, however, turned up references to barely a handful of in-
troduced species—despite the fact that ships have visited the Atlantic
coast in abundance since the seventeenth century and in smaller num-
bers for centuries before that. Carlton was baffled by the discrepancy
and suspicious of some of the allegedly native candidates. Consider
Sphaeroma terebrans, a saltwater isopod that burrows into the root tips of
living red mangroves. Although it is considered indigenous to Florida, it
also resides along distant coasts of South America and in the Indian
Ocean. That is a large and unusually disjointed range for a supposedly
local species. Was this organism, and the oddly cosmopolitan organisms
like it, truly native, as the East Coast scientific literature insisted? Or
were they in fact elder exotics, introduced before scientists arrived to
study them?

"All my senior colleagues were saying, 'Oh, no, it's all natural.' If it's described as being seen in Long Island Sound in the 1820s, it's assumed to be natural. I'm the guy from California; this was not my turf. 'Cryptogenic' was my way of fessing up to what I don't know." In Carlton's usage, a cryptogenic species is a species of uncertain background, neither indisputably indigenous nor nonindigenous, not clearly from here or there. Between opposing territories—the purely natural landscape and the landscape modified by human handling—Carlton had wandered into a vast gray no-man's-land. "There had been a dichotomy of life, the natural versus the human-mediated," he says. "In New England, I found the trichotomy of life."

In 1956, in a book titled *Man's Role in Changing the Face of the Earth*, the natural historian Marston Bates contributed an essay about biological invasion in which he wrote, "It becomes difficult to draw a line marking off the human habitat, and there is every degree between human dominance on Manhattan Island and human insignificance in the forest of some remote tributary of the upper Amazon. Yet even in the remote forest we may come across a mango tree, the only trace of a Jesuit mission abandoned a century and a half ago; and there are always the small, shifting clearings of the Indians. As biologists, we are apt to deplore this, to brush it off, to try to concentrate on the study of nature as it might be if man were not messing it up. The realization that, in trying to study the effect of man in dispersing other organisms, I was really studying one aspect of the human habitat came as a surprise to me. But, with the realization clear in my mind, I wonder why we do not put more biological effort directly into the study of this pervasive human habitat."

Carlton likewise was surprised by the depth of his own discovery. In 1992, in a paper titled "Blue Immigrants: The Marine Biology of Maritime History," he noted, "So old and numerous were sailing voyages between Europe and North America—beginning in the sixteenth century, but extending back to tenth-century Norse explorations—and so recent are our first biological investigations, few being available before the mid-nineteenth century, that it is difficult to determine for many species whether they occurred in America before European contact." Sitting on a sofa in Mystic, with a plastic globe on a stand in front of him and his finger drifting above its currents, he said, "When biologists appear, around 1800, they take the world to be a natural place. We're seduced into this all the time. If a species occurs from Nova Scotia to Florida, or from Norway to Spain, or from Alaska to Mexico, we assume it's been there since time immemorial. But you cannot use the breadth of occurance as evidence of where a species used to be. The colonists arrived with the maps—and they were preceded by the explorers who made the maps. You see the footprints of human travel before you see the roads that follow the footprints."

Where does the natural world end and the human world begin? And what exactly lives in between? Carlton estimates, conservatively, that between the years 1500 and 1800, three marine species a year were successfully, if inadvertently, introduced to new parts of the world on the hulls of sailing ships. Three species a year for three hundred years: "That's about nine hundred species. I refer to them as the missing one thousand." One thousand species that by standard definition are nonnative yet are marked in the scientific record books, mistakenly, as indigenous. Carlton has fixed a number to them; so far, however, their actual identities are anyone's guess. Like former criminals in the federal witness-protection program, the missing one thousand reside among us as historical ciphers: blank-faced and quietly busy, familiar at a glance, perhaps, yet entirely opaque on close inspection. "I'm not completely pessimistic about the prospect of sorting it out. It will require the work of systematists, historians, geographers. I don't think those missing one thousand are entirely lost to us."

Other marine biologists have also been surprised by Carlton's discovery, not all of them pleasantly. "Many of my senior colleagues take certain aspects of species to be natural—'It's amphi-Atlantic, don't you know.' Many a finger has been wagged in my face. They give all sorts of explanations that sound plausible at first: plate tectonics, ancient seaways and land-island corridors, glaciation, the opening and closing of various barriers. And of course natural dispersal, despite the fact that these cosmopolitan species don't have larval forms that would permit oceanic crossings." A particular subset of skepticism has been reserved for Carlton's notions about the inadvertent transfer of microscopic algae—single-celled diatoms and dinoflagellates—around the world in the ballast water of ships. There are countless species of such organisms, tens of thousands at the very least, of which only a relative handful have been identified and named by taxonomists. Most are innocuous from a human point of view, but a few, given the right water conditions, are known to reproduce in sudden, massive numbers to create toxic, miles-wide blooms in the ocean. Shellfish that consume large numbers of such algae are themselves unsafe to eat. A rise in cases of paralytic shellfish poisoning, which can cause severe respiratory distress or even death in a person who eats a toxic mollusk, is thought to be linked to the occurrence of harmful algae blooms. The number of "red tides" around the world has jumped markedly in the past three decades; Carlton believes ballast water is partly to blame.

"From the 1970s to the 1990s, twenty to twenty-five years when there are innumerable demonstrable invasions by ballast water all over the world—crabs, mollusks, worms, snails, jellies, and everything else—is the same period of time when red tides bloom all over the world. The same period. Often you find dinoflagellate species that were never before seen in these areas. Yet dinoflagellate people say these are not ballast-water introductions, that these species have always been there, but for some reason they are blooming now. This has been the subject of seven international conferences in twenty years. There are thousands of pages written as to why these red tides are blossoming: eutrophication, global climate change—endless hypotheses. If it was a crab instead of a dinoflagellate, they'd say it was introduced.

"The hypothesis that in fact a great many of these are introductions by ballast water has not been seriously examined by these guys. It's difficult for me to understand. In San Francisco Bay you have more than two hundred species of introduced animals and larger plants. But when you ask phytoplankton people what's introduced—in a very large, diverse flora of diatoms and dinoflagellates—they don't regard a single species as introduced. That's simply impossible. Diatoms are one of the most common species in the world in ballast water. Given all the ballast water that's dumped from all over the world, you'd think we'd have European diatoms, Australian diatoms, just as we do all the other invertebrates. And yet they can't recognize them. Of course, I'm sympathetic to the taxonomy: they're extremely hard to identify." In their published survey of the Bay, Carlton and Cohen found some two dozen diatom species of sufficiently murky nativity to earn the label "cryptogenic." The response from phytoplankton scientists is expected to be unfavorable. "All we want to say is, 'We call them cryptogenic, which means we don't know that they're introduced and you don't know they're native.' We think their response is going to be, 'Yes, we do.' We're waiting for that. We want to say, 'How do you know?' The default in biogeography is generally, if you don't know, it's native. But in fact, if you don't know, you should say you don't know."

In effect, Carlton threatens to turn classical biogeography on its head. The traditional overlook takes a sort of innocent-until-proven-guilty view of the seascape. The distribution of most organisms along the continental margins is assumed to be natural, unless specific historical evidence of human-induced change argues otherwise. Carlton would reverse the burden of proof. In a paper titled "Man's Role in Changing the Face of the Oceans" he writes, "The overwhelming nature of human-mediated dispersal mechanisms of marine organisms . . . may be leading us to consider, not how we know a species is introduced, but how we know a species is native." And not only individual species, but the appearance and contents of entire marine ecosystems may be historically suspect. Consider again *Sphaeroma terebrans*, the saltwater pill bug allegedly native to Florida. Carlton now believes that the organism in fact is native to the Indian Ocean; it probably arrived in Florida in the 1870s as a fouling or boring organism on visiting ships. The creature lives by boring holes in the propagating root tips of red mangroves from Florida to South America, effectively halting the seaward advance of these mangrove forests. For more than a century, beginning before the first naturalists arrived and documented the purportedly native flora and fauna, *Sphaeroma terebrans* has single-handedly reshaped a large stretch of the tropical Atlantic coast. Absent this organism, what shape would the "natural" coastline take? Human-mediated invasions have been so fundamental, pervasive, long-standing, and overlooked, Carlton writes, "that we may never fully know what the biota of the continental margins looked like before ships and before the movements of commercial fishery products."

On land, a naturalist can navigate the temporal landscape with some confidence, comforted by the relative solidity of historical knowledge. There, it is possible to compare the appearance of nature before the arrival of humans with its appearance today, and then to chart a path toward how to conserve it for tomorrow. In contrast, the marine naturalist is adrift in time, bearingless. This discomfiting fact, Carlton acknowledges, has profound implications for marine conservation. In 1972 the federal government established a series of protected estuaries—the National Estuarine Research Reserve System—"to serve as natural field laboratories in which to study and gather data . . . so that scientists will be able to study the naturally functioning system." Twenty-six such reserves now exist throughout twenty states and Puerto Rico, spanning more than a million acres of estuarine waters, marshes, shoreline, and adjacent uplands. What exactly are these reserves preserving? How natural, how native, are they?

Carlton can't help but wonder. Some years ago he conducted a biological survey of the South Slough reserve in Coos Bay, Oregon; it is one of four estuarine sanctuaries on the Pacific coast, and it lies not far from where he conducted his first ballast-water experiment. In South Slough, he counted at least thirty-two species of nonnative marine organisms, including dense stretches of Japanese eelgrass, which in turn hold several species of introduced worms in great abundance; vast stretches of the Atlantic sponge *Halichondria bowerbanki*; and the Japanese orange-striped anemone *Diadomene lineata*. With few exceptions, all the nonnative species Carlton found had probably been in place before the South Slough reserve was established in 1974; in some cases, they arrived long before. And that tally counts only those introduced species that are known to and could be identified, after concerted effort, by a certain expert in the marine invertebrates of the Pacific Northwest. It does not include the epistemologically unknowable species—the members of the "missing one thousand," should any be in residence.

How these introduced species—the knowns, the unknowns, and the unknowables—may have altered the biota and environment of South Slough before scientists first arrived to label it is itself unknown and perhaps unknowable. However, one can safely assume that the other estuaries on the Pacific coast, and probably across the country, are equally "natural" in imagination only. "Few works in coastal marine ecology, a discipline that began in the late 1940s, offer any robust evidence that the systems studied are completely natural," Carlton has written. "Restoration projects that seek to restore a bay, an estuary, or a marsh to the way it looked when the proponents were young—as if this temporal target was by default the aboriginal world—seek a world that was already a barely detectable shadow of its former self."

Where this insight leaves the marine scientist is uncertain. How does one proceed when the alleged baseline for a naturally functioning system—the "natural field laboratories" against which one might compare the traits of seminatural or wholly man-made ecological systems, to see how they differ—turns out to be an unreliable representative? How do you learn from that?

Late one afternoon, the expedition crew found itself at a marina in Redwood City, a prosperous suburb a dozen miles south of San Francisco. It would be the last stop of the day before heading back into the city for a long night in the lab with the microscopes and the taxonomic monographs. Carlton was on his stomach, reaching into the water for a mass of orange sponge—*Clathria prolifera*, originally an Atlantic species—that was visible on one of the floats supporting the dock beneath him. The evening was a lovely one, featuring a slight breeze and a gibbous moon rising over the yacht masts. The marina was situated directly under the landing path of San Francisco International. Every two minutes a massive jetliner—Singapore Air, American, United—swept low overhead, its landing gear extended like talons. The sponge was just beyond Carlton's grasp.

"These newer docks!" He laughed and sat up. "That's a beautiful sponge. It's called the red-beard sponge on the East Coast. None of the sponges we've seen so far are native." There was nothing to suggest that any of the Bay's native sponge species were less abundant as a result of this sponge's presence, Carlton said. If *Clathria* was displacing anything, it was displacing things like mussels and barnacles, most of which were likewise nonnative. Carlton peered down through the water at the assemblage of exotics. It had a discernible structure: a base of mussels, *Mitilus galloprovincialis*, that attached directly to the float. Stuck atop them was a mixed forest of yellow and orange introduced sponges, through which introduced isopods undoubtedly trundled. "It's a very handsome sponge fauna here. Sponge City! The interesting thing is, all these species evolved in different parts of the world: Japan, Australia, the East Coast. And here they are living together."

That such far-flung species can so readily congregate and cohabitate is an abiding mystery in ecology. Formally, a species is a grouping of organisms that are genetically (and thus anatomically) similar—similar enough that they can interbreed and so pass on their genetic similarities. The stripe pattern of individual zebras may vary from one to the next, but zebras as a species are nonetheless distinct. In effect, a species is an entity in time. Through natural selection, it has developed a set of traits— stripes, say, which disguise the zebra from predators on the open veld— that enable it to persist for generations, through centuries, millennia, even eons. It is a ship in a bottle on the temporal sea.

The same axiom is commonly thought to apply to local collections, or communities, of species as well. Individual species are adapted to both physical conditions (average temperature, amount of sunlight, and available nutrients) and the presence of other species. The evolutionary relationships and dependencies that arise over time sometimes can be highly specific, like the deep-throated Hawaiian blossom that is pollinated only by certain species of long-billed Hawaiian honeycreepers. Together, these interdependencies are thought to confer a degree of collective stability, which enables individual species—and their ties to other species—to persist. This network of ties generates barriers to invading species and so permits the entire community to persist intact through time. According to this logic, mature communities, comprised of species that have long evolved together, are fundamentally different—more tightly integrated, more stable, more productive—than communities that are tossed together quickly and at random. Allegedly, Carlton said, evolutionary time matters. And if time matters, its varying products—mature communities of coevolved species versus recent, tossed-together collages of invaders—should be readily distinguishable.

"If I said, 'Pile all these things together,' could you tell me whether they were introduced or not, by some way in which they have inserted themselves into the system and interact with other organisms? It's an interesting way to look at some assumptions of evolution and how communities come about. I mean, there are some places in the Bay where virtually everything is introduced. They come from ten different places in the world, so they're not coevolved. You'd expect that these communities would somehow be different from communities of species that have been together for thousands, or tens of thousands, or hundreds of thousands of years—or even older systems. That's what community ecology is all about. Because when we go to communities and look at interactions, we mostly assume that many of the species have been together since time zero."

So, he added, what should a viewer make of ecological metropolises like Sponge City? If true differences exist between untouched, natural ecosystems and human-modulated communities, how is it that for nearly a century now, marine biologists have studied the dynamics of allegedly "natural" systems—in South Slough, on the New England coast, in the Florida mangroves, around the world—and never realized their mistake? "I guess one of the things that this mélange of exotic species says to me is that since a lot of our colleagues are surprised when you look at a community like this—it does not speak to you immediately: 'Oh my gosh,

what an artificial assemblage!'—it makes me think that one can sew to-
gether and assemble a community of species quickly, and it will fool you.
So what does time matter?"

In the late 1980s James Drake, an ecologist at the University of Ten-
nessee in Knoxville, conducted an elegant laboratory experiment to ex-
plore exactly that question. He began with a group of fifteen small
species common to ponds and lakes: four species of algae (the produc-
ers), seven species of tiny crustaceans (which would prey on the produc-
ers), plus four species of bacteria and protozoa. One by one, over a period
of weeks, he dropped the species into five-gallon aquariums of enriched
water and watched—for as long as a year, in some cases—as they formed
what he called microecosysems. He repeated the exercise ten times, each
time altering the sequence in which the various species "invaded" the
microecosystems already taking shape. According to classical ecology,
the assembly of ecosystems follows a somewhat deterministic course: if
one could turn back the clock in a place like Hawaii and rerun the se-
quence of ecological invasions that occurred over geological time—if
one could insert the same species all over again at the same time inter-
vals as before—one would end up with pretty much the same groups of
plants and animals, in much the same relative proportions, that exist
there today (or did, before humans arrived). Drake reasoned similarly. If
it is true that the structure of ecological communities is shaped largely by
environmental factors (which remained constant across all the iterations
of his experiment) and the evolved traits of individual species (which
shape the interactions between species and, presumably, the kinds of
communities that can arise), then he should see some consistent pattern
between the order in which species arrive and the kinds of communities
that take shape.

That was not at all what he found. Indeed, his results were sufficiently
random as to be profoundly enlightening. Drop by taxonomic drop,
Drake managed to produce numerous persistent, apparently stable com-
munities, but never the same one twice. Occasionally two roughly simi-
lar ensembles of species formed through two entirely different sequences
of invasion. More often, a single sequence of invasions, when repeated,
gave rise to entirely different assemblages. Having watched one commu-
nity take shape, Drake could not re-create it, even by repeating the recipe
exactly. (This experiment, he recalls today, "nearly killed me with end-
less hours of microscope work.") One assemblage might show itself to be

more resistant than another to the invasion of a particular species. Then again the same assemblage, formed through a different sequence, might be less (or more) resistant to invasion by exactly the same species.

The evolutionary factors typically thought to determine how communities form—the inherent abilities of individual species to compete, catch prey, or evade predators—played little or no part, Drake concluded. "Specific mechanisms (e.g., predation, competition, and emergent properties such as food-chain length) are frequently insufficient to characterize the patterns seen in ecological communities." What mattered were history and chance: which species showed up first, or tenth, or last, and the abundance and groupings of the other species already on hand to greet them. History didn't apply forward. From a given sequence of invasions, one could not predict in advance which assemblage would result. Whatever "rules" could be said to have governed the assembly of any particular ecological community are inextricably bound up in—and are individual to—the chance events in that community's past.

Classical ecology proposes that individual species play certain ecological roles—determined over time by natural selection—that they would fulfill regardless of the ecosystem they end up in, and which determine the overall shape and membership of that community. Drake's experiment instead supports what he calls an "alternative states theory": the same pool of species will give rise to a variety of ecosystems, even if the sequence of their introduction is identical. Drake says, "It's like taking apart a Volkswagen and discovering you can put it back together as a Mercedes." A writer is drawn to a literary analogy. Give twelve monkeys a turn at a typewriter, a standard keyboard with twenty-six letters, and they may well churn out *Hamlet*—once. They may also produce, once and once only, *Walden Pond, The Lost World, War of the Worlds, Around the World in Eighty Days, À la recherche du temps perdu,* and the collected exploits of Tintin. They will also fail repeatedly: non sequiturs, misspellings, fragments, gibberish.

James Drake is now the editor of *Biological Invasions,* a quarterly scientific journal that Carlton started in 1998 and edited through its first five years. I called Drake in Tennessee one afternoon; he had just discovered two slugs on the stairway outside and had come indoors to try to figure out if they were an introduced species. (They were—both members of *Testacella haliotidae,* an attractive invader from Europe.) I posed Carlton's question: Does time matter? On the one hand, Drake said, not really. The traits of individual species, the adaptions they have gained through evolutionary time that permit them to to coexist with their neighbors, are amazingly irrelevant in explaining why an ecological community is assembled one way and not another. "The dynamics are so rich. Competition, predation—those have little to do with it." Older communities, in which the member species have coevolved for relatively long periods undisturbed, are neither more nor less vulnerable to invasion than younger communities. The very notion of resistance is tautological, he added. "Systems that have been around a long time are, de facto, systems that haven't seen a lot of invasions. It's a bit of a circular loop."

On the other hand, he said, timing—the chronological sequence in which ecological communities form—is everything. "A lot of what we see is context-derivative. It has a serious historical dimension." Although studies of competition, predation, and the other dynamics that occur between species are genuinely useful for understanding how the current structure of an existing community is maintained, they do not shed much light on how that structure originally came to be. The X-ray analysis of a door latch may reveal how a car door opens and closes, but it won't explain why the car parts add up to a Mercedes rather than a VW. For that, you need to review the assembly process.

Likewise, to understand why an ecological community is the way it is, a scientist must both understand it in the present and retrace the series of largely unrepeatable historical events that led to its formation. For many marine communities, Carlton now finds, that history is precisely what is lost, perhaps irrevocably. The wake of human maritime history washed over marine biological history so thoroughly, and so long ago, that it is impossible now to envision what the seascape might have looked like without us. Unanchored by a definitive past, a marine scientist floats in the eternal present, like a sentence on the printed page. You can read the finished line, but you can never glimpse the crafting hand—its insertions, erasures, second thoughts—that honed it finally to a single word: *cryptogenic.*

18

Land is a static medium. From the point of view of all but the one species that has invented time-lapse photography, retraced Earth's tectonic history across the eons, and, from the Moon, watched the home planet spin on its axis, land does not move. Terra firma is firm. The sea is the opposite: it is a medium in constant motion, its waters driven horizontally, vertically, and in vast, basin-spanning gyres by wind, sun, heat, salt, gravity. And the flow of the sea is grasped, however faintly, by every animal in it. If you are not drifting in the current, you are waiting for something to drift by. To live on land—unless you are a plant and have the luxury of dining exclusively on sunlight—you cannot remain at rest; you must move. In the sea, the movement happens for you; indeed, it is all you can do to stand still.

No—to stand still, you must be a mussel or, better, a barnacle: crusty stalwart, paragon of persistence. There are innumerable species of barnacles belonging to two general categories. Some attach themselves by means of slender stalks and are known, loosely, as goose barnacles. The others, called acorn barnacles, clamp directly to their chosen surface. Some goose and acorn barnacles adhere to wood or stone, docks or rocks. Others live exclusively on the bodies of whales and survive years of ocean travel by setting deep anchors in the cetacean's thick hide. Late one night in New York, entangled in *Moby Dick*, I came across a mention of these peripatetic barnacles. Melville describes a particularly accurate image of a whale hunt by a French artist he calls Garnery (probably Louis Garneray): "In the second engraving, the boat is in the act of drawing alongside the barnacled flank of a large running Right Whale, that rolls his black weedy bulk in the sea like some mossy rock-slide from the Patagonian cliffs . . . Sea fowls are pecking at the small crabs, shell-fish, and other sea candies and macaroni, which the Right Whale sometimes carries on his pestilent back." I have seen photographs of whales encrusted with barnacles, of course, yet somehow I had forgotten that barnacles are actual living animals; nor had I stopped to imagine that a whale might carry a constellation of other creatures on its skin. Intrigued, I shot off an e-mail query to Carlton: What exactly lives on whales? Are whales a migratory platform for other marine organisms? Do creatures hop on and drop off as accidental tourists—settle onto the whale's skin in, say, Mexico and fall away in Majorca? Could whales, like ships, spread exotic species?

Carlton must have been working late, because his reply arrived only a few hours later, at six o'clock in the morning. "A number of whale species have a well-known associated epizoic fauna," he began. The most common living appendage of whales, he said, are a class of small crustaceans called cyamids or whale lice; these were most certainly the "small crabs" to which Melville referred. There are also numerous species of whale barnacles, belonging to two broad types: a sessile, or stationary, form that settles directly on and in the mammal's skin, and a stalked form that attaches to the sessile barnacles. By "shell-fish," Carlton said, Melville probably meant the sessile barnacles. He added, "The 'other sea candies and macaroni' may either be some reference to the masses of draping stalked barnacles, or a literary expansion." All of these species, Carlton went on, are uniquely coevolved with whales.

Although whale barnacles occasionally turn up on ships—a latter-day arrival on the seas—the converse does not occur: the types of barnacles, algae, sea stars, and other organisms that foul ships are not seen on whales. This is no surprise, Carlton wrote, as whales spend little time in the low-salinity harbors and estuaries favored by ship-fouling organisms. "It wouldn't surprise me if gray whales in the Baja lagoons occasionally pick up some inshore species (such as the ephemeral weedy green algae *Enteromorpha*)—but apparently these do not survive the subsequent ocean trips, since, as far as I know, no whales have been reported as 'greenish,' or draped with seaweed, etc." In sum, he said, whales and their migratory compatriots—sea turtles, sea snakes, dolphins, and other marine animals that often become encrusted with barnacles and smaller organisms—are not vectors for exotic species. However, Carlton hadn't noticed that passage from Melville before; he was eager to track down the Garneray engraving for his students. "It would make a great slide!"

Whales aside, the most familiar kind of barnacle is the acorn barnacle, typically seen on intertidal rocks, on dock pilings, and on the hulls of ships. The acorn barnacle lives in a calcareous house—eight plates of shell that it constructs around itself to ward off predators. When exposed to the air, this shell enables the animal to retain its moisture and salt balance. At low tide, the house is clamped tight, a sharp hazard to bare feet. At high tide, feathery cirri fan the water for food particles and retrieve whatever nutrients pass by: a field of eyelashes batting underwater. For a long time, the barnacle was assumed to be a mollusk, of the same inert order as scallops, clams, and mussels. In fact, the barnacle is a crustacean; its nearest cousins are shrimps, lobsters, and tiny krill. Picture the barnacle as a shrimp lying prone inside an armored igloo. The feathery fronds it extends into the water to capture food are neither tentacles nor antennae: they are the animal's feet, which have evolved into something akin to a sweep net. The barnacle is perhaps the only animal whose limbs enable not motion, but rather a life entirely devoid of it. Indeed, unlike every other crustacean, the adult barnacle is immobile. If it moves, it is only because it has permanently attached itself to a surface that moves. Yet the stationary phase is only the most visible and familiar phase in the barnacle's long life span. The barnacle is what is known as a broadcast spawner, the marine equivalent of a dandelion. During reproduction, the eggs of a barnacle develop and hatch within the safety of the adult's shell. (Fertilization requires a probing visit from the tubular penis of another stationary barnacle nearby). When the time is ripe, the armored door to the ocean opens, and the newly hatched barnacles, known at this early stage as nauplii, are released on the currents by the thousands. The children are sent to sea.

One afternoon in the laboratory in San Francisco, after several long moments peering into his microscope, Carlton looked up suddenly and exclaimed, "These *Balanus improvisus* have just released nauplii into my sample!"

Carlton was examining a sample of specimens the expedition had collected early that morning. He motioned for me to take a look. I gazed down upon mayhem: pale, vaguely crablike blobs, each one perhaps a millimeter in diameter, hopped in all directions. They were the newly hatched young of the barnacle *Balanus improvisus*, a common species on the East Coast and, increasingly, on the West Coast. The larvae represented the beginning of the mobile phase of the barnacle's life, the start of their moving on. "My *Balanus improvisus* are releasing nauplii!" Carlton said again. "They look like little, jerking . . . nauplii. I'm running out of adjectives."

A larva or a seed is a propagule, a tidy ship of genetic information built to traverse some amount of geographic space and found a new generation. In the halls of academia, those vessels are called graduate students and postdocs. Carlton has produced several thus far. "I've had five postdocs, all of whom are doing invasions now and have set up their own labs," he said at his microscope. "And even more graduate students." The transfer of knowledge marks a course shift of his own. Having launched the field of marine bioinvasions and ballast-water ecology, Carlton is slowly turning his attention to the horizon. Recently he has published several small scientific papers of which he is proud, on the subject of what he calls neo-extinctions: the recent, previously unacknowledged extinction of organisms, mostly invertebrates, in the sea. He is fascinated by the issue of extinction in the ocean.

"When we talk about extinctions in the ocean, we never talk about extinct fish, extinct invertebrates, extinct seaweeds. We just talk about whales and the older stuff—Steller's sea cow, the great auk—that people no longer have any memory of. We never talk about extinctions in the rest of the ocean. That's interesting to me. And the search for those extinctions is interesting to me. I've spent some thirty or more years looking at the additions to communities; now I'm interested in the deletions to those communities. It takes quite a while to dig out any evidence. On the other hand, it's a much less busy field than invasions, and I'd probably get to stay home a lot more. Nobody besides me has any active research interest in looking at invertebrate extinctions in the ocean. Of course, we could have said that about ballast water five or six years ago. Now there are dozens of people attending to it."

One extinction of particular concern to him is the looming extinction of marine invertebrate taxonomists. One day soon, Carlton will publish the fourth edition of *Light's Manual*, the indispensable handbook to the taxonomy of intertidal organisms of the West Coast. The manual will represent the collected insights of more than a hundred taxonomists: specialists in systematics—scientists employed by museums mostly—who know their narrow field of zoology so well that they can distinguish, say, the microscopic, multi-legged adult form of an Atlantic copepod from the microscopic, multi-legged adult form of a Pacific copepod. To no small degree, the current concern with biodiversity—how many of which species live where, and how quickly they may be going extinct—relies on the existence and involvement of taxonomists. Most of the biologists combing the rain forests and high seas for new species of organisms do not themselves have the expertise to identify said species on the fine scale, and instead must send them off to a taxonomist to study. Ultimately, an accurate measure of biodiversity is limited by the number of taxonomists on hand to measure it.

Alas, Carlton said, their number is diminishing; taxonomy is a dying art. To a non-taxonomist, the science of systematics is about as exciting a job track as stamp collecting. Universities have little interest in funding professorships in what they deem to be cataloging; the number of academic posts is dwindling. Consequently, the premier taxonomists are in their sixties, seventies, or eighties; few young taxonomists are rising to fill the ranks. Field biologists have fewer and fewer places to send their specimens for identification. "It's great to see this concern with biodiversity," Carlton said, "but I don't see it being matched by an increased level of training. Lots of us can train systematists. But to what end? Where are they getting jobs? Everybody says they need taxonomists: all the hands go up, let's put a big check in the 'positive' box. But when an assistant professor job opens up, are you going to hire a taxonomist? 'Ummm, er, ahhhh . . . we need an experimental ecologist . . . we need a molecular biologist.' The emperor has no clothes." Carlton finds himself at the diminishing end of this curve. With a mounting awareness of time, he has long sought a collaborator for the upcoming edition of the *Light and Smith Manual*. "I'd like to find a sparky young person in their twenties or thirties. Such is the state of taxonomy that I've not found a person of a younger generation whom I could seduce into being a coeditor. Only now do I understand what Ralph Smith was doing when he brought me onto this project twenty-five years ago. He was grooming me to take it over."

A barnacle obeys a circular life cycle that leads it from solid ground (as a new larval nauplius) out to sea and then back again, to settle as a calcareous, sedentary adult. Along the way, the larva passes through several intermediate morphological phases, each one remarkably adapted to the different water conditions the organism will encounter in its odyssey.

Consider a barnacle located in a coastal-plain estuary like San Francisco Bay, which is fed at one end by the Sacramento–San Joaquin River and opens at the other end into the sea. Freshwater runs from the river into the estuary and toward the mouth of the bay. Saline water is more dense than freshwater, so as the river empties into the estuary, its freshwaters flow out along the surface. Seawater moves in to take its place; being more dense, and thus heavier, it drifts toward the head of the estuary along the floor of the bay. The net result is a circulation of salinity: a fresh current above flows out and, as it mixes with seawater, gradually sinks; a saline current below flows in and, as it mixes with freshwater, gradually rises. The life cycle of *Balanus improvisus* has evolved to ride this gyre. A barnacle nauplius passes through six successive stages; each stage comes with added anatomical ballast, such that the nauplius rides successively deeper in the water column. As a result, the earliest nauplii are carried toward the sea while the elder ones are carried toward the estuary. By the time the nauplius has passed through its last molt and adulthood is imminent, it has returned more or less to the place where it began.

At this point the barnacle larva has entered into its seventh and final juvenile stage and is called a cyprid. A cyprid has a bivalve carapace; one might picture it as a tiny clam with legs, except a cyprid also possesses two compound eyes, like a fly. It begins to search for a permanent home. The cyprid drifts until it encounters a surface or substrate to its liking; probing with its antennae, the animal may take hours or days in choosing a suitable landing site. (Among other criteria, cyprids seem to prefer areas in which other barnacles have already settled.) Then, with the aid of a brown glue it exudes from adhesive glands in its antennae, the cyprid attaches itself headfirst to terra firma. Once rooted, the animal undergoes a profound metamorphosis: its eyes disappear; its swimming appendages change into feathery, food-gathering cirri; from its carapace it secretes the armored plates that will lock it down forever. As a caterpillar cocoons itself and is transformed into an ultra-mobile butterfly, the cyprid performs the reverse transformation, from motile to inert. Here the barnacle will remain for life: a shrimp doing a headstand, antennae to the ground, legs in ceaseless motion, gathering, consuming, digesting, broadcasting—until the ravages of time and salt, or a man with a pocketknife and a jar of formalin, dislocate it from its tenure.

19

Late one warm November afternoon I stood on the bridge of the Sea-River *Benicia* as it cast loose its moorings from an industrial wharf in the upper reaches of the San Francisco Estuary, not far from the town of Hercules, and began to maneuver the twists and turns leading into San Francisco Bay proper, toward open ocean. Although it has since retired, the SeaRiver *Benicia* at the time was among the largest in a fleet of oil tankers operated by SeaRiver Maritime, Inc., formerly known as the Exxon Shipping Company. The ship takes its name from the town of Benicia, a suburb of strip malls and refinery towers set along a narrow channel between San Pablo Bay to the west and Suisun Bay to the east. The town of Benicia sits on the north side of the channel; the town of Martinez sits on the south side. A steel-girder highway bridge links them across the channel. The underside of that bridge was visible from two hundred feet below, atop the tanker's bridge. A crisp blue sky was visible too, as well as seagulls wheeling in mockery of the rush-hour traffic, which had ground to a standstill.

The SeaRiver *Benicia* was embarking on its regular run to Valdez, Alaska, to fill itself with crude oil from the great Trans-Alaska Pipeline. Fully laden, the vessel can carry slightly more than a million barrels—or about forty-two million gallons—of oil. The ship had arrived late the night before, having already off-loaded several hundred thousand barrels in order to raise its draft and easily sail the shallower channels of the upper Bay. In port, under floodlights and a brilliant half-moon, the crew, in company gear—hard hats, coveralls, gloves, safety glasses, steel-toed shoes—worked smartly about deck, attaching the elephantine pumps that would draw the liquid cargo from belowdeck tanks into a shoreside tank farm. All night the ship thrummed with the business of extraction. Around dawn a different set of pumps started up, drawing water from the harbor—which daylight revealed to be green and teeming with algal life—into a segregated set of belowdeck tanks for use as ballast for the return trip to Alaska. After several hours of pumping, the SeaRiver *Benicia* had gained sufficient ballast to set sail, and shortly after three o'clock she did so, bearing an assortment of organisms: twenty-one crew members; uncountable microscopic plants and animals—from diatoms and dinoflagellates to copepods and mollusk larvae—that had been drawn in inadvertently with the million-odd gallons of ballast water; two larval marine biologists and one incidental traveler.

The modern cargo ship is the world's preeminent vessel of desire. At any given moment some thirty-five thousand ships large and small are at sea, bearing supplies from one port to another: oil from Valdez to San Francisco, automobiles from Los Angeles to Tokyo, wood chips from Tasmania to Korea, Christmas trees from Oregon to Hawaii. Eighty percent of world trade is conducted by sea, and the ships have grown to impressive size. The largest container ships can carry six thousand boxcar-size cargo containers; port cities must dig deeper harbors and build larger facilities simply to handle them. They are monuments to consumption. The main deck of the SeaRiver *Benicia* was a hundred and seventy feet wide and nine hundred feet long, much of that space occupied by an orderly labyrinth of steel pipes. The ship's engine room, belowdecks, was a cavern of gigantic boilers, coolers, evaporators, and turbines. The propeller shaft alone was a yard wide. The din was such that the engine-room crew had to wear earplugs at all times. Only in the engine-control room, a glass skybox filled with computer terminals and instrument panels, was it possible to hold a normal conversation. Much of the time the engine room can run itself; the safety-automation program that guides it is common in nuclear power plants.

Running such a ship requires tremendous energy. An oil tanker the size of the SeaRiver *Benicia* consumes six hundred barrels of fuel each day; a large fleet of tankers may consume a hundred million dollars in fuel annually. The crew requires fuel too. Minimum requirements, spelled out in the Articles of Agreement that are signed by the captain and posted in the galley, mandate that a seaman "shall be served at least three meals a day that total 3,100 calories, including adequate water and adequate protein, vitamins, and minerals in accordance with the United States Recommended Daily Allowance." They receive this and much more. The abundance of food aboard the SeaRiver *Benicia* was staggering. At breakfast, through a small portal in the galley, a person could order eggs, bacon, sausage, pancakes, and/or French toast to one's heart-stopping desire. For lunch and dinner: pork chops, roast chicken, roast beef, beef stew, beef Stroganoff, spaghetti with massive meatballs, mashed potatoes, sweet potatoes, green beans, lima beans, rice, corn. Between meals, at all hours, there was the snack bar, a cornucopia of corn chips and pretzels, popcorn, doughnuts, fig bars, chocolate cake, peanut butter, melon slices, orange juice, lemon meringue pie. Of the challenges I would face in the coming days at sea, few were as daunting as the self-induced torpor brought on by the temptation of endless ingestion.

The rear quarter of the SeaRiver *Benicia* was devoted to the needs of the vessel itself. The engine and pump rooms were below; above, the house, a five-story superstructure, contained the crew: galley, crew's quarters, recreation lounge. The bridge, a large, open room with the latest high-tech navigation and communication equipment, as well as a panoramic view, sat at the very top. The vast remainder of the vessel, everything forward of the house, served the needs of the rest of the world. The tanker carried eleven cargo tanks in all, each one roughly the dimensions of a municipal swimming pool and sixty feet deep: three tanks on the starboard side, three tanks to port, and five tanks down the center, like a giant ice-cube tray. Four additional segregated tanks, two apiece on the port and starboard sides, held ballast exclusively. A layout of the tanks, pumps, and valves was visible on a lighted panel in a control room next to the galley; here, deck officers supervised the status of the cargo and ballast tanks and coordinated any change in their respective contents. At this moment in its voyage, the ship carried no oil. Instead, it carried ballast: nearly three hundred thousand barrels of Bay Area ballast water that, on arrival in Valdez, would be donated to Prince William Sound. Ballast water may be taken on, released, or shifted from tank to tank at any point during a journey—to tip the ship slightly aft to aid in the loading or unloading of oil; to raise or lower its draft and so optimize the use of its propeller and rudder; to keep the ship stable and maneuvering smoothly through changing seas. Ballast water does for the modern cargo ship what sandbags do for a hot-air balloon, but offering much finer control and demanding the employ of complicated mathematics. Once upon a time, a chief mate would refer to a manual filled with calculations—how much ballast to take on or release, depending on the weather, the ship's speed, and the amount of cargo and ballast already on board—and figure out the math in longhand. Now a sophisticated computer program handles the algorithms, allowing humans to devote closer attention to the numerous gauges, dials, and knobs in the ballast-water control room.

A decade ago, the average member of Congress had no more interest in ballast water than in hot-air balloon sandbags. By the mid-1990s, however, these officials had become fluent in the technical language of ballast. They had had explained to them the difference between a ship "in ballast" (carrying ballast water but no cargo) and a ship "with ballast" (containing ballast water and cargo), between the "ballast leg" and the "cargo leg" of a ship's journey. They had heard Jim Carlton testify several times on the subject of the damage caused by zebra mussels and other organisms introduced by ballast water. Ballast tanks, formerly viewed as mere aides to transportation, were now officially considered modes of transportation unto themselves—giant, moving aquariums that threaten to infest local waters with any number of exotic marine pests. Calls for ballast-water control became regular and urgent. The National Invasive Species Act of 1996 mandated that some form of nationwide ballast-water management plan be instituted, although there was no consensus as to which approaches or technologies to apply. The International Maritime Organization, with Carlton as a consultant, chimed in with suggestions and requirements. Experimental projects sprang up. Shipping companies like Arco, Mobil, and SeaRiver donated their ships, time, expertise, and money to examine and test the various possibilities. Clearly some sort of federal regulation would soon come into existence. The shipping industry faced a choice: either step aboard and help shape the policy, or sit still and watch the policy broadside them. Either they were on the boat or off the boat.

From the observational platform outside the bridge, I watched as our ship passed through San Pablo Bay and entered San Francisco Bay proper. Night had fallen and the City of Lights was visible off to port side, glittering and restless. A mile to starboard I made out a low silhouette of rock, Alcatraz, and recalled a quote from Samuel Johnson that the ship's chief engineer had posted on his cabin door: "Being on a ship is being in jail, with a chance of being drowned." The SeaRiver *Benicia* glided on toward the mouth of the Bay. The Golden Gate Bridge, astream with headlights and taillights, loomed ahead, then overhead, then dwindled from view behind us, leaving only the constellated sky: Cygnus, Draco, Hercules. Inside, the bridge was dark except for the glow of a radar screen and a table lamp illuminating navigational charts on the chart table. The captain himself, a tall man in a flannel shirt, stepped outdoors briefly and gazed back at the receding bridge. "Every once in a while I think about staying ashore," he said. "But then I listen to the traffic reports." We slid past darkened headlands, along a channel marked by green- and red-winking buoys. The aroma of eucalyptus slowly faded; the scent of sea-foam was ascendant.

A ship is a steel propagule, its ballast tanks filled with propagules of living carbon. Ballast-water regulation would undo this axiom. But how best to do so? Filter the water before it enters the ship? Heat it high enough to kill the organisms? Zap it with ultraviolet radiation? Require ships to exchange their ballast tanks at sea and purge their estuarine waters? Before those questions can be adequately answered, much more needs to be learned about the living propagules that undergo a ballast journey. Of those organisms that first enter a ballast tank, what fraction survives to disembark? What factors—temperature, salinity, length of voyage, type of organism—most affect their survival rate? Of those propagules that ultimately disembark, what fraction flourish and spread in their new habitat? In short, to what extent, in studied, quantitative terms, does ballast water and shipping contribute to the spread of marine organisms? And how—in studied, quantitative terms—does it do so?

Carlton offered a starting point with his Shipping Study, which had been mandated by the Non-indigenous Aquatic Nuisance Prevention and Control Act of 1990. Before long the law required more definitive answers from science; without them, any federal attempt to regulate or control ballast water would be pure guesswork. The chosen researcher this time was not Carlton, but a friend and colleague of his: Greg Ruiz, a marine biologist at the Smithsonian Environmental Research Center in Edgewater, Maryland, and a one-time Carlton postdoc. Carlton had been capital in steering science toward the notion that a ship is a moving island, a mobile home for marine organisms from around the world. Ruiz has joined the bridge now too, with an even more finely measured view of the horizon.

A ship and its ballast tanks are an ecosystem, an ecological environment as self-sustaining as a tropical atoll or a bookshelf aquarium. Any ecosystem can be approached with the same inquiry: What is the climate like there? How do conditions vary from day to day, from ship to ship, from tank to tank? Presented with a true geophysical island—one of the Mariana Islands, say, or a tract of Hawaiian rain forest—a biologist would

begin to conduct field research on it: take measurements, plot charac-
teristics, conduct experiments, detect patterns, make predictions, all by
way of treading the elusive path from observation to hypothesis to general
principle. He or she would camp out for days at a time and get to know
the place. Carlton reached this archipelago first; Ruiz is arriving in force.
He has established a lab—the National Marine Invasions Laboratory—
to explore it, and for more than a decade has been sending young biolo-
gists to conduct fieldwork: to ride oil tankers and cargo ships from one
port to another, across seas and oceans; to plumb the mysteries of the
ballast tanks and their various international inhabitants.

So it was that I found myself aboard the SeaRiver *Benicia* in the com-
pany of two naupliar biologists from Edgewater. According to the protocol
of the experiment, the ship would be traveling as much as two hundred
miles offshore; the trip would last several days, weather depending. We
would be temporary castaways on a high-seas island, assigned to comb
insights from the ship's nonskid-surface shores, with only beef Stroganoff
and beef stew and roast beef and chocolate cake and Fig Newtons to eat
and a bottomless sea of coffee available to drink.

The bridge of the SeaRiver *Benicia* is a white steel box at the very top of
the ship, well over a hundred feet above the ocean surface, with a
sweeping view of the open sea. The bridge of the National Marine Inva-
sions Laboratory, from which Greg Ruiz designs and steers a dozen or so
ballast-water research projects, like the one under way aboard the
SeaRiver *Benicia*, is a white metal box on a marshy inlet of Chesapeake
Bay, with a view of the wooded campus of the Smithsonian Environmen-
tal Research Center. Most research projects at SERC are conducted
within a complex of modern laboratories and office suites, or in one of the
many carefully marked field sites in the surrounding woods or on the ad-
jacent bay. Owing to a shortage of available space, however, and despite
the fact that Ruiz's ballast research attracts more than a million dollars in
annual grants from the U.S. Coast Guard and other federal agencies,
much of his laboratory work is conducted in a white trailer home propped
on cinder blocks near the edge of the woods. Fair to say that whatever
ballast-water policies the federal government embraces in coming years—
and the measures that the shipping industry ultimately adopts—will be
guided largely by the science that emerges from this tin can. It struck me
as an strangely apt setting for the study of global biological travelers: an

immobile mobile home, a barnacle with aluminum siding. The first day I visited, a young lab technician sat inside at a workbench and, using tweezers, was struggling to pull apart an encrusted lump in front of him. He was dissecting barnacles. "They start out as cyprids; then they're barnacles," he mused. "One morning you look, and lo and behold, there's a tiny barnacle. It's like, Whoa, how'd that happen?"

Ruiz himself was stationed in a newer building nearby, in a small office he had moved into only days before. Among the lab techs at SERC there is an informal game that turns on a hypothetical question: In the unlikely event that Hollywood ever makes a movie about ballast-water ecology, which celebrity actors would be hired to play the lead characters? So far, consensus has it that the role of Jim Carlton would be played by Richard Dreyfus: a compact, energetic effusion of humor, goodwill, and scholarship, not unlike the marine scientist in *Jaws*. The role of Greg Ruiz, all agree, would go to the actor Jeff Goldblum: tall, dark-haired, wryly enigmatic, his loping manner disguising a pacing and preoccupied intellect—think *Invasion of the Body Snatchers*, *Jurassic Park*, or *The Fly*. At the moment, Ruiz was reclining in his swivel chair with his feet on his desk, exhibiting a battered pair of running shoes. The records of resettlement—cardboard boxes, manila file folders—surrounded him in heaps. The phone buzzed; he ignored it.

Formally trained as a zoologist at the University of California at Berkeley, Ruiz was one of three postdoctoral researchers who worked under Carlton at the Oregon Institute of Marine Biology. "He's one of the people who arrived as one thing and left as an invasion ecologist," Carlton says. Some of Ruiz's colleagues might question the depth of the zoologist's metamorphosis—"He stumbled into this invasion thing, he's just in it for the critters," says one—but few would dispute his contribution to the burgeoning field of ballast-water ecology or his central role in the evolving federal policies concerning ballast-water management. "Because this work involves ships and commerce, it has local, regional, and international ramifications," Ruiz said at his desk. "Everything we're doing is of interest from a management perspective. I've been interacting more with agencies like Fish and Wildlife that are implementing policy or advising on how to do it. I've become more aware of how those decisions are played out. But invasions also provide an excellent opportunity to study some basic tenets in marine ecology, like larval dispersal and community structure. That's one of the big issues in ecology: What is larval supply? Is a particular ecosystem a closed system, where the adults supply the larvae for the next generation, or is it an open system, where there are new larvae coming in and mixing? Over what distance are the larvae dispersing?"

As the director of a research lab, Ruiz manages a staff of two dozen and designs and oversees the research protocol: who will investigate what and when, how they'll do it, and how much it will cost. There are grant proposals to write, congressional subcommittees to address, potential funding agencies to impress and cajole. There are professional conferences to attend, talks to give, meetings to arrange with various federal officials. In addition, he is the academic adviser to a dozen or more undergraduates or doctoral candidates, all of whom have spent some stage of their academic life cycle at SERC working on ballast-water issues. Fifteen years younger than Carlton, Ruiz is already supplying larval biologists for the next generation and tracking their dispersal.

That is only the logistics; then there is the actual science. Along with the ballast-water experiments and studies, Ruiz pursues his own fieldwork: for several years now he has studied the incursion of the European green crab into several non-European environments, including estuaries in northern California and Australia. His research results are notable for their scientific depth and their breadth of view, and they have been published in all of the prestigious science journals. Presumably, he writes these articles while traveling, since an airline seat is one of the few places Ruiz can be found sitting for longer than thirty minutes at a stretch. Mile for mile, sleepless night for sleepless night, Ruiz is an even match for Carlton.

At heart, Ruiz aspires toward a sort of grand numerical synthesis. The occurrence of invasions in marine ecosystems has been acknowledged and studied for years now, as has the role of ships and ballast water in the transfer of introduced marine organisms—by Carlton, in both cases, but by many other researchers as well. What is not well established, at least not to Ruiz's satisfaction, is precisely how those two phenomena relate to one another. How many organisms are being borne in ballast water, and to where? What fraction of those organisms successfully invade? How and to what extent do those invaders affect their new environments? "He is connecting the dots between rates and impacts," Carlton says. Although the numbers of biological invasions sound ominous, in fact marine scientists have only begun to explore their actual implications. Ruiz, in his office, said, "We don't know what the impacts of most invaders are.

There are a lot of inferences, but not much data. If you want to ask how frequently things invade San Francisco Bay, in terms of rate, we don't know. You can look at Jim's list of two hundred and twelve species and say, 'That's a lot.' Are they having an impact? Probably. But there aren't enough data. And most of the data are correlative. It's not sufficient to prove cause and effect. Especially in estuaries, where there are a lot of anthropogenic effects that often occur simultaneously with invasions: nutrient loading, pollution, sedimentation."

In the pursuit of quantitative information, Ruiz has developed the National Ballast Information Clearinghouse, a comprehensive daily record of the floating ecosystems that enter every major port across the country. With help from the U.S. Coast Guard, critical information about all ships arriving in their respective ports is fed into a computer database in the immobile home of Ruiz's laboratory: their size, their cargo, their last port of call, the amount of ballast water they carry. The accumulating database offers a more accurate way to probe the link between propagule pressure and invasion rate. For example, although Chesapeake Bay is one of the nation's largest recipients of ballast water, taking on some twelve million metric tons annually, it has fewer documented introduced species than San Francisco Bay. Several years of National Ballast Information Clearinghouse data might help clarify whether the Chesapeake's lower invasion rate is a product of real differences in shipping behavior or the environment, or whether it merely highlights the added scrutiny that San Francisco Bay has received over the years from Jim Carlton.

On occasion, as part of a separate research project designed to get a fix on the kinds of ballast organisms that come to Chesapeake Bay and the conditions under which they arrive, the lab techs make house calls. They drive to the docks in Baltimore and Norfolk, board ships in port, collect samples of whatever lives in the ballast tanks, and record the physical attributes of the habitat: the temperature, salinity, and dissolved-oxygen content of the water at various depths within the ballast tanks, as well as the temperature of the Chesapeake water into which the incoming ballast organisms would likely be released.

The previous day, Betsy von Holle and Scott Godwin, two of the lab techs, had called on the *Edridge*, a Dutch bulker that had docked in Baltimore to load up on coal. The ship was considerably smaller than the SeaRiver *Benicia*, with nine cargo holds capped by sliding steel lids. Although the holds had arrived carrying ballast water, all but one had already been emptied into the bay. Von Holle and Godwin were directed to a round, open hatch on deck that offered access to it.

Typically, very large organisms are prevented from entering a ship's ballast tank by a grate that covers the pipe that draws in water from outside. Nonetheless, SERC researchers have found things living in ballast tanks that were considerably larger than microscopic: crabs, eels, even a school of mullets. Aboard one ship, crew members boasted of sitting around the edge of an open ballast tank with their fishing poles and catching lunch. Aboard the *Edridge*, I could make out the surface of the ballast water, several feet below the open hatch, illuminated by a shaft of sunlight. The water was green with the chlorophyll of phytoplankton and had a grainy appearance. It took me a moment to notice that the grains were moving and were doing so under their own power. They were tiny, swarming copepods, Linnean cousins to crabs, lobsters, shrimps, and the other hard-shelled members of the class Crustacea. A few thousand copepods might fill a thimble. The number of thimblefuls in the *Edridge*'s ballast tank was beyond calculation. For a moment I had the dizzying sensation of standing on the brink of two teeming worlds: the titanic realm of ships and berths and cargo cranes, the world of global commerce against which my own body seemed dwarfed in size; and the Lilliputian realm of plankton, brimming and busy, of which I could see but a tiny fraction through the open hatch of the tank.

Dipping a plankton net repeatedly into the tank, Godwin and von Holle managed to fill several clear plastic bottles with *Edridge* ballast water and its inhabitants. They took a series of measurements, then brought the bottles back to the SERC trailer and set them on a lab bench. Then they and two other colleagues sat down at microscopes stationed around the room and went at it, peering at small samples of the water, trying to identify the copepods—and whatever else might be in there—taxonomically. At one point Ruiz stopped in to check on progress. He noticed the bottles, which were astir with grainy copepods. "Wow! That's gotta be the densest concentration I've ever seen." He picked up a bottle for a closer inspection of its motes. "That one looks like it's got egg sacs. That one looks like the larvae of a decapod, maybe a crab. That one looks like a sea monkey. It looks like a bunch of sea monkeys!" He paused to considered that thought. "So all these suckers are out in the bay now. Some of them are probably doing pretty well."

Though small in size, copepods are highly instructive organisms in ballast-water research. They are the most abundant form of zooplankton in the world's waters, both fresh and marine. As a consequence, they are the most abundant form of life in the water of any given ballast tank in the world. Their name in Greek means "oar-foot"; they are minuscule argonauts, propelling themselves by scrabbling through the water with their tiny legs. To quickly gauge the "productivity" of any given ballast tank—the ability of its waters to support life—one need look no further than the copepods rowing in it. Are they many or few? Are they spry or sluggish? The more productive the ballast waters, the more likely its inhabitants will survive from one foreign coast to another, copepods and non-copepods alike. In addition, there are countless individual species of copepods—the many species native to the Amsterdam harbor are distinct from the copepods of the Chesapeake, which are different again from the copepods in San Francisco Bay, which are different again from the copepods of the salty high seas. In theory, the copepods in a ballast tank could serve as a sort of fingerprint of its waters and provide a ballast-water inspector a quick determination of whether a ship had properly exchanged its ballast in mid-ocean according to regulations.

The trick is figuring out which kind of copepod you are actually examining. These microscopic animals are divisible into at least ten suborders, each one with its own vast subset of copepod families, genera, and species. Are you looking at a monstrilloid copepod, of which there are approximately eighty species, or a mormonilloid copepod? Is that a platycopioid or a poecilostomatoid? Paul Fofonoff, a research assistant in Ruiz's invasion lab, took a bottle of *Edridge* ballast water and poured a small amount into a shallow glass dish. He slipped the dish under the oculus of a microscope nearby, pulled up a low metal stool, sat, and peered down through binocular eyepieces. "Let's see what we have here!"

Fofonoff is something of a curiosity at SERC. His main project involves compiling a history of biological introductions in the Chesapeake Bay, based on historical records, museum collections, and a thorough search of the scientific literature. He possesses what may well be a photographic memory. As one colleague put it, "His penchant for information is excrutiatingly detailed. We've learned to ask him for the short answer." When I asked him one afternoon for a brief overview of his findings, he replied readily. "There are thirty species of submerged aquatic vegetation in Chesapeake Bay, of which six are introduced," he began, and continued—virtually without pause—for an hour. "That includes aquarium plants. The first invasion was curly pondweed; it was first seen in the Potomac in 1876. The first one to cause trouble was the water chestnut. It came from Asia as an ornamental garden plant. It was first seen in the Concord River in the 1800s; then it spread to Lake Ontario. It was seen in the Potomac in 1923. It's a floating plant; it causes problems with navigation. It was pretty well eradicated by the 1930s. In 1983 . . ." When at last I rose to leave, Fofonoff handed me a stack of photocopied scientific papers, a small fraction of the voluminous research he has absorbed. I read them and, two days later, went to his office to return them. His recitation started up precisely where it had ended, as though I had never left. "In fishes, hybridization is common in disturbed communities . . ."

It seemed possible that he could expound, in detail, on anything: Asian rice weed, the narrow-leafed cattail, European minnows in Philadelphia. Now, with a dish of ballast water from the *Edridge* in view in his microscope, he added, "A lot of the organisms that we know are being transported in ballast water, like copepods, often are little known in terms of taxonomy and have a poor historical record." He looked up from the microscope, roused from the aqueous underworld. "It wouldn't be surprising if several copepod species were in there. But it will take a specialist to be certain. If somebody told me this ballast was from Boston Harbor, I wouldn't know any better just by looking."

Next to us at the workbench, von Holle was peering into a microscope, struggling to make sense of the magnified hash of copepods. Textbooks and identification manuals were propped open around her on the workbench: page after illustrated page of feathery legs, sticklike antennules, multi-segmented thoraxes, and other allegedly distinguishing copepod characteristics. Uppercase and lowercase letters marked the most important anatomical features in the illustrations. On other pages, the uppercase and lowercase letters were rearranged into elaborate charts: by cross-referencing the various letters, a reader could inch her way toward the species name of the copepod she presumably was viewing under the microscope. Von Holle proceeded in this manner, examining the charts and illustrations, peering into the microscope, then flipping again through the pages. With one hand she drew sketches of her quarry that rivaled in precision and elegance the illustrations in the books. These would be filed away in a binder as an additional visual reference for the other lab techs.

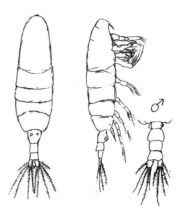

I was impatient to look. Fofonoff scooted aside in his stool and directed me to his microscope. Evidently, copepods possess only a single eye on what passes for a forehead. I confess that I was unable to make out any such facial feature. Fofonoff said that for the most part, the lab techs need not identify the copepods all the way down to the species level; it was enough to differentiate between one of three orders: calanoids, harpacticoids, and cyclopoids. I could not make out any physical characteristic that might distinguish those three categories. Nothing I saw looked like anything von Holle was drawing in her sketchbook. Instead, what I saw looked like a heap of transparent fleas: bare outlines of multilegged but otherwise shapeless creatures that hopped in and out of view too quickly to scrutinize. I drew a sketch in my notebook to later remind me what I'd seen.

When Fofonoff informed me that the order Cyclopoida is further divisible into numerous genera including *Cyclops, Microcyclops, Macrocyclops, Megacyclops,* even a *Metacyclops,* I began to wonder if there weren't also some tiny seamen down there trying to escape, disguised in the fleece of sheep. "I think there are calanoids here; it's hard to see," he said. He had resumed command of the microscope. "I do see an adult female. I see a harpacticoid. I see a barnacle cyprid. I see a diatom . . ."

Across the campus in his disordered office, Ruiz said, "Those copepods could potentially become established here. It strikes me that they have a good opportunity to invade. The salinity is a good match. The temperature is pretty good. If it doesn't become established, then why not? You can get a lot of inoculations that don't result in invasion. Our lab studies suggest that it's not because the organisms aren't in good condition. So maybe it's the conditions in the environment: water quality, or the shock of the water temperature, or maybe the food isn't appropriate."

Another reason for Ruiz's interest in copepods is that, like ships with rats or like ship rats themselves, these tiny, oar-footed organisms can ferry troubling pests of their own, among them *Vibrio cholerae,* the bacterium responsible for cholera. Of the one hundred thirty-nine known strains of the *V. cholerae* bacterium, only two—types *01* and *0139*—actually cause the cholera disease. (Several other strains of *V. cholerae,* as well as other species of *Vibrio,* can cause milder diarrheal diseases in humans.) Increasingly, many scientists believe that cholera bacteria can be and have been spread by ballast water. In July 1991, six months after a cholera epidemic struck Peru and several neighboring nations—the first-ever cholera epidemic in South America—an identical strain of *V. cholerae 01* turned up in oyster beds in Mobile Bay, Alabama. Researchers sampled the ballast, bilge, and sewage water of nineteen cargo ships docked at Alabama and Mississippi ports; they found the toxigenic *01* strain on five ships, all of which had last stopped at a port in South America or Puerto Rico. Some of the ballast water had not been exchanged in months; evidently the bacterium can survive on ships for extended periods, in a wide range of temperatures and salinities. In the past century, cholera has rapidly spread several times from India, where the bacterium was first identified, to other parts of Asia, Europe, and the Americas. Scientists now suspect that ship traffic may have been at least partly responsible for the spread.

Recently, Ruiz, in collaboration with microbiologist Rita Colwell, had begun inspecting the ballast water of ships arriving in the Chesapeake for evidence of *Vibrio* bacteria. How often does the toxigenic strain appear in ballast water taken from ports where a cholera outbreak has recently occurred? In what density do the bacteria occur? Simply finding the bacteria is a challenging task. They are not visible under standard microscopes, and they often exist in a form that cannot be grown in laboratory petri dishes. However, high concentrations of *Vibrio* bacteria often can be found attached to other aquatic organisms: duckweed, green algae, and—most notably to a ballast-water biologist—copepods. It may be that *Vibrio* bacteria gain nutrients by dining on the chitinous bodies of copepods. Perhaps, thus bound to the animal, the bacterium also stands a better chance of surviving the acidic hazards of the human stomach and is thus more likely to cause disease. A better understanding of the copepod-cholera connection might offer insight into ways to check the spread of the disease.

"If you're going to talk about some sort of treatment or management of ballast water, bacteria and viruses should be included in the equation," Ruiz said. "It's not adequate to talk about what will kill a dinoflagellate or a crab larvae or a copepod. What is an effective treatment for microorganisms?" In the meantime, he said, it was Fleet Week in Baltimore harbor for another shipload of ten-legged foreign sailors. "That inoculation"—he jabbed a thumb in the direction of the trailer-home lab and its crowded jars of copepods—"is spectacular. If you were a copepod, you couldn't ask for a nicer opportunity to move to Chesapeake Bay with hundreds of millions of your closest friends."

20

Two p.m., November 8. The SeaRiver *Benicia* is four days out of San Francisco, two hundred miles off the coast of Oregon. On this day there is nothing to see but the sea: hazy, slate gray, a field of whitecaps stretching to the horizon. At this time of year, a menacing low-pressure system nicknamed the Siberian Express regularly races across the northern Pacific from Kamchatka to North America. Today, however, there is only a slight, steady northwest swell, ten to fifteen feet, that keeps the ship on a sleepy roll. Viewed from the wheelhouse, against the vast acreage of the vessel, the waves appear small, benevolent—until a crew member, a minim in rain gear and hard hat, appears on deck and renders humanity in vulnerable contrast.

The ship's safety regulations are simple: during the day, no one goes on deck without notifying the bridge; after dark, no one goes on deck, period. If the daytime sea grows too rough—if green seawater begins to wash over the bow—the deck is closed to all hands. The reasoning requires no explanation among the crew. If a person fell overboard, it would take the ship seventeen minutes to stop, reverse course, and return to the point of the accident—provided someone saw him go over. The temperature of the water at this latitude approaches fifty degrees Fahrenheit. Unprotected, a person like me could survive for thirty minutes before succumbing to hypothermia: seventeen minutes to wait for the ship to maybe return, thirteen more for the bridge, miraculously, to spot my melon-size head on a seascape of towering whitecaps and send out a lifeboat.

I was essentially alone with my morbid preoccupations. Safety drills and training are such an inherent part of a crew's work life that the sea exists for them as a manageable hazard, neither ignored nor distracting, like the sight of blood to a surgeon. "Second nature," as one put it. I was still grappling with first nature. One morning in the galley I saw a notice on the calendar announcing a mandatory and regularly scheduled drill: "Survival Suit Try-on Day!" To extend survival time in the event of a cap-sized ship, every crew member is outfitted with a specially designed sur-vival suit. After breakfast I returned to my cabin and extracted my suit from a duffel bag in the closet. It resembled a full-body wet suit, made of thick insulating neoprene, and was a blazing orange color. Its instruc-tions said I should slip into the suit as if stepping into a pair of coveralls, but I soon found myself wrestling my way into it on the floor, a project I doubted I would have the patience or wherewithal to undertake in the dire circumstances that might require it. Finally I got it on. I was wholly cocooned, my unshod feet in booties, my hands in three-pronged mitts; in the mirror I looked like a bright orange Gumby. I zipped up the suit and pulled a snug hood over my head, and was instantly overwhelmed by claustrophobia. My heart rate doubled; I understood then the terror of the straitjacketed. It was unclear how long the suit would keep me warm and afloat: a few hours, perhaps a day. I tried to imagine—indeed, in subsequent days I could not stop imagining—bobbing on the sea in it, waving like a red copepod at a dwindling ship. I pictured the hours alone amid towering waves and an undulating, unbroken horizon. Hypother-mia sounded like a relief.

Such thoughts did not appear to preoccupy Kate Murphy, one of the two SERC biologists on board, as she made her way across the ship's rolling deck. She crouched near a round hatch that opened onto the for-ward ballast tank on the ship's port side, a tank formally designated as Two Port. Her deck chores as a ballast-water researcher kept her on a tri-angular path between the hatches of three ballast tanks: Two Port and Four Port, both on the left side of the ship; and Four Starboard, on the opposite side, across a walkway that ran the length of the deck and was known as Broadway. Although the sun was bright, Murphy wore heavy-weather rain gear to ward off the wind and the luffs of spray that curled over the bow with stinging regularity. A large plastic wheelbarrow was parked beside her, firmly lashed with rope to a deck pipe. It was piled with laboratory equipment: bottles and jugs of various sizes and colors for collecting samples of ballast water; a length of rope; a large plankton net resembling a wind sock; scissors, pliers, flashlight. Murphy was busy fill-ing specimen bottles with ballast water, which she drew from the tank by means of a slender plastic tube attached to a suitcase-size pneumatic pump. It was trickling work, prone to spillage, and Murphy's hands had turned red from the wind and cold.

The voyage of the SeaRiver *Benicia* would mark one in a grand series of experiments designed by Greg Ruiz, each one carried out by SERC lab techs aboard a different supertanker. Their aim was not to examine the array and condition of organisms riding in ballast tanks, which by this point had been exhaustively documented by others. Rather, these experiments would test the proposed method of ridding the tanks of their inhabitants. With the Great Lakes for a model, federal regulatory agencies have begun to rally around mid-ocean exchange as the stop-gap solution: before entering an American port, all ships would be required to empty their ballast tanks while still at sea and refill them with high-salinity ocean water. Presumably, this would kill or flush out any estuarine organisms picked up at the port of departure and replace them with oceanic organisms, which would be unlikely to survive release in the next estuarine port. One virtue of this approach, in addition to its alleged efficacy, is its low cost: no retrofitting of ships with expensive ultrafine filters or ultraviolet radiation machines; no chemicals of questionable environmental safety would be required. A ship merely has to do what it was already designed to do—empty and refill its ballast tanks. It would simply do so at sea rather than in port.

Imagine now that mid-ocean exchange has become required by law nationwide (currently it is required in some ports, and is a strongly recommended voluntary exercise in others) and that an arriving ship claims to have obeyed it. How would a coast guard inspector know for certain? The SeaRiver *Benicia* experiment in effect would test several methods of fingerprinting the water in the ballast tanks. Over the course of several days, the chief mate would empty and refill three tanks—Two Port, Four Port, Four Starboard, the three points on Kate Murphy's triangle—as many as three times. Murphy and her fellow traveler, Brian Jones, would collect water samples from each tank before and after each exchange and at the beginning and end of the trip. Afterward, all the samples would be sent back to Ruiz and scrutinized for the presence, in varying amounts, of various potential tracers, some of which had been added to the ship's tanks in San Francisco: rhodamine dye, dissolved organic material, trace metals, certain species of phytoplankton, different isotopes of radium. Hopefully, one of them would prove useful in showing beyond doubt that the SeaRiver *Benicia*'s ballast water had been thoroughly exchanged, or nearly so, at sea.

For Murphy and Jones, this would add up to several days of nonstop scurrying on deck, hatch to hatch, tank to tank, with a wheelbarrow of equipment in tow. My assigned task was to write down equipment readings as they were called out. As experimental protocols go, it was classic Ruiz: statistically exacting, designed to gather as much information in as short a period with as many controls and built-in redundancies as possible, and physically exhausting. For a staging area, Murphy and Jones had taken over a small stateroom. The room was soon awash in field gear and scientific equipment: boots, rain gear, helmets, safety glasses, boxes, crates, bins, jars and bottles, labels, tapes, straps, rope, tubing, wrenches, notebooks and data sheets, waterproof pencils—on the bunk beds, on the floor, hanging from hooks, heaped under the sink.

Venturing on deck to collect one set of samples was a three-hour expedition. Begin at eight a.m. with the coveralls, rain gear, hard hat, and other safety gear required for crew members. Load up the wheelbarrow with the crates of jars and bottles and the suitcase-size pneumatic pump. Totter out in the wind toward the bow, to Two Port, Hatch A. Attach the pump to an on-deck air hose (for power), then to the slender plastic tube marked "1 m" poking its head out of Hatch A, and begin collecting ballast water from one meter down. Fill a small amber medicine bottle, close it with a black cap; that sample will later be analyzed in the lab for the presence of rhodamine dye. Fill an amber medicine bottle, close it with a green cap; that sample will be analyzed for dissolved organic matter. The trace-metals sample goes in a small plastic bottle. Remove the tube marked "1 m" from the pump, attach the tube marked "10 m," and collect the same ballast samples again, this time from ten meters down in the tank. Drop the conductivity meter—a large, plastic, expensive piece of equipment that records salinity, temperature, and dissolved oxygen—on a rope to a depth of one meter down in the tank, haul it back up, jot down the readings, repeat at twelve and twenty meters. Pack up the equipment, load up the wheelbarrow, totter over to Hatch B, unpack, repeat. At eleven-thirty, quit for lunch. Entering the galley, I felt as though I had spent the day skiing: red-faced and weary, drained from the mere effort of holding myself upright in a steady wind.

It was possible during those long hours on deck to forget one's place in the larger world—which, given the lack of recognizable landmarks or any marks of land whatsoever, was essentially nowhere. There was the ship, and there was the sea rolling seamlessly, ceaselessly past it. The edge of the deck was marked all the way around by a low steel guardrail that served as a barrier between civilization and the marine wilderness. I quickly came to regard the railing as a kind of existential horizon. On this side, on deck, was the tangible world, the realm of urgent tasks and palpable objects, of mechanics and progress and knowns. On the far side, the unknowable, its implications too chilling and abstract to ponder for long. But as I said, that was just me.

I willed myself to focus my attention downward—on the ship's deck, painted red with a special nonskid coating that reminded me of my high school running track; on the pneumatic pump and the accumulating collection of water-filled bottles; on the round ballast-tank hatch that opened like a manhole onto the entrained sea below. The surface of the ballast water lay in darkness several feet below, out of sight, but it was audible, sloshing and smacking against the steel shores of the tank. In addition, the steady roll of the ship created an alternating pressure differential in the tank, such that the open hatch behaved like a blowhole: bellowing foul spray one moment, gasping inward the next, howling and wailing like Scylla and Charybdis. To collect the ballast-water samples safely, Murphy had to time her actions carefully with the respirations of the tank. At one point, a sudden upgust caught the plankton net just as Murphy was hauling it out of the hatch. The wind blew the net into the air like a wind sock and sent a plastic bottle skittering down the deck, then pinned the bottle against the guardrail. Murphy pursued it gingerly, trapped it with her foot, picked it up, and tottered back against the wind. She resumed her station by the ballast hatch, which had never ceased its rhythmic shrieking. "It's like the depths of hell down there," she said. "I'd rather fall into the sea than fall in there."

Austin James, the chief mate and the crew member whose principal responsibilities included emptying, refilling, and generally managing the SeaRiver *Benicia*'s deck and pumping operations, kept a watchful eye on the research activity from the towering height of the wheelhouse. "I'll be very interested to see what happens, how the experiment turns out," he said. For James, managing the ballast for a ship this size is an exercise in minimizing stress—the ship's and, by extension, his own. He directed my attention out the window, far up the deck to the forecastle. The bow was moving: rising and falling with the waves as well as flexing on its own ever so slightly. The ship's hull, he said, was carefully constructed to torque and flex to absorb the full and often conflicting forces of the sea. Some flexing is good, but not too much. Even in fair weather a tanker should ride deeply enough and slowly enough through the waves that its bow never hangs unsupported in the air. Some ships are specifically built for grace, with narrow bows that carve through waves more smoothly and with less effort. Not this one; it sported a rectangular design to facilitate the movement of oil in bulk. "We're a block," James said. "We're a big block going through the water."

The stress exerted on a ship is calculated according to a complex algorithm that considers the ship's size and tonnage, the amount of ballast and cargo on board, and such variables as weather, wave height, and the ship's speed. In a nutshell, the larger the ship and the larger the sea, the greater the potential stress exerted on the hull. The full scale of this stress had been impressed on me some months earlier at a scientific conference during a slide show presented by a representative of the U.S. Coast Guard. The slides were photographs of the forward deck of a large cargo ship in violent seas, as seen from the bridge. Or not seen: the forward deck was barely visible, owing to the enormous waves, fifty to sixty feet in height, that broke across the bow and buried the deck under a wash of green and white. The speaker had aimed his presentation at the biologists in the audience, to help them appreciate the challenges of mid-ocean ballast exchange. Other than adjusting speed and course, adjusting ballast is the sole means of minimizing the stress on a ship as it moves on the open ocean. At all moments during the SeaRiver *Benicia*'s voyage, James would stay watchful of the sea and the weather forecast and would recommend accordingly slight adjustments in speed, course, or the uptake or release of minor amounts of ballast water. Suffice it to say that altering one's ballast water in the open ocean, whether for regulatory or experimental purposes, even on a sea as flat as a millpond, is not a task undertaken idly.

"I have to watch the stresses as we do it," James said in the wheelhouse. For the sake of Ruiz's experiment, the ship would try out two different methods of ballast exchange. In one, called an empty-refill exchange, a tank is first emptied of its ballast and then completely refilled. The second variety, called a flow-through exchange, draws in ocean water from below while the tank is still full and lets the old water burble out through the hatch onto the deck and back into the sea. Both methods take several hours, and neither is entirely free of cost. To accommodate all the ballast exchanges in Ruiz's protocol while minimizing the stresses to the SeaRiver *Benicia* would add a full day to her journey. With the ship burning roughly six hundred barrels of oil a day, at the then-price of thirty-one dollars per barrel, the cost of ballast exchange for one tanker on one voyage would add up to nearly nineteen thousand dollars. That is not an insignificant sum, even to a large company. An operation with thirty ships in its fleet (SeaRiver has fewer than a dozen), each making thirty runs a year, could spend more than fifteen million dollars annually conducting ballast exchanges—not including such hidden costs as extra crew time and the added wear and tear on a vessel.

For a chief mate, however, the principal hesitation to the notion of mid-ocean ballast exchange is its potential effect on the ship. At sea, the abiding law is the captain's law, and if for whatever reason—rough conditions, an overburdened ship—the captain determines that ballast exchange poses an undue risk to his cargo and crew, that is the end of the discussion. According to Ruiz's schedule of experiments, the SeaRiver *Benicia* had been due to empty and refill Four Port that morning, but the plan was abandoned when James determined that under the current sketchy weather, emptying the tank would expose the ship to 108 percent of the allowable stress risk. "The problem with ballast exchange—well, we've already run into it," he said. The flow-through method poses less risk—since the tank is never empty of ballast—and was permissible within the ship's stress limits. James watched from the wheelhouse now as water bubbled out of the Butterworth hatch of Two Port, spilled across deck, and rejoined the sea. He put the best face on it that he could.

"There's not nearly as much stress in a flow-through exchange," he said. "The liquid level stays the same. Your trim and stability isn't going to change." In the future, he added, ships could be specifically designed so that a flow-through exchange wouldn't interfere with deck activity. The flow-through method offered one additional advantage not to be overlooked, James said. Its stress on the ship was sufficiently minimized that the process could be semi-automated and would thereby occupy less of a chief mate's precious time.

21

By all accounts, Ruiz runs a successful ship in Edgewater, Maryland. Perhaps too successful: each new federal grant anchors the marine biologist more firmly to dry land. From within an aluminum-sided exoskeleton, he spends his days navigating the channels of government financing and grant requirements. His office does not have a window; if it did, it would provide a panoramic view of an endless sea of paperwork. One might say that as the movement and management of ballast water places stress on a ship and its operator, so the management of a ballast-water research laboratory places stress on the lab captain—the effects of which are not lost on a young crew.

"The great thing about Greg is, he's always thinking on a grand scale."

"He's fascinating. He's where we'd all like to be."

"He brings in the money. If he puts his name on a paper, it gets funded."

"It must put a lot of pressure on, feeling like you have to come up with all the ideas."

"He needs a manager."

"I feel sorry for the guy. He's a real field biologist; he's not a desk jockey. Yet he spends ninety percent of his time doing administrative work."

"He's a good example of what not to become."

Late at night on the bridge of the SeaRiver *Benicia*, Kate Murphy said, "He's a good businessman. Which means he's doing something he's not that interested in. Sometimes I wish he'd just cut out everything but three people and do what he wants." Something like this thought has occurred to Ruiz as well. From his windowless bridge in Edgewater he said, "I'd like to get out in the field a lot more. But then the number of people you take on in the lab—the scope of the program—can't be as big. That's part of the allure of California: it's an exceptional opportunity to look at invasion—and for me to do a lot of fieldwork."

California, for Ruiz, means Bodega Harbor, a small coastal inlet along-side Bodega Bay, a former cannery town an hour's drive north of San Francisco. One day, taking a break from Jim Carlton and Andy Cohen's biological expedition around San Francisco Bay, I drove up the coast to visit Ruiz in his native element. At seven o'clock on a cloudless morning it was easy to understand the attraction. The tide was low and dropping, exposing a sweeping plain of mud that gleamed in the early sun. The fragrance of brine and algae and marine efflorescence melded with the cool remnants of a lifting fog. Small fishing boats from the Bodega Bay wharves chugged across the tidal plain on a slender ribbon of blue water that passed through a rocky breakwater several hundred yards out and then to sea. Ruiz was walking briskly across the mudflat in knee-high rubber boots; dressed in jeans and a T-shirt and carrying a large white pail in one hand, he had the look of a man on his way to a day at the beach. I struggled behind in a pair of borrowed boots, sinking several inches into the muck with one step, then struggling with the next to extract my foot from the slurping gravity of tidal mud. Here and there, wide mats of a crepelike seaweed provided a more reliable walking surface. The acres of open mud bore countless small mounds generated by ghost shrimps tunneling through the mud just below the surface. Their subterranean network was so pervasive that it rendered the top several inches of mud essentially porous. Here, the distinction between land and sea became obsolete; it was a kind of nether terrain in which a hesitant pedestrian could quickly become mired.

"There's a pretty extensive underground system," Ruiz said. "If you walk out, you'll start to get sucked down. So don't stop."

As interested as Ruiz is in the organisms that are carried aboard ballast tanks and the physical conditions that prevail there, it is "the downstream end of invasion" that interests him most intensely: the subsequent fate of those organisms once they are released back into the environment, their efforts to establish themselves in their new territory, and the wider impact of their doing so. The recurring central character in Ruiz's fieldwork is *Carcinus maenas*, the European green crab. Formally native to Europe, the green crab has dispersed with human traffic to several corners of the world. It was first noted on the U.S. East Coast in the early nineteenth century, long enough ago that it has become "naturalized" — that is, most people have forgotten that in fact it is an introduced species. Shellfishermen view it as an underwater locust. The green crab single-leggedly crushed the soft-shell clam industry north of Cape Cod, reducing the annual harvest from 14.7 million pounds of clams in 1938 to 2.3 million pounds in 1959. In 1989 the green crab appeared in San Francisco Bay. In a kingdom of nonindigenous species, it quickly achieved majesty, feasting on native crabs and introduced Manila clams with equal fervor. More so even than the zebra mussel, the European green crab represents the kind of biological hazard that ballast water can easily transport around the world. Some marine biologists have taken to calling it the brown tree snake of the sea. In 1996 the green crab appeared for the first time in the coastal waters of Tasmania, Australia. And it has moved gradually northward from San Francisco, in 1998 and 1999 appearing in coastal estuaries of Oregon, Washington, and British Columbia. Ruiz has not yet detected evidence of the green crab in Valdez, Alaska, but it was within reason to imagine that at that very moment there was a ship under way, its ballast tanks brimming with San Francisco Bay waters, bearing crabby European immigrants above the forty-eighth parallel.

I must admit I was slow to appreciate the ecological danger posed by the European green crab. A snake I could grasp, literally and figuratively: sleek, cryptic, with a mouth capable of engulfing prey several times larger and a significant mythos attached to its tail. By comparison, a crab looks ridiculous. With ten twiggy legs, an inflated shell of a body, and two pinheads on stalks for eyes, it possesses all the grace of a windup toy and all the mystique of a cockroach. But that is appearance. Like the brown tree snake, the European green crab is an unusually irritable and rapacious creature. It owns a large and powerful pair of forward pincers, which it wields like can openers to pry apart oysters, clams, native shore crabs, and other hard-shelled delicacies. One study found that the common East Coast periwinkle *Littorina littorea* crawls for cover at four times its normal pace when it smells a green crab in nearby waters; within ten minutes nearly all the periwinkles in the vicinity will have escaped from sight. This ten-minute escape window is likely an evolutionary adaptation, as a green crab can eat a periwinkle in nine minutes and fifty-four seconds on average.

The green crab can thrive in a wide range of temperatures and salinities; it grows quickly and reproduces in quantity, producing up to two hundred thousand eggs at a time. On one occasion Ruiz showed me a small, bubbling aquarium he kept in the laboratory to hold adult green crabs. Perhaps a dozen were in there, scrambling on top of one another, nudging each other out of the way, drifting up on the artificial current like hard-shelled zeppelins. The native grapsid crabs of Bodega Harbor grow no more than two or three inches wide. By comparison, these green crabs were distressingly large, some as big as a human hand. I had a glimmer of what the armored knights of Europe might have felt if, without warning, a squadron of Sherman tanks had rolled onto the battlefield. "That's big," Ruiz said. "Especially when you consider that those little grapsids are the most common crab in the bay—and they're being replaced by these." As alarming as the green crab's size is its rate of growth. In other parts of the world, a juvenile green crab takes two or three years to reach adult size; in Bodega Harbor, it takes only a year. At two months, a juvenile green crab in Bodega Harbor is already as large as an adult grapsid will ever grow. With each generation reaching reproductive maturity so swiftly, the local green crab population has skyrocketed.

Where the green crab has gone, Ruiz has followed: To Bodega Harbor, an ecosystem he began studying as a graduate student at the University of California at Berkeley, years before the green crab first reared its pin-eyed head there. To Chesapeake Bay, where Ruiz established his lab at SERC in 1989. To Tasmania, where, at the invitation of an Australian national marine laboratory in Hobart, he would spend several months establishing field sites and a green-crab research program. Even to Martha's Vineyard in Massachusetts, where one of his graduate-student advisees was completing a doctoral dissertation on the impact of the green crab on the centuries-old shellfish industry. There are many compelling ecological invaders in this shrinking world, more with each passing day, but rarely is an ecologist presented with the chance to study—from time zero or near so—the progress of a single invader in several ecosystems around the world simultaneously. For Ruiz it is an opportunity to continue the slow piloting of invasion ecology from the shallow waters of particulars and anecdotes—the study of one organism in one environment at one point at time—and into a deeper discussion of patterns, tenets, and predictions.

"It's hard to say what any one species can do. That's one of the key questions—and one of the reasons why ballast water is so problematic. It's not at all clear when you release a species how it will perform. Will it become colonized? That question plagues all aspects of invasion biology, from terrestrial invasion to biological control. I mean, you might release an insect for biocontrol and it doesn't establish. You release it a second time and it doesn't establish. And then the third time it does. And then, once an organism becomes colonized, the question is, what is it going to do? We can't answer that, but we can make good guesses. That's why the green crab is such a good model, because it's found across different environments. Critics would say we don't have a good experimental control. But with a wide background of data and convergent types of experiments, we can make strong statements, not only about how a community functions but about how populations respond. The scale at which you gain insight is unparalleled. I guess it's what you'd call a natural experiment. You can do a very elegant lab experiment that's very well controlled, but it's in a lab. You can't transfer it to the field. In the field, things happen that you didn't take into account, and then you learn something about the environment."

Ruiz runs his Bodega Harbor research out of a laboratory room in a concrete building nearby, on a rise overlooking the ocean and a small embayment called Horseshoe Cove. The laboratory belongs to Ted Grosholz, a marine biologist at the University of California at Davis. The two have collaborated on green-crab research for years now. What the biologists Gordon Rodda and Gad Perry are to the study of the brown tree snake, Ruiz and Grosholz are to *Carcinus maenas*: assiduous collectors of data, conducting meticulous experiments and meticulously separating the facts of nature from the artifacts of their experimental design. The field station building houses various Davis researchers. Inside is a labyrinth of low ceilings, narrow corridors, and doorways that open onto cramped laboratory spaces. The air reeks of formaldehyde and stagnant tide pools. It would be a dismal work environment if not for the stellar view: every window opens onto either the Pacific, hazy and bright blue in midmorning, or the dazzling iris of Horseshoe Cove.

When I had first stopped by the Grosholz lab the previous afternoon, I found Ruiz sitting on a rickety swivel stool amid disarray. Two tall rolls of heavy wire mesh were propped up in one corner; a stack of white industrial buckets sat in another. A crumpled bag of corn chips lay on the floor beside the splayed contents of a metal toolbox. Grosholz himself was outdoors behind the lab. With a pair of wire cutters in one hand, he was struggling to transform a third roll of wire mesh into a neat series of small cages. His fair skin was mottled from sun and aggravation; his eyes, an Irish blue, had turned stormy. It was as though I had stumbled onto an otherwise friendly neighbor throttling a groundhog. When he stood up, a curl of mesh sprang up and clapped his leg like a bear trap. "It's amazing as a field biologist how much you learn about shop practices," he said.

Inside, Ruiz, in preparation for an upcoming field experiment, was trying to lasso crabs. A metal tray on a countertop near him contained a dozen small members of a sand-colored shore crab, *Hemigrapsus oregonensis,* that is native to the bay. They scuttled to and fro, their legs clicking across the tin tray; collectively they gave off a sour smell, like cat food. Ruiz held one crab between his thumb and forefinger; he had it by the back of its carapace so that its pincers faced away from him. With his other hand he attempted to work a small loop made of fishing line around the crab's shell and secure it there. It was a delicate task, the crab as intent on attacking the cowboy biologist as Ruiz, his fingers feinting and weaving, was on harnessing the crab. Trials with several different knots and loops had yet to produce one that stayed put. "Different crabs have different carapaces," Ruiz said, "so what works for one doesn't always work for another."

Ruiz has studied the ecological dynamics of Bodega Harbor since 1979, when he chose it as the ideal site for his doctoral research. Grosholz joined the effort in 1993. Over the years, they have developed a solid backdrop of data against which the more recent incursion of the green crab can be studied in relief. Even with all biological introductions aside, Bodega Harbor experiences countless fluctuations. If the water warms up later in the spring than usual, the native shore crabs get a late start on their reproductive season, so their numbers are below average. With fewer crabs to feed on, the shorebirds focus their appetites on other invertebrates, with the result that the following year the clam population is smaller than usual. And so on—ripples of flux playing back and forth, crossing, enforcing, and damping one another. Suddenly the European green crab arrives, like a stone tossed into a pond. What is its impact? Since its arrival, Ruiz and Grosholz have noted that the population of shore crabs and of two pearl-size native clams have plummeted. But there are other potential factors. Thirteen local species of shorebirds— plovers, godwits, turnstones—are known to prey on marine invertebrates; perhaps they figure in the decline. Perhaps the green crab merely amplified a wave of change already under way. Circumstantially, the green crab is the culprit. Ruiz and Grosholz would like to rule factors out or rule them in, in proper proportion.

"We're trying to really test the hypothesis that the green crab is actually having an impact," Ruiz said. "A hundred and one things are changing simultaneously; it's very difficult to tease apart those changes. We need to make an accurate case. One of the big questions is, what are the consequences? With all the hoopla about introduced species, it seems like there must be some clearer examples. The more I'm in the business, the more I realize those questions haven't been answered." Grosholz, when he returned from outside, added, "I've gone to a lot of introduced-species meetings. There's a lot of hype, a lot of prediction. But you have to be careful. Once you oversell it, your credibility is lost. We need to have a few good examples in hand in which the data are good and solid. That's what we're doing here—providing one of those examples."

A simply stated hypothesis—the introduced green crab is depressing the population of native shore crabs in Bodega Harbor—in fact disguises a host of assumptions, all of which needed to be tested and confirmed before reaching any general conclusion. To start, do green crabs even eat shore crabs? If so, how many do they eat—and is that number significantly larger than the quantity consumed by shorebirds? Is it enough to lower the population of shore crabs? How quickly do shore crabs and green crabs reproduce and grow? So Ruiz and Grosholz spend their time in Bodega Harbor running experiments: designing and devising them, setting them up, conducting them, repeating them, tabulating and deciphering the results, teaching junior field assistants how to run them in their absence, and, often as not, starting again from scratch. To better discern how heavily the green crab preys on the native grapsid crabs, one experiment would examine how heavily the grapsids are preyed upon by everything else in the bay. The crab in Ruiz's grip—after several attempts Ruiz had succeeded in securing a loop of fishing line around it—was a designated volunteer in this experiment. Ten shore crabs would be tethered one by one to ten railroad spikes sunk in a row into the mudflat at low tide. When the tide rose, the crab would be free to roam within the one-foot radius allowed by its leash, but it would otherwise be at the mercy of all passing predators, like a submarine Prometheus. Ruiz now threaded a fishhook onto the crab's harness; he fixed the hook in place so that it curled, bitter end up, from the back of the crab's carapace. Any fish that attempted to eat the crab would be caught, providing the scientist with some evidence of the identity of the crab's non–green-crab predators. "Basically, we're fishing," Ruiz said. He held the crab at arm's length to assess his handiwork. The crab expressed a faceless, waving fury. "I wouldn't say he's happy, but he looks okay to me."

Another experiment aimed to characterize the green crab's appetite.

This involved a series of large plastic jars, each one containing several inches of mud from the bay, one green crab, and forty-five small clams. Left alone with the clams, how many would a green crab eat in a day? Ruiz emptied a jar into a metal sieve in the sink. The wet sediment drained away, exposing a flustered green crab and a hash of shell rubble and pearl-size clams. Ruiz plucked out the surviving clams one by one and made a note of how many had been eaten by the crab. For decent results, the experiment would have to be repeated several times: hours of sifting through shell shrapnel, counting fatalities, keeping score. I may have rolled my eyes.

"This is what most research is like," Ruiz said. "It's not just driving around San Francisco Bay pulling up buoys, drinking coffee in interesting shops. After the first time, it's repetitious, getting enough data to convince people that you know what you're talking about."

The clam-eating experiment was mere prelude to the main event, which would take place outdoors. Ruiz and Grosholz would set up an array of small cages on the mudflat, then place in them differing pairs of crabs: one green and grapsid; or two greens; or one of each, of varying sizes. The crabs would be left alone under the rising tide, and a day later, the researchers would return to count the winners and losers, or the remaining shreds thereof. The experiment would be repeated numerous times in order to clearly establish an answer to one question: If a green crab and a hemigrapsus shore crab are left alone in the wild, or in some experimental approximation of it, will the green crab eat the shore crab?

"It's a necessary thing to demonstrate if we want to conclude that crabs are declining because the green crab is eating them," Ruiz said. "One advantage of doing it in the field is that the green crabs have alternative food. It's not like being thrown into a situation like the Donner Party, where they eat their neighbor or they die. It can give them an opportunity to eat other things if they wish. But if they want to eat one of these hemigrapsids, so be it." All of these experiments would require green crabs, however, so at dawn the next morning Ruiz set out across the subtidal plain of Bodega Harbor, his boots slurping in the mud, a white plastic bucket swinging from his hand, to collect volunteers. If the beady eyes of a green crab had been sharp enough, they would have detected the crouching forms of Grosholz and a junior assistant a hundred yards out on the mudflat, setting up the day's experiment. But as natural selection had worked it, all a crab volunteer could discern was Ruiz's black rubber boots and the grasping hand of science plucking it from under its seaweed shelter and dropping it unceremoniously into the bucket.

One advantage of having ten legs is that it eases one's progress across mud. For a biped, however, walking on mudflats can be treacherous business, not far short of braving quicksand. For every mudflat Ruiz has trod upon, he has met a marine biologist with an allegedly foolproof scheme for remaining above it. One colleague, taking what Ruiz calls the Zodiac approach, designed a pair of boots that inflate like rubber Zodiac dinghies and, when worn, distribute his weight over a wide surface area. Another colleague ties one end of a rope around his waist and the other to a tree; if all else fails, he can pull himself back to shore hand over hand. At the recommendation of another biologist, Ruiz once tried wearing snowshoes. He made progress for fifty yards or so, until the mud became so soft that the shoes sank below the surface, at which point the snowshoes became anchors and Ruiz could not move his feet at all. On another outing, a colleague of Ruiz's brought along two pairs of water skis, one for Ruiz and one for himself, to strap to their boots. Twenty yards out, the colleague caught the edge of a ski and fell forward into the mud. Even now, Ruiz roared with laughter as he told the story. "He couldn't get back up!" The colleague, exasperated and unable to move forward, finally removed the skis altogether. Then, life-preserver style, he threw one ski ahead of him, dragged himself up behind it, threw it again, all the way back to terra firma.

I kept pace with Ruiz as best I could. A pair of vultures disguised as seagulls trailed us in the air. From the direction of the mouth of the bay, a mile or so in the distance, came the moan of a foghorn and the rhythmic, honking bark of sea lions. "They're shark food," Ruiz joked. "They're saying, 'Eat me, eat me!'" Ruiz has developed a rigorous method of measuring the abundance of green crabs in the bay: at low tide he walks far out on the mudflat and fixes a string several meters long—a transect—to the sediment; at high tide he returns and swims along the transect in snorkel and scuba suit and counts the crabs in that standard distance. It has not escaped his notice that a marine biologist in a scuba suit looks dangerously like a sea lion. For the moment, however, walking on the emptied tidal flat, he contented himself with the guesstimate method of assessing green-crab abundance. "Here's a *Carcinus!*" He

held up a green crab he had nabbed from the matting of seaweed un-
derfoot. It was a juvenile, its carapace little more than an inch wide, and
it was a translucent green color, as if it had recently molted. It was an an-
gry youth: the animal could not reach Ruiz's fingers, which held it from
behind by the carapace, so it made a blustery show of shredding the air
with its tiny pincers. "We've come across three in a square meter. That's
the densest we've seen so far." Ruiz continued rummaging through the
algae underfoot. He pointed out a white sea slug the size of a thumb—
an opistobranch that had arrived from New Zealand in the early 1990s.
He found three more green crabs, which he dropped into the bucket,
and a small, native Dungeness crab. My eye was drawn to another sea
slug, this one native, meandering among the strands of seaweed. It was
transparent, with two neon-blue stripes down its length and a mane of
tendrils, the sea slug version of lungs, rising from its back.

On gathering a few dozen green crabs, Ruiz turned around and
trudged back in the direction of the laboratory building. I continued on
across the mudflat toward Grosholz's crouching form. When I reached
him, he was busy pressing crab cages into the sand. Each cage was roughly
one cubic foot in size and made of the heavy mesh I'd seen him battling
the day before. The top end had a lid attached by plastic cable ties. The
bottom end was open. Grosholz placed this end on the wet sand and
pushed down on the cage to set it several inches deep and firm it against
the tide. It was heavy work, and Grosholz's face had again taken on a
mottled cast. Twenty cages would be arrayed a meter apart in a small
grid. By eight-thirty in the morning, a third of the cages had been set up
and a rough suburb of streets and avenues had taken form. Ruiz would
return later with crabs to place inside. A second, larger tract of cages sat
in the sand nearby. They had been erected the previous day, and the in-
tervening tides had pulled some cages slightly off axis and plastered oth-
ers with seaweed, such that the array resembled a miniature fishing
village in the wake of a hurricane. Far across the tidal flat, I could make
out a large skeletal wooden enclosure that rose from the water in the
channel at the entrance of the bay. Grosholz referred to it as the Mon-
strosity. It had been erected several seasons earlier by a scientist studying
the feeding behavior of sharks; construction had halted when the grant
money ran out. The half-finished structure loomed now above passing
trawlers, looking positively Ozymandian.

Like Ruiz, Grosholz entered the field of ecological invasion sidelong
from zoology. He studied basic biology as an undergraduate; after col-

lege, in the early 1980s, he took a job in the Caribbean helping to im-
prove the local mariculture of conch, a staple meat in that part of the
world—"the roast beef of the sea," Grosholz calls it. He was a sea farmer.
A couple of years of that, and he was already hitting his head on the pro-
fessional ceiling. He returned to the States and enrolled in a doctoral
program in zoology at the University of California at Berkeley. There he
met Ruiz and, having met Jim Carlton—"the founding father"—some
years earlier, he was soon pulled into the inner circle of marine bioinva-
sion. Invasions had become academically hot; the odds of winning
funding for a study of ecological impacts or ecosystem-wide dynamics
improved if you could justifiably add the words *invasion* or *introduced
species* to your proposal. Before long, Ruiz had coauthored as many pa-
pers with Grosholz as he had with Carlton, many of them derived from
their fieldwork and experiments together in Bodega Harbor. At aquatic-
nuisance-species conferences, the two scientists can often be found in
some corner of a hallway, huddled in conversation. Their families vaca-
tion together.

"We've worked together so much, we bicker like old men," Grosholz
said. "That's partly what happens when you have two people who are
used to running their own shows. Greg runs a lab of eight or nine people,
and he's the director. And I've got my own smaller show. So when we get
together, it's 'Do it my way!' 'No, do it my way!' It's good: we catch our-
selves making mistakes, or we provide a perspective that we wouldn't oth-
erwise have. It's easy to convince yourself you've thought of everything.
Academia promotes a kind of lone-dog mentality; that's part of the train-
ing. It's different from a business, where everyone's working like a team.
It helps to be friends, because then you can just say, 'Oh well.'"

If Ruiz and Grosholz have inherited one lesson from Carlton, it is an
appreciation for the true difficulty of extracting information from nature.
The two are joined in a tenacious pursuit of hard data. Though they of-
ten disagree on the finer ecumenical points, they share a deep and abid-
ing faith in the revelations of statistical robustness—that is to say, repeated
repetition. You build cages in the mud, you put scissor-handed crus-
taceans in them, and then you stick your fingers in again and again and
again. Grosholz's assistant, a Davis postdoc named Kim Shirley, was do-
ing exactly that now with the previous day's experiment. While Grosholz
pressed new cages into the flat, Shirley worked her way down the
seaweed-draped avenue of old ones with a pair of heavy clippers, snip-
ping the cable ties that held the lids closed. The setup was designed to

see whether green crabs prey on shore crabs as readily in the wild as they do in the laboratory. Each cage held either an introduced green crab and a native shore crab, or one of either, alone, as controls. One by one Shirley peeled back the cage lids and rooted around in the sediment with her hand to tally the survivors. She retrieved feisty green crabs, shore crabs, or the disembodied legs and pincers of the latter. Often, however, she found nothing at all. Evidently the volunteers had escaped through a newly apparent flaw in the experimental design—perhaps through gaps where a cage had not been sunk deeply enough into the sediment, or, less likely, through the small windows of mesh. Some cages held new volunteers, crabs that had crawled in after the experiment began. Here was an epistemological dilemma. Unless the absence of every shore crab could be confidently explained—either the crab had definitely escaped or it definitely had been eaten—the data would reveal nothing about the feeding behavior of green crabs and everything about poor construction.

Grosholz sighed. "Anytime you put a cage out in a natural system, there are all sorts of experimental artifacts. So there's a suite of stupid technical questions about how to make a cage work, mixed with real questions about the biology of the animals." He renewed his effort to sink the new cages deep into the sediment, to prevent any further escapes. The sun had risen sufficiently to compel him to remove a fleece jacket he had worn since dawn. The fog had burned off, revealing a crystalline blue sky. At around ten, Ruiz sauntered out from the lab carrying a bucket of crabs. The scratch and scrabble of a few hundred crustacean legs was audible from a dozen yards off. To ward off the sun, Ruiz had found a camouflage cap, which he wore now at a jaunty angle. He watched quizzically as Grosholz wrestled a cage into the sand.

"You're like five centimeters down there," Ruiz said. "We don't need to go that deep." He floated the idea of building the cages out of hardware with an even smaller mesh size, to prevent possible escapes. It would be stiffer than the current material and harder to bend into cages. Ruiz added, "I guess it's a bad time to bring this up." The prospect added a new shade of irritation to Grosholz's face.

"It'll be a mess to work with," Grosholz said.

Several yards away, Shirley continued checking the old cages for crabs or former evidence of them. "If there's an interaction, you'll find some part of a crab," she said. In one cage, she found a green crab and the pincer of a shore crab. In another, a large, snapping green crab and, wedged into a corner, a shore crab—alive but lacking three legs. I wondered if the ancient Roman Colosseum had had janitors and what that job was like. To Shirley I said that the term *interaction* seemed like an understatement.

"You mean between Greg and Ted?"

Sure enough, Ruiz and Grosholz had found a new point of disagreement. Their voices floated above the emptied tide bed.

"I'm not disagreeing with you."

"I'm just saying these cages are so old, we should just get rid of them."

"I'd just like to salvage some of these data."

For Ruiz, every reliable data point is another solid dot in the line of dots through which he hopes to connect invasion rates—the amount of ballast water globally in motion and the number of invasions occurring from region to region—with actual invasion impacts. What would be ideal, he thinks, is if invasion biologists could all agree on the kind of dots to use. Once, he invited a large number of marine biologists to SERC—Jim Carlton and Andy Cohen came, as did marine biologists from Hawaii, Guam, and elsewhere around the country and world—to discuss future avenues of invasions research. Since 1995, when Carlton and Cohen published the results of their survey on the nonindigenous inhabitants of San Francisco Bay, other marine biologists have rushed to count the introduced species in their own neck of the sea. All fine and well, Ruiz said, but there was a need for standardization. If varying scientists survey varying environments using varying sampling techniques over varying timescales, it becomes difficult to assemble the data into a single, meaningful global picture. And a global picture would be useful, both to inform the rafts of ballast-water policy being cobbled together, and to probe some long-standing ecological theories—about propagule supply, about larval dispersal, about community structure. Innumerable, replicable, golden bricks of data pave the road leading from here to a unified invasion science—capital I, capital S. "I think what you're seeing here today is the struggle to become that," one participant said afterward, impressed. "Whether it happens now or in ten years, whether it's these people or some other people, I don't know. It will have a real influence on ecology. Some of my colleagues in ecology haven't been able to see it that way; they think this is just about zebra mussels."

Grosholz has a phrase for the revolution under way: *Turning MacArthur on his head.* It is a reference to the late ecologist Robert MacArthur, who in the 1960s, with Edward O. Wilson, developed the theory of island bio-geography, a sweeping reassesment of how nature works. It grew from their effort to explain why islands have fewer species than continental ar-eas of the same size. Their answer was a remarkably straightforward mathematical equation: the number of species at any given time reflects a balance of the number of species immigrating to the island versus the number going extinct. Picture two lines on a graph plotted over time, one (the immigration rate) sloping down, the other (the extinction rate) sloping up. Now imagine some species making their way to an empty is-land over geological time—spiders ballooning in, a finch blown adrift, whatever, however. Over time, as species arrive, MacArthur and Wilson wrote, the immigration rate falls; there simply isn't room or nutritional support for everybody. Likewise, over time, the extinction rate rises as more species arrive to potentially become extinct. The point where those two lines cross, incoming versus outgoing, represents the present, the number of species on the island right now. That number will be bigger on larger islands, both because a larger area will catch and support more immigrants and because species-extinction rates are generally higher on smaller islands. (Species on small islands tend to have fewer members, so are more prone to go extinct in one fateful blow.) The number of species will also be larger on islands closer to the mainland, as near-shore islands have higher immigration rates than remote islands: statistically, they're easier for an immigrant to reach.

In short, the theory proposes, the number of species on an island varies directly with the island's size and inversely with its distance from the mainland. In many ways it was a radical concept. The prospect that nature, with its infinite variations and subtle interactions between living things, could be expressed in mathematical, almost mechanistic terms was tantalizing. It suggested more broadly that biological diversity, the number of species in an area, could be considered strictly as an out-growth of physical aspects of the landmass. Set aside niches, food webs, competition between species, rates of population increase, all the dy-namics traditionally thought to bear on how ecosystems gain form. Chance—the random arrival of a species of whatever kind; its character-istics were mathematically irrelevant—could be just as important as the usual "assembly rules," perhaps more so. Finally, the theory codified the idea of nature undergoing perpetual change. The rates of immigration and extinction met at a point, an equilibrium number of species that would remain constant over time. But it was an equilibrium in number only: the taxonomic makeup of that number—the kinds of species actually involved—could vary constantly, from day to day or eon to eon.

Or so it seems now to some biologists, in retrospect and on paper. Since its inception, the theory of island biogeography has been a magnet for discussion, argument, experimenting, and further theorizing by ecologists eager to test, probe, confirm, or deflate it. Ruiz and Grosholz are no exception. In their view and that of several colleagues, ballast-water invasions offer an opportunity to reexamine and perhaps recast a central tenet of the theory. MacArthur proposed that as the distance to an island increases, the rate at which new species immigrate to it decreases. That may have been true in the distant past, before the travel of planes and ships added a secondary layer of faster-moving immigrants. But in the modern world of shrinking distances, MacArthur's equation wants the addition of an alternate variable, one that takes into account the likelihood of a new species arriving by human device. For shipping, that variable might be expressed as the total amount of ballast water arriving annually in any one harbor, or the potency of any one ballast load, or any of several similar factors. When Ruiz says, casually, "I like the idea of looking at islands in terms of vector strength," what he means is, Let's look at MacArthur from another angle.

To an invasion biologist, MacArthur may require inversion for another reason as well. Interpreted at its purest, the theory of island biogeography forswears any notion of a "balance of nature." Immigration and extinction might balance out to create a constant *number* of species over time, but the membership of that ever-constant diversity is perpetually turning over: any given species might be here today and gone tomorrow, for any reason. Moreover, that number is shaped strictly by the size and remoteness of the island, not by any ecological goings-on between species. Consequently the rate of extinction on an island should be wholly unrelated to the rate at which new species arrive. At time zero, the extinction rate is zero because no species are yet present to go extinct. Extinctions rise with time because more species, having immigrated and being present, are on hand to become extinct. It's math, nothing more.

However, the theory's authors were not content to leave it at that. "It is not clear whether MacArthur and Wilson fully appreciated the implications of this radical assumption," the ecologist Stephen Hubbell writes. They invoked competition, the role of niches, the varying colonization strategies among species, the pressures of coexistence. As a result, through the filtering effects of a generation of biologists, the theory of island biogeography has come to picture nature as a kind of delicately balanced machine, not so unlike what Elton envisioned. The rate of immigration declines over time owing to the increasing pressures of competition. The rate of extinction rises as new species arrive and crowd old ones out. These are precisely the ideas that ecologists have been so hard-pressed to demonstrate in the laboratory and the field. "The number of cases in which local extinction can be definitively correlated to competitive exclusion is vanishingly small," notes Hubbell. The study of invasions, both terrestrial and marine, has cast added doubt. The number of species in San Francisco Bay and other bodies of water around the world has not remained constant over the past century, but has risen markedly. Competition does not appear to be keeping new species out.

"The issue is the MacArthurian nature of the world," Grosholz says. "The MacArthurian world is a tightly structured world without much space for new competitors. What invasions have shown is that there are plenty of unused resources. Ecosystems can absorb a lot of new species. I mean, holy cow, look at San Francisco Bay with two hundred–odd nonindigenous species! Who would have thought an ecosystem had that much unused niche space?"

In effect, biologists have spent the last several decades developing powerful mathematical and statistical tools with which to quantify the rules of nature, only to discover that the rules are far more plastic than previously believed. The revelation is both exciting and unnerving. Nature can absorb a lot. Between the prelapsarian world—the state of nature as it was prior to the arrival of humans—and the modern one infested with flying snakes and continent-hopping crabs, there is a great deal of give. The changes are more subtle, the stakes more difficult to discern, the losses harder to tabulate.

The paradox of biological invasion, and one reason scientists have such difficulty articulating its hazards, is that to the average backyard viewer, the gross result appears to be ecological addition rather than substraction. Some invasions, like that of the brown tree snake, do indeed cause a direct and dramatic removal of native species from an ecosystem. But such cases are by far the exception. Most successful invaders simply blend into the ecological woodwork; some may cause perturbations—the mynah bird that abets the spread of weedy plants; the marine pill bug that eats the roots of mangrove forests—but often the main impact is simply an increase by one of the number of species in the ecosystem. To the local eye, biological diversity seems to have increased. Isn't that a good thing?

Here an ecologist steps back to distinguish between "alpha" diversity and "beta" diversity. Alpha diversity is the number of species in any given location, A, B, or C; beta diversity represents the relative diversity between those locations. If a New York snail invades San Francisco Bay, and a San Francisco snail invades New York Harbor, the alpha diversity in both locations has increased, but the beta diversity has decreased, as the two environments now share two species; each place is that much less unique. In effect, beta diversity is the fancy measure of homogenization, and one can see why its plight is hard to impress on the public. Most people live small, local lives and are grateful for whatever manages to thrive in their arena; they live in an alpha-diversity world. Whereas beta diversity is visible only on a grand scale, requiring some effort to take in; it speaks to the traveler and the reader of travel books. Its appreciation is a kind of luxury, although perhaps no less valuable for being one, the traveler would say. Grosholz would say that its appreciation points up the risk of valuing nature strictly by the numbers. A head count of species—native or introduced—in any given place is one way to measure the impact of biological invasion, but it may not be the most telling.

"The key question is, what is the impact? What effect does it have? Does it matter? Extinction may not be the only issue. That's the main difference between marine and terrestrial ecosystems. With the brown tree snake you can point to species and say, 'Look, those things are gone.' With marine species it's not so easy; you may not see actual extinctions. You can get qualitative shifts in communities if a species falls below a certain population threshold. We may have to focus on that level of analysis. There may be extinctions, but other effects could emerge that are significant on an ecosystem level. I'm more concerned about those kinds of changes. We should focus on ecosystem management, not just species management. Extinction is a warning sign, but equally important are fundamental changes in ecosystem structure. Where do we draw the line? Maybe we have to say, 'We care above this line, and we don't care below that one.'"

One day back at SERC, I sat with Ruiz on a picnic table on the shore of a Chesapeake inlet, eating sandwiches we'd picked up in town. The air sang with insects and the vitality of late spring. A small fleet of Boston Whalers, used for research, was moored to a dock that floated on bright green water. Ruiz pulled his sandaled feet onto the table bench and sat cross-legged. Even a quarter mile from his office, he seemed to have shed a layer of formality, and the indoor Ruiz and the outdoor Ruiz had achieved a moment of equilibrium, however transitory.

"In the sixties and seventies, the goal in ecology was to look for pristine ecosystems," he said. "But over the course of ten years it has become clear that there's no such thing. I think the most useful thing we can do is point out that we don't live in a pristine environment, but that we are having an enormous impact. And to point out what those impacts are, so that we can make decisions about what we want."

I asked, "Are invasions bad?"

"I'm not saying they're bad. The pattern is interesting. The solution is, where do you start to draw distinctions? That's a social dialogue. How much do you care? There should be no illusion that we live in a pristine environment, or that there is such a thing. So then the question is, can we accept that level of change? What's acceptable to one person is not acceptable to another." A black garter snake had chosen that moment to slide out of the grass and across the gravel driveway, from one patch of greenness toward another.

I asked, "And what's acceptable to you?"

"I try not to answer that, because it puts me on one side or another. I do think the number and extent of invasions is alarming. But I don't try to hype it. Our role here is to provide information to clarify the risks. Professionally, that's where we are. Personally, what's acceptable to me is to have an explicit dialogue about what those risks are and what we consider acceptable. I may not agree with the outcome, but I do feel there ought to be a process that allows for a dialogue."

22

In the afternoons and evenings, when Murphy and Jones were not on deck lugging equipment from tank hatch to tank hatch and pumping the SeaRiver *Benicia*'s ballast water into sample bottles, they were belowdecks in a small room that served as their staging area, unpacking equipment and making preparations for the next day's sampling effort. Already they had collected nearly two dozen gallon jugs worth of water, which had been stacked in the shower stall to form a semiaquatic pyramid.

Increasingly during these hours I gravitated upstairs to the wheel-house and bridge. There was something hypnotic about the perspective from up there. The view was better, certainly, especially late in the day, when a thin layer of mist formed just above the sea surface and the drop-ping sun infused it with an amber glow. Also, the perimeter guardrail around the deck no longer loomed as large from that height, which I found comforting. We were a block in the stream, and I was a few dozen yards up, looking down on it. To my eye, the deck rail offered about as much security as any barrier reasonably could in the circumstances, but of course it could not possibly impede someone careless or determined enough to fall overboard. It is remarkable how most preventative lines drawn by humans on the landscape — fences, barriers, borders — provide more mental than physical protection. The central stripe on a highway will not prevent traffic in the opposite lane from swerving head-on into this one, nor vice versa. The line works solely because we obey it. Safety resides not in the line per se, but in the commitment to draw it.

An organism in the sea lives sandwiched between two parallel and im-passable lines: the sea surface above and the seafloor below. As on land, the eventual trajectory is downward. Even the tiniest plankton are engaged in an ongoing effort to defy gravity, to maintain their altitude as long as pos-sible, to slow the inevitable sink. Accordingly, their bodies are generally small, often microscopic, and composed almost entirely of seawater. Their slight masses are spread thin, such that the density of an organism is hardly greater than the medium it travels in. Their surface areas are large relative to their volumes: greater resistance against the water means a slower descent. The dinoflagellates and diatoms, single cells of phytoplankton, may be elongate, or they may bristle with spines or horns or sport a glider's wings. Others may be linked in chains that trace slow downward spirals through the photic zone or zigzag in their fall like autumn leaves. The largest zooplankton are bare ribbons of living matter; the smallest possess long, feathery appendages that trap food and, incidentally, increase their surface area. I followed these thoughts all too often as I lay awake in my cabin listening to the ship churn through another night of miraculous mechanical suspension on the sea. Life is a choice that most organisms have no choice but to make in the positive. It is a delay game; the end is resisted and slowed because it must be. How else is one to live?

Among its amenities the SeaRiver *Benicia* had a small exercise room. For want of alternatives, I took to working out on the rowing machine. It was half the workout I had hoped for, as half the time the steady roll of the ship had me effortlessly rowing my skeletal boat downhill. I have since read that copepods, the microscopic oar-footed plankton so common to the seas and to ballast tanks, in fact are capable of propelling themselves tremendous distances up and down through the water column. One species can ascend fifty meters in an hour, roughly equivalent in human scale to the pace at which one might walk to the corner deli. Indeed, whole clouds of copepods and other zooplankton daily undertake great vertical migrations in pursuit of dinner. What is the aim of this persistent venture? Where are they going and why? I was told of a sixty-year-old man, an occasional crew member on the SeaRiver *Benicia*, who puts in ten thousand meters a day on the ship's rowing machine. Evidently he is attempting the stationary equivalent of a row around the world; at his current pace, he will be rowing until the age of seventy-two. In 1999 Tori Murden became the first woman to cross the Atlantic alone in a rowboat. Her first attempt failed; she injured a shoulder during a hurricane and was forced to abandon her boat. Two months after her rescue, Kevin Duschesnek, the third mate aboard a SeaRiver tanker bound for France, spotted her boat drifting off the coast of Portugal. He notified the captain, who changed course, picked up the boat, and shipped it back to Murden.

Duschesnek is third mate on this voyage of the SeaRiver *Benicia*. He takes the helm after midnight, when nothing at all can be seen. After nightfall, darkness shrouds the wheelhouse, and the visible horizon shrinks to the distance of the windowpanes. The room itself is kept dark to ease the reading of navigational instruments, the celestial guidance system, and the radar, which can be tuned sensitively enough to pick up breaking whitecaps. The world, at least to the eye of a traveler not involved in guiding the ship, is reduced to a blue glow and its inward reflection on the wheelhouse windows. The helm itself is a small steel wheel on a panel console. The ship is steered according to a digital compass readout on the wall that shows the ship's heading in degrees from 0 to 360. We are bound for the number 328, roughly north-northwest. The only physical bearings are lines on paper, the ship's course marked across a navigation chart. According to the chart's hydrographic lines, we are passing over a stretch of ocean floor called the Alaska Plain that lies ten thousand feet below. Here and there, the snuffed fuses of extinct and sunken volcanoes rise high above the seabed, though they crest two to three thousand feet beneath us. Durgin Seamount, Applequist Seamount, the mammoth peaks of the entirely submerged Gulf of Alaska seamount province. Another chart, of an area nearer the Aleutians, might show Meiji Seamount, the primordial start of the Hawaiian archipelago, eighty million years old and a mere hillock now, five hundred fathoms down. The existing chart showed, still far from us to the northwest, the trail of Captain Cook, who came to Alaska after visiting Hawaii and named large portions of the landscape for himself or his peers—Cook Inlet, Vancouver Island, Prince William Sound.

The act of discovery, it seems, is incomplete without names. To name a wild space is to tame it slightly, smooth its rough edges, yoke it nominally to the human realm. It is no longer other; it is us. The name might be descriptive of a prominent feature of the terrain (Owyhee, "the hot place"; Honolulu, "fair harbor"; Edgewater) or utilitarian, highlighting the advantages of the location or the profit to be gained there (Silverton, Pie Town). A place might be named for the person who found it, or friends of the discoverer, or benefactors or saints. Some place-names express the hope that the place will take on the attributes implied by the name and so become doubly familiar. This may explain the prevalence of shared names around the world: Inverness (in Scotland, Nova Scotia, northern California), New England, New Amsterdam, New Holland,

New York. According to *The Story Key to Geographic Names*, Scotland takes its name from the Celtic word *scuit*, meaning "wanderers" or "fugitives"—it is a land of exiles and travelers, or was until these people discovered the place and settled on a name for it. Wales is from the Anglo-Saxon *wealas*, or "foreigners." Great Britain, this book contends, is a combination of the Celtic *bro*, or "region," and the Basque *etan*, meaning "those who are in." In effect it means "the people who are in that region"—either "here" or "there," depending on whether you are within or without its boundaries. In the mid-1800s, when much of New York State was still being mapped, Robert Harpur, a clerk in the land commissioner's office in New York City, was given the task of applying names to a growing number of charted dots where towns were sprouting up. Harpur reached into his own history as a classics scholar and sprinkled central New York, where I grew up, with ancient greatness: Syracuse, Rome, Troy, Ithaca. Wherever we live, we are all living somewhere else. Without names, words, lines, we would be lost.

With the third mate at the helm, the SeaRiver *Benicia* continues onward toward 328. Compared to the steering wheel of a car or even a yacht, the helm of a ship this size provides little immediate physical feedback. It turns smoothly without resistance or effort, quivers not the slightest even if the rudder is shuddering in high seas. All progress is abstract, any direction purely conceptual. Since the sixteenth century, firm believers have insisted on the existence of a vast hole at the North Pole that enters a hollow Earth and exits at the south. A Utah company advertises a trip aboard a Russian icebreaker to enter the North Polar Opening (84.4° north latitude, 141° east longitude) and visit the Inner Continent, where expedition members can ride a monorail to the lost Garden of Eden. I imagine an experience more akin to the voyage of the SeaRiver *Benicia*. By day, we roll like a giant Buick across a desert sea. In darkness, we are a slowly swaying elevator, a capsule floating in a nameless ether. We are no longer nowhere: now there is only here. If and when we should emerge again into light, it will come as a surprise to discover that there is anywhere else at all.

23

In late January of 1777 Captain James Cook, having rounded the Cape of Good Hope and run eastward before the forceful winds of the southern fortieth latitude for several weeks, anchored in a protected cove along the southern shore of Tasmania; he named it Adventure Bay. His homeport, the town of Whitby in northern England, was six months in his wake. This was his third and final voyage. He was bound for New Zealand and afterward Tahiti, where he intended to set loose a bull, two cows, and several sheep he carried on board the *Resolution.* Soon after that, he would discover Hawaii, or at least place its people on European maps; sail on to the Pacific Northwest to search in vain for a Northwest Passage; name an Alaskan inlet for himself at the entry point to present-day Anchorage; trace the outward line of the Aleutian Islands; and then make his way back to Hawaii for an unexpected, violent final rest.

But all that was months away. At the moment, in Tasmania, the future cattle of Tahiti were hungry, so Cook and his crew rowed ashore to gather grass and to cut wood for the ship. They tied their boat to a tree; Cook climbed another tree for a better look at the isthmus. Before long, they were approached by a band of Aboriginal men. In his log, Cook describes them as confident and entirely naked, with dirty teeth, woolly hair sticky with red ointment, and dark skin abraded and raised in ornamental lines and waves. They carried one weapon among them, a pointed stick. Cook offered them fish and loaves of bread; the men sniffed the items, tossed away the bread, and handed back the fish. Cook wrote in his journal: "They received every thing we gave them without the least appearance of satisfaction." History has been more kind. The tree that Cook tied his boat to still stands today and is named in his honor. Nearby is a monument, a small memorial chimney of white brick. There is also a Captain James Cook Memorial Caravan Park nearby, and a Bligh Museum, named for the infamous Captain Bligh, who passed through in 1777 as a lieutenant on Cook's voyage and again as his own captain in 1788, when he planted Tasmania's first apple trees. Otherwise, the area feels nearly as remote and unpopulated as it must have in that earlier era. The Bligh Museum was closed on the day I visited, however, so after a brief look around, I turned and drove back in the direction I'd come.

Tasmania is a province of Australia, a Pennsylvania-size island off the country's southern coast. Discovered by the Dutch in 1642, Tasmania became known among sailors on the Roaring Forties as the first significant landfall east of southern Africa; it was a fine place to beach your ship, invert it, and scrape off the barnacles and layers of growth that had accumulated there during the weeks and months of sailing. In the nineteenth century, as part of a new British colony, it became a fine place for England to scrape off its overflowing prison population, and Tasmania soon developed a reputation as the world's most notorious penal colony. The last of Tasmania's Aboriginal people, who were otherwise hunted to extinction, died of natural causes in 1876. The province harbors the largest portion of untrammeled wilderness in Australia and manages, in a small frame, to encompass an Earth's worth of topography: temperate rain forests, snowy peaks, turquoise seas, empty white-sand beaches. Its population of half a million is concentrated mainly in Hobart, an unexpectedly lively city of hills and harbors and smart Edwardian homes.

If one drilled a tunnel through the earth downward from Manhattan (being careful to avoid the Garden of Eden), it would open not far from Tasmania. Nowhere have I felt so antipodal: upended, reversed, simultaneously at home and far from it. The month of March marks the onset of autumn; the markets brimmed with varietal apples I had never heard of. The poplars were fountains of yellow. The constellations I could recognize were upside down. Some animals to look out for: bilby, bandicoot, echidna, platypus, Tasmanian devil, and several very poisonous snakes. Wallabies are as common as deer; rural highways are battlefields of roadkill. It was the geographical incarnation of déjà vu. Some days I thought Tasmania was England but with few people. Some days I thought Tasmania was Nova Scotia, a rugged nowhere island, except wombats are even more strange-looking than moose. Some days the fragrance of Tasmania's eucalyptus forests reminded me of California, except California's eucalyptuses were originally imported from Australia. Hobart might be San Francisco, except everyone drives on the opposite side. Some days, after all day looking the wrong way before crossing Tasmanian streets, I forgot which hand is left and which is right, where I'm going next, why.

I had come at the invitation of Greg Ruiz, who had been invited by an Australian marine biology lab in Hobart—at the time, it was called the Centre for Research on Introduced Marine Pests—to come down for several months and continue his field studies of the European green crab, which had appeared in Tasmania only a couple of years earlier, uninvited. When I caught up with Ruiz one morning at the lab, a modern laboratory complex on an updated nineteenth-century waterfront, he was rushing around, preparing for a few days of fieldwork in Falmouth, a small seaside town several hours north of Hobart. He crammed a wet suit and a pair of waders into a canvas bag. "It's beautiful up in Falmouth," he said. "If you can get hold of a car, you should drive up."

The next day, I did. For a headquarters Ruiz had rented a beach house from an elderly woman; it sat on a rise overlooking the shore and was referred to as Miss Lyle's cottage. From his Edgewater lab, Ruiz had brought along a couple of younger biologists including Bill Walton, a graduate student whose doctoral work examined the impact of the green crab on Martha's Vineyard. Kate Murphy, an Australian native, was working at the lab in Hobart. Ted Grosholz was visiting for a few weeks; Jim Carlton promised to pass through but never did. The field site—a tidal lagoon, set back from the shore behind low dunes, that filled and emptied through a narrow, fast-moving stream—was a two-minute walk from the cottage. On the sunny days, as nearly all days were that season, the surface of the lagoon shimmered and turned sky blue. The water was clear and breathtakingly cold. It was the kind of field site to make one wonder why anyone would aspire to be anything other than a marine biologist.

On the morning after my arrival, Ruiz was providing a tour of the lagoon for two marine biologists visiting from the States. They wore sleeveless wet suits and strolled through the shallows, brightly splashing water. Ruiz walked along the shore in a pair of green waders, with one hand towing a small aluminum rowboat. The boat held several rectangle mesh cages designed to catch green crabs. The Falmouth lagoon bore several important similarities to Bodega Harbor that made it a useful point of scientific comparison. The green crab had appeared in Falmouth relatively recently, as it had in Bodega Harbor, so the response of two native ecosystems to a single invader could be studied essentially from the beginning in both places. And the ecosystems themselves were similar: the dominant native predator in the Falmouth lagoon was a small crab, *Paragrapsus gaimardis*, similar in size and appearance to the hemigrapsid shore crabs in Bodega Harbor. Now, with the incursion of the green crab, the population of paragrapsids seemed to be falling. Ruiz presumed the green crab was responsible—"We see green crabs cruising around with *Paragrapsus* legs hanging out of their mouths"—but as in Bodega Harbor, he was set to test the connection beyond mere anecdote through a series of field experiments similar in design to the ones in California. Already he, Grosholz, and the younger biologists had erected thirty small wire-mesh crab cages on the sandy floor of the Falmouth lagoon, but now, at high tide, they were too far underwater to see.

All crab experiments require crabs; the aim of today's outing was to collect some. Ruiz stepped into the shallows of the lagoon and, the rowboat still in tow, began wading toward a white foam buoy that floated twenty yards out. The water there was above his waist. The buoy marked one of several crab traps Ruiz had baited with mackerel and set on the floor of the lagoon. With two hands he hauled at the rope below the buoy and, with some effort, heaved a large crab trap out of the water and into the boat. It was teeming with green crabs: large, small, clattering, scrabbling, dripping water. The mass of them shifted almost as a single seething organism—shapeless, encrusted, with a thousand pinhead eyes. "At least we know we have predators," Ruiz said. "Now all we need is prey."

As difficult as it would be to completely eliminate the brown tree snake from the island of Guam, the prospect of containing the green crab is even more daunting. The crab is smaller, far more numerous, and in its watery habitat occupies far more square footage than the brown tree snake could ever dream of holding. The green crab spawns early, often, and in profusion; its microscopic larvae are as numerous in the water column as the catkins of a willow on a summer breeze. In New England, in California, and elsewhere, a suggestion is sometimes made that the green crab might form the basis of a profitable industry in its own right. When life gives you green crabs, make green-crab cakes. These people have never spent an hour with mallet and tweezers separating shreds of crab from shards of shell. Although some green crabs grow to half the size of blue crabs, a favored crab for canning, the vast majority are too small to be worth the tedium. Some years ago an efficiency-minded person invented a machine that shakes blue crabs with such force that meat and shell part ways, easing the process of canning. But even this device would be un-likely to make a noticeable dent in the burgeoning populations of green crabs around the world. There is also the problem of potential success. If introduced green crabs wind up supporting a thriving industry, any effort to eradicate them would be met by the industry's opposition. By the same token, if a green-crab industry could somehow eliminate the crab from local waters, what's left as a business incentive? Ruiz said, "Why would a fisherman invest a lot of money and equipment in a market that's designed to crash?"

A more controversial approach is biological control, a program with a long and decidedly checkered history in terrestrial ecosystems. In re-cent years scientists have had some success controlling the spread of purple loosestrife, a fast-growing wetland weed, by introducing a weevil that feeds on it. But the failures are spectacular. In the 1930s someone had the notion to introduce the cane toad, a native of Central and South America, to counter an infestation of beetles then raging through Aus-tralia's sugarcane industry. Alas, cane toads do not eat sugarcane beetles. They do eat virtually everything else, however, and have since become one of Australia's leading pests. They grow to the size of dinner plates and at night dot the roads like cow pies; their skin secretes a substance so toxic it kills even dogs that try to eat them. A recent study found that cane toads have become a local force of natural selection, favoring the survival of native snakes with mouths too small to swallow the toads.

While I was in Tasmania, the Australian newspapers were filled with news of a more recent biocontrol experiment gone amok, involving sci-entists on the Australian mainland that had developed a virus to control the exploding population of English rabbits. Before all the safety tests could be completed, the virus had escaped the research facility (in a mosquito) and began infecting rabbits. The good news was, the virus worked: it killed rabbits and seemed unlikely to spread to people. How-ever, the situation presented a dilemma: unless the virus was released, untested, on a widespread scale against all the nation's rabbits at once, the rabbits would gain immunity faster than the virus would spread, and years of scientific effort would be wasted. Already, despite strict quaran-tine laws, several farmers in New Zealand had secretly imported the virus and set it loose there. In a sense, biocontrol can be thought of as the for-ward application of invasion biology, with all the inherent complexities. Advocates emphasize its "naturalness"—no pesticides or chemicals are involved—and promise a predictability in nature that their counterparts in invasion biology have yet to actually corral.

Biocontrol has not yet been attempted in a marine setting. The vagaries of the environment—precisely how organisms reproduce and spread, and how quickly they do so—are still too daunting. Yet if ever there was a candidate target, the European green crab is it. One afternoon at the marine-pest lab in Hobart, a visiting biologist from the States presented a brief talk to describe a parasite that he had begun to investigate as a potential biocontrol agent against the green crab. His own background was impressive and included an important advance against the worm that causes river blindness in Africa. He had returned just recently from northern Australia, where he had met with scientists hunting for pathogens that might control the brown tree snake on Guam. Against the green crab, he proposed employing *Sacculina carcini*, a parasitic barnacle known to infect *Carcinus maenas* in its home range in Europe.

Although a barnacle in name, *Sacculina carcini* is unlike any barnacle imaginable. It begins its life cycle as a tiny gelatinous bleb. Eventually it finds a crab, whereupon it lands and transforms itself into what is essentially a hypodermic needle, with which it pierces the crab's body and, syringelike, injects its parasitic innards into the crab. Once inside, it sprouts roots, an extensive system of them that reaches throughout the body of the crab, shutting down the animal's reproductive system and sapping its energy. The crab remains alive all the while, moving, feeding, continuing its business, even trying to reproduce—except that the young it broods are larval barnacles, not larval crabs. The barnacle belongs to a group of similar parasites known as rhizocephalans—"root brains." *Sacculina carcini* could be an *Alien* for alien crabs, their *Night of the Living Dead*. After the presentation I came to think of the parasitic barnacle as the embodiment of the larger problem of biological invasion: the insidious internal advance, the quiet transformation from desirable to undesirable outcome. By effectively dissolving the distinction between itself and its host, the parasite obscures the crab's ability to perceive the invasion under way. It hides in plain sight. Meanwhile the host, blissfully unaware, does the work of further disseminating the invader. Imagining itself as an organism in control of its fate and the trajectory of its offspring, in fact it is gradually fashioning a future in which it is merely a vessel for another form of life.

As a candidate for the position of first-ever marine biocontrol agent, however, the parasitic barnacle still has several tests to pass. One will be to demonstrate that a relatively low initial dose of the parasite—introduced to a lagoon, say—results in a high rate of infection among green crabs. Another test, just as important, will be to show that native crabs would not succumb to the parasite. Ruiz wonders whether it will work at all. In Europe, 70 percent of green crabs are infected with rhizocephalans, yet they remain the dominant decapod in some ecosystems. "Still, it would be an interesting experiment to see the effect of a pathogen on a population. You could address a lot of interesting questions with an experiment like that."

Ruiz sat on the front steps of Miss Lyle's cottage in the late morning sun. A plastic garbage pail was within reach on the grass; at its bottom were several dozen green crabs of various sizes, and the pail echoed with the scratching of several hundred agitated legs. From time to time Ruiz gingerly retrieved a crab from the bucket, fixed a loop of fishing line to its carapace, then deposited the animal in a second pail. Several crabs now scuttled around the bottom of this bucket, trailing their fishing-line leashes like dogs set free in a dog run. It was the first day in several that Ruiz had not roused himself at five in the morning to check his e-mail from Edgewater, review a scientific paper, or set up a crab experiment in the nearby lagoon. The day was hot, the clouds sluggish. Along the coastline the sea tumbled in languorous turquoise rollers. It was like California, only better, and three times farther from the Chesapeake lab, where Ruiz's schedule follows a stiff mathematical rhythm. "You sleep less, get more work done, get strung out, sleep less, get work done, feel better about getting work done, sleep less, get strung out."

Now was perhaps not the best time for him to be away; just the day before, he'd received an e-mail message about a pending funding crisis. There were important meetings to attend, critical discussions about programmatics. "On the other hand, for green-crab research, this is an excellent time to be here. Maybe that's okay if I don't try to be involved in so many things. The scope of the program at SERC is quite broad. That makes sense. But any one of its components could make a full-time job. So I'm thinking now about scaling back. The other option is to go ahead, to create a sort of mega-lab. I can get a lot done. But I worry about the overhead, and my place in it—becoming more of an administrator and doing less research. I struggle with that. It's kinda weird to come halfway across the world to think about it."

He was also thinking about the two marine biologists who had come halfway around the world for a tour of the Falmouth field site. They were friendly—one in particular displayed a keen interest in Ruiz's research. Their departure left him visibly relieved. "The nature of the relationship is still undefined," he said. "For the most part, ecology is not like, say, medicine, where it's five people in a lab competing. In ecology it's more about ideas and laying claim to them. I worry a little about that. I made a lot of links he wasn't thinking about. Don't get me wrong, I don't think he's a sinister guy. It's just the uncertain nature of the relationship that concerns me. The green crab is a good model for a lot of different things. I want to be careful to make sure there's not a conflict."

One factor in the green crab's continued success as a global invader is its catholic appetite. It is scavenger or predator, as necessary. It eats snails, native shore crabs, introduced green crabs. "They're not food-limited," Ruiz said. "They're not predator-limited. They could prey on each other. For opportunists, cannibalism ranks high." It is a crab-eat-crab world, even for green crabs. This fact made itself terribly evident in Ruiz's bucket. A dozen or so male crabs were on the bottom, scuttling under and into one another. In the midst of it, one small green crab had been unable to resist nature's imperative to molt. He had grown too small for his shell and had squeezed out of it, leaving a pale, hard husk of himself resting on the bottom of the bucket. For any crab, the moment of molting is the most stressful and hazardous of its life, and one which, if the animal continues to grow, is destined to recur. With no exoskeleton to shield it, the animal is fully vulnerable to the world. This particular crab would have benefited from a less-public molting. No sooner had he shed his molt and exposed himself to the possibility of growth than his bucketmates turned on him. There was a brief frenzy of snipping and fending, and then, in a minute, he was gone, the entirety of his flesh reduced to shreds that dozens of tiny claws now rushed to cram into dozens of tiny mouths. Ruiz looked down on the carnage with a little smile.

"*Bon appétit*, little crabs!"

The currents of inquiry set in motion by Jim Carlton extend far beyond him now. They have grown with time into global gyres, bearing their navigators to the shores of ever more distant seas.

"Jim is the one who started it all," Bill Walton says. "He did some great history, and he's very good at speculation; he left a lot of pregnant questions. Then there's a sort of second generation—Greg, Ted Grosholz, Jon Geller, John Chapman, Andy Cohen. As you can imagine, there's a certain amount of competition going on. There's more at stake: they have tenured positions or labs, and families depending on them. But I wouldn't tell the second generation that they're the second generation. Then I guess there's this third generation."

Walton was referring to the large and growing company of budding marine biologists that happens to include himself. As a larval undergraduate, he spent a semester at the Williams-Mystic program working under Carlton. Later, as a graduate student in Ruiz's lab, he sampled the ballast tanks of transatlantic ships and, with the aid of a microscope, sorted through swarms of rowing copepods. By the time he reached Tasmania, he was pursuing a doctorate. Ruiz was one of his academic advisors; Carlton was one too, informally. Like Ruiz, Walton had begun to follow the green crab around the world. After leaving Tasmania's Falmouth, he returned to the States, went to another Falmouth—this one at the elbow crook of Cape Cod, Massachusetts—and took the ferry over to Martha's Vineyard to collect a summer's worth of data for his dissertation on the continuing impact of the green crab on the local shellfish industry.

His housing was based on a grad-student salary, which on the tony Vineyard amounted to an old cottage behind a Kiwanis meetinghouse a mile or two outside of the town of Oak Bluff. The yard was littered with the tools of his trade: crab cages, buoys, rolls of black wire mesh, oyster shells, a pair of waders hanging upside down from a peg, a wet suit on a clothesline, a snorkel, sieves. A bicycle hung on the outside wall under a plastic tarp. Inside, in the shack's single room, Walton kept for company a laptop and printer, a woodstove, two baseball mitts, a pair of cleats, several maintenance guides to motorcycles, books about food webs, a handful of postcards tacked on the wall, and, near them, a large classroom map of Tasmania. A statesmanlike gray-and-white cat named Barkeley perched on the kitchen table. Barkeley had accompanied Walton through all the stages of his educational career and was known to Walton's peers as "the cat with three degrees." Although the scholar attempted to strike up a conversation with his visitor from New York, the language barrier proved insurmountable.

On Martha's Vineyard, where the green crab has been entrenched for nearly two centuries, the local oystermen and clammers have long been engaged in an informal program to reduce the invaders' numbers and so protect their own take. Historically this has involved trapping green crabs by the bushel and carting their carcasses to the dump. To the best Walton could estimate, this effort has had little effect beyond exercising the shellfisherman. But until he came along, nobody had taken a hard, data-driven look at the effectiveness of their labor. "What is the control program doing to the green crab? People keep taking out green crabs, but why is it a forty-barrel catch each time? Shouldn't the catches drop off? You could stop trapping—but then how much worse would the problem be? Over what area can you decrease the catch and still have an impact on the population? Over what period of time? Can you reduce part of the population—say, skim off the largest ones? Finally, what happens when you do control the green crab? What happens to the quahog population? To the food web?" Walton likes working with experiments, and he likes the practical aspects of fisheries research; he likes people. "Being just another scientist at another university wouldn't be enough for me. I want to solve some problems. A lot of basic science won't ever really be used. But for me personally, I need to do something that I can see applied in my lifetime."

The time comes in the life cycle of every drifting barnacle larva when it must choose a substrate on which to settle down: the skin of a whale, the hull of a ship, the shell of a green crab, the possibilities determined by the species of the barnacle involved, an inborn fact over which the organism has no control. A young marine biologist brings more free will to the matter, which can be stressful in its own right. To Walton's dismay, he cannot easily pursue both field ecology and fisheries biology simultaneously; the professional tide pulls one direction or another. Fisheries biologists have little time for field experiments and the testing of ecological theories; there is hard, real-world work to be done. Academic marine-biology departments discount applied research as menial, blue-collar, lacking in intellectual content. They do not want to see the phrase "applied fisheries" on a job application form regardless of the quality of the work. "Those are double zeros on the cash register of academia," Carlton gently advised Walton one evening. "I've been on a lot of hiring committees. The first thing they look at is publications. If they see the word *applied*—boom." He made a chopping-tomahawk motion in the air with his hand. Ruiz has encouraged Walton to take the experimental path—to aim for the prestigious journals, to publish high-profile papers laced with theoretical models and mathematical tables, to attract the big grants.

Lately, in addition to his green-crab research, Walton had taken a more than academic interest in a native species, *Placopecten magellanicus*, the common sea scallop. The local shellfish hatchery on the Vineyard is paid by the government to spawn and rear scallops and quahogs for the benefit of commercial fishermen and the general public. When the young seeds are ready, the hatchery carefully releases them into the wild, to grow to catchable maturity. Walton was interested in the fate of the young shellfish after release and what impact the green crab might be having on them. It was at the hatchery that Walton first met his girlfriend, Beth Starr. Her job was to breed the scallops. Walton was eager to introduce her, so we drove to the hatchery one afternoon so that I could meet her and learn what goes on there.

Suppose it is spawning season for sea scallops, which begins in July and lasts into September or October. A hatchery worker—Starr—fills several cake pans with water and spreads them out on the counter. Pyrex trays, the kind meat loaf is made in, will also serve. Into the trays go those scallops that Starr deems to be ripe. She used to keep the male scallops separate from the female scallops, but now she says it doesn't matter, at least initially, and she puts them all together. Later, when things heat up, she will have to separate them again.

So the scallops sit in their trays, clapping if they're happy, gaping at one another with a thousand blue pinheads for eyes. This is the courting stage. Then comes . . . Well, suffice it to say that events proceed only when the temperature is just right (about 19 degrees Celsius), and that it is up to Starr, standing by with the thermometer in one hand and a running garden hose in the other to regulate the temperature, to get the scallops calm and relaxed and ready. Don't slam the door, no shouting, shush. "Bill usually comes in and says dirty things," Starr says.

First the males go. They spin around in circles; they rattle in their trays; they puff out clouds of milky white stuff into the water. Sometimes this happens very quickly, Starr says; sometimes it takes three or four hours. Usually they go more or less all at once. For technical reasons, the females now are quickly separated out. And after half an hour or so, they go: they spin in circles, rattle in their trays, puff out clouds of grainy orange stuff, what looks like V-8 juice, Starr says, or maybe Clamato.

Things are happening fast now, and there are lots of scallops to watch, and the males and females really shouldn't be together at this point, so Starr is suddenly shuffling: this scallop into that tray, that scallop over here, the whole scene resembling a kind of marine mixer, a hybrid of musical chairs and an undersea dating game. Starr is a malacological matchmaker, a mollusk yenta. Afterward, the spent scallops are returned to their spacious tanks of water to await the next season. Meanwhile, the products of their enthusiasm are gathered up: a bucket of eggs, all of which will be kept; and a bucket of sperm, which will be winnowed down to a beaker's worth because that's all that's needed.

"The eggs are what matter," Walton says.

Starr says, "Sperm—that's a dime a dozen."

They mix the gametes together, and the fertilized eggs—tens of millions of them—are placed in tanks, bathed in seawater, fed with algae, doted on. Mostly it is Starr who raises them; Walton hovers around and keeps the peace. The scallop larvae eat and grow strong, and eventually, after a few weeks, they are as big as specks of salt, then as big as lentils. When they are as big as dimes, they are juveniles, scallop teenagers. When they are as big as silver dollars, they are ready to leave home. Then, on a warm autumn afternoon, Walton and Starr will put on their waders and walk out onto a mudflat that Walton has decided is just right, the black muck sucking at their steps the whole way. At the appointed place, they will drop millions of silver dollars into the turning tide, like apple seeds, and watch them disappear.

Then they will drive home. Walton will make dinner, and Barkeley the everlasting cat will yowl from somewhere, and the sea anemones in their tabletop aquarium will wink at each other. They will all spend a cozy winter there, thinking anemone thoughts, and of spring, and of Tasmania maybe. The scallops have settled in, too. There are a hundred million of them or more out there at this moment: bay scallops and sea scallops and quahogs and clams—molluscan seeds, fruit of the sea—a hundred million bivalves of love, waiting for this day, this moment, eyes wide, spinning in circles, clapping.

24

It may be that when humans talk about our relationship to nature, what we mean to discuss is our relationship to time.

By and large that is what natural scientists have in mind. Their outlooks fall into roughly two camps. In one are scientists who look at a community of plants and animals and ask: What holds it together? How have these organisms managed to coexist for so long? What is necessary to maintain their current joint survival? These scientists consider the roles that different species play in an ecosystem, the dynamic interactions between them, and the ineffable factors that keep the whole assembly going. Scientists of the other camp look at an ecological community and see the handiwork of countless past contingencies: chance arrivals, historical accidents, stochasticities. Whether you ascribe to one view or the other depends on the temporal scale you examine. Scientists of the near term are more likely to be impressed by the stability of ecosystems. Those with a longer view are impressed by the ephemeral nature of ecological communities—how their memberships can see enormous turnover, gradual or episodic, on timescales of centuries to millennia. The only constant is constant change; sooner or later every species goes extinct.

Both sides essentially ask the same question: Do ecological communities that formed over a geological timespan differ in some fashion—in productivity, in potential stability—from those that were tossed together last month, last year, last century? Do recombinant communities differ from "normal" ones? Does time matter?

Neither camp would claim to be fully right. Both agree that the opposing side brings some compelling evidence. What they all wonder is, Which one is more right most of the time? "This is one of the most fundamental unsolved problems in ecology today," writes the ecologist Stephen Hubbell. "Applied ecology and conservation biology and policy

critically depend on which perspective is closer to the truth." The para-
dox is that the study of this crucial subject is itself compromised by time.
For all our ingenuity, humans have yet to devise a technique for making
concerted measurements of ecological communities over time periods
longer than the average human life span. "Humans are only here for a
short period of time, but the systems we study last much longer," Jim
Drake of the University of Tennessee said over the phone. "It's an issue of
snapshots." Drake described a playful, long-running argument he has
with a colleague. "I've been pushing the point that there is no stability.
He says, 'Good God, man, just look out the window! It's the same today
as it was yesterday!' And I say, we're not looking at it long enough. A
hundred years is a short timescale. Go back a million years—what has
persisted? Long-term ecological research to the National Science Foun-
dation is five years, maybe ten or fifteen. That's just not long enough.
That's the dilemma. Astronomers have gotten around that. We may
never have answers to those questions, because of humans being a blip
on the scene."

Therein lies the value of unadulterated nature, wherever one can
find such a thing, Jim Carlton contends. Human scientists have not yet
had time to determine if time matters. And until such a time comes
when time is deemed indisputably irrelevant to the structure of nature, it
pays to be prudent and keep some unspoiled nature around. "So I find
out that this thing arrived in 1616. It's on dock pilings—so what? Why
should you care? It gets to the heart of our concerns. We want to know
how the natural world is assembled. The heart of ecology is to under-
stand evolution and evolutionary biology. You can't interpret the results
of evolution if you can't distinguish natural history, how our world is nat-
urally constructed, from human-mediated history. But that's a very aca-
demic reason."

Carlton was at the helm of a rented minivan, navigating the twists
and turns of the John Muir Parkway along the upper reaches of San
Francisco Bay, north of San Pablo, not far from the town of Hercules.
Another expedition of marine biologists was nearly complete. From the
navigator's seat, Andy Cohen said, "It seems to me there are three basic
reasons why people, or we as a society, might care about invasions. One
is Jim's metaphor of roulette: We don't know which species is going to
come in, or whether it will cause an economic problem or affect some
part of the environment that we care about. Our ability to predict is nil

for all practical purposes. So we have to guard against everything. Second, there's a scientific reason for caring. Ecologists try to understand how our world became the kind of world it is and how it functions as a natural system. That assumes that a big ecological and evolutionary adjustment has happened over time: that native organisms have developed relationships that governed their relative population size and distribution—what's here and what isn't, and how that changes seasonally. Now, take some organisms and throw them into the system. All of a sudden you can't see that anymore. I mean, we don't learn much about how natural systems work by going out to a golf course and doing a study.

"And that gets to the third point, which is essentially an aesthetic one and in many ways the most important. The wholeness and beauty of the natural environment is something that means a lot to people throughout the world. Not to everybody, but clearly to a large number of people. And as the world becomes man-made, I think the human spirit really suffers. In a subtle way. We lose the sense that there's a world outside of us, beyond us, that creates the sort of beauty in nature that isn't produced by us doing the landscaping or governing what's there and what isn't. It's not an either-or thing. It's a gradient: we can have it more like that or less like that. And I think it's worth making some effort to have more of it, to have more nature out there. Nature is— What was that!?"

He looked out suddenly at the highway ahead. The car in front of us had hit a pigeon and a cloud of white feathers exploded off its windshield. Our lane momentarily filled with tufts of down, which scattered and swirled away as the van sped forward and into the clear again.

"Oh, sick. One bird gone. As I said, nature is a hard path to hoe." Cohen gave a wry laugh.

After a moment Carlton said, "It seems to me that the problem of alien species has to be addressed almost as a pragmatic, target-user question. A subset of the people who won't care about the issue may be a disappointingly large number of people who find relaxation, enjoyment, peace with nature in an artificial setting. I mean, how many people go to Hawaii on vacation and enjoy it? You land there, you might even get to some slightly remote place, you lean back, you've got a drink in one hand, you're thinking of your office in Chicago, and you're saying, 'Ah, here I am: tropical vegetation, birds tweetin' around me!' And everything around you is introduced. Not a single plant, none of the lowland birds in Hawaii are native. So what is your perception of a 'world of nature'?

Not a natural world, but a world of nature that satisfies people's needs apart from the humdrum existence of their life. And it looks pretty nice. Indeed, I suppose ninety-nine percent of the tourists who visit the Hawaiian Islands don't know that the lowland vegetation and birds are introduced. 'It's tropical, for God's sake, that's why I came here. Don't bother me.' That's why I think the concept of 'biological pollution' is a tough sell. Biological pollution means, I don't know, a badly polluted river or something. The oyster industry of the Pacific Northwest is based on exotic species. Nobody in that industry thinks the oyster is really a polluting organism. Has it had an ecological impact in the Pacific Northwest? I suppose so. But it's a multimillion-dollar industry. It employs a lot of people."

I noted aloud that for many residents of Manhattan, perhaps the most cosmopolitan island in the world, nature begins and ends at Central Park. That was Frederick Law Olmsted's intent in the mid-nineteenth century when, with Calvert Vaux, he designed the park: to capture an essence of wildness and place it at the center of urban life. "I go to Central Park in the summer," I said, "and it feels like nature—if I've never been anywhere else."

"How many of the species that you're looking at are native?" Carlton asked.

I had to confess I had no idea. More than zero, certainly. I know a cedar waxwing when I see one, a blue jay when I hear one. I've seen red-tailed hawks soaring on thermals above the Metropolitan Museum of Art and peregrine falcons nesting in the ornamented balconies of tall buildings. A few years ago scientists from the American Museum of Natural History discovered a new, native species of centipede in Central Park. I've also read about the colony of escaped parrots that nests in electrical transformers in Queens and occasionally threatens the public power supply. Once, in Riverside Park, I saw a wild turkey.

I said, "Some are."

"It doesn't matter to you, though, does it? You're relaxed," Carlton said.

Cohen was baffled. "Central Park feels like nature to you?"

"It does to people who grew up in New York City," I said. Evidently John Muir found it a little too wild. He had heard of Olmsted's famous creation, the paragon of designed urban wilderness, and expressed a longing to see it. But when at last he visited New York City in 1868, he changed his mind and stayed close to his ship. "I saw the name Central Park on some of the street-cars and thought I would like to visit it," he wrote. "But fearing that I might not be able to find my way back, I dared not make the adventure. I felt completely lost in the vast throngs of people, the noise of the streets, and the immense size of the buildings. Often I thought I would like to explore the city if, like a lot of wild hills and valleys, it was clear of inhabitants."

Carlton said, "I think people do appeal very strongly to not changing their current social, economic, or aesthetic state. It's a visceral thing. The zebra mussel is a problem with a lot of people in the Great Lakes, not because it's filtering out the lakes or changing the ecosystem, but because . . ."

"It changed what they knew," Cohen said.

"It changed what they knew," Carlton said. "Most people in Europe don't know it isn't native. It is a pest species in some ways, but they don't know it isn't native. The goal is to enjoy your environment. In order to relax in the environment, you alter it to a state in which you can achieve enjoyment. Look at New Zealand: English sheep grazing on English grass under English oaks—that's all you see in some places. I think that must be incredibly satisfying."

"Hawaii, in our culture, is by and large the vision of paradise," Cohen said. "And so what you have to explain to people is that paradise is . . ."

"Lost," Carlton said.

"A façade," Cohen said. "Rotten, in some sense." He thought for a moment. "That's a big fish."

Carlton agreed. "That is a big fish."

One summer afternoon not long ago, Bill Walton and Beth Starr stopped by Carlton's office in Mystic—the office where he greets visitors, the tidy one. Carlton spoke with them individually, in private, beginning with Starr. He asked her a number of questions, including, "What is Bill's favorite color?" Green, she said right away. She left the office, and Walton entered. Carlton asked him the same series of questions.

"What's your favorite color?"

"Green," said Walton.

"And what's Beth's favorite color?"

Walton stalled. He hemmed and hawed. "Purple?"

"No," Carlton said.

"Well, it's probably something bright," Walton said. "Blue?"

"Nope, green," Carlton said, and they both laughed. "Don't worry," he added. "We can never remember these things."

Among the various titles, duties, offices, and responsibilities held by Carlton, he is also a minister of the Universal Life Church, an assignment he acquired by mail order back in the '60s in Berkeley. "Those were the days," he says. He has invoked the title three times; the marriage of Bill Walton and Beth Starr marked the third occasion. The wedding was held in early October—Columbus Day weekend—on Martha's Vineyard. The combined salaries of two shellfish biologists cannot begin to cover the cost of renting the usual wedding venues on the Vineyard, so the ceremony was held in the Whaling Church in Edgartown, for just five hundred dollars. One friend read some poems by Shel Silverstein. Another, a former colleague from Ruiz's lab in Edgewater, read a love poem by Pablo Neruda.

> *. . . the sky grows downward till it touches the roots:*
> *so the day weaves and unweaves its heavenly net,*
> *with time, salt, whispers, growth, roads,*
> *a woman, a man, and winter on earth.*

A third friend described the goings-on in a shellfish hatchery: how scallops spawn, how at that very moment there must be a hundred million of them or more—molluscan seeds, fruits of the sea—a hundred million bivalves of love out there, spinning in circles, clapping. Carlton spoke of the sea and of a primordial upwelling of love and devotion. The ceiling of the church arched far overhead. Sunlight streamed in through tall windows; the walls were a pale sea-gray. For a moment, sitting in one of the wooden pews, a guest might think he was in the grand cabin of a very large sailing ship or, perhaps, in the belly of the gentlest of whales.

Afterward there was a clambake, ministered for a nominal fee by a group of Portuguese-American women from New Bedford who cook for the local annual Great Holy Ghost Feast. They served all variety of shellfish: stuffed quahogs, scallops wrapped in bacon, clam chowder, steamed mussels and littlenecks and cherrystones, and succulent raw oysters. There were all varieties of shellfish people too: researchers, managers, fishermen, constables. There was a dinghy filled with ice and beer. The cake was chocolate with white candy scallops. Several guests remarked on the notable absence that day of Greg Ruiz: he was back at the lab in Maryland, swamped with work, steeped in stress. "The last time I saw him, his hair was out to here," one guest said; she held her hands on either side of her head and imitated the appearance of a person with all hairs standing on end. Jim Carlton, who had flown in from Brussels for the ceremony, skipped the reception and headed back to Mystic immediately after the official part.

"I'm cutting back on my travel to focus on unfinished projects," Carlton said the following afternoon. He would be resigning from all international committees. He was relinquishing his post on the American ballast delegation at the International Maritime Organization. After twenty-one years, he was ceasing formal involvement with the International Council for the Exploration of the Sea. His trip to Brussels that week marked his last as chairman of the ICES committee on introduced marine organisms, a position he had held since 1990. "And I've said no to all international travel for next year," he said. "As you know, travel is erosive to productivity."

He was sitting on a sofa in the waiting room of the Williams-Mystic administrative building. A plastic globe of Earth rested on a coffee table in front of him, and his hands hovered above its stilled ocean currents. He had just come in from the local public boat launch, where he and his students examined the undersides of small pleasure craft as they were pulled from the water. "I've had the sense for a long time that small-boat traffic acts as a vector in coastal areas. But when I looked at the literature, there was nothing quantitative. Until now, the best I could do was say, 'Trust me, I know.' There's always more species diversity on a boat than you suspect." Sure enough, there were plenty of small barnacles on the boats. "A lot of them are on the propellers—whoom whoom whoom." He made a circling motion with his hand. "A lot of little headaches."

Although they have lived on the East Coast for more than twenty years now, Jim and Debby Carlton still think of themselves as Californians. In truth, they could live anywhere. His professional status is such that any marine research program or facility in the world, including the myriad universities on the Pacific Coast, would eagerly create a niche for him. Yet Carlton likes the east and doesn't see leaving anytime soon. Anyway, he says, he travels so much that he sees the West Coast about as frequently as he would if he actually lived there. A few years ago the Carltons purchased a home in Stonington, a short drive from the Williams-Mystic office. It is set amid trees overlooking a small, bright inlet bordered by reeds and well-kept homes. A new dock extends from the lawn a dozen or so feet out over the water, affording a top-down view of the intertidal fauna. As some homeowners proudly display their azaleas and clematis, so Carlton admires the resident marine invertebrates: busy crabs; steadfast barnacles; the occasional itinerant comb jelly, ghostly and unhurried. They are friends and neighbors. Some are settlers from abroad; as Carlton sees it, those are less cause for concern than food for thought.

The one place on Earth to which Carlton is most firmly rooted, however, is a small room on the first floor of the house overlooking the cove. This is his office away from the office, his home at home. "Everything I produce, everything I write, comes out of this hole right here." More so than any of his other offices, this one is awash in paper. Every available surface—desk, table, windowsill—is stacked with journal articles, monographs, conference summaries, books, letters, treatises, entreaties. Dozens of stacks, two or three feet high, the combined future contents of perhaps twenty or thirty Carlton-authored papers yet to be written, are suspended above the floor, mid-thought. In the middle of it all, a single swivel chair. Despite the appearance of overwhelming chaos, the stacks are neatly organized by subject, such that Carlton need only rotate to the stack corresponding to whatever paper he is currently writing, extract the article or book he needs to complete a sentence, then swivel back to his computer keyboard. "I more or less know what's in each pile. Sort of. I have about a ninety percent recovery rate: ninety percent of the time I know where to find what I'm looking for."

Most mornings Carlton is in the swivel chair by five o'clock—filtering, writing. To the Seaport office by nine, home at five, back in the chair by eight in the evening. A never-ending tide of e-mail rises on him. Although Carlton himself does not read novels, he has heard that some of his colleagues do; he hears this from Debby, who talks to his colleagues on the phone. He wonders aloud, "How much of your personal recreational time do you devote to keeping up with your career?" It was a rhetorical question. "To be honest, if I'm not sleeping, I'm working. I try not to sound like a complete nerd about it. Nobody tries to be a workaholic, but from the exterior, they still look like one." Carlton does buy books, nonfiction ones related to marine science or maritime history. He estimates that he adds twelve horizontal inches' worth of books to his shelves each month, twelve new feet of books every year. From a nearly filled shelf in the hallway outside his home office, he showed off the latest acquisition: an encyclopedic volume, published by an Italian press, of the marine invertebrates of Japan. The pages were filled with small type and lavish illustrations and photographs of sea stars, sea worms, amphipods, shrimps. "It's beautiful," he said in wonder and apology. An empty box from an online bookseller sat on the dining-room table. The family cat had claimed it for a nest; when nudged, she uncurled slightly in drowsy irritation, then fell back asleep.

What does not fit in Carlton's downstairs office goes upstairs in a room roughly twice the size, also heaped with paper: the spillover reservoir. What cannot fit in this room he lugs to campus and deposits in his office in the basement of Kemble House. Some years prior, when I first visited the Kemble office, it seemed inconceivable that it could hold any more musty books or heaps of papers than it already did. Today in Kemble there are heaps and stacks so tall that even standing up, one cannot see over them. Although Carlton himself almost never works there, he readily lends the door key to visiting researchers. Soon Kemble will be tested to its limit. Debby is preparing to renovate the Stonington house: her studio and both his home offices will be torn apart and rebuilt; all his scholarly effects will need to be moved to Kemble temporarily. Carlton considers the move with the anxiety of a crustacean considering its next molt.

If the sum contents of Carlton's various offices and libraries do not yet constitute the largest collection of maritime literature in the country, if not the world, it may soon. He lends rare items to other researchers indefinitely or, if he knows he'll never need them, permanently. I wondered aloud what will become of the collection fifty or sixty years from now when . . . well, when. Carlton figures he won't worry about the books; they'll be easy enough for their inheritor to organize. His main hope is that someone saves and files his papers neatly. Although his students have grown up fluent in the language of the Internet, not all of them know how to conduct research with a card catalog. One recent addition to Carlton's collection, an 1841 manuscript titled "Report on the Invertebrate Animals of Massachusetts," may indeed be the first such biological survey of its kind in New England, but if the next generation of scholars does not know how to even look for it, it is worthless. In his stu-

dents, Carlton works to inculcate an appreciation of paper. "I'm a big be-
liever in larval imprinting."

Eventually the day will come when Carlton will retire to Pacific
Grove, California, near Monterey, not to blend in with the affluence, but
because his family has property there, and because the weather is warm.
That time is years away—a decade at least, maybe two, he says. He has
miles to swim before he sleeps. The project nearest to completion is a
monograph on the introduced marine organisms of the Hawaiian Is-
lands. Compiled with a marine biologist at the Bishop Museum in Hon-
olulu, the catalog now stands at three hundred species. Carlton hopes
soon to complete a similar monograph, in the works now for five years,
on the marine introductions in the Pacific Northwest; his coauthor, Mar-
jorie Wonham, a marine biology postdoc at the University of Alberta, has
worked in the labs of both Ruiz and Carlton and, with Walton, once con-
ducted a ballast study aboard a ship crossing the Atlantic. He handed off
Biological Invasions, the "hugely time-consuming" quarterly journal he
founded some years ago, to a new editor, Jim Drake, opening up a win-
dow of opportunity for his unfinished book about marine bioinvasions.
Last but not least is the opus: a monograph on the introduced marine
species of New England. Begun in 1979, it sits buried in the stack of
unfinished projects that await his attention. "Our backyard is always the
last thing we get around to," he mused. "We always know more about the
Galápagos Islands than what's behind the marine biology building.
Exotica calls."

And he still holds hopes of finding a coeditor for *Light's Manual*: a
young biologist, an eager generalist. From a back corner of the Williams-
Mystic office he retrieved for me a journal article he had recently coau-
thored with one budding candidate named Martha Hill Canning. Martha
was not yet college age. She was still a nauplius, not even a cyprid yet.
She was the daughter of one of the administrators in Carlton's office and
was known to the staff as M-11, because that was the way she liked to re-
fer to herself. "Her name is Martha, she was eleven years old, so she
decided to call herself M-11," Carlton said. The paper was entitled
"Predation on kamptozoans (Entoprocta)" and concerned her observa-
tion that certain flatworms of the genus *Plagiostomum* prey and feed on
Barentsia benedeni, a common fouling organism in the Mystic estuary.
"Predation on kamptozoans by some members of two phyla, Mollusca
and Platyhelminthes, is thus now known," the paper concludes. It was

published in the journal *Invertebrate Biology*. Martha was listed as the lead author.

"She's much older now," Carlton said. "She's thirteen."

A shrimp doing a headstand, antennae to the ground, legs in ceaseless motion: filtering, gathering, consuming, digesting, moving in place, broadcasting across the waves.

New World

The search for extraterrestrial life begins, and perhaps ends, in a white, gymnasium-size room in the smoggy foothills of Pasadena, California, on the sprawling campus of NASA's Jet Propulsion Laboratory. This is the Spacecraft Assembly Facility, where interplanetary probes are assembled and tested before being launched toward their various cosmic destinations. The Mars Pathfinder rover, which in 1997 captured stunning photographic vistas of the Martian surface, was built here. Spirit and Opportunity, the two rovers that in January 2004 began roaming and prodding Mars for evidence of water, were built here. Cassini, which will orbit Saturn through 2007, and Huygens, a small probe that Cassini recently dropped into the atmosphere of Saturn's moon Titan, were built here too. The Spacecraft Assembly Facility is a gateway, truly a portal to the rest of the universe. What passes through it promises to reveal a great deal about the origins, and possible fate, of life in the cosmos.

Come on in. First, however, one must be decontaminated. A visitor places one foot, then the other, into an automatic shoe scrubber, a box on the floor with spinning bristles that flagellate the soles for a minute or so. A JPL guide provides blue paper booties to slip over shoes; a blue shower cap to cover hair; and a white gown, made of paper with a shiny cling-free coating, to wear over one's clothing. Finally, an air shower: a glass booth with several nozzles blowing furiously. Then and only then, ruffled but purified, may we enter. Inside the facility, a company of blue-bootied, shower-capped, paper-gowned technicians fusses over the skeletons of spacecraft-to-be. The room is as arid as a desert, the humidity a drastically low 42 percent. The floors are regularly scrubbed to remove dander and bacteria. NASA's intent is to create an environment that is hostile to any microbes that might hitch a ride aboard the outbound spacecraft yet is benign to the human engineers who must assemble these delicate vehicles. If that sounds like an impossibility, it is. Welcome to the paradox of planetary protection.

In 1967, inspired by a new international outer-space treaty, the space-racing nations of the world agreed to spare no effort in preventing the spread of organisms from one moon or planet to another. At NASA, this mandate evolved into an official planetary protection policy, a Sisyphean effort to shield the universe from the people exploring it. Traditionally, the assumed beneficiary of planetary protection has been the planet Earth. We have all seen the movies; we know the disaster scenarios: extraterrestrial spores return from outer space, and in no time the citizens of Earth are heaps of dust or brain-dead zombies. Accordingly, NASA has developed an elaborate quarantine protocol to handle soil samples retrieved from other planets. Comforting perhaps, but statistically of marginal value. Contagion spreads from the haves to the have-nots, and so far as scientists have yet determined, Earth is the only planet with life to give. Besides, virtually all the spacecraft that leave Earth depart on one-way missions: they drift eternally through interstellar space, or they burn up in foreign atmospheres, or they sit on planetary surfaces, never rusting, transmitting data until their batteries fade away. Among all the lawns in the cosmos, ours is the one with dandelions, and the wind is blowing outward.

No, if anybody should be worried about biocontamination, it's our planetary neighbors. In the coming decade, NASA has scheduled no less than four major missions to Mars to grope for hints of water or life. Down the road is a robot that will drill below the icy surface of Jupiter's moon Europa to probe a briny ocean believed to exist there, and the Titan Biological Explorer will plumb the atmosphere of Titan for the chemical precursors of life. Interplanetary traffic is picking up, and NASA would like to avoid going down in history as the agency that accidentally turned the Red Planet green with life.

But the true worry isn't ecological; it is epistemological. Any earthly contamination—of the Martian soil or, more immediately, of the instruments sent to study the soil—would seriously muddy the multibillion-dollar hunt for extraterrestrial life. As Kenneth Nealson, a University of Southern California geobiologist and JPL visiting scientist, recently told the journal *Nature*: "The field is haunted by thinking you've detected life on Mars and finding that it's *Escherichia coli* from Pasadena." As it turns out, that fear is well founded. Not only does microbial life survive in the Spacecraft Assembly Facility; in some cases it thrives there. There is no question whether we're exporting life into the cosmos—we absolutely are. What's left to determine is exactly what kind of life is emigrating and how far it is spreading.

"Bugs are very clever," Kasthuri Venkateswaran says with affection. "They started out on Earth 3.8 billion years ago, when nothing else was here!"

Venkateswaran—bow tie, oxford shirt, smart round glasses—occupies a bunkerlike office a couple hundred yards up the hill from the Spacecraft Assembly Facility. Unofficially, he is an astrobiologist, a job description recently coined at NASA to describe the cadre of scientists involved in the agency's accelerating search for life beyond Earth. Officially, he is the senior staff scientist of the biotechnology and planetary protection group. While his celebrated colleagues design ever more inventive spaceships and robots to scour the surface of Mars for some signature of life, Venkateswaran quietly examines the machinery itself, searching for any clever microbes—"bugs," he calls them—that might try to tag along. Neat and kindly as a country doctor, he is in fact the biological protector of the universe. To colleagues and, at his insistence, visitors, he is simply Venkat.

"The life-detection techniques we have today are incredibly sensitive," Venkat says. "A few molecules could jeopardize the sample you're bringing back." He pulls out an official pamphlet: *Biological Contamination of Mars, Issues and Recommendations.* The surfaces of outbound NASA spacecraft and instruments, it declares, should be rid of living stuff, dead stuff, parts of dead stuff, and any stuff that might be mistaken for any of the aforementioned stuff. The effort is under constant review and revision. Recently NASA stopped using cotton swabs in the cleaning process: to a life-detection instrument, the atomic bonds in a stray filament of cotton could be mistaken for the signature of proteins. The last thing Mars scientists want to discover is that Martians are the evolutionary descendants of Q-tips.

In the old days, ridding the average spacecraft of bugs was a simple matter: place it in an oven, heat it up to a jillion degrees or so, and bake it for a couple of days. Today spacecraft are far more sophisticated and fragile, made of lightweight polysyllabic polymers and stuffed with microcircuits and light-years-beyond-Microsoft software. "Nowadays, most electronics can't take that kind of heat," Venkat says. Instead, the individual components of the spacecraft are swabbed down with alcohol during construction; the components that can take it also undergo some sort of heat treatment. (The swab approach is by no means bug-proof. Venkat has found that the alcohol sometimes breaks apart microbes and glues their innards to the spacecraft; this kills the microbe but leaves the prospect of life-detection even muddier than before.) The various parts of a given spacecraft are built, and decontaminated, by subcontractors around the globe. NASA readily concedes that it is physically—or at least financially—impossible to remove every speck. Instead, the agency issues guidelines intended to minimize the risk of contamination: no more than three hundred specks per square meter, say, for a landing pod actively involved in the life-detection process. The components are then sent to the JPL or another NASA campus for inspection and final assembly. This is where Venkat's research begins in earnest.

I toured the facility in the company of Victor Mora and Jesse Gomez, two of the space-age custodians responsible for keeping the place tidy. Spacecraft parts that come into the room are relatively free of microbes to begin with, they said. All that's required is to keep the density of free-floating particles to a minimum. Dust, hair, the sloughed-off skin cells of NASA workers—all are contaminants in their own right and, more important, nutritious meals for whatever microbes might be around. "We're shedding all the time," Mora said. "Even our eyes shed." Giant fans in the ceiling, several dozen feet overhead, suck particulates upward and outward into exile. The antistatic robes worn by technicians funnel personal particles down toward the floor, which is swabbed regularly.

"Microbes need particles to attach to," Venkat says. "Without particles, without nutrients, the environment is essentially extreme."

If astrobiologists have learned anything, however, it's that almost no environment is too extreme for life. In the past few years, scads of extremophile organisms have been discovered thriving under conditions once considered inhospitable. Clams have turned up in the sunless, high-pressure depths surrounding seafloor vents. Algae in the Antarctic, where conditions resemble the dry valleys of Mars, spend much of their lives desiccated and drifting in the wind, waiting for their situation to improve. Microbes have been found miles underground in hot geysers, in gold mines, in solid volcanic rock, deriving their nourishment from sulfur, manganese, iron, petroleum. In recent years, a whole new field called geomicrobiology has sprung up precisely to study tiny creatures that are otherwise indistinguishable from rocks. Astrobiologists agree that if there is life to be found beyond Earth, it almost certainly will be very small and equally hard to discern.

Trained as a microbiologist, Venkat brings to his task an impressive history of sleuthing out wily tiny critters. In 1998 he discovered a bacterium that survives the high salinity of California's Mono Lake by living *inside* the lake's rocks. After prominent newscasters and government officials were mailed anthrax spores in the autumn of 2001, Venkat published a paper later used by the Department of Homeland Security on how to distinguish anthrax from other microbes. None of his encounters in the microworld, however, quite prepared him for the discoveries he has made in Pasadena. Using a sophisticated array of life-detection methods—the same methods being refined for the hunt for extraterrestrial life—Venkat has discovered a plethora of bizarre microbes thriving in the Spacecraft Assembly Facility, microbes that would have escaped detection by older technologies. He held up a red-capped vial for me to see. Inside, invisible in a thimble-size sea of clear liquid, were the newly found inhabitants of Planet NASA. His is a true microcosm: a new world, hitherto unexplored, as enlightening as any that Venkat's stargazing colleagues will ever hope to find.

Thus far, Venkat has identified twenty-two species of microbe in the Spacecraft Assembly Facility; in other, similar NASA environments; and even on actual spacecraft. Many are microorganisms common to arid environments, such as *Bacillus mojavensis*, a bacterium that probably drifted in from the Mojave Desert. A handful are entirely new species. One, which Venkat has named *Bacillus nealsonii* (in honor of Kenneth Nealson, his former supervisor at JPL), possesses two protective coats, making it a tough spore capable of surviving in the ultradry environment of the assembly facility. As Venkat discovered, the second spore coating also offers a secondary benefit: it makes the organism unusually resistant to gamma rays, a form of cosmic radiation that, in large doses, is fatal to men and microbes alike. (Earth's atmosphere screens out most gamma radiation; Mars, in contrast, is a gamma-ray frying pan.) Tough as it is, the bacterium probably is not unique to NASA. The world of undiscovered microbes is vast, and Venkat suspects that *Bacillus nealsonii* also resides outside the assembly facility.

Venkat has found bugs in the spacecraft-assembly facility at the Kennedy Space Center in Florida; on hardware and in drinking water from the International Space Station; in circuit boards destined for an upcoming mission to Europa; and on the metal surface of the Mars Odyssey spacecraft, which has been orbiting Mars since October 2001. While Odyssey was being assembled at the Kennedy Space Center, Venkat isolated a new species of bacterium—*Bacillus odysseyi*, officially—that carries an extra spore layer, or exosporium, that makes it several times more resistant to radiation than other spore-forming microbes found in the facility. "It carries novel proteins as a sunscreen," Venkat says. Like *Bacillus nealsonii, Bacillus odysseyi* may turn out to live elsewhere besides its assembly facility. But what's notable, Venkat says, is that the very traits that render these bugs impervious to decontamination also grant them a decent chance of surviving the radiation shower they would encounter en route to and on the surface of a place like Mars.

One discovery, a bacterium named *Bacillus pumilis*, has given Venkat particular cause to marvel. He found the microbe thriving directly on spacecraft surfaces, presumably drawing its energy from ions of trace metals like aluminum and titanium. "Aluminum is toxic," Venkat exclaims, baffled. "There are no nutrients. There is no water." In addition, the species exhibits a remarkable defense against desiccation. The individual cells form protective spores, which then band together to create what Venkat calls an igloo. In microphotographs, this spore house looks rather like a macaroon. Moreover, when Venkat cuts open the igloo, he finds no visible trace of the individual spores; they've all dissolved into the collective structure. High-tech methods of life detection reveal no evidence of life. Yet when Venkat warms up the igloo and adds a little moisture, *Bacillus pumilis* again springs into being. If the microbe is any indication of the sort of life that awaits discovery on Mars or elsewhere, he says, good luck to the robot sent to detect it.

Bacillus pumilis itself isn't a new species. It has been studied throughout the world for years, but its igloo-forming habits were not well known. For instance, its attachment to aluminum is novel. Last month Venkat published a paper claiming that the SAF version of *Bacillus pumilis* is in fact a new species after all—a sub-strain that has adapted and evolved to the conditions imposed on it by NASA, like an herbicide-resistant dandelion or the supertough microbes that sometimes spring up in hospitals. He has named it *Bacillus safensis,* and it represents precisely the kind of organism that his fellow astrobiologists are looking for in outer space. It's not a Martian, but in form and function it may turn out to closely resemble one.

It is, in any event, one step closer than any other earthly creature to becoming the first organism to survive on another planet. Venkat has found the bacterium in every other NASA assembly facility he has studied. Three years ago he found it on the Mars rovers Spirit and Opportunity, then under assembly at JPL. At this very moment, the rovers are actively poking around in the Martian dirt, as they have been for the past nine months. *Bacillus safensis* is almost certainly aboard them, alive and well, Venkat says. "They could be there for millions of years, because they are spores. Whether they will become active and begin terraforming—that research is still ongoing."

The Space Assembly Facility is a standing paradox. Through its assiduous effort to avoid spreading life throughout the cosmos, NASA has created an environment that inadvertently fosters the very kind of life it is traveling so far beyond Earth to find. As Venkat says, "We have a kind of survival of fitness." What began as a means to an end is now an end in itself; the doorstep has become a laboratory, a nursery even, a small-town study in life's cosmic persistence. It is a study, too, in the impossibly high cost of perfect hygiene. In attempting to identify where some of the microbes were coming from, Venkat found that in at least one instance, they appeared to have been introduced during the cleaning process— news to make one nostalgic for the good old days when it sufficed to turn on the oven and bake everything. Wherever humans go, it seems, we go with company. Looking around the assembly facility with Mora and Gomez, I saw a man-made cosmos, every aluminum surface a habitable planet, its ethers traversed by micronauts riding spacecraft named *Human Hair* and *Eyeball Cell.*

"People are the dirtiest things around," Gomez said.

"Yeah," said Mora. "We're the contaminants."

As NASA's search for extraterrestrial life advances, it more and more resembles a trip through a hall of mirrors. The farther from Earth our gaze wanders, the more our very presence seems to nag us. Can we search for foreign life without contaminating it with our own? Can we discern the contamination from the real thing? If ultimately we are related, if we are all evolutionary relatives from way back, is there even a difference? Some scientists wonder whether logic even permits us to find anything but ourselves out there: our understanding of what constitutes life is shaded by what we know on Earth, so that's all that we know how to look for. It's like that old joke about the guy who hunts for his keys under the lamppost because that's where the light is. Venkat, in his office, nods vigorously in affirmation.

"Maybe it's something you're not able to detect with the naked eye. Maybe it exists on a different wavelength," he says. A public-relations minder from NASA had joined us; she looked less than thrilled by Venkat's speculations. He went on: "You might think I'm crazy. Maybe there's somebody walking around right now whom we can't see."

The hunt for extraterrestrial life marks the ultimate test of humankind's self-knowledge. We cannot find and recognize "other" until we can first, at the most basic cellular level, recognize "us." Therein lies the true value of Venkat's microbes. Having found *Bacillus nealsonii*, *Bacillus safensis,* and their kin—having in some sense fostered their creation and survival—NASA has no plans to destroy them all. On the contrary, Venkat intends to keep them alive as a sort of microbial archive for future reference. Someday, maybe soon, scientists will flip over a rock on Mars or Europa or somewhere out there and claim the profound, the first-ever discovery of "them." How to tell for certain? We will hold up a mirror and compare appearances; that mirror awaits in Venkat's office. His microbes are us: our emissaries, our representatives, the reflection of our wily selves. Deciphering and confirming the distinction—them or us—will probably take years. But as Venkat sees it, those are precisely the hard facts that humans evolved to tease apart.

"It's tough," he says. "But that's where our intelligence comes in."

Acknowledgments

This book could not have been written without the generous participation of its key characters, and of the many more who go unmentioned; I am deeply grateful to them all. My thanks also to the Bishop Museum, the Centre for Research on Introduced Marine Pests, SeaRiver Maritime, Inc., and the Nature Conservancy of Hawaii. This project received essential support from the Alfred P. Sloan Foundation, the New York Foundation for the Arts, the Virginia Center for the Creative Arts, the Writers' Room, the Yaddo Corporation, and especially the MacDowell Colony.

I could not have reached the finish without the help of many people near and dear. My warm thanks to Andrew Albanese, James Drake, Will Gillham, Rachel Kadish, Daniel and Jean Mackay, and Chuck Siebert, for offering critical feedback; Chris Jozefowicz, for expert fact-checking; Ilena Silverman and Larry Brown, for their encouragement and perspective; Jack Rosenthal, Adam Moss, Gerry Marzorati and *The New York Times Magazine*, for publishing an early incarnation; Stephen Petranek and the staff at *Discover*, for their ongoing support; Marilyn Beach, Joseph DeMeyer, Chris and Sarah Sherwood, Kim and Donald Jurney, and Ethan Watters and the folks at the Grotto, for providing sanctuary; Flip Brophy and John Glusman, for their faith and guidance; and the families Burdick, Dominus, King, Sanchez, and Broude. I am blessedly indebted to Darcy Frey, who went above and beyond. Most of all, thank you to Susan, for the happy ending.

A Note About the Author

Alan Burdick is a senior editor at *Discover* magazine. His writing has appeared there and in *The New York Times Magazine, Harper's, Natural History,* and *Best American Science and Nature Writing,* among other publications. He lives with his wife in New York City.